赤峰考古队田野工作报告之二

大山前第Ⅰ、Ⅱ地点发掘报告

上

国家文物局合组　中国社会科学院考古研究所
内蒙古自治区文物考古研究所
吉林大学边疆考古研究中心　赤峰考古队　编著

故宫出版社

内 容 简 介

位于半支箭河中游的内蒙古自治区喀喇沁旗大山前遗址被分为 7 个地点。1996 ~ 1997 年赤峰考古队发掘的第Ⅰ、第Ⅱ两地点（分别发掘 1764.85 和 98.25 平方米）的主要内涵为夏家店下层文化，也有夏家店上层文化和战国时期的堆积，以及少量的辽代遗存。本书是继《半支箭河中游先秦时期遗址》之后的赤峰考古队第二部报告（赤峰考古队田野工作报告之二），介绍了大山前遗址第Ⅰ、第Ⅱ地点的主要发掘收获，为赤峰地区青铜时代考古研究和大遗址保护提供了重要资料和新的起点。

本书可供从事考古、历史研究的人士阅读、参考。

图书在版编目（CIP）数据

大山前第Ⅰ、Ⅱ地点发掘报告 / 赤峰考古队编著
-- 北京：故宫出版社，2022.10
（赤峰考古队田野工作报告）
ISBN 978-7-5134-1446-3

Ⅰ. ①大…　Ⅱ. ①赤…　Ⅲ. ①文化遗址－发掘报告－赤峰 Ⅳ. ①K878.05

中国版本图书馆CIP数据核字(2021)第234630号

大山前第Ⅰ、Ⅱ地点发掘报告
赤峰考古队　编著

出 版 人：章宏伟
责任编辑：宋小军　骆　艳
封面设计：王　梓
责任印制：常晓辉　顾从辉
出版发行：故宫出版社
地址：北京市东城区景山前街4号　邮编：100009
电话：010-85007800　010-85007817
邮箱：ggcb@culturefc.cn
制　　版：北京宝蕾元科技发展有限责任公司
印　　刷：北京启航东方印刷有限公司
开　　本：787毫米×1092毫米　1/16
印　　张：56
插　　页：102
版　　次：2022年10月第1版
2022年10月第1次印刷
书　　号：ISBN 978-7-5134-1446-3
定　　价：980.00元

谨以此书献给内蒙古自治区

文物考古研究院成立七十周年

目 录

插图目录

插表目录

彩版目录

图版目录

第一章　绪言

西南而来的清水河于喇嘛扎子村附近汇入半支箭河中游，此处距东北方的赤峰市区约25千米。在这河口西侧的两河之间，为一道接自西面山丘的狭长坡岗，此坡岗由西南向东北愈益低窄，大山前遗址即位于岗之东南坡，与坡岗东北端的最近距离380米。遗址所在坡面的东南缘紧邻喀喇沁旗永丰乡大山前村的大山前自然村。

1982年文物普查时发现该遗址。1995年初步查明其范围和所属时代。1996年5月，赤峰考古队再次详查，确认此遗址分布有KDⅠ～KDⅦ这7个地点（K、D分别是喀喇沁旗和大山前的代号，罗马数字Ⅰ～Ⅶ代表大山前第Ⅰ～Ⅶ这7个地点。关于诸地点的详细情况，参见赤峰考古队田野工作报告之一《半支箭河中游先秦时期遗址》的有关部分①）（彩版一～彩版三）。同年6月，对遗址进行实测，7月开始发掘。从这时起，至1998年，先后在此进行了3次集中的发掘。1996和1997年主要发掘第Ⅰ地点，对第Ⅱ、Ⅳ、Ⅶ地点也各有一定的揭露。1998年集中发掘了第Ⅳ地点。

本报告报道的即Ⅰ、Ⅱ两地点的发掘资料，是为“赤峰考古队田野工作报告之二”。其他两地点的发掘报告将另行编著。

一、发掘工作缘起

如《半支箭河中游先秦时期遗址》“绪言”所述，赤峰考古队按照张忠培先生的设想，围绕大遗址保护这一课题，在赤峰境内首选以夏家店下层文化为主的多重堆积之遗址，进行重点发掘。本着这样的原则，1996年5月间，我们对阴河、西路嘎河、半支箭河、锡伯河等老哈河西侧支流以往发现的含夏家店下层文化堆积的遗址进行了重点复查。在复查的30余处遗址中最终选择了位于半支箭河中游的喀喇沁旗大山前遗址作为发掘对象。之所以如此，原因有三：其一，就调查所掌握的信息看，大山前是赤峰地区夏家店下层文化坡岗型遗址中颇为典型的一处，具有相当的代表性。通过较大规模发掘，可以了解与此类似的众多遗址的相关情况，为今后对此类遗址的深入研究与合理保护提供依据。其二，在所调查的遗址中，大山前遗址虽同样受到农田改造、植树、取土、采石等人为因素的破坏和自然冲蚀，却相对保存较好，而在某种程度上不失其完整性，有利于规划大面积的发掘，以实现科研目标。其三，经地面踏查和钻

① 赤峰考古队：《半支箭河中游先秦时期遗址》，第1～20页、图三，科学出版社，2002年。

探，得知诸地点的堆积深浅有别。其中第Ⅰ和第Ⅳ两地点的堆积深度一般为2.5～4米，可能出露的遗迹也较丰富，就开展教学实习而言，这两个地点的堆积状况是较为适宜的。

总之，选择大山前遗址进行发掘，是由保护、科研和教学三位一体之工作方针所决定的，与考古队组建之初所提出的设想基本吻合。

二、发掘工作概况

大山前遗址的7个地点彼此近邻，它们之间的区分多以沟壑或凹地为标志。KDⅠ俗称“窑上古山子”，此地点现状是一个外廓近三角形而顶部略圆的台子，北面原本与KDⅡ所在的坡岗相接，但被一道显然是人工挖成的深沟分割开来（彩版四），此沟长约170米，现存宽17～30米，深可至10米，沟底现已成为大山前自然村通往窑上自然村的一段道路。1996和1997年的发掘工作，主要集中在第Ⅰ地点，两年来，实际发掘面积1764.85平方米。此地点不仅文化堆积深厚，经历的时间也相当长，发掘到小河沿文化（仅1处遗迹）、夏家店下层文化、夏家店上层文化、战国时期和辽代五种遗存，夏家店下层文化的遗存占主要比重。此外，在夏家店下层文化的地层或灰坑中，还发现有个别红山文化的陶片，甚至还见有疑似兴隆洼文化的陶片。可见，古人在第Ⅰ地点的活动，至迟可上溯至红山文化之时。

1996年还在第Ⅱ地点发掘了4个探方，面积98.25平方米（图1－1）。此前的调查，了解到该地点分布有赵宝沟文化、小河沿文化、夏家店下层文化和夏家店上层文化①，而发掘中仅揭示出夏家店下层文化和夏家店上层文化的遗存。第Ⅱ地点的发掘收获详见第九章。

1996和1997年度主要发掘者有朱延平（中国社会科学院考古研究所）、郭治中（内蒙古自治区文物考古研究所②）、王立新（吉林大学边疆考古研究中心）、彭善国（吉林大学边疆考古研究中心，1997年度）、苗润华（巴林右旗博物馆）。喀喇沁旗文物管理所张义成、郑晓光全程配合协助。吉林大学考古学系1994、1995级本科生和进修生、研究生先后参加了此项发掘，1996年有本科生魏东、李一全、盛立双、张哲伟、李大川、于孟洲、崔圣宽、唐锦琼、曹四军、罗运兵、王瑞峰、李文华、殷大为、张来胜、万雄飞、李龙彬、张琨、姜佰国、王倩倩、冯荷梅，进修生郭丽、李凤举，留学生巴沙（俄罗斯）、Cwen Bennett（关玉琳，美国）（彩版五）。1997年有本科生蒋锋、周海峰、李云鹤、何景成、周润垦、杨良敏、陈国梁、井中伟、乔洪勇、廖本春、周晓兵、朱之勇、李法军、李光日、郑小炉、马骋、毕秀金、刘致影，进修生林林，硕士研究生严志斌、赵希英、张晓平，博士研究生王青，留学生Cwen Bennett、Gregory C. Indrisano（尹贵格，美国）、南宫泰镇（韩国）、林贤淑（韩国）、康美景（韩国）。

---

① 赤峰考古队：《半支箭河中游先秦时期遗址》，第11～15页，科学出版社，2002年。

② 2020年12月已更名为内蒙古自治区文物考古研究院，本书成稿时间在更名之前，以下均用原名。

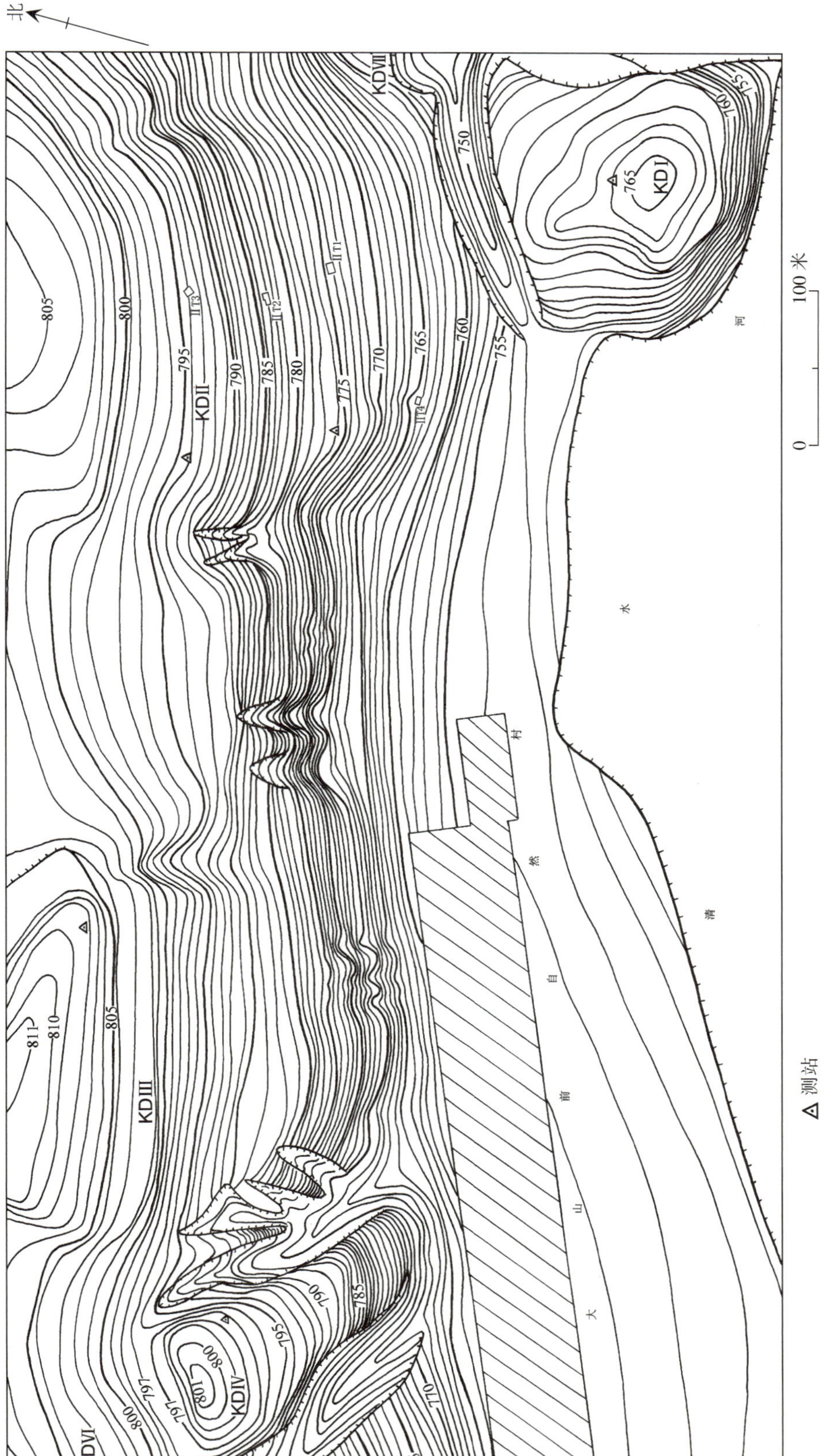

图 1-1　大山前的 7 个地点及第Ⅱ地点 4 个探方的位置图

三、资料整理与编写报告

像大山前这样以夏家店下层文化为主的重要的坡岗型遗址，堆积深厚，叠压打破关系复杂，这一点到20世纪90年代之前在学界已广为知晓①。虽然我们对此亦有了解并有所筹划，但面对发掘中每每遇到的实际问题，仍感原有的思想准备不够充分，以至于经常处于应接不暇的状态。加之同时开展的半支箭河中游的调查牵扯了不少时间和人力，遂使发掘资料整理的工作进程受到一定影响。这期间，张忠培先生多次到发掘现场，并指出整理不力的问题亟须改进。1997年度的发掘结束后，考古队便将工作重点转入集中整理发掘资料。这期间，对所出大量陶片进行了多次拼对，除复原了一批陶器外，还发现古人在遗迹的堆积中填埋陶片时可能因循的一些理念。在2000年完成了《半支箭河中游先秦时期遗址》这部报告后，开始集中整理陶容器以外的遗物，耗时两年。这期间，围绕陶器的分期排队、各时期遗存的定年、诸遗迹的功用，乃至KDⅠ各时期文化特征及其性质等问题，进行过多次讨论。2000年在张先生的主持下，就发掘报告的编写制定了计划，并对撰写者的分工做出安排：郭治中主要负责遗迹部分；王立新主要负责地层、陶器、分期编年及相关各章的小结；朱延平主要负责陶容器以外的遗物。

1998～2003年，是集中整理的关键阶段。队内所有人员围绕各部分的内容经过反复讨论，尽可能达成一致的意见。对争持不下的问题，则搁置不论，只取共识。此间除整理外，考古队人员还继续主持或参加了其他田野工作，主要包括：1998～1999年大山前第Ⅳ地点的发掘；1998～2000年赤峰市缸瓦窑遗址的发掘；1998、1999、2001年赤峰中美联合考古调查；2002～2003年西拉木伦河流域先秦时期遗址调查和林西县井沟子遗址的发掘。在此情况下，至2006年，也已基本完成了报告主要部分的初稿，动物遗骸和铜器的分析鉴定则尚需时日。这以后，大家又都忙于其他工作，一时间难以集中精力对这部报告做出全面的检查与修改。直到2013年，所有资料齐备，朱延平对各项内容逐一核实，经各方检讨后，通汇全稿，送张忠培先生审定，最终在2016年5月交出报告，还清了这笔拖欠多年的文债。

发掘当年的整理除全体师生外，1997年还有研究生翟杨、李学来参与其中。在集中整理的阶段，1999年有研究生于孟洲、井中伟、潘玲、于孝东，2000年有研究生井中伟，2001年有研究生部向平、蒋刚、唐淼、赵明星。

另，本报告在编写过程中，限于篇幅和避免重复，在文字、图版、线图图题中仅在首次出现时保留96KD、97KD，后面省略，在线图中省去年限、地点和分区。

---

① 中国科学院考古研究所内蒙古工作队：《赤峰药王庙、夏家店遗址试掘报告》，《考古学报》1974年第1期；辽宁省文物干部培训班：《辽宁北票县丰下遗址1972年春发掘简报》，《考古》1976年第3期；郭治中：《宁城县三座店商周至西汉时代遗址》，《中国考古学年鉴1988》，第135、136页，文物出版社，1989年；刘晋祥：《赤峰市点将台青铜时代遗址》，《中国考古学年鉴1991》，第150、151页，文物出版社，1992年。

第二章　第Ⅰ地点发掘经过和地层堆积

第一节　发掘经过

KDⅠ的发掘始于1996年7月16日，当年的发掘至10月6日结束，历时82天。

发掘前，刘建国（中国社会科学院考古研究所）用经纬仪测绘了大山前遗址（见图1－1）。KDⅠ的测站位于该地点中部，此处海拔764.5米，南距最高点（海拔765米）不足1米。发掘时，即以此为基点，采用象限法布设探方——围绕此点将发掘区分作4个象限。每探方的编号显示3位数，第1位数代表探方所在象限，后2位数是序号。每象限内的探方序号均自基点起排，先往北或往南循序延伸，排满后再依次向西或向东另起一列。如T301，为第3象限的第1个探方，在第3象限中的东起第1列；T418，为第4象限的第18个探方，在第4象限中的东起第2列。每探方的完整编号则于探方前再加上发掘年份和KDⅠ，如T418的完整编号即96KDⅠT418（遗迹和遗物的完整编号亦如是）。

开工之前，通过观察和向当地居民了解，已知窑上自然村近年所建陶窑和民房，曾推进到相当于第1象限第2、3列探方一线，该处的文化层和遗迹尽遭毁扰，而该地点西侧的下坡部分原本亦是较陡的斜坡，后经整修而成缓长之慢坡，故该处覆盖着很厚的现代的再生堆积。综合这些情况考虑，此项发掘拟先自该地点纵轴一线入手，再酌情向东、西两侧延展，遂将近期的发掘重点设定于第3、4象限。所布探方皆为正方向，北、东各留1米宽的隔梁。

发掘伊始，先在第4象限的最东侧布两列5米×5米的探方，编号为96KDⅠT401～96KDⅠT425（以下行文将96KD略去），两列探方皆自基点所在的横轴起，北抵此台北端沟崖边。发掘中在两列探方的北段见有夏家店下层文化土墙ⅠQ1，遂于这北段的东、西两侧各增布4个探方，即ⅠT410～ⅠT413东邻的ⅠT110～ⅠT113（5米×5米）和ⅠT421～ⅠT425西邻的ⅠT433～ⅠT436（ⅠT436为5米×8米，余皆5米×5米）（彩版六，1）。

在这些探方中，ⅠT413、ⅠT425的北隔梁（皆5米×1米）未做发掘；ⅠT401～ⅠT405、ⅠT409、ⅠT110～ⅠT112的东隔梁（皆1米×5米）未做发掘；ⅠT113的东、北隔梁（共9平方米）均未发掘；ⅠT406向东扩方1米×5米；ⅠT407东隔梁的北段（1米×3米）未做发掘，南段向东扩方1米×2米；ⅠT408东隔梁仅发掘了其中的中北段（1米×2米）。

如是，1996年度在第Ⅰ地点的实际发掘面积为777平方米（彩版六，2）。

1997年的发掘从7月12日至10月13日，历时93天。主要发掘区紧接上年度发掘范围的南缘，即第3象限。同时，在上年度的ⅠT417～ⅠT420西邻，紧接ⅠT433以南增布97KDⅠT429～97KDⅠT432这4个5米×5米的探方（后ⅠT432又向西扩方1米×2.5米），以进一步了解夏家店下层文化重要遗迹ⅠG1和ⅠG2的情况。

第3象限共布4列探方，最东侧的是97KDⅠT301～97KDⅠT310（以下行文将97KD略去），向西依次是ⅠT311～ⅠT320、ⅠT321～ⅠT329、ⅠT332～ⅠT339这3列，共37个探方。除最西列之外，其余3列南端的探方ⅠT310、ⅠT320、ⅠT329均濒临KDⅠ南缘断崖处。ⅠT301～ⅠT310和ⅠT311～ⅠT320这两列分别与上年度的ⅠT401～ⅠT413、ⅠT414～ⅠT425两列探方南北连通，从而沿中轴一线纵贯KDⅠ南北。

这些探方除ⅠT320为5米×3米外，余皆5米×5米。其中，ⅠT304～ⅠT308、ⅠT310的东隔梁（皆1米×5米）未做发掘；ⅠT332的北隔梁（5米×1米）未做发掘；ⅠT302的南段向东扩方1米×3米；ⅠT309的东隔梁未全发掘，而其北段局部又有东扩，该探方实际发掘23.35平方米；ⅠT336西扩1米×4米。

如是，第3象限的发掘面积885.35平方米。1997年度在第Ⅰ地点的发掘面积共计987.85平方米（彩版七、彩版八）。第4象限两个年度的发掘总面积为879.5平方米。

综上所述，如图2－1所示，大山前第Ⅰ地点的发掘面积总计1764.85平方米。共发掘出房址60处（ⅠF8·ⅠF11这组房址计为1处，其余房址均独立编号：ⅠF1～ⅠF7、ⅠF9、ⅠF10、ⅠF12～ⅠF61）、灰坑490处（ⅠH150·ⅠH151、ⅠH206·ⅠH364、ⅠH234·ⅠH366·ⅠH407、ⅠH235·ⅠH345·ⅠH374·ⅠH420、ⅠH317·ⅠH318、ⅠH320·ⅠH370、ⅠH443·ⅠH444·ⅠH445这7处为若干编号坑合成的灰坑组，除此之外的其他灰坑皆独立编号：ⅠH1～ⅠH149、ⅠH152～ⅠH205、ⅠH207～ⅠH233、ⅠH236～ⅠH279、ⅠH281～ⅠH316、ⅠH319、ⅠH321～ⅠH344、ⅠH346～ⅠH363、ⅠH365、ⅠH367～ⅠH369、ⅠH371～ⅠH373、ⅠH375～ⅠH406、ⅠH408～ⅠH419、ⅠH421～ⅠH442、ⅠH446～ⅠH503）、沟10条（皆独立编号：ⅠG1～ⅠG9、ⅠG11）、墙6道（皆独立编号：ⅠQ1～ⅠQ6）、柱穴21个（皆独立编号：ⅠD1～ⅠD21）、灶址3处（皆独立编号：ⅠZ1～ⅠZ3）、路土3处（皆独立编号：ⅠL13～ⅠL15）①。

第二节 地层堆积

报告刊出了KDⅠ发掘的遗迹总平面图（图2－2、图2－3），并重点刊出8幅剖面图，图中以各色线条表现不同时期的单位。同时，出示所有探方的层位关系示意图及每一探方中各单位的文化（时期）属性，详见“附表一”。ⅠT305、ⅠT306、ⅠT315、ⅠT316、ⅠT325～ⅠT327、ⅠT335～ⅠT337这10个探方的地层统一编排了层序，除此

① 各类遗迹的编号原则上从“1”开始顺排，唯缺ⅠH280、ⅠG10、ⅠL1～ⅠL12。

之外，其余探方的地层皆独立编号。

尚需说明的是：

其一，各探方以数字标识的层序即反映诸层上下关系，以数字加英文字母为标识的各层之间多半也反映上下关系，但有少部分这样的地层不做如此解读，它们与在编号上相邻的地层实为并列关系，如ⅠT406 的 3B、3C 层，都在该探方的 3A 层下和 3D 层上，而两者之间并无早晚关系①。

其二，个别遗迹在发掘中未能准确辨认，抑或因操作失误而致范围不清，凡属此部分的边廓线，均以“—·—·”表示，其准确程度仅供参考。ⅠF13 则无从提供边线。

发掘区内各探方的第 1 层为现代耕土层。其下的文化层厚度颇不一致，大体上说，中部 KDⅠ最高点及其周边约近 200 平方米的范围（ⅠT301、ⅠT311、ⅠT312、ⅠT321、ⅠT322、ⅠT401，以及ⅠT302、ⅠT313 大部和ⅠT323、ⅠT414 的一部分）为无古代地层分布的特殊区域。除此之外的地段，战国时期的地层广为分布。特别是在ⅠT332、ⅠT402、ⅠT415 及ⅠT414 大部，只有属于战国时期的地层。而此期的地层，又以 3、4 象限东侧的两列探方较为深厚，多数都有着依次叠压的 2～4 层，且在南北向上也都呈现出相当长的连贯性。相比之下，夏家店下层文化的地层所见较少，且分布零散，缺乏连续性。此期的各类遗迹则十分丰富，不仅分布密集，叠压打破关系也甚为复杂，众多的灰坑和深长之沟占据着大量的空间，其堆积厚度甚至超过 5 米。发掘区内未见夏家店上层文化的地层，遗迹的分布也较稀疏，且无集中的区域，遗存量较战国时期明显要少，仅略多于辽代。辽代的地层只有个别出露，严格地说，是否属于地层尚不能确认，此期的遗存发现于ⅠT303 及其周边的ⅠT302、ⅠT304、ⅠT313 和ⅠT314。

兹以 8 个剖面，介绍发掘区内地层堆积和遗迹的概况。

1. ⅠT401～ⅠT413 西壁剖面（见图 2-2）

地表南高北低，两端高差近 450 厘米。在ⅠT402 的中南部有一个较陡的坡坎。ⅠT401、ⅠT402 的第 1A、1B 层系近现代整修土地所形成的堆积。此列探方的古代堆积分属小河沿文化、夏家店下层文化、夏家店上层文化和战国时期。小河沿文化和夏家店上层文化均为个别灰坑，且未显示于西壁。以下介绍夏家店下层文化和战国时期的堆积。

战国时期堆积：此期堆积始自ⅠT401 北部，至ⅠT402 最厚，可达 250 厘米，往北逐渐变薄，至ⅠT409 渐趋消失，邻近第Ⅰ地点北部断崖的ⅠT412～ⅠT413 处，又陡然变厚。其中分布范围较广的有 4 层，自上而下依次是：ⅠT402～ⅠT404 的第 2 层；可通连的ⅠT402 第 4 层、ⅠT403～ⅠT404 第 3 层、ⅠT405 第 2 层、ⅠT406 第 2A 层、

① 再如ⅠT423 的 2D 和 3C 层之间的 3A、3B 层，ⅠT430 的 9 层下的 9A、10 层，ⅠT433 的 4 层下的 4A、5 层，也都是有着此类并列关系的地层。ⅠT110 部分地层的编号则更复杂，甚至仅具标识单位的作用。

ⅠT407～ⅠT409 第 2 层；可通连的ⅠT404 第 3A 层、ⅠT405 第 3 层、ⅠT406 第 2C 层、ⅠT407 第 4 层、ⅠT408 第 3A 层；可通连的ⅠT404～ⅠT405 第 4 层、ⅠT406 第 3A 层。

这一时期的遗迹以灰坑为主，尚见两条沟（ⅠG4、ⅠG8）和 1 处房址（ⅠF4）。出土遗物有夹云母红陶釜、夹砂灰陶釜、泥质灰陶罐、盆、钵、豆、瓮及绳纹瓦的残片，还有铁镢和铜刀币等。

夏家店下层文化堆积：此期的地层自ⅠT405 北部一直延至ⅠT413，厚度多在 1～2 米之间。但这些地层多缺乏连续性，往往只见于局部，覆盖范围的直径或长度一般不过数米，最长的也不超过 15 米。如剖面图所示，分布较广的有四层，自上而下依次是：可通连的ⅠT405 第 4A 层、ⅠT406 第 3B 层、ⅠT407 第 5 层、ⅠT408 第 4 层（亦可通连ⅠT418～ⅠT420 的第 5 层）；可通连的ⅠT406 第 4A 层、ⅠT407 第 7 层、ⅠT408第 5 层；可通连的ⅠT408～ⅠT409 第 7 层、ⅠT410 第 3 层；可通连的ⅠT408～ⅠT409 第 8 层、ⅠT410 第 6 层。

此期的遗迹数量众多，以灰坑、房址、沟、墙为主。灰坑大致有圆形直壁、圆形锅底、圆形袋状和不规则形四类。沟多口大底小，平面呈不甚规则的长条形。房址既有地面式亦有半地穴式，平面形状以圆形居多，有少量方形。地面式建筑多有垫土层，其范围一般要大于墙体环围的部分。ⅠQ1 为第Ⅰ地点夏家店下层文化时期的大型土墙，所揭露的墙体（发掘区北端）之走向与Ⅰ、Ⅱ两地点间的深沟基本一致。此期堆积中出大量夹砂灰陶或灰褐陶的鬲、甗、罐与泥质灰陶的瓮、罐、盆等陶器的残片。还出有较多的石、骨器及兽骨等遗物。

兹以ⅠT406、ⅠT410 两探方的西壁为例，具体介绍其堆积情况。

（1）ⅠT406

第 1 层：现代耕土层。厚 10～15 厘米。灰黄色，土质疏松。ⅠH2、ⅠH40 开口于此层下，打破 2A 层。

第 2A 层：厚 6～40 厘米。灰褐色，较松软，夹杂较多黄土颗粒。出土遗物丰富。ⅠH36、ⅠH49、ⅠH26 等灰坑开口于此层下。ⅠH36 打破ⅠH49，ⅠH49 又打破ⅠH26。

第 2B 层：未见于ⅠT406 西壁。

第 2C 层：厚 14～65 厘米。灰绿土，沙性较大。ⅠH64、ⅠH66 开口于此层下，ⅠH64打破ⅠH66。

第 3A 层：厚 10～55 厘米。黄灰土，土质致密。

第 3B 层：厚 10～40 厘米。黄土，土质较硬。ⅠF4 建于此层之上，为 3A 层叠压。ⅠG2 开口于此层下。

第 3C 层：未见于ⅠT406 西壁。和 3B 层同属 3A 层下、3D 层上的堆积，而与 3B 层无早晚关系。

第 3D 层：厚 0～45 厘米。灰绿土，疏松，含较多砂粒。

第 3E 层：未见于ⅠT406 西壁。

第 4 层：未见于ⅠT406 西壁。

第4A层：厚0～30厘米。灰褐色，颗粒粗大，质疏松。ⅠH37、ⅠH137、ⅠH150·ⅠH151、ⅠG6、ⅠH75等开口于此层下。其中ⅠH37打破ⅠH137和ⅠG6，ⅠG6打破ⅠH75，ⅠH137打破ⅠH150·ⅠH151。

第4B层：ⅠH33、ⅠF34、ⅠF23开口于此层下。

以下为黄色生土。

在ⅠT406中，除耕土层外，3B、3C层及其以下的单位均属夏家店下层文化，ⅠH128属小河沿文化，余皆战国时期的单位。

（2）ⅠT410

第1层：现代耕土层。ⅠH125、ⅠH188等灰坑开口于此层下。

第1A层：厚0～50厘米。浅黄褐色，夹杂灰色斑点，土质疏松。

第1B层：未见于ⅠT410西壁。

第2层：未见于ⅠT410西壁。

第2A层：未见于ⅠT410西壁。

第2B层：厚0～32厘米。灰褐色硬土。ⅠF9垫土（ⅠF9第5层）叠压于此层之上。ⅠH164开口于ⅠF9第5层之下，与2B层属并列关系。

第2C层：厚0～30厘米。夹杂灰烬和红烧土颗粒的黄褐色土，松软。

第2D层：厚0～30厘米。黄灰色，夹杂灰烬较之2C层更多，质地较硬。

第3层：厚薄不均，最厚处达65厘米。灰褐色，沙性较明显，夹杂灰烬和黑色土坯残块。

第3A层：未见于ⅠT410西壁。

第4层：未见于ⅠT410西壁。

第4A层：未见于ⅠT410西壁。

第5层：厚0～40厘米。质地较硬的黄土。ⅠG5开口于此层下。

第5A层：厚0～30厘米。浅黄色硬土。

第5B层：未见于ⅠT410西壁。

第5C层：未见于ⅠT410西壁。

第5D层：未见于ⅠT410西壁。

第6层：厚0～45厘米。黄灰色土，夹杂炭粒和红烧土块。ⅠF25建于此层上。

第6A层：未见于ⅠT410西壁。

第7层：厚0～20厘米。质地紧密的黄褐色土。

第7A层：分布于ⅠT410东北部而未见于该探方西壁。ⅠG7开口于此层下，又打破ⅠF12垫土（ⅠF12第3层）和ⅠQ1。此探方内的ⅠQ1未做发掘。

以下为黄色生土。

在ⅠT410中，除耕土层外，1B层及其以下的单位属夏家店下层文化，其余单位分属战国时期和夏家店上层文化。

2. ⅠT414～ⅠT425西壁剖面（见图2-2）

地表南高北低，两端高差达325厘米。ⅠT414～ⅠT415的1A、1B层分别与

ⅠT401～ⅠT402的第1A、1B层相通，性质亦同。古代堆积分属夏家店下层文化、夏家店上层文化和战国时期。

战国时期堆积：从ⅠT414中部直至ⅠT421，此间的战国时期堆积较为连贯，厚度在35～140厘米之间。隔过ⅠQ1后，从ⅠT424北部至ⅠT425，又有分布，且随坡向北明显增厚，最厚处可达250厘米。

夏家店上层文化堆积：仅见灰坑ⅠH141。

夏家店下层文化堆积：此期堆积的特点与ⅠT401～ⅠT413西壁剖面相似。此列探方除ⅠT414～ⅠT417和ⅠT425外，其余各方都有这一时期的地层，其中，最为连贯的是ⅠT418～ⅠT420的第5层（未见于ⅠT419和ⅠT420的西壁），与ⅠT405第4A层、ⅠT406第3B层、ⅠT407第5层、ⅠT408第4层可通连，此层厚度不超过50厘米。

以ⅠT421西壁为例具体介绍堆积情况。

第1层：现代耕土层。ⅠH30、ⅠH23等灰坑开口于此层下。

第2层：厚10～50厘米。灰绿土，含少量碎石与砂粒。出土遗物较丰富。ⅠH44开口于此层下，其下部靠近西缘的部分在西壁有所显示。

第3层：厚25～40厘米。黄褐色花土，夹杂黑土块及少量红烧土块，土质较硬。出少量陶片。夏家店上层文化的ⅠH141开口于此层下，打破第4层。

第4层：厚5～40厘米。灰色沙性土，松软。出少量陶片。

第5层：厚5～24厘米。浅灰色，含少许炭粒。出少量陶片。此层下叠压ⅠF18W。

第6层：未见于ⅠT421西壁。

第7A层：未见于ⅠT421西壁。

第7B层：厚度一般在10～30厘米之间。为质地较硬的黄花土，含少量黑色土块。此层叠压ⅠF17，并叠压ⅠF28及其墙外堆积ⅠT421第8层。ⅠH155开口于此层下。

第8层：厚5～50厘米。灰色软土，出少量陶片。属ⅠF28墙外堆积。ⅠF17坐落于此层之上。

第9层：厚0～60厘米。灰绿土，沙性较明显。出少量遗物。ⅠH197开口于此层下。

第10层：厚0～60厘米。褐色花土，含少量黑土坯残块。土质略硬。ⅠH195开口于此层下。

以下为黄色生土。

在ⅠT421内，除耕土层和夏家店上层文化的ⅠH141外，第4层及其以下的单位均属夏家店下层文化，其余单位属战国时期。

3. ⅠT432、ⅠT420、ⅠT407北壁剖面（图2－4）

地表略有起伏，高差不大。古代堆积分属夏家店下层文化、夏家店上层文化和战国时期。

战国时期的地层自东向西渐薄，最厚处厚80厘米。主要有两层，自上而下分别为

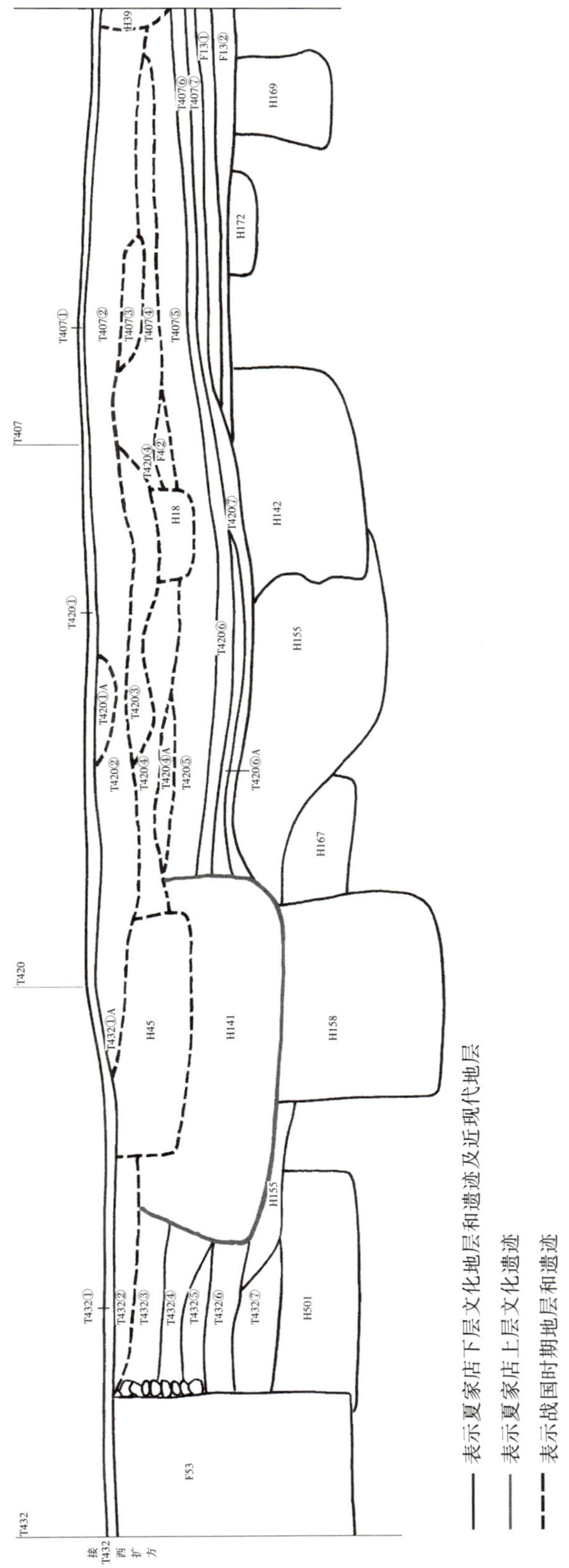

图 2-4　ⅠT432、ⅠT420、ⅠT407 北壁（北隔梁南壁）剖面图

可通连的ⅠT432第1A层和ⅠT420、ⅠT407的第2层；可通连的ⅠT420、ⅠT407的第4层。较重要的遗迹有ⅠH45（在上层之下）、ⅠF4（在下层之下）。

夏家店上层文化仅见灰坑ⅠH141。

夏家店下层文化的地层西厚东薄，多呈水平状分布，最厚处约140厘米。大多数遗迹开口于最下层之下。

夏家店下层文化遗迹之下即为黄色生土。

4. ⅠT434～ⅠT436西壁剖面（图2-5）

地表自南向北渐低，高差130厘米。此剖面主要反映夏家店下层文化土墙ⅠQ1已发掘部分之西段及其南、北两侧的堆积情况。堆积在ⅠQ1南侧的ⅠT434第2A至4G层均属夏家店下层文化，各层皆由北向南下斜，倾斜度与ⅠQ1内侧坡度相若。堆积在ⅠQ1北侧的ⅠT436第2、2A、3、4层属战国时期（彩版九，1），地层上早于ⅠT436第4层的ⅠT436第4A和5层虽未直接叠压ⅠQ1，但亦属战国时期的单位，似此，ⅠT436北端的战国时期地层厚达260厘米。ⅠT436第6层属夏家店下层文化，与ⅠQ1无地层关系，却是叠压在KDⅠ和KDⅡ之间深沟沟壁上的最早的单位之一。

ⅠQ1墙体建于生土之上，以土堆筑，上窄下宽。ⅠT434～ⅠT436内的ⅠQ1墙土分上、下两层，近呈水平状分布。ⅠQ1第1层：深褐色土，最厚处厚80厘米，所出陶片多属夏家店下层文化，也有数例饰之字形压印纹的红山文化陶片和饰线纹的小河沿文化陶片。ⅠQ1第2层：黄褐色土，最厚处厚60厘米，陶片仅见数例，且很散碎。墙体曾被ⅠH76、ⅠH163等战国时期灰坑打破。

ⅠQ1W是叠压在墙体外（北）缘的分层堆积，质地较硬，很可能与墙体外侧的护坡有关，其中的第2层（ⅠQ1W第2层）在发掘区内的墙体外侧普遍有分布。

5. ⅠT411～ⅠT413东壁剖面（图2-6）

地表由南向北渐低，两端高差135厘米。此剖面主要反映ⅠQ1已发掘部分之东段及其南、北两侧的堆积情况。ⅠQ1的南缘被ⅠG7打破，其上叠压ⅠT411第6层，再上面是ⅠF25的堆积（ⅠF25第3层），以上又是依次叠压的倾斜地层，这些地层和遗迹均属夏家店下层文化。而ⅠQ1的北侧，叠压在ⅠQ1W之上的地层均为战国时期的堆积，最厚处厚220厘米（彩版九，2）。

ⅠT412和ⅠT413两探方内的ⅠQ1经解剖式发掘，这里的墙体结构较为复杂，墙土多达7层，虽有部分倾斜的，但主体层次仍接近水平状分布，ⅠQ1第8、9两层较厚，可能是建墙时为获得平整地面而堆垫之土，其他各层的厚度为15～35厘米，土色有深褐、黄褐和黄三种。

质地较墙土略硬的墙外堆积分有多层，在ⅠT412和ⅠT413所见情况如下：ⅠQ1W①、ⅠQ1W②、ⅠQ1W③、ⅠQ1W④、ⅠQ1W⑤、ⅠQ1W⑥、ⅠQ1W⑦循序叠压，诸层多呈倾斜或梯阶状堆附在ⅠQ1墙体外侧，其下有ⅠQ1W石础，再下是ⅠQ1W⑧，ⅠQ1W

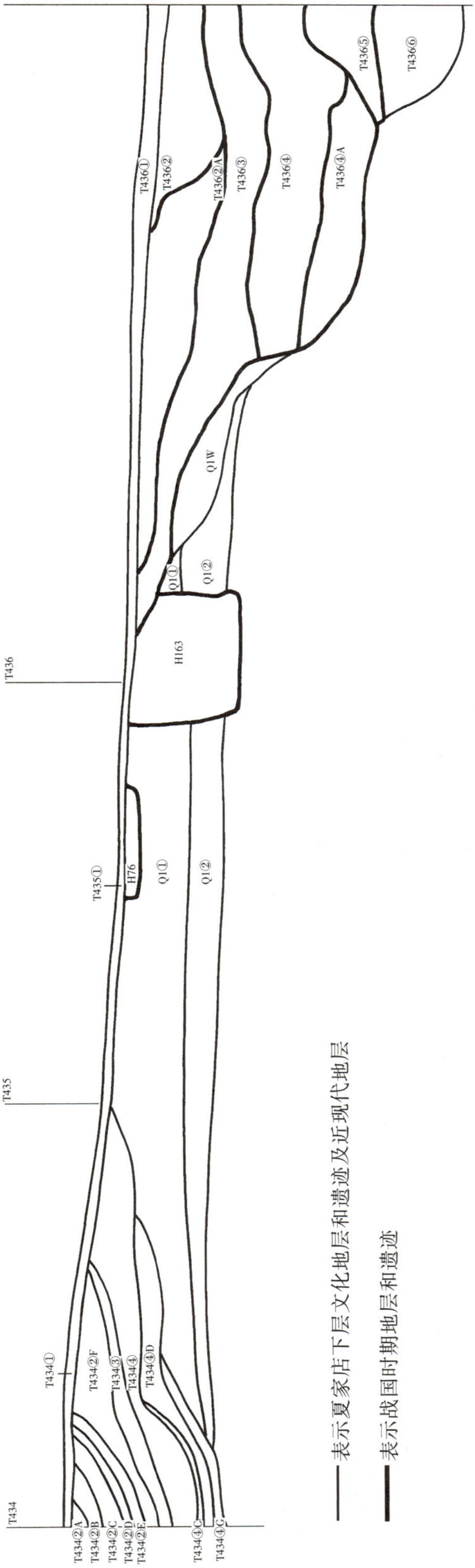

图 2-5　Ⅰ T434~Ⅰ T436 西壁剖面图

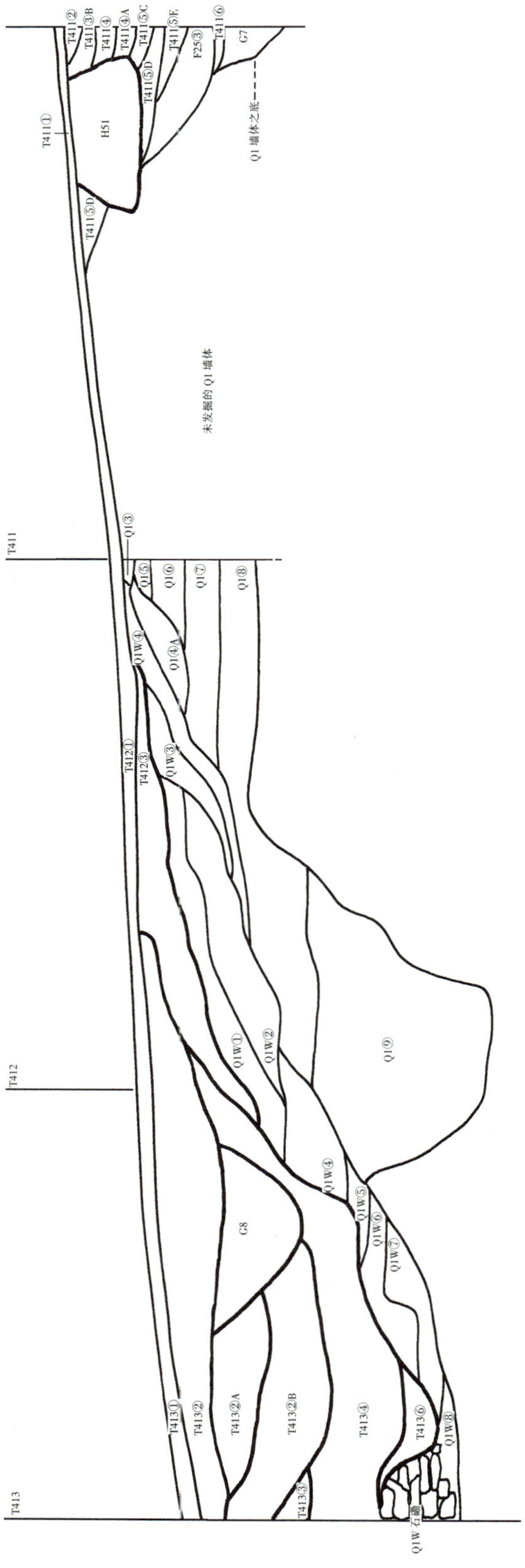

—— 表示夏家店下层文化地层和遗迹及近现代地层

—— 表示战国时期地层和遗迹

图 2-6　Ⅰ T411~Ⅰ T413 东壁（东隔梁西壁）剖面图

石础和ⅠQ1W⑧虽未直接叠压土墙，但应和墙外堆积属同一整体而同样可被视为此墙的附加部分（详见第四章第一节之四）。

6. ⅠT301～ⅠT310西壁剖面（见图2－3）

此剖面北与ⅠT401～ⅠT413西壁相连，构成纵贯KDⅠ南北的剖面。

ⅠT303的地表海拔765米，为发掘区内最高处，也是KDⅠ的最高点。此探方以南和北侧的地势渐低，ⅠT310南端与此处高差170厘米，ⅠT301北端（亦即ⅠT401南端）较该处低出40厘米。

ⅠT301、ⅠT302及其北邻ⅠT401大部的耕土层（包括ⅠT401第1A、1B层）下不见古代文化层，仅有少量的灰坑、房址等遗迹。

此列探方揭出四个时期的古代堆积。

辽代堆积：此期的地层仅有ⅠT303和ⅠT304的第2层，但分布范围很小，不排除为某灰坑残迹之可能。ⅠH223、ⅠH210、ⅠH212这3个灰坑皆开口于耕土层下，所出遗物有泥质灰陶瓮、盆、布纹瓦等残片，以及施白釉的粗、细瓷片。

战国时期堆积：此期较重要的遗迹为土墙ⅠQ4。从发掘和钻探的情况看，此墙在KDⅠ南端临断崖处大体呈东南—西北走向，至ⅠT328西部和ⅠT338东部呈圆角折向东北，再向北渐薄以至消失。现存者仅有墙之底部及其内侧的护坡部分（ⅠQ4N）。此墙内侧覆盖着连贯的战国时期地层，厚度多在50～175厘米之间。主要有循序叠压的4层，分布状态皆近呈水平状，自上而下依次是：可通连的ⅠT305～ⅠT309的第2层（此层未见于ⅠT309西壁）；可通连的ⅠT303～ⅠT309的第3层（此层未见于ⅠT309西壁）；可通连的ⅠT304～ⅠT308的第4层；可通连的ⅠT305～ⅠT307的第5层。像这样的层序、各层分布状况乃至厚度均与ⅠT401～ⅠT413西壁剖面、ⅠT414～ⅠT425西壁剖面比较相近。所见遗迹有房址、灰坑和柱穴等。

夏家店上层文化堆积：无地层，此剖面仅见灰坑ⅠH409、ⅠH288、ⅠH295。ⅠH288、ⅠH295开口于战国时期地层或灰坑之下，打破夏家店下层文化的灰坑。出土陶片多素面夹砂红褐陶，可辨器形有鬲、罐、盆、钵等。

夏家店下层文化堆积：此剖面仅在ⅠT309的范围内见有ⅠQ4下叠压的两薄层（ⅠT309第7、8层），除此之外并无确属此期的地层。遗迹主要是灰坑。

以ⅠT304西壁为例，具体介绍地层堆积情况。

第1层：现代耕土层。辽代灰坑ⅠH212开口于此层下。

第2层：厚20～65厘米。棕灰色，颗粒较大，土质松散。出有陶片和兽骨等遗物。此层属辽代。

第3层：厚35～107厘米。质地松软的灰绿色土，出土遗物丰富。ⅠH315、ⅠD15开口于此层下。ⅠH316开口于ⅠH315底部，为后者完全覆盖。此层及其下的遗迹均属战国时期。

第3A层：未见于ⅠT304西壁。

第4层：厚20～70厘米。含杂质较多的黄斑花土，质地疏松，出土遗物丰富。ⅠH256、ⅠH326、ⅠH234·ⅠH366·ⅠH407、ⅠH389、ⅠH350开口于此层下。ⅠH256打破ⅠH326，此层及这2个灰坑属战国时期。其余3个（组）灰坑均属夏家店下层文化，ⅠH234·ⅠH366·ⅠH407在ⅠH316和ⅠH326之下，其下为ⅠH389，以及被ⅠH389打破的ⅠH350。

以下为黄色生土。

7. ⅠT310～ⅠT320西壁剖面（见图2－3）

北与ⅠT414～ⅠT425西壁相接，构成纵贯KDⅠ南北的剖面。

ⅠT315的地表在此列探方中为最高处，海拔接近765米，其南北两侧渐低，ⅠT320西南端和ⅠT310西北端与此处的高差均为115厘米。

ⅠT311、ⅠT312及ⅠT313大部耕土层下不见文化层，而只有个别的灰坑。

如图所示，耕土层以下可见3个时期的堆积。

战国时期堆积：此期较重要的遗迹为ⅠQ4，其下亦叠压少量战国时期的灰坑等遗迹。其北侧继ⅠQ4之后分布着较为连贯的战国时期文化层。ⅠT315和ⅠT316交界处此期堆积最厚，可达250厘米。文化层主要有三层，自上而下依次是：可通连的ⅠT315～ⅠT317的第3层；可通连的ⅠT316～ⅠT317第4层和ⅠT318第3B层；可通连的ⅠT316～ⅠT317第5层和ⅠT318的第4A层。此3层分别与ⅠT301～ⅠT310西壁剖面中的ⅠT303～ⅠT309的第3层、ⅠT304～ⅠT308的第4层、ⅠT305～ⅠT307的第5层相通连。

夏家店上层文化堆积：仅见ⅠF38及其之下的ⅠH258这二处遗迹。

夏家店下层文化堆积：此剖面未见文化层，诸遗迹在ⅠT314～ⅠT318的范围内密集分布，且有复杂的叠压打破关系，最重要的遗迹为ⅠH235·ⅠH345·ⅠH374·ⅠH420，这是发掘区中最大且出土遗物最多的灰坑。

夏家店下层文化遗迹之下即为黄色生土。

8. ⅠT306、ⅠT316、ⅠT326、ⅠT336北壁剖面（图2－7）

地表自东向西渐低，两端高差100厘米。如前述，这4个探方的地层经统一编号。

耕土层下的古代堆积分三个时期。

战国时期堆积：较连贯的地层主要分布于ⅠT306和ⅠT316内，自上而下为第2、3、4、5这4层，最厚处厚达250厘米，向西渐薄，ⅠT336已无此期地层，ⅠT326仅见第3层。

夏家店上层文化堆积：仅见ⅠH288、ⅠH380这2个灰坑。

夏家店下层文化堆积：此期的地层分布范围较小，共有第6、6A、7这三层，主要见于ⅠT326和ⅠT336，ⅠT316虽亦有第6层，但时断时续，ⅠT306则无此期地层。像这样的地层如果说是与某些遗迹相关的堆积似乎更为贴切。灰坑和房址等遗迹则十分

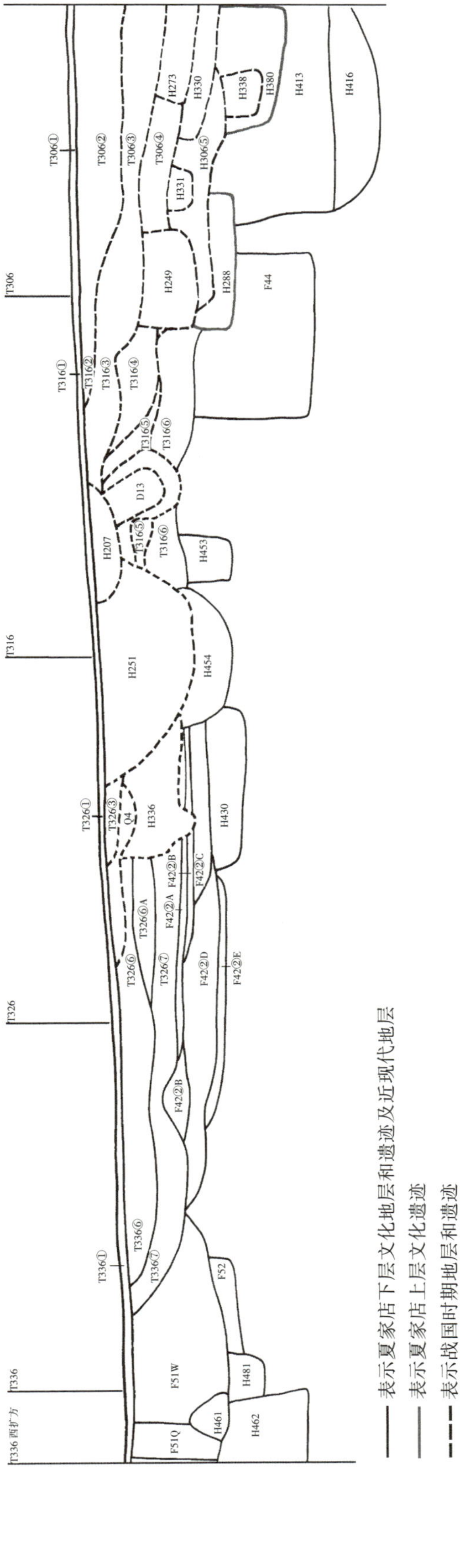

图 2-7　ⅠT306、ⅠT316、ⅠT326、ⅠT336 北壁（北隔梁南壁）剖面图

丰富。在ⅠT306 和ⅠT336 扩方内，此期堆积的厚度均有 250 厘米左右。

以ⅠT336 北壁为例，具体介绍堆积情况：

第 1 层：现代耕土层。此层下开口的ⅠH461 系夏家店下层文化圆形袋状灰坑，其下部凸入北壁。

第 6 层：最厚 50 厘米。灰褐土，含炭粒，较松软。出土少量陶片。属夏家店下层文化。

第 7 层：最厚 125 厘米。灰绿土，含较多灰烬，质较疏松。此层及其之下的单位均属夏家店下层文化。该层下压ⅠF42 的垫土（ⅠF42②A ~ ⅠF42②E）和ⅠF51 的墙外堆积（ⅠF51W）。ⅠF51 土坯墙及墙外堆积之下则压有依次打破的ⅠH462、ⅠH481 和ⅠF52（其中ⅠH462 最晚，ⅠF52 最早）。

以下为黄色生土。

第三章　第Ⅰ地点小河沿文化遗存

第Ⅰ地点小河沿文化遗存只有零星的发现，主要是出自夏家店下层文化灰坑、沟、地层和夏家店上层文化灰坑的彩陶残片，绝大部分见于发掘区的第1象限①。而ⅠH128的发现，更可明确在夏家店下层文化之前，此处也曾是小河沿文化先民的活动场所。

第一节　遗迹

确认为小河沿文化的遗迹仅1处。

96KDⅠH128　位于ⅠT406东扩方内。清理ⅠT406第2A层时，在该层与生土之间集中出土了若干小河沿文化陶片，散布在长40、宽30厘米的范围内。遂以此编号将其定为小河沿文化遗迹单位。

第二节　遗物

仅见少量陶器。有夹砂灰褐陶和泥质红陶两种。器类仅见罐与碗。

罐类器的腹部皆饰压印交叉细绳纹，纹路疏朗，印痕清晰。当系以线绳缠绕于薄片工具之上，逐道压印于弧形器壁表面而成，故每道绳纹从印痕看中间较深而两侧稍浅（图3－1）。

罐　2件，皆残，均出自ⅠH128。ⅠH128∶1，夹砂灰褐陶。仅一块口腹残片与一块腹底残片，经推算复原而成。敛口，圆唇，深弧腹，平底。腹上端近口处饰一周尖棱状附加堆纹条带，其下饰压印交叉细绳纹。上腹残留锥状乳钉一枚。口径约26厘米，复原高度约28厘米（图3－2，2）。

---

① 发掘到小河沿文化彩陶残片的夏家店下层文化单位是ⅠT433⑤A、ⅠT410①B、ⅠG2①、ⅠG2⑮、ⅠH108、ⅠH235⑲、ⅠH494①；夏家店上层文化单位有ⅠH92③。除ⅠT410①B∶1之外，其他的彩陶残片在第四、五章的“陶容器以外的其他制品”中予以介绍。

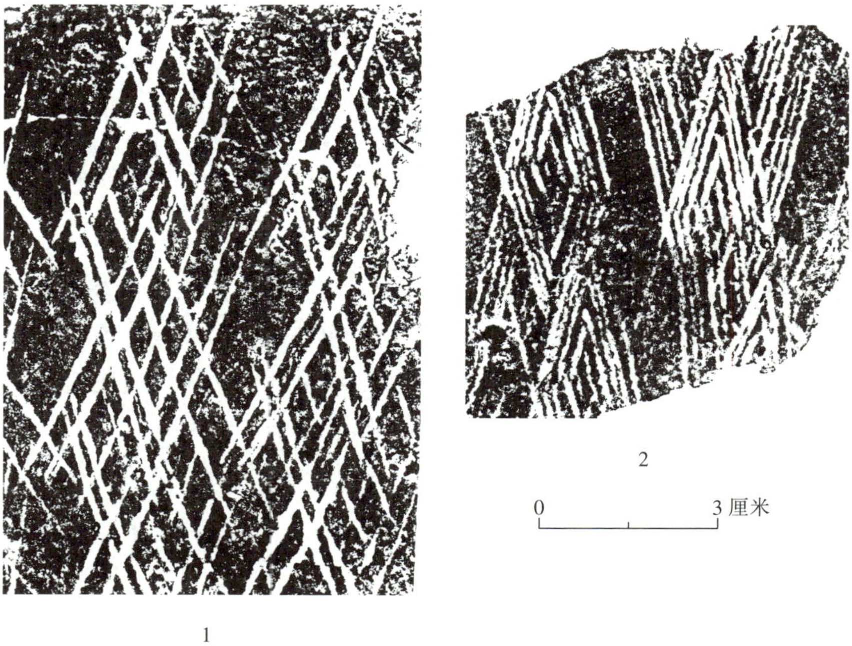

图 3－1　小河沿文化陶器纹饰拓片

1. ⅠH128∶1　2. ⅠH128∶2

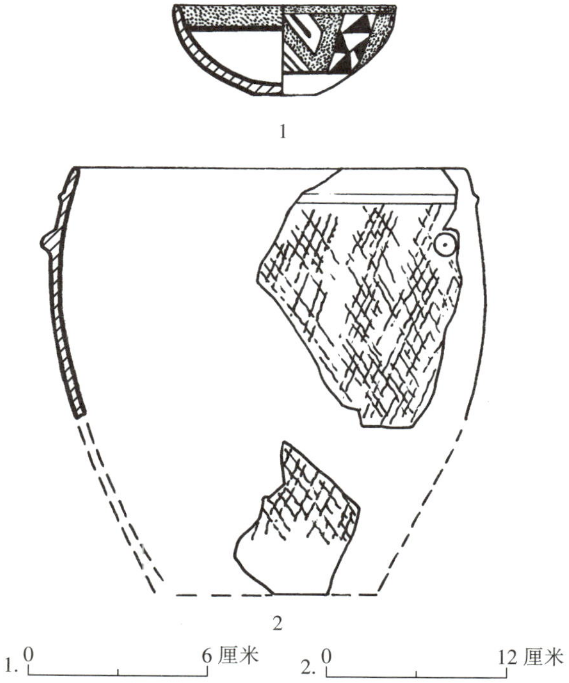

图 3－2　小河沿文化陶器

1. 彩陶碗（ⅠT410①B∶1）　2. 筒形罐（ⅠH128∶1）

碗　复原1件。ⅠT410①B∶1，出于夏家店下层文化地层中。泥质红陶。敞口，圆唇，浅弧腹，小平底。器身内外均涂白色颜料为地。沿内侧以红、黑两种颜料绘出一宽一窄两条平行彩带。沿外有一条红色彩带，其下为几何形纹饰带。纹饰带上下界以黑线，中间则以红色绘出四组“N”形几何纹，并以黑色镶边。“N”形几何纹之间则填绘黑色三角形纹饰。整体色彩对比分明。彩纹皆烧前所绘。口径6.8厘米，高3厘米（图3-2，1）。

第四章　第Ⅰ地点夏家店下层文化遗存

第Ⅰ地点夏家店下层文化的遗存最为丰富，无论遗迹还是遗物，在已发掘的区域中都占有主要比重。

第一节　遗迹

按照编号归类，第Ⅰ地点夏家店下层文化的遗迹包括房址、灰坑、沟、墙、柱穴、灶址、路土七种，兹依序分述。

一、房址

下述各项中，除96KDⅠF8·ⅠF11是含两编号的房址之组合外，其余编号为房址的皆是独立的遗迹单位。如是，编号为房址或房址组合的单位共计52处。

96KDⅠF1　跨ⅠT419、ⅠT420、ⅠT431和ⅠT432。为ⅠG2所削，本身打破ⅠT420第6A层。残存部分为一片硬黄土，平面形状不规则，西南—东北向略长，最长处长520厘米，最宽处宽约300厘米。硬黄土层面上留有两处土坯，ⅠT420西南角附近的一处呈西南—东北向长的残墙状，长约160厘米，高30～100厘米，土坯皆黑土，但砌筑方式无从辨认，另一处仅有数块残土坯。硬黄土（ⅠF1①）厚约10厘米，其下尚有三层垫土：上层（ⅠF1②），黄土，厚10～30厘米；中层（ⅠF1③）主要是红烧土块，厚20～50厘米；下层（ⅠF1④）黄花土，质地较硬，厚5～20厘米。垫土中出有陶片、兽骨等遗物。

96KDⅠF2　跨ⅠT421、ⅠT422和ⅠT434。在ⅠT421第2层、ⅠT422第1B层和ⅠT434第2层下，其下有ⅠT434第2A层和ⅠF7。西北和东南分别被战国时期的ⅠH4和ⅠH14削去甚多，从残存部分看近乎圆角方形的地面式建筑，室内地面（ⅠF2③）残缺不全，其外围绕有墙体，仅存西南角和一段东墙。东西存长500、南北宽420厘米。墙宽35～50、存高多为10～20厘米，东墙最高处高35厘米。墙体主要以黄土堆砌。南墙局部可见横卧之土坯，土坯以黑土制成，仅一块较完整，长36、宽12、残高6厘米。室内地面向西下倾，系在厚约5厘米的浅灰色砂土之上敷抹一层白灰而成，这层白灰面剥落过甚，多数地方近鳞片状或仅存零星痕迹，厚0.2～0.3厘米（彩版一〇，1）。室内地面西部存留两块陶片（图4－1）。

地面以上的室内堆积有二层：ⅠF2①，黄土，厚0～5厘米；ⅠF2②，褐色土，含大量红烧土颗粒和数片陶片。

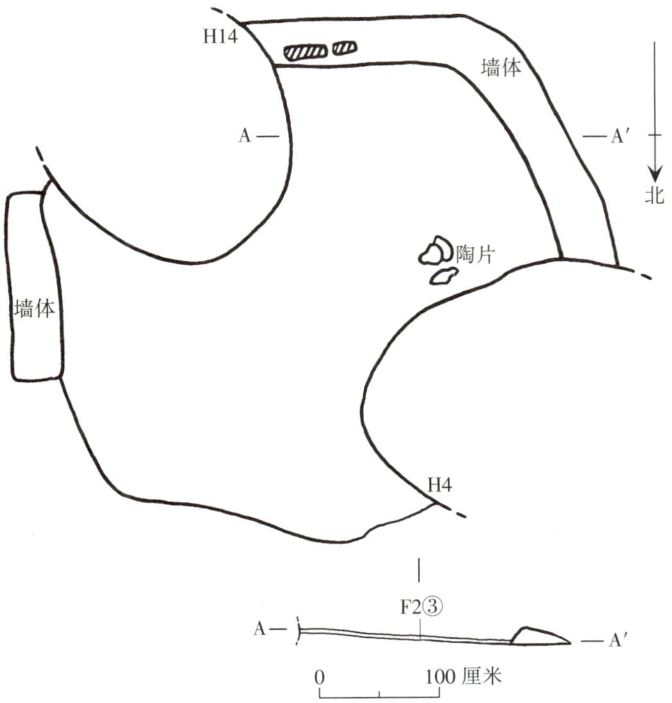

图 4－1　96KDⅠF2 平、剖面图
（平面图中斜线部分为土坯）

96KDⅠF6　跨ⅠT110 北部和ⅠT111 南部，其东延至发掘区外。在ⅠT110 第 7 层和ⅠT111 第 2B 层之下，被ⅠH79、ⅠH100、ⅠQ2、ⅠQ3 打破或叠压，其下有ⅠT110 第 8 层和ⅠT111 第 2C 层。

从已发掘部分看，系在ⅠQ1 南壁的斜坡上堆土垫平而成土台，再于台上起建土坯墙的房址。已发掘部分的土台台顶南北向长约 500 厘米，南部台底至台顶高 80～180 厘米。土台之土颜色较杂，但各部均以黄或黄褐色为主，有的地方甚至难以区分土台和ⅠQ1 的墙土。按堆积的先后可将土台大体分成自上而下的 7 个层序：ⅠF6⑤，黄褐色土，厚0～65 厘米；ⅠF6⑥，灰褐色土，厚 0～25 厘米；ⅠF6⑦，黄土，厚 0～20 厘米；ⅠF6⑧，黄褐色土，厚 0～15 厘米；ⅠF6⑨，灰褐色土，厚 0～10 厘米；ⅠF6⑩，黄褐色土，厚 0～35 厘米；ⅠF6⑪，黄土，厚 0～25 厘米。各层均出少量陶片，并有兽骨和骨器等。

土坯墙仅存西北和西南各一段，两墙之交的拐角处先后为ⅠH100 和战国时期的ⅠH50削毁，西南墙南端为夏家店上层文化的ⅠH89 所截。墙体较直，土坯以黑色草拌泥制成，多为长方体，单排，卧置，短边相接，土坯之间填抹黄泥，墙体内壁涂一层厚 3～5 厘米的草拌泥，个别处有烧烤痕迹，外壁以 5 厘米厚的黄泥抹就。西北墙存长 90～120、宽约 40、高约 25 厘米，仅存一层土坯，共 3 块，完整者长、宽、高分别为 45、23 和 12 厘米。西南墙存长 240～290、宽 35～42、高 25～70 厘米，残存之墙体多见1或2层土坯，最多的有3层，最下一层为6块土坯，其中完整的4块长方体土坯两大两小，大的长、宽、高各是44、23和12厘米，小的长、宽、高各是38、20和12厘米，另一块完整的土坯平面近正方形，边长25～30、厚12厘米（图4－2）。

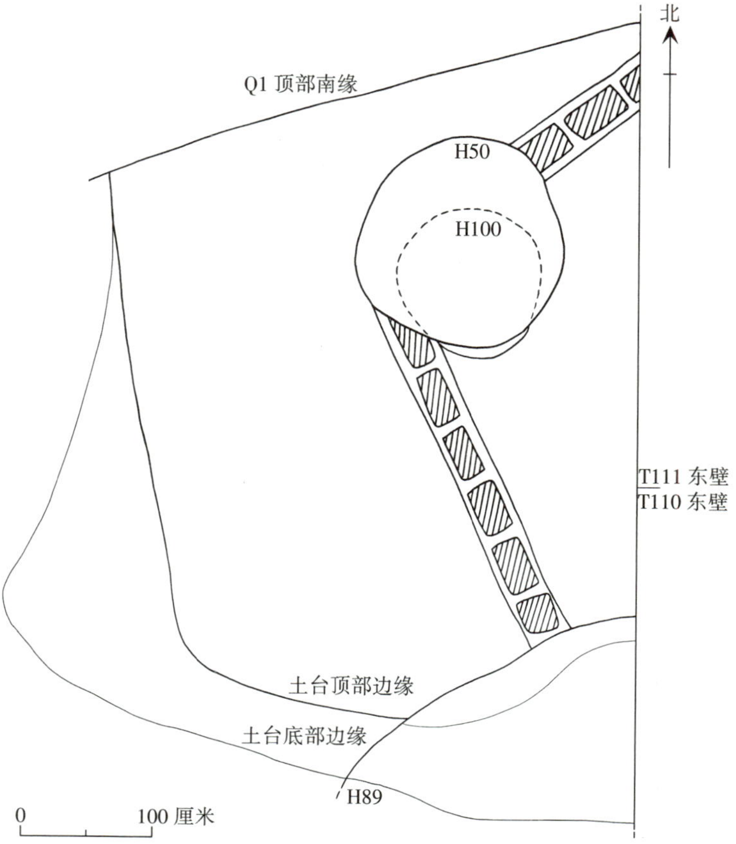

图4－2　96KDⅠF6平面图
（图中斜线部分为土坯）

墙内的地面（ⅠF6④）系在灰土之上抹草拌泥而成，这两层总的厚度约10厘米。灰土中出有属于一完整陶尊的残片。地面存留物仅1件有肩石铲半成品。

墙内地面以上的堆积分三层：ⅠF6①，深褐色土，厚5～25厘米，西北薄而东南较厚；ⅠF6②，黄褐色土，厚15～35厘米；ⅠF6③，灰土，主要分布在墙根附近。各层均出陶片，并有兽骨和石、骨器等。

96KDⅠF7　位于ⅠT421内。在ⅠT421第6层下，建ⅠF2南墙时，将其北部削去，本身叠压ⅠH148、ⅠH153和ⅠT421第7A层，并打破ⅠF9的外墙南段。除ⅠF2外，其北、西、南分别被ⅠH185和战国时期的ⅠH14、ⅠH107、ⅠH23、ⅠH29削毁，东部为其上地层和战国时期的ⅠH102所削。存者为该房址的西南部，平面略见圆形之一角。

房址的建造顺序为，挖一20～30厘米深的浅穴，在穴内先垫黄花土（ⅠF7⑤），后垫灰土（ⅠF7④），其上再铺垫黄土（ⅠF7③），周边黄土堆筑得较高，形成墙体，最后在墙内的黄土之上敷泥抹平，是为室内地面（ⅠF7②）。

残存之墙体宽65～125厘米，高出室内地面仅10～15厘米。室内地面由北向南下斜，经烧烤而表面呈紫褐色。西部有一接在墙内侧的土台，俯视若半圆形，南北长45、高15厘米，台土分两层，上为黄灰色土，下为灰土，以黄泥包边，烧烤成红褐色。室内地面存留大量陶片，经拼对有附加堆纹红陶大口瓮、素面灰陶罐和素面灰陶盘各1件（图4－3）。

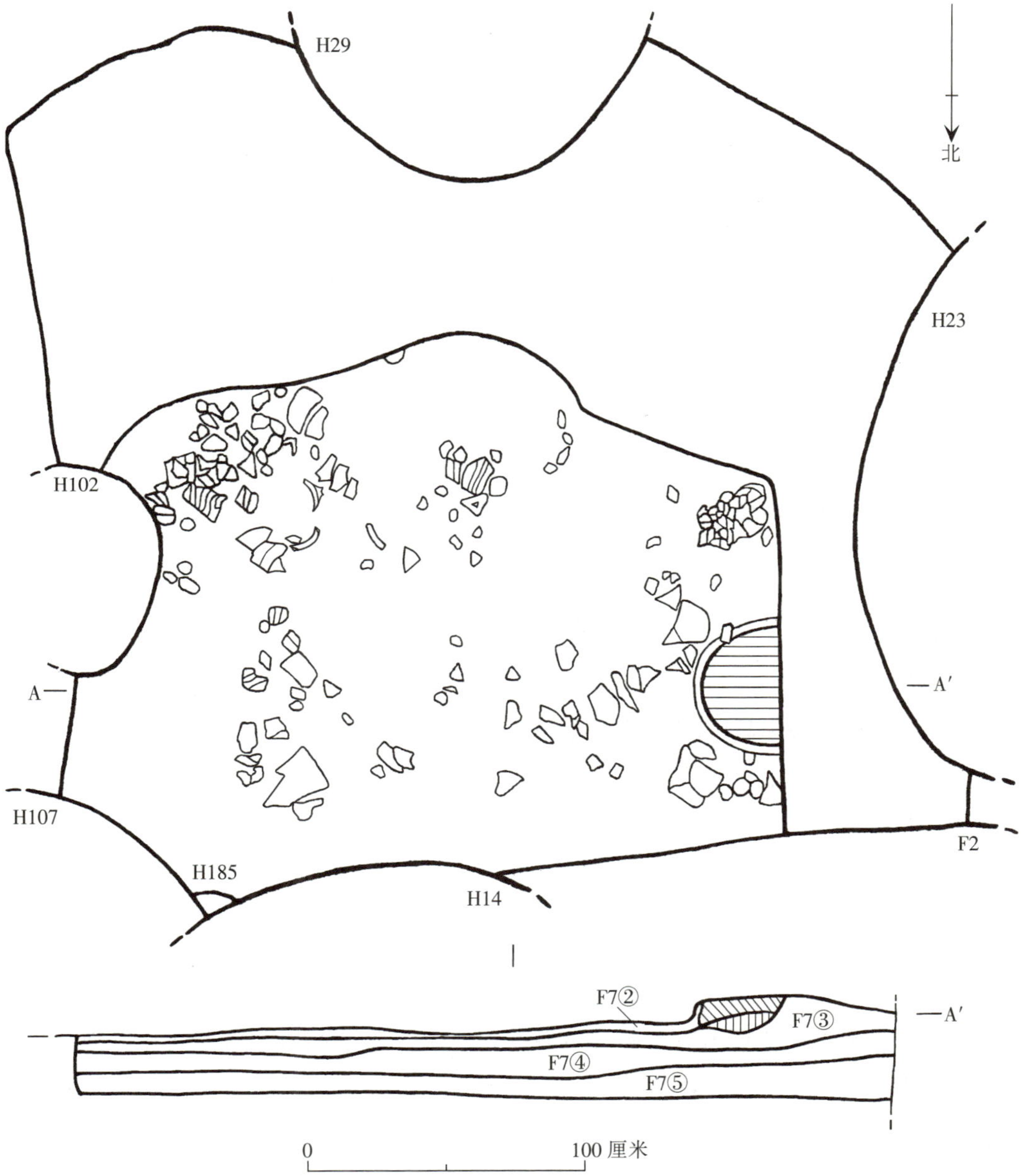

图4－3　96KDⅠF7平、剖面图

（ⅠF7②：黄泥地面，ⅠF7③：黄土，ⅠF7④：灰土，ⅠF7⑤：黄花土。平面图中横线部分：土台，平面图中其余部分：陶片，剖面图中斜线部分：黄灰土，剖面图中竖线部分：灰土）

墙内地面以上的堆积为黄褐色土（ⅠF7①），夹杂大量红烧土块，出陶片，并有铜条和骨镞残段各1件。

96KDⅠF8·ⅠF11 位于ⅠT406内。在ⅠT406第3E层下，其下为ⅠT406第4层。系相连的两座地面式建筑，位于东北的圆形房址称ⅠF8，西南的方形房址为ⅠF11，二者的墙体之间有数块土坯。建造这组建筑时，先在东北部垫一层黄褐色土（ⅠF8·ⅠF11②），此层在东北端最厚，近30厘米。再于西南部垫一层灰土（ⅠF8·ⅠF11①），厚30～35厘米，西南端的灰土中夹杂石块。未能判明垫土时是否挖坎或浅穴。垫土中含少量陶片，ⅠF8·ⅠF11第2层还出有一石铲残块。

F8的建造顺序是，将垫土挖成一浅穴，沿穴壁内侧砌筑一圈土墙，再于墙内垫土之上铺垫一层2～7厘米厚的硬黄土作为室内地面（ⅠF8②）。土墙围成环形，直径270～290、墙宽15～25、存高多为12～30厘米，东南段的墙体现存最低，其中有50厘米长的墙体残高6～8厘米。墙以土坯砌筑，坯土黄色，完整者近长方体，两长边往往一侧略长，另侧稍短，长、宽、高各是30～34、16～20和12厘米。坯皆单排卧置，多为短边相接，只存留一或两层土坯，土坯之间填抹黄泥，上、下层土坯的叠压似以三七错缝者居多。土墙内壁抹一层草拌泥（彩版一一，1）。

室内地面较硬，自东南向西北下斜。室内西南部地上存有一片灰烬，这里的地面经烧烤而呈红褐色或黑色，靠近墙根处的地表烧烤成7厘米厚的硬面，该处地面略有下陷。室内北部地面有一柱穴（ⅠF8d1），口径30、深35厘米，穴壁满是以黄泥固贴的碎陶片，穴底置两石块，约在穴底以上15厘米的堆积土中置一侧卧的石斧（彩版一〇，2）。

室内黄土地面下有一袋状坑（ⅠF8h1），位于南部。坑口平面近椭圆形，长约100、最宽75厘米，坑底长155、最宽140、坑深155～170厘米（彩版一〇，3）。坑壁贴附着一层黑泥，或是坑穴填满后流浸物淤积所致。坑底较平，与坑口相同，也呈现为由北而南的下斜状。坑内堆积灰褐色土，土质较软，含烧灰和烧土颗粒，夹杂未燃尽的树枝残段，尚有较多木炭块和土坯块，木炭约有30块，长、宽多是5～7和3～4厘米，最大的长近10厘米。坑内南部的遗物有：在距坑口130厘米处有一连带残胫骨的人足骨，距坑口145厘米处有一连带胫、腓骨远端的人足骨，此两足骨属同一成年女性，两足皆指向正南，足长约15厘米。再往下5厘米处是倒置的陶罐和陶壶各1件。坑内东北部的遗物有：一倒置罐形陶鼎和两陶尊（其中一件尊是残片，但可复原）。同时，坑内堆积中还有残石刀、石铲（或斧）半成品、陶纺轮、陶圆饼残块、狍角、兽肢骨、桦树皮各1件，两片蚌壳残片，以及分属两陶盆、一大口陶瓮和一小口鼓腹泥质陶罐的残片，还有1件陶片被凿出孔后，再以白膏泥将另一块陶片黏合其上，这补在外表的陶片特地被制成椭圆形。

此外，黄褐色垫土在ⅠF8东北墙外尚有一段延续，为战国时期的ⅠH144所截，存者范围约70厘米见方。这部分垫土之上亦垒有土坯，顶面铺覆一层硬黄土，或可视作ⅠF8的室外地面。

ⅠF8 墙内地面以上的堆积为黄灰色土（ⅠF8①），最厚处厚 40 厘米，出较多陶片和兽骨及 1 件骨匕残段。

ⅠF11的建造方式与ⅠF8 大体相同，土墙环围成边长约 135 厘米的正方形，墙体亦以黄土坯垒砌，宽 10～20、存高 10～35 厘米。土坯皆长方体，大小不一，长 24～35、宽 12～20 厘米，土墙内壁抹草拌泥。在墙内垫土之上铺一层 5～7 厘米厚的褐色土成为室内地面（ⅠF11②），然并无硬感。地面散布着许多陶片（可能分属 8 件器物），东部尚有残石器和兽骨各 1 件。墙体西角被削毁甚多，西南墙则多已不存，存留于该处的是集结的石块，这片石块主要在ⅠF11的南部，多沿西南墙和东南墙外侧分布，其外缘亦与两墙平行，西北部为战国时期的ⅠH66 所截，存者平面状若曲尺。东南墙外的这部分长约 250、宽 40～60、高 10～30 厘米（彩版一一，2）。墙内地面以上的堆积（ⅠF11①）为黄灰色土，出少量陶片。

在ⅠF8 和ⅠF11的土墙之间接有 5 块黄土坯，均不甚规则，4 块卧置的土坯贴于ⅠF11东北墙外侧，其中的一块与ⅠF8 土墙之间夹一侧立之坯（图 4－4）。

96KDⅠF9　跨ⅠT408、ⅠT409、ⅠT410、ⅠT421、ⅠT422 和ⅠT423。在ⅠF2、ⅠF7、ⅠF13 第 2 层、ⅠT409 第 5 层、ⅠT410 第 2 层、ⅠT423 第 2A 层之下，其下有ⅠF27、ⅠH115、ⅠH164、ⅠH165 和ⅠT410 第 2B 层。

被后来的灰坑等遗迹和上面的地层削去甚多，已是残破不堪之状。地面式建筑，仅存 3 段残墙和其中 2 段主要墙体（称北墙和东墙）围绕着的地面，位于东北角的残墙虽与主体部分不相连属，但它和东墙的墙土一致，按其走向，亦大致与东墙的北端可首尾相接，故很可能曾是弧形东墙的一部分，而当视作ⅠF9 的墙体。

起建此房址时，先将地表整平，有些地方则是下挖成坎，不平整处垫一层灰土（ⅠF9⑤），其上再垫黄土（ⅠF9④）而成地面，两层垫土的总厚度一般为 10～30 厘米，最厚可达 40 厘米。ⅠF9 第 5 层出陶片，并有石、骨器等。

从东墙的南端至东北角残墙之北端的长度约 9 米，墙体宽 20～60、存高多为 10～30 厘米。南段墙体残存较高，一般为 30～50 厘米，南端可达 90 厘米。中段墙体收分明显，上部宽 20～25、底宽 40、高约 30 厘米。墙体多为黄土堆筑，实际上是ⅠF9 第 4 层凸起的部分，残存较高处的墙体在黄土之上则还有灰土。墙体似未经夯打，只是略有硬感。

北墙之主墙为一大致东西向长的直墙，其南连接一曲尺形窄墙。直墙为黄土，残长 360～420、墙宽 45～60、存高 20～30 厘米。曲尺形墙以黑土堆筑，有些部位还混有草拌泥，其西墙长 200、南墙残长约 350、墙宽约 25、存高 20～30 厘米。曲尺形墙之内壁普遍抹 2 厘米厚的草拌泥。

室内地面存留 3 个柱穴，大体排列成西南—东北向的直线。d1 居中，靠近曲尺形墙的西墙内壁，口径 35、穴深 30 厘米，北壁近穴底处有一石块，穴内堆积中有数片陶片。d2 与 d1 相距 85 厘米，靠近北墙中的直墙，口径 35～40、穴深 35 厘米，穴壁满是贴附的碎陶片，穴底卧置一石斧，穴内堆积为灰烬。d3 仅存一半，距 d1 约

2.5米，口径40、穴深18厘米，穴底有石块和陶片各1件。室内地面尚存数片陶片（图4-5）。

墙内地面以上堆积分三层：ⅠF9①，黄土，除西部外其余部位均有分布；ⅠF9②，褐色土，见于西部和南部；ⅠF9③，黄灰色土，仅见于东南部。堆积中有少量陶片。

96KDⅠF10　位于ⅠT419内。被ⅠH108打破，本身打破ⅠH157。存者为一段东西向长的残墙，以及贴墙南侧的一块硬黄土。墙体以黑色土坯砌筑，长约150、宽25～

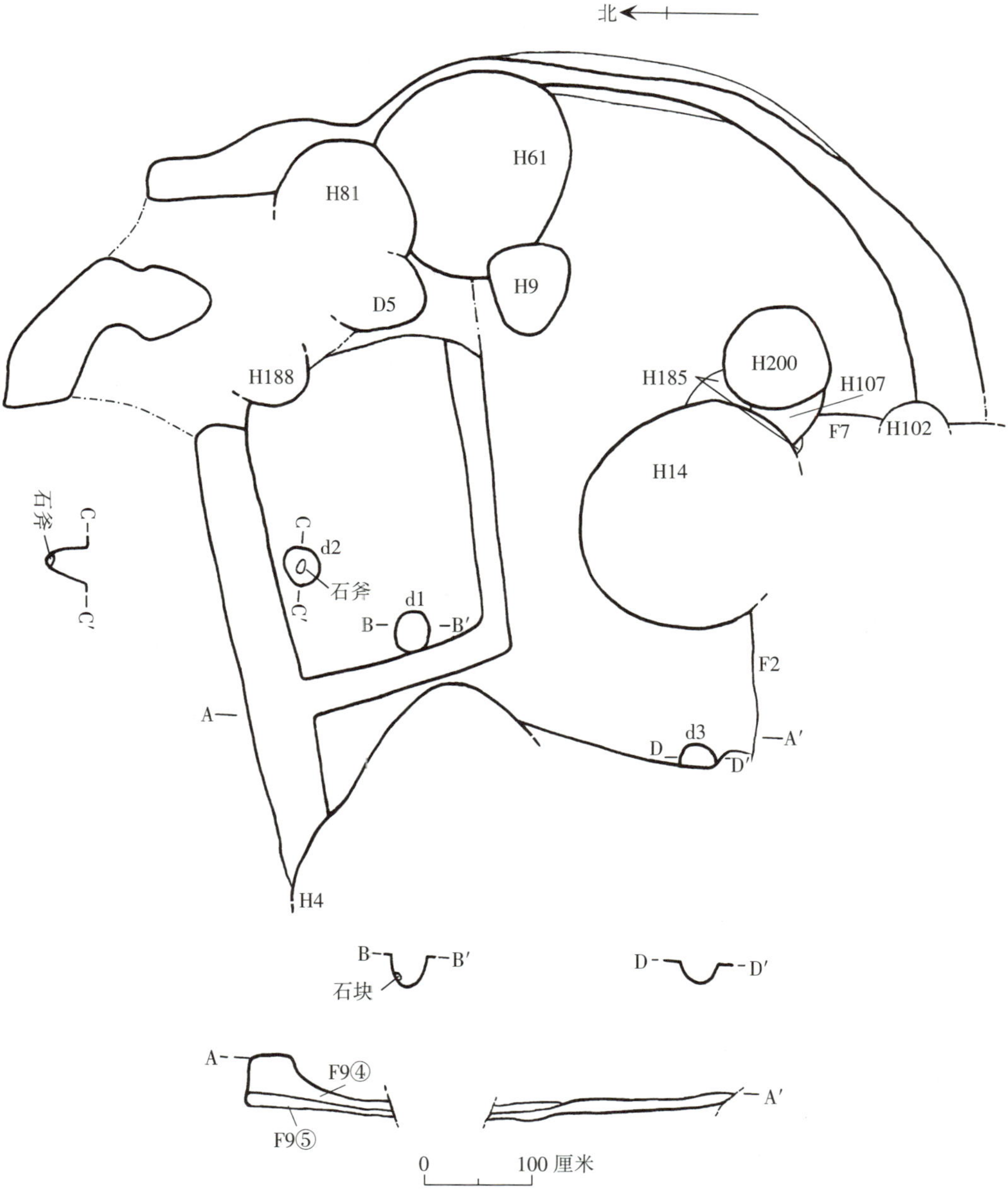

图4-5　96KDⅠF9平、剖面图
（ⅠF9④：黑土，ⅠF9⑤：灰土）

35、存高约20厘米，仅存3块卧置的土坯，皆长方体，长45、宽25、厚15厘米，土坯间填以黄泥，短边相接，连成一段略显弧形而弧凸朝北的墙体。土坯之上和内、外侧均抹1~3厘米厚的黄泥。墙体北侧的硬土厚2~4厘米，范围在东西长100、南北宽50厘米之内。硬土表面开有一直径20、深10厘米的浅穴。

96KDⅠF12　跨ⅠT409、ⅠT410、ⅠT422和ⅠT423。在ⅠT409第11层（亦即ⅠT410第7层）下，北部垫土被ⅠG7打破，其下即是生土。建此房址时先垫一层深褐色土（即ⅠF12③），于其上垒砌土坯墙，再于墙内敷泥抹平而成室内地面。中、北部的垫土厚30~50厘米，西部和南部较薄，一般厚10~20厘米。垫土被ⅠF27、ⅠH80、ⅠG5、ⅠH176和ⅠG7切削，西南方面为ⅠH185所截，而由ⅠH185至ⅠF27西边和至ⅠH34东南边的垫土边界则不甚清楚。垫土中出陶片，还有石凿、饼形石器、骨锥、陶纺轮和穿孔蚌壳各1件，以及2件刻划“｜｜”状痕的羊跖骨。

土坯墙位于这片垫土的北部，被ⅠH80、ⅠG5和ⅠH176削去甚多，仅存西南半部。从残存的部分看土坯墙大约围成直径4米的环形。土坯直接垒在垫土之上，墙宽25~30、存高一般20~30、最高40厘米。坯土黑色，不含草茎，多长方体，完整者约有两种，其一长、宽、高各为45、20和12厘米，另一为42、22和8厘米。坯皆单排卧置，彼此短边相接，仅存一或两层土坯，土坯之间填抹黄泥。墙体内、外抹2~7厘米厚的黄色草拌泥。

室内地面共有三层，各厚1.4、1.9和1.3厘米。皆平抹两层泥而成，下层均为黑泥，上层土色不一，顶层之上层土为浅灰色，其他两层皆浅黄色。各层表面均较坚硬。顶层地面中央有一突出的圆形浅台，直径105，高出周围地面1~2厘米，浅台中部烧烤得十分坚硬，呈红褐色，其下的抹泥亦呈红色，该处中层和底层的地面也被烧至坚硬，土呈红或红褐色。中层地面开有两小穴，分居南、北，北侧的口径和深度皆10厘米，南侧的口径20、深17厘米。底层地面亦有一穴，位于南部，口径12、深7厘米。墙内地面以上堆积分二层：ⅠF12①，黄褐色土，厚0~30厘米；ⅠF12②，灰杂土，厚0~40厘米。堆积中出少量陶片。

墙外以南50厘米的垫土层表面有两柱穴，东西并列，间距160厘米，穴壁及底贴附碎陶片，口径皆25、深皆20厘米。

96KDⅠF13　系一片支离破碎、不甚连贯的硬黄土（ⅠF13①）及其下垫土（ⅠF13②），主要分布于ⅠT407以及ⅠT408南部。ⅠF13②向北截止于ⅠF9东墙南端，向东延至发掘区外。已发掘部分的平面边界不甚明确，大体分布在南北长8、宽4米的范围内（在图2-2中未能画出ⅠF13的边界线）。

ⅠF13在ⅠH137之上，被ⅠH37打破。ⅠF13①，厚5~10厘米，层面存留5片灰烬，灰烬中有被烧过的兽骨、陶片、石器，还有人的肢骨和牙，陶片经拼对可复原一件陶尊（ⅠF13①:3）。ⅠF13①表面有一柱穴d1，其东北部在发掘区外，口径35、深60厘米，穴底敷3层硬黄土，各厚11、7、11厘米，两层之间各垫一层碎陶片，顶层硬黄土之上又有15厘米厚的碎陶片，其上的穴壁满贴陶片，穴内堆积为灰土。ⅠF13②，灰褐色，一般厚10～20厘米，北部较厚，最厚可至60厘米。ⅠF13②出有陶片和1件石铲残块，其中的一块陶片与d1内的陶片拼合成1件可复原的陶钵（ⅠF13②:4）。

96KDⅠF14　跨ⅠT410、ⅠT411和ⅠT424。ⅠT411第3层（亦即ⅠT410第2D层）下开口，打破ⅠT411第3A层和ⅠT410第3层。

为圆角长方形的地穴，西南—东北向长，长210、宽180、穴深120～160厘米。穴壁较直，四壁主要为ⅠQ1的墙土，下部及穴底为黄色生土。穴底较平，且较硬实，北壁下的穴底有一长80、宽50厘米的范围经烧烤而呈黑色。穴底有两柱穴，呈轴对称分布，间距100厘米，d1，口径20～25、深30厘米；d2，口长30、宽20、深30厘米，两柱穴底部垫黑土夯实，黑土之上和穴壁均贴垫碎陶片。

穴内堆积分四层，大体呈水平状分布：ⅠF14①，黄灰色土，厚35～60厘米，出少量陶片；ⅠF14②，黑灰土，极疏松，厚40～70厘米，含较多陶片，并出兽骨，还有残石刀、石钺残段、白石珠、绿松石饰件、残骨器、陶纺轮，残圆陶片、鹿角各1件，以及2件细石器石片和2件陶圆饼，此层底部卧置一足根残断的陶鬲，鬲口朝北；ⅠF14③，黄褐色土，厚20～60厘米，出数片陶片；ⅠF14④，黑土，较硬，覆盖在两柱穴之间的底面上，厚0～5厘米（图4－6；彩版一二，1）。

96KDⅠF15　跨ⅠT419和ⅠT431。西北为ⅠH377所破，东部被ⅠH108削去，本身打破ⅠH157。所存甚少，残留的一段弧形穴壁可能是地穴或半地穴的西北壁。存者东西向长150、最宽处宽125厘米。穴壁较直而略显袋状，最高残存125厘米。穴底为黄色生土，其上抹一层白灰，较平整。穴内有三层堆积：ⅠF15①，黄花土，厚约60厘米，出少量陶片；ⅠF15②，黑土，厚约40厘米，出陶片；ⅠF15③，黄土，似生土，厚约25厘米，出陶片，并有石磨盘、彩绘陶片和砾石各1件。

96KDⅠF16　位于ⅠT110内。为ⅠH120所破，本身打破ⅠG7。东部、南部和北部分别被ⅠH113、ⅠH90和ⅠH120切毁，仅存15～25厘米高的地穴西壁，残留部分东西向最长260、南北最宽170厘米。穴壁为黄色生土，壁边较直，略呈东南—西北向，存长160厘米，局部有烧烤痕迹。穴底较平，西南部经烧烤而呈红褐色硬面，东南部在穴底之上抹一层2～4厘米厚的草拌泥。穴内堆积分二层：ⅠF16①，黄褐色土，厚0～20厘米；ⅠF16②，灰褐色土，厚5～15厘米。堆积中出有陶片。

96KDⅠF17　跨ⅠT421、ⅠT422、ⅠT433和ⅠT434。在ⅠT421第7B层（亦即ⅠT422第2层）、ⅠT433第5A层和ⅠT434第3层下，下压ⅠT421第8层（ⅠF28墙外地面上堆积）。

圆形地面式建筑，东南墙几乎与其下的ⅠF28东南墙相切。建造此房址时，先在ⅠF28室内堆积的东南部垫土以得到平整的地面，其上垒砌环形土坯墙，垫土的范围基本不出墙体的外缘，分二层，上层（ⅠF17②）主要是土坯碎块和草拌泥块相混，最厚20厘米，下层（ⅠF17③）为黄土，最厚15厘米。墙内地面即是垫土的层面。

ⅠF17直径310～350、墙体宽15～22、高6～13厘米。土坯以灰土制成，皆长方体，长、宽、高各为38～39、20和10～12厘米。整个墙体仅有一层单排卧置的土坯，

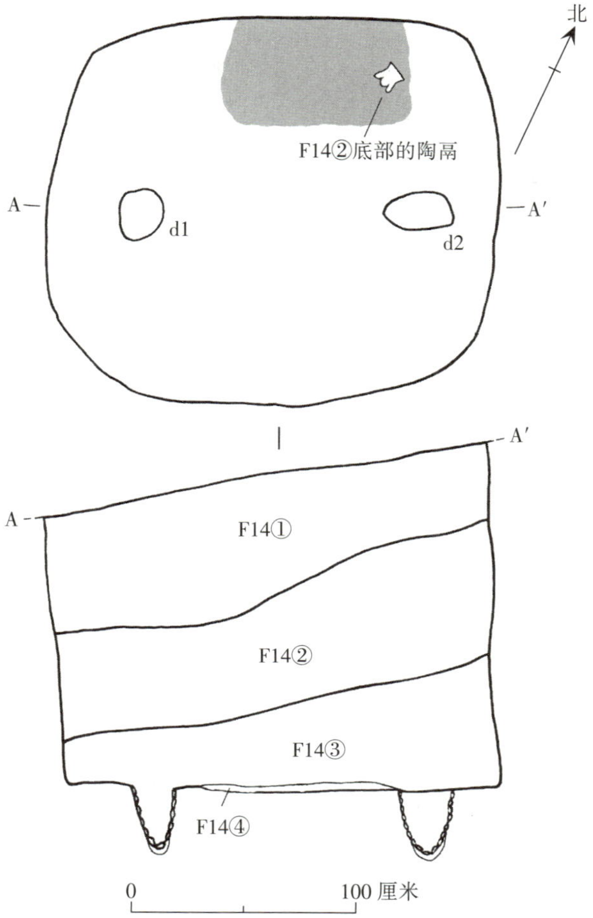

图4-6　96KDⅠF14平、剖面图
（平面图中灰色部分为穴底烧烤面）

彼此短边相接，故土坯之间形成的缝隙为长三角形或梯形，这些缝隙一律以黄色草拌泥填实。墙体内、外壁亦抹黄色草拌泥。土坯墙南部有一缺口，内缘宽44、外缘宽53厘米，恰好可容一块横卧之坯，其下正是ⅠF28的门槛。

房内有一东南—西北向的直墙，恰好将室内空间隔成面积大致相当的两部分，此墙长290、宽16～20厘米，以一层卧置的灰色土坯垒砌，墙体两侧抹黄色草拌泥。

此房址的西北部（亦即ⅠF28中部）下陷，致使墙体和地面都显得不甚平整，大体上西北部较低，东南部略高，东南部墙体的土坯直接搭在该处的ⅠF28墙体之上，因经年承荷上面的堆积，这东南部的土坯已被压扁，厚度仅有3～5厘米（图4-7；彩版一二，2）。

墙内地面以上的堆积即ⅠF17①，灰绿土，出有少量陶片。

96KDⅠF18　主体部分跨ⅠT409、ⅠT421、ⅠT422和ⅠT423。在ⅠT434第2F层下，被ⅠH115和ⅠH164打破，其下有ⅠT422第2层和ⅠT434第3层。东、南分别为ⅠH115和战国时期的ⅠH14所削。

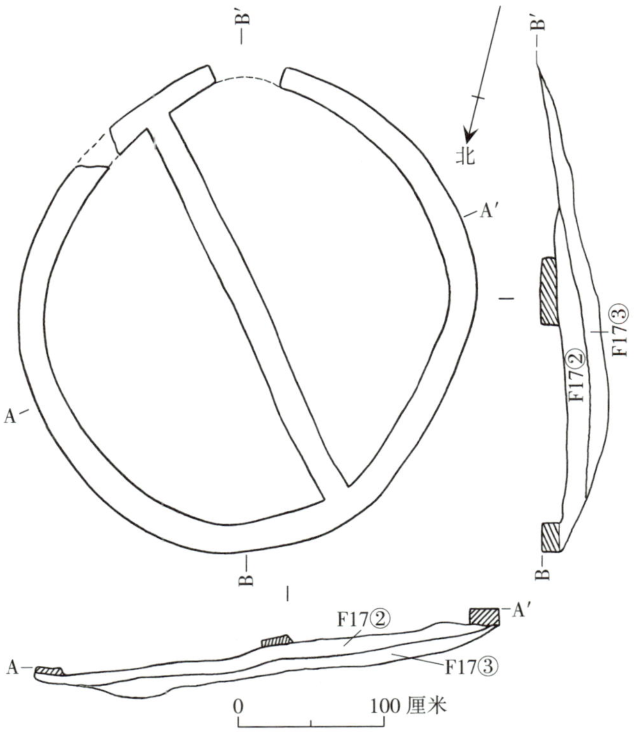

图4－7　96KDⅠF17平、剖面图
（平面图中环形土坯墙缺口处的虚线为ⅠF28门槛外缘，剖面图中斜线部分为土坯墙）

起建时先铺垫土，除西部外，其他地方垫土的边界均不甚清楚，大体分布在东西长550、南北宽420厘米的范围内。垫土厚度多为10～20厘米，个别处厚至30厘米，统称ⅠF18③，土色以黄为主，分五层，即ⅠF18③A、ⅠF18③B、ⅠF18③C、ⅠF18③D、ⅠF18③E，依次为：厚0～3厘米的夹草拌泥之黄土、厚0～3厘米的黄褐色土、厚0～4厘米的黄花土、厚0～25厘米的黄灰色土、厚0～25厘米的黄土。ⅠF18③C及其以下各层均出陶片，并有石、骨器等，东南部有一对并列的石斧置于ⅠF18③D层底，斧刃皆朝西，其南30厘米处置一有孔骨管（彩版一三，1）。

垫土之上垒砌土坯墙，存者为一道东南—西北向的直墙及接于其东北侧的曲尺形墙。墙体宽15～30、存高5～15厘米，直墙存长约4米，曲尺形墙的西北墙长约330、东北墙残长50～100厘米。墙体仅存一层土坯，坯土多为黑色，土坯皆长方体，长、宽、高多为30～33、14、10～12厘米，坯皆卧置，单排，短边相接，土坯之间填抹黄土。

直墙和曲尺形墙环围的范围当是房址的室内部分，曲尺形墙的内壁和室内地面均抹一层厚约0.2厘米的白灰，这层白灰面已崩解剥落，多数地方仅可见到些许痕迹（室内地面编为ⅠF18②）。墙外亦有一层堆积（ⅠF18W），在墙体之外的南、西、北均有分布，南端为夏家店上层文化的ⅠH141所截。以西部最为清楚，此处ⅠF18W的底面经烧烤而呈红色，其上堆积有土坯块和较多陶片，后者以一陶瓮的残片为大宗，还有一倒置的残陶鼎（图4－8）。

室内地面以上的堆积（ⅠF18①）为红烧土块，出有数片陶片，并有兽骨和石器等。

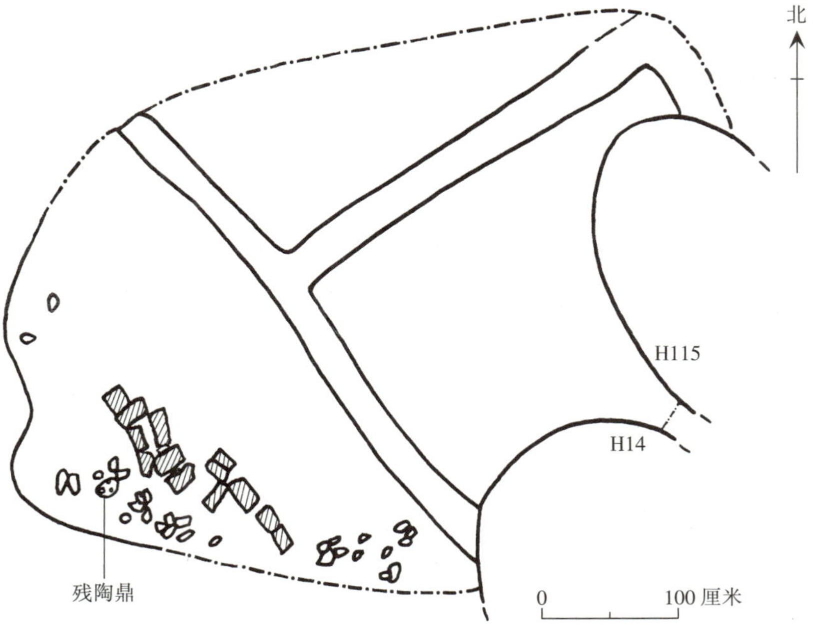

图4－8　96KDⅠF18墙内及墙外西北、西部平面图
（图中标有斜线的部分是土坯残块，余为陶片）

96KDⅠF19　位于ⅠT410内。被ⅠH146打破，其下为ⅠT410第1B层。北部、东部和南部为ⅠH146、ⅠH147（战国时期）、ⅠH92（夏家店上层文化）、ⅠH46（战国时期）和ⅠH125（战国时期）所截，仅存西部。

从残存的部分看当是圆形地面式建筑。起建时先垫一层厚10～30厘米的灰褐色土（ⅠF19③），此层出陶片，并有一残陶纺轮。其上建墙，再平整室内地面。存者南北向最长250、最宽145厘米。墙体宽40～60、存高10～28厘米，多数处可分内外三部分，内侧是宽10～20厘米的黄色草拌泥，外侧是宽20～30厘米的夯土，中间夹一层侧立的黑土坯，宽约10厘米，完整的土坯长、宽、高各为30～50、20～23、10～12厘米。室内地面（ⅠF19②）所存不多，系在垫土上铺覆6～8厘米厚的棕黄色土而成，表面较硬，由西向东略见下斜。

墙内地面以上的堆积为ⅠF19①，土色黄黑相杂，出有陶片。

96KDⅠF20　位于ⅠT423内。在ⅠT423第3C层下，被ⅠH149打破，打破ⅠT423第4A层。其北部已被上面地层削毁。

圆形地面式建筑，起建时先于地面垒砌土坯墙，再于墙内垫土，其上敷土形成室内地面。由于这里的地层下陷，使得墙体略显扭曲，室内地面及其下的垫土则由墙根向中间下倾。现存房址的直径250～290厘米，墙体宽14～18、残高10～50厘米。垒墙的土坯以黑土制成，常见者长、宽、高分别为 24、14、10 厘米，皆单排卧置，彼此短边相接，保存最高处有 5 层土坯相叠，但上下土坯之间的叠压似无明显的规制。土坯之间填抹黄泥。顶层残存的土坯共 20 块。墙体内、外壁均抹草拌泥，内壁局部可见烧烤痕迹。墙内先垫 30～60 厘米厚的黄土，其上的地面是一层 2～6 厘米厚的深褐色土，较硬。

地面以上的堆积分三层：ⅠF20①，灰绿土，较软，分布最为普遍；ⅠF20②，灰白色的灰烬，此层不甚连贯；ⅠF20③，为局部覆盖在室内地面上的黄灰色土，较硬，厚 0～5 厘米。堆积中出陶片和兽骨，并有陶纺轮、白石珠、卜骨残块、彩绘陶片各 1 件及两片蚌片。

96KDⅠF21　跨ⅠT419 和ⅠT420。东、西分别为ⅠH37、ⅠH137 和ⅠH156 所削，直接打破生土。地穴或半地穴式建筑，穴壁仅存西南角，最高处残高 100 厘米。穴底平整，经烧烤而呈红色（局部为黑色），较硬，现存部分南北最长 330、宽 45～180 厘米。穴底残存 3 个柱穴，口径和深度都是 30 厘米，各柱穴壁、底贴垫陶片，东部的两个南北并列，相距 140 厘米，均被ⅠH137 削去一半，西部的一个略近西南角（彩版一三，2）。

地穴内的堆积分二层：ⅠF21①，黑灰土，厚 0～45 厘米；ⅠF21②，浅黄色土，厚 0～35 厘米。堆积中出陶片，并有骨器和砾石各 1 件。

96KDⅠF22　位于ⅠT406 内。西北为ⅠH37 所截，打破ⅠG6。主室为圆角长方形的地穴，西北通过门槛与室外地面相接，方向 328°。现存部分东南—西北向，长 340、最宽处宽 190 厘米。

地穴东南部保存尚可，其余部位的穴壁存留不多，局部可见抹有一层黄泥。穴内由东南壁至门槛的长度约 230 厘米，东南部穴壁存深 110 厘米。绝大部分穴壁自上而下向内掏进，一般而言，穴底较现存之穴顶向内伸进 10～15 厘米。东南壁中部掏进得很深，形成壁龛，龛高约 70、进深 40 厘米，龛壁及龛口内、外的穴底经烧烤而呈红褐色，局部呈黑色而形成坚固的硬壳。

穴底为黄色生土，坑洼不平，西南、西北和东北较高，东南和中部较低，存留多处烧烤痕迹。

门槛和室外地面亦为生土，门槛长 140～150、宽 22～37 厘米，高出穴底和门外地面约 15 厘米。门槛外两侧各竖立一长方体土坯，坯土黄色，位于西南的长、宽、高为 32、24 和 12 厘米，东北侧的长、宽、高各是 35、28～34 和 12 厘米。室外地面凹凸不平，似经踩踏而较硬实，所存部分东南—西北向的长度（最长处）是 80 厘米，西南—东北向的长度约 160 厘米（图 4－9）。

房内堆积分二层：ⅠF22①，灰土；ⅠF22②，灰褐色土。堆积中有陶片，并有兽骨，还有 2 件圆陶片及一石铲残块。

96KDⅠF23　跨ⅠT405 和ⅠT406。地穴或半地穴式建筑，东北端为ⅠF34 垫土所

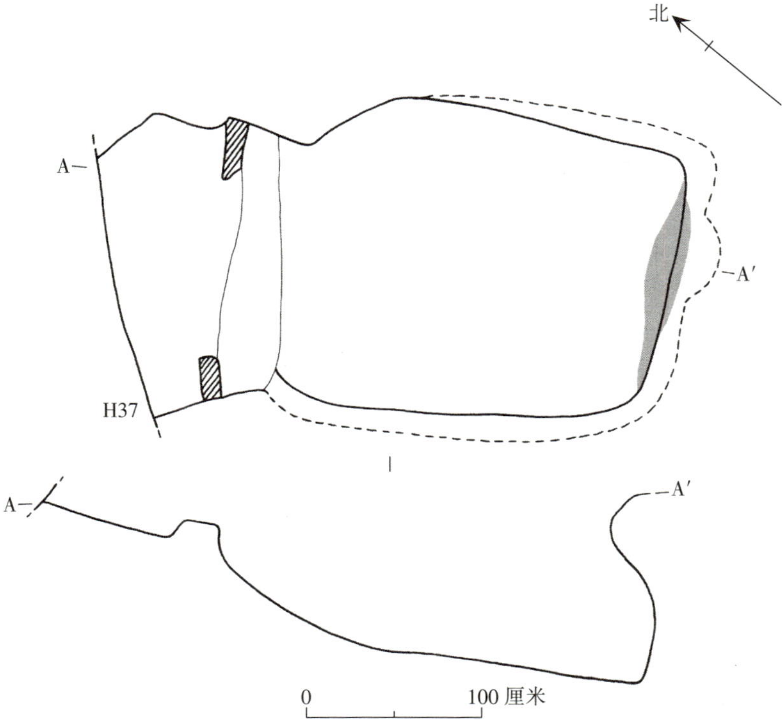

图 4－9　96KDⅠF22 平、剖面图
（平面图中标有斜线的为土坯，灰色部分为龛口外穴底烧烤面）

压，打破ⅠH33。多半被ⅠG6 削毁，仅存东南穴壁，这部分穴壁略直，皆黄色生土，存高 120 厘米。残存的穴底西南—东北向长 430、宽 130 厘米，局部覆盖着灰烬，最厚 6 厘米，内出数片陶片和一石铲残段。在灰烬之上为一层厚约 4 厘米的硬黄土，其表面多半被烧烤成红褐色。再上面又平铺一层 2～4 厘米厚的黄灰色土。穴内堆积中见有兽骨。

96KDⅠF24　跨ⅠT406 和ⅠT407。在ⅠT406 第 3B 层（亦即ⅠT407 第 5 层）下，其下为ⅠT406 第 3D 层（亦即ⅠT407 第 6 层）。仅存南北向长的一段残墙，略见弧凸朝东的弧形，长 120、宽30～40、高 30 厘米。墙体以土坯垒砌，内、外壁皆抹草拌泥。

96KDⅠF25　跨ⅠT110、ⅠT111、ⅠT410 和ⅠT411。在ⅠT410 第 5D 层和ⅠT411 第 5E 层下，被ⅠH120 打破，其下有ⅠT410 第 6 层、ⅠT411 第 6 层和ⅠH174。

地面式建筑，被ⅠH113、ⅠH120、ⅠH90 和ⅠH132 削去大半，仅存北部一小部分，从残存的部分看，其平面当为圆形。起建时先后铺敷ⅠF25⑥和ⅠF25⑤这两层垫土，其上砌墙，然后制成墙内地面。

墙宽 20～30 厘米，墙体以土坯砌筑，坯皆卧置，单排，彼此短边相接，最高处可见六层土坯相叠，该处墙高 75 厘米，最上层可见 19 块土坯相连。土坯有不同的规格，最常见的为长方体，长、宽、高各是 38、24 和 12 厘米。墙体内壁抹一层厚约 4 厘米的草拌泥，局部经烧烤。垫土以上的室内地面即ⅠF25④，含三层，总厚度 10 厘米：上层黄土，表面硬实，中层黄褐色土，下层黑土。

地面以上的室内堆积分三层：ⅠF25①，灰褐色土，厚0～10厘米；ⅠF25②，浅褐色土，厚0～25厘米；ⅠF25③，黄灰色土，厚30厘米。

两层垫土和室内堆积均出陶片，还有兽骨和石、骨器等。

96KDⅠF26 位于ⅠT408内。被ⅠH181、ⅠH183打破，直接打破生土。

地穴式建筑，平面呈圆形，袋状，南部袋进较深，穴底略平，北部稍高。口径205～220厘米，穴深95～150厘米。北壁有一壁龛，龛底与穴底相连，龛高约40、纵深40厘米。东壁下部有一凸出于穴壁的凹坑，坑之上部不存，残存之口径65～75厘米，坑底比穴底深30厘米，坑底置一大块陶片（ⅠF26②:4）。

穴底（ⅠF26②）西北至中部覆盖着一片灰烬，内有一石块（ⅠF26②:5）和陶片，后者中有4片同属1件陶瓮（ⅠF26②:1），其余陶片分置于中（ⅠF26②:2）、西部（ⅠF26②:3）。

穴内堆积为黄杂土（ⅠF26①），含灰烬，并夹杂土坯块，出陶片和兽骨，尚有石斧、石铲残块、饼形石器各1件（图4－10）。

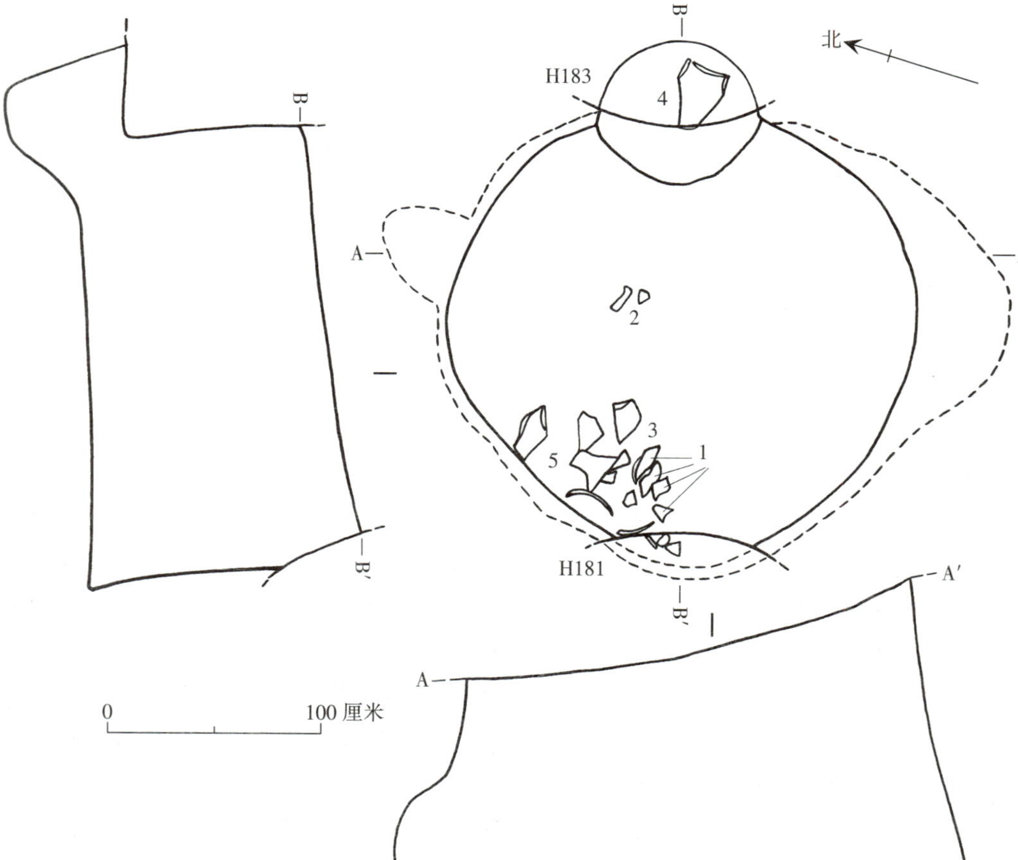

图4－10 96KDⅠF26平、剖面图

1. 陶瓮残片（ⅠF26②:1） 2、5. 陶片（ⅠF26②:2、ⅠF26②:3） 3. 石块（ⅠF26②:5）
4. 大陶片（ⅠF26②:4）

96KDⅠF27　位于ⅠT409东部，小部分在发掘区外。开口于ⅠT409第6B层下，被ⅠF9叠压，打破ⅠT409第7层。地穴或半地穴式建筑，穴口平面近圆角长方形，西南—东北向的长度（最长处）240、宽200、穴深100～115厘米。南壁和西南壁多有参差凸凹，东壁为袋状，其余部位穴壁略直。

东角和东南壁各有一向外伸出的窄沟，均延至发掘区外。东沟为ⅠH80所削甚多，与穴底东角隔一道长55、宽10、高10（外侧）～20（内侧）厘米的门槛，沟壁较直，沟底略平，沟底高出穴底10～15厘米。东南沟直壁，平底，已发掘部分长60～85、宽55～60、沟底高出穴底20厘米。

西半部有4个壁龛（表4-1），龛底与穴底相连（彩版一三，3）。

表4-1　ⅠF27壁龛统计表　单位：厘米

龛号	龛顶距穴口	龛口至底最大高度	龛进深（最深）	备注
K1	55	60	45	
K2	50	65	25	
K3	55	55	15	龛壁和底以及龛外30厘米以内的穴底均经烧烤而呈红褐色
K4	50	55	60	龛壁局部被烧烤成红褐色

穴底（ⅠF27④）略平，整体上由北向南稍稍下斜，东部存留石铲和圆陶片各1件，尚有一猪牙。

穴内堆积分三层，大致呈水平状分布：ⅠF27①，黄土，略硬，厚35～50厘米；ⅠF27②，灰杂土，较软，含较多灰烬和黑色炭屑，厚0～25厘米；ⅠF27③，黄土，较软，厚15～60厘米。堆积中出少量陶片，并有一残圆陶片（图4-11）。

96KDⅠF28　跨ⅠT421、ⅠT422、ⅠT433和ⅠT434。被ⅠF17叠压，为ⅠH104所破，其下为ⅠT422第3层（亦即ⅠT423第3C层）、ⅠT433第6层和ⅠT434第4层。

地面式建筑。墙内之地原为略近圆形的浅坑，起建时先沿浅坑外缘垫一圈棕黄色土（ⅠF28⑦，最厚处厚15厘米），在此垫土上挖一周浅基槽（5～25厘米深），沿基槽砌成环形土坯墙，再以灰绿土将墙内浅坑垫平（ⅠF28⑥，最厚处厚50厘米），其上敷抹草拌泥而成室内地面。两层垫土均出少量陶片，并有圆陶片、残石铲和骨凿各1件。

以墙体外缘为端点，土坯墙的直径为465～490厘米，墙体宽23～35、存高30～75厘米。土坯除一例是灰土外，余皆以黑土制成，有的土坯中含有一两个河床圆砾，绝大部分为长方体，完整者长、宽、高各是36～39、20～24、9～12厘米，个别土坯的平面作梯形。土坯皆单排卧置，彼此短边相接，土坯之间填抹黄色草拌泥（彩版一四，1）。一般存有3或4层坯，上、下土坯错缝叠压，多为上层压在下层土坯的中间或2/5处，保存较高的东南部墙体则有5层土坯（彩版一四，3）。每层土坯大约是31～33块，墙体最上层表面可见34块土坯（彩版一五，1）。墙之内、外壁均抹一层黄色草拌泥，厚2~7厘米（彩版一四，2）。

门槛开设于墙体东南部，方向155°，顶面宽28厘米，较两侧墙顶低30~35厘米。此处墙槽内有3层土坯，中、上层土坯接合面略高于室内外地表，土坯顶上的草拌泥脱落殆尽。门槛内、外侧均堆有黄土。门槛内宽外窄，此处两侧墙体内端和外端的距离分别为80和63厘米。

室内地面主要是2~4厘米厚的黄色草拌泥及其之上的一层很薄的细泥，多数地方略经烧烤而稍显红色，因中部下陷，故地面不平，整体上显现由四周向中心下斜之势，西北部最高，贴近墙根的周边多已无存。中部和南部墙根处各有一块明显呈红褐色的硬烧烤面。中部的烧烤面最为坚硬，直径108~123、厚约3厘米，其下尚有3层红褐色烧烤硬面，各厚3厘米，第3和第4层烧烤面之间开有一圆形小凹坑，口径18、深14厘米，坑壁抹草拌泥，内填灰烬。中部烧烤面西邻的室内地面也经过明显的烧烤而呈红色，但无硬感。

室内地面（ⅠF28③）存留6件遗物：东南墙根下有一加工过的狍角，南部有一陶器底，西部有一黑色珍珠岩石块和一夹砂红陶陶片，北部有一浅褐色流纹安山岩石块（出土时裂成两块）和一泥质褐陶瓮罐类腹片（表面有4道箍堆纹）。在此层地面之前，还先后敷抹过两次室内地面（分别为ⅠF28⑤和ⅠF28④），均以黄色草拌泥铺就，现仅于墙根附近有所存留（图4－12；彩版一五，2）。

室内地面以上的堆积有二层：ⅠF28①，黄褐色土，出少量陶片，并有2件圆陶片残块和一陶圆饼；ⅠF28②，黄土，亦出少量陶片，并有一刻划“｜｜”状痕的羊距骨。

墙外是较硬的地面，或因踩踏所致，绕墙外一周均有分布，一般由墙外延伸1~2米，东南阔达3.5米，西北最窄处仅30厘米。东南地面上存留40多件石块，其中14件经过砥磨。墙外地面上叠压的堆积，在南部即ⅠT421第8层和ⅠT433第5B层，东北部为ⅠT422第2B层（亦即ⅠT423第3B层）。

96KDⅠF29　位于ⅠT410内。在ⅠT410第2层下，其下叠压ⅠT410第2A层。仅存一段东南—西北向长的土坯墙及相连的少部分灰褐色硬土，西北、东南分别为ⅠH178和夏家店上层文化的ⅠH92所截。

残存的土坯墙略见弧形，长260~295、宽20~25、高5~20厘米，仅存一层单排土坯，完整的土坯长38~40、宽24~28、高11~12厘米，坯皆卧置，短边相接。灰褐色硬土厚5~15、最宽处仅40厘米。墙体和硬土之下可见一层黄灰色垫土，最厚处厚30厘米，含少量陶片。

96KDⅠF30　位于ⅠT410内。为ⅠH132所削，打破ⅠH187。地穴或半地穴式建筑，仅存西部，残存部分的平面不足半圆形，直径约220、存高15厘米。穴底为黄色生土，较平而硬实，由南向北略见下斜，南部穴底及西南壁经烧烤而呈红褐色。穴内堆积灰褐色土（ⅠF30①），含陶片，并有1件残陶圆饼。

96KDⅠF31　位于ⅠT433西部，大部分在发掘区外。开口于ⅠT433第4G层下，打破5A、5C层。

地穴或半地穴式建筑，门道和部分穴壁得到发掘。穴深约120厘米，穴壁较直，穴底略平而硬实，北部穴底及其上的一段穴壁经烧烤而呈红色。门道凸出于东南壁，长140、宽50～65厘米，靠外侧部分呈斜坡状，内侧部分经两块并列横卧的土坯后即为两级台阶，上阶高30厘米，上阶与下阶之间为长40厘米的斜坡，下阶至穴底高30厘米。

穴内堆积分三层：ⅠF31①，黄褐色土，较硬，厚10～20厘米；ⅠF31②，土色灰黄相杂，较软，厚50～70厘米；ⅠF31③，灰白色淤积土，略硬，厚10～30厘米。堆积中未见遗物。

96KDⅠF32　位于ⅠT434内。在ⅠT434第4C层下，打破ⅠH34。

地面式建筑。先垫一层0～12厘米厚的黄灰色土（ⅠF32③），其上平铺一层2～5厘米厚的碎土坯块作为地面（ⅠF32②），地面上以单排卧置的一层黑土坯垒成马蹄箍形墙体，西南留出缺口，口外是一片小砾石。整个遗迹长270厘米。完整的土坯为长方体，彼此短边相接，以黄土填缝，墙体内、外抹黄色草拌泥，墙宽18～23、高多在6～8厘米。此墙环围的部分长155、宽140厘米。西南缺口外宽内窄，宽50～75厘米。墙内的地面略有硬感。缺口外的小砾石散布在长115、宽80厘米的范围内。墙体和小砾石皆呈由东北向西南的下斜之势（图4－13）。

墙内地面以上的堆积（ⅠF32①）为夹杂碎土坯块的黄土。

96KDⅠF33　跨ⅠT408东北和ⅠT409东南，东部在发掘区外。在ⅠT409第3层下，其下为ⅠH179、ⅠT409第4层。地面式建筑。北部有一段弧形的土坯墙，墙内的

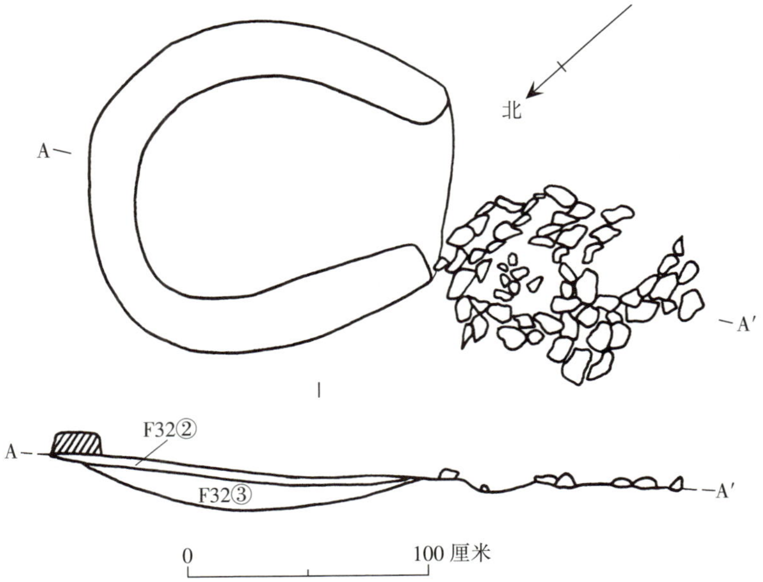

图4－13　96KDⅠF32平、剖面图
（剖面图中的斜线部分为土坯墙）

地面向南延续，直至被战国时期的ⅠH78截断。这部分房址的平面约略近半圆形，南北向长390、东西向最宽处宽270厘米。

墙体仅存一层土坯，保存较好处可见土坯卧置，双重，内侧土坯的长、宽、高各是37～40、12、14厘米，外侧土坯长35～38、宽28、高14厘米。室内地面（ⅠF33②）略平，存留三足根脱落的残陶甗、残陶盆和石铲残块各1件。墙内地面以上的堆积（ⅠF33①）出兽骨和若干陶片及1件残陶圆饼，地面以下的垫土亦出少量陶片。

96KDⅠF34　位于ⅠT406东部，大部分在发掘区外。在ⅠT406第4B层下，其垫土下压ⅠF23。地面式建筑。仅发掘出西部一段弧形墙体和墙内地面及其下垫土。已发掘部分的南部有石块垒砌之墙，宽10～20、存高20厘米，中部墙体无存，北部为夯土墙，宽20～24、存高25厘米。其下垫土分三层：上层黄土，厚20厘米；中层黑土，最厚处厚80厘米；下层黄灰色土，最厚处厚80厘米。垫土中出兽骨和少量陶片。

97KDⅠF39　跨ⅠT302和ⅠT303。开口于战国时期的ⅠT303第3层之下，打破ⅠF57、ⅠH349。

地穴或半地穴式建筑。平面近圆形，有一凸出于西南壁的门道，宽45、残长33厘米。地穴口径200～240厘米，穴壁较直，穴底略平，穴深75～125厘米。

地穴的上半部紧贴穴壁垒有石块，但由于被辽代灰坑ⅠH223及其他地层削毁，南部穴壁是否也有石块已无从确认。石块的长、宽多在15～20厘米，最长的可达40厘米。保存最高的地方石块叠砌10层之多，穴壁砌石的底线北部稍高，向南渐低，距穴底的高度35～85厘米，现存砌石的高度35～60厘米（彩版一六，1）。砌石以下的穴壁皆黄色生土，较有砌石的穴壁稍有内缩。

穴底东、西各有一小穴，西侧的d3，口径30、深22厘米，壁、底贴垫碎陶片。东侧有一直径约50、深7厘米的浅凹，d4即开设在其中部，平面椭圆形，穴壁袋状，口部南北向长15、东西向宽7、底长20、宽11、穴深32厘米。近东边处的穴底经烧烤而呈红色。

地穴内有六层堆积：ⅠF39①，灰褐色土，含炭粒，最厚30厘米；ⅠF39②，浅褐色土，由东南向西北渐厚，最厚35厘米，此层层面略有硬感，北部局部烧烤成红色；ⅠF39③，黄土，由东南向西北渐薄，最厚20厘米，柱穴d1开口于此层东南部层面，口径18、深13厘米，壁、底贴垫碎陶片。但东南部ⅠF39③以上的地穴内堆积已被削去，如注意到ⅠF39②的堆积分布特点，d1也很可能是开口于ⅠF39第2层层面的柱穴；ⅠF39④，黄褐色土，其覆盖的平面范围遍及全穴，厚5～25厘米，该层层面可见不甚连贯的黑灰，局部亦烧烤成红色，柱穴d2开口于此层西部层面，口径20、深17厘米，以黄泥将碎陶片固贴于穴底，穴内堆积上层灰土，下层为黄色草拌泥；ⅠF39⑤，为灰白色灰烬，厚25～40厘米；ⅠF39⑥，为铺覆在穴底的一层黄色草拌泥，厚5～23厘米（图4－14）。

ⅠF39①～ⅠF39⑤均出陶片。ⅠF39①出有狗头骨。ⅠF39②见有石、骨器及呈焦炭状的炭化粟粒。ⅠF39③有狗牙。

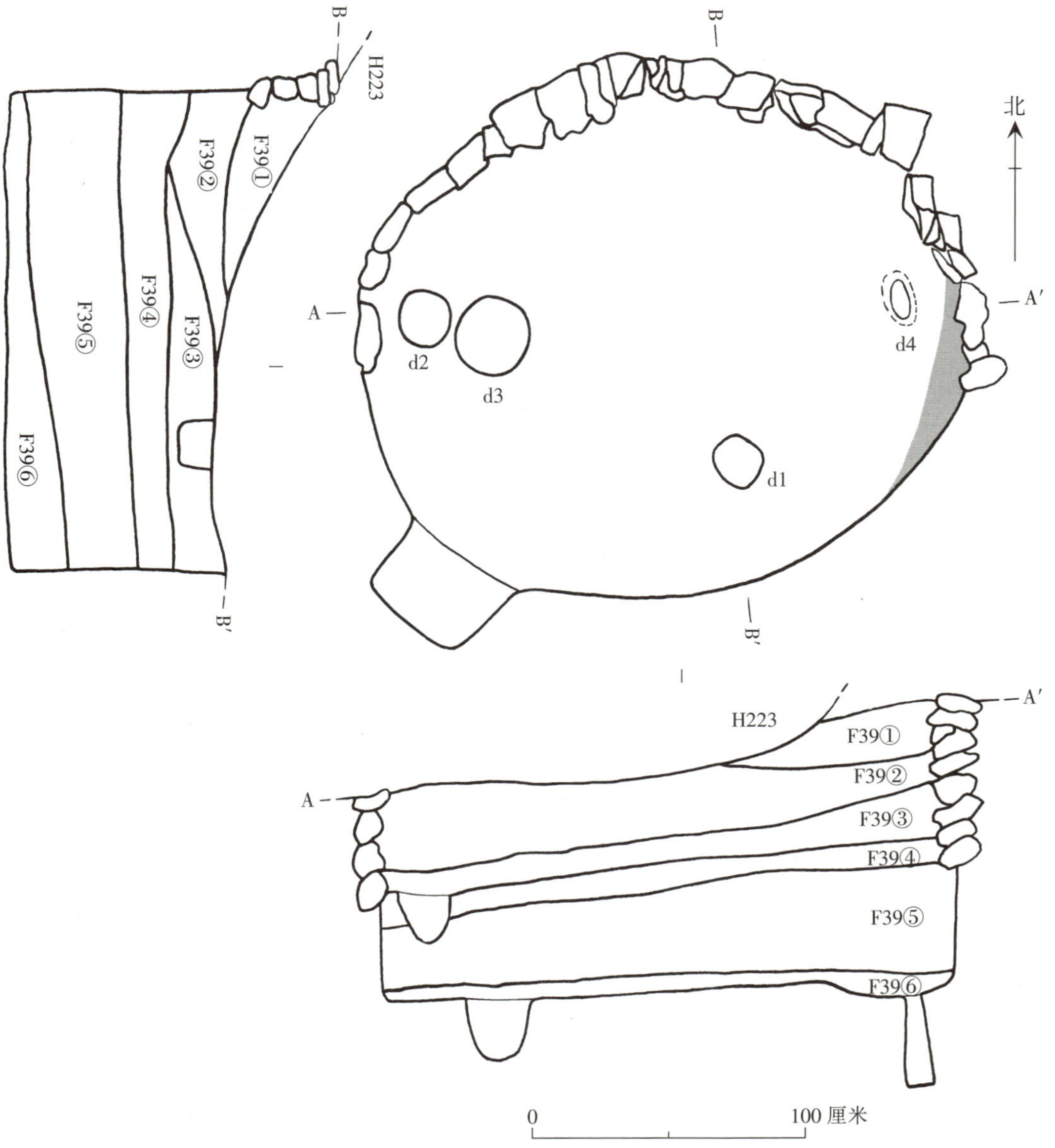

图 4-14　97KDⅠF39 平、剖面图
（平面图中灰色部分为烧烤面）

97KDⅠF40　跨ⅠT326 和ⅠT327。开口于两探方战国时期的第 5B 层下，被战国时期的ⅠH337 打破，本身打破两探方的第 6 层。

地穴或半地穴式建筑。口距地表约 50 厘米，平面略近圆角长方形，西南—东北向长 260、宽 230、穴深 20～60 厘米。西角穴壁存留一层 2 厘米厚的草拌泥，靠南壁并卧两块短边相接的土坯。穴底（ⅠF40②）较硬，由南向北略见下斜，北部存留 1 件石铲（或石斧），西角附近有石器残块和残片各 1 件。西南部穴底有两个圆形柱穴，相距 110 厘米，位于西角一侧的 d1 口径 25、深 30 厘米，壁、底贴垫碎陶片，近口部的穴内堆积有4个石块和一兽肩胛骨，靠下部置一有烧烤痕迹的较大石块（ⅠF40d1∶1）。南角附近的d2口径24、深10厘米（图4－15）。

地穴内堆积深灰色土（ⅠF40①），含大量灰烬，并出陶片和1件石器。

97KDⅠF42 跨ⅠT316、ⅠT317、ⅠT325～ⅠT327、ⅠT335～ⅠT338。在ⅠT316的第6层和ⅠT325、ⅠT326、ⅠT327、ⅠT336的第7层，以及ⅠT335的第7A层之下，被ⅠH252、ⅠH310、ⅠH367、ⅠF40、ⅠF56打破，其下叠压ⅠH328、ⅠH430、ⅠF51W、ⅠT327和ⅠT337的第8层、ⅠT338的第2层。

地面式建筑。起建时先普遍垫土，约在垫土范围的中部垒砌土坯墙，再平整墙内地面。此房址被削毁甚多，墙内地面以上的堆积基本无存。

垫土边界的划定虽欠准确，但其四至基本清楚，大致分布在南北长11、东西宽8米的范围内，北部最厚，可达1米。垫土从上至下共有六层：ⅠF42②，分布最少，平面约略呈东南—西北向长的椭圆形，长180、宽110厘米，恰好将ⅠF42d2、ⅠF42d3、ⅠF42d4、ⅠF42d6这4个柱穴包容在其范围之内，黄褐色土，厚0～30厘米；ⅠF42②A，黄花土，南部不见，较硬，厚0～25厘米，其下有一平面形状不规则的灰坑ⅠH383，口径90～105、最深55厘米，坑内堆积深褐色土，打破以下各层；ⅠF42②B，为夹杂红烧土颗粒的灰土，略硬，厚0～40厘米，此层分布最广；ⅠF42②C，为黄褐色土与灰白色灰烬多层交叠之堆积，仅见于中部及其以东的范围，厚0～50厘米；ⅠF42②D，系由红烧土块、灰渣和黄色硬土块相混的烧结物层，主要见于中部及其以西的范围，厚0～50厘米；ⅠF42②E，为黄土，略硬，厚0～40厘米，东、西边缘一带不见此层。以上各层及ⅠH383均出陶片，并有兽骨和石、骨器等，ⅠF42②D出土的各类遗物最为丰富。

土坯墙东部和东南部被削，西北亦为夏家店上层文化的ⅠH213切穿，南部和西南仅存墙根内缘之草拌泥，时断时续。从残存的部分看，此墙应以单排的土坯圈成椭圆或圆环形，土坯仅存一层，可数8块，皆长方体，短边相接。北段3块卧置，顶面抹一层草拌泥，两块较完整的长、宽、高皆是40、28、15厘米。西段5块侧立，其中南部的4块较为完整，长、宽、高约30、20、10厘米。土坯之间填抹黄土，墙体内壁均抹一层草拌泥。

垫土之上的墙内地面有四层，即ⅠF42①A、ⅠF42①B、ⅠF42①C、ⅠF42①D，皆黄土，一般厚5～10厘米。但每层土的表面都很硬实，且均有一处经烧烤而呈红褐或黑色的圆形硬面，硬面在各层的位置相差无几，直径皆45厘米，被ⅠF40削去近半。仅ⅠF42①D的层面存有遗物，为陶纺轮和有切割痕的兽骨残段各1件。ⅠF42①A的层面存留3个柱穴，穴壁均抹一层黄泥，d1口径13、深15厘米，被ⅠH213削去一部分；d2口径16、深18厘米；d6口径28、深26厘米。ⅠF42①D的层面亦有3个柱穴，均以黄泥将碎陶片固贴于壁、底，d3口径12、深16厘米；d4口径28、深30厘米；d5口径20、深30厘米（见图4－15）。

墙外覆盖在垫土层面上的堆积当是ⅠF42墙外堆积，这主要是指ⅠT335第7A层及其上的ⅠT325～ⅠT327、ⅠT335、ⅠT336的第7层，这些堆积中出有陶片，并见有石器。

另外，ⅠF42第2B层出有1件残靴形鼎足，与ⅠH297的鼎足同属一陶鼎的附件。

97KDⅠF43　主要分布于ⅠT429西北部，极少部分伸进ⅠT430西南角，西部在发掘区外。地穴或半地穴式建筑。口距地表约180厘米，北部为ⅠH494所截，直接打破生土。

从已发掘部分看，此遗迹平面可能接近圆形，这部分南北向长约100、最宽处宽70厘米，穴壁存高80～100厘米。南有壁龛，龛底与穴底相连，龛高38厘米，由南壁向南纵深34厘米。穴底与壁龛均经烧烤而呈红褐或红色。穴内堆积中出有陶片和兽骨。

97KDⅠF44　跨ⅠT306、ⅠT315和ⅠT316。开口于ⅠT315和ⅠT316的第6层下，打破ⅠH292。地穴或半地穴式建筑。口距地表160厘米，南角为ⅠH384和ⅠH413所削。

平面呈圆角长方形，直壁，穴底较平，由南而北略见下斜。西南—东北向的长度245、宽180～190、穴深150～170厘米。西南壁的东南段设有门道，最长处残长55、宽30厘米，仅存两级台阶，上阶凸出于西南壁外，下阶呈凸入穴内的生土台，上阶阶面现存长度和下阶阶面长度在20～25之间，上阶至下阶以及下阶至穴底的高度皆35厘米左右。

穴底有3个圆形柱穴，穴壁均贴一周碎陶片。d1在西角附近，口径20、深30厘米。d2近东南壁，口径23、深36厘米。d3靠近东角，口径21、深26厘米。

北角有一角龛，龛底与穴底相连，龛口东西宽50厘米，由北角向北掏进28厘米，龛壁和龛底以及龛外附近的穴底均经烧烤而呈红褐或黑色（彩版一六，2）。穴底的北部覆盖着一片灰烬，含大量炭屑。穴底（ⅠF44⑤）存留石铲残段、盘状石器和陶片各1件。

穴内堆积分四层：ⅠF44①，黑灰色土，较软，厚0～45厘米；ⅠF44②，灰土，较软，厚10～40厘米；ⅠF44③，黄灰色土，略硬，厚0～40厘米；ⅠF44④，土色黑黄相杂，略硬，厚30～100厘米（图4－16）。各层均出陶片和兽骨，堆积中还有石、骨器等。

97KDⅠF45　跨ⅠT317和ⅠT327。被ⅠH276、ⅠH367打破，打破ⅠF47、ⅠH328。

地穴或半地穴式建筑。西南边和南端分别为ⅠH265、ⅠH276所削，残存部分的平面近圆角长方形，各边均呈凸弧，西边略有参差。南北向残长220、东西宽190厘米，穴壁较直，穴底略平，存深约35厘米。

穴壁抹一层厚约2厘米的黄色草拌泥，但脱落较多，局部有烧烤痕迹。穴内北部有一道与北壁平行的黄土墙，距北壁25～30厘米，东部已残，存长140、宽20、残高30厘米，此墙的南、北两壁均见烧烤痕，贴此墙之南的穴底存留一块厚约5厘米的黄泥抹面，最长130、最宽50厘米。穴底北部尚有东、西两个浅窝，窝口椭圆形，窝深皆10厘米，东侧的一个贴靠北壁，长30、宽20厘米，西侧的一个在黄泥抹面和黄土

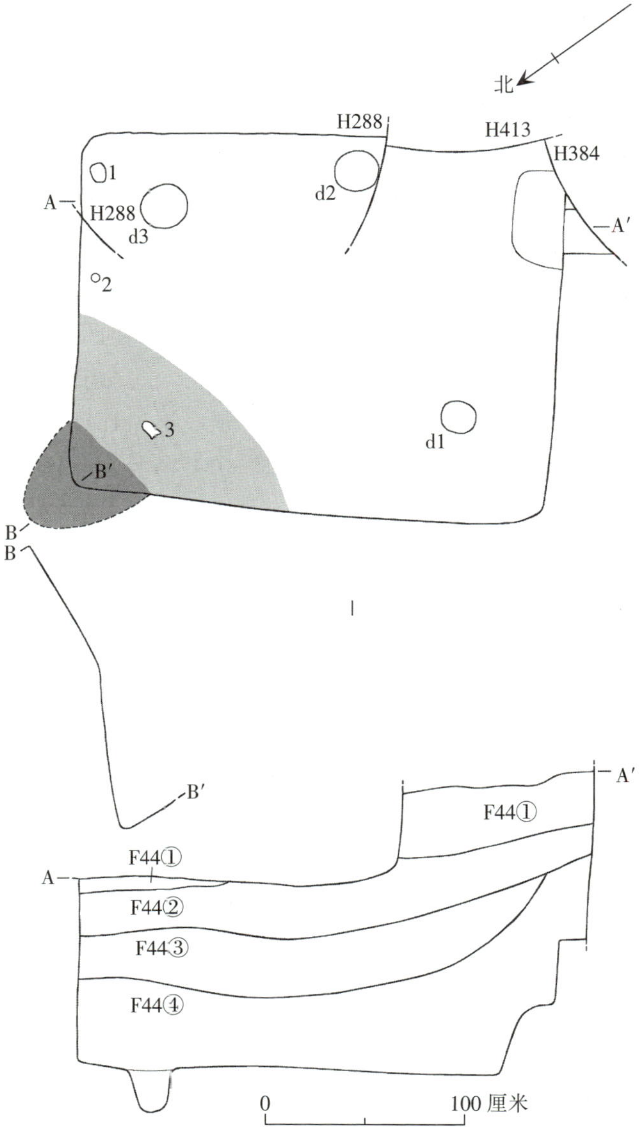

图 4－16　97KDⅠF44 平、剖面图
（图中灰色为烧烤面，浅灰色为灰烬）
1. 石铲残段　2. 盘状石器　3. 陶片

墙之下，长 36、宽 18 厘米。穴底（ⅠF45②）为黄色生土，较硬，中部存留 1 件石铲和数片陶片（图 4－17）。

穴内堆积灰褐色土（ⅠF45①），出少量陶片，并有兽骨，以及石斧残段、小石片、骨簪和陶纺轮各 1 件。

97KDⅠF46　位于ⅠT318 内。东部为ⅠF41 打破，直接打破生土。地穴或半地穴式建筑。平面近圆角长方形，东南边略弧，西南—东北长 240、宽 180～220、穴深45～85 厘米。穴壁较直，西北、西南和东南三壁稍显袋状，东北壁敷抹 10 厘米厚的黄色草拌泥，复经烧烤。穴底略平，中部及其西南略深，南部穴底硬实，表面呈现一片黑灰

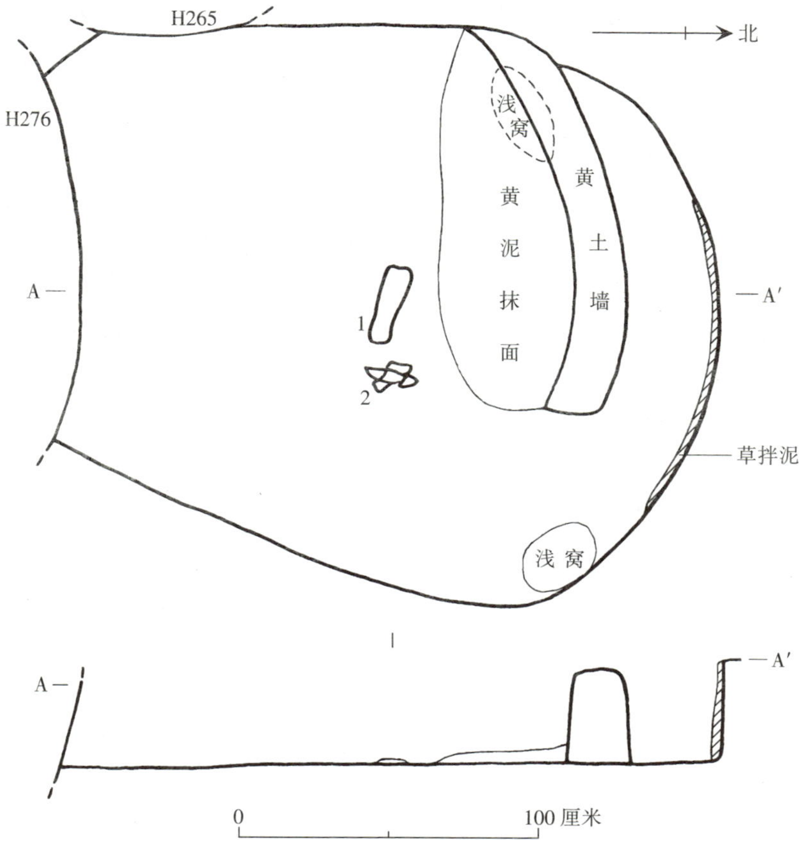

图4－17　97KDⅠF45平、剖面图
（斜线部分为草拌泥）
1. 石铲　2. 陶片

色。穴底西角置一石块，长72、宽35、厚10厘米（图4－18；彩版一七，1）。

穴内堆积分二层：ⅠF46①，为红烧土块堆积，厚45～70厘米，红烧土块的长宽多在10厘米以上，有的尚可见到光滑的凹弧面，当是贴裹在柱状构件上的遗痕（图版一，1、2）；ⅠF46②，灰土，厚0～15厘米。两层均出陶片，堆积中并有兽骨和石、骨器。

97KDⅠF47　位于ⅠT317内。西边稍稍被ⅠF45打破，直接打破生土。地穴或半地穴式建筑。平面呈圆形，东部有一外凸，系残存的壁龛之下部，穴壁较直，平底，南部保存较高。直径约230、穴深45～80厘米。

穴壁普遍抹一层草拌泥，一般厚2～3厘米，局部经烧烤。壁龛之龛口宽约60厘米，由东壁进深30厘米，龛底与穴底相连，龛底及龛外附近的穴底被烧烤成红褐色，龛壁亦抹草拌泥，东端近龛底处的草拌泥壁面显现四道并排的斜向手指抹痕，每道抹痕宽约2厘米，中间的两道较长，外侧的两道较短，与拇指以外其他四指并拢的情况大体相符（图版一，3）。穴底坚实，西部有两柱穴，南北分列，二者相距120厘米，壁皆贴附碎陶片。d1直径28、深30厘米，内有1件残盘状石器。d2口径24、深18厘

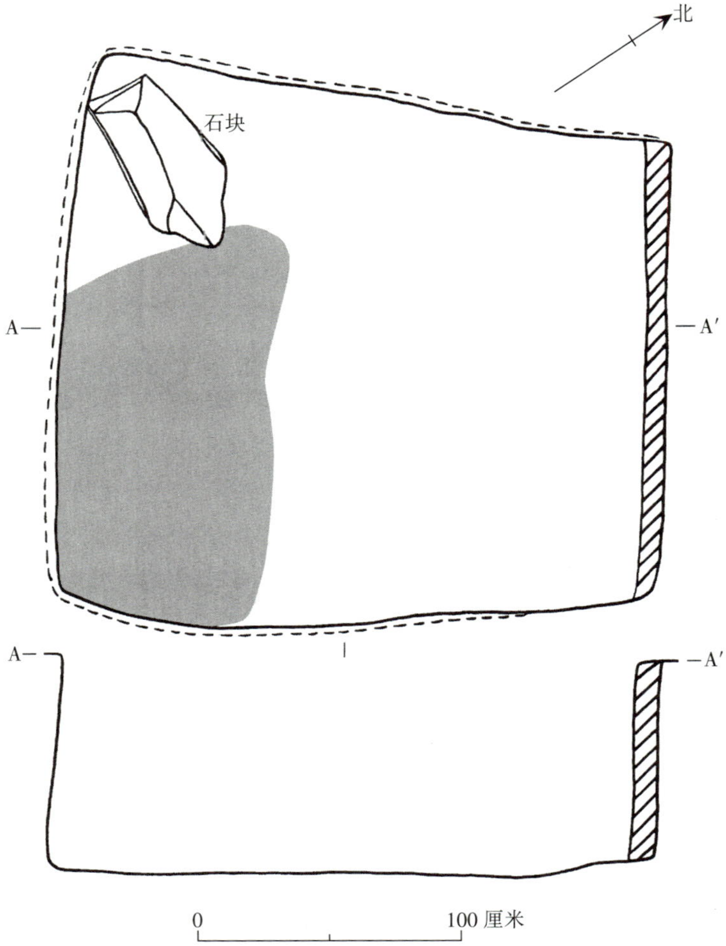

图 4－18　97KDⅠF46 平、剖面图
（图中灰色部分为黑灰硬面，斜线部分为黄色草拌泥）

米（图 4－19；图版二，1）。

穴内堆积为黄草拌泥、黑土坯块和红烧土块的混杂层，出少量陶片，红烧土块中不乏长宽在 10 厘米以上的较大者。

97KDⅠF48　跨ⅠT318 和ⅠT328。北部为ⅠH276 削去，直接打破生土。

地穴或半地穴式建筑。平面凸字形，门道凸出于西南壁，方向 214°，穴内残存部分的长、宽约在 230 厘米，穴深 65～85 厘米。穴壁较直，东南壁略显袋状，多数穴壁抹有草拌泥，局部经烧烤。东角有一向东掏进的凹坑，长 32、宽 27 厘米，由东角纵深 13 厘米，较该处穴底深 16～20 厘米，凹坑周壁及坑外附近的穴底经烧烤而呈红色。穴底较平而坚硬，南部有一圆形浅凹，直径 20、深 3 厘米。

凸出的门道内宽外窄，宽 50～75 厘米，西南—东北向的长度为 50 厘米。门道内有一级台阶，阶宽（西南—东北）约 20 厘米，阶面以上的部分呈斜坡状，其下即是地穴的直壁，阶面距地穴口、底的高度分别是 40 和 28 厘米（图 4－20）。

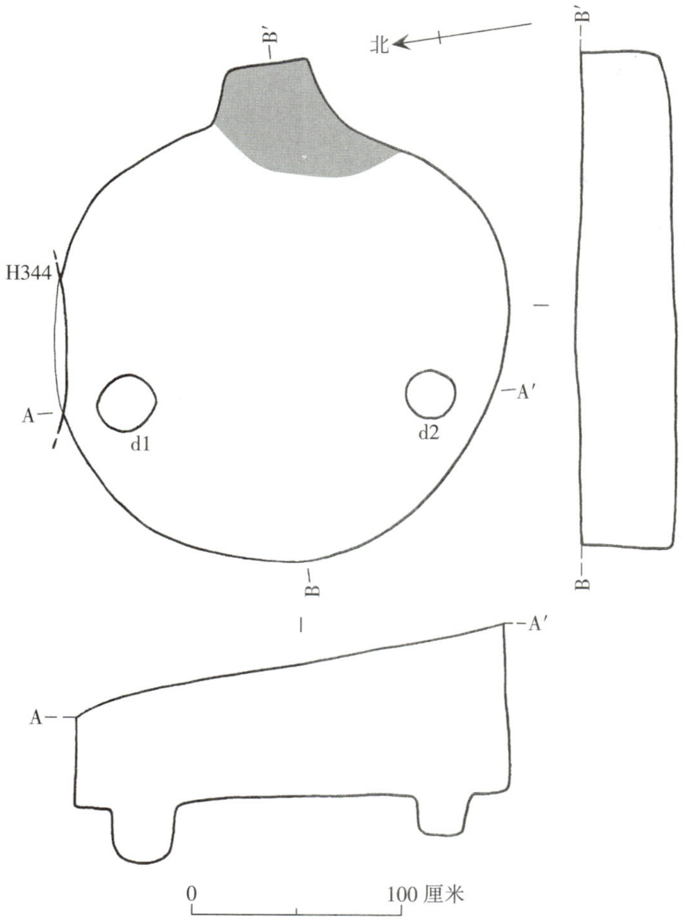

图 4-19　97KDⅠF47 平、剖面图
（平面图中灰色部分为红褐色烧烤面）

穴内堆积分三层：ⅠF48①，棕黄色土，含料姜石，土质较硬，厚 0~50 厘米；ⅠF48②，黑灰土，较软，厚 10~30 厘米；ⅠF48③，灰绿土，较软，厚 0~25 厘米。堆积中含少量陶片，并有兽骨和石、骨器等。

97KDⅠF49　位于ⅠT307 东北部，东部在发掘区外。在ⅠH413 之下，打破ⅠH419。地穴或半地穴式建筑。今南、北各存一段穴壁，绝大部分穴壁为黄色生土，穴底略平，局部经烧烤而呈红色，有的地方还覆盖着厚至 6 厘米的灰烬。已发掘部分的地穴南北向长 195、东西向最宽处宽 105、穴深 10~80 厘米。穴内堆积出数片陶片。

97KDⅠF50　位于ⅠT429 内。开口于ⅠT429 第 8 层下，打破ⅠH500。地穴或半地穴式建筑。平面略近椭圆形，穴壁多有坍塌而不规则，南北向长 245、东西向最宽处宽 200、穴深 70~90 厘米。

有 5 个壁龛，龛底与穴底相连（表 4-2）。

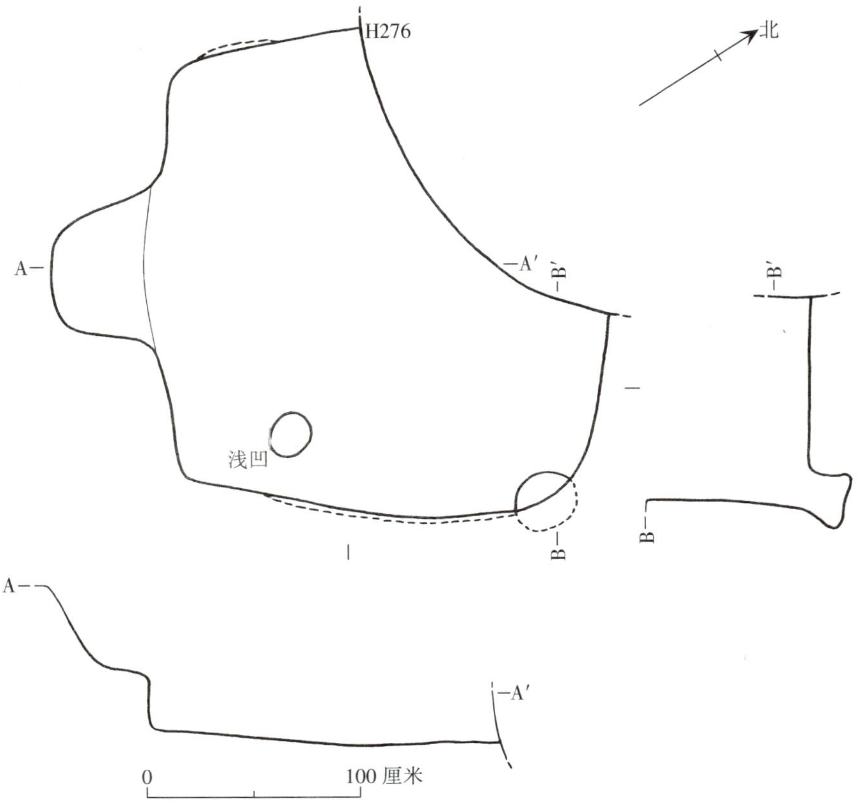

图 4－20　97KDⅠF48 平、剖面图

表 4－2　ⅠF50 壁龛统计表　　单位：厘米

龛号	龛口至底最大高度	龛底最大宽度	龛进深（最深）	龛底平面形状
K1	70	80	30	半圆形
K2	80	100	45	半圆形
K3	70	60	25	半圆形
K4	70	60	20	半圆形
K5	40	60	30～40	近长方形

穴底凹凸不平，中部似经烧烤而略呈红色。中到东北部的穴底之下有一个平面形状不规则的浅坑，此坑坑口西南—东北长 115～135、宽 60～100 厘米，坑最大深度 25 厘米，坑内填黄土，出有数片陶片（图 4－21）。

穴内堆积分三层：ⅠF50①，黑灰土，厚约 40 厘米；ⅠF50②，灰土，厚 10～35 厘米；ⅠF50③，黄土，但与穴底浅坑内的黄土仍有区别，厚约 25 厘米。堆积中出少量陶片，并有兽骨和石、骨器等。

97KDⅠF51　位于ⅠT336 西部。大部分在发掘区外。开口于ⅠT336 第 7 层下，打破ⅠH429、ⅠH462。

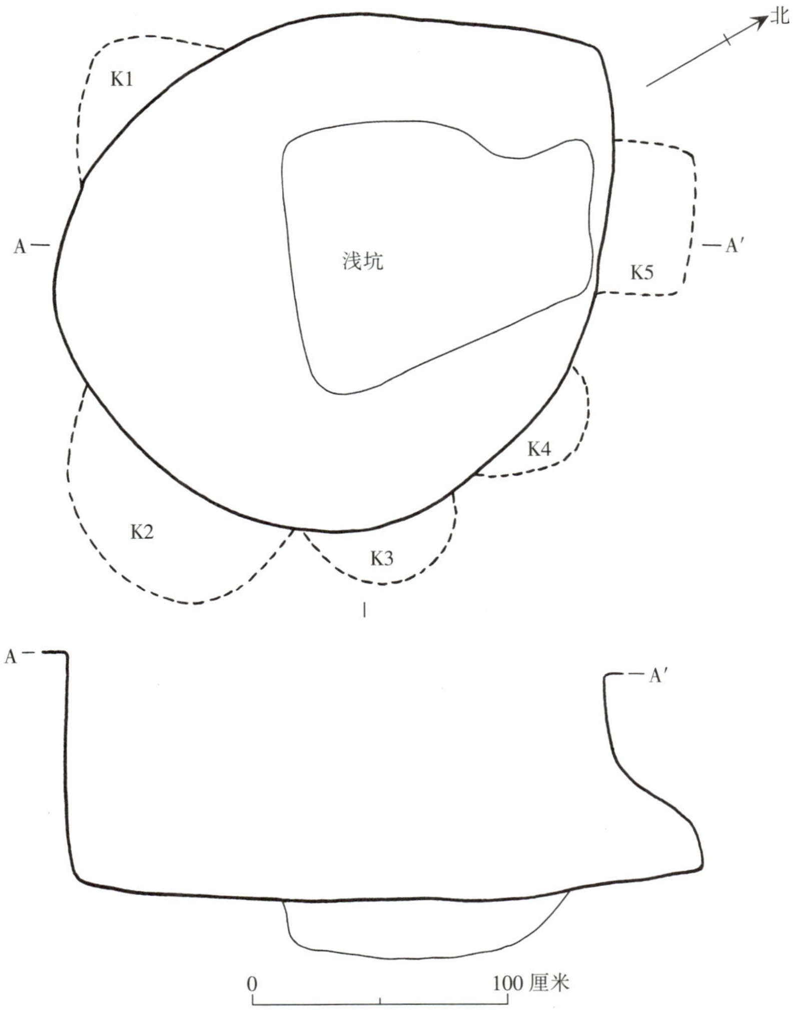

图 4－21　97KDⅠF50 平、剖面图

已发掘部分为该房址东部，主要是一段弧凸朝东的弧形墙体，于地面直接起砌双重土坯而成（ⅠF51Q），墙宽 65～70、现存最高处高 80 厘米。坯土黑色，土坯间填抹黄土，因长久挤压，砌筑方法难明，大体可知土坯多为长方体，皆卧置，层层错叠而起，外侧之墙体宽约 40 厘米，每层坯可能是采用长边相接的排列方式，内侧墙体宽 25～30 厘米，其土坯可能是短边相接。在已发掘部分的墙体内侧中部，接有一段大体呈东西走向的土坯墙，宽 30 厘米，可数出 12 层黑色土坯，坯高约 10 厘米。

墙内堆积分上下五层：ⅠF51①，黄灰色土；ⅠF51②，黄土；ⅠF51③，黄褐色土；ⅠF51④，灰土；ⅠF51⑤，黄灰色土。

ⅠF51 墙体之外的堆积即ⅠF51W，以ⅠT336 的西北部为中心，东至ⅠT336 中部，北抵ⅠT335 西南和南部，可区分多层，有的层面似经踩踏而显得较硬。各层均出陶片，有的还出兽骨及石器等。

97KDⅠF52　位于ⅠT336 内。西部为ⅠH433 和ⅠH481 削毁，直接打破生土。地

穴或半地穴式建筑，从残存部分看，平面当是圆角矩形。西南—东北向存长200、宽150～170、穴深约30厘米。穴底较硬，自东而西下斜，存留物仅两块陶片。穴内堆积分三层：ⅠF52①，黄土杂黑斑，厚0～10厘米，出较多陶片，并有石铲残段、石磬残块和陶圆饼各1件；ⅠF52②，黄土，厚约10厘米，出数片陶片；ⅠF52③，棕黄色土，厚约15厘米，无遗物。

97KDⅠF53　位于ⅠT432内。开口于战国时期的ⅠT432第2层下，打破ⅠH490、ⅠH491。

地穴式，平面近圆形，穴壁较直。穴口东南—西北向长220、宽195、穴深210厘米。地穴的上部紧贴穴壁垒一周石块，石块的长、宽多为10～20厘米，上下堆叠的石块至少有10层。这段砌石之壁约有60厘米高，宽约20厘米，其内侧局部可见贴敷的一薄层黄土，略有硬感，或可起到护壁的作用。砌石以下的穴壁皆黄色生土，其上部较砌石之壁内缩约15厘米，中部以下穴壁略见袋状。穴底略平，长、宽各是200厘米和180厘米。在穴底靠近周边一带散布着15个石块，近东南边处卧置一块长30、宽15厘米的长方体土坯（图4－22；彩版一八，1）。

穴内堆积为黄褐色土（ⅠF53①），含较多草拌泥块和836个石块或石片（彩版一八，2），较大的石块往往大小相若，石质颇为一致，以青灰色为主，其中有20件近似石铲（或斧）的毛坯，此外，还出有陶片、兽骨和石、骨器等。

97KDⅠF54　位于ⅠT430内。起建于ⅠT430第8层层面之上，被ⅠT430第7层叠压。ⅠG2（指ⅠG2南壁）等遗迹将其削毁，仅存一段弧形石墙，长约180、宽约50、最高35厘米。砌墙之石中有1件珍珠岩石块，被砥磨成凹面，在外侧接近墙之底部的石块之间有一陶甗下部的残件。

97KDⅠF55　位于ⅠT309东部，东端在发掘区外。南部为ⅠH373所破，本身打破ⅠT309第8层。

地穴或半地穴式建筑，由圆形地穴及凸出于东壁的门道组成。地穴口径约180、穴深85～155厘米。穴壁较直，平底，南部穴底有一片灰烬，厚2～3厘米，其下的地面及该处南壁近底部的一段经烧烤而呈红色。穴底北部有一柱穴，口径22～25、深23厘米，以2厘米厚的黄泥将碎陶片固贴于壁、底。门道斜坡式，指向东南，方向100°，其东端超出发掘区外，已发掘的这段门道长110、宽50～60厘米，斜坡之倾角约30°，坡面多参差坑洼，俯瞰若鱼鳞状浅窝，门道内端之下即是地穴东壁，该处距穴底高45厘米。

穴内堆积分五层，大体上呈水平状分布：ⅠF55①，黄杂土，略硬，厚10～30厘米；ⅠF55②，灰杂土，略硬，厚10～35厘米；ⅠF55③，黄褐色土，较软，厚20～55厘米；ⅠF55④，黑土，较软，厚30～55厘米；ⅠF55⑤，黄土，黏硬，厚10～25厘米（图4－23）。除ⅠF55⑤外，其余各层均出陶片，堆积中还有兽骨和石、骨器等。

97KDⅠF56　跨ⅠT337和ⅠT338。中部为战国时期的ⅠH455贯穿，打破ⅠT337

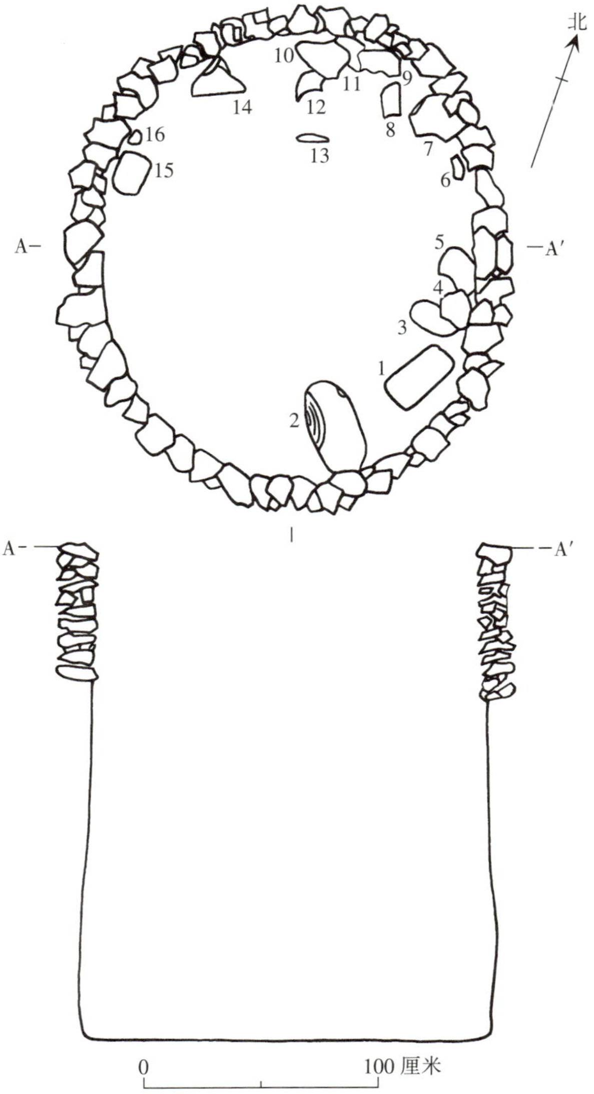

图 4－22　97KDⅠF53 平、剖面图
1. 穴底土坯　2～16. 穴底石块

第 6 层。

地穴或半地穴式建筑。平面略近方形，东南—西北向长 210、宽 165～195、存深 15～25 厘米。穴底略平，东南半部穴底多经烧烤而呈红褐色硬面，穴壁局部亦被烧烤成红色。穴底存两柱穴，相距 80 厘米，柱穴壁、底皆敷抹 2～8 厘米厚的黄泥，再贴垫一层碎陶片。d1 位于西南壁中部附近，口径 29、深 27 厘米。d2 紧贴东南壁，口径 34、深 28 厘米。

地穴内的堆积（ⅠF56①）为棕黄色土，含料姜石，出数片陶片，并有磨制陶豆柄残段、陶纺轮和残盘状砾石各 1 件。ⅠF56①土质较硬，当是其上建有ⅠQ4 之故（图 4－24）。

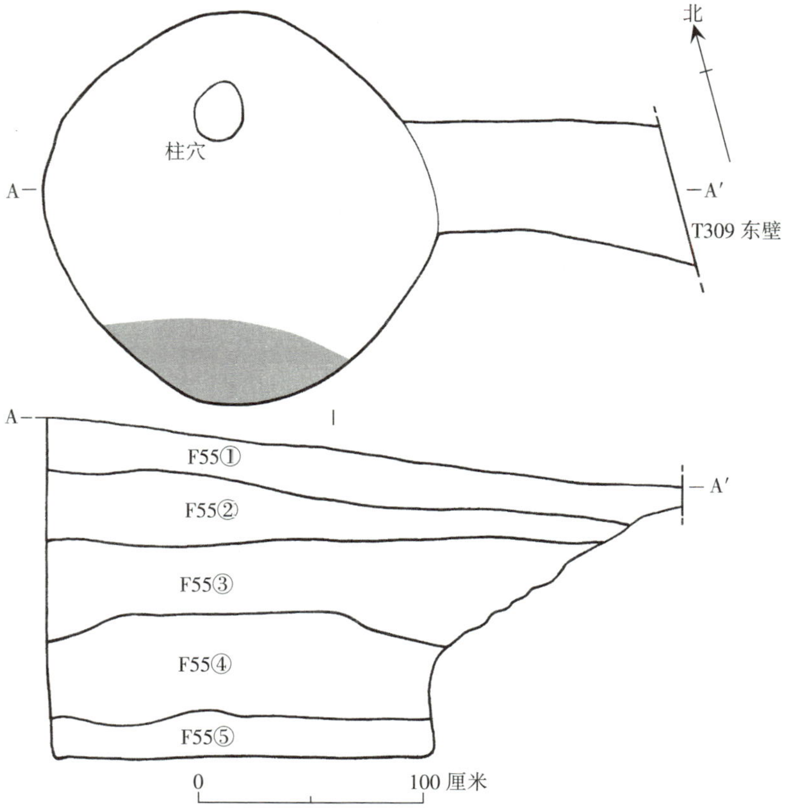

图 4－23　97KDⅠF55 平、剖面图

（平面图中灰色部分为灰烬和红色烧烤面）

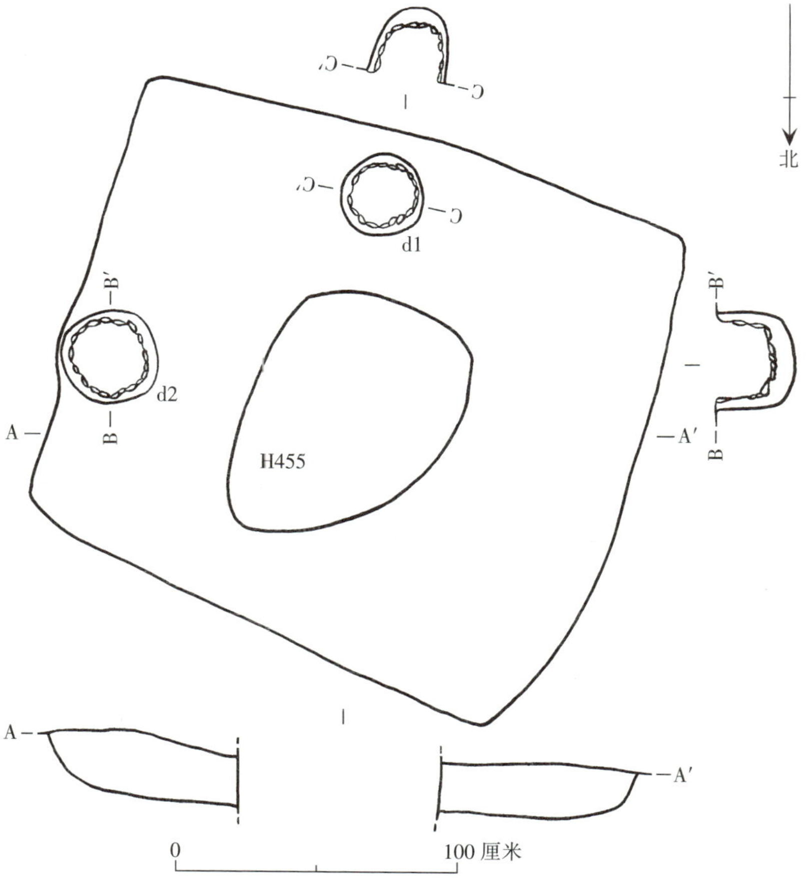

图 4－24　97KDⅠF56 平、剖面图

97KDⅠF57　位于ⅠT302东部，其东延至发掘区外，西部为ⅠF39所削，仅存两层硬土，共厚10厘米，每层表面均有局部烧烤成红色的部分，上层黄土，下层黑土，其下即ⅠH368的坑口。

97KDⅠF58　位于ⅠT430西部，其西部延至发掘区外。起建于ⅠT430第4层上，被ⅠG2南壁削去甚多，仅存一段东南—西北向长的土坯墙（与ⅠG2南壁平行），长170、高20厘米。完整的土坯呈长方体，长、宽、高各为28、24和10厘米。在这部分墙体的西段，紧贴其北有一片较硬的黄土，厚约5厘米。残存的墙体和硬黄土大体分布在东南—西北向长170、宽90厘米的范围内。北端硬黄土表面开有一柱穴，口径28、深16厘米，壁、底贴附碎陶片。

97KDⅠF59　位于ⅠT430内。起建于ⅠT430第9A层和ⅠH494坑口之上，被ⅠT430第9层叠压。大部为ⅠG2南壁削去，仅存一段弧形墙体及接于其北侧的一块灰褐色硬土。墙体弧凸朝西南，残长约530、宽35～55、存高20～60厘米。墙之东南段（约130厘米长）以黄土堆筑，其余部位的墙体皆以石块垒砌，西北端石墙保存较高，可见上下4层相叠的石块，最高处高40厘米。砌石墙体中有3件角闪安山岩板状石块垒在一起，长、宽、厚分别在27.5～35.2、21.2～28、2.6～3.8厘米之间。硬土厚约2厘米，残存者最宽处宽（西南—东北向的长度）90厘米（彩版一七，2）。

97KDⅠF60　跨ⅠT335和ⅠT336。东北大部为ⅠH422削去，直接打破生土。地穴或半地穴式建筑，平面大体为边长约2米的不规则方形，最深处穴深60厘米，穴壁和底均有经烧烤而呈红色的部分。穴内堆积分上下二层：ⅠF60①，黄土，厚5～30厘米；ⅠF60②，红褐色土，厚15～40厘米。出土遗物不详。

97KDⅠF61　跨ⅠT431西北和ⅠT432西南，其西端在发掘区外。被ⅠH499打破，打破ⅠH492。

地穴或半地穴式建筑。地穴平面近似圆角方形，边长在190～210厘米之间，穴深50～125厘米。穴壁较直，唯东角略呈袋状。门道凸出于西南壁的东南段之外，方向约205°，已发掘部分的门道最长处为35、宽约85厘米。穴底似经踩踏而较硬实，北角的底部烧烤成红褐或黑色，其他部位的穴底局部亦有烧烤痕迹。穴底有两柱穴，间距90厘米，柱穴壁、底皆贴垫一层碎陶片。位于西北的是d1，口径32、深30厘米。偏于东南的为d2，口径30、深30厘米。

穴内堆积分五层：ⅠF61①，黄灰色土，厚15～35厘米；ⅠF61②，黑灰土，厚10～40厘米；ⅠF61③，灰白色土，厚0～20厘米；ⅠF61④，为黑灰和灰白两色灰烬层层错叠的堆积，厚20～70厘米；ⅠF61⑤，主要为黄色草拌泥块，厚10～25厘米。除ⅠF61⑤外，其他各层均出陶片，并有石、骨器等（图4－25）。

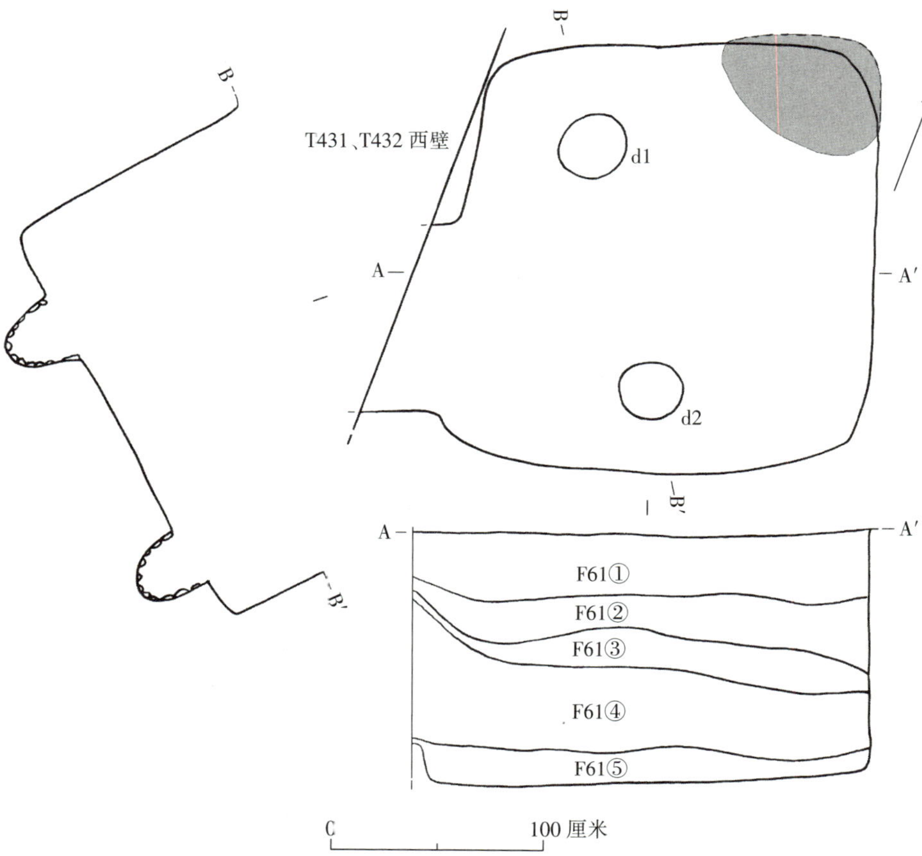

图4－25　97KDⅠF61平、剖面图
（平面图中灰色部分为烧烤面）

二、灰坑

除96KDⅠH150·ⅠH151、97KDⅠH206·ⅠH364、97KDⅠH234·ⅠH366·ⅠH407、97KDⅠH235·ⅠH345·ⅠH374·ⅠH420、97KDⅠH317·ⅠH318、97KDⅠH320·ⅠH370、97KDⅠH443·ⅠH444·ⅠH445这7处为若干编号坑合为一组的情况外①，其余编号为灰坑的遗迹均是独立的。如是，编号为灰坑或灰坑组的单位共计193个。

96KDⅠH12　位于ⅠT401内。开口于战国时期的ⅠT401第3E层之下，直接打破生土。坑之北半部为战国时期地层削毁，原本坑口平面当为圆形，坑底由北向南下斜。现存此坑的东西向长度为180、南端坑深50厘米。坑内堆积灰褐色土，较软，含烧土块和黑灰（图4－26）。堆积中出有少量陶片，还有1件残蚌片和1件饰有花纹的陶尊残片。

---

① 属此类情况者多是若干编号坑内的堆积有所相连（如96KDⅠH150·ⅠH151），也有在某编号坑下出现其他编号坑的（如97KDⅠH317·ⅠH318）。

96KDⅠH13　位于ⅠT434内。为ⅠH34所破，打破ⅠQ1。平面略呈圆形，袋状。口径110、坑深56厘米。坑内堆积黑灰土，但靠下部的堆积中杂有棕色斑块，与ⅠQ1墙体的土色类似（图4－27）。出土物除兽骨外仅1件石斧。

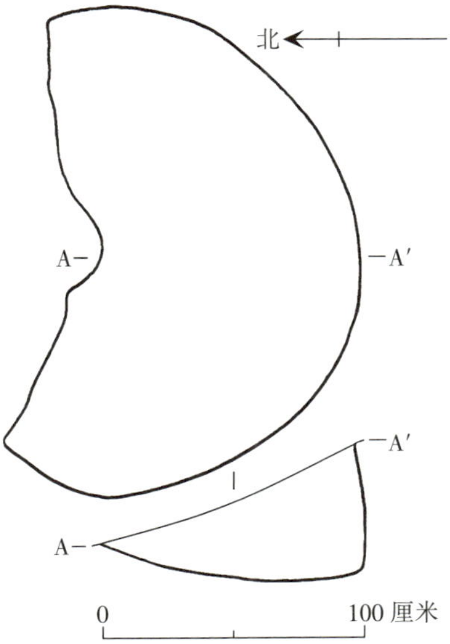

图4－26　96KDⅠH12平、剖面图

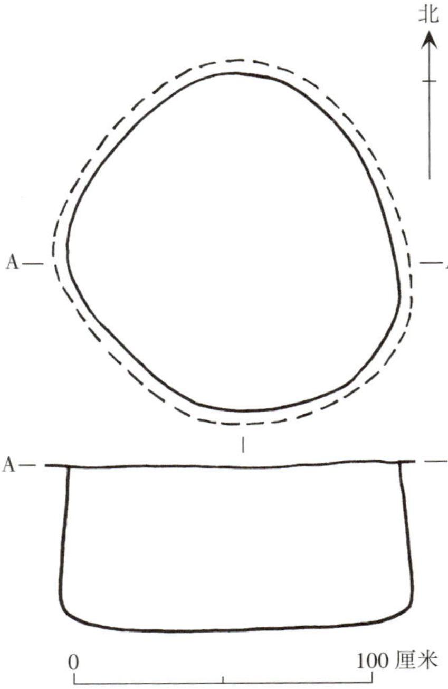

图4－27　96KDⅠH13平、剖面图

96KDⅠH24　跨ⅠT417和ⅠT418。为ⅠG2所破，本身打破ⅠH191。坑口平面范围不甚清楚，基本上呈椭圆形，长、宽分别约为220厘米和60厘米，存深约90厘米。坑内堆积中应有少量陶片，但发掘时皆归入ⅠG2第10层。

96KDⅠH33　跨ⅠT405和ⅠT406。被ⅠF23打破，本身打破生土。坑口平面为不规则圆形，直径约140、坑深92厘米，坑底较平。坑内堆积分三层：ⅠH33①，灰土，较软，厚40～48厘米；ⅠH33②，黄灰色土，较软，厚14～30厘米；ⅠH33③，黑灰土，较硬。各层均出陶片和兽骨。

96KDⅠH34　跨ⅠT422、ⅠT423、ⅠT434和ⅠT435。在ⅠT434第4D层下，为ⅠF32和ⅠG7所破，打破ⅠF12、ⅠH13、ⅠT422第6层和ⅠT434第4E层。

坑口平面呈不规则椭圆形。四壁向内斜收，坑底凹凸不平，中部最深。坑口最长处（接近西南—东北向）长910、最宽处宽约500、最深165厘米。东南坑壁留有密集的二齿工具痕，齿痕的基本方向皆趋于纵向，只是在接近坑底处出现少数横向的斜长齿痕。二齿痕之间的齿距有5.5厘米和7.5厘米两种，前者的齿痕往往较短，数量亦多，约占70%（彩版一九）。

坑内堆积分五层：ⅠH34①，黄灰色土，主要见于东北部；ⅠH34②，浅黄色土，分布最为普遍；ⅠH34③，黑灰土，主要出现在中部；ⅠH34④，黄灰色土，局部夹杂一层灰土，仅见于中部；ⅠH34⑤，黄土，与生土别无二致，主要分布在靠近周边的部位（图4－28）。

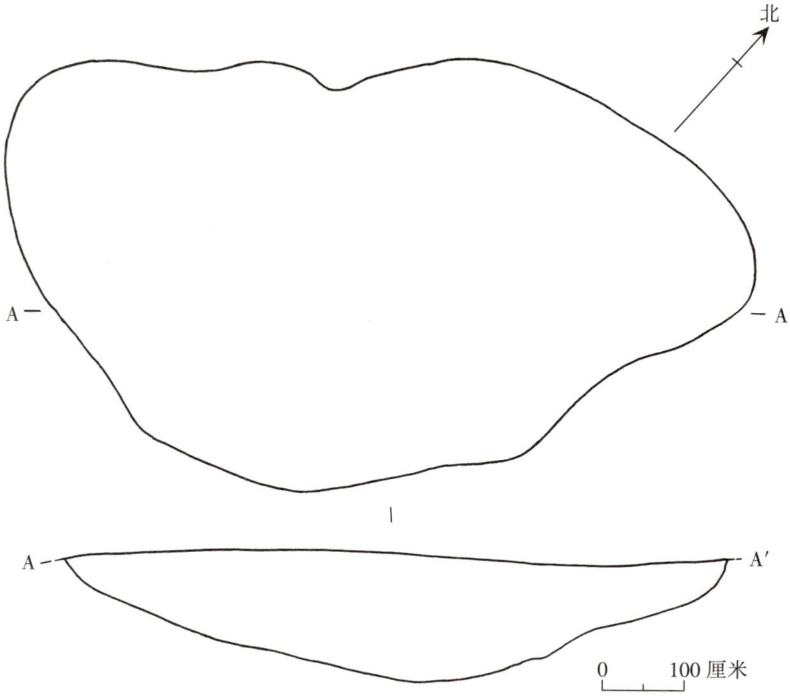

图4－28　96KDⅠH34平、剖面图

堆积中出有较多陶片，并有兽骨和石、骨器等物，还出一成年男性的右胫骨。

96KDⅠH37　跨ⅠT406、ⅠT407、ⅠT419和ⅠT420。开口于ⅠT406第4A层（亦即ⅠT407第7层和ⅠT420第7层）下，打破ⅠF13、ⅠF22。平面形状不规则，东西向长，四周坑壁向内斜收。坑口东西向长710、南北最宽处宽约600、最深80厘米。坑底大体缓平。

坑内堆积有六层：ⅠH37①，黑灰土，较松，仅见于西部，厚0～15厘米；ⅠH37②，土色黄黑相杂，较硬，厚0～20厘米；ⅠH37③，似黑色灰烬，厚0～20厘米；ⅠH37④，黄土，较硬，仅东部有所分布，厚0～15厘米；ⅠH37⑤，黑灰土，较软，厚0～10厘米；ⅠH37⑥，黄花土，土质很硬，分布面很小，厚0～15厘米（图4－29）。

各层均出较多遗物，尤以ⅠH37②和ⅠH37③最为丰富。

96KDⅠH75　跨ⅠT406和ⅠT419。为ⅠH145所破，打破ⅠH105。坑口距地表深170厘米。平面不规则，坑壁略直。口径80～85、最深110厘米。坑内堆积分五层：ⅠH75①，土色黄黑相杂，厚10～32厘米；ⅠH75②，灰土，厚约17厘米；ⅠH75③，黑土，厚约10厘米；ⅠH75④，黑灰土，厚约20厘米；ⅠH75⑤，黄土，厚20～30厘米。所含陶片不多，并有陶圆饼等物。

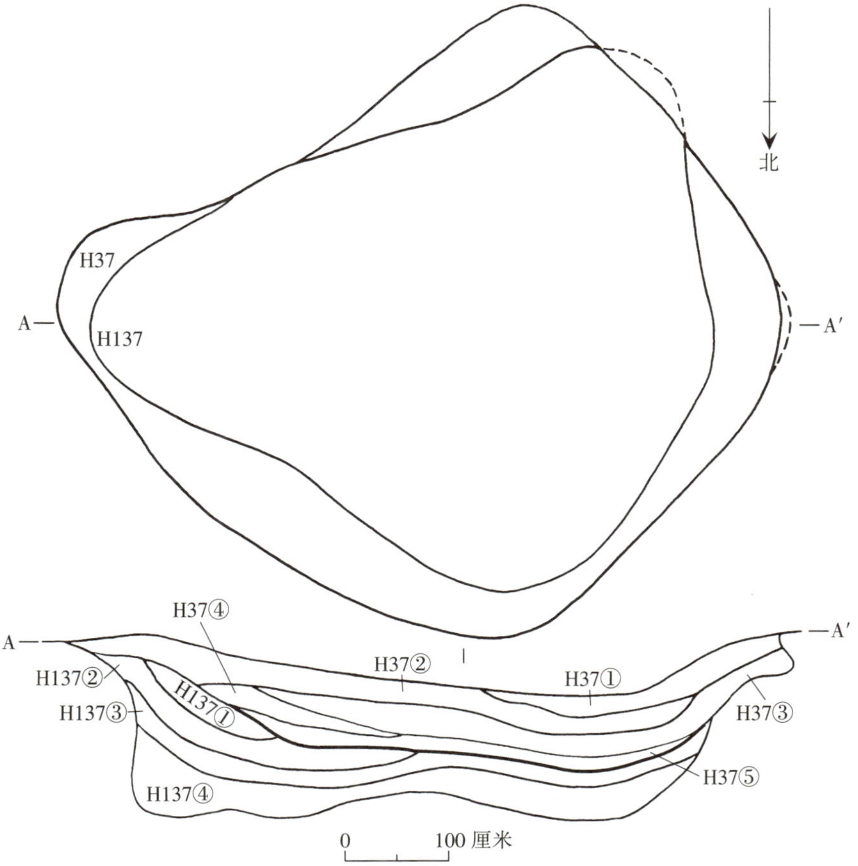

图 4-29　96KDⅠH37、96KDⅠH137 平、剖面图

96KDⅠH79　位于ⅠT111 内。开口于ⅠT111 第 1 层下，打破ⅠF6 土台。平面呈不规则椭圆形，袋状，坑底较平。坑口南北向长 130、东西向宽 105 厘米，坑底长 165、宽 140 厘米，坑深约 100 厘米。坑内堆积黄土，夹杂黑斑，出陶片和兽骨，并有石器和陶圆饼等（图 4-30）。

ⅠH150·ⅠH151 坑内堆积中的一块陶片与ⅠH79∶4 这件残陶盆可相拼接。

96KDⅠH80　位于ⅠT409 东北部，向东延至发掘区外。ⅠT409 第 3 层下开口，打破第 4 层。坑口距地表 90 厘米。已发掘部分的坑口平面近半圆形，略呈袋状，坑底较平。坑口南北向长约 200、坑深 80 厘米。坑内堆积分二层：ⅠH80①，黄褐色土，厚 30~38 厘米；ⅠH80②，为较软的黑灰土，厚 42~50 厘米。两层均出较多陶片和兽骨。

96KDⅠH90　跨ⅠT110 和ⅠT410，东部和南部均在发掘区外。开口于 T110 第 8 层和 T410 第 5B 层下，打破ⅠH132、ⅠH192。

平面形状极不规则，从已发掘部分看，西南—东北向较长，西南部的坑口平面略近圆形，东北部呈沟状。西南部坑口宽 200~320 厘米，东北部沟口宽 120~210 厘米。西南部的坑壁向内斜收，其他部位的坑壁均较直，坑深 68~200 厘米。坑底有两条东南—西北向的凸梁，将坑底隔成三个部分。

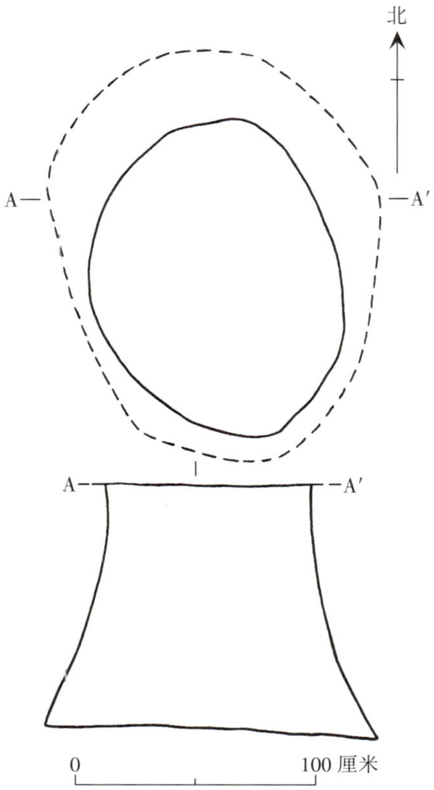

图 4－30　96KDⅠH79 平、剖面图

坑内堆积分九层：ⅠH90①，黄褐色土，厚 0～30 厘米，仅见于西北部；ⅠH90②，为夹杂黑土坯块的黄褐色土，并含草拌泥块和炭粒，厚 0～65 厘米，仅分布于西部。此层南部有一段倒塌的残夯土墙，坐落于此层底部，墙长 178、宽 47～132 厘米；ⅠH90③，灰褐土，杂红烧土块和炭粒，仅见于西北部，厚 0～52 厘米；ⅠH90④A，黑灰土，东北部基本不见，厚 0～40 厘米；ⅠH90④B，黄土，仅见于西北部，厚 0～40 厘米；ⅠH90⑤，灰褐色土，坑内广为分布，厚 0～63 厘米；ⅠH90⑥A，黑灰土，分布于西南角，厚 0～35 厘米；ⅠH90⑥B，灰褐色土，坑内广为分布，厚 0～32 厘米；ⅠH90⑦，黄褐土，几乎覆盖整个坑底，厚 0～60 厘米。堆积中出有陶片和兽骨，并有石、骨器等。

96KDⅠH95　位于ⅠT403 内。为ⅠH116 所破，直接打破生土。此坑被周围多个灰坑打破，所剩无几。坑壁呈袋状，坑底凹凸不平。坑深多在 60 厘米左右。坑内堆积黑灰土，含陶片和兽骨，并有 1 件卜骨残片。

96KDⅠH99　位于ⅠT111 东北部，向东延至发掘区外。开口于ⅠT111 第 3B 层下，打破 4A 层。已发掘部分的坑口平面近半圆形，坑壁内收成锅底状。坑口南北向长 270、最深 130 厘米。坑内堆积分三层：ⅠH99①，黄灰色土，最厚处厚 56 厘米，出少量陶片；ⅠH99②，灰土，厚 42～66 厘米，出陶片和兽骨；ⅠH99③，黄褐色土，未出陶片。堆积中还有石器和陶圆饼。

96KDⅠH100　位于ⅠT111内。为战国时期的ⅠH50所破，打破ⅠF6。平面呈圆形，直壁，坑底稍平，南端略深。口径116、坑深80~87厘米。坑内堆积黄灰色土，出有猪、狗、羊的遗骸和少量陶片（图4-31）。

96KDⅠH104　位于ⅠT434内。开口于ⅠT434第2F层下，打破ⅠF28。平面近长方形，西南端略窄，四壁自上而下稍向外张，底略大于口。坑口长132、宽40~54、坑深50~60厘米。坑内堆积灰绿土，仅出数片碎小的陶片（图4-32）。

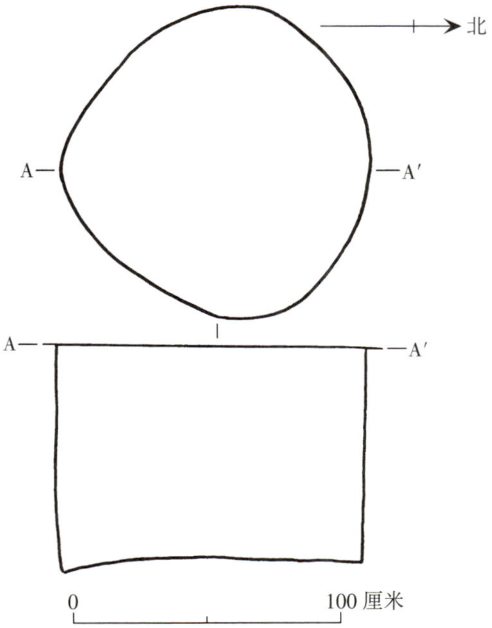

图4-31　96KDⅠH100平、剖面图

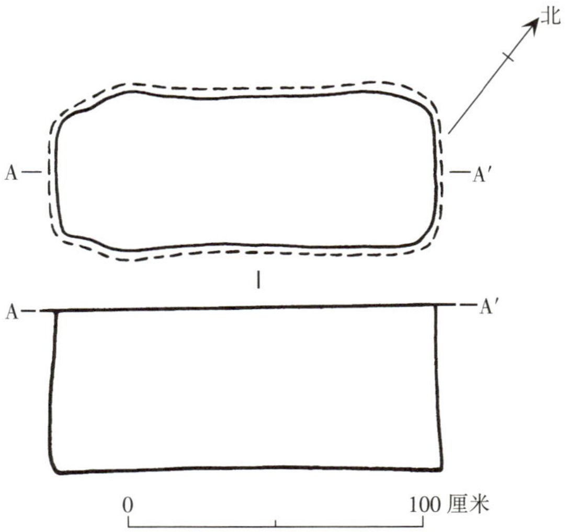

图4-32　96KDⅠH104平、剖面图

96KDⅠH105　位于ⅠT419内。为ⅠH75所破，直接打破生土。坑口距地表130厘米。被周围多个遗迹打破，从残存的部分看此坑平面大致为圆形，口径约80厘米，存深20~60厘米。坑内堆积黄花土。

96KDⅠH108　跨ⅠTT418和ⅠT419。为ⅠG2所破，打破ⅠF10、ⅠF15和ⅠH145。平面略呈圆形，袋状。口径220~250、坑深约200厘米。此坑下半部的坑壁皆为生土，底凸凹不平，坑底东南部为一高约10厘米的生土圆台，台径55厘米。

坑内堆积分二层：ⅠH108①，黄灰色土；ⅠH108②，土色混杂，且含许多硬土块。堆积中出较多陶片，并有兽骨及石器残片、陶圆饼和彩绘陶豆柄各1件，尚见一小河沿文化彩陶片。

96KDⅠH113　跨ⅠT110和ⅠT111，东部在发掘区外。为ⅠH192所破，打破ⅠH120。已发掘部分的坑口平面近半圆形，直壁，平底。口径约190、坑深60厘米。

坑内堆积分三层：ⅠH113①，黄褐色土，厚约10厘米，出少量陶片；ⅠH113②，灰褐色土，厚约25厘米，出较多陶片，并有兽骨，尚有残圆陶片和残陶垫各1件；ⅠH113③，灰土，夹杂黑灰，厚约25厘米，出较多陶片，并有兽骨。

96KDⅠH115　跨ⅠT409和ⅠT422。在ⅠF9之下，打破ⅠF18。

坑口平面椭圆形，长260、宽162、坑深70～90厘米。坑壁向内斜收，壁上普遍抹有一层草拌泥，但涂抹不均，厚度为1.5～12厘米，西南部坑壁的草拌泥较厚，整体而论又以坑口之下的一段最厚。在接近东南端处，坑壁中部牢固地嵌有一突出的扁平石块，似为踏脚石。坑底坚硬，并抹一层2～3厘米厚的草拌泥。坑底中部有一锅底状小穴，口径27、最深24厘米，穴壁贴满陶片，并涂抹草拌泥。坑底和接近坑底的坑壁，局部见有烧烤痕迹。

坑内堆积分二层：ⅠH115①，土色黄黑相杂，中厚边薄，含大量草拌泥块，出有少量陶片和兽骨；ⅠH115②，黄花土，厚30～70厘米，出有少量陶片（图4－33）。

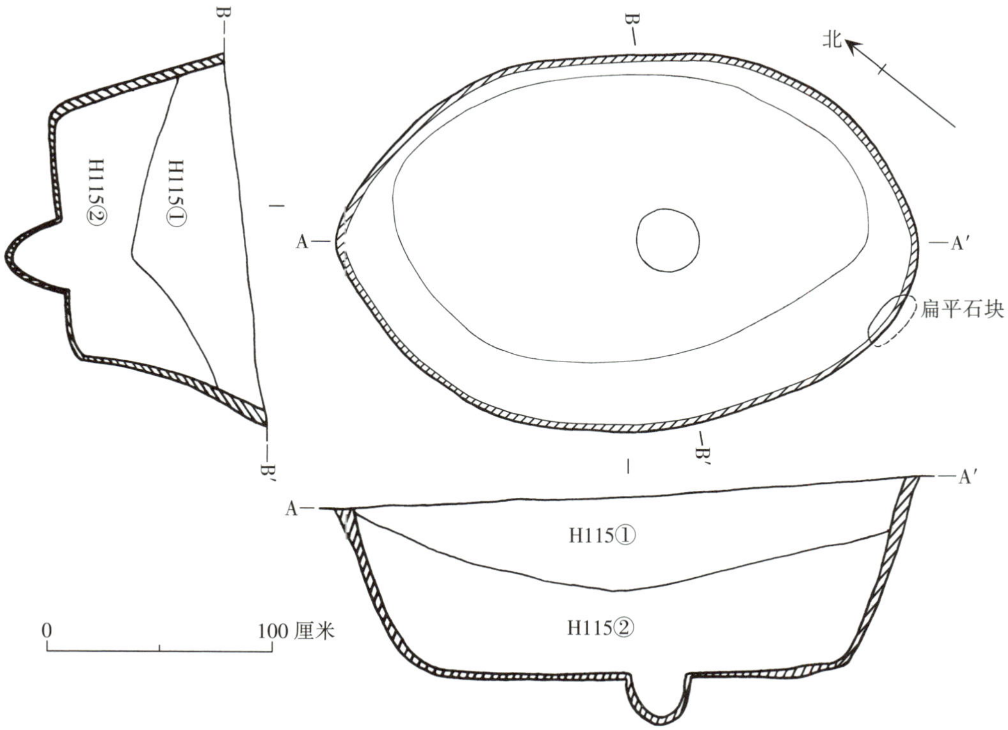

图4－33　96KDⅠH115平、剖面图
（图中斜线为草拌泥）

96KDⅠH116　跨ⅠT403和ⅠT404，东部在发掘区外。北部被ⅠG1削去，打破ⅠH95、ⅠH117和ⅠH118。残存部分的坑口南北向长270、坑底长440、最深370厘米。坑壁略直，靠下部的坑壁局部涂抹草拌泥，有的地方存留齿状工具的印痕。坑底不平，南部坑底较北部深110厘米。

坑内堆积分十七层：ⅠH116①，灰绿土，厚0～20厘米；ⅠH116②，为较浅的灰绿色土，厚0～20厘米；ⅠH116③，灰白色土，厚0～27厘米；ⅠH116④，黄褐色土，厚0～75厘米；ⅠH116⑤，为较浅的灰绿色土，厚0～35厘米；ⅠH116⑥，灰绿土，厚0～30厘米；ⅠH116⑦，黄褐色土，厚0～20厘米；ⅠH116⑧，黄土，厚0～25厘米；ⅠH116⑨，黄灰色土，夹杂较多炭屑，厚0～40厘米；ⅠH116⑩，灰白色土，夹杂炭屑，厚0～20厘米；ⅠH116⑪，黄土，夹杂炭屑，厚0～35厘米；ⅠH116⑫，为黄、灰土交相层叠的堆积，厚约140厘米；ⅠH116⑬，黄褐色土，夹杂炭屑，厚0～40厘米；ⅠH116⑭，黄灰色土，夹杂炭屑，厚可至40厘米；ⅠH116⑮，灰白色土，厚0～25厘米；ⅠH116⑯，灰土，厚20～45厘米；ⅠH116⑰，灰白色土，夹杂黑色土坯块，厚0～50厘米（图4－34）。各层均出陶片，堆积中尚有兽骨，并有石、骨器和陶圆饼、圆陶片。

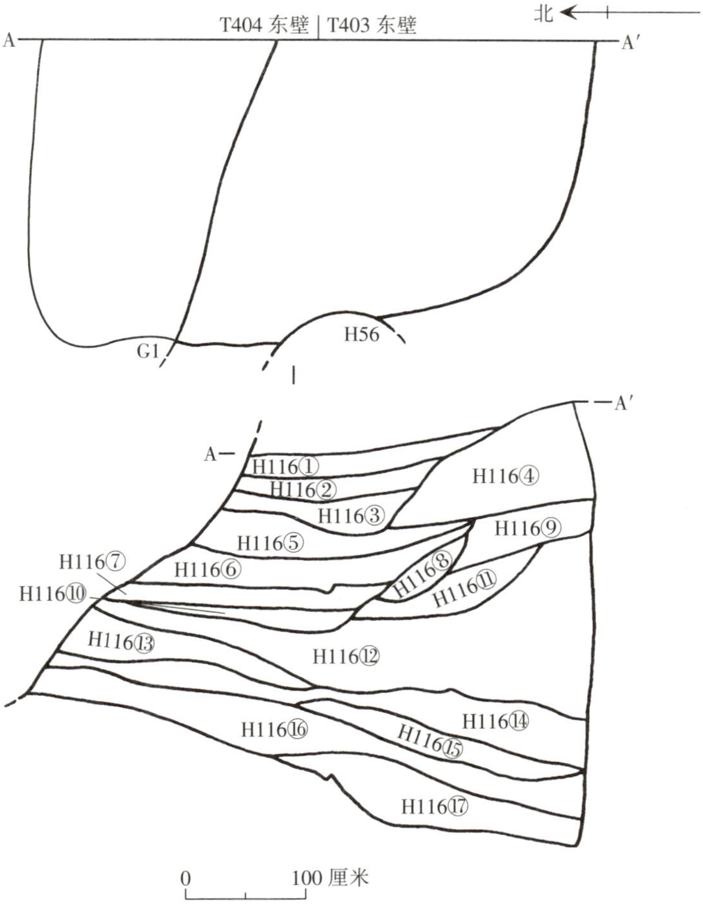

图4－34　96KDⅠH116平、剖面图

96KDⅠH117　跨ⅠT403和ⅠT404，东部在发掘区外。开口于ⅠH116坑底之下，直接打破生土。已发掘部分的坑口平面形状不规则，南北向长约200厘米，坑底凹凸不平，最深60厘米。坑内堆积分二层：ⅠH117①，灰绿土；ⅠH117②，绿土杂黄斑。两层均出陶片，ⅠH117②尚有石器。堆积中亦见兽骨。

96KDⅠH118　位于ⅠT403东北部，东部在发掘区外，北面与ⅠH117紧邻。开口于ⅠH116坑底之下，直接打破生土。已发掘部分的坑口平面略呈半圆形，南北向长约200厘米。坑壁向内斜收，北侧坑底有一高35厘米的生土台。至深处坑深96厘米。坑内堆积灰白色土，夹杂较多炭屑和红烧土块，并见少量焦煳状的炭化粟粒，还出有陶片。

96KDⅠH119　位于ⅠT406东南角，大部分在发掘区外。开口于战国时期的ⅠT406第2A层下，直接打破生土。已发掘部分的坑口南北向长30、最深处坑深58厘米。坑内堆积黑灰土，出陶片，并有石器。

96KDⅠH120　跨ⅠT110和ⅠT111。东部为ⅠH113、ⅠH192所削，打破ⅠF16和ⅠF25。残存部分的坑口东西向长260、南北向宽约230、坑深100～140厘米。坑壁上部较直，靠近底部稍呈袋状，坑底略平。

坑内堆积分五层，基本呈水平状分布：ⅠH120①，黄褐色土，较软，厚0～20厘米，出少量陶片；ⅠH120②，黄灰色土，厚5～25厘米，出较多陶片和兽骨，有一较完整的狗头，并有陶圆饼和圆陶片，尚见炭化粟粒；ⅠH120③，灰土，较软，厚30～55厘米，出有陶片、兽骨和1件石斧，尚见黏在陶片上的若干作物籽粒；ⅠH120④，黑灰土，厚6～30厘米，出兽骨和少量陶片；ⅠH120⑤，为黑灰与黄土相杂的堆积，较软，厚25～35厘米，出较多陶片，并有少量兽骨及1件陶圆饼（图4－35）。

96KDⅠH126　位于ⅠT433内。开口于战国时期的ⅠH154之下，打破ⅠT433第3层。平面呈圆形，袋状，平底。口径120～130、底径135～145、坑深100～115厘米。

坑内堆积分三层，大体呈水平状分布：ⅠH126①，灰杂土，厚40～70厘米；ⅠH126②，灰白色土，厚25～50厘米；ⅠH126③，黑灰土，厚约20厘米，陶片多出自此层（图4－36）。各层均出有兽骨，堆积中并有残圆陶片和经打制的砾石残块。

96KDⅠH127　位于ⅠT110东南部，东部在发掘区外。开口于战国时期的ⅠT110第2层之下，打破4A层。已发掘部分的坑口南北向长115、坑深80厘米。坑内堆积灰褐色土，含少量陶片和兽骨。

96KDⅠH132　位于ⅠT410东部。ⅠH90将其东部削去，打破ⅠF25和ⅠF30。残存部分的坑口西南—东北向长130、坑深110厘米。直壁，平底。坑内堆积灰褐色土，较软，含少量陶片和兽骨，并有一彩绘陶片。

96KDⅠH133　跨ⅠT408和ⅠT409。坑口压在ⅠF33之下，本身打破ⅠT409第5层。坑口平面为不规则圆形，锅底状。坑口东西向长90、南北向宽80、坑深64厘米。坑内堆积土分二层：ⅠH133①，为较软的黄杂土，厚16～18厘米；ⅠH133②，黑灰土，土质较软，厚35～40厘米。堆积中包含少量陶片和兽骨，并有一彩绘陶片。

96KDⅠH136　跨ⅠT416和ⅠT417。为战国时期的ⅠH17和ⅠH121所破，直接打破生土。坑口平面形状不规则，坑口东南—西北向长约400、西南—东北向宽200～230、最深处坑深235厘米。坑内堆积分四层：ⅠH136①A，黄土，较硬；ⅠH136①B，浅黄色土，土质很硬；ⅠH136①C，黄花土，较硬；ⅠH136②，灰土，较软。堆积中出兽骨和少量陶片，并有石、骨器和圆陶片。

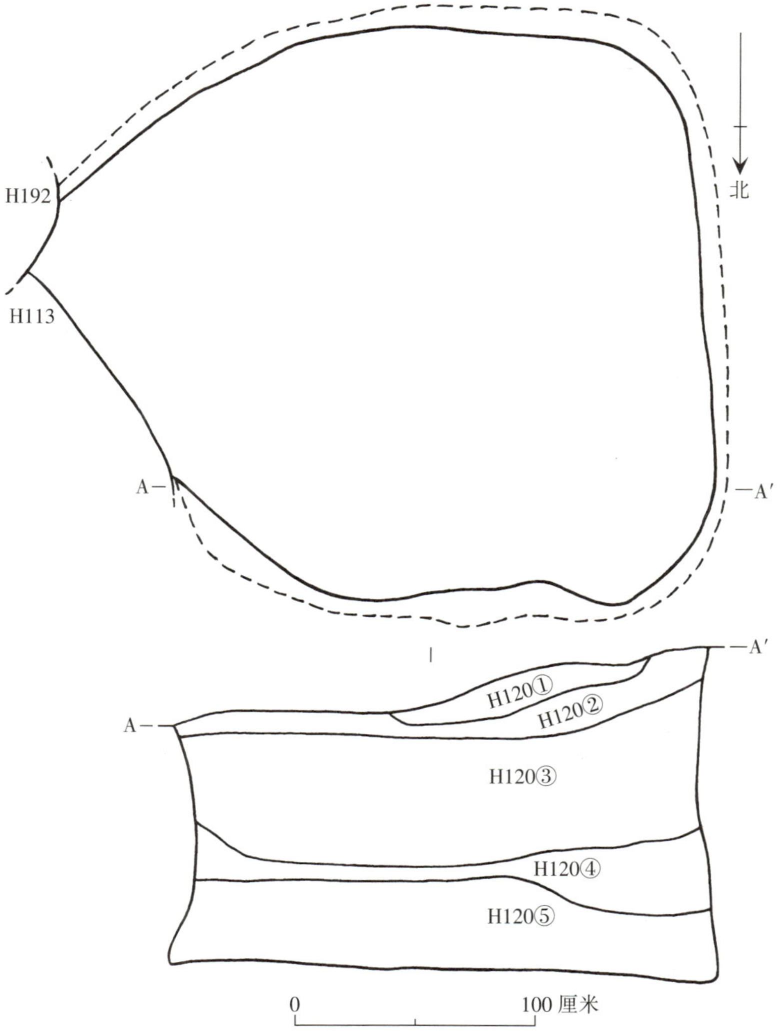

图4－35　96KDⅠH120平、剖面图

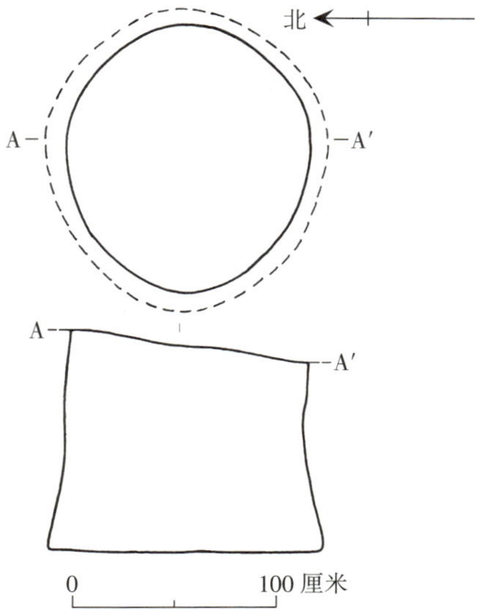

图4－36　96KDⅠH126平、剖面图

96KDⅠH137　跨ⅠT406、ⅠT407、ⅠT419和ⅠT420。叠压于ⅠF13之下，打破ⅠF21、ⅠH142、ⅠH150·ⅠH151和ⅠG6。

坑口平面形状不规则，轮廓基本不出ⅠH37的范围，东西向较长，口大于底，北壁较陡直，其余部位坑壁向内斜收，东南壁局部与ⅠH37相重，坑底大体缓平，南部略有上凸。坑口东西向长600、南北向最宽处约500、至深处坑深100厘米。

坑内堆积分五层：ⅠH137①，黄色淤土，较硬，见于东部，厚0～15厘米；ⅠH137②，土色黄黑相杂，较软，主要见于东部，厚0～30厘米；ⅠH137③，灰土，较软，广为分布，厚0～15厘米；ⅠH137④，黄土，较硬，在各层中分布面最广，尤以东部最厚，此层厚15～80厘米；ⅠH137⑤，黄灰色土，较硬，分布面很小，厚0～40厘米（见图4－29）。

各层均出较多陶片，并有兽骨，以及陶、石、骨、蚌器，其中ⅠH137⑤的遗物以石器为主，未见陶片。

96KDⅠH138　位于ⅠT407内。被ⅠH150·ⅠH151和ⅠG6削去甚多，打破ⅠH170。残存之坑口西南—东北向长140厘米。坑壁略呈袋状，坑底北部略深，最深100厘米。坑内堆积为黄花土，出有陶片和兽骨，以及石、骨器，还有圆陶片和彩绘陶片各1件。

96KDⅠH140　位于ⅠT407内，东部和北部皆在发掘区外。为战国时期的ⅠH144所破，打破ⅠT407第5层。已发掘部分的坑口东西向和南北向的长度皆约120厘米，坑深60厘米。直壁，坑底略平。坑内堆积为杂有黄色斑块的灰土，出少量陶片。

96KDⅠH142　跨ⅠT407和ⅠT420。在ⅠH137之下，打破ⅠH152和ⅠH155。平面近不规则圆形，坑壁向内略有斜收，坑底由东南向西北缓慢下斜。坑口长230、宽180、最深120厘米。坑内堆积分五层：ⅠH142①，黑灰土，较软，厚约10厘米；ⅠH142②，黄杂土，较硬，厚约10厘米；ⅠH142③，黄褐色土，较软，厚约40厘米；ⅠH142④，为黑色与灰白色交相层叠的灰烬层，土质较软，厚约25厘米；ⅠH142⑤，黄土，较硬，厚20～40厘米。堆积中出少量陶片，ⅠH142②还见有残圆柱形陶器和圆陶片残块各1件。

96KDⅠH145　跨ⅠT418和ⅠT419。为ⅠG6和ⅠH108所破，打破ⅠH75。坑口平面形状不规则，坑壁斜收如锅底状。坑口南北向长约250、宽约130、坑深约150厘米。坑内堆积分四层：ⅠH145①，灰土，厚约60厘米；ⅠH145②，黄花土，厚45厘米；ⅠH145③，灰黑土，厚25厘米；ⅠH145④，黄土，厚约30厘米。坑底之上还有一层薄薄的黑土。堆积中含较多陶片和兽骨，ⅠH145②还出土1件卜骨。

96KDⅠH146　位于ⅠT410内。开口于ⅠT410第1层下，打破ⅠF19。平面椭圆形。坑口东西向长180、宽120、坑深15厘米。坑内堆积灰褐色土，出有陶片和兽骨。

96KDⅠH148　位于ⅠT421内。在ⅠF7下，打破7B层。平面呈圆形，直壁，坑底由南向北略见下斜。口径约120、坑深约70厘米。坑内堆积浅灰色土，夹杂黄土块，土质较软，未见任何遗物。

96KDⅠH149　位于ⅠT423内。在ⅠT423第3B层以下，打破ⅠF20。平面呈圆形，袋状，平底。口径100、底径140～150、坑深约140厘米（图4－37）。北壁存留二齿工具的痕迹，痕长多为30厘米，齿距约10厘米。坑底有一石磬半成品，立置斜靠于东壁（彩版二〇，1）。

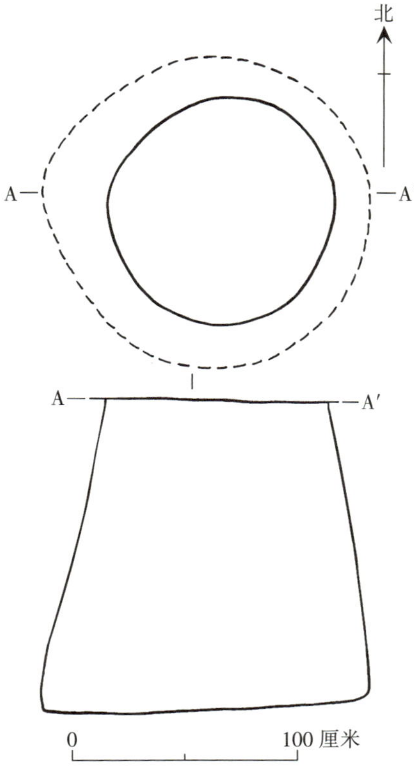

图4－37　96KDⅠH149平、剖面图

坑内堆积分二层：ⅠH149①，灰绿土，土质较软，出较多陶片，并有炭灰、烧骨、石块；ⅠH149②，含大量碎土坯块，坯有黑、黄两色，质地较硬。堆积中还出有石铲、有刻痕的兽骨、陶圆饼和彩绘陶片各1件。

96KDⅠH150·ⅠH151　跨ⅠT406、ⅠT407、ⅠT419和ⅠT420。在ⅠH137之下，打破ⅠH138、ⅠH152。局部坑壁与其上ⅠH137的坑壁连成一体（参见ⅠT406至ⅠT407的西壁剖面图），故ⅠH137和ⅠH150·ⅠH151也可能原本属于同一遗迹。

平面呈两圆相套状，坑壁向内斜收，坑底一分为二，西面较深者为ⅠH150，东面的称作ⅠH151。坑壁局部存留二齿工具痕，这些齿痕有两种规格，最多见的一种齿距6.5～7、齿宽1.5厘米，另一种齿距8～8.5、齿宽2厘米，后者仅见于ⅠH151的范围内。坑口东西向长约500厘米，ⅠH150深55～110、ⅠH151深50～70厘米。

坑内堆积分四层：ⅠH150①，土色黑黄相杂，较软，厚10～50厘米，覆盖的平面范围遍及全坑；ⅠH150②，浅黄色土，较硬，厚0～40厘米，仅于ⅠH150范围内有所分布；ⅠH150③，黄灰色土，较硬，最厚可至90厘米，主要覆盖在ⅠH150范围内，ⅠH151内亦有少许分布；最下层为ⅠH151①，黄土，较硬，厚20～30厘米，仅见于ⅠH151的范围（图4－38）。

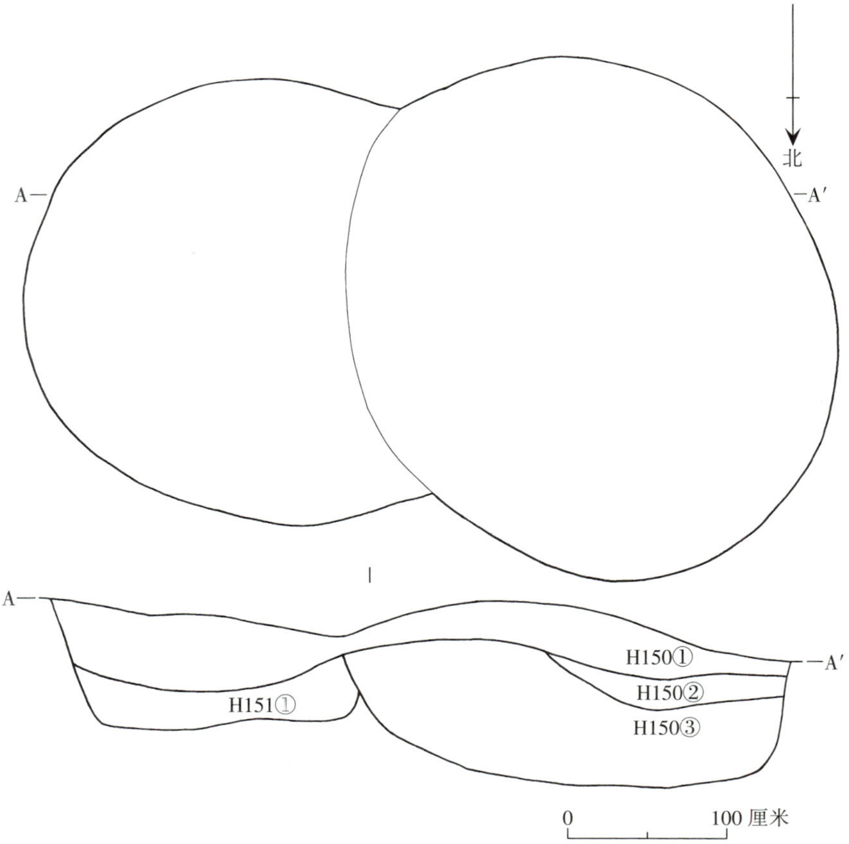

图4－38　96KDⅠH150·ⅠH151平、剖面图

堆积中出较多陶片和兽骨，并有石、骨、蚌器和圆陶片等物。此坑堆积中的一块陶片与ⅠH79:4这件残陶盆可相拼接。

96KDⅠH152　位于ⅠT407内。西、南部分别被ⅠH142和ⅠH150·ⅠH151削去，打破ⅠH171。残存部分的坑口东西向长150、坑深45厘米，坑壁较直，坑底略平。坑内堆积黄花土，含少量陶片。

96KDⅠH153　位于ⅠT421内。在ⅠF7之下，打破ⅠT421⑦B。平面呈圆形，袋状，平底，南壁下部被战国时期灰坑ⅠH44削去。口径164、底径200、坑深110厘米。坑内堆积为浅灰色土，夹杂黄或黑色的碎土坯块，出陶片和兽骨，并有2件石器和1件彩绘陶片（图4－39）。堆积中尚见炭化粟粒与果核。坑底中部置一扁平石块，长43、宽22～34、厚约10厘米。

96KDⅠH155　跨ⅠT420、ⅠT421、ⅠT432和ⅠT433。在ⅠT421第7B层、ⅠT432第6层和ⅠT433第6A层下，被ⅠD8、ⅠH142、ⅠH158打破，打破ⅠH167、

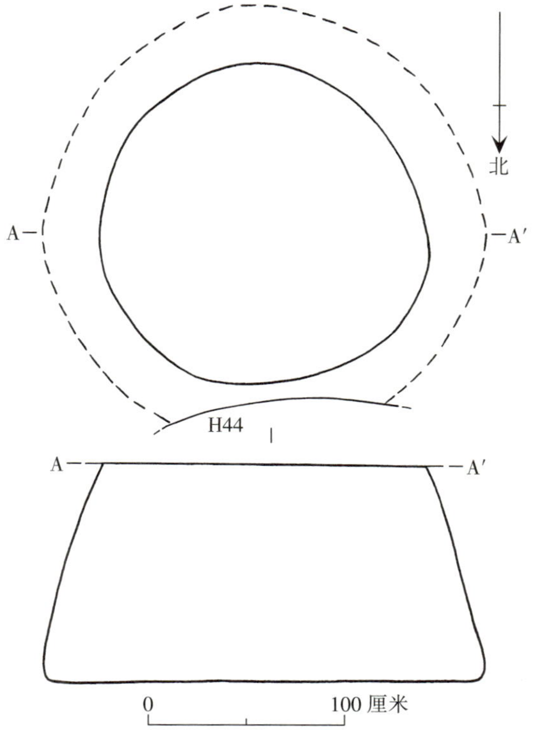

图 4－39　96KDⅠH153 平、剖面图

ⅠH168、ⅠT421 第 10 层和ⅠT432、ⅠT433 的第 7 层。此坑平面范围划定得不够确切，大体上在东西长约 750、南北宽约 350 厘米的范围内。坑底不平，最深处在中部，深可至 130 厘米。

坑内堆积分七层：ⅠH155①，很薄，浅灰色土；ⅠH155②，灰土，夹杂炭屑；ⅠH155③，浅灰色土；ⅠH155④，硬黄土；ⅠH155⑤，灰杂土；ⅠH155⑥，黄杂土；ⅠH155⑦，灰土。堆积中出陶片，并有石器、圆陶片、陶圆饼，还出 1 件彩绘陶片。

96KDⅠH156　跨ⅠT419、ⅠT420、ⅠT431 和ⅠT432。为ⅠH477 所破，打破ⅠF21、ⅠH377、ⅠH499、ⅠH503。平面形状不甚规则，南北向较长，南宽北窄。坑口南北向最长处长 520、东西向最宽处长 400 厘米，多数部位坑深 60 厘米。坑底东北部有一锅底状圆穴，口径 120、穴深 60 厘米，穴底距坑口的深度为 120 厘米。

坑内堆积分六层：ⅠH156①，灰杂土，厚 0～16 厘米；ⅠH156②，灰土，厚 10～20 厘米；ⅠH156③，黑灰土，厚 0～20 厘米；ⅠH156④，灰白色土，厚 0～18 厘米；ⅠH156⑤，为黑灰与灰白色交相铺叠的灰烬层，厚 10～21 厘米；ⅠH156⑥，黄褐色土，厚约 20 厘米。堆积中出有陶片和兽骨，并有石、骨器和圆陶片、陶圆饼、陶纺轮，以及 1 件彩绘陶尊残片。

96KDⅠH157　跨ⅠT419 和ⅠT431。在ⅠF10 之下，为ⅠF15 所破，直接打破生土。此坑西、北、南部分别为ⅠH377、ⅠH156 和ⅠF15 所削，残存部分东西向和南北向的长度均约 150 厘米，坑底不平，坑深约 50 厘米。坑内堆积黑灰土，出少量陶片，并有石片和圆陶片各1件。

96KDⅠH158　跨ⅠT420和ⅠT432。在夏家店上层文化的ⅠH141之下，与后者的平面范围多有重合，打破ⅠH155。此坑平面近呈圆形，坑壁较直，坑底略平。口径200～205、深约150厘米。坑壁存留两组二齿工具痕，齿距皆4厘米。西侧坑底有一壁龛，伸进西壁15厘米，此处卧置一块土坯，其西端顶入龛内。坑底中部偏南有一圆形小穴（d1），口径29、深28厘米，穴壁贴嵌1件陶鼎（ⅠH158d1：1）的碎片。

坑内堆积分四层，多呈水平状分布：ⅠH158①，黄灰色土，较软，厚24～50厘米；ⅠH158②，灰土，较软，厚36～60厘米；ⅠH158③，黑灰土，夹杂炭屑，较软，厚42～64厘米；ⅠH158④，黄土，较硬，厚5～38厘米（图4－40）。上面三层均出陶片和兽骨，并有石、骨器等物。

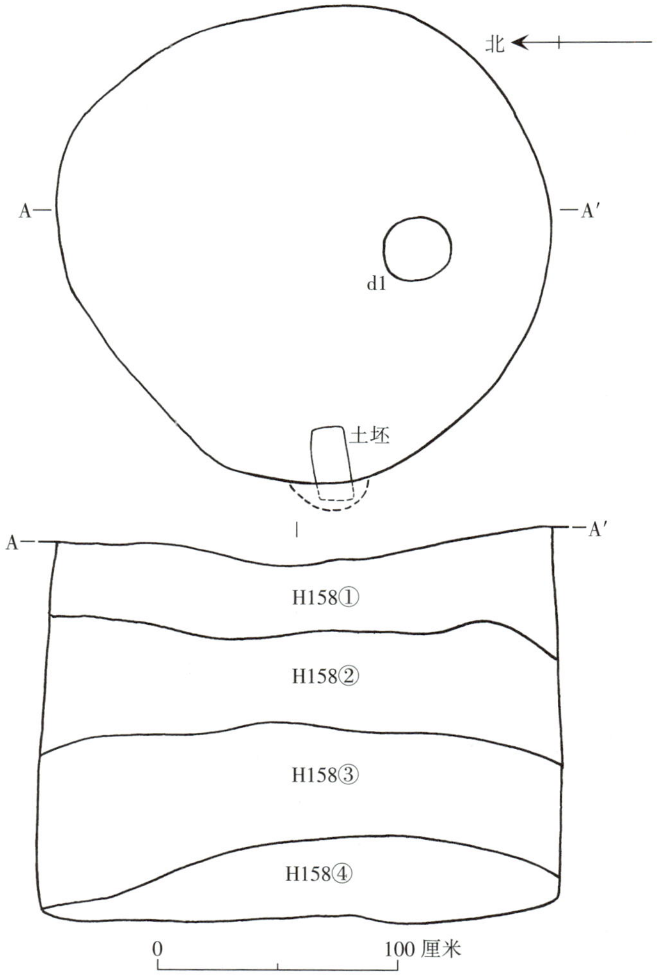

图4－40　96KDⅠH158平、剖面图

96KDⅠH164　跨ⅠT409、ⅠT410、ⅠT422和ⅠT423。在ⅠF9之下，打破ⅠF18、ⅠT410第3层。平面略呈椭圆形，袋状，坑底较平。坑口东南—西北向长185、宽145

厘米，坑底长210、宽170厘米，坑深80厘米。坑内堆积黄褐色土，含少量陶片和兽骨（图4－41）。

96KDⅠH165　跨ⅠT408和ⅠT421。在ⅠF9和ⅠT421第7A层下，打破ⅠT408第7层和ⅠT421第7B层。平面近圆形，坑壁略向内收，凹凸不平，坑底北高南低。口径约175、最深处坑深130厘米。坑内堆积分二层：ⅠH165①，黄杂土；ⅠH165②，灰土。堆积中出少量陶片和兽骨，尚有1件石铲残块。

96KDⅠH166　位于ⅠT408内。开口于ⅠT408第7层下，直接打破生土。平面近圆形，直壁。口径约75、坑深70厘米。坑内堆积黄花土，含少量陶片。

96KDⅠH167　位于ⅠT420内。在ⅠH155之下，直接打破生土。平面形状不规则，东南—西北向较长，坑壁向内斜收。坑口长175、坑深约70厘米。坑内堆积分二层：ⅠH167①，为浅黄色土；ⅠH167②，为黄土。堆积中出少量陶片和兽骨。

96KDⅠH168　跨ⅠT420和ⅠT421。在ⅠH155之下，直接打破生土。平面椭圆形，坑壁向内斜收，坑底不平。坑口西南—东北向长138、最宽处宽70、坑深25厘米。坑内堆积黄花土，含少量陶片。

96KDⅠH169　位于ⅠT407东部，东南部延至发掘区外。被ⅠH173打破，打破ⅠH170。已发掘部分的坑口东南—西北向长130～180、宽145、坑深约130厘米，坑壁较直，底略小于口，坑底抹一层20厘米厚的草拌泥。坑内堆积分二层：ⅠH169①，为黄土和黑灰交相层叠，土质较软，厚约70厘米，出有陶片和兽骨，并有石器和圆陶片；ⅠH169②，灰白色土，较软，厚约60厘米，出有陶片和兽骨，并有石、骨、蚌器和彩绘陶片。

96KDⅠH170　位于ⅠT407东部。被ⅠH138和ⅠH169打破，打破生土。此坑东南、南、北、东分别为ⅠG6、ⅠH138、ⅠH169、ⅠH173所削，残缺过甚，坑深60厘米。坑内堆积为夹杂黑斑的黄土，含少量陶片。

96KDⅠH171　位于ⅠT407内。被ⅠH152打破，直接打破生土。残存部分的坑口东南—西北向长170、坑深约50厘米。坑内堆积为较硬的黄花土，出数片陶片和兽骨。

96KDⅠH172　位于ⅠT407内。在ⅠF13之下，直接打破生土。平面椭圆形，锅底状。坑口东南—西北向长110、宽85、坑深25厘米。坑内堆积灰土，较硬，出数片陶片。

96KDⅠH173　位于ⅠT407东部，大部分在发掘区外。被ⅠG6打破，本身打破ⅠH169。从已发掘部分看，此坑平面或为南北向长的椭圆形，南部略显袋状，北部坑壁向内斜收，坑底凸凹不平。坑口长160、宽100、坑深55厘米。坑内堆积灰白色土，较软，出陶片，并有石器和蚌片各1件。

96KDⅠH174　位于ⅠT111内。在ⅠF25之下，打破ⅠG7。平面略近椭圆形，直壁，坑底略平。坑口东南—西北向长140、宽100、坑深约85厘米。坑内堆积灰土，较软，出较多陶片和兽骨，并有石、骨器和陶圆饼各1件（图4－42）。

96KDⅠH176　位于ⅠT410内。开口于ⅠT410第6层下，打破第7层。平面椭圆形，直壁，东西向长140、宽94、坑深14厘米。坑内堆积褐色土，较硬，出少量陶片和兽骨。

96KDⅠH178　位于ⅠT410内。开口于ⅠT410第1层下，打破1B层。平面椭圆形，坑口东西向长140、宽70、坑深20～30厘米。坑内堆积褐色土，出数片陶片。

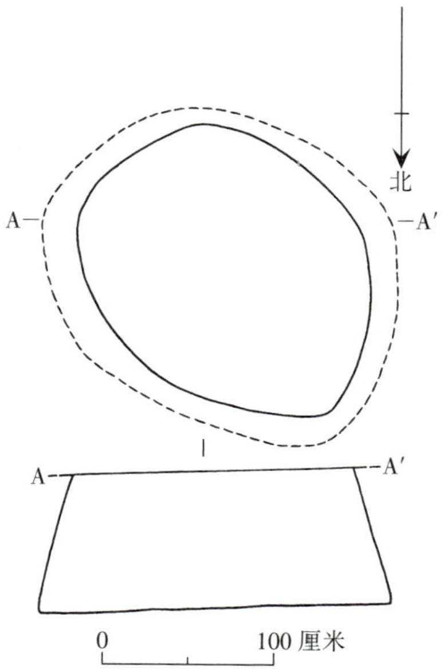

图4－41　96KDⅠH164平、剖面图

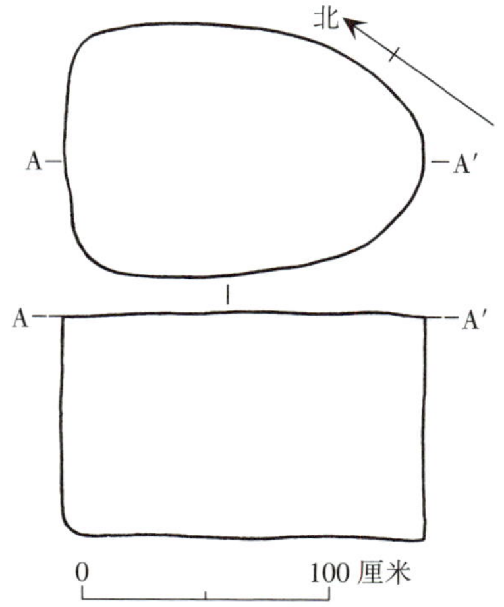

4－42　96KDⅠH174平、剖面图

96KDⅠH179　位于ⅠT408东部，向东延至发掘区外。在ⅠF33之下，打破ⅠH133、ⅠH182和ⅠT408第5层。此坑坑口北部边线的划定不够确切。已发掘部分的坑口平面东西向长约280、宽210、坑深110厘米。坑壁略直，坑底不平。坑内堆积主要呈现为黄土和黑灰交相层叠，出较多陶片和兽骨，并有石、骨器和蚌片、圆陶片。

96KDⅠH180　跨ⅠT404和ⅠT417。被ⅠG1打破，直接打破生土。此坑为ⅠG1和战国时期的ⅠH121所削，残存部分平面略呈南北向长的椭圆形，坑壁略直，坑底不平。坑口长170、宽120、最深处坑深60厘米。坑内堆积较软的浅黄色土，杂黑褐和灰绿斑，出数片陶片。

96KDⅠH181　位于ⅠT408内。开口于ⅠT408第7层下，打破ⅠF26。平面近圆形，锅底状。口径约160、最深处坑深110厘米。坑内堆积分二层，呈水平状分布：ⅠH181①，黄花土，厚约40厘米；ⅠH181②，为夹杂土坯块的黄土（图4－43）。堆积中出有少量陶片。

96KDⅠH182　位于ⅠT408东部，其东部在发掘区外。被ⅠH179打破，打破ⅠH183。已发掘部分的坑口平面近半圆形，袋状。口径85、底径110、坑深90厘米。坑内堆积土黄黑间杂，出少量陶片。

96KDⅠH183　位于ⅠT408东部，大部分在发掘区外。被ⅠH182打破，打破ⅠF26。已发掘部分的坑口平面近扇形，南北向长130、坑深约100厘米。此坑略呈袋状，坑底不平。坑内堆积为黄灰色土，夹黑色颗粒，出兽骨和少量陶片。坑底置两石块和一残陶甗，石块分别为安山岩和英安岩质，长度各在18和30厘米左右，残甗在靠近坑壁处，甗鬲（ⅠH183∶3）和甗盆（ⅠH183∶4）断开，前者三足根缺损，后者亦为残体。

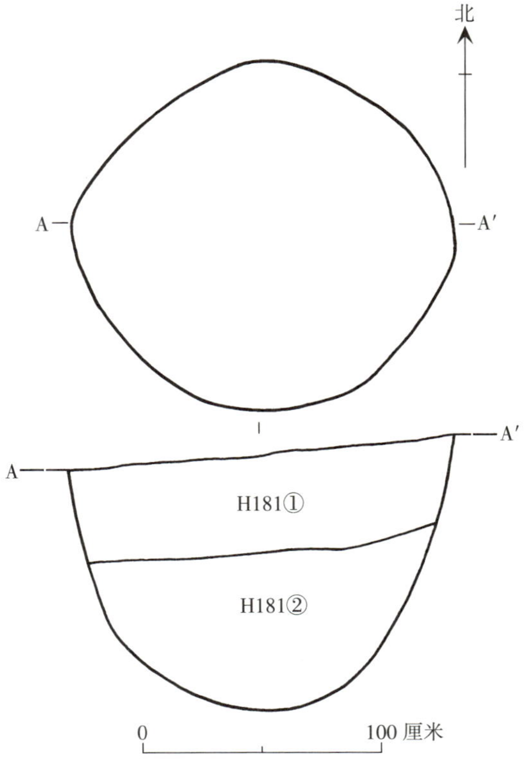

图 4－43　96KDⅠH181 平、剖面图

96KDⅠH185　跨ⅠT421 和ⅠT422。被战国时期的ⅠH107 打破，打破ⅠF7。坑口平面作不规则圆形，上部坑壁略直，下部呈袋状，坑底平整。口径 110、底径 130～155、坑深 170 厘米。坑内堆积分三层，皆呈水平状分布：ⅠH185①，浅黄色土，厚 60～80 厘米，较软；ⅠH185②，灰土，较软，厚约 50 厘米；ⅠH185③，黑土，厚约 45 厘米，土质较硬。各层均出陶片和兽骨，ⅠH185②还有 3 件石器和 1 件石容器。坑底东端有两石块，中、西部散置残碎陶片（图 4－44）。

96KDⅠH186　跨ⅠT408 和ⅠT421。开口于ⅠT408 第 7 层和ⅠT421 第 8 层下，直接打破生土。平面呈圆形，略呈锅底状。口径 105、坑深 60 厘米。坑内堆积黑土，较硬，出少量陶片（图 4－45）。

96KDⅠH187　位于ⅠT410 内。在ⅠF30 之下，直接打破生土。此坑北部、东部分别为ⅠH132 和夏家店上层文化的ⅠH92 所削，残存部分的坑口东南—西北向长 160、坑深约 45 厘米。

坑内堆积分二层：ⅠH187①，灰褐色土，土质较软，厚 20～40 厘米；ⅠH187②，黄褐色土，土质较硬，厚约 20 厘米。堆积中出有陶片和兽骨，ⅠH187①有一圆陶片。

坑底见有较多大陶片（有的和堆积层的陶片可相拼接），这些陶片分置四处，经拼对分别为ⅠH187①∶1（四足盘）、ⅠH187①∶3（泥质筒腹鬲）、ⅠH187①∶4（平底盘）、ⅠH187②∶1（陶盆）这 4 件残器（图 4－46；彩版二〇，2）。

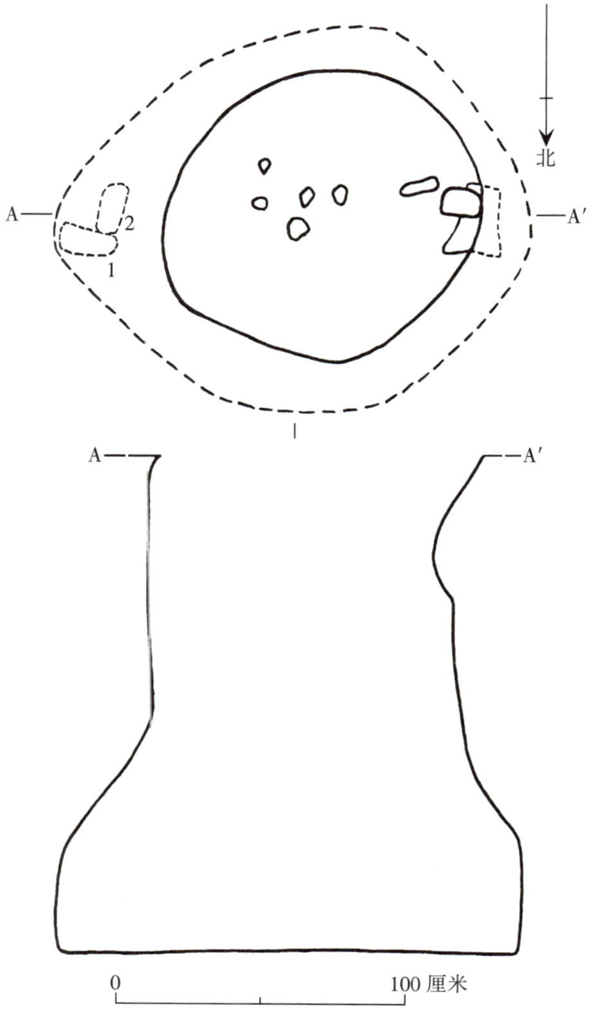

图 4-44　96KDⅠH185 平、剖面图
（平面图中 1、2 为石块，余皆陶片）

96KDⅠH189　跨ⅠT434 和ⅠT435。开口于ⅠT434 第 4C 层和ⅠT435 第 6D 层下，打破ⅠT434 第 4D 层。平面近圆形，口径 75、坑深 60 厘米。坑内堆积灰土，无遗物。

96KDⅠH191　跨ⅠT417、ⅠT418 和ⅠT430，主体位于ⅠT418 西南部。为ⅠH24 和ⅠG3 所破，打破ⅠT430 第 7 层。从残存部分看，此坑平面东南—西北向长，坑口长约 290、坑深 50 厘米。坑内堆积分二层：ⅠH191①，为深灰色土，较硬，最厚处厚 40 厘米，出少量陶片和兽骨；ⅠH191②，为灰土，最厚处厚 25 厘米，无遗物。

96KDⅠH192　位于ⅠT110 东部，其东部在发掘区外。为ⅠH90 所破，打破ⅠH113。被ⅠH90 削去甚多，略呈袋状。残存部分的坑口西南—东北向长 60、坑深 34 厘米。未出遗物。

96KDⅠH193　跨ⅠT417、ⅠT418、ⅠT429 和ⅠT430，主体部分位于ⅠT418 西南角。开口于ⅠT429 和ⅠT430 的第 5 层下，打破ⅠG3。平面呈不规则三角形，坑口南北向长约220、坑深约80厘米。坑内堆积黑灰土，较软，出少量陶片，并有骨器、陶纺轮和石块。

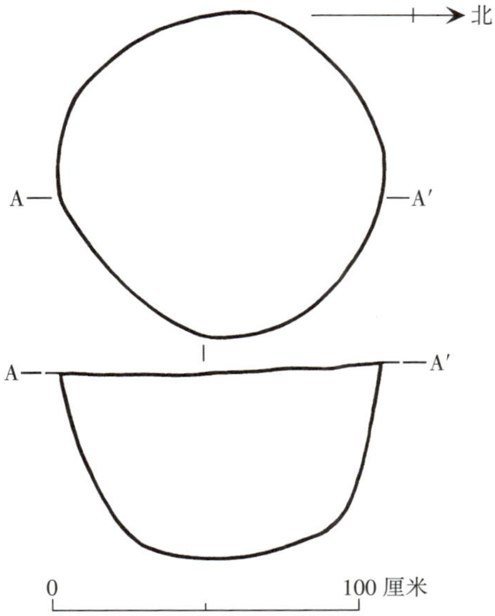

图4－45 96KDⅠH186平、剖面图

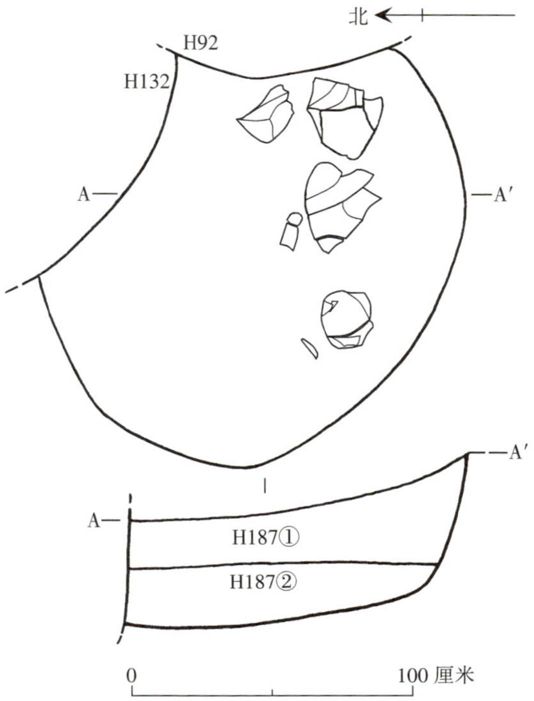

图4－46 96KDⅠH187平、剖面图
（平面图中的遗物为坑底陶片）

96KDⅠH195 跨ⅠT421和ⅠT433。开口于ⅠT421第10层和ⅠT433第7层下，直接打破生土。平面呈不规则圆形，坑壁向内斜收，坑底略平。西南壁存留单齿和二齿工具痕，二齿工具痕的齿距7.3厘米。坑口南北向长152、坑深约45厘米。坑内堆积黑灰土，出陶片，并有骨器和陶纺轮各1件（图4－47）。

96KDⅠH197 跨ⅠT421、ⅠT422、ⅠT433和ⅠT434。开口于ⅠT421第9层（亦即ⅠT422第6层）、ⅠT433第7层和ⅠT434第4F层下，叠压ⅠH196（详见第八章）。平面形状不规则，坑口东南—西北向长320、坑深约70厘米。坑内堆积分三层：ⅠH197①，土色混杂，以黑为主，较软，厚10～40厘米；ⅠH197②，黄花土，厚22～40厘米；ⅠH197③，深褐色土，较软，厚10～25厘米。堆积中出陶片。

97KDⅠH202 位于ⅠT302内。开口于ⅠT302第1层下，直接打破生土。坑口距地表15厘米，平面近圆形，口径220～232、坑深194厘米。北部坑壁较直，南部略呈袋状，局部坑壁经过烧烤而呈现暗红色。坑底平整，围绕坑底一周有8个小穴（d1～d8），直径皆6～7厘米。坑底西、北各置一石块，北部石块贴靠坑壁。

坑内堆积总体可分八层，除ⅠH202④外，其他各层皆出陶片和兽骨。

ⅠH202①，褐色土，较硬，厚0～25厘米。

ⅠH202②，厚0～40厘米，可细分三层，ⅠH202②A和ⅠH202②C同为较软的黄

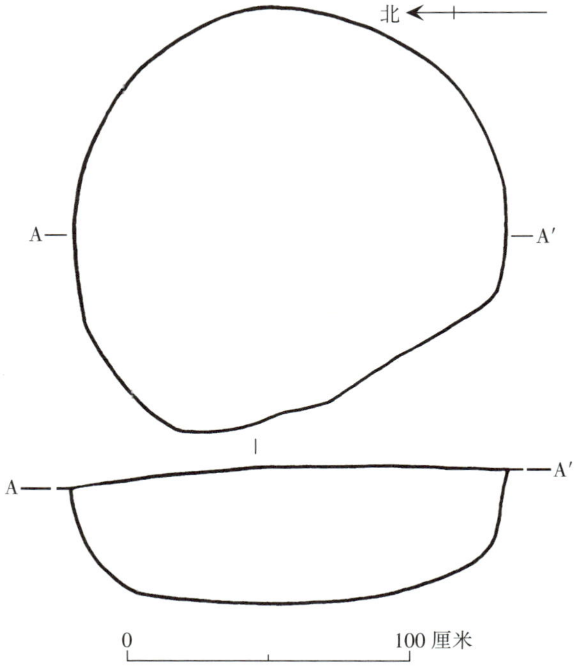

图 4 – 47　96KDⅠH195 平、剖面图

褐色土，ⅠH202②B 为此两层之间的一层淤泥。

ⅠH202③，为夹杂红烧土颗粒的褐色土，土质较软，厚 15 ~ 90 厘米，可细分七层（③A、③B、③C、③D、③E、③F、③G）。

ⅠH202④，为较硬的黄土，厚 0 ~ 30 厘米。

ⅠH202⑤，灰褐色土，土质较软，内含红烧土块，厚 0 ~ 40 厘米，可细分四层（⑤A、⑤B、⑤C、⑤D）。

ⅠH202⑥，黄褐色土，较软，厚 0 ~ 10 厘米。

ⅠH202⑦，褐色土，较软，覆盖的平面范围遍及全坑，厚约 40 厘米，细分为ⅠH202⑦A 和ⅠH202⑦B 两层，ⅠH202⑦A 土色略浅。此层除陶片和兽骨外，还出一骨器。

ⅠH202⑧，为灰烬。ⅠH202⑧A 是夹杂大量红烧土颗粒的灰烬，主要分布于坑内西部，厚 0 ~ 45 厘米。ⅠH202⑧B ~ ⑧H 为黑白相间、层层相叠的灰烬，均呈水平状分布，主要见于坑内东部，这七层的总厚度不超过 90 厘米。ⅠH202⑧包含遗物较多，除陶片和兽骨外，还有经过烧烤的土坯、果核、未燃尽的树枝、树皮、以植物编结的绳段，本坑的 8 件石器皆出自此（图 4 – 48）。

97KDⅠH203　位于ⅠT313 内，在ⅠH204 东南邻。开口于ⅠT313 第 1 层下，直接打破生土。坑口距地表深 15 厘米，平面为不规则圆形，略呈锅底状。坑口南北向长 130、最深处坑深 35 厘米。坑底南部有经火烧的痕迹。

坑内堆积浅灰色土，夹杂炭屑和红烧土颗粒，土质较软。坑内置有 6 件残陶器或其残片，分属甗、鬲、鼎、豆各 1 件和两件盆，甗（ⅠH203∶1）的上半部（甗盆）之残

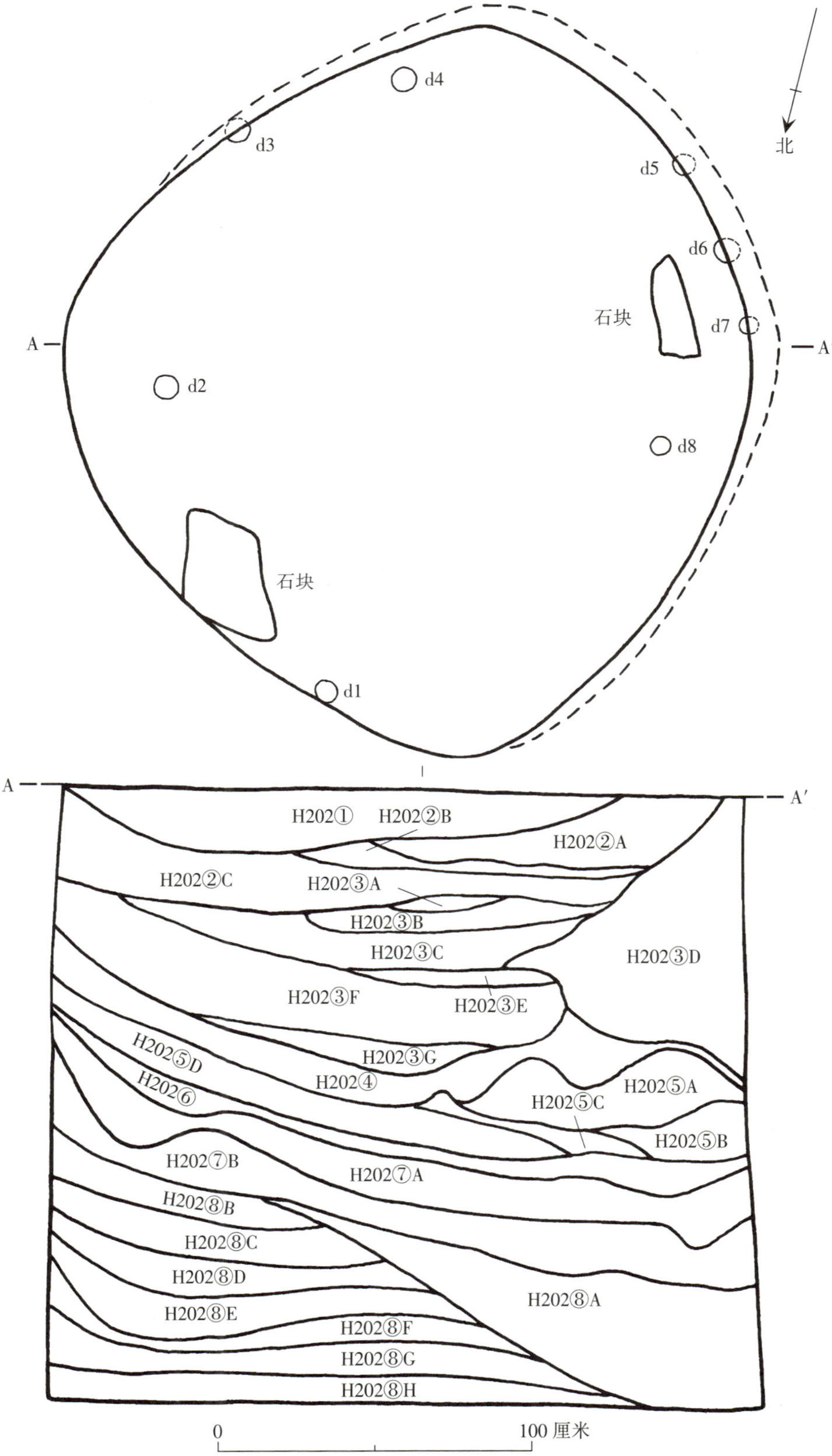

图 4－48　97KDⅠH202 平、剖面图

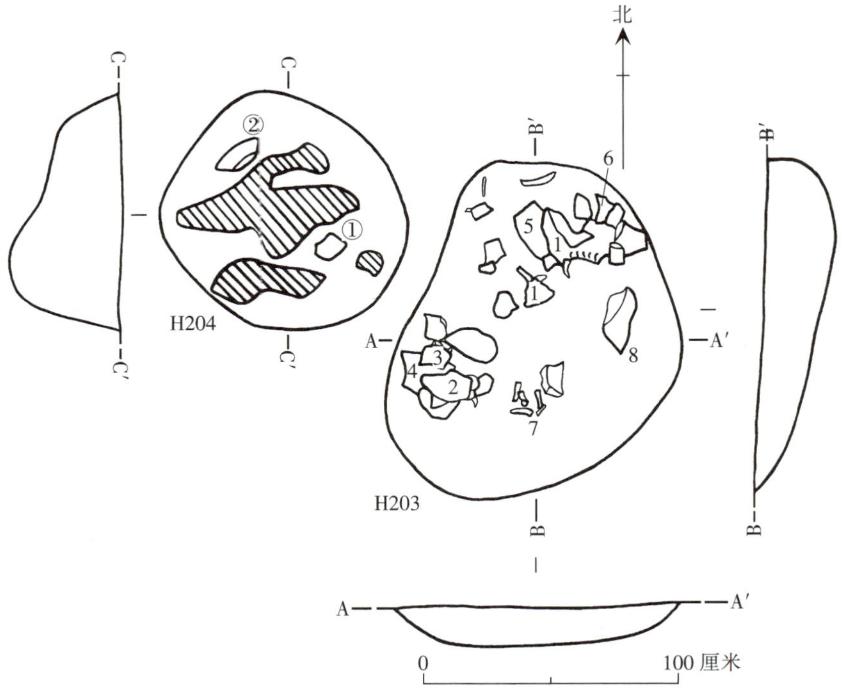

图 4-49　97KDⅠH203、97KDⅠH204 平、剖面图
（ⅠH204 平面图中斜线部分为烧土块）
1. 陶甗下半部　2. 陶鬲　3. 陶鼎　4、5. 陶盆　6. 陶豆　7. 人足骨　8. 石块
①陶甗盆残片　②陶钵残片

片被置于ⅠH204 中。此外，还有人的足骨（包括跟骨、跗骨与趾骨）和一石块，并见炭化粟粒（图 4-49）。

97KDⅠH204　位于ⅠT313 内，在ⅠH203 西北，两坑最近距离 15 厘米。开口于ⅠT313 第 1 层下，直接打破生土。坑口距地表深 15 厘米，平面近圆形，略呈锅底状。口径 90～100、坑深 25～45 厘米。

坑内堆积黑灰土，夹杂烧土颗粒和炭屑，土质较软。坑底置有若干较大的红烧土块，有的烧土块局部存留白灰皮。此外，还有兽骨和陶片，后者多较散碎，仅有的两块大陶片分别是陶钵（ⅠH204∶1）残片和ⅠH203∶1 这件陶甗的甗盆残片（见图 4-49）。

97KDⅠH206·ⅠH364　跨ⅠT322、ⅠT323、ⅠT332 和ⅠT333。开口于战国时期的ⅠT322 第 3 层（亦即ⅠT323 第 3 层）、ⅠT332 第 5 层和ⅠT333 第 4 层下，直接打破生土。坑口距地表 20～150 厘米，西部为战国时期地层削去甚多。

此坑平面呈两圆相套状，西面坑底较东面高 20 厘米，东、西分称ⅠH206 和ⅠH364。东、西两部分的坑壁皆为袋状，坑底均较平整，坑内主要堆积则相连贯通。ⅠH364 底径约 210 厘米，ⅠH206 底径约 240 厘米，其底最深处距坑口 266 厘米。ⅠH206·ⅠH364 的底部西南—东北向长 435 厘米。

坑内堆积分八层，各层均出陶片，兽骨主要见于 1、2、7 层：第 1 层即ⅠH206①，黄土，质硬，仅于东部有所分布，最厚处达 120 厘米，见一石器；第 2 层即ⅠH206②，灰土，较软，厚0～40厘米；第3层即ⅠH206③，黄灰色土，较硬，厚0～50厘米；第4层即ⅠH206④，黄土，较硬，厚0～60厘米；第5层即ⅠH206⑤，黑灰土，较软，厚0～70厘米；第6层即ⅠH206⑥，黄土，较硬，厚0～105厘米，出有1件陶圆饼；第7层即ⅠH206⑦，灰褐色土，较软，覆盖的平面范围遍及全坑，近水平状分布，厚10～80厘米，出有石、骨器，还有2件残陶埙；第8层即ⅠH364①，仅见于ⅠH364内，呈水平状分布，土色黄灰，厚约15厘米，见一石器，并有羊下颌骨。

ⅠH206底部置有2件石器坯和7个石块，以及破碎的婴儿头盖骨残片，这些遗物所属层位编为ⅠH206⑧（图4-50）。

97KDⅠH214　位于ⅠT328内。开口于战国时期的ⅠT328第6层下，直接打破生土。平面呈不规则四边形，坑口东西向长130、宽110、坑深25厘米。坑内堆积黑色灰烬，夹炭粒和红烧土块，出有数片陶片和兽骨。

97KDⅠH221　位于ⅠT329内，与北邻ⅠH230的最近距离84厘米（彩版二一，1右）。在战国时期的ⅠQ4之下，直接打破生土。

平面圆角长方形，直壁，坑底自周边向中部愈渐下凹。坑口长300、宽180厘米，坑底长305、宽200厘米，坑深110～130厘米。坑壁局部存留二齿工具痕，齿距15、齿痕纵深0.5～0.8厘米。坑底散见碎石和石块，究竟是坑底遗物，抑或是土层下风化的基岩，则难以确认。

坑内堆积分七层，多呈水平状分布：ⅠH221①，黄花土，质地紧密坚实，当是在其上夯筑ⅠQ4所致，且坑内此层顶面多在坑口以下5～10厘米处起始，亦是夯筑ⅠQ4的结果，此层厚10～20厘米；ⅠH221②，灰土，较软，最厚处厚30厘米；ⅠH221③，灰褐色土，较软，厚10～20厘米；ⅠH221④，灰绿土，较软，厚0～25厘米；ⅠH221⑤，灰黑土，较软，厚0～25厘米；ⅠH221⑥，黄杂土，较硬，厚约40厘米；ⅠH221⑦，红褐色土，较硬，厚15～30厘米（图4-51）。各层均出陶片和兽骨，堆积中还有石、骨器和卜骨、陶纺轮等。

97KDⅠH226　跨ⅠT323、ⅠT324和ⅠT333。南端分别被ⅠH317·ⅠH318、ⅠH319削毁和打破，ⅠH320·ⅠH370开口于此坑之底。

坑口距地表15厘米，坑口平面近呈中间稍显亚腰的长圆形，南北向长500、宽210～250、最深处坑深300厘米。坑壁不大规整，大体上西壁向内斜收，东壁北部略直，南部的上段亦直，下段则有一明显的外凸。坑壁局部存留单齿工具痕，痕长14、宽3厘米。

坑内北部与南部的堆积不甚一致，北部有六层，南部则有九层，广布于南、北部的堆积是第1、2、5、8、9层，第3、4、6、7层仅见于南部，第10层为北部独有。兹以AA′剖面为例分述之：ⅠH226①，灰土，较软，最厚处厚30厘米；ⅠH226②，黄花土，较软，最厚处厚45厘米；ⅠH226③，黑土，略硬，最厚60厘米；ⅠH226④，黄花土，略硬，最厚65厘米；ⅠH226⑤，灰土，较软，最厚60厘米；ⅠH226⑥，主要显现为多重黄土和黑灰色土相间错叠的薄层，局部夹杂黑灰土块，此层较硬，最厚60厘米，出一人头盖骨残片；ⅠH226⑦，黄土，局部杂黑色斑块，此层最厚50厘米；

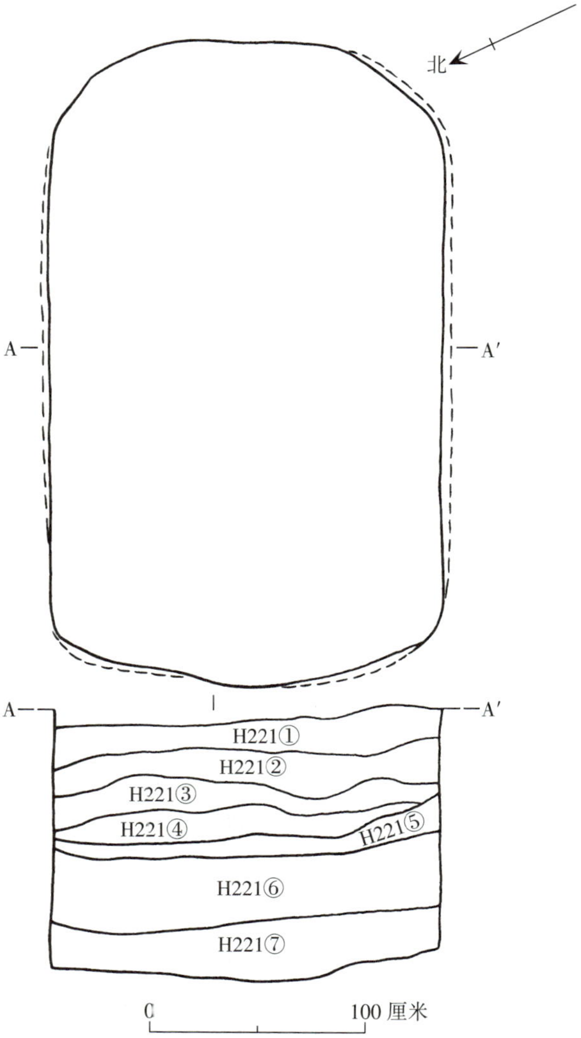

图 4－51　97KDⅠH221 平、剖面图

ⅠH226⑧，为夹灰土层的黄褐色土，较软，最厚 120 厘米；ⅠH226⑨，砂性黄土，最厚 70 厘米，出土物极少（图 4－52；彩版二一，2）。

此坑内所有的堆积土均经筛捡，陶片和兽骨以外的遗物共得 78 件。

97KDⅠH230　跨ⅠT318、ⅠT328 和ⅠT329。在战国时期的ⅠQ4 之下，直接打破生土。

平面近圆角方形，袋状，坑底较平。坑口长 205～215 厘米，坑底长约 230 厘米，坑深 180～185 厘米（彩版二一，1 左）。

坑内堆积分五层，皆呈水平状分布：ⅠH230①，黄灰色土，较硬，厚 20～30 厘米。此层顶面多在坑口以下 5～15 厘米处起始，当是夯筑ⅠQ4 所致。另外，层面散布着 30 多个石块，未知是坑内遗物，还是ⅠQ4 墙底的铺垫；ⅠH230②，深褐色土，较软，厚 10～25 厘米；ⅠH230③，灰绿土，较软，厚 40～80 厘米；ⅠH230④，黄土，

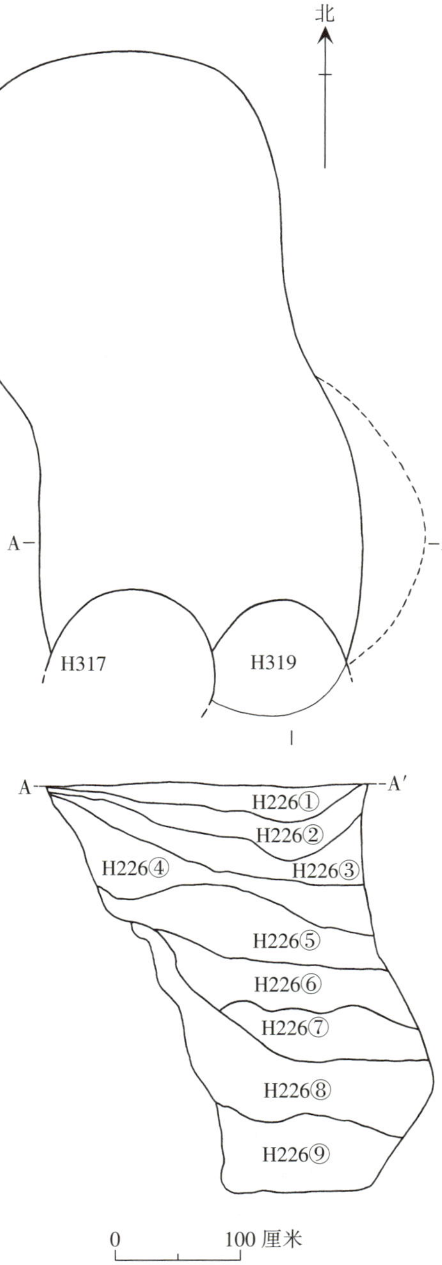

图 4－52　97KDⅠH226 平、剖面图

略硬，厚 20～45 厘米；ⅠH230⑤，黑灰土，较软，厚 20～40 厘米（图 4－53）。堆积中出少量陶片和兽骨，并有石、骨器。

97KDⅠH234·ⅠH366·ⅠH407　跨ⅠT303、ⅠT304、ⅠT313 和ⅠT314。ⅠH235打破该坑西南端，被此坑直接打破的有ⅠH389 和ⅠH408。战国时期的ⅠH217、ⅠH222、ⅠH233、ⅠH248、ⅠH256、ⅠH269、ⅠH270、ⅠH306、ⅠH316、ⅠH326 和辽代的ⅠH210、ⅠH212 均对该坑造成不同程度的破坏。

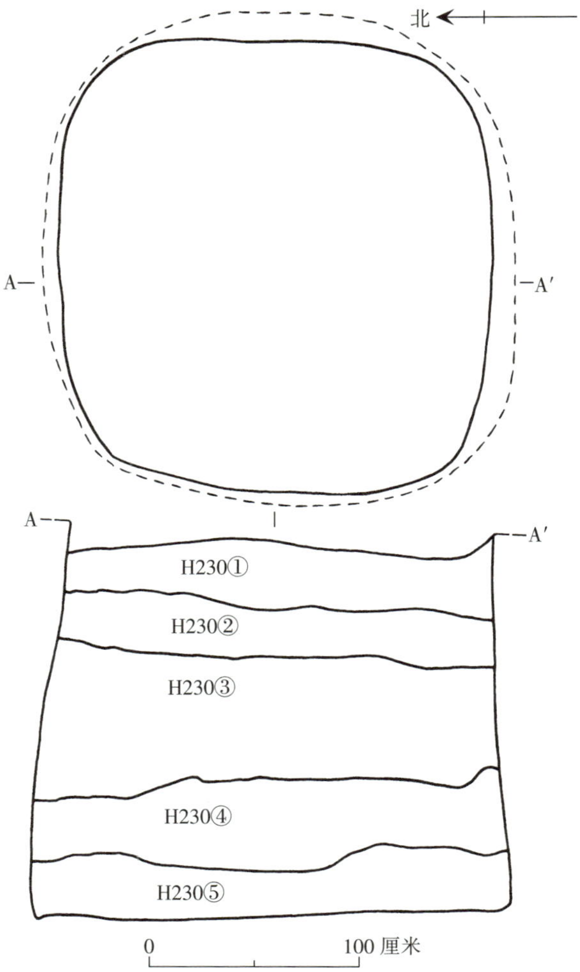

图 4－53　97KD Ⅰ H230 平、剖面图

此坑平面形状不规则，可分东、西两部分。

东部平面近似腰形，称Ⅰ H366，南北向长约 510 厘米，其南部东西向最宽处长约 310 厘米。东侧坑壁向内缓斜，其他部位坑壁略直。坑底凹凸不平，总体上向西下斜，西侧的中间部位坑底有明显下凹（这部分的主要范围与其下的Ⅰ H389 大体相合）。最深处坑深可达 170 厘米。

西部又分上、下两部分。上部称Ⅰ H234，坑壁和Ⅰ H366 相连，与后者坑壁之间并无明显界限。平面略近椭圆形，南北向长约 400 厘米。坑壁略直。坑底总体向西下斜，在北侧为Ⅰ H366 坑底的自然过渡，南侧坑底较之Ⅰ H366 西边明显低出而呈阶状相接，坑深 150 ~ 190 厘米。

下部称Ⅰ H407，为近圆形的袋状坑，口径 235 ~ 245、坑深 200 ~ 230 厘米。坑壁局部存留约 10 厘米宽的平头工具痕，类石铲之痕。坑底平整，但南部有一凸入坑内的生土角。坑底东部平卧一长方体黑土坯，西北部置一方形土坯，东北部坑壁下有一片灰白色灰烬，此处坑底有烧烤的痕迹，灰烬南缘附近置一石块，石块东、西两侧各一陶片，灰烬之西还有一残损的猪下颌骨。以上ⅠH407坑底遗物归编ⅠH407⑥。

西部的ⅠH234连同ⅠH407的总体深度约410厘米。

坑内堆积的情况大致如下：最上面的堆积称ⅠH234，主要分布在西部，厚0～100厘米，可细分七小层，以黄土为主，中间局部夹杂一些黑或灰土，出有陶片，其中的第2层（ⅠH234②）还出有1件石磨棒。

ⅠH366的堆积见于ⅠH366和ⅠH234的平面范围内，在西部叠压在ⅠH407坑口之上。以灰土为主，大体分三层：ⅠH366①，灰土，较软，厚0～50厘米，出少量陶片；ⅠH366②，灰白色土，厚0～60厘米，较软，出陶片和少量兽骨，并有石、骨器各1件和一白灰块；ⅠH366③，为黑白相间、层层相叠的灰烬，厚20～100厘米，每层黑灰或白灰的厚3～5厘米，此层遗物甚多，主要是陶片，还有兽骨，以及石、骨器和陶圆饼等。

ⅠH407坑内堆积分五层，各层约略呈水平状分布，ⅠH407①，似生土的黄土，厚20～60厘米，未出遗物；ⅠH407②，浅黄色土，局部含草拌泥，厚10～100厘米，出数片碎小陶片，并有石刀残段和砾石各1件；ⅠH407③，黄土，厚60～110厘米，出土物仅一砾石；ⅠH407④，灰土，厚5～12厘米，含谷物籽粒（可能是粟），出数片陶片和1件陶纺轮；ⅠH407⑤，黄土，厚20～35厘米，出数片陶片和1件石器残段（图4－54）。

97KDⅠH235·ⅠH345·ⅠH374·ⅠH420 跨ⅠT314、ⅠT315、ⅠT324、ⅠT325、ⅠT334和ⅠT335。在夏家店下层文化诸遗迹中，仅被ⅠH260打破，打破ⅠT324第3层、ⅠT325第6层、ⅠT334第3层、ⅠT335第7A层和ⅠH234。夏家店上层文化的ⅠF38、ⅠH258和战国时期的ⅠF36、ⅠH215、ⅠH218、ⅠH219、ⅠH222、ⅠH229、ⅠH242、ⅠH243、ⅠH256、ⅠH270、ⅠH326以及辽代的ⅠH212均对该坑造成一定的破坏。

此坑平面形状不规则，可分东、西两部分。

西部大坑平面略呈圆角三角形，坑口南北向最长730厘米。坑壁多较直，唯南壁略呈袋状，西侧北壁下部形成一处内折。坑底南部有一“半岛状”凸台，平面略近“，”形，东、南边缘与大坑坑壁相接，西、北缘凸起于坑底中，台面东高西低，最高处台高约120厘米，西南部台高约30厘米，西南端点则与大坑底、壁几乎相交。ⅠH235坑内堆积中最先叠压在凸台上的是ⅠH235第20层。凸台的北部并列两坑，两坑间距70厘米。东侧的ⅠH420，平面近圆形，坑壁略直，东南壁与该处大坑的坑壁自然相连而呈袋状，“北壁”处为豁口，该处坑底至其下的台底（即大坑之底）高65厘米，坑径120～145、坑深40～60厘米，坑内堆积黄灰色土，出较多陶片，并有石器和1件高火候硬陶片，坑底散置石块和2件饼形石器（此坑堆积和坑底的遗物统一编号）。西侧的ⅠH374约略居处ⅠH235西部大坑的中心部位，平面近呈不规则椭圆形，坑壁略直，“北壁”处亦为豁口，但坑底与台底（即大坑之底）基本处在同一平面，致使此坑形如“窝”状，西南—东北向长192、宽135、坑深35～55厘米，坑底凹凸不平。

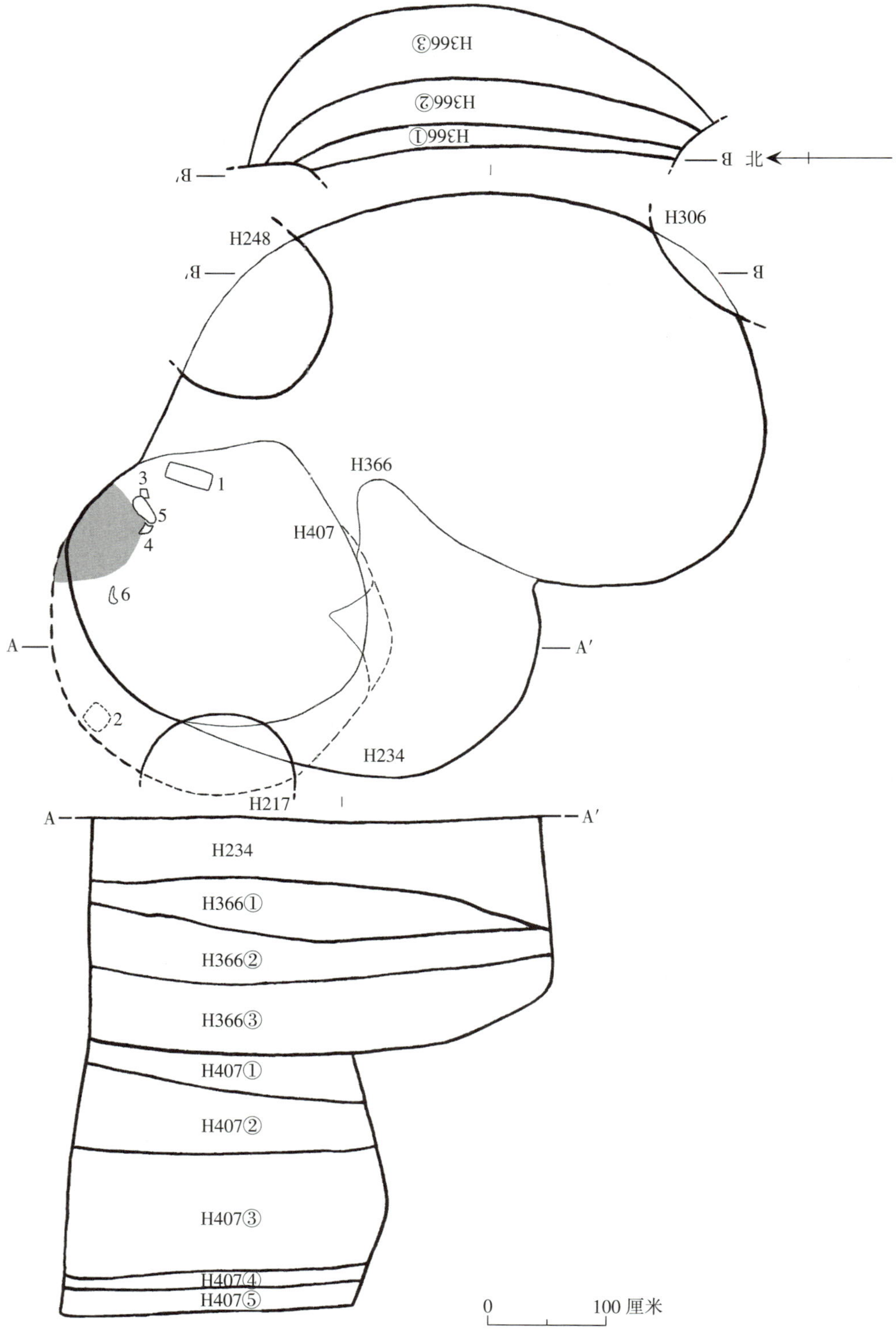

图4－54　97KDⅠH234·ⅠH366·ⅠH407 平、剖面图
（图中灰色部分为ⅠH407 坑底灰白色灰烬）
1、2. 土坯　3、4. 陶片　5. 石块　6. 猪下颌骨

坑内堆积分三层：ⅠH374①，灰土，厚25～35厘米；ⅠH374②，黄土，厚0～10厘米；ⅠH374③，黑灰土，厚5～15厘米。堆积中夹杂灰烬，树枝茎叶依稀可辨。大坑坑底较平，由西向东稍有下斜，西部坑深350厘米，东部深达390厘米，最深处位于H374豁口之北侧，这里的坑深达到410厘米（彩版二二，1）。

大坑坑内堆积近三十层，兹以最具代表性的BB′剖面叙述之。ⅠH235①，灰褐色土，较软，厚0～20厘米；ⅠH235②，黄土杂黑斑，较硬，厚0～25厘米；ⅠH235③，灰土，较软，厚0～25厘米；ⅠH235④，棕黄色土，较硬，厚0～25厘米；ⅠH235⑤，褐色土，较软，厚0～30厘米；ⅠH235⑥，黄褐色土，较软，厚0～20厘米；ⅠH235⑦，褐色土，较软，厚0～25厘米；ⅠH235⑧，灰褐色土，较软，厚0～40厘米；ⅠH235⑨，褐色土，较软，厚0～30厘米；ⅠH235⑩，灰褐色土，较软，厚0～25厘米；ⅠH235⑪，灰白色土，较软，厚0～15厘米；ⅠH235⑫，黄土，较硬，厚0～15厘米；ⅠH235⑬，黑灰色土，较软，厚0～10厘米；ⅠH235⑭，灰土，较软，厚0～25厘米；ⅠH235⑮，黑灰色土，较软，厚0～20厘米；ⅠH235⑯，灰土，较软，厚0～15厘米；ⅠH235⑰，为黑灰色土与黄白色土交相层叠的堆积，较软，厚0～40厘米。此层出有编织物残片，较大的一块是以2根绳索为骨架，在其上以细麻绳编绕而成的双层织件（彩版二二，2）；ⅠH235⑱，为黑土与灰土错叠之层，较软，厚0～30厘米；ⅠH235⑲A，为黑土与黑灰土相叠而成，较软，厚0～30厘米；ⅠH235⑲B，黑土，较软，厚0～25厘米；ⅠH235⑳，为黑土与灰白土交相层叠的堆积，较软，厚0～40厘米；ⅠH235㉑，为黑土与灰土相叠层，较软，厚0～40厘米；ⅠH235㉒，黑土，较软，厚0～30厘米；ⅠH235㉓A，为层层相叠的灰土，较软，厚0～50厘米；ⅠH235㉓B，为黄白色土、黑土与灰土的相叠层，较软，厚0～30厘米；ⅠH235㉓C，黑土，较软，厚0～25厘米，仅于坑底最深处（H374豁口一带）有所分布；ⅠH235㉓D，深灰色土，较硬，厚0～30厘米（彩版二三；彩版二四，1）。

东部坑位于大坑之东北，此坑上部为一敞口浅穴，穴壁的东边被战国时期的ⅠH256、ⅠH326和辽代的ⅠH212削去。浅穴的东部下面即是ⅠH234·ⅠH366·ⅠH407的西南端。浅穴内有数层堆积，基本上是ⅠH235⑥～ⅠH235⑬或其中若干层的延续。浅穴之下为袋状坑，即ⅠH345。ⅠH345的平面略近圆形，口径190～220、底径260～300厘米，西、北两侧坑壁略直而稍呈袋状，东、南坑壁的上段较直，下段坑壁明显袋出（彩版二四，2），坑壁局部存留约9厘米宽的平头工具痕，类石铲之痕（彩版二四，3），坑底平整，底部存留物仅一石块。浅穴连同其下的ⅠH345总体深度约410厘米。ⅠH345坑内堆积分八层，大致呈水平状分布，上面六层分别与ⅠH235⑮、ⅠH235⑯、ⅠH235⑰、ⅠH235⑱、ⅠH235⑲A、ⅠH235⑳诸层相同，下面两层称ⅠH345①和ⅠH345②。ⅠH345①，黑灰土，出陶片，并有石、骨器；ⅠH345②，黄土，无出土遗物（图4－55）。

ⅠH235各层堆积所出遗物十分丰富，几乎每层都含陶片，堆积中还有较多的兽骨和160多件石、骨器等。

97KDⅠH246　位于ⅠT327内。为战国时期的ⅠH245所破，打破ⅠH265。平面呈圆形，直壁。口径90、坑深75厘米。坑内堆积黑灰土，含少量陶片。

97KDⅠH250　跨ⅠT317和ⅠT327。西、北部分别为战国时期的ⅠH245、ⅠH237削毁和打破，打破ⅠH262。坑口距地表15厘米，残存部分的坑口南北长115、坑深20厘米。坑内堆积灰褐土，出数片陶片和一石臼。

97KDⅠH252　跨ⅠT327和ⅠT328。为ⅠH265所破，打破ⅠF42。平面呈圆形，西部坑口稍有外敞，其余部分的坑壁均较直，坑底略平，中部稍低。口径约270、坑深165～185厘米。

坑内堆积分七层，多呈水平状分布：ⅠH252①，浅灰色土，厚20～50厘米；ⅠH252②，灰土，厚30～45厘米；ⅠH252③，黑土，厚20～50厘米；ⅠH252④，黑灰土，厚10～20厘米；ⅠH252⑤，灰褐土，厚10～25厘米；ⅠH252⑥，黄灰色土，厚0～25厘米；ⅠH252⑦，黄土，厚15～30厘米（图4－56）。各层均出陶片，堆积中还有兽骨和石、骨器等。

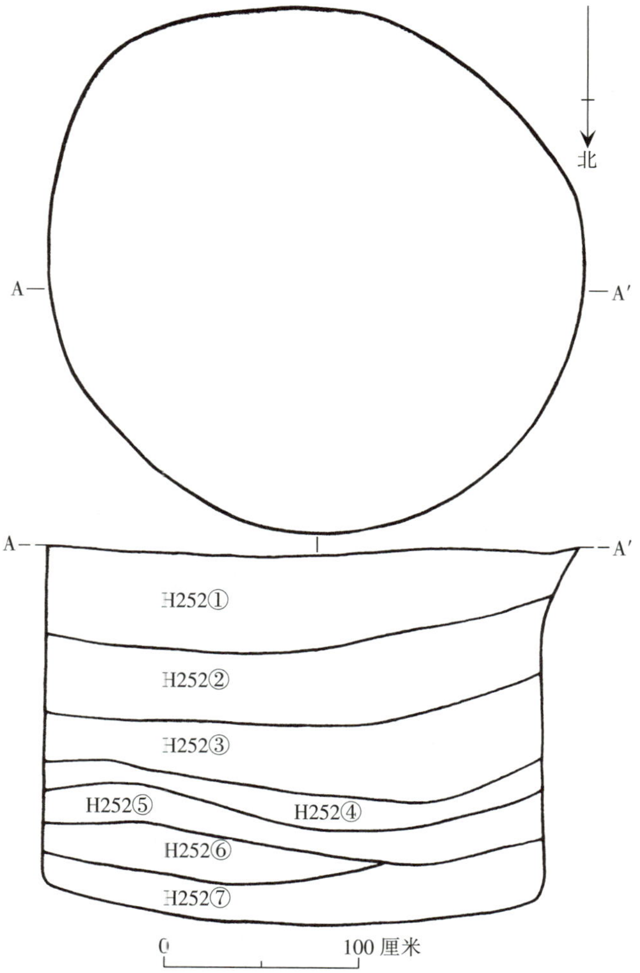

图4－56　97KDⅠH252平、剖面图

97KDⅠH260 位于ⅠT325内。为夏家店上层文化的ⅠH258所破，打破ⅠH235。平面呈圆形，直壁，坑底略平。口径70～75、坑深约100厘米。坑内堆积为黄、白相间的花土，夹杂料姜石，含少量陶片，并有石块。

97KDⅠH262 跨ⅠT317和ⅠT327。坑口北边为ⅠH250打破，西侧被ⅠH265削毁，打破ⅠH276和ⅠH367。坑口距地表85厘米，平面圆形，略呈袋状，平底。口径150、底径160、坑深约100厘米。坑内堆积黄灰色土，较软，夹杂20多个大石块，出较多陶片和少量兽骨（图4－57）。

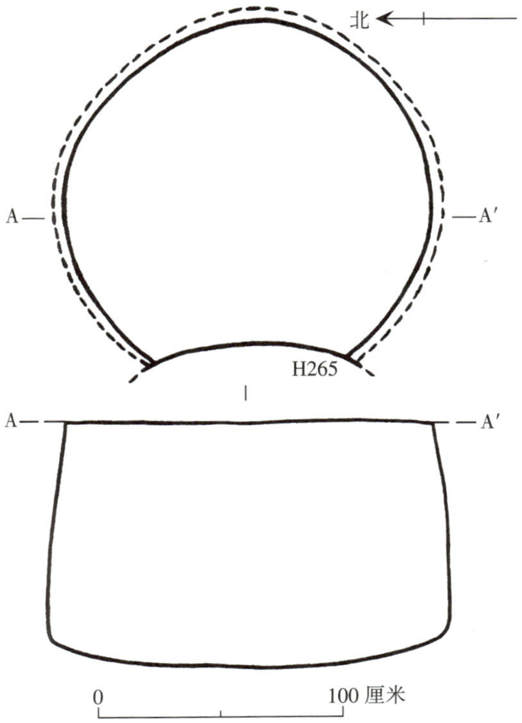

图4－57 97KDⅠH262平、剖面图

97KDⅠH265 位于ⅠT327内。为ⅠH246所破，打破ⅠH252和ⅠH262。平面呈圆形，坑壁略直，底部不平。口径120、底径130、坑深120～140厘米。

坑内堆积分六层：ⅠH265①，黄灰色土，厚15～20厘米；ⅠH265②，黄褐色土，厚40～65厘米；ⅠH265③，黑灰土，厚5～50厘米；ⅠH265④，灰土，厚5～15厘米，该层底部东侧置有5块残土坯和1件残卜骨，土坯皆黑土，较大的两块内含草茎，贴靠东壁；ⅠH265⑤，黑土，厚5～30厘米；ⅠH265⑥，黑灰土，厚0～20厘米（图4－58）。各层均出陶片，堆积中还有石器和圆陶片。

97KDⅠH266 跨ⅠT326和ⅠT327。在战国时期的ⅠQ4之下，打破两探方的6层。平面近圆形，锅底状。口径105～120、坑深30厘米。坑内堆积为层层相叠的黑、白灰，出陶片和兽骨，并有一骨锥。

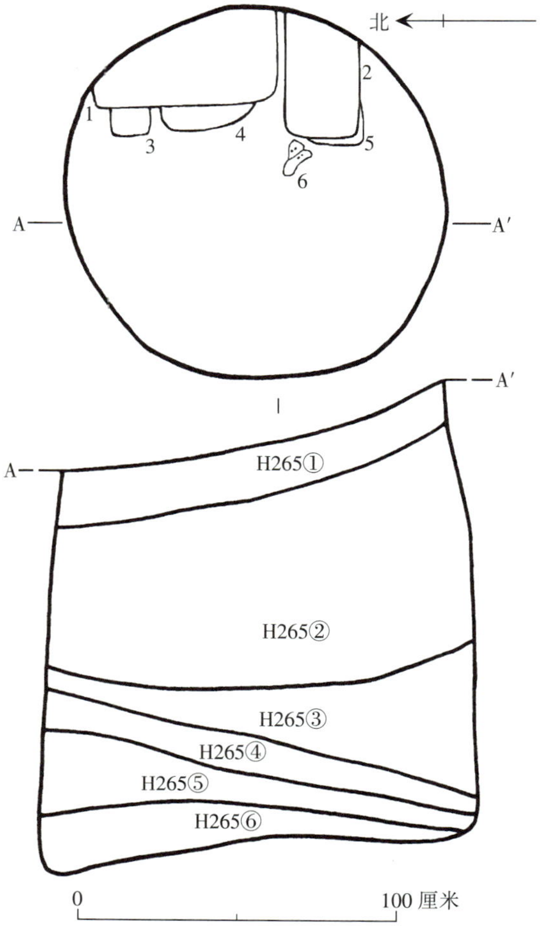

图4-58　97KDⅠH265平、剖面图及ⅠH265④底部的残土坯和卜骨
1、2. 含草茎的残土坯　3~5. 残土坯　6. 卜骨

97KDⅠH276　跨ⅠT317、ⅠT318、ⅠT327和ⅠT328。为ⅠH262所破，打破ⅠF45和ⅠF48。坑口距地表75厘米，平面略近圆形，坑壁向内稍有斜收，坑底不平，西北较深。口径235~255、坑深110~145厘米。

坑内堆积分六层：ⅠH276①，灰土，厚0~40厘米，夹杂若干石块；ⅠH276②，灰绿土，厚10~30厘米；ⅠH276③，黄褐土，厚40~80厘米；ⅠH276④，黑灰土，厚10~25厘米；ⅠH276⑤，棕黄色土，只见于西部，厚0~20厘米；ⅠH276⑥，灰杂土，厚5~25厘米（图4-59）。除ⅠH276⑤外，其他各层均出陶片。堆积中还出有兽骨，以ⅠH276④和ⅠH276⑤居多。该坑还出有石、骨器和1件卜骨残块。

97KDⅠH277　跨ⅠT334和ⅠT335。开口于ⅠT334第4层和ⅠT335第7B层下，打破ⅠT334第5层和ⅠT335第7C层。坑口平面近圆形，袋状，坑底较平。口径约110、底径150~160、坑深105厘米。

坑内堆积分四层，皆呈典型的水平状分布：ⅠH277①，为夹杂黑土坯碎块的黄灰色土，较软，厚60厘米，出少量陶片和兽骨，其底部平卧一长三角形的板状石材；

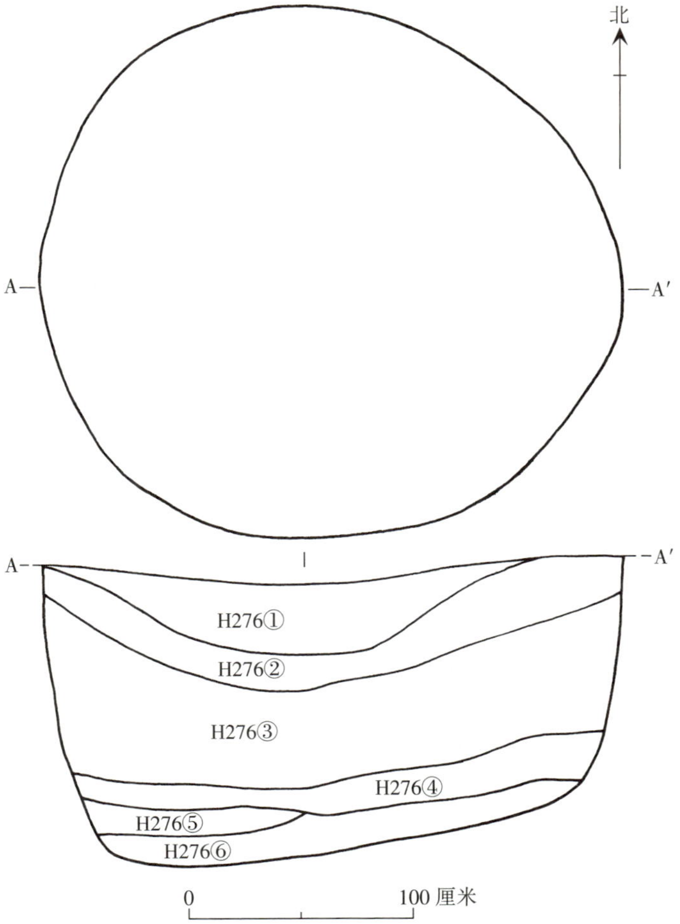

图 4－59　97KDⅠH276 平、剖面图

ⅠH277②，为杂黑土坯碎块的黄土，较软，厚 15 厘米，出陶片和兽骨，以及石器等，而确认出自此层底部的有 13 个石块、4 件石器、2 块陶片，以及陶纺轮、人肢骨各 1 件；ⅠH277③，为黑土坯碎块层，厚 20 厘米，含少量陶片；ⅠH277④，黄褐色土，厚约 5 厘米。

置于坑底之物有两盘状石器和石铲半成品、石器残块、圆陶片、扁平砾石各 1 件（图 4－60）。

97KDⅠH278　位于ⅠT320 内。开口于ⅠT320 第 3 层下，打破生土。此坑被削去甚多，南部几乎仅存坑底。平面呈圆形，平底。直径 115 厘米。残存的最深处坑深 100 厘米。坑内堆积为褐色土，出有少量陶片。

97KDⅠH282　跨ⅠT313、ⅠT314、ⅠT323 和ⅠT324。开口于ⅠT324 第 4 层下，打破ⅠL13。坑口近呈长方形，东侧坑壁较直，其余部位的坑壁皆有斜收，坑底较平。坑口长 130、宽80～100、坑底长 100、宽 65～70、坑深 80～85 厘米。

坑内堆积分四层，皆呈水平状分布：ⅠH282①，黄灰色土，夹杂黄或黑色土坯块和红烧土块，厚 20～25 厘米，出兽骨和少量陶片，以及 1 件卜骨残段；ⅠH282②，黄

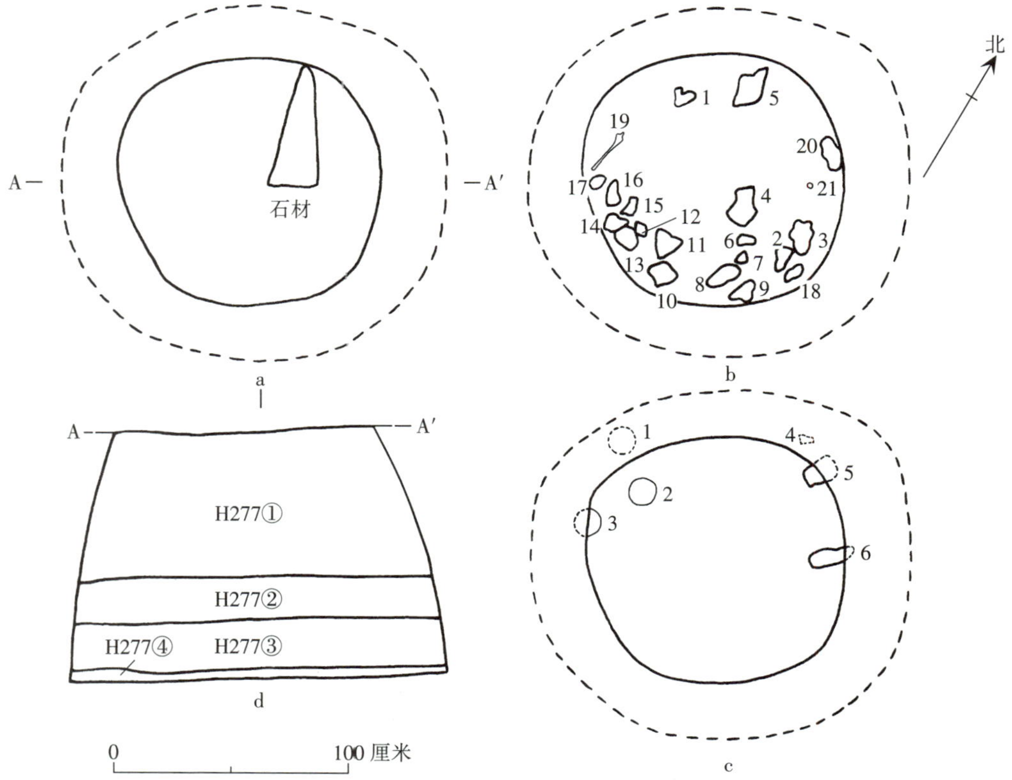

图 4－60　97KDⅠH277 平、剖面图

a. ⅠH277①底部平面图：石材（ⅠH277①:8）
b. ⅠH277②底部平面图：1. 有孔石器残段（ⅠH277②:3）
2. 石铲（ⅠH277②:1）　3、5. 陶片　4. 石器坯（ⅠH277②:4）　6～18. 石块　19. 人肢骨
20. 石铲（ⅠH277②:6）　21. 陶纺轮（ⅠH277②:9）
c. ⅠH277 坑底平面图：1、2. 盘状石器（ⅠH277④:1、ⅠH277④:2）　3. 圆陶片（ⅠH277④:3）
4. 石器残块（ⅠH277④:6）　5. 石铲半成品（ⅠH277④:4）　6. 扁平砾石（ⅠH277④:5）
d. ⅠH277 剖面图

土，厚 20 厘米，出兽骨和陶片及一石片；ⅠH282③，厚 4～6 厘米，主要堆积物为草拌泥，出数片陶片和石器坯、石铲半成品各 1 件，以及一孩童头骨残片；ⅠH282④，为夹细砂的黄灰色土，厚 30～36 厘米，含陶片（图 4－61）。

97KDⅠH291　跨ⅠT307 和ⅠT317。为ⅠH413 所破，打破ⅠT317 第 5B 层。坑口距地表 155 厘米，东北部被ⅠH413 削去，平面当似圆形，坑底不平，中部最深。口径 170、最深处坑深 80 厘米。坑内堆积黄土，含少量陶片。

97KDⅠH292　位于ⅠT316 内。为ⅠF44 所破，东北部被其削去，西南部被夏家店上层文化的ⅠH239 切毁，打破ⅠH435。平面呈圆形，壁略直，坑底中部稍高。口径 135、坑深 36 厘米。坑内堆积黄灰色土，含少量陶片。

97KDⅠH297　跨ⅠT307、ⅠT308、ⅠT317 和ⅠT318。为ⅠH334 所破，东、北部均被此坑削去甚多，打破ⅠH432。坑口距地表 140～180 厘米，残存的坑口东西向长

280 厘米，坑底凸凹不平，最深处坑深 90 厘米。坑内堆积灰土，出少量陶片，并有一靴形陶鼎足，和ⅠF42②B 的残鼎足属同件陶鼎。

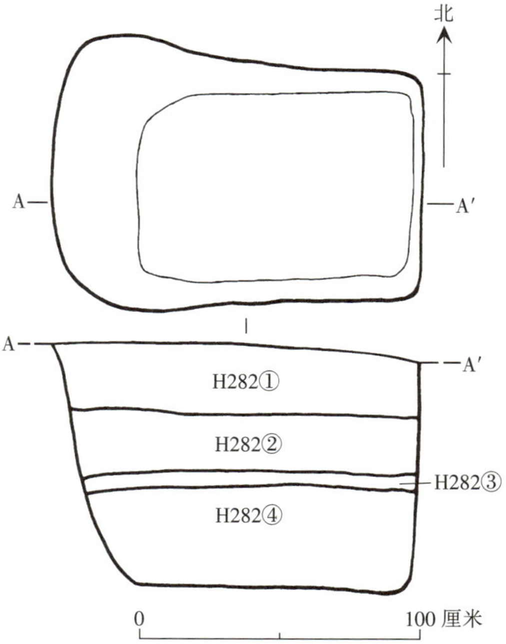

图 4－61　97KDⅠH282 平、剖面图

97KDⅠH304　跨ⅠT304 东南和ⅠT305东北，其东部在发掘区外。此坑直接打破生土，对坑口造成破坏的有战国时期的ⅠH283、ⅠH301、ⅠH302、ⅠH303、ⅠH306，最先打破的则是ⅠH283和ⅠH302。

此坑袋状，坑底平整。已发掘部分的坑口东西向长 165、南北向长 195 厘米，坑底东西向长 260、南北向长 410 厘米，坑深约 270 厘米。

坑内堆积分八层，多近水平状分布，尤以上面三层最为典型：ⅠH304①，灰绿土，较软，厚 40～60 厘米；ⅠH304②，灰褐土，较软，厚 60～90 厘米；ⅠH304③，灰黄色土，略硬，厚 20～45 厘米；ⅠH304④，土色黄黑间杂，以多重黄土和黑土相间错叠的薄层为主，土质略硬，厚 25～100 厘米（彩版二五，1）；ⅠH304⑤，黄土，较硬，厚 0～45 厘米；ⅠH304⑥，黄杂土，土质坚硬，厚 0～20 厘米；ⅠH304⑦，黄土，近似生土，较硬，厚 0～25 厘米；ⅠH304⑧，为夹杂一层灰烬的黄土，厚 0～25 厘米（图 4－62）。

ⅠH304①～ⅠH304③出陶片和兽骨，并有 4 件骨器，以及残盘状石器、陶纺轮、卜骨残段各 1 件，ⅠH304③还出一鹿头盖骨。ⅠH304④只有数片陶片。其他四层均未见出土物。

97KDⅠH305　位于ⅠT303 内。战国时期的ⅠH286、ⅠH268 先后削其北部和西部，致使该坑仅存一小部分，打破ⅠH349。坑口距地表 200 厘米，坑深 42 厘米。坑内堆积为黑灰土，出若干陶片和兽骨，以及 1 件骨管。

97KDⅠH310　跨ⅠT327 和ⅠT337。为ⅠH429 所破，打破ⅠF42。坑口距地表 120 厘米，西部被夏家店上层文化的ⅠH437 削去，残存的坑口东西向长 125、坑深 85 厘米。坑壁较直，坑底较平，坑内堆积土分二层：ⅠH310①，灰土，厚约 10 厘米；ⅠH310②，黄灰色土，厚约 75 厘米。各层均出少量陶片。

97KDⅠH311　跨ⅠT327 和ⅠT337。开口于两探方的 6 层下，打破 7 层。平面呈圆形，直壁，平底。口径 120、坑深 40 厘米。坑底之土有 5 厘米厚的部分经烧烤而呈红色。坑内堆积褐色土，含少量陶片。

97KDⅠH317·ⅠH318　跨ⅠT323 和ⅠT324。开口于两探方的 1 层下，ⅠH318 系

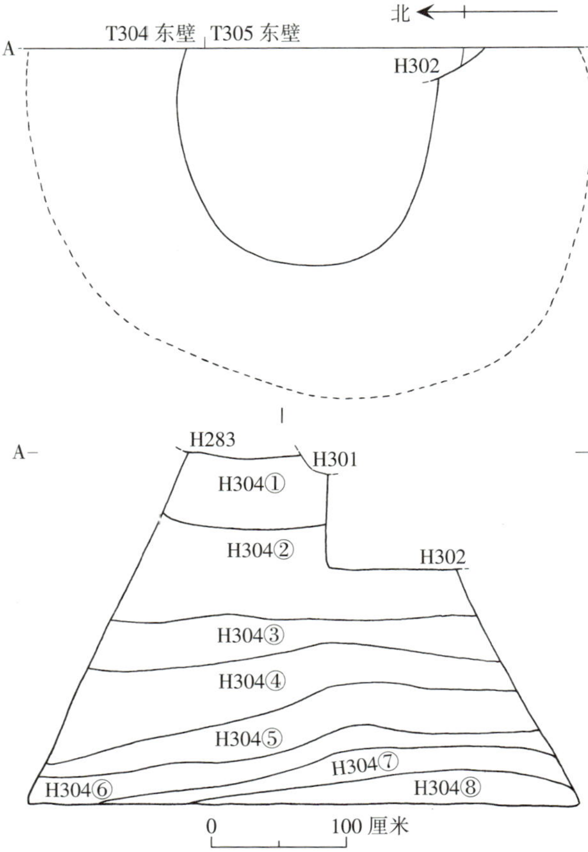

图 4－62　97KDⅠH304 平、剖面图

ⅠH317 坑底之坑，ⅠH317 打破ⅠH319。

ⅠH317 坑口平面作圆形，上段坑壁略直而稍有内收，下段呈袋状，平底。口径 120、底径 200、坑深 220 厘米。坑内堆积分八层：ⅠH317①，土色黄黑相杂，较软，厚 5～30 厘米；ⅠH317②，为杂黑斑的黄褐色土，较软，厚 20～30 厘米；ⅠH317③，灰土，较软，厚 5～30 厘米；ⅠH317④，土色灰黄相杂，略硬，厚 50～80 厘米；ⅠH317⑤，灰绿土，较软，厚 20～60 厘米；ⅠH317⑥，为杂绿斑的黄土，厚 0～30 厘米；ⅠH317⑦，黄土，较硬，厚 0～30 厘米；ⅠH317⑧，灰土，较软，厚 0～60 厘米。除上面两层外，其他各层均含陶片，ⅠH317⑥还出 1 件石器。

ⅠH318 开口于ⅠH317 坑底。该坑坑口的平面位置及其轮廓几乎与ⅠH317 相同。袋状，平底。底径 180、坑深 105～110 厘米。坑底以上的堆积共分五层：ⅠH318①，土色黄黑相杂，较软，厚 10～20 厘米；ⅠH318②，黄土，略硬，厚 5～15 厘米；ⅠH318③，黄褐色土，较软，厚 0～30 厘米；ⅠH318④，土色灰黄相杂，略硬，厚 30～60 厘米；ⅠH318⑤，黄灰色土，厚 20～35 厘米，此层杂有土坯块。各层均出陶片，堆积中并有石器和白灰残块（图 4－63）。

97KDⅠH319　跨ⅠT323 和ⅠT324。西边被ⅠH317 稍稍打破，打破ⅠH226。平面

近圆形，直壁，平底。口径约110、坑深100厘米。坑内堆积黄褐色土，较软，出少量陶片和1件石铲残块。

97KDⅠH320·ⅠH370　位于ⅠT323内。在ⅠH226坑底之下，直接打破生土。ⅠH320的北端打破ⅠH370南端。两坑口距地表300厘米。

ⅠH320平面呈不规则椭圆形，南、北壁向内斜收，其余坑壁略直，平底。坑口南北向长230、最宽处宽180、坑深45厘米。坑内堆积为灰烬层，含少量陶片。

ⅠH370坑口近圆形，口径180～200、坑深160厘米。坑壁较直，局部存留二齿工具痕，一般所见齿痕长12、齿距7厘米。南壁偶见斜向的宽双齿工具痕，此类工具的齿痕长、宽、齿距分别约为30、4和7厘米（图版一，4）。下部坑壁稍向内收，坑底略平。坑内堆积分四层，皆呈水平状分布：ⅠH370①，为夹灰烬的黄沙土，较软，厚40～60厘米；ⅠH370②，黄杂土，较软，厚10～30厘米；ⅠH370③，黄褐色土，较硬，厚20～30厘米；ⅠH370④，浅褐色土，较软，厚40～65厘米。各层均出有陶片（图4－64）。

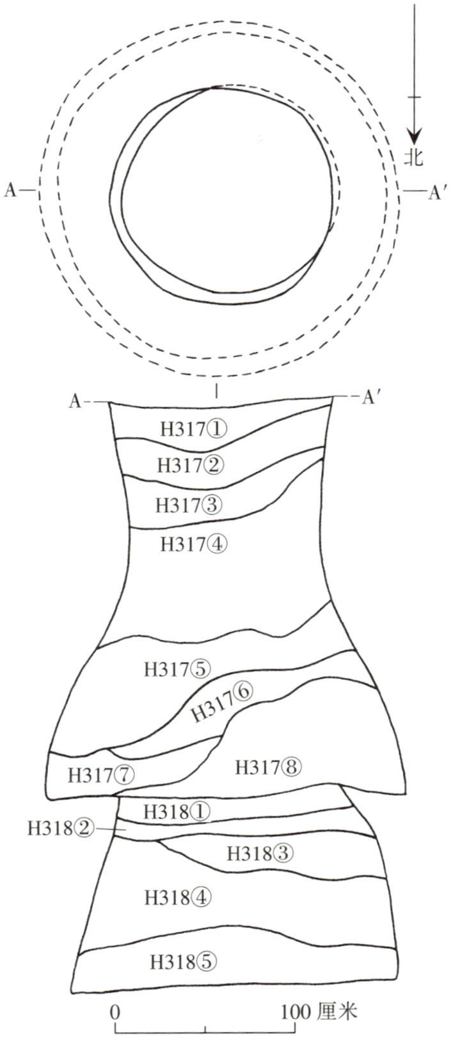

图4－63　97KDⅠH317·ⅠH318平、剖面图

97KDⅠH328　跨ⅠT326和ⅠT327。在ⅠF42之下，为ⅠF45所破，直接打破生土。坑口距地表125～140厘米，平面近梯形，坑壁较直，坑底略平。坑口南北向长270、坑深40～80厘米。

坑内有二层呈水平状分布的堆积：ⅠH328①，红褐色土，杂料姜石，略硬，厚20～50厘米，此层出陶片，并有些许朱色薄片，或是漆皮，惜过于破碎，无法鉴定；ⅠH328②，深褐色土，较软，厚15～35厘米，出陶片，并有3件石器和一彩绘陶片（图4－65）。

坑底置10多块散坯，皆以黄色草拌泥制成，这些土坯多数为长13、宽9、高约5厘米的规格，最大的1块平面呈正方形，边长30、高11厘米。

97KDⅠH332　跨ⅠT307东南和ⅠT308东北，其东部在发掘区外。被ⅠH334打破，直接打破生土。已发掘部分的坑口南北向长160、最深处坑深105厘米。坑内堆积黑灰土，夹杂石块，出陶片和1件石球。

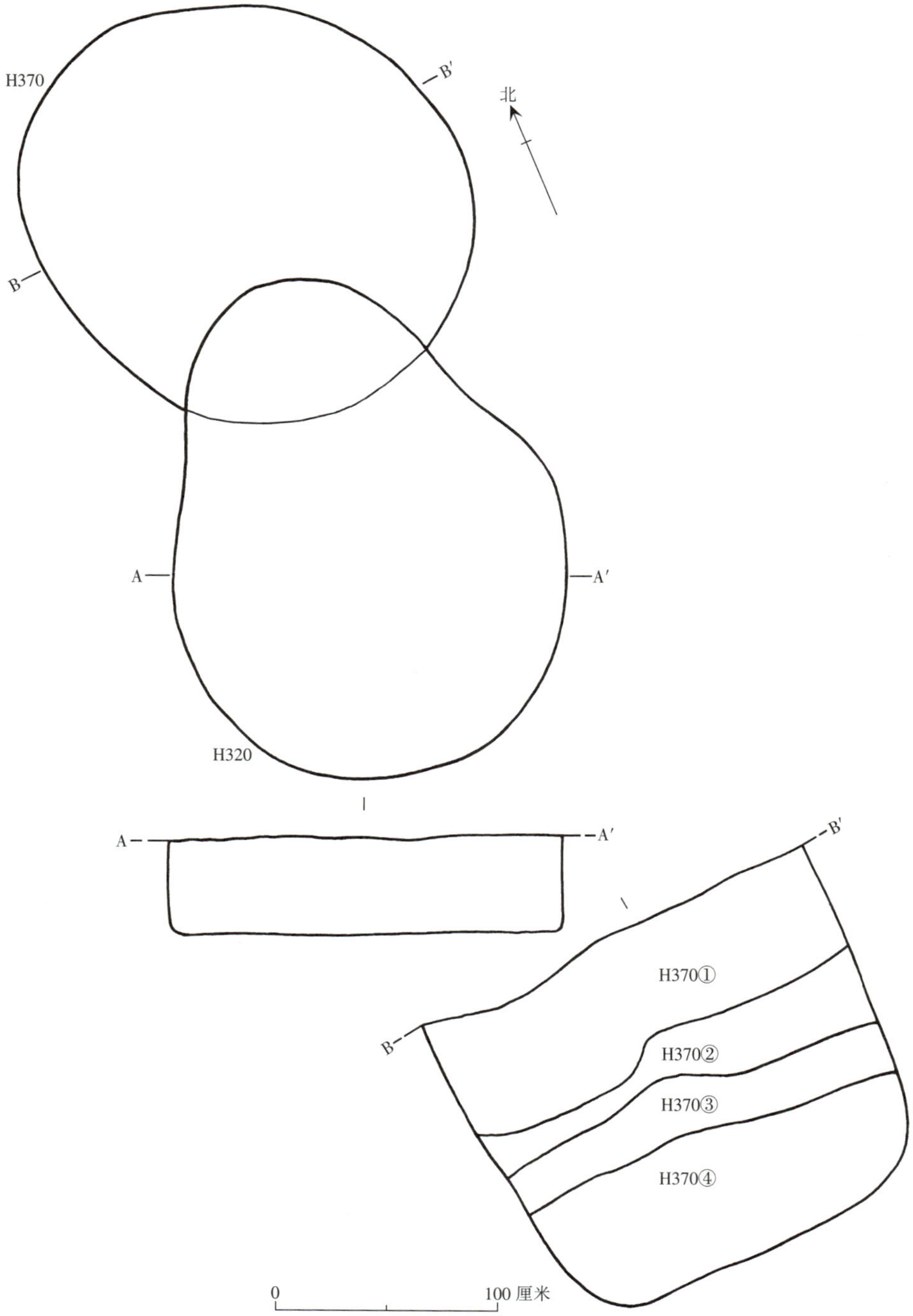

图4-64　97KDⅠH320·ⅠH370平、剖面图

97KDⅠH334　跨ⅠT307和ⅠT308。ⅠH413削其北部，打破ⅠH297、ⅠH332。残存之坑口东西向长360、坑深约130厘米。坑内堆积黑灰土，坑底覆一层薄薄的黑灰，内含碎石子和烧土块。堆积中出陶片和较多兽骨，并有1件石器。

97KDⅠH335　位于ⅠT324内。开口于ⅠT324第4层下，打破ⅠL13。南部被

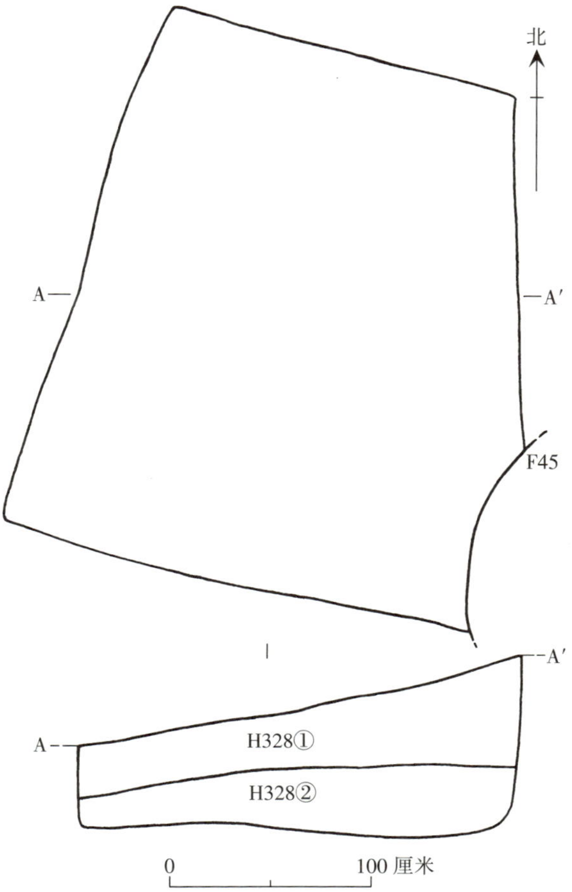

图 4－65　97KDⅠH328 平、剖面图

ⅠH235削去，残存部分的平面略呈圆角长方形，坑壁略直，坑底平整。坑口东西向长190、坑深 120 厘米。坑内堆积中出有陶片。

97KDⅠH340　跨ⅠT309 和ⅠT319。在战国时期的ⅠQ4 之下，打破ⅠT309 第 7 层和与其连通的ⅠT319 第 2 层。平面呈圆形，口径 90、坑深 15 厘米。坑内堆积含数片陶片和 1 件石器。

97KDⅠH344　跨ⅠT316 和ⅠT317。在ⅠL15 之下，打破ⅠH367、ⅠH384。平面形状不甚规则，略见椭圆，坑壁较直，坑底自西而东稍有下斜。坑口东西向长 410、南北向最宽处宽 330、坑深 190～220 厘米。

坑内堆积分八层：ⅠH344①，红褐色土，较硬，厚 0～20 厘米，仅见于西部；ⅠH344②，浅褐色土，较软，厚 10～30 厘米；ⅠH344③，黄褐色土，较软，厚 10～20 厘米；ⅠH344④，黑灰土，较软，厚 0～40 厘米；ⅠH344⑤，灰绿土，较软，厚 0～35 厘米，含草木灰，有烧成黑炭的草束和植物编结的绳段；ⅠH344⑥，灰褐土，较软，厚 0～50 厘米；ⅠH344⑦，灰土，略硬，厚 0～65 厘米；ⅠH344⑧，黄土，较硬，似生土，厚 0～190 厘米，分布于坑内四周，西部最厚。

堆积中遗物数量十分可观，各层都出很多陶片和兽骨，并有石、骨器等。此外，还出有烧成黑炭的草束。唯一可以确定出自坑底的遗物是ⅠH344⑧:10这件有孔石器残段（图4－66）。

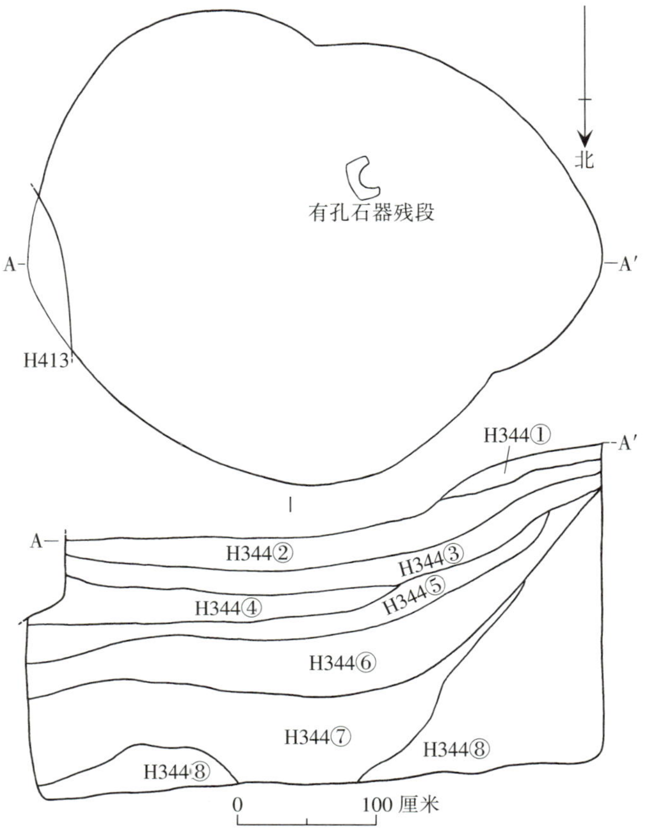

图4－66 97KDⅠH344平、剖面图

97KDⅠH348 跨ⅠT305和ⅠT315。此坑西部被夏家店上层文化的ⅠH298打破，打破生土。平面呈圆形，直壁，平底。口径255、坑深135厘米。

坑内堆积分三层，皆水平状分布：ⅠH348①，灰褐色土，较软，厚15～40厘米；ⅠH348②，黑灰土，较软，厚45～75厘米；ⅠH348③，深灰色土，较软，厚50～60厘米（图4－67）。各层均出陶片，但ⅠH348③较少。堆积中还有石、骨器等。

97KDⅠH349 位于ⅠT303内。东北部为ⅠF39所破，直接打破生土。战国时期的ⅠH289、ⅠH296、ⅠH305、ⅠH313、ⅠH411、ⅠH412等坑均对其造成一定的破坏。

坑口距地表100厘米。坑壁多有坍塌，致使坑口平面形状不甚规则，大致为圆形，平底。口径350～400、底径330～360、坑深255～355厘米（彩版二五，2）。

坑内堆积分十二层：ⅠH349①，黄土，略硬，厚0～160厘米；ⅠH349②，灰土，较软，厚20～90厘米；ⅠH349③，黄杂土，较硬，厚10～80厘米；ⅠH349④，为黑

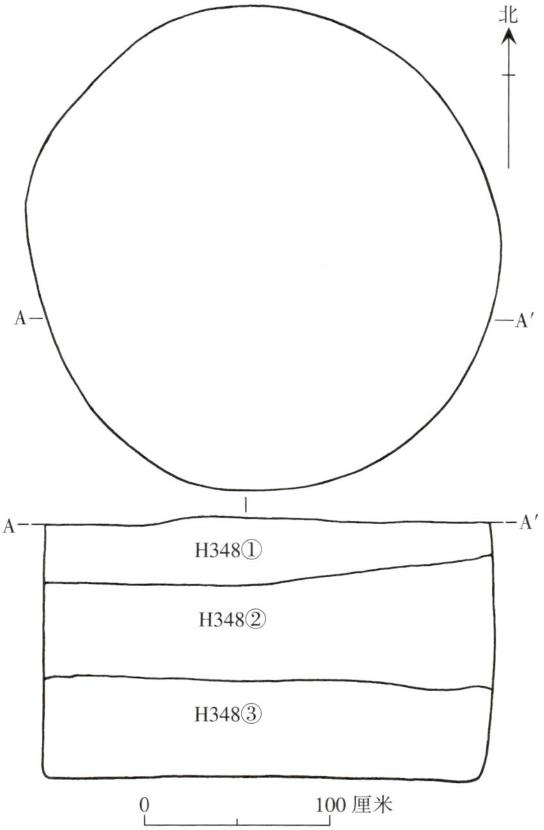

图4-67　97KDⅠH348 平、剖面图

灰与白灰交相层叠的堆积，仅见于东部，厚0~40厘米；ⅠH349⑤，黄杂土，略硬，局部夹杂一层灰烬，厚5~75厘米；ⅠH349⑥，黄土，较硬，主要分布于北部，厚0~60厘米；ⅠH349⑦，浅黄色土，较硬，厚10~45厘米；ⅠH349⑧，为极浅的黄色之土，较硬，厚10~80厘米；ⅠH349⑨，为夹杂灰烬的浅黄色土，较硬，仅于西部有少许分布，厚0~5厘米（彩版二六）；ⅠH349⑩，为夹杂灰烬的黄土，较硬，仅见于西部坑底，厚0~15厘米；ⅠH349⑪，为夹杂灰烬的浅黄色土；ⅠH349⑫，厚3厘米，系铺敷在坑底之上的红褐色土，表面为一层板结的淤泥，其上置有7件土坯残块和一石块（图4-68）。

此坑堆积中遗物甚少，只有ⅠH349②、ⅠH349④和ⅠH349⑪这三层出少量陶片和兽骨，ⅠH349⑪还出有石器和砾石等物。

97KDⅠH350　跨ⅠT303、ⅠT304、ⅠT313和ⅠT314。主要部分在ⅠH234·ⅠH366·ⅠH407中的ⅠH366之下，西边被ⅠH407削去一段，南端为ⅠH389所截，打破ⅠH404。北端为战国时期的ⅠH268切毁。坑口距地表210~240厘米，平面呈圆形，袋状，平底。口径220~240、底径235~250、坑深50~75厘米。

坑内堆积分三层：ⅠH350①，为黑、白灰交相层叠的堆积，较软，出少量陶片，并有7件石器和一陶圆饼；ⅠH350②，黄土，略硬，出少量陶片；ⅠH350③，为夹杂

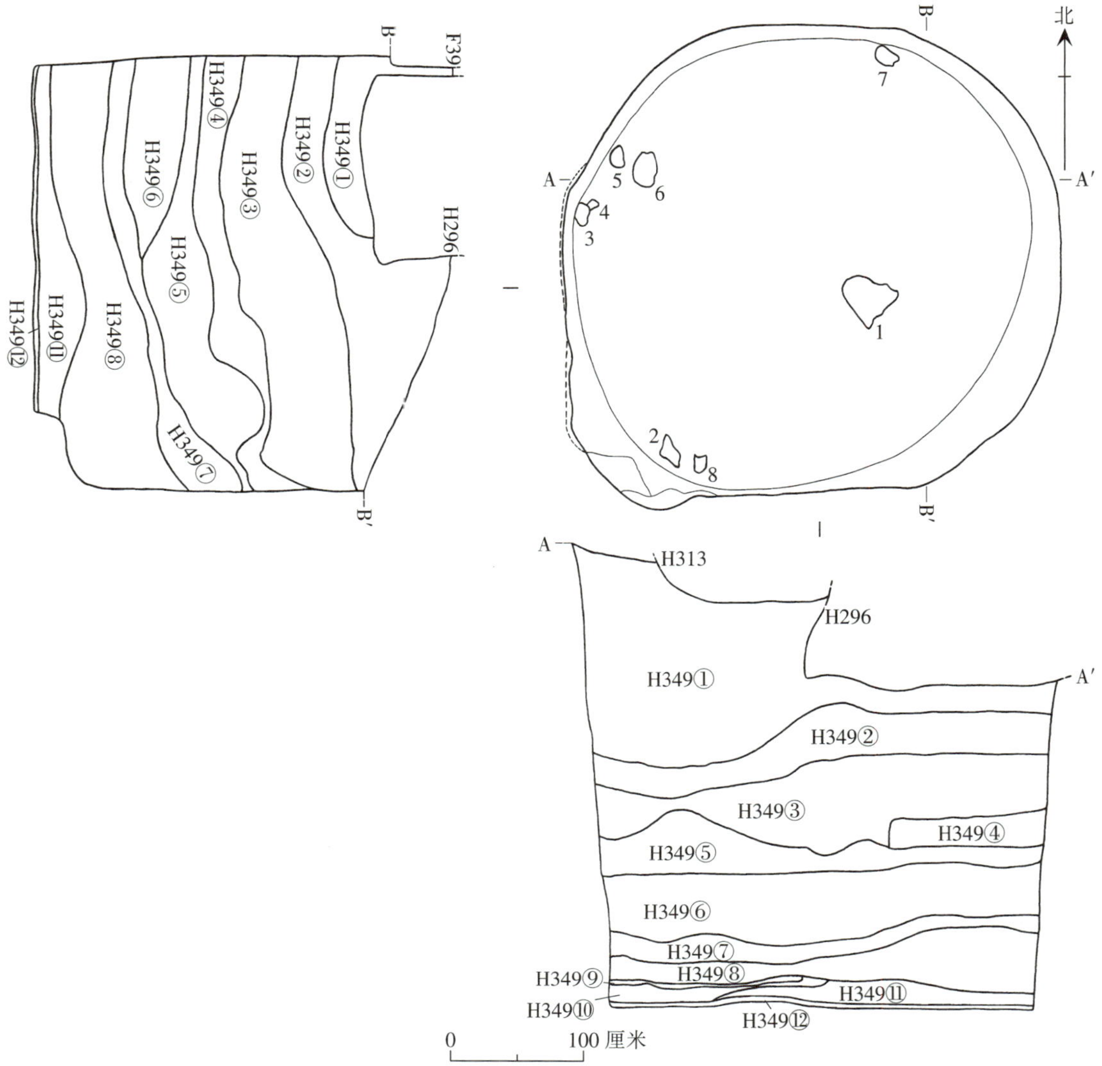

图 4－68　97KDⅠH349 平、剖面图
（平面图中标号者为ⅠH349⑫层面上遗物：1～7 为土坯残块，8 为石块）

灰烬的黄土，出 1 件石器残片。堆积中尚有兽骨（图 4－69）。

97KDⅠH353　跨ⅠT315、ⅠT316、ⅠT325 和ⅠT326。在ⅠH454 之下，打破上述探方的 6 层。此坑南部、中南部、北部分别被ⅠH454 和战国时期的ⅠH325 及夏家店上层文化的ⅠH258 打破或切削。

坑口距地表 80～180 厘米，残存部分的坑口平面略近圆角长方形，南北向长 310 厘米，坑口东西最宽处宽 270 厘米，坑深约 180 厘米。坑壁较直，局部存留二齿工具痕，齿距 6～7、齿痕长 26～28、齿痕进深 2～3 厘米。坑底略呈锅底状。

坑内堆积存有八层：ⅠH353①，灰褐土，厚 20～60 厘米；ⅠH353②，为杂黑或灰斑的黄土，厚 6～7 厘米；ⅠH353③，灰土，厚约 25 厘米；ⅠH353④，棕黄色土，厚 5～20 厘米；ⅠH353⑤，黄杂土，厚 5～20 厘米；ⅠH353⑥，灰土，较软，厚 20～30

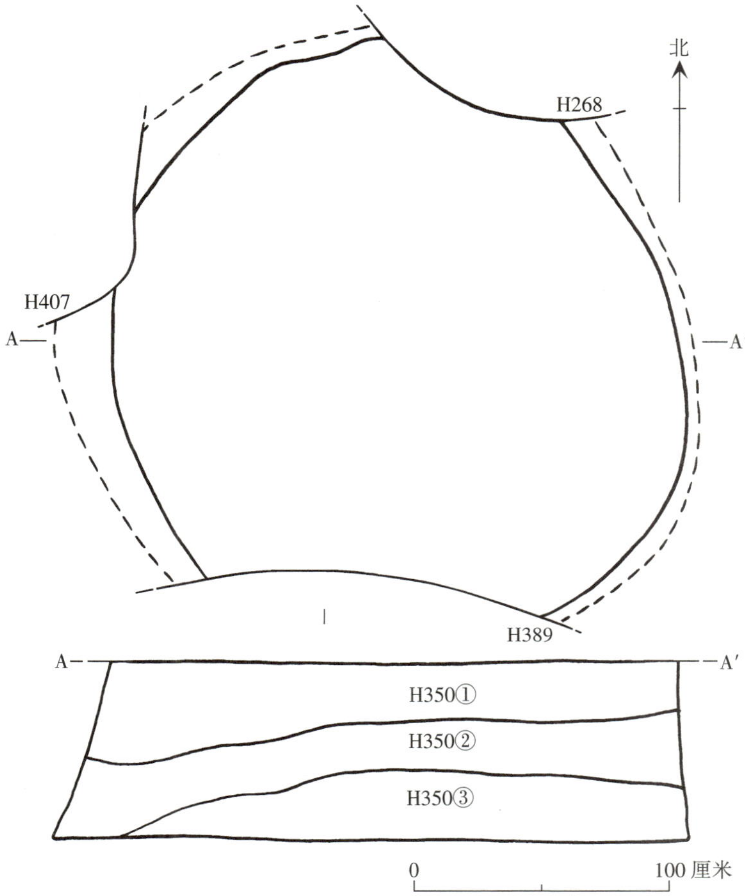

图 4－69　97KDⅠH350 平、剖面图

厘米；ⅠH353⑦，含 10 小层细灰，每层厚约 3 厘米，黑或灰白色，层层错叠，交替铺覆；ⅠH353⑧，为夹炭屑的灰土，最厚处厚约 35 厘米，局部也有层层相叠的细灰（图 4－70）。

坑内堆积出有陶片，并有 2 件残圆陶片、2 件陶纺轮和 1 件残骨锥。ⅠH353①、ⅠH353⑤～ⅠH353⑧各层均出有少量兽骨。

97KDⅠH355　位于ⅠT301 内。东部为夏家店上层文化的ⅠH354 所破，直接打破生土。坑口距地表 15 厘米，平面呈圆形，略呈袋状，平底。口径 150、底径 160、坑深 22 厘米。坑内堆积为黄灰色土，出少量陶片和兽骨，并有 1 件彩绘陶片（图 4－71）。

97KDⅠH356　在ⅠT301 内。坑口北部被夏家店上层文化的ⅠH354 打破，打破ⅠH428。坑口近圆形，稍呈袋状，平底。口径 160～175、底径 195～215、坑深 220 厘米。南部近底处的坑壁有着清晰的平头工具痕，痕宽 6 厘米，似铲镢类之痕。

坑内堆积土分七层：ⅠH356①，黄灰色土，最厚处厚 55 厘米；ⅠH356②，为夹杂黑炭屑的黄灰色土，厚 20～100 厘米；ⅠH356③，浅灰色土，厚 0～15 厘米；ⅠH356④，深灰色土，含大量灰烬，厚 15～30 厘米；ⅠH356⑤，黄褐色土，厚约 60 厘米；

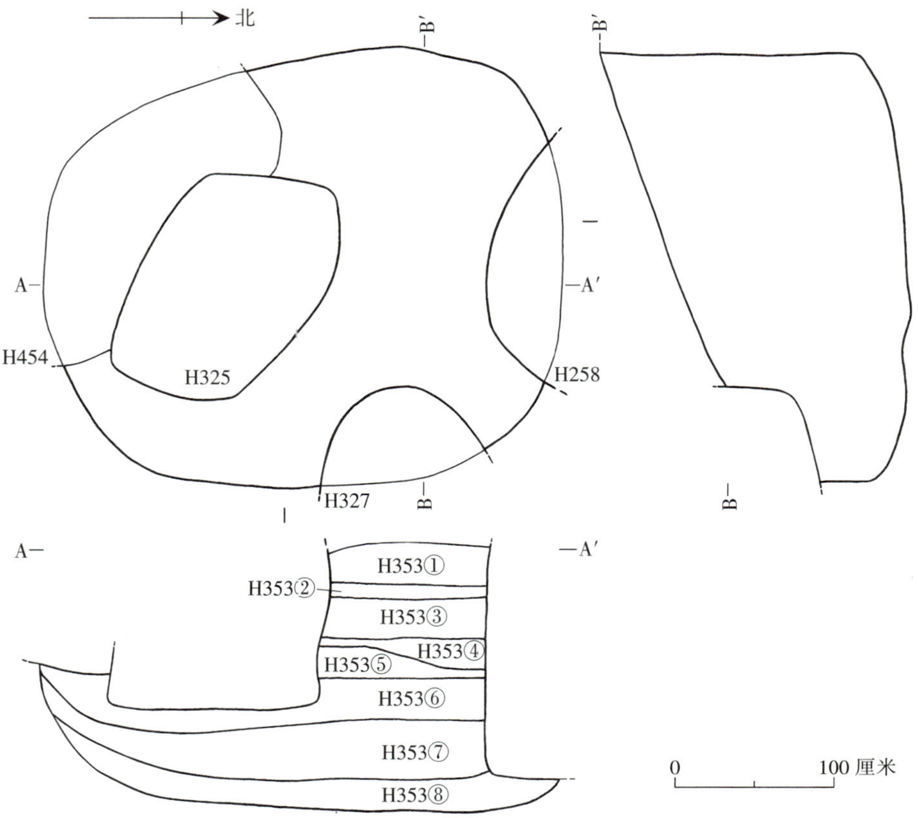

图 4－70　97KDⅠH353 平、剖面图

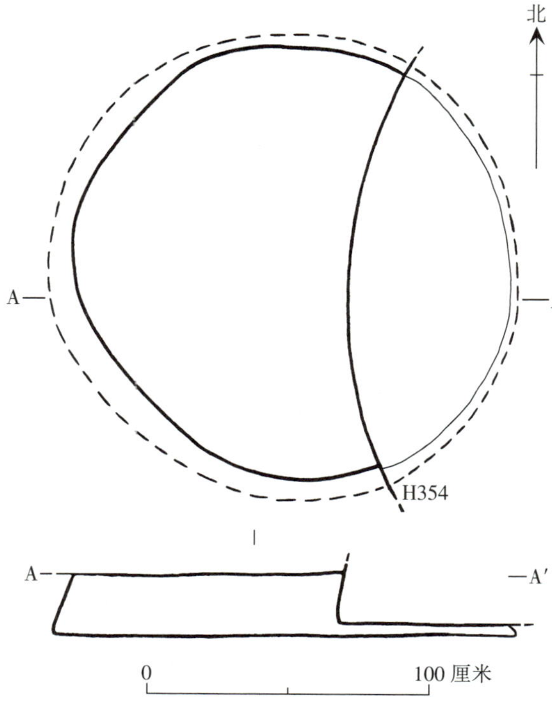

图 4－71　97KDⅠH355 平、剖面图

ⅠH356⑥，黄灰色土，夹杂三层细灰，厚20～35厘米；ⅠH356⑦，浅灰色土，厚25～45厘米。

各层均出陶片，ⅠH356②、ⅠH356⑤～ⅠH356⑦还出兽骨，堆积中尚有石、骨器等。确认为坑底的遗物有土坯残块和陶片各1件（图4－72）。

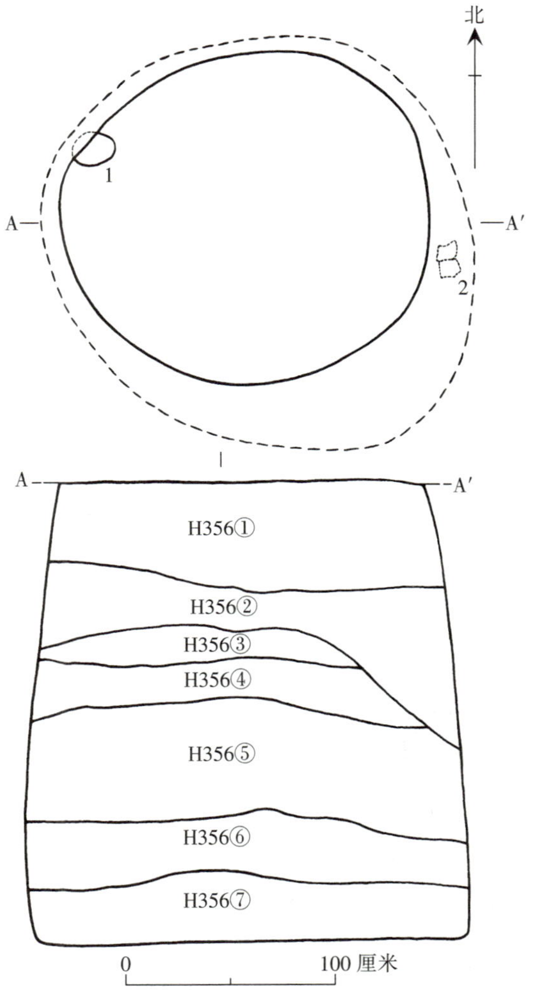

图4－72 97KDⅠH356平、剖面图
1. 土坯残块 2. 陶片

97KDⅠH367 跨ⅠT317和ⅠT327。为ⅠH262、ⅠH344所破，打破ⅠF42和ⅠF45。因被多个灰坑打破，残缺过甚，东部边线的划定也不够准确，大致在南北长210、东西宽190厘米的范围内，坑深约85厘米。坑内堆积黄花土，出少量陶片和1件石臼。

97KDⅠH368 位于ⅠT302东南，东部在发掘区外。坑口即ⅠF57硬土之底，西部为ⅠF39所截，直接打破生土。

已发掘部分的坑口南北向长175厘米，坑底南北向长200厘米，坑深160厘米。坑底北端有一黄土堆成的凸台，其东部延至发掘区外，此台已发掘的部分东西向长30～40、南北向宽18、高30厘米。

坑内堆积有十六层：ⅠH368①，黑灰土，最厚10厘米，出1件骨器；ⅠH368②，灰土，最厚20厘米；ⅠH368③，灰杂土，最厚25厘米；ⅠH368④，夹炭屑的灰土，最厚15厘米；ⅠH368⑤，土色灰黄相杂，最厚12厘米，出骨器1件；ⅠH368⑥，灰土，最厚15厘米；ⅠH368⑦，似灰烬，最厚10厘米；ⅠH368⑧，黑灰土，最厚18厘米；ⅠH368⑨，褐色土，最厚17厘米；ⅠH368⑩，黄灰色土，最厚30厘米；ⅠH368⑪，黑灰土，至厚12厘米，出骨针、石铲残块各1件及少量陶片；ⅠH368⑫，黄灰色土，分布范围不足1平方米；ⅠH368⑬，黄土，最厚12厘米；ⅠH368⑭，黑灰土，厚15～60厘米，含少量陶片，并出3件石器残块和一羊距骨；ⅠH368⑮，为夹灰层的黄土，最厚30厘米；ⅠH368⑯，黄土，类似生土，厚20～60厘米（图4－73；彩版二七，1）。

97KDⅠH369 跨ⅠT309、ⅠT310、ⅠT319和ⅠT320。在战国时期的ⅠQ4之下，打破ⅠH373。东南紧邻ⅠH439。平面略近椭圆形，坑口长260、宽160、坑深65～80厘米，坑底不平。坑内堆积为灰绿土，土色驳杂，出陶片、兽骨和石、骨器等（图4－74）。

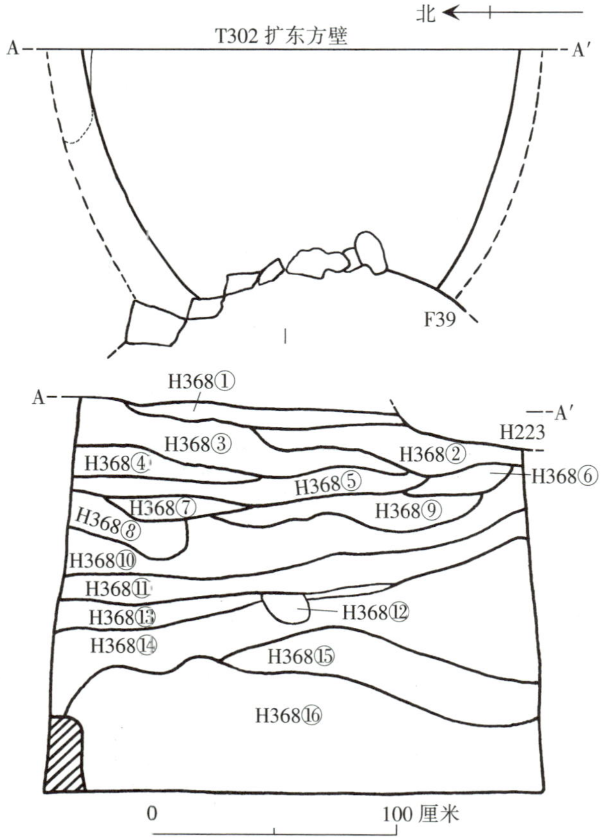

图4－73 97KDⅠH368平、剖面图
（斜线部分为坑底凸台）

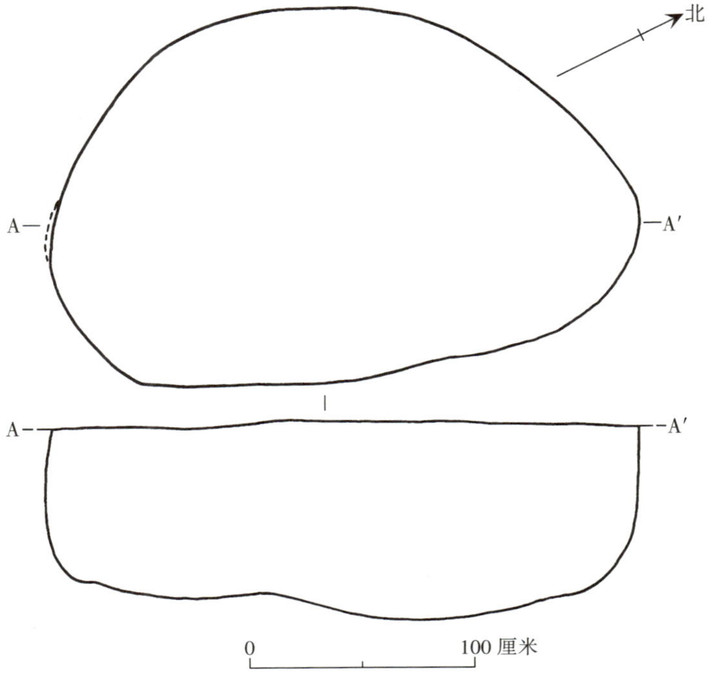

图 4－74　97KDⅠH369 平、剖面图

97KDⅠH373　位于ⅠT309 内。开口于ⅠT309 第 6 层下，西部边缘处被ⅠH369 打破，打破ⅠF55。平面呈圆形，直径 265、坑深 75 厘米，坑壁较直，唯西北部坑壁略显袋状，平底。

坑内堆积分三层，大致呈水平状分布：ⅠH373①，黄褐色土，略硬，厚 20～40 厘米，包含较多的陶片；ⅠH373②，灰土，夹杂黄土层，较软，厚 5～25 厘米；ⅠH373③，灰杂土，较软，厚 15～32 厘米（图 4－75；彩版二七，2）。

堆积中出有陶片（以ⅠH373①为主），并有兽骨和石器、骨器、石块、陶纺轮。

97KDⅠH377　位于ⅠT431 内。为ⅠH156 所破，打破ⅠF15。此坑残缺过甚，坑壁内收，坑底不平。残存之坑口东南—西北向长 210、坑深约 45 厘米。坑内堆积浅灰色土，出少量陶片和石器、陶垫、彩绘陶片各 1 件。

97KDⅠH379　位于ⅠT335 内。在战国时期的ⅠQ4 之下，打破ⅠF51 房址外堆积（ⅠF51W）。平面呈圆形，袋状，平底。口径 115～120、底径 130～135、坑深 30 厘米。

坑内堆积分二层：ⅠH379①，黄沙土，厚 5～12 厘米，无遗物；ⅠH379②，灰土，厚 18～25 厘米，含众多石、骨、陶器，大致分三层置放，陶容器中有鬲、尊、瓮、盆、甗等 22 件，多可复原，非容器之石、骨、陶质人工制品有 19 件，此外，还有人臂骨和猪牙（彩版二八，1）。坑底卧置一块长方形土坯（图 4－76）。

97KDⅠH381　跨ⅠT305 和ⅠT306。东部为夏家店上层文化的ⅠH380 削毁，直接打破生土。坑口东西向残长 150 厘米，南北向宽 130 厘米，坑深 75 厘米。直壁，平底。坑内堆积为灰土，含少量陶片和兽骨（图 4－77）。

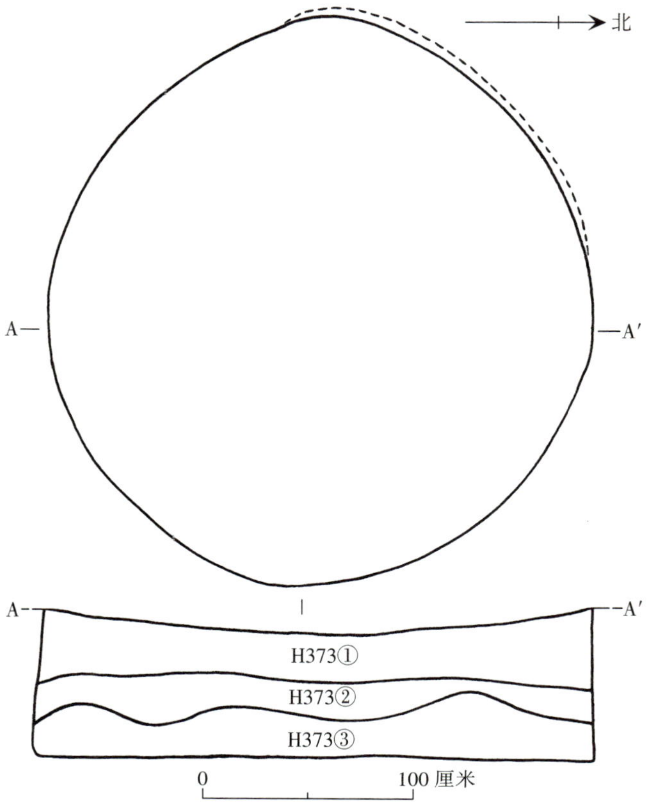

图 4 - 75　97KDⅠH373 平、剖面图

97KDⅠH382　位于ⅠT305 内。南部为夏家店上层文化的ⅠH380 削毁，直接打破生土。坑口南北向残长 115 厘米，东西向宽 80 厘米，坑深 90 厘米。坑壁较直，北部略呈袋状，平底。坑内堆积为黄灰色土，含少量陶片和兽骨（见图 4 - 77）。

97KDⅠH384　位于ⅠT316 内。被ⅠH344 打破，打破ⅠT316 第 6 层。大部分为ⅠH344和ⅠH413 削去，所存甚少。残留部分的平面略似扇形，南北向长约 150、坑深约 85 厘米。坑内堆积黄灰色土，出有少许陶片和 1 件石片。

97KDⅠH386　位于ⅠT325 内。为ⅠH430 所破，直接打破生土。平面呈圆形，直壁，坑底不平。口径 135 ~ 155、坑深 15 ~ 55 厘米。坑内堆积灰白色土，中间夹 1 层薄黄土，出少量陶片和较多兽骨，并有 1 件陶圆饼。

97KDⅠH387　位于ⅠT319 内。在战国时期的ⅠQ4 之下，直接打破生土。距其东南相邻的ⅠH418 仅 50 厘米（彩版二八，2 左）。

坑口平面呈不规则圆形，东南边近直线。坑口东南—西北向长 140、最宽处宽 125 厘米。袋状，坑底不甚平整，近底部坑壁抹有一圈 1.5 厘米厚的草拌泥，此圈草拌泥的高度为 8 ~ 10 厘米。坑底西北侧边缘附近置一陶器底（坑底的编号为ⅠH387②）。坑深 80 ~ 85 厘米（彩版二九，1）。坑内堆积灰褐土。出有陶片和少量兽骨，并有 2 件残陶罐和一残甗盆，以及 14 件石、骨器（图 4 - 78）。

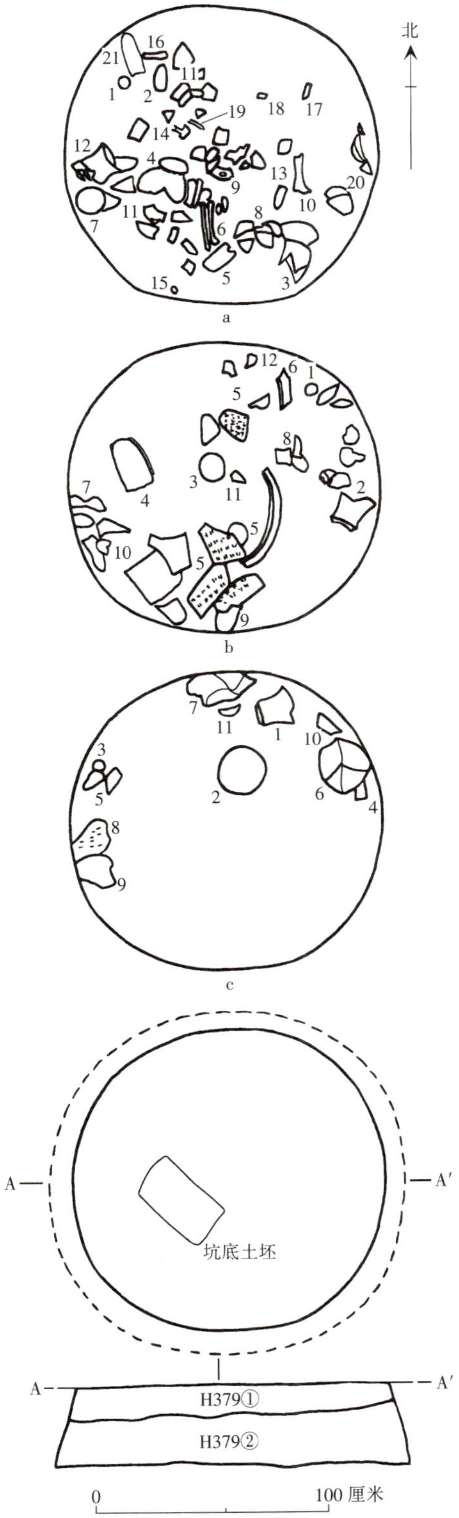

图 4－76　97KDⅠH379 平、剖面图和ⅠH379②的三层遗物分布图（a～c）

a. ⅠH379②第 1 层遗物

1. 陶纺轮（ⅠH379②：4）　2. 石斧（ⅠH379②：3）　3. 泥质甗（ⅠH379②：37）　4. 甗鬲（ⅠH379②：39）　5. 石刀（ⅠH379②：9）　6. 人臂骨　7. 盘状石器（ⅠH379②：1）　8. 陶尊（ⅠH379②：32）　9. 陶豆（ⅠH379②：31）　10. 兽肩胛骨　11、20. 泥质罐（ⅠH379②：40、ⅠH379②：29）　12. 泥质筒腹鬲（ⅠH379②：27）　13. 陶鼎（ⅠH379②：30）　14. 陶壶（ⅠH379②：24）　15. 小石块（ⅠH379②：6）　16. 兽骨　17. 骨锥（ⅠH379②：13）　18. 石器（ⅠH379②：18）　19. 石环残段（ⅠH379②：19）　21. 盆、钵类陶片（ⅠH379②：20）

b. ⅠH379②第 2 层遗物

1. 陶纺轮（ⅠH379②：14）　2. 陶尊（ⅠH379②：22）　3. 圆陶片（ⅠH379②：2）　4. 石铲（ⅠH379②：8）　5. 陶瓮（ⅠH379②：38）　6. 骨器（ⅠH379②：17）　7. 夹砂筒腹鬲（ⅠH379②：25）　8. 盆、钵类陶片（ⅠH379②：21）　9. 甗、鬲类陶片（ⅠH379②：15）　10. 泥质筒腹鬲（ⅠH379②：26）　11. 石锛（ⅠH379②：10）　12. 磨过的石块（ⅠH379②：16）

c. ⅠH379②第 3 层遗物

1. 陶尊（ⅠH379②：34）　2. 盘状石器（ⅠH379②：7）　3. 圆陶片（ⅠH379②：12）　4. 石铲残片（ⅠH379②：11）　5. 石器残块（2 件）（ⅠH379②：5）　6、7. 残陶尊（ⅠH379②：23、ⅠH379②：33）　8. 甗鬲（ⅠH379②：41）　9. 夹砂罐（ⅠH379②：28）　10、11. 陶片（ⅠH379②：35、ⅠH379②：36）

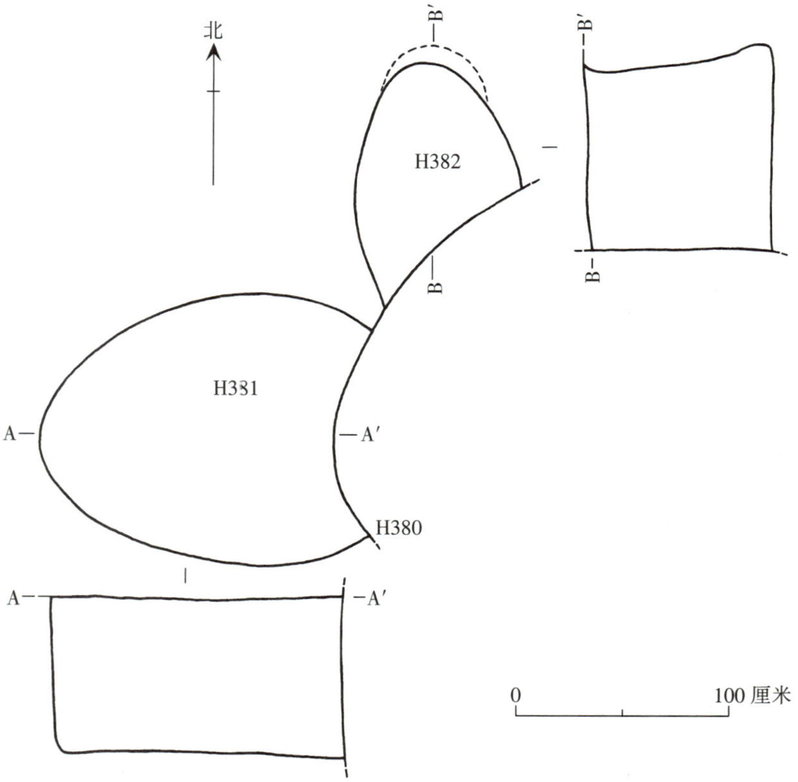

图 4－77　97KDⅠH381、97KDⅠH382 平、剖面图

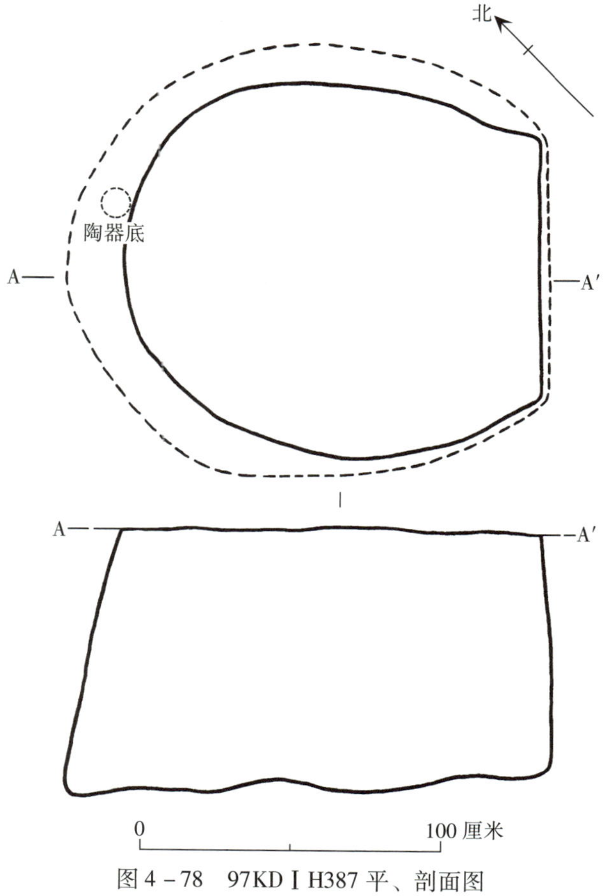

图 4－78　97KDⅠH387 平、剖面图

97KDⅠH388　位于ⅠT334中部，开口于ⅠT334第4层下，直接打破生土。平面近椭圆形，直壁，坑底较平。坑口南北向长125、宽80、坑深30厘米。坑内堆积为黄土，含一较大红烧土块，出有少量陶片，并有1件圆陶片。

97KDⅠH389　跨ⅠT304和ⅠT314。其上是ⅠH234·ⅠH366·ⅠH407中的ⅠH366之西侧中部的凹底，打破ⅠH350。平面呈圆形，坑壁略直，局部稍显袋状，坑底由周边向中心下凹而呈锅底状。口径175、坑深35～70厘米。坑内堆积黄土，夹杂交相层叠的黑或白灰。堆积中包含陶片，并见有2件石器残块和一彩绘陶片，还有一白灰块，贴敷在一块陶片上。

97KDⅠH390　位于ⅠT336内。开口于ⅠT336第1层下，打破7层。平面近椭圆形，直壁，坑底不平。坑口东西向长160、宽125、坑深40厘米。坑内堆积黑灰土，出少量陶片，以及石铲残块和石器残片各1件。

97KDⅠH400　位于ⅠT429南部，向南延至发掘区外。为ⅠG1所破，打破ⅠH450。被战国时期的ⅠH393和ⅠH395削去甚多，已发掘部分的坑口东西向长145、宽90、坑深25厘米。坑内堆积为黑土，出少量陶片。

97KDⅠH404　位于ⅠT304内。为ⅠH350所破，直接打破生土。ⅠH350、ⅠH389分别截其北和西部，从残存部分看此坑应为锅底状。现存坑口南北向长150、坑深55～65厘米。坑内堆积土黄灰相杂，含少量陶片。

97KDⅠH408　位于ⅠT314内。东北部为ⅠH234·ⅠH366·ⅠH407削毁，直接打破生土。坑口平面近椭圆形，西南—东北向长225、宽170厘米。东、西两侧的坑壁先向内缓斜，约自中部陡然直下，形成阶状。坑底不甚平整，东西向的宽度约60厘米。最深处坑深135厘米。

坑内堆积分四层：ⅠH408①，灰白色土，厚0～10厘米；ⅠH408②，黑灰土，厚0～60厘米；ⅠH408③，灰土，厚10～40厘米；ⅠH408④，黄褐色土，厚20～40厘米（图4－79）。堆积中出有兽骨和少量陶片，ⅠH408①尚有1件石器。

97KDⅠH413　跨ⅠT306、ⅠT307、ⅠT316和ⅠT317，其东部在发掘区外。打破此坑的最早的遗迹单位是夏家店上层文化的ⅠH288、ⅠH295、ⅠH333、ⅠH380，被其直接打破的有ⅠF44、ⅠF49、ⅠH291、ⅠH334、ⅠH415。

坑口距地表140～170厘米，多数坑壁向内斜收，唯西北侧一小部分坑壁略直。平底。已发掘部分的坑口南北向长645、东西向宽470、坑深140～185厘米。

坑内堆积分四层：ⅠH413①，灰土，厚65～110厘米，含红烧土块和石块，此层底部北侧有一石块堆，含100多个石块，分布在东西长300、南北宽200厘米的范围内，石堆最高可达80厘米；ⅠH413②，棕黄色土，夹杂炭粒和烧土块，厚60～120厘米，此层底部北侧为一段散石，分布范围长约50、宽15厘米，其下压1具小孩骨骼；ⅠH413③，灰土，含植物灰烬，厚0～25厘米，此层仅见于北部，其底部亦有散石；ⅠH413④，为黑色淤泥层，仅见于北部，厚0～5厘米（参见图2－3、图2－7）。

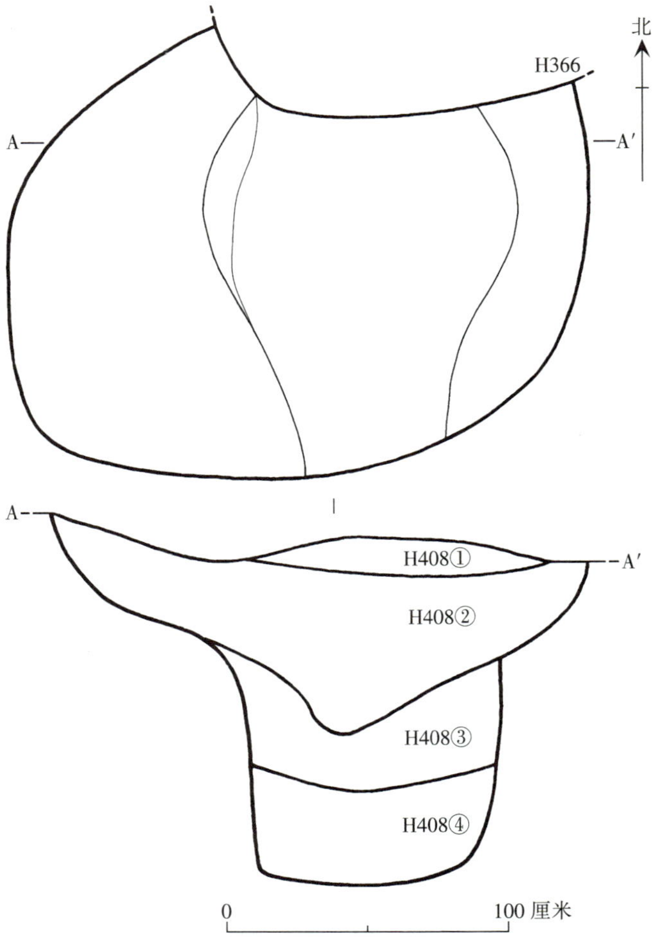

图 4－79　97KD Ⅰ H408 平、剖面图

各层均出陶片，堆积中还有较多兽骨和石、骨器等。

97KD Ⅰ H414　位于Ⅰ T320 内。在战国时期的Ⅰ Q4 之下，打破Ⅰ H418。平面呈圆形，直壁。口径 150、坑深 16 厘米。坑内堆积灰褐色土，出少量陶片和兽骨，并有 2 件石器和 1 件骨器。

97KD Ⅰ H415　位于Ⅰ T306 东部，大部分在发掘区外。此坑之上为Ⅰ H413，打破Ⅰ H416。已发掘部分南北向长 130、坑深 28 厘米。坑内堆积深褐色土，未出遗物。

97KD Ⅰ H416　位于Ⅰ T306 北部，其东部在发掘区外。此坑之上是Ⅰ H413，为Ⅰ H415所破，打破Ⅰ H417。坑口距地表 320～350 厘米。从已发掘部分看，坑口平面大体为椭圆形，此部分坑口东西向长 390、南北向宽 240、最深处坑深 110 厘米。坑内堆积黄灰色土，出少量陶片和兽骨，并有卜骨残块、残骨簪、残蚌片各 1 件。

97KD Ⅰ H417　跨Ⅰ T306 和Ⅰ T307。此坑在Ⅰ H413 之下，北部为Ⅰ H416 所截，直接打破生土。坑口距地表 320 厘米，残存部分的坑口南北向长 210、东西向最宽 220、坑深约 30 厘米。坑内堆积灰褐土，出少量陶片和兽骨，并有石器残块和石块各2件。

97KDⅠH418　位于ⅠT320内。西边坑口为ⅠH414所破，直接打破生土。平面近圆形，略呈袋状，平底，北壁下部有1处经火烧烤而呈红色。口径145～150、底径160、坑深105厘米（彩版二八，2右）。

坑内堆积分九层，皆呈水平状分布，且较厚的软土堆积和薄层硬土交相层叠（彩版三〇，1）：ⅠH418①，为夹杂灰烬的褐色土，较软，厚14～18厘米，含陶片，并有骨针和彩绘陶片各1件；ⅠH418②，为0～3厘米厚的黄褐色硬土，层面上散布数片陶片，贴近东壁处有1件石斧（图4－80）；ⅠH418③，灰杂土，较软，厚30～40厘米，含陶片，并有石铲、骨器及猪牙；ⅠH418④，为0～3厘米厚的褐色硬土，仅见于中部，层面无遗物；ⅠH418⑤，灰褐色土，较软，厚10～16厘米，间杂六小层灰烬，或呈黑灰，或显灰白，层层交替相叠，每层厚2～3厘米。此层含陶片，并有2件石铲和1件石铲残块，2件石铲出自层面（图4－81）；ⅠH418⑥，为0～5厘米厚的黄褐色硬土，层面置一石铲（图4－82），还存留1片残树叶的印痕（彩版二九，2、3）；ⅠH418⑦，黑灰色土，较软，厚20～30厘米，含少量陶片。此层上部有12个石块（ⅠH418⑦:7～ⅠH418⑦:18），以及石杵、石铲、细石器、残陶罐、残陶盘、陶纺轮各1件，下部出1件石器（图4－83）、1件石铲残块（石铲残块的平面位置不明）及一草拌泥块。坑东部夹杂一层薄灰，灰中含土坯碎块、猪距骨和草绳；ⅠH418⑧，为2～4厘米厚的硬土，层面有一石块（图4－84）；ⅠH418⑨，灰褐色土，较软，厚6～10厘米，含数片陶片；坑底编号为ⅠH418⑩，存留3件石铲和1件扁平砾石（图4－85；彩版三〇，2）。

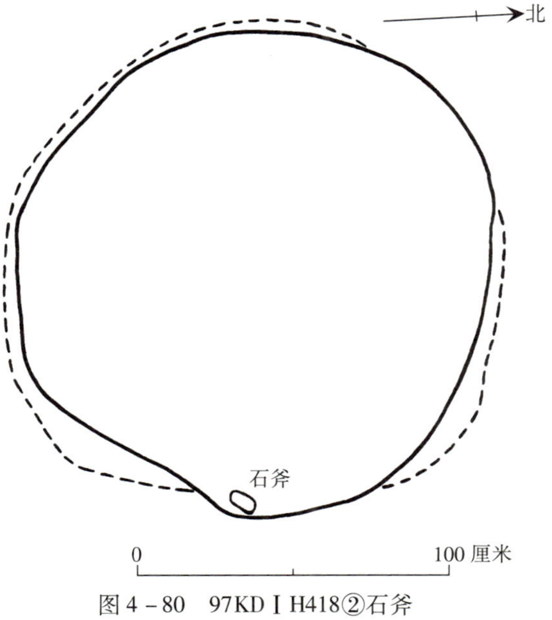

图4－80　97KDⅠH418②石斧（ⅠH418②:1）的位置图

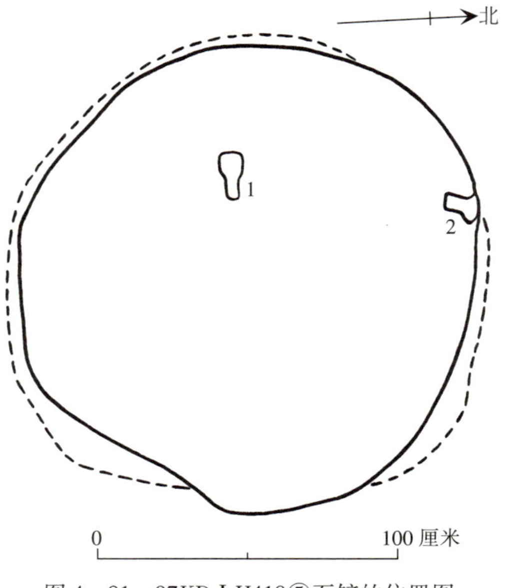

图4－81　97KDⅠH418⑤石铲的位置图
1. 有肩石铲（ⅠH418⑤:1）
2. 有肩石铲半成品（ⅠH418⑤:2）

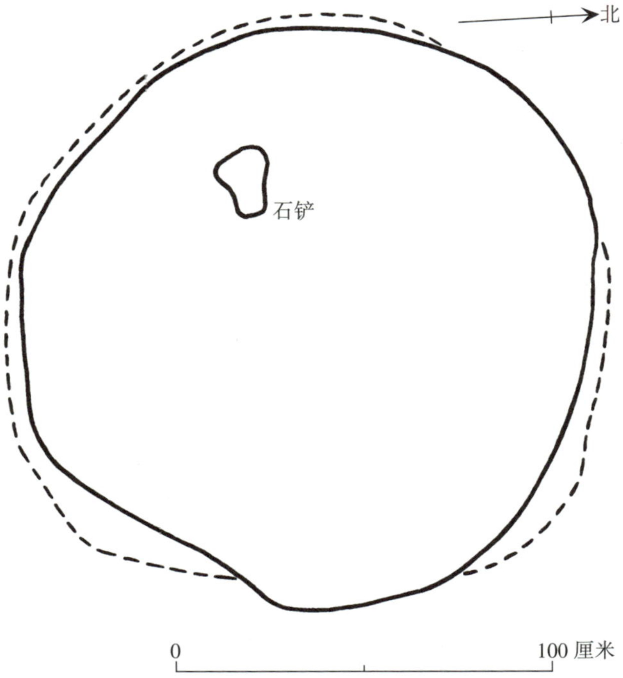

图 4－82　97KDⅠH418⑥石铲（ⅠH418⑥:1）的位置图

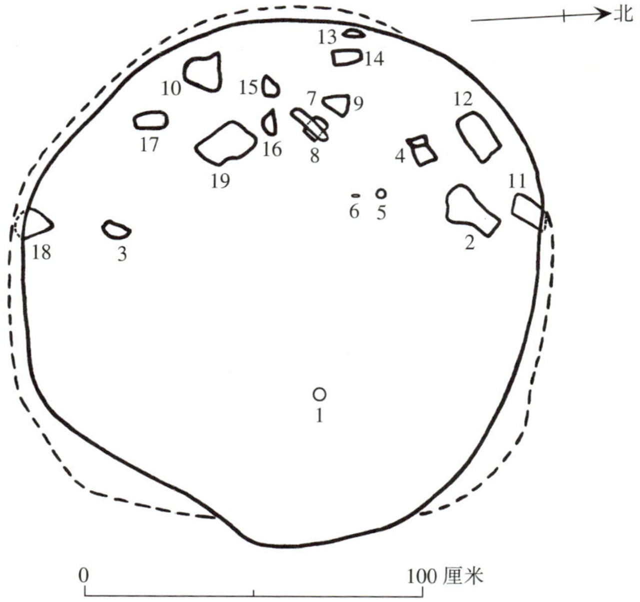

图 4－83　97KDⅠH418⑦遗物的位置图

1～18 出自该层的上部，19 出自该层的下部

1. 石杵（ⅠH418⑦:1）　2. 有肩石铲（ⅠH418⑦:2）　3. 残平底陶盘（ⅠH418⑦:3）　4. 残夹砂陶罐（ⅠH418⑦:4）　5. 陶纺轮（ⅠH418⑦:5）　6. 细石器（ⅠH418⑦:6）　9. 有打击痕的残石块（ⅠH418⑦:9）　10. 残砾石（ⅠH418⑦:10）　7、8、11～18. 石块　19. 石器（ⅠH418⑦:7）

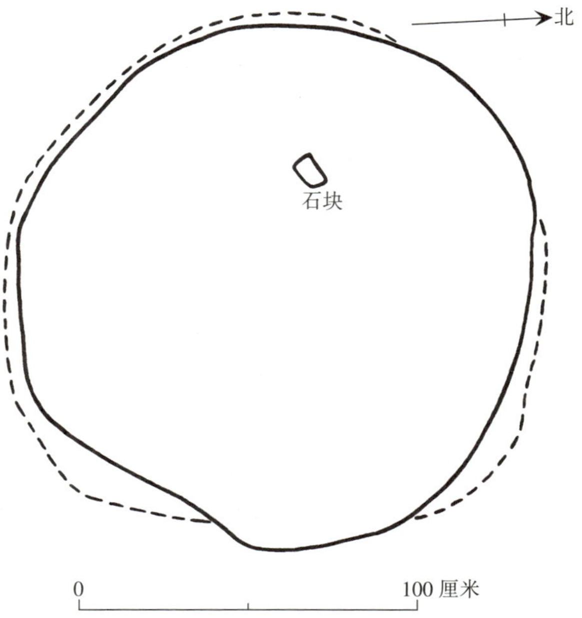

图 4－84　97KDⅠH418⑧石块的位置图

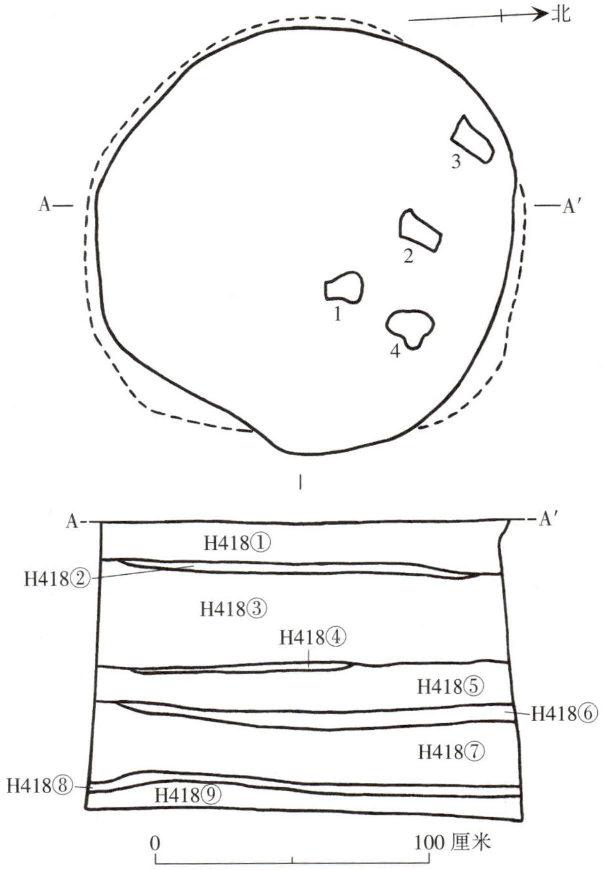

图 4－85　97KDⅠH418 平、剖面图及坑底遗物的位置

1～3. 石铲（ⅠH418⑩:1～ⅠH418⑩:3）　4. 砾石（ⅠH418⑩:4）

97KDⅠH419　位于ⅠT307东部，大部分在发掘区外。被ⅠF49打破，直接打破生土。已发掘部分的坑口南北向长75、坑深70厘米。坑内堆积黄灰色土，出若干陶片和兽骨。

97KDⅠH421　位于ⅠT334内。此坑南、北分别被ⅠH426和ⅠH442削去较多，坑口之上还压着ⅠH424，打破ⅠH443。平面略近圆形，袋状，平底。口径85～105、底径约140、坑深250～260厘米。坑内堆积黄土，出陶片，并有3件石器（图4－86）。

97KDⅠH422　跨ⅠT335和ⅠT336。在ⅠQ5之下，打破ⅠF60。坑口距地表75～100厘米，圆形，坑壁多较直，北部略呈袋状，坑底略平。口径195、底径195～205、坑深255～280厘米（彩版三一，1）。

坑内堆积分八层：ⅠH422①，灰土，较软，厚0～20厘米；ⅠH422②，黄土，略硬，厚0～25厘米；ⅠH422③，黄灰色土，较软，厚30～80厘米；ⅠH422④，似灰烬，较软，厚75～120厘米；ⅠH422⑤，土色灰黄间杂，较软，厚0～10厘米；ⅠH422⑥，黄土，较软，厚25～40厘米；ⅠH422⑦，黄褐色土，较软，厚15～30厘米；ⅠH422⑧，为夹灰烬的黄褐色土，较软，厚30～60厘米（图4－87）。

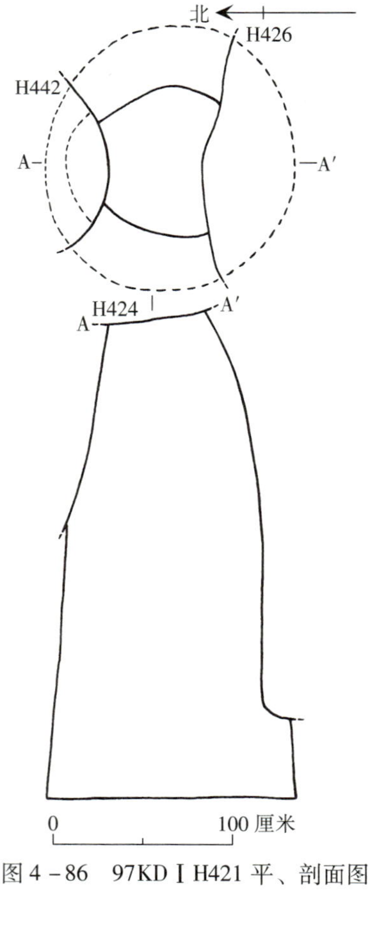

图4－86　97KDⅠH421平、剖面图

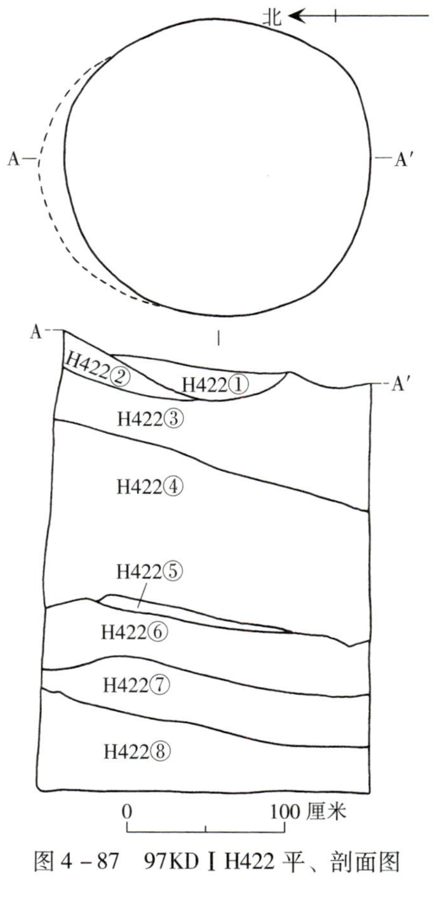

图4－87　97KDⅠH422平、剖面图

各层均出陶片，兽骨多见于ⅠH422⑤。堆积中还出有石、骨器和圆陶片。

97KDⅠH424　跨ⅠT323、ⅠT324、ⅠT333和ⅠT334。开口于战国时期的ⅠT333第4层下，打破ⅠT324和ⅠT334的3层，下压ⅠH442。

西部为倾斜的战国时期地层削去甚多，残存之坑口平面呈不规则形，南北向较长。坑壁亦不规则，主要部分内收较甚而呈锅底状。南部较深，其上部坑壁内收亦甚，下部东侧坑壁略为陡直，这部分较深的坑底已很窄小。坑口长390、最宽处宽295厘米，北部坑深约100、南部最深170厘米。

坑内堆积分六层，下面二层仅见于南部：ⅠH424①，灰褐色，较硬，厚0～35厘米；ⅠH424②，黄褐色土，较硬，厚0～40厘米；ⅠH424③，黄土，略硬，厚0～35厘米；ⅠH424④，黑灰土，较软，厚10～40厘米；ⅠH424⑤，黄灰色土，杂绿斑，较软，厚20～50厘米；ⅠH424⑥，灰绿土，厚0～50厘米（图4-88）。

各层均出陶片，堆积中还有兽骨和石、骨器及陶圆饼，并有1件卜骨残块。

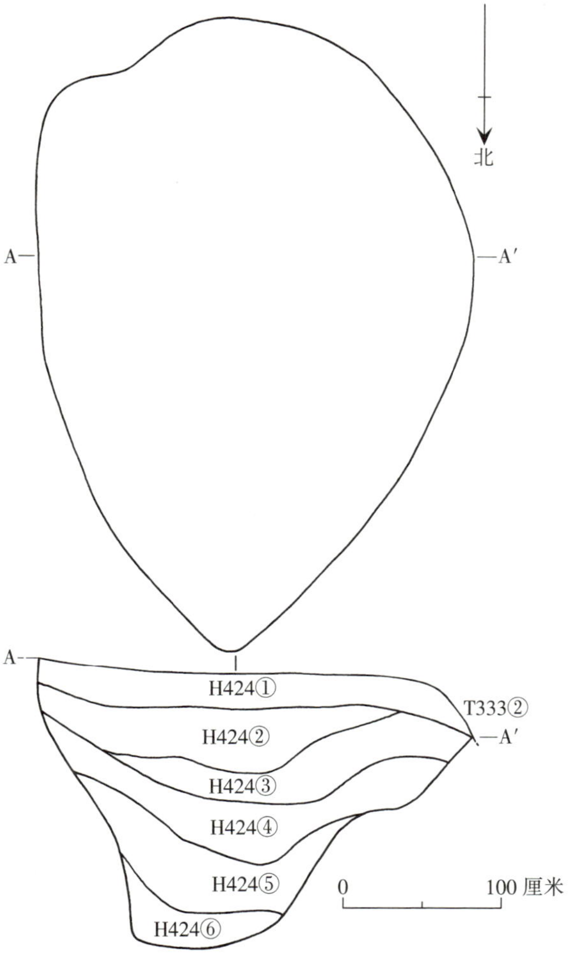

图4-88　97KDⅠH424平、剖面图

97KD Ⅰ H426　跨Ⅰ T324 和Ⅰ T334。在Ⅰ Q6 之下，打破Ⅰ H421。

坑口平面形状不规则，略近圆角长方形。南北向长 240、最宽处宽 200、坑深 315 厘米。北侧上部为Ⅰ H424 所削，其下的坑壁先向内斜收，至下部近乎陡直。其他部位的坑壁上部略直，下部呈袋状。底部平面轮廓略呈圆形，直径 255 ~ 265 厘米。坑底平整（图版二，2）。

坑内堆积分十层：Ⅰ H426①，黄杂土，较软，厚 0 ~ 30 厘米；Ⅰ H426②，黑灰土，较软，厚 20 ~ 45 厘米；Ⅰ H426③，黑土杂灰斑，略硬，厚 10 ~ 25 厘米；Ⅰ H426④，黄灰色土，较软，厚 0 ~ 15 厘米；Ⅰ H426⑤，深褐色土，较硬，厚 0 ~ 20 厘米；Ⅰ H426⑥，黑灰土，较软，厚 0 ~ 20 厘米；Ⅰ H426⑦，为含土坯块的黄土，仅分布于南部，厚 0 ~ 100 厘米；Ⅰ H426⑧，土色黑、黄间杂，较软，厚 0 ~ 55 厘米；Ⅰ H426⑨，黄土，夹杂土坯块和石块，土质略硬，厚 0 ~ 35 厘米；Ⅰ H426⑩，浅黄色土，略硬，厚 130 ~ 140 厘米（图 4 - 89）。

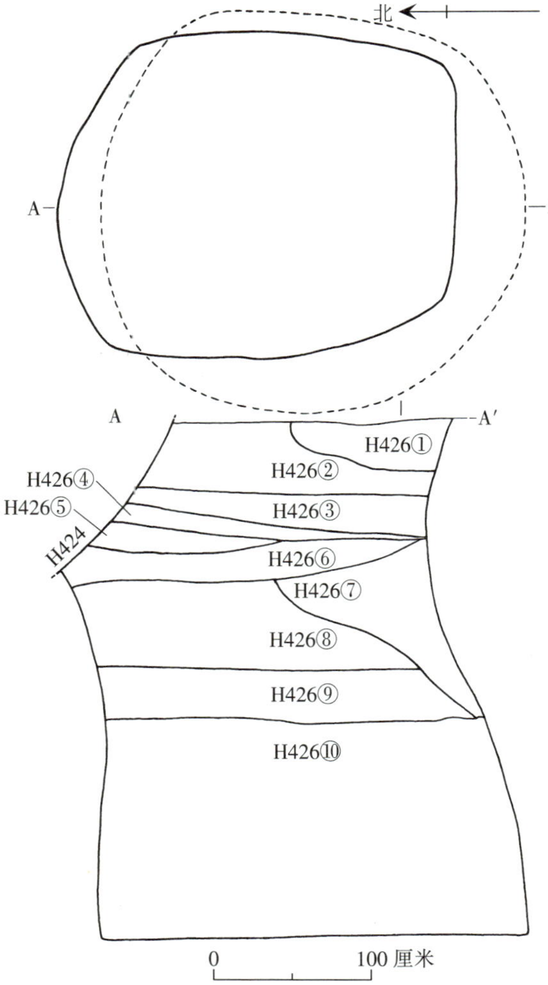

图 4 - 89　97KD Ⅰ H426 平、剖面图

ⅠH426⑥及其以上的各层堆积出有陶片和兽骨，而以ⅠH426①～ⅠH426③这三层最为集中，ⅠH426①还出石、骨器和圆陶片及卜骨残块，并有1件鳄鱼骨板制品。

97KDⅠH428　位于ⅠT301内。南部被ⅠH356削毁，直接打破生土。坑口距地表15厘米，平面近圆形，袋状，平底。口径240～250、底径265～285、坑深175厘米。

坑内堆积分六层，皆呈水平状分布：ⅠH428①，黄土杂棕斑，夹杂黑土坯块，土质略硬，厚60～75厘米；ⅠH428②，浅灰色土，局部杂有深灰和灰白土交替相叠层，较软，厚15～35厘米；ⅠH428③，黄土，较软，厚15～35厘米；ⅠH428④，以浅灰色土为主，杂有深灰和灰白土交替相叠层，较软，厚15～30厘米；ⅠH428⑤，黄灰色土，较软，厚5～15厘米；ⅠH428⑥，以深灰和灰白土交替相叠的堆积为主，较软，厚25～40厘米。各层均出陶片，堆积中还有兽骨，ⅠH428④有1件圆陶片残块。坑底北壁下有2件较大陶片和1块土坯（图4－90）。

97KDⅠH429　跨ⅠT336和ⅠT337，西部在发掘区外。此坑在ⅠF51之下，打破

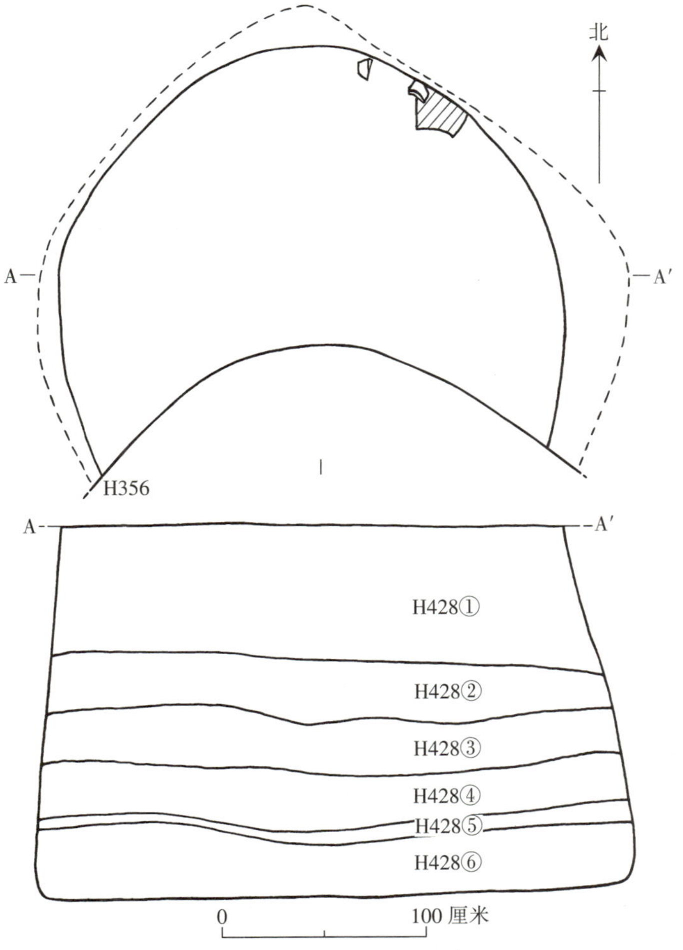

图4－90　97KDⅠH428平、剖面图
（平面图中斜线部分为土坯，其余两例是陶片）

ⅠH310、ⅠH433。已发掘部分的坑口平面形状不甚规则，坑壁向内斜收，坑底不平。在ⅠT336和ⅠT337西壁处的坑口南北向长550、最深处坑深55厘米。坑内堆积黑灰土，出较多陶片，并有兽骨和石、骨器等。

97KDⅠH430　跨ⅠT325和ⅠT326。其南缘被ⅠF42②D叠压，打破ⅠH386。平面略近椭圆形，东宽西窄，坑壁较直，坑底略平。坑口东西向长255、宽200、坑深50厘米。坑内堆积分二层：ⅠH430①，硬黄土，厚约20厘米，无遗物；ⅠH430②，灰土，厚约30厘米，出兽骨和少量陶片。战国时期的ⅠH336不仅与此坑的平面形状近似，二者涵盖的主要范围也基本一致。

97KDⅠH431　位于ⅠT319内。在战国时期的ⅠQ4之下，直接打破生土。圆形，直壁。口径45、坑深28厘米。坑内堆积分三层：ⅠH431①，黄褐色土，厚5～15厘米，仅出一扁体石块，其大小、形状均与ⅠH431③的石器坯较为相近；ⅠH431②，黑灰土，厚8～20厘米，含少量陶片；ⅠH431③，黄土，仅出1件石器坯（图4－91）。

97KDⅠH432　位于ⅠT308内。为ⅠH297所截，直接打破生土。战国时期的ⅠD17、ⅠH240、ⅠH253、ⅠH263又将其削去甚多，致使此坑所剩无几。残存部分南北向长80、坑深50厘米。堆积中出有数片陶片。

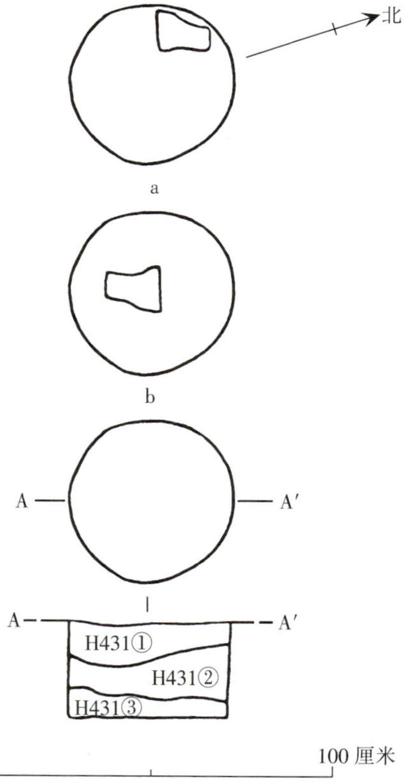

图4－91　97KDⅠH431平、剖面图及ⅠH431①石块（a）、ⅠH431③石器坯（b）的位置

97KDⅠH433　跨ⅠT336西南和ⅠT337西北，西部在发掘区外。为ⅠH429、ⅠH462所破，打破ⅠF52、ⅠH471和ⅠH485。已发掘部分的坑口平面呈不规则形，坑底不平。在ⅠT336和ⅠT337西壁处的坑口南北向长350、最宽260、坑深35~60厘米。坑内堆积黑灰土，含较多陶片，并有兽骨，还出有石铲残块和磨制陶片各1件。

97KDⅠH434　位于ⅠT335西部，部分在发掘区外。在ⅠF51墙外堆积（ⅠF51W）下，打破ⅠH460。已发掘部分的坑口平面呈半圆形，坑壁略呈袋状，平底。

坑口南北向长300、底长310、坑深约140厘米。

坑内堆积分九层：ⅠH434①，黄灰色土，厚10~15厘米；ⅠH434②，红褐色土，厚5~30厘米；ⅠH434③，为灰土夹灰烬层，厚20~30厘米；ⅠH434④，黄土，厚5~95厘米；ⅠH434⑤，灰土，厚30~40厘米；ⅠH434⑥，黄土，厚约25厘米；ⅠH434⑦，黄褐色土，厚0~15厘米；ⅠH434⑧，灰土，厚10~25厘米；ⅠH434⑨，黄土，厚5~30厘米。各层均出陶片，堆积中还有兽骨和石、骨器等。

97KDⅠH435　位于ⅠT316内。为ⅠH292所破，直接打破生土。ⅠH344和夏家店上层文化的ⅠH239先后将其削去甚多，致使此坑所存无几。坑口距地表170厘米。残存部分的坑口南北向长95、坑深55厘米。坑内堆积为灰土，含少量陶片。

97KDⅠH439　跨ⅠT309和ⅠT310。在战国时期的ⅠQ4下，直接打破生土。西北紧邻ⅠH369。坑口南北向长160、最宽100、坑深20厘米。堆积中出少量陶片和兽骨，并有石器坯和燧石石块各1件。

97KDⅠH442　跨ⅠT333和ⅠT334。在ⅠH424下开口，打破ⅠH421。坑口距地表200厘米，坑口平面不甚规则，略近圆角三角形，坑口南北向长110、最宽85厘米。南壁向内斜收，其余部分坑壁略呈袋状，东北部袋状最为突出。坑底长140、宽110厘米。坑深120~130厘米。坑内堆积黄灰色土，出陶片和兽骨，并有1件石器。

97KDⅠH443·ⅠH444·ⅠH445　跨ⅠT333和ⅠT334。为ⅠH421所破，直接打破生土。系一大坑下套两小坑的组合，上面的大坑称ⅠH443，其下东北部浅坑为ⅠH444（彩版三一，2），西北部深坑为ⅠH445（彩版三一，3）。此组坑东部被ⅠH424、ⅠH421、ⅠH426和ⅠH442削去甚多，西部为战国时期的倾斜之地层切毁。

ⅠH443残存的平面范围大体近似圆形，南北向长约280厘米，中部坑口距地表约80厘米。坑壁多所坍塌，局部有烧烤的痕迹，中部最深，至坑口的深度可达155厘米。这部分的堆积共有九层：ⅠH443①，灰土，较软，厚0~40厘米，出有陶片；ⅠH443②，黄灰色土，较软，厚0~15厘米，出少量陶片；ⅠH443③，黑灰土，较软，厚0~40厘米，出陶片，并有1件石铲残块；ⅠH443④，黄土，略硬，类似生土，厚5~90厘米，出少量陶片；ⅠH443⑤，黑灰土，较软，厚0~40厘米，出有陶片；ⅠH443⑥，黄灰色土，较软，厚0~35厘米，出有陶片，并见1件彩绘陶片；ⅠH443⑦，黄土，略硬，厚0~30厘米，出少量陶片，并有1件彩绘陶片；ⅠH443⑧，红褐色土，含料姜石，黏性，略硬，厚0~20厘米，出陶片，并有1件残铜刀；ⅠH443⑨，为黑灰和灰白色交替相叠的灰烬层，厚0~20厘米，出陶片，并有1件盘状石器。

ⅠH444 平面近圆形，直壁，平底。直径 90～110、坑深 30～40 厘米。这部分的堆积为黄褐色土，出有陶片。

ⅠH445 坑口略呈圆角长方形，长边方向 40°。坑口长 80、最宽处宽 60 厘米。坑口以下的一小段坑壁约略垂直，再向下则是深袋状，局部存留单齿工具痕，痕长 15、宽 1.5、痕深 1 厘米。有两处向坑壁外侧纵深掏进的凹窝，窝深约 10 厘米，其一在东南壁距坑口 20 厘米处，另一个在西北壁距坑底约 30 厘米处。东南壁距坑口 70 厘米的部位尚有一处微小的塌落痕，其外端较原坑壁进深 10～15 厘米，除此之外，其余的坑壁均存留完好。上部坑壁为黄色生土，下部坑壁为红褐色黏土。坑底圆形，较为平整，底径 190～200 厘米。从ⅠH445 坑口至底的深度约 220 厘米。坑底北部有两个直径 17～20、深 7～10 厘米的圆形浅窝，二者相距 90 厘米。存留于坑底之物仅 3 块陶片。坑内堆积分四层：ⅠH445①，黄土，近似生土，厚 150 厘米，此层出陶片，并有兽骨和石、骨器及卜骨等。其中ⅠH445∶1 这件石铲和一梯形石块出自此层中距坑口深 50 厘米处，两石铲ⅠH445∶4、ⅠH445∶5 和陶鼎ⅠH445∶3 出于距坑口深 70 厘米处；ⅠH445②，黄褐色土，厚约 20 厘米，出有陶片；ⅠH445③，黄灰色土，厚约 25 厘米，出有陶片；ⅠH445④，黄土，厚约 20 厘米，出有陶片（图 4－92）。

97KDⅠH448　位于ⅠT321内。开口于战国时期的ⅠT321第 3 层下，打破ⅠH449。西部坑口被削去较多。平面为不规则圆形，坑壁略显袋状，平底。口径 170～195 厘米，坑底东南—西北向长 215、宽 175 厘米，坑深 5～40 厘米。坑内堆积灰褐色土，出陶片和兽骨，并有石器、陶圆饼和彩绘陶片（图 4－93）。

97KDⅠH449　跨ⅠT311 和ⅠT321。为ⅠH448 所破，直接打破生土。坑口近圆形，坑壁上部略直，下为袋状，平底。口径 225～250、底径 300～320、坑深 265～280 厘米（彩版三二，1）。

东南壁下部存留齿状工具痕，多为二齿痕，齿距有 6 厘米和 7 厘米两种（彩版三二，2）。坑底局部似经烧烤，并见树枝的痕迹。

坑内堆积分十二层：

ⅠH449①，黄灰色土，较软，此层最厚，覆盖的平面范围遍布全坑，分布也较均匀，一般厚 40～50 厘米，靠西壁有一处很厚，可达 100 厘米。出陶片和兽骨，以及盘状石器和石片各 1 件；ⅠH449②，红褐色土，略硬，厚 0～40 厘米，出陶片和兽骨，以及 1 件石铲残块；ⅠH449③，为杂黑或灰斑的黄灰色土，略硬，厚 5～20 厘米，出有陶片；ⅠH449④，黄灰色土，较硬，厚 0～50 厘米，出有陶片和兽骨，以及 1 件残骨镞；ⅠH449⑤，灰土，较软，厚 5～55 厘米，出有陶片和兽骨；ⅠH449⑥，黄花土，较软，厚 0～30 厘米，出有陶片，并有 1 件圆陶片；ⅠH449⑦，浅灰色土，较软，仅于靠西壁处有所分布，厚 0～25 厘米，出有数片陶片；ⅠH449⑧，黄灰色土，夹杂黑、白交替相叠的灰烬层，较软，仅于西部有所分布，厚 5～15 厘米，未出遗物；ⅠH449⑨，浅灰色土，较软，一般厚 12～30 厘米，但西部个别处厚至 80 厘米，出有较多陶片和兽骨，并有 10 件石器或其残件、2 件残骨器，以及陶器

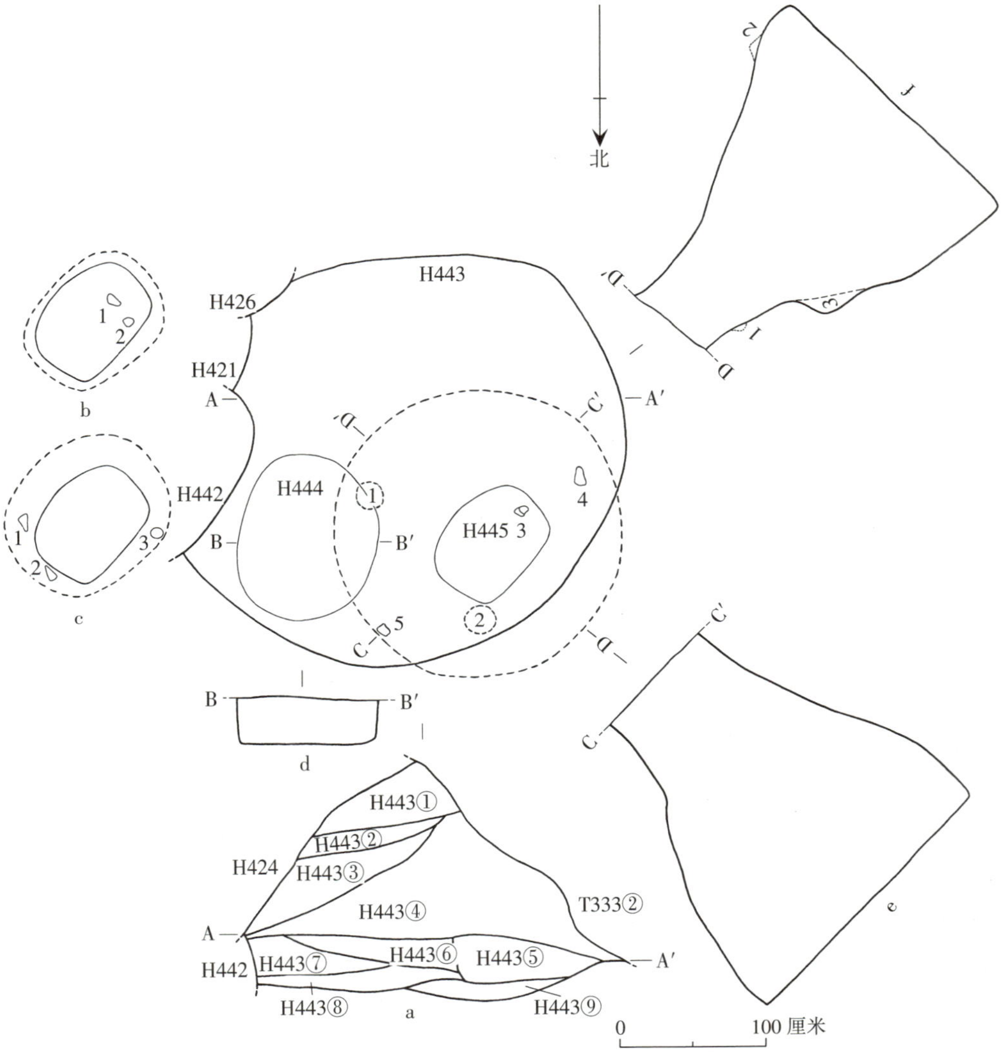

图 4－92　97KDⅠH443·ⅠH444·ⅠH445 平、剖面图

a. ⅠH443·ⅠH444·ⅠH445 平面图和ⅠH443 剖面图及ⅠH445 坑底陶片的位置：1、2. 坑底浅凹　3～5. 坑底陶片

b. ⅠH445 坑口下 50 厘米处的遗物：1. 石铲（ⅠH445∶1）　2. 梯形石块（ⅠH445∶2）

c. ⅠH445 坑口下 70 厘米处的遗物：1、2. 石铲（ⅠH445∶5、ⅠH445∶4）　3. 陶鼎（ⅠH445∶3）

d. ⅠH444 剖面图

e. ⅠH445 剖面图－1

f. ⅠH445 剖面图－2：1、2. 凹窝　3. 坑壁塌落处

底、陶圆饼、陶纺轮各 1 件；ⅠH449⑩，黄花土，夹杂黑、白交相层叠的灰烬，较软，覆盖的平面范围遍及全坑，厚 10～50 厘米，出有较多陶片，并有兽骨和 3 件石器、2 件骨器；ⅠH449⑪，黄土，近似生土，局部夹杂交相层叠的灰烬，厚 0～60 厘米，出有兽骨和少量陶片；ⅠH449⑫，黄灰色土，厚 0～40 厘米，间杂交相层叠的灰烬和土坯块，较软，出有陶片和兽骨，并有石、骨器或其残片各 3 件，以及一卜

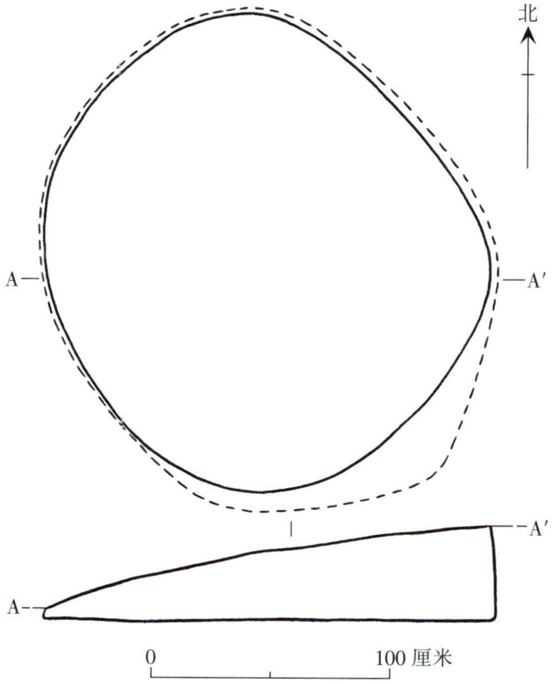

图 4－93　97KDⅠH448 平、剖面图

骨残段，此层还见些许碎蚌片。

坑底存留物（坑底编号为ⅠH449⑬）有 4 块土坯、5 个石块，以及卜骨残块、石铲、石斧、饼形石器坯、石器残片、陶圆饼、陶杯、带鸡冠耳的大陶片各 1 件，其中石铲置于最大的土坯之上，此外，还见有极少的粟粒（图 4－94）。

97KDⅠH450　位于ⅠT429 西南部，其西、南部均在发掘区外。为ⅠH400 所破，直接打破生土。已发掘部分的坑口平面形状不规则，ⅠT429 南壁一线的坑口东西向长 300、坑深 90 厘米，坑底不平，中部最深。

坑内堆积分七层：ⅠH450①，黄土，厚 10～30 厘米；ⅠH450②，灰杂土，厚15～30 厘米；ⅠH450③，灰土，厚 5～15 厘米；ⅠH450④，黄褐色土，厚 15～25 厘米；ⅠH450⑤，黄土，厚 5～25 厘米；ⅠH450⑥，浅黄色土，厚 5～10 厘米；ⅠH450⑦，灰土，厚 5～25 厘米。堆积中出少量陶片，ⅠH450③还出有 1 件残石刀。

97KDⅠH453　位于ⅠT316 内。开口于 T316 第 6 层下，直接打破生土。坑口距地表 130 厘米，西北部被ⅠH353 削去，从残存部分看此坑平面当为圆形，口径 80、坑深 65 厘米。坑内堆积黄褐色土，出数片陶片。

97KDⅠH454　跨ⅠT316、ⅠT325 和ⅠT326。开口于战国时期的ⅠT316 第 5 层下，为战国时期的ⅠH336 所破，本身打破ⅠH353。

东北部被战国时期的ⅠH325 削去，坑口平面当为椭圆形，锅底状。长 255、宽约 185、最深处坑深约 50 厘米。坑内堆积分二层，最厚处皆厚约 40 厘米：ⅠH454①，褐色土，出陶片，并有 3 件骨器和一彩绘陶豆残段；ⅠH454②，浅褐色土，出有少量陶

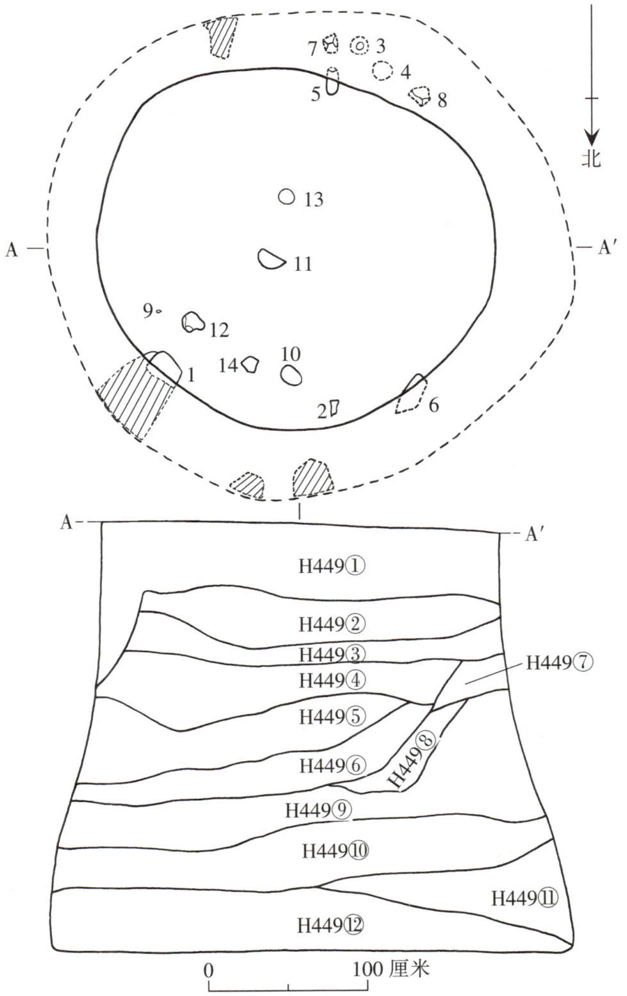

图 4－94　97KDⅠH449 平、剖面图及坑底遗物的位置
（图中斜线部分为土坯）
1. 石铲（ⅠH449⑬:1）　2. 卜骨残块（ⅠH449⑬:2）　3. 陶杯（ⅠH449⑬:3）
4. 陶圆饼（ⅠH449⑬:4）　5. 残石斧（ⅠH449⑬:5）　6. 带鸡冠状鋬耳的陶片
7、8、11、12. 安山岩石块（ⅠH449⑬:7、ⅠH449⑬:8、ⅠH449⑬:11、ⅠH449⑬:12）
9. 磨制石器残片（ⅠH449⑬:9）　10. 鹅卵石残块（ⅠH449⑬:10）
13. 饼形石器坯（ⅠH449⑬:13）　14. 陶片

片（图 4－95）。

97KDⅠH456　跨ⅠT338 西南和ⅠT339 西北，西部在发掘区外。被战国时期的ⅠH451和ⅠH452 打破，本身打破ⅠH457 和ⅠH464。ⅠT338 和ⅠT339 西壁一线的坑口南北向长 260、宽 165 厘米。南部坑壁略直，北部向内斜收，坑底凹凸不平，残存之坑深 10～90 厘米。

坑内堆积黑灰土，出有较多陶片。坑底南部存留石铲、猪掌（跖）骨和残陶甗各 1 件（坑底编号为ⅠH456②），陶甗上部的甗盆残成两片，西端压在石铲之上，下部的甗鬲在其东 25 厘米处，足朝西卧置（图 4－96）。

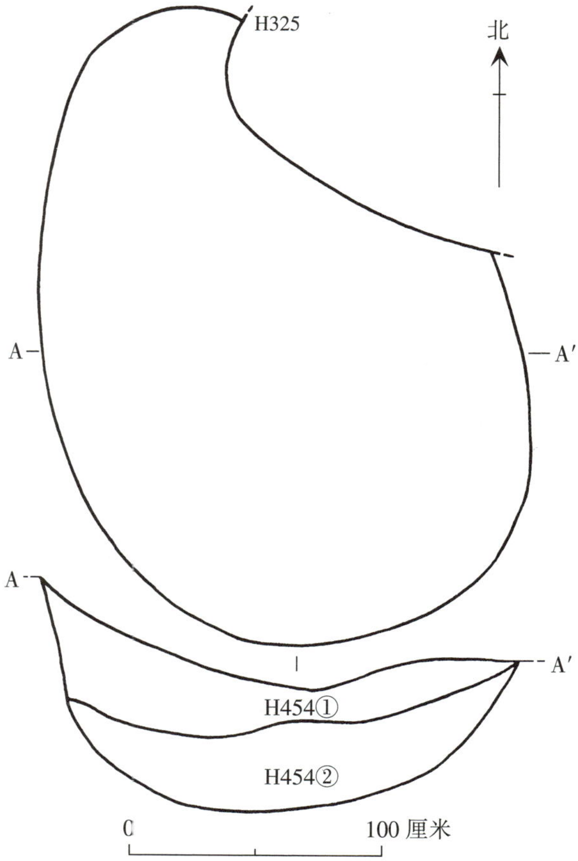

图 4－95　97KDⅠH454 平、剖面图

97KDⅠH457　位于ⅠT338 内。为ⅠH456 所破，直破生土。平面呈圆形，口径约 90、坑深 25 厘米。坑内堆积红褐色土，夹杂红烧土块，出有陶片。

97KDⅠH460　位于ⅠT335 西部，主要部分在发掘区外。北部为ⅠH434 所削，直接打破生土。已发掘部分的坑口南北向长 195、坑深 180 厘米。坑壁略直，坑底较平。

坑内堆积分八层：ⅠH460①，为杂灰斑的红褐色土，略硬，厚 5～15 厘米；ⅠH460②，以红烧土块为主，厚 20～55 厘米；ⅠH460③，黄土，略硬，厚 5～55 厘米；ⅠH460④，浅褐色土，厚 5～15 厘米；ⅠH460⑤，红褐色土，厚 5～45 厘米；ⅠH460⑥，灰土，厚10～40 厘米；ⅠH460⑦，黄土，厚 5～15 厘米；ⅠH460⑧，棕黄色土，较硬。堆积中含少量陶片，ⅠH460⑥还出有 1 件骨锥。

97KDⅠH461　位于ⅠT336 西部。开口于ⅠT336 第 1 层下，打破ⅠF51W。此坑范围划定的不甚准确，大体为平面呈圆形的袋状坑，口径约 50、坑深约 60 厘米。堆积中出有少量陶片。

97KDⅠH462　位于ⅠT336 西部，其西、北延至发掘区外。被ⅠF51 打破，打破ⅠH433 和ⅠH481。已发掘部分的坑口南北向长 115、坑深 120 厘米。袋状，坑底略平。堆积中出有陶片，并有 1 件石铲残段。

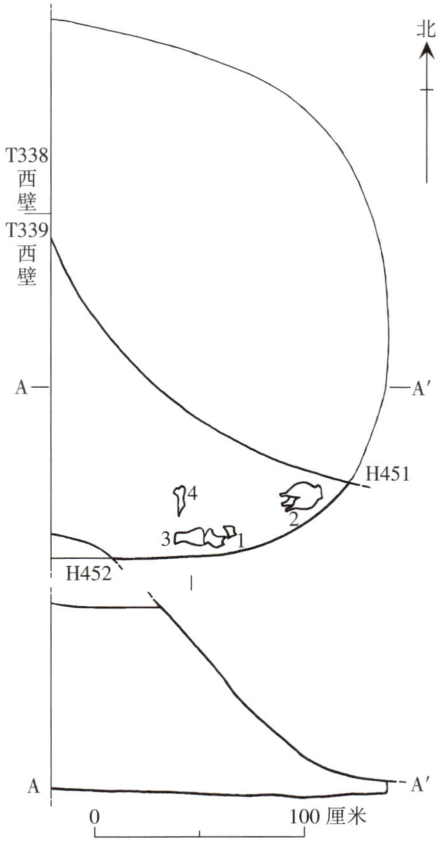

图 4－96　97KDⅠH456 平、剖面图及坑底遗物位置
1. 陶甗（ⅠH456②:1）的甗盆残片　2. 陶甗（ⅠH456②:1）的甗鬲
3. 石铲（ⅠH456②:2）　4. 猪掌（跖）骨

97KDⅠH463　位于ⅠT338 内。开口于ⅠT338 第 2 层下，打破ⅠG11。平面近圆形。口径 75、坑深约 30 厘米。坑内堆积为黄杂土，出有数片陶片。

97KDⅠH464　位于ⅠT339 内。在ⅠH456 之下，坑底为基岩。平面形状不甚规则，坑口南北向长 70、最宽处宽 55、坑深 20 厘米。出有数片陶片（图 4－97）。

97KDⅠH469　跨ⅠT332 和ⅠT333。被战国时期的ⅠH323、ⅠH357 和ⅠH467 打破，打破生土。西部为战国时期倾斜的地层削去甚多，残存之坑口略近圆形，袋状，坑底略平。坑壁局部留有单齿工具痕，痕长 30、宽 2、深 1.5 厘米。坑底之上 80 厘米处的坑径约为 280 厘米，坑底东西向长 310、南北向宽 275、最深处坑深 260 厘米。

坑内堆积分七层：ⅠH469①，黄褐色土，略硬，厚 80 厘米；ⅠH469②，黄灰色土，较软，厚 0～40 厘米；ⅠH469③，黑灰土，较软，厚 45～75 厘米；ⅠH469④，黄土，夹杂灰烬，较硬，厚 20～40 厘米；ⅠH469⑤，红褐色土，较软，厚 25～45 厘米；ⅠH469⑥，灰烬层，厚 25～45 厘米；ⅠH469⑦，杂黄斑的红褐色土，黏性，较硬，厚 5～20 厘米（图 4－98）。

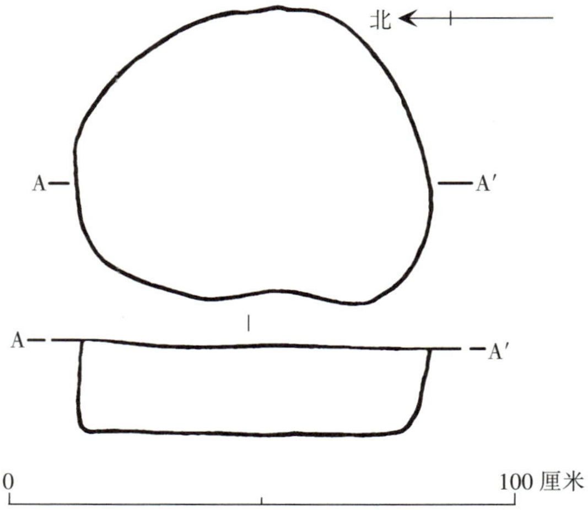

图 4－97　97KDⅠH464 平、剖面图

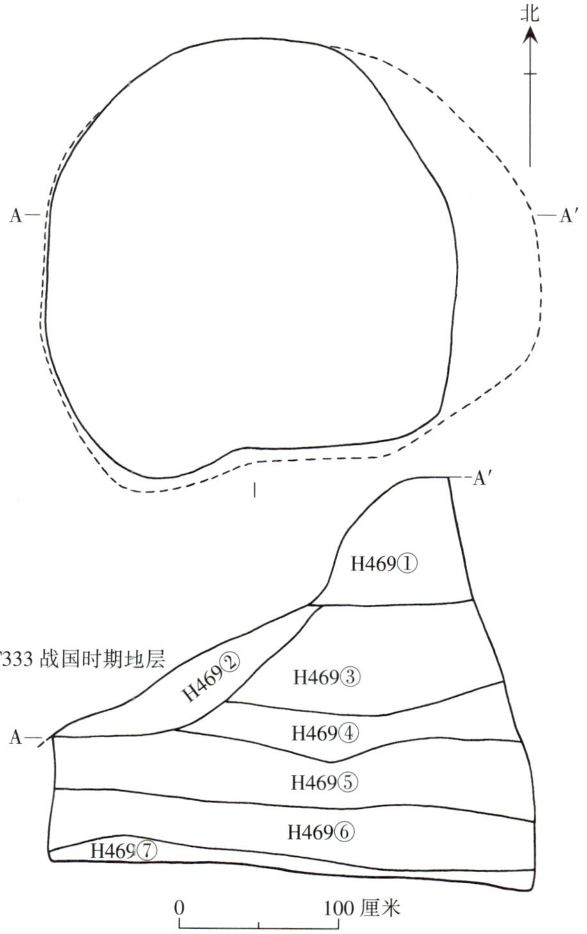

图 4－98　97KDⅠH469 平、剖面图

各层均出陶片，堆积中还有兽骨，并有6件石器、3件骨器和一砾石。

97KDⅠH470　位于ⅠT309东部，大部分在发掘区外。在战国时期的ⅠQ4下，打破ⅠT309第5层。已发掘部分的坑口南北向长135、最深处坑深45厘米。出有少量陶片，并有石片、石块、残骨针和陶弹丸各1件。

97KDⅠH471　位于ⅠT337内。主要部分在ⅠH429之下。为ⅠH433所破，打破ⅠH483。平面略近圆形，西南—东北向长255、宽185、坑深30厘米。坑内堆积为灰褐土，出少量陶片和兽骨，并有石铲残块、残圆陶片、有孔陶器残块和磨过的石块各1件。

97KDⅠH472　跨ⅠT336和ⅠT337，西部延至发掘区外，南邻ⅠH483，两坑边几近相切。该坑主要部分在ⅠH429和ⅠH471之下。为ⅠH488所破，直接打破生土。坑口距地表110厘米，已发掘部分的坑口东西向长180、宽170、坑深95～130厘米。坑内堆积为灰褐色土，出较多陶片，并出兽骨和炭块，尚有石铲残块和彩绘陶片各1件（图4－99）。

97KDⅠH474　位于ⅠT334西部，部分在发掘区外，被战国时期的ⅠH406、

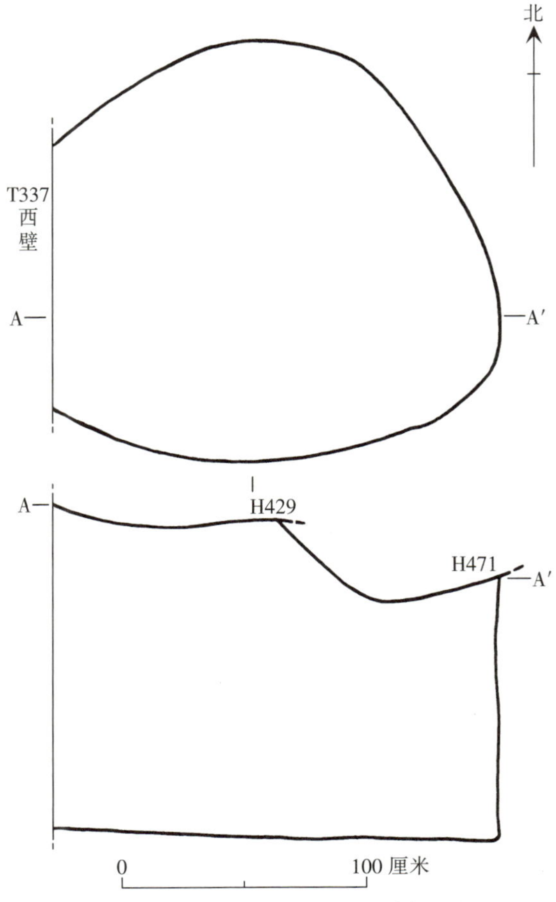

图4－99　97KDⅠH472平、剖面图

ⅠH465、ⅠH473削去较多。该坑北部为ⅠH493所破，直接打破生土。从已发掘部分看，此坑平面当为圆角矩形，直壁，平底。东南边长225、坑深约195厘米。

坑内堆积土分五层，皆呈典型的水平状分布：ⅠH474①，黄土，厚35厘米；ⅠH474②，黄灰色土，厚约30厘米；ⅠH474③，黄土，厚约60厘米；ⅠH474④，为含炭粒的灰土，厚约65厘米；ⅠH474⑤，灰绿土，厚5厘米。此层层面置有8个石块，南端的大石块（平面图中的2、3号间）下压一人头盖骨残片，其上有一穿孔，这些石块的东侧还有一具残缺不全的小孩骨骸（图4－100）。

各层均出陶片，兽骨主要出自ⅠH474④（此层有1件刻"｜｜"状痕的羊跖骨）。堆积中尚有石、骨器等。

97KDⅠH475 位于ⅠT429西部，部分在发掘区外。开口于战国时期的ⅠT429第3层之下，打破ⅠG1。已发掘部分的坑口平面近半圆形，南北向长140、最深处坑深70厘米。坑内堆积中出数片陶片，可辨认者俱属夏家店下层文化。

97KDⅠH476 绝大部分位于ⅠT429内，东边贴近ⅠT417西壁。为ⅠH500所破，直接打破生土。平面呈圆形，坑壁向内斜收。口径约110、坑深55厘米。坑内堆积为黄土，夹杂灰白色淤泥层，出有少量陶片和兽骨。

97KDⅠH477 位于ⅠT431内。在ⅠF1之下，打破ⅠH156和ⅠH478。西部被夏家店上层文化的ⅠH401削去，残存部分的坑口平面近似半个葫芦形，坑壁向内斜收。坑口西南—东北向长约210、坑深90～120厘米。坑内堆积浅黄色土，近坑底处有较多红烧土块和炭灰，堆积中出有陶片和石、骨器，并有1件彩绘陶片。

97KDⅠH478 位于ⅠT431西部，部分在发掘区外。被ⅠH477打破，本身打破生土。该坑为夏家店上层文化的ⅠH401削去甚多，已发掘部分的坑口平面形状不规则，东西向长250、最深处坑深60厘米。堆积中出陶片和兽骨，并有石、骨器。

97KDⅠH480 位于ⅠT432内。南边坑口被夏家店上层文化的ⅠH401打破，打破ⅠT432第3层。此坑西部为战国时期的ⅠH479削去甚多。平面呈圆形，直壁，平底。口径250、坑深80厘米。

坑内堆积分二层：ⅠH480①，最厚处厚40厘米，此层接近坑口处出有1件残陶碗（ⅠH480∶12）；ⅠH480②，最厚处厚60厘米。堆积中还出有陶片、兽骨和石、骨器，以及彩绘陶片和狍角各1件。

坑底置一近长方体的石块和1件饼形石器（图4－101）。

97KDⅠH481 位于ⅠT336西部，部分在发掘区外。被ⅠH462打破，打破ⅠF52。已发掘部分的坑口平面近半圆形，南北向长140、坑深50厘米。坑内堆积中出有陶片，其中有1件陶鼎的较大残片。

97KDⅠH483 位于ⅠT337西部，少部分延至发掘区外，北边紧邻ⅠH472。开口于ⅠT337第8层下，被ⅠH471打破，打破ⅠH488。此坑北部被ⅠH429削去较多，从已发掘部分看，坑口平面为南北向长的椭圆形，稍显袋状，平底。坑口长290、坑深约150厘米。

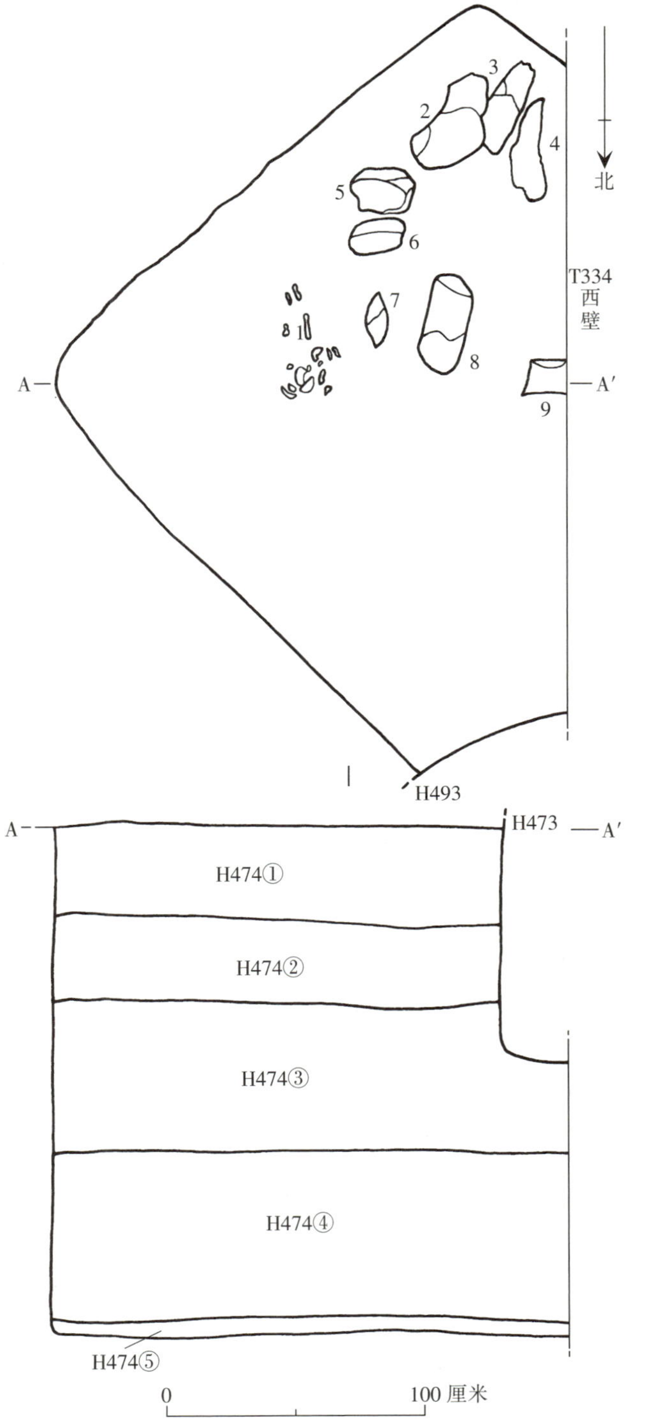

图 4－100　97KDⅠH474 平、剖面图及ⅠH474⑤的人骨、石块
1. 小孩骨骸　2～9. 石块

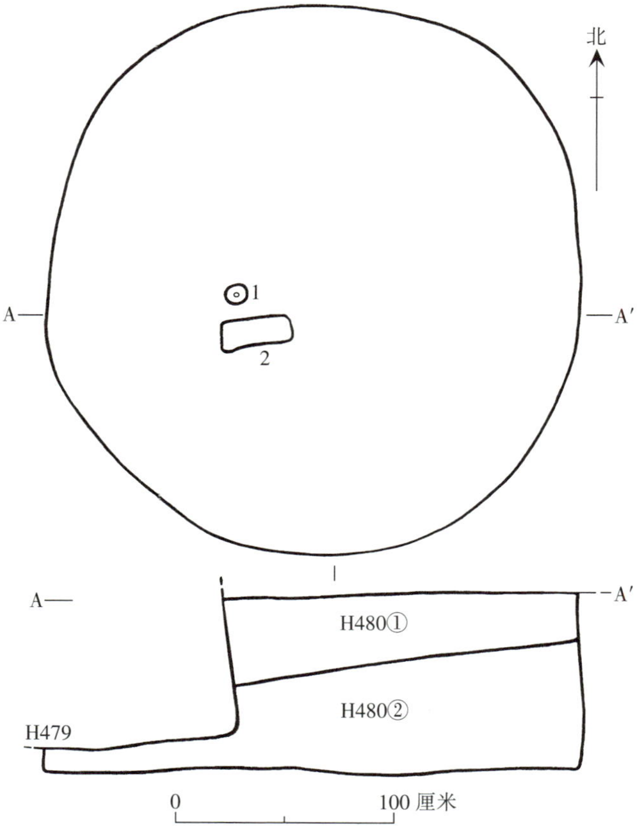

图4－101　97KDⅠH480平、剖面图及坑底遗物的位置
1. 饼形石器（ⅠH480:7）　2. 石块

坑内堆积分二层：ⅠH483①，深褐色土，厚25～40厘米；ⅠH483②，红褐色土，杂料姜石，厚110～125厘米（图4－102）。

堆积中出陶片、兽骨和石器，并有1件陶器底。坑底西部存留人头盖骨残片。

97KDⅠH485　位于ⅠT336内。为ⅠH433所破，直接打破生土。该坑被ⅠH429和ⅠH433削去甚多。平面呈圆形，口径65、存深35厘米。出数片陶片。

97KDⅠH488　位于ⅠT337西部，延至发掘区外。被ⅠH483打破，打破ⅠH472。该坑为ⅠH429所削，残存无几。已发掘部分的坑口南北向长约110、最深处坑深90厘米。无出土物。

97KDⅠH489　跨ⅠT337和ⅠT338。为ⅠG11所破，直接打破生土。

坑口平面形状不规则，略似短圭状，北宽南窄，北边近直。坑口南北向长约130、北边宽90厘米。坑口之下为圆形袋状，坑壁斜直。坑底平整，唯中部留一圆形凸台。底径180～190、坑深160厘米。坑底凸台高22、台顶直径25、底径40厘米。东南壁在坑底之上20厘米处有一凹窝，向坑壁外侧掏进8～10厘米。

坑内堆积分四层，皆呈水平状分布：ⅠH489①，黑灰土，较软，厚约75厘米，出较多陶片和兽骨；ⅠH489②，灰褐色土，较软，厚30厘米，出少量陶片和兽骨；

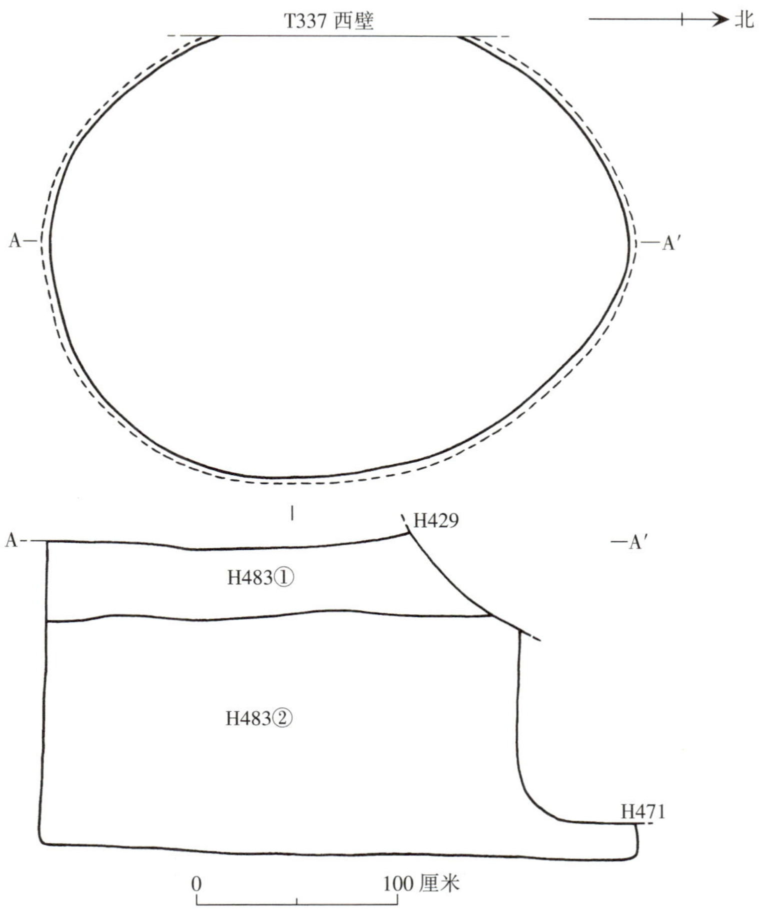

图 4－102　97KDⅠH483 平、剖面图

ⅠH489③，黄褐色土，较软，厚 10 厘米，含一红烧土块，未见其他遗物；ⅠH489④，灰土，夹杂炭粒，较软，厚约 50 厘米，西北部见有些许朱漆碎屑。此层出陶片，并有 2 件骨镞。坑底以上 10 厘米的水平面置有陶圆饼、圆陶片、圆陶片残块各 1 件。

坑底遗物（归编为ⅠH489⑤）仅见于西侧壁下，有 4 个石块，以及石片、盘状石器坯、残陶鬲足各 1 件（图 4－103；彩版三三，1）。

97KDⅠH490　位于ⅠT432 内。北部为ⅠF53 所削，打破ⅠT432 第 3 层。残存之坑口平面近半圆形，口径约 40、坑深 40 厘米。出数片陶片。

97KDⅠH491　位于ⅠT432 内。西部为ⅠF53 所削，打破ⅠT432 第 3 层。残坑平面呈半圆形，坑底南倾，口径 60、坑深 15～40 厘米，出数片陶片。

97KDⅠH492　跨ⅠT431 和ⅠT432，大部分在发掘区外。在ⅠF61 之下，直接打破生土。已发掘部分的坑口平面为一南北向长的窄条，长 280、宽 30 厘米，坑深 90 厘米。出有陶片、兽骨和 2 件石器。

97KDⅠH493　跨ⅠT333 西南和ⅠT334 西北，其西部在发掘区外。被战国时期的

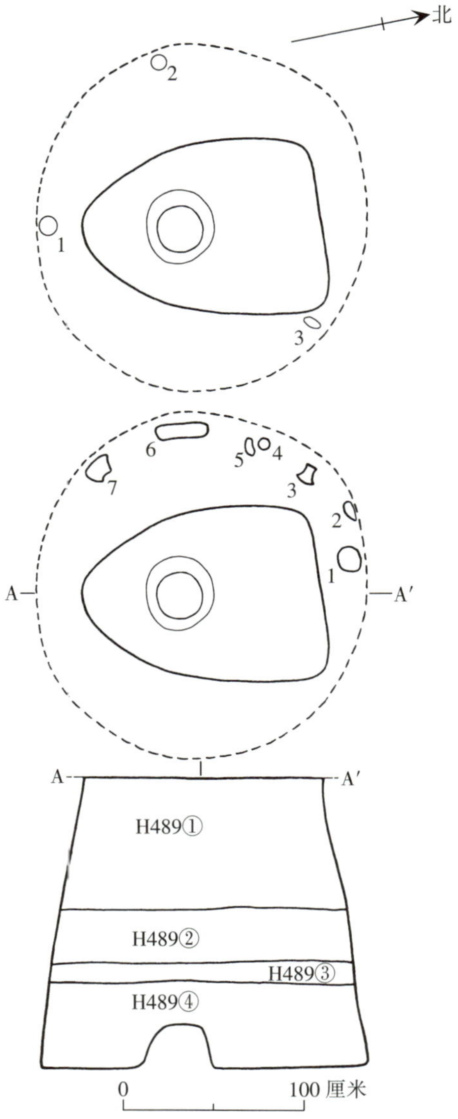

图4－103　97KDⅠH489平、剖面图与坑底遗物（下）以及坑底以上10厘米水平面的3件陶制品（上）

上：1. 圆陶片（ⅠH489④:4）　2. 陶圆饼（ⅠH489④:2）　3. 圆陶片残块（ⅠH489④:3）
下：1. 盘状石器坯（ⅠH489⑤:1）　2. 石块（ⅠH489⑤:2）　3、6、7. 砾石残块（ⅠH489⑤:3、ⅠH489⑤:6、ⅠH489⑤:7）　4. 陶鬲足　5. 珍珠岩石片（ⅠH489⑤:5）

ⅠH446和ⅠH465打破，打破ⅠH474。坑口距地表200厘米，已发掘部分的坑口南北向长330、宽70、坑深95～175厘米。坑内堆积黄灰色土，含黑色土坯块，出有陶片，并有饼形石器和石臼各1件。

97KDⅠH494　跨ⅠT429和ⅠT430，其西部在发掘区外。开口于ⅠT429第10层和ⅠF59之下，打破ⅠT430第9B、10层和ⅠF43。坑口距地表180厘米，坑壁不规则，坑底凹凸不平。已发掘部分的坑口南北向长310、坑深70～180厘米。

坑内堆积分五层：ⅠH494①，浅黄色土，厚25～40厘米；ⅠH494②，黄灰色土，夹杂灰烬，厚5～40厘米；ⅠH494③，黄土，厚15～50厘米；ⅠH494④，浅灰色土，厚15～25厘米；ⅠH494⑤，黄灰色土，厚5～40厘米。除ⅠH494⑤外，其余各层均出陶片，堆积中还有兽骨、石器和圆陶片，并有一彩绘陶尊残片，与ⅠH496所出者属同件陶器。此外，尚见一小河沿文化的彩陶片。

97KDⅠH495　位于ⅠT430内。ⅠT430第9B层下开口，打破ⅠH500。坑口距地表175厘米，西边为ⅠH494所削。坑口东西向长80、坑深40厘米。坑内堆积（ⅠH495①）出有陶片，堆积中和坑底（ⅠH495②）还各出1件石铲。

97KDⅠH496　位于ⅠT430内。开口于ⅠT430第9D层下，直接打破生土。东南部被ⅠG2削去甚多。平面为东西向长的长方形，四壁略向内斜收，平底。坑口北边长320、南边长290、宽120～140、坑深150厘米。

坑内堆积分五层，皆近水平状分布：ⅠH496①，黄灰色土，较软，厚约25厘米；ⅠH496②，灰土，较软，厚25～35厘米；ⅠH496③，黄土，略硬，厚15～25厘米；ⅠH496④，黄褐色土，较软，厚约20厘米；ⅠH496⑤，为淤泥层，黄色和灰白色的泥层交相错叠，较软，厚40～60厘米（图4－104）。

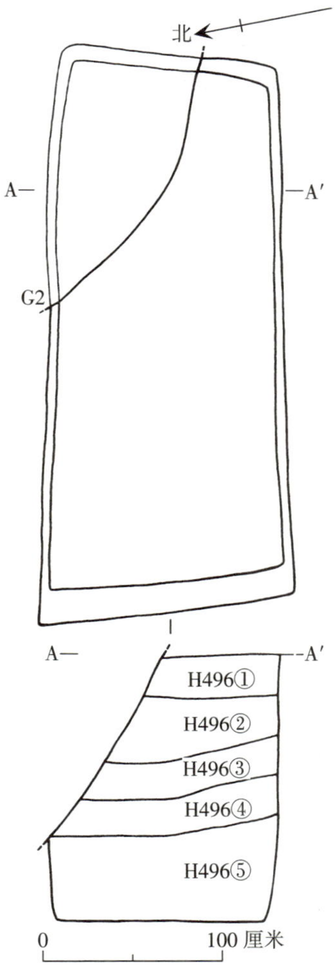

图4－104　97KDⅠH496平、剖面图

ⅠH496④未见遗物，其余各层均出有陶片，堆积中还有兽骨和石器等，其中有一彩绘陶尊残片，与ⅠH494所出者属同件陶器。

97KDⅠH497　位于ⅠT430西北部，其西部在发掘区外。开口于10B层下，直接打破生土。已发掘部分的坑口东西向长85、坑深120厘米。坑口南端紧邻ⅠH498北端。坑内堆积分二层：ⅠH497①，黄土，略硬，厚45～60厘米；ⅠH497②，灰土，较软，厚60～75厘米。堆积中出少量陶片和兽骨。

97KDⅠH498　位于ⅠT430西北部，其西部在发掘区外。开口于10B层下，直接打破生土。南部为ⅠH494所削。坑口距地表120厘米，已发掘部分的坑口南北向长90、坑深55厘米。坑口北端紧邻ⅠH497南端。堆积中出有少量陶片。

97KDⅠH499　位于ⅠT432内。被ⅠH156打破，打破ⅠF61。平面呈不规则椭圆形，坑底凹凸不平。坑口东西向长约300、宽约200、最深处坑深120厘米。坑内堆积为黑灰土，中间夹有黑、白两色层层交叠的灰烬，每层灰厚约2厘米。坑内堆积出有陶片、兽骨（其中有 1 件完整的兽头骨，但未著录于《附录四》表 1 – 2），还有石、骨器和蚌片等。

97KDⅠH500　跨ⅠT429 和ⅠT430。开口于ⅠT429第 9B 和ⅠT430 第 9D 层之下，被ⅠF50、ⅠH495打破，打破ⅠH476。坑口距地表 200 厘米，平面呈圆形。口径 230 ~ 260、坑深 50 厘米。坑内堆积为层层交叠的灰烬，出有陶片和兽骨，并见有石器和 1 件彩绘陶残片。

97KDⅠH501　位于ⅠT432 内。开口于ⅠT432 第 7 层下，直接打破生土。西南部被ⅠF53 削去，坑口平面当为圆角长方形，坑边略直，坑底凸凹不平。坑口东西向长 210、宽 135、最深处坑深 80 厘米。坑内堆积分二层：ⅠH501①，黄褐色土，厚 25 ~ 40 厘米；ⅠH501②，黑灰土，含炭灰，厚 30 ~ 45 厘米（图 4 – 105）。堆积中出陶片和兽骨，并有石、骨器。坑底（ⅠH501③）有一残牛角。

97KDⅠH502　跨ⅠT431 和ⅠT432。西南部被夏家店上层文化的ⅠH401 削去，打破ⅠT432 第 3 层。坑口东西向长 120、宽 80、坑深 60 厘米。堆积中出有少量陶片。

97KDⅠH503　位于ⅠT431 内。被ⅠH156 打破，打破生土。坑口距地表 115 ~ 200 厘米，西南部被ⅠH477 削去。坑口南北向长 190、宽 175、坑深 55 ~ 125 厘米。坑内堆积分四层：ⅠH503①，黄土，夹杂草拌泥，厚 10 ~ 30 厘米；ⅠH503②，浅黄色土，厚 20 ~ 25 厘米；ⅠH503③，黄灰色土，厚 20 ~ 30 厘米；ⅠH503④，灰黑土，含炭灰，

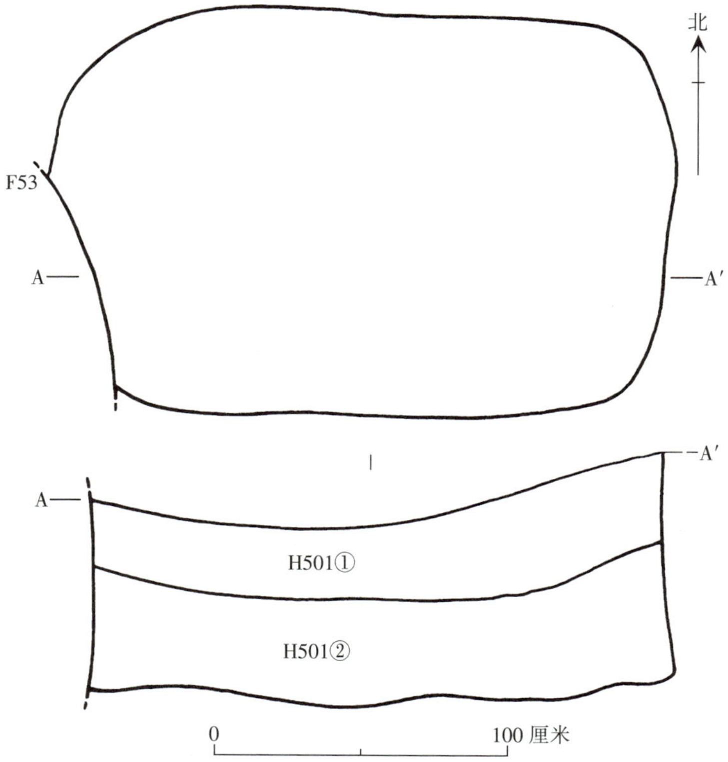

图 4 – 105　97KDⅠH501 平、剖面图

厚20～25厘米。各层均出少量陶片。

上述灰坑中有的出有人骨，兹整理如下（表4－3）。

表4－3　KDⅠ灰坑出土人骨统计表

灰坑及其部位	人骨
ⅠH34 堆积	成年男性右胫骨
ⅠH203	足骨
ⅠH206 坑底	婴儿头盖骨残片
ⅠH226⑥	头盖骨残片
ⅠH277②底部	肢骨
ⅠH282③	孩童头骨残片
ⅠH379②	臂骨
ⅠH413②底部	散石下压有一具孩童遗骨
ⅠH474⑤层面	南端石块下压一头骨残片；该层面东部尚有一具孩童残骸
ⅠH483 坑底西部	头盖骨残片

三、沟

编号为沟的遗迹共计8处。

KDⅠG1　跨ⅠT404、ⅠT405、ⅠT417、ⅠT418和ⅠT429，向东和向西皆延至发掘区外。开口于战国时期的ⅠT404、ⅠT405、ⅠT418的第4层和ⅠT417第6层之下，沟口被ⅠH27、ⅠH47、ⅠH55、ⅠH83、ⅠH121、ⅠH376、ⅠH391～ⅠH396、ⅠH399等战国时期的灰坑打破，而打破此沟的夏家店下层文化遗迹只有ⅠH475。ⅠG1本身打破ⅠG2、ⅠH180、ⅠH400、ⅠT429第5层。

在发掘区内此沟大体呈东西走向，平面略显弧凸朝北的弧带状。南北两侧的沟壁坑洼不平，但均向内斜收。沟底极窄，多数地方难以立足。已发掘的ⅠG1长约14米，多数部位沟口宽380～420厘米，沟底最宽处宽25厘米，沟深一般为200～230厘米。但在靠近发掘区的西部此沟逐渐变窄且浅，ⅠT429西壁附近沟口的宽度仅2米，深1米许。

沟内堆积可分多层，但不同地段的堆积层次有所差别，ⅠT404、ⅠT405、ⅠT417、ⅠT418这4个探方的沟内堆积基本一致，主要形成五层堆积，各层分布略近水平状。以ⅠT404东壁附近为例，ⅠG1①，黄灰色土，略硬，厚10～45厘米；ⅠG1②，浅黄色沙土，厚0～15厘米；ⅠG1③，为沙土和灰色淤泥交错相叠层，厚5～30厘米；ⅠG1④，亦为浅黄色沙土，厚0～20厘米；ⅠG1⑤，土色黄黑相杂，厚50～100厘米；ⅠG1⑤A，灰绿土，仅于沟内东南角有所分布，实为ⅠH116①塌落的部分；ⅠG1⑤B，黄灰色土，亦仅见于沟之东南角；ⅠG1⑥，褐色土，厚约80厘米。除ⅠG1②、ⅠG1⑤A、ⅠG1⑤B外，其余各层均为此段沟内的主要堆积（图4－106）。

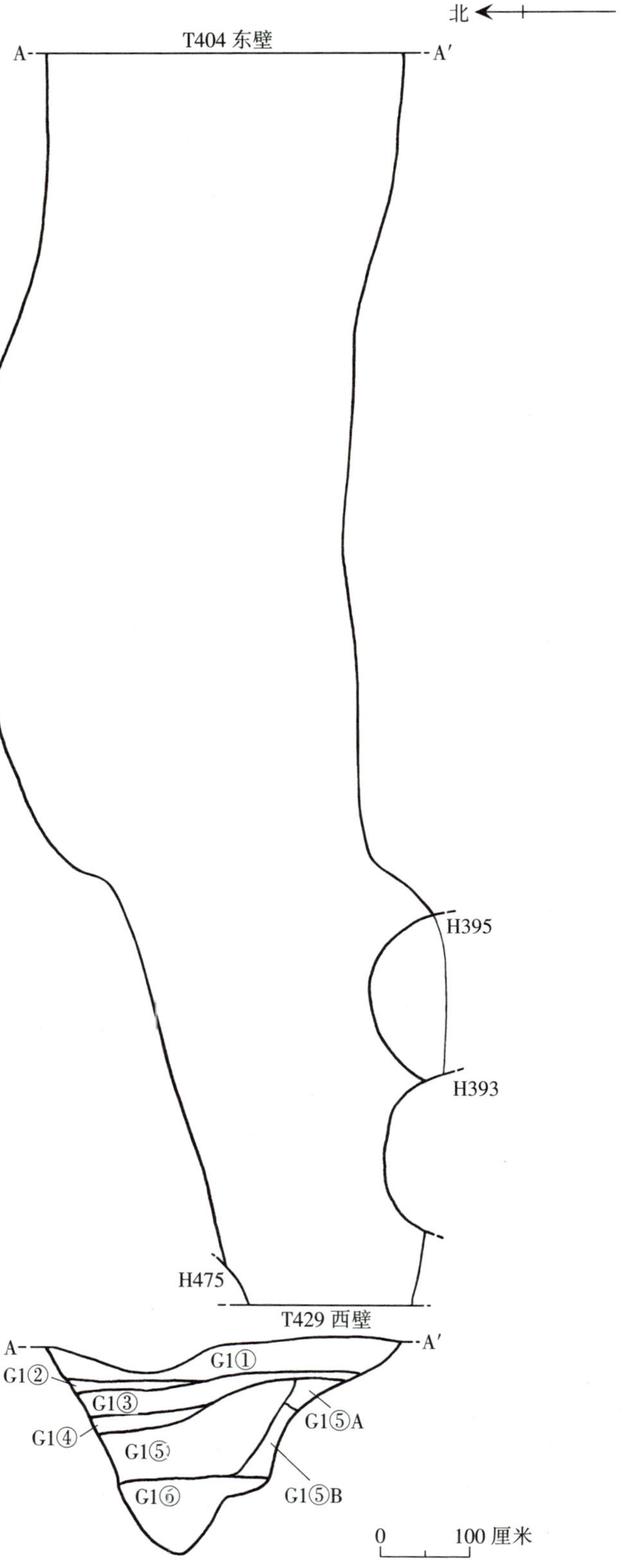

图 4－106　KD Ⅰ G1 平、剖面图

各层均出陶片。堆积中还有兽骨，以及石器等物，但有些已混入其上的遗迹单位。

KDⅠG2　跨ⅠT404、ⅠT405、ⅠT406、ⅠT417、ⅠT418、ⅠT419、ⅠT430和ⅠT431。沟口距地表80～160厘米，为ⅠG1所破，被ⅠG2直接打破的遗迹有ⅠF1、ⅠF58、ⅠH24、ⅠH108、ⅠH193。

在发掘区内此沟大体呈东南—西北走向，已发掘部分的沟长约14.8米。由于东半部沟口南缘为ⅠG1所削，故ⅠG2东半部的沟口宽度只有约420厘米，西半部口宽一般为650～700厘米，最宽处可达720厘米。

此沟形制较为规整，平面边线较直，断面呈漏斗状，上部沟壁缓斜，下部则十分陡急，至沟底处宽度一般只有30～60厘米。沟深多在450～500厘米之间，最深处520厘米（彩版三四，1、2）。

沟内堆积并不完全一致，东部（ⅠT404和ⅠT405内）的堆积层次较少，遗物也不如中、西部丰富。经统一分层，共划出26个层次，多数层次的分布趋势皆是靠近沟壁处的堆积较薄。

ⅠG2①，褐色土，含砂粒，土质较软，厚0～60厘米。此层分布普遍，东部较薄且不连贯。

ⅠG2②，深褐色土，含砂粒，土质较软，厚0～40厘米。此层中部最厚，向西渐薄，西端已无此层。该层底部散布石块，东部尤为集中，成片分布（彩版三三，2）。

ⅠG2②A，黄褐色土，夹杂黑灰斑，土质略硬，厚0～20厘米。仅见于中部北侧。所出遗物甚少。

ⅠG2②B，土色黄黑相杂，含砂粒，土质较软，厚0～15厘米。仅见于中部不足5平方米的范围内。出土遗物不详。

ⅠG2②C，棕黄色土，土质较软，厚0～20厘米。仅于中部南侧有少量分布。出土遗物不详。

ⅠG2③，浅褐色土，含粗砂粒和石块，土质较软，底部之土多胶结状，略硬，厚0～45厘米。主要见于中部。

ⅠG2④，灰褐色土，局部夹杂红烧土颗粒和黑灰色炭屑，土质较软，厚0～50厘米。此层底部散见碎石，东部尤多。在G2⑪以上的各层中，此层覆盖最为普遍，除东部个别处外，其余部位皆有分布。

ⅠG2⑤，浅褐色土，含散石和红烧土颗粒，土质较软，厚0～45厘米。主要见于中部。

ⅠG2⑥，褐色土，略硬，厚0～40厘米。分布于中、西部。

ⅠG2⑥A，浅灰色土，间杂淤积的层层黄沙，土质较软，厚0～40厘米。见于东、中部的北侧。

ⅠG2⑥B，灰土杂黑斑，土质略硬。仅于中部沟之北壁有所分布，这部分堆积靠上部较厚，下部渐薄，最厚处40厘米。

ⅠG2⑦，灰褐色土，略显沙性，下部有较多石块，土质较软，厚0～70厘米。此层中部最厚，东、西两侧较薄，至西端消失。

ⅠG2⑧，黄灰色土，含石块，局部间杂成层的黄沙和炭灰，土质较软，厚0～60厘米。此层分布较为普遍，西端最厚。

ⅠG2⑨，灰土，含碎石，土质较软，厚0～30厘米。仅见于中部南侧。

ⅠG2⑩，黄褐色土，略硬，厚0～45厘米。仅见于中部北侧，近北壁处集中堆积着较大石块。

ⅠG2⑩A，主要为黑色土坯残块，厚0～25厘米。仅见于中部较小的范围。未见遗物。

ⅠG2⑩B，为ⅠG2⑩A下的一层硬灰土，厚0～5厘米。分布范围与ⅠG2⑩A一致。未见遗物。

ⅠG2⑪，黑灰土，夹杂炭灰，并含石块，土质较软，厚0～65厘米。此层不甚连贯，西侧和中部北侧均有分布。此层西部有一人下颌骨（成年男性?）。

ⅠG2⑪A，黄褐色土，略硬，厚0～20厘米。仅见于西南端。

ⅠG2⑫，灰绿土，夹杂黑灰和黄褐色斑块，并含较多石块，土质较软，厚0～70厘米。见于东、中部。

ⅠG2⑬，灰土，夹杂大量炭屑，中部此层之底散布较多石块，土质较软，厚0～80厘米。沟内各部均有此层。

ⅠG2⑭，黄灰色土，夹炭屑，局部夹杂石块，土质较软，厚0～45厘米。此层分布较为普遍，但东、西部均有些不连贯处。

ⅠG2⑮，灰褐色土，局部夹杂成层的浅黄色细沙，土质较软，厚0～40厘米。分布于东、中部。

ⅠG2⑯，深褐色土，夹杂棕黄和灰白色斑块，含石块，土质较软。沟内各部位均有此层，厚20～75厘米。

ⅠG2⑰，黄褐色土，含石块，土质松软。沟内各部位均有此层，厚30～55厘米。

ⅠG2⑱，灰褐色土，以成层的淤积之沙土为主，土质略硬，厚0～70厘米。仅于中部有所分布（图4－107；彩版三四，3、4）。

以上各主要层次均出较多陶片，并有兽骨和石、骨器等物。拼对陶片时，对此沟的陶片按层次详加统计，其结果见本章第三节“二、ⅠG2陶容器的拼对”。

KDⅠG3　跨ⅠT417、ⅠT418、ⅠT429和ⅠT430。被ⅠH193打破，打破ⅠH191和ⅠT429第6层。其西、南和东北分别为ⅠH475、ⅠG1和ⅠG2削毁，沟口仅存北边与东南侧ⅠG1和ⅠG2之间的一小段边线。此沟大体为东西向长。残存部分长约600、最宽处宽140、至深145厘米。

沟内堆积大体分三层：ⅠG3①，黑灰土，夹杂黄斑，较软，厚20～75厘米；ⅠG3②，红褐色土，略硬，厚0～40厘米；ⅠG3③，土色黄黑相杂，略硬，厚0～50厘米（图4－108）。堆积中含陶片，并出少量兽骨，还有1件彩绘陶片。

此沟与ⅠG6有可能为同一遗迹，被ⅠG2横穿，从而分割成目前所见到的西南和东北两部分。

96KDⅠG5　跨ⅠT409和ⅠT410。在ⅠT410第5层之下，打破ⅠT409第7层和ⅠT410第5B层。东南为ⅠH80削去，所存部分平面呈东南—西北向长，形制不甚规则，沟壁略直，口略宽于底。残长约390、沟口最宽处宽104、沟深50～80厘米。沟底由东南向西北下斜。

沟内堆积大体分二层：ⅠG5①，浅黄色土，略硬，厚15～50厘米；ⅠG5②，黄褐色土，较软，厚10～40厘米（图4－109）。堆积中有少量陶片和兽骨。

96KDⅠG6　跨ⅠT405、ⅠT406、ⅠT407、ⅠT418和ⅠT419，东北部在发掘区外。为ⅠH137所破，打破ⅠH138、ⅠH145、ⅠH173。

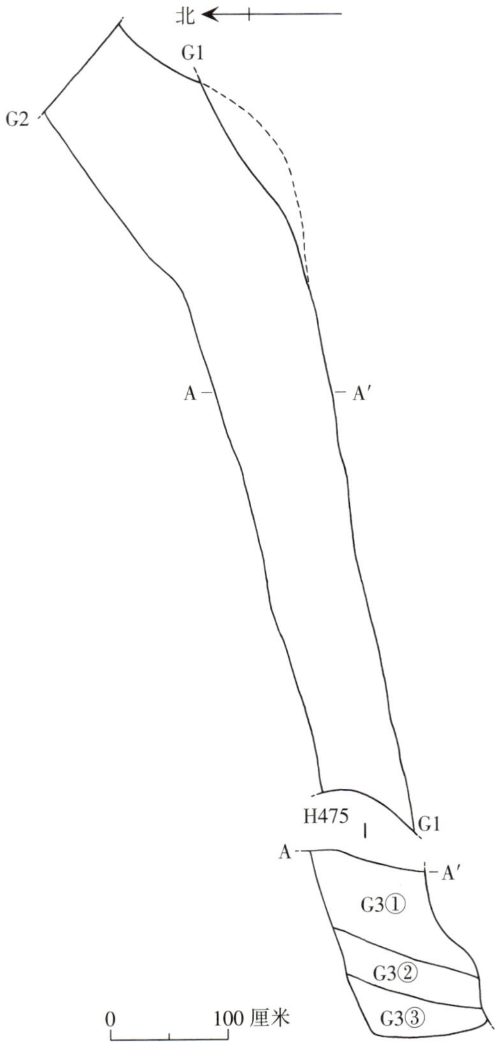

图4－108　KDⅠG3平、剖面图

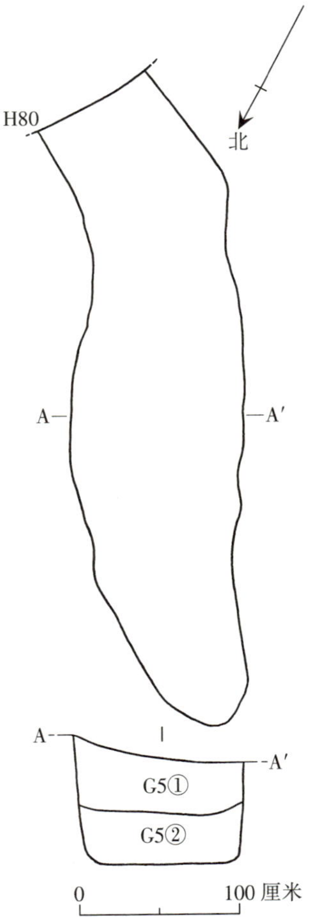

图4－109　96KDⅠG5平、剖面图

沟口距地表多在 95 ~ 120 厘米之间，西南为ⅠG2 所削，残存部分的平面呈西南—东北向长。残长约 11 米，上宽下窄，截面略显漏斗状，沟底凹凸不平，中部最深，局部坑底有经烧烤的痕迹。沟口宽 250 ~ 350、底宽 80 ~ 130、最深处坑深 290 厘米。

沟内堆积分 12 层，分布趋势大多呈水平状或向中间下凹状：ⅠG6①，黄灰色土，较软，厚 0 ~ 35 厘米；ⅠG6②，黄花土，略硬，厚 0 ~ 25 厘米；ⅠG6③，黑灰土，略硬，厚 0 ~ 25 厘米；ⅠG6④，黄灰色土，较软，厚 0 ~ 20 厘米；ⅠG6⑤，为夹杂灰斑的黄土，较软，厚 0 ~ 25 厘米；ⅠG6⑥，黄土，含黑色炭屑，略硬，厚 0 ~ 35 厘米；ⅠG6⑦，黄花土，略硬，最厚 35 厘米；ⅠG6⑧，土色黄黑相杂，略硬，厚 35 ~ 45 厘米；ⅠG6⑨，黑土，较软，厚 20 ~ 30 厘米；ⅠG6⑩，褐色土，较软，厚 15 ~ 30 厘米；ⅠG6⑪，黄灰色土，较软，厚 15 ~ 30 厘米，此层见有一陶甗的下半部（ⅠG6⑪∶2）；ⅠG6⑫，黄土，杂黑土块，略硬，厚 0 ~ 8 厘米（图 4 – 110）。堆积中出陶片和兽骨，并有石器等。

此沟也有可能与 G3 为同一遗迹，而被 G2 从中横穿，分割成目前所见的西南和东北两部分。

96KDⅠG7　跨ⅠT110、ⅠT111、ⅠT410、ⅠT411、ⅠT423。东部在发掘区外。开口于ⅠT111第 4C、ⅠT410 第 7A、ⅠT411 第 6 和ⅠT423 第 4B 层之下，为ⅠF16、ⅠF25 和ⅠH174等单位所破，打破ⅠH34、ⅠT411 第 7 层、ⅠT111 第 4D 层。

平面形状不甚规则，基本沿ⅠQ1 内侧墙脚东西延伸。东段被ⅠH90、ⅠH113 和ⅠH120削去甚多，略呈东西向，西段大致是西南—东北走向。已发掘部分的沟长约 10.5 米。东段宽而西段窄，沟口宽 70 ~ 265 厘米。沟壁向内斜收，但北壁一般较陡，除西南端外，北壁皆为ⅠQ1 的墙体，南壁多为生土。沟底凹凸不平，沟深多在 70 ~ 110 厘米之间。

沟内堆积比较一致，中部层次最多，分 6 层：ⅠG7①，黄灰色土，分布最为普遍（与ⅠH34①相同），厚 0 ~ 30 厘米；ⅠG7②，浅灰色土，分布较为普遍，厚 0 ~ 25 厘米；ⅠG7③，灰褐色土，仅见于东部，厚 0 ~ 35 厘米；ⅠG7④，灰土，夹杂黄斑，仅见于东部，厚 0 ~ 40 厘米；ⅠG7⑤，黄灰色土，分布亦较普遍，局部无此层，厚 0 ~ 40 厘米；ⅠG7⑥，深褐色土，仅见于中部（图 4 – 111）。

除ⅠG7⑥之外，各层均出有一定的陶片，有的还出有兽骨。相比之下，ⅠG7④出土的较多。

96KDⅠG9　跨ⅠT423、ⅠT434 和ⅠT435。开口于ⅠT435 第 5 层下，打破ⅠT435 第 6D 层。此沟西南—东北向长，平面略显弧带状，西南宽而东北窄。沟长约 580、口宽 65 ~ 135、沟深 30 ~ 88 厘米。沟壁向内斜收，局部存留齿距约 7 厘米的二齿工具痕，最长的齿痕长 18 厘米。绝大部分的沟底极窄，其上有一层约 5 厘米厚的硬草拌泥。沟内堆积灰褐色土，较软，含陶片，并有兽骨（图 4 – 112）。

97KDⅠG11　跨ⅠT337 和ⅠT338。开口于ⅠT337 第 8 层下，被ⅠH463 打破，打破ⅠH489。残存部分呈西南—东北向长，西南为战国时期的ⅠH451 所截，东北被ⅠH310

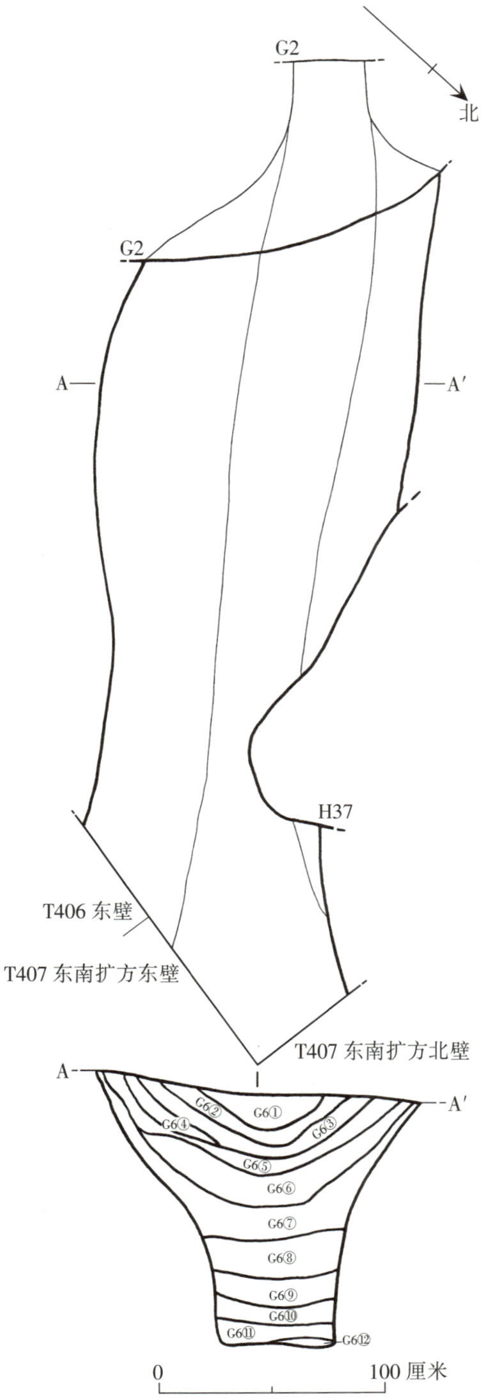

图 4－110　96KDⅠG6 平、剖面图

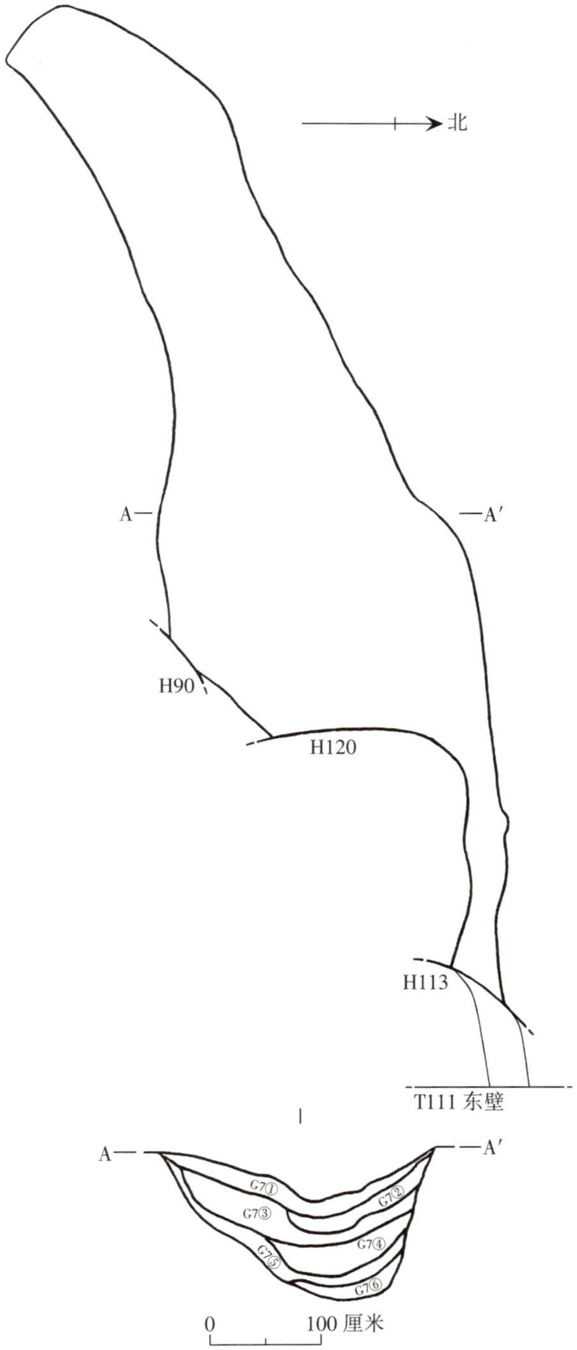

图 4－111　96KDⅠG7 平、剖面图

和夏家店上层文化的ⅠH437削毁。西南段有ⅠH463和战国时期的ⅠD19将其贯穿。存者沟口长545～575、宽65～100、沟深25～30厘米。沟内堆积为一层黄土，略硬，含少量陶片（图4－113）。

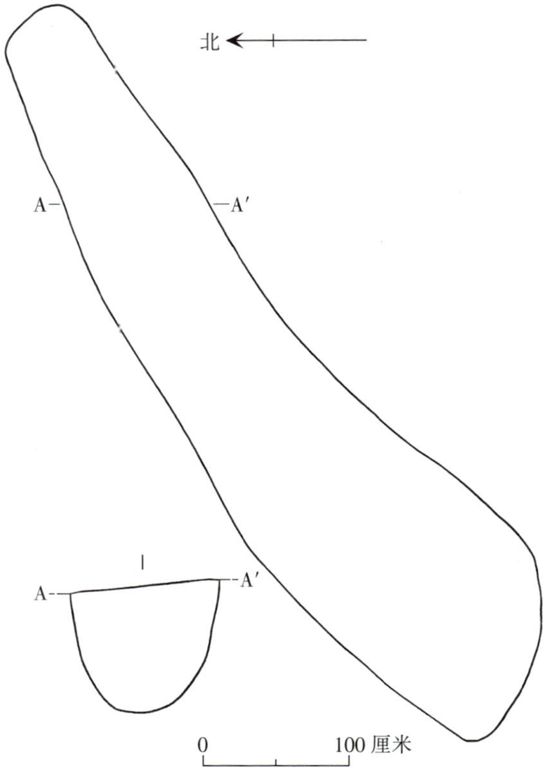

图4－112　96KDⅠG9平、剖面图

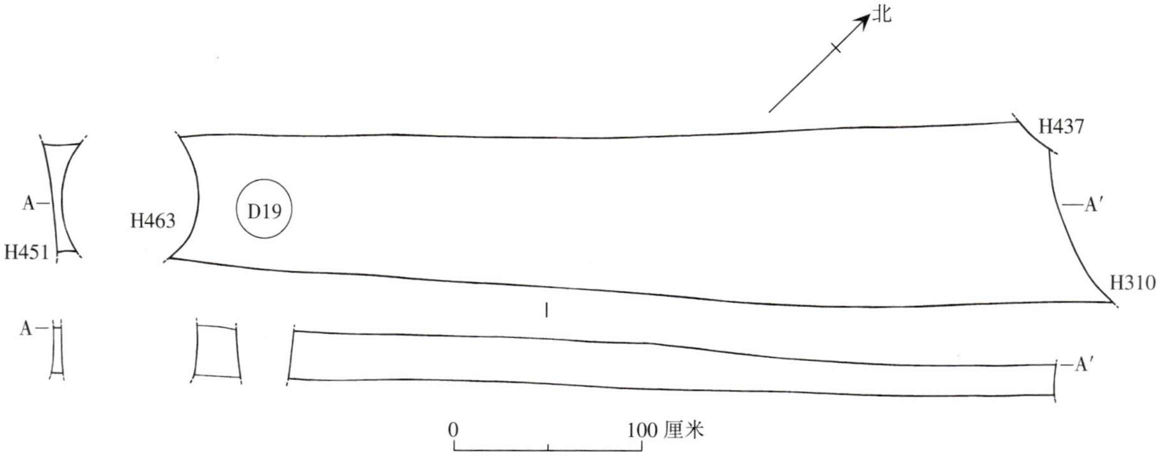

图4－113　97KDⅠG11平、剖面图

四、墙

编号为墙的独立遗迹共计5处。

96KDⅠQ1　跨ⅠT111、ⅠT112、ⅠT113、ⅠT410、ⅠT411、ⅠT412、ⅠT413、ⅠT423、ⅠT424、ⅠT425、ⅠT434、ⅠT435、ⅠT436。这里地处第Ⅰ地点北缘，紧邻该地点北侧之深沟。

从各探方的发掘情况来看，ⅠQ1之下即是黄色生土，直接打破ⅠQ1的夏家店下层文化遗迹有ⅠH13、ⅠF14、ⅠD9等，而ⅠH13为发掘区北部重要遗迹ⅠH34（发掘所获夏家店下层文化第一段的代表性遗迹）所破，则从地层关系上说，ⅠQ1当是发掘区内形成时间最早的夏家店下层文化遗迹之一。同时，ⅠQ1内缘（东南缘）以南，是夏家店下层文化遗迹密集分布的地段。因此，ⅠQ1在第Ⅰ地点的整个夏家店下层文化时期，几乎可以看作不可跨越的标志性建筑。

发掘区内的ⅠQ1为一段西南—东北向长的土墙，平面呈弧形，弧凸朝西北。这段墙的长度约22米，其内缘多为夏家店下层文化遗迹所破，外缘（西北缘）除ⅠT436内的一段比较清楚外，其余地段多被战国时期倾斜的地层削毁。涉及ⅠQ1的探方，一般到ⅠQ1表面即不再发掘，ⅠT412、ⅠT413发掘了ⅠQ1的部分墙体，只有ⅠT434、ⅠT435和ⅠT436这3个探方全部掘至生土。ⅠQ1墙体上窄下宽。大致而论，已发掘的墙体主要部分顶宽600～900、底宽1000～1200、存高110～140厘米。

此墙以土堆筑，远不如夯土墙那样坚硬。墙体一般只能区分出上下两层，如ⅠT434～T436西壁所示（参见第二章第二节“4”）。ⅠQ1①，深褐色土，多数地段厚60～85厘米；ⅠQ1②，黄褐色土，多数地段厚10～50厘米。两层均出陶片，但ⅠQ1②极少。陶片中有夏家店下层文化的，也有数片红山文化的之字形压印纹陶片和小河沿文化的线纹陶片。东部墙体的层次较多，如ⅠT411～T413东壁所示（参见第二章第二节“5”），最多可达9层，ⅠQ1⑧和ⅠQ1⑨两层较厚，可能是建墙时为获得平整地面而堆垫之土，其他各层的厚度为15～35厘米，土色有深褐、黄褐和黄三种。

墙体外缘北侧的ⅠT436⑥、ⅠQ1W（ⅠQ1W②）和ⅠT413的第7、8层，以及ⅠT112·ⅠT113·ⅠT412·ⅠT413的ⅠQ1W①、ⅠQ1W②、ⅠQ1W③、ⅠQ1W④、ⅠQ1W⑤、ⅠQ1W⑥、ⅠQ1W⑦、ⅠQ1W石础、ⅠQ1W⑧，俱属夏家店下层文化。

从地层关系看，ⅠT436的ⅠQ1W和ⅠT112·ⅠT113·ⅠT412·ⅠT413的ⅠQ1W①～ⅠQ1W⑦及ⅠQ1W石础均晚于ⅠQ1，应为ⅠQ1墙体外的堆积。地层上处于ⅠT413⑦、⑧层之间的ⅠQ1W石础是一段石块堆积带，在ⅠT413有揭露，见于此探方的北部，与ⅠQ1外缘平行，西南延至ⅠT425西北角。在此范围内的ⅠQ1W石础长11米许，宽约2米，石块分布疏密不等，多数地方只有一层，随坡向北略见下倾，个别处的石块可达4层之多。ⅠQ1W石础以上的ⅠQ1W诸层多呈倾斜或阶梯状，堆附在ⅠQ1墙体外侧，质地也都较硬，似经砸实。ⅠT112·ⅠT113·ⅠT412·ⅠT413的ⅠQ1W⑧在ⅠQ1W石础之下，是否晚于ⅠQ1并无实证，但其质地、堆积性状均同于ⅠQ1W①～ⅠQ1W⑦，故可认定它和ⅠQ1W①～ⅠQ1W⑦及ⅠQ1W石磡应属同一整体。从各方面来看，ⅠQ1W这个整体单元当是与ⅠQ1有关的遗存，甚至不排除作为ⅠQ1外侧护坡堆积的可能性。至于ⅠT436⑥和ⅠT413⑧，则无从证明它们和ⅠQ1墙体的先后时序。

ⅠQ1外缘以北的斜坡即是第Ⅰ地点北侧深沟的沟口南缘。就KDⅠ发掘区而言，叠压在沟壁上的最早的单位是ⅠT112・ⅠT113・ⅠT412・ⅠT413的ⅠQ1W⑧和ⅠT436⑥。若从这一点考虑，则此深沟最初形成的年代也很可能不晚于夏家店下层文化（见图2－2、图2－5、图2－6；彩版三五，1）

96KDⅠQ2　位于ⅠT110内。系一段土坯所砌之墙，ⅠT110第3B层叠压其上，墙下为ⅠF6土台，东南被战国时期的ⅠH68削毁。现存的这段墙东南—西北走向，长150、宽20～30、高10～25厘米。

96KDⅠQ3　位于ⅠT110内。系一段东南—西北走向的墙，大致与ⅠQ2平行。在ⅠT110第3E层下，其下为ⅠF6土台，西北为战国时期的ⅠH53所削。墙体主要部分以黑色土坯砌筑，个别处含石块，墙体外表涂一层黄泥，东南部为其上地层削去甚多，仅存石块。残长390、宽20～25、最高处存高48厘米。

97KDⅠQ5　位于ⅠT335内。主要以石块堆砌而成，在ⅠF51W之下，其下有ⅠH422。

此遗迹的主体部分为接近南北走向的一条石块堆积带（南段的石块未能在图2－3中画出），长约400、宽20～40、至高60厘米，顶部散见土坯。其西侧尚接有两段石块堆积带，靠南的一段近呈东南—西北走向，南端紧接在主体部分南缘之西邻，长约170、宽20～30厘米；偏北的一段石块较散，约略呈现出东西走向的趋势，长约100厘米。

97KDⅠQ6　位于ⅠT334内。为石块堆砌的遗迹，在ⅠT334第3层之下，叠压第4层和ⅠH426。

平面略呈“Y”状，南部为南北向长的一段石块堆积带，长270、宽30～65、高10～50厘米。其北接有一段弧带状的石块堆积，两端为ⅠH424及其之上的地层削毁，弧带长约400、宽30～55厘米。

五、柱穴

编号为柱穴的独立遗迹共4个。

96KDⅠD8　位于ⅠT421内。在战国时期的ⅠH101之下，打破ⅠH155。

平面呈圆形，口径56、最深54厘米。穴底垫15厘米厚的黄色草拌泥，内有8块小陶片，胎质红色而内、外皆灰色，饰绳纹，当属同件陶器。草拌泥之上置一扁平石块，平面略呈长三角形，厚10厘米（彩版三五，2）。柱洞在石块之上。柱洞之外与穴壁间的填土分3层：ⅠD8①，经夯实的黄色硬土，有细细的层理，厚6～15厘米；ⅠD8②，黄褐色土，厚4～10厘米，仅见于柱洞以西；ⅠD8③，灰土，厚14～25厘米，含炭屑和碎陶片。

96KDⅠD9　位于ⅠT423内。在ⅠT423第1层下，打破ⅠQ1。

平面呈圆形，锅底状。口径25、最深20厘米。穴底有6厘米厚的垫土，分4层，均较硬实，自下而上分别是黑灰土（最厚1厘米）、灰绿土（最厚1.5厘米）、红烧土（最厚3厘米）和灰褐色土（最厚2厘米）。垫土之上的穴内周壁普遍敷抹2~4厘米厚的灰土，坚如水泥，灰土表面遍贴碎陶片（皆属夏家店下层文化）。穴内堆积黄褐色土，较软（彩版三五，3、4）。

97KDⅠD12　位于ⅠT311内。在ⅠT311第1层下，直接打破生土。平面呈圆形，口径23、深11~14厘米。穴底有一层6厘米厚的硬黄土，穴壁四周亦抹黄土，并贴附碎陶片。穴内堆积为黄灰色土，出土数片夏家店下层文化陶片。

97KDⅠD16　位于ⅠT336内。在夏家店上层文化的ⅠH410之下，直接打破生土。平面呈圆形，口径12、深10厘米。穴壁四周敷抹黄土，并贴碎陶片。穴内堆积为灰土，出数片夏家店下层文化陶片。

六、灶址

编号为灶址的独立遗迹仅1处。

97KDⅠZ2　位于ⅠT309内。在战国时期的ⅠQ4之下，其下即是生土。此遗迹为一浅穴，平面呈圆形，直径60厘米，中部最深处深10厘米。穴内最上层是红褐色烧烤面，最厚3厘米，个别处此层缺毁。其下是硬灰土，厚2~3厘米。最下层为红烧土，最厚6厘米，内有数片陶片，可辨认者均属夏家店下层文化。此遗迹附近散见些许带灰烬的红烧土块。

七、路土

编号为路土的遗迹共2处。

97KDⅠL13　跨ⅠT314、ⅠT323和ⅠT324。被ⅠH282、ⅠH335打破，其下即是生土。系一片厚约5厘米的黄色硬土，表面局部有经烧烤的痕迹。东西向长410厘米，东宽西窄，最宽处宽250厘米。

97KDⅠL15　跨ⅠT316和ⅠT317。在ⅠT316第5D和ⅠT317第5C层下，其下为ⅠH344。系一片2厘米厚的黄色硬土，表面平整而坚硬，自西向东略有下斜，东部被ⅠH291和ⅠH413打破，现存部分东西向长330、最宽处宽200厘米。

第二节　遗物

本节所述遗物为人工制品。以质地论，主要有陶、石、铜、骨、蚌5类，陶制品为大宗。以下按“陶容器”和“陶容器以外的其他制品”两项分别介绍。

一、陶容器[①]

陶系以泥质灰陶和夹砂灰陶所占比例最高，都在30%以上，且泥质灰陶的比例要稍高于夹砂灰陶。其次为夹砂黑灰陶、泥质灰褐陶、夹砂灰褐陶和泥质黑灰陶，比例大致在5%～8%。仅有少量的夹砂或泥质的红陶和黄陶。泥质陶陶土多数比较细腻，似经淘选；夹砂陶所羼砂粒大多比较均匀。陶器火候普遍较高，器表色泽颇为一致，陶胎质地较硬。有少量陶器胎芯与表皮的颜色不甚一致。

器类有鬲、甗、鼎、罐、盆、瓮、尊、豆、壶、盘、碗、钵、杯、簋等。以罐类器数量最多，约占28%。瓮、甗、盆、尊、鬲、豆、鼎、盘次之，前四种器类所占比例在10%～17%，而后四种器类所占比例1%～6%不等。其他器类数量极少。罐类器中泥质和夹砂陶所占比重大体相若。鬲、甗、鼎这三类器物中绝大多数为夹砂陶，少量为泥质陶。瓮、盆、尊、豆等器类则一般为泥质陶。

陶器表面纹饰有绳纹、弦纹、弦断绳纹、附加堆纹、附加堆纹加绳纹、篮纹、篦点纹、划印纹、方格纹、戳印纹等。其中以绳纹及绳纹和弦纹结合施用的弦断绳纹最为常见，比重都在20%以上。附加堆纹、附加堆纹加绳纹、篮纹、弦纹、弦纹加篮纹在器表装饰中所占比例1%～7%不等，不及素面和磨光陶所占比例。其余纹样数量极少（附表二）。

绳纹有粗细之分，由细至粗可分为四个型号：1号最细，每厘米8～9根；2号每厘米6～7根；3号每厘米4～5根；4号最粗，每厘米约2～3根（图4－114）。以ⅠH34、ⅠH137和ⅠG2第11层出土绳纹陶作绳纹型号的统计，结果显示，2、3号绳纹最常见，而1号和4号绳纹都很少（表4－4）。

从制作方式看，绳纹以滚压者居多，而拍印者较少。弦纹多与绳纹结合，横向施于器物肩腹若干周，相互之间不甚平行，即使是同一匝弦纹也存在上下波动的现象。这种纹饰当系在轮旋过程中以尖锐之物于器表横向划压而出。附加堆纹有条状和圆饼状之分，条状堆纹最多，主要施于瓮的肩腹部和甗的腰部，系贴附于器表之上，其上多有以片状工具、指肚或指甲压印出的花纹。圆饼状堆纹较少，一般施于瓮的肩部或鬲的腹部。附加堆纹加绳纹一般是先于器表施绳纹，再于绳纹之上贴敷附加堆纹。由于在贴敷附加堆纹条带时皆以手指横向抹压加固，致使堆纹条带两侧的绳纹印痕多已模糊不清。篮纹、方格纹当系拍印而出，较细小，印痕也比较浅，多施于泥质陶器之上。篦点纹系以篦齿状工具压印而成，饰于鬲、罐的口沿上。划印纹是以尖头工具斜向或交叉压划而成纹饰带，施于器物肩腹部。戳印纹则是以尖头工具戳印的圆点或楔形坑窝构成纹饰带，或内填于划印或压印的几何纹中（图4－115）。磨光陶数量较多，总体约占全部陶片的四分之一。经观察和试验，这种装饰在制作上可能是以光滑之物

---

① 本节之“一、陶容器”除介绍第Ⅰ地点夏家店下层文化的陶容器外，还包括第Ⅱ、第Ⅶ两地点的夏家店下层文化陶容器（数量很少）。

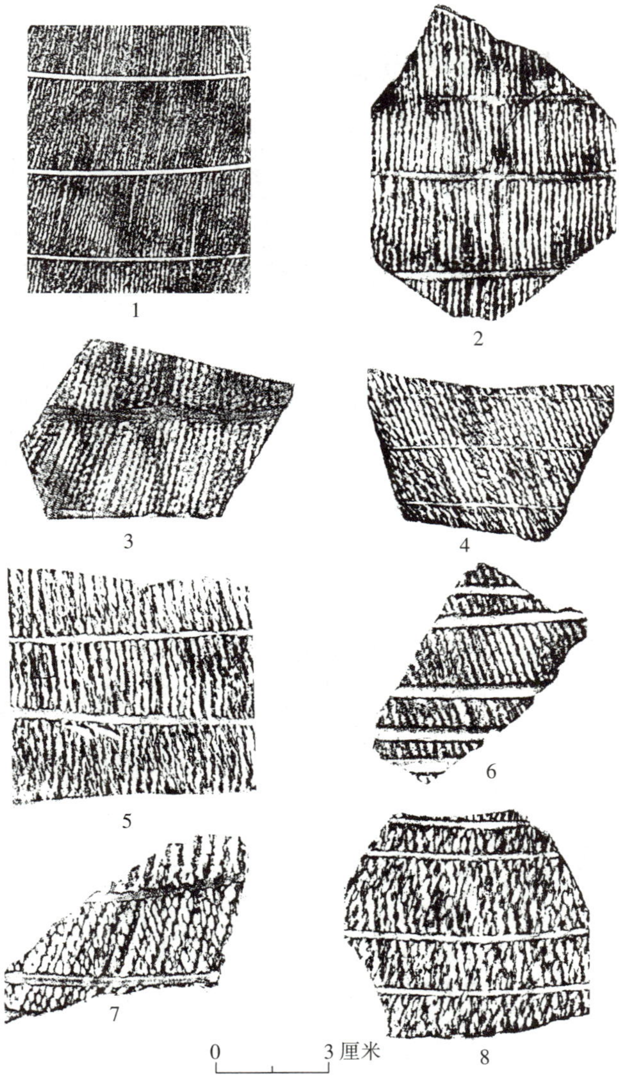

图4－114　夏家店下层文化陶器绳纹拓片

1.1号绳纹（ⅠG2⑪:31）　2～4.2号绳纹（ⅠH137①:8、ⅠG2⑪:34、ⅠG2⑪:33）
5、6、8.3号绳纹（ⅠG2⑪:29、ⅠG2⑪:32、ⅠG2⑪:30）　7.4号绳纹（ⅠG2⑪:35）

表4－4　ⅠH34、ⅠH137、ⅠG2⑪绳纹陶绳纹型号统计表

单位		绳纹型号				合计
		1号	2号	3号	4号	
ⅠH34	数量（件）	33	244	365	17	659
	百分比（%）	5.00	37.03	55.39	2.58	100
ⅠH137	数量（件）	50	523	400	41	1014
	百分比（%）	4.93	51.58	39.45	4.04	100
ⅠG2⑪	数量（件）	29	259	102	6	396
	百分比（%）	7.32	65.40	25.76	1.52	100

图4－115 夏家店下层文化陶器纹饰拓片

1. 附加堆纹（ⅠH137④:14） 2、16 附加堆纹加篮纹（ⅠG2④:10、ⅠT434④D:1） 3、12、15. 划印纹（ⅠH344⑤:4、ⅠT110⑥:12、ⅠH252①:1） 4、5、8. 篦点纹（ⅠH434①:2、ⅡT1③:2、ⅠF1④A:8） 6. 划印纹加弦断绳纹（ⅠH150①:21） 7. 划印纹、戳印纹加弦断绳纹（ⅠG2⑩:9） 9、14. 附加堆纹加绳纹（ⅠF15④:1、ⅠT421⑥:3） 10. 附加堆纹加方格纹（ⅠH342:1） 11. 划印纹加绳纹（ⅠH137①:8） 13. 篦点纹加戳印纹（ⅠH34②:8） 17. 弦断篮纹（ⅠG6⑩:3）

（如骨器、鹅卵石等）在制陶过程中于器表蘸水压磨而成。尊、豆、盘、壶、碗等泥质陶器和泥质尊形鬲的器表大多都经过磨光处理。罐、瓮、盆和夹砂尊形鬲的口部、颈部也多经磨光。有些器物是先于器表饰绳纹再进行磨光，在有的磨光处理的部位尚可看出残留的绳纹痕迹。未经磨光的素面陶数量相对较少。此外，地层和遗迹单位中都有少量的彩绘陶残片。彩纹系以红、白二色于器物烧成后绘于器表，以器表本身的黑、灰或浅红色为底色加以衬托。有的出土时已色泽暗淡，彩纹有脱落现象，有的仍鲜亮如新。纹样多以“C”形或“S”形卷曲笔道配以少数横竖直线绘出，可辨者皆图案化花纹。由于缺乏完整器，具体的花纹式样不明[①]。在一件尊和一件泥质尊形鬲的腹部还发现有一种褐色花纹，其颜色与器表色泽相近而略深，抹之不掉，估计是烧制前所绘。

陶器的制法因器形、陶质的不同而有异。但总体上看以泥圈套接法和泥条盘筑法成形者居多。大致说来，泥质陶中的瓮、盆、尊等器类的腹身多以泥圈套接法成形。以ⅠF42②D∶22陶瓮残片为例。从该残片脱落处的碴口看，明显属于上下相套的两个泥圈的各一部分。为使器身牢固，套接时，特意将上下泥圈相套处做出斜面，使接触面增大。待成形之后先于器表滚压竖向绳纹，再于绳纹之上贴敷条状附加堆纹。最后在旋转中抹压每条附加堆纹的两侧，致使附加堆纹条带之间的绳纹痕迹已模糊难辨（图4－116，8）。标本ⅠH156①∶23，也是一陶瓮腹部残片。从该残片可以看出，为使泥圈间相套得更牢固，不仅将套接处做出斜面，而且于其上先行滚压出绳纹（图4－116，4）。从几件陶瓮的内壁观察，泥圈的宽度均在6厘米左右。而制作尊、盆的泥圈宽度相对要窄。

夹砂陶中的鬲、甗、鼎、罐的腹身，从可观察标本看多系以泥条盘筑法成形，泥条相接处的断碴多呈不甚规则的平面。接触面较窄。

罐、盆、瓮等平底器的底部多系分制，然后与器身套接在一起。从可观察的标本看，皆系“帮包底”套接法。标本ⅠF8·ⅠF11①∶4，夹砂灰褐陶，可能为陶罐的底部残片。从断碴处看，腹底相接的方式是腹壁之泥下卷，从外侧包敷底泥，包接处有较宽的接触面（图4－116，5）。标本ⅠG6⑨∶7，泥质灰陶，当系盆或泥质罐的底部。从碴口看也是一种“帮包底”套接法：底泥边缘上翻，上接腹壁，腹壁之泥斜包底泥。碴口处尚留有手捏指窝（图4－116，1）。

鬲与甗的空足多系模制。一般是以泥条于足模外盘筑成形，然后在表面刮抹修整，再滚印或拍印绳纹。待三空足制成之后，将其上口拼接捏合，形成裆部。为使三空足结合牢靠，往往于三空足相接处的外侧（即裆底）填泥加固，继而以缠有绳纹的棒状工具在填泥处反复按压。标本ⅠH226②∶14甗鬲的裆底即有很厚的填泥。如果忽视这种足壁与填泥之间界限的存在，往往会使人误认为甗鬲的“内裆隔”很高。有少数陶鬲系采用筒改法制成裆足。具体做法是先用泥条盘筑出一个泥筒，将泥筒的上口三分

---

① 本节之“一、陶容器”述及ⅠG2④∶1、ⅠF1④B∶3、ⅠH34③∶11和ⅠF15③∶2这4件饰有彩绘的陶器口腹残片，除此之外的彩绘陶皆于本节之“二、陶容器以外的其他制品”中逐一介绍。

切割并像捏糖三角一样向中心卷曲捏拢，捏拢处形成裆缝，而三角的角端则凸起形成足尖。标本ⅠH149∶7，泥质灰陶，可能系鼓腹鬲的空足残片。从空足内侧看，近裆一侧有明显接缝，且空足的横截面较扁，表明它应当是以泥筒口部的一部分卷捏而成的（图4－116，13）。还有个别筒改法制作的陶鬲在捏制三足时并不剪切，捏合后的裆部侧视呈弧形。

绝大部分鬲、甗的空足下端都附加有实足根。实足根的安接方式有两种。一种是包接法，系以泥片将实足根直接包敷于空足的下端。标本ⅠH235⑫∶6，夹砂灰褐陶，系甗或鬲的足部残片。从锥状足根与袋足下端的脱落处看，足根明显是包接上去的。包接之后再于足根和足根与袋足下端的接合处滚压绳纹（图4－116，11）。标本ⅠH235①∶3，夹砂灰陶，从断碴处亦可看出足根的包接痕迹，但包接过程中袋足下端与足根被捏成扁圆锥状，且足根表面的绳纹被抹去（图4－116，7）。标本ⅠH235⑧∶5，夹砂灰陶。足根顶端的内侧有凹窝，表明也系包接法安装。但足根内侧有一道纵向沟槽，可能是包接过程中以手指抹压而成。足根表面其余部分饰有竖向3号绳纹，纹痕模糊。足尖钝平（图4－116，6）。足根的另一种安接方法是榫接法。做法是在足根的上端捏出榫凸，于空足下端留出卯孔，将二者对接，再于结合处外侧敷泥加固。标本ⅠH235⑬∶5，夹砂灰陶，足根呈截尖圆锥状，上端凸出一榫（图4－116，10）。标本ⅠH235⑱∶24，夹砂灰陶，系甗足标本。实足根脱落。从脱落处看，中心有一圆孔，当为纳榫之处，边缘印有绳纹，说明空足模制成形之后即已滚印绳纹并留出卯孔，然后才安接实足根（图4－116，3）。

鼎和三足盘的实心足一般是贴敷于上部器身的底部或腹底交界处。标本ⅠF42②D∶21，泥质灰陶，系一脱落的泥质鼎足。其形仿人的小腿与脚的形状。从接口看，明显是贴敷于器身的腹底交界处。为了黏附牢固，在器身黏足处还刺印有楔形坑点，故于鼎足的贴面上印有凸起的楔形点痕（图4－116，12）。

陶盆与泥质小口罐的腹部常常安有对称的鸡冠状鋬手。其安装方式也是贴敷。在贴敷鸡冠状鋬手之前，器身表面多已施印绳纹。贴敷之后往往于鋬手的外侧和上、下两侧的边缘按压指窝或戳印坑点。这些做法无疑有利于鋬手与器身的贴合。标本ⅠH150①∶14，泥质红陶，系一脱落的鸡冠状鋬手。贴面上印有反绳纹，说明贴敷之前器表已施印有绳纹。鋬手的外侧边缘有以扁薄有刃工具切压出的“花边”，上、下侧边缘则以工具的尖部各戳刺出一排楔形坑点（图4－116，2）。

少数泥质罐的颈肩或腹部贴敷有对称的桥状耳。标本ⅠH235⑥∶5，泥质灰陶，系一只脱落的桥状耳。脱落面上印有反绳纹痕迹，说明贴敷器耳之前器身已施印有绳纹。器耳表面也有绳纹，当系贴敷之后滚压（图4－116，9）。

绝大多数陶器在成形之后都要经轮旋修整，尤其是在口沿与颈肩部位常常保留有明显的轮旋痕迹。陶器的磨光处理和有些器物上绕器旋划的弦纹也大都是在旋转的陶轮上完成的。

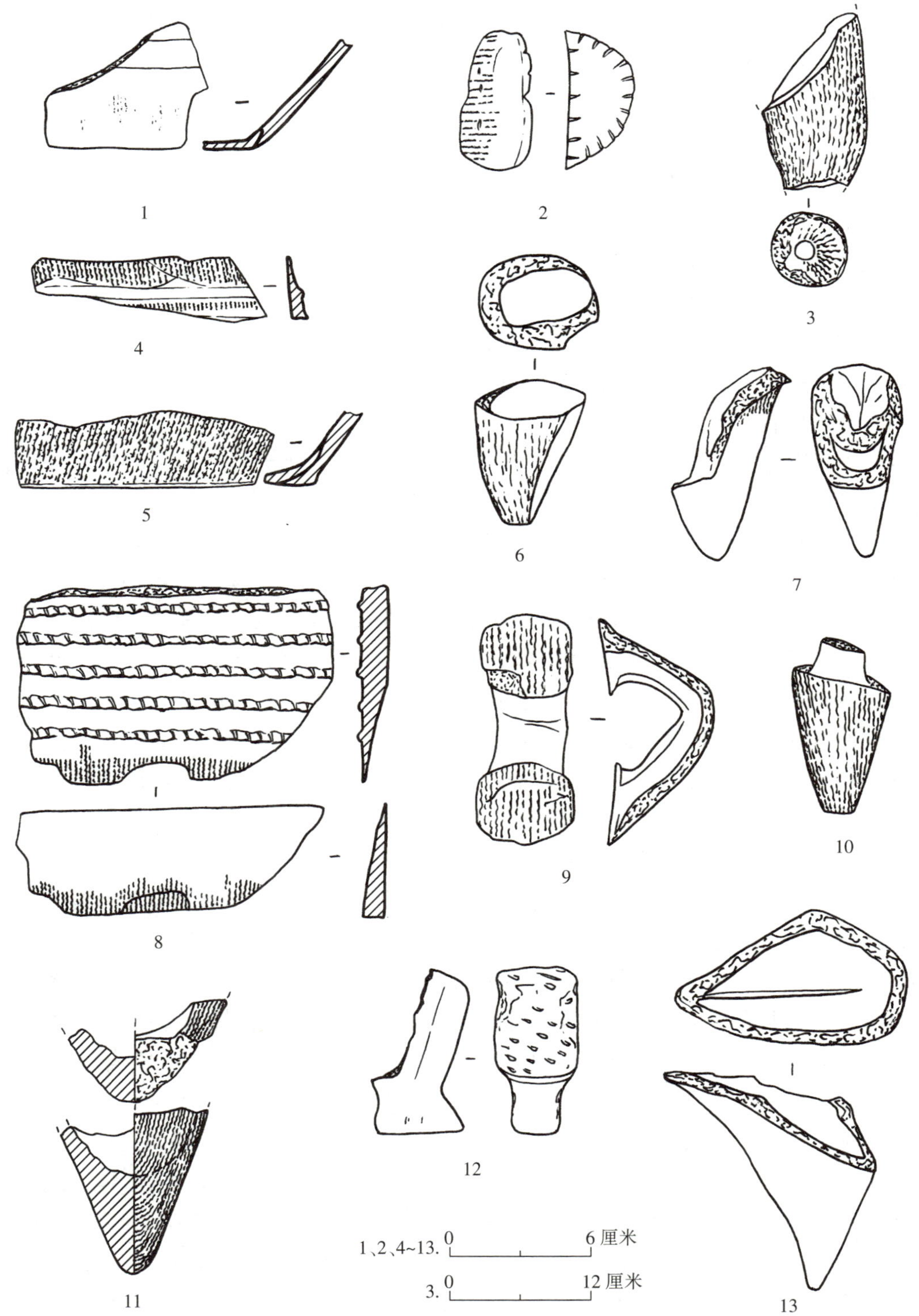

图4－116　反映夏家店下层文化陶器制法的标本

1. 盆或泥质罐底（ⅠG6⑨:7）　2. 鸡冠状鋬手（ⅠH150①:14）　3. 甗足（ⅠH235⑱:24）　4、8. 陶瓮残片（ⅠH156①:23、ⅠF42②D:22）　5. 罐底（ⅠF8·ⅠF11①:4）　6、7、10、11. 甗足或鬲足（ⅠH235⑧:5、ⅠH235①:3、ⅠH235⑬:5、ⅠH235⑫:6）　9. 桥状器耳（ⅠH235⑥:5）　12. 鼎足（ⅠF42②D:21）　13. 鬲足（ⅠH149:7）

豆、簋和部分盘、杯及个别的罐、尊等器物，于内壁也可观察到明显的轮旋痕迹，且器壁厚薄过渡均匀，当系轮制。

下面对陶器进行分类介绍。

1. 鬲

最常见的一类是筒腹鬲，另有少量鼓腹鬲和个别直腹鬲。

筒腹鬲皆敞口束颈，斜弧腹，分裆，三足直立或稍外撇，腹身最大径偏下，通体瘦长近于筒形。三足系模制后对接，袋足下附圆锥状实足根。因口部形状同于陶尊，又常被称为尊形鬲。依质地可分夹砂和泥质两小类。

夹砂筒腹鬲　共28件。据腹足形态可分二型。

A型　25件，复原5件。形体较大，实足根与空足之间夹角不甚明显。颈部及口沿内外多经磨光，而裆足部位多有绳纹。形制比较接近，不分式。ⅠG2⑬:19，灰陶。沿上端近平，圆唇，束颈不甚显著，三足近直立。空足上段绳纹被抹掉，而下段和足根仍保留有竖向3号绳纹。裆足遗留有烟熏痕迹。口径25.6、高29厘米（图4－117，6；图版一二，2）。ⅠG2⑪:19，灰陶。沿上端近平，圆唇略下垂，三足稍外撇。颈饰两周凹弦纹，弦纹以下有弦断绳纹，由于手抹的缘故，纹痕已十分模糊。绳纹粗细不一。器表有烟熏痕迹。口径20、高24.2厘米（图4－117，5；图版一一，5）。ⅠG2⑪:12，灰陶。卷沿外端下勾，三足近直立。颈饰两周凹弦纹，弦纹以下饰竖向2号绳纹，纹痕模糊，实足根表面绳纹被抹去。器表留有烟熏痕迹。口径21.8、高26.2厘米（图4－117，3；彩版五一，1）。ⅠG2⑪:13，灰陶。沿外端下勾，尖圆唇，三足近直立。颈饰两道凹弦纹，弦纹以下饰竖向3号绳纹，纹痕不甚清晰，实足根绳纹被抹去。器表留有烟熏痕迹。口径21.2、高24厘米（图4－117，1；图版一一，4）。ⅠG2⑬:1，灰陶。卷沿外端下勾，圆唇，三足稍外撇，整体较前几件标本略显宽胖。袋足中下部仍保留有竖向3号绳纹。器表有烟熏痕迹。口径32、高30.2厘米（图4－117，2；图版一二，1）。ⅠG2⑰:2，腹足残片。褐陶，器表多呈灰色。三足稍外撇。腹部绳纹被抹去，空足下部及足根表面仍保留竖向3号绳纹。空足系模制，但内壁仍隐约可见泥条盘绕痕迹。残高19.6厘米（图4－117，4）。ⅠG2⑱:4，空足下段皆残断。灰陶。沿外端略下垂，厚圆唇，三足稍外撇，颈部以下为竖向3号绳纹，纹痕较浅。器表有烟熏痕迹。口径22、残高19.6厘米（图4－118，1）。

B型　2件。形体较小，空足肥而外鼓，实足根与空足间夹角明显。器表磨光。ⅠH379②:25，灰陶。沿外端下勾，尖圆唇，实足根尖部皆残断，其中两足尖残断后还稍经磨平。表皮脱落严重。颈饰一周以戳点构成的纹饰带，纹带上下界饰以凹弦纹。器表有烟熏痕迹。口径15.4、高17.2厘米（图4－118，9；彩版四六，2）。ⅠG2⑬:3，夹细砂，器表呈黑灰色。沿上端近平，厚圆唇。颈部有一周凸棱。款足内侧隐约可见反绳纹痕迹。口径15.5、高20.2厘米（图4－118，3；彩版五一，3）。

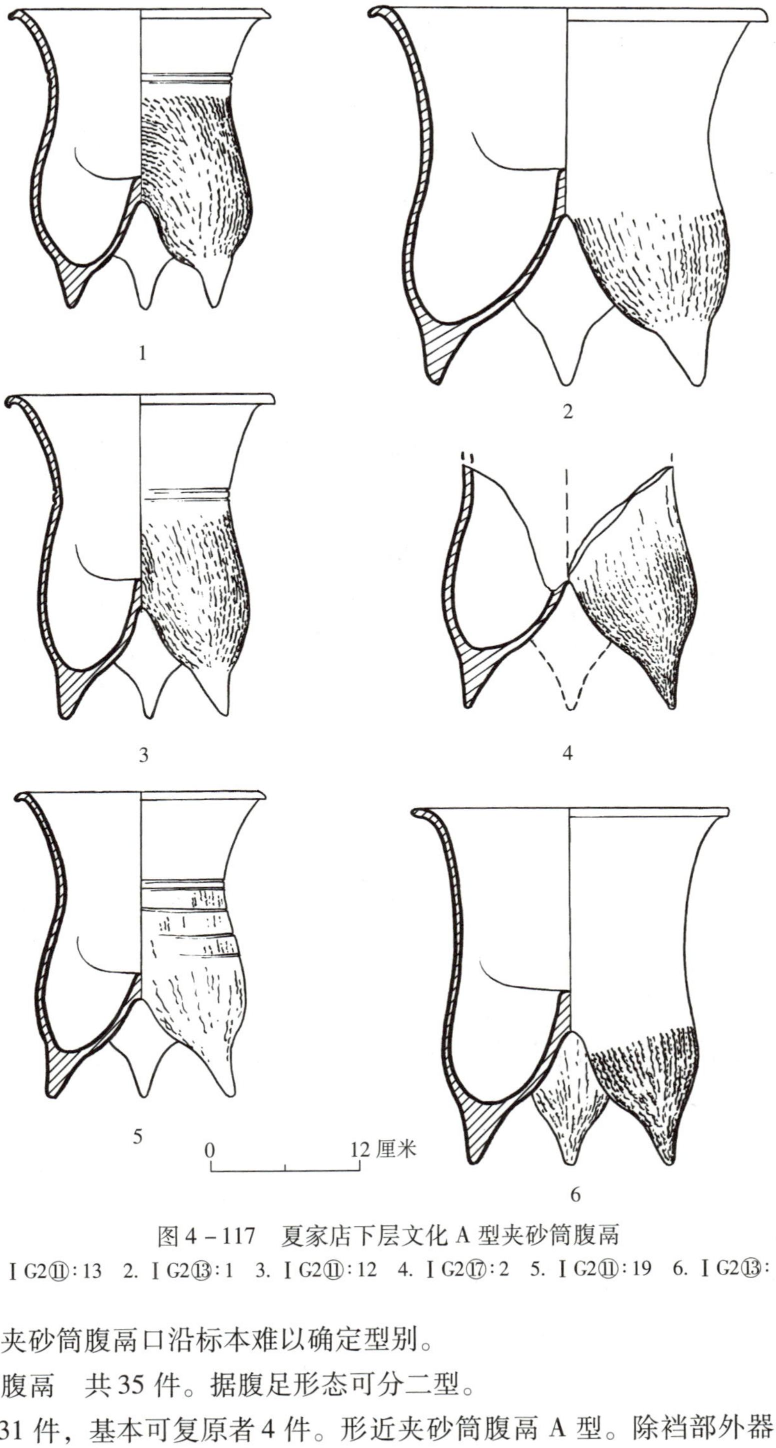

图4－117　夏家店下层文化A型夹砂筒腹鬲

1. ⅠG2⑪：13　2. ⅠG2⑬：1　3. ⅠG2⑪：12　4. ⅠG2⑰：2　5. ⅠG2⑪：19　6. ⅠG2⑬：19

有1件夹砂筒腹鬲口沿标本难以确定型别。

泥质筒腹鬲　共35件。据腹足形态可分二型。

A型　31件，基本可复原者4件。形近夹砂筒腹鬲A型。除裆部外器身大部分磨光。可分三式。

Ⅰ式：6件。三足外撇程度较大，空足下部粗肥。ⅠH328②：1，口部残，残断处又略经打磨。泥质褐陶。内裆隔较圆钝。裆底保留有滚压2号绳纹。腹足表面有以黄

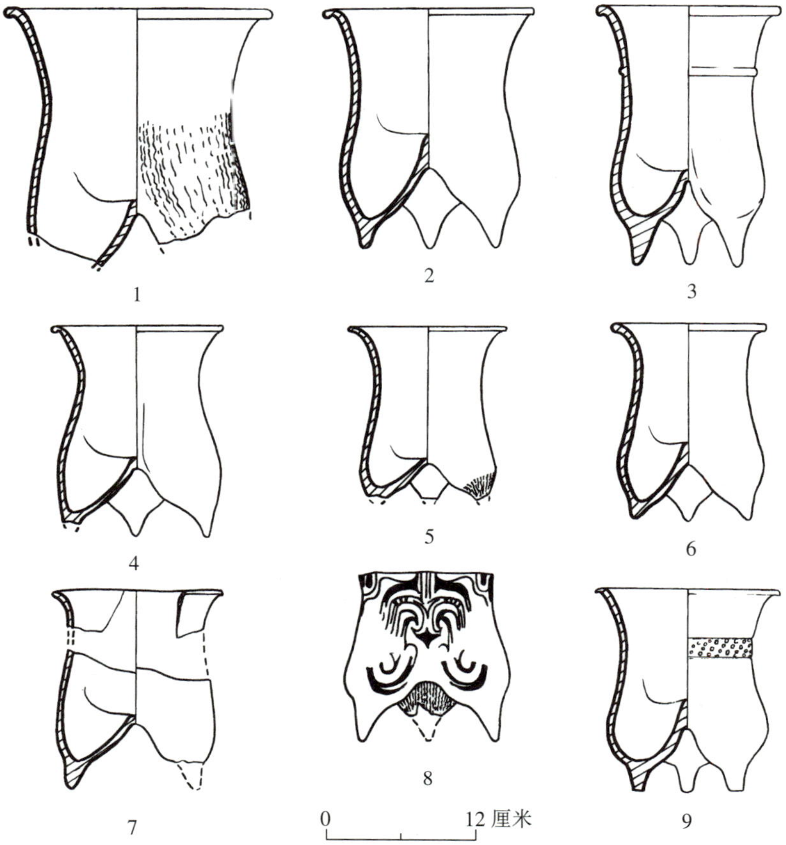

图 4－118 夏家店下层文化筒腹鬲

1. A 型夹砂筒腹鬲（ⅠG2⑱:4） 2、4、5. AⅢ式泥质筒腹鬲（ⅠG2⑬:11、ⅠH379②:26、ⅠH379②:27） 3、9. B 型夹砂筒腹鬲（ⅠG2⑬:3、ⅠH379②:25） 6、7. AⅡ式泥质筒腹鬲（ⅠF18③B:5、ⅠH187①:3） 8. AⅠ式泥质筒腹鬲（ⅠH328②:1）

褐色与白色颜料绘出的图案化花纹，系烧前所绘。图案似以两足之间的中线为轴左右对称，但由于磨蚀严重，图案整体结构不明。器表局部有烟熏痕迹。残高 13.6 厘米（图 4－118，8；彩版四四，4）。

Ⅱ式：8 件，复原 1 件。三足稍外撇，空足下端稍瘦。ⅠF18③B:5，泥质灰陶。沿上端外卷近平，厚圆唇。器表与口沿内侧磨光。口径 12.5、高 15.5 厘米（图 4－118，6；图版三，4）。ⅠH187①:3，口、腹、足均有残缺。泥质灰陶。沿外卷近平，圆唇。器表压磨光亮，局部有烟熏痕。口径 13.6 厘米，推测复原高度约 16 厘米（图 4－118，7）。

Ⅲ式：15 件，复原 3 件。三足明显收束，近于直立，空足下端更瘦，ⅠH379②:26，泥质红陶，器表局部呈灰褐色。沿外端下勾，圆唇。器表磨光。裆底局部残留绳纹痕。口径 14、高 16.8 厘米（图 4－118，4；彩版四六，1）。ⅠG2⑬:11，泥质灰陶。卷沿近平，圆唇略下垂。器表经磨光，但局部仍隐约可见绳纹印痕和刮抹器表的痕迹。口径 16.5、高 19.2 厘米（图 4－118，2；彩版五一，2）。ⅠH379②:27，实足根残断。

泥质灰褐陶。圆唇。器表磨光，空足下端残留有绳纹痕。器表经烟熏，内壁可见灰白色水垢痕迹。口径12.8、残高18厘米（图4－118，5）。ⅠG2⑪:21，三空足下端均残断。泥质灰陶，器表为黑灰色。沿外端略下勾，厚圆唇。器表经磨光，其中颈部以上磨痕为横向，以下为纵向，颈饰二周凹弦纹。器表有烟熏痕迹。口径14.8、残高14.7厘米（图4－119，4）。ⅠG2⑰:1，空足下端残断。泥质灰陶。沿外端略下垂，圆唇。器表打磨方式同前件。口径17厘米，残高14.9厘米（图4－119，9）。ⅠG2⑪:24，腹足残片。泥质灰陶，表皮呈黑灰色。器表经磨光，局部残留绳纹痕迹。残高11.5厘米（图4－119，2）。

有2件此型筒腹鬲标本难以确定式别。

B型　2件。三空足较短而外撇，空足下端有明显转折。ⅠF14②:1，泥质灰陶。卷沿近平，厚圆唇。器表磨光，口沿与颈部磨痕为横向，空足部位磨痕为纵向，未见明显烟熏使用痕迹。三足尖似为有意打掉。口径12.5、高11.8厘米（图4－119，3）。

有2件泥质筒腹鬲口沿标本难以确定型别。

鼓腹鬲　共9件。均夹砂陶。侈口或直口，高领，鼓腹，分裆，无附加实足根。据足部特征分二型。

A型　5件，复原2件。尖底款足。ⅠH235⑲:25，夹砂灰陶。侈口，圆方唇，空足内侧较直。口沿略经磨光，腹饰竖向和斜向绳纹，纹痕较浅，绳纹接近4号（每厘米3.5根）。器表有烟熏痕。口径21、高28厘米（图4－120，3；彩版四五，3）。ⅠG2⑱:3，夹砂灰陶。侈口，圆唇。腹饰竖向3号绳纹，纹痕较浅，口沿内外及颈部磨光。三足系模制。器表有烟熏痕迹。口径14、高24.8厘米（图4－120，1；彩版五二，1）。ⅠG2⑥A:3，口腹残片。夹砂灰陶，口及颈压磨后呈黑灰色。侈口，圆唇。沿外有截面呈椭圆形的鋬纽（或称乳钉）1枚，竖条状附加堆纹3条，其中2条为一组，间距5.2厘米。腹饰竖向3号绳纹。器表有烟熏痕。口径23.2厘米（图4－120，2）。

B型　4件。平底款足。ⅠG2⑩:2，足残。夹砂灰陶。直口，厚圆唇。领部上端饰两两成对的竖向鋬纽3组，另有1枚横向鋬纽正处一足上方，单为一组。这四组鋬纽之间间距不等。领部下端饰斜向排列的篦点纹短线，局部有交错现象。领以下饰竖向2号绳纹，裆部绳纹纵横交错。空足内有隐约的反绳纹痕迹，当系模制。器表有烟熏痕。口径21.5、高约34.2厘米（图4－120，4）。

直腹鬲　1件。ⅠF21①:3，口及足尖残。泥质灰褐陶。直口微敛，方唇，腹近直，弧裆。素面。此器整体系用一泥筒捏出。足底稍有烟熏痕。口径约8.4、残高9.8厘米（图4－119，1）。

另有4件陶鬲形制较特殊。

ⅠH37④:1，泥质黑灰陶，器表磨光。敞口，卷沿圆唇，鼓腹，分裆。颈部有一周凸棱。裆底及足根上遗留有竖向2号绳纹。口径14、高15.6厘米（图4－119，6；彩版四〇，5）。此鬲口部特征近筒腹鬲，腹足特征近A型鼓腹鬲。

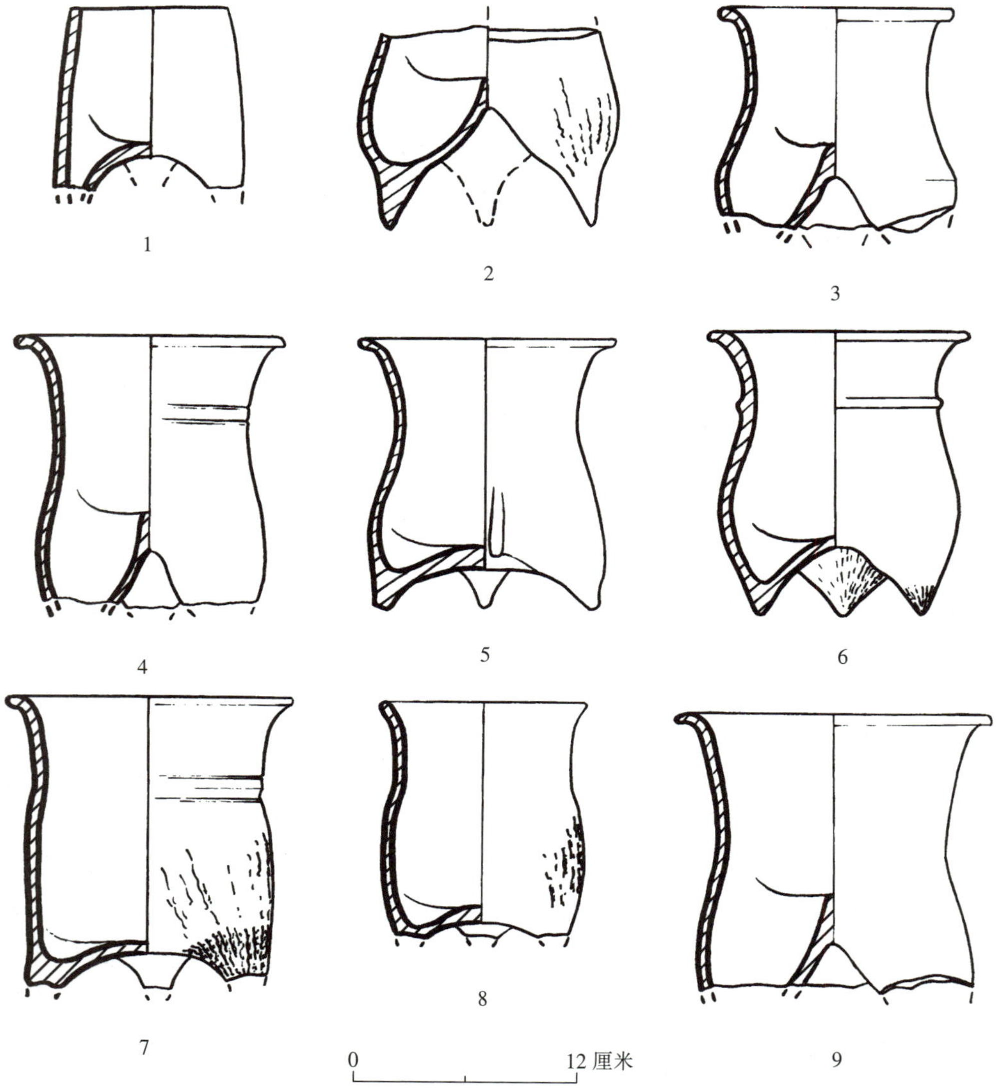

图 4－119　夏家店下层文化陶鬲

1. 泥质直腹鬲（ⅠF21①∶3）　2、4、9. AⅢ式泥质筒腹鬲（ⅠG2⑪∶24、ⅠG2⑪∶21、ⅠG2⑰∶1）
3. B 型泥质筒腹鬲（ⅠF14②∶1）　5、6. 未分型泥质鬲（ⅠH203∶2、ⅠH37④∶1）
7、8. 未分型夹砂鬲（ⅠH235⑲∶24、ⅠT110⑦B∶1）

ⅠH203∶2，泥质灰褐陶。敞口，沿上端近平，圆唇，束颈，腹微鼓，弧裆。三足尖稍残，又经磨平。器表磨光。三足系以泥筒一端捏成，两足之间的裆侧各以棍状物压出一道竖向沟槽。裆底有烟熏痕。口径 13.9、高 14.2 厘米（图 4－119，5；图版七，2）。此鬲口部特征近筒腹鬲，裆足特征接近ⅠF21①∶3 直腹鬲。

ⅠH235⑲∶24，夹砂灰陶。高领，沿上端外卷，厚圆唇，腹近直，领腹之间分界不甚明显，弧裆，有捏出的扁锥状足根，足尖略残。领部磨光，以下为竖向 3 号绳纹，纹痕模糊。器表有烟熏痕迹。口径 15.1、残高 15.4 厘米（图 4－119，7；彩版四五，4）。ⅠT110⑦B∶1，夹砂灰褐陶。形制基本同于前件。足尖残断，但又略经磨平。器表

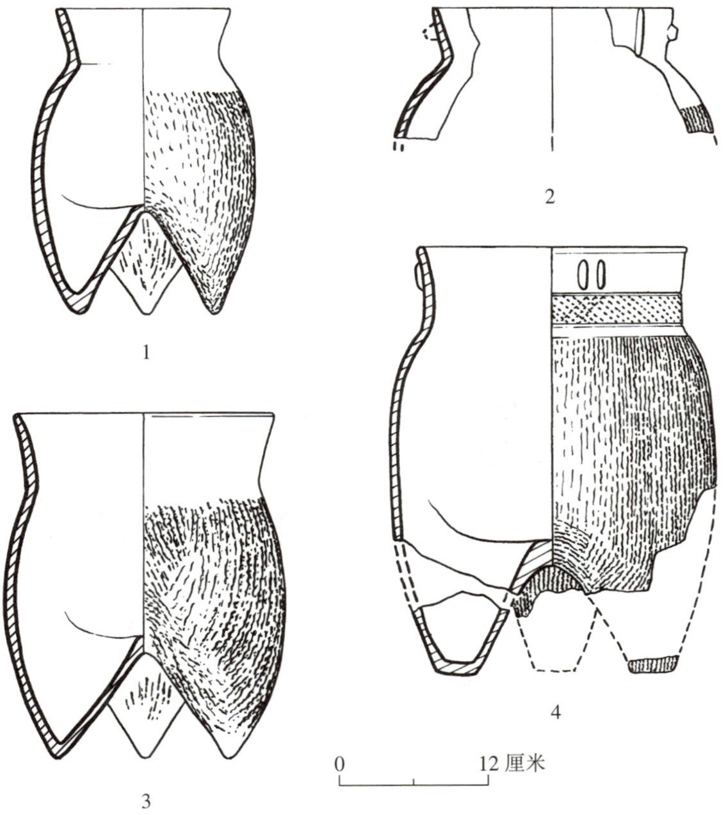

图 4－120　夏家店下层文化夹砂鼓腹鬲
1～3. A 型（ⅠG2⑱:3、ⅠG2⑥A:3、ⅠH235⑲:25）　4. B 型（ⅠG2⑩:2）

稍经打磨，腹足残留有零乱绳纹痕迹。口径 11.2、高 12.4 厘米（图 4－119，8；彩版五五，1）。以上二鬲，口部特征近筒腹鬲，腹足特征近直腹鬲。

2. 甗

绝大多数为夹砂陶，仅个别为泥质陶。

夹砂甗一般形体较大，完整者甚少，且往往从甗腰处残断，上下体相对独立，故甗盆与甗鬲分别介绍。

甗盆　共 178 件。皆敞口深腹。据腹部形态分为二型。

A 型　共 162 件。深弧腹。据口沿分二亚型。

Aa 型　151 件。卷沿。分三式。

Ⅰ式：12 件。皆口腹残片。敞口程度较大，宽卷沿。ⅦH3:2，夹砂红褐陶。圆唇。腹饰竖向 3 号绳纹，纹痕清晰。器表有烟熏痕迹。口径 33.6、残高 14.4 厘米（图 4－121，6）。ⅠH136②:11，夹砂灰褐陶。方唇。腹饰竖向 3 号绳纹，纹痕模糊。口沿内侧磨光，外侧留有明显轮修痕迹。口径 37.6、残高 15.6 厘米（图 4－121，4）。

Ⅱ式：97 件，复原 2 件，余皆口腹残片。上腹及口稍向内收，卷沿略窄。ⅠH203:1，

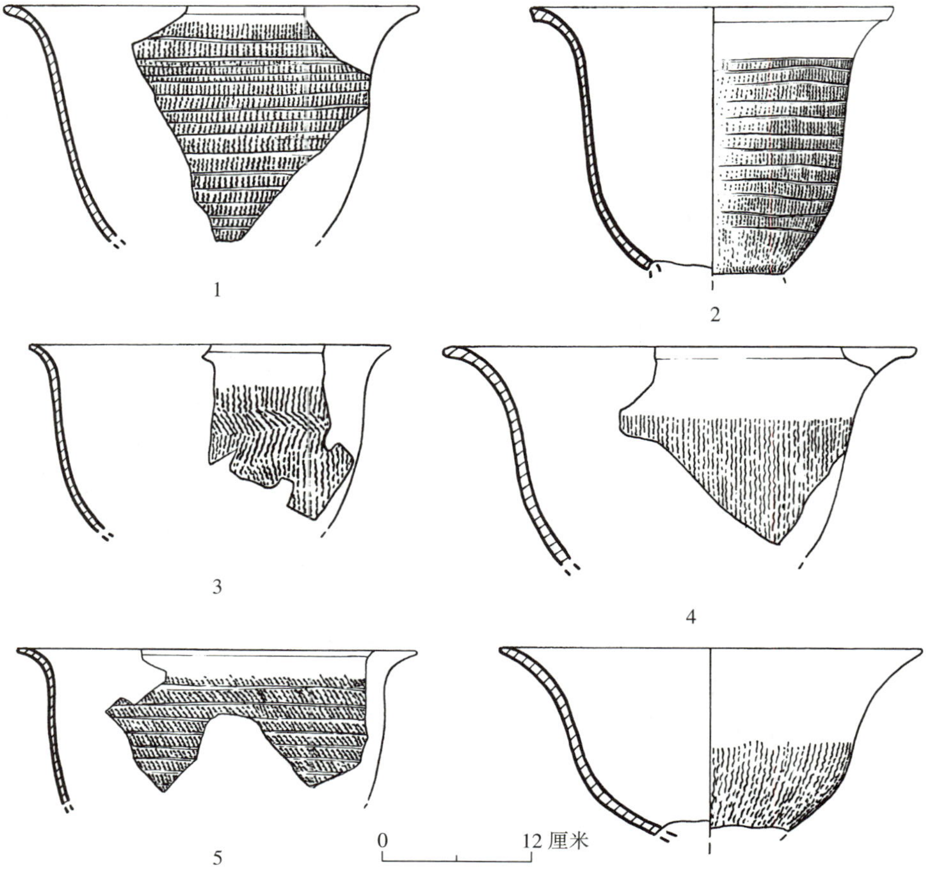

图 4 – 121　夏家店下层文化 Aa 型甗盆

1 ~3、5. Ⅱ式（ⅠH418⑤:4、ⅠH183:3、ⅠH449⑩:7、ⅠH387①:17）　4、6. Ⅰ式（ⅠH136②:11、ⅦH3:2）

是唯一一件甗盆与甗鬲相连的夹砂甗。夹砂灰褐陶。圆方唇。甗腰内侧无箄隔，外侧有一周附加堆纹，堆纹之上有手指捺窝。腹饰弦断绳纹，绳纹为竖向 3 号。口径 34. 8、甗盆高 21. 6 厘米（图 4 – 122，2；彩版四三，2），该器甗鬲特征详后。ⅠH183:3，从腰部残断。夹砂灰陶。方唇。腹饰弦断绳纹，绳纹为竖向 2 号，较规整。口沿有轮修痕迹。近甗腰处有烟熏痕。口径 29、高 21. 2 厘米（图 4 – 121，2；图版七，3）。ⅠH387①:17，夹砂红褐陶，器表多呈灰褐色。圆唇。腹饰弦断绳纹，绳纹为竖向或斜向 3 号。内壁有圆形陶垫印痕，口沿有轮旋痕。口径约 32、残高 12 厘米（图 4 – 121，5）。ⅠH449⑩:7，夹砂红褐陶。方唇。口沿内侧磨光，腹饰竖向或斜向 3 号绳纹，纹痕较散乱，似为拍印。器表留有烟熏痕迹。口径 29、残高 19. 2 厘米（图 4 – 121，3）。ⅠH418⑤:4，夹砂灰褐陶。圆方唇。腹饰弦断绳纹，绳纹为竖向或斜向 3 号，弦纹间隔较密。口沿有轮修痕。器表有烟炱。口径 32. 8、残高 19. 2 厘米（图 4 – 121，1）。ⅠH137④:3，夹砂灰陶。方唇。腹饰弦断绳纹，绳纹为竖向 3 号。口径 32、残高 15. 2 厘米（图 4 – 123，6）。ⅠH474④:9，夹砂灰陶。圆方唇。腹饰弦断绳纹，绳纹为竖向

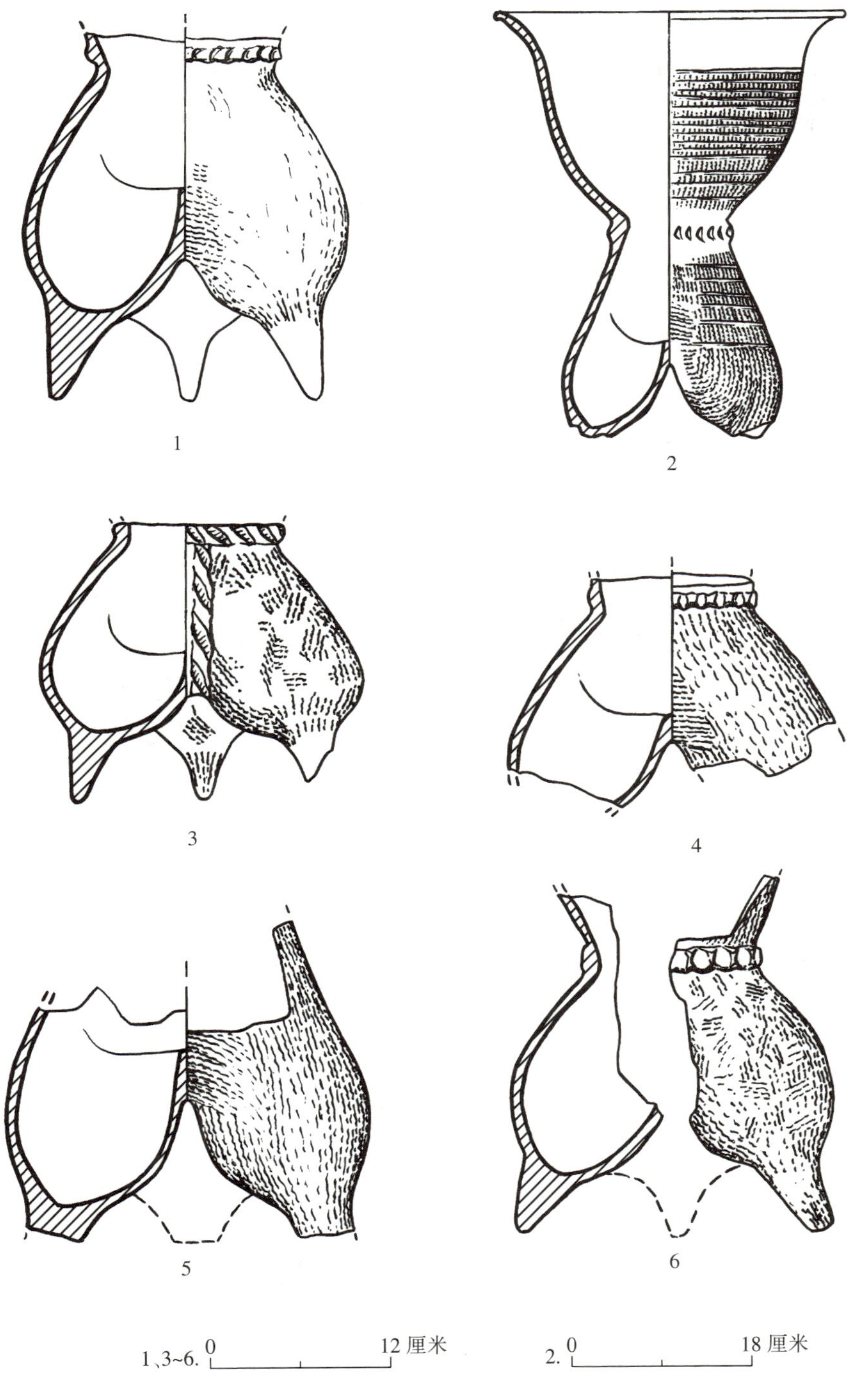

图 4－122　夏家店下层文化陶甗

1、4～6. AⅡ式甗鬲（ⅠH119∶6、ⅠF54∶2、ⅠG6⑪∶2、ⅠH449⑩∶11）
2. AaⅡ式甗盆、AⅡ式甗鬲（ⅠH203∶1）　3. AⅠ式甗鬲（ⅦH3∶1）

1 号，较规整。器表有烟熏痕。口径 40.8、残高 16 厘米（图 4－123，4）。ⅠT110⑦∶8，夹砂红褐陶。圆唇。口沿及上腹磨光，中腹有交叉绳纹，绳纹为 3 号，纹痕较模糊。

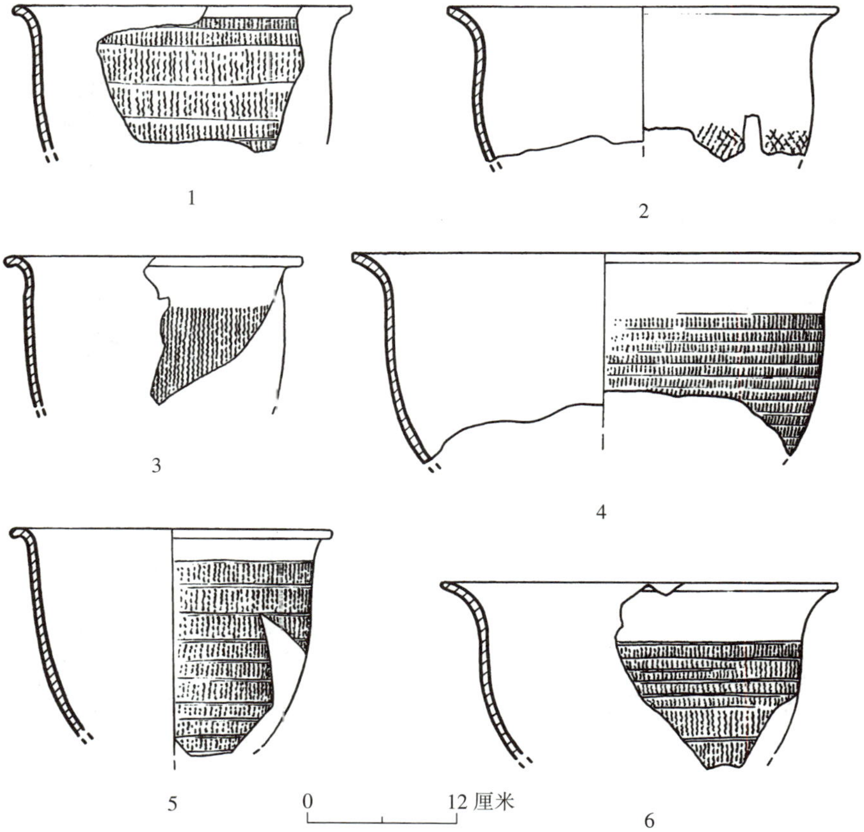

图 4－123　夏家店下层文化 Aa 型甗盆

1、3、5. Ⅲ式（ⅠG2⑨:16、ⅠG2⑩:6、ⅠG2⑪:23）　2、4、6. Ⅱ式（ⅠT110⑦:8、ⅠH474④:9、ⅠH137④:3）

器表局部有烟熏痕迹。口径 31.6、残高 12.4 厘米（图 4－123，2）。

Ⅲ式：42 件。皆口腹残片。口及上腹收束明显，窄卷沿。ⅠG2⑪:23，夹砂灰陶。窄沿近平，厚圆唇。沿内侧磨光，腹饰弦断绳纹，绳纹为竖向 3 号，较规整。器表留有烟熏痕迹。口径 26、残高 18 厘米（图 4－123，5）。ⅠG2⑨:16，夹砂灰陶。厚圆唇。腹饰弦断绳纹，绳纹为竖向 3 号；弦纹较宽，印痕较深。口径 27、残高 11.6 厘米（图 4－123，1）。ⅠG2⑩:6，夹砂灰陶。窄沿近平，厚圆唇。沿内侧磨光，腹饰竖向 1 号绳纹，纹痕规整清晰。口径 24、残高 12 厘米（图 4－123，3）。

Ab 型　11 件。口沿较陡直，沿腹间转折不明显。可分二式。

Ⅰ式：5 件。皆口腹残片。口沿斜直，外侈程度较大。ⅡG1:2，夹砂红褐陶。圆唇。沿外与腹部皆饰竖向 3 号绳纹，纹痕散乱而模糊。器表留有烟熏痕迹。口径 32、残高 12 厘米（图 4－124，5）。

Ⅱ式：6 件。皆口腹残片。口部稍内收，沿上端翻卷近平。ⅠH344⑧:13，夹砂红褐陶。厚圆唇。沿内侧磨光，腹饰弦断绳纹，绳纹为竖向 2 号，弦纹间隔较小。口径 27、残高 18.4 厘米（图 4－124，3）。ⅠH344④:11，夹砂灰陶。厚圆唇。沿内侧磨光，腹饰弦断绳纹，绳纹为竖向 4 号；弦纹印痕较浅，局部两条重叠，显得比较随意。

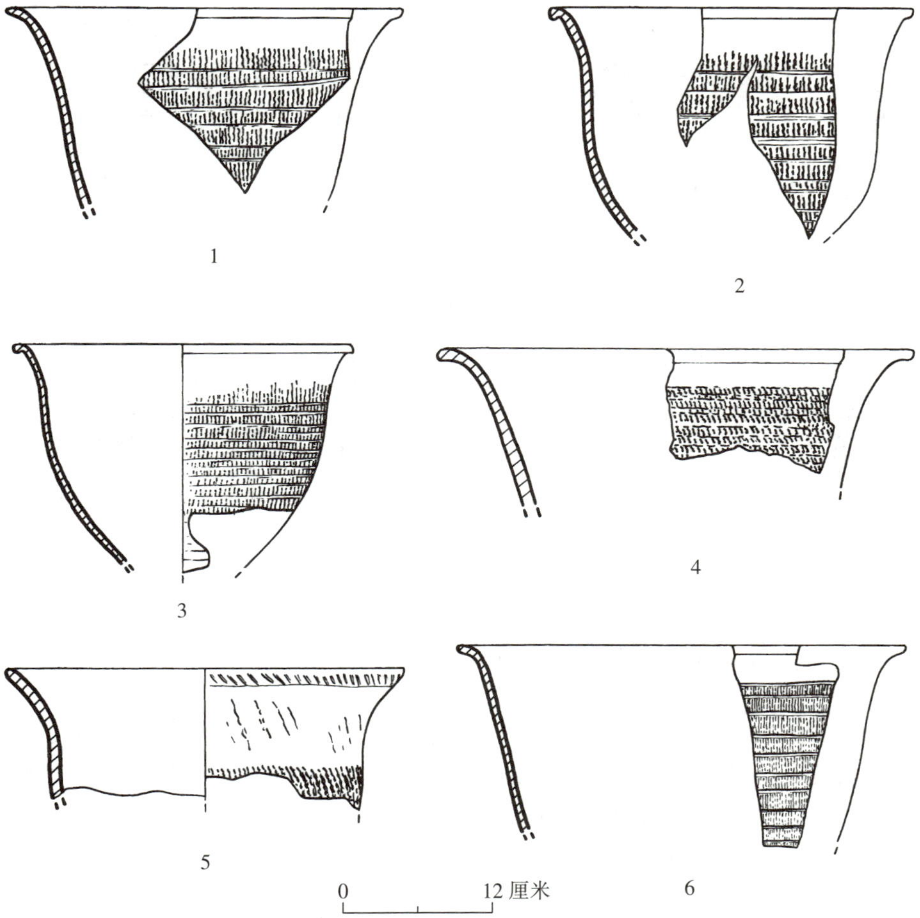

图 4－124　夏家店下层文化 Ab 与 B 型甗盆

1、4、6. BⅠ式（ⅠF27②:5、ⅠF42②D:14、ⅠH206⑤:2）　2、3. AbⅡ式（ⅠH344④:11、ⅠH344⑧:13）
5. AbⅠ式（ⅡG1:2）

器表有烟熏痕迹。口径 29、残高 19.2 厘米（图 4－124，2）。

B 型　16 件。斜腹。分二式。

Ⅰ式：11 件。皆口腹残片。敞口程度较大，卷沿较宽。ⅠF27②:5，夹砂红褐陶。圆唇。腹饰弦断绳纹，绳纹为竖向 3 号。内壁有泥圈套接痕迹。口径 32、残高 14.8 厘米（图 4－124，1）。ⅠH206⑤:2，夹砂灰褐陶。方唇。腹饰弦断绳纹，绳纹为竖向 1 号；弦纹纹痕较宽。内壁有泥圈套接痕迹，泥圈宽约 2 厘米。口径 36、残高 16.4 厘米（图 4－124，6）。ⅠF42②D:14，夹砂红陶。厚圆唇。沿内侧磨光。腹饰弦断绳纹，绳纹为竖向 4 号。器表可见烧制时因排解水汽不均而产生的气泡。口径 38、残高 10.2 厘米（图 4－124，4）。ⅠH478:4，夹砂灰陶。圆唇。腹饰弦断绳纹，绳纹为竖向 3 号；弦纹纹痕较宽。器表有烟熏痕迹。口径 40、残高 13.2 厘米（图 4－125，3）。

Ⅱ式：5 件。皆口腹残片。口及上腹内收，窄卷沿。ⅠG2⑩:7，夹砂灰陶。厚圆唇。腹饰弦断绳纹，绳纹为竖向 2 号；弦纹纹痕较宽。器表局部有烟熏痕迹。口径 32、

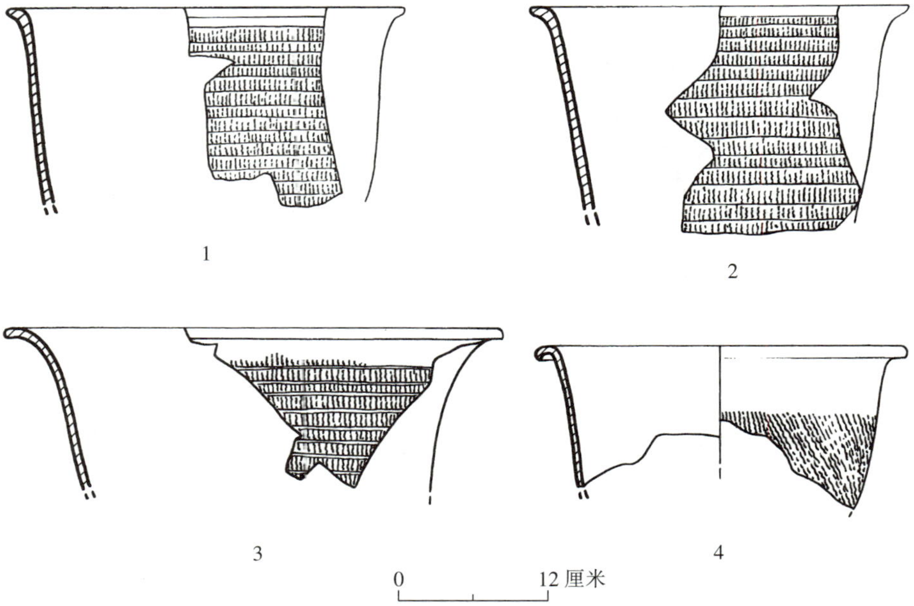

图 4－125　夏家店下层文化 B 型甗盆
1、2、4. Ⅱ式（ⅠG2⑩:7、ⅠG2⑰:17、ⅠF6⑦:2）　3. Ⅰ式（ⅠH478:4）

残高 16 厘米（图 4－125，1）。ⅠG2⑰:17，夹砂灰陶。厚圆唇。腹饰弦断绳纹，绳纹为竖向 3 号。器表有烟熏痕迹。口径 30、残高 18.4 厘米（图 4－125，2）。ⅠF6⑦:2，夹砂灰陶。沿外端略下垂，圆唇。腹饰斜向 2 号绳纹，纹痕较浅。口部有轮修痕迹。口径 30、残高 13 厘米（图 4－125，4）。

甗鬲　共 30 件。甗腰内侧皆无箅隔，分裆，三袋足，有附加实足根。据腹足形态分为三型。

A 型　21 件。弧腹，腹最大径偏下。分三式。

Ⅰ式：2 件，复原 1 件。三足外撇程度较大，空足短而肥硕，腹最大径处有明显转折，足根与空足之间夹角比较明显。ⅦH3:1，夹砂灰褐陶。腰部和三足之间的结合部皆饰附加堆纹条带，堆纹带上有以缠绳棒状工具压印出来的斜向坑窝；器表绳纹散乱，纹痕模糊。有烟熏痕迹。高 18.2、腹最大径 21.2 厘米（图 4－122，3；彩版五六，2）。

Ⅱ式：8 件，复原 1 件。三足稍收束，空足下端略瘦，腹最大径处转折不甚明显。ⅠH119:6，夹砂灰陶。器表大部分饰竖向 2 号绳纹，纹痕极浅。裆部有以缠绳棒状工具滚压的横向绳纹；腰部饰一周印有指窝的附加堆纹条带。高 24.8、腹最大径 22 厘米（图 4－122，1）。ⅠH203:1，甗的鬲部，三足根脱落。上腹与甗盆饰同样的弦断绳纹，以下转为旋转绳纹，绳纹为 3 号。从足根脱落处可看出实足根是包贴上去的。器表有烟熏痕迹。甗鬲残高 21 厘米（此器通体残高 42.6 厘米），腹最大径 21.6 厘米（图 4－122，2；彩版四三，2）。ⅠG6⑪:2，腹与三足均残。夹砂灰褐陶。裆部饰横向或斜向绳纹，其余部位为竖向绳纹，绳纹接近 4 号（每厘米 3～3.5 根）。空足内有灰白色水垢，器表有烟熏痕。残高 21.2、最大腹径 24 厘米（图 4－122，5）。ⅠF54:2，三足下部残断。夹砂灰陶。内裆隔较平。腰饰一周附加堆纹，堆纹上有排列整齐的戳印窝点。裆部饰横向绳纹，其余器表饰竖向绳纹，绳纹为3号，纹痕较浅。空足内有手指捺窝。器表有较厚的烟炱。残高17厘米（图4－122，4）。ⅠH449⑩:11，裆及两足残。夹砂红褐陶。鸭嘴形实足根。腰饰附加堆纹一周，上有手指捺窝。器表绳纹较乱，纹痕模糊，足根内侧素面，外侧有绳纹，绳纹为3号。器表有烟熏痕迹。高约23.5厘米（图4－122，6）。

Ⅲ式：11件。皆残。三足收束，空足下端较瘦，腹最大径处转折不明显，空足与足根之间转折也较缓。整体显得较Ⅰ式和Ⅱ式的多数标本要瘦高。ⅠH379②:41，三足根残断。夹砂灰陶。腰饰一周附加堆纹，其上戳印指窝。裆部为横向绳纹，其余部位为斜向旋转绳纹，绳纹为3号，纹痕较浅。器表有烟熏痕迹。残高27.6、腹最大径28厘米（图4－126，3；彩版四六，3）。ⅠH379②:39，三足根残断。夹砂黑灰陶。内裆隔较尖锐。腰饰一周附加堆纹，其上戳印指窝，器表绳纹模糊。有烟熏痕迹。残高18、腹最大径18.8厘米（图4－126，5；彩版四六，4）。ⅠH226②:14，三足根残断。夹砂灰褐陶。裆底贴泥较厚。腰部附加堆纹条带以棒状物按压呈波浪形。器表饰竖向3号绳纹，纹痕较浅。从足根脱落处可看出实足根是包贴上去的。器表有烟熏痕迹。残高21.6、腹最大径22厘米（图4－126，2；彩版四四，3）。ⅠG2⑱:1，三足均残。夹砂灰褐陶。内裆隔较尖锐。器表饰3号竖向绳纹，纹痕很浅，腰部有一周附加堆纹，其上有手指按窝。空足内壁有手指印痕。器表遗有较厚的烟炱。残高23厘米（图4－126，4）。ⅠG2⑱:5，三足均残断。夹砂灰褐陶。腰部的附加堆纹条带上有指甲印窝，裆部绳纹为斜向，其余部位为竖向，绳纹为3号。空足内壁可看出泥条盘筑痕，泥条宽度在1.3～1.5厘米。器表有烟熏痕迹。残高17.6厘米（图4－126，1）。

B型　3件。鼓腹，腹最大径居中。分二式。

Ⅰ式：1件。ⅠT413⑧:5，三足足尖残断。夹砂灰褐陶。分裆较阔（两足间夹角近90°），体形稍矮。2号绳纹，纹痕较浅而散乱。腰饰一周附加堆纹，其上有戳印斜向窝点。器表有烟熏痕迹。残高21.5、腹最大径22.4厘米（图4－126，6；彩版五四，3）。

Ⅱ式：2件。夹裆较明显（两足间夹角为锐角），体形较瘦高。ⅠG6⑪:1，三足根残断。夹砂灰陶。从绳纹叠压迹象看，三足在对接前即饰有绳纹，对接后，又以缠绳的棒状工具滚压裆部，形成横向绳纹和斜向绳纹，绳纹为3号；腰部有一周附加堆纹条带，其上按压指窝。足与裆底遗有烟炱。残高24、腹最大径23.6厘米（图4－127，1；彩版五四，2）。ⅦH1:1，三空足下端残断。夹砂灰陶。器身绳纹为3号；腰饰附加堆纹一周，其上按压指窝。残高14.8厘米（图4－127，4）。

C型　4件。斜腹，腹最大径处有明显转折。不分式。ⅠT422④:1，夹砂灰陶。足部绳纹因手抹而模糊不清，绳纹为2号；腰饰一周附加堆纹，三足之间亦各有一条附加堆纹。器表有烟熏痕迹。残高25、腹最大径22厘米（图4－127，5；彩版五四，4）。ⅠH183:4，足根残断。夹砂灰陶。器表纹饰被抹去，局部有隐约的细绳纹

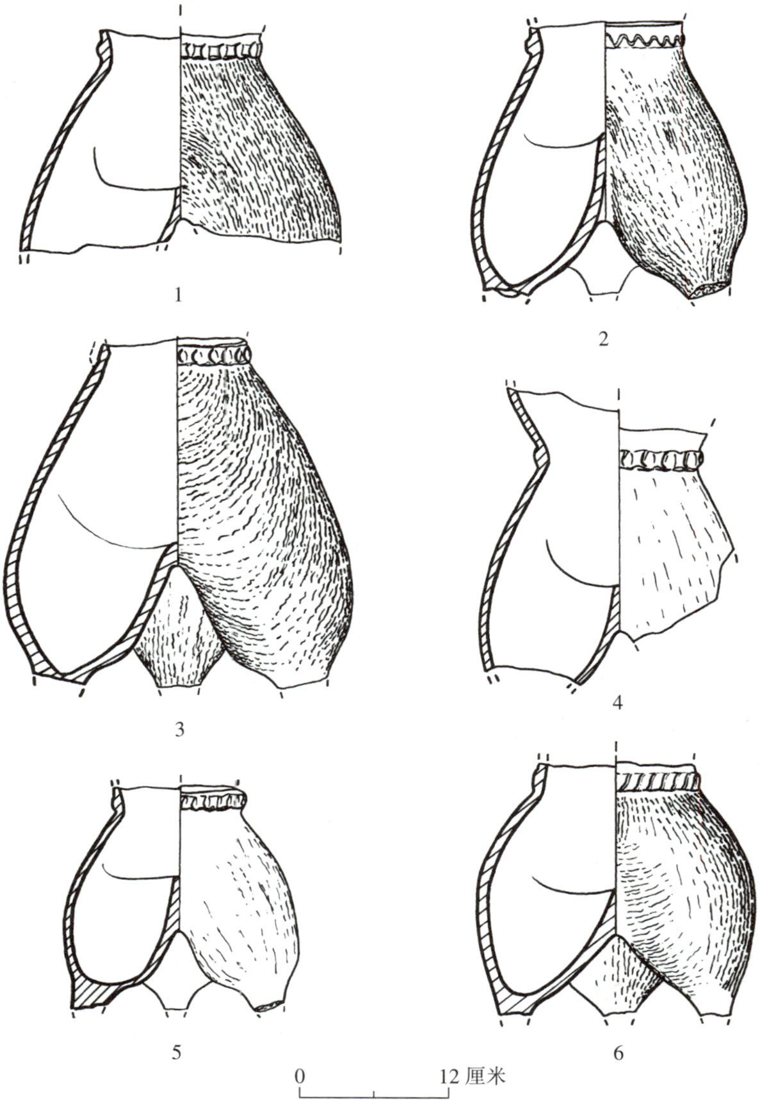

图4－126　夏家店下层文化甗鬲

1～5. AⅢ式（ⅠG2⑱:5、ⅠH226②:14、ⅠH379②:41、ⅠG2⑱:1、ⅠH379②:39）
6. BⅠ式（ⅠT413⑧:5）

痕迹，似为2号。腰饰附加堆纹一周，其上有手指捺窝。器表有较厚烟炱。残高26.2、腹最大径23.5厘米（图4－127，2；彩版四三，1）。

夹砂甗鬲中有2件形制较特殊。此二器腹形近似A型甗鬲，但三足长而外撇程度大，两足间夹角接近或大于90°。ⅠF33②:4，三足根脱落。夹砂灰陶。器表绳纹为2号，较散乱。腰饰一周附加堆纹，其上有手指捺窝。从脱落处可以看出足根是包贴上去的，而且在包贴之前空足已饰有绳纹。器表有烟熏痕迹。残高17.5、腹最大径22.6厘米（图4－127，3；彩版三九，2）。ⅠH137①:1，三足根残断。夹砂灰陶。裆间为横向或斜向绳纹，其余部位为竖向绳纹，绳纹为2号；腰饰附加堆纹条带一周，其上

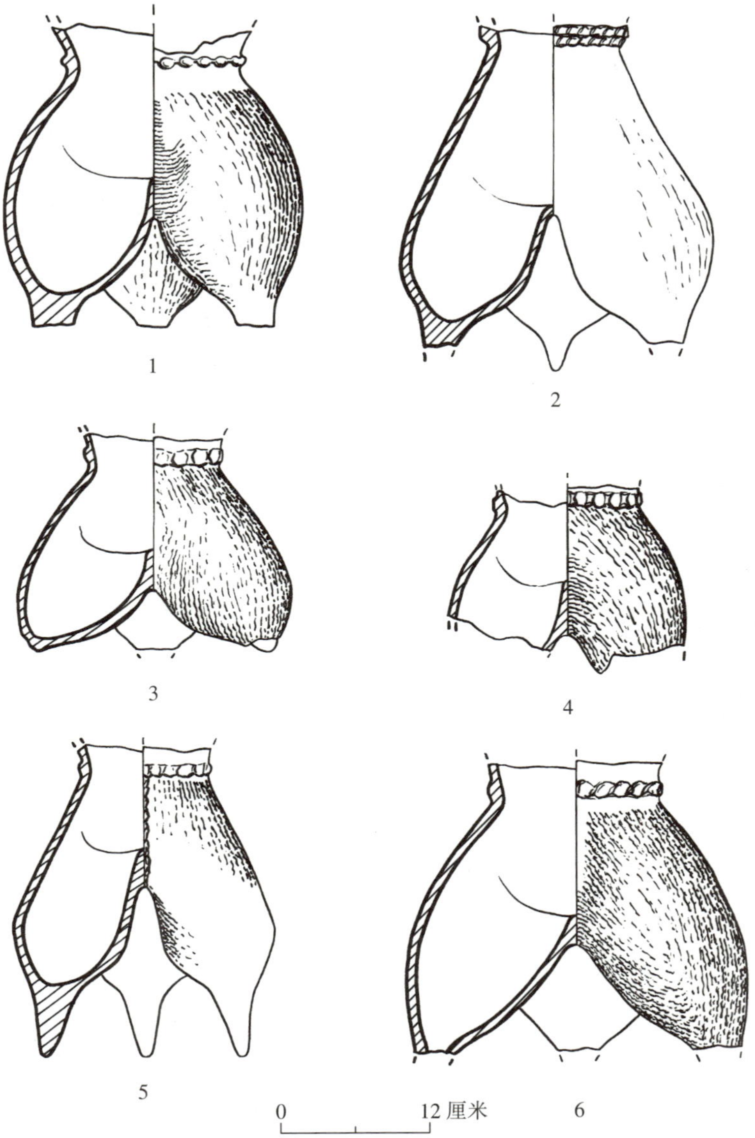

图4－127　夏家店下层文化甗鬲

1、4. BⅡ式（ⅠG6⑪:1、ⅦH1:1）　2、5. C型（ⅠH183:4、ⅠT422④:1）

3、6. 未分型标本（ⅠF33②:4、ⅠH137①:1）

有手指捺窝。残高24、腹最大径27.2厘米（图4－127，6；彩版四〇，4）。

泥质甗　完整者2件。体形均很小。ⅠH379②:37，泥质灰陶。甗盆为敞口，窄卷沿，圆唇，弧腹较浅；甗鬲特征接近夹砂甗鬲AⅢ式。甗盆口沿内侧磨光，腹部素面；甗鬲局部有3号绳纹，近甗腰处、空足下端和足根绳纹被抹去；腰饰一周附加堆纹，其上有手指捺窝。口径14、通高20厘米（图4－128，3；彩版四七，1）。ⅠH456②:1，泥质灰陶。甗盆为敞口，折沿外侈，方唇，深弧腹。甗鬲为弧腹，三足稍外撇，柱状足根。甗盆口沿及腹部经磨光，甗鬲素面。从甗盆内壁可看出泥条盘筑痕，泥条宽度

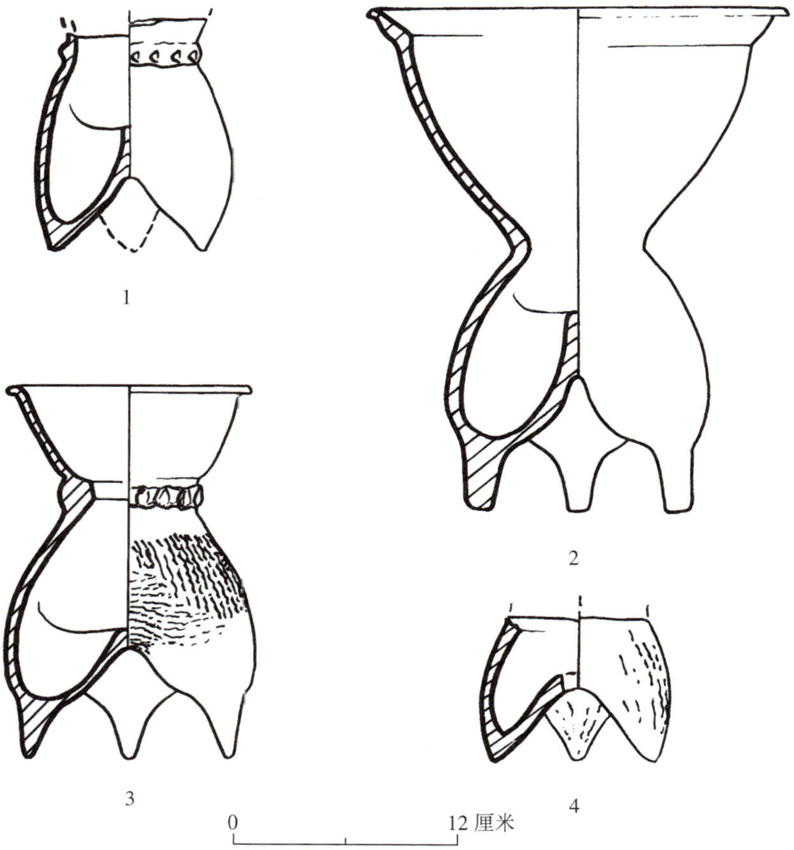

图 4－128　夏家店下层文化泥质甗
1. ⅠH344⑧:1　2. ⅠH456②:1　3. ⅠH379②:37　4. ⅠG2⑫:2

约 2 厘米。口径 23、高 26.4 厘米（图 4－128，2；彩版五〇，4）。

泥质甗鬲　2 件。ⅠH344⑧:1，一足残。泥质灰陶。形近 B 型夹砂甗鬲，但略显瘦长。腰饰一周附加堆纹条带，其上有戳印坑点，器表素面。此器虽小，但三空足仍系模制，空足与上部的接碴从内壁看十分明显。残高 12.6 厘米（图 4－128，1）。ⅠG2⑫:2，甗腰脱落。泥质红陶。鼓腹，分裆较缓，三空足稍扁，无实足根。裆底有一圆形穿孔，系制作过程中所留，用意不明。器表先饰绳纹，后经抹平。残高 7.6 厘米（图 4－128，4）。

另有泥质甗盆残片 2 件。

以上泥质甗、甗鬲、甗盆均未见使用痕迹。

3. 鼎

绝大多数为夹砂陶，仅有极少量泥质陶。

夹砂鼎　29 件。上部均为有领罐形，底部附加有三个短锥状足。器表常有烟熏痕迹。较常见者有两型。

A 型　12 件。圆鼓腹，腹最大径居中。分三式。

Ⅰ式：1 件。ⅠH445∶3，足下端稍残。夹砂红褐陶，口沿卷曲程度较大，圆唇，三足内聚于底部，足呈圆锥状稍扁。口沿内外磨光，腹饰弦断绳纹，绳纹为竖向 2 号，纹痕模糊；器底与足则有散乱的 3 号绳纹。器表留有烟炱。口径 11.2、残高 14.8 厘米（图 4－129，4；彩版五〇，2）。

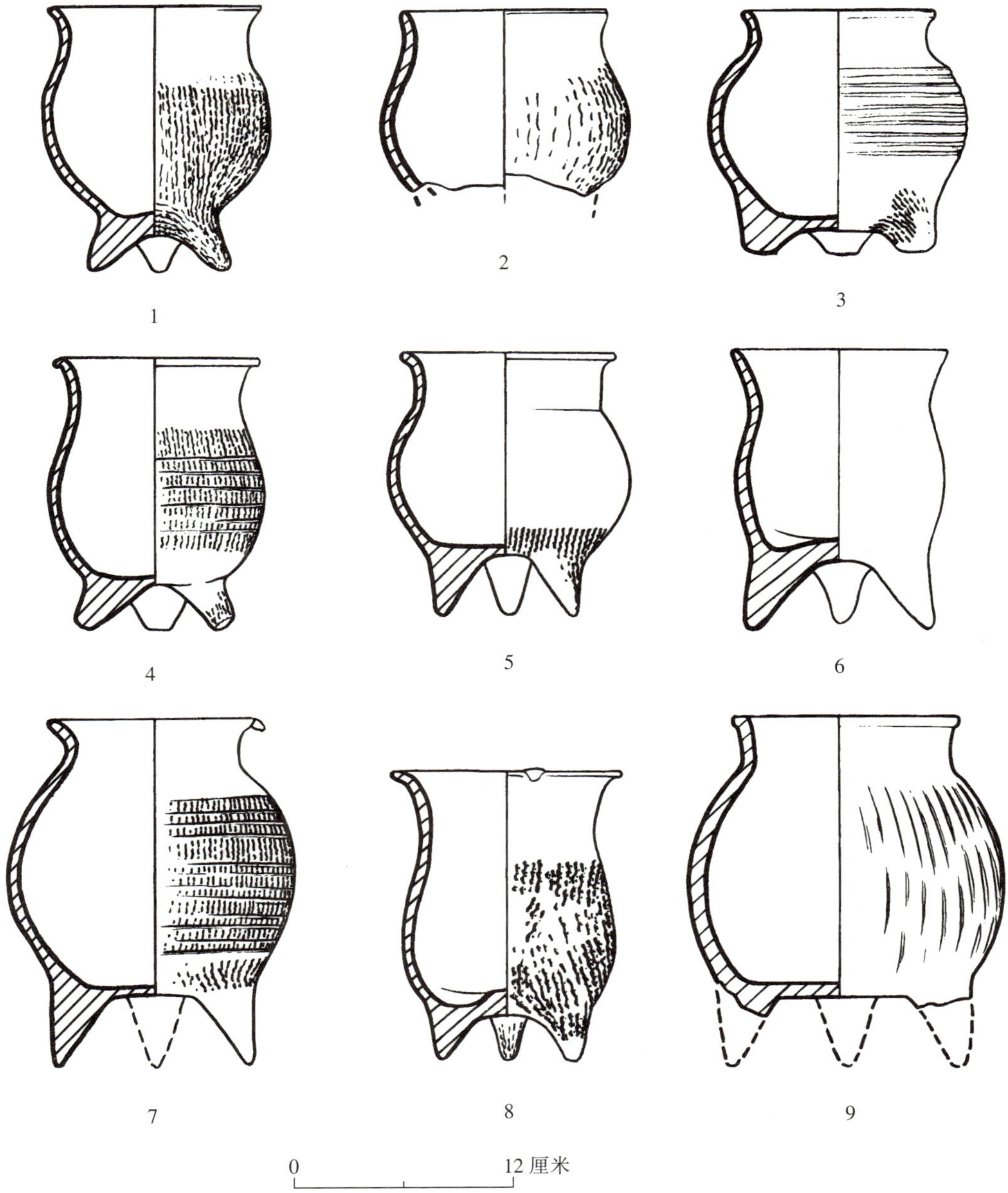

图 4－129　夏家店下层文化 A、B 型夹砂陶鼎

1. BⅠ式（ⅠF44④∶5）　2、7、9. AⅢ式（ⅠH379②∶42、ⅠH379②∶30、ⅠG2⑮∶7）
3. BⅡ式（ⅠF18W∶1）　4. AⅠ式（ⅠH445∶3）　5、6、8. AⅡ式（ⅠF8h1∶1、ⅠH202⑧∶10、ⅠH203∶3）

Ⅱ式：7件，复原3件。口沿卷曲程度稍小于Ⅰ式，多有一段较直的颈部，三足稍分开，接于底部靠边缘处。ⅠF8h1:1，夹砂红陶。卷沿圆唇，口沿上残留一枚小錾纽，扁锥状足。器表绳纹多被抹去，仅下腹及足部留有2号绳纹。口径11.5、高14.2厘米（图4-129，5；彩版三七，1）。ⅠH203:3，夹砂红褐陶。领较高，圆唇；三足安接不对称，两足前伸，正视近乎直立，一足后挺，三足尖连线呈等腰三角形，底部接三足处的内侧有手捏的凹窝；口沿置錾纽一对，一枚置于两前足之间的上方，另一枚约略置于后足上方。口沿和颈部磨光，腹、足饰3号绳纹，纹痕较浅而乱。口径12.6、高15.5厘米（图4-129，8；彩版四三，4）。ⅠH202⑧:10，夹砂灰褐陶。领口较斜直，圆唇，接足处的内底部位有手捏的凹窝。器表经打磨，唯底部残留有绳纹痕迹，绳纹似为3号。口径11.8、高14.8厘米（图4-129，6；彩版五〇，3）。

Ⅲ式：4件，复原2件。小口近直，三足接于腹底相接处，足间距离更大。ⅠG2⑮:7，三足残断。夹砂灰陶。厚圆唇。腹饰竖向篮纹，纹痕浅细。内壁可看出泥条盘筑痕。口沿内外留有轮修痕迹。口径13、残高16厘米（图4-129，9；彩版五三，2）。ⅠH379②:30，夹砂灰陶。厚圆唇，唇缘饰对称小錾纽二枚，扁锥状足。口沿及颈部磨光，腹饰较规整的弦断绳纹，弦纹纤细而平行，系在匀速旋转过程中划压而出，绳纹为竖向2号；接足处以缠绳棒状工具滚压出3号绳纹。口径11.3、高19厘米（图4-129，7；彩版四七，2）。ⅠH379②:42，底部残。夹砂灰褐陶。方唇，下腹近底处可见接足痕迹。腹饰竖向绳纹，纹痕模糊不清。口径11、残高10厘米（图4-129，2）。

B型　10件。鼓肩。分三式。

Ⅰ式：1件。ⅠF44④:5，夹砂黑灰陶。卷沿圆唇，束颈不明显，三圆锥状足内聚于底部，接足处的内底有按压的浅窝。领部磨光，腹部先饰竖向3号绳纹，接足处又以缠绳工具滚压横向和斜向绳纹，纹痕清晰。口径11.2、通高14.4厘米（图4-129，1；彩版五〇，1）。

Ⅱ式：4件，复原1件。口部出现一段较直的颈部，束颈明显，三足分开，接于底部靠近边缘处。ⅠF18W:1，三足尖部稍残。夹砂灰陶。圆唇，足内侧扁平。口沿及颈部抹光，腹饰弦纹，纹痕清晰且平行，接足处滚压绳纹。口径10.2、残高13.2厘米（图4-129，3；图版三，5）。ⅠH414:4，口部残。夹砂灰陶，胎壁较薄。扁锥状足。腹饰规整的弦断绳纹，绳纹为竖向3号；足部素面，有纵向刮抹痕。残高13厘米（图4-130，1）。

Ⅲ式：5件，复原2件。小口近直，三足间距进一步扩大，接于腹底相接处或完全移至腹下端。ⅠG2⑮:1，夹砂灰褐陶。圆唇，唇缘外有对称的錾纽脱落痕迹，扁锥状足。腹饰规整的弦断绳纹，绳纹为竖向2号，接足处滚压有斜向绳纹。沿外绳纹被抹去。口径13.8、高22.8厘米（图4-130，9；彩版五三，1）。ⅠG2⑰:16，夹砂灰陶。圆唇，唇缘外有对称锥状錾纽；扁锥状足，足尖略内勾。口沿及颈部磨光，腹饰较规整的弦断绳纹，绳纹为竖向3号。近底处绳纹被抹掉。口径13.1、高21.9厘米（图4-130，7；彩版五三，4）。ⅠG2⑫:5，三足脱落。夹砂灰陶，色泽较纯正。圆方唇。

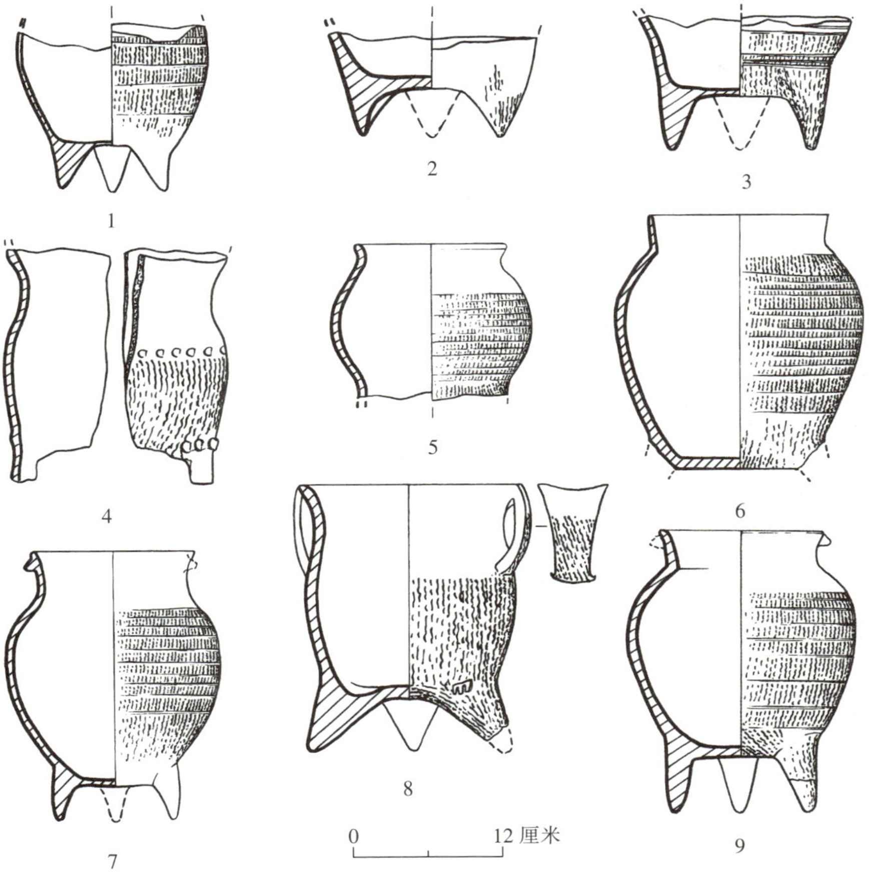

图4－130　夏家店下层文化夹砂陶鼎
1. BⅡ式（ⅠH414：4）　2、3. 鼎底（ⅠT407⑤：10、ⅠH235⑱：19）　4、5、8. 未分型标本（ⅠH138：8、ⅠH158d1：1、ⅠG6⑥：2）　6、7、9. BⅢ式（ⅠG2⑫：5、ⅠG2⑰：16、ⅠG2⑮：1）

沿外及颈部磨光，颈以下饰规整的弦断绳纹，绳纹为竖向3号。沿内有明显轮修痕迹。从脱落处看，鼎足是贴敷上去的，而且在装足之前先在接足处戳印一些麻点，以增加鼎足与器身黏合的牢固程度。口径14.4、残高25.1厘米（图4－130，6；彩版五三，3）。

另有3件夹砂鼎标本形制较特殊。

ⅠG6⑥：2，夹砂灰陶。卷沿高颈，口部有对称双桥耳，腹略鼓，锥状足斜接于底部靠边缘处，接足处的内底压有凹窝，一足与一耳上下相对应。口及颈部磨光，腹、足、耳的表面皆有3号绳纹；三足与器身相接处的外侧贴敷有压花泥条，但多已脱落。口径17.6、高22厘米（图4－130，8；彩版五四，1）。

ⅠH138：8，口底均残。夹砂灰陶。卷沿，高领，肩微鼓，近底处接短锥状足，足内空心。颈部经抹光，肩饰一周戳印圆点纹，腹饰竖向3号绳纹，接足处外侧贴敷有压印斜向坑窝的附加堆纹条带，足部绳纹被抹去。残高18.6厘米（图4－130，4）。

ⅠH158d1：1，底残。夹砂灰陶。侈口卷沿，矮领，圆唇，鼓腹稍扁。从底部断碴看，三足系接于底部靠近边缘处。口沿及肩上部磨光，腹饰较规整的弦断绳纹，绳纹为竖向3号。口径12、残高11.5厘米（图4－130，5）。

此外，还有4件不能分型的夹砂鼎的腹底残片。如ⅠT407⑤:10，夹砂灰褐陶。平底，扁锥状足接于腹底结合处，足内侧略呈凹弧形。器表经刮抹，绳纹散乱模糊。残高8厘米（图4－130，2）。ⅠH235⑱:19，夹砂黑灰陶。扁锥状足接于腹底结合处，接足处的内侧有按压出的浅凹窝。腹饰弦断绳纹，绳纹为竖向2号，鼎足表面绳纹散乱模糊。器底有一个“十”字形划痕。残高10.4厘米（图4－130，3）。

泥质鼎　6件，皆残。ⅠH149:5，三足稍残。泥质灰陶。卷沿圆唇，折肩，腹弧收，平底，三足贴接于腹侧。足横截面近圆角三角形，朝外的棱脊上切压出横向条痕组成的花边。口沿与颈部磨光，腹部素面。该器底部有同心圆纹痕，腹部与内壁也可看出轮旋痕，故器身当系轮制。口径13、残高9厘米（图4－131，2；彩版四一，1）。ⅠH90①:3，腹底残片。泥质灰陶。腹壁缓折，折棱处以下接足，扁足上薄下厚，近下端截面呈椭圆形。鼎足下部残断后又经磨平。鼎腹折棱以上磨光，以下素面，足外侧压出人字形纹组成的花边。器内壁有轮旋痕迹。残高6厘米（图4－131，5）。ⅠT420⑤:8，口腹残片。泥质灰陶，胎芯稍发红。侈口缓折沿，圆唇，折腹，折棱处以下接扁足。口沿及上腹磨光，下腹素面。内壁有明显轮旋痕迹。残高6.2厘米（图4－131，3）。ⅠF26①:6，口腹残片。泥质灰陶。敛口，厚圆唇外凸，折腹，折棱处以下接足。器表经磨光，内壁有明显轮旋痕，当系轮制。口径约7、残高5.3厘米（图4－131，1）。ⅠH426①:12，腹底残片。泥质灰陶，胎芯发红。折腹，足贴接于腹底结合处，横截面呈扁三角形，外侧以细棍状物压出横向凹窝。下腹饰竖向4号绳纹，底部则有散乱的较细绳纹。从底部看，此鼎足部残断后又经磨平使用。底径8.2、残高4.4厘米（图4－131，4）。

4. 罐

数量最多的一类陶器，可分夹砂和泥质两小类。

夹砂罐　器表多有烟熏痕迹。较常见者有三型。

A型　中口，有领，深腹，肩微鼓。形体一般较大。据口沿形制可分二亚型。

Aa型　61件。卷沿，沿腹之间过渡圆缓。可分四式。

Ⅰ式：6件。皆口腹残片。口沿卷曲程度较大，以薄唇居多。ⅠH169②:10，夹砂红褐陶。圆方唇。沿外与肩部经手抹，残留有绳纹痕迹。口径约30、残高11厘米（图4－132，1）。ⅠH75①:3，夹砂灰褐陶。尖唇。肩部有斜向3号绳纹。口部有轮修痕，内壁可看出泥条盘筑痕，泥条宽约1.8厘米。口径24.2、残高8.2厘米（图4－132，2）。

Ⅱ式：47件，复原3件。口沿卷曲程度稍小，颈部略直，形体较矮胖。ⅠH136②:7，夹砂灰陶。圆唇。器表先通饰竖向和斜向3号绳纹，然后再将口部与肩部的绳纹抹去，绳纹有交错现象，纹痕不甚清晰。口径17.4、高20.5厘米（图4－132，3；彩版四一，3）。ⅠH151①:4，夹砂灰陶。方唇，唇缘外残留一枚小鋬纽。肩、

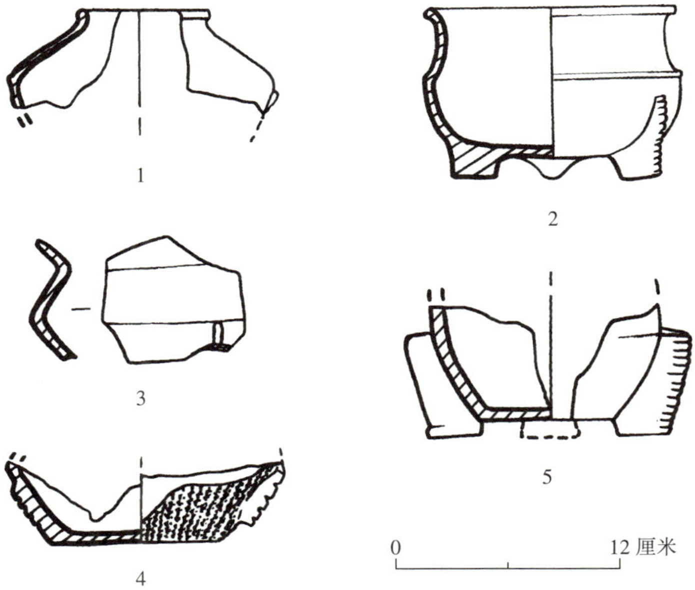

图 4 - 131 夏家店下层文化泥质陶鼎

1. ⅠF26①:6 2. ⅠH149:5 3. ⅠT420⑤:8 4. ⅠH426①:12 5. ⅠH90①:3

腹饰较规整的弦断绳纹，绳纹为竖向 3 号。口沿及颈部可见轮修痕迹。口径 21.6、高 27.2 厘米（图 4 - 132，6；彩版四二，1）。ⅠH202⑧:9，夹砂灰褐陶。圆唇。肩部饰弦断绳纹，以下为斜向绳纹，绳纹为 4 号，纹痕清晰。口沿及颈部有轮修痕迹。口径 20.5、高 25.2 厘米（图 4 - 132，4；图版七，1）。ⅠH429:19，口腹残片。夹砂灰褐陶。圆唇。沿上端饰一周附加堆纹，其上有规整的竖向压花，颈以下饰弦断绳纹，弦纹纹痕较细，绳纹为竖向 1 号。口沿及颈部有轮修痕迹。口径 21.2、残高 9.6 厘米（图 4 - 133，1）。

Ⅲ式：7 件，复原 1 件。领口较直，形体稍瘦。ⅠF7②:2，夹砂灰陶。圆唇，唇缘外凸起两个对称的小鋬纽。腹饰弦断绳纹，绳纹为竖向 3 号，纹痕模糊。口沿有轮修痕迹。口径 20.2、高 28 厘米（图 4 - 132，5；彩版三六，2）。ⅠF6⑪:2，口腹残片。夹砂灰陶。方唇，唇缘外遗有短舌状鋬纽一枚。腹饰弦断绳纹，绳纹为竖向 3 号，但稍有叠错现象。内壁遗有手指垫压痕迹。口径约 15.2、残高 9.2 厘米（图 4 - 133，6）。

Ⅳ式：1 件。ⅠG2⑱:10，夹砂灰陶。高领近直，沿上端微侈，厚圆唇外凸，形体较Ⅲ式略瘦高。口沿内侧上端和沿外磨光，肩腹饰较规整的弦断绳纹，绳纹为竖向 2 号，纹痕较浅，肩部上端和近底处绳纹被抹去。口径 14.4、高 27.2 厘米（图 4 - 133，5；图版一二，4）。

Ab 型 33 件。沿腹之间转折明显。分三式。

Ⅰ式：4 件。皆口腹残片。侈口缓折沿，沿腹夹角较小。ⅠT413⑧:6，夹砂黑灰陶。尖圆唇。肩部有斜向 4 号绳纹。口径 18.4、残高 9.6 厘米（图 4 - 133，2）。

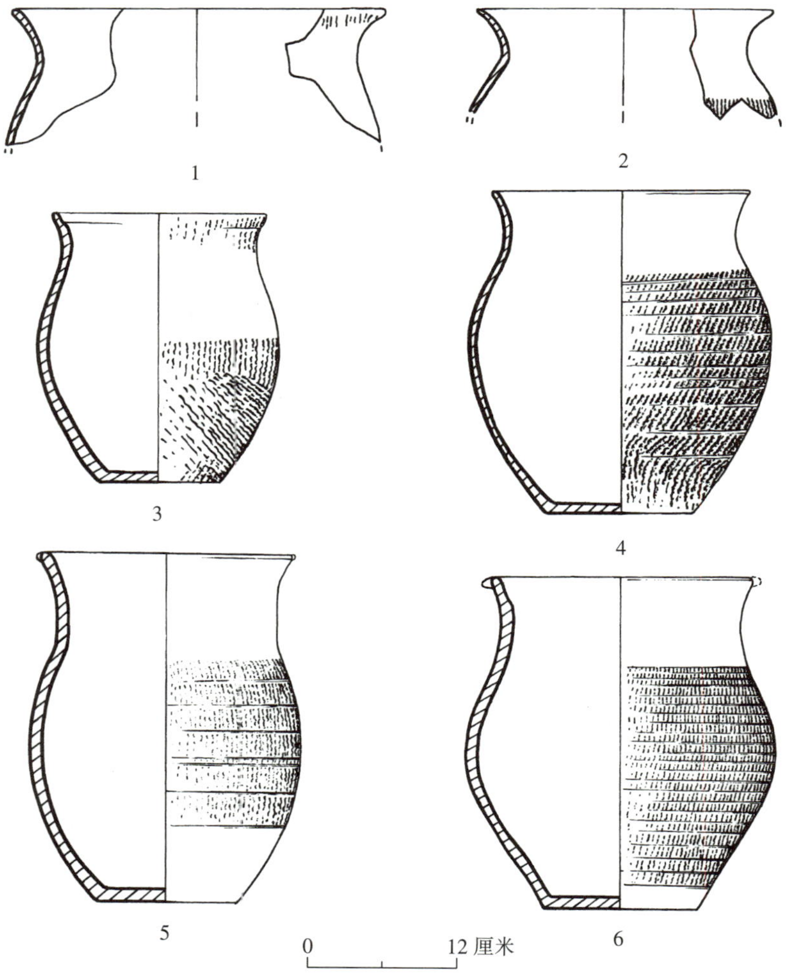

图 4－132　夏家店下层文化 Aa 型夹砂罐

1、2. AaⅠ式（ⅠH169②:10、ⅠH75①:3）　3、4、6. AaⅡ式（ⅠH136②:7、ⅠH202⑧:9、ⅠH151①:4）　5. AaⅢ式（ⅠF7②:2）

ⅠH34④:15，夹砂灰陶。薄圆唇，沿外侧上端有一浅凹槽。肩饰弦断绳纹，弦纹纹痕较浅，绳纹为斜向3号。残高6.8厘米（图4－133，4）。

Ⅱ式：20件。皆口腹残片。口沿稍立起，沿腹夹角增大。ⅠH37③:11，夹砂灰陶，所夹砂粒颗粒较大，且多白色石英砂。圆唇微外凸。颈以下有规整的弦断绳纹，绳纹为竖向2号。口沿有轮修痕迹。口径28、残高16厘米（图4－133，3）。ⅠH37③:10，夹砂灰陶。厚圆唇。颈以下有规整的弦断绳纹，绳纹为竖向3号。口沿有明显轮修痕迹。口径19.2、残高10厘米（图4－133，7）。

Ⅲ式：9件，复原2件。领口多近直，沿腹夹角较大；形体较瘦，接近AaⅢ式夹砂罐。ⅠG2⑪:22，夹砂灰陶。圆唇。口部磨光，颈以下饰较规整的弦断绳纹，绳纹为竖向3号。口径16、高24.8厘米（图4－134，5；彩版五二，3）。ⅠH379②:28，夹砂灰褐陶。胎壁薄而均匀。圆唇，唇外缘加厚，口沿上有两枚对称小錾纽。颈以下有

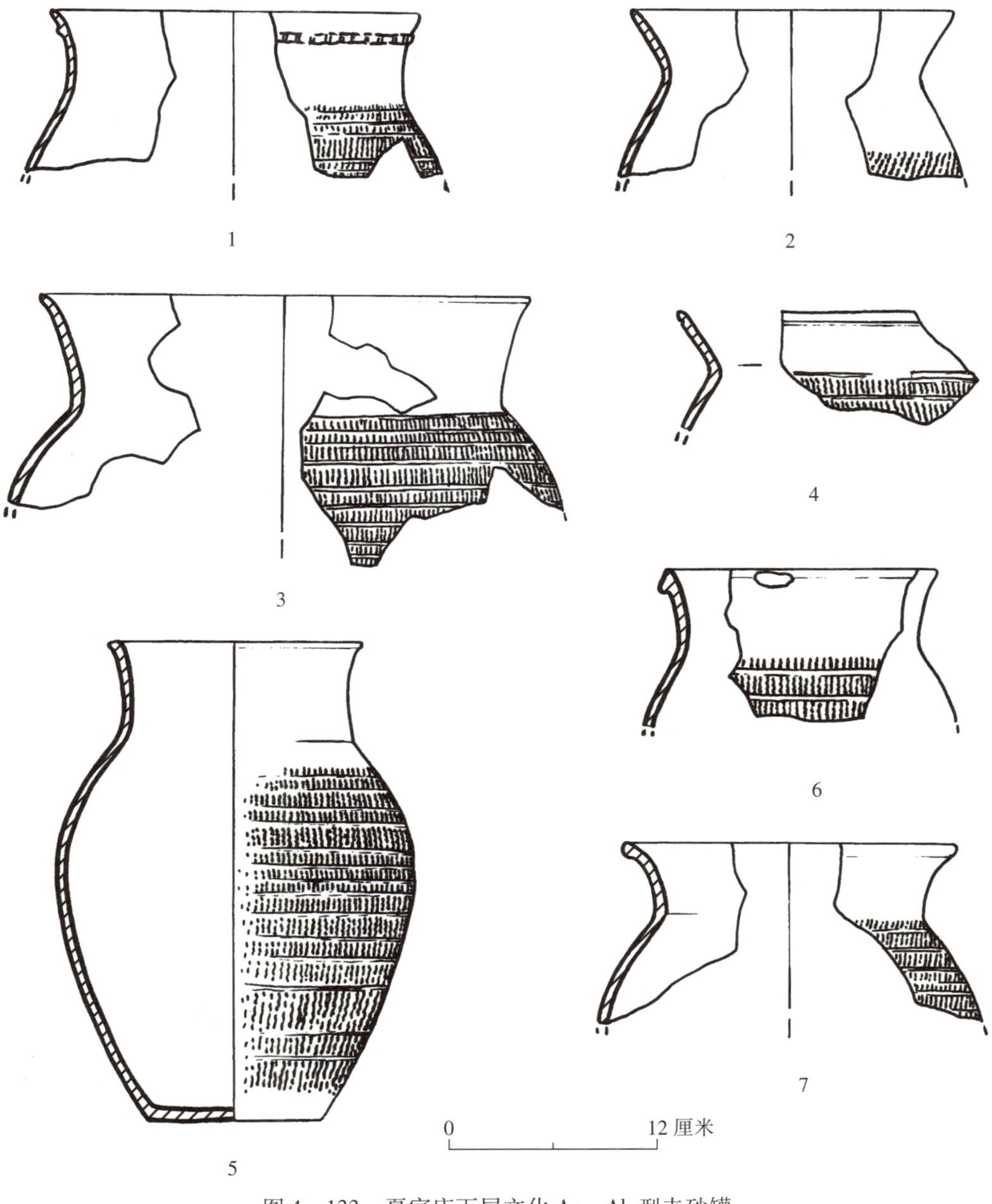

图 4－133　夏家店下层文化 Aa、Ab 型夹砂罐

1. AaⅡ式（ⅠH429:19）　2、4. AbⅠ式（ⅠT413⑧:6、ⅠH34④:15）　3、7. AbⅡ式（ⅠH37③:11、ⅠH37③:10）　5. AaⅣ式（ⅠG2⑱:10）　6. AaⅢ式（ⅠF6⑪:2）

弦断绳纹，绳纹为竖向 3 号，近底处绳纹被抹去。口径 14.8、高 21.5 厘米（图 4－134，2；彩版四七，3）。ⅠG1⑤:2，口腹残片。夹砂灰陶。厚圆唇。口部磨光，呈黑灰色，肩以下饰弦断绳纹，绳纹为竖向 3 号，纹痕较浅。口径 21、残高 13.8 厘米（图 4－134，1）。ⅠG2⑪:26，口腹残片。夹砂灰陶。沿上端外侈，圆唇。颈以下饰弦断绳纹，弦纹浅细，绳纹为竖向 3 号。口部有轮修痕迹。口径 22、残高 10.4 厘米（图 4－134，7）。

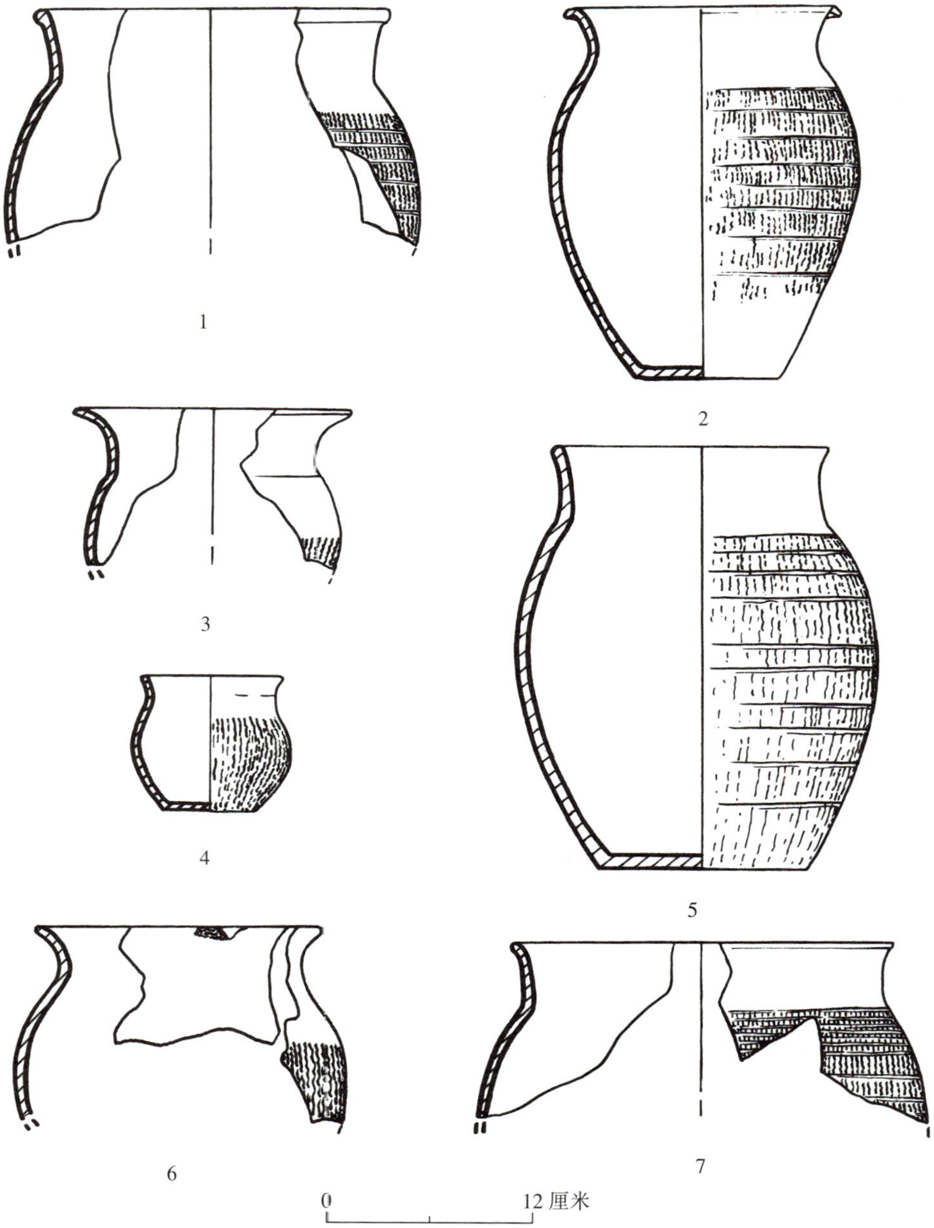

图 4－134　夏家店下层文化 Ab、B 型夹砂罐

1、2、5、7. AbⅢ式（ⅠG1⑤:2、ⅠH379②:28、ⅠG2⑪:22、ⅠG2⑪:26）

3、6. BⅠ式（ⅠH500:5、ⅠH136②:9）　4. BⅡ式（ⅠT110⑥:4）

B 型　31 件。形体较 A 型矮小，圆鼓腹。形制特征与 A 型夹砂鼎的上部器身特征基本一致，不排除有些口腹残片属于 A 型夹砂鼎上部的可能。

Ⅰ式：3 件。皆口腹残片。口沿外卷程度较大，鼓腹稍扁。ⅠH136②:9，夹砂灰陶，胎芯略发红。圆唇。口沿磨光，腹饰竖向 1 号绳纹。口径约 16.4、残高 11.2 厘米（图 4－134，6）。ⅠH500:5，夹砂灰陶。圆方唇。口沿与肩部磨光。腹饰斜向 3 号绳纹。口径16.4、残高9.2厘米（图4－134，3）。

Ⅱ式：15件，复原2件。口沿外卷程度稍小，圆鼓腹者居多。ⅠH418⑦:4，夹砂灰褐陶。圆唇。口沿及颈部磨光，腹饰弦断绳纹，弦纹较细，绳纹为斜向2号。器底留有草垫类物品印痕。口径12、高13.6厘米（图4－135，9；彩版四九，4）。ⅠT110⑥:4，夹砂灰褐陶。圆唇，唇缘置两枚对称小鋬纽，皆残。腹饰竖向2号绳纹。口径8.4、高8厘米（图4－134，4；图版一三，1）。ⅠH90④B:3，口腹残片。夹砂黑灰陶。圆唇略厚。口沿磨光，腹饰弦断绳纹，绳纹为竖向2号。口径13.8、残高12厘米（图4－135，7）。ⅠF27②:4，口腹残片。夹砂灰陶。圆唇。口沿及颈部磨光，腹饰竖向2号绳纹。内壁有手指垫印痕迹。口径约15.2、残高10.8厘米（图4－135，3）。

Ⅲ式：13件。皆口腹残片。小口近直，形体较Ⅱ式稍瘦高。ⅠH408②:2，夹砂灰褐陶。圆唇，沿外上端遗留钝锥状鋬纽一枚。口沿磨光，沿上端饰附加堆纹条带一周，其上压印斜向坑点组成的花边，腹饰较规整的弦断绳纹，绳纹为竖向3号。口径约12、残高11.6厘米（图4－135，4）。ⅠF29①:1，夹砂灰褐陶。圆唇。唇缘有一周斜向刻划纹，以下为素面。口沿有轮修痕迹。口径7、残高7.2厘米（图4－135，8）。ⅠH319:2，夹砂灰陶。圆唇，沿上端遗有锥状鋬纽一枚。肩部饰戳印叶脉纹一周，上下界以弦纹，其余器表磨光。内壁有轮旋痕迹。口径约7.2、残高6.4厘米（图4－135，5）。

C型　12件。体形也较A型矮小，鼓肩。形制特征与B型夹砂鼎器身特征相近，所以有些口腹残片不排除是B型夹砂鼎上部的可能。分三式。

Ⅰ式：4件。复原1件。口沿外卷程度较大，肩略鼓，形体矮胖。ⅠH195:1，夹砂灰褐陶。圆唇。腹饰竖向3号绳纹。口径16.4、高12.4厘米（图4－135，6；图版七，4）。ⅠH116⑧:2，口腹残片。夹砂灰陶。圆唇。口沿磨光。肩以下有规整的弦断绳纹。绳纹为竖向3号。口径15、残高8厘米（图4－135，2）。

Ⅱ式：4件。皆口腹残片。与Ⅰ式相比，口沿稍立起，鼓肩较明显，体形略瘦。ⅠH434②:3，夹砂灰褐陶。窄方唇。腹饰平行弦纹，近底部留有绳纹痕迹。口沿有轮修痕。口径12、残高13.6厘米（图4－135，1）。ⅠH206③:2，夹砂灰陶。圆唇。腹饰斜向绳纹，纹痕粗细不等，粗者约当4号，细者约当3号。口沿有轮修痕迹，内壁有手指印窝。口径15.2、残高12厘米（图4－136，4）。ⅠH202⑧:11，夹砂红陶。圆唇，唇缘外遗有两个鋬纽，鋬纽间距约占口周径之1/5。腹饰弦断绳纹，绳纹为竖向3号。口沿有轮修痕。口径14、残高8厘米（图4－136，1）。

Ⅲ式：4件。皆口腹残片。小口近直，鼓肩明显。ⅠG2⑪:20，夹砂黑灰陶。厚圆唇，唇缘有两枚对称的小鋬纽。口及颈部磨光，腹饰弦断绳纹，绳纹为竖向2号，纹痕清晰。口径15.6、残高11.2厘米（图4－136，8）。ⅠT110⑥:7，夹砂红褐陶。圆唇。口沿磨光，腹部素面。口径8、残高7.6厘米（图4－136，2）。

有3件此型夹砂罐残片难以判定式别。

有4件复原夹砂罐形制较特殊。ⅡF2①:5，夹砂灰陶。侈口，窄卷沿，圆唇，深

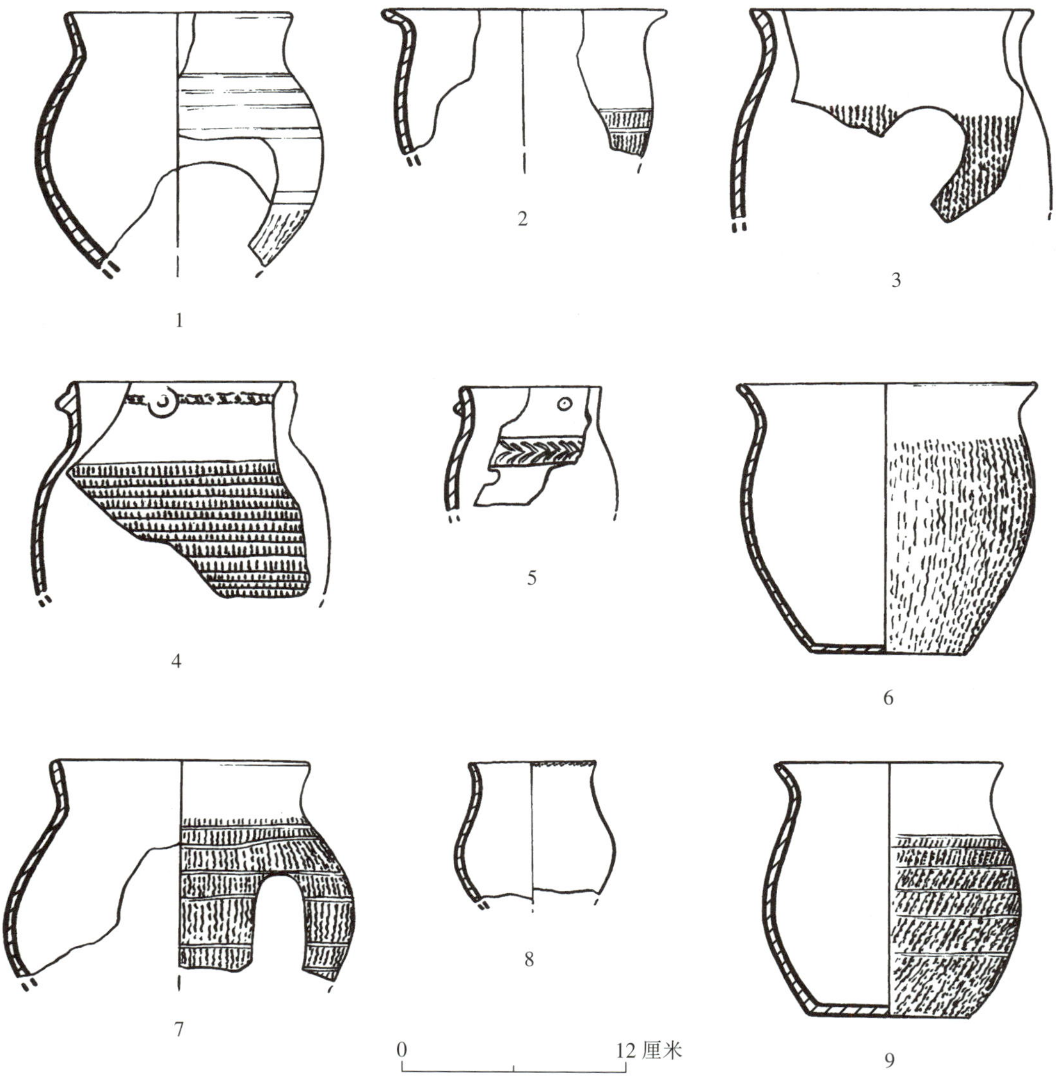

图 4－135　夏家店下层文化 B、C 型夹砂罐

1. CⅡ式（ⅠH434②:3）　2、6. CⅠ式（ⅠH116⑧:2、ⅠH195:1）　3、7、9. BⅡ式（ⅠF27②:4、ⅠH90④B:3、ⅠH418⑦:4）　4、5、8. BⅢ式（ⅠH408②:2、ⅠH319:2、ⅠF29①:1）

腹，鼓肩，下腹斜收，小平底。器表绳纹为 3 号，明显分为上下两段，上段为竖向绳纹，较规整，下段为斜向绳纹，较散乱，沿外及肩部上端绳纹被抹去。口径 15.2、高 21 厘米（图 4－136，7；彩版五六，1）。ⅠH414:3，夹砂灰陶。侈口，斜直领，厚圆唇，沿外侧中部偏上有一周凸棱，并置对称鋬纽，深弧腹，腹最大径居中。腹饰斜向麻点状绳纹，粗细程度接近 4 号（每厘米约 3.5 根）。口径 14.5、高 19.6 厘米（图 4－136，6；彩版四九，1）。ⅠT110⑥:10，夹砂灰褐陶，所夹砂粒粗细不均。卷沿立起，口微侈，圆唇，束颈不显，深腹近似筒形，小平底。通体饰竖向或斜向绳纹，纹痕模糊，似为 3 号。此器器壁厚薄不均，器表凹凸不平，制作粗糙，风格有别于其他夹砂陶器。口径 31.8、高 47 厘米（图 4－136，3；彩版五五，3）。ⅠH138:6，夹砂黑

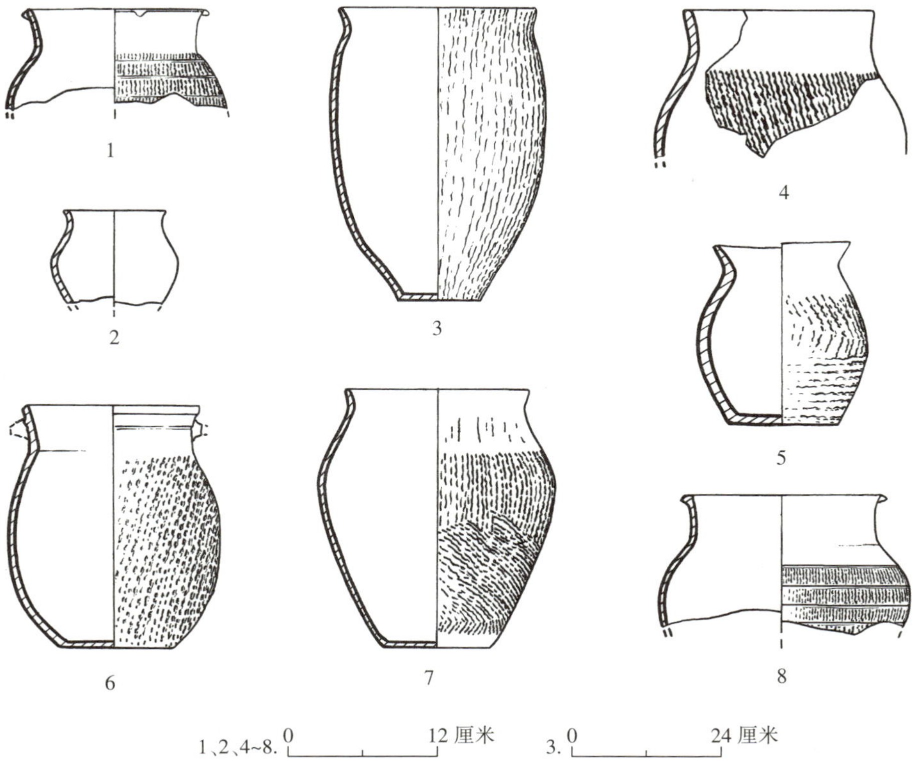

图 4－136　夏家店下层文化 C 型及未分型夹砂罐

1、4. CⅡ式（ⅠH202⑧:11、ⅠH206③:2）　2、8. CⅢ式（ⅠT110⑥:7、ⅠG2⑪:20）
3、5～7. 未分型标本（ⅠT110⑥:10、ⅠH138:6、ⅠH414:3、ⅡF2①:5）

灰陶。侈口卷沿，圆唇，束颈明显，溜肩鼓腹，腹最大径居中。腹饰斜向和横向 3 号绳纹，沿外及颈部绳纹被抹去。口径 11、高 15 厘米（图 4－136，5；彩版四〇，3）。

此外，还有大量的夹砂罐类器口沿残片，其中口腹形状较明确者尚可分为以下六种。

第一种：13 件。侈口卷沿，溜肩鼓腹，沿腹之间无明显转折。ⅠF61①:7，夹砂灰褐陶。圆唇。口沿及肩部上端磨光，腹部有竖向 3 号绳纹，绳纹略有交错。内壁有手指垫压痕。口径约 31.2、残高约 18 厘米（图 4－137，2）。ⅠF33①:8，夹砂灰褐陶。圆唇。口沿内侧磨光，腹饰斜向 3 号绳纹。内部有泥条盘筑痕迹。口径 19、残高 13.2 厘米（图 4－137，5）。ⅠH420:9，夹砂黑灰陶。圆唇。素面。口径 9.6、残高 8.8 厘米（图 4－137，3）。

第二种：1 件。ⅠG2⑬:20，夹砂灰陶。外形略似 AaⅢ式，但口较大，束颈不明显。口沿及颈部磨光，颈以下饰弦断绳纹，绳纹为竖向 3 号。沿内侧有轮修痕。口径 20.8、残高 20.4 厘米（图 4－137，8）。

第三种：1 件。ⅠH202⑧:12，夹砂黄褐陶。侈口卷沿，圆唇，缓折腹。腹饰弦断绳纹，绳纹为竖向 3 号。口径 15.6、残高 12.4 厘米（图 4－137，4）。

第四种：6 件。小口，卷沿矮领，鼓肩。ⅠH387①:15，夹砂灰褐陶。圆唇略厚。

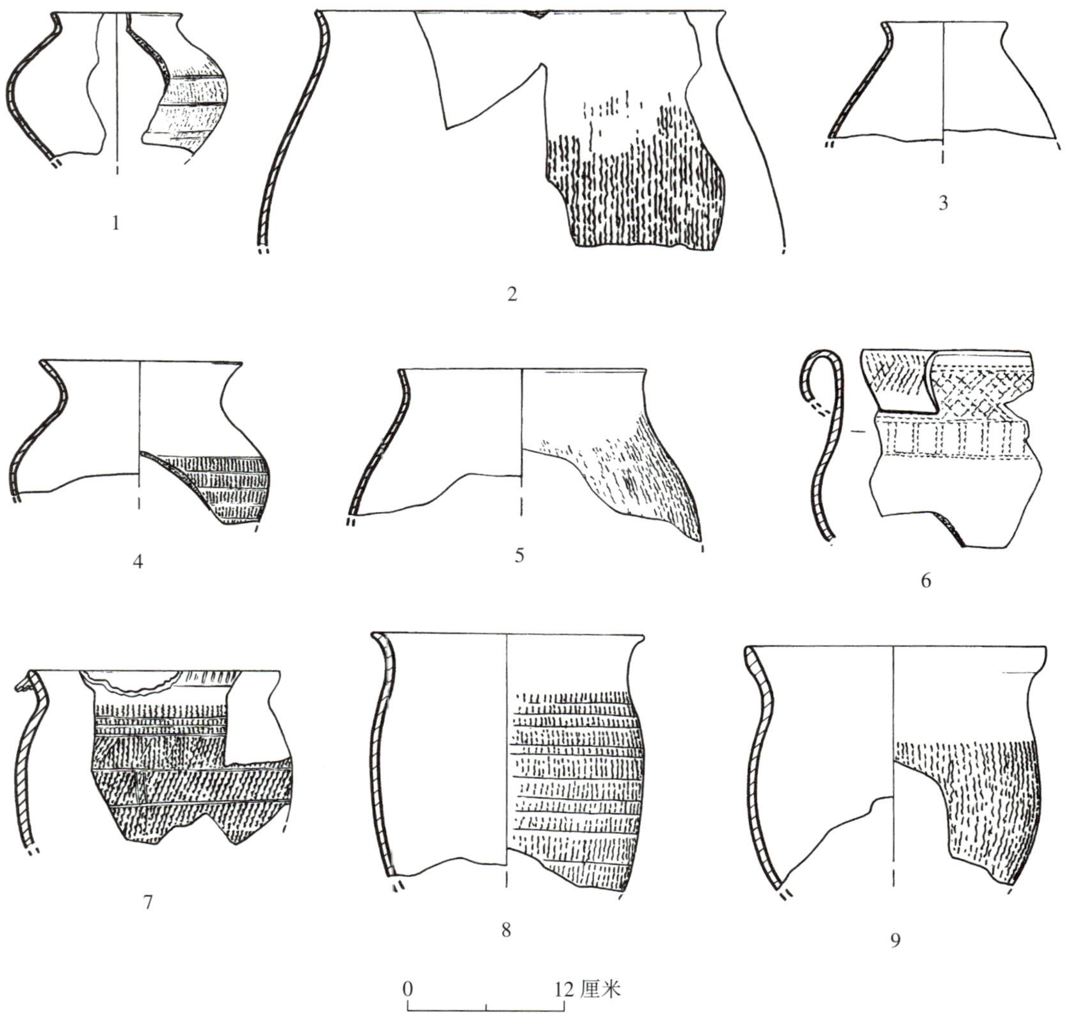

图 4 - 137　夏家店下层文化夹砂罐口沿标本

1. 第四种（ⅠH387①:15）　2、3、5. 第一种（ⅠF61①:7、ⅠH420:9、ⅠF33①:8）　4. 第三种（ⅠH202⑧:12）　6. 第六种（ⅠG6⑧:2）　7、9. 第五种（ⅠH471:5、ⅠF14②:12）　8. 第二种（ⅠG2⑬:20）

腹饰弦断绳纹，纹痕模糊不清。口径 10、残高 10.4 厘米（图 4 - 137，1）。

第五种：3 件。大口，卷沿外侈，鼓腹。ⅠF14②:12，夹砂灰陶。圆唇，沿上端加厚。口及颈部磨光，腹饰竖向 2 号绳纹。内壁隐约可见泥条盘筑痕。口径 23.2 厘米，残高 18.4 厘米（图 4 - 137，9）。ⅠH471:5，夹砂灰陶。圆唇，沿外上端加厚起棱，棱上切压坑点，并遗有鸡冠状鋬手一枚，鋬手边缘也压印坑窝。腹饰弦断绳纹，绳纹为竖向或斜向 3 号，局部有交错现象。口径约 19.2、残高 13.6 厘米（图 4 - 137，7）。

第六种：1 件（ⅠG6⑧:2），夹砂夹云母灰陶。高领，沿上端外卷，圆唇。鼓腹，领腹之间分界不显。沿外残留一扁桥形耳。耳与领部饰篦点纹平行线或交叉线组成的纹带。腹部素面，但留有极其模糊的绳纹痕迹。口径约 13、残高 12.2 厘米（图 4 -

137，6）。

泥质罐　形式多样，可分六型。

A型　小口矮领，胖鼓腹，最大径处置对称鸡冠状鋬手。据口沿形状可分二亚型。

Aa型　18件。卷沿。可分三式。

Ⅰ式：3件，1件可基本复原。口沿卷曲程度较大。ⅦH6：10，底与鋬手残。泥质灰陶。窄方唇。口沿及颈部磨光，肩以下饰细方格纹加弦纹，方格纹纹痕较浅，近底处纹饰被抹去。口径16.9、残高28.2厘米（图4－138，1；彩版五六，3）。

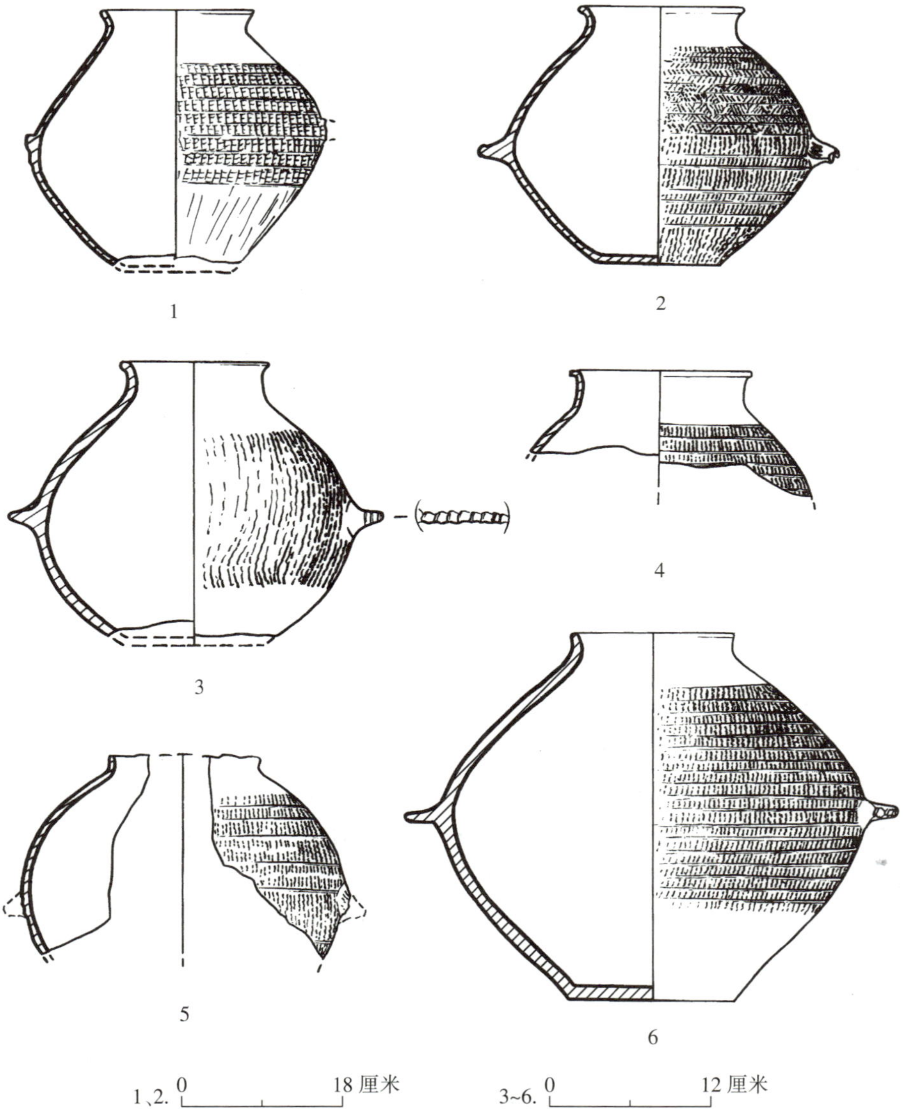

图4－138　夏家店下层文化Aa型泥质罐

1. AaⅠ式（ⅦH6：10）　2、3、6. AaⅡ式（ⅠF42②D：10、ⅠF26②：6、ⅠF8h1：6）

4、5. AaⅢ式（ⅠH276②：2、ⅠH355：2）

Ⅱ式：10件，复原2件。口沿外卷程度稍小，出现了较直的颈部。ⅠF42②D∶10，泥质红陶。厚圆唇。口沿及颈部磨光，腹饰弦断绳纹，肩部绳纹有交错现象，以下皆竖向3号绳纹；錾手的外缘及上下端均按压有指窝。口径18.3、高28.5厘米（图4－138，2；彩版三八，5）。ⅠF8h1∶6，泥质红陶。圆唇。口沿及颈部磨光，腹饰弦断绳纹，绳纹为斜向3号，下腹纹饰被抹去；錾手的外缘及上端有戳印的指窝。此器底部印有漩涡状绳纹痕迹。口径12.8、高27.2厘米（图4－138，6；彩版三七，2）。ⅠF26②∶6，底残。泥质灰陶。圆唇。腹饰斜向2号绳纹，绳纹局部交错；口沿与颈部磨光，下腹近底处经刮抹；錾手外缘有以带刃工具戳压而成的凹窝。口径11、残高21厘米（图4－138，3；彩版三八，4）。

Ⅲ式：5件。皆口腹残片。小口近直，肩部稍稍隆起。ⅠH355∶2，泥质红陶。唇部残损，錾手脱落。口沿及颈部磨光，但表皮脱落严重；肩腹饰弦断绳纹，绳纹为竖向3号，较规整，但纹痕较浅。口径11.2、残高15.2厘米（图4－138，5）。ⅠH276②∶2，泥质灰褐陶。沿上端外卷，圆唇。口沿及颈部磨光，腹饰弦断绳纹，绳纹为竖向2号，纹痕清晰。口径13.6、残高9.6厘米（图4－138，4）。

Ab型　9件。皆口腹残片。缓折沿。不分式。ⅠT420⑤∶6，泥质红陶。直口微侈，圆唇。腹饰规整的弦断绳纹，绳纹为斜向3号；口沿及肩部上端磨光，但绳纹痕迹仍隐约可辨。此器系由4块陶片拼对而成，其中2块已经被打制成了圆陶片。口径13.2、残高8厘米（图4－139，6）。ⅠH138∶7，泥质灰陶。口微侈，厚圆唇。口沿及肩上端磨光，以下有竖向3号绳纹，绳纹又被手指在旋转过程中抹断，纹带较一般弦纹要宽。口径14.4、残高6.8厘米（图4－139，4）。ⅠH202⑧∶13，泥质灰陶。口稍侈，圆唇。器表磨光。此器由8块陶片拼成，其中6块被火烧黑。口径14、残高7厘米（图4－139，2）。

B型　小口矮领，鼓肩，腹部也有对称的鸡冠状錾手。依口沿形状可分二亚型。

Ba型　7件。无可复原者。卷沿。不分式。ⅠH37④∶6，系由同一个体的口沿残片与腹底残片组合而成。泥质灰陶。沿上端外卷，圆唇，下腹近底处微曲。肩部与上腹部有竖向3号绳纹，纹痕较浅；颈部与下腹部绳纹被抹去。腹部残留一枚鸡冠状錾手，边缘有不规则指窝。口径11.6、高约24.8厘米（图4－139，3）。ⅡF3∶10，口腹残片。泥质灰陶。颈部较直，圆唇，沿上端稍加厚。口沿与肩上端磨光，以下为弦断绳纹，绳纹为斜向2号。口径15.6、残高8厘米（图4－139，1）。

Bb型　7件。皆口腹残片。缓折沿。不分式。ⅠH136②∶10，泥质灰褐陶。侈口斜直领，圆唇。口沿及肩上端磨光，以下为弦断绳纹，弦纹细而规整，绳纹为竖向3号。口径16、残高8.4厘米（图4－139，7）。ⅠF7②∶4，泥质红褐陶。侈口斜直领，圆唇。广肩。沿外与肩部经压磨，但绳纹痕迹仍显。口径16、残高8.5厘米（图4－139，5）。

C型　8件，复原1件。小口矮领，扁圆腹。不分式。ⅠH136②∶12，泥质灰陶。小直口，圆唇。腹饰弦纹。口沿经轮修。口径11.7、高15.2厘米（图4－140，6；彩版四一，2）。ⅠH366①∶1，泥质灰陶。卷沿近直立，厚圆唇。器表皆经磨光，磨痕为

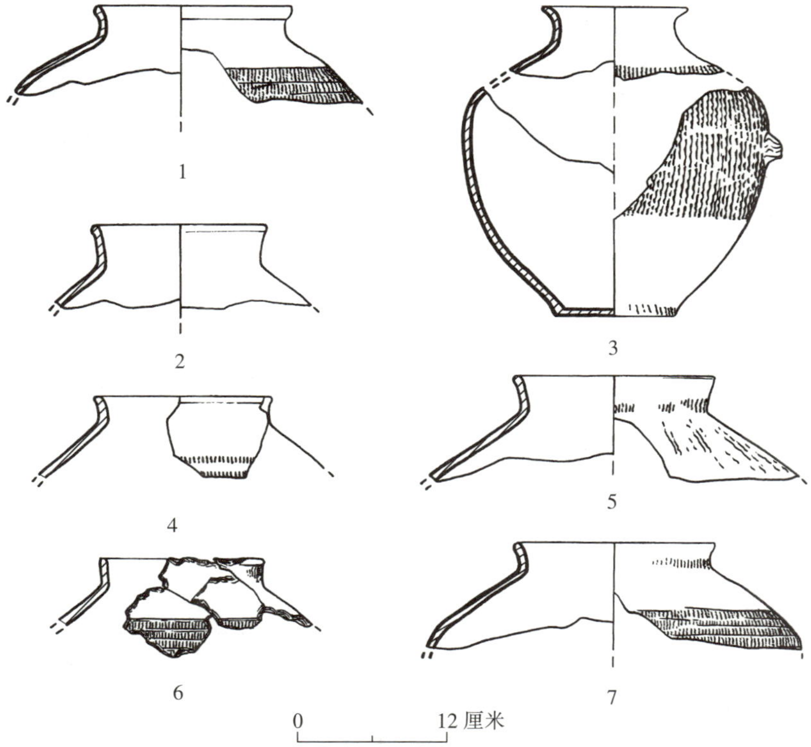

图4－139　夏家店下层文化Ab、Ba、Bb型泥质罐
1、3. Ba型（ⅡF3∶10、ⅠH37④∶6）　2、4、6. Ab型（ⅠH202⑧∶13、ⅠH138∶7、ⅠT420⑤∶6）　5、7. Bb型（ⅠF7②∶4、ⅠH136②∶10）

横向。内壁自上至下皆有轮旋痕迹，可能系轮制。口径10.8、残高13.2厘米（图4－140，5）。ⅠF50①∶10，泥质灰陶。卷沿圆唇。器表磨光。内壁自上至下皆有轮旋痕迹，器形规整，胎壁厚薄均匀，当系轮制。口径11.5、残高10.4厘米（图4－140，4）。

D型　6件，1件可基本复原。中口，侈沿，缓折腹。ⅠF50②∶3，底脱落。泥质灰陶。圆唇。沿外及肩部磨光；折腹处施一周附加堆纹条带，其上压印斜向凹窝；下腹略经打磨，但斜向绳纹仍依稀可辨，似为3号。口径16.4、残高15.6厘米（图4－140，3；彩版三九，3）。ⅠH156②∶9，下腹及底残。泥质灰褐陶。圆方唇。器表略经打磨，但仍显绳纹痕迹；腹中部缓折处箍一圈附加堆纹，其上压斜向窝点。口径16、残高12厘米（图4－140，2）。

E型　4件，复原1件，余皆口沿残片。子口内敛。ⅠH379②∶40，泥质灰褐陶。鼓肩深腹，腹上部置对称双鋬手；鋬手上有竖向穿孔，可系绳。器表磨光，肩、腹各有一周刻划纹饰带，肩部为叶脉纹，腹部为网格纹；下腹残留有绳纹痕迹。口部有轮修痕。仔细观察，制作此器的大致程序应当是：先制一敛口罐身（包括施印绳纹）→割齐上端→于口内侧贴敷子口（可能同时贴敷器耳）→轮修口沿、压磨器表→刻划纹饰。子口口径12.8、高28.8厘米（图4－141，5；彩版四七，4）。

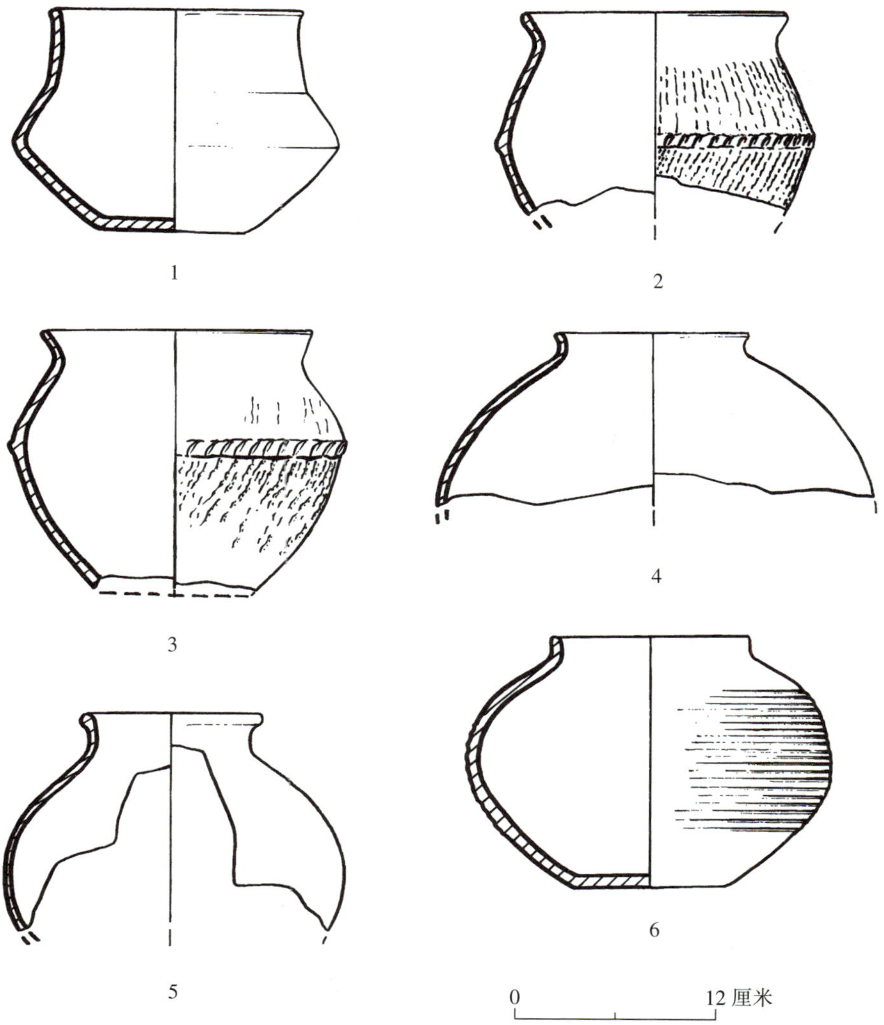

图 4－140　夏家店下层文化 C、D、F 型泥质罐
1. F 型（ⅠF29③A:1）　2、3. D 型（ⅠH156②:9、ⅠF50②:3）
4～6. C 型（ⅠF50①:10、ⅠH366①:1、ⅠH136②:12）

F 型　13 件，复原 1 件。小口近直，高领，折腹。ⅠF29③A:1，泥质灰陶，胎芯略发红。直口微敛，圆方唇，唇缘微外凸。沿外及上腹磨光。从折腹处断碴看，此处正好是上下两泥圈套接之处，下腹的碴口处压印有斜向条痕，显然是为了增加套接的牢固程度。口径 15.2、高 13.5 厘米（图 4－140，1）。ⅠH156①:22，口腹残片。泥质灰褐陶。直口平唇，唇缘外凸，领腹之间过渡圆缓，折腹处折棱较锐。沿外与上腹磨光。内壁有明显轮旋痕迹。口径 16、残高 7.2 厘米（图 4－141，3）。ⅠH37④:7，口腹残片。泥质灰陶，胎芯略发红。直口微外侈，圆唇，沿上端起一周凸棱，沿外及上腹磨光，横向磨痕。沿内有明显轮旋痕迹。口径 13.3、残高 7.2 厘米（图 4－141，2）。

有两件复原泥质罐形制较特殊。

ⅠH494①:3，泥质灰陶。小口，卷沿圆唇，缓折肩，折棱处以下置对称鸡冠状鋬

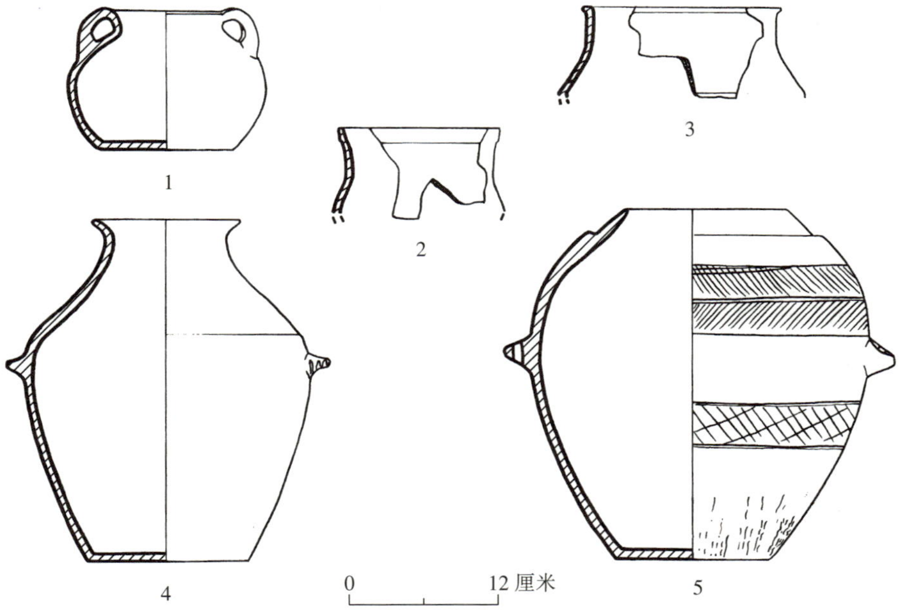

图 4－141　夏家店下层文化 E、F 型及未分型泥质罐
1、4. 未分型泥质罐（ⅠH379②:29、ⅠH494①:3）　2、3. F 型（ⅠH37④:7、ⅠH156①:22）
5. E 型（ⅠH379②:40）

手，鋬手外缘压有指窝。器身素面。口沿有轮修痕迹，但内壁凹凸不平。口径 12、高 26.3 厘米（图 4－141，4）。

ⅠH379②:29，泥质灰陶。小口，卷沿微侈，圆唇，口部置对称扁桥状耳，鼓腹较扁。通体素面。器表有水垢。口径 9、高 11.2 厘米（图 4－141，1；彩版四八，2）。

此外，还有一些口沿残片无法归型，其中口腹形态较明确者可分出五种。

第一种：2 件。小口，卷沿，深腹，鼓腹程度不及 A 型。ⅠH34⑤:3，泥质灰褐陶。卷沿程度较大，圆薄唇。器表磨光，磨痕为横向。内壁自上至下皆见轮旋痕。口径 15、残高 12.8 厘米（图 4－142，3）。ⅠG2⑨:10，泥质灰陶。小口近直，圆唇，深腹略鼓。器表磨光。口径 10.4、残高 16.2 厘米（图 4－142，1）。

第二种：2 件。小口高领，沿腹之间转折较明显。ⅠG2⑫:3，泥质黄褐陶。直口，圆唇，沿外下端起一周凸棱，器表经磨光，肩部有残留的三角划纹，内填戳印点纹。口径 12、残高 8.2 厘米（图 4－142，7）。ⅠG2⑨:15，泥质灰陶，胎芯稍发红。直口微侈，圆唇。沿外上部饰一周篦点斜线纹组成的纹饰带，纹带上下界以较细的弦纹；肩部亦有同样风格的纹饰。口沿内侧有轮旋痕。口径 14、残高 6.4 厘米（图 4－142，4）。

第三种：5 件。ⅠH235⑰:9，泥质灰陶。直口矮领，厚圆唇，折肩，腹壁较直。器表磨光。口径 16、残高 7.6 厘米（图 4－142，9）。

第四种：5 件。小口，卷沿，领较高，口部有对称扁桥状耳，圆鼓腹。ⅠH116⑬:5，泥质红陶。圆唇。沿外及耳面磨光，腹饰弦断绳纹，绳纹为竖向 2 号。口径 13、残高 12.2 厘米（图 4－142，6）。

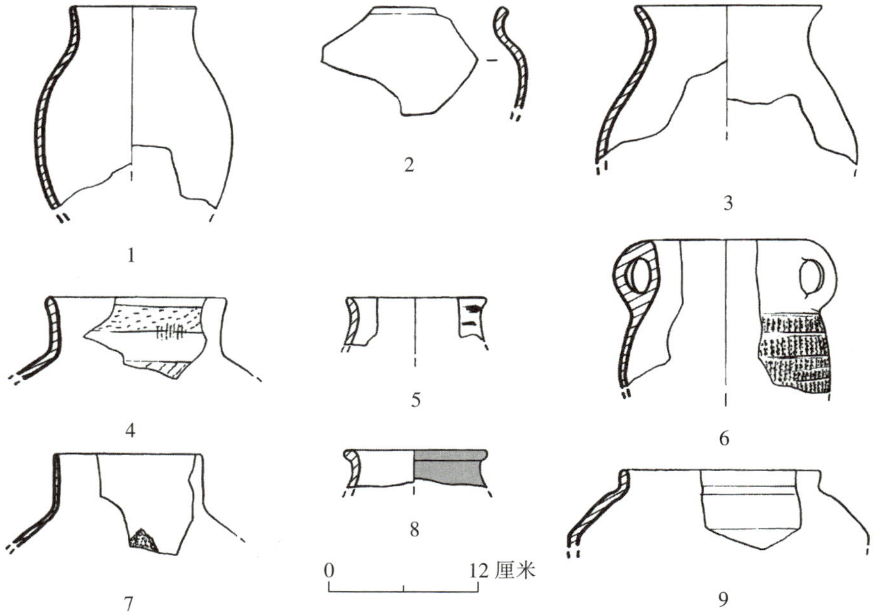

图 4－142　夏家店下层文化泥质罐口沿标本
1、3. 第一种（ⅠG2⑨:10、ⅠH34⑤:3）　2. 第五种（ⅠH230④:4）
4、7. 第二种（ⅠG2⑨:15、ⅠG2⑫:3）　5、8. 彩绘陶口沿（ⅠG2④:1、ⅠF1④B:3）
6. 第四种（ⅠH116⑬:5）　9. 第三种（ⅠH235⑰:9）

第五种：1 件（ⅠH230④:4），泥质灰陶。小口近直，厚方唇，鼓肩。器表光亮，呈灰绿色，好似施了一层釉。内壁有明显轮旋痕迹，应系轮制。残高约 8.4 厘米（图 4－142，2）。

有两件泥质罐口沿残片，虽无法分型归类，但口部有彩绘。ⅠG2④:1，泥质灰褐陶。沿外施红彩，但多已脱落。口径 11.2、残高 3.2 厘米（图 4－142，5）。ⅠF1④B:3，泥质红陶。沿外亦施红彩。口径 11.6、残高 2.8 厘米（图 4－142，8）。

另有圈足罐和假圈足罐的底部残片各 1 件，甚小。

5. 瓮

绝大多数为泥质陶。一般形体较大。口部与肩上端多经磨光，腹部多饰箍状附加堆纹。依口部大小可分大口瓮与小口瓮两类。

大口瓮　口径与最大腹径之比大致在 1:1.1 至 1:1.4 之间。依腹身形状可分二型。

A 型　鼓肩。是瓮类器中数量最多的一种。据口部形状可分二亚型。

Aa 型　172 件。缓折沿或卷沿，沿腹之间有较明显的界限。可分三式。

Ⅰ式：33 件。皆口腹残片。侈口缓折沿，薄圆唇，肩略鼓。ⅠH169①:4，泥质红褐陶。腹部先饰斜向细篮纹，再加饰窄而规整的附加堆纹条带，然后再逐条以细棒状工具压印斜向凹窝。口径 46、残高 14.5 厘米（图 4－143，7）。ⅠH185③:5，泥质灰陶，胎芯略发红。腹饰斜向细篮纹加窄而规整的附加堆纹条带，条带上以细棒状

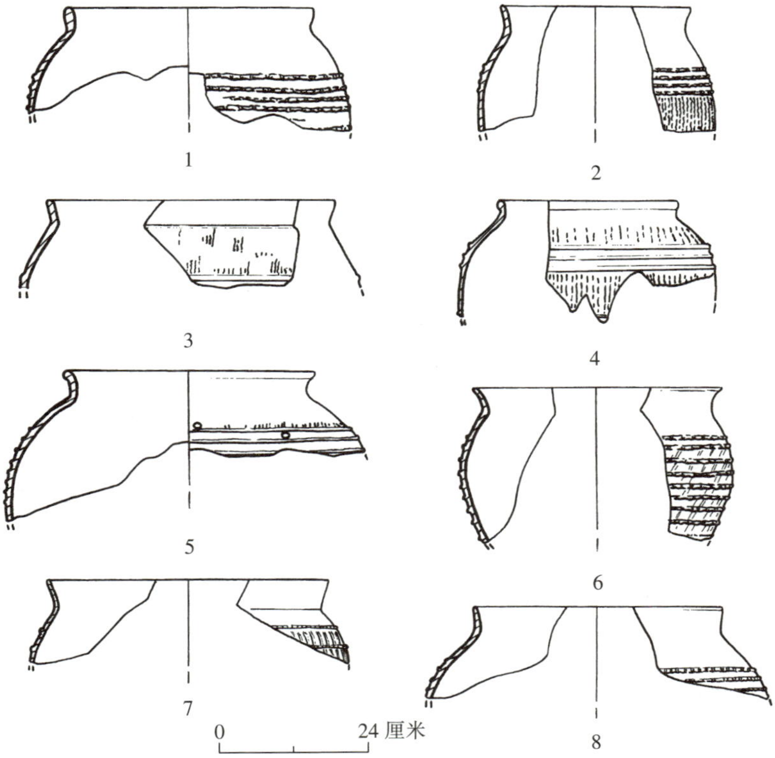

图4－143　夏家店下层文化 Aa 型大口瓮

1、4、5. AaⅢ式（ⅠH424②:1、ⅠH235⑲:28、ⅠH348③:4）　2、3、8. AaⅡ式（ⅠH344④:12、ⅠH344⑦:5、ⅠH12:3）　6、7. AaⅠ式（ⅠH185③:5、ⅠH169①:4）

物压印竖向凹窝。凹窝排列不甚规整。口径40、残高24厘米（图4－143，6）。

Ⅱ式：111件。皆口腹残片。口沿稍立起，唇部略厚，鼓肩较明显。ⅠH12:3，泥质灰陶。圆方唇。腹饰较规整的窄条附加堆纹条带，条带上的竖向凹窝系以缠绳的薄片工具逐条压印，附加堆纹条带之间尚有隐约的绳纹痕迹。口径40、残高15厘米（图4－143，8）。ⅠH344④:12，泥质灰陶，胎芯略发红。肩部饰4周窄条附加堆纹，上面3周堆纹以有刃工具一次性压出竖向凹窝。堆纹以下保留竖向2号绳纹。口径30.4、残高20厘米（图4－143，2）。ⅠH344⑦:5，泥质红陶。肩部有附加堆纹一周，其上无压花，器表遗有竖向3号绳纹的痕迹。口径约46.4、残高14.4厘米（图4－143，3）。

Ⅲ式：28件，复原1件。口近直，厚唇，鼓肩更明显。形体也似较Ⅰ、Ⅱ式瘦高。ⅠH379②:38，泥质灰褐陶。厚方唇。腹饰23周附加堆纹条带，条带上以细棒状物压印竖向窝点，系每两条一起压；条带之间局部残留模糊的绳纹痕迹。内壁有泥圈套接的迹象，泥圈宽度大致约5厘米。口径37.6、高54.4厘米（图4－144，1；彩版四八，1）。ⅠH348③:4，口腹残片。泥质灰陶，胎芯略发红。厚圆唇外凸。肩部留存8周附加堆纹条带，条带上无压印凹窝；上数第一条堆纹之上和第一、二条堆纹之间各留有泥饼2枚，泥饼间距14～16厘米；第八条堆纹之下保留竖向2号绳纹。口径40.6、残高24厘米（图4－143，5）。ⅠH424②:1，口腹残片。泥质灰褐陶。口沿加厚。器身所施附加堆纹条带宽窄不一，不甚平行；条带之上的凹窝也间距不等，系以细棒状物随意压印而成；附加堆纹条带之间遗留有绳纹痕迹。口径39、残高20厘米（图4－143，1）。ⅠH235⑲:28，口腹残片。泥质灰陶。厚圆唇外凸。肩饰3周附加堆纹条带，以下相隔7厘米又有附加堆纹，堆纹条带上无压印凹窝；器表原有竖向3号绳纹，但修整口沿与贴敷附加堆纹条带时经手抹，纹痕已十分模糊。口径28、残高19.2厘米（图4－143，4）。

Ab型　79件。卷沿，沿腹之间无明显转折。分二式。

Ⅰ式：55件。皆口腹残片。卷沿稍侈。唇部一般不加厚，鼓肩不甚明显。ⅠG6③:5，泥质红陶。颈以下饰较规整的附加堆纹条带，条带上以细棒状物逐条压印竖向或斜向凹窝；条带之间有竖向细绳纹痕迹，似为2号。口径36、残高36.6厘米（图4－144，5）。ⅠF15③:1，泥质灰陶，胎芯稍发红。薄圆唇。颈以下饰较规整的附加堆纹条带，其上以细棒状工具逐条压印凹窝；条带之间留存有隐约的绳纹痕迹。口径44、残高25.4厘米（图4－144，7）。

Ⅱ式：24件，复原1件。口近直，唇部加厚，鼓肩更明显。ⅠF7②:1，泥质红陶。器表先饰竖向绳纹，再加饰32周附加堆纹条带，然后逐条以细棒状工具压印出斜向凹窝，近领部还贴附一周圆形小泥饼，泥饼间距3～4.8厘米；绳纹由于手抹纹痕已模糊不清。口径35.5、高50厘米（图4－144，2；彩版三六，1）。ⅠG2⑨:18，口腹残片。泥质灰陶。厚圆唇外凸。腹饰竖向3号绳纹和附加堆纹条带，条带上以细棒状工具逐条压印凹窝；上端两周堆纹条带间残留4枚圆形小泥饼，泥饼间距约7厘米。口径34、残高15厘米（图4－144，6）。ⅠH474④:9，口腹残片。泥质灰陶。所施附加堆纹条带窄细，其上以细棒状工具压印出斜向凹窝；条带之间残留有未抹尽的绳纹。口径31.6、残高13厘米（图4－144，4）。ⅠT410③:2，口腹残片。泥质灰陶。肩部尚存3条窄细的附加堆纹条带和2枚小泥饼，泥饼间距2.8厘米。条带之间残留有隐约的绳纹痕迹。口径41.5、残高13.6厘米（图4－144，3）。

B型　3件，皆口腹残片。鼓腹。不分式。ⅠF8①:1，泥质灰陶。侈口卷沿，圆唇，沿、腹分界不明显，鼓腹程度较小。腹部先饰竖向3号绳纹，再贴敷附加堆纹条带，堆纹上无压印凹窝。口径43、残高33.4厘米（图4－145，1）。ⅠH304②:5，泥质灰陶。口稍侈，圆唇，沿、腹分界不明显，鼓腹程度较小。腹饰窄细规整的附加堆纹条带，其上以带刃工具切压出细密的窝点；附加堆纹条带之间绳纹被抹去，只余痕迹。内壁有圆形陶垫留下的垫窝。口径约45.6、残高17.6厘米（图4－145，6）。ⅠH483②:7，泥质灰陶。直口微侈，沿上端略加厚，沿、腹分界明显，鼓腹程度较大。腹饰多周附加堆纹条带，条带上的斜向凹窝系以细棒状物逐条压出；肩部尚存贴敷圆形小泥饼2枚；附加堆纹条带之间遗有绳纹痕迹。口径36、残高34厘米（图4－145，5）。

小口瓮　5件，皆口腹残片。口径与最大腹径之比大致在1:2或更小。ⅠF18W:6，夹砂红陶。侈口卷沿，圆唇，鼓肩较明显。所施附加堆纹条带上无压印窝点，条带间局部尚留绳纹痕迹，绳纹似为竖向3号；堆纹条带间距在1.2～1.5厘米之间，上数

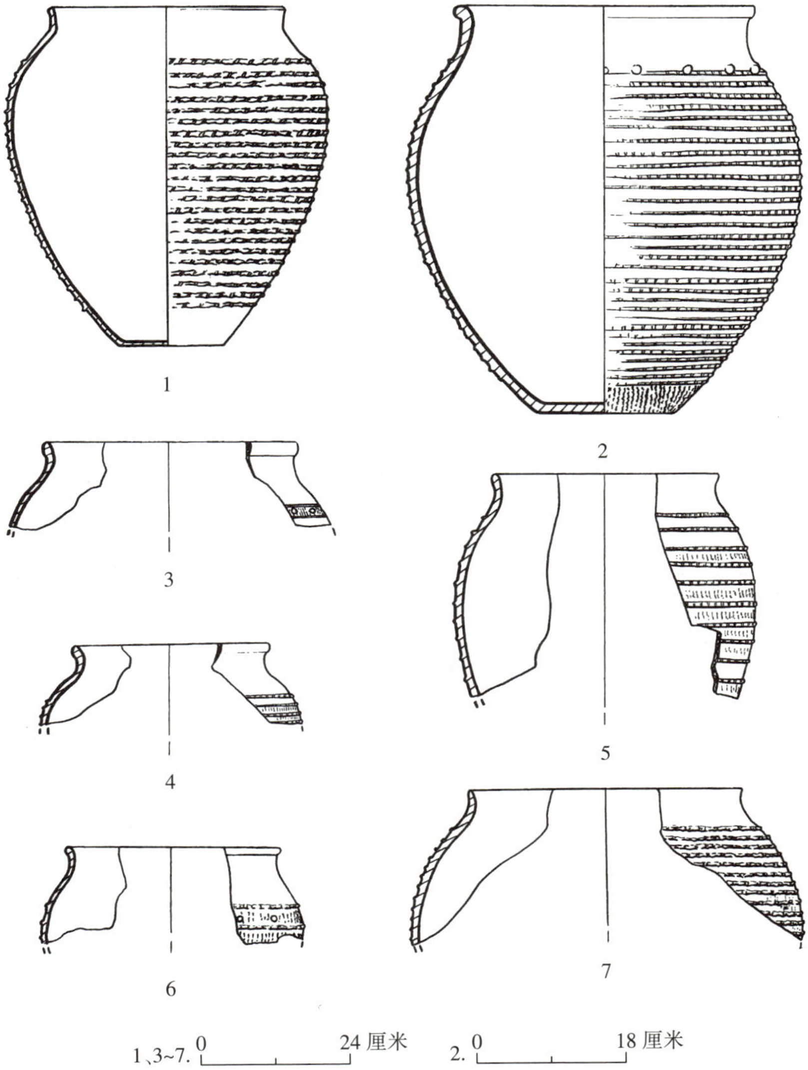

图 4-144　夏家店下层文化 Aa、Ab 型大口瓮

1. AaⅢ式（ⅠH379②:38）　2~4、6. AbⅡ式（ⅠF7②:1、ⅠT410③:2、ⅠH474④:9、ⅠG2⑨:18）
5、7. AbⅠ式（ⅠG6③:5、ⅠF15③:1）

第一、二条附加堆纹条带间饰 9 组圆形小泥饼（残存的只有 7 组），每组 2 枚，组与组间距大致在 7~9 厘米。口径 23、残高 43.5 厘米（图 4-145，2）。ⅠH206⑤:3，泥质灰陶，胎芯略发红。侈口卷沿，圆唇。溜肩。腹饰窄而规整的附加堆纹条带，并逐条以带刃工具压印出竖向凹窝，间距较有规律。口径 14.6、残高 17.6 厘米（图 4-145，4）。ⅠT435③:1，泥质灰陶。口稍侈，厚圆唇，鼓肩。肩部残留 2 周附加堆纹条带，其上以钝刃工具逐条压印出斜向凹窝。口径 15.2、残高 8.6 厘米（图 4-145，3）。

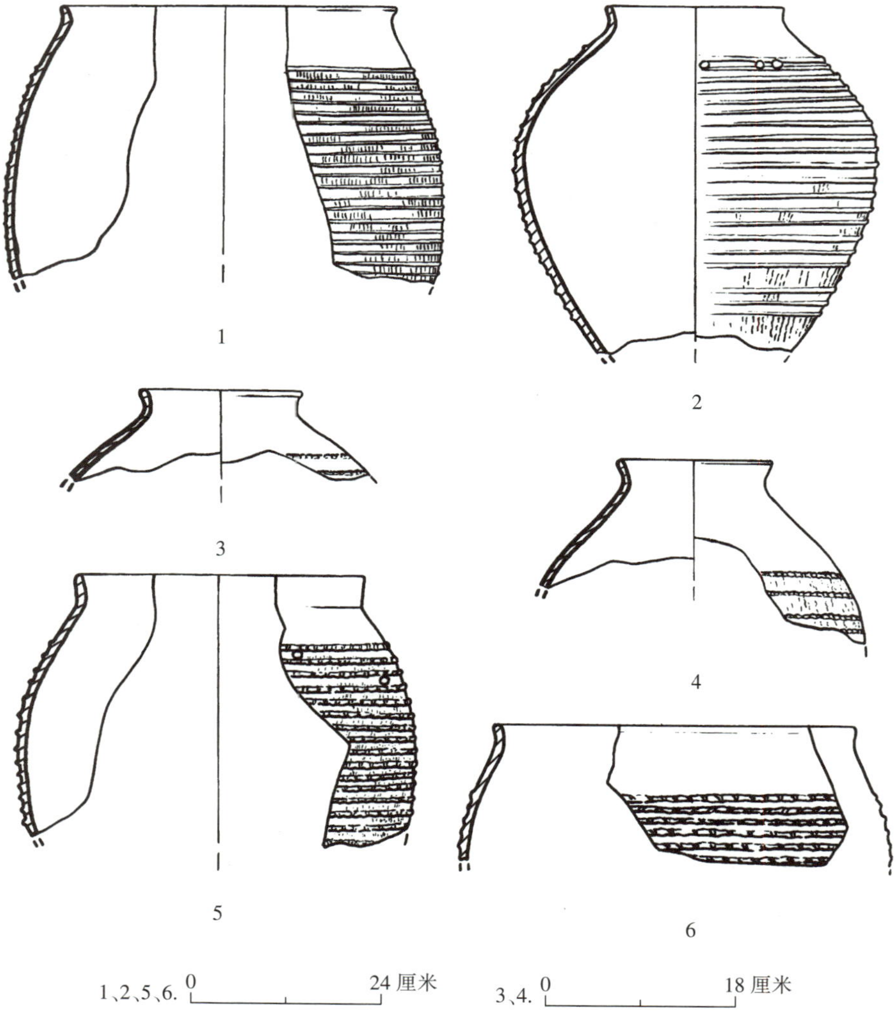

图 4－145　夏家店下层文化 B 型大口瓮、小口瓮
1、5、6. B 型大口瓮（ⅠF8①:1、ⅠH483②:7、ⅠH304②:5）
2～4. 小口瓮（ⅠF18W:6、ⅠT435③:1、ⅠH206⑤:3）

6. 盆

绝大多数为泥质陶，仅个别为夹砂陶。一般为敞口，口部多经磨光。依腹身形状的差别可分五型。

A 型　深腹略鼓，腹中部多置对称鸡冠状鋬手。据口部特征可分二亚型。

Aa 型　177 件。卷沿。可分三式。

Ⅰ式：3 件，1 件基本复原。敞口程度较大，宽卷沿外侈。ⅠT433⑥A:3，据残片拼对复原，鋬手处残缺。泥质灰褐陶。方唇较薄。腹饰弦纹和篮纹，弦纹印痕明显，篮纹则窄细而模糊。口径 39.4、高 20.2 厘米（图 4－146，2；图版一三，5）。ⅠH34④:14，口腹残片。夹砂红陶。圆唇，腹部遗有一枚鸡冠状鋬手。上腹饰一周戳点纹，

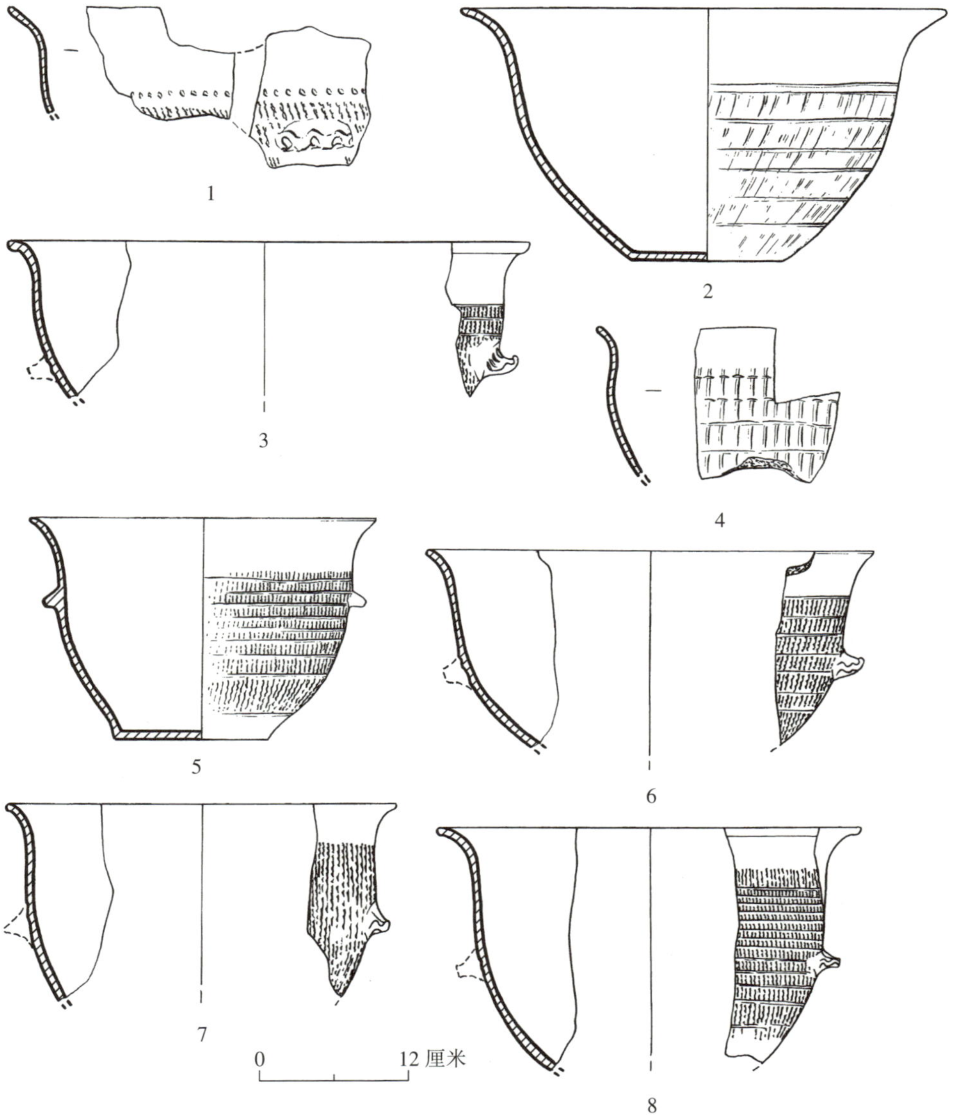

图4－146　夏家店下层文化Aa型盆

1、2. AaⅠ式（ⅠH34④:14、ⅠT433⑥A:3）　3～8. AaⅡ式（ⅠF42②D:15、ⅠH137②:6、ⅠF42②C:2、ⅠH137①:9、ⅠH187②:1、ⅠH449⑩:9）

以下为弦断绳纹，绳纹为竖向4号。口沿残片高9.2厘米（图4－146，1）。

Ⅱ式：144件，复原1件。上腹稍内收，卷沿略窄且稍向下压。ⅠF42②C:2，泥质红陶。圆唇，下腹近底处微曲。腹饰弦断绳纹，绳纹为竖向1号。口径28、高18厘米（图4－146，5；图版四，4）。ⅠH449⑩:9，口腹残片。泥质灰陶。方唇。腹饰弦断绳纹，绳纹为竖向3号，近底处纹饰被抹去。口径约34、残高19.2厘米（图4－146，8）。ⅠH187②:1，口腹残片。泥质灰陶。圆唇。腹饰竖向或斜向3号绳纹，局部有交错现象。口径31.2、残高16厘米（图4－146，7）。ⅠH137①:9，口腹残片。泥质灰陶。圆唇，鸡冠状鋬手略上翘，腹饰较规整的弦断绳纹，绳纹为竖向3号。口径约36、残高16厘米（图4－146，6）。ⅠH155②:2，口腹残片。泥质灰陶。圆唇。上腹有粗弦纹一周，以下为竖向粗篮纹。口径约42、残高12.5厘米（图4－147，5）。ⅠF42②D:15，口腹残片。泥质灰褐陶。厚圆唇，鸡冠状錾手略上翘。腹饰规整弦断绳纹，绳纹为竖向3号，系滚压而成。口径约42、残高12.6厘米（图4－146，3）。ⅠH137②:6，口腹残片。泥质灰陶。圆唇。腹饰规整的弦断粗篮纹。残高约12.4厘米（图4－146，4）。

Ⅲ式：30件。皆残。窄沿外卷近平，沿外端略下勾。ⅠH235⑱:23，系由同一个体的口腹及腹底残片组合而成。泥质灰陶。厚圆唇，下腹微内曲。腹饰弦断绳纹，绳纹为竖向2号，呈花生皮状，纹痕较浅。口径约41.6、高约22.4厘米（图4－147，3）。ⅠG2⑨:17，口腹残片。泥质灰陶。厚圆唇，上腹近直。腹饰弦断绳纹，绳纹为竖向3号，弦纹不甚平行。口径约35.6、残高10厘米（图4－147，7）。

Ab型　15件，复原1件。口沿斜直，仅沿上端外卷，沿、腹之间转折很不明显。ⅠH235⑱:13，泥质红褐陶。沿外端略下勾，圆唇。腹饰弦断绳纹，绳纹为竖向2号。口径35.6、高21.2厘米（图4－147，4；彩版四五，1）。ⅠH156③:7，口腹残片。泥质灰陶。沿上端外卷近平，圆唇。腹饰弦断绳纹，绳纹为竖向2号。口径约38、残高9.6厘米（图4－147，8）。

B型　11件。斜弧腹较深。腹中部也有对称鸡冠状錾手。可分二式。

Ⅰ式：9件，复原2件。口部特征近AaⅡ式盆。ⅠF50①:13，系由残片拼对而成，錾手缺失。泥质灰陶。方唇。腹饰较规整的弦断绳纹，绳纹为竖向2号。口径35.6、高18厘米（图4－147，2；彩版三九，4）。ⅠH344⑤:2，泥质红陶。厚圆唇。腹饰弦断绳纹，绳纹为竖向2号。口径34.8、高20厘米（图4－148，5；图版九，1）。ⅠH203:4，口腹残片。泥质红陶。圆唇。腹饰弦断绳纹，弦纹压划随意，绳纹为竖向2号。口径40、残高16.4厘米（图4－147，1）。ⅦH4:2，口腹残片。泥质灰褐陶。圆唇略厚。腹饰弦纹与竖向细篮纹，弦纹不甚平行，篮纹纹痕模糊。内壁残留有灰白色水垢。口径38、残高18厘米（图4－148，2）。ⅠH158①:2，口腹残片。泥质灰褐陶。方唇。腹饰较规整的弦断绢纹，绳纹为竖向3号。口径33、残高15厘米（图4－148，6）。ⅠH116⑭:1，口腹残片。泥质红陶。沿内侧稍有折棱，方唇。腹部经手抹，遗有细绳纹痕迹。残高12.8厘米（图4－147，6）。

Ⅱ式：2件，复原1件。口沿特征近AaⅢ式盆。ⅠH235⑳:14，系由残片拼对复原，双錾缺失。泥质灰陶。厚圆唇。腹饰较规整的弦断绳纹，绳纹为竖向2号。口径37.6、高20.2厘米（图4－148，7；图版八，5）。ⅠF29①:2，口腹残片。泥质红陶。圆唇。腹饰规整弦断绳纹，绳纹为竖向3号。残高约10.8厘米（图4－148，1）。

C型　4件，复原1件。深腹，腹中部缓折。ⅠH474②:5，泥质灰陶。卷沿圆唇。上腹磨光，下腹遗有竖向2号绳纹痕迹。内壁有轮修痕。口径20、高10厘米（图4－148，4；彩版四九，3）。ⅠH430②:9，口腹残片。夹砂灰褐陶。卷沿方唇。上腹磨光，下腹饰弦纹与竖向粗篮纹。残高约12.4厘米（图4－148，3）。

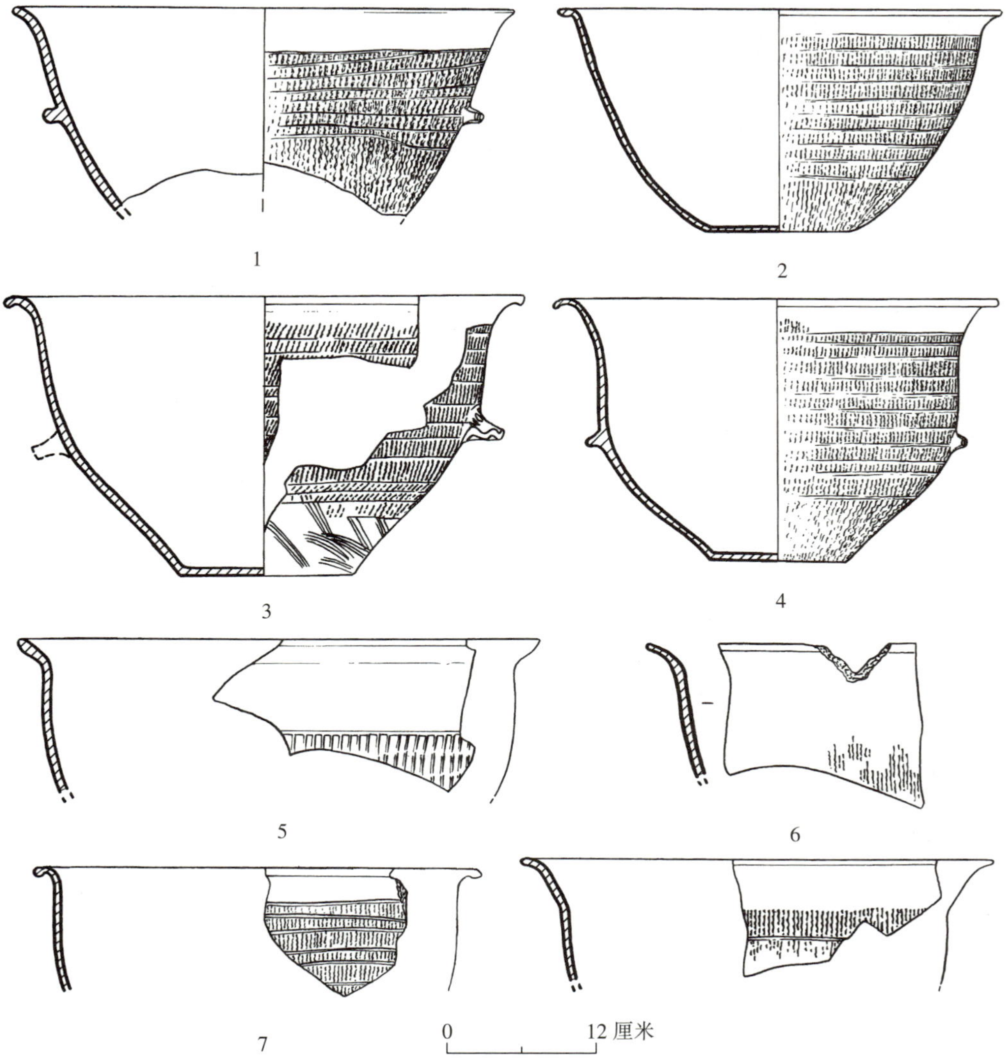

图 4-147　夏家店下层文化 Aa、Ab 与 B 型盆

1、2、6. BⅠ式（ⅠH203∶4、ⅠF50①∶13、ⅠH116⑭∶1）　3、7. AaⅢ式（ⅠH235⑱∶23、ⅠG2⑨∶17）
4、8. Ab 型（ⅠH235⑱∶13、ⅠH156③∶7）　5. AaⅡ式（ⅠH155②∶2）

D 型　16 件。浅弧腹。可分二式。

Ⅰ式：10 件，复原 1 件。口部特征同 AaⅡ式盆。ⅠH151①∶2，泥质灰陶。方唇。腹饰弦断绳纹，绳纹为竖向 3 号，弦纹粗细不均，间距不等。口径 30、高 12.6 厘米（图 4-149，1；彩版四二，3）。ⅠF8h1∶13，口腹残片。泥质灰陶。圆唇。腹饰竖向 3 号绳纹，颈部有一些较短的绳纹坑点。下腹有刮抹痕迹。口径 26、残高 8.2 厘米（图 4-149，2）。ⅠH430②∶10，口腹残片。泥质灰陶。圆唇。腹饰竖向篮纹，印痕浅而模糊。口径 26.8、残高 8 厘米（图 4-149，4）。ⅠH422⑤∶4，口腹残片。泥质灰褐陶。圆唇。素面。内外壁均有轮旋痕迹。腹部遗有一锔孔，系由内向外单面钻成。口径 25.6、残高 6 厘米（图 4-149，3）。

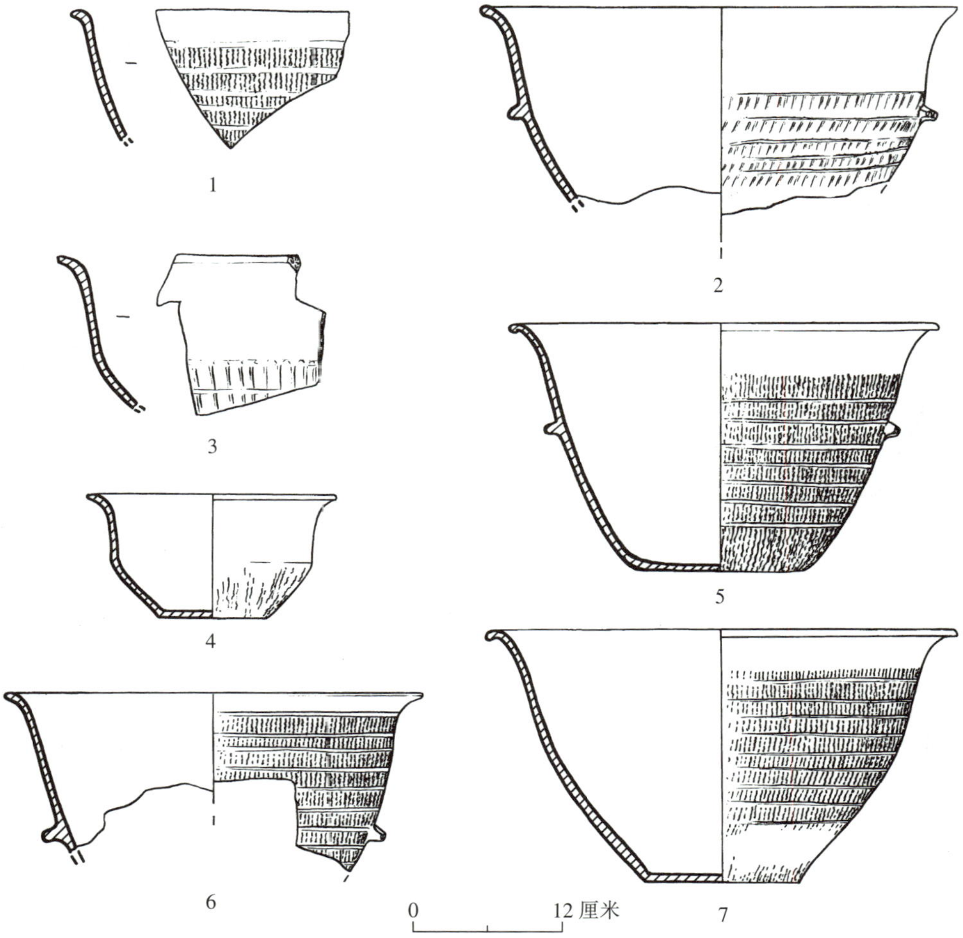

图 4－148　夏家店下层文化 B、C 型盆
1、7. BⅡ式（ⅠF29①:2、ⅠH235⑳:14）　2、5、6. BⅠ式（ⅦH4:2、ⅠH344⑤:2、ⅠH158①:2）
3、4. C 型盆（ⅠH430②:9、ⅠH474②:5）

Ⅱ式：6 件，复原 2 件。口沿特征近 AaⅢ式盆，上腹较Ⅰ式略内收。ⅠG2⑪:11，泥质灰陶。厚圆唇。腹部经打磨，下腹有竖向绳纹痕迹，似为 2 号。口径 28.2、高 10.8 厘米（图 4－149，5；图版一一，3）。ⅠH235⑯:27，泥质灰陶。厚圆唇。器表经打磨。素面。口径 28.4、高 10 厘米（图 4－149，7；彩版四五，2）。

E 型　4 件，复原 2 件。浅腹，腹壁斜直。不分式。ⅠH79:4，泥质灰陶。圆唇内侧加厚。腹饰弦纹，纹路不甚平行，有交错现象。口径 27.2、高 8 厘米（图 4－149，6；彩版四〇，1）。ⅠH150①:6，泥质灰陶。厚圆唇。腹部经打磨，下腹近底处遗有竖向 2 号绳纹。内壁及底均有轮旋痕迹。口径 27.6、高 8.2 厘米（图 4－149，8；图版六，5）。ⅠH485①:1，口腹残片。泥质灰陶。窄卷沿，圆唇。素面。器表有轮旋痕迹。口径 24.8、残高 6.8 厘米（图 4－150，4）。

有 6 件陶盆标本形制较为特殊。ⅠH137④:1，底残。泥质灰陶。卷沿较窄，圆唇，深腹，上腹斜直，下腹折收。腹中部偏下有对称鸡冠状鋬手。腹饰较规整的弦断绳纹，

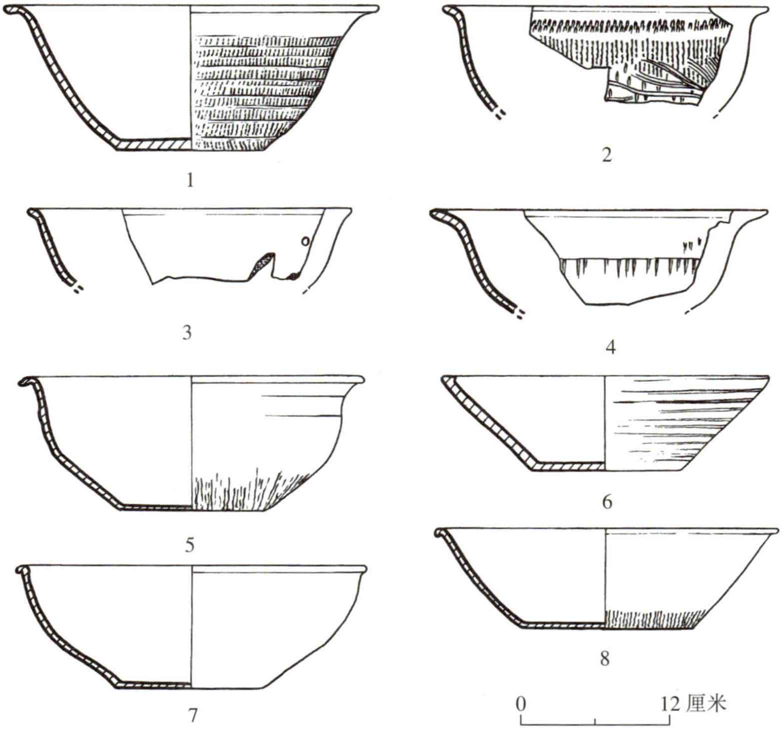

图 4－149　夏家店下层文化 D、E 型盆

1～4. DⅠ式（ⅠH151①:2、ⅠF8h1:13、ⅠH422⑤:4、ⅠH430②:10）
5、7. DⅡ式（ⅠG2⑪:11、ⅠH235⑯:27）　6、8. E 型盆（ⅠH79:4、ⅠH150①:6）

绳纹为竖向 1 号。口径 38、残高 18.4 厘米（图 4－150，9）。ⅠH156③:2，夹砂灰褐陶。卷沿圆唇，深腹，腹壁斜直，小平底。腹饰弦断绳纹，弦纹颇不规则，绳纹为竖向 3 号。口径 34、高 20 厘米（图 4－150，10；图版六，3）。ⅠF33②:3，泥质红褐陶。卷沿稍侈，圆唇，鼓腹，沿、腹之间无明显分界。素面。口沿及上腹有轮旋痕迹。口径 25、高 11 厘米（图 4－150，7；彩版三九，1）。ⅠG2⑪:14，泥质灰褐陶。卷沿近平，沿面较窄，圆唇，深腹，腹壁较直。素面。口径 18.4、高 10.8 厘米（图 4－150，6；图版一一，1）。ⅠH235⑯:28，口腹残片。泥质灰陶。敛口，厚圆唇外凸，鼓腹。器表磨光，内壁有轮旋痕迹。口径约 22.4、残高 7.2 厘米（图 4－150，8）。ⅠH413②:13，口腹残片。泥质灰陶。卷沿圆唇，浅腹，腹外壁中部缓折。器表磨光，内壁有轮旋痕迹。口径约 27.2、残高 4.8 厘米（图 4－150，1）。

此外，还有 6 件小盆标本，通高皆在 10 厘米以下。ⅠH33②:1，夹砂红陶。宽卷沿，圆唇，深腹，腹壁斜直。口沿及上腹磨光，下腹保留竖向 3 号绳纹。口径 13.2、高 7.2 厘米（图 4－150，5；图版五，2）。ⅠG2⑪:17，泥质黄褐陶。窄沿近平，尖唇，深弧腹。器表磨光。内壁及底皆有轮旋痕迹，当系轮制。口径 16、高 7.6 厘米（图 4－150，3；图版一一，2）。ⅠH145②:3，泥质灰陶。卷沿圆唇，腹较浅，腹壁斜直，沿内侧与器表磨光。口径 13.6、高 5.6 厘米（图 4－150，2；彩版四〇，2）。

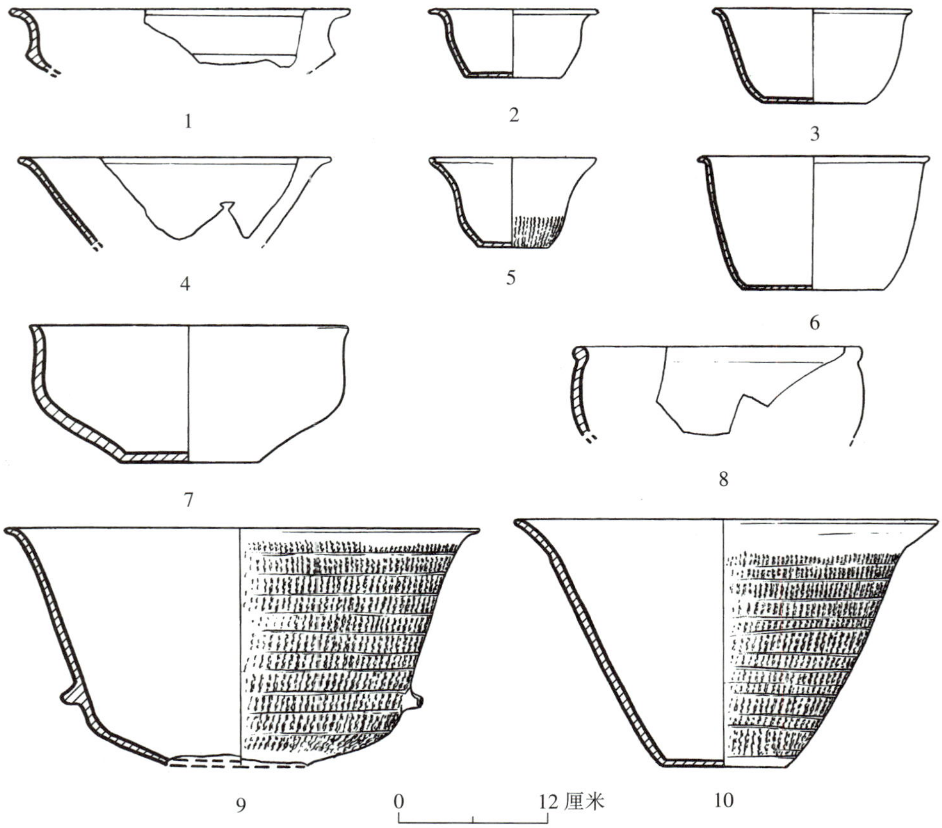

图4－150　夏家店下层文化陶盆

1、6～10. 未分型标本（ⅠH413②:13、ⅠG2⑪:14、ⅠF33②:3、ⅠH235⑯:28、ⅠH137④:1、ⅠH156③:2）　2、3、5. 小盆（ⅠH145②:3、ⅠG2⑪:17、ⅠH33②:1）　4. E型（ⅠH485①:1）

7. 尊

绝大多数为泥质陶，仅个别为夹砂陶。一般为敞口，卷沿，下腹折收，平底。口沿和折棱以上腹部（以下称上腹）多经磨光，口沿内外的磨痕多为横向，上腹磨痕则多纵向。下腹多素面，有少量留有绳纹。依形体特征可分三型。

A型　108件。粗胖体，折棱处腹径与通高的比值大致约为1。可分三式。

Ⅰ式：28件，复原2件。宽卷沿外侈，上腹较直或外撇，沿、腹分界不明显，腹部折棱多较圆钝。ⅠT413⑥:5，泥质灰陶。窄方唇，上腹外撇程度较大。口沿与上腹有黑色陶衣，但已脱落殆尽。轮制痕迹十分明显。口径18.8、高10.8厘米（图4－151，5；图版三，3）。ⅠH169②:9，泥质红陶。圆唇，上腹外撇程度较大，折腹处凸起形成台棱，下腹近底处曲收。口径18.4、高11.5厘米（图4－151，4；彩版四二，2）。ⅠH34③:16，口腹残片。泥质灰陶。薄圆唇，上腹外撇程度较大，腹部折棱上侧有一周浅凹槽。内壁有轮旋痕迹。口径17、残高10厘米（图4－151，2）。ⅠH34③:11，口腹残片。泥质灰陶。薄圆唇，上腹较直。口沿内侧残留有红色彩绘。内壁有轮旋痕

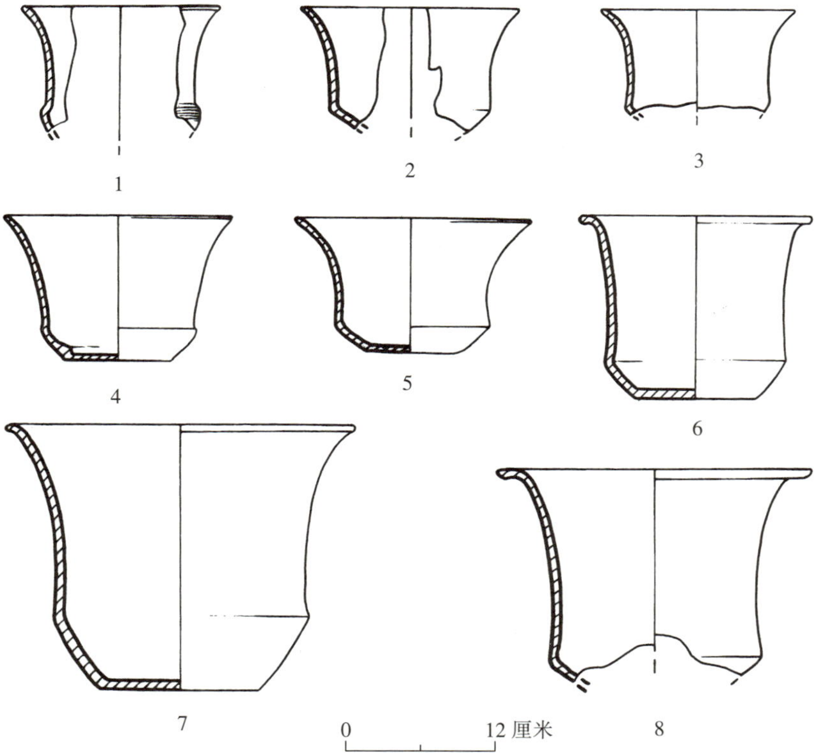

图 4－151　夏家店下层文化 A 型尊
1～5. AⅠ式（ⅠH34①:13、ⅠH34③:16、ⅠH34③:11、ⅠH169②:9、ⅠT413⑥:5）
6～8. AⅡ式（ⅠF8h1:2、ⅠF8h1:5、ⅠF1④B:5）

迹。口径 15.6、残高 8 厘米（图 4－151，3）。ⅠH34①:13，口腹残片。泥质灰陶。圆唇，上腹近直，折腹处凸起形成台棱。沿内与器表有黑色陶衣。内壁有轮旋痕迹。口径 16、残高 8.8 厘米（图 4－151，1）。

Ⅱ式：63 件，复原 3 件。上腹略内收，多呈凹弧形，沿上端外卷近平，腹部折棱多比较明显。ⅠF13①:3，泥质灰陶。圆唇略厚，上腹较直。沿内及器表施黄褐色陶衣，上腹留有极暗的图案化花纹，其颜色比黄褐色陶衣深，估计是烧制前所绘。此器系由碎陶片拼对复原，花纹有残缺、脱落和磨损现象，完整的图案如何，已不得而知。口径 24.5 厘米，高 20.5 厘米（图 4－152；彩版三八，1）。ⅠF8h1:5，黄褐陶。圆唇，上腹略内弧。口沿及上腹磨光。口径 27.6、高 21.4 厘米（图 4－151，7；彩版三七，4）。ⅠF8h1:2，泥质灰陶。圆唇，上腹近直。口沿及上腹有黄褐色陶衣。口径 18.6、高 15.2 厘米（图 4－151，6；彩版三七，5）。ⅠF1④B:5，下腹及底残。泥质红陶。沿上端外缘略加厚，圆唇，上腹内弧。内壁有轮修痕迹。口径 25.2、残高 17.2 厘米（图 4－151，8）。ⅠH422⑧:1，口腹残片。泥质灰褐陶。圆唇稍厚，上腹内弧。内壁可见轮旋痕。口径 25.2、残高 18 厘米（图 4－153，7）。ⅠF25①:3，口腹残片。泥质红陶。圆唇略厚，上腹稍内弧。口径 19、残高 13.2 厘米（图 4－153，4）。ⅠH206③:4，口腹残片。泥质红陶。圆唇，上腹内弧。内壁有轮旋痕。口径 21、残高 13.6 厘米（图

4－153，1）。ⅠF55①:14，口腹残片。泥质灰陶。上腹稍内弧。口径约28.8、残高约14.4厘米（图4－153，8）。

图4－152 夏家店下层文化AⅡ式尊
（ⅠF13①:3）

Ⅲ式：17件，复原3件。上腹内弧，沿外端略下卷，腹部折棱明显。ⅠG2⑫:1，泥质灰陶。厚圆唇。上腹及口压磨光亮，略泛黑灰色，下腹保留有竖向3号绳纹。口径22.4、高15厘米（图4－153，6；彩版五二，2）。ⅠH379②:22，泥质灰陶。厚圆唇，上腹内弧程度较大。下腹有竖向2号绳纹。口径20、高13.6厘米（图4－153，5；彩版四八，3）。ⅠH379②:34，泥质灰陶，胎芯略发红。厚圆唇。器表打磨痕迹皆为横向。内壁有轮旋痕。口径28.4、高22厘米（图4－154，7；图版六，6）。ⅠH379②:33，下腹及底残。泥质红陶。圆唇。器身打磨痕迹均为横向。口径16.8、残高8.8厘米（图4－153，2）。ⅠH379②:32，下腹及底残。泥质灰陶。厚圆唇。内壁有轮旋痕。口径17、残高9.6厘米（图4－153，3）。

B型 28件。瘦高体，折棱处腹径与通高的比值在0.6～0.8之间。可分三式。

Ⅰ式：6件。皆残。口部特征同AⅠ式尊，上腹外撇程度较大。ⅠH34③:19，口沿残。泥质灰褐陶。内壁有明显轮旋痕迹。残高9.6厘米（图4－154，2）。ⅠH165:3，口沿残。泥质红陶。内壁可见泥条盘筑痕迹，泥条宽约1厘米。残高11.2厘米（图4－154，1）。

Ⅱ式：18件，复原2件。口部特征同AⅡ式尊，上腹内收，腹壁较直。ⅠH136②:13，泥质灰陶，胎芯略发红。圆唇。内外壁皆有轮旋痕迹。口径16.8、高14.5厘米（图4－154，3；图版六，2）。ⅠH145②:2，泥质红陶。圆唇，上腹略外撇。口径18.5、高16.2厘米（图4－154，6；图版六，1）。ⅠF42②D:9，底部残。泥质红陶。圆唇，上腹较直。内壁可见泥条盘筑和轮修痕迹，泥条宽度在0.8～1厘米之间。口径20、残高14.4厘米（图4－154，8）。ⅠH138:9，口沿残。泥质灰陶，胎芯略发红。上腹近直。内壁有轮旋痕迹。残高12.8厘米（图4－154，5）。

Ⅲ式：4件。皆残。口部特征同AⅢ式尊，上腹内弧。ⅠH379②:23，唇缘残。泥质灰陶。下腹保留竖向2号绳纹。器表有烟熏痕迹。残高13.6厘米（图4－154，4）。ⅠH121①:4，口腹残片，出自战国灰坑。泥质红褐陶。厚圆唇。内壁有轮修痕迹。口径16、残高12.4厘米（图4－155，4）。

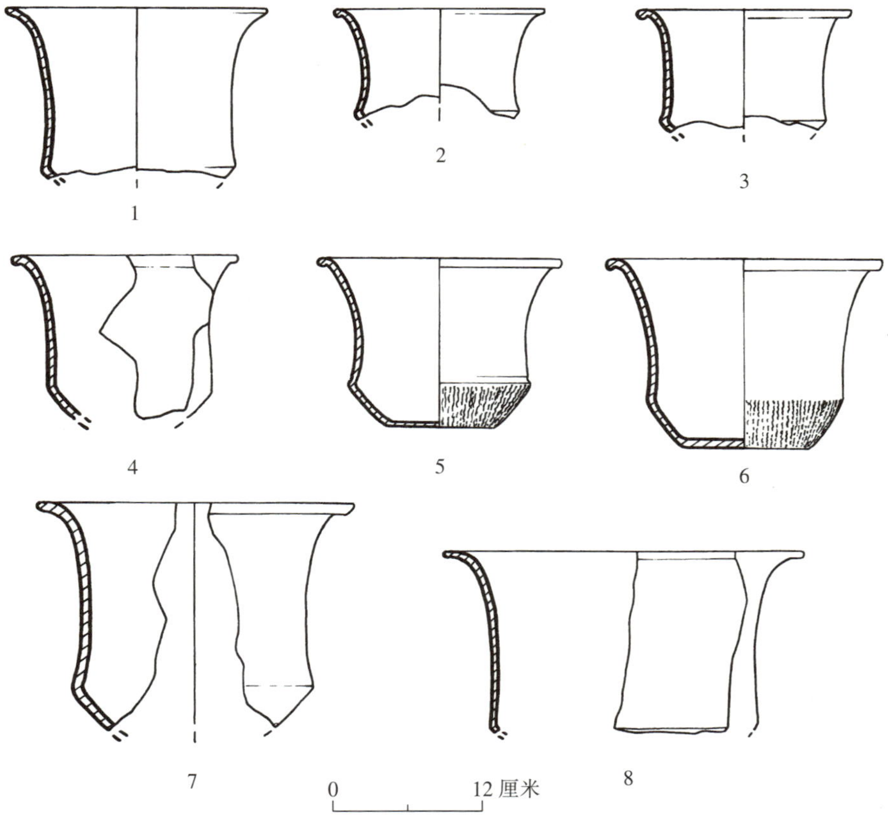

图 4－153　夏家店下层文化 A 型尊
1、4、7、8. AⅡ式（ⅠH206③:4、ⅠF25①:3、ⅠH422⑧:1、ⅠF55①:14）
2、3、5、6. AⅢ式（ⅠH379②:33、ⅠH379②:32、ⅠH379②:22、ⅠG2⑫:1）

C 型　5 件，复原 1 件。扁体，折棱处腹径与通高的比值大于 1.2。ⅠH348①:3，泥质灰陶。卷沿，沿外端略下勾，圆唇，上腹内弧，折棱较锐。下腹保留竖向 2 号绳纹。内壁可见轮修痕迹。口径 22.4、高 11.6 厘米（图 4－155，2；图版九，2）。ⅠH137④:4，底部残。泥质灰褐陶。卷沿翻卷成厚圆唇，上腹略内弧。内壁可见轮修痕。口径 19.2、残高 12 厘米（图 4－155，1）。ⅠG2⑬:24，下腹及底残。泥质灰陶。卷沿，沿外端下勾，厚圆唇，上腹内弧。口径 28、残高 14.8 厘米（图 4－155，9）。ⅠT404④:2，口腹残片，出自战国层。泥质红陶。卷沿翻卷成厚圆唇，上腹内弧。沿内与器表均横向打磨痕迹。口径 20、残高 8.4 厘米（图 4－155，10）。

除上述三型之外，还有 5 件陶尊形制较为特殊。ⅠG2⑬:12，夹砂灰陶。形近 A 型尊而略小。卷沿，沿、腹之间分界不明显，薄圆唇，腹中部偏下折收。折棱处置对称扁纽状竖耳。器表压磨光亮。口径 12、高 8 厘米（图 4－155，6；图版一二，3）。ⅠH149:4，泥质灰陶。形近 B 形尊而腹呈直筒状。圆唇。内壁有较明显的泥条盘筑痕迹。口径 14.2、高 15.8 厘米（图 4－155，5；图版六，4）。ⅠF6②:3，泥质灰陶，厚胎。形体近 A 型尊，略小。沿、腹分界不明显，圆唇。口沿及上腹经压磨，略呈黄褐色。口径 15、高 9.6 厘米（图 4－155，7；图版三，1）。ⅠF42②D:8，泥质灰褐陶，

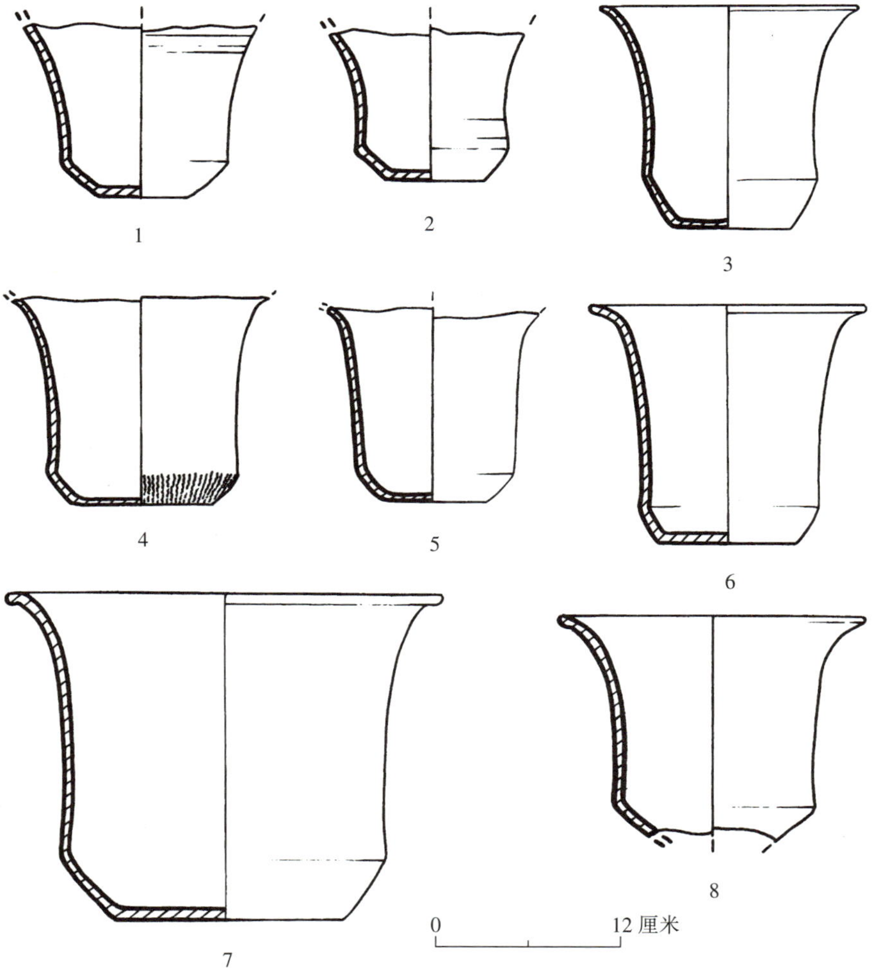

图 4－154　夏家店下层文化 A、B 型尊

1、2. BⅠ式（ⅠH165:3、ⅠH34③:19）　3、5、6、8. BⅡ式（ⅠH136②:13、ⅠH138:9、ⅠH145②:2、ⅠF42②D:9）　4. BⅢ式（ⅠH379②:23）　7. AⅢ式（ⅠH379②:34）

厚胎。形体近 C 型尊而略小。沿、腹无明显分界，斜方唇。下腹保留竖向 3 号绳纹，底部也有绳纹印痕。内外壁皆有轮旋痕迹。口径 14.8、高 7.8 厘米（图 4－155，8；图版四，5）。ⅠF6④:2，泥质红陶。形体近 B 型尊，上腹内收程度较大，但口沿外翻不明显，圆唇。上腹内侧有轮修痕迹。口径 12.2、高 13.4 厘米（图 4－155，3；彩版三六，3）。

8. 豆

均泥质陶。豆盘为敞口，腹一般较浅，盘底有凹窝，细高柄，下端呈喇叭形。豆盘内外与柄部表面经磨光处理。皆为轮制，中空的柄内有明显的拉坯成形时的旋转痕迹。可分二式。

Ⅰ式：16 件，复原 1 件。盘口略窄，盘径与盘深之比约为 4:1，盘内凹窝与内壁

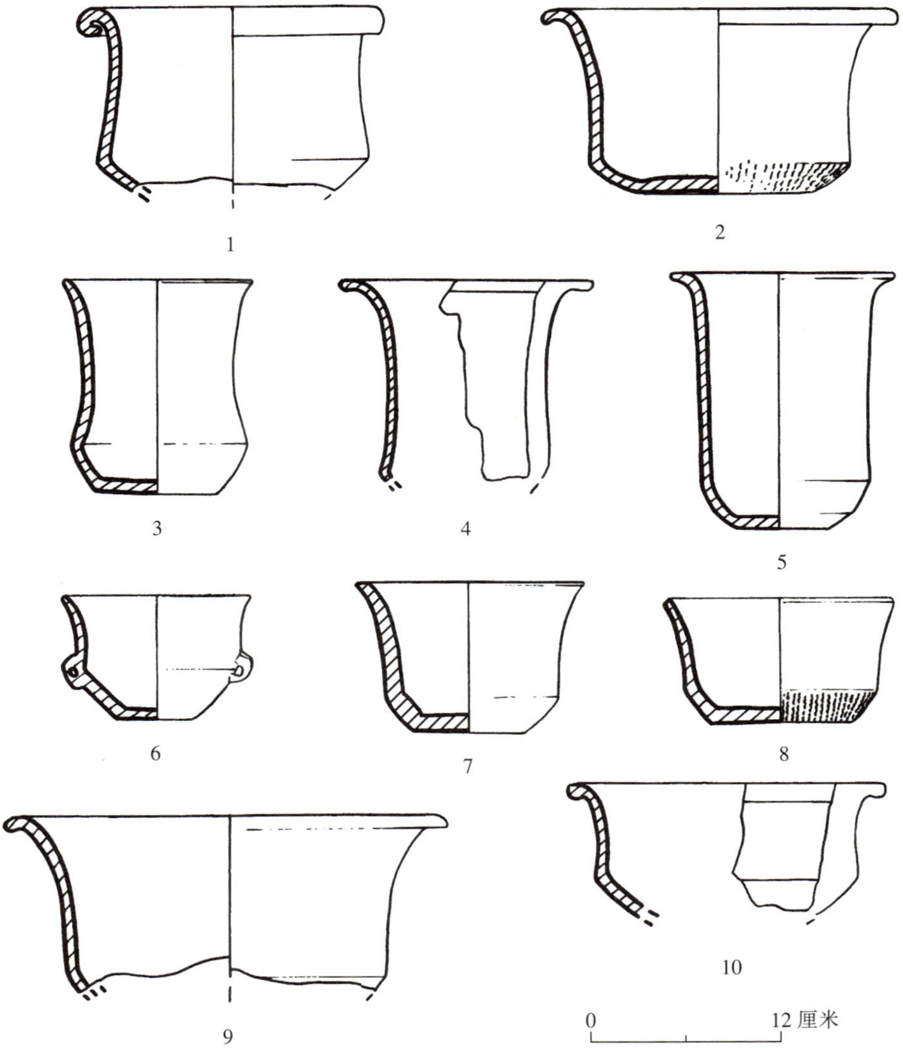

图 4－155　夏家店下层文化 B、C 型及未分型尊
1、2、9、10. C 型（ⅠH137④:4、ⅠH348①:3、ⅠG2⑬:24、ⅠT404④:2）
3、5～8. 未分型标本（ⅠF6④:2、ⅠH149:4、ⅠG2⑬:12、ⅠF6②:3、ⅠF42②D:8）
4. BⅢ式（ⅠH121①:4）

之间过渡圆缓。ⅠH203:6，灰陶。沿外端略下垂，圆唇较薄。盘径 18.8 厘米，盘深 4.7、高 22.6 厘米（图 4－156，1；彩版四三，3）。ⅡF3:14，柄残。红陶。圆唇，盘与柄之间出棱。盘径 16、盘深 3.7、残高 6 厘米（图 4－156，3）。ⅡF2①:6，柄残。灰陶。沿外端微下垂，薄圆唇，盘与柄之间出棱。盘径 18.3、盘深 5、残高 11.2 厘米（图 4－156，4）。ⅠT423④B:3，柄残。红陶。沿外端近平，圆唇，盘与柄之间出棱。盘径 16.8、盘深 4、残高 6.7 厘米（图 4－156，7）。ⅠH430②:4，豆盘上部残。灰陶。盘与柄之间起棱。盘内与器表有酱色陶衣，陶衣脱落严重。残高 17.6 厘米（图 4－156，5）。ⅠF15③:2，盘底及柄残。灰陶，胎芯略发红。卷沿近平，圆唇。盘内有红、

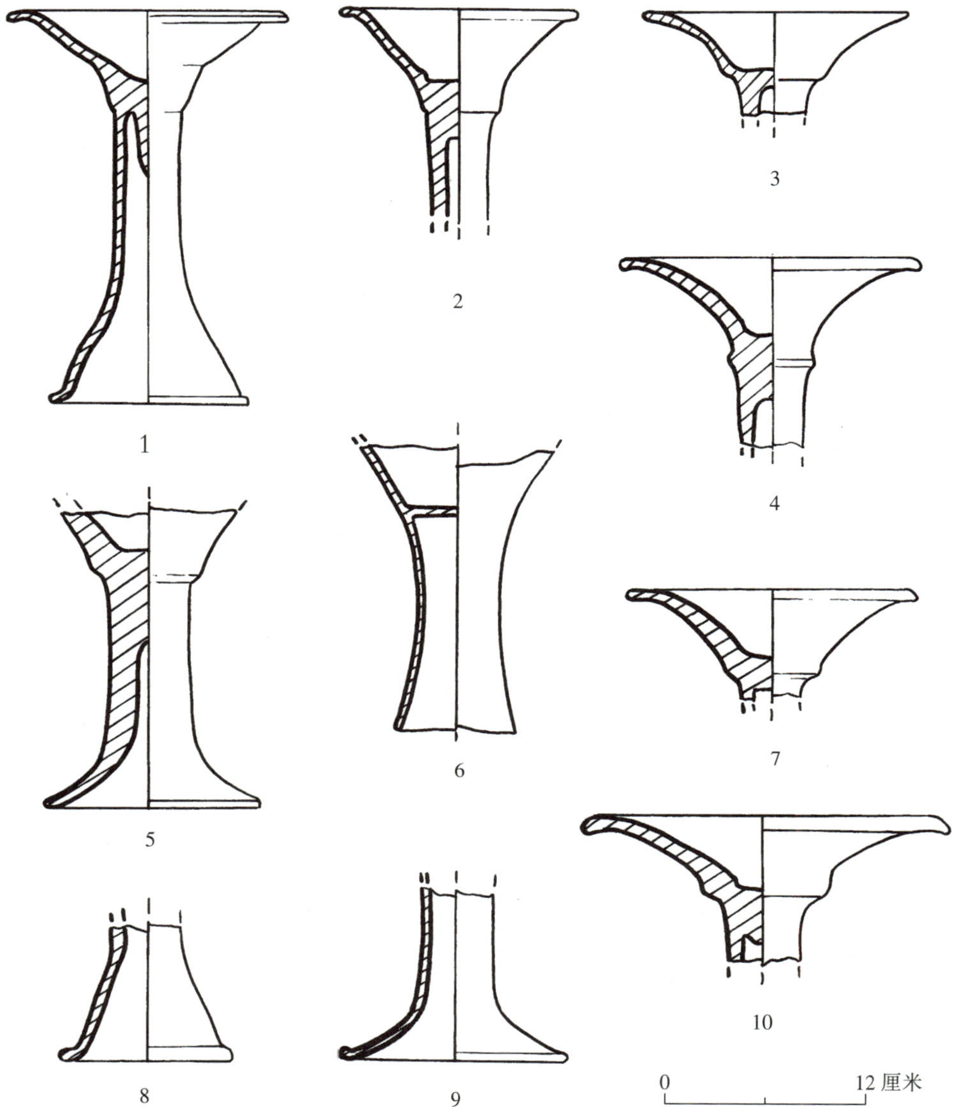

图 4－156　夏家店下层文化陶豆
1、3～5、7. Ⅰ式（ⅠH203∶6、ⅡF3∶14、ⅡF2①∶6、ⅠH430②∶4、ⅠT423④B∶3）
2、6. 未分型标本（ⅠH37③∶9、ⅠH304③∶3）　8、9. 豆柄（ⅠH116⑧∶3、ⅠH137④∶13）
10. Ⅱ式（ⅠH379②∶31）

白二色彩绘，图案似可分三个单元。盘径 16.8、残高 2.8 厘米（图 4－157；彩版三八，2）。

Ⅱ式：2 件。皆残片。盘口略宽，盘径与盘深之比大致为 5∶1，盘内凹窝与内壁之间界限明显。ⅠH379②∶31，柄残。灰陶，胎芯略发红。沿外端略下垂，厚圆唇，盘与柄之间起棱。盘径 21.8、盘深 4.4、残高 8.4 厘米（图 4－156，10）。

另有豆盘标本 4 件难以确定式别。

有 2 件豆形制较为特殊。ⅠH37③∶9，柄残。灰陶。盘腹斜直，卷沿近平，薄圆

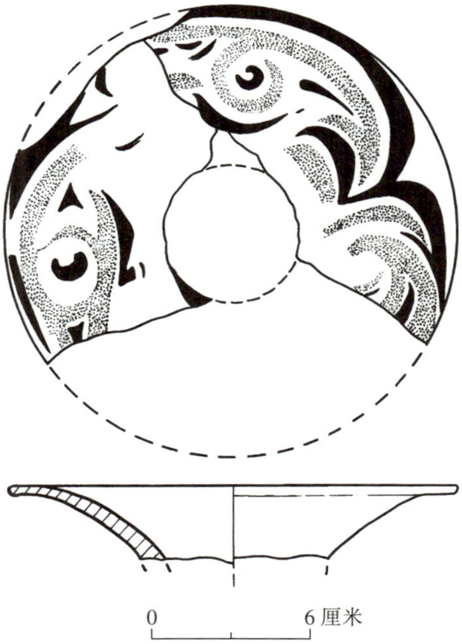

图4－157　夏家店下层文化Ⅰ式豆
（ⅠF15③:2）

唇，盘内凹窝与内壁界限不明显。盘径14.3、盘深4.4、残高12.1厘米（图4－156，2）。ⅠH304③:3，盘口与柄下端残。灰陶。盘腹似较深，盘内凹窝与内壁界限不明显，柄较粗，盘柄之间从外侧看不出明显分界。残高14.8厘米（图4－156，6）。

此外还有残豆柄5件。ⅠH137④:13，柄上端残。灰陶。柄中部呈直筒形，与下端底座之间转折较明显。残高10.5厘米（图4－156，9）。ⅠH116⑧:3，柄上部残，红陶。底座呈斜壁喇叭形，座沿平卷。残高8.2厘米（图4－156，8）。

9. 壶

绝大多数为泥质陶。小口高领，形体多数较小。器表多经磨光，素面。据口腹形态可分三型。

A型　17件，复原1件。直口或口微侈，鼓腹。ⅠH414:6，灰陶。口略侈，尖圆唇。下腹近底处有少许绳纹痕迹。口径7.4、高12.4厘米（图4－158，1；彩版四九，2）。ⅠG2⑬:5，下腹及底残。夹砂灰褐陶。直口，方唇。口径8、残高10.4厘米（图4－158，6）。ⅠG2⑯:8，下腹及底残。泥质红褐陶。口略侈，圆唇。口径8.2、残高8.4厘米（图4－158，10）。

B型　6件，复原2件。口略侈，粗颈，腹扁圆，整体较A型宽胖。ⅠT433④D:4，红陶。厚圆唇。表皮有脱落现象。口径10.6、高12厘米（图4－158，7；彩版五一，4）。ⅠH379②:24，灰褐陶。领上端外卷，厚圆唇，平底微内凹。口径8、高8厘米

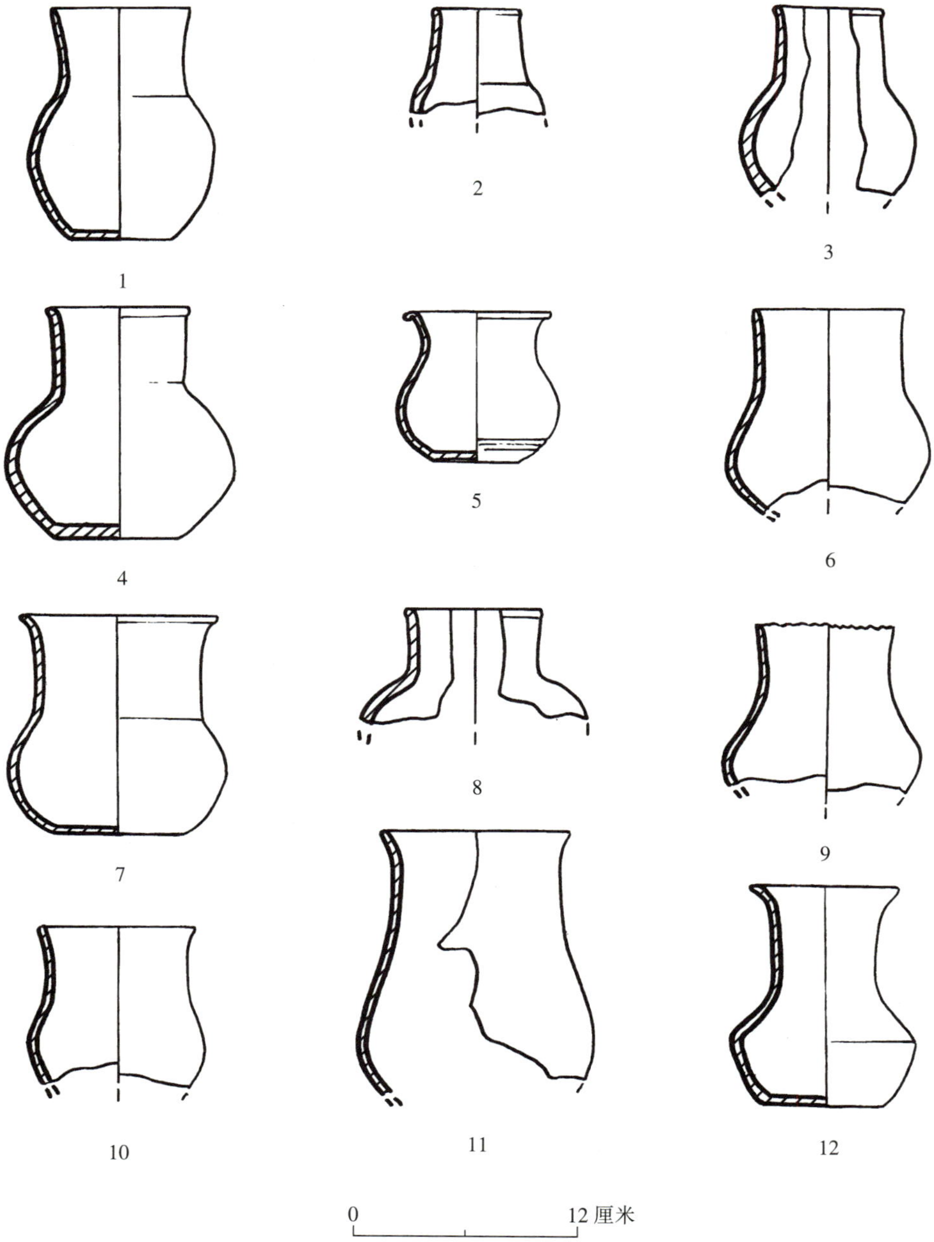

图4－158　夏家店下层文化陶壶

1、6、10. A型（ⅠH414:6、ⅠG2⑬:5、ⅠG2⑯:8）　2、3. 口沿第三种（ⅠG2①:26、ⅠH422⑥:1）
4. 未分型标本（ⅠF8h1:3）　5、7. B型（ⅠH379②:24、ⅠT433④D:4）　8. 口沿第一种（ⅠG1④:5）
9、12. C型（ⅠH366③:28、ⅠT110⑥:9）　11. 口沿第二种（ⅠH408②:1）

（图4－158，5；彩版四八，4）。

C型　7件，复原1件。口略侈，缓折腹。ⅠT110⑥∶9，灰陶。领上端外卷，圆唇。器底有轮旋痕。口径8、高11.6厘米（图4－158，12；彩版五五，4）。ⅠH366③∶28，下腹及底残，唇部略有残损。灰褐陶。口径约7.2、残高8.8厘米（图4－158，9）。

有1件壶形制较特殊，ⅠF8h1∶3。灰陶，器表经压磨呈黑灰色，仅底部有所残损。腹部特征近B型壶，但颈部较细。圆唇外凸。口径7.6、高12.8厘米（图4－158，4；彩版三七，3）。

另有三种口沿标本，难以归入上述三型。

口沿一：1件（ⅠG1④∶5），夹砂灰陶。直口微侈，圆唇，鼓腹程度较A、B型更大。内壁有手指垫压窝痕。口径约7.2、残高6.4厘米（图4－158，8）。

口沿二：3件。领、腹之间无明显界限。ⅠH408②∶1，泥质红陶。内壁有手指垫窝及轮旋痕迹。口径10、残高13.2厘米（图4－158，11）。

口沿三：2件。ⅠH422⑥∶1，泥质灰陶，胎芯略发红。小口内敛。圆唇微外凸，圆鼓腹。内壁有轮旋痕。口径5.6、残高10厘米（图4－158，3）。ⅠG2①∶26，泥质灰陶。形制几乎与前件完全相同。内壁有明显轮旋痕，当系轮制。口径4.6、残高6厘米（图4－158，2）。

10. 盘

数量较多的一种器类。均敞口浅腹。可分平底盘、圈足盘、三足盘、四足盘四小类。绝大多数为泥质陶，素面，器身一般系轮制而成，且多经磨光处理。

平底盘，可分二型。

A型　22件，复原4件。腹壁较斜直。ⅠF27②∶3，灰陶。圆唇，唇缘内侧起棱。内外壁上均留有轮旋痕。口径19.2、高4.8厘米（图4－159，2；图版四，1）。ⅠF7②∶3，灰陶。圆唇，唇缘内侧起棱。内外壁均经磨光。口径20.6、高3.6厘米（图4－159，12）。ⅠH235⑱∶22，红陶。圆唇，沿面内侧起棱。内外壁均经磨光。口径25.6、高4.8厘米（图4－159，9；图版七，5）。ⅠT110⑥∶2，灰陶。厚圆唇。内壁磨光，外壁可见轮旋痕迹。口径17、高2.8厘米（图4－159，1；彩版五五，2；图版一三，2）。

B型　复原2件。曲腹，沿、腹之间无明显界限。ⅠT408④∶5，灰陶。圆唇。沿及外壁磨光。口径23.6、高6厘米（图4－159，3；图版一三，4）。ⅠT406④A∶5，黄褐陶。沿上端外卷近平，圆唇。口沿磨光。口径18.4厘米，高4.8厘米（图4－159，4；图版一三，3）。

有3件平底盘形制比较特殊。ⅠH422⑤∶3，泥质灰褐陶。形近A型平底盘而腹甚浅。口径17.2、高1.6厘米（图4－159，5）。ⅠH418⑦∶3，泥质灰陶。形近A型平底盘而小，唇缘内侧起棱。口径11.6、高3.2厘米（图4－159，11）。ⅠH235⑯∶7，夹

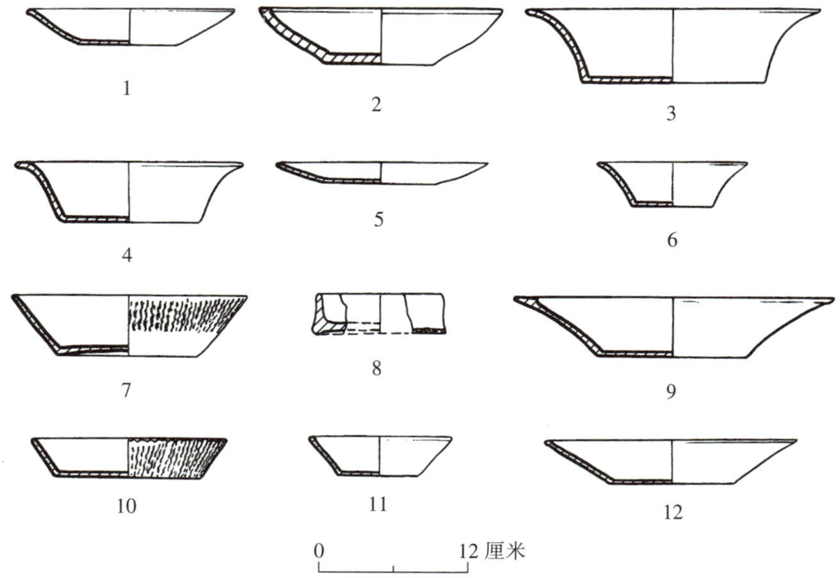

图4－159　夏家店下层文化平底盘
1、2、9、12. A型（ⅠT110⑥:2、ⅠF27②:3、ⅠH235⑱:22、ⅠF7②:3）　3、4. B型（ⅠT408④:5、ⅠT406④A:5）　5、6、11. 未分型标本（ⅠH422⑤:3、ⅠH235⑯:7、ⅠH418⑦:3）　7、8、10. 改制盘（ⅠT421⑥:2、ⅠH137①:7、ⅠH235⑯:6）

砂灰褐陶。形近B型平底盘而小。圆唇。口及腹外壁似有红色陶衣，但表皮脱落严重。器表有烟熏痕迹。口径12、高3.6厘米（图4－159，6）。

另有5件由泥质陶盆底或罐底加工改制而成的平底盘标本。ⅠH137①:7，灰陶。直口。系由圈足罐底改制而成，盘底边缘有打击和磨平的痕迹。口径10、高3.2厘米（图4－159，8）。ⅠH235⑯:6，红褐陶。系由盆底加工改制而成。腹部残留原器所饰的斜向2号绳纹。口径15.8、高3.2厘米（图4－159，10）。ⅠT421⑥:2，灰陶。系由盆底改制而成。口部打磨较精细。腹部保留原器所饰斜向3号绳纹。局部有烟熏痕迹。口径18.8、高4.8厘米（图4－159，7；图版一三，6）。ⅠH235⑳:16，灰陶。系用盆底改制，口部有较大的打击疤痕。腹部有烟熏痕迹。口径17.6、高5.2厘米（图4－160，7；图版八，6）。ⅠH187①:4，灰陶。口部加工规整细致。腹部保留原器所饰竖向3号绳纹。口径19.2、高5.8厘米（图4－160，1）。

圈足盘　3件，复原1件。ⅠH206③:5，泥质灰陶。敞口，浅斜腹，方唇，圈足短粗而直。器表磨光，底部可见轮旋痕迹。口径22.6、高7.2厘米（图4－160，5；彩版四四，2）。

三足盘　据腹足形状可分二型。

A型　13件，复原1件。卷沿，腹稍斜，平底下置三矮足，足身截面呈椭圆形。ⅠG6⑩:1，泥质灰陶，器表经压磨，略呈黑灰色，较光亮。卷沿近平，圆唇。口径28.3、高8.7厘米（图4－160，2；图版一〇，4）。ⅠT410④:1，足残。灰褐陶。腹部较直，口沿内侧及器表磨光，内壁可见轮旋痕。口径22、残高7.2厘米（图4－160，3）。

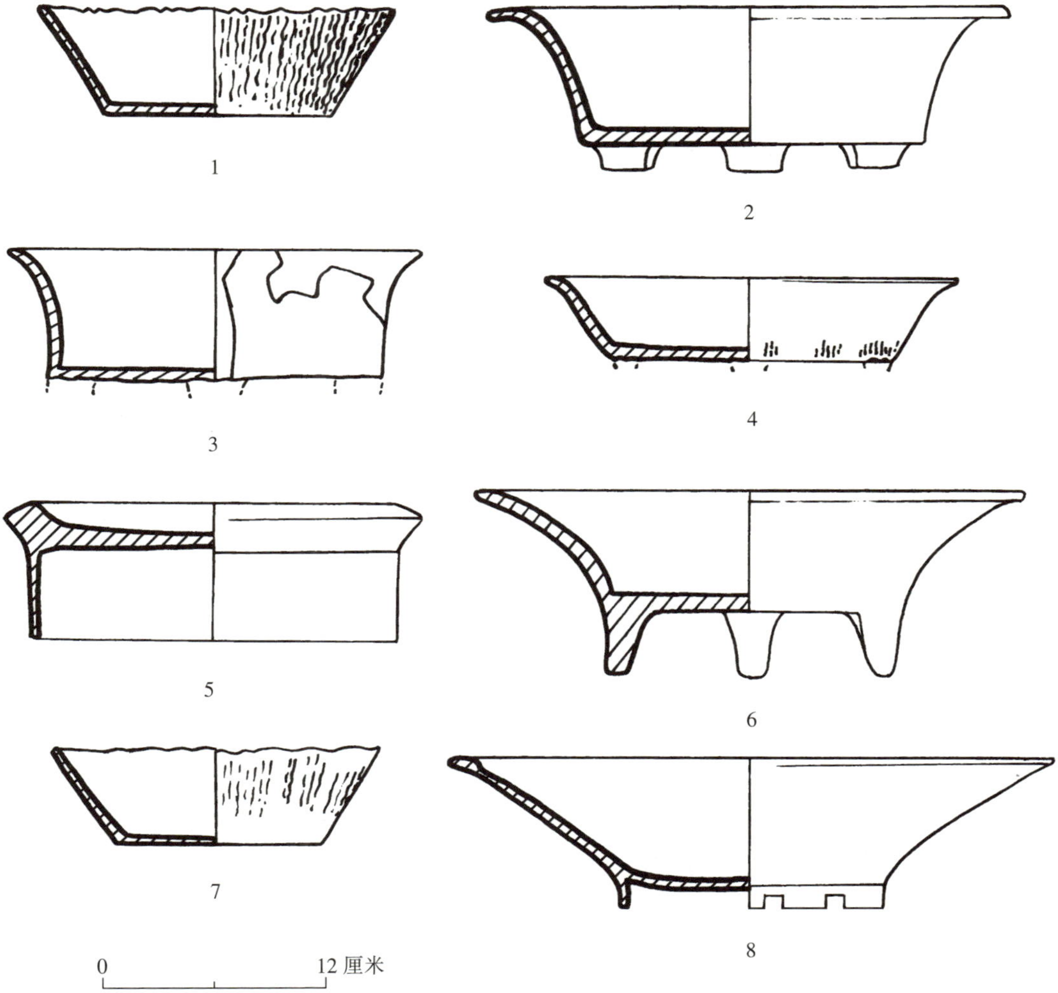

图 4 - 160　夏家店下层文化陶盘

1、7. 改制平底盘（ⅠH187①:4、ⅠH235⑳:16）　2、3. A 型三足盘（ⅠG6⑩:1、ⅠT410④:1）　4、6. B 型三足盘（ⅠH356①:5、ⅠH156④:4）　5. 圈足盘（ⅠH206③:5）　8. 四足盘（ⅠH187①:1）

B 型　3 件，复原 1 件。浅斜腹，平底下接三锥状足。ⅠH156④:4，泥质灰陶。宽卷沿，圆唇。内壁有泥条盘筑痕迹，三足系另制后以泥片贴接于器底。器表略经抹光，较粗糙。口径 28.8、高 9.5 厘米（图 4 - 160，6；彩版四二，4）。ⅠH356①:5，三足残。夹砂红褐陶。卷沿较窄，圆唇。内壁磨光，器表近底处残留有绳纹痕迹。口径 21.6、残高 4.4 厘米（图 4 - 160，4）。

四足盘　3 件，复原 1 件。ⅠH187①:1，泥质灰褐陶，胎芯略发红。圆唇，唇缘内侧起棱，斜直腹，底附四瓦足。瓦足系由矮圈足割断而成。口径 32.4、高 8 厘米（图 4 - 160，8；彩版四二，5）。

11. 碗

绝大多数为泥质陶，个别为夹砂陶。敞口。相对于陶盘来说，一般形体稍小，腹较深。有的器表磨光。可分三型。

A型　斜腹，腹较浅。据口部形状可分三亚型。

Aa型　10件，复原6件。无沿，圆唇或方唇。ⅠH344④:3，灰陶。圆唇，腹壁略曲。口及上腹磨光，下腹保留竖向2号绳纹。口径18.8、高6.4厘米（图4-161，12；图版九，3）。ⅠH235⑯:26，灰陶。圆唇。口及上腹磨光，内壁有轮旋痕迹。口径14.2、高4.8厘米（图4-161，3；图版八，1）。ⅠH277①:7，灰陶。圆唇，下腹近底处略曲。器表有轮旋痕，还有一条由口至底的纵向刻划痕。口径12、高4厘米（图4-161，14；图版九，5）。ⅠH282①:2，灰陶。圆唇，腹斜直。器表磨光。口径13.8、高3.8厘米（图4-161，6；图版九，6）。ⅠH235⑲:8，灰陶。圆唇。口部磨光。口径12.4、高3.6厘米（图4-161，1；图版八，3）。ⅠT423①:7，出自耕土层。灰陶。窄方唇。口部磨光。口径19.2、高5.6厘米（图4-161，10）。

Ab型　8件，复原2件。窄沿外卷。ⅠH235⑯:29，灰陶。窄沿近平，圆唇。口沿及器表磨光。口径19.8、高6.8厘米（图4-161，13；图版八，2）。ⅠG7③:1，灰陶。窄沿近平，圆唇。内外壁均有轮旋痕。口径13.6、高4.4厘米（图4-161，5；图版一〇，3）。ⅠH154②:1，口腹残片。灰陶。窄沿下斜，薄圆唇。腹略弧。器表磨光。口径18.8、残高4.4厘米（图4-161，9）。

Ac型　12件，复原3件。厚圆唇，唇缘内侧起棱。ⅠH328②:6，夹砂灰褐陶。内壁及上腹施有红色陶衣。下腹保留有竖向3号绳纹。口径17.6、高5.8厘米（图4-161，15；图版九，4）。ⅠH90③:2，灰陶。素面。口径15.6、高4.4厘米（图4-161，4；图版五，5）。ⅠH429:24，灰陶。器表有两道横向划痕。口径15.2、高3.6厘米（图4-161，2）。ⅠH90①:2，口腹残片。灰陶。器表磨光。口径17.2、残高4.5厘米（图4-161，8）。ⅠT337⑥:2，口腹底残片。灰陶，胎芯略发红。下腹保留竖向绳纹痕迹，上腹及内壁磨光。高4厘米（图4-161，11）。ⅠH496①:2，口腹残片。红褐陶，内壁与口部外侧磨光。口径12.4、残高3.6厘米（图4-161，7）。

B型　4件，复原2件。弧腹，腹较深。ⅠH34③:20，灰陶。圆唇，唇部外缘按压指窝纹一周。器表较粗糙。口径21.4、高10.6厘米（图4-162，3；图版五，1）。ⅠH480:12，灰陶。圆唇，唇缘内侧凸起。器表磨光，内壁可见轮旋痕迹。口径18、高7.6厘米（图4-162，13）。ⅠH155④:3，口腹残片。灰褐陶。方唇。器表磨光。口径18、残高6厘米（图4-162，10）。ⅠT408⑤:5，口腹残片。灰褐陶。圆唇。内外壁皆有轮旋痕。口径23.2、残高8.2厘米（图4-162，7）。

C型　6件，复原3件。斜腹，腹较A型为深。ⅠF50②:2，黄褐陶。方唇。器表磨光。口径17.6、高6.8厘米（图4-162，2；图版四，2）。ⅠH414:7，黄褐陶。圆唇。器表似有红色陶衣，但已剥蚀严重。口径22、高8厘米（图4-162，8；图版一〇，2）。ⅠH494②:5，黄褐陶。方唇。口部有轮旋痕迹。口径13.6、高5.6厘米（图4-162，12；图版一〇，1）。ⅠH150①:13，大体可复原。灰陶。圆唇，唇面有浅凹槽，器表近口处有弦纹一周。口径约20、高约8厘

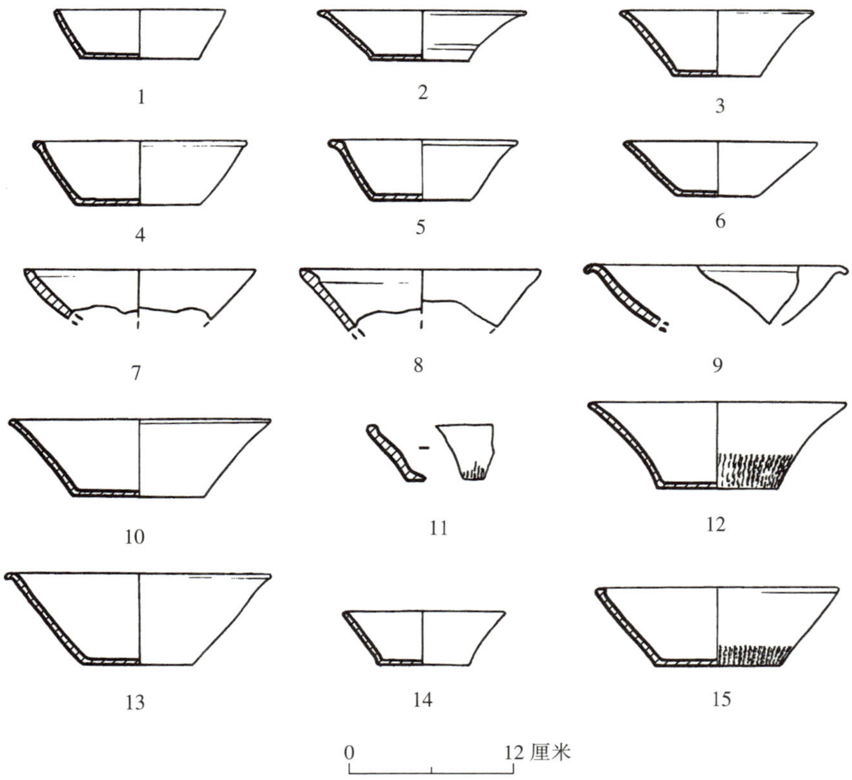

图 4－161　夏家店下层文化 A 型碗

1、3、6、10、12、14. Aa 型（ⅠH235⑲:8、ⅠH235⑯:26、ⅠH282①:2、ⅠT423①:7、ⅠH344④:3、ⅠH277①:7）　2、4、7、8、11、15. Ac 型（ⅠH429:24、ⅠH90③:2、ⅠH496①:2、ⅠH90①:2、ⅠT337⑥:2、ⅠH328②:6）　5、9、13. Ab 型（ⅠG7③:1、ⅠH154②:1、ⅠH235⑯:29）

米（图 4－162，11）。

有 2 件碗形制较特殊。ⅠG2②:5，灰陶。卷沿圆唇，腹略曲。底部外缘有一周箍状堆纹，堆纹上压印一周指窝，内外腹壁皆磨光。口径 14.2、高 6.4 厘米（图 4－162，5；图版一〇，6）。ⅠT420⑤:13，口腹底残片。红陶。圆唇，浅弧腹，平底，底缘外凸。内外壁皆有轮旋痕迹。高 2.4 厘米（图 4－162，4）。

还有 3 件以罐或盆类器的底部改制而成的碗。ⅠT325⑦:1，红陶。系以圈足罐底部改制而成。底边有打磨痕迹。口径 12、高 6.4 厘米（图 4－162，6）。ⅠH90④B:2，灰褐陶。口部有明显残断后打磨痕迹。器表隐约可见竖向绳纹痕迹。口径 12.8、高 5.2 厘米（图 4－162，1；图版五，4）。ⅠH245:1，出于战国时期灰坑。夹砂红褐陶。可能是以罐类器底部改制而成。器内外壁皆经磨光。口径 12、高 6.8 厘米（图 4－162，9）。

12. 钵

多泥质陶。形体大小与碗相似，敛口。数量较少。可分二型。

A 型　19 件，复原 4 件。斜弧腹，腹壁外敞程度较大。ⅠF18W:2，夹砂灰褐陶。

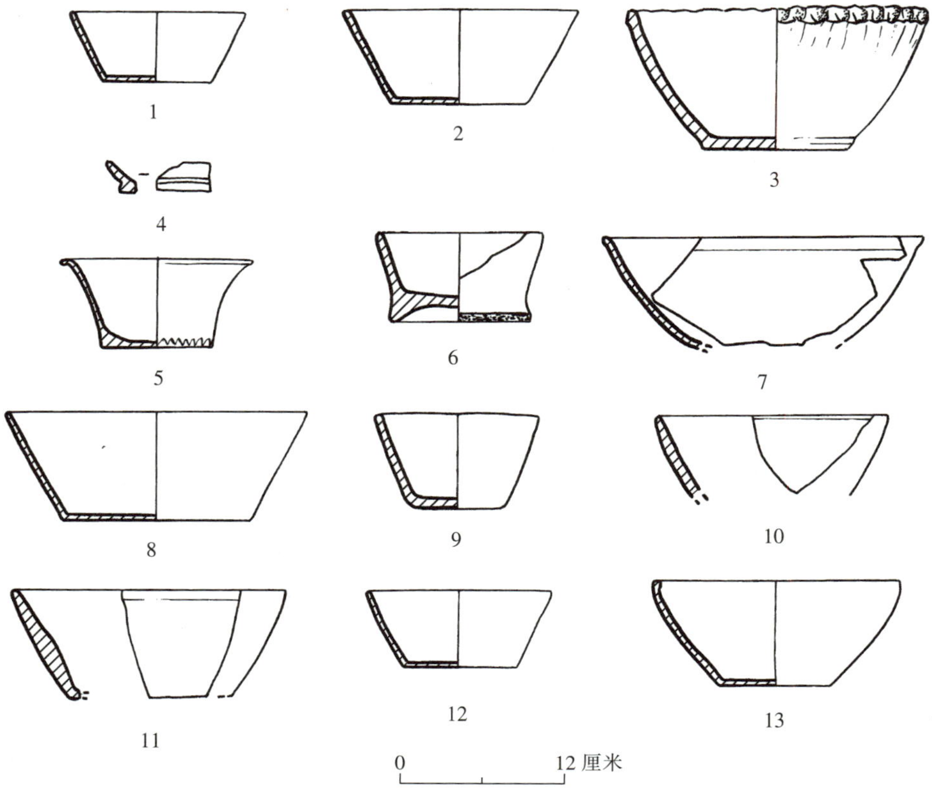

图4－162　夏家店下层文化陶碗

1、6、9. 改制碗（ⅠH90④B:2、ⅠT325⑦:1、ⅠH245:1）　2、8、11、12. C型（ⅠF50②:2、ⅠH414:7、ⅠH150①:13、ⅠH494②:5）　3、7、10、13. B型（ⅠH34③:20、ⅠT408⑤:5、ⅠH155④:3、ⅠH480:12）　4、5. 未分型标本（ⅠT420⑤:13、ⅠG2②:5）

圆唇内侧加厚。器壁内外皆经刮抹，但器表仍隐约可见绳纹痕迹，器底也印有竖直绳纹。有烟熏痕迹。口径16.8、高7.4厘米（图4－163，1；彩版三八，3）。ⅠH204:1，泥质红褐陶。圆唇，下腹近底处微曲。口部略经打磨，下腹保留有斜向3号绳纹。整体看器形不甚规整。口径22.4、高9.1厘米（图4－163，6；彩版四四，1）。ⅠF42②C:1，泥质灰陶。口微敛，圆唇，下腹略曲。器表磨光，内壁有轮旋痕迹。口径15.6、高7.6厘米（图4－163，3；图版四，3）。ⅠH445:16，泥质灰陶。圆唇，腹较浅。口部磨光，下腹留有竖向2号绳纹。口径15.8、高6.4厘米（图4－163，2；图版四，6）。ⅠH37④:5，口腹残片。夹砂灰陶，胎芯发红。圆唇。内壁和器表上部有轮旋痕，下腹保留有竖向1号绳纹。残高6厘米（图4－163，5）。ⅠF42②D:20，口腹残片。泥质红陶，器壁厚薄不均。圆唇。内外壁皆有轮旋痕。口径12、残高4.6厘米（图4－163，4）。

B型　复原1件。ⅠF13②:4，夹砂红褐陶。圆唇，深弧腹，腹壁外敞程度较小，口及上腹经打磨，下腹留有竖向3号绳纹，纹痕模糊。口径12.8、高8厘米（图4－163，7；图版三，2）。

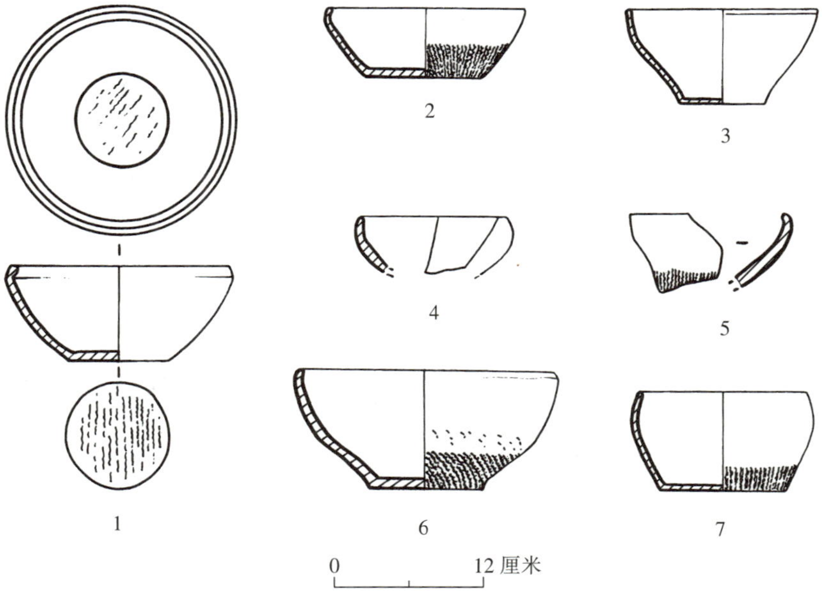

图 4－163　夏家店下层文化陶钵
1～6. A 型（ⅠF18W∶2、ⅠH445∶16、ⅠF42②C∶1、ⅠF42②D∶20、ⅠH37④∶5、ⅠH204∶1）
7. B 型（ⅠF13②∶4）

除以上 12 类器物之外，还有几种器类，但数量都很少。

甑　1 件。ⅠG6⑪∶4，腹底残片，泥质灰陶，胎芯略发红。底部中央有一圆孔。腹饰竖向 3 号绳纹。内壁及底留有一层灰白色水垢。残高 4 厘米，底部圆孔孔径 1.8 厘米（图 4－164，6）。

簋　4 件。皆残。ⅠH235⑲∶9，圈足残。泥质灰陶。敞口，卷沿圆唇，腹与圈足相接处较直。器表磨光。内壁可见轮旋痕。口径 16.4、残高 7.6 厘米（图 4－164，7；图版八，4）。ⅠH90④B∶1，圈足残。泥质灰褐陶。敞口，圆唇，曲腹，沿腹之间无明显转折。器表经打磨。内壁有明显轮旋纹，应系轮制。口径 16.8、高 6.4 厘米（图 4－164，1）。

杯　11 件，其中完整者 2 件。ⅠH429∶20，泥质灰陶。敞口，尖圆唇，曲腹平底。素面，器表略经打磨。口径 6.6、高 5 厘米（图 4－164，5）。ⅠH449⑬∶3，夹砂灰褐陶。直口微侈，圆唇，腹略鼓，平底。器表经打磨，但腹部仍可见隐约的竖向绳纹痕迹。下腹及底有烟熏痕。口径 6.2、高 6 厘米（图 4－164，2；图版五，6）。ⅠH235⑪∶8，口腹残片。泥质灰陶。直口平唇，筒形深腹。器表打磨光亮。内壁遗有泥条盘筑痕迹。口径 8、残高 11.2 厘米（图 4－164，3）。ⅠG2⑰∶14，腹底残片。泥质灰陶。斜直腹，平底。器表磨光。内壁有轮旋痕。残高 4.4 厘米（图 4－164，8）。

垫状器　1 件。ⅠG2③∶1，泥质灰陶。形似圈足器的底部，垫面平整，有磨蚀痕。垫面直径 11.6、高 2.4 厘米（图 4－164，9；图版一〇，5）。

器盖　2 件。ⅠH37③∶2，泥质灰陶。器身状如覆钵，盖顶置桥状纽。器表磨光。

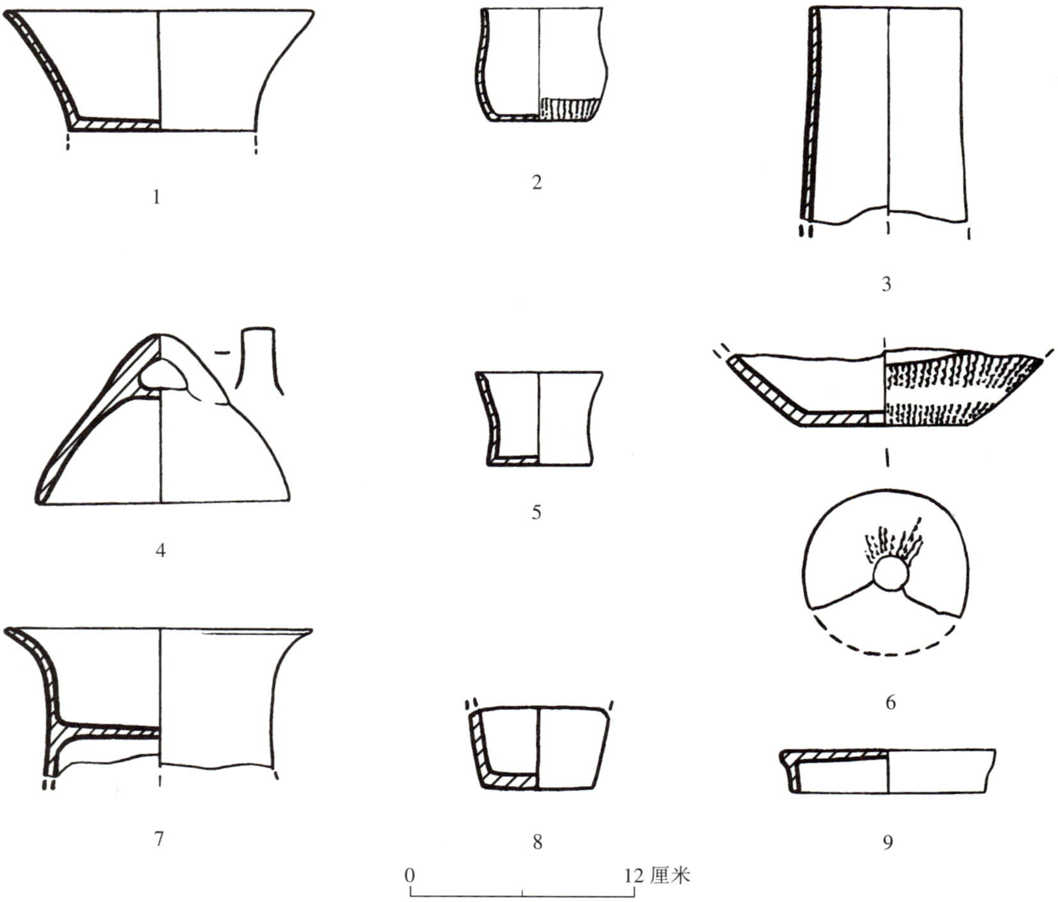

图 4－164　夏家店下层文化甑、簋、杯、垫状器与器盖

1、7. 簋（ⅠH90④B:1、ⅠH235⑲:9）　2、3、5、8. 杯（ⅠH449⑬:3、ⅠH235⑪:8、ⅠH429:20、ⅠG2⑰:14）　4. 器盖（ⅠH37③:2）　6. 甑（ⅠG6⑪:4）　9. 垫状器（ⅠG2③:1）

内壁可见轮旋痕迹。口径 13.6、通高 9.6 厘米（图 4－164，4；图版五，3）。

二、陶容器以外的其他制品

以下对陶容器以外的其他遗物作全面介绍，这些遗物出自第Ⅰ地点夏家店下层文化的房址、灰坑、灰沟、墙和地层，从质料上可分为石、骨（角）、蚌、铜、陶 5 类。石、骨（角）制品的种类和数量均较多。蚌壳制品很少，保存情况也欠佳。铜制品只有 3 件。陶制品主要是陶纺轮、圆陶片、陶圆饼[①]、陶器底，也包括一些特殊的陶容器附件（如靴形鼎足）和未见于本节“一、陶容器”的彩绘陶器残片[②]，另外，还有个

① “圆陶片”和“陶圆饼”的主要区别在于，前者的周缘多保留着为将其制成圆形而产生的击痕，后者的周缘则经磨平而明显钝厚。这也是盘状石器和饼形石器的主要区别。

② 在本节“一、陶容器”介绍的彩绘陶器残片为ⅠF1④B:3、ⅠF15③:2、ⅠH34③:11、ⅠG2④:1。

别小河沿文化的彩陶片和红山文化的陶片。兹按出土单位并依各件遗物的编号顺序逐一分述①。

ⅠF6①:1 骨镞半成品。磨制，镞体磨出三棱，尚未制成尖锋，一侧棱脊略残，长圆锥形铤，铤部烧黑。长9.4、宽1.48厘米（图4－165，7）。

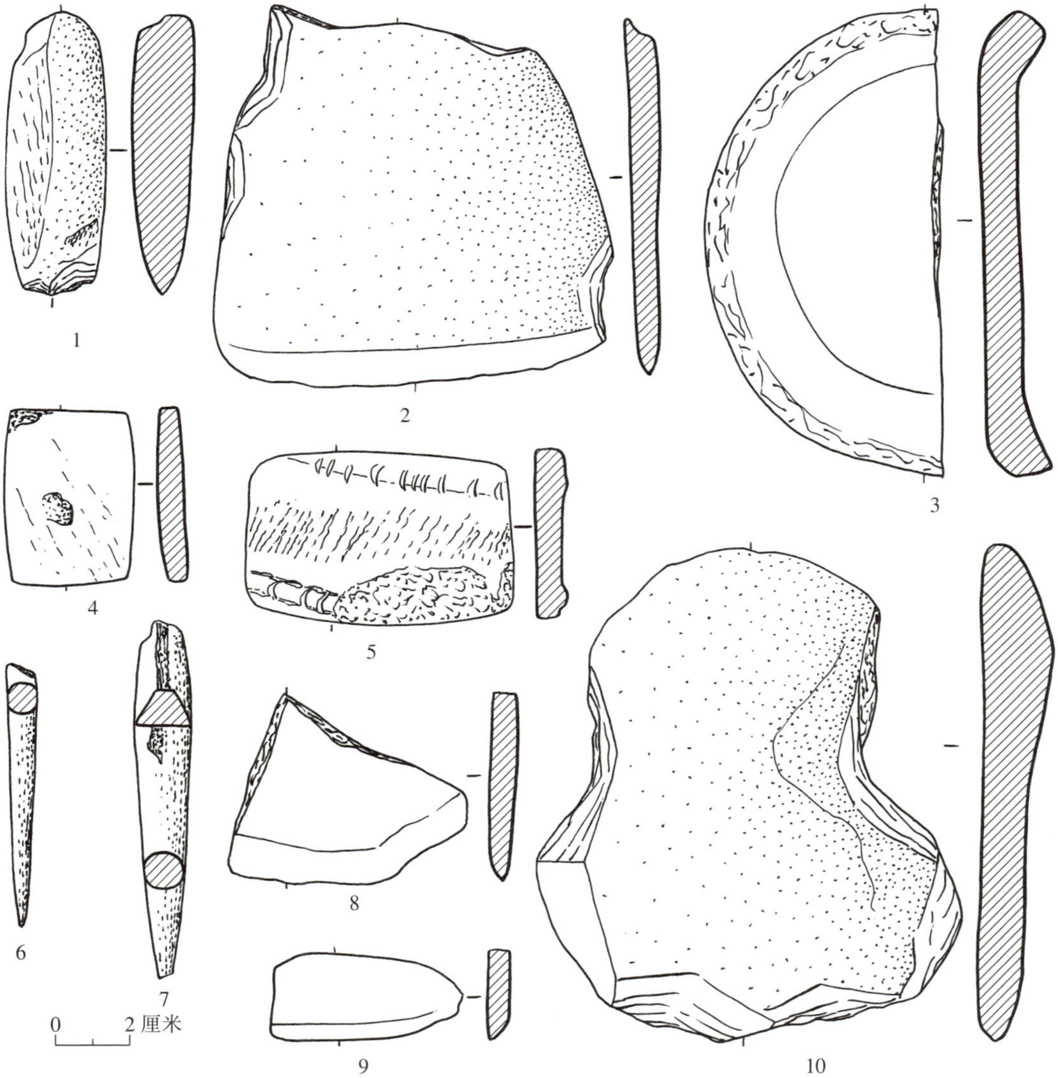

图4－165 ⅠF6陶容器以外的石、陶、骨制品

1. 石凿（ⅠF6②:2） 2. 残石铲（ⅠF6③:1） 3. 残陶器底（ⅠF6⑦:1） 4、5. 长方形陶片（ⅠF6⑤:2、ⅠF6⑤:1） 6. 骨锥（或簪）残段（ⅠF6⑥:1） 7. 骨镞半成品（ⅠF6①:1） 8. 圆陶片残块（ⅠF6⑥:2） 9. 石器（ⅠF6②:1） 10. 有肩石铲半成品（ⅠF6④:1）

① 有关联的出土单位的这类遗物合在一起处理。如ⅠH383和ⅠT326⑦系ⅠF42的相关单位，它们的遗物随ⅠF42一并介绍；再如，ⅠH235·ⅠH345·ⅠH374·ⅠH420为一灰坑组，后面三坑的遗物紧随ⅠH235之后分别介绍。

ⅠF6②:1　石器。凝灰质板岩，黑灰色，磨制，扁体，近若石刀残段。一端略尖，另一端制成较直之边，一侧边磨薄而略显偏锋，另一侧边和较直的端边均被磨平。长4.96、宽2.4、厚0.58厘米（图4-165，9）。

ⅠF6②:2　石凿。斜长角闪岩，黑灰色，磨制，凿面不甚规整，窄顶，两侧边较直，刃边略斜。长7.4、宽2.46、厚1.64厘米（图4-165，1）。

ⅠF6③:1　残石铲。熔结凝灰岩，黑灰色，磨制，上部残，铲体两侧边斜直，刃部残缺一角，刃边亦较直，正锋，刃部两面均有多道明显的与刃缘垂直的短促磨蚀痕。长10.1、宽10.72、厚0.8厘米（图4-165，2）。

ⅠF6④:1　有肩石铲半成品。安山岩，灰色，打制，束腰，宽刃，刃缘凸弧，铲体一侧较厚。长12.72、宽11.28、厚2.4厘米（图4-165，10）。

ⅠF6⑤:1　长方形陶片。以瓮、罐类陶器腹片制成，泥质红陶，外表灰色，饰斜绳纹，其上残存两道箍状附加堆纹（以下简称"箍堆纹"），四边磨平。长7.1、宽4.58、厚1厘米（图4-165，5；彩版五七，1上）。

ⅠF6⑤:2　长方形陶片。以陶器残片制成，泥质褐陶，素面，四边磨平。长4.72、宽3.5、厚0.7厘米（图4-165，4；彩版五七，1下）。

ⅠF6⑥:1　骨锥（或簪）残段。磨制，上部残。长6.92、直径0.72～0.76厘米（图4-165，6）。

ⅠF6⑥:2　圆陶片残块。以陶器底制成，泥质红陶，外表灰色，残存部分约为圆陶片的四分之一。残块长5.71、宽4.85、厚0.72厘米（图4-165，8）。

ⅠF6⑦:1　残陶器底。泥质红陶，连接一段器壁，自器底中部残半。直径12.3、底厚0.95厘米（图4-165，3）。

ⅠF6⑨:1　残蚌片。

ⅠF7①:1　骨镞残段。烧黑，仅存三棱锥形镞尖。残段长0.7、宽0.66厘米。

ⅠF7①:2　铜条残段。两端均残，横截面近呈圆角长方形，锈蚀较重。残段外表普遍黏有一薄层草拌泥。一端较宽，较长的一侧边棱近直边，较短的一侧边棱略见凹弧形。残段最长处长2.15、最宽处0.7，厚0.3厘米（图4-166；彩版五七，2）。

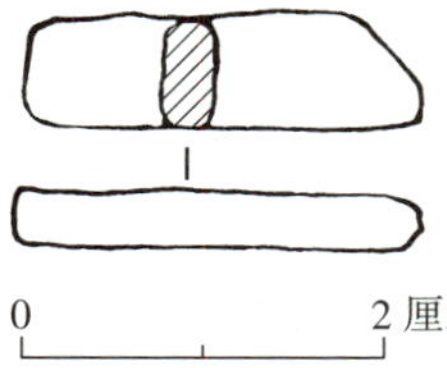

图4-166　ⅠF7的铜条残段（ⅠF7①:2）

ⅠF8①:2　骨匕残段。磨制，残存的端边圆凸。残段长5.61、宽2.26、厚0.4厘米。

ⅠF8d1:1　刃部磨平的石斧。辉长岩，青灰色，磨制，表面留露细密的琢痕，平顶稍显凸弧，一侧边较直，另一侧边略呈凸弧状，刃边似在作为杵面的使用中被摩擦成平滑的凸弧面。长9.6、宽5.66、厚2.64厘米（图4-167，2；彩版五七，3）。

ⅠF8h1:7　残石刀。凝灰质细砂岩，黄褐色，磨制，一面平，另一面隆起成脊，端首圆尖，背边磨平。残石刀长9.31、宽2.41、厚0.83厘米（图4-167，4）。

ⅠF8h1:8　狍角。角基本完整，根部连接部分头骨，根部表面褐色，或是经过烧

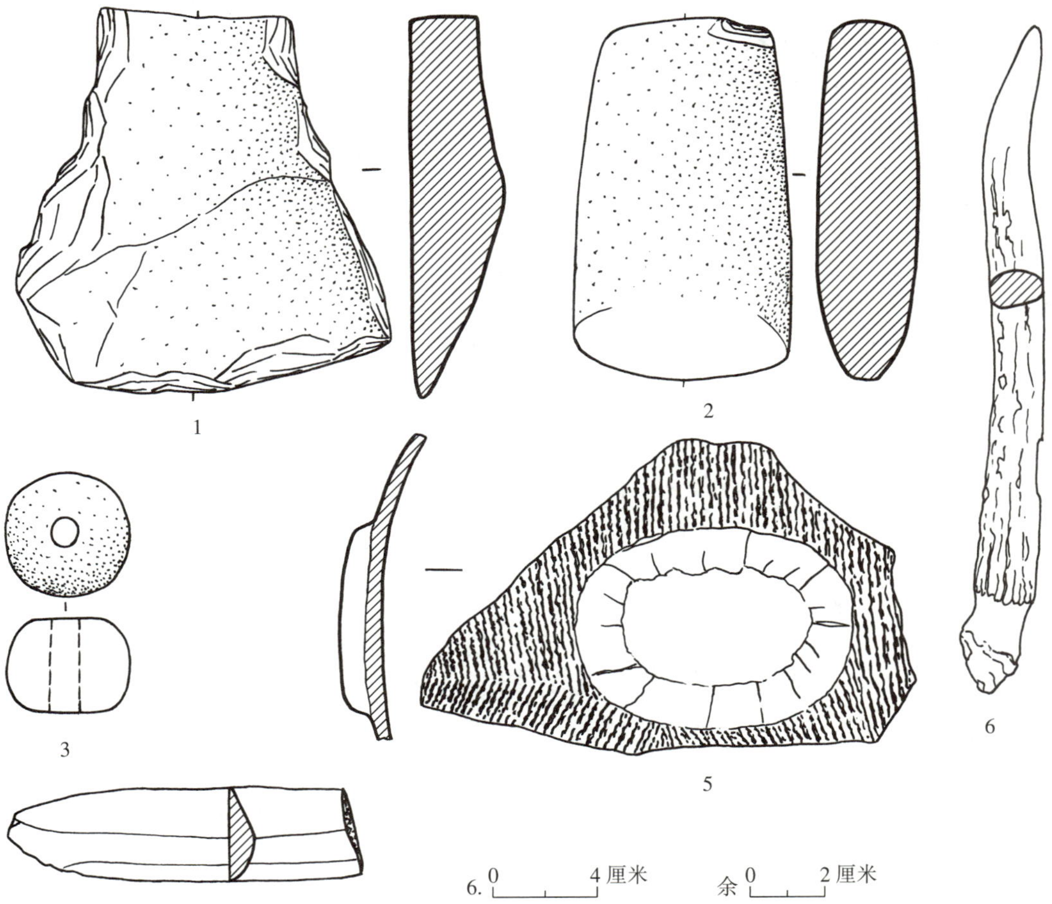

图4－167　ⅠF8陶容器以外的石、陶、骨制品
1. 石铲（或斧）半成品（ⅠF8h1∶10）　2. 刃部磨平的石斧（ⅠF8d1∶1）　3. 陶纺轮（ⅠF8h1∶11）
4. 残石刀（ⅠF8h1∶7）　5. 经修补的陶片（ⅠF8h1∶16）　6. 狍角（ⅠF8h1∶8）

烤的迹象，角尖经磨制，十分尖锐。出土时此角残断成若干块。角长25.4厘米（图4－167，6；彩版五七，4）。

ⅠF8h1∶9　蚌壳残片。

ⅠF8h1∶10　石铲（或斧）半成品。玄武岩，灰色，打制，平顶，两侧边内凹而显出柄部，斜刃。长10.08、宽9.9、厚2.8厘米（图4－167，1）。

ⅠF8h1∶11　陶纺轮。泥质褐陶，算盘珠状。直径3.13～3.27、高2.53、孔径0.76厘米（图4－167，3；彩版五八，1）。

ⅠF8h1∶12　蚌壳残片。

ⅠF8h1∶15　陶圆饼残块。以瓮、罐类陶器腹片制成，周边略加修平，泥质红陶，外表残存3道箍堆纹。残块长8.8、宽5.1、厚1.1厘米。

ⅠF8h1∶16　经修补的陶片。为一夹砂褐陶容器的腹部残片，外表饰绳纹，陶片中间有一块椭圆形镂空部分，并于器表贴一块基本上也是椭圆形的泥质灰陶素面陶片（周边磨平），将镂空的部位覆盖。镂空部分用含细砂的白泥堵填，素面陶片的外围也敷抹一圈厚约1厘米的同样的白泥，以此将素面陶片黏牢在绳纹陶片上，但出土时内、外两部分白泥均已龟裂并有所脱落，目前呈现的状态基本保持了出土时的原貌。素面陶片长5.75、宽3.35、厚0.7厘米（图4－167，5；彩版五八，2）。

ⅠF11②:1　石器残块。

ⅠF8·ⅠF11②:1　石铲残块。紫色，磨制，残存原石铲一段侧边，另两边为断碴。

ⅠF9⑤:1　石铲残段。石灰岩，灰色，磨制，仅存上部，平顶，两侧边斜直。残段长5.58、宽5.56、厚0.52厘米（图4－168，1）。

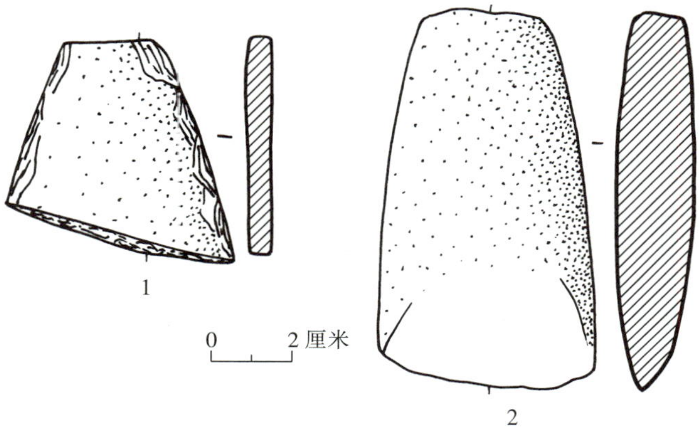

图4－168　ⅠF9的石制品
1. 石铲残段（ⅠF9⑤:1）　2. 石斧（ⅠF9⑤:3）

ⅠF9⑤:2　小石块。脉石英，白色透明。

ⅠF9⑤:3　石斧。辉绿岩，灰绿色，磨制，上部留有较多琢痕，顶略平，两侧边棱磨平，斜刃，刃缘多有凹凸。长9.5、宽5.38、厚2.1厘米（图4－168，2）。

ⅠF9⑤:4　石铲残块。凝灰质板岩，灰色，磨制，残块平面呈四边形，存留原石铲的刃边和侧边各一段，另两边均为断碴。长4.54、宽3.96、厚0.6厘米。

ⅠF9⑤:5　骨锥。磨制，除锥尖外，其余部分较多保留兽骨原貌。长12.2厘米。

ⅠF9⑤:6　彩绘陶尊口沿残片。泥质红陶，外表黑色，饰红、白两色彩绘花纹，彩色多已脱落，纹样无从辨认。

ⅠF9⑤:7　彩绘陶尊腹部残片。泥质红陶，外表饰红、白两色彩绘花纹，彩色多已脱落，纹样无从辨认。

ⅠF9⑤:8　石器坯。凝灰质板岩，紫褐色，系近似铲形的扁体砾石，仅一端有交互打击痕。长19.47、宽6.74、厚1.88厘米。

ⅠF12③:1　石凿。斜长角闪岩，青灰色，磨制，顶不规则，直侧边磨平，刃边略呈凸弧，正锋。长9、宽2.41、厚2.46厘米（图4－169，1）。

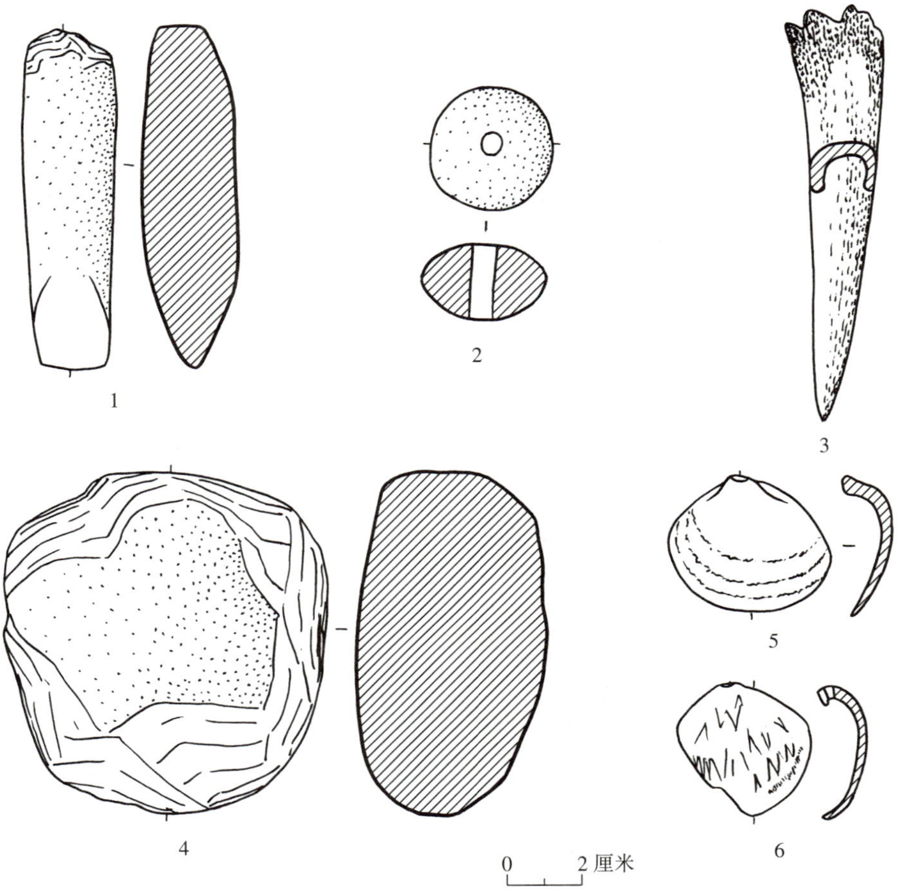

图4－169　ⅠF12陶容器以外的石、陶、骨、蚌制品

1. 石凿（ⅠF12③:1）　2. 陶纺轮（ⅠF12③:3）　3. 骨锥（ⅠF12③:2）
4. 饼形石器（ⅠF12③:5）　5、6. 穿孔蚌壳（ⅠF12③:4－1、ⅠF12③:4－2）

ⅠF12③:2　骨锥。上段保留动物肢骨原貌，下段纵斜向劈成锥形，磨出锥尖。长10.96厘米（图4－169，3）。

ⅠF12③:3　陶纺轮。泥质褐陶，算盘珠状。直径3.12～3.16、高2.02、孔径0.52厘米（图4－169，2）。

ⅠF12③:4　穿孔蚌壳。两扇顶部均穿小孔，一扇边缘残缺。长4.3、宽3.54、两扇相合之厚度2.2厘米（图4－169，5、6；彩版五八，3）。

ⅠF12③:5　饼形石器。脉石英，灰色，打制。直径8.2～9.1、厚4.9厘米（图4－169，4）。

ⅠF12③:A　2件有“｜｜”状刻划痕的羊跖骨（刻痕与跖骨纵向平行）。

ⅠF13①:1　石铲半成品。安山岩，灰褐色，打制，斜顶，束腰，直刃。长22.5、宽11.6、厚3.1厘米。

ⅠF13①:2　石凿。熔结凝灰岩，黑色，磨制，形体不规则，平顶，两侧边较直，直刃，偏锋。长6.5、宽1.7、厚1.22厘米。

ⅠF13②:1　石铲残块。玄武岩，灰色，磨制，残块平面呈三角形。长8.87、宽6.76、厚0.81厘米。

ⅠF14②:2　陶纺轮。泥质褐陶，算盘珠状。直径3.1、高1.8、孔径0.8厘米（图4-170，4）。

ⅠF14②:3　残石刀。晶屑凝灰岩，黑灰色，磨制，一面平，另一面隆起成脊，背边磨平，刃缘存留较多的打制痕迹。残长10、宽3.4、厚1厘米（图4-170，1）。

ⅠF14②:4　残骨器。以动物肋骨磨制而成，一端残，另一端边略呈凸弧。残长15.3、宽2.8、厚0.32厘米（图4-170，8）。

ⅠF14②:5　残圆陶片。将陶片周边交互打击修薄而成，泥质红陶，外表饰划断绳

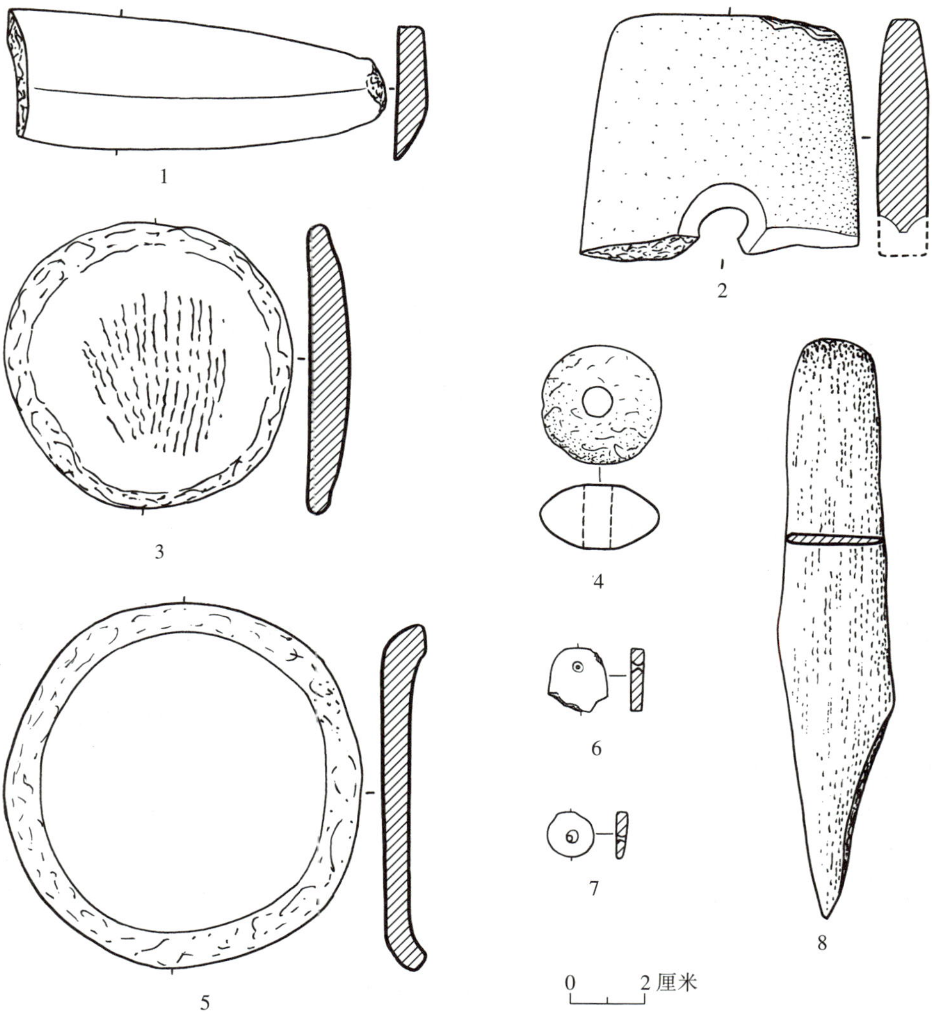

图4-170　ⅠF14陶容器以外的石、陶、骨制品

1. 残石刀（ⅠF14②:3）　2. 石钺残段（ⅠF14②:9）　3、5. 陶圆饼（ⅠF14②:13、ⅠF14②:8）　4. 陶纺轮（ⅠF14②:2）　6. 残绿松石饰件（ⅠF14②:7）　7. 石珠（ⅠF14②:10）　8. 残骨器（ⅠF14②:4）

纹。直径12.11、厚0.83厘米。

ⅠF14②:6－1　细石器石片。燧石，紫红色，有压削痕。长1.9、宽1.6、厚0.68厘米。

ⅠF14②:6－2　细石器石片。燧石，紫红色，有压削痕。长1.6、宽1.44、厚0.47厘米。

ⅠF14②:7　残绿松石饰件。磨制，扁平体，靠近一端有一对钻孔。残长1.68、宽1.61、厚0.4厘米，孔内、外径分别为0.07和0.28厘米（图4－170，6）。

ⅠF14②:8　陶圆饼。以陶器底制成，泥质灰陶，周边断碴磨平。直径9.35～9.42、厚1.1厘米（图4－170，5）。

ⅠF14②:9　石钺残段。角闪辉长岩，黑色，磨制，平顶，两侧边斜直，中部有一对钻孔，孔中部以下的器体残缺。残段长7.3、宽6.3、厚1.55厘米，孔内、外径分别为1和2.4厘米（图4－170，2）。

ⅠF14②:10　石珠。大理岩，白色，磨制，孔对钻而成。直径1.1～1.22、高0.39、孔内径0.24厘米（图4－170，7）。

ⅠF14②:13　陶圆饼。以陶器底制成，夹砂灰陶，器底内表有模糊的绳状印痕，周边断碴处略经修磨。直径7.52、厚0.92厘米（图4－170，3）。

ⅠF15③:3　磨盘。砂岩，粉红色，底部存留砾石原貌，四边均为打制痕迹，磨面平滑，略显内凹。长26、宽16.5、厚4.1厘米（图4－171，1）。

ⅠF15③:6　砾石。灰褐色，椭圆饼形。长12.82、宽10.7、厚2.41厘米（图4－

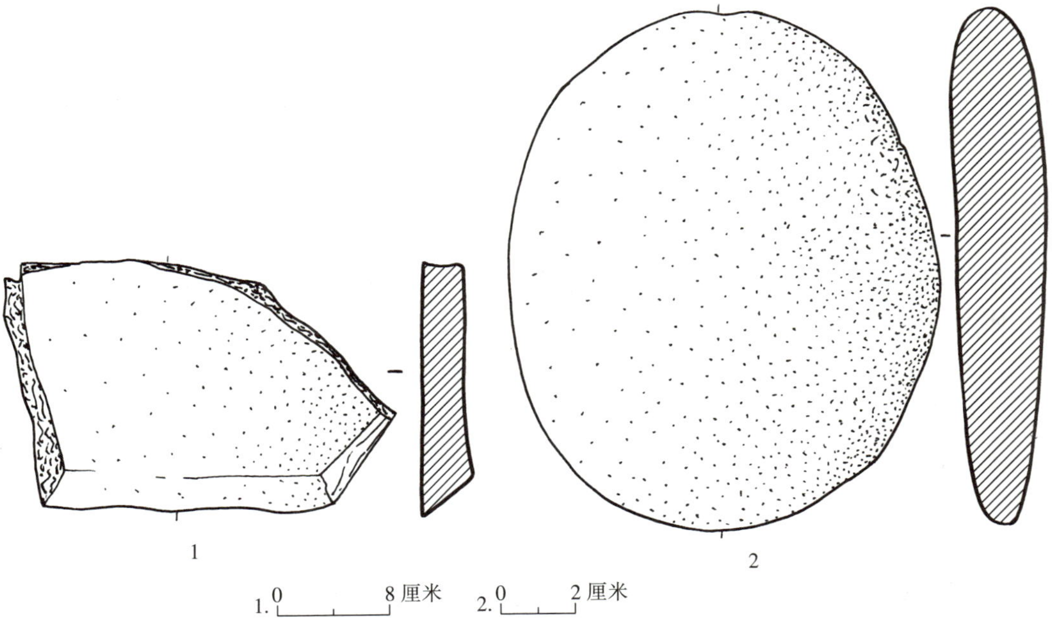

图4－171　ⅠF15的石制品
1. 磨盘（ⅠF15③:3）　2. 砾石（ⅠF15③:6）

171，2；彩版五八，4）。

ⅠF18①:1　有肩石铲残块。玄武岩，灰色，磨制，残块平面为长方形，存留两段原石铲柄部侧边，另两边均为新碴。长4.16、宽2.81、厚0.96厘米。

ⅠF18①:2　残圆陶片。以瓮、罐类陶器腹片制成，泥质灰陶，外表饰篮纹，残存两道箍堆纹，周边粗略打制修薄。直径6.5、厚0.81厘米。

ⅠF18①:3　细石器石片。燧石，深红色。长1.5、宽0.8、厚0.2厘米。

ⅠF18③B:2　圆陶片。以陶器残片制成，泥质灰陶，周边略为修薄。直径4.31～5.12、厚0.72厘米（图4－172，6）。

ⅠF18③B:3　残圆陶片。以陶器残片制成，泥质红陶，外表灰色，周边交互打击修薄，残半。直径9.3、厚1.1厘米（图4－172，2）。

ⅠF18③B:4　有切割痕的骨料。系纵向劈开的动物肢骨。

ⅠF18③D:1　石斧。玄武岩，灰色，琢磨兼制，斜平顶，两侧边略直，凸弧刃，刃缘有两处崩碴。长12.26、宽5.2、厚4.5厘米（图4－172，3；彩版五九，1）。

ⅠF18③D:2　石斧。榴辉岩，灰色，琢制为主，刃部磨制，顶与两侧边略显凸弧，斜刃，刃缘因使用而磨得较钝，且多有崩碴。长9.92、宽5.13、厚3.76厘米（图4－172，1；彩版五九，2）。

ⅠF18③D:3　有孔骨管。内、外磨光，一端粗，另一端较细，粗端稍残，中部钻一孔。长5.1、粗端直径1.36～1.56、细端直径1.2～1.33、孔径0.4厘米（图4－172，5；彩版五九，3左）。

ⅠF18③E:1　残骨针。磨制，扁体，针尖残。残长13.2、宽0.4、厚0.23、孔径0.13厘米（图4－172，9）。

ⅠF18③E:2　有孔骨管。内、外磨光，一端粗，另一端较细，中部钻一孔。长4.61、粗端直径1.5～1.7、细端直径1.2～1.34、孔径0.39厘米（图4－172，4；彩版五九，3右）。

ⅠF18W:1　陶纺轮。泥质陶，近算盘珠状。直径3.3、高2.6厘米（图4－172，7）。

ⅠF18W:4　骨针。磨制，扁体，顶较宽，无孔，主体部分的剖面呈扁圆状。长8.3厘米（图4－172，8）。

ⅠF19③:1　残陶纺轮。泥质灰陶，算盘珠状，残存部分约为原器的三分之一。

ⅠF20:1　卜骨残块。片状，平面呈三角形，周边有明显的切割痕，一面存留8个完整的和9个残缺的钻，钻内有灼痕，有7个灼透了另一面，出现3处兆痕，均为“一”字形。残块长5.44、宽3.1、厚0.33、钻径0.4～0.54厘米（图4－173，3）。

ⅠF20:2　彩绘陶器口沿残片。泥质褐陶，口沿内有红色彩绘。

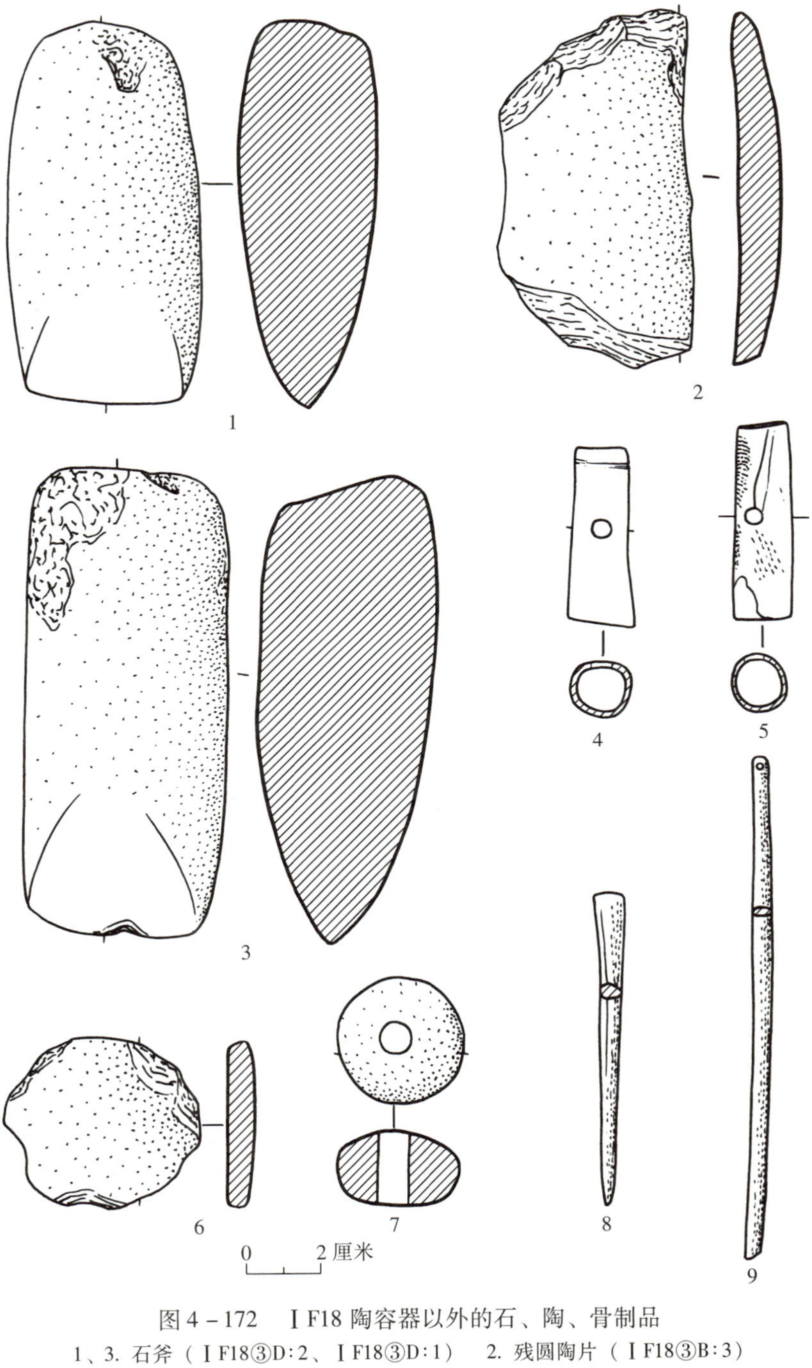

图4－172　ⅠF18陶容器以外的石、陶、骨制品

1、3. 石斧（ⅠF18③D:2、ⅠF18③D:1）　2. 残圆陶片（ⅠF18③B:3）
4、5. 有孔骨管（ⅠF18③E:2、ⅠF18③D:3）　6. 圆陶片（ⅠF18③B:2）
7. 陶纺轮（ⅠF18W:1）　8. 骨针（ⅠF18W:4）　9. 残骨针（ⅠF18③E:1）

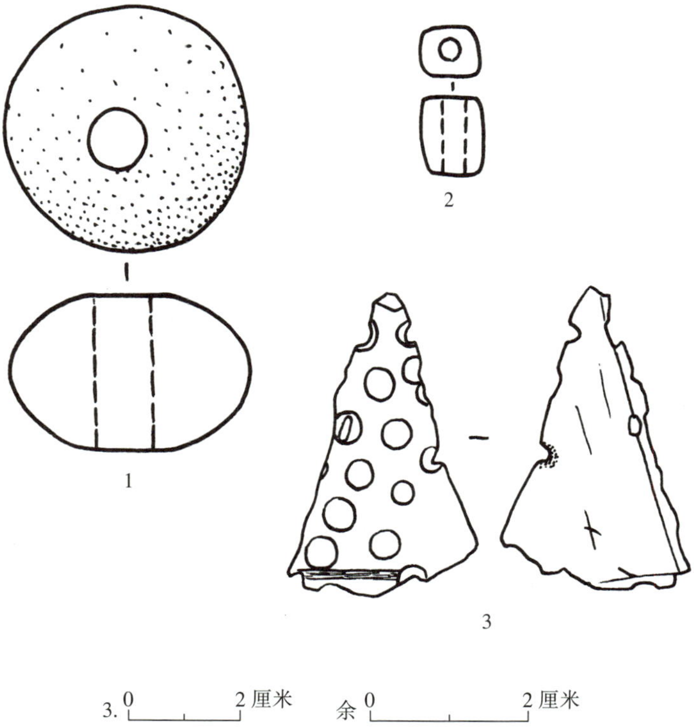

图4－173　ⅠF20陶容器以外的石、陶、骨制品
1. 陶纺轮（ⅠF20:3）　2. 白石珠（ⅠF20:5）　3. 卜骨残块（ⅠF20:1）

ⅠF20:3　陶纺轮。泥质褐陶，算盘珠状。直径3、高2、孔径0.5厘米（图4－173，1）。

ⅠF20:4　2枚残蚌片。

ⅠF20:5　白石珠。局部呈现红色，磨制，管状，截面近圆角方形。管钻孔。高1、直径0.7～0.8、孔径0.38厘米（图4－173，2）。

ⅠF21①:1　残砾石。安山岩。

ⅠF21①:2　凿形骨器。磨制，顶部粗厚，其下的部分作扁长体，两侧边与端边磨平。长7.5、宽1.8、厚1.34厘米。

ⅠF22:1　圆陶片。将陶器底周边修薄而成，泥质灰陶。直径7.6、厚0.84厘米（图4－174，2；彩版六〇，1）。

ⅠF22:2　圆陶片。将陶器底周边交互打击修薄而成，泥质褐陶，外表灰色。直径8.6、厚0.9厘米（图4－174，3；彩版六〇，2）。

ⅠF22:3　石铲残块。大理岩，黄褐色，磨制，残块平面呈梯形，残存原石铲刃边和侧边各一段，另两边为断碴。长7.63、宽5.67、厚0.57厘米（图4－174，1；彩版六〇，3）。

ⅠF23:1　石铲残段。玄武岩，黑色，磨制，上、下均残，两侧边斜直。残段长12.04、宽9.34、厚0.78厘米（图4－175）。

ⅠF25①:1　骨针。磨制。长5.45、直径0.13、孔径0.04厘米。

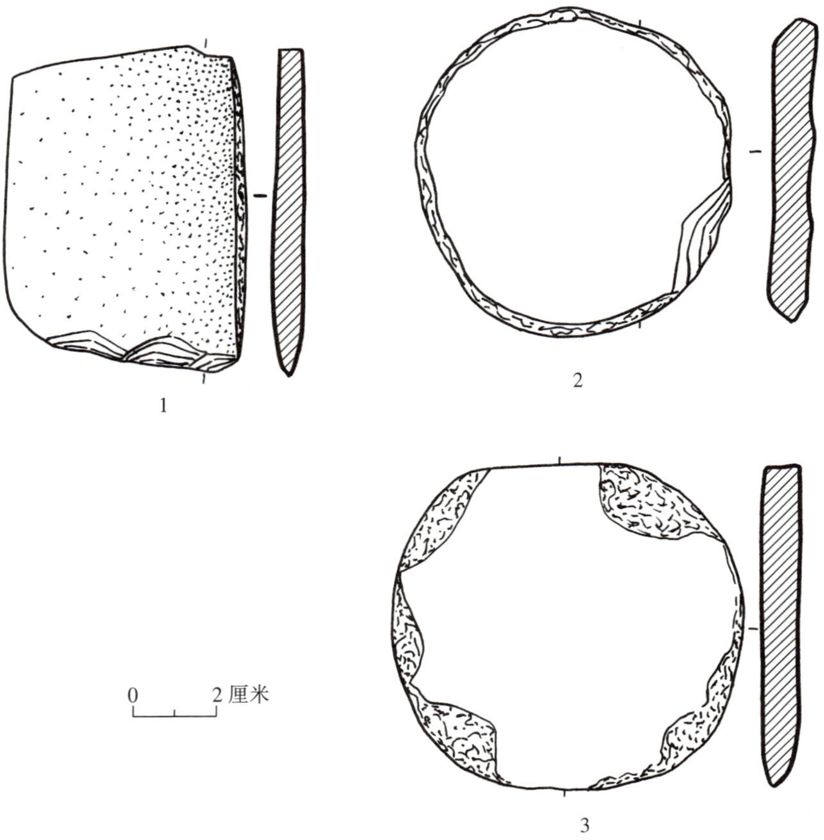

图4－174　ⅠF22陶容器以外的石、陶制品
1. 石铲残块（ⅠF22∶3）　2. 圆陶片（ⅠF22∶1）　3. 圆陶片（ⅠF22∶2）

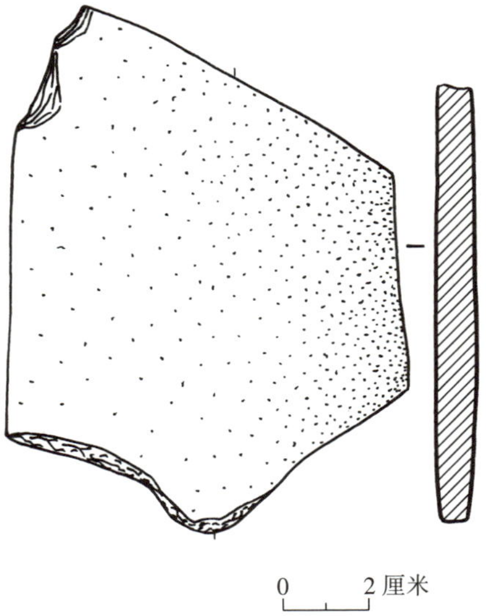

图4－175　ⅠF23的石铲残段
（ⅠF23∶1）

ⅠF25①:2　残骨针。磨制，下部残，顶部自针孔处残断。残长4.3、宽0.2、厚0.12厘米。

ⅠF25②:1　陶圆饼。将陶器底周边断碴修磨而成，泥质红陶。直径7.95～8.1、厚1.14厘米（图4－176，6）。

ⅠF25②:2　残圆陶片。将陶器底周边磨薄而成，泥质红陶，内、外表皆灰黑色，残缺多半。直径10.7、厚0.94厘米（图4－176，4）。

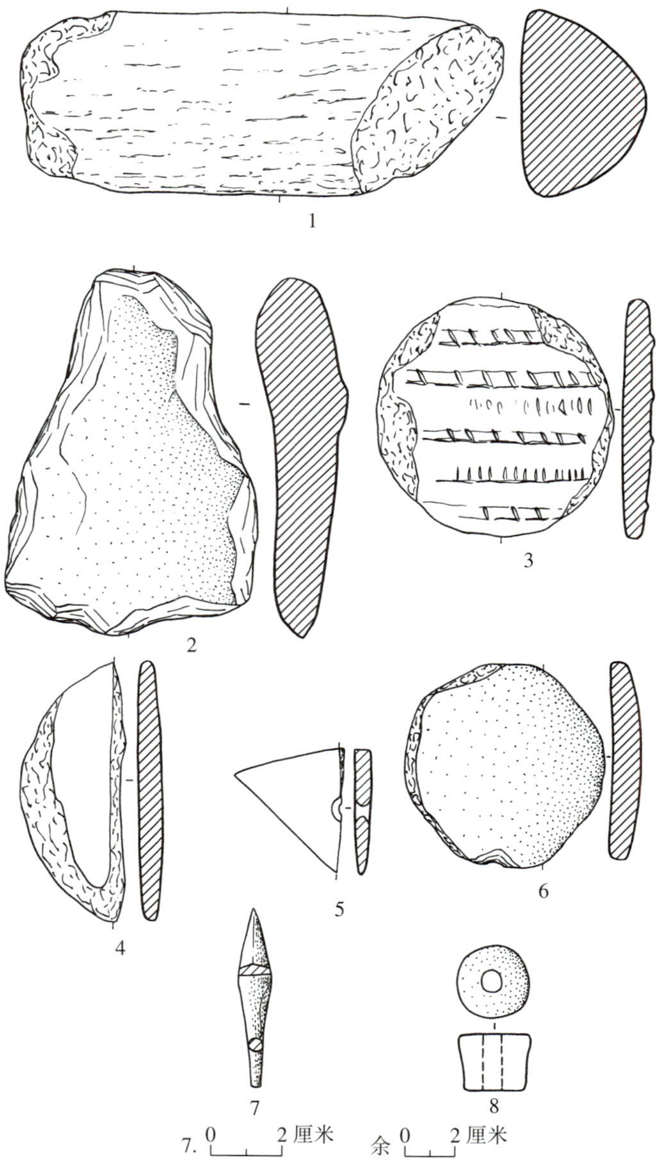

图4－176　ⅠF25陶容器以外的石、陶、骨制品

1. 残石器（ⅠF25⑥:1）　2. 石铲（或斧）（ⅠF25⑥:2）　3. 圆陶片（ⅠF25③:2）　4. 残圆陶片（ⅠF25②:2）　5. 磨制石器残块（ⅠF25⑤:1）　6. 陶圆饼（ⅠF25②:1）　7. 骨镞（ⅠF25③:4）　8. 陶纺轮（ⅠF25⑥:5）

ⅠF25③:1　石磬残块。石灰岩，灰色，两面磨光，一面可见密集的细划擦痕和琢点。长6.34、宽5.63、厚3.36厘米。

ⅠF25③:2　圆陶片。以瓮、罐类陶器腹片制成，泥质灰陶，外表残存5道箍堆纹，周边交互打击修薄，并将边棱磨圆。直径9.3~9.51、厚1.15厘米（图4-176，3；彩版六〇，4）。

ⅠF25③:3　残骨器。将动物肢骨略加磨制而成，下部残。长5.21、宽0.62、厚0.37厘米。

ⅠF25③:4　骨镞。磨制，镞体扁锥状，前锋尖锐，铤截面近椭圆形。长5.1、宽0.92、厚0.45厘米（图4-176，7；彩版五九，4）。

ⅠF25③:5　骨镞（?）。磨制，整体呈扁锥状，平面为长三角形，前锋尖锐，底边磨平。长3.34、宽0.98、厚0.41厘米。

ⅠF25③:6　石块。英安岩，灰色，略呈扁长方体，似经裁割。长17.6、宽4.38、厚2.36厘米。

ⅠF25⑤:1　磨制石器残块。石灰岩，浅灰色，磨光，扁平体，有一残对钻孔，残块平面作三角形，存留一段原石器侧边，另两边均为断碴。长5.54、宽3.75、厚0.62、孔内径0.46厘米（图4-176，5）。

ⅠF25⑥:1　残石器。珍珠岩，黑色，周身多经磨制，外观为柱体，截面近呈各边凸弧的三角形，两端均残。长19、宽7.07、厚5.67厘米（图4-176，1）。

ⅠF25⑥:2　石铲（或斧）。安山岩，灰褐色，打制，窄顶，略显柄部，斜弧刃，刃缘个别处已磨钝，似经使用所致。长14.3、宽9.62、厚3.04厘米（图4-176，2）。

ⅠF25⑥:3　残骨针。磨制，顶部自针孔处残断。残长6.78、直径0.12~0.15厘米。

ⅠF25⑥:5　陶纺轮。以泥质灰陶豆柄残段制成，顶、底两面磨平，两面直径分别为2.72~2.97和2.46厘米，高2.18、孔径0.6~0.8厘米（图4-176，8）。

ⅠF26①:1　石铲残块。大理岩，褐色，磨制，残块平面呈长方形，残存原石铲刃边和侧边各一段，另一长边为断碴，与刃边相对的短边则是将断碴边交互打击修薄而形成的。长6.4、宽3.1、厚0.88厘米（图4-177，2；彩版六一，1）。

ⅠF26①:3　石斧。玄武岩，黑灰色，琢制为主，刃部磨制，平顶，两侧边及刃边略显凸弧，正锋，刃缘因使用而磨钝且有崩碴。长13.16、宽5.53、厚4.2厘米（图4-177，1；彩版六一，3）。

ⅠF26①:4　饼形石器。细晶花岗岩，白色杂黑斑，磨制。直径5.34~5.59、厚2.63厘米（图4-177，3；彩版六一，2）。

ⅠF26②:1　位于该房址穴底西部的陶瓮残片。泥质灰陶，外表饰浅细绳纹，残存10道箍堆纹，上两道箍堆纹之间有3个等距排列的小泥饼，局部烧黑。

ⅠF26②:2　位于该房址穴底中部的2块陶片。

ⅠF26②:3　位于该房址穴底西部的多块陶片。

ⅠF26②:4　位于该房址东壁凹坑底部的大陶片。

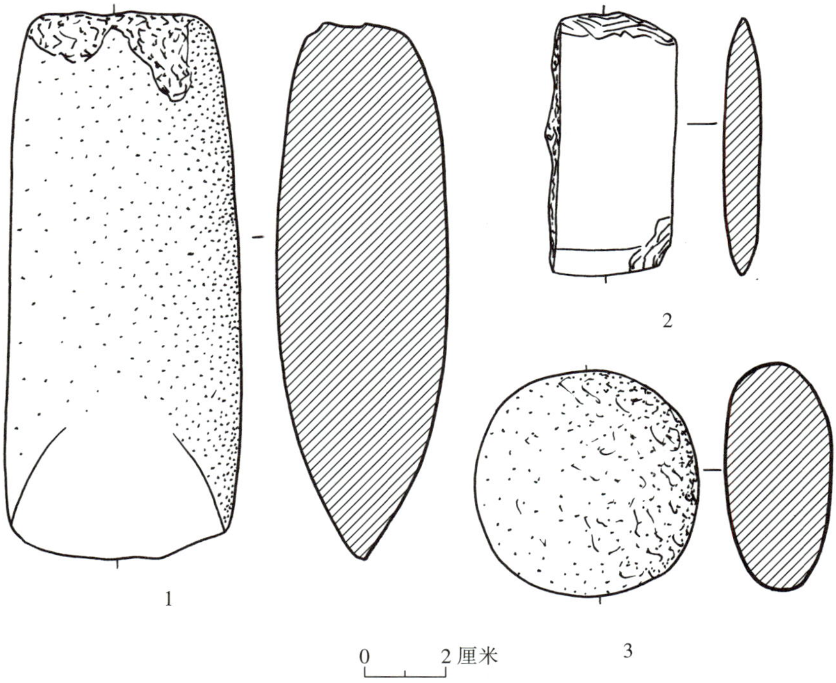

图 4－177　Ⅰ F26 的石制品

1. 石斧（Ⅰ F26①:3）　2. 石铲残块（Ⅰ F26①:1）　3. 饼形石器（Ⅰ F26①:4）

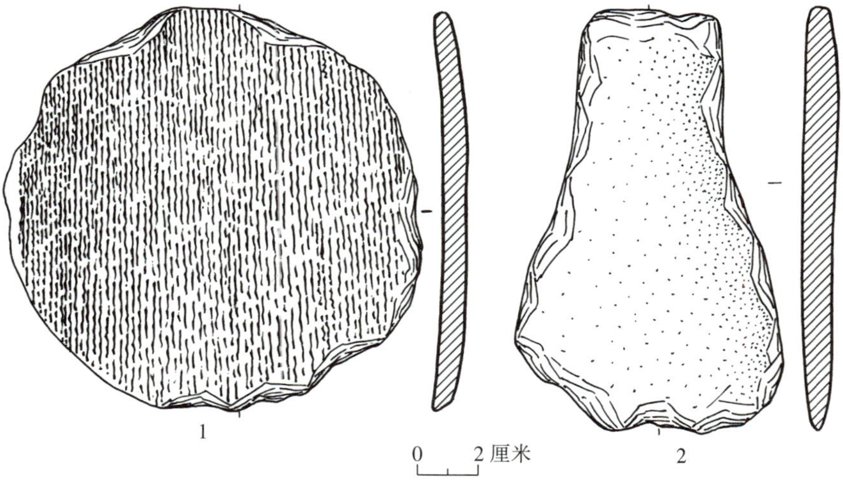

图 4－178　Ⅰ F27 陶容器以外的石、陶制品

1. 圆陶片（Ⅰ F27④:1）　2. 石铲（Ⅰ F27④:2）

Ⅰ F26②:5　位于该房址穴底西部的石块。火山集块岩，灰色。长 14.6、宽 13.2、厚 5.9 厘米。

Ⅰ F27④:1　圆陶片。将陶器残片周边打制修薄而成，夹砂褐陶，外表黑灰色，饰绳纹。直径 13.2～13.95、厚 0.8 厘米（图 4－178，1；彩版六二，2）。

ⅠF27④:2　石铲。玄武岩，黑灰色，磨制，直顶边，有窄长的柄部，铲体两侧边斜直，斜弧刃，刃缘多有崩碴。长13.82、宽8.89、厚1厘米（图4－178，2；彩版六二，1）。

ⅠF27②:6　残圆陶片。将瓮、罐类陶器腹片周边打制修薄而成，泥质红陶，外表饰绳纹，残存3道箍堆纹。直径11.4～12.1、厚1厘米。

ⅠF28①:7　圆陶片残块。将陶器残片周边打制修薄而成，泥质灰陶，残存一道箍堆纹。残块长4.7厘米。

ⅠF28①:8　圆陶片残块。以瓮、罐类陶器腹片制成，泥质灰陶，残存3道箍堆纹，边缘略经打制修薄。残块长8.9、宽6.7、厚0.9厘米。

ⅠF28①:9　陶圆饼。以陶豆盘底部制成，泥质灰陶，外表黑色，周边磨平。直径4.8、厚1.2厘米。

ⅠF28②:A　有“｜｜”状刻划痕的羊跖骨（刻痕与跖骨纵向平行）。

ⅠF28③:1　狍角制品。根部有切割痕，上部经磨制，角尖切去，靠近角尖处有一周旋切痕，切口外侧宽0.35、切痕深0.6厘米（图4－179，1；彩版六三，1）。

ⅠF28③:2　陶器底。泥质红陶，内、外表皆黑色，内表留有绳状浅印痕，周边连

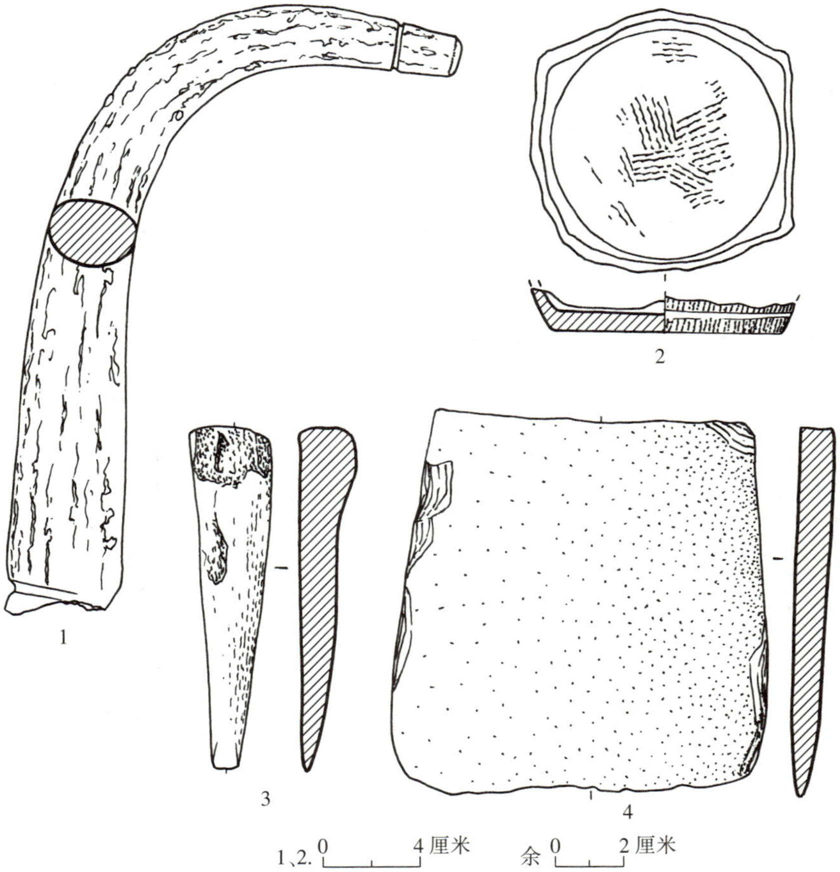

图4－179　ⅠF28陶容器以外的石、陶、骨制品

1. 狍角制品（ⅠF28③:1）　2. 陶器底（ⅠF28③:2）　3. 骨凿（ⅠF28⑥:2）　4. 残石铲（ⅠF28⑥:1）

接少许器壁，器壁外表饰有绳纹，从断碴观察，约经六七次敲击，方形成此器底之现状。直径13.2～13.5、器壁厚1厘米（图4－179，2）。

ⅠF28③:3　瓮、罐类陶器腹片，泥质褐陶，外表残存4道箍堆纹。长9.65、宽7.52、厚1.23厘米。

ⅠF28③:4　石块。珍珠岩，黑色。长11.3、宽6.3、厚3.44厘米。

ⅠF28③:5　夹砂红陶残片。

ⅠF28③:6　石块。流纹安山岩，浅褐色。长14.3、宽12.7、厚8.8厘米。出土时碎成两块。

ⅠF28⑥:1　残石铲。玄武岩，黑灰色，磨制，上部残，两侧边斜直，刃略斜，刃缘因使用而多有凸凹。残长10.95、宽10.76、厚0.98厘米（图4－179，4；彩版六二，3）。

ⅠF28⑥:2　骨凿。以动物肢骨制成，主要部分磨制，窄刃略直。长9.66、刃宽0.84厘米（图4－179，3；彩版六一，5）。

ⅠF28⑦:1　圆陶片。以瓮、罐类陶器腹片制成，泥质红陶，外表灰色，饰篮纹，并残存6道箍堆纹，周边经粗略打制修薄。直径10.6～12.2、厚1厘米。

ⅠF30①:1　残陶圆饼。将陶器底周边断碴修平而成，夹砂灰陶，残半。直径7.8、厚0.9厘米。

ⅠF33②:2　石铲残块。凝灰质板岩，浅褐色。与ⅠH179:7（较小于此件残块）合成一磨制石铲中部的残段，此残段两侧边斜直，长14.4、宽9、厚0.9厘米。

ⅠF39②:1　骨凿。将动物肢骨纵向劈开磨制而成，弧顶，窄刃，偏锋。长5.4、宽2.05、厚0.63厘米（图4－180，1）。

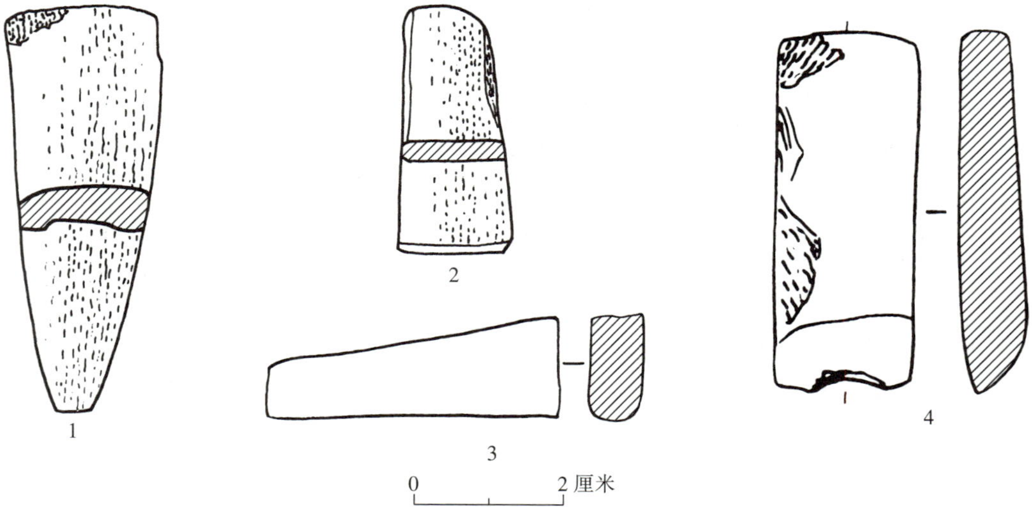

图4－180　ⅠF39的石、骨制品

1. 骨凿（ⅠF39②:1）　2. 骨器残块（ⅠF39②:3）　3. 石磬残块（ⅠF39②:4）　4. 石凿（ⅠF39②:2）

ⅠF39②:2　石凿。熔结凝灰岩，黑灰色，磨制，平顶，两侧边平直，偏锋，刃缘崩残。长4.7、宽1.95、厚0.86厘米（图4-180，4）。

ⅠF39②:3　骨器残块。磨制，残块为平面梯形的扁体。长3.3、宽1.5、厚0.33厘米（图4-180，2）。

ⅠF39②:4　石磬残块。石灰岩，黑灰色，磨制，磬面有多道划擦痕，残块为规整的梯形板块，存留原石磬被磨平的一段侧边，另一斜长之边和两短边均为切割断碴。长3.87、宽1.34、厚0.68厘米（图4-180，3；彩版六一，4）。

ⅠF40①:1　石器。石英岩，紫褐色，馒头状，仅底面经磨制，其余部位皆存留原砾石表面。直径2.82~3、厚2.23厘米。

ⅠF40②:1　石铲（或斧）。安山岩，灰色，打制，窄顶，束腰，宽刃。长12.9、宽10、厚2.7厘米。

ⅠF40②:2　石器残块。安山岩。

ⅠF40②:3　石器残片。凝灰岩。

ⅠF40d1:1　石块。熔渣，青灰色，气孔发育。长14.3、宽10.4、厚8.4厘米。

ⅠF42①D:1　肋骨残段。有切割痕（图4-181，3）。

ⅠF42①D:2　陶纺轮。泥质褐陶，算盘珠状。直径2.91、高2.3、孔径0.5厘米（图4-181，1）。

ⅠF42②:1　石器残片。安山岩。

ⅠF42②A:1　磨石残块。砂岩，浅灰色，残块为平面呈梯形的板状体，磨面较平，部分边缘似亦磨过。长7.23、宽6.3、厚2.7厘米（图4-181，8）。

ⅠF42②A:2　磨制陶豆柄残段。泥质红陶，外表有褐色陶衣，两端磨平。直径2.95、高3.19、孔径0.6~0.9厘米（图4-181，5）。

ⅠF42②B:1　彩绘陶器残片。泥质灰陶，外表黑色，有红色彩绘脱落的痕迹。

ⅠF42②B:2　骨镞。磨制，镞体三棱锥状，圆锥形铤。长5.88、宽0.67、铤直径0.36厘米（图4-181，7；彩版六三，2）。

ⅠF42②B:3　石刀残段。晶屑凝灰岩，黑色，磨制，一面平，另一面隆起成脊。背边磨平，并有一凹缺，石刀自凹缺中部残断。长9.38、宽2.55、厚0.71厘米（图4-181，4）。

ⅠF42②B:4　残靴形陶鼎足。泥质灰陶，外表黑光，靴形，平底，与H297:1属同件陶鼎之足。长5.42、宽1.75、高2.87厘米（图4-181，6）。

ⅠF42②C:3　石钺残块。玻基凝灰岩，黑褐色，磨光，残存一段原石钺边和一残对钻孔。长5.15、宽3.8、厚1.57厘米（图4-181，9）。

ⅠF42②D:1　陶纺轮。泥质红陶，略呈算盘珠状，中部外围一周有9个等距分布的小泥钉。直径3.4~3.8、高1.92、孔径0.48厘米（图4-182，3；彩版六三，3）。

ⅠF42②D:2　陶圆饼。以陶器底制成，泥质红陶，周边磨平。直径10.37~11.32、厚1厘米（图4-182，8；彩版六四，1）。

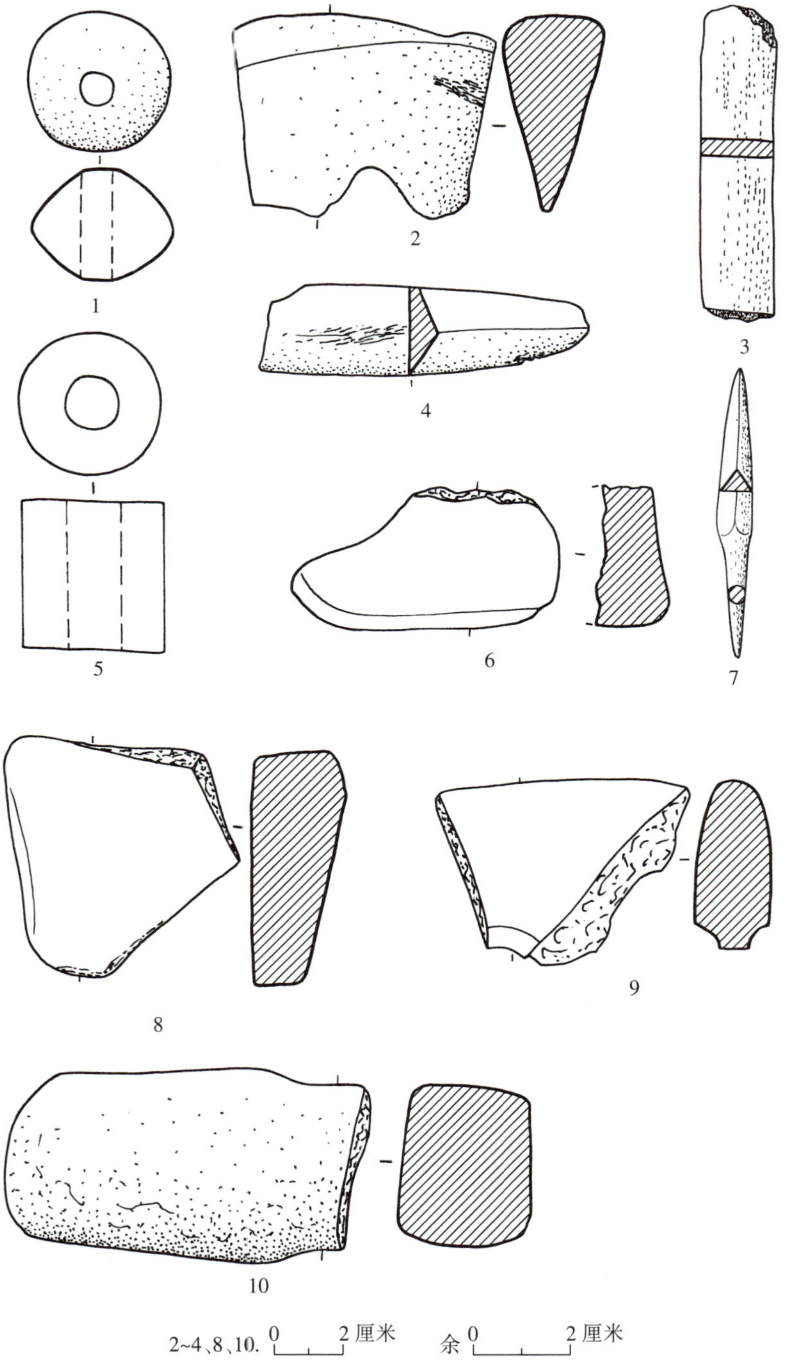

图4-181　ⅠF42①D、ⅠF42②A~ⅠF42②D、ⅠT326⑦陶容器以外的石、陶、骨制品

1. 陶纺轮（ⅠF42①D:2）　2. 研磨器残块（ⅠF42②D:11）　3. 肋骨残段（ⅠF42①D:1）
4. 石刀残段（ⅠF42②B:3）　5. 磨制陶豆柄残段（ⅠF42②A:2）　6. 残靴形陶鼎足（ⅠF42②B:4）
7. 骨镞（ⅠF42②B:2）　8. 磨石残块（ⅠF42②A:1）　9. 石钺残块（ⅠF42②C:3）
10. 石器残段（ⅠT326⑦:1）

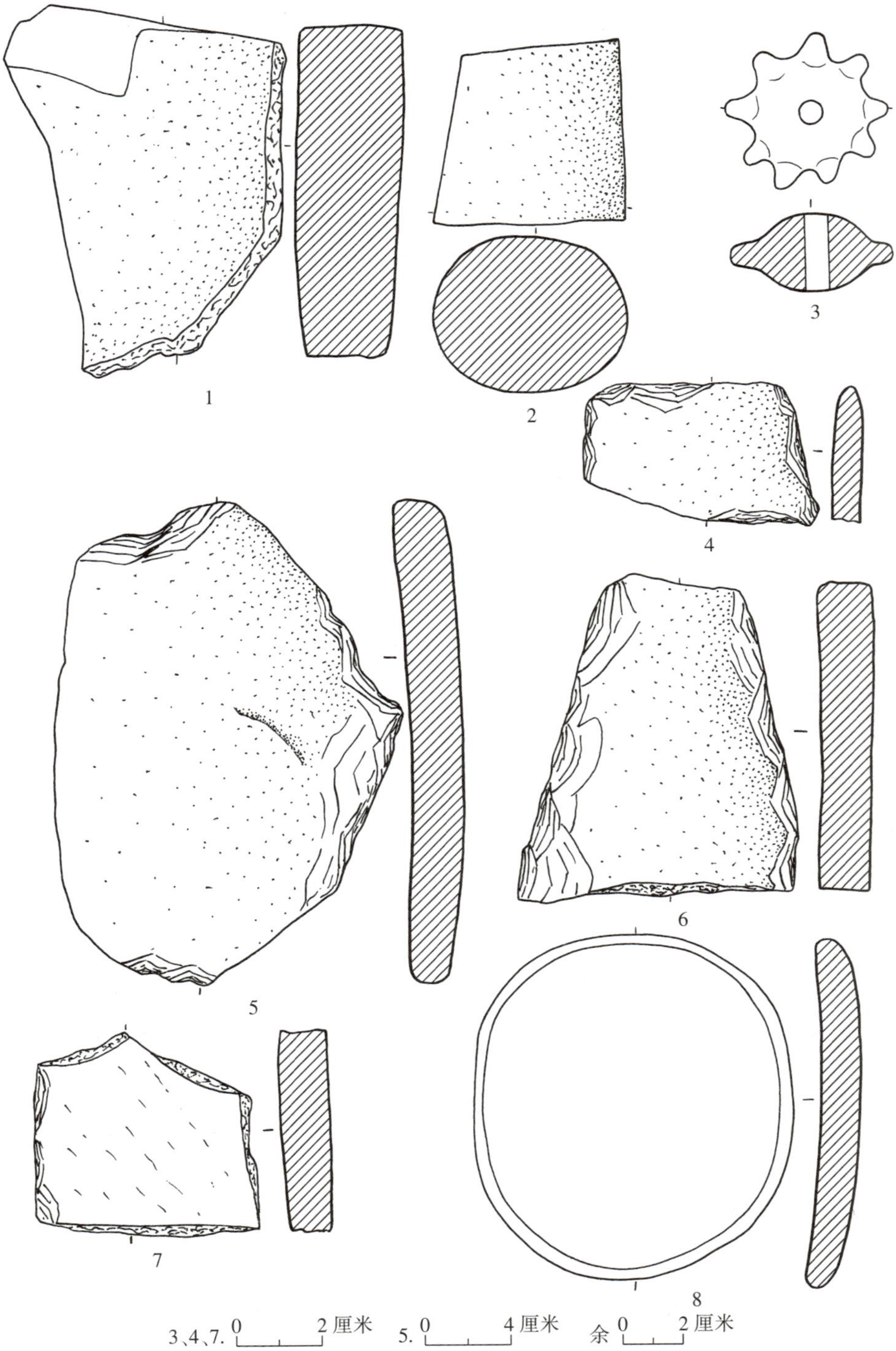

图4－182　ⅠF42②D陶容器以外的石、陶制品

1. 石磬残块（ⅠF42②D:6）　2. 柱状石器残段（ⅠF42②D:3）　3. 陶纺轮（ⅠF42②D:1）
4、6. 石铲残段（ⅠF42②D:12、ⅠF42②D:5）　5. 有打击痕的砾石（ⅠF42②D:7）
7. 石铲残块（ⅠF42②D:13）　8. 陶圆饼（ⅠF42②D:2）

ⅠF42②D∶3　柱状石器残段。辉绿玢岩，磨制，截面卵形。残段长度6.1、柱体长轴6.4、柱体短轴5.07厘米（图4－182，2）。

ⅠF42②D∶4　彩绘陶器残片。

ⅠF42②D∶5　石铲残段。角闪安山岩，灰黄杂黑褐色，石材与ⅠH235⑱∶2相同。打制，斜平顶，两侧边斜直，下部残。长11.23、宽9.1、厚2.05厘米（图4－182，6）。

ⅠF42②D∶6　石磬残块。大理岩，灰白色，磬面磨光，有极细的划擦痕和琢点。残块平面近梯形，存留两段相邻的原石磬边，其余两边为断碴。长12.2、宽8.98、厚3.2～3.4厘米（图4－182，1）。

ⅠF42②D∶7　有打击痕的砾石。安山岩，灰色，扁体。长22.4、宽16、厚2.86厘米（图4－182，5）。

ⅠF42②D∶11　研磨器残块。粉砂岩，紫红色，残块平面近四边形。研磨面、底面和一直边均磨得十分光滑，弧边亦粗略磨过，其余两边为断碴。长7.85、宽5.8、厚2.9厘米（图4－181，2）。

ⅠF42②D∶12　石铲残段。玻基凝灰岩，灰绿色，磨制，下部残。残段长5.58、宽3.3、厚0.71厘米（图4－182，4）。

ⅠF42②D∶13　石铲残块。玄武岩，深灰色，打制，仅存一段原石铲的侧边。长5.12、宽4.65、厚1.2厘米（图4－182，7）。

ⅠH383∶1　石铲（或斧）半成品。英安岩，灰色，打制，束腰，宽刃。长9.27、宽9.23、厚2.7厘米。

ⅠH383∶2　骨锥。磨制，形体不甚规则。长9.3、宽0.96、厚0.7厘米。

ⅠT326⑦∶1　石器残段。玄武岩，灰色，琢制，残段上部为圆柱状，平顶，下接方柱体，残存的方柱体四面均经一定的磨制。长10.35、上部直径4.5～4.9、下部边长4～4.5厘米（图4－181，10）。

ⅠF43∶1　骨器残片。

ⅠF43∶2　圆陶片。将陶器残片周边交互打击修薄而成，夹砂褐陶，外表饰划断绳纹。直径5.1～5.55、厚0.72厘米。

ⅠF44①∶1　石斧。玄武岩，黑灰色，琢制，刃部打制，似未完成品。长13.05、宽6.1、厚3.9厘米（图4－183，4）。

ⅠF44②∶1　骨簪。磨制，平顶，上部稍扁，中部以下为长圆锥形，整体略有弯弧。长15.15、宽0.75厘米（图4－183，10；彩版六三，4）。

ⅠF44③∶1　有打击痕的石块。安山岩，浅灰色，形似石铲雏形。长11.05、宽7.4、厚2.08厘米（图4－183，2）。

ⅠF44③∶2　石器残段。玄武岩，黑灰色，磨制，残存原石器的两段侧边。长7.9、宽6.4、厚1.41厘米（图4－183，8）。

ⅠF44④∶1　卜骨。将动物肋骨纵劈一半制成，一端有穿孔，骨松质一面有29个钻，其中一个已穿透，骨密质一面与钻对应处多有褐色圆点，卜兆出现的较少，大约

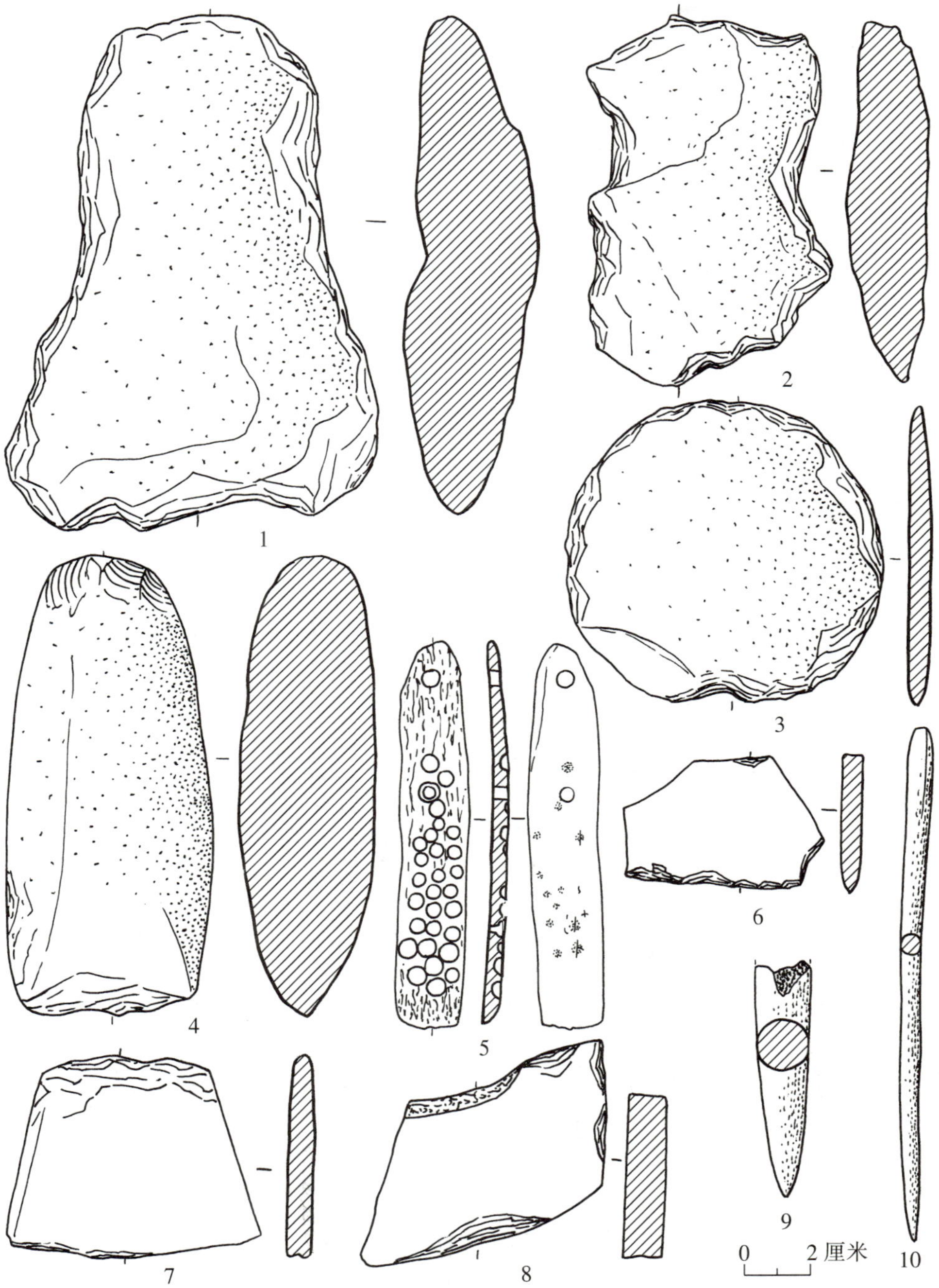

图4－183　ⅠF44的石、骨制品

1. 石铲（或斧）（ⅠF44④:3）　2. 有打击痕的石块（ⅠF44③:1）
3. 盘状石器（ⅠF44⑤:1）　4. 石斧（ⅠF44①:1）　5. 卜骨（ⅠF44④:1）
6. 石铲残块（ⅠF44④:4）　7. 石铲残段（ⅠF44⑤:2）　8. 石器残段（ⅠF44③:2）
9. 鹿角残段（ⅠF44④:2）　10. 骨簪（ⅠF44②:1）

有“一”字形和“卜”字形两种。长11.6、宽2.1、厚0.4、孔径0.5、钻直径0.3～0.6厘米（图4－183，5；彩版六三，5）。

ⅠF44④:2　鹿角残段（图4－183，9）。

ⅠF44④:3　石铲（或斧）。安山岩，青灰色，打制，窄顶，束腰，宽刃。长15、宽11.15、厚3.8厘米（图4－183，1）。

ⅠF44④:4　石铲残块。板岩，黑灰色，磨制，存留原石铲的一段侧边，其余各边皆为断碴。长6、宽3.9、厚0.48厘米（图4－183，6）。

ⅠF44⑤:1　盘状石器。角闪安山岩，灰色，打制，周边交互打击修薄，整体较规则。直径9.5、厚0.53厘米（图4－183，3；彩版六四，2）。

ⅠF44⑤:2　石铲残段。大理岩，灰黄相间色，磨制，仅存上部，两侧边斜直。残段长7.49、宽6.11、厚0.72厘米（图4－183，7）。

ⅠF45①:1　骨簪。磨制，略有弯弧，平顶。长13.25、顶部直径0.68厘米（图4－184，3；彩版六四，3）。

ⅠF45①:2　陶纺轮。泥质褐陶，算盘珠状。直径3.1、高2.45、孔径0.6厘米（图4－184，2）。

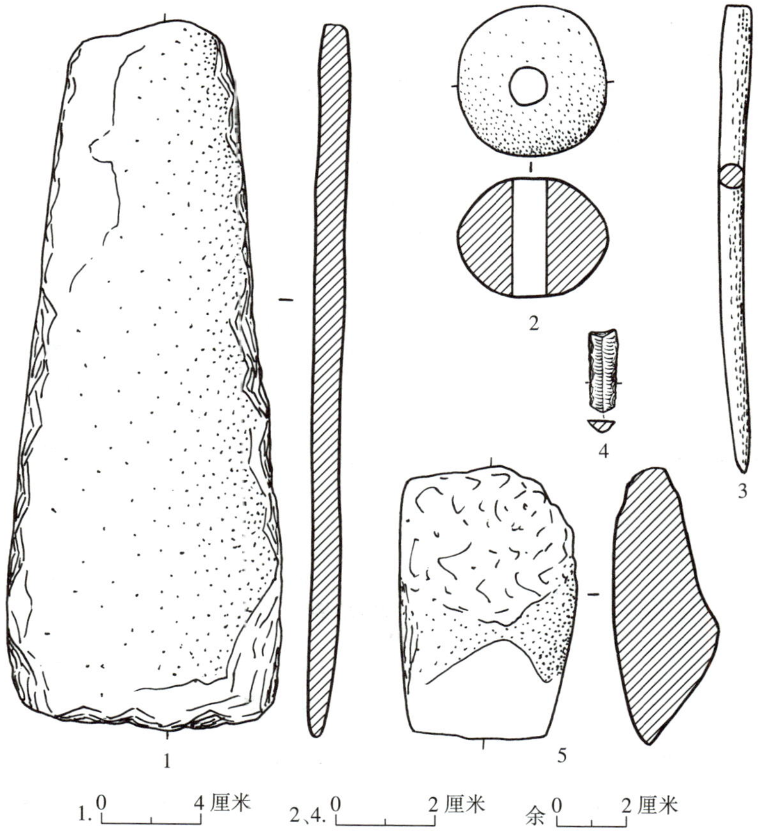

图4－184　ⅠF45陶容器以外的石、陶、骨制品

1. 石铲（ⅠF45②:1）　2. 陶纺轮（ⅠF45①:2）　3. 骨簪（ⅠF45①:1）
4. 小石片（ⅠF45①:3）　5. 石斧残段（ⅠF45①:4）

ⅠF45①:3　小石片。碧玉，紫色，两侧边缘有细密压削痕。长1.65、宽0.57、厚0.15厘米（图4-184，4）。

ⅠF45①:4　石斧残段。辉长岩，灰绿色，琢制，上部残，刃部磨制，直刃，刃缘多有崩碴。长7.62、宽4.7、厚2.9厘米（图4-184，5）。

ⅠF45②:1　石铲。板岩，打制，刃与两侧边交互打击修薄，斜平顶，两侧边斜直，直刃。长28.1、宽11.15、厚1.2厘米（图4-184，1；彩版六五）。

ⅠF46①:1　骨器残段。

ⅠF46②:1　石铲残块。石灰岩，浅灰色，磨制，残块平面呈长方形，存留一段原石铲的侧边，其余各边均为断碴。长4.4、宽3.3、厚0.7厘米。

ⅠF46②:2　骨器残段。

ⅠF47d1:1　残盘状石器。玄武岩，黑灰色，打制，周边最薄，残缺近半。直径12.63、厚1.1厘米（图4-185）。

ⅠF48①:1　残盘状石器。安山岩，黑灰色，打制，存留较多原砾石面，周边较薄，残半。直径11、厚1.7厘米（图4-186，1）。

ⅠF48①:2　石铲残块。石灰岩，浅灰色，磨制，残块平面略呈梯形，残存原石铲的两段侧边。长8.4、宽5.2、厚0.68厘米（图4-186，2）。

ⅠF48①:3　有孔骨器。磨制，扁锥状，斜弧顶，两侧边磨平，尖端略扁，近顶部对钻一孔。长7.9、宽0.78、厚0.45、孔内径0.31厘米（图4-186，4；彩版六四，4）。

ⅠF48②:1　有打击痕的石块。安山岩。

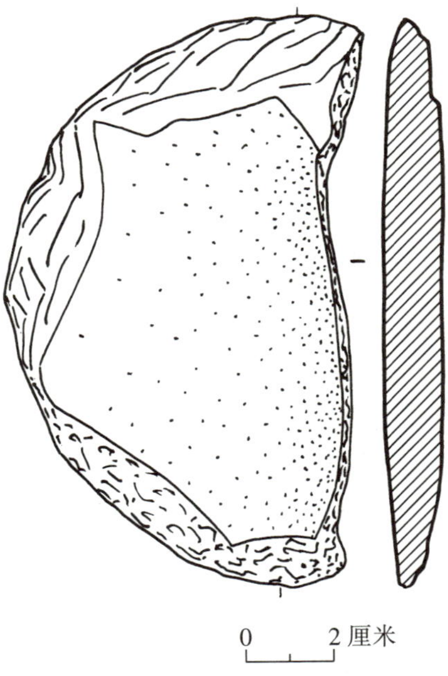

图4-185　ⅠF47的残盘状石器
（ⅠF47d1:1）

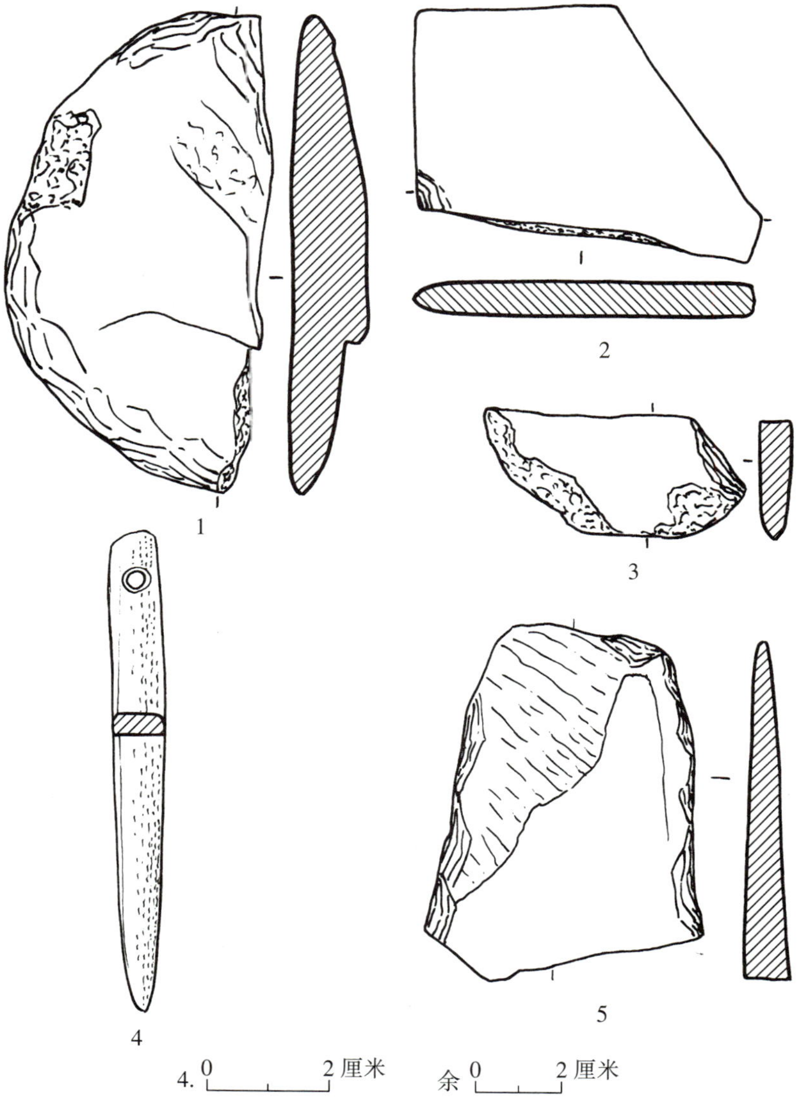

图 4－186　Ⅰ F48 陶容器以外的石、陶、骨制品

1. 残盘状石器（Ⅰ F48①:1）　2. 石铲残块（Ⅰ F48①:2）　3. 圆陶片残块（Ⅰ F48②:4）
4. 有孔骨器（Ⅰ F48①:3）　5. 石铲残段（Ⅰ F48②:3）

Ⅰ F48②:2　磨制石铲残片。板岩。

Ⅰ F48②:3　石铲残段。玄武岩，灰黑色，磨制，此残段为有肩石铲的柄部。长 8.26、宽 6.31、厚 0.91 厘米（图 4－186，5；彩版六六，1）。

Ⅰ F48②:4　圆陶片残块。以陶器器底制成，泥质褐陶，周边修薄。长 6.16、宽 2.16、厚 0.7 厘米（图 4－186，3）。

Ⅰ F48②:5　红顶钵口沿残片。属红山文化。

Ⅰ F50①:1　残骨针。磨制，顶部自针孔处残。残长 5.1、直径 0.11 ~0.15 厘米。

Ⅰ F50①:2　彩绘陶器残片。泥质灰陶，外表饰红、白两色彩绘花纹。

ⅠF50①:3　骨管。磨制。长1.81、直径1.9~2厘米（图4-187，5；彩版六六，4）。

ⅠF50①:4　石铲残块。熔结凝灰岩，灰绿色，磨制，残块平面近长方形，存留原石铲刃边和侧边各一段，另两边为断碴。长7.1、宽5、厚1.01厘米（图4-187，6）。

ⅠF50①:5　圆陶片。将陶器残片周边打薄而成，泥质灰陶，外表黑光。直径4.8~5、厚0.85厘米（图4-187，3）。

ⅠF50①:6　圆陶片。将陶器残片周边打薄而成，泥质褐陶。直径5.8~6.34、厚0.95厘米（图4-187，4）。

ⅠF50①:7　陶圆饼。将瓮、罐类陶器腹片周边修平而成，泥质褐陶，外表残存5道箍堆纹。直径6.3~6.7、厚0.9厘米。

ⅠF50②:1　石铲（或斧）。玄武岩，灰色，打制，斜顶，束腰，直刃。长17.2、宽10.9、厚3.74厘米（图4-187，2）。

ⅠF50③:1　石铲（或斧）半成品。玄武岩，灰色，打制，斜顶，束腰，凸弧刃。长12.86、宽8.1、厚3.2厘米（图4-187，1）。

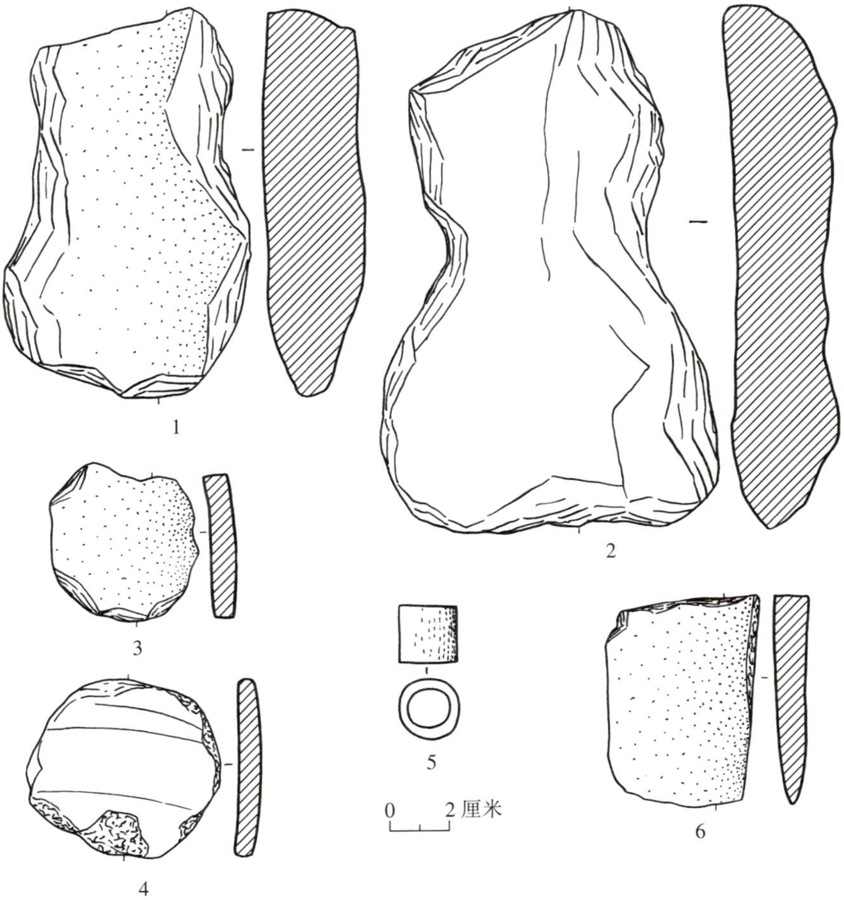

图4-187　ⅠF50陶容器以外的石、陶、骨制品

1. 石铲（或斧）半成品（ⅠF50③:1）　2. 石铲（或斧）（ⅠF50②:1）
3、4. 圆陶片（ⅠF50①:5、ⅠF50①:6）　5. 骨管（ⅠF50①:3）　6. 石铲残块（ⅠF50①:4）

ⅠF51W②：1　石铲残段。玻基凝灰岩，灰绿色，磨制，仅存下部，刃边略见凸弧，两侧边较直。残段长10.1、宽9、厚0.64厘米（图4－188，3）。

ⅠF51W③：1　石磬残块。石灰岩，灰黑色，两面磨光，并有多道笔直的划擦痕和数处琢点，残块平面近梯形，较规则，断边也十分整齐，几乎都垂直于磬面。长7.06、宽3.1、厚4.8厘米（图4－188，4；彩版六六，2）。

ⅠF51W③：2　矩形陶片。以陶器残片制成，泥质红陶，外表施绳纹，平面近梯形，四边磨平，存留一对钻之孔。长5.3、宽3.32、厚0.98厘米（图4－188，2）。

ⅠF51W④：1　盘状石器。安山岩，紫褐色，打制，边缘处多经交互打击修薄。直径10.7～11.4、厚1.56厘米（图4－188，1）。

ⅠF52①：1　石铲残段。石灰岩，浅灰色，磨制，仅存上部，顶及两侧边均磨平，局部烧黑，一面有多道平行的黑褐色横线，似为缚柄留下的痕迹。长6.7、宽7.02、厚0.7厘米。

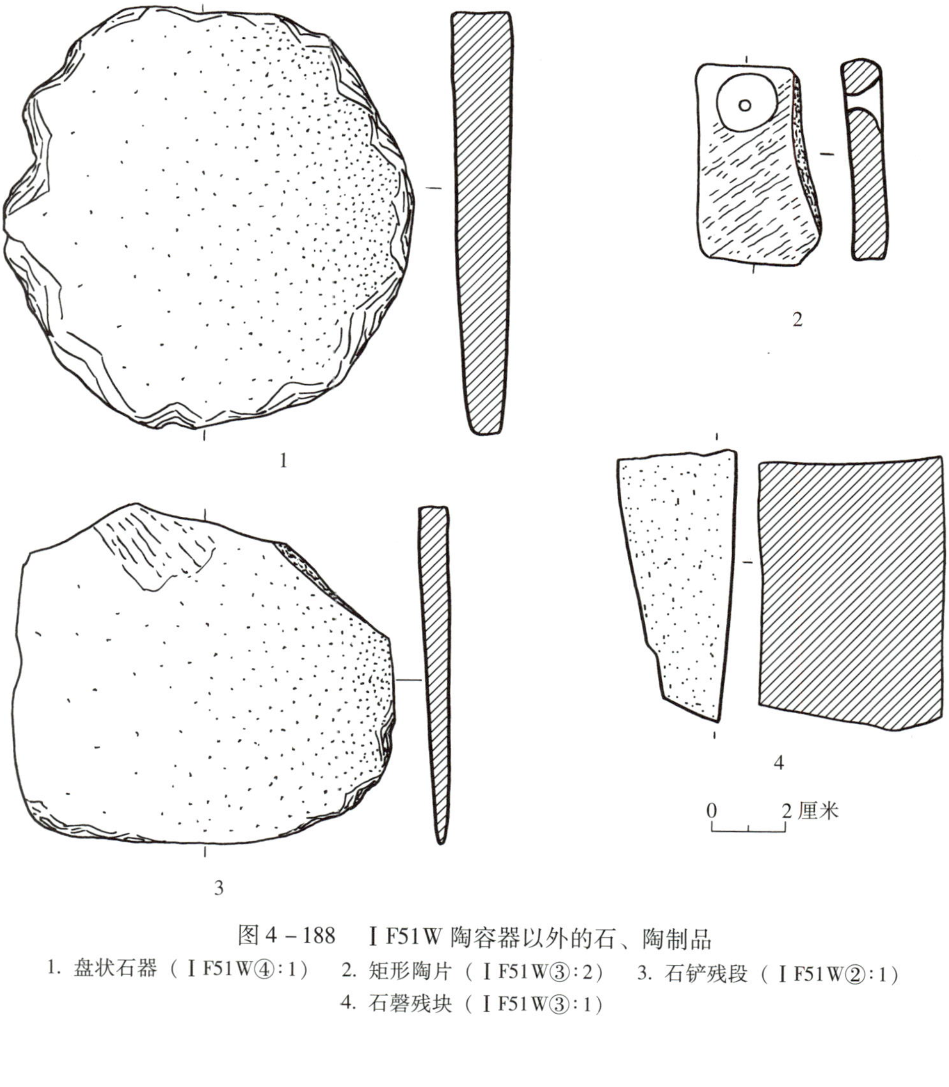

图4－188　ⅠF51W陶容器以外的石、陶制品

1. 盘状石器（ⅠF51W④：1）　2. 矩形陶片（ⅠF51W③：2）　3. 石铲残段（ⅠF51W②：1）　4. 石磬残块（ⅠF51W③：1）

ⅠF52①:2　石磬残块。石灰岩，灰黑色，残块平面近三角形，两面磨光，并有多道直线划擦痕和数处琢点。长 7.5、宽 5.48、厚 4.81 厘米（图 4－189；彩版六六，3）。

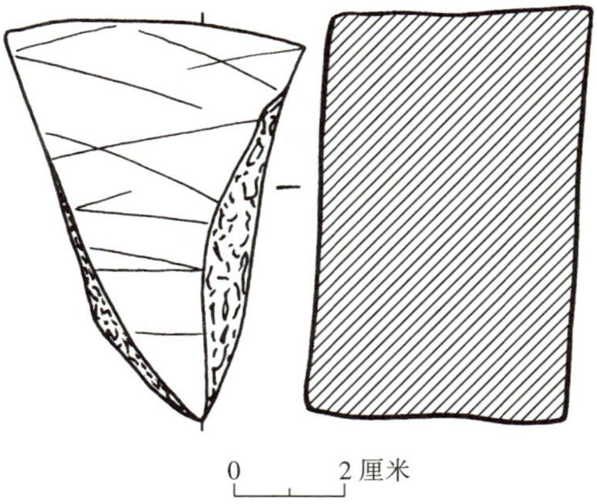

图 4－189　ⅠF52 的石磬残块
（ⅠF52①:2）

ⅠF52①:3　陶圆饼。陶器底的周边经打制修整而成，夹砂褐陶。直径 7.45、厚 0.88 厘米。

ⅠF52②:1　彩绘陶器残片。

ⅠF53①[①]:1　石珠。灰白色，磨制。直径 0.69、高 0.2、孔径 0.28 厘米（图 4－190，3）。

ⅠF53①:2　石磬残块。石灰岩，浅灰色，磨制，表面有划擦痕，残块平面略近四边形，周边均为断碴。长 7.82、宽 6.17、厚 2.4 厘米。

ⅠF53①:3　骨锥残尖。

ⅠF53①:4　近似石铲（或斧）毛坯的大石块。共 20 件，英安岩质 16 件，安山岩质 2 件，火山角砾岩质 2 件，青灰色，近似石铲（或斧）半成品的形态，少有二次加工痕迹。绝大多数长、宽分别在 11.8～19.7 和 9.1～14.5 厘米之间。最大的 1 件长 25.6、宽 17.1、厚 4.6 厘米，最小的 1 件长 11.8、宽 6.4、厚 4.1 厘米。典型者如ⅠF53①:4－1、ⅠF53①:4－2（图 4－190，1、4）。

ⅠF53①:5　陶弹丸。灰褐色。直径 1.15～1.33 厘米（图 4－190，2）。

ⅠF53②:1　有打击痕的石块。英安岩。

ⅠF53②:2　细石器石片。燧石，紫红色。

ⅠF53②:3　彩绘陶豆柄制品。将豆柄残段上、下端面修平，下接少许豆座，泥质灰陶，外表黑光，残存红色彩绘痕迹。高 6.6、豆柄直径 3.1 厘米（图 4－190，5）。

ⅠF53④:1　骨锥残尖。

① 这里的ⅠF53①、ⅠF53②、ⅠF53④是ⅠF53 穴内堆积不同深度（以 50 厘米为深度单位）的标志，而非严格的分层之概念。

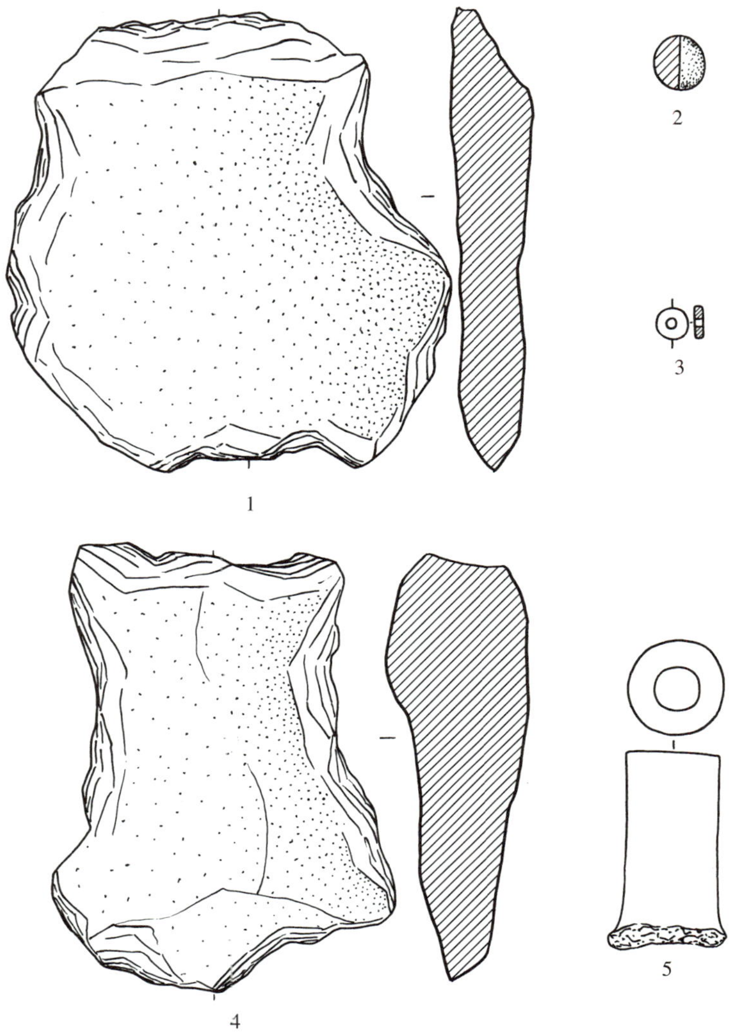

图 4－190　Ⅰ F53 陶容器以外的石、陶制品

1、4. 近似石铲（或斧）毛坯的大石块（Ⅰ F53①:4－1、Ⅰ F53①:4－2）
2. 陶弹丸（Ⅰ F53①:5）　3. 石珠（Ⅰ F53①:1）　5. 彩绘陶豆柄制品（Ⅰ F53②:3）

Ⅰ F53④:2　骨制品。有一定的加工痕，整体作细长条形。

Ⅰ F53④:3　石片。灰绿色，略具透明感，压削而成。长 1.3、宽 0.42 厘米。

Ⅰ F53④:4　石片。碧玉，绿色。

Ⅰ F54:1　磨过的石块。珍珠岩，黑色，一面磨成凹弧状。长 34.5、宽 20、厚 17.5 厘米。

Ⅰ F55①:1　铲、斧类石器残块。大理岩，灰绿色，磨制，残块平面近四边形，残存一段原石器侧边，其余三边均为断碴。长 3.05、宽 1.5、厚 1.08 厘米。

Ⅰ F55①:2　石片。燧石，白色。长 1.65、宽 1.6、厚 0.4 厘米。

ⅠF55①:3　石片。蛋白石，白色。长1.7、宽1.1、厚0.65厘米。

ⅠF55②:2　石器残段。流纹质熔结凝灰岩，红褐色，磨制，扁体，平面作梯形，两侧边交互打击修薄，另两边均为断碴，一面尚有一处直径1.8、深0.2厘米的内凹。残段长度4.1、宽4.67、厚0.8厘米（图4-191，3）。

ⅠF55③:1　残石刀。晶屑凝灰岩，灰色，磨制，一面平，另一面隆起成脊，端首尖圆，背边略钝，刃缘有两处缺豁。残长4.95、宽1.9、厚0.85厘米。

ⅠF55③:2　残骨针。磨制，仅存下部。残长2.4、直径0.16厘米。

ⅠF55③:3　石片。燧石，灰、白相间之杂色。长3.9、宽1.9、厚0.6厘米。

ⅠF55⑤:1　石铲残块。硅质灰岩，黄褐色，磨制，残块平面作四边形，各边均为断碴。长2.2、宽2、厚0.62厘米。

ⅠF55⑤:2　磨制骨器残片。长4.63、宽0.7、厚0.22厘米。

ⅠF55⑤:3　鳄鱼骨板制品。修磨成平面四方形的扁体。边长2.2~2.3、厚0.5厘米（图4-191，4；彩版六六，5）。

ⅠF55⑤:4　残石器。含砾硬砂岩，紫褐色，局部烧黑，扁体，原器平面为较规则

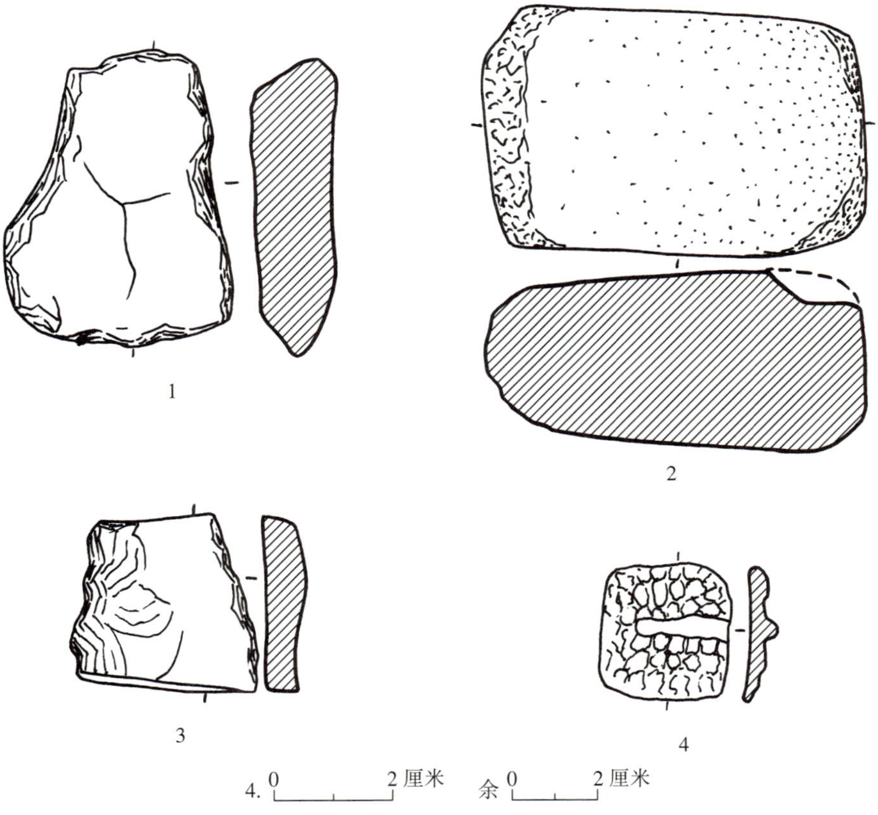

图4-191　ⅠF55的石、骨制品

1. 铲形石器半成品（ⅠF55⑤:5）　2. 残石器（ⅠF55⑤:4）
3. 石器残段（ⅠF55②:2）　4. 鳄鱼骨板制品（ⅠF55⑤:3）

的长方形，周边磨平，此器有一定的残缺。长9.04、宽5.9、厚4.4厘米（图4-191，2）。

ⅠF55⑤:5　铲形石器半成品。安山岩，灰色，打制，窄顶，束腰，宽刃凸弧，刃边与凹弧之侧边经交互打击修薄。长7、宽5.4、厚1.93厘米（图4-191，1）。

ⅠF56:1　陶纺轮。泥质红陶，算盘珠状。直径2.2、高1.89、孔径0.4厘米（图4-192，3）。

ⅠF56:2　磨制陶豆柄残段。泥质红陶，外表褐色，残段两端均经打磨。直径3.8、高5.85厘米（图4-192，2）。

ⅠF56:3　残盘状砾石。黄褐色，半个圆盘状。长12.17、宽6.1、厚2.5厘米（图4-192，1）。

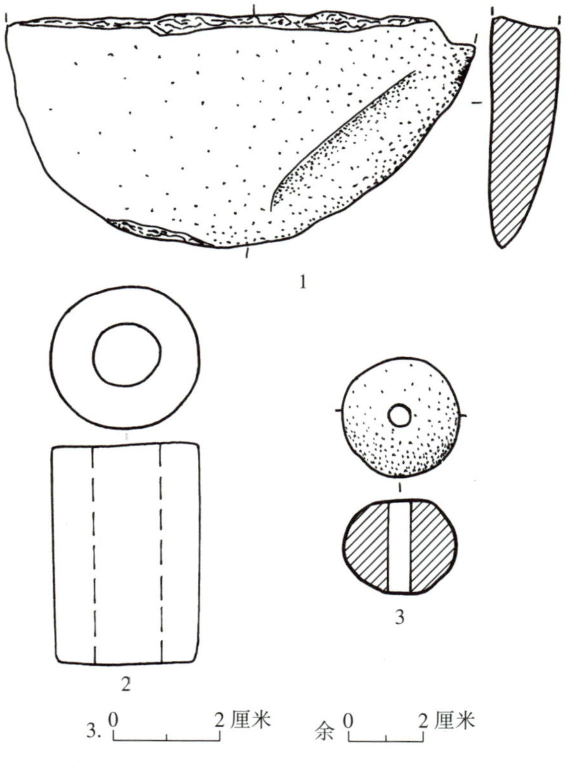

图4-192　ⅠF56陶容器以外的石、陶制品
1. 残盘状砾石（ⅠF56:3）　2. 磨制陶豆柄残段（ⅠF56:2）　3. 陶纺轮（ⅠF56:1）

ⅠF61①:1　残骨针。

ⅠF61①:2　石刀残块。晶屑凝灰岩，褐色，磨制，一面平，另一面隆起成脊。

ⅠF61①:3　石铲（或磬）残块。石灰岩，灰色，磨制，残块平面近梯形，存留原石器端边和侧边各一段，另两边为断碴。长7.2、宽5.3、厚0.8厘米。

ⅠF61①:4　铲类石器残块。熔结凝灰岩，紫褐色，磨制，残块平面为长方形，存留原石器刃边和磨平的侧边各一段，另两边为断碴，但其中一长边经交互打击修薄。

长6.77、宽3.54、厚1.14厘米（图4－193，2）。

ⅠF61①:5　石铲残块。熔结凝灰岩，灰绿色，磨制，残块平面近四边形，存留原石铲刃边和侧边各一段，另两边为断碴。长6.3、宽4.4、厚0.68厘米（图4－193，1）。

ⅠF61①:6　蚌片。

ⅠF61②:1　骨片。

ⅠF61②:2　陶鼎足。一靴形足根上接陶鼎平底残片，泥质褐陶，平底残片边缘断碴较齐，靴形足底被磨平（图4－193，5）。

ⅠF61④:1　石弹丸。紫褐色，磨制。直径1.64～1.74厘米（图4－193，3）。

ⅠF61④:2　陶纺轮。泥质褐陶，算盘珠状。直径3.2～3.4、高2.29、孔径0.6厘米。

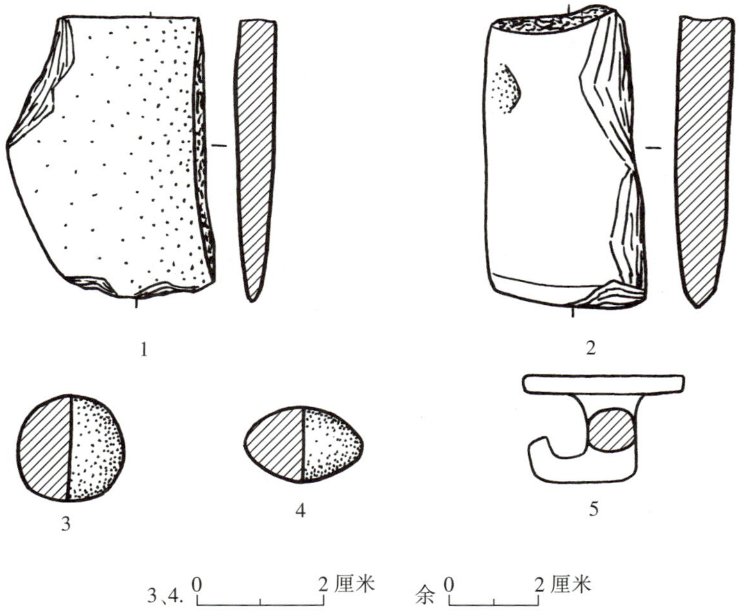

图4－193　ⅠF61陶容器以外的石、陶制品

1. 石铲残块（ⅠF61①:5）　2. 铲类石器残块（ⅠF61①:4）　3. 石弹丸（ⅠF61④:1）
4. 陶弹丸（ⅠF61④:3）　5. 陶鼎足（ⅠF61②:2）

ⅠF61④:3　陶弹丸。黑灰色，椭圆球体。长、短轴各为1.85和1.2厘米（图4－193，4）。

ⅠH12:1　陶尊残片。为陶尊折腹处的残片，泥质红陶，外表灰色，腹部外表有繁缛的花纹，似烧前绘制，现存为棕、黄两种颜色（图4－194，2）。

ⅠH12:2　圆蚌片残块。磨制，周边较薄，残缺一半。直径2.55、厚0.2厘米（图4－194，1）。

ⅠH13:1　石斧。辉绿岩，灰色，琢制，刃部磨制，平顶，两侧边斜直，凸弧刃，正锋，刃缘多有凸凹或崩疤。长10.4、宽6.3、厚2.82厘米（图4－195）。

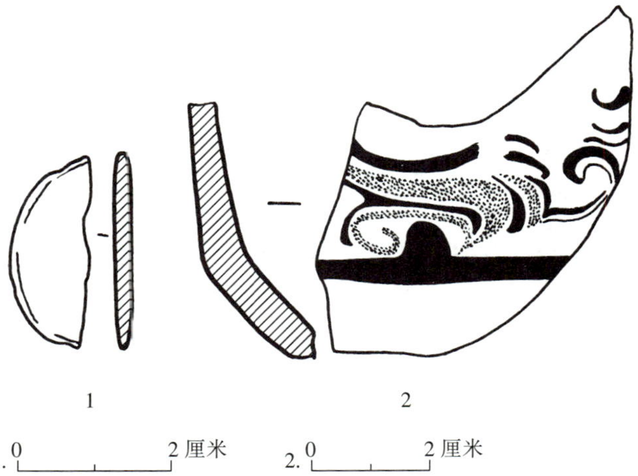

图4－194　ⅠH12的圆蚌片残块和陶尊残片

1. 圆蚌片残块（ⅠH12:2）　2. 陶尊残片（ⅠH12:1）

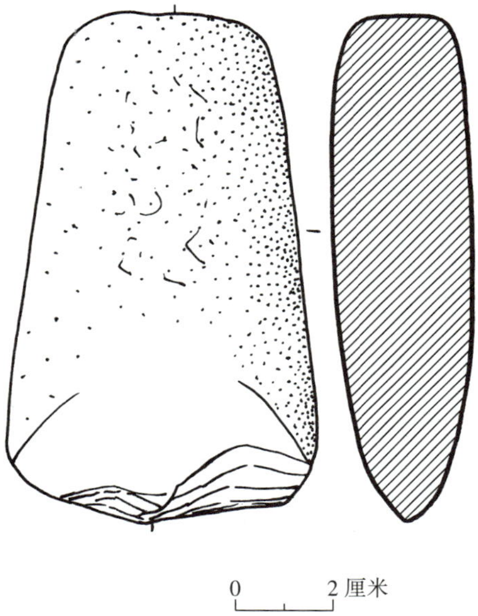

图4－195　ⅠH13的石斧

（ⅠH13:1）

ⅠH34①:1　锥形骨器。磨制，主体呈四棱柱状，向前过渡成圆锥体的锥尖，尖端稍残。长13.12、顶宽（直径）0.93～1.05厘米（图4－196，9）。

ⅠH34①:2　扁锥形骨器。磨制，扁体，一端出尖，另一端斜平。长13.68、宽1.1、厚0.24厘米（图4－196，6）。

ⅠH34①:3　石钺残段。大理岩，白色，磨制，残存对钻孔处以下的部分，此部分残段平面呈梯形，两侧边平直，刃缘凹凸且有崩碴。残段长7.59、宽5.55、厚1.5、孔内径0.8厘米（图4－197，15；彩版六七，1）。

ⅠH34①:4　残扁锥形骨器。磨制，锥尖以上的器体有一定残缺，顶端无存。残长7.45、宽0.98、厚0.18厘米（图4-196，5）。

ⅠH34①:5　骨器。磨制，扁长体，两侧均有纵向切割痕，一端较窄，另一端磨出直刃。长9.52、宽1.02、厚0.24厘米（图4-196，3）。

ⅠH34①:6　石铲半成品。珍珠岩，黑色，打制，窄顶，束腰，刃边略见凸弧。长13.4、宽7.9、厚2.2厘米（图4-198，1）。

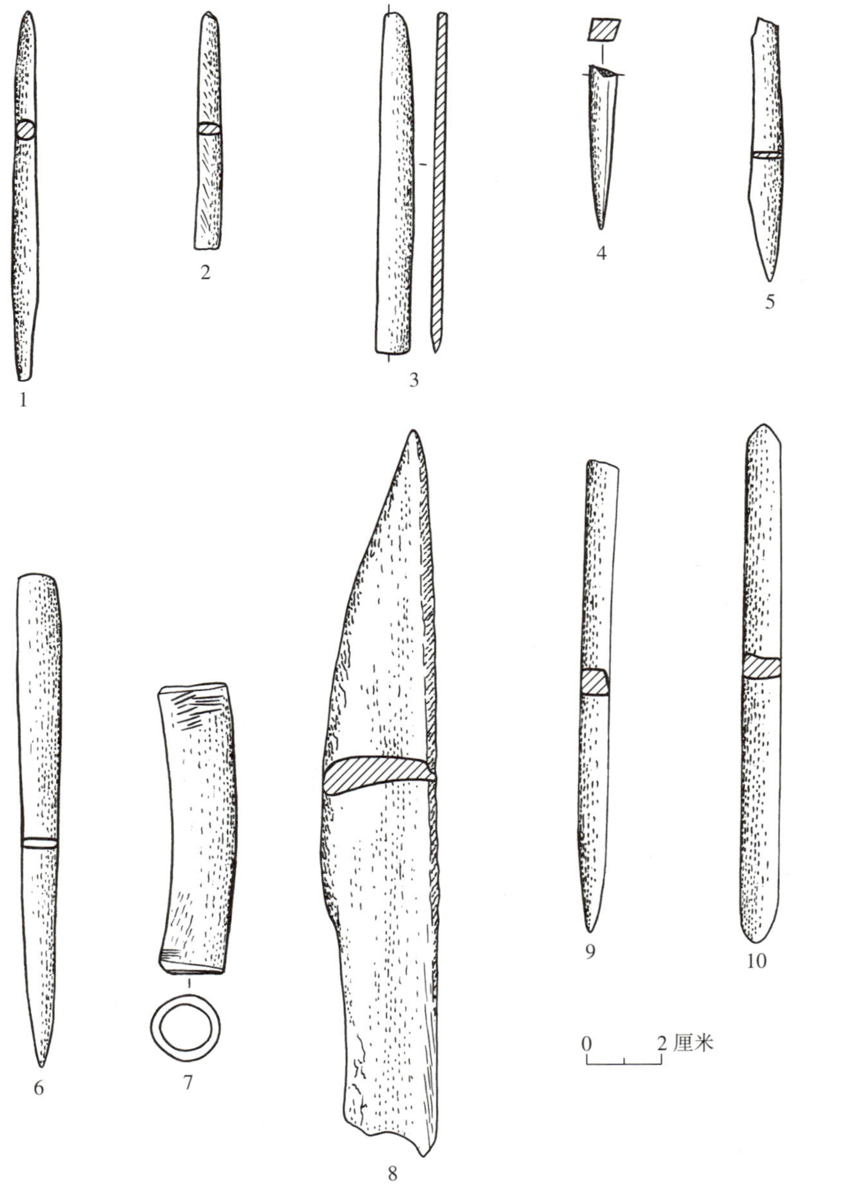

图4-196　ⅠH34的骨制品

1. 残骨镞（ⅠH34①:9）　2. 残骨器（ⅠH34②:1）　3、10. 骨器（ⅠH34①:5、ⅠH34④:1）　4. 骨器残段（ⅠH34①:11）　5. 残扁锥形骨器（ⅠH34①:4）　6. 扁锥形骨器（ⅠH34①:2）　7. 骨管（ⅠH34②:4）　8. 有切割痕的骨料（ⅠH34③:1-1）　9. 锥形骨器（ⅠH34①:1）

图4－197　ⅠH34陶容器以外的石、陶、蚌制品

1～3、16. 石铲残段（ⅠH34③:3、ⅠH34②:3、ⅠH34④:6、ⅠH34③:12）　4. 石铲残块（ⅠH34①:12）　5. 石锛（ⅠH34②:5）　6、12、13. 圆陶片（ⅠH34④:2、ⅠH34①:7、ⅠH34④:11）　7. 陶柄（ⅠH34④:9）　8. 有孔陶圆饼（ⅠH34③:7）　9、10. 刀形细石器（ⅠH34④:4、ⅠH34④:8）　11. 有孔圆蚌片（ⅠH34①:10）　14. 陶圆饼（ⅠH34④:3）　15. 石钺残段（ⅠH34①:3）

ⅠH34①:7　圆陶片。以瓮、罐类陶器腹片制成，泥质灰陶，外表存留两道箍堆纹，多数边缘经打制修薄。直径6.5～7.6、厚1.1厘米（图4－197，12）。

ⅠH34①:8　磨盘残块。含砾粗砂岩，琢制，磨面平滑，略显凹弧，残块平面近四边形，存留两段相邻的原磨盘侧边，另两边均为断碴。长14.1、宽13.9、厚3.42厘米（图4－198，2）。

ⅠH34①:9　残骨镞。磨制，镞体长圆锥形，铤尾残，残存部分的铤横截面为圆形。残长10.45、镞体直径0.7厘米（图4－196，1）。

ⅠH34①:10　有孔圆蚌片。周边磨平，中部穿孔。直径1.45、厚0.14、孔径0.32厘米（图4－197，11）。

ⅠH34①:11　骨器残段。磨制，存者为棱锥状，两面出脊，两侧有棱。残段长4.53、宽1.02、厚0.77厘米（图4－196，4）。

ⅠH34①:12　石铲残块。板岩，黑色，磨制，残块平面近呈长方形，存留一段原石铲侧边，其余各边均为断碴。长5.25、宽4.14、厚0.61厘米（图4－197，4）。

ⅠH34②:1　残骨器。磨制，扁长体，存留的一端磨平，且是残器最宽之处。残长6.7、宽0.68、厚0.31厘米（图4－196，2）。

ⅠH34②:2　石磬。石灰岩，浅灰色，磨制，原为石铲，尚存有崩碴的刃边和斜直的侧边，另一边则呈现为平整的切割面，于顶部一角制成一凸出的柄纽，用以拴绳。长15.44、宽8.2、厚1.5厘米（图4－198，3；彩版六七，2）。

ⅠH34②:3　石铲残段。凝灰质板岩，紫褐色，磨制，仅存下部，两侧边斜直，刃边略显凸弧，偏锋，刃缘凸凹，且有崩碴。此残段长11.04、宽8、厚0.8厘米（图4－197，2）。

ⅠH34②:4　骨管。磨制，一端略粗。长8.1、粗端直径1.68～2.13、细端直径1.72～1.86厘米（图4－196，7）。

ⅠH34②:5　石锛。玻基凝灰岩，黄褐色，磨制，平顶，两侧边斜直，磨平，直刃，偏锋。长2.81、宽2.13、厚0.71厘米（图4－197，5；彩版六七，3）。

ⅠH34②:6　残陶圆饼。以陶器底制成，夹砂灰陶，周边圆钝，残缺少半。直径9.5～10.5、厚1.27厘米。

ⅠH34②:7　残圆陶片。以陶器残片制成，泥质红陶，周边略加打制修薄，残半。直径约9、厚0.82厘米。

ⅠH34③:1　有切割痕的骨料，共10件。均为扁长体，最大的一件（ⅠH34③:1－1）长20.1、宽3.28、厚0.65厘米（图4－196，8）。

ⅠH34③:2　蚌片。

ⅠH34③:3　石铲残段。熔结凝灰岩，灰色，磨制，仅存下部，两侧边斜直，刃部多有残损，正锋。残段长9、宽8.6、厚0.92厘米（图4－197，1）。

ⅠH34③:4　石铲（或斧）半成品残段。安山岩，紫红杂浅色斑，打制，仅存上部，平顶，两侧边略为斜直。残段长11.1、宽9.18、厚3.08厘米（图4－198，6）。

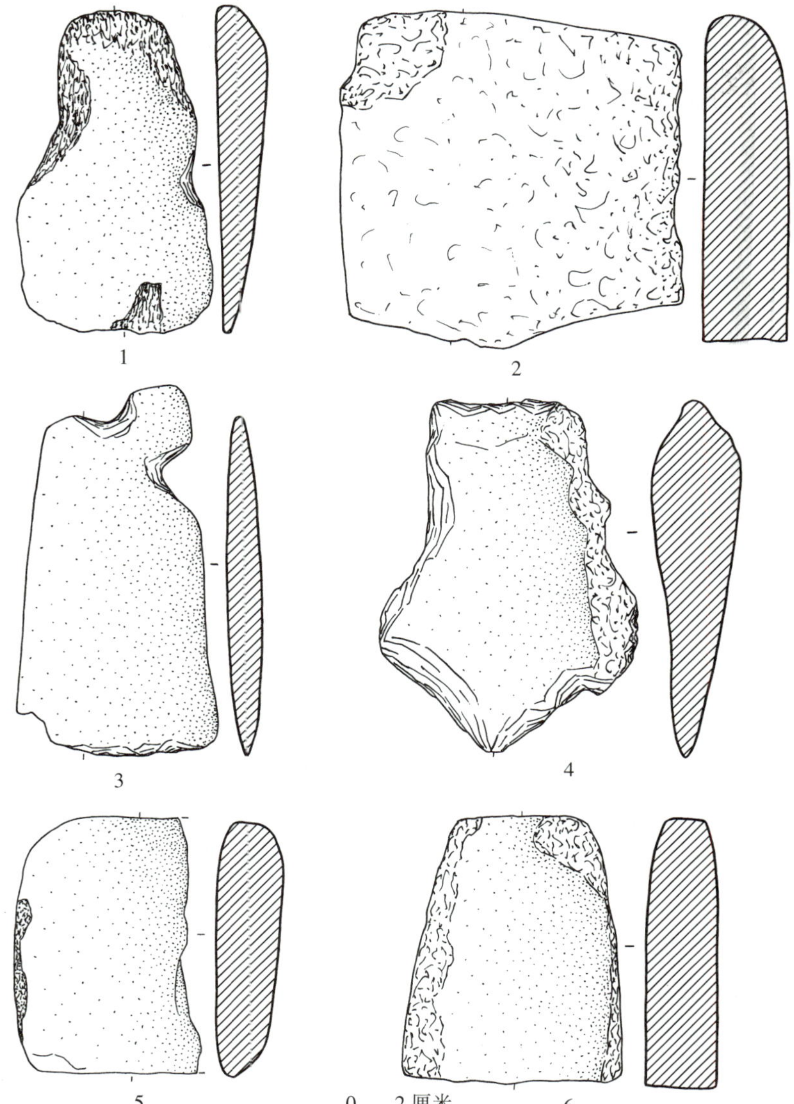

图4－198 ⅠH34的石制品

1. 石铲半成品（ⅠH34①:6） 2. 磨盘残块（ⅠH34①:8） 3. 石磬（ⅠH34②:2） 4. 石铲（或斧）半成品（ⅠH34③:6） 5. 石器残段（ⅠH34③:5） 6. 石铲（或斧）半成品残段（ⅠH34③:4）

ⅠH34③:5 石器残段。粗玄岩，灰色，琢制，扁体。残段平面近长方形，一长边为断碴，余为原石器的端边和侧边。残段长10.7、宽7.4、厚2.8厘米（图4－198，5）。

ⅠH34③:6 石铲（或斧）半成品。玄武岩，黑灰色，打制，直顶边，有较明显的柄部，宽刃尖凸。长14.7、宽10.73、厚3.86厘米（图4－198，4）。

ⅠH34③:7 有孔陶圆饼。以陶器口沿残片制成，泥质褐陶，尚存原陶器的部分圆唇缘，其余边缘磨平，中部对钻一孔。直径4～4.16、厚0.95、孔内径0.62厘米（图4－197，8）。

ⅠH34③:8　残骨器。磨制，扁长体，一端边略直，另一端残。残长6.7、宽1.04、厚0.22厘米。

ⅠH34③:9　残鹿角。下部残，角尖略加修磨。残长9.21厘米。

ⅠH34③:12　石铲残段。黑灰色，磨制，残段平面呈梯形，存留两段原石铲侧边，另两边为断碴。残段长8.2、宽4.2、厚0.8厘米（图4-197，16）。

ⅠH34③:13　彩绘陶器口沿残片。泥质灰陶，残存红色彩绘痕迹。

ⅠH34③:14　细石器。燧石，紫红色，扁长体，两侧边附近均有密集的压削痕。长4.7、宽1.8、厚0.45厘米。

ⅠH34④:1　骨器。磨制，扁长体，两端圆尖，两侧边磨平。长14.4、宽1.1、厚0.75厘米（图4-196，10）。

ⅠH34④:2　圆陶片。以陶器底制成，泥质灰陶，外表烧黑，周边交互打击修薄。直径9.1~9.49、厚1.14厘米（图4-197，6）。

ⅠH34④:3　陶圆饼。以陶器残片制成，泥质红陶，外表有浅细篮纹，周边磨平。直径3.98~4.36、厚0.5厘米（图4-197，14）。

ⅠH34④:4　刀形细石器。燧石，白杂红褐色，略具透明感。扁长体，各边缘附近密布压削痕。“背”边略弧，且较厚钝，“刃”边较直。两端边一宽一窄，宽边较直，窄端略尖。长5.1、宽2.04、厚0.48厘米（图4-197，9）。

ⅠH34④:5　石铲残块。流纹岩，紫红色，磨制，残块平面呈梯形，存留一段原石铲侧边，其余各边均为断碴。长2.48、宽1.32、厚0.68厘米。

ⅠH34④:6　石铲残段。板岩，黑灰色，磨制，残段平面近梯形，存留原石铲顶边和两段侧边，另一边为断碴。残段长5.49、宽5、厚0.72厘米（图4-197，3）。

ⅠH34④:7　残石刀。晶屑凝灰岩，灰色，磨制，一面平，另一面隆起成脊，两端均残。残长5.2、宽1.6、厚0.63厘米。

ⅠH34④:8　刀形细石器。燧石，紫褐色，压削制成。扁长体，“背”边厚钝，略见凸弧，“刃”边略直，两面密布压削痕。两端皆尖。长8.47、宽2.19、厚0.75厘米（图4-197，10；彩版六七，5）。

ⅠH34④:9　陶柄。为泥质灰陶“T”字形柄状物，纵、横均为圆柱体，横柄中部有一孔，直贯纵柄中轴，纵柄下部为断碴。横长4.72、纵长4.1、孔径0.5厘米（图4-197，7）。

ⅠH34④:11　圆陶片。以陶器残片制成，泥质红陶，两面皆黑色，周边交互打击修薄，一面有3道划痕。直径6.1~6.5、厚0.84厘米（图4-197，13）。

ⅠH34⑤:1　细石器石片。燧石，紫色，略具透明感，边缘有压削痕。

ⅠH34⑤:2　细石器石片。燧石，紫褐色。

ⅠH34⑤:4　圆陶片残块。以瓮、罐类陶器腹片制成，泥质灰陶，周边交互打击修薄，外表存留4道箍堆纹。残块长8.8、宽5.5、厚0.96厘米。

ⅠH37①:1　彩绘陶器口沿残片。泥质褐陶，卷沿，沿内涂红色彩绘。

ⅠH37①:2　彩绘陶豆口沿残片。泥质灰陶，外表黑色，敞口，圆唇，口沿内饰红色彩绘。

ⅠH37①:4　骨片。

ⅠH37②:1　锥形骨器。将动物肢骨磨制成扁锥状，锥尖残，另一端交互打击修出直刃边。长6.7、宽2.25、厚0.6厘米（图4-199，13）。

ⅠH37②:2　经切割的兽骨残段。

ⅠH37②:3　蚌珠。周边磨平。直径0.81、高0.23、孔径0.3厘米。

ⅠH37②:4　石铲残块。石灰岩，灰色，磨制，残块平面略呈梯形，存留一段略显凸弧的原石铲侧边，其余各边均为断碴。残块长5.7、宽5.12、厚0.57厘米（图4-199，6）。

ⅠH37②:5　残骨管。动物肢骨原貌多有存留，稍加磨制，两端均残。残长6.78厘米（图4-199，11）。

ⅠH37②:6　石刀残段。紫褐色，磨制，一面平，另一面隆起而略见脊线，直背，端边稍直，背边与端边磨平，凸弧刃。残段长4.8、宽2.75、厚0.76厘米（图4-199，8）。

ⅠH37②:7　石器残块。安山岩。

ⅠH37②:8　残骨簪。磨制，下部残。残长8.79、宽0.7、厚0.38厘米。

ⅠH37②:9　卜骨残块。磨平的一面（或为骨松质面）残留2个完整的和6个残缺的钻孔。长5.17、宽3.13、厚0.87、钻径0.41~0.65厘米（图4-199，10）。

ⅠH37②:10　石斧半成品。珍珠岩，黑色，主要部分经粗略琢制，窄顶，两侧边略直，直刃。长16.24、宽5.3、厚3.8厘米。

ⅠH37②:11　石铲残块。石灰岩，灰色，磨制，表面可见细密的划擦痕和琢点，残块平面略呈四边形，存留一段原石铲侧边，其余各边均为断碴。长4.94、宽3.2、厚0.56厘米。

ⅠH37②:14　陶圆饼残块。原为一尚未与陶器器壁接合的器底，泥质红陶，周边平整。残块平面近三角形，长5.8、宽5.1、厚1.17厘米（图4-199，3）。

ⅠH37②:15　陶圆饼残块。将陶器底周边修平而成，夹砂灰陶。残块长8.5、宽5.9、厚0.93厘米（图4-199，2）。

ⅠH37③:1　石器残块。玄武岩，灰色，扁平体，两面磨制，残块平面略呈月牙状。

ⅠH37③:3　切断的狍角。自角环远端处锯下，腰枝附近的角干被切，眉枝亦被截去（图4-199，9）。

ⅠH37③:4　石铲残段。石灰岩，浅灰色，磨制，上、下均残，两侧边各有一段存留，其余3边皆为断碴。残段长7.93、宽5.4、厚0.82厘米（图4-199，4）。

ⅠH37③:5　扁锥形骨器。磨制，锥尖正锋，顶端磨平。长4.8、宽1.31、厚0.3厘米（图4-199，12）。

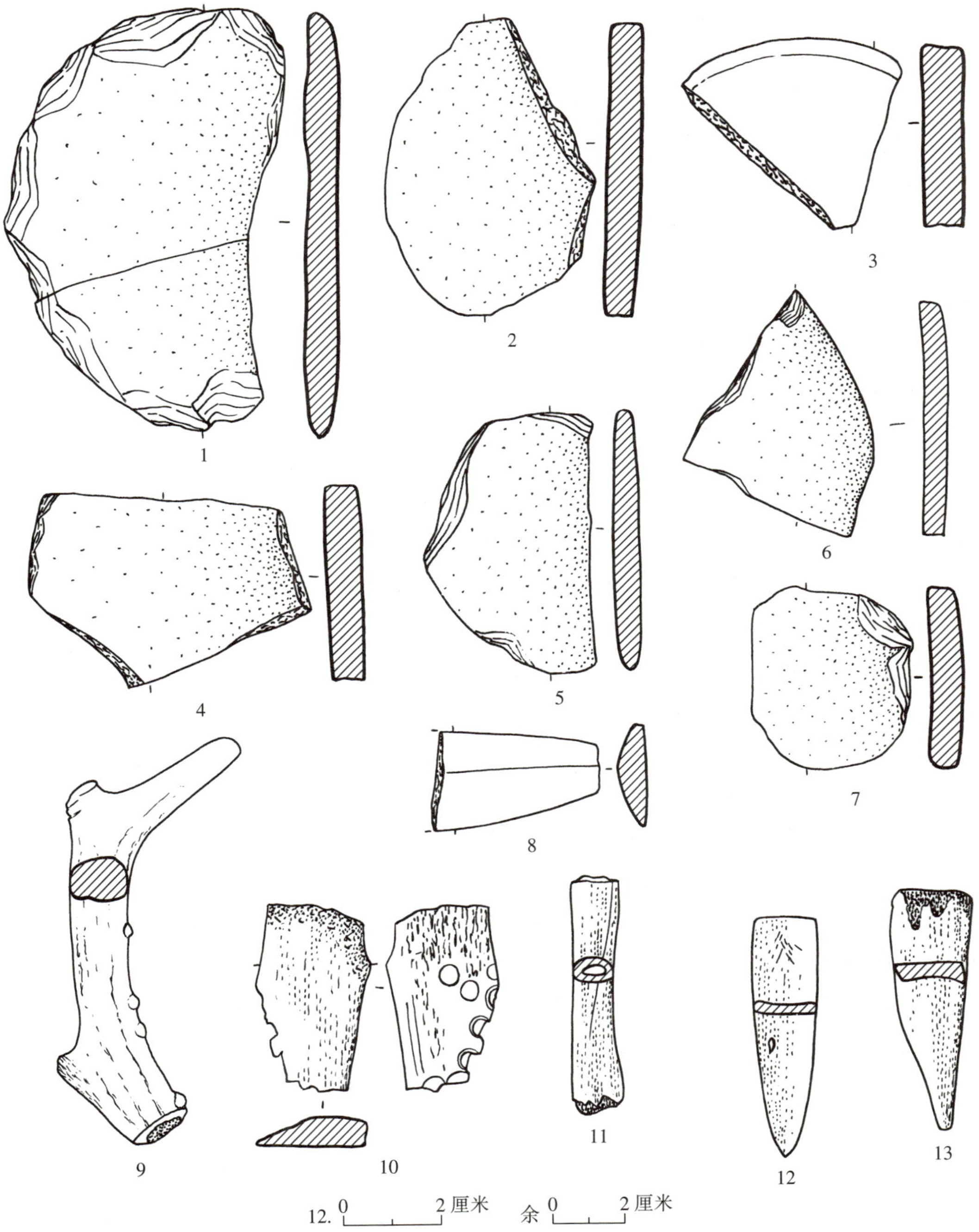

图4－199　ⅠH37陶容器以外的石、陶、骨制品

1、5. 残圆陶片（ⅠH37③:12、ⅠH37③:13）　2、3. 陶圆饼残块（ⅠH37②:15、ⅠH37②:14）　4. 石铲残段（ⅠH37③:4）　6. 石铲残块（ⅠH37②:4）　7. 圆陶片（ⅠH37③:14）　8. 石刀残段（ⅠH37②:6）　9. 切断的狍角（ⅠH37③:3）　10. 卜骨残块（ⅠH37②:9）　11. 残骨管（ⅠH37②:5）　12. 扁锥形骨器（ⅠH37③:5）　13. 锥形骨器（ⅠH37②:1）

ⅠH37③:6　彩绘陶器残片。

ⅠH37③:7　彩绘陶器残片。

ⅠH37③:8　残骨锥。锥尖磨制。残长7.1、宽2.53、厚1.8厘米。

ⅠH37③:12　残圆陶片。将陶器底周边交互打击修薄而成，泥质红陶，残缺近半。直径11.8、厚1厘米（图4-199，1）。

ⅠH37③:13　残圆陶片。将陶器底周边修薄而成，泥质红陶，外表黑色，残缺近半。直径7.4、厚0.67厘米（图4-199，5）。

ⅠH37③:14　圆陶片。将陶器残片周边略加修薄而成，泥质红陶。直径4.4～5.2、厚0.78厘米（图4-199，7）。

ⅠH37④:2　陶圆饼残块。

ⅠH37④:3　陶圆饼残块。

ⅠH37④:4　圆陶片残块。

ⅠH37⑤:1　有打击痕的砾石。流纹岩。

ⅠH75①:2　圆陶片残块。以瓮、罐类陶器腹片制成，周边修薄，泥质灰陶，外表残存1道箍堆纹。

ⅠH75④:1　陶圆饼残块。以陶器底制成，周边修平，泥质红陶。

ⅠH75④:2　陶圆饼残块。以陶器残片制成，周边粗略打薄，泥质红陶。

ⅠH79:1　石铲（或斧）。辉长岩，灰色，打制，窄顶斜直，束腰，宽刃斜弧。长15.1、宽10.1、厚3.7厘米（图4-200，1）。

ⅠH79:2　残石铲。安山岩，灰色，打制，下部无存，直顶边，两侧边斜直。残长10.9、宽7.6、厚1.27厘米（图4-200，2）。

ⅠH79:3　陶纺轮。泥质灰陶，算盘珠状。直径2.91、高1.86、孔径0.56厘米（图4-200，4）。

ⅠH79:6　圆陶片。将陶器底周边交互打击修薄而成，泥质灰陶。直径11～11.86、厚0.92厘米（图4-200，3）。

ⅠH79:7　陶圆饼残块。以陶器底制成，泥质灰陶，周边修平。残块长6.59、宽5.8、厚0.82厘米（图4-200，6）。

ⅠH79:8　陶圆饼残块。原为尚未与陶器器壁接合的器底，泥质灰陶，平缘。残块长5.61、宽4.8、厚0.77厘米（图4-200，5）。

ⅠH90①:1　石铲。板岩，黑色，磨制，平顶略显凸弧，两侧边斜直并磨平，正锋，刃缘有崩碴，稍许磨平。长15.9、顶宽5.84、刃宽7.74、厚0.9～0.94厘米（图4-201，1；彩版六八）。

ⅠH90②:1　骨镞。磨制，镞体扁棱锥形，前锋略尖，长圆锥形铤。长7.82、宽0.82、厚0.6厘米（图4-201，6；彩版六七，4）。

ⅠH90③:1　石铲残块。熔结凝灰岩，灰色，磨制，残块平面呈四边形，残存原石铲刃边和侧边各一段，另两边均为断碴。长7.3、宽5、厚0.8厘米（图4-201，4）。

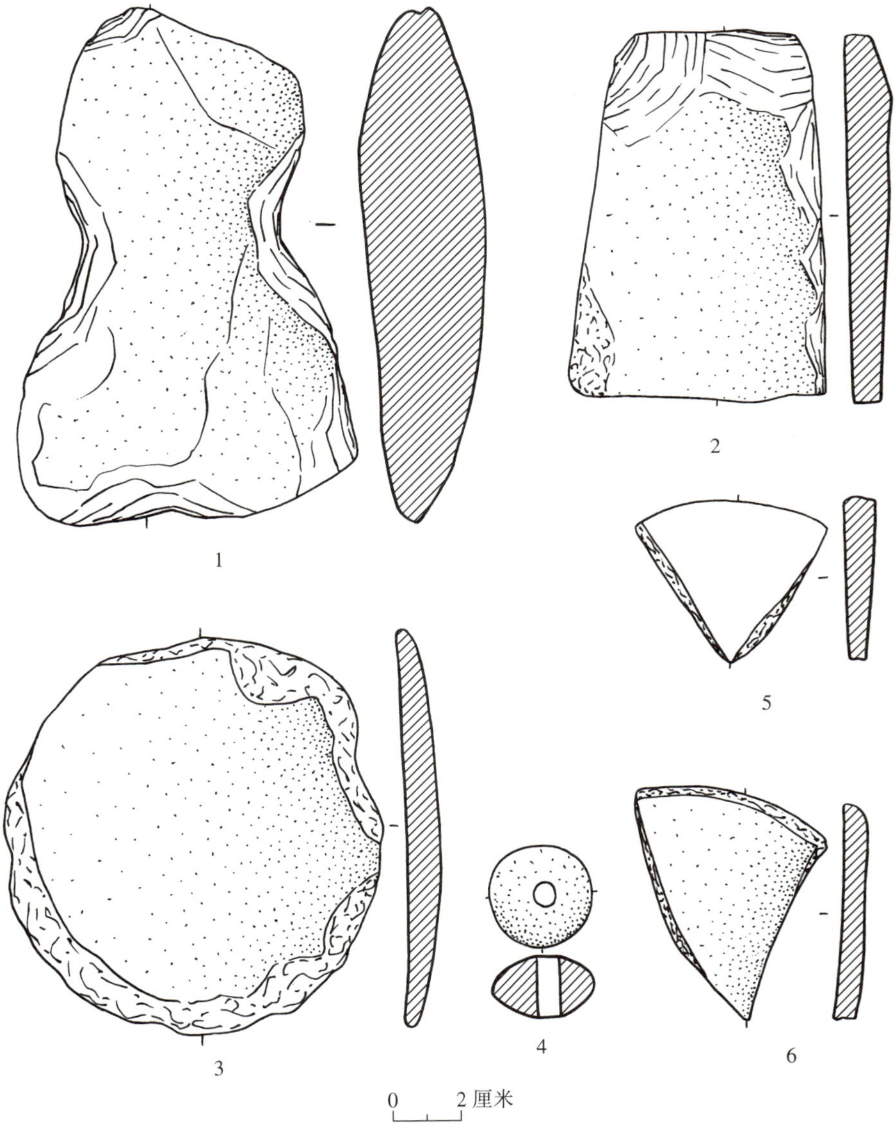

图4-200　ⅠH79陶容器以外的石、陶制品

1. 石铲（或斧）（ⅠH79:1）　2. 残石铲（ⅠH79:2）　3. 圆陶片（ⅠH79:6）　4. 陶纺轮（ⅠH79:3）　5、6. 陶圆饼残块（ⅠH79:8、ⅠH79:7）

ⅠH90④B:5　圆陶片。将陶器底周边磨薄而成，泥质红陶，外表黑色，有所残缺。直径10.2、厚0.9厘米。

ⅠH90④B:6　圆陶片。将陶器底周边修薄而成，泥质灰陶。直径7.3、厚0.9厘米（图4-201，7）。

ⅠH90④B:7　有孔圆陶片。以陶器底制成，泥质灰陶，周边经打制修薄，对钻一孔。直径5.5~5.9、厚0.9、孔内径0.5厘米（图4-201，5）。

ⅠH90④B:10　圆陶片残块。以陶片制成，泥质红陶，外表黑色，部分边缘交互

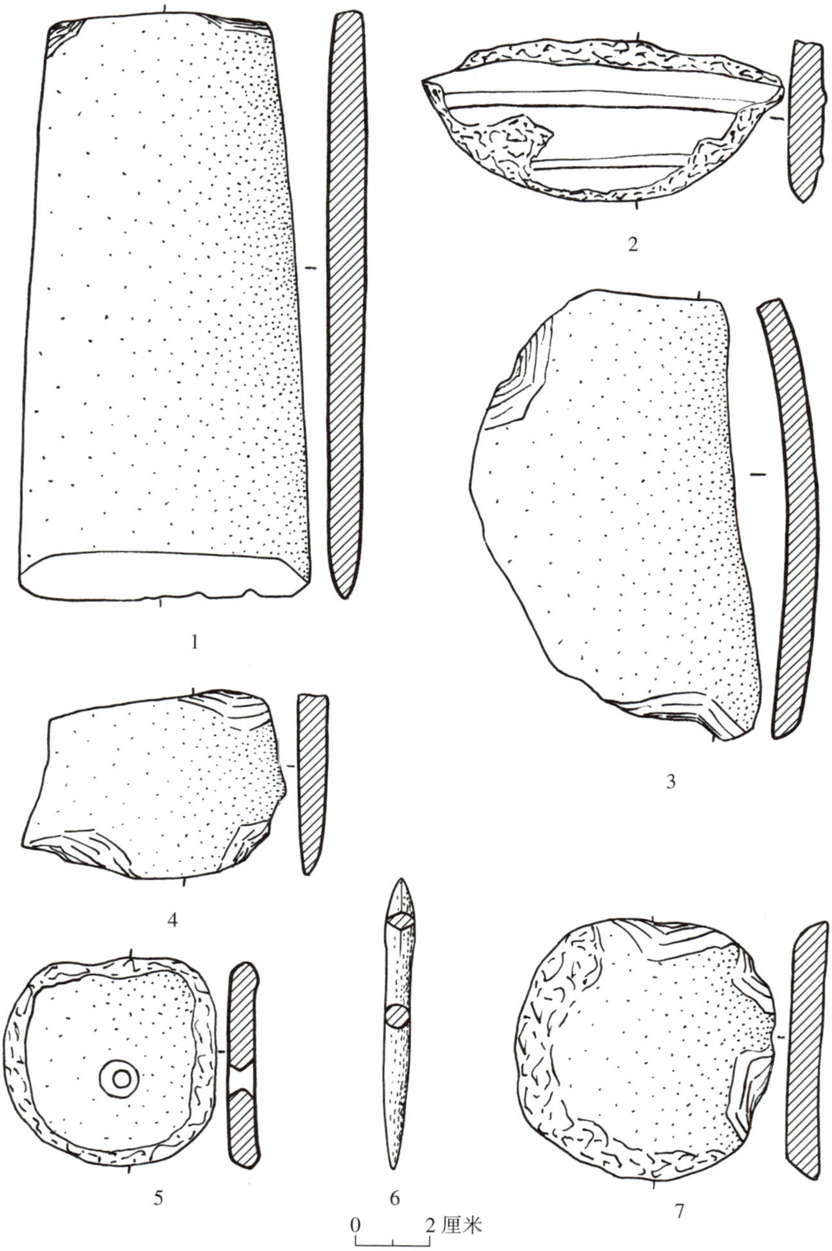

图4－201　ⅠH90陶容器以外的石、陶制品

1. 石铲（ⅠH90①:1）　2、3. 圆陶片残块（ⅠH90④B:11、ⅠH90④B:10）
4. 石铲残块（ⅠH90③:1）　5. 有孔圆陶片（ⅠH90④B:7）　6. 骨镞（ⅠH90②:1）
7. 圆陶片（ⅠH90④B:6）

打击修薄。残块长 12.6、宽 7、厚 0.7 厘米（图 4－201，3）。

ⅠH90④B∶11　圆陶片残块。以瓮、罐类陶器腹片制成，泥质灰陶，存留两道箍堆纹，周边经打制修薄。残块长 9.9、宽 4.4、厚 1 厘米（图 4－201，2）。

ⅠH90⑤∶1　石铲残块。凝灰质板岩，灰褐色，打制，残块平面略呈梯形，残存一段原石铲侧边，其余各边均为断碴。长 9.52、宽 7.35、厚 1.14 厘米。

ⅠH90⑦∶1　圆陶片残块。以陶片制成，泥质红陶，外表黑色，饰划断绳纹，周边经打制修薄。残块长 6.72、宽 5.34、厚 0.88 厘米。

ⅠH95∶1　卜骨残片。

ⅠH99∶1　石铲残段。石灰岩，灰色，磨制，残段为石铲上部，平顶，两侧边斜直而稍显凸弧。长 7.3、宽 6.75、厚 0.8 厘米（图 4－202，2）。

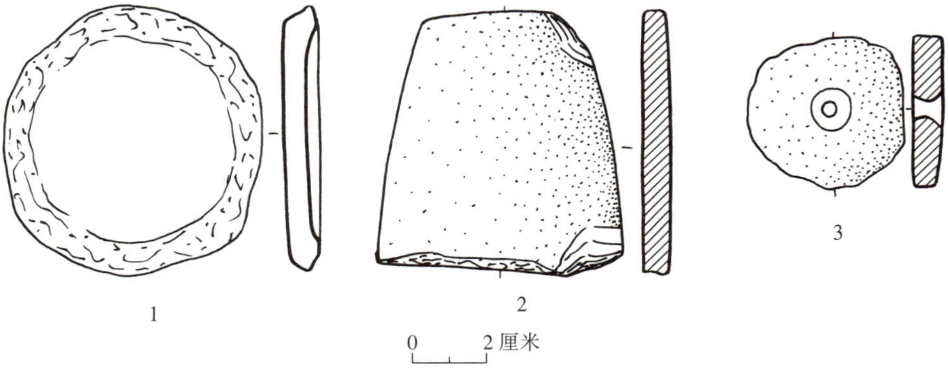

图 4－202　ⅠH99 陶容器以外的石、陶制品
1. 陶圆饼（ⅠH99∶4）　2. 石铲残段（ⅠH99∶1）　3. 有孔陶圆饼（ⅠH99∶3）

ⅠH99∶2　细石器石片。燧石，黄褐色，有压削痕。长 2.73、宽 2.6、厚 0.65 厘米。

ⅠH99∶3　有孔陶圆饼。以陶器残片制成，夹砂红陶，外表黑色，周边修平，但参差不齐，中部对钻一孔。直径 4.1～4.4、厚 0.92 厘米，孔内、外径各为 0.4 和 0.7 厘米（图 4－202，3）。

ⅠH99∶4　陶圆饼。以陶器底制成，泥质红陶，周边断碴处修平。直径 7～7.3、厚 0.78 厘米（图 4－202，1）。

ⅠH108∶1　残彩绘陶豆柄。泥质灰陶，外表有红、白两色彩绘花纹的痕迹。

ⅠH108∶2　磨制石器残片。板岩质。

ⅠH108∶3　小河沿文化彩陶残片。

ⅠH108∶4　陶圆饼。将陶器残片周边磨平而成。

ⅠH113②∶1　残圆陶片。以陶器残片制成，泥质红陶，周边略加修整，外形不甚规则。直径 4.6、厚 1.1 厘米（图 4－203，2）。

ⅠH113②∶2　残陶垫。泥质红陶，外表黑色，垫体圆饼形，约自中部残半，垫柄

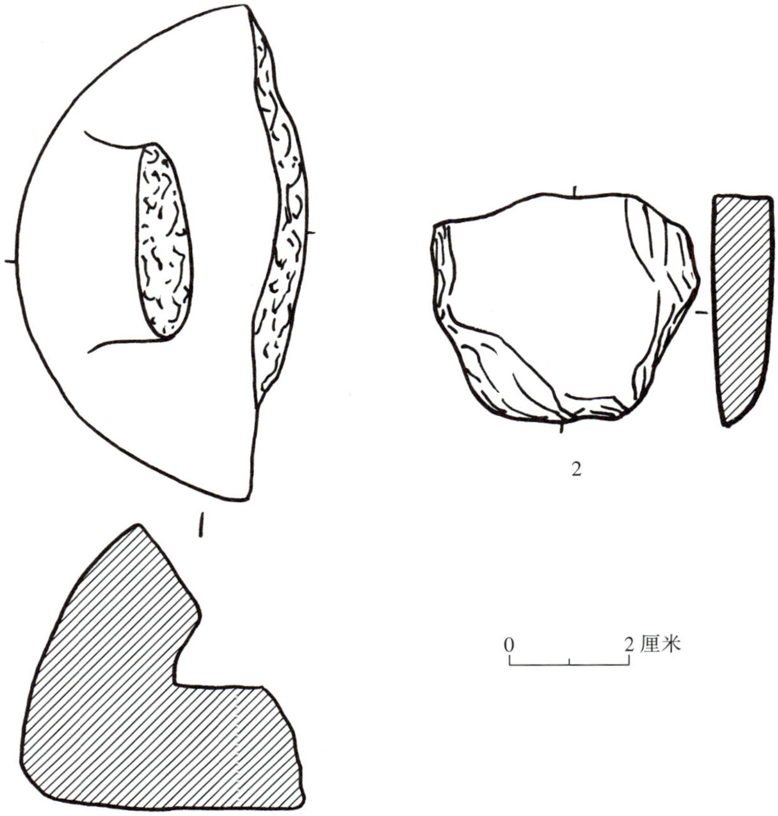

1　　2

图4－203　ⅠH113的残陶垫和残圆陶片
1. 残陶垫（ⅠH113②:2）　2. 残圆陶片（ⅠH113②:1）

亦残。直径8.3、垫体厚2.2厘米（图4－203，1）。

ⅠH116④:1　圆陶片残块。

ⅠH116⑧:1　圆陶片残块。

ⅠH116⑪:1　石铲。大理岩，灰绿色，磨制。窄顶，斜侧边，两边略微呈现出上下两阶的形态，斜弧刃，偏锋，残缺一刃角。长9.9、宽8.4、厚0.92厘米（图4－204，2；彩版六九，1）。

ⅠH116⑫:1　陶圆饼。将陶器底周边修平而成，夹砂灰褐陶。底内满施交错绳纹，周边外缘亦有绳纹，底外的绳纹则仅沿外围一圈有所存留。边缘稍有残缺，一些边缘处还显现着烧黑的迹象。直径10.32～10.4、厚1.1厘米（图4－204，1；彩版六九，2）。

ⅠH116⑬:1　石铲残块。熔结凝灰岩，磨制。

ⅠH116⑬:2　残骨镞。

ⅠH116⑬:3　石铲残块。大理岩，磨制。

ⅠH116⑬:4　石铲残块。大理岩，磨制。

ⅠH116⑰:2　陶圆饼。将陶器底周边磨平而成，夹砂灰陶，一面存留较浅的绳纹

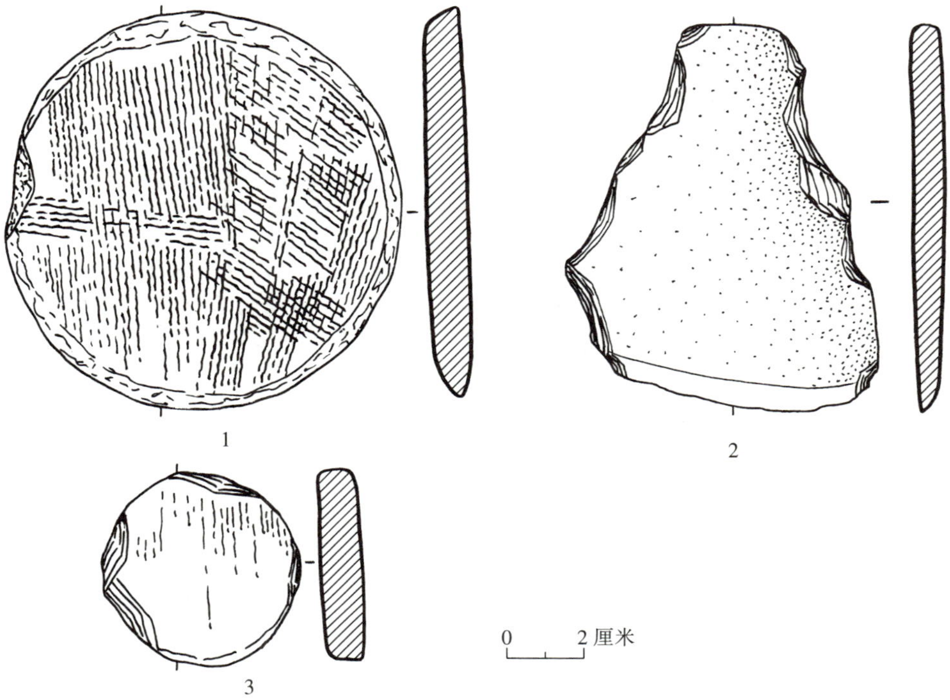

图 4－204　ⅠH116 陶容器以外的石、陶制品
1. 陶圆饼（ⅠH116⑫:1）　2. 石铲（ⅠH116⑪:1）　3. 陶圆饼（ⅠH116⑰:2）

印痕。直径 4.87 ~5.12、厚 1.04 厘米（图 4－204，3）。

ⅠH117②:1　细石器石片。燧石。

ⅠH117②:2　饼形石器。安山岩，灰色，打制。直径 7.1 ~7.4、厚 2.1 厘米（图 4－205）。

ⅠH119:1　石铲。凝灰质板岩，紫褐色，磨制，直顶，两侧边斜直，但在中上部略显内凹，这内凹处以上的侧边和顶边均经交互打击修薄，凸弧刃，正锋，刃缘参差不齐。长 18.55、宽 10.72、厚 0.9 厘米（图 4－206，2；彩版七〇）。

ⅠH119:2　有肩石铲。玄武岩，黑色，磨制，直顶，凸弧刃，正锋，刃缘有凸凹和崩碴，柄部在一面可见两道宽 1.1 厘米的横斜向带痕，当是经久缚柄之痕迹。长 13.09、宽 10.31、厚 0.92 厘米（图 4－206，1；彩版七一）。

ⅠH119:3－1　石铲残块。玻屑凝灰岩，黑色，磨制，残存原石铲少许刃边和一段侧边，其余两边为断碴。长 9.62、宽 8.1、厚 0.85 厘米。

ⅠH119:3－2　石铲残块。玻屑凝灰岩，黑色，磨制，残块平面呈梯形。长 6.8、宽 5.4、厚 0.84 厘米。

ⅠH119:4－1　石铲残块。大理岩，浅红色，磨制，残块平面呈梯形，各边均为断碴。长 3.3、宽 2.9、厚 0.5 厘米。

ⅠH119:4－2　石铲残块。与ⅠH119:4－1 出自同一件石铲，残块平面呈梯形，残

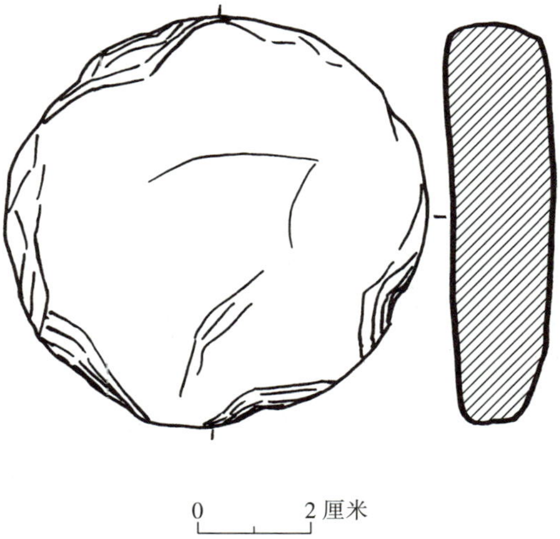

图 4－205　ⅠH117 的饼形石器
（ⅠH117②:2）

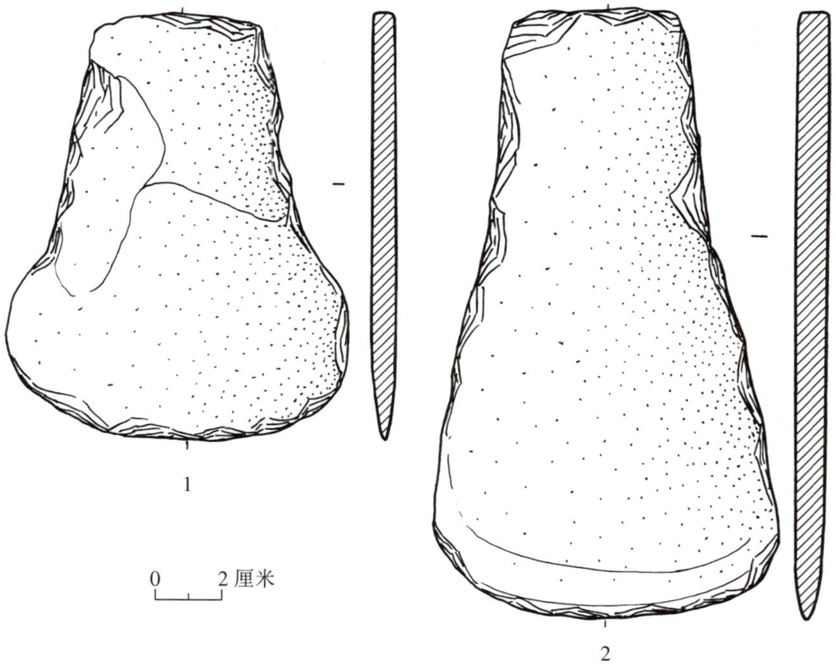

图 4－206　ⅠH119 的石铲
1. 有肩石铲（ⅠH119:2）　2. 石铲（ⅠH119:1）

存原石铲一段侧边，其余 3 边均为断碴。长 3.98、宽 2.8、厚 0.6 厘米。

ⅠH119:5　磨制石铲刃角。与ⅠH119:3－1 出自同一件石铲。

ⅠH120②:1　圆陶片残块。以瓮、罐类陶器腹片制成，泥质褐陶，外表饰绳纹和箍堆纹。残块长 9.8、宽 7.2、厚 0.82 厘米。

ⅠH120②:2　残陶圆饼。将陶器底周边断碴修平而成，泥质灰陶，残半。直径

7.45、厚0.82厘米（图4－207，2）。

ⅠH120②:3　圆陶片残块。以陶器腹片制成，泥质褐陶，素面。残块长7.5、宽5.88、厚0.9厘米。

ⅠH120③:1　石斧。玻基玄武岩，灰色，琢制，刃部磨制，平顶，两侧边略显凸弧，刃部残缺较多，凸弧刃，正锋。长10.5、宽6.21、厚3.6厘米（图4－207，1）。

ⅠH120⑤:1　陶圆饼。将陶器底周边断碴修平而成，泥质灰陶。直径10～10.6、厚1.24厘米（图4－207，3）。

ⅠH126①:1　残有孔圆陶片。泥质灰陶。直径3.72厘米。

ⅠH126②:3　砾石残块。扁平砾石，经打制后平面接近方形，两原边约略构成直角，其余各边为断碴。残块的边长约7、厚约4厘米（图4－208）。

ⅠH126③:1　圆陶片残块。将陶器残片周边打制修薄而成，泥质灰陶，器表残存3道箍堆纹。

ⅠH132①:1　彩绘陶器口沿残片。

ⅠH136①:1　残骨器。

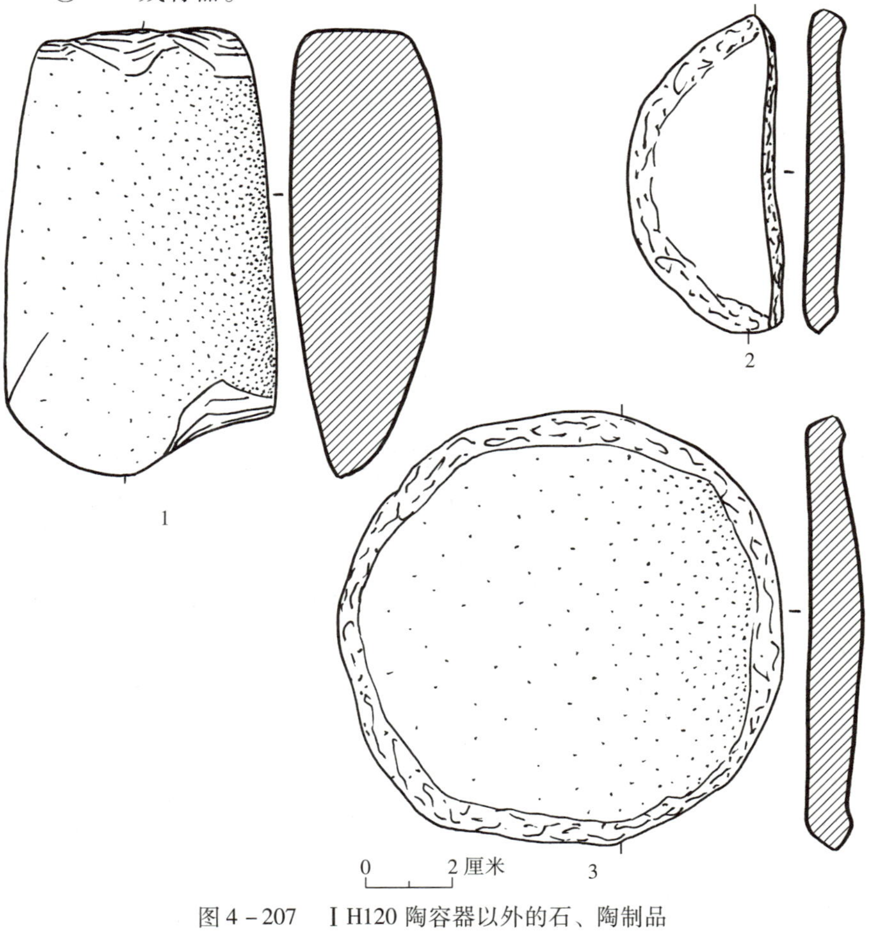

图4－207　ⅠH120陶容器以外的石、陶制品

1. 石斧（ⅠH120③:1）　2. 残陶圆饼（ⅠH120②:2）　3. 陶圆饼（ⅠH120⑤:1）

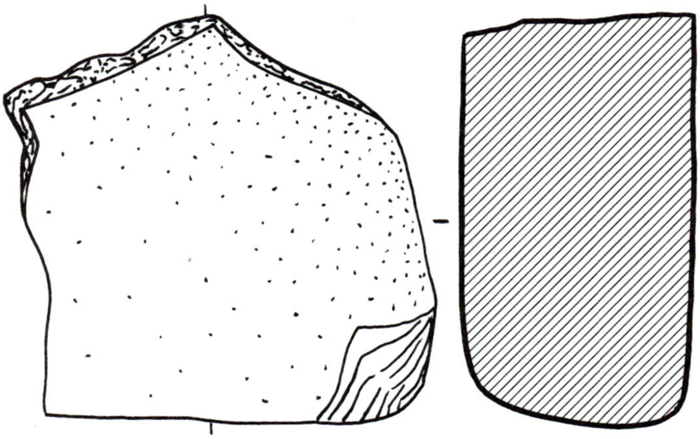

图 4－208　ⅠH126 的砾石残块
（ⅠH126②∶3）

ⅠH136②∶1　细石器石片。燧石。

ⅠH136②∶2　磨制石器残段。流纹岩，紫红色，扁平体，残段平面呈梯形，存留两段原石器侧边，另两边为断碴。残段长 4. 34、宽 3. 28、厚 0. 67 厘米。

ⅠH136②∶3　石刀残段。细碧岩，青灰色，磨制，一面平，另一面隆起成脊，背边磨平，两端均残。残段长 4. 6、宽 3. 27、厚 0. 89 厘米。

ⅠH136②∶4　打制石器。晶屑凝灰岩，灰色，扁体，多数边缘交互打击修薄，平面呈不规则椭圆形。长 8. 37、宽 7. 62、厚 1. 2 厘米。

ⅠH136②∶5　圆陶片。将陶器残片周边交互打击修薄而成，泥质褐陶。直径 12. 56 ~ 12. 88、厚 1. 12 厘米。

ⅠH137①∶11　陶圆饼残块。以陶器底制成，泥质灰陶，周边略平。

ⅠH137①∶12　圆陶片残块。以瓮、罐类陶器腹片制成，周边经打制修薄，泥质红陶，外表黑色，残存 5 道箍堆纹。

ⅠH137①∶13　残圆陶片。将陶器底周边打制修薄而成，泥质红陶，残缺少半。直径 11. 52 ~ 11. 8、厚 1. 1 厘米（图 4－209，6）。

ⅠH137①∶14　陶圆饼残块。以陶器底制成，泥质红陶，周边修平。

ⅠH137①∶15　圆陶片。将陶器底周边修薄而成，泥质红陶。直径 9. 8、厚 0. 99 厘米（图 4－209，7）。

ⅠH137①∶16　残圆陶片。将陶器残片周边打制修薄而成，泥质红陶，外表黑色，饰划断绳纹。

ⅠH137①∶17　残陶圆饼。将陶器底周边修平而成，泥质褐陶。直径 10. 13 厘米。

ⅠH137①∶18　圆陶片残块。以陶器残片制成，泥质红陶，内、外表皆黑色，饰划

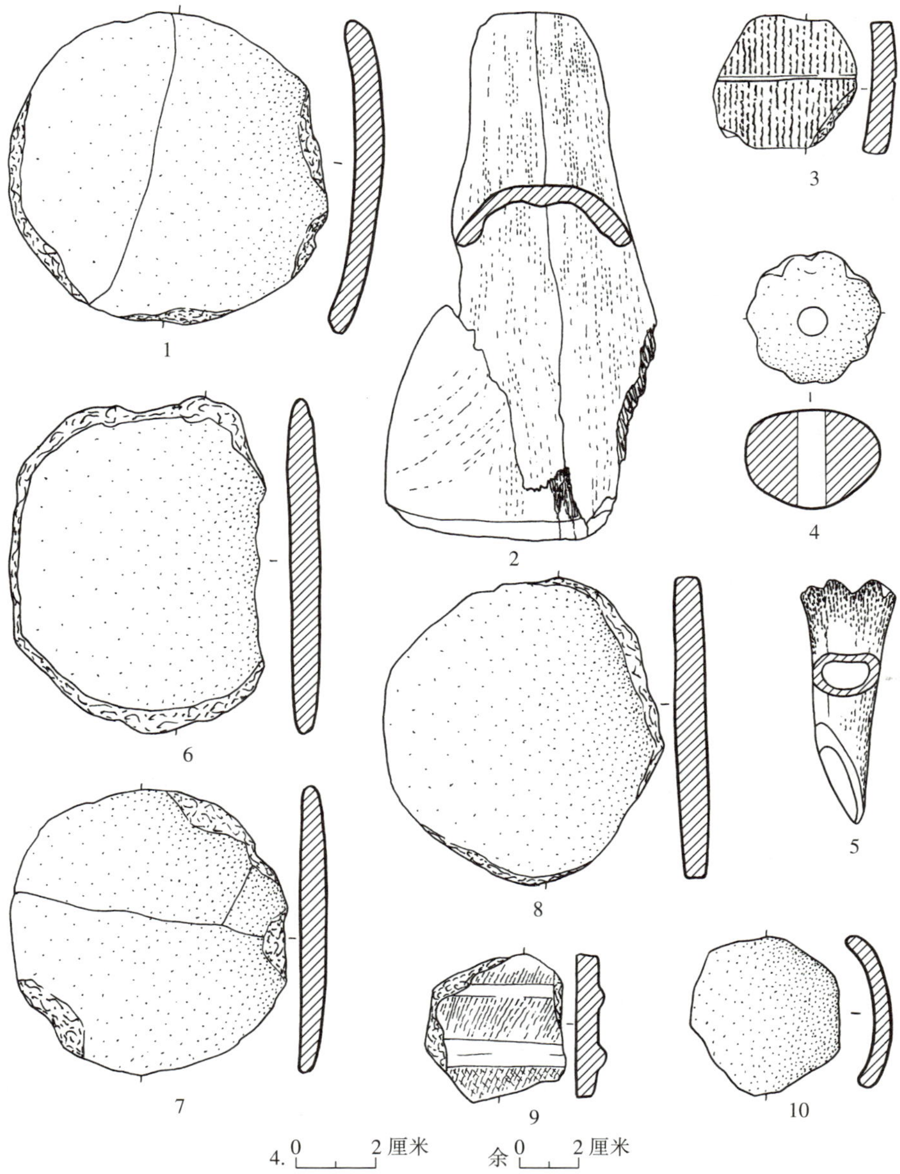

图4－209　ⅠH137陶容器以外的陶、骨制品

1、3、8、10. 陶圆饼（ⅠH137④:8、ⅠH137④:9、ⅠH137④:6、ⅠH137①:26）　2. 残骨铲（ⅠH137⑤:7）　4. 陶纺轮（ⅠH137③:7）　5. 骨锥（ⅠH137③:4）　6. 残圆陶片（ⅠH137①:13）　7、9. 圆陶片（ⅠH137①:15、ⅠH137②:11）

断绳纹，周边打制修薄。

ⅠH137①:19　圆陶片残块。以陶器残片制成，泥质灰陶，外表饰绳纹，周边修薄。

ⅠH137①:25　圆陶片残块。以瓮、罐类陶器腹片制成，周边打制修薄，泥质灰陶，残存4道箍堆纹。

ⅠH137①:26　陶圆饼。将陶器残片周边修平而成，夹砂灰陶。直径5.03～5.5、厚0.8厘米（图4－209，10）。

ⅠH137②:1　彩绘陶器口沿残片。仅存红彩痕迹。

ⅠH137②:2　石斧。玄武岩，黑灰色，磨制，两侧显露多处琢痕，平顶，两侧边凸弧，宽刃斜直，正锋，刃面隐约可见与刃边斜交的磨蚀痕。长11.15、宽5.3、厚3.6厘米（图4－210，5；彩版七二，1）。

ⅠH137②:3　石杵。玄武岩，灰色，磨制，通体留露琢痕，平顶，杵面微鼓，因使用而十分光滑。长14.5、顶径4.5、杵面直径6.3～6.7厘米（图4－210，3；彩版七三，1）。

ⅠH137②:7　石铲残块。灰褐色，磨制，残块平面近四边形，存留一段原石铲侧边，其余各边均为断碴。长4.7、宽2.3、厚0.87厘米。

ⅠH137②:8　陶圆饼残块。以陶器残片制成，泥质红陶，内、外表皆黑灰色，饰划断绳纹，周边磨平。

ⅠH137②:10　陶圆饼残块。以陶器底制成，泥质灰陶，周边修平。

ⅠH137②:11　圆陶片。将瓮、罐类陶器腹片周边打薄而成，泥质红陶，外表灰色，饰斜绳纹，残存2道箍堆纹。直径4.6～5.2、厚0.7厘米（图4－209，9）。

ⅠH137②:12　残圆陶片。将陶器残片周边打制修薄而成，泥质褐陶，饰划断绳纹，残缺少半。直径6.9～7.1、厚0.5厘米。

ⅠH137②:14　圆陶片残块。以陶器残片制成，夹砂红陶，外表饰划断绳纹，周边修薄。

ⅠH137②:15　圆陶片残块。以陶器残片制成，泥质红陶，外表灰色，周边略加修薄。

ⅠH137③:1　残石环。白色，磨制，残缺少半，截面椭圆形。直径1.9、截面宽0.56、厚0.38厘米（图4－210，7）。

ⅠH137③:2　石铲（或斧）。火山角砾岩，紫色杂灰斑，打制，顶、刃均呈凸弧形，束腰。长13.32、宽8.5、厚3.85厘米（图4－211，2）。

ⅠH137③:3　石铲（或斧）半成品。玄武岩，灰色，打制，窄顶，两侧边略直，宽刃稍斜。长12.7、宽8.11、厚3.85厘米（图4－211，5）。

ⅠH137③:4　骨锥。以动物肢骨制成，仅锥尖部分经过切割和磨制。长8.7厘米（图4－209，5）。

ⅠH137③:5　有肩石铲半成品。流纹岩，紫褐色，打制，窄顶，宽刃略直。长13.5、宽12.04、厚2.73厘米（图4－211，1）。

ⅠH137③:6　石铲（或斧）半成品残段。英安岩，灰色，打制，上部残，凸弧刃。残段长11.9、宽9.54、厚3.5厘米（图4－211，6）。

ⅠH137③:7　陶纺轮。泥质褐陶，大体作算盘珠状，顶面外围为10枚钝齿组成的花边。直径3.2～3.4、高2.5、孔径0.65厘米（图4－209，4）。

ⅠH137③:8　磨制石器残块。灰色，扁平体，残块平面近呈三角形，窄边为石器的一段原边。长7.8、宽5.85、厚1.48厘米（图4－210，9）。

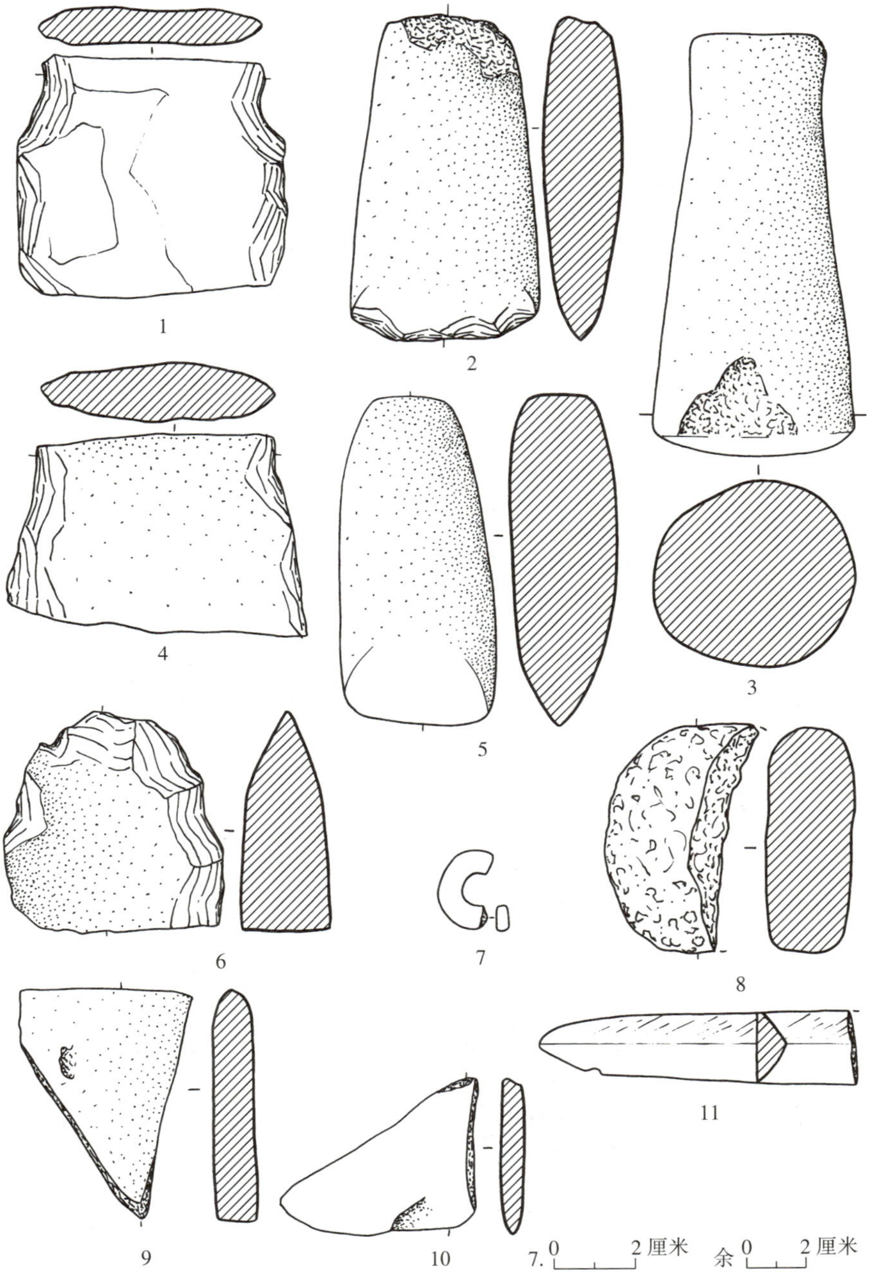

图4－210　ⅠH137的石制品

1. 有肩石铲残段（ⅠH137⑤:2）　2、5. 石斧（ⅠH137⑤:5、ⅠH137②:2）　3. 石杵（ⅠH137②:3）　4. 石器残段（ⅠH137⑤:6）　6. 石铲（或斧）半成品残段（ⅠH137⑤:8）　7. 残石环（ⅠH137③:1）　8. 饼形石器残块（ⅠH137⑤:4）　9. 磨制石器残块（ⅠH137③:8）　10. 石铲残块（ⅠH137④:11）　11. 残石刀（ⅠH137⑤:9）

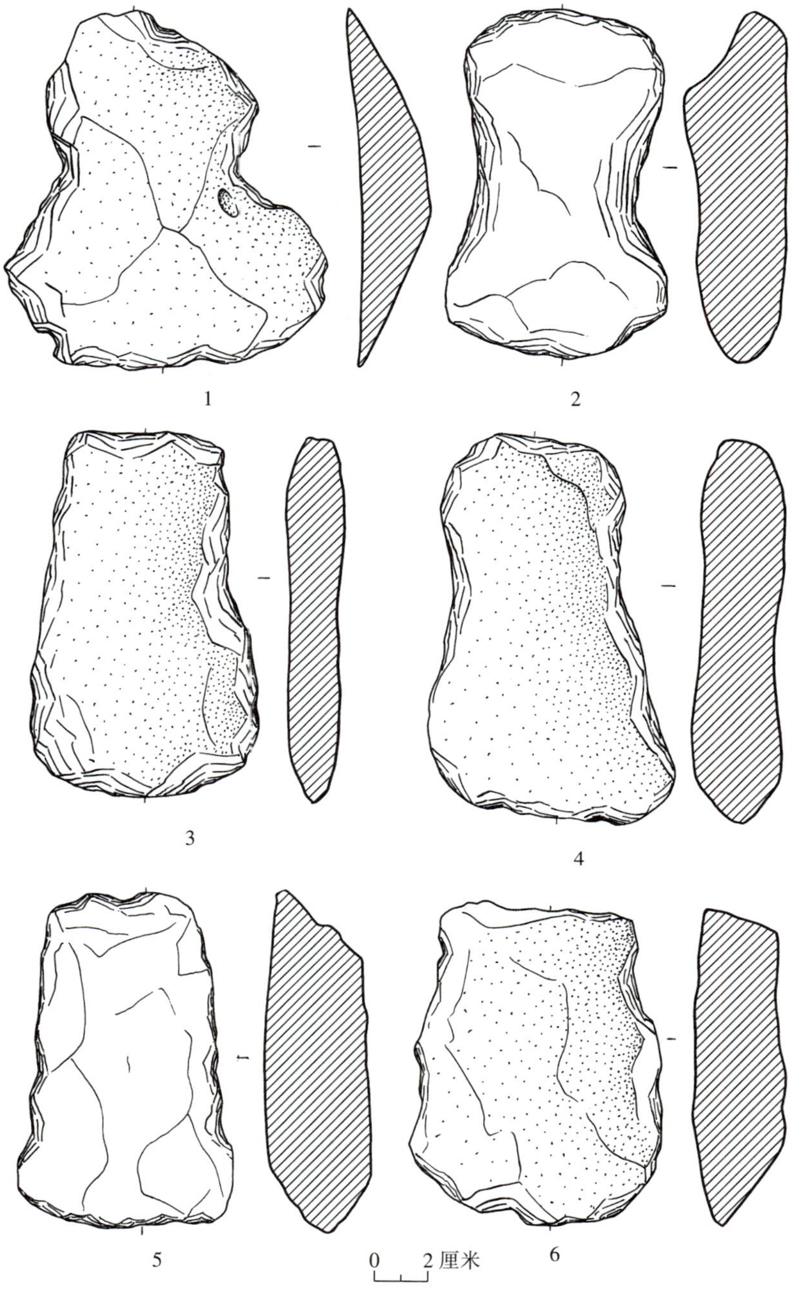

图4－211　ⅠH137的石铲（或斧）和石铲（或斧）半成品及其残段
1. 有肩石铲半成品（ⅠH137③:5）　2～4. 石铲（或斧）（ⅠH137③:2、ⅠH137⑤:3、ⅠH137⑤:1）
5. 石铲（或斧）半成品（ⅠH137③:3）　6. 石铲（或斧）半成品残段（ⅠH137③:6）

ⅠH137④:5　陶圆饼残块。以陶器残片制成，泥质灰陶，饰绳纹，周边磨平。

ⅠH137④:6　陶圆饼。将陶器底周边修平而成，泥质灰陶。直径9.4～10.28、厚1.02厘米（图4－209，8）。

ⅠH137④:7　残圆陶片。将瓮、罐类陶器腹片周边修薄而成，泥质红陶，饰绳纹，存留7道箍堆纹，残缺少半。直径12.5～13.5、厚0.78厘米。

ⅠH137④:8　陶圆饼。将陶器底周边修平而成，泥质红陶，器底稍有内凹，底内有隐约的绳纹印痕。直径10.6～11.02、厚0.9厘米（图4－209，1）。

ⅠH137④:9　陶圆饼。将陶器残片周边略加修平而成，泥质红陶，饰划断绳纹。直径4.4～5.1、厚0.85厘米（图4－209，3）。

ⅠH137④:10　残圆陶片。将陶器底周边交互打击修薄而成，泥质红陶，外表黑色，残缺少半。直径8.84、厚0.78厘米。

ⅠH137④:11　石铲残块。凝灰质板岩，紫褐色，磨制，残块平面近三角形，存留一段原石铲侧边，其余两边为断碴。长6.8、宽4.96、厚0.61厘米（图4－210，10）。

ⅠH137⑤:1　石铲（或斧）。英安岩，灰色，打制，顶边略直，略显束腰，斜刃。长14.82、宽9.48、厚3.32厘米（图4－211，4）。

ⅠH137⑤:2　有肩石铲残段。凝灰质板岩，灰褐色，打制，所存部分为柄部与铲体过渡之间的残段。残段长9.22、宽8.2、厚0.43厘米（图4－210，1）。

ⅠH137⑤:3　石铲（或斧）。安山岩，深灰色，打制，直顶边，一侧边斜直，另侧边稍显凹弧，宽刃，刃边凸弧形。长13.85、宽8.7、厚2.27厘米（图4－211，3）。

ⅠH137⑤:4　饼形石器残块。熔渣，灰色，气孔密布，残缺近半，周边修平。残块长7.9、宽4.2、厚3.1厘米（图4－210，8）。

ⅠH137⑤:5　石斧。大理岩，绿色，磨制，刃部磨光，其余部位多显露细密琢痕，直顶边，两侧边近乎斜直，刃边略呈斜弧，刃缘多凹凸且有崩碴。长11.1、宽6.4、厚2.8厘米（图4－210，2；彩版七二，2）。

ⅠH137⑤:6　石器残段。安山岩，灰色，打制，扁体，上、下均残，原石器两侧的斜直边各有一段存留。残段长10.2、宽7、厚1.9厘米（图4－210，4）。

ⅠH137⑤:7　残骨铲。以动物头部骨骼制成，横截面作弯弧状，窄顶，顶边磨平，宽刃，刃边稍显凸弧，偏锋，刃部残缺一角，铲体上部有一道刻痕。长18.1、顶宽3.3、刃端厚0.4～0.5厘米（图4－209，2；彩版七三，2）。

ⅠH137⑤:8　石铲（或斧）半成品残段。安山岩，紫褐色，打制，仅存上部，顶不甚规整，两侧边较薄。残段长7.6、宽7.5、厚3.05厘米（图4－210，6）。

ⅠH137⑤:9　残石刀。凝灰质粉砂岩，灰褐色，磨制，一面平，另一面隆起成脊，圆尖首，背边磨平，刃边因使用而磨得较钝，且有崩碴。残长10.8、宽2.6、厚0.97厘米（图4－210，11）。

ⅠH138:1　石铲残段。石灰岩，黑灰色，磨制，仅存上部，平顶，两侧边斜直。残段长5.7、宽4.66、厚0.6厘米。

ⅠH138∶2　石铲残块。石灰岩，灰色，磨制，残块平面近梯形，仅存少许原石铲侧边，其余各边皆为断碴。长5.1、宽3.04、厚0.73厘米。

ⅠH138∶3　彩绘陶器口沿残片。泥质灰陶，残存少许红色彩绘痕迹。

ⅠH138∶4　残骨器。磨制，扁长体，上、下均残。残长6.6、宽1.1、厚0.22厘米。

ⅠH138∶5　石铲（或斧）。安山岩，灰褐色，打制，顶边略直，束腰，刃边稍显凸弧，刃缘似有磨蚀迹象。长16.8、宽11.03、厚4.17厘米（图4－212）。

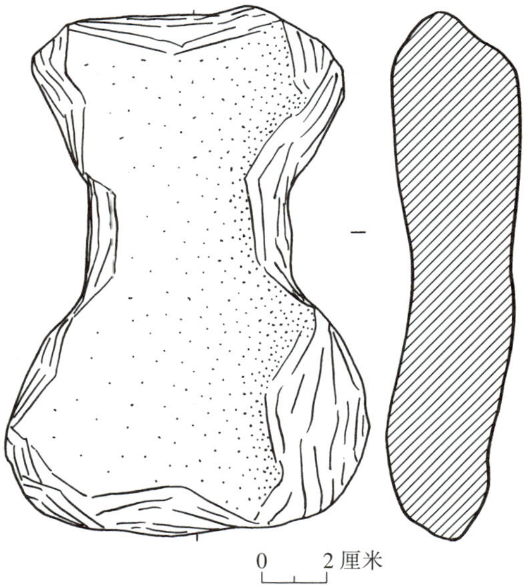

图4－212　ⅠH138的石铲（或斧）
（ⅠH138∶5）

ⅠH138∶10　圆陶片。将陶器残片周边修薄而成，夹砂红陶，内、外表皆呈黑灰色，饰划断绳纹。直径4.31～4.82厘米，厚0.7厘米。

ⅠH138∶11　残骨器。磨制，扁长体。残长8.2、宽1.35、厚0.23厘米。

ⅠH142②∶1　残圆柱形陶器。泥质褐陶，外表黑灰色，形体不甚规则，一端较平，另一端残。残长8.69、直径2.3～2.71厘米（图4－213，1）。

ⅠH142②∶3　圆陶片残块。将陶器底周边修薄而成，泥质红陶。残块长6、宽3.63、厚0.7厘米（图4－213，2）。

ⅠH145②∶1　卜骨。原器为以动物肩胛骨磨制而成的骨铲，刃缘大部及一角残缺。在有肩胛冈的一面存留35个完整的和3个残缺的钻，完整者有6个已穿透，肩胛冈上的两个钻直径1厘米，其余的直径在0.32～0.9厘米之间。另一面在和其中10个钻（有2个是穿透的）相对应的部位，形成10处“一”字形兆痕。无肩胛冈的一面还存留了1个完整的钻，直径0.45厘米。卜骨长10.9、残宽6.5、厚1.48厘米（图4－214；彩版七三，3）。

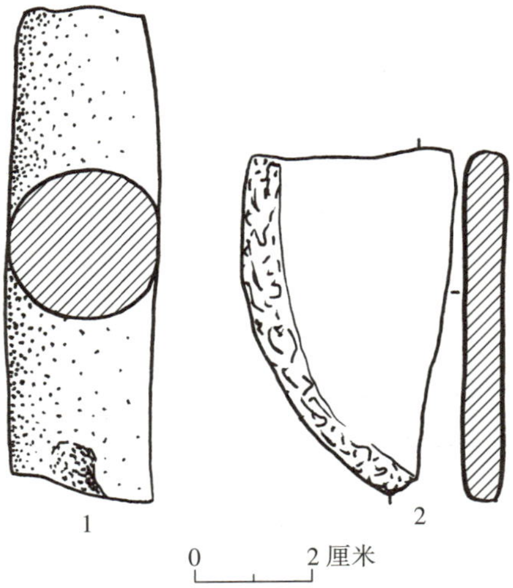

图4－213　ⅠH142的残圆柱形陶器和圆陶片残块
1. 残圆柱形陶器（ⅠH142②:1）　2. 圆陶片残块（ⅠH142②:3）

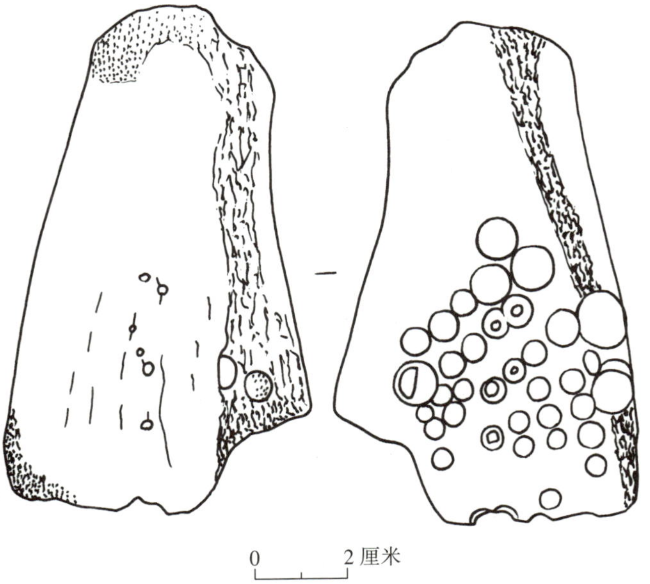

图4－214　ⅠH145的卜骨
（ⅠH145②:1）

ⅠH149:1　有肩石铲。石灰岩，灰色，磨制。顶边略见斜弧，被磨平，柄部两侧边留有交互打击痕，铲体两侧边斜直，刃边稍显凸弧，刃缘因使用而磨钝，且有多处崩疤。长11.97、宽8.38、厚1.02厘米（图4－215，2；彩版七四，1）。

ⅠH149:2　石磬半成品。石灰岩，灰色，两面磨制，并留有琢痕、击点和划擦痕。平面呈五边形，各边棱多保留切割时产生的剥裂面而皆垂直于磬面，形体之规整几近《周礼》所载典型石磬，唯缺悬孔。底边（长边）棱和股上边（短斜边）棱附近的磬面还排列着密集的打制痕。鼓上边（长斜边）棱面留有锯截痕，可能是先经较浅的切

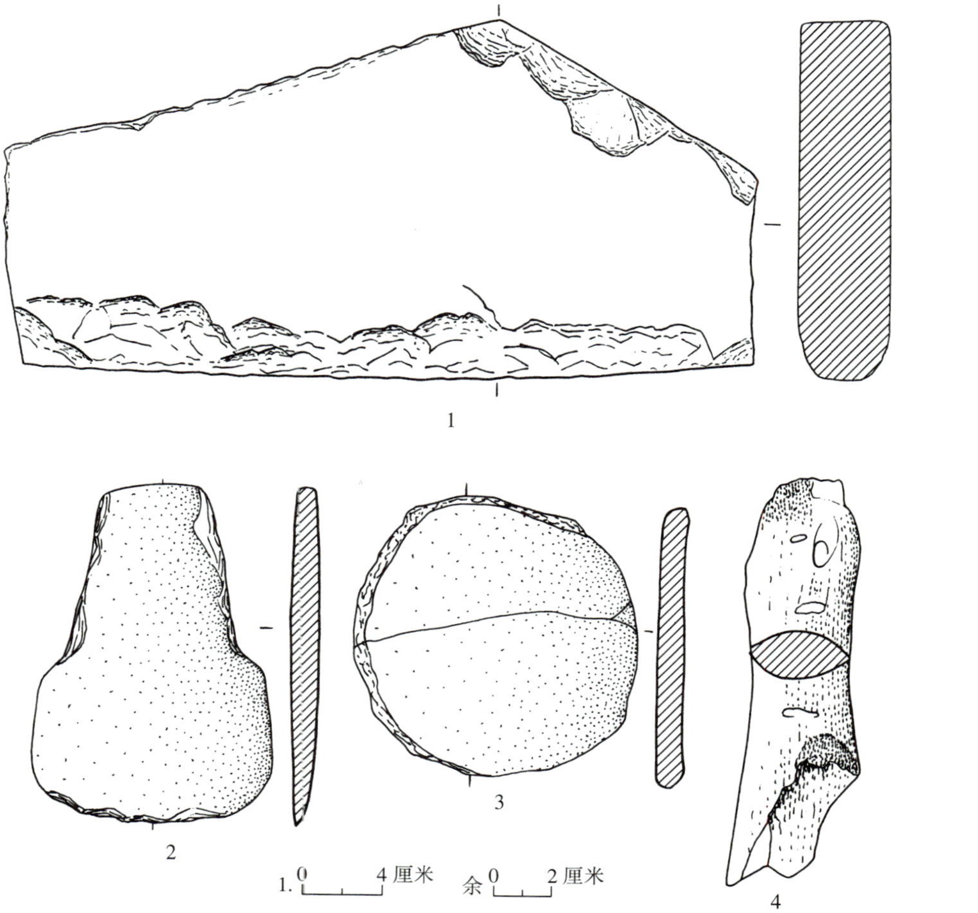

图4-215　ⅠH149陶容器以外的石、陶、骨制品
1. 石磬半成品（ⅠH149:2）　2. 有肩石铲（ⅠH149:1）
3. 陶圆饼（ⅠH149:8）　4. 有刻痕的兽骨（ⅠH149:6）

割，而后沿切槽打出平直的棱面。鼓部无明显击点。底边长37.5、股上边长15、股博（股侧边长。此磬当理解为较窄端端边之长）10、鼓上边长25.3、鼓博（鼓侧边长。此磬当理解为较宽端端边之长）11.1、最宽处（磬折处至底边的垂直距离）宽17.8、厚4.5厘米，倨句（股上边与鼓上边所夹之钝角）134°（图4-215，1；彩版七五）。

ⅠH149:3　彩绘陶器残片。泥质红陶，外表有红色彩绘的痕迹。

ⅠH149:6　有刻痕的兽骨。系猪下颌骨的前半段，其外侧面有3道平行的刻痕，痕长0.7~1.2厘米（图4-215，4）。

ⅠH149:8　陶圆饼。将陶器底周边修平而成，泥质红陶。直径9.9~10.42、厚0.93厘米（图4-215，3）。出土时此器分成两半，一半为陶器原色，另一半外表烧成灰黑色（彩版七四，2）。

ⅠH150①:1　石铲残段。石灰岩，灰色，粗略磨制，上、下均残，存留原石铲两侧边各一段。残段长5.42、宽4.91、厚0.58厘米（图4－216，8）。

ⅠH150①:2　石铲残块。石灰岩，灰黑色，磨制，残块平面略近三角形，残存一段原石铲侧边，另两边为断碴。长6.1、宽3.34、厚0.7厘米（图4－216，7）。

ⅠH150①:3　残骨器。磨制，扁长体，一端残。残长6.78、宽1.14、厚0.26厘米。

ⅠH150①:4　残蚌壳。

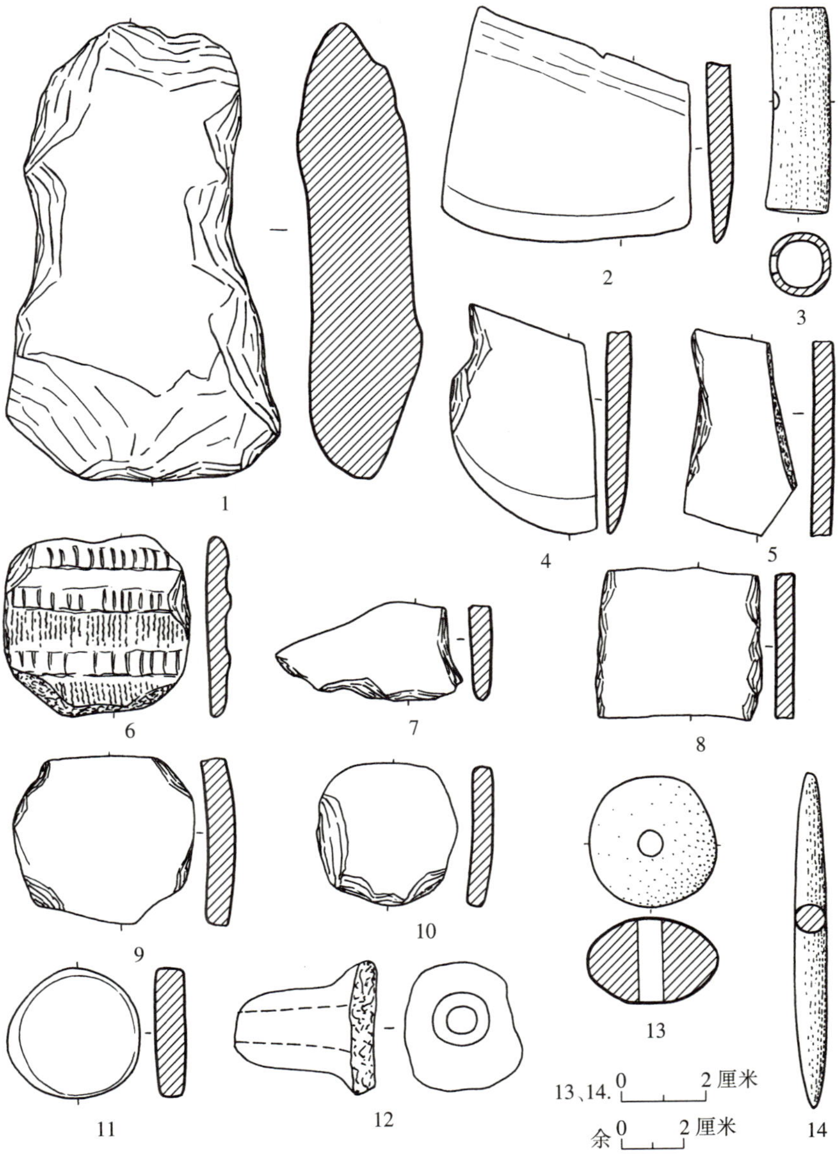

图4－216　ⅠH150·ⅠH151陶容器以外的石、陶、骨制品

1. 石铲（或斧）（ⅠH151①:1）　2、8. 石铲残段（ⅠH150③:2、ⅠH150①:1）　3. 有孔骨管（ⅠH150③:3）　4、5、7. 石铲残块（ⅠH150③:4、ⅠH150①:15、ⅠH150①:2）　6、10. 圆陶片（ⅠH150①:18、ⅠH150①:17）　9、11. 陶圆饼（ⅠH150①:16、ⅠH150①:20）　12. 管状陶器柄（ⅠH150①:19）　13. 陶纺轮（ⅠH150③:1）　14. 骨两端器（ⅠH150②:1）

ⅠH150①:7　圆陶片。陶器底周边略微打薄，泥质灰陶。直径5.67～7.22、厚0.87厘米。

ⅠH150①:8　圆陶片。将陶器残片周边打制修薄而成，泥质红陶，素面。直径4.65～4.81、厚0.8厘米。

ⅠH150①:9　圆陶片残块。将陶器残片周边打薄而成，泥质红陶，外表饰划断绳纹，残块约为圆陶片的四分之一。残块长6.2、宽5.45、厚0.82厘米。

ⅠH150①:10　残圆陶片。将陶器残片周边交互打击修薄而成，泥质灰陶，残缺近半。直径10.3、厚1.3厘米。

ⅠH150①:11　残圆陶片。将陶器底周边交互打击修薄而成，泥质红陶，内、外表皆黑灰色，残缺少半。直径7.8、厚0.92厘米。

ⅠH150①:12　残陶圆饼。将陶器底周边修平而成，泥质红陶，内、外表皆灰色，残缺少半。直径14.5、厚0.9厘米。

ⅠH150①:15　石铲残块。石灰岩，灰色，磨制，残存一小段原石铲侧边，其余各边均为断碴。残块长6.8、宽3.6、厚0.57厘米（图4－216，5；彩版七六，1）。

ⅠH150①:16　陶圆饼。将陶器残片周边修平而成，泥质红陶。直径5.45～5.9、厚0.94厘米（图4－216，9）。

ⅠH150①:17　圆陶片。将陶器残片周边稍加打制修薄而成，泥质灰陶。直径4.5～4.65、厚0.9厘米（图4－216，10）。

ⅠH150①:18　圆陶片。将瓮、罐类腹片周边打制修薄而成，泥质灰陶，外表饰绳纹，存留3道箍堆纹。直径5.8～6.1、厚0.7厘米（图4－216，6）。

ⅠH150①:19　管状陶器柄。系接于器壁上的圆管形横柄，泥质红陶，管口稍残。柄长3.7、管口内径0.8厘米（图4－216，12）。

ⅠH150①:20　陶圆饼。泥质灰褐陶，周边磨平。直径4.1～4.3、厚0.93厘米（图4－216，11；彩版七六，2）。

ⅠH150②:1　骨两端器。磨制，器体横截面近圆形，两端皆呈圆锥状，锥尖稍钝。长7.83、宽0.68～0.78厘米（图4－216，14）。

ⅠH150③:1　陶纺轮。泥质灰陶，算盘珠状。直径2.95～3.1、高2、孔径0.55厘米（图4－216，13）。

ⅠH150③:2　石铲残段。凝灰岩，灰色，磨制，仅存下部，两侧边斜直，磨平，凸弧刃，偏锋。残段长8.2、宽7.4、厚0.73厘米（图4－216，2）。

ⅠH150③:3　有孔骨管。内、外磨光，中部钻一孔，一端略粗，另一端稍细，较细的端口稍残。长6.7、粗端直径2.2、细端直径1.8～1.9、孔径0.44厘米（图4－216，3；彩版七六，3）。

ⅠH150③:4　石铲残块。石灰岩，灰色，磨制，残块平面近呈四边形，存留一段原石铲刃边和少许侧边，其余边缘为断碴。残块长7.6、宽4.57、厚0.74厘米（图4－216，4）。

ⅠH150③:5　陶豆盘底部残块。泥质灰陶，内、外表黑色光亮，上、下皆为断碴，豆盘底残缺一角。高 1.9、底内直径 4.5 厘米。

ⅠH150③:6　骨锥残段。

ⅠH150③:7　圆陶片。将陶器底周边打薄而成，泥质红陶。直径 4.25 ~4.94、厚 0.88 厘米。

ⅠH151①:1　石铲（或斧）。凝灰岩，灰色，打制，束腰，凸弧刃。长 15.3、宽 8.78、厚 4 厘米（图 4 -216，1）。

ⅠH153:1　彩绘陶器口沿残片。泥质褐陶，彩绘脱落殆尽。

ⅠH153:2　石铲。英安岩，灰色，打制，斜顶，两侧边约略斜直而稍显凹弧，宽刃，刃边微弧。长 13.5、宽 11.7、厚 2.5 厘米（图 4 -217，2）。

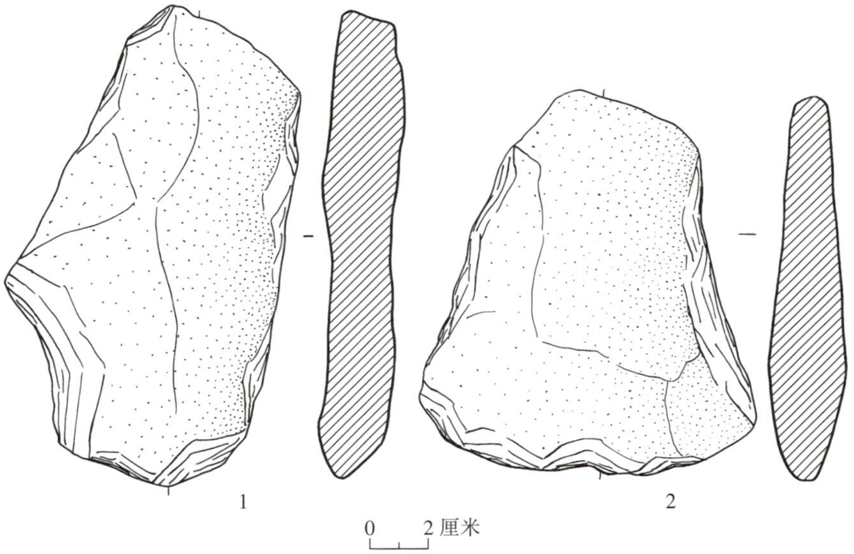

图 4 -217　ⅠH153 的石铲（或斧）
1. 石铲（或斧）（ⅠH153:3）　2. 石铲（ⅠH153:2）

ⅠH153:3　石铲（或斧）。英安岩，灰色，打制，斜顶，两侧边斜直，刃较宽，残缺一角。长 16.6、宽 9.9、厚 2.8 厘米（图 4 -217，1）。

ⅠH155②:1　刮削器。蛋白石，透明白色，压削而成，呈扁长方体，各边压削成薄刃状。长 2.42、宽 1.3、厚 0.52 厘米（图 4 -218，4）。

ⅠH155②:4　圆陶片残块。将陶器底周边修薄而成，泥质灰陶。残块长 9.22、宽 4.35、厚 0.9 厘米（图 4 -218，2）。

ⅠH155②:5　圆陶片。将瓮、罐类陶器腹片周边修薄而成，泥质灰陶，外表残存 3 道箍堆纹。直径 6.96 ~7.3、厚 0.8 厘米（图 4 -218，5）。

ⅠH155②:6　陶圆饼。将陶器底周边修平而成，泥质红陶，内、外表皆灰黑色，底内密布麦粒状印痕。直径 8.7 ~9.3、厚 0.8 厘米（图 4 -218，3）。

ⅠH155③:1　细石器石片。碧玉，紫红色，扁长方体，一侧边缘有细密压削痕。长 3.04、宽 1.59、厚 0.71 厘米。

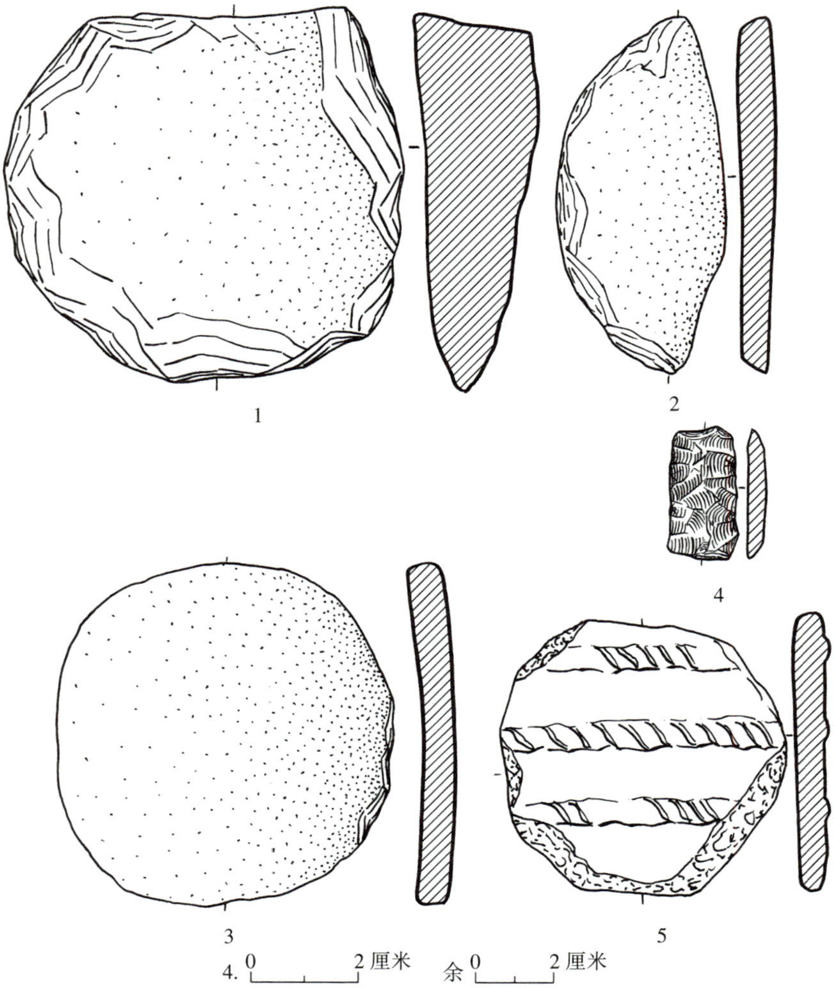

图4－218　ⅠH155陶容器以外的石、陶制品

1. 盘状石器坯（ⅠH155⑤:1）　2. 圆陶片残块（ⅠH155②:4）　3. 陶圆饼（ⅠH155②:6）
4. 刮削器（ⅠH155②:1）　5. 圆陶片（ⅠH155②:5）

ⅠH155④:1　石铲残块。熔结凝灰岩，灰绿色，磨制，残块平面呈梯形，残存原石铲的刃边和侧边各一段，另两边为断碴。长3.9、宽3.1、厚0.58厘米。

ⅠH155④:2　彩绘陶器残片。泥质灰陶，仅存一道红色彩纹。

ⅠH155⑤:1　盘状石器坯。安山岩，灰色，打制，个别边缘处经打制修薄。直径9.7～10.9、厚3.5厘米（图4－218，1）。

ⅠH156①:1　石铲（或磬）残块。石灰岩，灰色，磨制，残块平面呈三角形，存留原石铲端边和侧边各一段，另一边为断碴。长5.35、宽3.44、厚0.73厘米。

ⅠH156①:2　刮削器。燧石，扁体，平面近呈长方形，背面各边附近密布压削痕。长2.68、宽1.9、厚0.39厘米。

ⅠH156①:3　细石器石片。燧石，劈裂面较平，背面有两道石片脊。长2.4、宽

0.71、厚0.3厘米。

ⅠH156①:4　有切割痕的骨片（图4－219，10）。

ⅠH156①:5　石铲残段。安山岩，灰绿色杂黄斑，磨制，仅存肩及其之上的柄部，窄顶，两侧边斜直。残段长10.4、宽7.52、厚0.85厘米（图4－220，2）。

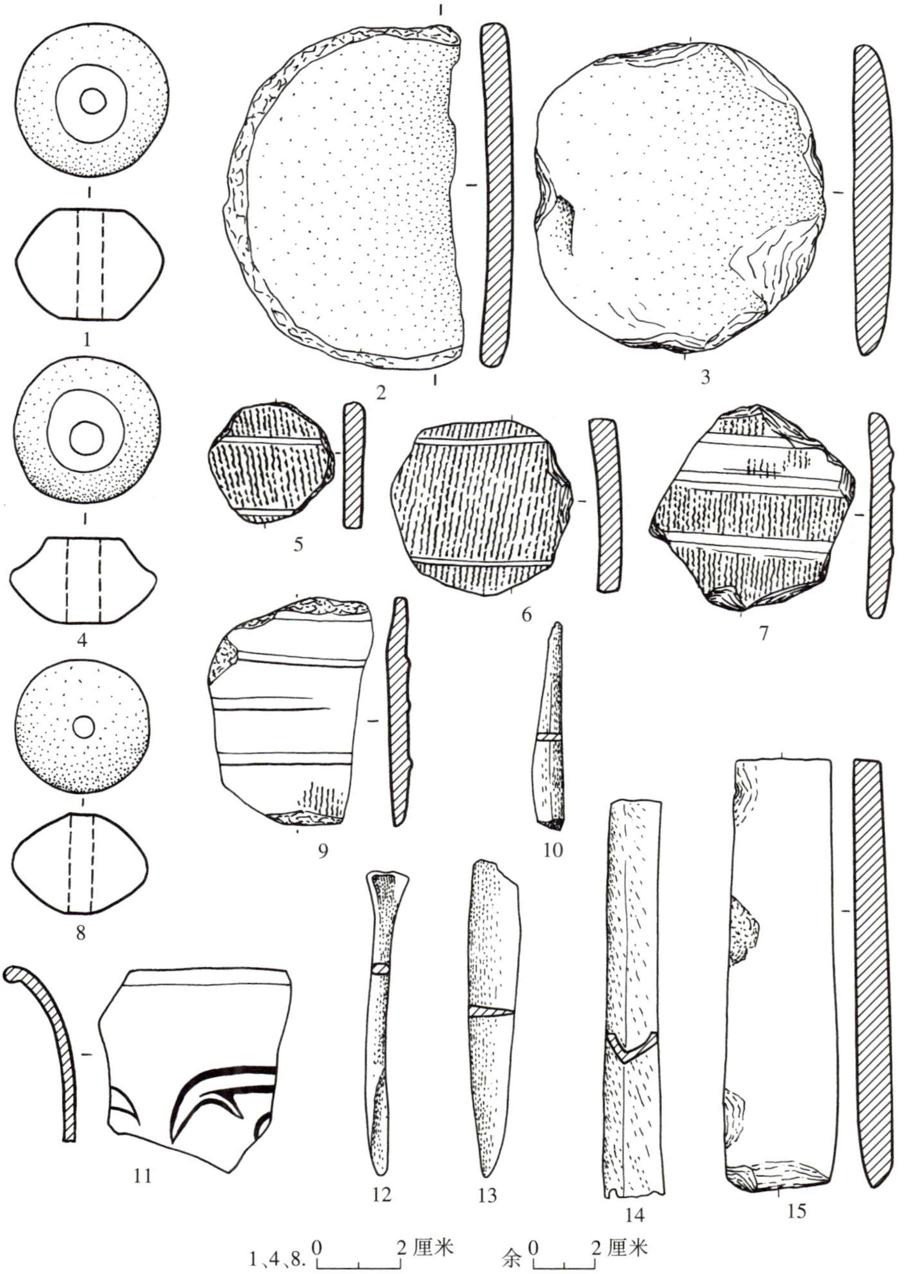

图4－219　ⅠH156陶容器以外的石、陶、骨制品

1、4、8. 陶纺轮（ⅠH156④:2、ⅠH156④:3、ⅠH156④:1）　2、9. 残圆陶片（ⅠH156③:3、ⅠH156①:14）　3. 盘状陶器（ⅠH156①:12）　5. 陶圆饼（ⅠH156①:16）　6、7. 圆陶片（ⅠH156①:18、ⅠH156③:5）　10. 有切割痕的骨片（ⅠH156①:4）　11. 彩绘陶尊残片（ⅠH156④:5）　12. 磨制骨器（ⅠH156①:10）　13. 骨锥（ⅠH156①:11）　14. 残骨管（ⅠH156①:8）　15. 残石器（ⅠH156②:1）

ⅠH156①:6　石铲残段。石灰岩，灰色，磨制，仅存肩及其之上的柄部，平顶略残，柄部两侧边交互打击修薄。残段长10.5、宽6.42、厚0.93厘米（图4－220，3）。

ⅠH156①:7　石铲（或斧）残段。英安岩，灰色，打制，仅存上部，窄顶，柄部较短。残段长10.6、宽8.1、厚3.37厘米（图4－220，7）。

ⅠH156①:8　残骨管。以动物肢骨磨制而成，外观若方柱体，于对角线纵向切劈而残存一半，两端粗细有别，粗端端口稍有残损。长13.17、宽1.6～1.95、壁厚0.2厘米（图4－219，14）。

ⅠH156①:9　石铲（或斧）半成品。安山岩，灰色，打制，斜弧顶，束腰，顶宽于刃，刃边凸弧。长14.6、宽10.8、厚3.6厘米（图4－220，6）。

ⅠH156①:10　磨制骨器。将动物骨略加磨制而成，一端略扁近若刃边。长10.2、顶宽1.3、厚0.36厘米（图4－219，12）。

ⅠH156①:11　骨锥。扁体，骨料原状多有保留，仅于一端磨出锥尖。长10.47、宽1.79、厚0.34厘米（图4－219，13）。

ⅠH156①:12　盘状陶器。泥质褐陶，局部烧黑，一面平，另面略鼓，部分边缘经打制修薄。直径9.65～10.52、厚1.32厘米（图4－219，3；彩版七六，5）。

ⅠH156①:13　石铲（或斧）半成品。安山岩，灰色，打制，顶边较直，束腰，斜刃。长12.2、宽8.7、厚3.5厘米（图4－220，5）。

ⅠH156①:14　残圆陶片。将瓮、罐类陶器腹片周边打薄而成，泥质灰陶，外表饰绳纹，存留4道箍堆纹。直径7.6、厚0.78厘米（图4－219，9）。

ⅠH156①:15　圆陶片残块。

ⅠH156①:16　陶圆饼。将陶器残片周边修平而成，夹砂灰陶，外表饰划断绳纹。直径3.8～4、厚0.7厘米（图4－219，5）。

ⅠH156①:18　圆陶片。陶器残片周边略经打制修薄而成，泥质红陶，内、外皆黑灰色，外表饰划断绳纹。直径5.9、厚0.7厘米（图4－219，6）。

ⅠH156①:19　陶圆饼残块。

ⅠH156②:1　残石器。粗面霏细岩，灰绿色，磨制，扁平体，平面近长方形，两面和两侧长边磨平，一端交互打击修薄，另一端残。残长14.33、宽3.81、厚1.22厘米（图4－219，15）。

ⅠH156②:2　石铲（或斧）半成品。安山岩，红褐色杂白斑，粗略打制出平顶束腰的形制。长12.4、宽8.7、厚3.5厘米（图4－220，4）。

ⅠH156②:3　磨制骨器残片。

ⅠH156②:4　石铲残段。凝灰质板岩，紫褐色，磨制，仅存上部，直顶边，两侧边斜直而略显凸弧。残段长8.52、宽7.93、厚0.95厘米（图4－220，1）。

ⅠH156②:5　磨制石铲残片。板岩。

ⅠH156②:11　圆陶片残块。

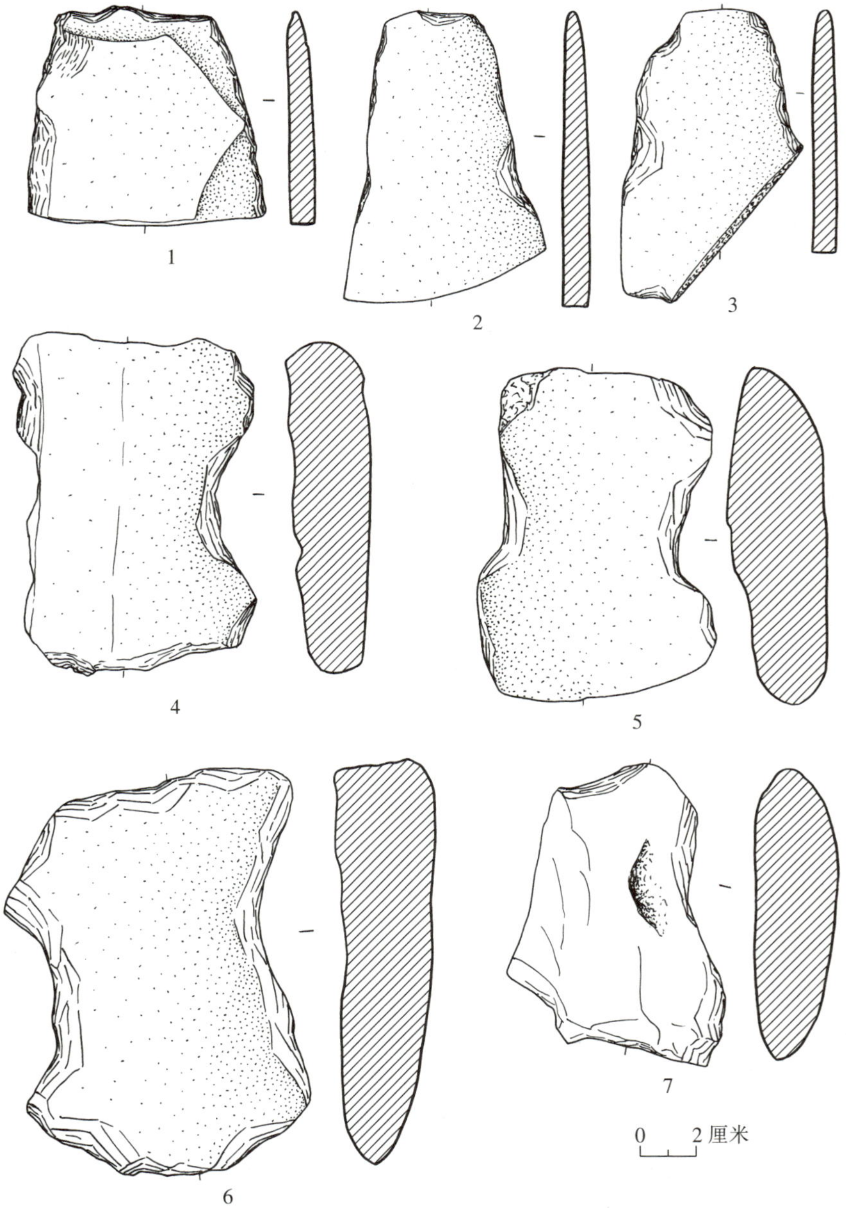

图4－220　ⅠH156的石铲（或斧）残段和石铲（或斧）半成品
1～3. 石铲残段（ⅠH156②：4、ⅠH156①：5、ⅠH156①：6）　4～6. 石铲（或斧）半成品（ⅠH156②：2、ⅠH156①：13、ⅠH156①：9）　7. 石铲（或斧）残段（ⅠH156①：7）

ⅠH156③：3　残圆陶片。将陶器底周边打薄而成，夹砂灰陶，残缺少半。直径11.5、厚0.8厘米（图4－219，2）。

ⅠH156③：4　圆陶片残块。

ⅠH156③：5　圆陶片。以陶器残片制成，边缘略经打薄，泥质灰陶，外表饰绳纹，存留3道箍堆纹。直径5.9～6.8、厚0.9厘米（图4－219，7）。

ⅠH156③:6　圆陶片残块。

ⅠH156④:1　陶纺轮。泥质褐陶，算盘珠状。腹径 3.1、高 2.34、孔径 0.5 厘米（图 4－219，8）。

ⅠH156④:2　陶纺轮。夹砂褐陶，算盘珠状。腹径 3.5～3.7、高 2.76、孔径 0.55 厘米（图 4－219，1）。

ⅠH156④:3　陶纺轮。泥质红陶，算盘珠状。腹径 3.4、高 2.04、孔径 0.7 厘米（图 4－219，4）。

ⅠH156④:5　彩绘陶尊残片。泥质灰陶，外表饰红、白两色彩绘花纹（图 4－219，11）。

ⅠH156④:8　有磨制痕迹的骨片。

ⅠH157:1　燧石石片。

ⅠH157:2　圆陶片。以陶器残片制成，边缘多经修薄，泥质红陶。直径 8～8.3、厚 1.1 厘米。

ⅠH158①:1　彩绘陶器残片。泥质灰陶，彩色多已脱落。

ⅠH158①:3　盘状石器。玄武岩，黑色，打制，周边交互打击修薄。直径 9.8～10.24、厚 1.24 厘米（图 4－221，2；彩版七七，1）。

ⅠH158①:6　石铲残块。石灰岩，灰白色，磨制，残块平面呈梯形，存有原石铲的刃边和侧边各一段，另两边为断碴。长 7.47、宽 3.9、厚 0.58 厘米（图 4－221，3）。

ⅠH158①:7　石铲残块。板岩，黑色，磨制，残块平面近长方形，存有一段原石铲侧边，其余各边均为断碴。长 2.84、宽 2.57、厚 0.78 厘米（图 4－221，8）。

ⅠH158①:8　圆陶片残块。将陶器底周边修薄而成，泥质灰陶。残块长 8.2、宽 7.6、厚 0.86 厘米。

ⅠH158①:9　圆陶片残块。将瓮、罐类陶器腹片周边交互打击修薄而成，泥质红陶，内、外灰黑色，外表残存 4 道箍堆纹。残块长 8.25、宽 5.52、厚 0.92 厘米。

ⅠH158①:10　残圆陶片。将瓮、罐类陶器腹片周边打制修薄而成，泥质红陶，外表残存 4 道箍堆纹。直径 7.6～7.8、宽 5.52、厚 0.84 厘米。

ⅠH158①:11　圆陶片。将陶器残片周边交互打击修薄而成，泥质红陶，外表灰色，饰绳纹。直径 6.2～6.4、厚 0.78 厘米（图 4－221，4）。

ⅠH158②:1　石斧。玄武岩，灰色，琢制，顶、刃部皆留有打击痕，斜顶，两侧边较直，凸弧刃。长 12.06、宽 6.01、厚 3.46 厘米（图 4－221，1；彩版七七，2）。

ⅠH158②:2　石铲残块。熔结凝灰岩，灰绿色，磨制，残块平面近梯形，存留一段原石铲侧边，其余各边均为断碴。长 4.2、宽 3.8、厚 0.72 厘米（图 4－221，6）。

图4-221　ⅠH158陶容器以外的石、陶制品

1. 石斧（ⅠH158②:1）　2. 盘状石器（ⅠH158①:3）　3. 石铲残块（ⅠH158①:6）　4. 圆陶片（ⅠH158①:11）　5. 石铲残块（ⅠH158②:4）　6. 石铲残块（ⅠH158②:2）　7. 石铲残块（ⅠH158③:5）　8. 石铲残块（ⅠH158①:7）　9. 石铲残块（ⅠH158②:3）　10. 龟首形陶器鋬纽（ⅠH158③:1）　11. 残陶纺轮（ⅠH158②:8）　12. 陶纺轮（ⅠH158②:7）

ⅠH158②:3　石铲残块。石灰岩，浅褐色，磨制，残块平面近长方形，存留一段原石铲侧边，与之相对的一边经交互打击修薄，其余两边均为断碴，但其中一边似经磨过。长3.26、宽2.47、厚0.7厘米（图4-221，9）。

ⅠH158②:4　石铲残块。石灰岩，灰褐色，磨制，残块平面近梯形，存留原石铲两段侧边，其一尚连有极少的顶边，另两边为断碴。长5.49、宽4.2、厚0.6厘米（图4-221，5）。

ⅠH158②:5　彩绘陶器口沿残片。泥质红陶，彩色多已脱落。

ⅠH158②:6　磨制骨器残片。

ⅠH158②:7　陶纺轮。泥质深灰陶，算盘珠状。腹径3.5、高2.12、孔径0.68厘米（图4-221，12；彩版七七，3）。

ⅠH158②:8　残陶纺轮。泥质灰陶，算盘珠状，一面稍残。腹径3.27、残高2.25、孔径0.6厘米（图4-221，11；彩版七七，4）。

ⅠH158②:9　残圆陶片。将陶器残片周边打制修薄而成，泥质红陶，外表灰色，饰划断绳纹。直径7.9、厚0.65厘米。

ⅠH158③:1　龟首形陶器鋬纽。泥质红陶，外表黑色，器壁外侧安一鋬纽，形如龟首，端首中部有一小凹窝。纽长3、龟首直径3.05厘米（图4-221，10）。

ⅠH158③:2　石磬残片。石灰岩，灰色，磬面磨光，存留较多划擦痕和琢点，共有56片，属同一件石磬。

ⅠH158③:4　残圆陶片。将陶器残片周边打制修薄而成，泥质红陶，外表残存一道箍堆纹。直径6.3、厚0.9厘米。

ⅠH158③:5　石铲残块。凝灰质板岩，灰色，磨制，残块平面呈长方形，存留原石铲顶边和侧边各一段，另两边为断碴。长4.53、宽2.93、厚0.78厘米（图4-221，7）。

ⅠH165:1　石铲残块。板岩，黑色，磨制，残块平面呈四边形，残存原石铲的一段侧边，其余各边均为断碴。长6、宽5.4、厚0.84厘米。

ⅠH165:2　残猪獠牙。

ⅠH169①:1　石铲残块。玄武岩，黑色，磨制，残块平面近三角形。

ⅠH169①:2　残石刀。晶屑凝灰岩，浅紫色，两面均磨平，直背，背边亦磨平，所存端边不甚规则，另一端残。残长7.04、宽2.5、厚0.72厘米。

ⅠH169①:3　石刀残段。玻屑凝灰岩，灰色，两面和背边磨平，刃缘厚钝，靠近背部穿有两孔，皆自一面钻成。残段长5.6、宽4.9、厚0.5厘米，孔距1.35、孔内径0.3厘米。

ⅠH169①:5　残圆陶片。将陶器底周边交互打击修薄而成，泥质红陶，外表黑色，残半。直径9、厚0.7厘米。

ⅠH169②:1　穿孔蚌饰。少部分残缺，蚌壳顶端穿一孔。与ⅠF12③:4为同一种蚌（图4-222，2；彩版七六，4）。

ⅠH169②:2　彩绘陶器残片。

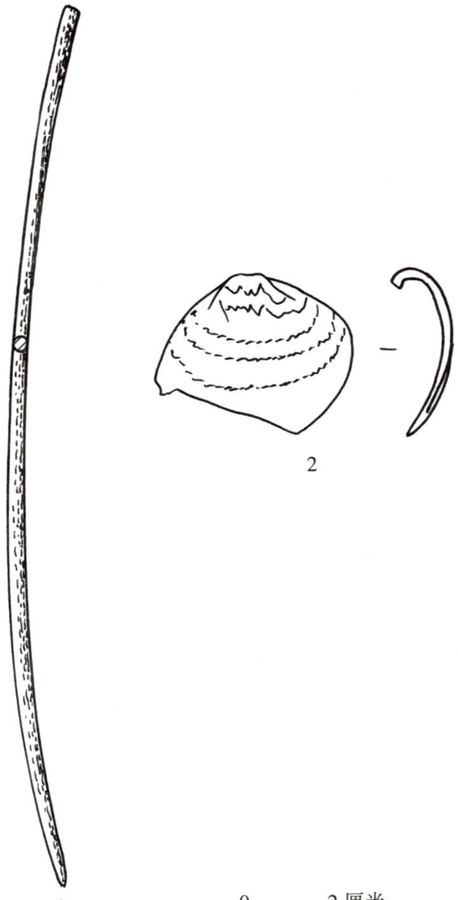

图4－222　ⅠH169的骨簪和穿孔蚌饰
1. 骨簪（ⅠH169②:6）　2. 穿孔蚌饰（ⅠH169②:1）

ⅠH169②:3　彩绘陶器残片。

ⅠH169②:4　骨器残段。磨制，此残段呈圆柱体。长8.53、直径0.75厘米。

ⅠH169②:5　穿孔蚌饰残片。

ⅠH169②:6　骨簪。磨制，整体作明显的弯弧状，顶端稍残。长21.3、直径0.3～0.4厘米（图4－222，1）。

ⅠH169②:7　石铲残段。熔结凝灰岩，灰色，磨制，仅存柄部，窄顶略直。残段长12.6、宽7.56、厚1.1厘米。

ⅠH169②:8　骨器残段。磨制，扁体，一端磨成扁锥。残段长4.25、宽0.91、厚0.41厘米。

ⅠH173:1　蚌片。

ⅠH173:2　石铲（或斧）半成品。英安岩，灰色，粗略打制，平顶，束腰，斜刃。长15.88、宽8.13、厚4.47厘米。

ⅠH174:1　骨锥。磨制，整体略显弯弧，主要部分作长圆锥状，近顶部的截面为扁圆形。长 9. 5、宽 0. 82、厚 0. 62 厘米（图 4－223，2）。

Ⅰ H174∶2　石铲（或斧）。安山岩，灰褐色，打制，窄顶，束腰，宽刃，刃边略斜。长 16. 88、宽 9. 52、厚 4. 05 厘米（图 4－223，1）。

Ⅰ H174∶3　陶圆饼。将陶器底周边断碴修平而成，泥质红陶，外表灰色，底外有螺旋形编织物印痕。直径 9. 1～9. 46、厚 1. 1 厘米。

Ⅰ H179∶1　蚌片。

Ⅰ H179∶2　石铲残块。石灰岩，灰色，磨制，残块平面略近梯形，存有原石铲的刃边和侧边各一段，其余各边为断碴，一面可见密集的划擦痕。长 6. 1、宽 4. 6、厚 0. 65 厘米（图 4－224）。

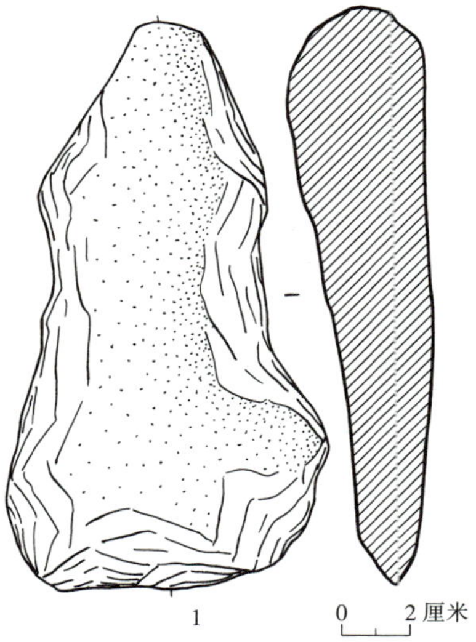

图 4－223　Ⅰ H174 的石铲（或斧）和骨锥
1. 石铲（或斧）（Ⅰ H174∶2）
2. 骨锥（Ⅰ H174∶1）

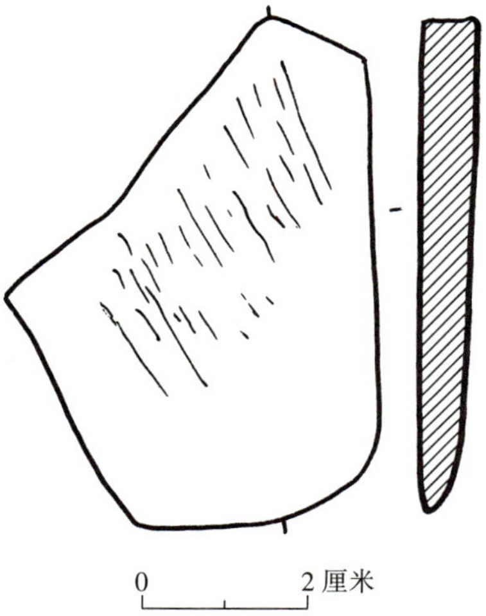

图 4－224　Ⅰ H179 的石铲残块
（Ⅰ H179∶2）

Ⅰ H179∶3　骨片。

Ⅰ H179∶7　石铲残块。与Ⅰ F33②∶2（较大于此件残块）合成一磨制石铲中部的残段。

Ⅰ H179∶8　残圆陶片。将陶器底周边磨薄而成，泥质红陶，残缺少半。直径 12. 56、厚 0. 97 厘米。

Ⅰ H185②∶1　石铲（或耜）半成品。安山岩，灰色，打制，窄顶，刃边作舌凸状。长 24. 1、宽 10. 52、厚 1. 51 厘米（图 4－225，2）。

Ⅰ H185②∶2　残石铲。熔结凝灰岩，灰色，磨制，窄顶，两侧边略显凹弧，刃部残。残长 16. 6、宽 8. 4、厚 1. 3 厘米（图 4－225，1）。

Ⅰ H185②∶3　石器残段。熔结凝灰岩，灰色，磨制，扁平体，残段平面呈梯形，三边交互打击修薄，另一边为断碴。长 6. 4、宽 4. 6、厚 0. 87 厘米（图 4－225，3）。

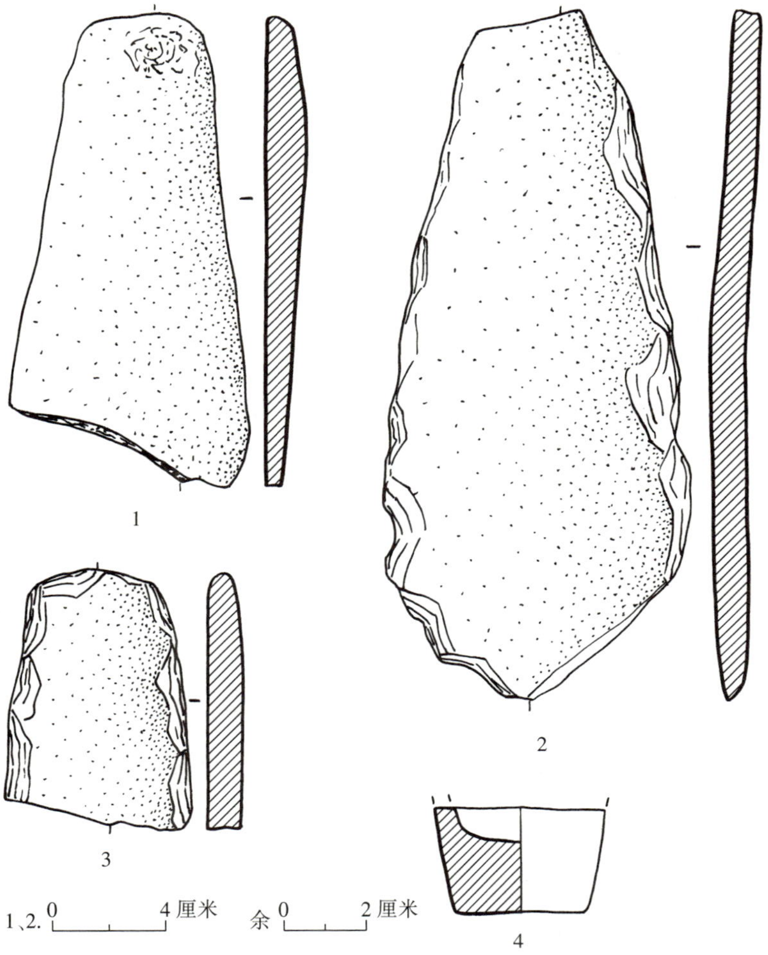

图4－225　ⅠH185的石制品

1. 残石铲（ⅠH185②:2）　2. 石铲（或耜）半成品（ⅠH185②:1）　3. 石器残段（ⅠH185②:3）
4. 残石容器（ⅠH185②:4）

ⅠH185②:4　残石容器。大理岩，白色，内、外磨光，仅存下部，斜直壁，平底。底径3.3、残高2.7厘米（图4－225，4）。

ⅠH187①:2　圆陶片。将陶器底周边修薄而成，夹砂灰陶，局部边缘稍残。直径9.45～10.17、厚1.4厘米（图4－226）。

ⅠH193:1　骨器残片。

ⅠH193:2　流纹岩砾石。

ⅠH193:3　陶纺轮。

ⅠH195:2　骨管。磨制。长5.57、直径1.1～1.25厘米（图4－227，1）。

ⅠH195:4　陶纺轮。形体不甚规则，中腹外围有一周齿状泥凸，共7枚。高2.44、孔径0.46厘米（图4－227，2）。

ⅠH202⑦:1　残骨镞。磨制，镞体三棱锥状，前锋与一边棱残，长圆锥形铤。残

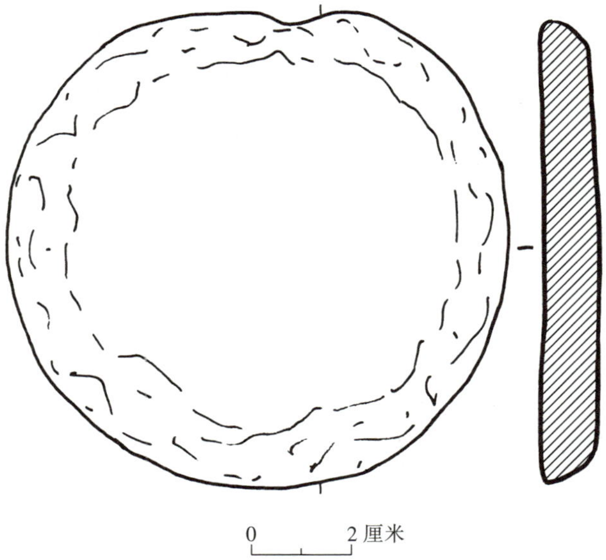

图4－226　ⅠH187的圆陶片
（ⅠH187①:2）

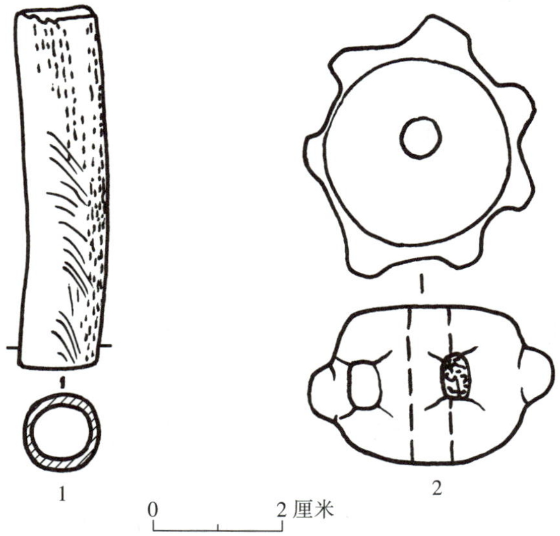

图4－227　ⅠH195的骨管和陶纺轮
1. 骨管（ⅠH195:2）　2. 陶纺轮（ⅠH195:4）

长6.95、宽0.9、铤之中部直径0.68厘米（图4－228，2）。

ⅠH202⑧:1　石斧。玄武岩，黑灰色，琢制为主，刃部两面磨制，窄顶，宽刃略弧，正锋，刃缘经使用而较钝，且多有崩茬。长10.36、宽5、厚3.15厘米（图4－228，3；彩版七八，1）。

ⅠH202⑧:2　磨棒残段。辉绿玢岩，灰色，琢制，一面平，另一面隆起，横截面近呈圆角三角形，两面均经使用。长13.2、宽6.27、厚3.61厘米（图4－228，1）。

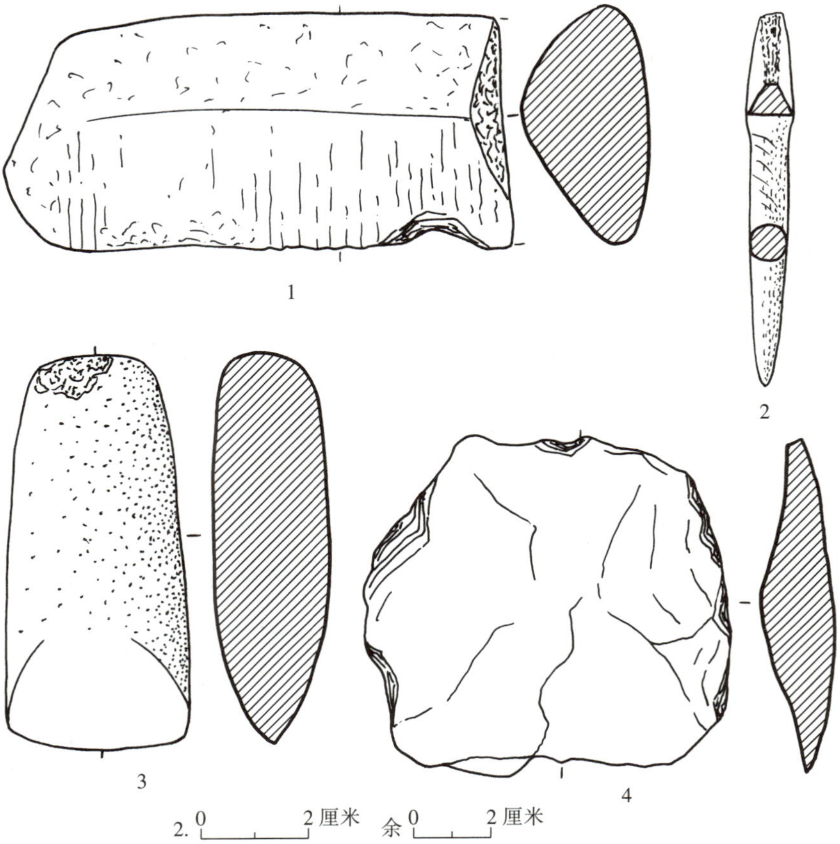

图4-228　ⅠH202的石、骨制品

1. 磨棒残段（ⅠH202⑧:2）　2. 残骨镞（ⅠH202⑦:1）　3. 石斧（ⅠH202⑧:1）　4. 盘状石器坯（ⅠH202⑧:3）

ⅠH202⑧:3　盘状石器坯。英安岩，灰色，粗略打制成周边较薄的不规则圆盘状体，局部烧黑。直径8.4~10.3、厚1.9厘米（图4-228，4）。

ⅠH202⑧:4　石块。珍珠岩，黑色。

ⅠH202⑧:5　石器残块。凝灰质页岩，浅灰色。长16.7、宽7、厚1.28厘米。

ⅠH202⑧:6　石铲残段。玄武岩，黑色，磨制，仅存下部，残段各边均被打薄。残段长11、宽10.15、厚1.5厘米。

ⅠH202⑧:7　磨石残块。砂岩，略呈扁长方体，各面多有磨痕。长8.9、宽7.1、厚4.6厘米。

ⅠH202⑧:8　磨石残块。砂岩，扁体，平面形状不规则。长6.4、厚2.8厘米。

ⅠH206①:1　石铲残段。熔结凝灰岩，灰色，磨制，仅存上部，直顶边磨平，两侧边斜弧。残段长6.3、宽3.95、厚0.83厘米（图4-229，5）。

ⅠH206③:1　有加工痕的动物肢骨残段。长7.3、宽0.9、厚0.45厘米。

ⅠH206⑤:1　有少许打击痕的砾石。熔渣，紫色，多气孔。长10.6、宽8.4、厚3.6厘米。

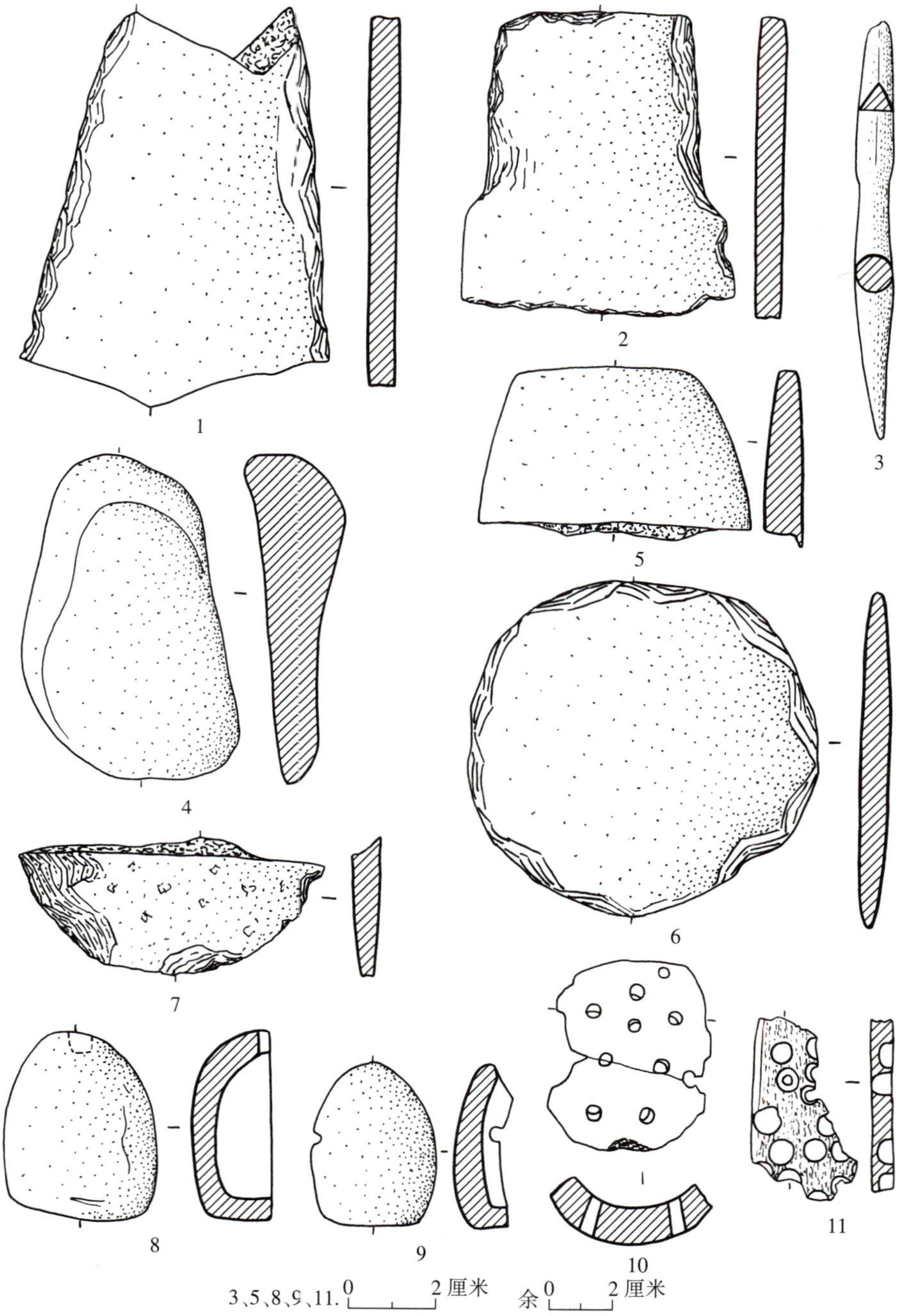

图4－229　ⅠH206陶容器以外的石、陶、骨制品

1、5. 石铲残段（ⅠH206⑦:3、ⅠH206①:1）　2. 有肩石铲残段（ⅠH206⑦:16）
3. 骨镞（ⅠH206⑦:12）　4. 砾石（ⅠH206⑦:1）　6. 陶圆饼（ⅠH206⑥:1）
7. 盘状石器残块（ⅠH206⑦:15）　8、9. 残陶埙（ⅠH206⑦:14、ⅠH206⑦:6）
10. 多孔陶器残块（ⅠH206⑦:4）　11. 卜骨残块（ⅠH206⑦:2）

ⅠH206⑥:1　陶圆饼。以陶器底制成，周边修薄，泥质灰陶。直径10.7～11.2、厚0.5厘米（图4－229，6）。

ⅠH206⑦:1　砾石。安山岩，灰色，主要部分为扁体，平面略近梯形，窄端较厚。长10.5、宽6.8、厚2.9厘米（图4－229，4）。

ⅠH206⑦:2　卜骨残块。存留切割痕，一面残存5个完整的和10个残缺的钻，另面几乎全被烧黑。长4.2、宽2.5、厚0.46厘米（图4－229，11）。

ⅠH206⑦:3　石铲残段。玄武岩，灰色，打制，顶、刃皆残，两侧边斜直，交互打击修薄。残段长12.7、宽9.9、厚1.3厘米（图4－229，1）。

ⅠH206⑦:4　多孔陶器残块。泥质红陶，表面灰色，整器或为中空的球体，周身密布小孔，孔皆自外向内穿透。壁厚0.9～1.2、孔径0.35～0.45厘米（图4－229，10）。

ⅠH206⑦:5　石斧残片。玄武岩，黑灰色，磨制。长7.3、宽5.8、厚1.45厘米。

ⅠH206⑦:6　残陶埙。泥质红褐陶，外表灰色，平底，顶部圆尖，尚存极少部分吹孔，中部有一自外向内穿透的声孔，自孔中部纵向残半。整器当如桃形。高3.65、壁厚0.45～0.65、声孔直径0.3厘米（图4－229，9）。

ⅠH206⑦:7　细石器石片。燧石，灰色，背面有剥离痕。长3.25、宽1.8、厚0.65厘米。

ⅠH206⑦:12　骨镞。磨制，镞体三棱锥形，前锋甚钝，长圆锥形铤，铤中部略鼓。长9.5、镞体宽0.9、铤之中部直径0.9厘米（图4－229，3）。

ⅠH206⑦:14　残陶埙。泥质红陶，外表灰色，平底，顶部圆尖，尚存残吹孔，自孔中部纵向残半，整器如桃形。高4.25、底部残宽2.98、壁厚0.5～0.7、吹孔直径0.35厘米（图4－229，8）。

ⅠH206⑦:15　盘状石器残块。安山岩，灰色，打制，周边交互打击修薄，残缺大半。残块长9.75、宽4.5、厚1.05厘米（图4－229，7）。

ⅠH206⑦:16　有肩石铲残段。凝灰质板岩，灰色，磨制，下部残缺，平顶，两侧边留有交互打击痕迹。长9.75、宽8.7、厚1厘米（图4－229，2）。

ⅠH206⑧:1　石器坯。安山岩，灰色，板状，平面略近长方形，一角制成内凹，边棱切割得较为规整。长27.8、宽22.1、厚4厘米（图4－230，2）。

ⅠH206⑧:2　石器坯。安山岩，灰褐色，板状，形体不规则。长50、宽32.1、厚7厘米（图4－230，1）。

ⅠH364:1　石铲（或斧）。安山岩，褐色，打制，斜顶，束腰，凸弧刃。长15.3、宽10.5、厚3.5厘米（图4－230，3）。

ⅠH221①:1　石刀残段。凝灰岩，褐色，多数部位烧成黑色。磨制，一面平，另一面隆起成脊，背边磨平，所存端边较直。残段长3.65、宽2.42、厚0.64厘米（图4－231，4）。

ⅠH221①:2　陶纺轮。泥质红陶，中腹呈现为一周凸棱。直径3.55～3.8、高1.98、孔径0.5～0.6厘米（图4－231，10）。

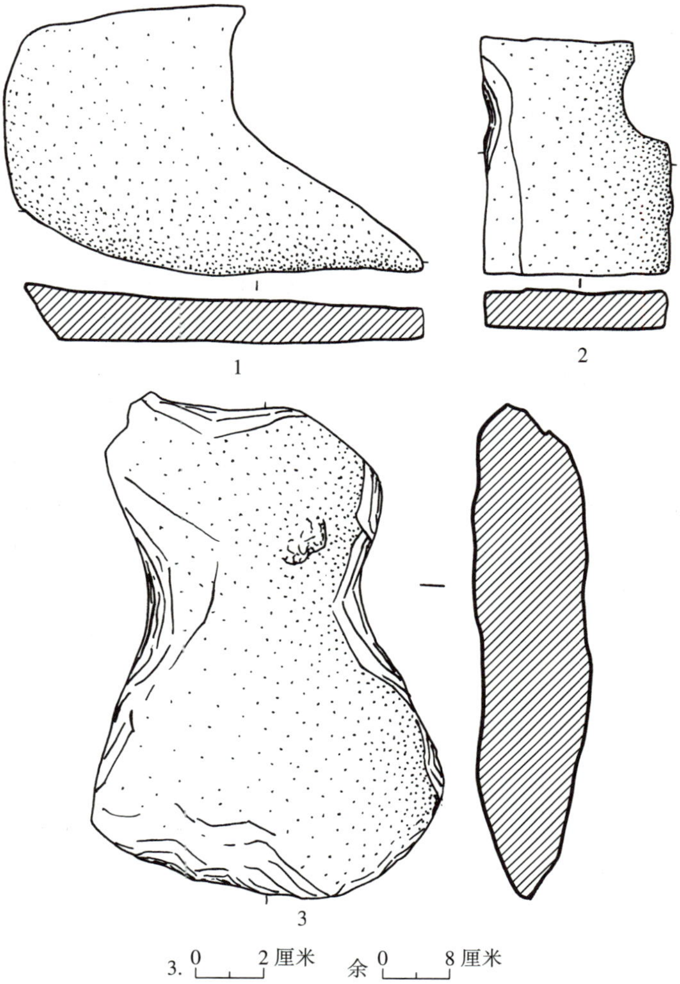

图4－230　ⅠH206的石器坯和ⅠH364的石铲（或斧）

1、2. 石器坯（ⅠH206⑧:2、ⅠH206⑧:1）　3. 石铲（或斧）（ⅠH364:1）

ⅠH221②:1　陶纺轮残块。夹砂褐陶，鼓形。高2.72厘米（图4－231，8）。

ⅠH221②:2　骨簪。磨制，顶略平，尖端稍残。长10.4、直径0.7～0.8厘米（图4－231，13；彩版七九，2）。

ⅠH221③:1　石铲（或斧）。安山岩，褐色，打制，窄顶，束腰，宽刃略弧。长17.6、宽11.6、厚3.15厘米（图4－231，1；彩版七九，1）。

ⅠH221③:2　残骨针。磨制，仅存上部，扁顶。长2.28、直径0.1、孔径0.05厘米。

ⅠH221③:3　石刀残段。晶屑凝灰岩，绿色，磨制，一面平，另一面隆起略显直脊，背边磨平，所存端首略尖。长4.55、宽1.63、厚0.57厘米（图4－231，5）。

ⅠH221③:4　玛瑙石残块。

ⅠH221④:1　陶纺轮。泥质灰陶，鼓形，中腹外围环列6个泥凸。直径4.12～4.25、高2.4、孔径0.55～0.65厘米（图4－231，11；彩版七九，3）。

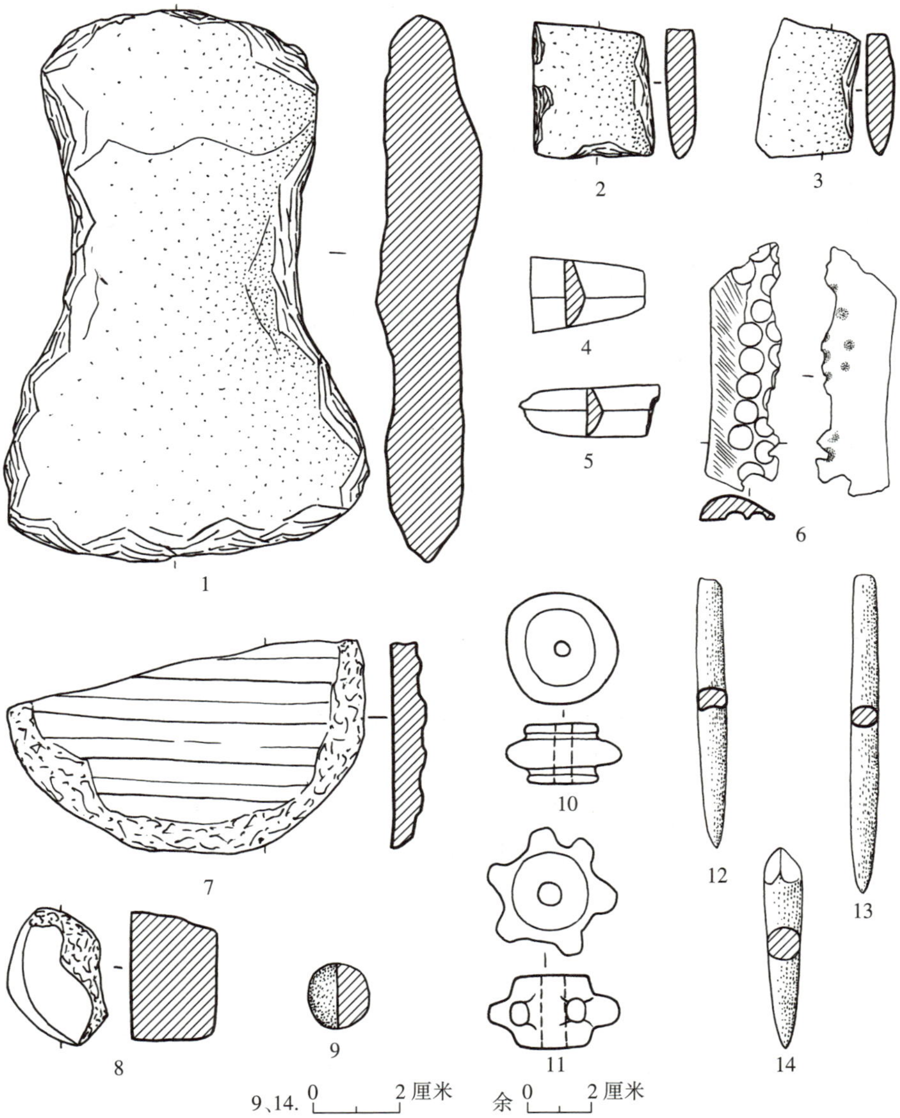

图4－231　ⅠH221陶容器以外的石、陶、骨制品

1. 石铲（或斧）（ⅠH221③:1）　2. 石器（ⅠH221⑥:2）　3. 砾石残块（ⅠH221④:4）　4、5. 石刀残段（ⅠH221①:1、ⅠH221③:3）　6. 卜骨残块（ⅠH221⑦:2）　7. 残圆陶片（ⅠH221④:3）　8. 陶纺轮残块（ⅠH221②:1）　9. 陶弹丸（ⅠH221⑤:1）　10、11. 陶纺轮（ⅠH221①:2、ⅠH221④:1）　12. 锥形骨器（ⅠH221⑤:3）　13. 骨簪（ⅠH221②:2）　14. 残骨镞（ⅠH221④:2）

ⅠH221④:2　残骨镞。磨制，圆锥形铤，上接三棱镞尖，前锋稍残。长4.5、宽0.82厘米（图4－231，14）。

ⅠH221④:3　残圆陶片。以瓮类腹片制成，泥质灰陶，周边交互打击修薄，残缺近半，外表存留4道箍堆纹。直径11.38、厚1.14厘米（图4－231，7；彩版七九，4）。

ⅠH221④:4　砾石残块。辉石安山岩，灰绿色，扁体，残块平面近梯形，存留一段圆尖的砾石原边，其余3边为断碴。长4.43、宽3、厚0.96厘米（图4－231，3）。

ⅠH221⑤:1　陶弹丸。红褐色。直径1.4～1.5厘米（图4－231，9；彩版七九，5左）。

ⅠH221⑤:2　骨器残片。

ⅠH221⑤:3　锥形骨器。磨制，扁体，一端磨平，另一端形成锥尖。长8.78、宽0.95、厚0.6厘米（图4－231，12）。

ⅠH221⑤:4　陶弹丸。灰褐色。直径1.4～1.5厘米（彩版七九，5右）。

ⅠH221⑥:1　有打击痕的石块。白色。

ⅠH221⑥:2　石器。石灰岩，灰色，磨制。原为平面呈梯形的石铲（或磬）残块，存留一段原石铲（或磬）的侧边和一断碴边，其他两条断碴边则被磨平。长4.3、宽3.78、厚0.92厘米（图4－231，2；彩版七八，4）。

ⅠH221⑦:1　石器残块。

ⅠH221⑦:2　卜骨残块。骨料经磨制，残存6个完整的和12个残缺的钻，另一面与钻对应的位置多有褐色圆点。长7.95、宽2.31、厚0.95、钻直径0.7～0.8厘米（图4－231，6）。

ⅠH226①:1　残骨饰。磨制，扁体，原器之平面或为长方形，有一穿孔，约自孔处纵向残半。长2.2、残宽1.2、厚0.5、孔径0.4厘米（图4－232，10）。

ⅠH226①:2　残骨针。磨制，上部残缺。残长3.6、直径0.2厘米。

ⅠH226①:3　石刀残段。晶屑凝灰岩，褐、绿相杂色，磨制，一面平，另一面隆起，直背磨平，弧刃，脊线偏于刃侧。长4.7、宽2.2、厚0.6厘米（图4－232，6）。

ⅠH226①:4　骨镞。磨制，镞体略扁，铤呈截头扁圆锥形。长4.6、宽0.7、厚0.5厘米（图4－232，12）。

ⅠH226①:5　残骨片。

ⅠH226①:6　残骨片。

ⅠH226①:7　猪门齿。

ⅠH226①:8　一端磨尖的残骨。

ⅠH226①:9　石片屑。

ⅠH226①:10　肋骨残段。

ⅠH226①:11　磨过的肋骨残段。

ⅠH226①:12　残骨针。磨制，截面长方形。残长3、宽0.2、厚0.15厘米。

ⅠH226②:1　经切割的骨料。长8.3厘米。

ⅠH226②:2　经切割的骨料。长9.4厘米。

ⅠH226②:3　骨簪残段。磨制，顶略平，残段呈圆柱体。长5.85、直径0.9～1厘米（图4－232，13）。

ⅠH226②:4　石片屑。

ⅠH226②:5　小石片。边缘有压削痕。

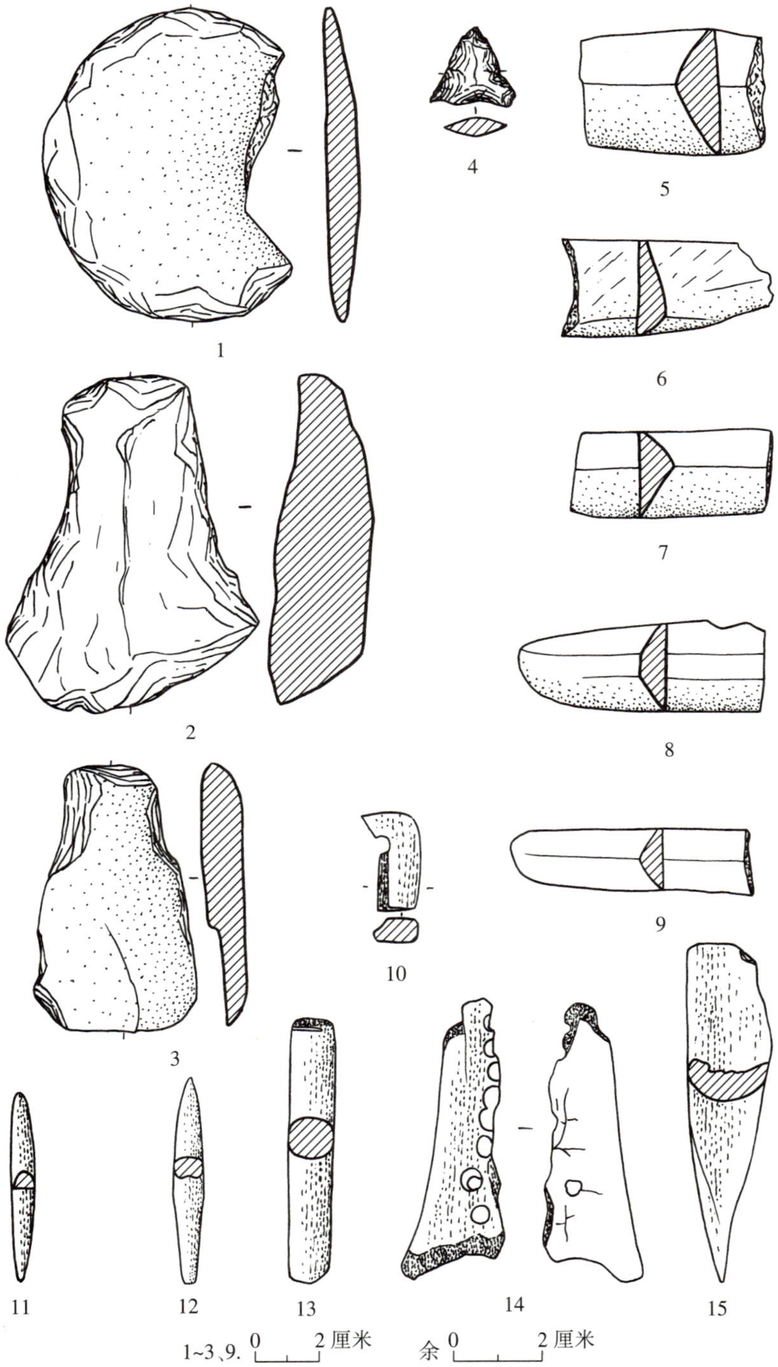

图4-232　ⅠH226的石、骨制品

1. 残盘状石器（ⅠH226⑧:2）　2. 石铲（或斧）半成品（ⅠH226②:13）　3. 石铲半成品（ⅠH226②:23）　4. 石镞（ⅠH226③:1）　5~9. 石刀残段（ⅠH226④:4、ⅠH226①:3、ⅠH226④:6、ⅠH226②:6、ⅠH226⑧:1）　10. 残骨饰（ⅠH226①:1）　11. 骨器（ⅠH226②:15）　12. 骨镞（ⅠH226①:4）　13. 骨簪残段（ⅠH226②:3）　14. 卜骨残块（ⅠH226④:5）　15. 骨锥（ⅠH226②:16）

ⅠH226②:6 石刀残段。晶屑凝灰岩，灰色杂褐斑，磨制，一面平，另一面隆起而显出双脊，背边磨平，并制出一“ ◡ ”形凹缺，端首圆尖。残段长5.5、宽2.05、厚0.65厘米（图4－232，8）。

ⅠH226②:7 骨锥残段。仅存尖端部分，截面为半圆形。残段长4.6厘米。

ⅠH226②:8 切割过的骨片。

ⅠH226②:9 石块。

ⅠH226②:10 骨器残段。磨制，仅存锥尖部分。长3.3厘米。

ⅠH226②:11 小石片。

ⅠH226②:12 石片。灰色。长7.2厘米。

ⅠH226②:13 石铲（或斧）半成品。灰色，粗略打制成石铲（或斧）的雏形。长10.6、宽7.7、厚3.2厘米（图4－232，2）。

ⅠH226②:15 骨器。磨制不精，一端扁圆，另一端略呈三棱尖锥状。长4.1、宽0.5厘米（图4－232，11）。

ⅠH226②:16 骨锥。将动物肢骨纵向劈开制成，仅锥尖部分经过磨制。长7.45、宽1.9厘米（图4－232，15）。

ⅠH226②:17 骨锥残段。仅存锥尖部分。长3.9厘米。

ⅠH226②:18 有加工痕的骨骼残段。长6.3厘米。

ⅠH226②:19 有切割痕的骨骼残段。长6.5厘米。

ⅠH226②:20 残骨针。磨制，针孔处以上残缺。残长4.1、直径0.2厘米。

ⅠH226②:21 残骨针。磨制，截面长方形，孔以上和针尖部分均残。残长5、宽0.2、厚0.1厘米。

ⅠH226②:22 残骨针。磨制，顶部残。残长5.2、直径0.15厘米。

ⅠH226②:23 石铲半成品。安山岩，灰色，打制成有肩石铲的雏形，直顶边，柄及铲体的两侧边均较斜直，刃边稍显凸弧。长8.5、宽5.2、厚1.4厘米（图4－232，3）。

ⅠH226③:1 石镞。白色杂黑，透光性较强，扁体，平面近等边三角形，两侧边密布压削痕，镞底略有内凹。镞体长1.75、镞底长度1.9、厚0.9厘米（图4－232，4；彩版八〇，1）。

ⅠH226③:2 石片。白色，透光性强，平面略呈三角形，背面有少许压削痕。长1.7、厚0.6厘米。

ⅠH226③:3 石片屑。

ⅠH226③:4 骨器残段。磨制。长3.6、宽1.4厘米。

ⅠH226④:1 石片。

ⅠH226④:2 磨制石器残片。

ⅠH226④:3 骨器残段。磨制，平顶，残段呈圆柱体。长3.1、直径0.4厘米。

ⅠH226④:4 石刀残段。晶屑凝灰岩，磨制，一面平，另一面隆起成脊，背边磨平。长4.1、宽2.75、厚0.93厘米（图4－232，5）。

ⅠH226④:5　卜骨残块。残存2个完整的和8个残缺的钻，其中一个完整的已穿透，另一面可辨认的卜兆只有一处。长6.25、宽2.25、厚0.85厘米（图4－232，14）。

ⅠH226④:6　石刀残段。砂岩，灰色，磨制，端首无存。一面平，另一面隆起成脊。长4.5、宽1.9、厚0.8厘米（图4－232，7）。

ⅠH226④:7　残陶纺轮。泥质灰陶，算盘珠状，自孔中部残半。直径2.4、高2、孔径0.4厘米。

ⅠH226⑤:1　小石片。有压削痕。

ⅠH226⑤:2　骨针残段。

ⅠH226⑤:3　窑汗块。

ⅠH226⑤:4　蚌片。

ⅠH226⑤:5　石刀残段。黄褐色与红色相间，磨制，两面皆平，背边磨平，偏锋，残存一孔，对钻而成。残段长3.8、宽3、厚0.75、孔内径0.4厘米。

ⅠH226⑤:6　猪门齿。

ⅠH226⑤:7　陶纺轮残块。泥质褐陶，中间有孔。

ⅠH226⑤:8　磨制石器残片。

ⅠH226⑤:9　磨制石器残片。

ⅠH226⑤:10　有加工痕的石块。长7.9、宽3.7、厚1.8厘米。

ⅠH226⑤:11　石片。长8.6、宽6、厚1.5厘米。

ⅠH226⑤:12　石片。长8.2、宽6.8、厚2.5厘米。

ⅠH226⑤:13　石片。长11.4、宽7.2、厚1.8厘米。

ⅠH226⑥:1　骨锥残段。磨制，仅存锥尖部分。长4.9、直径0.4厘米。

ⅠH226⑥:2　两云母片。

ⅠH226⑥:3　骨片。

ⅠH226⑥:4　石片。

ⅠH226⑥:5　骨簪残段。磨制，平顶，另一端残，此残段烧成黑色。长5.8、直径0.55厘米。

ⅠH226⑥:6　石片。

ⅠH226⑥:7　石片。

ⅠH226⑧:1　石刀残段。晶屑凝灰岩，灰色，磨制，一面平，另面隆起成脊，背边圆钝，端首圆尖。残段长7.5、宽2.1、厚0.7厘米（图4－232，9）。

ⅠH226⑧:2　残盘状石器。玄武岩，黑灰色，打制，周边最薄，残缺一角。直径9.7、厚1.6厘米（图4－232，1）。

ⅠH226⑧:3　石片。长10.1、宽6.2、厚1.1厘米。

ⅠH226⑧:4　肋骨残片。有切割痕，局部烧黑。长4.9、宽1.8、厚0.3厘米。

ⅠH226⑨:1　骨器残片。

ⅠH226⑩:1　磨制石器残片。

ⅠH226⑩:2　磨制石器残片。

ⅠH226⑩:3　骨器残片。

ⅠH226⑩:4　骨器残片。

ⅠH226⑩:5　骨器残片。

ⅠH226⑩:6　磨制石器残片。

ⅠH226⑩:7　磨制石器残片。

ⅠH230③:1　石铲。石灰岩，灰色，磨制，平顶，束腰，凸弧刃，侧边存留交互打击痕。长9.8、宽9、厚0.58厘米（图4－233，1；彩版七八，2）。

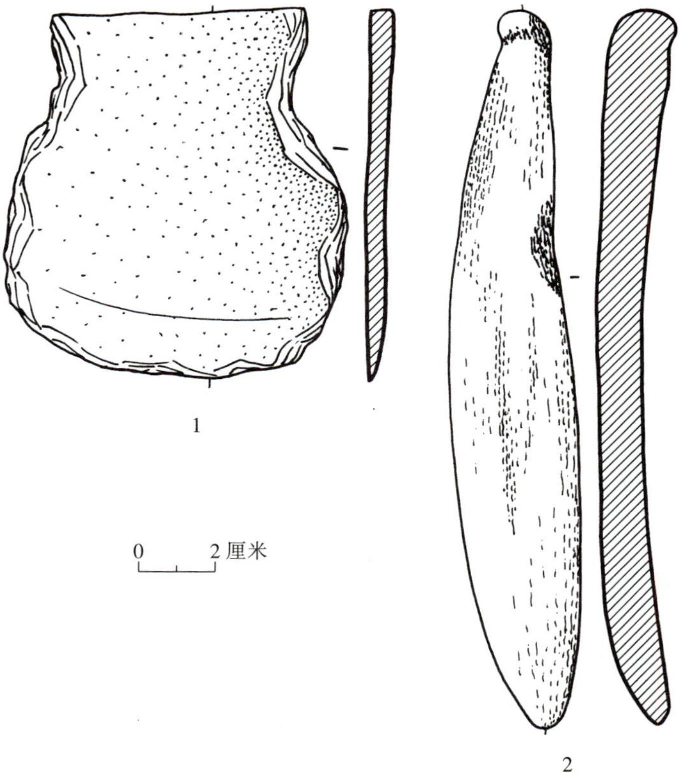

图4－233　ⅠH230的石铲和骨器
1. 石铲（ⅠH230③:1）　2. 骨器（ⅠH230④:1）

ⅠH230④:1　骨器。磨制，外表多脱落。长18.9、宽3.15、厚1.6厘米（图4－233，2）。

ⅠH230④:2　小石片。燧石，紫红色。

ⅠH230④:3　石铲残块。石灰岩，磨制，残块平面略呈梯形，存留原石铲顶边和侧边各一段，另两边皆为断碴。长4.77、宽3.56、厚0.63厘米（彩版七八，3）。

ⅠH230⑤:1　石铲残块。大理岩，绿色杂白斑，磨制，残块平面呈梯形，存留原石铲的部分侧边，其余各边皆为断碴。长3.4、宽3.1、厚0.68厘米。

ⅠH234②:1　磨棒残段。砂岩，琢制，一面较平，另一面隆起，两面均经使用。长9.28、宽6.34、厚3.42厘米。

ⅠH366②:1　石斧残段。闪长岩，灰绿色，琢制，下部残，平顶。长10.9、宽6.45、厚3.5厘米（图4－234，11）。

ⅠH366②:2　残骨簪。磨制，稍显弯弧，器体有残损，平顶，另一端无存。残长9.4、直径0.64～0.73厘米（图4－235，9）。

ⅠH366②:3　白灰块。扁平体，平面近梯形，长6.2、宽4.7、厚1.1厘米（图4－235，12）。

ⅠH366③:1　经打击的石块。安山岩，褐色，平面略呈梯形。长11.8、宽7.3、厚2.5厘米。

ⅠH366③:2　石器残段。安山岩，灰色，打制，板状，一端残，残段平面略近梯形。长10.52、宽4.96、厚1.08厘米（图4－234，1）。

ⅠH366③:3　石铲（或斧）半成品残段。安山岩，灰色，打制，下部残。长10.3、宽8.25、厚2.86厘米。

ⅠH366③:4　残圆陶片。以陶器底制成，夹砂红陶，周边打薄，残缺一角。直径11.2～11.9、厚1.2厘米（图4－235，1）。

ⅠH366③:5　石器残段。安山岩，灰色，打制，边缘较薄。长13.2、宽8.4、厚2.41厘米。

ⅠH366③:6　陶圆饼。以瓮、罐类陶器腹片制成，泥质灰陶，外表施绳纹，存留4道箍堆纹，周边磨平。直径6.7～7.1、厚1.15厘米（图4－235，6）。

ⅠH366③:7　陶圆饼。以瓮、罐类陶器腹片制成，泥质灰陶，存留2道箍堆纹，周边钝厚。直径4.8～4.95、厚1.2厘米（图4－235，10）。

ⅠH366③:8　石铲残段。凝灰质板岩，黑灰色，磨制，仅存上部。残段长6.4、宽3.6、厚0.82厘米（图4－234，8）。

ⅠH366③:9　鼎足。泥质灰陶，侧视若三角形。高6.1、宽2.18、厚1.8厘米（图4－235，11）。

ⅠH366③:10　石铲残段。大理岩，黑绿相杂，磨制。仅存下部，斜弧刃，偏锋。残段长8.7、宽6.75、厚0.97厘米（图4－234，5）。

ⅠH366③:11　磨制石器残块。玄武岩，黑色，扁体，磨光。长4.9、宽3.9、厚0.75厘米（图4－234，4）。

ⅠH366③:12　陶圆饼。以陶器底制成，夹砂褐陶，周边圆钝。直径7～7.55、厚1.2厘米（图4－235，5）。

ⅠH366③:13　骨器残片。

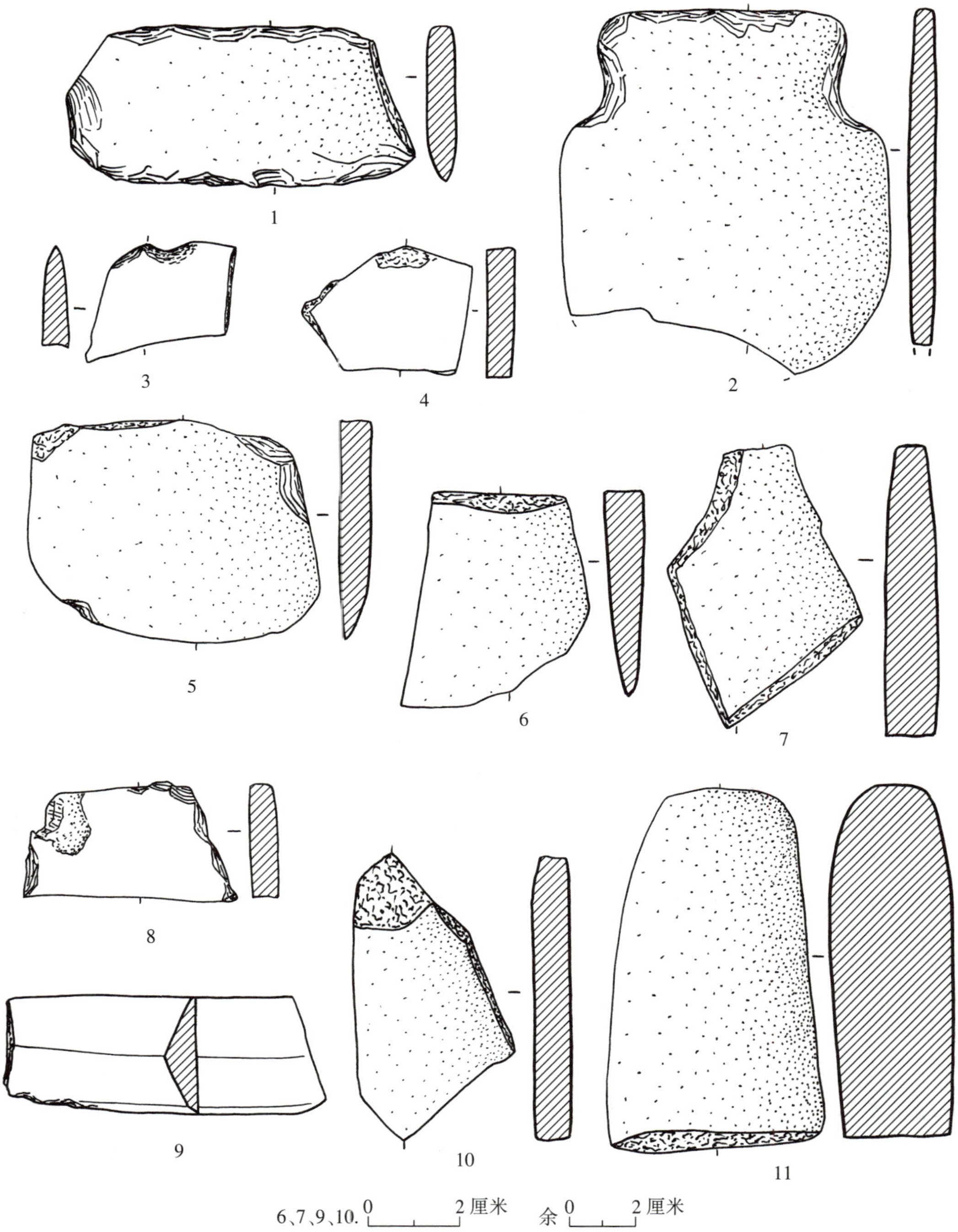

图4－234　ⅠH366的石制品

1. 石器残段（ⅠH366③:2）　2. 残有肩石铲（ⅠH366③:18）　3、6、10. 石铲残块（ⅠH366③:17、ⅠH366③:15、ⅠH366③:23）　4、7. 磨制石器残块（ⅠH366③:11、ⅠH366③:16）　5、8. 石铲残段（ⅠH366③:10、ⅠH366③:8）　9. 石刀残段（ⅠH366③:22）　11. 石斧残段（ⅠH366②:1）

图4-235　ⅠH366陶容器以外的陶、骨制品及白灰块

1. 残圆陶片（ⅠH366③:4）　2. 圆陶片残块（ⅠH366③:25）　3. 小陶饼（ⅠH366③:19）　4. 骨簪（ⅠH366③:14）　5～8、10. 陶圆饼（ⅠH366③:12、ⅠH366③:6、ⅠH366③:20、ⅠH366③:24、ⅠH366③:7）　9. 残骨簪（ⅠH366②:2）　11. 鼎足（ⅠH366③:9）　12. 白灰块（ⅠH366②:3）

ⅠH366③:14　骨簪。磨制，整体略呈弯弧，平顶，横截面圆形。长11.3、直径0.48厘米（图4-235，4）。

ⅠH366③:15　石铲残块。凝灰质板岩，紫色，磨制，残块平面近梯形，存留原石铲刃边和侧边各一段，另两边为断碴。长4.65、厚0.8厘米（图4-234，6）。

ⅠH366③:16　磨制石器残块。玻屑熔结凝灰岩，绿色，扁平体，残块平面作五边形（图4-234，7）。

ⅠH366③:17　石铲残块。玄武岩，黑色，磨制，残块平面呈四边形，存留原石铲顶边和侧边各一段，另两边为断碴。长4.3、厚0.63厘米（图4-234，3）。

ⅠH366③:18　残有肩石铲。大理岩，黑绿相杂，磨光。短柄，直顶边磨平，两侧边略直，凸弧刃，刃部残缺。长11、宽9.98、厚0.75厘米（图4-234，2）。

ⅠH366③:19　小陶饼。以陶器残片制成，泥质灰陶，外表施绳纹，周边磨平，平面作椭圆形。长轴2.6、短轴1.6、厚0.78厘米（图4-235，3）。

ⅠH366③:20　陶圆饼。将陶器底略加修整而成。直径6~6.2、厚0.7厘米（图4-235，7）。

ⅠH366③:21　磨制石器残片。大理岩。

ⅠH366③:22　石刀残段。晶屑凝灰岩，黄褐色，磨制，两端无存。一面平，另一面隆起成脊，背边磨平。长6.9、宽2.49、厚0.73厘米（图4-234，9）。

ⅠH366③:23　石铲残块。大理岩，黑色杂绿斑，磨制。残块平面略近三角形，存留一段原石铲侧边，另两边为断碴。长6.1、宽3.4、厚0.8厘米（图4-234，10）。

ⅠH366③:24　陶圆饼。以陶器残片制成，外表有绳纹，周边磨平。直径4.1~4.8、厚1.24厘米（图4-235，8）。

ⅠH366③:25　圆陶片残块。以陶器底制成，夹砂灰陶，周边打薄，残块稍小于原器的三分之一。长7.95、宽6.12、厚1.03厘米（图4-235，2）。

ⅠH407②:1　卵形砾石。凝灰岩，浅灰色。长3.7、宽3、厚2.35厘米（图4-236，4）。

ⅠH407②:2　石刀残段。晶屑熔结凝灰岩，绿色，仅存中段。两面皆磨平，背边圆滑，偏锋。残段长5.5、宽2.9、厚0.65厘米（图4-236，5）。

ⅠH407③:1　砾石。安山岩，灰色杂绿斑。扁体，平面近若平行四边形。长14.7、宽8.7、厚2.1厘米（图4-236，1）。

ⅠH407④:1　陶纺轮。泥质褐陶，算盘珠状。直径2.7、高2.15、孔径0.65厘米（图4-236，2）。

ⅠH407⑤:1　石器残段。凝灰质板岩，扁体，残段平面近若三角形，一条弧边薄而尖锐，有自一侧打击的痕迹，其余两边为断碴。长10.3、宽7.8、厚0.95厘米（图4-236，3）。

ⅠH235①:1　圆陶片。以瓮、罐类陶器腹片制成，泥质灰陶，外表红褐色，存留7道箍堆纹，周边交互打击修薄。直径9.5~10、厚0.83厘米（图4-237，2；彩版八〇，2）。

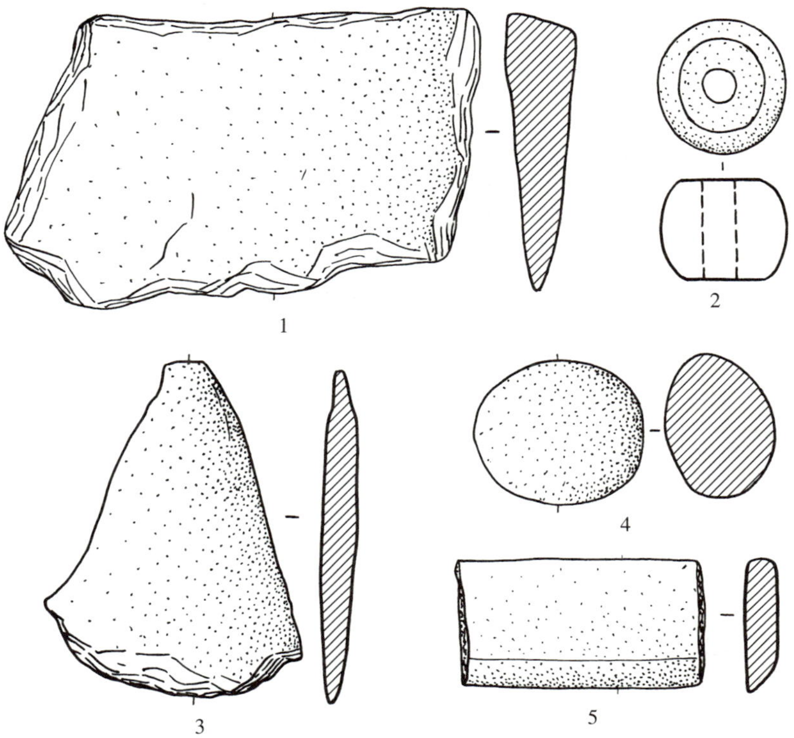

图4－236　ⅠH407陶容器以外的石、陶制品

1. 砾石（ⅠH407③:1）　2. 陶纺轮（ⅠH407④:1）　3. 石器残段（ⅠH407⑤:1）
4. 卵形砾石（ⅠH407②:1）　5. 石刀残段（ⅠH407②:2）

ⅠH235①:2　石铲残块。熔结凝灰岩，灰色，磨制，残块平面呈5边形，存留一段原石铲侧边，其余各边均为断碴。长4.4、宽4.02、厚0.72厘米（图4－237，1）。

ⅠH235②:1　石铲。玄武岩，灰色，打制，顶边略直，束腰，凸弧刃。长15.9、宽9.76、厚2.93厘米（图4－238，1；彩版八〇，4）。

ⅠH235②:2　石器残块。英安岩，灰色，打制，残块平面略近梯形，长直边为断碴，其余各边多为原石器边缘。长7.3、宽6.06、厚2.34厘米（图4－238，3）。

ⅠH235②:3　圆陶片残块。将陶器残片周边修薄而成，泥质红陶，外表有浅篮纹，残块约为圆陶片的四分之一。长4.57、宽4.39、厚0.66厘米（图4－238，2）。

ⅠH235③:1　石铲残块。石灰岩，灰色，磨制，偏锋，残块平面近梯形，存留原石铲的刃边和侧边各一段，其余两边均为断碴。长4.95、宽3.71、厚0.76厘米（图4－239；彩版八〇，3）。

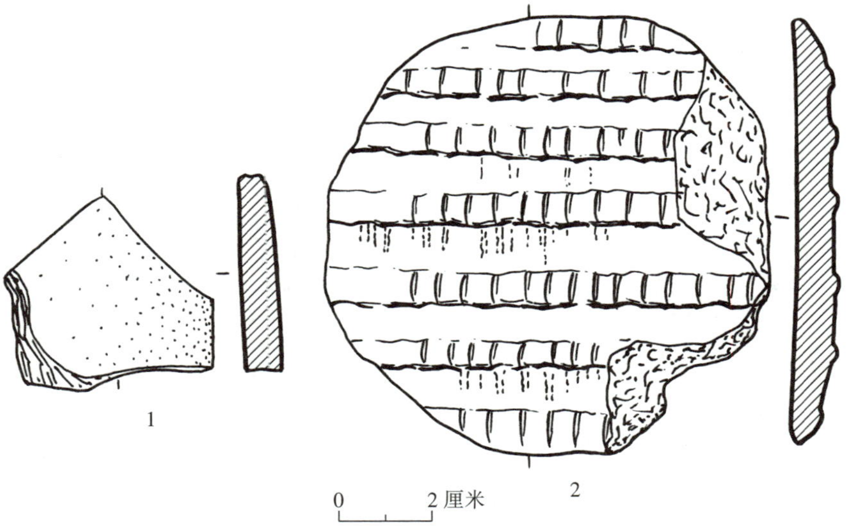

图4－237　ⅠH235①的石铲残块和圆陶片

1. 石铲残块（ⅠH235①:2）　2. 圆陶片（ⅠH235①:1）

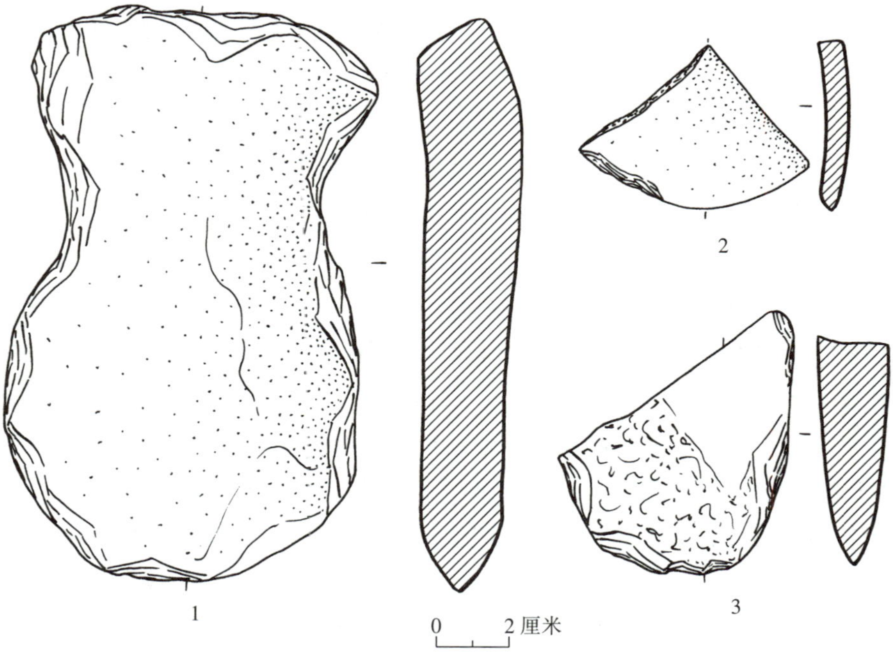

图4－238　ⅠH235②陶容器以外的石、陶制品

1. 石铲（ⅠH235②:1）　2. 圆陶片残块（ⅠH235②:3）　3. 石器残块（ⅠH235②:2）

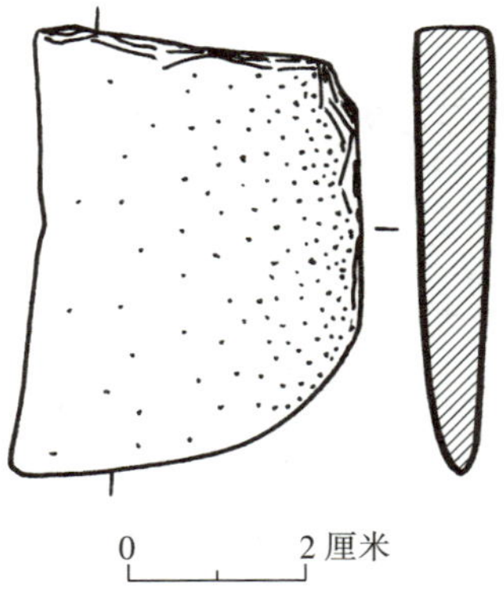

图4-239　ⅠH235③的石铲残块
（ⅠH235③:1）

ⅠH235③:2　有孔陶圆饼残块。泥质灰陶，外表有划断绳纹，周边磨平，中孔对钻而成，残块约为陶圆饼的三分之一。直径3.8、厚0.69、孔内径0.6厘米。

ⅠH235⑤:1　石铲。安山岩，黑灰色，打制，顶边略直，束腰，凸弧刃，刃缘多圆滑，似经使用。长13.79、宽9.52、厚3.2厘米（图4-240，2；彩版八一，1）。

ⅠH235⑤:2　石器坯。安山质火山角砾岩，褐色，粗略打制，扁体，平面略见方形，边缘多经交互打击而显得较薄。长14.38、宽11.85、厚3.5厘米（图4-240，1）。

ⅠH235⑤:3　小石片。燧石，红色。长1.42、宽1.39、厚0.27厘米（图4-240，3）。

ⅠH235⑤:4　角器。

ⅠH235⑤:5　石铲残段。凝灰岩，灰色，打制，仅存上部。残段长度6.25、宽5.6、厚0.82厘米（图4-240，4）。

ⅠH235⑥:1　骨器残段。磨制，扁体，残存部分呈四边形，自骨松质一面磨出偏锋。长7.19、宽3.36、厚0.38厘米（图4-241，3）。

ⅠH235⑥:2　石刀残段。长石石英砂岩，磨制，一面平，另一面隆起略呈坡脊，弧背磨平，背边有一“◡”形凹缺，在凹缺处残断，端首圆尖。长5.49、宽2.8、厚0.92厘米（图4-241，1）。

ⅠH235⑥:3　残骨锥。磨制。残长7.42、宽0.77、厚0.63厘米。

ⅠH235⑥:4　石磬残块。石灰岩，浅灰色，磨光，磬面多有划擦痕，扁平体，残块平面作梯形，存留原石磬的一段侧边，其余各边均为断碴。长4.38、宽3.67、厚1.08厘米（图4-241，2）。

ⅠH235⑦:1　陶圆饼。将打下的陶器底之断碴修平而成，泥质红陶，外表黑色。直径5~5.16、厚0.62厘米（图4-242，2）。

ⅠH235⑦:2　残骨针。磨制，下部残。长4.8、直径0.15、孔径0.06厘米。

ⅠH235⑦:3　陶圆饼。以陶器残片制成，夹砂灰陶，素面，周边修磨较平。直径5.46~5.81、厚1.1厘米（图4-242，1）。

ⅠH235⑧:1　玉珠。管状，白色，磨光，珠孔对钻而成，两端不甚平整。长

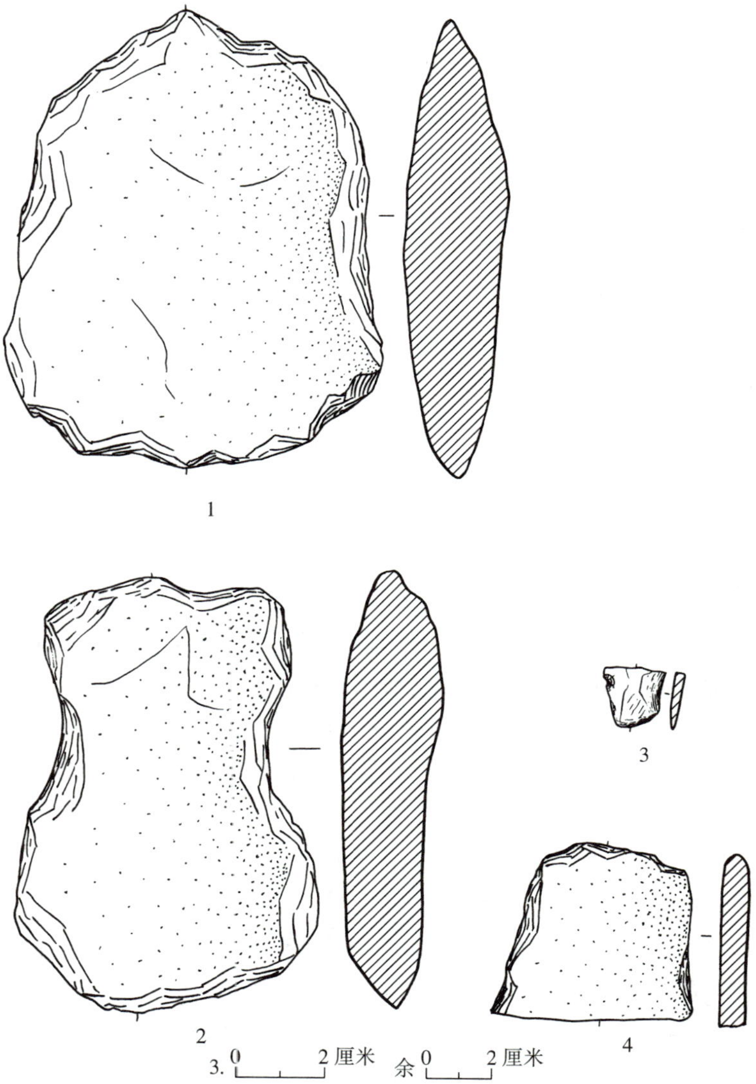

图4－240　ⅠH235⑤的石制品

1. 石器坯（ⅠH235⑤:2）　2. 石铲（ⅠH235⑤:1）　3. 小石片（ⅠH235⑤:3）　4. 石铲残段（ⅠH235⑤:5）

1.92、直径1.23、孔内最小直径0.35厘米（图4－243，3）。

ⅠH235⑧:2　盘状石器残块。燧石，白色，打制，周边最薄。残块长7.3、厚0.8厘米（图4－243，1）。

ⅠH235⑧:3　陶纺轮。泥质褐陶，外表黑色，算盘珠状。直径3.15～3.3、高2.35、孔径0.5厘米（图4－243，2）。

ⅠH235⑧:4　残骨锥。磨制。残长3.44、宽0.42、厚0.35厘米。

ⅠH235⑨:1　小石块。透明白色，剥裂面明显。长1.67、宽1.1、厚0.5厘米（图4－244，3）。

ⅠH235⑨:2　有刻槽的狗牙。为狗的右下犬齿，齿根部有一周刻槽（图4－244，1）。

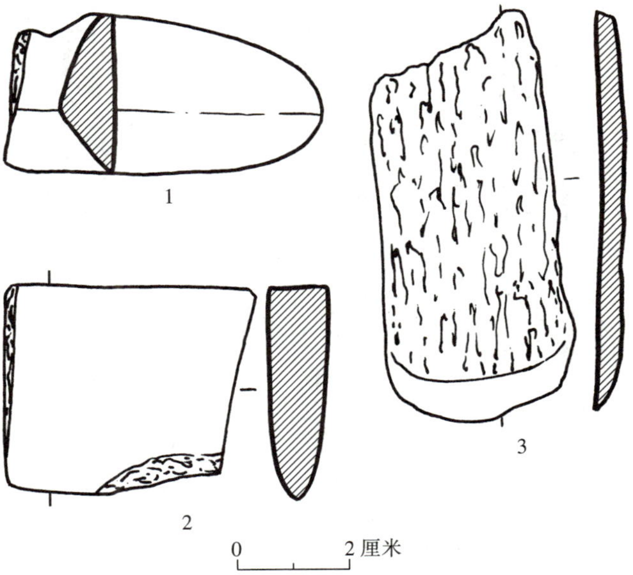

图4－241　ⅠH235⑥的石、骨制品

1. 石刀残段（ⅠH235⑥:2）　2. 石磬残块（ⅠH235⑥:4）　3. 骨器残段（ⅠH235⑥:1）

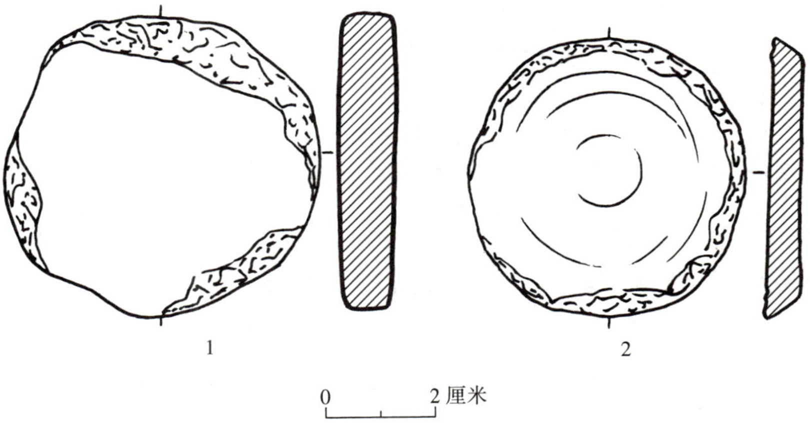

图4－242　ⅠH235⑦的陶圆饼

1. ⅠH235⑦:3　2. ⅠH235⑦:1

ⅠH235⑨:3　磨过的残鹿角。整体磨光，烧成黑色，角根残。长4.45、直径1～1.2厘米（图4－244，2）。

ⅠH235⑨:4　石器残段。安山质玄武岩，灰色，打制，此残段作扁体，平面近呈不规则圆形。直径6.7～7.2、厚2.3厘米（图4－244，6）。

ⅠH235⑨:5　小石片。白色。长1.6、宽0.7、厚0.15厘米（图4－244，4）。

ⅠH235⑨:6　石器残段。玄武岩，灰色，打制，此残段为扁体，平面略近半圆形。长7、宽5.4、厚1.5厘米（图4－244，7）。

ⅠH235⑨:7　石铲残块。大理岩，灰色，磨制，残块平面略作三角形，存留一段

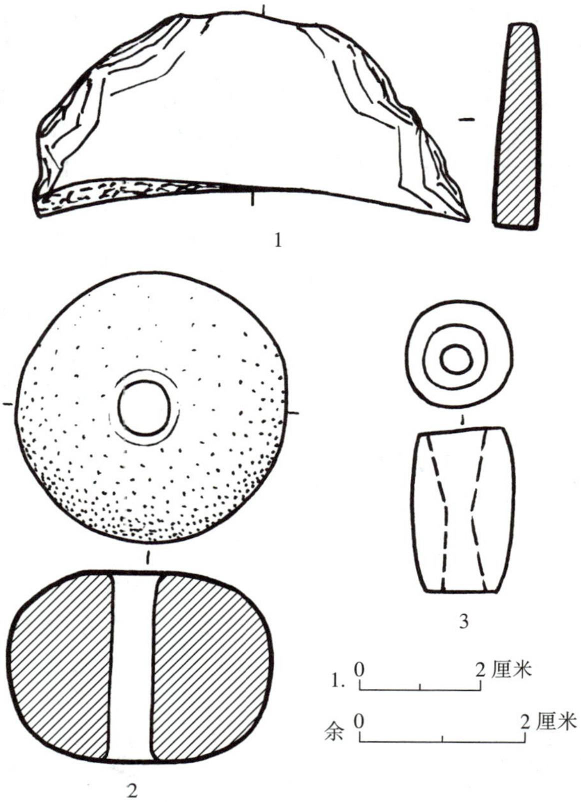

图 4－243　ⅠH235⑧陶容器以外的石、陶制品
1. 盘状石器残块（ⅠH235⑧:2）　2. 陶纺轮（ⅠH235⑧:3）　3. 玉珠（ⅠH235⑧:1）

原石铲的侧边，另两边为断碴。长 4.5、宽 2.99、厚 0.67 厘米（图 4－244，5）。

ⅠH235⑩:1　牌状陶器。以陶器残片制成，泥质灰陶，外表有模糊绳纹，平面略呈圆角长方形。长 3.2、宽 2.32、厚 1.1 厘米（图 4－245，2）。

ⅠH235⑩:2　石铲（或斧）半成品残段。安山岩，灰色，打制，仅存下部，并缺一刃角。残段长 9.32、宽 8.52、厚 1.78 厘米（图 4－245，5）。

ⅠH235⑩:3　彩绘陶器残片。泥质灰陶，外表黑色，留有红、白两色彩绘的痕迹。

ⅠH235⑩:4　陶圆饼。将陶器底的周边磨平而成。直径 7.42～7.86、厚 1.31 厘米（图 4－245，3）。

ⅠH235⑩:5　骨针残段。磨制，上部残缺。长 3.7、宽 0.17、厚 0.1 厘米。

ⅠH235⑩:6　卜骨残块。在磨平的一面残存 3 个完整的和 6 个残缺的钻，另一面划痕较多，难以确认卜兆的痕迹。长 3.7、宽 2.46、厚 0.72、钻直径 0.56 厘米（图 4－245，1）。

ⅠH235⑩:7　石铲（或斧）。安山岩，灰色，打制，局部存留砾石原表面，窄顶，宽肩，凸弧刃。长 11.15、宽 9.3、厚 2.75 厘米（图 4－245，4；彩版八一，2）。

ⅠH235⑪:1　磨过的残骨料。扁条形。长 13.76、宽 0.91、厚 0.5 厘米。

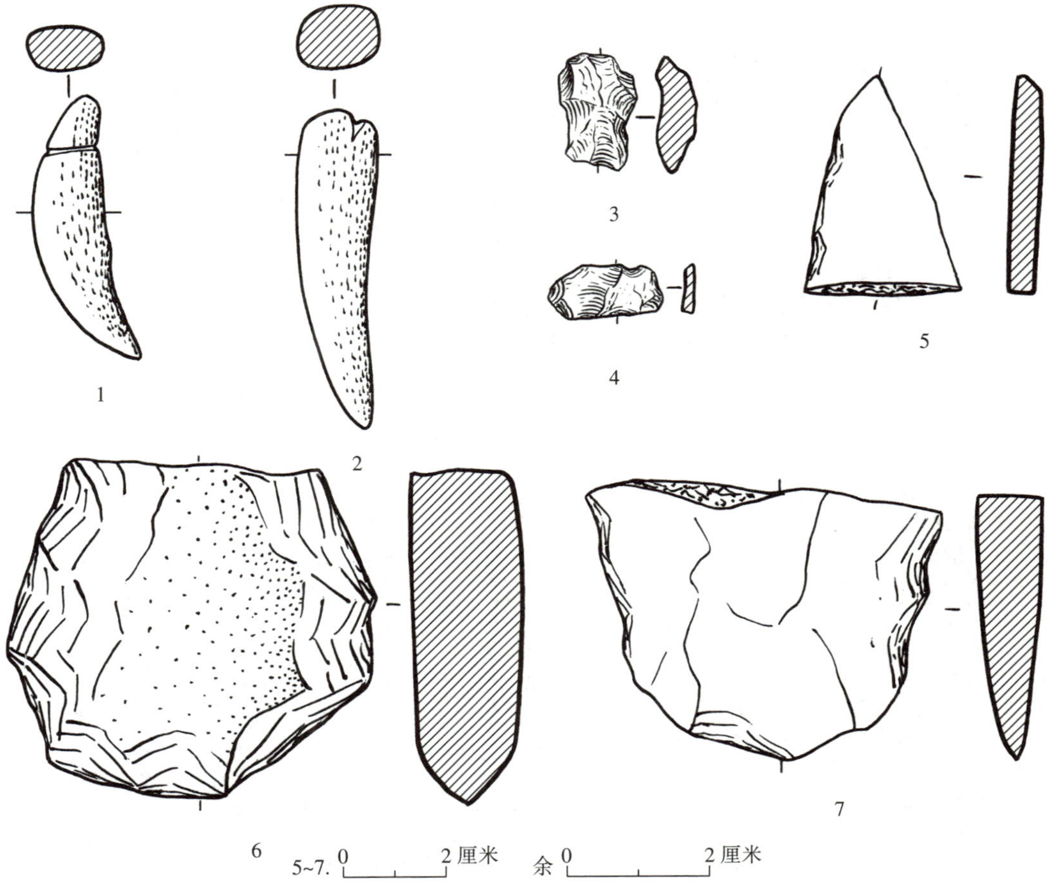

图4-244　ⅠH235⑨的石、骨制品

1. 有刻槽的狗牙（ⅠH235⑨:2）　2. 磨过的残鹿角（ⅠH235⑨:3）　3. 小石块（ⅠH235⑨:1）
4. 小石片（ⅠH235⑨:5）　5. 石铲残块（ⅠH235⑨:7）　6、7. 石器残段（ⅠH235⑨:4、ⅠH235⑨:6）

ⅠH235⑪:2　残盘状石器。安山岩，灰色，打制，周边交互打击修薄，残半，局部边缘处烧黑。直径18.75、厚3.05厘米（图4-246，6；彩版八二，1）。

ⅠH235⑪:3　石铲（或斧）。英安岩，灰色，粗略打制成窄顶宽刃的形体。长15.5、宽10.89、厚3.4厘米（图4-246，5）。

ⅠH235⑪:4　饼形石器。流纹岩，紫色，打制，周边钝厚。直径6.9~7.55、厚3.72厘米（图4-246，1）。

ⅠH235⑪:5　残猪犬齿。

ⅠH235⑪:6　砾石残块。流纹岩，紫色，整体近若残缺一角的饼形石器。直径7.18、厚2.1厘米（图4-246，2）。

ⅠH235⑪:7　石铲残块。凝灰质板岩，灰黑色，磨制，残块平面近三角形，存留一段原石铲边，其余两边均为断碴。长6、宽4.32、厚0.52厘米（图4-246，3）。

ⅠH235⑪:9　石铲残块。熔结凝灰岩，灰色，磨制，残块平面略近梯形，存留一段原石铲侧边，其余各边均为断碴。长6.9、宽4.9、厚0.8厘米（图4-246，4）。

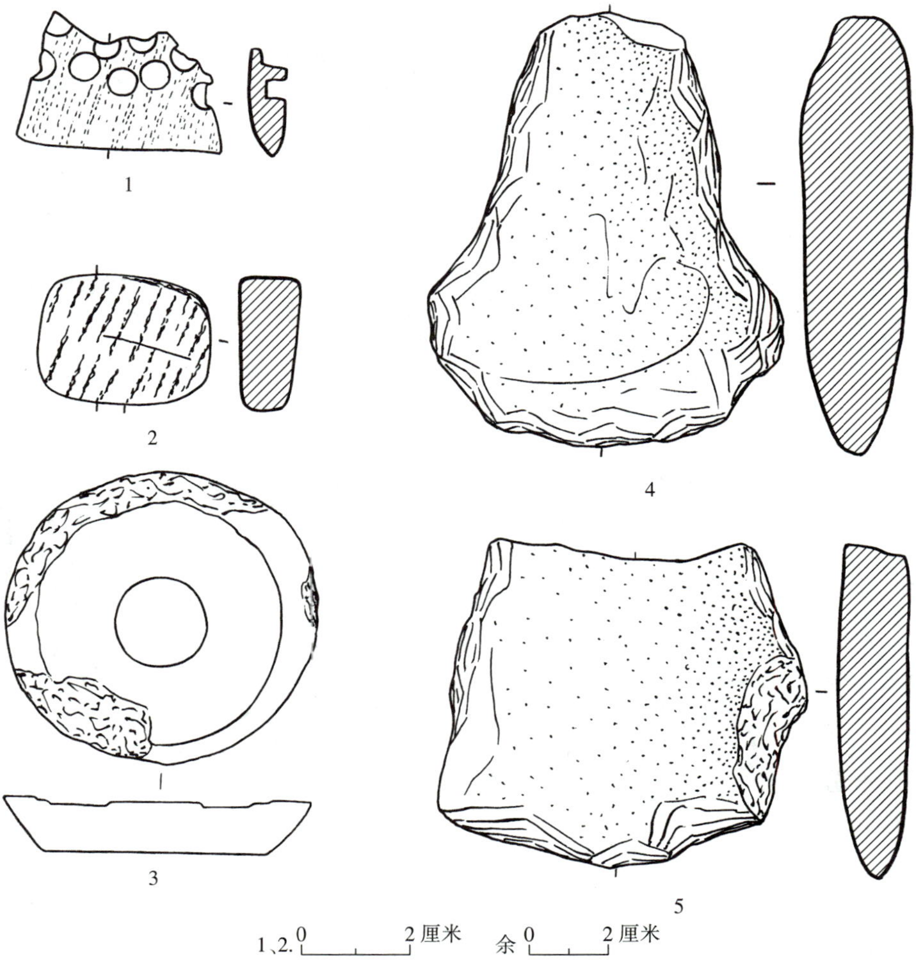

图4－245　ⅠH235⑩陶容器以外的石、陶、骨制品
1. 卜骨残块（ⅠH235⑩：6）　2. 牌状陶器（ⅠH235⑩：1）　3. 陶圆饼（ⅠH235⑩：4）
4. 石铲（或斧）（ⅠH235⑩：7）　5. 石铲（或斧）半成品残段（ⅠH235⑩：2）

ⅠH235⑫：1　石铲（或斧）半成品。安山质火山角砾岩，灰褐色，打制，束腰。长15.35、宽9.6、厚4.6厘米（图4－247，1）。

ⅠH235⑫：2　石铲半成品。晶屑凝灰岩，灰色，粗略打制成形。长13.37、宽7.83、厚1.69厘米（图4－247，2）。

ⅠH235⑫：3　盘状石器坯。英安岩，褐色，除少数边缘处交互打击外，其余部位均保留着原砾石表面。直径10.4～12.4、厚3.52厘米（图4－247，3）。

ⅠH235⑫：4　石铲残块。熔结凝灰岩，磨制，残块平面略呈梯形。长4.63、宽3.88、厚0.68厘米（图4－247，5）。

ⅠH235⑫：5　石器残块。玄武岩，灰色，打制，残块略近圆饼的四分之一，其弧边系原石器的一段侧边，另两边均为断碴。长6.36、宽5.15、厚1.33厘米（图4－247，4）。

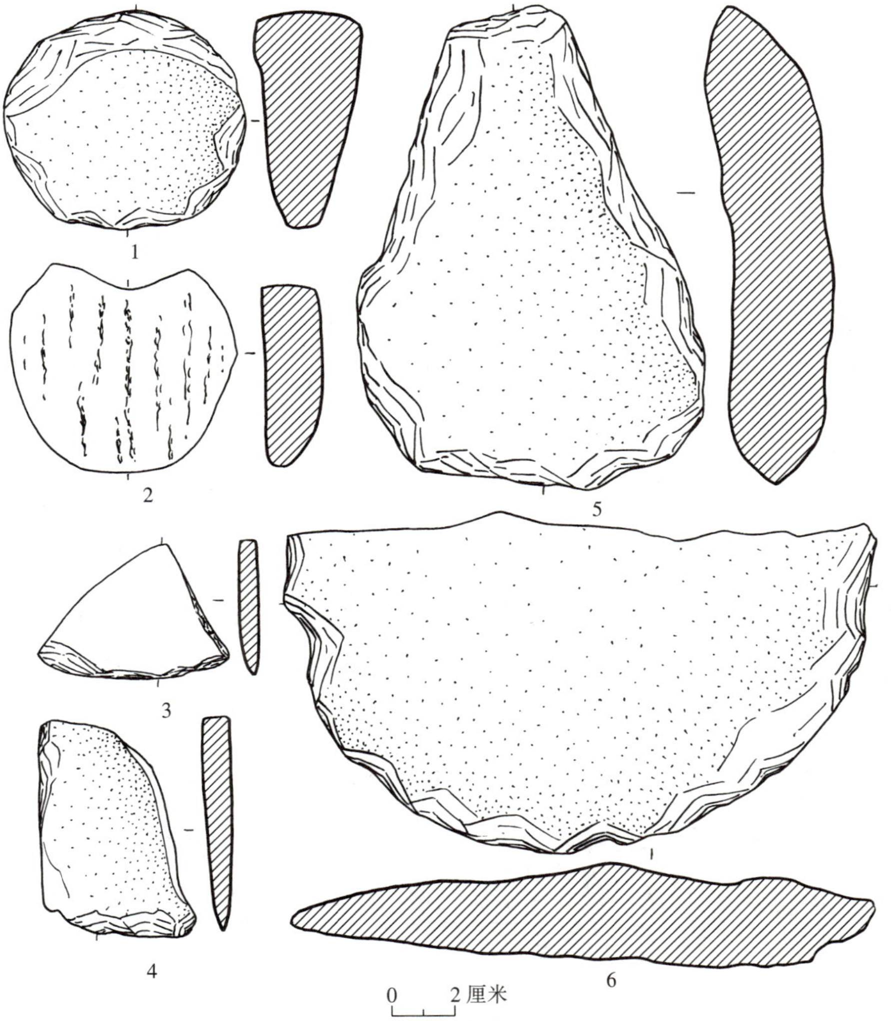

图4-246　ⅠH235⑪的石制品

1. 饼形石器（ⅠH235⑪:4）　2. 砾石残块（ⅠH235⑪:6）　3、4. 石铲残块（ⅠH235⑪:7、ⅠH235⑪:9）　5. 石铲（或斧）（ⅠH235⑪:3）　6. 残盘状石器（ⅠH235⑪:2）

ⅠH235⑬:1　骨针。磨制，孔周围的部分针体最薄。长4.92、宽0.15、厚0.12、孔径0.05厘米（图4-248，3）。

ⅠH235⑬:3　石片。玛瑙，紫红色，局部有细密的压削痕。长2.38、宽2.01、厚0.58厘米（图4-248，2）。

ⅠH235⑬:4　柱形石块。碧玉，打制成三棱柱体。长1.22、宽0.58厘米（图4-248，1）。

ⅠH235⑮:1　石铲残块。石灰岩，灰色，磨制，残块平面略呈梯形，存留原石铲的刃边和侧边各一段，另两边为断碴。长5.12、宽2.57、厚0.75厘米（图4-249，7）。

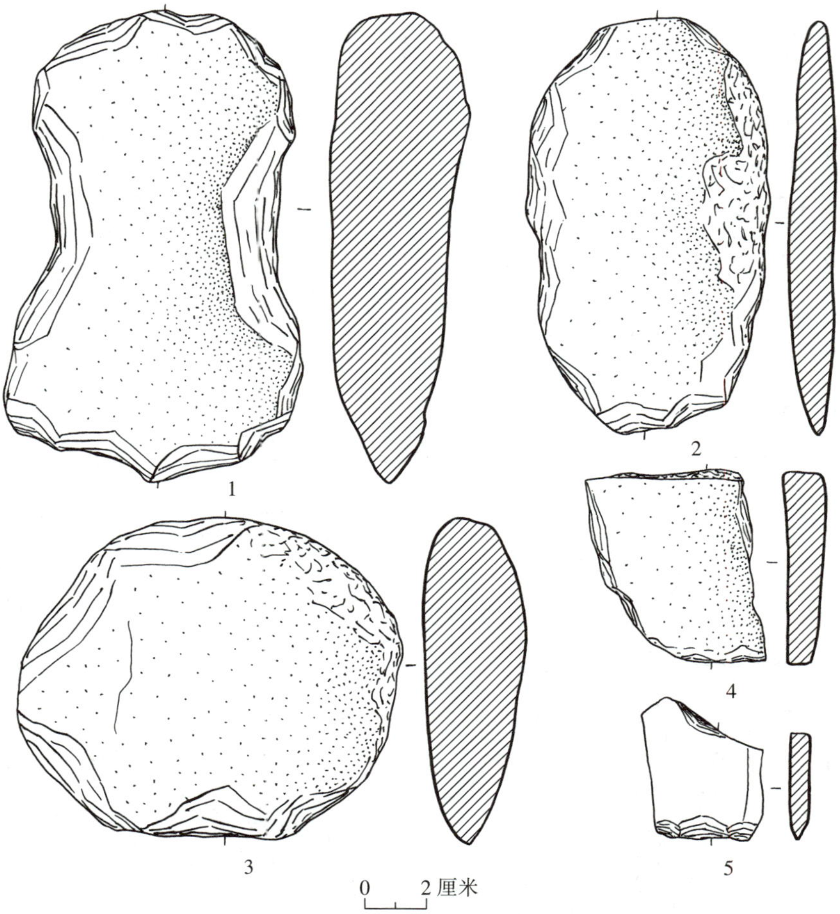

图4－247　ⅠH235⑫的石制品

1. 石铲（或斧）半成品（ⅠH235⑫:1）　2. 石铲半成品（ⅠH235⑫:2）
3. 盘状石器坯（ⅠH235⑫:3）　4. 石器残块（ⅠH235⑫:5）　5. 石铲残块（ⅠH235⑫:4）

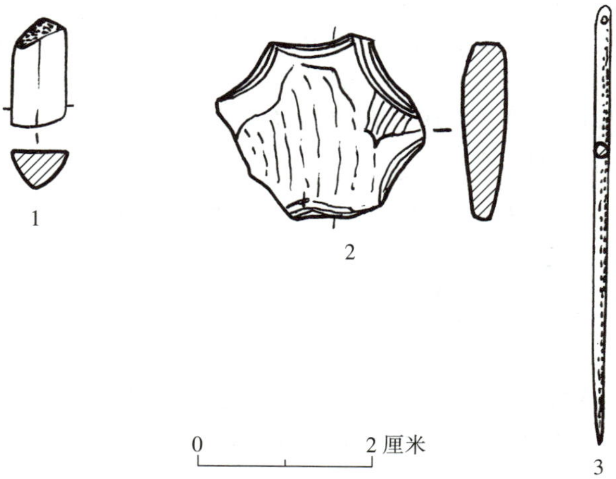

图4－248　ⅠH235⑬的石、骨制品

1. 柱形石块（ⅠH235⑬:4）　2. 石片（ⅠH235⑬:3）　3. 骨针（ⅠH235⑬:1）

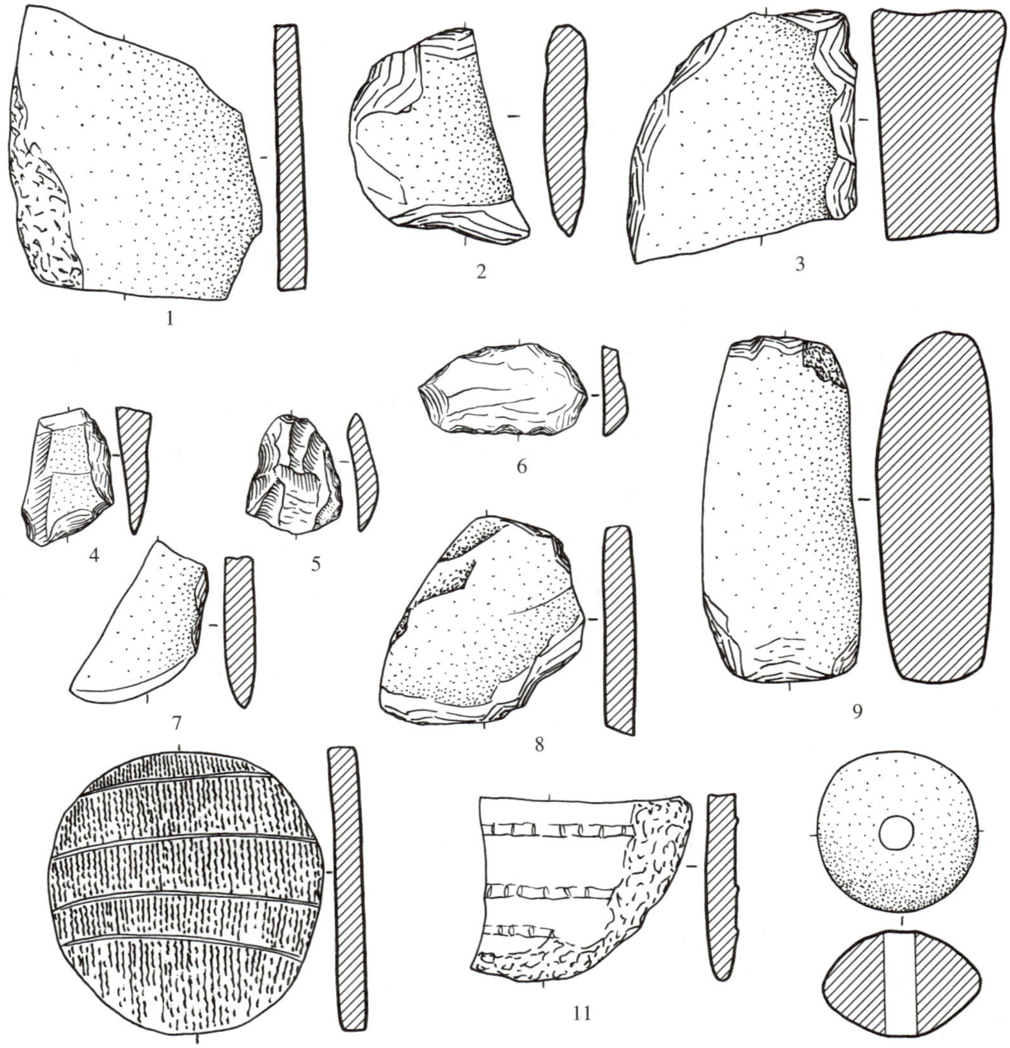

图4－249　ⅠH235⑮陶容器以外的石、陶制品

1. 石铲残段（ⅠH235⑮:6）　2. 石器残块（ⅠH235⑮:5）　3. 磨石残块（ⅠH235⑮:10）　4. 石片（ⅠH235⑮:2）　5. 镞形石片（ⅠH235⑮:9）　6. 刮削器（ⅠH235⑮:11）　7、8. 石铲残块（ⅠH235⑮:1、ⅠH235⑮:13）　9. 斧形石器（ⅠH235⑮:3）　10. 陶圆饼（ⅠH235⑮:4）　11. 圆陶片残块（ⅠH235⑮:12）　12. 陶纺轮（ⅠH235⑮:7）

ⅠH235⑮:2　石片。燧石，紫红色。长2.65、宽1.9、厚0.71厘米（图4－249，4）。

ⅠH235⑮:3　斧形石器。玄武岩，系一尚未制出刃部的石斧，灰色，琢制，局部外表烧黑。长10.06、宽4.77、厚3.36厘米（图4－249，9）。

ⅠH235⑮:4　陶圆饼。以陶器腹片制成，泥质红陶，外表灰色，饰抹断绳纹，周边磨平。直径7.98～8.19、厚0.88厘米（图4－249，10；彩版八二，2）。

ⅠH235⑮:5　石器残块。英安岩，灰褐色，打制，扁体，残块平面近半圆形，直边为断碴，余皆石器原边。残块长 6.4、宽 4.43、厚 1.42 厘米（图 4－249，2）。

ⅠH235⑮:6　石铲残段。熔结凝灰岩，黑灰色，磨制，此残段为石铲中部。长 8.25、宽 7.78、厚 0.77 厘米（图 4－249，1）。

ⅠH235⑮:7　陶纺轮。泥质灰陶，算盘珠状。直径 3.26、高 2.17、孔径 0.41～0.53 厘米（图 4－249，12；彩版八二，3）。

ⅠH235⑮:8　残猪犬齿。

ⅠH235⑮:9　镞形石片。燧石，白色，扁体，平面近三角形，三边均有压削痕。长 2.4、宽 1.97、厚 0.5 厘米（图 4－249，5）。

ⅠH235⑮:10　磨石残块。粗砂岩，灰色，残块略近圆饼的四分之一，两面均经砥磨，周边也磨得较平。残块长 7.1、宽 6.4、厚 3.78 厘米（图 4－249，3）。

ⅠH235⑮:11　刮削器。燧石，褐色，一面略平，另一面隆鼓，周边密布压削痕。长 3.45、宽 1.84、厚 0.68 厘米（图 4－249，6）。

ⅠH235⑮:12　圆陶片残块。以瓮、罐类陶器腹片制成，泥质灰陶，外表存留 3 道箍堆纹，周边交互打击修薄，残块为圆陶片的四分之一。长 6.18、宽 5.33、厚 0.99 厘米（图 4－249，11）。

ⅠH235⑮:13　石铲残块。凝灰质板岩，灰色，磨制，残块存留原石铲的顶边和侧边各一段，其余各边为断碴。长 6.7、宽 4.92、厚 0.98 厘米（图 4－249，8）。

ⅠH235⑯:1　石铲（或斧）半成品残段。安山岩，紫红色，打制，束腰以下残，残段平面接近方形。长 8.02、宽 7.55、厚 3.63 厘米（图 4－250，5）。

ⅠH235⑯:2　砾石残块。玄武岩，黑灰色，扁体，残块平面略近长方形。长 8.42、宽 5.1、厚 1.22 厘米（图 4－251，12）。

ⅠH235⑯:3　圆陶片。原为一轮制陶器的器底，泥质灰陶，底外有将陶器自轮盘上分割时留下的密集弧线形旋切痕，周边经打薄处理。直径 5.5、厚 0.62 厘米（图 4－252，6）。

ⅠH235⑯:4　残骨针。磨制，长扁锥状，针孔对钻而成，尖端残。残长 8.44、宽 0.57、厚 0.26、孔内径 0.13 厘米（图 4－252，4）。

ⅠH235⑯:5　盘状石器。玄武岩，深灰色，打制，周边经交互打击而稍加修薄。直径 7.1、厚 2.85 厘米（图 4－251，6）。

ⅠH235⑯:8　有肩石铲。辉石安山岩，灰色，磨制，直顶边，方折肩，凸弧刃，刃缘较多崩碴。长 12.68、宽 10.02、厚 0.8 厘米（图 4－251，2；彩版八三，1）。

ⅠH235⑯:9　石钺残段。辉长闪长玢岩，黑色杂绿斑，磨制，自对钻孔中间残断，顶部无存，凸弧刃，刃缘较多崩碴，一面还沾满朱砂。残段长 8.25、宽 7.11、厚 1.94、孔内径 0.9 厘米（图 4－251，1；彩版八二，4）。

ⅠH235⑯:10　陶圆饼残块。将陶器底的断碴磨钝而成，泥质灰陶，残存近半。直径 12.4、厚 1.6 厘米（图 4－252，7）。

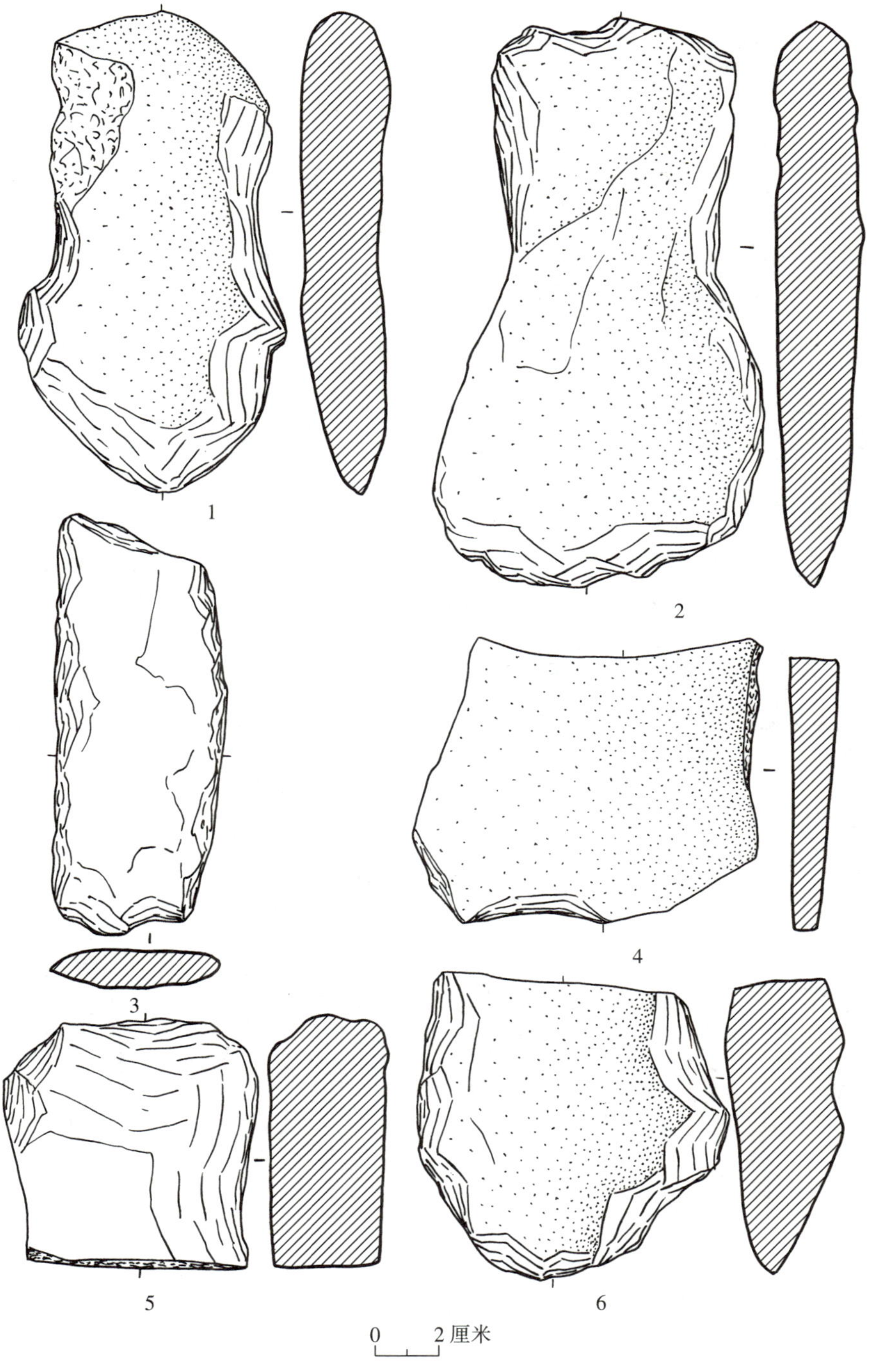

图4－250　ⅠH235⑯的石制品

1. 石铲（或斧）半成品（ⅠH235⑯：16）　2. 石铲（或斧）（ⅠH235⑯：11）
3. 石器残段（ⅠH235⑯：20）　4. 磨石残块（ⅠH235⑯：25）
5. 石铲（或斧）半成品残段（ⅠH235⑯：1）　6. 石器残块（ⅠH235⑯：17）

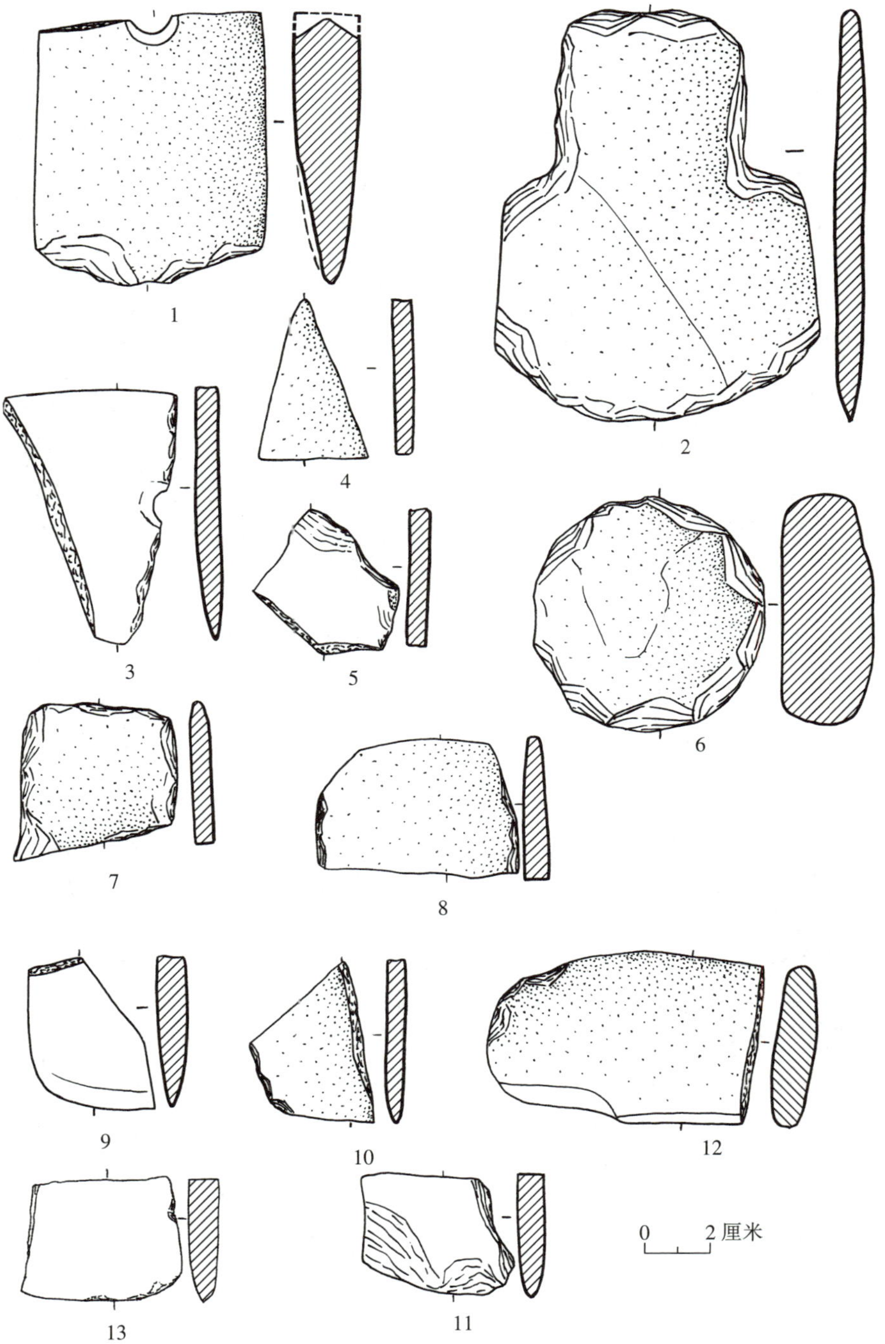

图4－251　ⅠH235⑯的石制品

1. 石钺残段（ⅠH235⑯:9）　2. 有肩石铲（ⅠH235⑯:8）　3. 石器残块（ⅠH235⑯:19）
4、5、9、10. 石铲残块（ⅠH235⑯:24、ⅠH235⑯:18、ⅠH235⑯:22、ⅠH235⑯:23）
6. 盘状石器（ⅠH235⑯:5）　7. 石铲（或磬）残段（ⅠH235⑯:12）
8. 石铲残段（ⅠH235⑯:21）　11、13. 石磬残块（ⅠH235⑯:14、ⅠH235⑯:15）
12. 砾石残块（ⅠH235⑯:2）

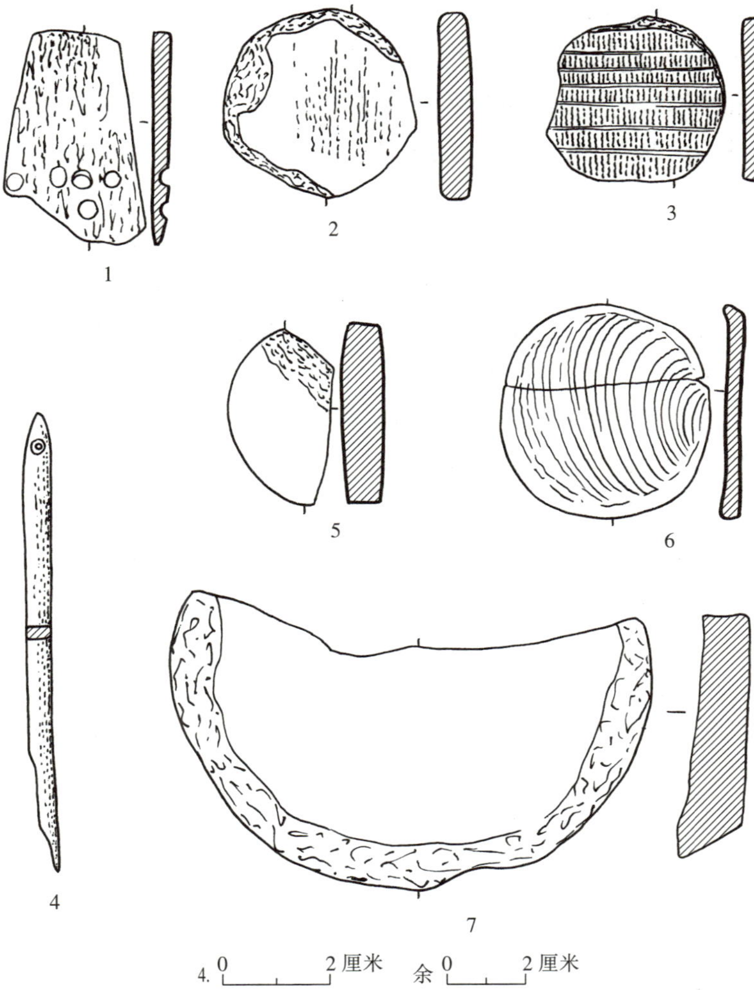

图4－252　ⅠH235⑯陶容器以外的陶、骨制品

1. 残卜骨（ⅠH235⑯:13）　2、3. 陶圆饼（ⅠH235⑯:30、ⅠH235⑯:31）
4. 残骨针（ⅠH235⑯:4）　5. 残陶圆饼（ⅠH235⑯:32）　6. 圆陶片（ⅠH235⑯:3）
7. 陶圆饼残块（ⅠH235⑯:10）

ⅠH235⑯:11　石铲（或斧）。英安岩，褐色，打制，窄顶，束腰，斜弧刃。长18.15、宽10.37、厚2.44厘米（图4－250，2）。

ⅠH235⑯:12　石铲（或磬）残段。石灰岩，黑色，磨制，残段平面呈梯形，原石器一端边和两侧边均有所存留，另一边为断碴。残段长5.01、宽4.9、厚0.78厘米（图4－251，7）。

ⅠH235⑯:13　残卜骨。磨制，整体近呈缺一刃角的铲形。骨松质一面有5个完整的钻，骨密质一面与钻对应的位置多出现黑色圆点或褐色斑块，只有一个“一”字形卜兆。长5.34、宽3.6、厚0.42、钻直径0.43～0.49厘米（图4－252，1）。

ⅠH235⑯:14　石磬残块。石灰岩，黑灰色，磨制，两面均有磨制加工时留下的极细的划擦痕，残块平面近四边形，各边多为断碴，极少处尚存原石磬侧边。长4.8、宽

3.62、厚0.74厘米（图4－251，11）。

ⅠH235⑯:15　石磬残块。大理岩，灰黄色，具一定的透明感，磨制，两面均有密集的撞击疤痕和磨制时产生的细划擦痕。残块平面近呈长方形，一长边和一短边系原石磬侧边，另两边为断碴。长4.81、宽3.79、厚0.91厘米（图4－251，13；彩版八四，4）。

ⅠH235⑯:16　石铲（或斧）半成品。英安岩，灰色，初步打制成束腰凸弧刃的形态，存留较多的原砾石表面。长15.23、宽8.3、厚2.6厘米（图4－250，1）。

ⅠH235⑯:17　石器残块。英安岩，灰色，粗略打制，除残断处外，周边交互打击修薄。长9.8、宽9.61、厚3.42厘米（图4－250，6）。

ⅠH235⑯:18　石铲残块。熔结凝灰岩，灰黑色杂黄褐斑，磨制，残块平面为五边形，尚存少许原石铲肩部侧边。长4.52、宽3.62、厚0.56厘米（图4－251，5）。

ⅠH235⑯:19　石器残块。玄武岩，黑色，磨制，原为石铲之类的工具，后经改制，在磨平的一边交互打击成一半圆形缺豁。残块平面近三角形，除这段磨平之边外，还存留少许原器的侧边，另两边皆为断碴。残块长7.8、宽5.3、厚0.61厘米（图4－251，3）。

ⅠH235⑯:20　石器残段。安山岩，灰色，打制，扁体，形状不甚规则。残段平面略近长方形，两长边和一短边均较薄，另一端为残碴。长13.35、宽5.38、厚1.3厘米（图4－250，3）。

ⅠH235⑯:21　石铲残段。熔结凝灰岩，深灰色，磨制。仅存顶部，顶边斜弧并磨平。残段长6.25、宽4.43、厚0.71厘米（图4－251，8）。

ⅠH235⑯:22　石铲残块。安山岩，黑灰色杂浅灰斑块，磨制，残块为石铲之刃角。长4.68、厚0.75厘米（图4－251，9；彩版八四，5）。

ⅠH235⑯:23　石铲残块。熔结凝灰岩，灰色，磨制，残块为石铲之刃角。长4.9、宽3.5、厚0.48厘米（图4－251，10）。

ⅠH235⑯:24　石铲残块。玻屑凝灰岩，黑色，磨制。残块平面呈三角形。保留了一段原石铲的侧边，其余两边为断碴。长5.02、宽3.3、厚0.59厘米（图4－251，4；彩版八四，6）。

ⅠH235⑯:25　磨石残块。砂岩，灰黄色，扁体，残块平面近四边形，磨面斜平而略见凹弧，另一面亦被磨平。长11.4、宽9.16、厚2.02厘米（图4－250，4）。

ⅠH235⑯:30　陶圆饼。将陶器残片周边磨钝而成，泥质红陶，内、外皆黑灰色，外表残留绳纹，并隐约可见两道划痕。直径4.55～4.83、厚0.9厘米（图4－252，2）。

ⅠH235⑯:31　陶圆饼。将陶器残片周边修平而成，泥质灰陶，外表有划断绳纹。直径4.29～4.68、厚0.8厘米（图4－252，3；彩版八二，5）。

ⅠH235⑯:32　残陶圆饼。将陶器残片周边磨平而成，泥质红陶，残缺多半。厚1.1厘米（图4－252，5）。

ⅠH235⑰:1　石铲残块。硅质灰岩，绿色，磨制，存留一段原石铲磨平的顶边，其余各边均为断碴。长4.29、宽3.51、厚0.52厘米（图4－253，2）。

ⅠH235⑰:2　盘状石器坯。安山岩，灰色，粗略打制成周边较薄的不规则圆盘形。直径9.3～11.28、厚5.45厘米（图4－253，6；彩版八四，1）。

ⅠH235⑰:3　石铲（或磬）残块。石灰岩，灰色，磨光，两面有磨制时产生的极细的划擦痕，一面还留有一个钻坑，弧边和短边系原石器之边，另一边为断碴。长7.57、宽4.59、厚0.8、钻坑直径0.25厘米（图4－253，5）。

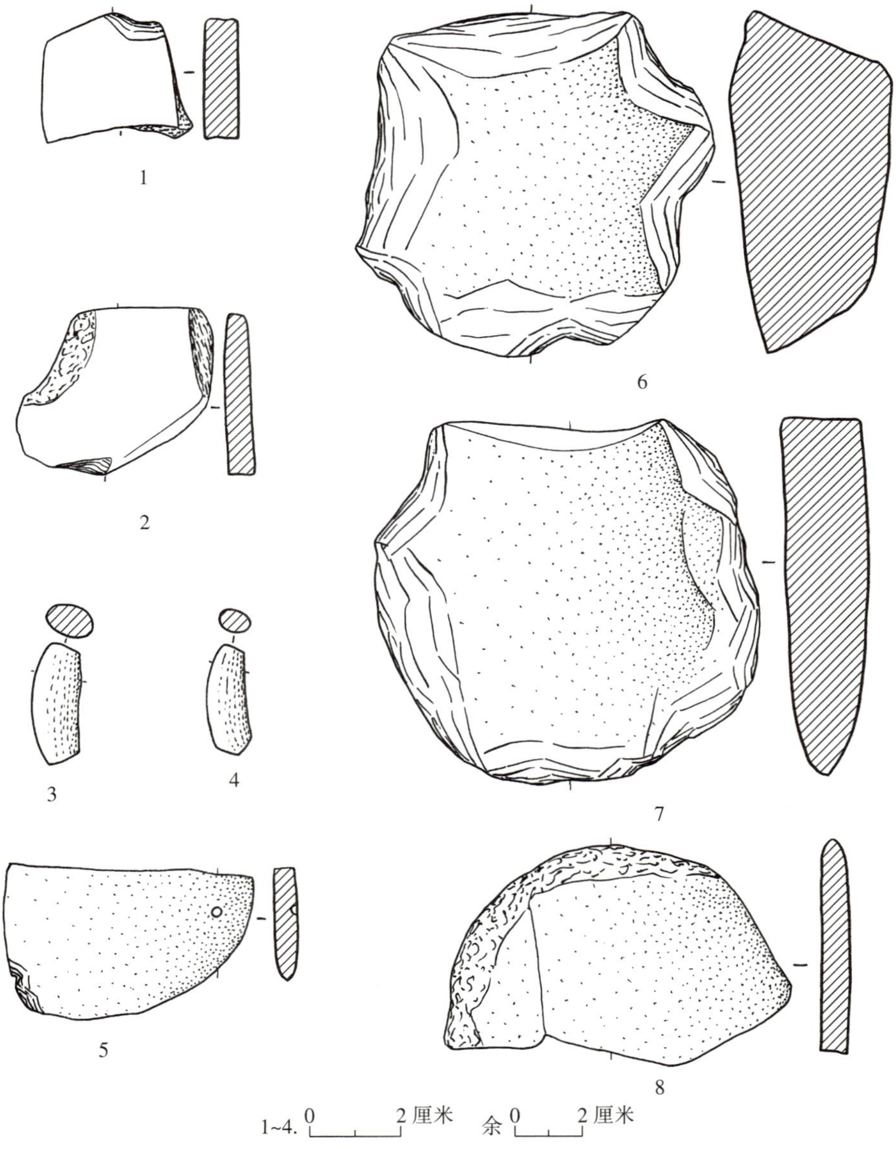

图4－253　ⅠH235⑰陶容器以外的石、陶、骨制品

1、2. 石铲残块（ⅠH235⑰:5、ⅠH235⑰:1）　3、4. 残狗齿（ⅠH235⑰:6、ⅠH235⑰:4）
5. 石铲（或磬）残块（ⅠH235⑰:3）　6. 盘状石器坯（ⅠH235⑰:2）
7. 盘状石器（ⅠH235⑰:7）　8. 残圆陶片（ⅠH235⑰:8）

ⅠH235⑰:4　残狗齿。狗之犬齿，似经磨过。长 2.28、宽 0.86、厚 0.57 厘米（图 4－253，4）。

ⅠH235⑰:5　石铲残块。大理岩，绿色，磨制，残块平面近四边形，存留一段原石铲侧边，其余各边为断碴，在一角处交互打击成一缺豁。长 3.2、宽 2.53、厚 0.79 厘米（图 4－253，1）。

ⅠH235⑰:6　残狗齿。系狗之犬齿。长 2.58、宽 1.03、厚 0.62 厘米（图 4－253，3）。

ⅠH235⑰:7　盘状石器。凝灰岩，灰色，打制，除一段原石材的平边外，其余边缘处均经交互打击修薄。直径 11～12.09、厚 2.86 厘米（图 4－253，7）。

ⅠH235⑰:8　残圆陶片。将陶器底周边修薄而成，泥质褐陶，残缺一半。直径 10.5、厚 0.9 厘米（图 4－253，8）。

ⅠH235⑱:1　残骨镞。磨制，三棱锥状，尾残。长 2.96、宽 0.81 厘米（图 4－254，5）。

ⅠH235⑱:2　石铲半成品。安山岩，灰黄杂褐色，与ⅠF42②D:5、ⅠH344⑦:1 取自同一石材，初步打制成斜顶凸弧刃的形体。长 14.45、宽 8.9、厚 1.84 厘米（图 4－255，4）。

ⅠH235⑱:4　陶圆饼。泥质灰陶，外表施绳纹，周边磨平。直径 3.7～3.84、厚 0.79 厘米（图 4－254，4；彩版八四，2）。

ⅠH235⑱:5　石铲半成品残段。与ⅠH235⑱:2 取自同一石材，板状，平面略呈四边形。长 11.27、宽 10.35、厚 1.4 厘米（图 4－255，3）。

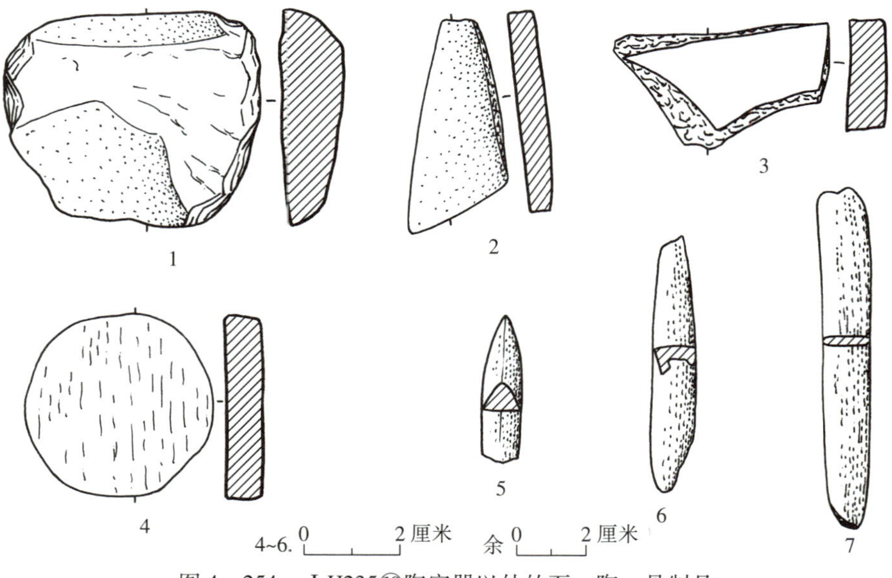

图 4－254　ⅠH235⑱陶容器以外的石、陶、骨制品

1. 石器残块（ⅠH235⑱:11）　2. 石铲（或磬）残块（ⅠH235⑱:14）　3. 彩绘陶器残片（ⅠH235⑱:8）　4. 陶圆饼（ⅠH235⑱:4）　5. 残骨镞（ⅠH235⑱:1）　6. 残骨器（ⅠH235⑱:15）　7. 骨器（ⅠH235⑱:12）

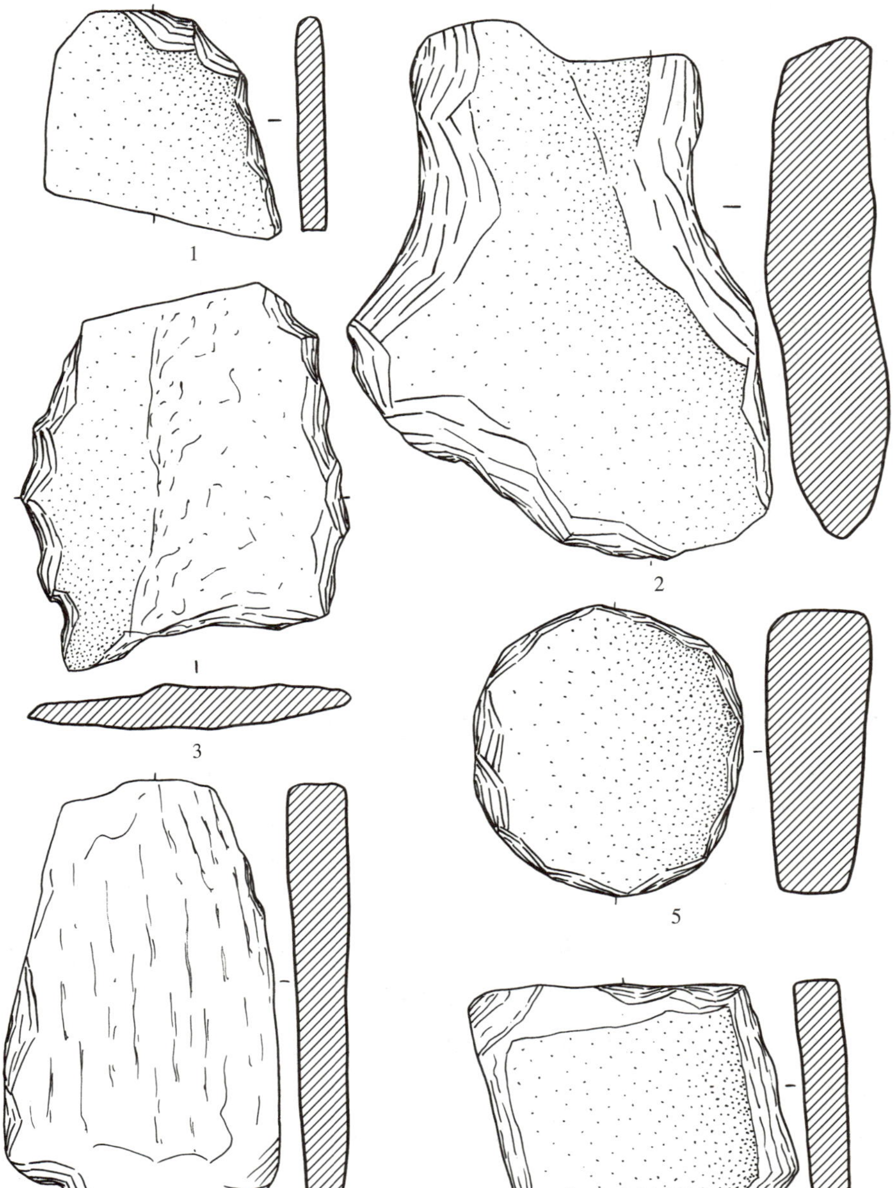

图4-255　ⅠH235⑱的石制品

1. 石铲（或磬）残块（ⅠH235⑱:6）　2. 石铲（或斧）坯（ⅠH235⑱:10）
3. 石铲半成品残段　（ⅠH235⑱:5）　4. 石铲半成品（ⅠH235⑱:2）
5. 饼形石器（ⅠH235⑱:9）　6. 有打击痕的石块（ⅠH235⑱:7）

ⅠH235⑱:6　石铲（或磬）残块。石灰岩，灰色，磨制，残块平面略近梯形，存留一段原石器端边和两段侧边，另一长边为断碴。长7.71、宽6.6、厚0.98厘米（图4-255，1）。

ⅠH235⑱:7　有打击痕的石块。凝灰质页岩，灰白色，扁体，平面呈平行四边形，周边有少许打击痕。长9.17、宽7.46、厚1.53厘米（图4－255，6）。

ⅠH235⑱:8　彩绘陶器残片。泥质灰陶，外表黑色，内、外均有红色彩绘，纹样无从辨认（图4－254，3）。

ⅠH235⑱:9　饼形石器。安山岩，灰色，琢制，周边打制痕迹较多，局部烧成黑色。直径8.8～9.3、厚3.37厘米（图4－255，5；彩版八三，2）。

ⅠH235⑱:10　石铲（或斧）坯。英安岩，灰色，略经打制，原砾石表面多有存留，初步具有束腰斜刃的形体。宽13.57、厚3.41厘米（图4－255，2）。

ⅠH235⑱:11　石器残块。安山岩，灰色，略经打制。长7.38、宽6.2、厚1.88厘米（图4－254，1）。

ⅠH235⑱:12　骨器。以动物肋骨磨制而成，各边均被磨平，较窄的一端略显凸尖。长9.79、宽1.38、厚0.25厘米（图4－254，7）。

ⅠH235⑱:14　石铲（或磬）残块。石灰岩，灰色，磨制，残块平面作梯形，存留一段原石器磨平的弧边，另两长边和一短边为断碴。长6.4、宽2.8、厚0.7厘米（图4－254，2；彩版八四，3）。

ⅠH235⑱:15　残骨器。磨制，残存的一端略见凸尖。长5.28、宽0.93、厚0.6厘米（图4－254，6）。

ⅠH235⑲:1　多孔陶器残块。泥质褐陶，近球状体，似残存少许较平的壁面，留有13个自外向内的穿孔，其中两个未透。壁厚0.62、孔径0.3～0.4厘米（图4－256，6）。

ⅠH235⑲:2　饼形石器。安山岩，褐色杂白斑，两面皆为较平整的原砾石外表，周边经打制而成钝厚的边缘。直径6.35～6.48、厚2.1厘米（图4－257，9；彩版八五，1）。

ⅠH235⑲:3　石铲残块。凝灰质板岩，磨制，残块平面近三角形，存留原石铲顶边与侧边各一段。长6.3、厚0.69厘米（图4－257，7）。

ⅠH235⑲:4　陶纺轮。泥质褐陶，外表黑色，算盘珠状。直径2.97、高1.9、孔径0.57厘米（图4－256，1）。

ⅠH235⑲:5　陶圆饼残块。泥质灰陶，仅存少半。长7.1、宽3.7、厚1.46厘米（图4－256，7）。

ⅠH235⑲:6　彩绘陶豆盘残片。泥质灰陶，外表黑色，敞口，圆唇，豆盘有红色彩绘痕迹。口径23.88、高5厘米（图4－256，11）。

ⅠH235⑲:7　彩绘陶豆盘残片。泥质灰陶，外表黑色，敞口，圆唇，豆盘饰红、白两色彩绘，唇缘亦有红色彩绘（图4－256，8）。

ⅠH235⑲:10　小河沿文化彩陶残片。泥质灰陶，外表施红色陶衣，其上有黑、白相间的彩饰，图形为近雷纹的方折勾连纹（图4－256，4）。

ⅠH235⑲:11　陶纺轮。泥质灰陶，算盘珠状。直径2.9～3.05、高2.2、孔径0.62～0.85厘米（图4－256，2；彩版八五，3）。

ⅠH235⑲:12　磨棒残段。含砾粗砂岩，磨面平整，具有与长轴方向垂直的磨砺痕，

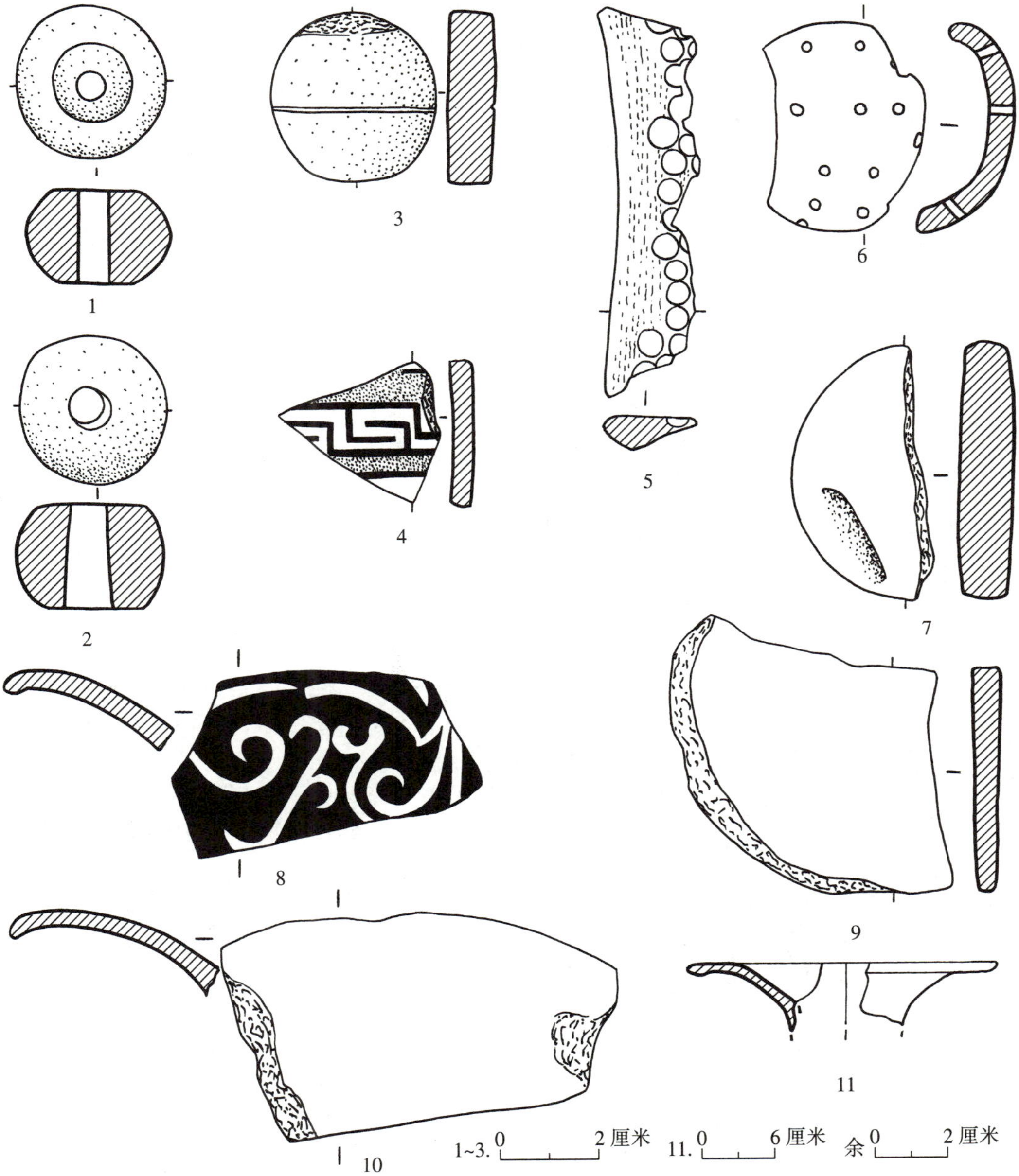

图4-256　ⅠH235⑲陶容器以外的陶、骨制品

1、2. 陶纺轮（ⅠH235⑲:4、ⅠH235⑲:11）　3. 陶圆饼（ⅠH235⑲:23）　4. 小河沿文化彩陶片（ⅠH235⑲:10）　5. 卜骨残块（ⅠH235⑲:17）　6. 多孔陶器残块（ⅠH235⑲:1）　7. 陶圆饼残块（ⅠH235⑲:5）　8. 彩绘陶豆盘残片（ⅠH235⑲:7）　9. 圆陶片残块（ⅠH235⑲:29）　10、11. 彩绘陶豆盘残片（ⅠH235⑲:18、ⅠH235⑲:6）

另一面隆起，横截面近圆角三角形。长10.34、宽4.79、厚3.79厘米（图4-257，8）。

ⅠH235⑲:13　石铲残块。凝灰质板岩，磨制，残块平面呈四边形，存留原石铲磨平的顶边与侧边各一段，另两边为断碴。长11.16、宽5.49、厚0.61厘米（图4-257，5）。

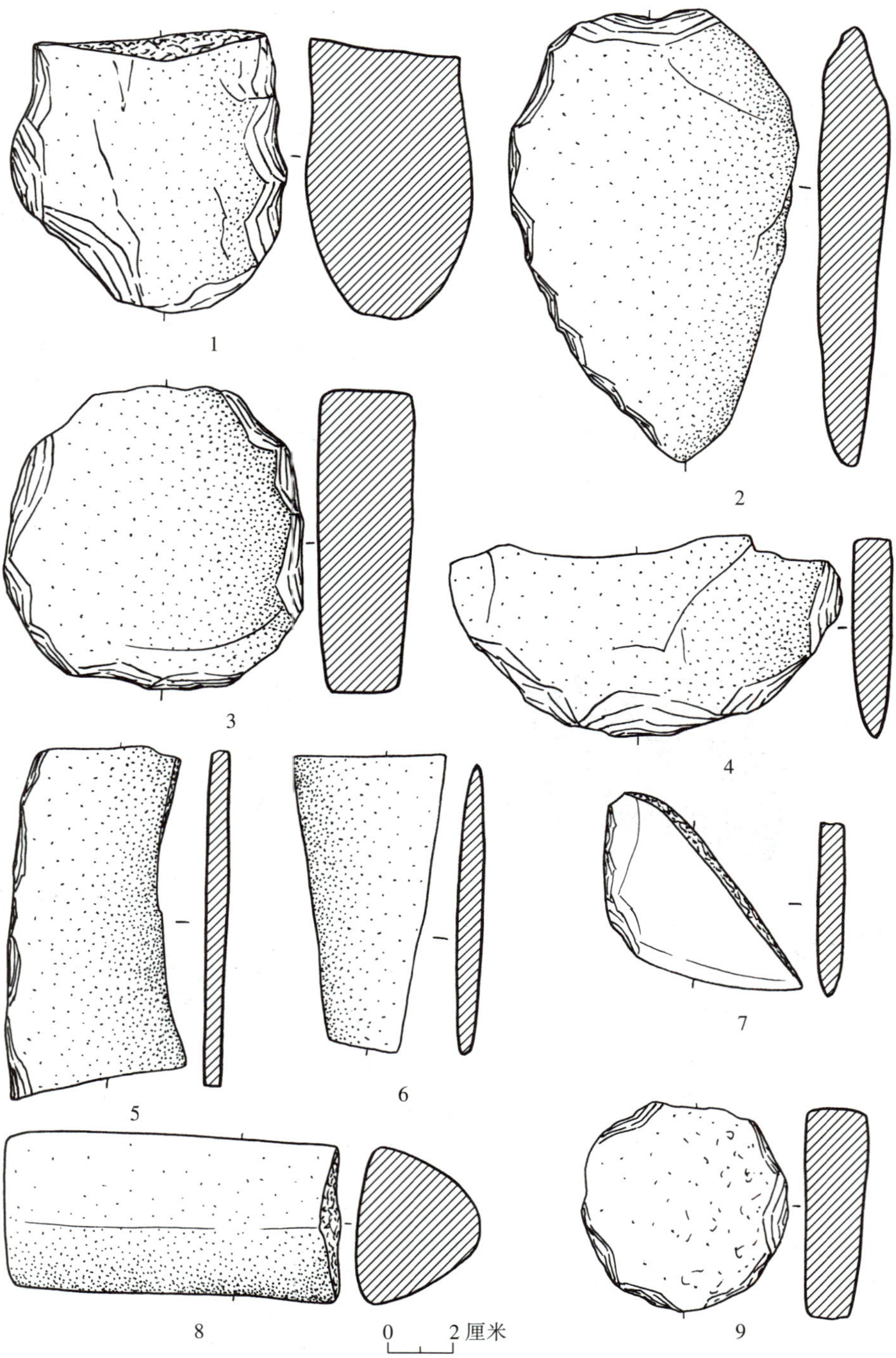

图4－257　ⅠH235⑲的石制品

1. 有打击痕的石块（ⅠH235⑲:22）　2. 有打击痕的砾石（ⅠH235⑲:21）
3. 饼形石器（ⅠH235⑲:16）　4. 盘状石器残块（ⅠH235⑲:15）
5、7. 石铲残块（ⅠH235⑲:13、ⅠH235⑲:3）　6. 石铲（或磬）残块（ⅠH235⑲:14）
8. 磨棒残段（ⅠH235⑲:12）　9. 饼形石器（ⅠH235⑲:2）

ⅠH235⑲:14　石铲（或磬）残块。石灰岩，灰色，磨光，一面存留细密的划擦痕，残块平面作梯形，两短边为原石铲（或磬）的侧边，另两边则是断碴。长9.26、宽4.69、厚0.7厘米（图4-257，6；彩版八六，1）。

ⅠH235⑲:15　盘状石器残块。玄武岩，黑色，打制，周边交互打击修薄，仅存少半。残块长12.17、厚1.22厘米（图4-257，4；彩版八六，2）。

ⅠH235⑲:16　饼形石器。与ⅠH235⑲:2同质，安山岩，褐色杂白斑，两面皆为较平整的原砾石表面，周边经打制而成钝厚的边缘。直径9.05~9.8、厚2.95厘米（图4-257，3；彩版八五，2）。

ⅠH235⑲:17　卜骨残块。在磨得较平整的一面存留10个完整的和14个残缺的钻，另一面对应处有3个暗褐色圆点，还有两个"一"字形卜兆。长10.55、宽2.8、厚0.89、钻直径0.62~0.83厘米（图4-256，5）。

ⅠH235⑲:18　彩绘陶豆盘残片。泥质灰陶，敞口，圆唇，豆盘饰红色彩绘（图4-256，10）。

ⅠH235⑲:19　彩绘陶器残片。

ⅠH235⑲:20　有打击痕的石块。白色。长6.9、宽4.51、厚2.3厘米。

ⅠH235⑲:21　有打击痕的砾石。安山岩，灰色，扁体，形状不规则。长13.75、宽8.86、厚2.31厘米（图4-257，2）。

ⅠH235⑲:22　有打击痕的石块。安山岩，长8.9、宽8.28、厚4.96厘米（图4-257，1）。

ⅠH235⑲:23　陶圆饼。以陶器残片制成，泥质灰陶，外表有一道划纹，周边磨平。直径3.32~3.4、厚0.9厘米（图4-256，3）。

ⅠH235⑲:26　彩绘陶器残片。

ⅠH235⑲:27　彩绘陶器残片。

ⅠH235⑲:29　圆陶片残块。将陶器底周边修薄而成，泥质红陶，内壁黑色，残块约近圆陶片的三分之一。长8.1、厚0.7厘米（图4-256，9）。

ⅠH235⑳:1　骨器残片。

ⅠH235⑳:2　饼形石器。与ⅠH235⑲:2、ⅠH235⑲:16同质，安山岩，褐色杂白斑。两面皆为较平整的原砾石表面，周边打制成钝厚的边缘。直径8.17~8.65、厚3.22厘米（图4-258，10；彩版八七，1）。

ⅠH235⑳:3　石铲（或斧）半成品残段。安山岩，灰色，打制，仅存上部。长7.98、宽7.77、厚2.89厘米（图4-258，6）。

ⅠH235⑳:4　石铲残块。凝灰质板岩，灰色，打制，残块平面近呈梯形，存留原石铲的顶边和侧边各一段，其余两边皆为断碴。长9.75、宽6.85、厚0.78厘米（图4-258，3）。

ⅠH235⑳:5　石铲残块。凝灰质板岩，褐色，磨制，残块平面近梯形，存留少许原石铲的侧边，其余各边皆为断碴。长5.21、宽3.98、厚0.57厘米（图4-258，7）。

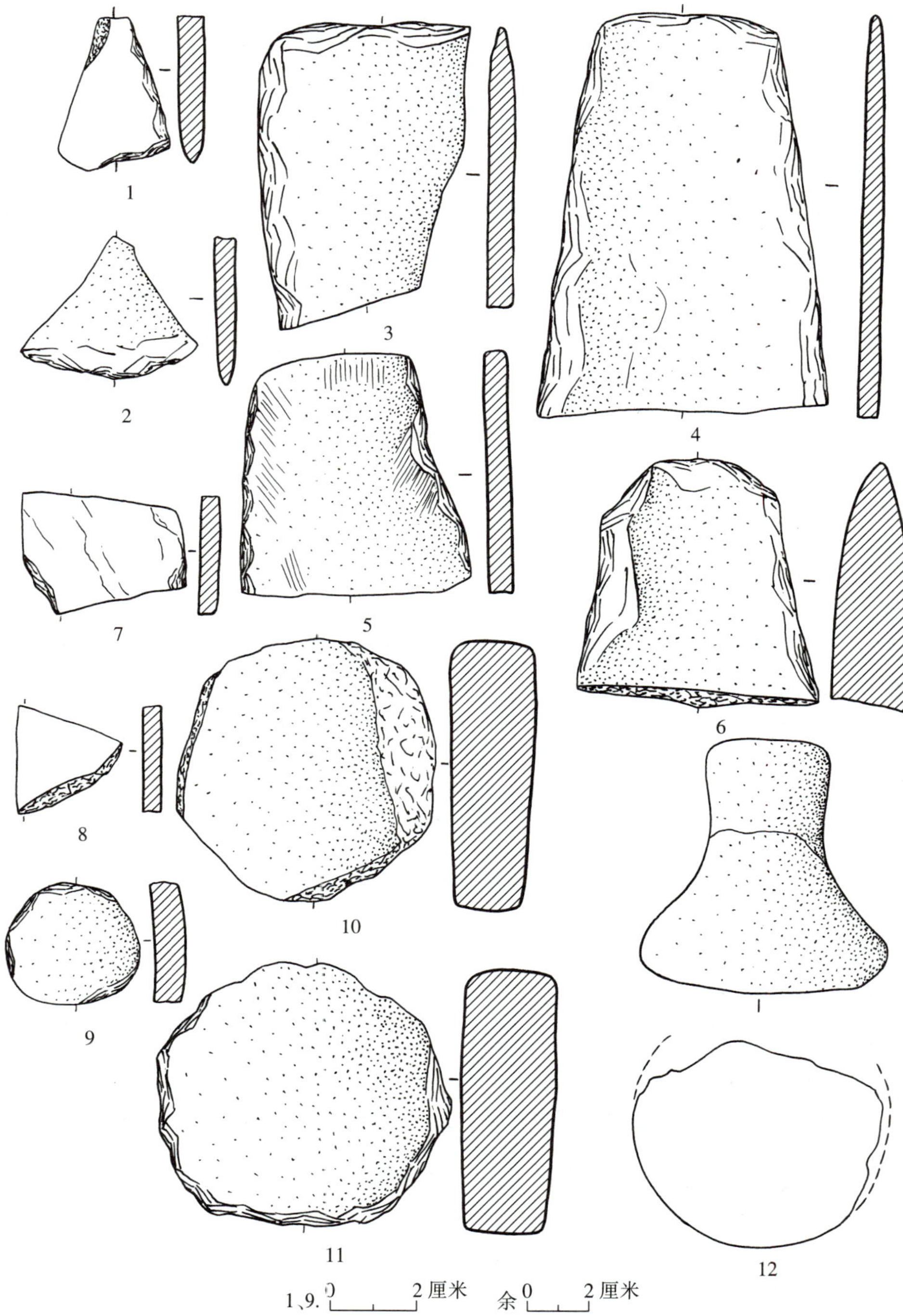

图4－258　ⅠH235⑳陶容器以外的石、陶制品

1～3、7、8. 石铲残块（ⅠH235⑳:8、ⅠH235⑳:12、ⅠH235⑳:4、ⅠH235⑳:5、ⅠH235⑳:11）
4、5. 石铲残段（ⅠH235⑳:6、ⅠH235⑳:7）　6. 石铲（或斧）半成品残段（ⅠH235⑳:3）
9. 陶圆饼（ⅠH235⑳:13）　10、11. 饼形石器（ⅠH235⑳:2、ⅠH235⑳:9）
12. 残陶垫（ⅠH235⑳:10）

ⅠH235⑳:6　石铲残段。凝灰质板岩，紫褐色，打制，下部残。长13.14、宽9.23、厚0.78厘米（图4-258，4）。

ⅠH235⑳:7　石铲残段。石灰岩，灰色，磨制，平顶，下部残。长7.9、宽7.39、厚0.86（图4-258，5）。

ⅠH235⑳:8　石铲残块。大理岩，灰绿色，磨制，残块平面近三角形，存留少许原石铲的侧边，其余各边为断碴。长3.6、宽2.41、厚0.58（图4-258，1）。

ⅠH235⑳:9　饼形石器。与ⅠH235⑲:2、ⅠH235⑲:16、ⅠH235⑳:2同质，安山岩，褐色杂白斑，两面皆为较平整的原砾石表面，周边打制成钝厚的边缘。直径8.55~9.75、厚3.36厘米（图4-258，11；彩版八七，2）。

ⅠH235⑳:10　残陶垫。夹砂红陶，外表多为褐或灰褐色，菌状，平顶，垫面微凸，少部分残。垫面直径7.89、高8.1厘米（图4-258，12；彩版八六，3）。陶垫断成两截，其柄部出自ⅠH235⑮。

ⅠH235⑳:11　石铲残块。凝灰岩，灰色，磨制，残块平面作三角形，存留原石铲的一段侧边，另两边为断碴。残块长3.53、宽3.39、厚0.7厘米（图4-258，8）。

ⅠH235⑳:12　石铲残块。凝灰质板岩，灰色，磨制，残块平面近呈三角形，存留原石铲的一段弧边，另两边为断碴。残块长5.65、宽4.49、厚0.6厘米（图4-258，2）。

ⅠH235⑳:13　陶圆饼。将陶器残片周边磨平而成，泥质灰陶。直径2.8~3.02、厚0.94厘米（图4-258，9）。

ⅠH235㉑:1　石铲残块。玄武岩，灰色，磨制，残块平面呈五边形，存留原石铲的顶边和侧边各一段，其余各边均为断碴。长6.85、宽4.96、厚0.7厘米（图4-259，9；彩版八七，3）。

ⅠH235㉑:2　盘状砾石。凝灰岩，灰色，表面光滑，无任何加工痕迹，呈中厚边薄的圆盘形。直径6.15~6.4、厚3.2厘米（图4-259，2；彩版八八，1）。

ⅠH235㉑:3　彩绘陶鬲腹部残片。泥质灰陶，外表黑色，仅存红色彩绘痕迹。

ⅠH235㉑:4　骨锥。磨制，扁体，顶厚尖薄。长11.31、宽0.7、顶厚0.41厘米（图4-259，5；彩版八八，2）。

ⅠH235㉑:5　陶圆饼。以陶器腹片制成，泥质灰陶，周边磨平。直径4.4~4.55、厚1.09厘米（图4-259，4）。

ⅠH235㉑:6　石铲残段。熔结凝灰岩，灰色，磨制，仅存柄部，残段平面近梯形。长7.83、厚0.96厘米（图4-259，7）。

ⅠH235㉑:7　石铲残块。熔结凝灰岩，灰色，外表黑色，磨制，残块平面近梯形，各边几乎都是断碴，仅存极少的原石铲侧边。长6.72、宽4.4、厚0.89厘米（图4-259，8）。

ⅠH235㉑:8　残陶垫。夹砂褐陶，外表黑色，菌状，平顶，垫面缓凸，残缺少半。垫面直径7.39、高8.05厘米（图4-259，1）。

图4－259　ⅠH235㉑陶容器以外的石、陶、骨制品
1. 残陶垫（ⅠH235㉑:8）　2. 盘状砾石（ⅠH235㉑:2）　3、4. 陶圆饼（ⅠH235㉑:9、ⅠH235㉑:5）
5. 骨锥（ⅠH235㉑:4）　6、8、9. 石铲残块（ⅠH235㉑:10、ⅠH235㉑:7、ⅠH235㉑:1）
7. 石铲残段（ⅠH235㉑:6）

ⅠH235㉑:9　陶圆饼。以陶器残片制成，泥质灰陶，周边磨的较平。直径3.9～4.17、厚0.83厘米（图4－259，3）。

ⅠH235㉑:10　石铲残块。熔结凝灰岩，灰色杂绿斑，磨制，残块平面作梯形，仅存一段原石铲的刃边，其余各边均为断碴。长3.84、宽3.5、厚0.68厘米（图4－259，6）。

ⅠH345①:1　石铲残段。大理岩，淡绿色，磨制，石铲两侧边各有一段存留。残段长10.5、厚1.06厘米（图4－260，3）。

ⅠH345①:2　骨器残片。

ⅠH345①:3　小石片。黄褐色，背面有多道石片脊。

ⅠH345①:4　饼形石器。浅灰色，打制，周边钝厚。直径6.3、厚1.21厘米（图4－260，4）。

ⅠH345①:5　盘状石器坯。安山岩，灰色，粗略打制，周边较薄，局部边缘尚存石片台面。直径11～11.45、厚5.1厘米（图4－260，2）。

ⅠH345①:6　经过打击的砾石残块。安山质玄武岩，灰色，平面略呈三角形。长10.8、宽7.1、厚3.9厘米（图4－260，1）。

ⅠH345①:7　磨棒残段。角砾岩，灰色，琢制，一面较平，为磨砺面，另一面隆起。长13.1、宽7.68、厚6.65厘米（图4－260，6）。

ⅠH345①:8　饼形石器。紫褐色，琢制，器形规则，周边圆厚，两面均较平整。直径8.12～8.45、厚3.58厘米（图4－260，5；彩版八八，3）。

ⅠH345③:1　砾石残块。安山岩，灰色，多气孔，扁平体。长10.8、宽9.84、厚3.3厘米。

ⅠH374①:1　彩绘陶器残片。泥质灰陶，外表黑色，残存些许红色彩绘。

ⅠH374①:2　残鼓形陶器。泥质褐陶，顶面与底均有极浅的内凹，腹壁亦呈凹弧状。高3.22、顶直径3.5、底直径3.9厘米（图4－261，1）。

ⅠH374①:3　彩绘陶器残片。泥质灰陶，外表黑色，残存红色彩绘。

ⅠH374①:4　石铲残块。熔结凝灰岩，黑色杂黄斑，磨制，残块平面略近五边形，存留一段原石铲的侧边，其余各边皆为断碴。长5.49、宽3.2、厚0.78厘米（图4－261，2）。

ⅠH420:1　饼形石器。蚀变安山岩，绿色，琢制，两面平整，周边琢平。直径7.06、厚2.83厘米（图4－262，6；彩版八九，1）。

ⅠH420:2　石铲（或斧）半成品。安山质凝灰岩，褐色，仅两侧束腰处有一定的打制痕迹，其余部位皆保留着砾石原面。长15.6、宽9.94、厚2.03厘米（图4－262，2；彩版八九，3）。

ⅠH420:3　石铲残段。凝灰质板岩，灰绿色，铲面磨制，边棱处留有较多的打制痕，窄顶，两侧边斜直，一侧边被磨平，下部残。长11.16、宽8.54、厚1.02厘米（图4－262，1）。

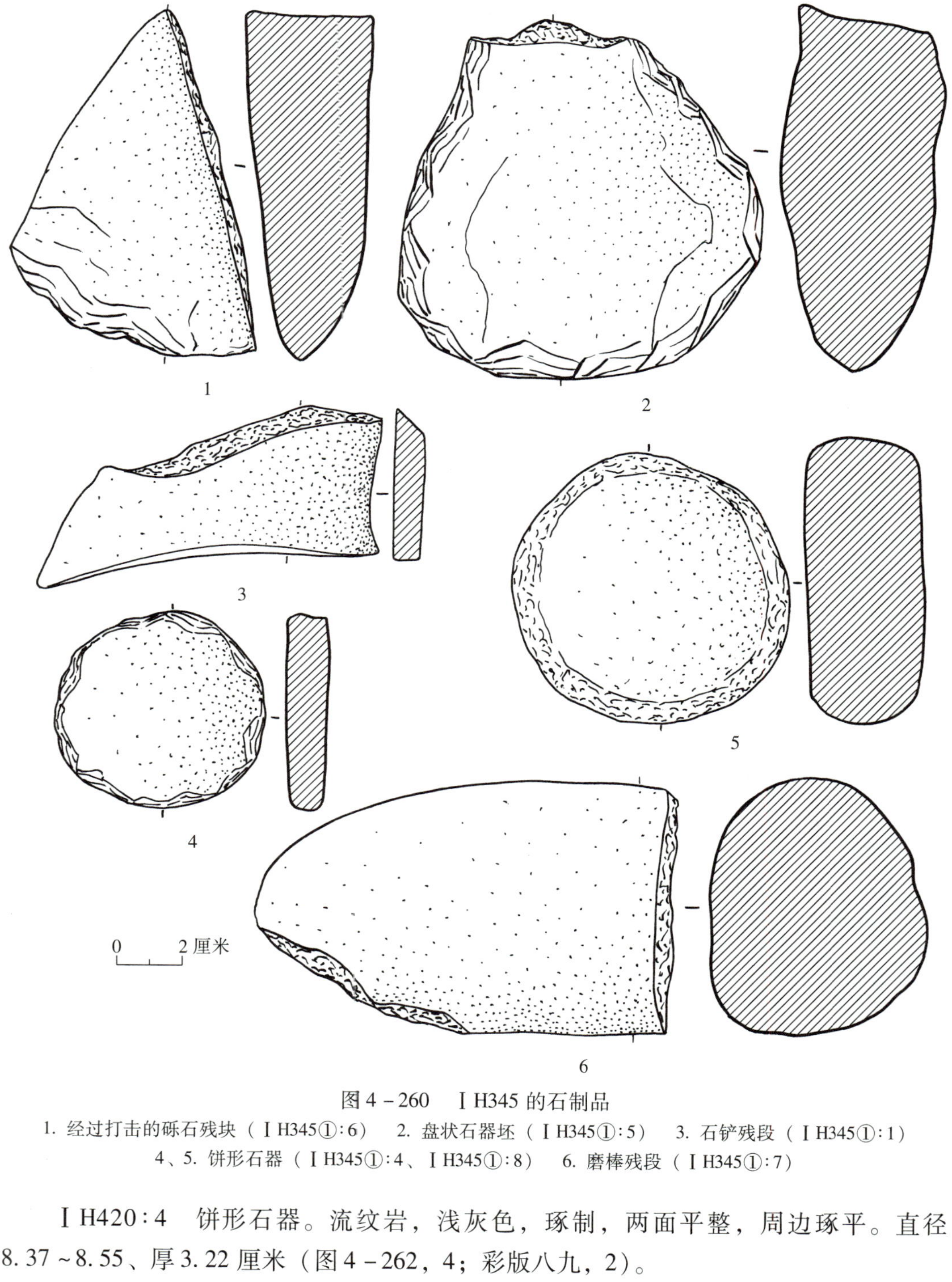

图4－260　ⅠH345的石制品

1. 经过打击的砾石残块（ⅠH345①:6）　2. 盘状石器坯（ⅠH345①:5）　3. 石铲残段（ⅠH345①:1）
4、5. 饼形石器（ⅠH345①:4、ⅠH345①:8）　6. 磨棒残段（ⅠH345①:7）

ⅠH420:4　饼形石器。流纹岩，浅灰色，琢制，两面平整，周边琢平。直径8.37～8.55、厚3.22厘米（图4－262，4；彩版八九，2）。

ⅠH420:5　石器残段。辉石变粒岩，略经磨制，扁体，残段平面近梯形，尚存原石器经交互打击修薄的两侧边各一段，另两长直边为断碴。残段长12.38、宽8、厚2.73厘米（图4－262，5）。

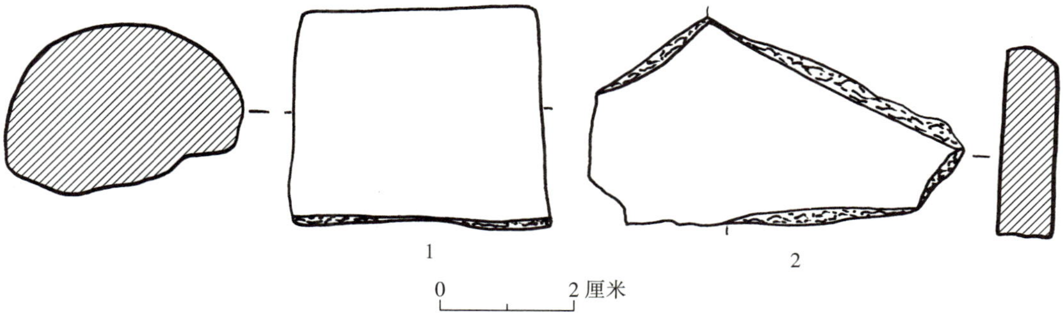

图 4－261　ⅠH374 的残鼓形陶器和石铲残块
1. 残鼓形陶器（ⅠH374①:2）　2. 石铲残块（ⅠH374①:4）

ⅠH420:6　砾石残块。黄褐色。长 9.68、宽 8.51、厚 4.1 厘米（图 4－262，3）。

ⅠH420:7　高火候硬陶片。系接近陶器底部的残片，泥质灰陶，外表无纹，火候甚高，陶质坚硬，隐约可见轮制时留下的旋痕，表面出现一层富有光泽的青绿色，几近釉质。此残片最厚处 0.9 厘米（图 4－262，7；彩版八八，4）。

ⅠH250:1　石臼。熔渣，灰色，稍加琢制，外观近若卵形，底部修平而略显内凹，顶面有圆形臼窝，经使用而致光滑。长 10.92、宽 10.12、高 7.15、臼窝直径 4.25～4.45、臼窝深 1.02 厘米（图 4－263；彩版九〇，1）。

ⅠH252②:1　残骨针。磨制，顶、尖皆残。长 4.41、直径 0.12 厘米。

ⅠH252②:2　盘状石器。安山岩，紫色，打制，周边交互打击修薄。直径 12.83～13.1、厚 1.96 厘米（图 4－264，1）。

ⅠH252③:1　彩绘陶器残片。

ⅠH252③:2　石刀残块。晶屑凝灰岩。

ⅠH252③:3　残陶圆饼。以陶器底制成，泥质红陶，周边粗略磨平，残缺一半。直径 10.5、厚 0.9 厘米（图 4－264，7）。

ⅠH252④:1　石球。角闪安山岩，灰色，不规则球形，多数部位经琢或磨制。直径 6.24～7.6 厘米（图 4－264，4）。

ⅠH252⑤:1　磨制石器残块。晶屑凝灰岩。

ⅠH252⑤:2　石铲（或磬）残块。石灰岩，磨光，残块平面近梯形。长 6.92、宽 4.7、厚 0.76 厘米。

ⅠH252⑤:3　石铲（或斧）半成品残段。安山岩，灰色，打制，下部残，斜顶，束腰。长 11.8、宽 10.23、厚 2.9 厘米。

ⅠH252⑥:1　有肩石铲残块。大理岩，绿色，磨制，残块平面略近梯形，有一段原石铲肩部的侧边，其余各边均为断碴。长 6.47、宽 4.66、厚 0.78 厘米。

ⅠH252⑥:2　骨锥（或簪）。磨制，平顶，截面近长方形。长 8.29、宽 0.62、厚 0.51 厘米（图 4－264，2）。

ⅠH252⑥:3　骨镞。磨制，镞体三棱锥状，钝锋，圆锥形铤。长 6.42、镞体宽

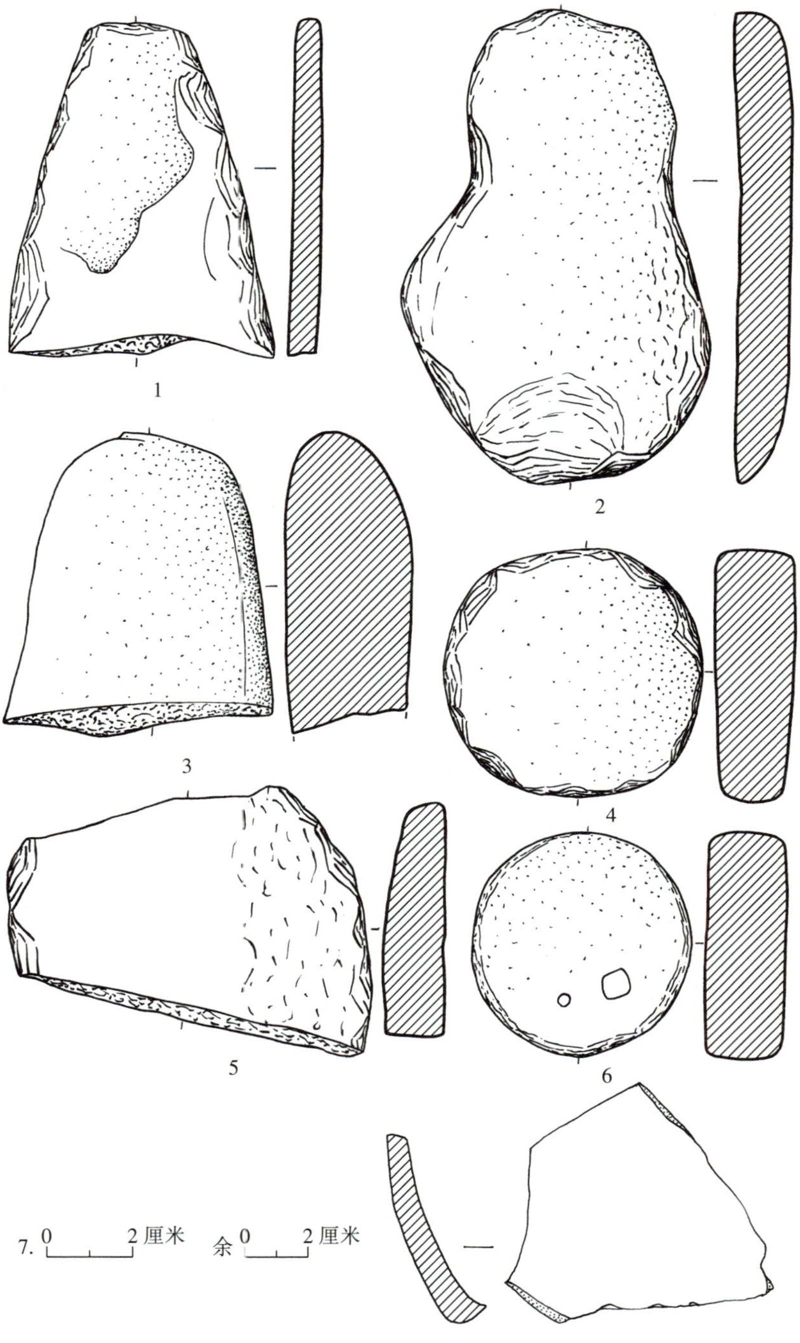

图4－262　ⅠH420的石制品和高火候硬陶片

1. 石铲残段（ⅠH420:3）　2. 石铲（或斧）半成品（ⅠH420:2）　3. 砾石残块（ⅠH420:6）

4、6. 饼形石器（ⅠH420:4、ⅠH420:1）　5. 石器残段（ⅠH420:5）

7. 高火候硬陶片（ⅠH420:7）

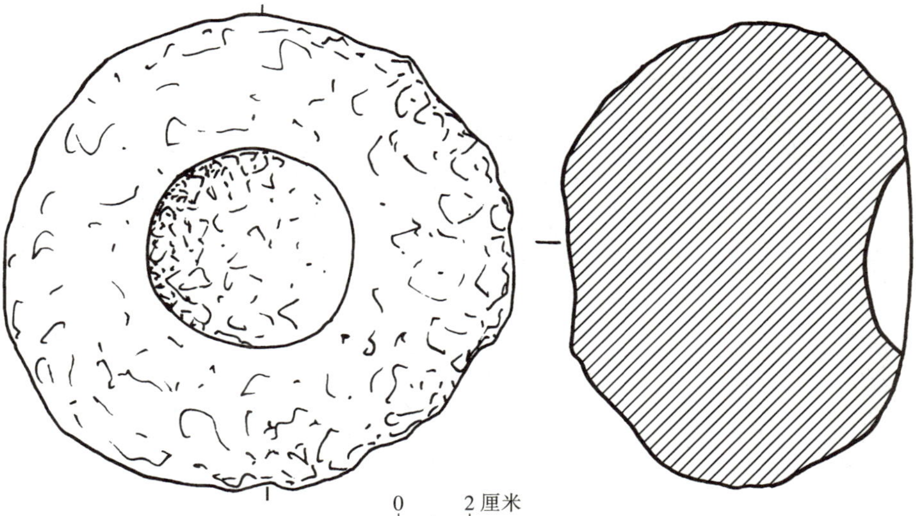

图4－263　ⅠH250的石臼
（ⅠH250∶1）

0.99、铤直径0.68厘米（图4－264，3）。

ⅠH252⑥∶4　圆陶片残块。以陶器底制成，泥质灰陶，周边打薄，残缺近半。长9.27、宽6.24、厚1.25厘米（图4－264，6）。

ⅠH252⑦∶1　有压削痕的燧石石块。

ⅠH252⑦∶2　石铲（或斧）半成品残段。安山岩，棕褐色杂黄斑，打制，下部残。长9.82、宽9.51、厚3.11厘米。

ⅠH252⑦∶3　陶纺轮。泥质褐陶，算盘珠状。腹径2.95、高2.4、孔径0.4～0.6厘米（图4－264，5）。

ⅠH265②∶1　石斧。正长辉长岩，青灰色，琢制，斧体一面较平，直顶边，两侧边琢成平棱，直刃略弧，刃缘多有崩碴。长15.25、宽5.76、厚2.86厘米（图4－265，5）。

ⅠH265②∶2　石铲半成品。石灰岩，灰绿色，打制，各边交互打击修薄，窄顶，宽刃。长24.85、宽14.2、厚3.85厘米（图4－265，4；彩版九〇，3）。

ⅠH265④∶1　残卜骨。以羊肩胛骨制成，肩胛冈略经修磨，有肩胛冈的一面存留16个完整的和3个残缺的钻。有4个完整的钻已穿透，另一面与钻对应的位置有的显出褐色圆点，可确认的兆痕仅有一处，呈“一”字形。残长12.2、宽7.44、钻直径0.3～0.5厘米（图4－265，1）。

ⅠH265④∶2　石刀残段。晶屑凝灰岩，青灰色，磨制，一面平，另一面隆起成脊。残段长4.82、宽2.7、厚0.92厘米（图4－265，6）。

ⅠH265⑥∶1　圆陶片。以瓮类陶器腹片制成，泥质红陶，外表褐色，施绳纹，并残存4道箍堆纹，周边交互打击修薄。直径11.65～12.15、厚1.2厘米（图4－265，2）。

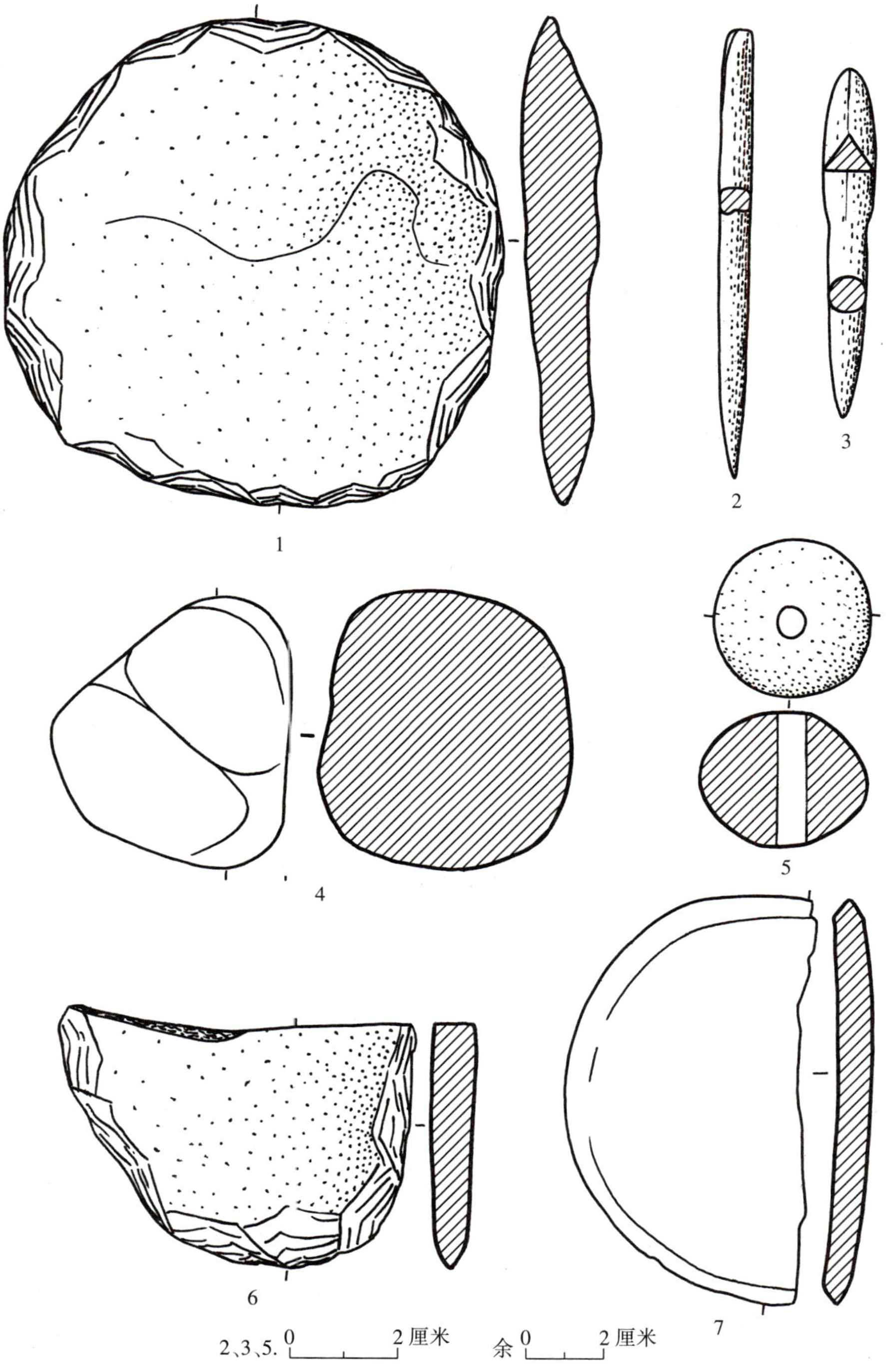

图4－264　ⅠH252陶容器以外的石、陶、骨制品

1. 盘状石器（ⅠH252②:2）　2. 骨锥（或簪）（ⅠH252⑥:2）　3. 骨镞（ⅠH252⑥:3）　4. 石球（ⅠH252④:1）　5. 陶纺轮（ⅠH252⑦:3）　6. 圆陶片残块（ⅠH252⑥:4）　7. 残陶圆饼（ⅠH252③:3）

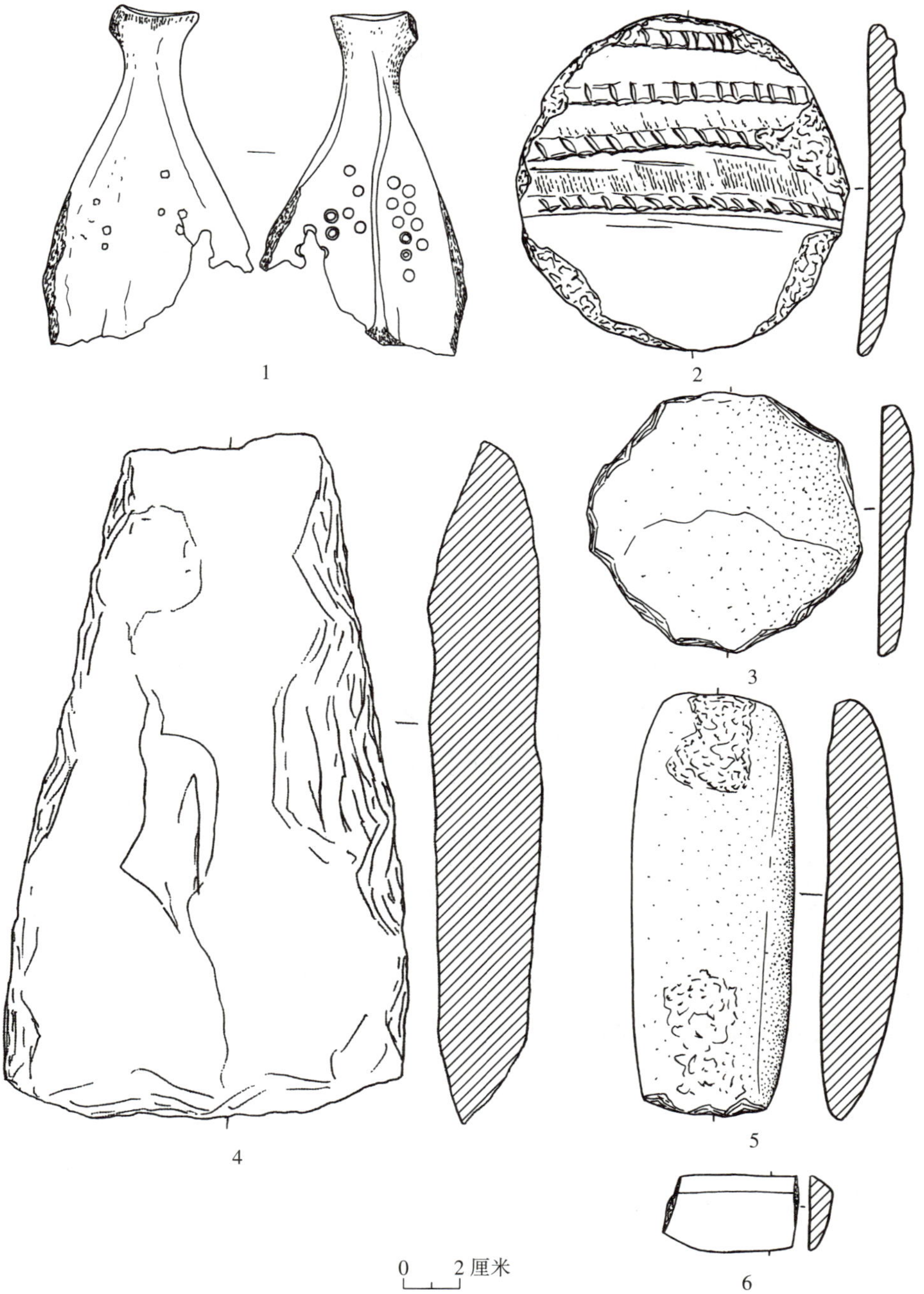

图4－265　ⅠH265陶容器以外的石、陶、骨制品

1. 残卜骨（ⅠH265④:1）　2、3. 圆陶片（ⅠH265⑥:1、ⅠH265⑥:2）
4. 石铲半成品（ⅠH265②:2）　5. 石斧（ⅠH265②:1）　6. 石刀残段（ⅠH265④:2）

ⅠH265⑥:2　圆陶片。以陶器底制成，夹砂灰陶，局部烧黑，周边交互打击修薄。直径9.45～9.94、厚1.12厘米（图4－265，3）。

ⅠH266:1　骨锥。磨制，平顶，主体横截面为圆形。长9.2、顶直径1厘米（图

4－266）。

ⅠH276②:1　石铲。板岩，磨制。顶边略弧并磨平，有较窄的柄部，柄面略显粗糙，呈浅黑色，柄部两侧边斜弧。铲体表面深黑色，两侧边斜直，斜弧刃。长18.3、宽10.1、厚0.72厘米（图4－267，3；彩版九一，1）。

ⅠH276③:1　盘状石器。辉石安山岩，黑色，打制，周边薄而规整。直径11.4～11.85、厚1.3厘米（图4－267，2；彩版九一，2）。

ⅠH276③:2　残骨锥。磨制，扁体，顶残。残长7.6、宽0.45、厚0.26厘米。

ⅠH276④:1　卜骨残块。原器似为磨制骨铲。一面残存13个完整的和11个残缺的钻，有两个已穿透，另一面与钻对应的位置多显出兆痕，计有14个，除一个可辨认为“卜”字形外，其余几乎都是“一”字形。长5.55、宽3.2、厚0.55厘米，钻径多在0.4～0.5厘米之间（图4－267，4）。

ⅠH276④:2　石刀残段。流纹质玻屑凝灰岩，浅褐色杂黑斑，一面平，另一面隆起成脊，背边磨平，所存端边略直。长8.5、宽2.7、厚0.91厘米（图4－267，1）。

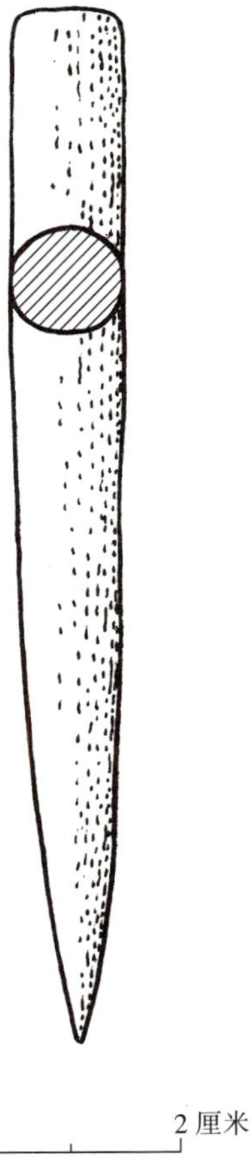

图4－266　ⅠH266的骨锥
（ⅠH266:1）

ⅠH277①:1　石器残段。安山岩，灰色，打制，扁体，平面近长方形。长5.63、宽4.08、厚1.17厘米（图4－268，2）。

ⅠH277①:2　石铲残块。熔结凝灰岩，黑灰色，磨制，残块平面近方形，存留原石铲的顶边和侧边各一段，其余边缘为断碴。长4.01、宽3.9、厚0.7厘米（图4－268，5）。

ⅠH277①:3　石铲残块。石灰岩，黑灰色，磨制，残块平面近方形，存留原石铲的刃边和侧边各一段，其余两边为断碴。长4.77、宽4.52、厚0.58厘米（图4－268，3）。

ⅠH277①:4　残陶圆饼。将陶器底周边磨平而成，泥质褐陶，残缺一半。直径12.65、厚0.92（图4－269，2）。

ⅠH277①:5　石器坯。安山岩，紫色，粗略打制，略呈周边较薄的不规则圆盘状。长11.7、宽10.94、厚2.91厘米。

ⅠH277①:6　石器残块。英安岩，灰色，打制。长12.01、宽5.6、厚1.42厘米（图4－268，8）。

ⅠH277①:8　石材。为平面接近直角三角形的石板，安山岩，灰褐色。长49.5、宽23.2、厚5.4厘米（图4－268，1）。

ⅠH277②:1　石铲（或斧）。安山岩，灰色，打制，窄顶，宽刃，两侧斜边较直。

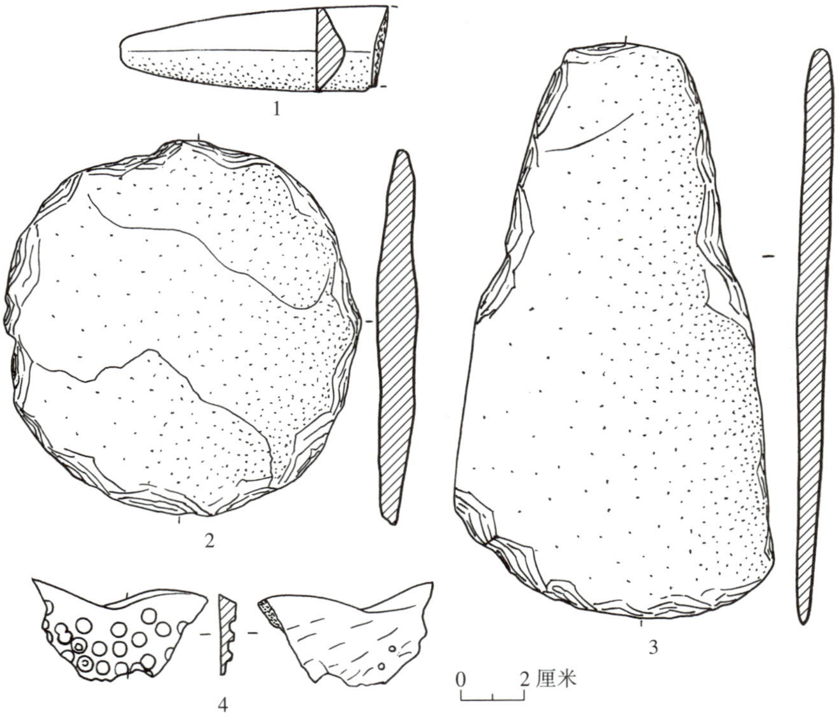

图4－267　ⅠH276的石、骨制品
1. 石刀残段（ⅠH276④:2）　2. 盘状石器（ⅠH276③:1）
3. 石铲（ⅠH276②:1）　4. 卜骨残块（ⅠH276④:1）

长11.88、宽8.02、厚2.95厘米（图4－270，4；彩版九二，1）。

ⅠH277②:2　石铲。安山岩，灰色，打制，窄顶，宽刃稍显凸弧，两侧斜边略直。长13.27、宽8.32、厚2.43厘米（图4－270，6；彩版九三，1）。

ⅠH277②:3　有孔石器残段。砂岩，灰色，琢制，中部有一对钻孔，孔内壁被木柄之类的物体摩擦光亮，器体自孔中部残断，残存的一端呈圆尖状，残段平面略近三角形。此残段长10.6、宽8.21、厚5.45、孔内径2.78厘米（图4－268，9）。

ⅠH277②:4　石器坯。熔结凝灰岩，灰色，上窄下宽，除一侧边有少许打制痕迹外，其余部位基本上保留着石片原貌。长15.25、宽11.68、厚2.2厘米（图4－270，3）。

ⅠH277②:5　残有肩石铲。大理岩，青灰色，磨制，顶与一侧边残缺，刃缘多有磨损。残长11.76、宽7.79、厚0.97厘米（图4－270，5）。

ⅠH277②:6　石铲（或斧）。安山岩，紫褐色，打制，平面近“凸”字形，顶部多有参差，刃边略见凸弧。长18.65、宽11.23、厚3.6厘米（图4－270，2）。

ⅠH277②:7　残石铲。石灰岩，灰色，磨制，铲体两面有极细的划擦痕，下部残。残长11.73、顶宽6.94、厚0.97厘米（图4－270，7）。

ⅠH277②:8　石板。安山岩，石质与ⅠH235⑱:2相同，似与后者取自同一石材，平面略近四边形。长10.7、宽9.5、厚1.8厘米（图4－270，1）。

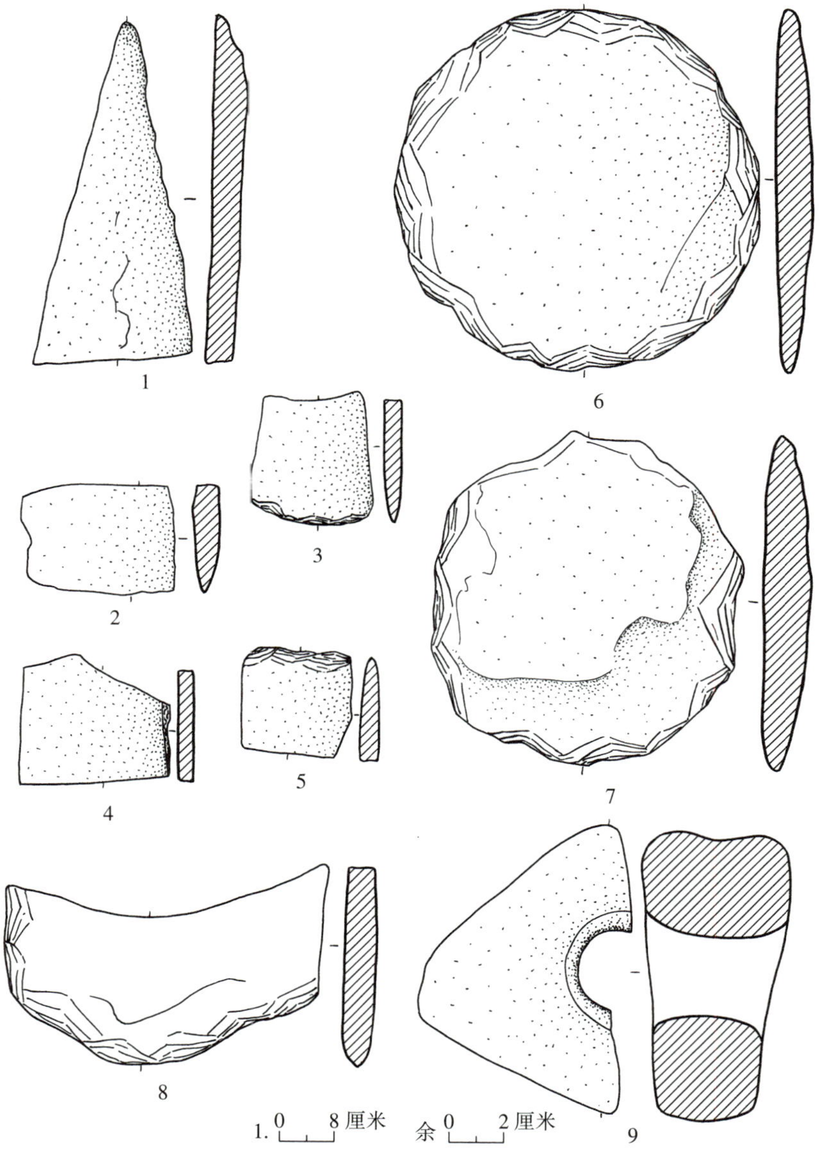

图 4－268　Ⅰ H277 的石制品

1. 石材（Ⅰ H277①:8）　2. 石器残段（Ⅰ H277①:1）　3、5. 石铲残块（Ⅰ H277①:3、Ⅰ H277①:2）　4、8. 石器残块（Ⅰ H277④:6、Ⅰ H277①:6）　6、7. 盘状石器（Ⅰ H277④:2、Ⅰ H277④:1）　9. 有孔石器残段（Ⅰ H277②:3）

Ⅰ H277②:9　陶纺轮。泥质红陶，外表黑色，算盘珠状。直径 3.2、高 2.2、孔径 0.6 厘米（图 4－269，3）。

Ⅰ H277②:10　大石片。黑灰色，不规则圆盘状。长 13.5、宽 12.3、厚 1.7 厘米。

Ⅰ H277④:1　盘状石器。安山岩，浅灰色，打制，周边较薄。直径 11.2～12.45、厚 1.65 厘米（图 4－268，7；彩版九二，2）。

Ⅰ H277④:2　盘状石器。安山岩，灰色，局部烧成黑色，打制，边缘薄而规整。

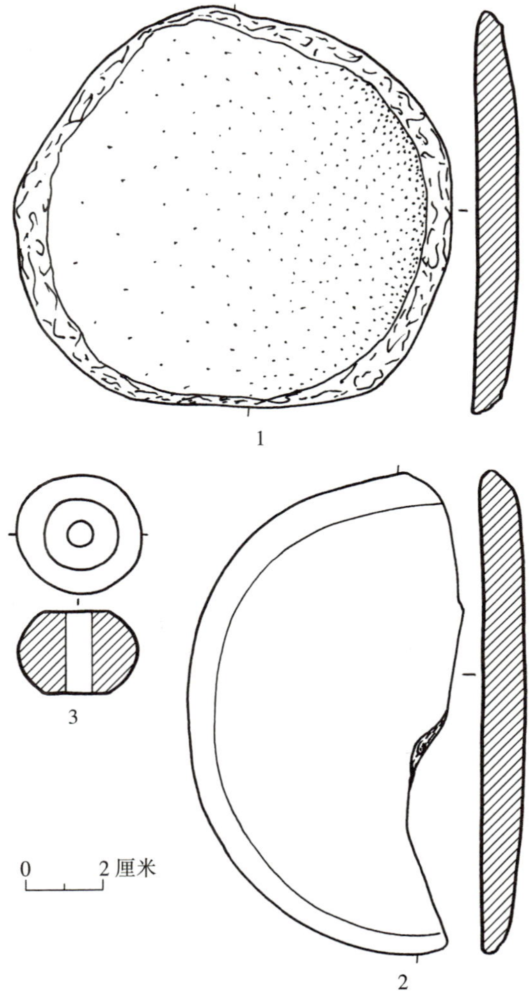

图4-269　ⅠH277陶容器以外的陶制品

1. 圆陶片（ⅠH277④:3）　2. 残陶圆饼（ⅠH277①:4）　3. 陶纺轮（ⅠH277②:9）

直径13.3~13.5、厚1.22厘米（图4-268，6；彩版九三，2）。

ⅠH277④:3　圆陶片。将陶器底周边打薄而成，泥质红陶，底面烧黑。直径10.52~11.51、厚0.9厘米（图4-269，1；彩版九四，1）。

ⅠH277④:4　石铲（或斧）半成品。安山质玄武岩，黑灰色杂黄斑，直顶边，宽刃略直，除刃部与两侧边有少许打制痕迹外，其余部位皆保留着砾石原貌。

ⅠH277④:5　扁平砾石。安山岩，紫色杂黄斑，有极少的打击痕，整体近若有肩石铲的形态。长20.12、宽18.1、厚2.83厘米。

ⅠH277④:6　石器残块。凝灰岩，浅灰色，扁平体，残块平面呈五边形，各边皆为断碴。长5.54、宽5、厚0.52厘米（图4-268，4）。

ⅠH282①:1　卜骨残段。原物系将动物肢骨纵劈一半磨制而成的骨匕类器具，上部残，在断碴处尚存4个残缺的钻。此残段长6.5、宽1.6、厚0.45厘米（图4-271，2）。

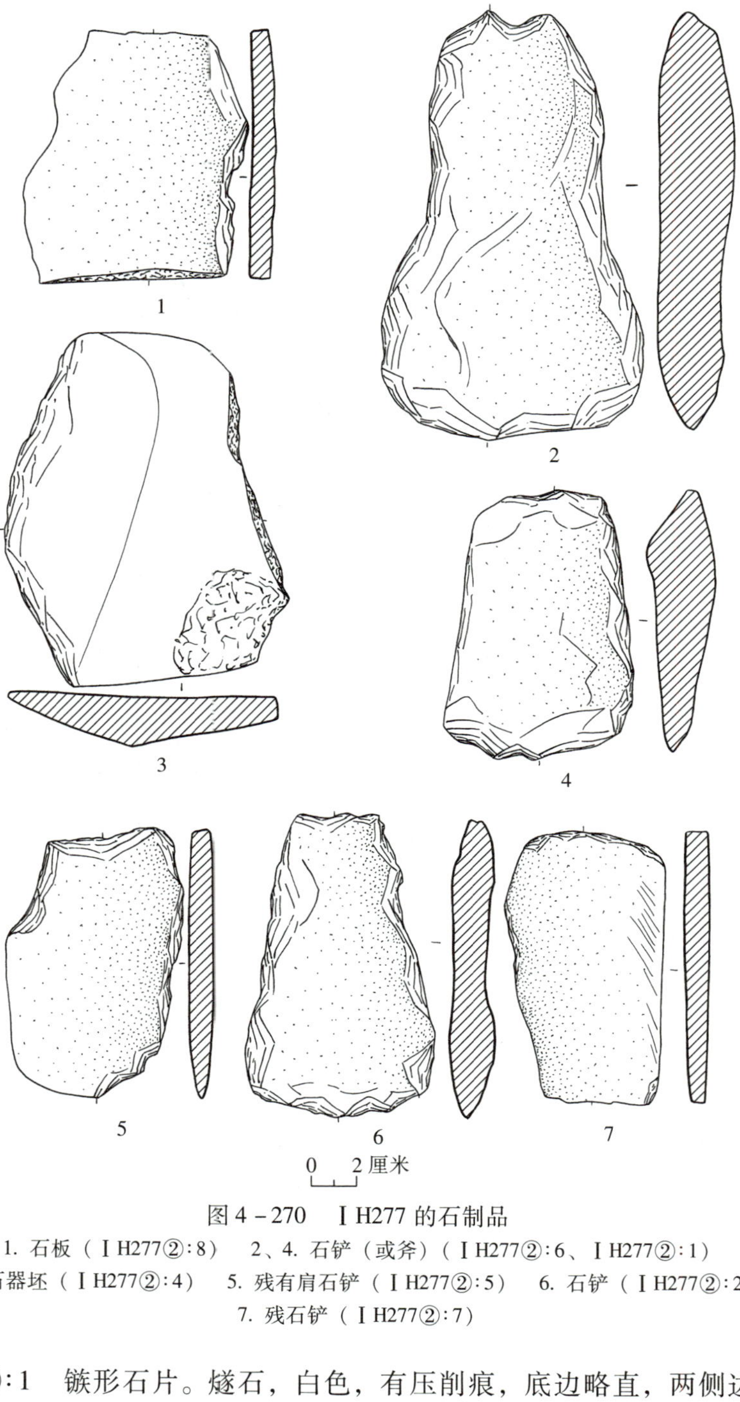

图4－270　ⅠH277的石制品
1. 石板（ⅠH277②:8）　2、4. 石铲（或斧）（ⅠH277②:6、ⅠH277②:1）
3. 石器坯（ⅠH277②:4）　5. 残有肩石铲（ⅠH277②:5）　6. 石铲（ⅠH277②:2）
7. 残石铲（ⅠH277②:7）

ⅠH282②:1　镞形石片。燧石，白色，有压削痕，底边略直，两侧边不甚规则，前锋不甚明显，似偏于一侧。长2.3、宽1.95、厚0.5厘米（图4－271，1）。

ⅠH282③:1　石器坯。英安岩，灰褐色，粗略打制，扁体，平面近平行四边形。长17.3、宽13.95、厚2.72厘米（图4－271，4）。

ⅠH282③:2　石铲（或斧）半成品。与ⅠH282③:1为同一石材。粗略打制成窄

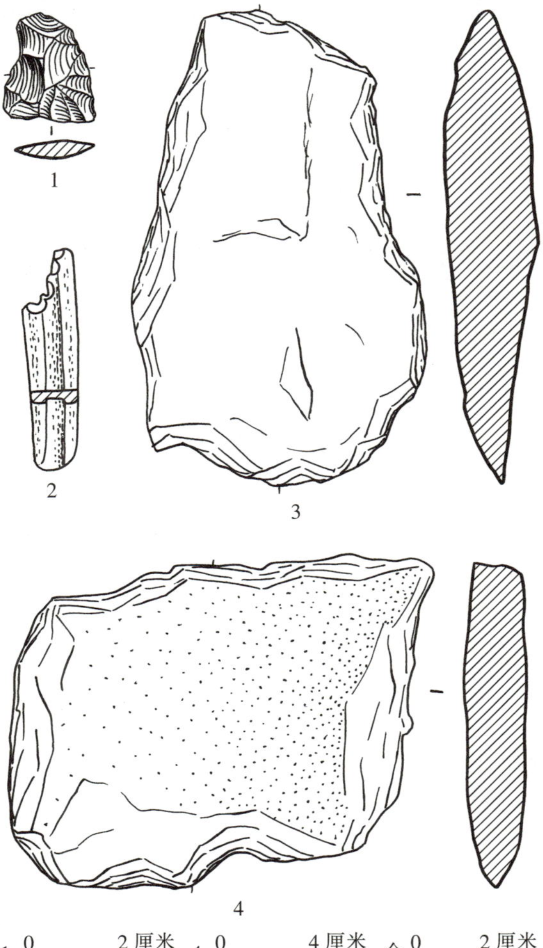

图4-271　ⅠH282的石、骨制品

1. 镞形石片（ⅠH282②:1）　2. 卜骨残段（ⅠH282①:1）
3. 石铲（或斧）半成品（ⅠH282③:2）　4. 石器坯（ⅠH282③:1）

顶宽刃的形体。长14.1、宽8.45、厚2.44厘米（图4-271，3）。

ⅠH297:1　靴形陶鼎足。泥质灰陶，表面光亮，与鼎底相接的顶面较平整。和ⅠF42②B:4属同件陶鼎之足。长6.7、宽2.4、高4.45厘米（图4-272；彩版九〇，2）。

ⅠH304①:1　骨镞。磨制，镞体三棱锥状，前锋稍钝，圆锥形铤。长5.1、宽0.88厘米（图4-273，3；彩版九四，3）。

ⅠH304①:2　骨凿。磨制，斜顶，偏锋，窄刃，刃边较直。长10.52、宽1.51、厚0.42厘米（图4-273，5；彩版九四，4）。

ⅠH304①:3　卜骨残段。以动物肩胛骨制成，残存6个完整的和11个残缺的钻，另一面对应的位置则有11个暗褐色圆点，可确认的兆痕有3处，均为“十”字形。长11.25、宽5.8、钻直径0.65厘米（图4-273，4）。

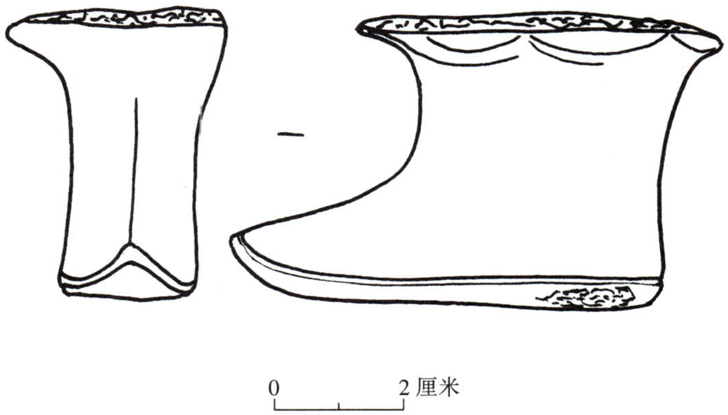

图 4－272　Ⅰ H297 的靴形陶鼎足
（Ⅰ H297∶1）

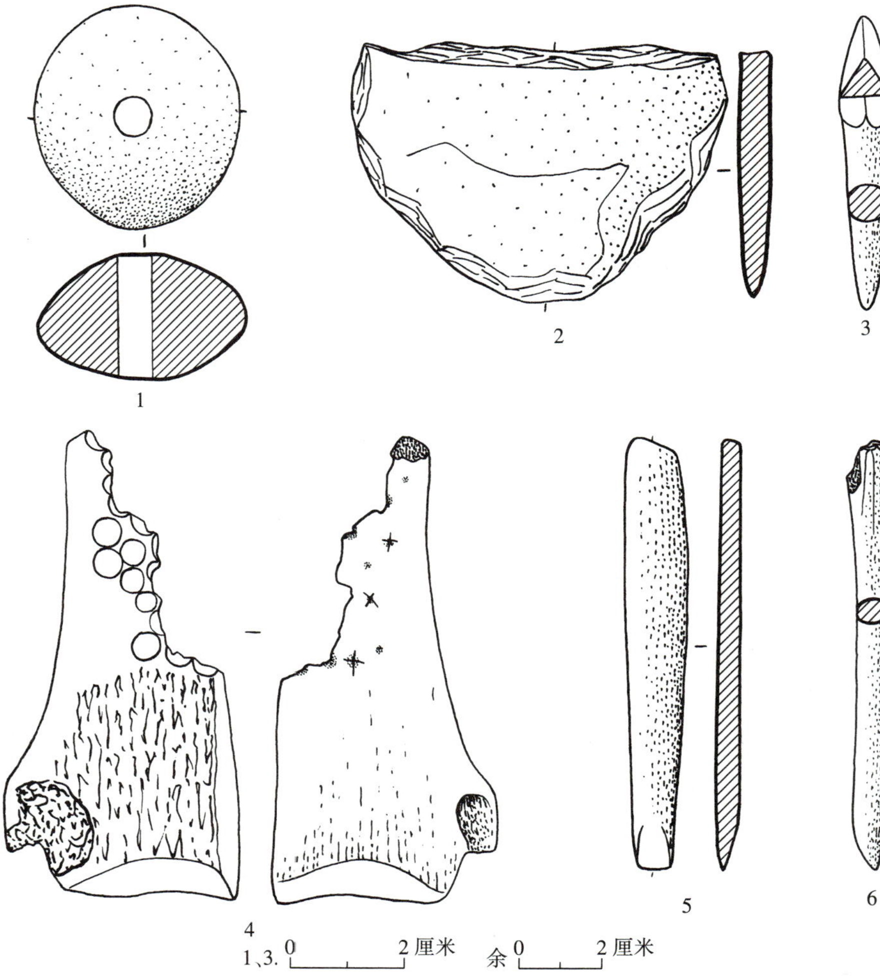

图 4－273　Ⅰ H304 陶容器以外的石、陶、骨制品
1. 陶纺轮（Ⅰ H304②∶2）　2. 残盘状石器（Ⅰ H304②∶3）　3. 骨镞（Ⅰ H304①∶1）
4. 卜骨残段（Ⅰ H304①∶3）　5. 骨凿（Ⅰ H304①∶2）　6. 骨簪（Ⅰ H304②∶1）

ⅠH304②:1　骨簪。磨制，主体部分横截面为椭圆形，顶部稍残，尖端偏于一侧。长10.49、宽1.01、厚0.6厘米（图4-273，6）。

ⅠH304②:2　陶纺轮。泥质褐陶，算盘珠状。直径3.55~3.85、高2.2、孔径0.5~0.68厘米（图4-273，1）。

ⅠH304②:3　残盘状石器。安山岩，黑灰色，打制，周边最薄，残缺近半。直径9.28、厚0.88厘米（图4-273，2）。

ⅠH304③:2　残骨器。磨制，整器略似刀形，近“柄部”残缺。残长6.2、宽2.36、厚0.25厘米。

ⅠH305③:1　骨管。以动物肢骨磨制而成，一端截面略呈方形。

ⅠH317⑥:1　石器残块。凝灰质板岩，灰色，略经磨制，扁体，残块平面近长方形。长6.15、宽5.2、厚1厘米（图4-274，4）。

ⅠH318①:1　白灰面残块。

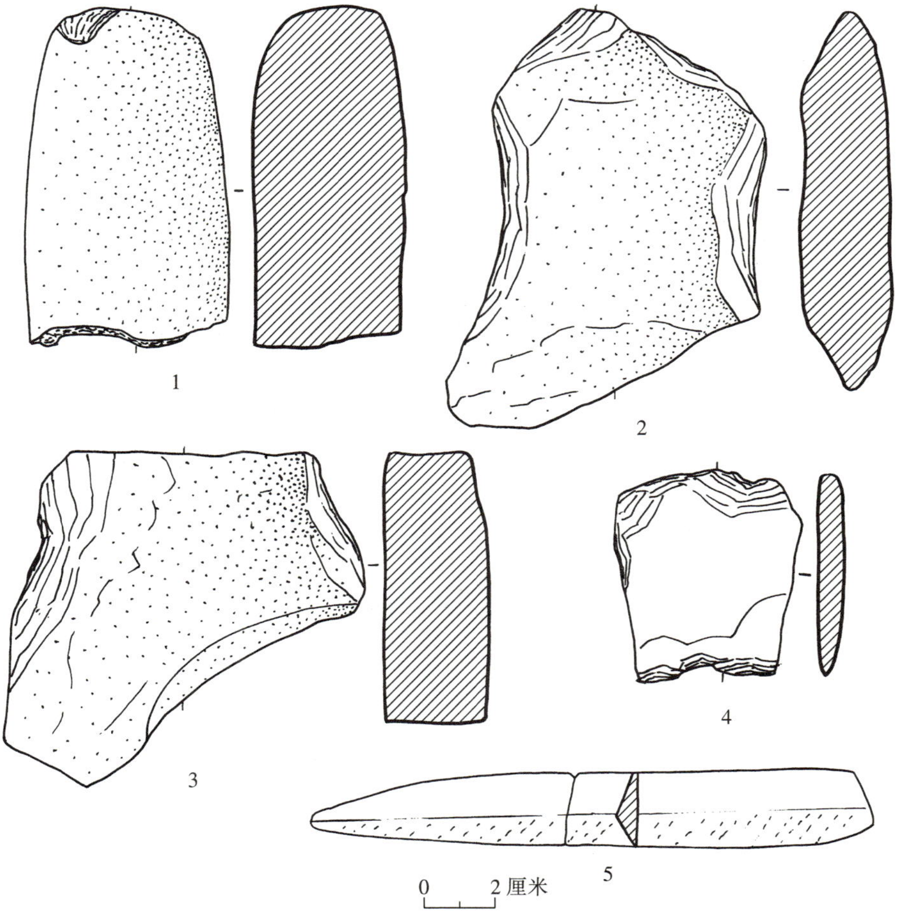

图4-274　ⅠH317·ⅠH318的石制品

1. 石器残段（ⅠH318④:1）　2. 石器半成品（ⅠH318③:1）　3. 石铲（或斧）半成品残段（ⅠH318③:2）　4. 石器残块（ⅠH317⑥:1）　5. 石刀（ⅠH318④:3）

ⅠH318③:1　石器半成品。英安岩，灰色，扁体，粗略打制。长 12.1、宽 8.55、厚 2.75 厘米（图 4－274，2）。

ⅠH318③:2　石铲（或斧）半成品残段。安山岩，灰色，粗略打制，仅存顶部，顶边平直。残段长 9.55、厚 3.5 厘米（图 4－274，3）。

ⅠH318④:1　石器残段。粗玄岩，琢制，下部残断，顶端略平，两侧边稍弧，横断面为椭圆形。长 9.75、宽 5.75、厚 4.4 厘米（图 4－274，1）。

ⅠH318④:2　石块。燧石，灰色，有打击痕，形体不规则。长 4.95、宽 4.4、厚 3.6 厘米。

ⅠH318④:3　石刀。砂岩，浅灰色，磨制，一面平，另一面隆起成脊，背边磨平，刃边较直，一端钝尖，另一端斜直并磨平。长 16.25、宽 2.2、厚 0.75 厘米。出土时此刀分为两截，相隔约 1 米（图 4－274，5）。

ⅠH318④:4　敷在草拌泥上的白灰面残块。草拌泥经烧烤，白灰面厚 0.1 厘米。

ⅠH318④:5　石铲残块。熔结凝灰岩，青绿色，磨制，残块平面呈梯形，存留一段原石铲侧边，其余 3 边均为断碴。长 4.4、宽 3.5、厚 1.03 厘米。

ⅠH318⑤:1　盘状石器残块。安山岩，黑褐色，打制，周边最薄。残块长 7.61、宽 4.15、厚 1.12 厘米。

ⅠH319:1　石铲残块。英安岩，灰色，打制，残块平面近梯形，存留一段原石铲的侧边，其余 3 边为断碴。长 9.6、宽 7、厚 0.91 厘米（图 4－275）。

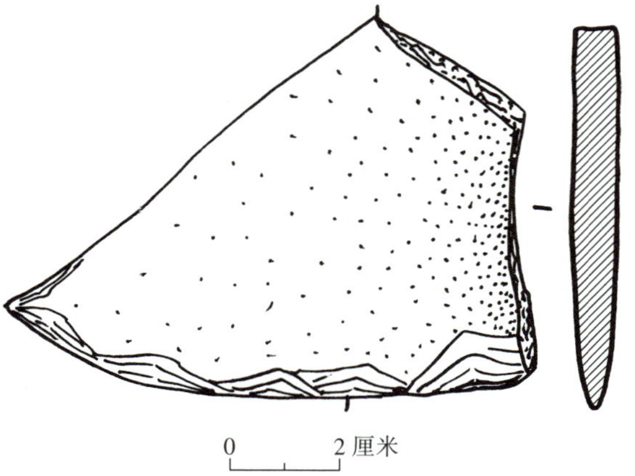

图 4－275　ⅠH319 的石铲残块
（ⅠH319:1）

ⅠH328①:1　漆皮渣。

ⅠH328②:2　石纺轮。灰白色，磨制，呈作不甚规则的算盘珠状，中孔对钻而成。直径 2.82～3.03、高 1.5、孔内径 0.37 厘米。

ⅠH328②:3　石磬残块。石灰岩，深灰色，两面磨光，残块平面作四边形。长 3.5、宽 2.64、厚 1.62 厘米。

ⅠH328②:4　彩绘陶器残片。

ⅠH328②:5　残石凿。灰黄色杂黑点，磨制，顶部残，直刃，偏锋。残长3.22、宽1.18、厚0.72厘米。

ⅠH332:1　石球。珍珠岩，黑色，琢制，呈规整的球体。直径3.5厘米（彩版九四，2）。

ⅠH334:1　石铲（或斧）半成品残段。安山岩，灰色，打制，束腰，下部残。长10.82、宽9.44、厚3.56厘米。

ⅠH340:1　石器。珍珠岩，黑色，打制并经粗磨，扁体，平面近呈长方形。中部略鼓，两端稍薄，靠近较窄端的两面磨斜，此端边缘最薄。长12.5、宽6.55、厚2.9厘米（图4-276）。

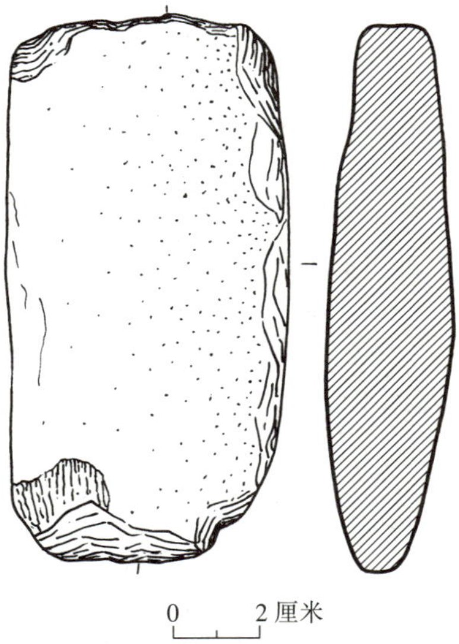

图4-276　ⅠH340的石器
（ⅠH340:1）

ⅠH344①:1　彩绘陶器口沿残片。泥质灰陶，外表黑色，敞口，圆唇，器表饰红、白、黄三色彩绘花纹，口沿内亦有红、白两色彩绘之痕迹（图4-277，5）。

ⅠH344①:2　石铲（或斧）。安山岩，灰色，打制，斜顶较平，束腰，宽刃略弧。长11.15、宽11.04、厚2.35厘米（图4-278，4）。

ⅠH344②:1　卜骨。原系以动物肩胛骨磨制而成的骨铲，窄顶，顶边平直，两侧斜边亦较直，宽刃，刃边略弧。一面在刃缘附近有2个完整的和1个残缺的钻。长9.37、宽6.5、厚0.85厘米，两完整钻的直径分别是0.35和0.45厘米（图4-279，2；彩版九五，1）。

ⅠH344②:2　石铲残段。石灰岩，灰色，磨制，仅存上部，残段平面近梯形。此残段长5.57、宽2.98、厚0.65厘米（图4-280，11）。

ⅠH344②:3　石镞。蛋白石，透明白色，剥裂面较平，背面有密集的压削痕。镞体细长，镞尖平钝，镞底向两侧均有横凸，一侧之凸尤为明显。长1.99、宽1.04、厚0.5厘米（图4-280，9）。

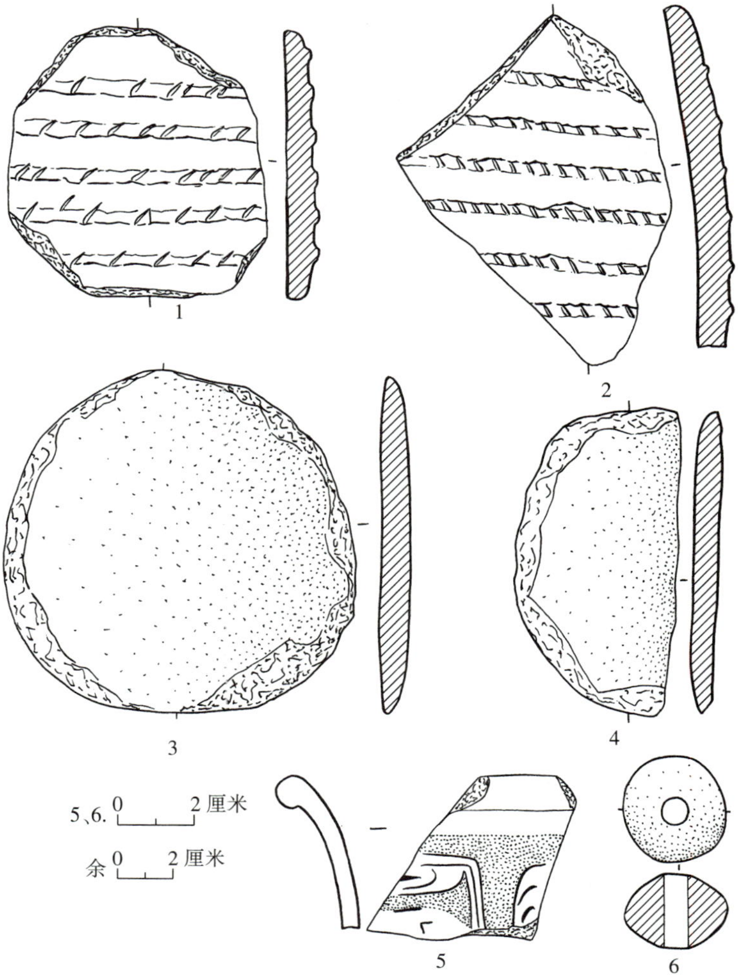

图4－277　ⅠH344陶容器以外的陶制品

1、3. 圆陶片（ⅠH344⑧:11、ⅠH344⑥:5）　2、4. 圆陶片残块（ⅠH344②:14、ⅠH344⑦:4）　5. 彩绘陶器口沿残片（ⅠH344①:1）　6. 陶纺轮（ⅠH344③:3）

ⅠH344②:4　卜骨残块。骨松质一面残存2个完整的和6个残缺的钻，骨密质一面在与一个钻相对应的位置呈现出褐色圆点，并有“卜”字形卜兆。长3.28、宽1.5、厚0.28、钻直径0.35厘米（图4－279，5）。

ⅠH344②:5　骨片。

ⅠH344②:6　石铲（或斧）。安山岩，灰褐色，打制，窄顶，两侧边斜直，斜弧刃。长14.4、宽8.2、厚2.39厘米（图4－278，1）。

ⅠH344②:7　小石块。白纹玛瑙石，平面近梯形。长3.4、宽2.35、厚1.6厘米。

ⅠH344②:8　石片。燧石，紫色。长2.73、宽1.9、厚0.52厘米。

ⅠH344②:9　石铲。大理岩，灰绿色，磨制，窄顶，两侧边斜直并磨平，宽刃凸弧，偏锋，靠近刃缘的两面均有纵向短磨蚀痕，铲体中、上部的表面明显粗糙，凹凸不平，似与安柄有关。长8.84、宽8.08、厚0.78厘米（图4－280，12；彩版九五，2）。

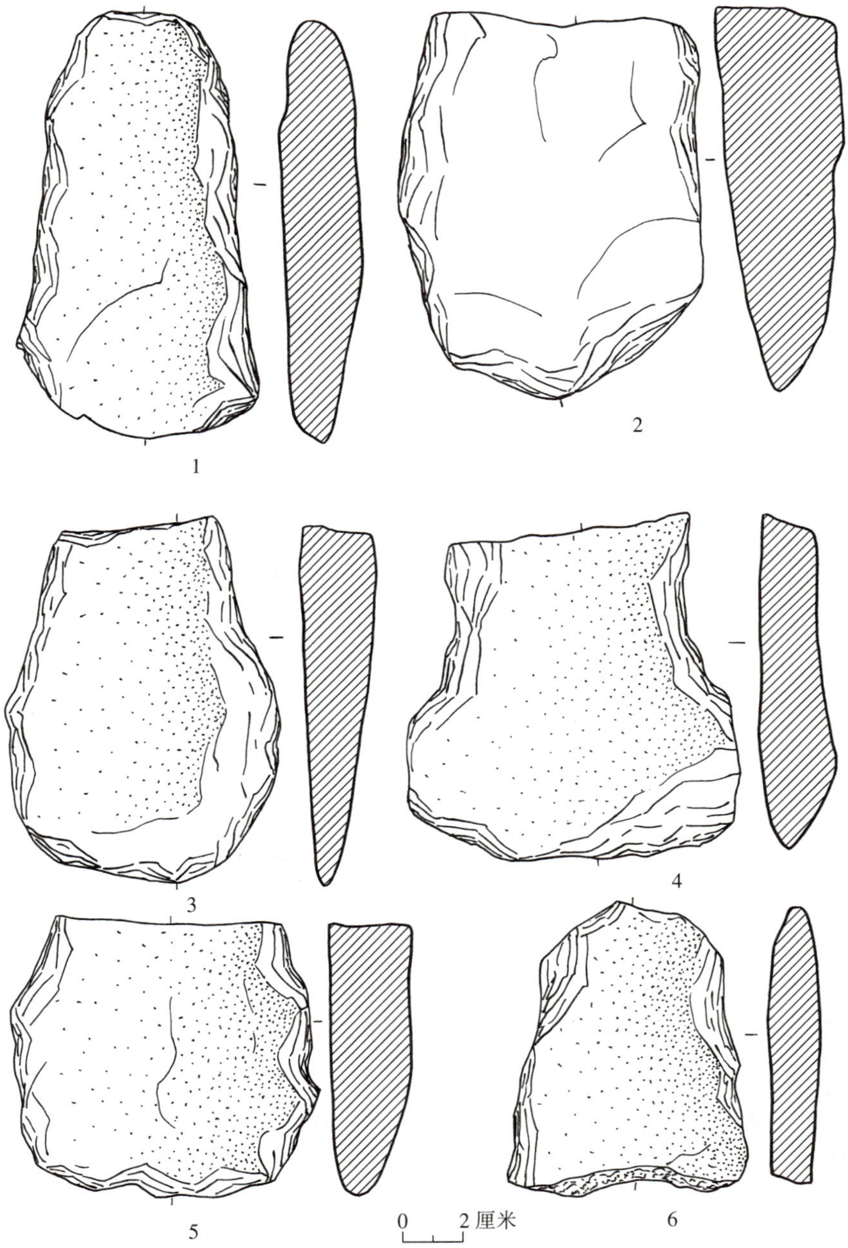

图4－278　ⅠH344的石制品

1、3、4. 石铲（或斧）（ⅠH344②:6、ⅠH344④:8、ⅠH344①:2）　2. 石铲（或斧）坯（ⅠH344④:5）　5. 石铲（或斧）半成品残段（ⅠH344⑧:7）　6. 石铲残段（ⅠH344⑦:1）

ⅠH344②:10　石铲残块。安山岩，灰色杂褐斑，磨制。

ⅠH344②:11　石器残段。大理岩，白色，磨制，边缘处有打制痕，残段呈扁体长条形，存留2个钻坑，一整一残，完整者位于残段中心处。长4、宽2.1、厚0.89、钻坑直径0.75～0.85厘米（图4－280，4）。

ⅠH344②:12　彩绘陶器残片。泥质灰陶，外表黑色，残存红色彩绘痕迹。

ⅠH344②:14　圆陶片残块。以瓮类陶器腹片制成，泥质灰陶，残存6道箍堆纹，周边打薄。残块长10.9、宽8.77、厚1厘米（图4－277，2）。

ⅠH344③:1　石镞。燧石，紫色，前锋圆尖，一面的边缘处布满细密的压削痕。长2.1、宽1.7、厚0.4厘米。

ⅠH344③:2　石器残段。安山岩，灰色，打制，扁体，残段平面近呈矩形。长8.35、宽5.6、厚2.47厘米（图4－280，7）。

ⅠH344③:3　陶纺轮。泥质褐陶，算盘珠状。直径2.6～2.78、高1.95、孔径0.56厘米（图4－277，6）。

ⅠH344④:1　石片。燧石，紫褐色。长2.53、宽2.34、厚0.88厘米（图4－280，10）。

ⅠH344④:2　残骨镞。磨制，圆锥形铤，铤尾残，前锋略尖，其下的镞体磨出短促的三棱。残长3.85、直径0.75厘米（图4－279，7）。

ⅠH344④:4　残骨器。磨制，残体形如高帽，平顶，另一端残，残端中空而呈深凹状。长2.46、顶直径1.15、残端直径0.85～0.9厘米（图4－279，6）。

ⅠH344④:5　石铲（或斧）坯。安山岩，灰色，粗略打制。长12.95、宽9.9、厚4.88厘米（图4－278，2）。

ⅠH344④:6　卜骨残块。骨松质一面残存11个完整的和5个残缺的钻，钻坑多有灼痕，骨密质一面与完整钻灼痕对应的位置均显出褐色圆点，圆点处大多出现兆痕，计有5个“一”字形、2个“卜”字形和1个“十”字形。长7.85、宽2.1、厚0.3、钻直径0.36～0.48厘米（图4－279，8；彩版九五，3）。

ⅠH344④:7　骨锥。磨制，经烧烤而成黑褐色，斜顶磨平。长5.91、顶部直径0.8～0.9厘米（图4－279，9）。

ⅠH344④:8　石铲（或斧）。安山岩，绿色，打制，斜平顶，凸弧刃。长12.37、宽9.14、厚2.54厘米（图4－278，3）。

ⅠH344④:9　残柄形陶器。泥质红陶，外表褐色，扁体，残器平面近长方形，一面较平，另一面略为隆起。在隆起的一面，除残断的端边外，沿其他3边附近均刻有多道平行短线。此器或是陶器之柄。残长6.2、宽3.6、厚1.5厘米。

ⅠH344⑤:1　铲形骨器。磨制，整体略呈舌形，且显现为微曲的弧面，顶边磨平，残缺一角，斜弧刃，一侧边略直。长13.17、宽5.1、厚0.7厘米（图4－279，3）。

ⅠH344⑥:1　石磬残片。石灰岩，磨制，磬面有细密的划擦痕和撞击点。

ⅠH344⑥:2　臼形石器。流纹岩，红色，打制，局部琢制，俯视略见方形，顶面钻磨出一个圆窝。长8.79、宽8.52、高6.35、圆窝直径4.25～4.5厘米（图4－279，13）。

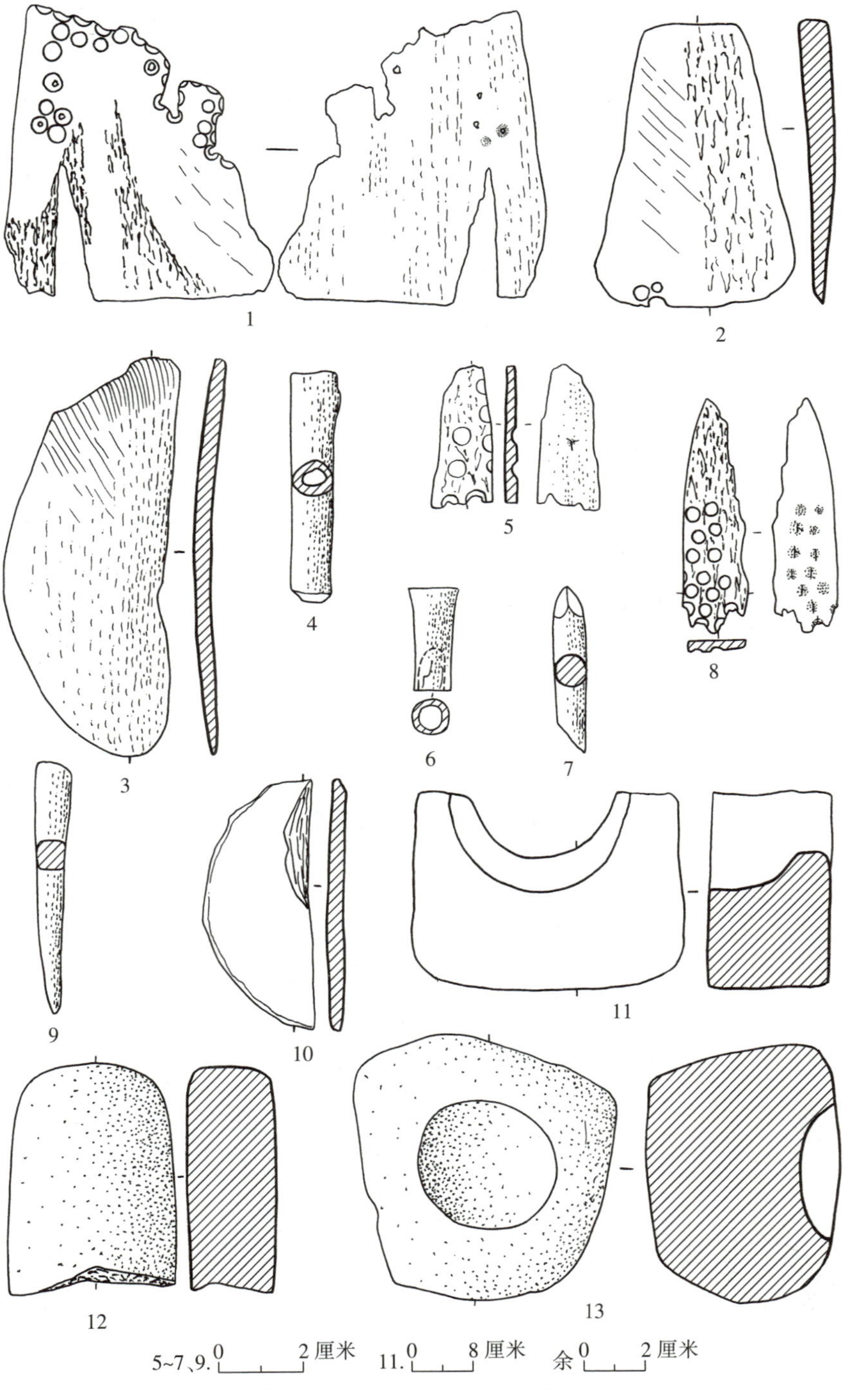

图4－279　ⅠH344的石、骨制品

1. 卜骨残段（ⅠH344⑦:3）　2. 卜骨（ⅠH344②:1）　3. 铲形骨器（ⅠH344⑤:1）　4. 骨管（ⅠH344⑧:5）　5、8. 卜骨残块（ⅠH344②:4、ⅠH344④:6）　6. 残骨器（ⅠH344④:4）　7. 残骨镞（ⅠH344④:2）　9. 骨锥（ⅠH344④:7）　10. 盘状石器残块（ⅠH344⑥:6）　11. 有孔石器残段（ⅠH344⑧:10）　12. 石斧残段（ⅠH344⑧:2）　13. 臼形石器（ⅠH344⑥:2）

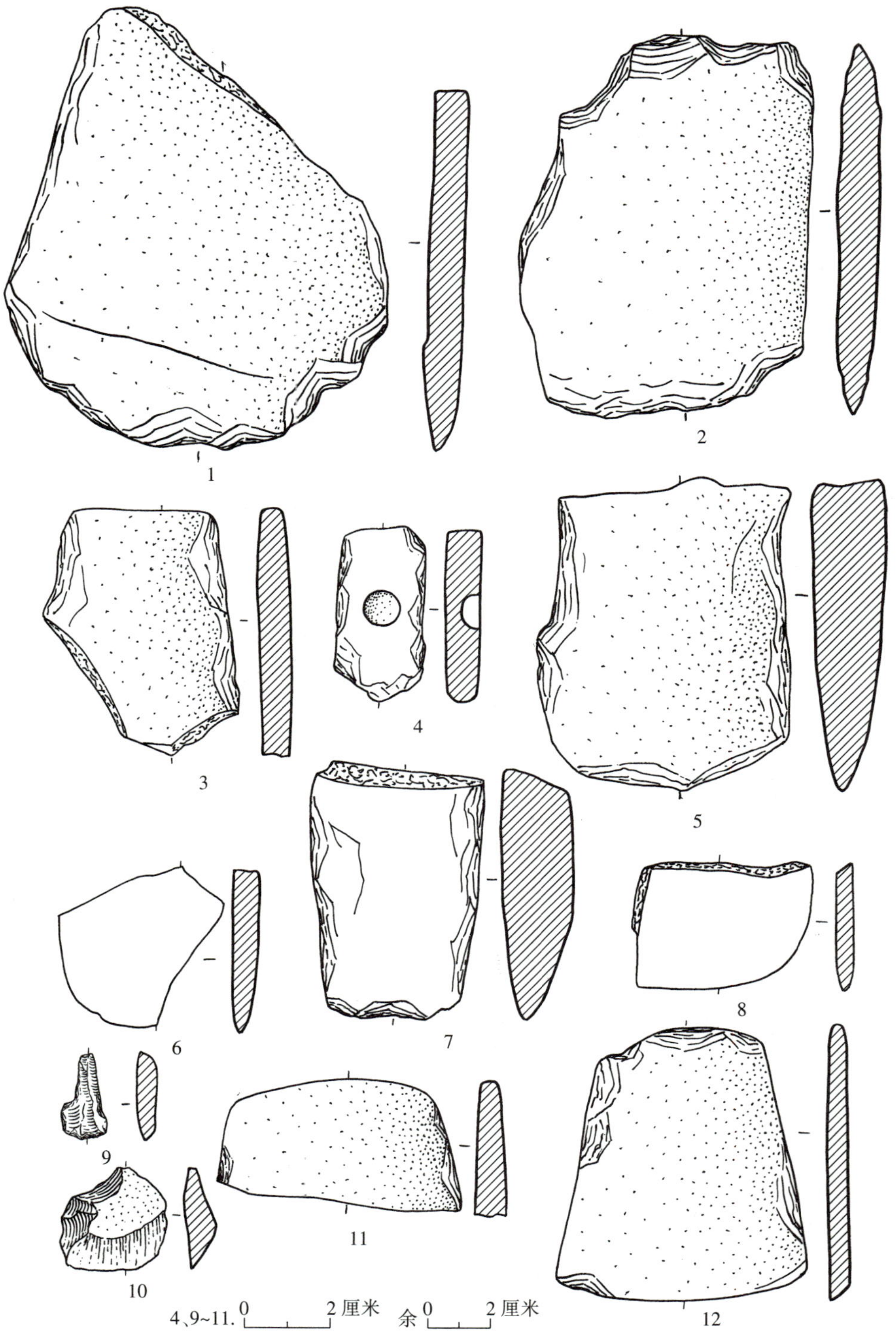

图4－280　ⅠH344的石制品

1、4、7. 石器残段（ⅠH344⑧:4、ⅠH344②:11、ⅠH344③:2）　2. 石器残块（ⅠH344⑧:6）　3、6、8. 石铲残块（ⅠH344⑧:9、ⅠH344⑧:3、ⅠH344⑥:8）　5、11. 石铲残段（ⅠH344⑦:2、ⅠH344②:2）　9. 石镞（ⅠH344②:3）　10. 石片（ⅠH344④:1）　12. 石铲（ⅠH344②:9）

ⅠH344⑥:3　石铲残块。黑色，磨制，残存原石铲的一段刃边，其余各边为断碴。长4.16、宽3.8、厚0.52厘米。

ⅠH344⑥:4　残骨器。磨制，片状，残体平面作长方形，顶与两侧边磨平，顶部对钻一孔。残长6.1、宽1.34、厚0.3、孔内径0.33厘米。

ⅠH344⑥:5　圆陶片。以陶器底制成，泥质红陶，外表灰黑色，周边修薄。直径12.15～13.1、厚1厘米（图4－277，3）。

ⅠH344⑥:6　盘状石器残块。板岩，灰色，打制，周边最薄，仅存少半。长8.27、宽3.5、厚0.56厘米（图4－279，10）。

ⅠH344⑥:7　石铲（或磬）残块。灰色，磨制，残块平面呈三角形。长4.25、宽2.65、厚0.81厘米。

ⅠH344⑥:8　石铲残块。板岩，黑色，磨制，残块平面略呈四边形，残存原石铲的刃边和侧边各一段，另两边均为断碴。长5.9、宽4.1、厚0.5厘米（图4－280，8）。

ⅠH344⑦:1　石铲残段。安山岩，浅灰间黄色夹杂褐斑，与ⅠH235⑱:2质料相同，打制，下部残。长10.05、宽8.1、厚1.6厘米（图4－278，6）。

ⅠH344⑦:2　石铲残段。安山岩，灰色，打制，顶部残。长10.05、宽8.19、厚2.21厘米（图4－280，5）。

ⅠH344⑦:3　卜骨残段。以动物肩胛骨制成，去脊并修磨，残存13个完整的和20个残缺的钻，另一面与钻对应的位置多显出褐色圆点。长9.8、宽8.7、厚0.42、钻直径0.35～0.6厘米（图4－279，1）。

ⅠH344⑦:4　圆陶片残块。以陶器底制成，泥质红陶，外表灰黑色，周边交互打击修薄，残缺近半。长11.12、宽5.9、厚0.76厘米（图4－277，4）。

ⅠH344⑧:2　石斧残段。角闪玢岩，灰色，琢制，局部磨制，平顶，下部无存。长7.65、宽5.66、厚3.2厘米（图4－279，12）。

ⅠH344⑧:3　石铲残块。板岩，黑色，磨制，残存原石铲一侧刃角，其余3条略直的边缘皆为断碴。残块长5.62、宽4.6、厚0.71厘米（图4－280，6）。

ⅠH344⑧:4　石器残段。玄武岩，灰色，扁平体，原砾石表面大部存留，斜直的长边为断碴，其他边缘均经打制修薄。残段长14.5、宽12.15、厚1.53厘米（图4－280，1）。

ⅠH344⑧:5　骨管。磨制，较窄的一端截面近三角形。长7.5、宽1.4厘米（图4－279，4）。

ⅠH344⑧:6　石器残块。蚀变安山岩，灰色，打制，扁体，残存原石器的一段侧边。长12.4、宽9.19、厚1.16厘米（图4－280，2）。

ⅠH344⑧:7　石铲（或斧）半成品残段。安山岩，浅灰色，打制，上部无存。残段长10.3、宽9.25、厚2.8厘米（图4－278，5）。

ⅠH344⑧:8　鹿下颌骨。

ⅠH344⑧:9　石铲残块。玄武岩，黑色，磨制，残块平面为五边形，残存原石铲平直的顶边和斜直之侧边各一段，其余3边为断碴。长7.92、宽5.89、厚0.95厘米（图4－280，3）。

ⅠH344⑧:10　有孔石器残段。安山岩，浅灰色，残段呈长方体，各边与两面略为磨平，中磨钻一透孔，器体自孔中部残断。残段长35.6、宽26、厚16厘米，孔内、外径分别为16.3和23厘米（图4－279，11）。

ⅠH344⑧:11　圆陶片。以瓮类陶器腹片制成，泥质灰陶，外表残存6道箍堆纹，周边皆显露断碴而几乎未经任何整修。直径8.95～9.7、厚0.8厘米（图4－277，1）。

ⅠH348①:1　陶鬶裆部残片。夹砂灰陶，外表饰排列密集的篦点纹，并贴敷一个小泥圈，圈中有凸出的泥钉（图4－281，4）。

ⅠH348①:2　骨锥。磨制，扁平体，平顶，两侧边磨平。长7.2、宽0.7、厚0.4厘米。

ⅠH348②:1　残陶纺轮。泥质红陶，外表褐色，算盘珠状，孔不甚规整。直径2.52、高2.07、孔径约0.5厘米。

ⅠH348②:2　石铲（或斧）半成品残段。辉石安山岩，灰色，打制，留有较多的原砾石表面。长9.9、宽9.3、厚2.92厘米。

ⅠH348②:3　石铲残段。黑灰色，磨制，仅存顶部。残段长6.95、宽3.2、厚0.8厘米（图4－281，3）。

ⅠH348③:1　卜骨残段。以动物肩胛骨制成，残存22个完整的和18个残缺的钻，另一面对应的位置有18处兆痕，基本上都是“一”字形。钻直径0.37～0.65厘米（图4－281，2；彩版九六，1）。

ⅠH348③:2　残卜骨。以猪右侧肩胛骨制成，去脊并修磨，在有肩胛冈的一面残存2个钻，其中之一及其附近的骨体有所残缺。长18.25、宽11.31、钻直径0.32厘米（图4－281，1）。

ⅠH348③:3　石铲（或斧）半成品。角闪安山岩，灰色，打制，窄顶，束腰，凸弧刃。长17.8、宽9.85、厚3.45厘米（图4－281，5）。

ⅠH349⑪:1　石斧。玄武岩，黑色，粗略磨制，平顶，直刃而略显凸弧，正锋，刃缘甚钝。长12.8、宽5.53、厚3.92厘米（图4－282，2；彩版九六，3）。

ⅠH349⑪:2　石铲（或斧）。安山岩，浅灰色，打制，窄顶，束腰，宽刃。长15.2、宽10.52、厚2.95厘米（图4－282，4）。

ⅠH349⑪:3　石磬残块。石灰岩，浅灰色，扁体，磨制，磬面有划擦痕，存留两段原石磬侧边。长6.45、宽3.62、厚0.7厘米（图4－282，3）。

ⅠH349⑪:4　窑汗块。

ⅠH349⑪:5　砾石残块。安山岩，长15.1、宽10、厚4.2厘米。

ⅠH349⑪:6　窑汗块。

ⅠH349⑪:7　砾石残块。安山岩，长12.4、宽9.2、厚4.3厘米。

ⅠH349⑪:8　残器盖。夹砂红陶，盖体圆饼状，平缘，残缺一角，中有一短圆柱

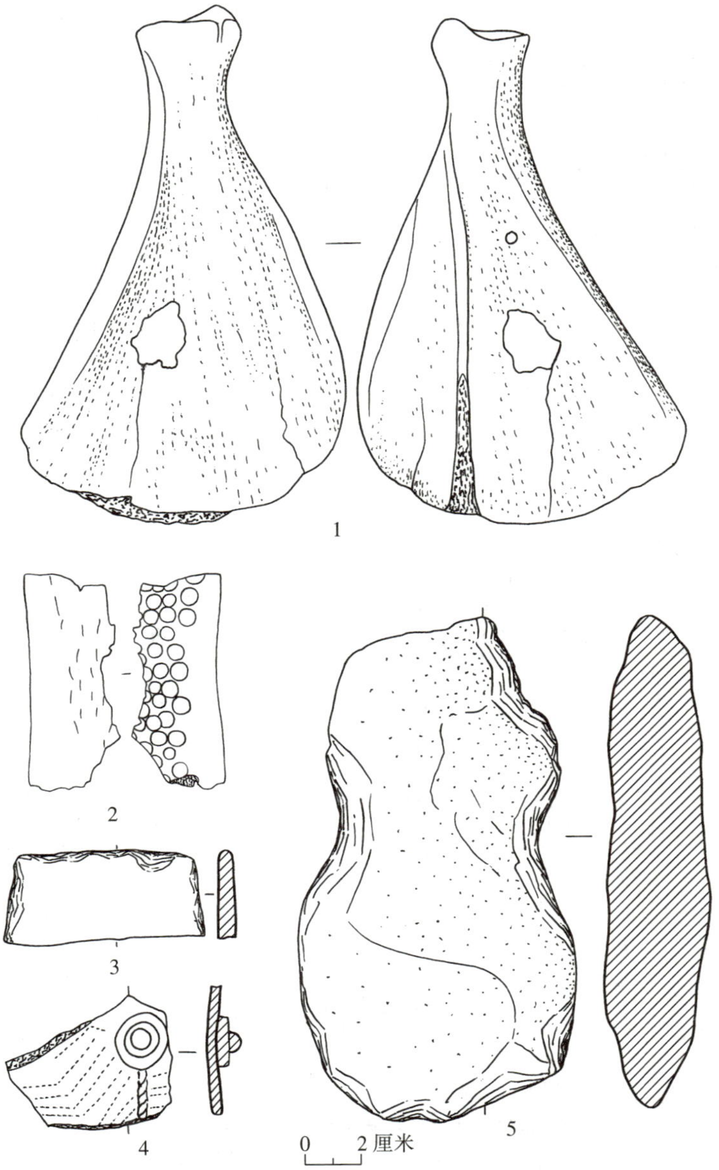

图4-281　ⅠH348陶容器以外的石、陶、骨制品

1. 残卜骨（ⅠH348③:2）　2. 卜骨残段（ⅠH348③:1）　3. 石铲残段（ⅠH348②:3）
4. 陶鬶裆部残片（ⅠH348①:1）　5. 石铲（或斧）半成品（ⅠH348③:3）

形盖纽。盖体直径7.96、厚0.65厘米，盖纽直径1.55、高1.3厘米（图4-282，1；彩版九六，2）。

ⅠH350①:1　石铲（或斧）半成品。安山岩，灰色，粗略打制，窄顶，束腰，宽刃略直，多处尚存砾石原表面。长18.25、宽9.7、厚3.4厘米（图4-283，2）。

ⅠH350①:2　盘状石器坯。安山岩，褐色，粗略打制成周边较薄的圆盘状体。直径7.4~7.8、厚4.15厘米（图4-283，4）。

ⅠH350①:3　石器残块。大理岩，灰绿色，打制。长7.9、宽7、厚2.3厘米。

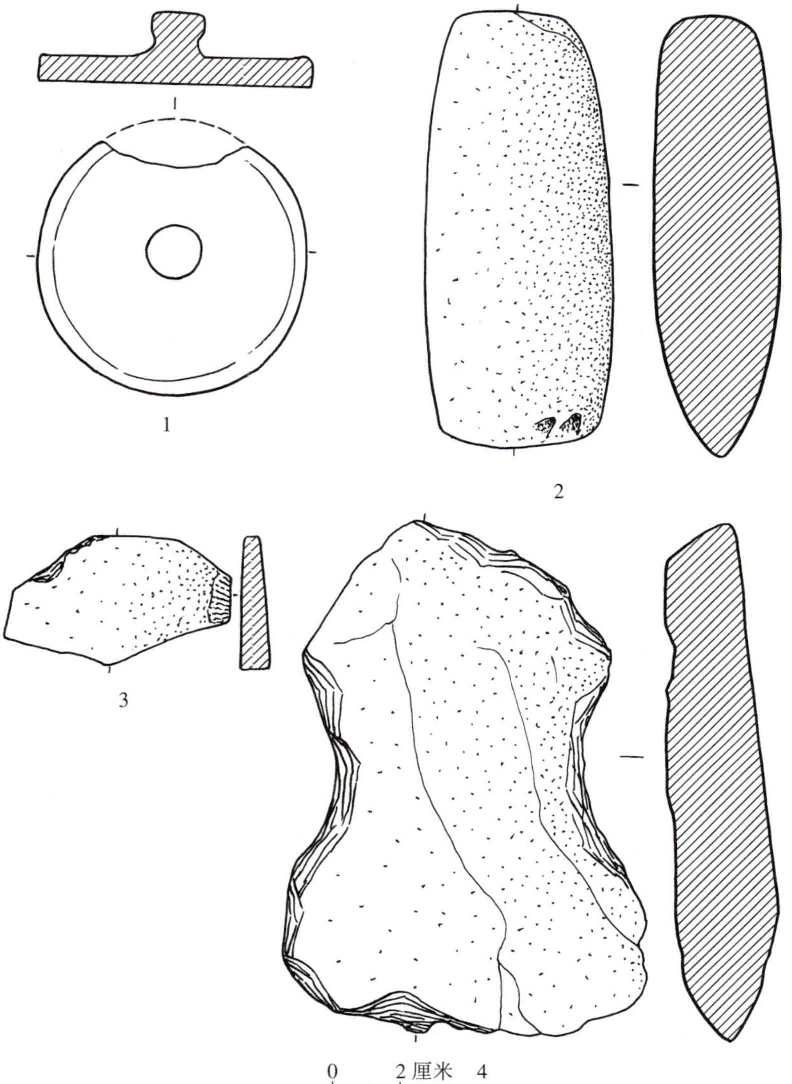

图4－282　ⅠH349陶容器以外的石、陶制品
1. 残器盖（ⅠH349⑪:8）　2. 石斧（ⅠH349⑪:1）
3. 石磬残块（ⅠH349⑪:3）　4. 石铲（或斧）（ⅠH349⑪:2）

ⅠH350①:4　小石片。燧石，紫色，边缘有少许压削痕。长2.5、宽1.8、厚0.65厘米。

ⅠH350①:5　盘状石器残块。玄武岩，黑色，打制，周边较薄。直径约13、厚0.7厘米（图4－283，1）。

ⅠH350①:6　陶圆饼。以陶器残片制成，泥质红陶，外表褐色，饰绳纹，并残存一道箍堆纹，周边磨平。直径3.8～4、厚1.67厘米（图4－283，3）。

ⅠH350①:7　石刀残段。两端残，晶屑凝灰岩，灰色，磨制，一面平，另一面隆起成脊，背边磨平。长4.7、宽2、厚0.75厘米（图4－283，5）。

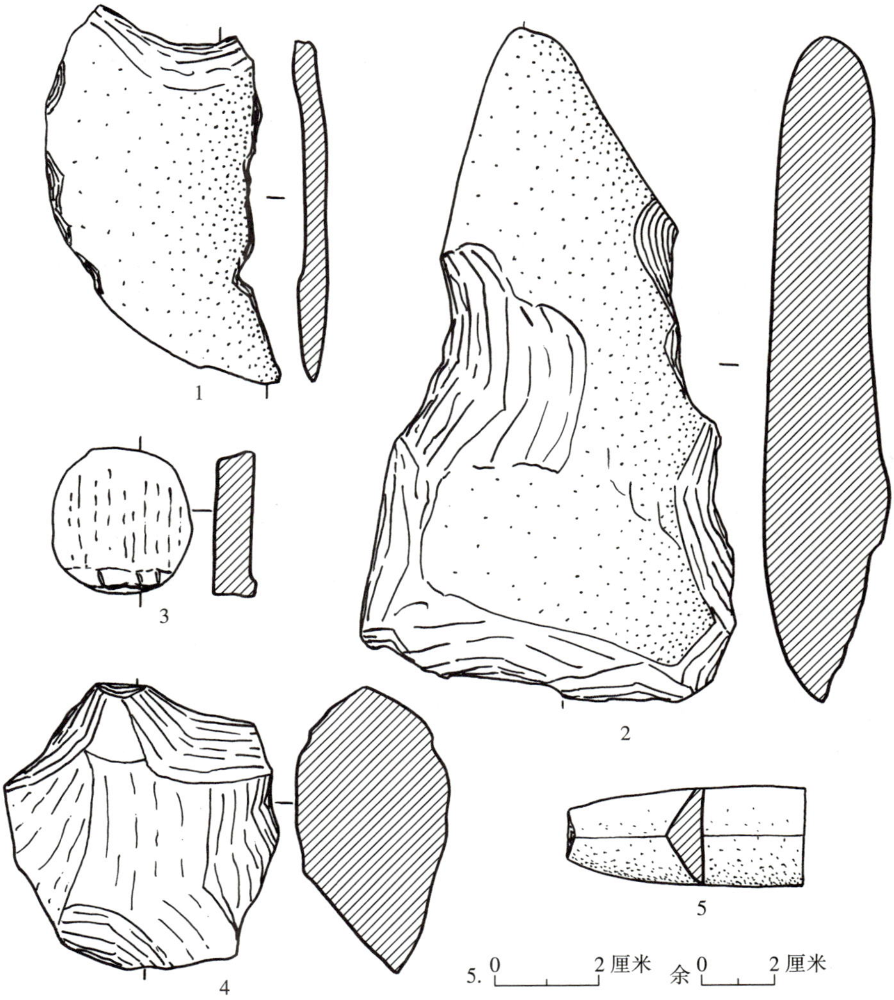

图4－283　ⅠH350陶容器以外的石、陶制品

1. 盘状石器残块（ⅠH350①:5）　2. 石铲（或斧）半成品（ⅠH350①:1）
3. 陶圆饼（ⅠH350①:6）　4. 盘状石器坯（ⅠH350①:2）　5. 石刀残段（ⅠH350①:7）

ⅠH350①:8　磨制石铲残片。玄武岩，黑色，残存石铲的刃边和侧边各一段。长7.3、宽6.4、厚1.2厘米。

ⅠH350③:1　磨制石铲残片。熔结凝灰岩，黑色，残存一段石铲之侧边。

ⅠH353⑥:1　残陶纺轮。泥质褐陶，算盘珠状，自中孔处残断。直径3.45、高2.26、孔径0.7厘米（图4－284，2）。

ⅠH353⑦:1　陶纺轮。泥质褐陶，算盘珠状。直径3.02～3.2、高2.82、孔径0.5厘米（图4－284，1）。

ⅠH353⑦:2　残骨锥。将纵劈之动物肢骨磨制而成。长9.17、宽2.6厘米。

ⅠH353⑧:1　残圆陶片。以瓮、罐类陶器腹片制成，泥质红陶，外表黑色，存留3道箍堆纹，残缺近半。直径10.64、厚1.1厘米（图4－284，3）。

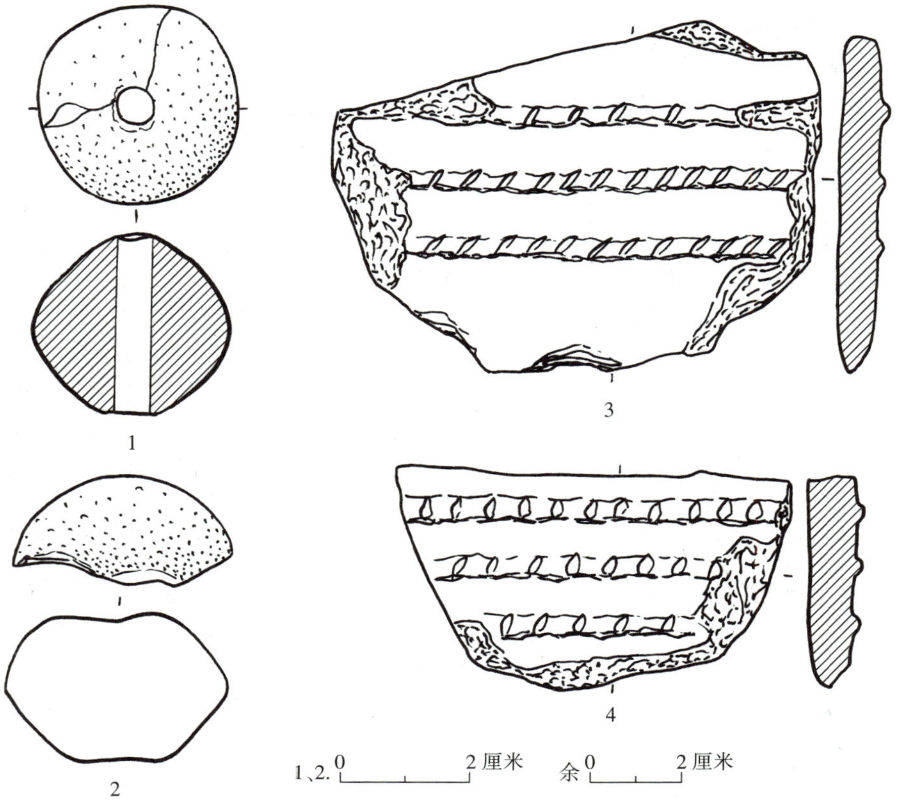

图4－284　ⅠH353陶容器以外的陶制品
1. 陶纺轮（ⅠH353⑦:1）　2. 残陶纺轮（ⅠH353⑥:1）
3. 残圆陶片（ⅠH353⑧:1）　4. 圆陶片残块（ⅠH353⑧:2）

ⅠH353⑧:2　圆陶片残块。以瓮、罐类陶器腹片制成，泥质红陶，外表黑色，存留3道箍堆纹，残块尚不及圆陶片的一半。长8.55、宽4.9、厚1.36厘米（图4－284，4）。

ⅠH355:1　彩绘陶片。

ⅠH355:3　有切削痕的肋骨残段。

ⅠH356①:1　盘状石器。安山岩，浅灰色，打制，周边修薄，经火烧而致多处呈黑色，且有裂隙。直径10.45～11.4、厚1.05厘米（图4－285，2；彩版九七，1）。

ⅠH356①:2　骨锥。磨制，宽扁体，一面平，另一面呈弧状隆起。长7.65、宽2.2、厚0.8厘米（图4－286，6）。

ⅠH356①:3　有孔骨器残段。磨制，扁长条状，近端首处穿有一孔，孔稍残，端首亦缺一角，另一端残。残段长5、宽1.45、厚0.25厘米（图4－286，5）。

ⅠH356①:4　盘状石器。安山岩，灰色，粗略打制成形，周边最薄。直径9.3～10.15、厚1.4厘米（图4－285，1；彩版九七，2）。

ⅠH356②:1　石刀残段。辉绿玢岩，黑褐色，磨制，一面平，另一面隆起，偏锋，端首圆尖，背边存留一“V”字形凹缺。残段长5.75、宽2.35、厚0.85厘米（图4－287，9）。

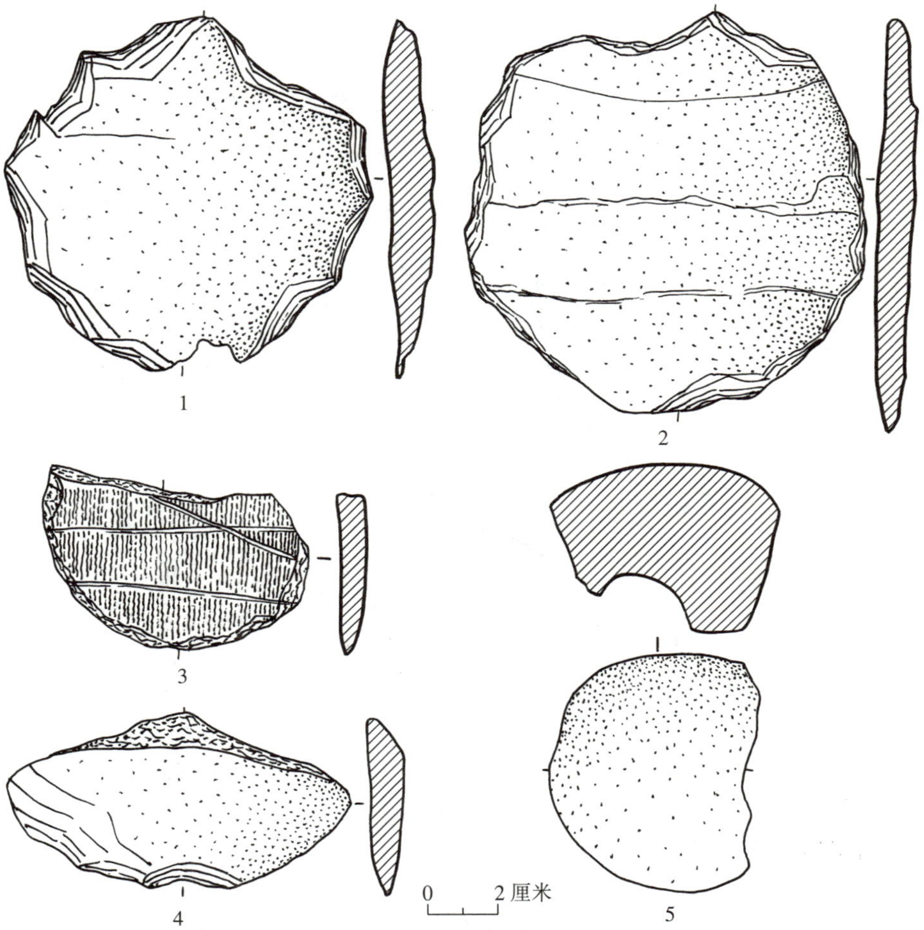

图4－285　ⅠH356陶容器以外的石、陶制品
1、2. 盘状石器（ⅠH356①:4、ⅠH356①:1）　3、4. 圆陶片残块（ⅠH356⑦:6、ⅠH356⑥:3）
5. 残陶垫（ⅠH356⑤:5）

ⅠH356②:2　有孔骨器残段。为一动物肢骨残段，下部无存，此残段的上半部分烧成黑色，并开有一孔。长9.4、孔径0.85厘米（图4－286，7）。

ⅠH356②:3　磨石残块。石英砂岩，灰褐色，板状，两面均经砥磨而略显内凹。长14.28、宽8.45、厚3.3厘米（图4－287，5）。

ⅠH356②:4　磨石。凝灰质粉砂岩，灰白色，扁平体，平面近梯形，两面均经砥磨，一面稍有内凹，凹面中部被类似朱砂的红色物浸染。长6.3、宽6.2、厚1.6厘米（图4－287，1）。

ⅠH356②:5　有打击痕的石块。安山岩，灰褐色，扁体，平面略似梯形。长10、宽9.58、厚1.95厘米（图4－287，10）。

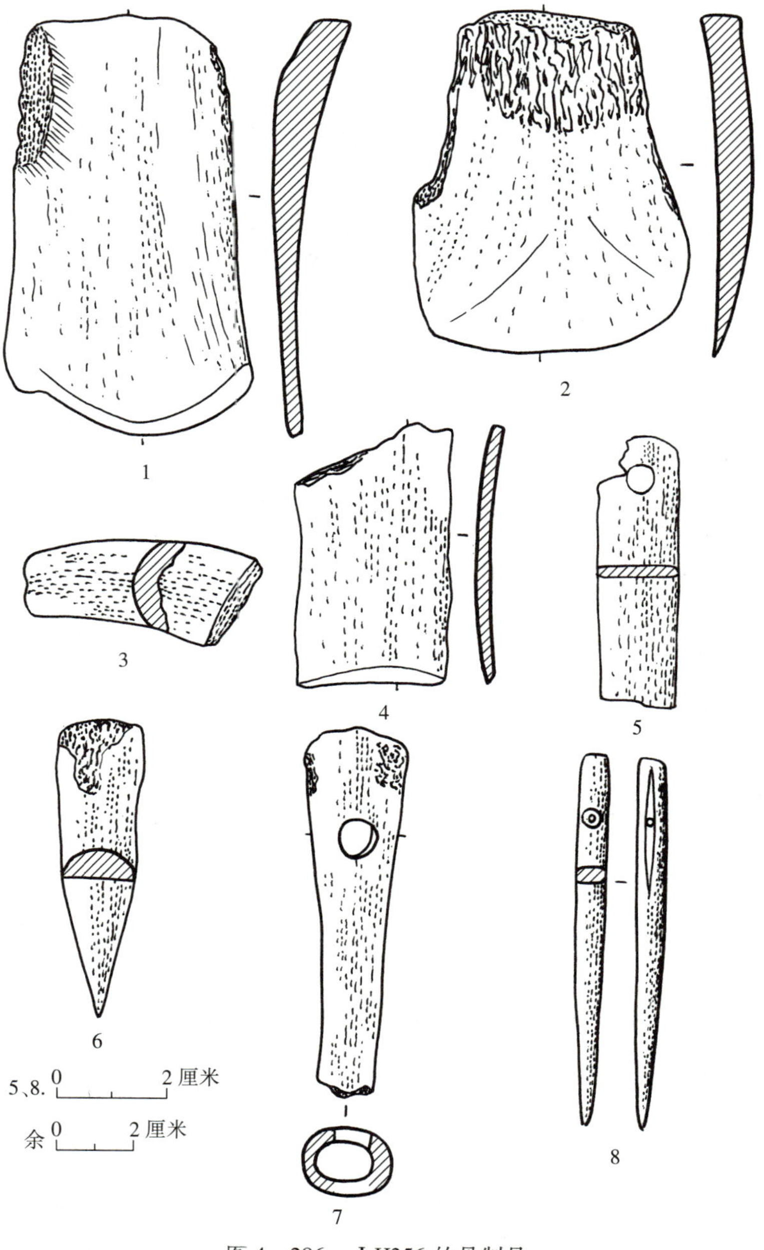

图4－286　ⅠH356的骨制品

1、2. 骨铲（ⅠH356⑥:1、ⅠH356⑦:2）　3. 角器残段（ⅠH356②:6）
4. 骨器残段（ⅠH356⑥:6）　5、7. 有孔骨器残段（ⅠH356①:3、ⅠH356②:2）
6. 骨锥（ⅠH356①:2）　8. 骨针（ⅠH356⑦:3）

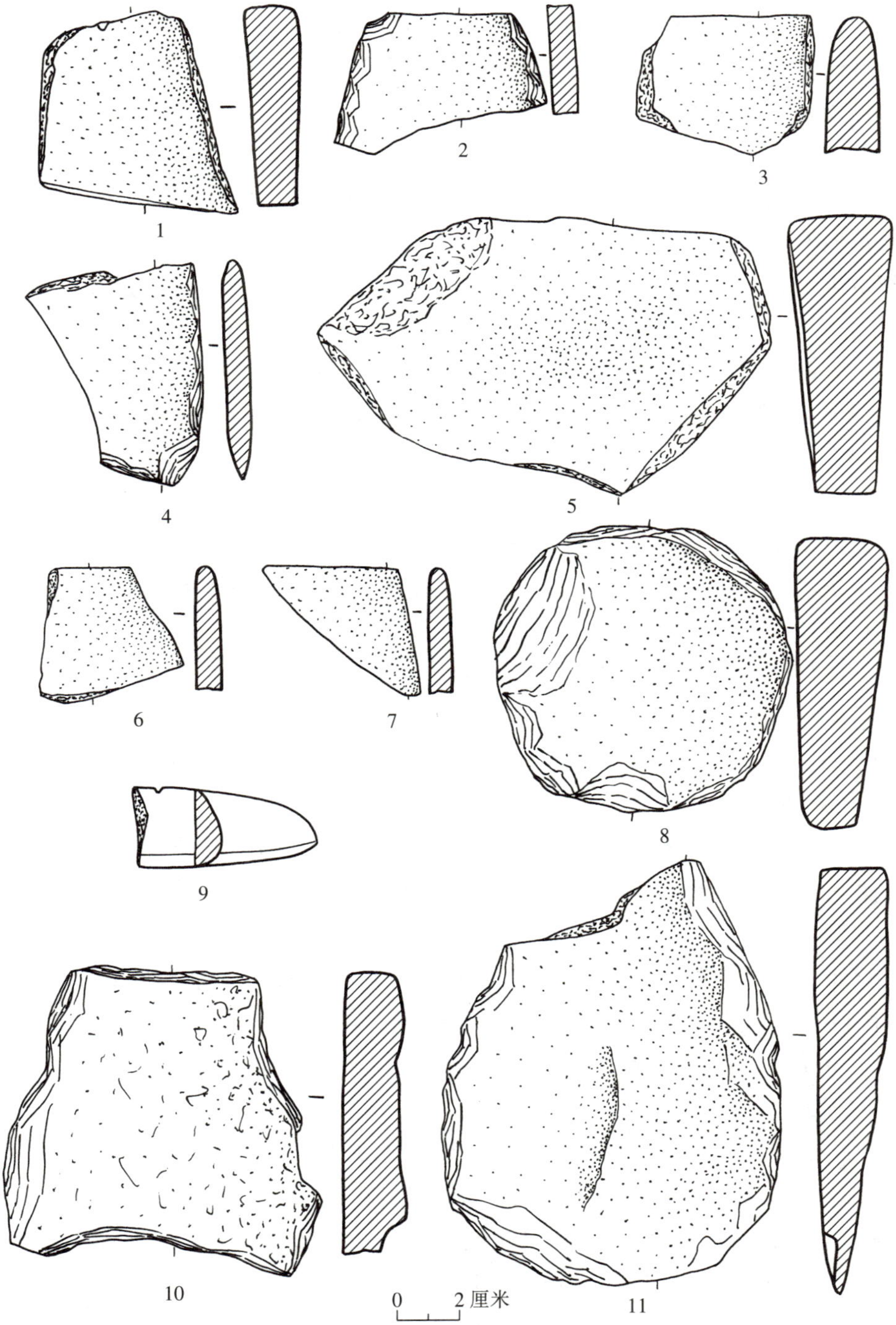

图4-287　ⅠH356的石制品

1. 磨石（ⅠH356②:4）　2. 石铲残段（ⅠH356⑥:7）　3、6、7. 石器残块（ⅠH356⑥:5、ⅠH356⑥:2、ⅠH356⑦:4）　4. 石铲残块（ⅠH356⑤:3）　5. 磨石残块（ⅠH356②:3）　8. 饼形石器（ⅠH356⑦:5）　9. 石刀残段（ⅠH356②:1）　10. 有打击痕的石块（ⅠH356②:5）　11. 盘状石器半成品（ⅠH356⑥:4）

ⅠH356②:6　角器残段。将兽角纵劈一半并截断而成，根端存留切割痕，另一端磨平。长6.1、宽2.6、厚1.2厘米（图4－286，3）。

ⅠH356⑤:1　蚌片。长2.9、宽1.5、厚0.5厘米。

ⅠH356⑤:2　蚌片。长2.8、宽1.3、厚0.3厘米。

ⅠH356⑤:3　石铲残块。板岩，黑色，磨制，残块平面略近梯形，存留一段原石铲的侧边，其余各边皆为断碴。长6.9、宽5.2、厚0.7厘米（图4－287，4）。

ⅠH356⑤:4　骨器残段。磨制。长3.65、宽1.5、厚1厘米。

ⅠH356⑤:5　残陶垫。夹砂灰陶，捉手部分残失殆尽，垫体亦残一角，垫面凸弧。直径6.9、残高4.68厘米（图4－285，5）。

ⅠH356⑥:1　骨铲。以动物肩胛骨磨制而成，平顶，一侧边较直，另侧边略见弧曲，凸弧刃。铲面可见磨制加工时留下的纵、横、斜向摩擦痕，较直之侧边的上部还凿出3个短而浅的凹缺（另侧边与之对应处亦有损痕），或为绑缚铲柄所设。长10.69、宽6.35、厚1.3厘米（图4－286，1；彩版九八，1）。

ⅠH356⑥:2　石器残块。凝灰质板岩，灰色，磨制，扁体，残块平面近梯形，存留一段原石器的侧边，其余3边为断碴。长4.6、宽4.35、厚0.8厘米（图4－287，6）。

ⅠH356⑥:3　圆陶片残块。以陶器底制成，边缘处经交互打击修薄。残块长9.55、宽4.9、厚1.4厘米（图4－285，4）。

ⅠH356⑥:4　盘状石器半成品。安山玢岩，少有打制加工，残留从石材上打下的断碴，整体作不规则圆盘状，周边有多处经交互打击修薄。长13.3、宽10.65、厚2.4厘米（图4－287，11）。

ⅠH356⑥:5　石器残块。大理岩，白色杂黑斑点，磨光，扁体，残块平面近五边形，仅存一段圆钝的原石器侧边，其余各边均为断碴。长5.65、宽4.35、厚1.6厘米（图4－287，3）。

ⅠH356⑥:6　骨器残段。近铲状，自上而下略见弯弧，所存端边磨出偏锋，另一端残。长6.7、宽3.9、厚0.35厘米（图4－286，4）。

ⅠH356⑥:7　石铲残段。石灰岩，黑灰色，磨制，仅存顶部，直顶边磨平，两侧边下斜。残段长6.8、宽4.3、厚0.7厘米（图4－287，2）。

ⅠH356⑥:8　骨料。纵劈动物肢骨而成。长15.3、宽2.6、厚1厘米。

ⅠH356⑦:1　骨器残段。残段作长锥体，磨制。长1.9、直径0.6厘米。

ⅠH356⑦:2　骨铲。磨制，柄部较为突出而呈有肩之形态，顶边磨平，凸弧刃。铲体自上而下略见弯弧，骨密质一侧的刃面磨出八字脊，此脊以下的刃面显现多道纵向磨蚀痕。长8.7、宽7、厚1厘米（图4－286，2；彩版九八，2）。

ⅠH356⑦:3　骨针。磨制，扁体，平顶。针孔处的两面各有一道刻划痕，一面的刻痕既宽且深，成梭形槽，自另一面向槽中心钻出针孔。长6.8、宽0.5、厚0.3、孔内径0.15厘米（图4－286，8；彩版九八，3）。

ⅠH356⑦:4　石器残块。石灰岩，浅灰色，磨光，扁体，残块平面作三角形，存留一段圆钝的原石器侧边，其余两边均为断碴，一面沾有少许红色。厚0.6厘米（图4－287，7）。

ⅠH356⑦:5　饼形石器。安山岩，灰色，打制成平钝的器边，一侧明显较厚。直径9.2~9.4、厚2.85厘米（图4－287，8）。

ⅠH356⑦:6　圆陶片残块。以陶器腹片制成，夹砂灰陶，外表饰划断绳纹，周边交互打击修薄，残缺近半。直径7.8、厚0.75厘米（图4－285，3）。

ⅠH367:1　石臼。熔渣，多气孔，黑灰色，稍加琢制，底部略平，顶面制出浅臼窝。长约20、宽14.7、高11.58厘米，臼窝直径8.9~10.8、深3.7厘米（图4－288；彩版九九，1）。

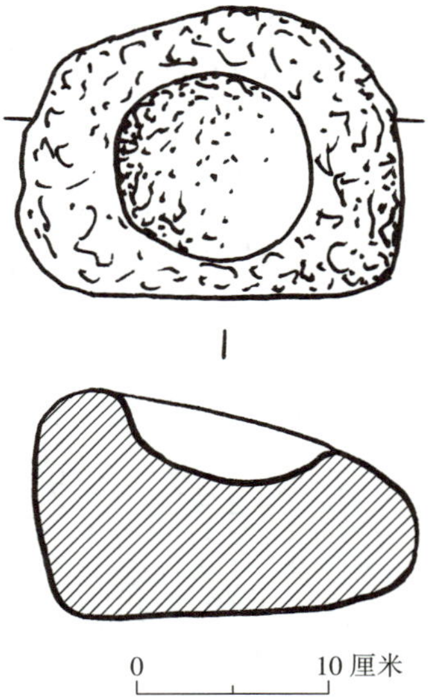

图4－288　ⅠH367的石臼
（ⅠH367:1）

ⅠH368①:1　残骨簪（或锥）。磨制，尖残。残长6.32、宽0.6、厚0.37厘米。

ⅠH368⑤:1　骨锥。将纵劈的动物肢骨磨制而成，顶略平，锥尖稍残。外表有上、下两组阴刻纹，上组由3股基本平行的横折线构成。下组为2行平行横线，上行刻线的中间漫漶不清，似断似续。长8.4、顶宽1.6、最厚0.96厘米（图4－289，4；彩版九八，4）。

ⅠH368⑪:1　石铲残块。凝灰质板岩，褐色，磨制，残块近长方形，存留石铲刃边和侧边各一段，其余两边为断碴，刃面可见多道纵向磨蚀痕。残块长9.57、宽3.9、厚0.65厘米（图4－289，1）。

ⅠH368⑪:2　残骨针。磨制，顶、尖皆残。长5.3、直径0.12厘米。

ⅠH368⑭:1　石铲残块。熔结凝灰岩，绿色，磨制，残块平面近呈梯形，长直边为原石铲的侧边，其余各边均为断碴。长10.55、宽5.6、厚0.88厘米（图4－289，2）。

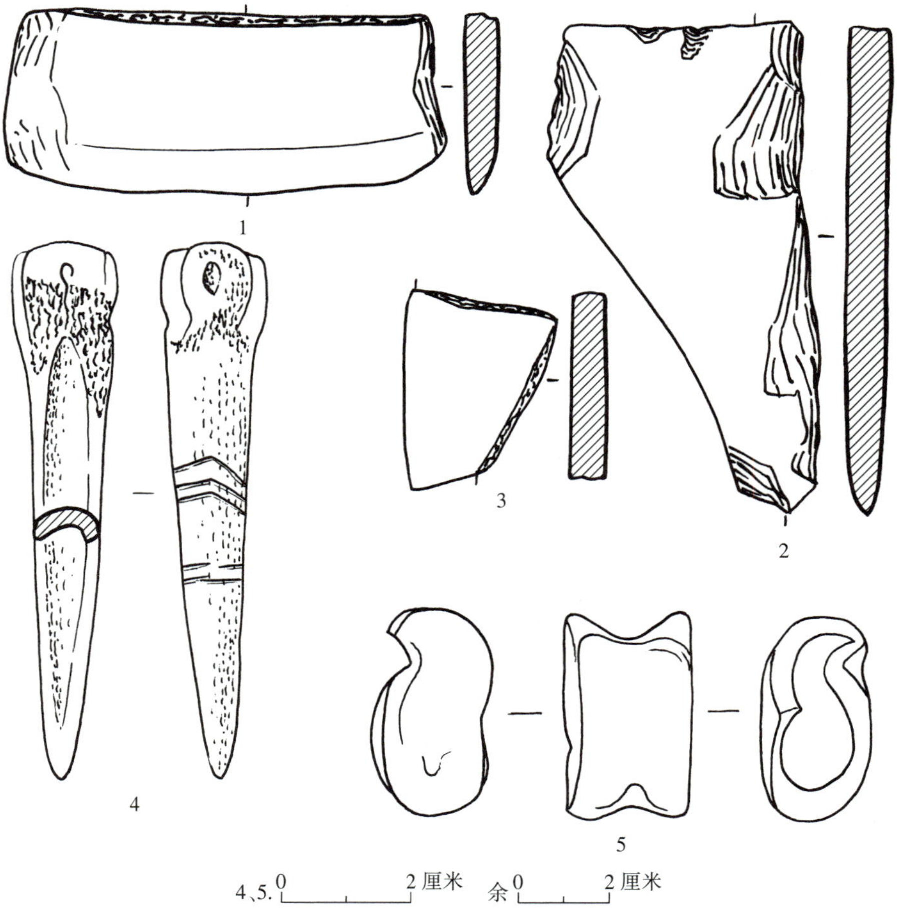

图 4－289　ⅠH368 的石、骨制品

1～3. 石铲残块（ⅠH368⑪:1、ⅠH368⑭:1、ⅠH368⑭:2）　4. 骨锥（ⅠH368⑤:1）
5. 略经磨过的羊距骨（ⅠH368⑭:4）

ⅠH368⑭:2　石铲残块。大理岩，绿色，磨制，残块平面呈梯形，长边为原石铲的侧边，其余 3 边为断碴。长 4.3、宽 3.3、厚 0.78 厘米（图 4－289，3）。

ⅠH368⑭:3　磨制石器残块。石灰岩。

ⅠH368⑭:4　略经磨过的羊距骨。长 3.3、宽 1.9、厚 1.8 厘米（图 4－289，5）。

ⅠH369:1　残骨簪。磨制，顶残，尖端略显弯弧。器体横截面近扁圆形，一面略平而中间贯有一道纵长之浅凹，另一面呈弧状隆起。长 9.28、宽 0.53、厚 0.3 厘米（图 4－290，4）。

ⅠH369:2　残饼形石器。长石石英砂岩，棕褐色，磨制，外形规整，残体为横剖而成的半扇饼形石器。直径 8.3、残厚 1.35 厘米（图 4－290，6）。

ⅠH369:3　石片。蛋白石，白色透明。长 1.5、宽 1.2、厚 0.6 厘米。

ⅠH369:4　石铲。玄武岩，灰色，打制，窄顶，凸弧刃，两侧边斜直并留有较多的交互打击痕。长 12.47、宽 7.89、厚 2.04（图 4－290，3）。

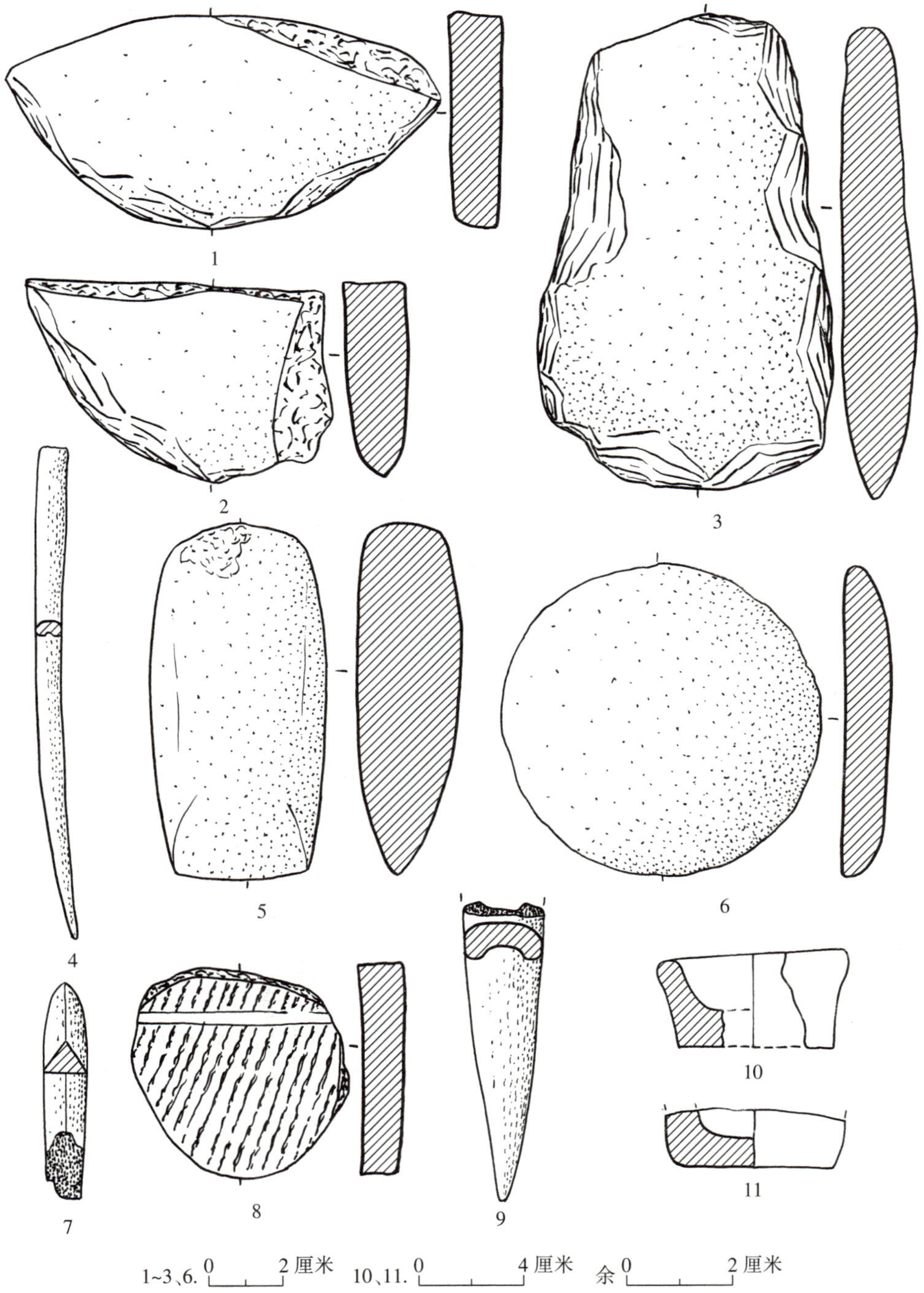

图4－290　ⅠH369陶容器以外的石、陶、骨制品

1、2. 盘状石器残块（ⅠH369∶8、ⅠH369∶9）　3. 石铲（ⅠH369∶4）　4. 残骨簪（ⅠH369∶1）
5. 石凿（ⅠH369∶6）　6. 残饼形石器（ⅠH369∶2）　7. 残骨镞（ⅠH369∶12）
8. 经过修磨的陶片（ⅠH369∶10）　9. 骨锥残段（ⅠH369∶13）　10. 残陶皿（ⅠH369∶14）
11. 陶皿残底（ⅠH369∶11）

ⅠH369∶5　石片。蛋白石，白色透明。长 1.53、宽 0.88、厚 0.3 厘米。

ⅠH369∶6　石凿。辉长岩，灰色，琢制为主，刃面磨制，窄顶，两侧边凸弧，刃与顶边大致等长，刃边略见凸弧，锋稍偏，刃缘因使用而显得较钝。长 6.73、宽 3.36、厚 2 厘米（图 4－290，5）。

ⅠH369∶7　石片。燧石，白色透明。长 1.65、宽 1.16、厚 0.54 厘米。

ⅠH369∶8　盘状石器残块。凝灰岩，灰色，局部烧黑，打制，周边略薄。残块长 11.25、宽 5.7、厚 1.34 厘米（图 4－290，1）。

ⅠH369∶9　盘状石器残块。凝灰岩，浅灰色，局部烧黑，打制，周边修薄，两断碴边相互垂直。残块长 7.94、宽 5.35、厚 1.76 厘米（图 4－290，2）。

ⅠH369∶10　经过修磨的陶片。泥质红陶，内壁黑色，外表饰划断绳纹，平面呈不规则圆形，多数边缘被磨平。直径 3.85～4.23、厚 0.87 厘米（图 4－290，8）。

ⅠH369∶11　陶皿残底。泥质褐陶，为连接少许器壁的大半个器底。底径 5.9、残高 2.2、底厚 1.2 厘米（图 4－290，11）。

ⅠH369∶12　残骨镞。磨制，镞体磨出长三棱，前锋圆尖，尾残。残长 4.07、宽 0.8 厘米（图 4－290，7）。

ⅠH369∶13　骨锥残段。磨制，仅存扁体的锥尖部分。长 5.6、宽 1.6、厚 0.56 厘米（图 4－290，9）。

ⅠH369∶14　残陶皿。泥质褐陶，内、外表皆呈黑色，制作不精，平底，敞口，圆唇，纵向残半。口径 7.3、底径 5.8、高 3.7 厘米（图 4－290，10）。

ⅠH373①∶1　白色石块。脉石英，长和宽皆 3.2、厚 0.8 厘米。

ⅠH373①∶2　陶纺轮。泥质褐陶，算盘珠状。直径 2.6、高 1.9、孔径 0.45 厘米（图 4－291，4）。

ⅠH373①∶3　骨锥。扁体，平面近长三角形，磨制，锥尖略残。长 7.65、宽 2.8、厚 1 厘米（图 4－291，5）。

ⅠH373①∶4　石铲残块。石灰岩，灰色，磨制，残块平面略呈长方形，残存一段原石铲侧边，其余三边均为断碴。长 4.1、宽 2.2、厚 0.91 厘米（图 4－291，3）。

ⅠH373②∶1　骨针。磨制，顶部稍扁。长 6.52、直径 0.18、孔径 0.08 厘米（图 4－291，6）。

ⅠH373②∶2　石器半成品。玄武岩，扁体，平面略近长梯形，四边均有交互打击痕。长 15.1、宽 6.1、厚 1.65 厘米（图 4－291，1）。

ⅠH373②∶3　石器残块。安山岩，黑色，粗略磨制，扁体，平面近梯形，较长的两边一为原石器侧边，另一边交互打击修薄，其余两边均为断碴。长 8.05、宽 4.85、厚 1.6 厘米。

ⅠH373②∶4　石器。珍珠岩，黑色，粗略磨制，扁体，平面作长方形，各边较为平钝。长 12.3、宽 7.65、厚 2.9 厘米（图 4－291，2）。

ⅠH373③∶1　骨器残段。磨制。长 6.35、宽 0.65、厚 0.4 厘米。

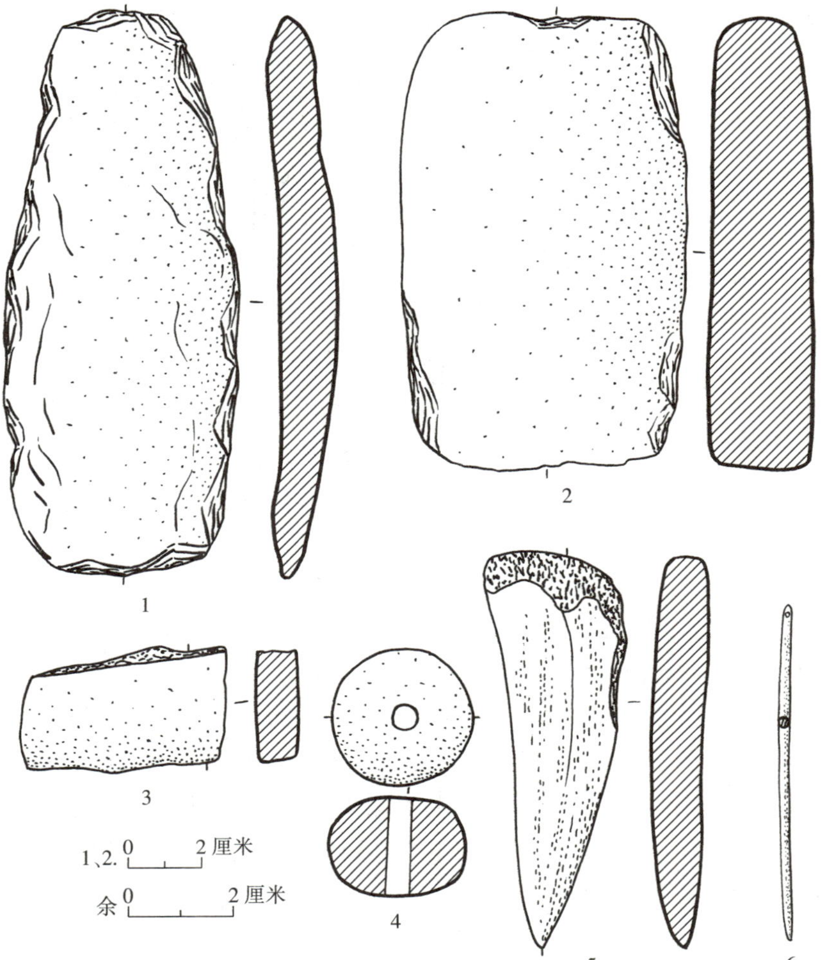

图4－291　ⅠH373陶容器以外的石、陶、骨制品

1. 石器半成品（ⅠH373②:2）　2. 石器（ⅠH373②:4）　3. 石铲残块（ⅠH373①:4）
4. 陶纺轮（ⅠH373①:2）　5. 骨锥（ⅠH373①:3）　6. 骨针（ⅠH373②:1）

ⅠH373③:2　石刀残段。晶屑凝灰岩，灰色，磨制，一面平，另一面隆起，背边磨平，刃缘多有崩碴。长4.65、宽2.76、厚0.8厘米。

ⅠH373③:3　石铲残块。石灰岩，灰黑色，磨制，残块平面略呈四边形，存留原石铲刃边和侧边各一段，其余两边均为断碴。长3.13、宽2.55、厚0.7厘米。

ⅠH377:1　彩绘陶器残片。

ⅠH377:2　磨制石器残片。燧石质。

ⅠH377:3　残陶垫。夹砂红陶，菌状，平顶，垫面缓凸，垫面中部残损。垫面直径7.74～7.9、残高6.85厘米（图4－292；彩版九八，5）。

ⅠH379②:1　盘状石器。安山岩，打制，除存留一段原石材的平边外，其余边缘均经修薄。直径9.8～11.1、厚2厘米（图4－293，2）。

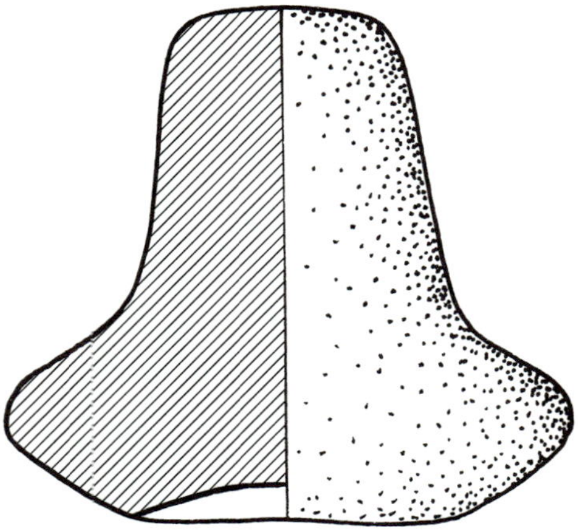

图 4－292　ⅠH377 的残陶垫
（ⅠH377∶3）

ⅠH379②:2　圆陶片。以陶器腹片制成，周边经交互打击修薄，泥质红陶，外表施划纹。直径 8.6～9、厚 0.95 厘米（图 4－294，5）。

ⅠH379②:3　石斧。辉长岩，琢制为主，刃部磨制，窄顶，两侧边略弧，宽刃，正锋。长 9.78、宽 5.05、厚 3.3 厘米（图 4－293，6；彩版九九，2）。

ⅠH379②:4　陶纺轮。泥质灰陶，算盘珠状，中腹呈一周边棱，其上排列 15 个纵长的短楔点。直径 3～3.1、高 2.05、孔径 0.45 厘米（图 4－294，2）。

ⅠH379②:5　石器残块。2 件。均为凝灰质板岩，灰褐色，扁体，平面略近三角形，两断碴边相互垂直，弧边经交互打击修薄。H379②:5－1，长 6.2、宽 5.9、厚 0.55 厘米，H379②:5－2，长 5.65、宽 5.3、厚 0.5 厘米（图 4－293，11）。

ⅠH379②:6　小石块。燧石，紫红色，略有打击痕。长 1.65、宽 1.3 厘米。

ⅠH379②:7　盘状石器。安山岩，灰色，打制，周边修薄，形体规整。直径 18～18.75、厚 1.9 厘米（图 4－293，1；彩版九九，4）。

ⅠH379②:8　石铲。板岩，灰褐色，打制，窄顶，两侧边斜直，凸弧刃，顶边与两侧边均经交互打击或磨制而修薄。从中间断成两截。长 42.1、宽 11.7、厚 0.85 厘米（图 4－293，5；彩版一〇〇）。

ⅠH379②:9　石刀。凝灰岩，棕色，磨制，背与端边均磨平，凸弧刃，偏锋，中部对钻一孔，孔旁有一处击痕，石刀自孔中部断成两截，其中一截表面颜色略深。长 11.85、宽 3.7、厚 0.8、孔内径 0.55 厘米（图 4－293，8；彩版九九，3）。

ⅠH379②:10　石锛。硅质灰岩，灰色，磨制，平顶，两侧边平直，宽刃略显凸弧，偏锋。长 8.69、宽 4.35、厚 1.5 厘米（图 4－293，7）。

ⅠH379②:11　石铲残片。凝灰质板岩，灰褐色，磨制，残片平面为三角形，存留一段原石铲侧边。长 4.2、宽 3.2、厚 0.3 厘米（图 4－293，10）。

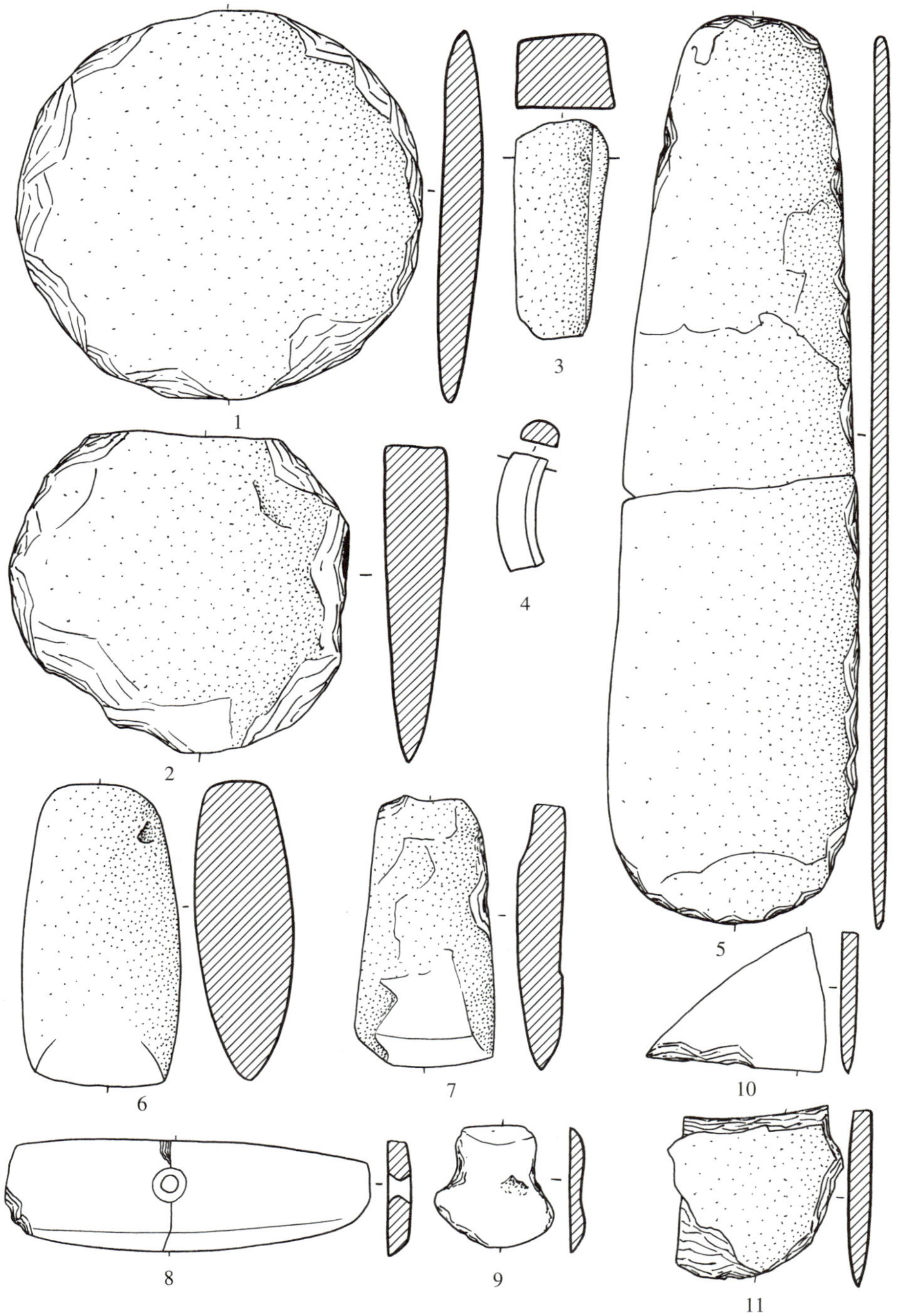

1、5. 0 4厘米　4、10. 0 2厘米　余 0 2厘米

图4－293　ⅠH379的石制品

1、2. 盘状石器（ⅠH379②:7、ⅠH379②:1）　3. 磨过的石块（ⅠH379②:16）　4. 石环残段（ⅠH379②:19）　5. 石铲（ⅠH379②:8）　6. 石斧（ⅠH379②:3）　7. 石锛（ⅠH379②:10）　8. 石刀（ⅠH379②:9）　9. 石器（ⅠH379②:18）　10. 石铲残片（ⅠH379②:11）　11. 石器残块（ⅠH379②:5－2）

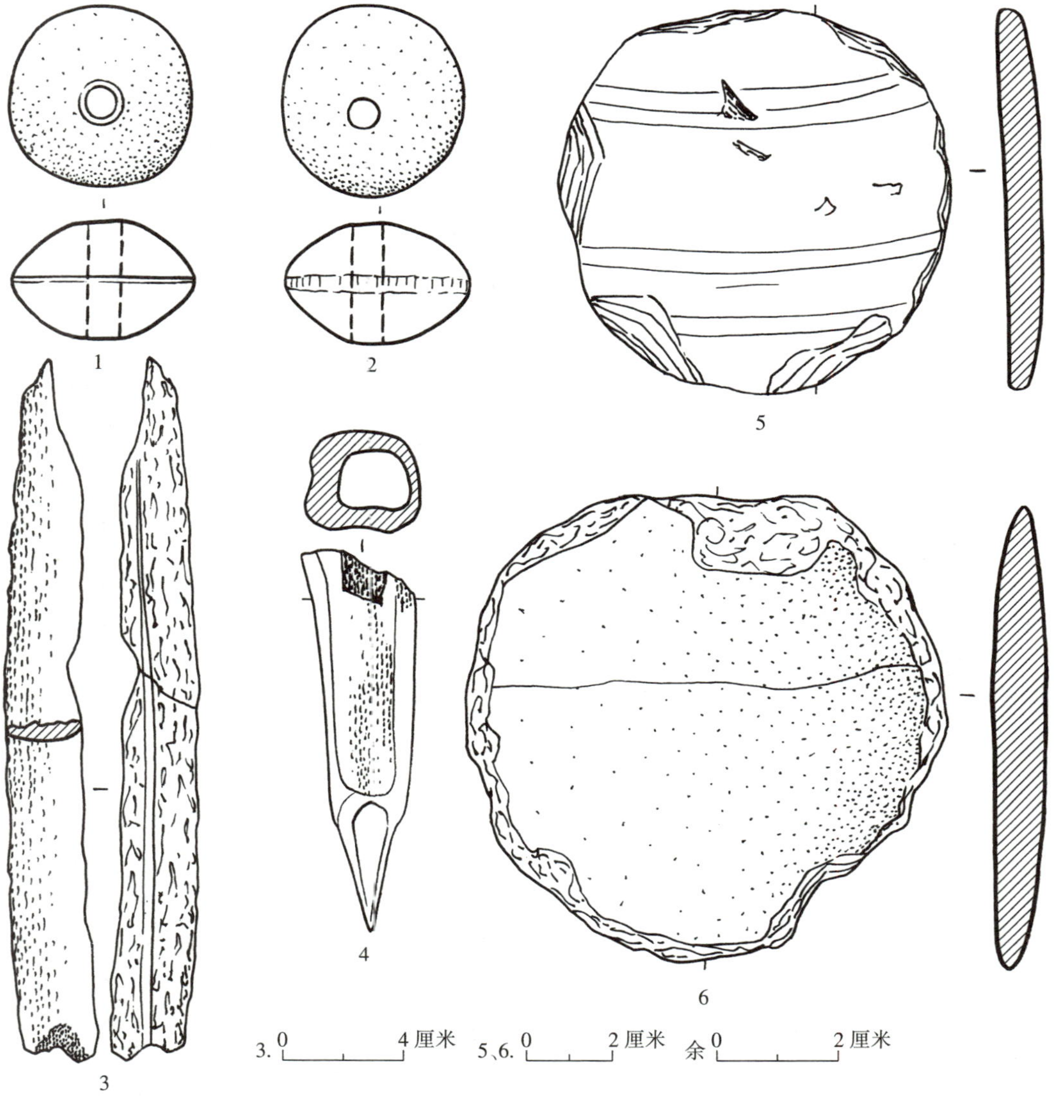

图 4－294　ⅠH379 陶容器以外的陶、骨制品

1、2. 陶纺轮（ⅠH379②:14、ⅠH379②:4）　3. 骨器（ⅠH379②:17）　4. 骨锥（ⅠH379②:13）
5、6. 圆陶片（ⅠH379②:2、ⅠH379②:12）

ⅠH379②:12　圆陶片。以陶器底制成，夹砂灰陶，周边经交互打击修薄。直径10.2～11.2、厚1.15 厘米（图 4－294，6）。

ⅠH379②:13　骨锥。纵劈动物肢骨制成骨料，而将较细一端的骨壁磨成扁体锥尖。长6.35、宽1.9、厚1.6 厘米（图 4－294，4）。

ⅠH379②:14　陶纺轮。泥质灰陶，算盘珠状。直径2.95～3.05、高2.05、孔径0.5 厘米（图 4－294，1）。

ⅠH379②:15　小石片。燧石，褐色，有打击痕。长1.65、宽0.75、厚0.3 厘米。

ⅠH379②:16　磨过的石块。砂岩，灰色，略呈四棱柱体。长7.05、宽3.05、厚2.5厘米（图4-293，3）。

ⅠH379②:17　骨器。将动物肋骨纵劈成半扇，两侧缘略经加工而显现为锯齿状边，骨松质一面有一纵长的线状刻痕。长23.1、宽2.6、厚0.6厘米（图4-294，3）。

ⅠH379②:18　石器。浅灰色，原为扁平砾石，略经打制而接近有肩石铲的形态。长3.95、宽3.84、厚0.85厘米（图4-293，9）。

ⅠH379②:19　石环残段。黑灰色，磨光，截面略呈半圆形。环体宽0.85、厚0.58厘米（图4-293，4）。

ⅠH384①:1　石片。燧石，绿色，背面有石片剥落的痕迹。长2.6、宽2.08、厚0.7厘米。

ⅠH386:1　陶圆饼。以陶器残片制成，泥质红陶，周边修平，平面不甚规整。直径3.52~3.64、厚0.68厘米。

ⅠH387①:1　骨针半成品。磨制，未穿针孔。长8.7、直径0.16厘米。

ⅠH387①:2　骨针半成品。磨制，未穿针孔。长8.45、直径0.1~0.14厘米。

ⅠH387①:3　骨针半成品。磨制，未穿针孔。长8.25、直径0.14厘米。

ⅠH387①:4　残石器。辉绿玢岩，灰色，打制，扁体，平面近梭形，两端均残。残长12.2、宽5.52、厚1.3厘米（图4-295，8）。

ⅠH387①:5　石铲残段。大理岩，灰绿色，磨制，仅存上部，并截去一角，窄顶，两侧边斜直。长10.7、宽7.3、厚1.1厘米（图4-295，1）。

ⅠH387①:6　石斧顶部残片。板岩，黑灰色，磨制。残片长7.04、宽6.2、厚1.5厘米（图4-295，5）。

ⅠH387①:7　石磬（或铲）残段。石灰岩，灰色，磨制，表面多有摩擦痕和琢痕。残段平面呈梯形，存留原石器平直的端边及与之相连的两段斜直的侧边，另一边为断碴。残段长5.97、宽3.92、厚0.95厘米（图4-295，6）。

ⅠH387①:8　石铲残段。玻基凝灰岩，灰绿色，磨制，仅存刃部。残段长8.86、宽4.65、厚0.8厘米（图4-295，7）。

ⅠH387①:9　石磬残块。大理岩，白、灰相杂色，磨制，扁体，残块平面作三角形。长10.79、宽6.89、厚3.25厘米（图4-295，2）。

ⅠH387①:10　有孔骨器。磨制，扁长条状，近端首处穿有一孔，另一端圆尖。长7.8、宽1.03、厚0.16、孔径0.3厘米（图4-295，3）。

ⅠH387①:11　骨器残段。以动物肢骨磨制而成，近一端处有一缺口。残段长4.8、宽1.03、厚0.76厘米。

ⅠH387①:12　石铲残块。硅质灰岩，灰色，磨制，残存一段原石铲边。长3.46、宽1.57、厚0.7厘米。

ⅠH387①:13　石铲残块。石灰岩，灰色，局部烧黑，磨制，残块平面近梯形，存留一段原石铲侧边，其余三边均为断碴。长5.2、宽3.7、厚0.82厘米。

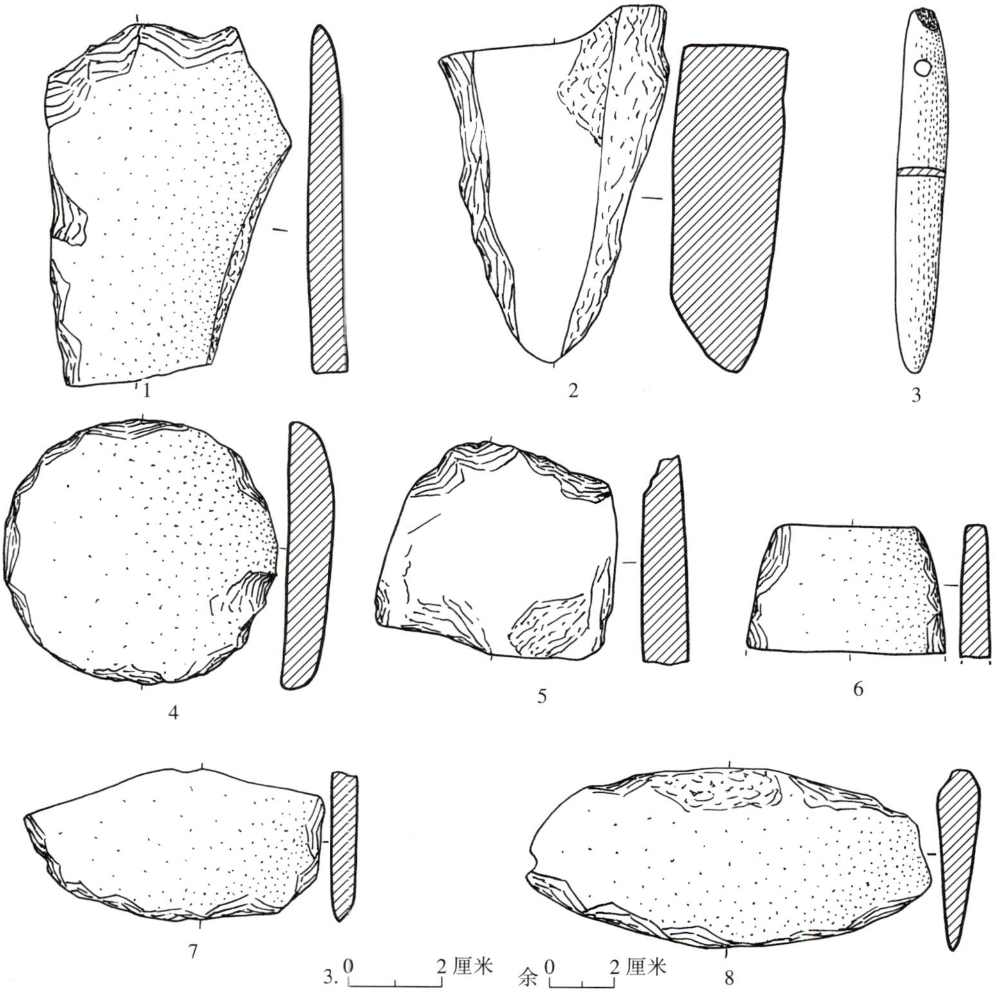

图4－295　ⅠH387陶容器以外的石、陶、骨制品

1、7. 石铲残段（ⅠH387①:5、ⅠH387①:8）　2. 石磬残块（ⅠH387①:9）

3. 有孔骨器（ⅠH387①:10）　4. 陶器底（ⅠH387②:1）　5. 石斧顶部残片（ⅠH387①:6）

6. 石磬（或铲）残段（ⅠH387①:7）　8. 残石器（ⅠH387①:4）

ⅠH387①:14　石铲（或磬）残块。石灰岩，灰绿色，磨制，残块平面近梯形，存留一段原石器侧边，其余三边均为断碴。长3.9、宽2.3、厚0.77厘米。

ⅠH387②:1　陶器底。夹砂褐陶，局部黑色，尚未与器壁接合。直径7.9～8.1、厚1.3厘米（图4－295，4；彩版一〇一，1）。

ⅠH388①:3　圆陶片。以瓮类陶器腹片制成，泥质红陶，残留6道箍堆纹，周边打薄。直径9.82～10、厚0.9厘米（图4－296）。

ⅠH389:1　彩绘陶器残片。

ⅠH389:2　石磬残块。石灰岩，灰色，磬面磨光，存留多道划擦痕。长5.6、宽3.1、厚4.82厘米。

ⅠH389:3　附着于陶片的白灰块。

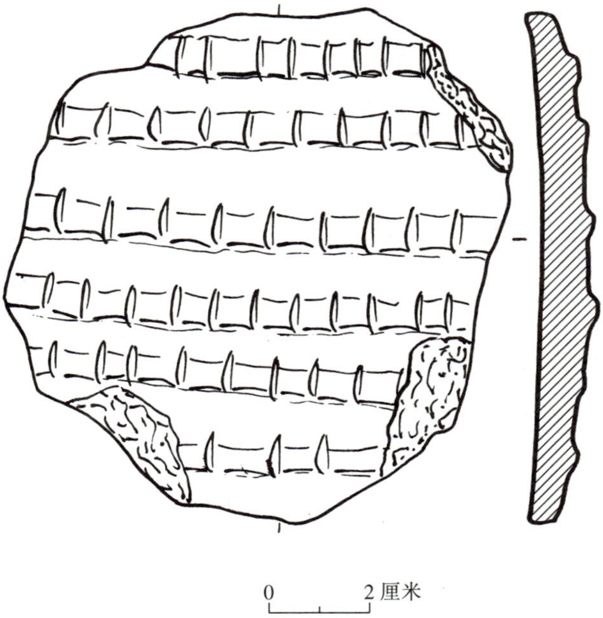

图4-296　ⅠH388的圆陶片
（ⅠH388①:3）

ⅠH389:4　磨制石器残块。石灰岩，黑灰色，扁体，残块平面作梯形，短直边为原石器磨平之边，长直边经交互打击修薄，另两边均为断碴。长5.78、宽3.7、厚0.82厘米（图4-297）。

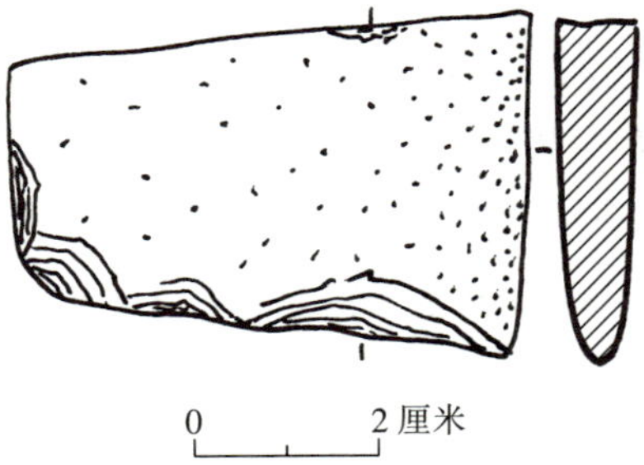

图4-297　ⅠH389的磨制石器残块
（ⅠH389:4）

ⅠH390:1　石器残片。系石斧或磨棒类的残片，玄武岩，黑色，琢制。

ⅠH390:2　石铲残块。角闪安山岩，黑灰色，磨制。长6.41、宽4.08、厚0.84厘米。

ⅠH408①:1　石器。粗玄岩砾石，灰色，在靠近一端处钻有圆凹窝。

ⅠH413①:1　骨针尖。磨制，仅存1.02厘米长的针尖。

ⅠH413①:2　石铲残块。玄武岩，黑色，磨制，残块平面不规则，仅存小一段原石铲的刃边，其余各边皆为断碴。长7.62、宽4.12、厚0.86厘米。

ⅠH413①:3　残骨针。磨制，仅存1.2厘米长的一段。

ⅠH413①:4　石铲残块。石灰岩，黑灰色，磨制，残块平面呈三角形。长3.28、宽2.07、厚1.01厘米。

ⅠH413①:5　石铲残块。大理岩，与ⅠH413①:13为同件石铲，灰绿色杂棕色斑点，磨制，残块平面略呈梯形，存留原石铲的刃边和侧边各一段，另两边为断碴。长7.25、宽5.22、厚0.85厘米（图4－298，5）。

ⅠH413①:6　石环残段。灰黄色，磨制，截面作三角形。环体宽0.9、厚1.2（图4－298，9）。

ⅠH413①:7　残骨锥。纵劈动物肢骨，而将一端的骨壁磨成扁尖体，上部残。残长6.7、宽1.4厘米（图4－299，6）。

ⅠH413①:8　磨制骨器残片。

ⅠH413①:9　石器。珍珠岩，黑色，略呈矩形体，表面多经琢制，其中一面经过砥磨而十分平滑。长8.5、宽7.47、厚6.91厘米。

ⅠH413①:10　磨制石器残片。大理岩。

ⅠH413①:11　骨器残片。

ⅠH413①:12　骨针。磨制，顶部磨扁。长2.38、直径0.12、孔径0.03厘米。

ⅠH413①:13　石铲残块。与ⅠH413①:5为同一件石铲，残块平面略呈三角形。长6.54、宽3.87、厚0.95厘米（图4－298，3）。

ⅠH413①:14　有打击痕的砾石残块。玄武岩。长6.02、宽5.75、厚5.02厘米。

ⅠH413①:15　石铲残段。石灰岩，灰白色，磨制，仅存下部。残段长9.3、宽9.02、厚0.71厘米。

ⅠH413①:16　残骨锥。纵劈动物肢骨，而将一端的骨壁磨成扁尖体，上部残。残长8.49、宽1.17、厚0.7厘米（图4－299，7）。

ⅠH413①:17　石器残块。石灰岩，黑灰色，磨制，扁体，残块平面略呈梯形。长5.5、宽2.64、厚0.98厘米。

ⅠH413①:18　有打击痕的砾石残块。灰色，扁体，残块平面近梯形。长6.8、宽4.42、厚0.9厘米。

ⅠH413②:1　石镞。燧石，青灰色，平面呈等腰三角形，前锋尖锐，直底边，两侧边有密集的压削痕。长2.14、宽1.29、厚0.35厘米（图4－298，8）。

ⅠH413②:2　残石镞。燧石，黑色，平面为长三角形，前锋尖锐，底略凹，两侧出尾翼，后锋均残，刃缘两面均经压削修整而呈锯齿状。残长3.1、残宽1.48、厚0.37厘米（图4－298，7）。

ⅠH413②:3　陶器残块。夹砂红陶，外表黑色，一面平，另一面略为隆起，残块存留一段原陶器的弧边。残块长9.8、宽5.6、厚1.28厘米（图4－299，10）。

ⅠH413②:4　石器残块。板岩，灰色，打制，扁体，残块平面呈梯形，仅存一段原石器磨平的侧边，其余各边皆为断碴。长4.3、宽2.56、厚0.4厘米（图4－298，4）。

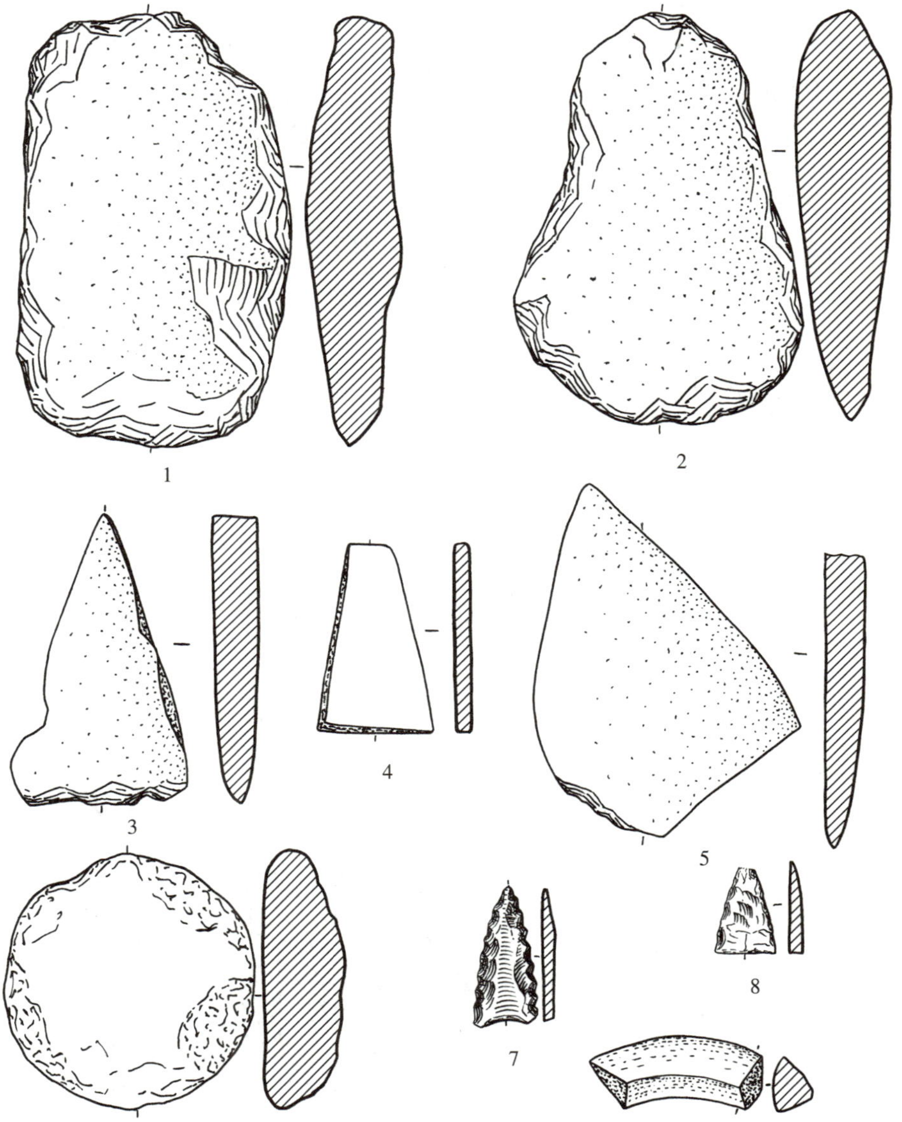

图 4－298　ⅠH413 的石制品

1. 石铲（ⅠH413③:7）　2. 石铲（或斧）（ⅠH413③:6）　3、5. 石铲残块（ⅠH413①:13、ⅠH413①:5）　4. 石器残块（ⅠH413②:4）　6. 盘状石器（ⅠH413②:10）　7. 残石镞（ⅠH413②:2）　8. 石镞（ⅠH413②:1）　9. 石环残段（ⅠH413①:6）

ⅠH413②:5　石器残块。安山岩，浅灰色，打制，扁体，残块平面呈三角形，各边均为断碴。长 4.52、宽 4.5、厚 0.76 厘米。

ⅠH413②:6　石刀残块。石灰岩，浅灰色，磨制。

ⅠH413②:7　残骨镞。磨制，圆锥形长铤，铤尾残，前锋较尖，其下的镞体磨出短促的三棱。长 5.1、宽 0.76 厘米（图 4－299，2）。

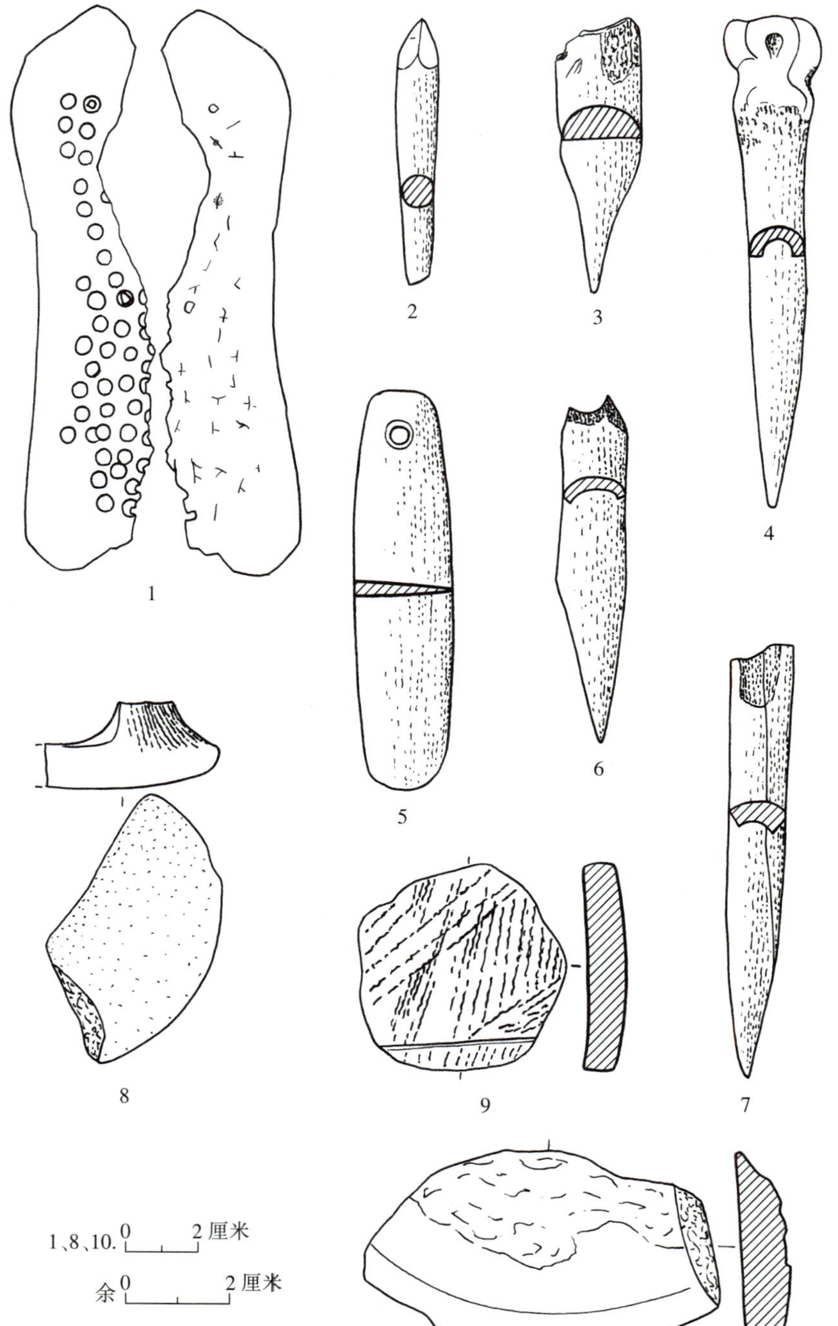

图4－299　ⅠH413陶容器以外的陶、骨制品

1. 残卜骨（ⅠH413③:1）　2. 残骨镞（ⅠH413②:7）　3、6、7. 残骨锥（ⅠH413②:11、ⅠH413①:7、ⅠH413①:16）　4. 骨锥（ⅠH413③:3）　5. 骨匕（ⅠH413③:2）　8. 陶垫残块（ⅠH413③:5）　9. 陶圆饼（ⅠH413②:9）　10. 陶器残块（ⅠH413②:3）

ⅠH413②:8 镞形石片。碧玉，红色，平面略呈三角形。长2.6、宽1.7、厚0.4厘米。

ⅠH413②:9 陶圆饼。以陶器腹片制成，夹砂灰陶，外表有交错绳纹和一道划痕，周边磨平。直径3.8～4.03、厚0.77厘米（图4-299，9）。

ⅠH413②:10 盘状石器。珍珠岩，黑色，打制，周边较薄。直径7.55～7.9、厚2.92厘米（图4-298，6）。

ⅠH413②:11 残骨锥。纵劈动物肢骨，将一端的骨壁磨成扁尖。仅存下部，此部分锥体一面平，另一面呈弧形隆起，锥尖细而短。长5.2、宽1.67、厚0.65厘米（图4-299，3）。

ⅠH413③:1 残卜骨。以动物肩胛骨制成，去脊，有肩胛冈的一面存留34个完整的和12个残缺的钻，钻内施灼，在另一面与灼对应的位置多显现出褐点，并产生卜兆，约有15个作"一"字形，13个作"卜"字形，"十"字形的仅见一例。长15.3、宽3.32、厚0.76厘米（图4-299，1；彩版一〇一，2）。

ⅠH413③:2 骨匕。以动物肋骨残段磨制而成，平顶，近顶部对钻一孔，两侧边一厚一薄，厚边磨平，"刃"端略呈舌形。长7.72、宽1.92、厚0.21、孔内径0.34厘米（图4-299，5）。

ⅠH413③:3 骨锥。将动物肢骨纵向半劈磨制而成，扁锥尖。长9.46、宽1.85、最厚处1厘米（图4-299，4）。

ⅠH413③:4 石斧残块。玄武岩，黑色，琢、磨兼制，刃部打制，残存两段侧边。长7.42、宽5.7、厚3厘米。

ⅠH413③:5 陶垫残块。夹砂红陶，外表灰色，局部有绳纹，残缺大半，垫面凸弧，尚存少许提梁式垫柄的残体。直径约7.5厘米（图4-299，8）。

ⅠH413③:6 石铲（或斧）。安山岩，灰色，稍显柄部，除刃部经交互打击外，其他部位基本保留原砾石表面。长12.88、宽9.05、厚2.91厘米（图4-298，2）。

ⅠH413③:7 石铲。安山岩，灰色，平面近长方形，顶、刃和一侧边略经交互打击修治，其他部位基本保留原砾石表面。长13.35、宽8.36、厚3.15厘米（图4-298，1）。

ⅠH414:1 石铲。安山岩，灰色，打制，窄顶，束腰，宽刃略斜，两侧边与刃边均有较多的交互打击痕。长17.76、宽11.3、厚2.19厘米（图4-300，3）。

ⅠH414:2 盘状石器。安山岩，灰色，打制，周边交互打击修薄。直径15.15～16.25、厚2.33厘米（图4-300，1）。

ⅠH414:5 骨器。磨制，扁骨针形，顶边较薄，无孔。长6.35、宽0.52、厚0.22厘米（图4-300，2）。

ⅠH416:1 残有孔蚌片。长1.98、宽1.3、孔径0.25厘米。

ⅠH416:2 残骨簪。磨制，平顶，尖端稍残。长6.55、直径0.5厘米。

ⅠH416:3 卜骨残块。骨料经修磨，在较平整的一面存留1个完整的和6个残缺的钻。长7.8、宽2、厚0.61、钻直径0.42厘米。

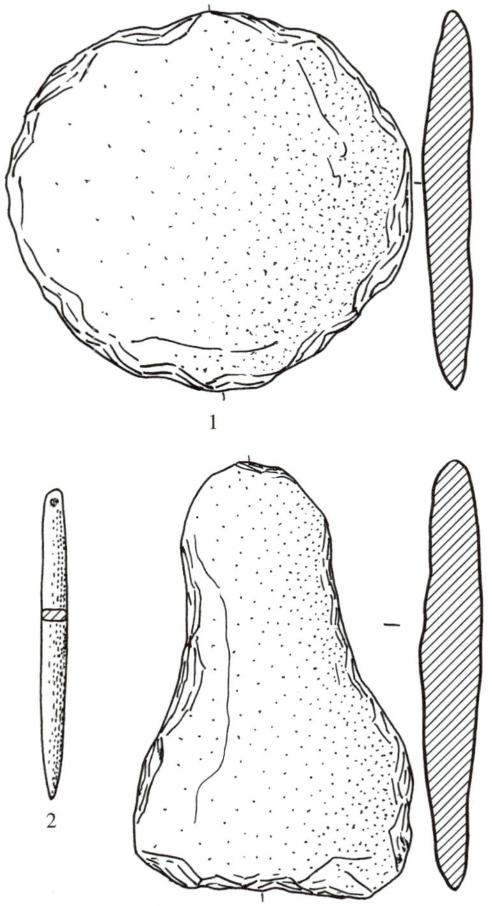

图 4-300　ⅠH414 的石、骨制品

1. 盘状石器（ⅠH414:2）　2. 骨器（ⅠH414:5）　3. 石铲（ⅠH414:1）

ⅠH417:1　有打击痕的石块。燧石。

ⅠH417:2　磨制石器残片。玄武岩。

ⅠH417:3　石铲残块。凝灰质板岩，黑色，磨制，残块平面略呈梯形，存留一段原石铲的侧边，其余各边均为断碴。

ⅠH417:4　有打击痕的石块。石英岩。

ⅠH418①:1　彩绘陶器残片。泥质灰陶，外表黑色，饰红色彩绘花纹，彩绘脱落殆尽。

ⅠH418①:2　有加工痕的动物肢骨。将肢骨纵向劈开，沿劈开的断裂处有参差的切割痕。长 17.25 厘米。

ⅠH418①:3　残骨针。磨制，顶部自针孔处残断。残长 1.9、直径 0.14、孔径 0.05 厘米。

ⅠH418②:1　石斧。煌斑岩，灰褐色，粗略磨制，主体部分仍遍布琢痕。弧顶，刃面磨光，刃边略显凸弧，刃缘因使用而磨得较钝。长10.58、宽6.2、厚3.92厘米（图4-301，6；彩版一〇二，1）。

ⅠH418③:1　扁骨针。磨制，顶端较薄，孔偏于一侧。长9.05、宽0.9、厚0.2、孔径0.35厘米（图4-302，2；彩版一〇二，2）。

ⅠH418③:2　石铲残块。玄武岩，灰黑色，磨制，残块平面近四边形，存留原石

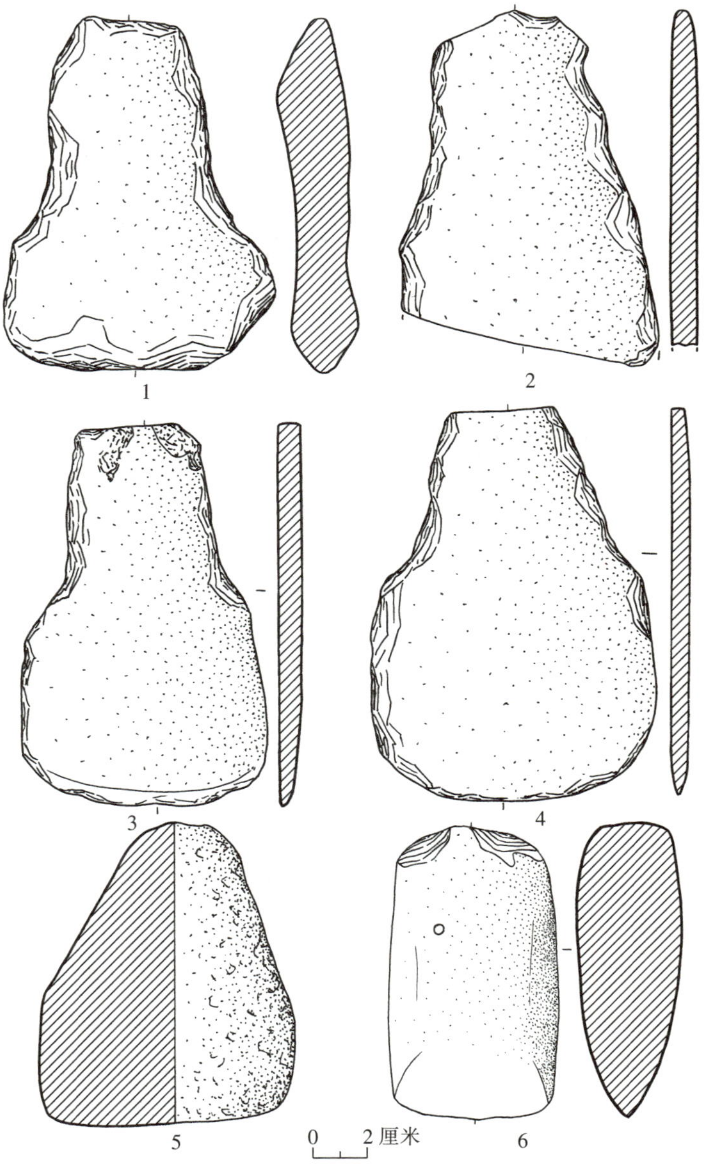

图4-301　ⅠH418的石制品

1. 有肩石铲半成品（ⅠH418⑤:2）　2. 残石铲（ⅠH418③:4）　3、4. 有肩石铲（ⅠH418⑤:1、ⅠH418⑥:1）　5. 石杵（ⅠH418⑦:1）　6. 石斧（ⅠH418②:1）

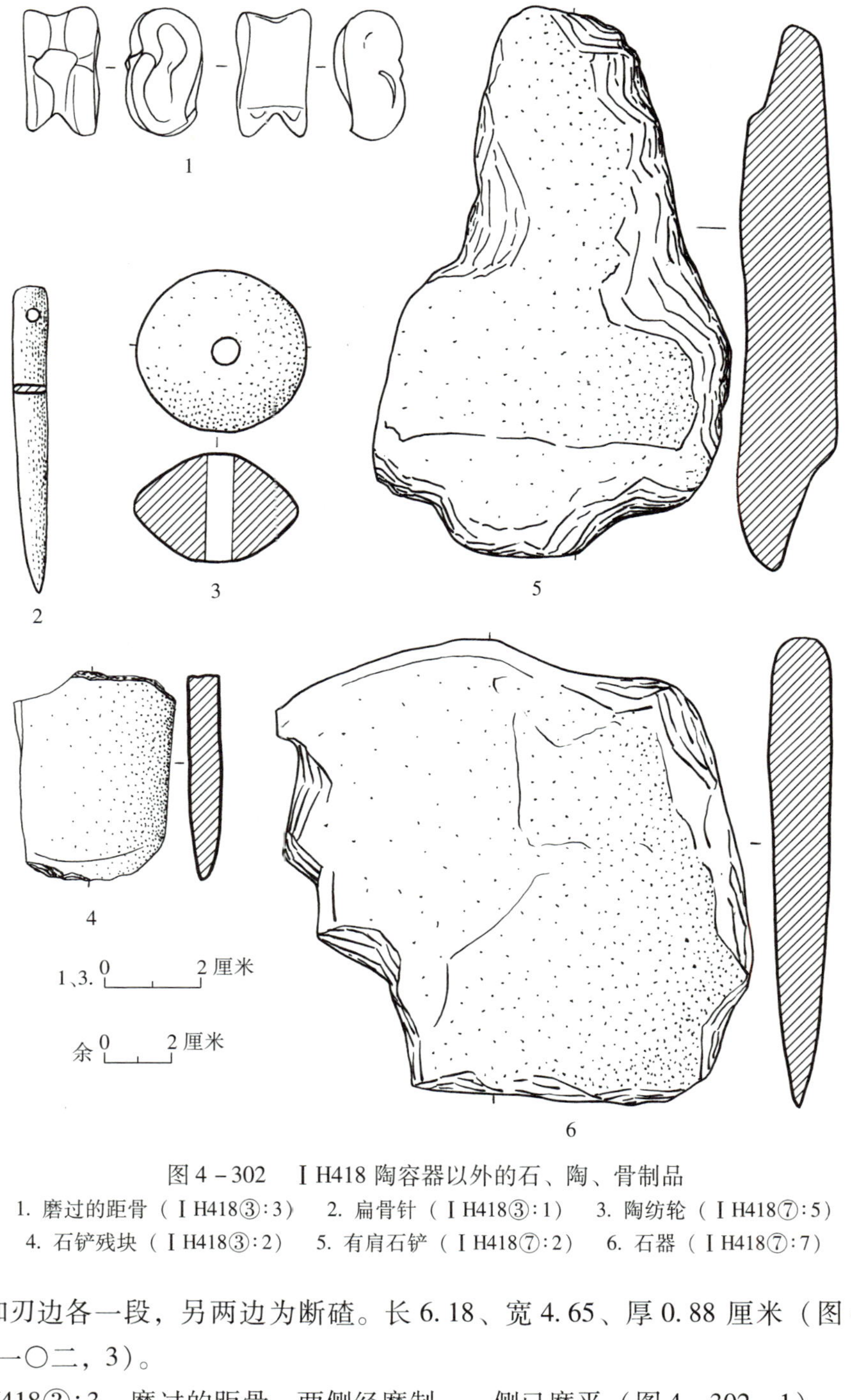

图4－302 ⅠH418陶容器以外的石、陶、骨制品

1. 磨过的距骨（ⅠH418③:3） 2. 扁骨针（ⅠH418③:1） 3. 陶纺轮（ⅠH418⑦:5）
4. 石铲残块（ⅠH418③:2） 5. 有肩石铲（ⅠH418⑦:2） 6. 石器（ⅠH418⑦:7）

铲侧边和刃边各一段，另两边为断碴。长6.18、宽4.65、厚0.88厘米（图4－302，4；彩版一〇二，3）。

ⅠH418③:3 磨过的距骨。两侧经磨制，一侧已磨平（图4－302，1）。

ⅠH418③:4 残石铲。晶屑凝灰岩，浅灰色，打制，窄顶，两侧边均有交互打击痕，刃部残。残长14.5、宽10.05、厚0.96厘米（图4－301，2）。

ⅠH418⑤:1 有肩石铲。辉石安山岩，紫色，磨制，平顶，柄部两侧边交互打击修薄，斜弧刃，偏锋。长13.9、宽8.9、厚0.81厘米（图4－301，3；彩版一〇三）。

ⅠH418⑤:2　有肩石铲半成品。安山岩，灰色，打制，柄部窄长，刃边多较直。长14.02、宽10.65、厚2.9厘米（图4－301，1；彩版一〇二，4）。

ⅠH418⑤:3　石铲残块。大理岩，灰绿色，磨制，残块为一刃角。长5.1、宽2.6、厚0.65厘米。

ⅠH418⑥:1　有肩石铲。板岩，灰绿色，磨制，平顶，柄部及铲体两侧边多有交互打击痕，凸弧刃，偏锋。长14.2、宽10.48、厚0.54厘米（图4－301，4；彩版一〇五，1）。

ⅠH418⑦:1　石杵。玻基安山岩，灰绿色，整体近窝头状，杵面经使用磨得较平，其余部位多存留琢制痕迹。长11.2、宽9.48、厚7.95厘米（图4－301，5；彩版一〇六，2）。

ⅠH418⑦:2　有肩石铲。安山岩，灰色，打制，柄部窄长，宽刃斜弧，刃边中部凸出。长16、宽10.2、厚2.6厘米（图4－302，5；彩版一〇六，1）。

ⅠH418⑦:5　陶纺轮。泥质红陶，外表黑色，算盘珠状。直径3.3～3.45、高2.2、孔径0.54厘米（图4－302，3）。

ⅠH418⑦:6　细石器。燧石，白色透明，长体，两侧边有压削痕。长2.3、宽0.8、厚0.44厘米。

ⅠH418⑦:7　石器。安山岩，灰色，局部烧黑，粗略打制，扁体，平面不规则，略近四边形。长14.3、宽13.4、厚1.8厘米（图4－302，6）。

ⅠH418⑦:8　石铲残块。灰、白间杂色，磨制，平面近梯形，各边皆为断碴。长2.86、宽2.1、厚0.6厘米。

ⅠH418⑦:9　有打击痕的残石块。安山岩，灰色。长9.3、宽7.1、厚2.15厘米。

ⅠH418⑦:10　残砾石。安山岩，灰色。长8.5、宽8.3、厚2.65厘米。

ⅠH418⑩:1　石铲。大理岩，灰绿色，磨制，窄顶，略显肩部，斜弧刃，偏锋，刃面一侧可见多道纵向磨蚀痕。长14.25、宽10.75、厚1.1厘米（图4－303，3；彩版一〇五，2）。

ⅠH418⑩:2　石铲。凝灰质板岩，灰色，磨制，直顶边，由顶向刃渐薄，两侧边斜直，斜弧刃，偏锋。长16.5、宽9.8、厚1.25厘米（图4－303，4；彩版一〇七）。

ⅠH418⑩:3　石铲。凝灰质板岩，灰绿色，磨制，顶部与两侧边留有较多的打制痕，直顶边略斜，两侧边斜直，凸弧刃，偏锋。长19.25、宽10.1、厚0.76厘米（图4－303，1；彩版一〇四）。

ⅠH418⑩:4　扁平砾石。安山岩，灰色，外形酷似有肩石铲。长16.45、宽13.6、厚1.72厘米（图4－303，2；彩版一〇六，3）。

ⅠH421:1　石铲（或斧）半成品。安山岩，紫褐色，打制，顶略平，束腰，刃边较直。长15.2、宽11.4、厚3.32厘米（图4－304，1）。

ⅠH421:2　石铲（或斧）半成品。英安岩，浅灰色，打制，窄顶，两侧边凹弧，凸弧刃。长17.3、宽12.1、厚2.85厘米（图4－304，2）。

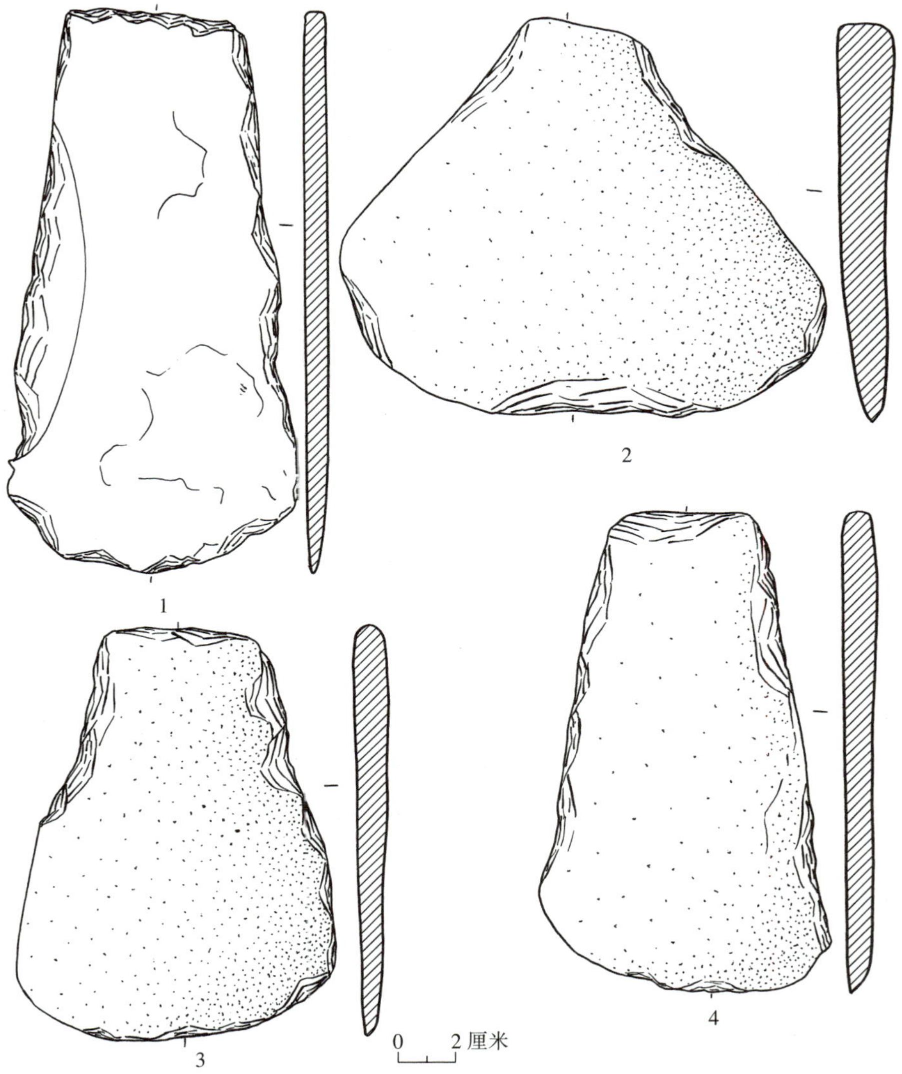

图4－303　ⅠH418⑩的石铲和砾石

1、3、4. 石铲（ⅠH418⑩:3、ⅠH418⑩:1、ⅠH418⑩:2）　2. 扁平砾石（ⅠH418⑩:4）

ⅠH421:3　石器残段。英安岩，浅灰色，打制，扁体，残段平面近四边形，所存端边凸弧，两长边略直。残段长7.75、宽5、厚1.3厘米（图4－304，3）。

ⅠH422①:1　残石铲。板岩，黑色，磨制，直顶边，两侧边斜直，顶、侧边皆磨平，刃边凸弧，偏锋，一侧刃角残缺。铲面可见磨制时留下的摩擦痕，刃缘经使用已较圆钝。长13.4、厚0.9厘米（图4－305，1）。

ⅠH422③:1　残骨匕。以动物肋骨磨制而成，柄端穿一孔，“刃”端略尖，一侧边有较多残损。长10.15、宽1.9、厚0.3、孔径0.55厘米（图4－305，4）。

ⅠH422⑤:1　残骨锥。以动物肢骨磨制而成，上部稍有残缺，锥尖略扁。长8.65、宽0.8厘米（图4－305，5）。

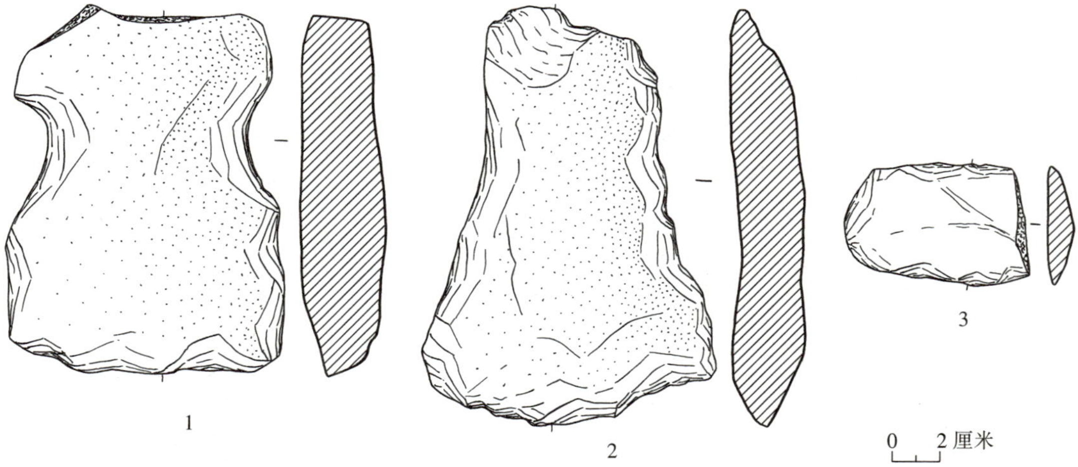

图4－304　ⅠH421的石制品

1、2. 石铲（或斧）半成品（ⅠH421:1、ⅠH421:2）　3. 石器残段（ⅠH421:3）

ⅠH422⑤:2　圆陶片残块。以瓮、罐类陶器腹片制成，夹砂灰陶，外表存留5道箍堆纹，周边交互打击修薄。残块长10.8、宽6.8厘米、厚1.1厘米（图4－305，3）。

ⅠH422⑤:5　骨器残段。

ⅠH422⑤:6　骨器残片。

ⅠH422⑦:1　有肩石铲。略有浅变质的薄层泥质灰岩，灰白色，磨制，直顶边磨平，斜弧刃，正锋，铲体表面可见磨制时留下的摩擦痕。长10.65、宽9.1、厚0.8厘米（图4－305，6；彩版一〇八，1）。

ⅠH422⑨:1　石铲（或斧）半成品。流纹质凝灰岩，灰色，表层褐色，经过一定的打制，存留较多砾石原面，斜顶，束腰，斜弧刃。长17.6、宽12.3、厚2.4厘米（图4－305，2；彩版一〇八，2）。

ⅠH424①:1　石刀残段。含砾砂岩，褐色，磨制，一面平，另一面隆起成脊，背边与尾端磨平。长5.7、宽2.95、厚0.85厘米（图4－306，11）。

ⅠH424①:2　石磬残块。石灰岩，浅灰色，磬面磨光，留有多道摩擦痕。长5.6、宽4.1、厚3.3厘米。

ⅠH424①:3　残陶圆饼。以陶器残片制成，泥质红陶，外表灰色，饰绳纹，周边磨平，少半残缺。直径5.68、厚0.66厘米（图4－306，8）。

ⅠH424①:4　石铲（或斧）半成品。英安岩，紫褐色，粗略打制，顶略宽，束腰，直刃。长14.9、宽9.25、厚3.28厘米（图4－306，1）。

ⅠH424①:5　残陶圆饼。以瓮、罐类腹片制成，泥质灰陶，外表存留6道箍堆纹，周边磨平，少半残缺。直径9.65、厚0.98厘米（图4－306，5）。

ⅠH424③:1　石铲（或斧）半成品。安山岩，灰色，打制，窄顶，束腰之下的两侧边斜直，宽刃略直。长20.7、宽10.8、厚4厘米（图4－306，2）。

ⅠH424③:2　有孔陶圆饼。以瓮、罐类腹片制成，泥质灰陶，外表饰篮纹，并有

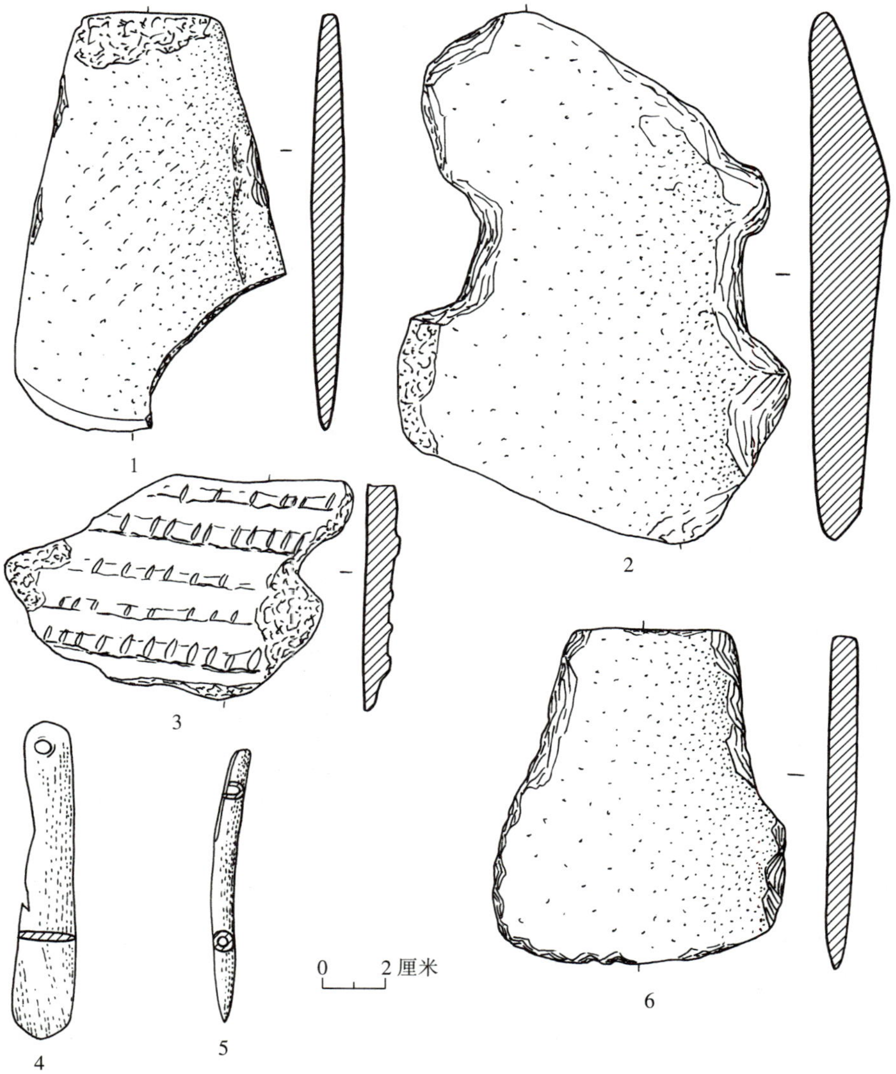

图4－305 ⅠH422陶容器以外的石、陶、骨制品
1. 残石铲（ⅠH422①:1） 2. 石铲（或斧）半成品（ⅠH422⑨:1）
3. 圆陶片残块（ⅠH422⑤:2） 4. 残骨匕（ⅠH422③:1）
5. 残骨锥（ⅠH422⑤:1） 6. 有肩石铲（ⅠH422⑦:1）

一道划纹，周边磨平，中部对钻一孔，无纹的一面在中孔旁边尚有一未透之小孔。直径4.15、厚0.8、中孔内径0.35厘米（图4－306，7）。

ⅠH424④:1 石器。熔结凝灰岩，以磨制石铲残块制成，灰绿色，将原石铲侧边交互打击成较薄的弧边。长9.45、宽4.1、厚0.78厘米（图4－306，3）。

ⅠH424④:2 石铲残块。大理岩，黄白色，磨制，残块平面近梯形，最长边系原石铲侧边，其余三边均为断碴。长8.6、宽6.35、厚0.85厘米。

ⅠH424④:3 石铲残块。板岩，灰色，表面黑色，磨制，仅存一小段原石铲侧边，

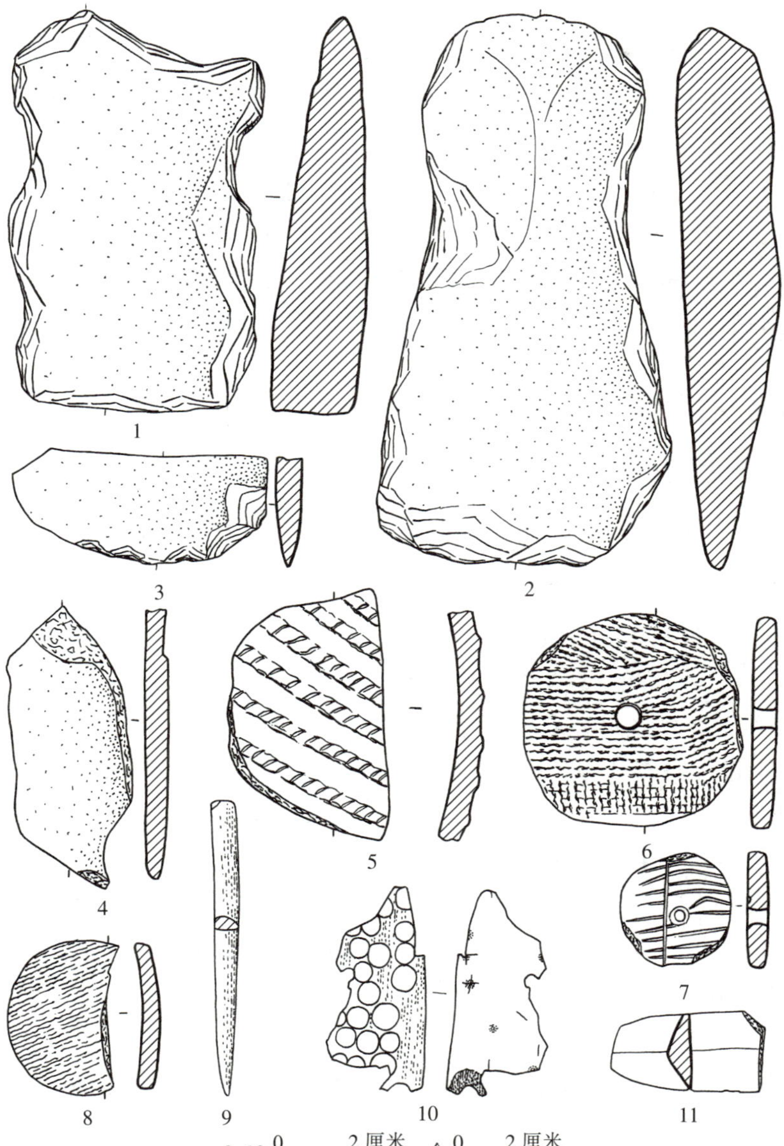

图4－306　ⅠH424陶容器以外的石、陶、骨制品

1、2. 石铲（或斧）半成品（ⅠH424①:4、ⅠH424③:1）　3. 石器（ⅠH424④:1）　4. 石铲残块（ⅠH424④:3）　5、8. 残陶圆饼（ⅠH424①:5、ⅠH424①:3）　6、7. 有孔陶圆饼（ⅠH424⑥:1、ⅠH424③:2）　9. 骨簪（ⅠH424④:4）　10. 卜骨残块（ⅠH424⑥:2）　11. 石刀残段（ⅠH424①:1）

其余各边均为断碴。长10.6、宽4.5、厚0.82厘米（图4－306，4）。

ⅠH424④:4　骨簪。磨制，长扁圆锥体，平顶。长7.88、宽0.71、厚0.42厘米（图4－306，9）。

ⅠH424⑥:1　有孔陶圆饼。以罐类底部残片制成，泥质灰陶，外表施交错绳纹，周边磨钝，中部对钻一孔。直径7.9～8.3、厚0.9、孔内径0.7厘米（图4－306，6）。

ⅠH424⑥:2　卜骨残块。一面存留10个完整的和11个残缺的钻，钻直径一般为0.5～0.6厘米，最大的两个直径0.7厘米，这两个钻几近穿透，而在另一面相对应的位置则出现了褐色圆点，并产生了一处“十”字形兆痕。残块长5.5、宽2.6厘米（图4－306，10）。

ⅠH426①:1　卜骨残块。原为磨制骨铲，刃边与侧边均有所存留，刃面尚有纵向磨蚀痕。残存22个完整的和17个残缺的钻，在另一面对应的位置则显露着18个暗褐色圆点，卜兆约有“一”和“卜”字形两种，而因骨体裂纹较多，多数兆痕难以辨认。长8.91、宽5.47、厚0.8、钻直径0.39～0.81厘米（图4－307，3；彩版一〇九，1）。

ⅠH426①:2　石刀。晶屑凝灰岩，灰色，磨制，一面平，另一面隆起成脊，两端圆尖，其一稍加磨平。背边磨平，中部有一大一小紧邻的两个“◡”形凹缺。长12.02、宽2.94、厚0.8厘米（图4－307，8；彩版一〇九，2）。

ⅠH426①:3　卜骨残块。一面残存10个完整的和20个残缺的钻，在另一面对应的位置显露着一些深色圆点和可能是卜兆的裂痕，这些裂痕多作“一”字形。残块长6.47、宽2.4、厚0.51、钻直径0.4～0.63厘米（图4－307，5）。

ⅠH426①:4　石刀。细晶花岗岩，磨制，一面平，另一面隆起成脊，一端圆尖，另一端平直，背边亦磨平。背边还制出两个“◡”形凹缺，一个略居中部，另一个位于靠近平直端边处。长10、宽2.5、厚0.81厘米（图4－307，7；彩版一〇九，3）。

ⅠH426①:5　残骨铲。以牛左下颌骨磨制而成，顶与一侧边残，凸弧刃，磨光的一面有多道纵向浅裂隙。残长9.89、宽5.03、厚1.15厘米（图4－307，11）。

ⅠH426①:6　圆陶片。以瓮类陶器腹片制成，泥质灰陶，外表饰绳纹，存留5道箍堆纹脱落的痕迹，周边打磨修薄。直径9.1～9.4、厚0.89厘米（图4－307，1；彩版一〇九，4）。

ⅠH426①:7　残骨镞。磨制，镞体三棱锥状，长圆锥形铤，铤尾残。残长4.63、宽1.05、铤中部直径0.81厘米（图4－307，6）。

ⅠH426①:8　骨板。似长方形骨板残缺一角的形态，直边均经磨平。长4.1、宽3.65、厚0.85厘米（图4－307，4）。

ⅠH426①:9　残鳄鱼骨板制品。经磨制，部分残缺，原器平面为长方形，整体烧成炭黑色。长3.07、宽2.52、厚0.6厘米（图4－307，10；彩版一〇九，5）。

ⅠH426①:10　圆陶片残块。以瓮类陶器腹片制成，泥质褐陶，外表黑色，周边打薄或磨圆（图4－307，2）。

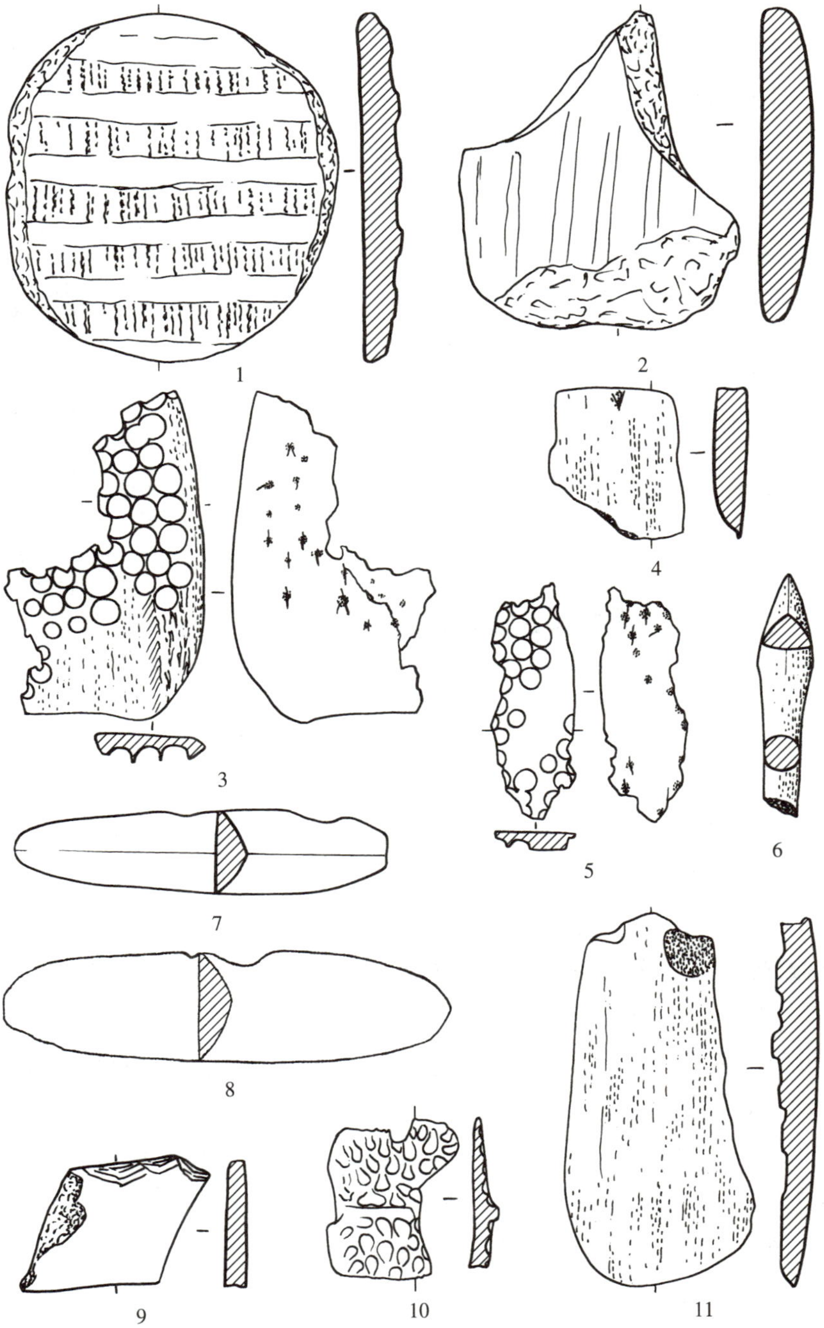

图4－307　ⅠH426陶容器以外的石、陶、骨制品

1. 圆陶片（ⅠH426①:6）　2. 圆陶片残块（ⅠH426①:10）　3、5. 卜骨残块（ⅠH426①:1、ⅠH426①:3）　4. 骨板（ⅠH426①:8）　6. 残骨镞（ⅠH426①:7）　7、8. 石刀（ⅠH426①:4、ⅠH426①:2）　9. 石铲残块（ⅠH426①:11）　10. 残鳄鱼骨板制品（ⅠH426①:9）　11. 残骨铲（ⅠH426①:5）

ⅠH426①∶11　石铲残块。熔结凝灰岩，灰褐色，磨制，残块平面近呈平行四边形，存留原石铲磨平的顶边和斜侧边各一段，其余两边为断碴。长 5.3、宽 3.57、厚 0.62 厘米（图 4－307，9）。

ⅠH428④∶1　圆陶片残块。以陶器底制成，泥质红陶，外表黑色，将周边断碴修磨成薄边。残块长 13、宽 7.1、厚 1.2 厘米（图 4－308）。

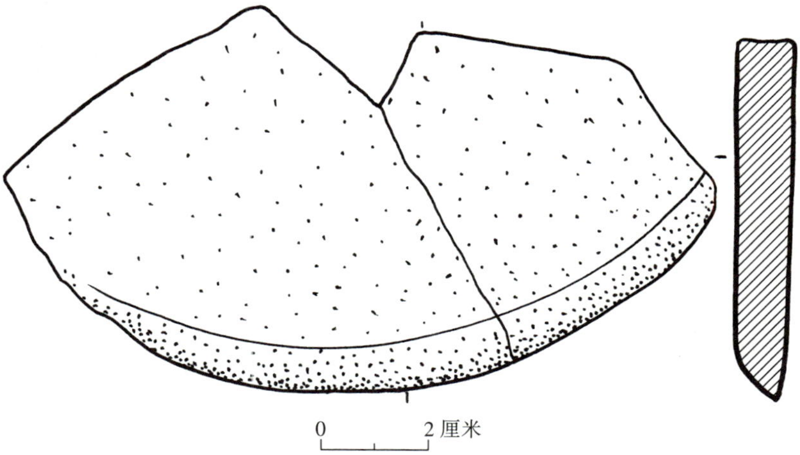

图 4－308　ⅠH428 的圆陶片残块
（ⅠH428④∶1）

ⅠH429∶2　石铲残段。板岩，灰褐色，磨制，仅存中部。残段长 10、宽 5.6、厚 0.57 厘米（图 4－309，6）。

ⅠH429∶3　石刀。晶屑凝灰岩，灰褐色，磨制，一面平，另一面隆起成脊，背边磨平，两端略尖。长 9.05、宽 1.92、厚 0.6 厘米（图 4－310，3；彩版一一〇，1）。出土时分为两残段。

ⅠH429∶4　石凿。玻基凝灰岩，黄褐色，磨制，顶与两侧边均磨平，斜刃，偏锋。长 6.19、宽 1.6、厚 0.71 厘米（图 4－310，1）。

ⅠH429∶5　石铲（或斧）。安山岩，深灰色，打制，直顶略平，束腰，宽刃稍斜。长 13.5、宽 8.46、厚 3.2 厘米（图 4－309，1）。

ⅠH429∶6　石铲残块。玻基凝灰岩，黑色，磨制，残块平面近梯形，存留原石铲的一段侧边，其余三边均为断碴。长 6.85、宽 5.94、厚 1.06 厘米（图 4－309，10）。

ⅠH429∶7　石铲。角闪安山岩，紫色，磨制，柄窄而短，铲体两侧边斜直，凸弧刃，刃缘有崩碴。长 14.75、宽 9.75、厚 0.88 厘米（图 4－309，2；彩版一一一，1）。

ⅠH429∶8　石凿。玄武岩，黑色，磨制，顶与两侧边较平，刃边略直，偏锋。长 5.52、宽 1.9、厚 1.05 厘米（图 4－310，2；彩版一一〇，2）。

ⅠH429∶9　残卜骨。原为以动物肩胛骨磨制而成的骨铲，弧顶边磨平，两侧边斜，刃部无存。一面存留 21 个完整的和 12 个残缺的钻，个别已穿透，另一面与部分钻对应

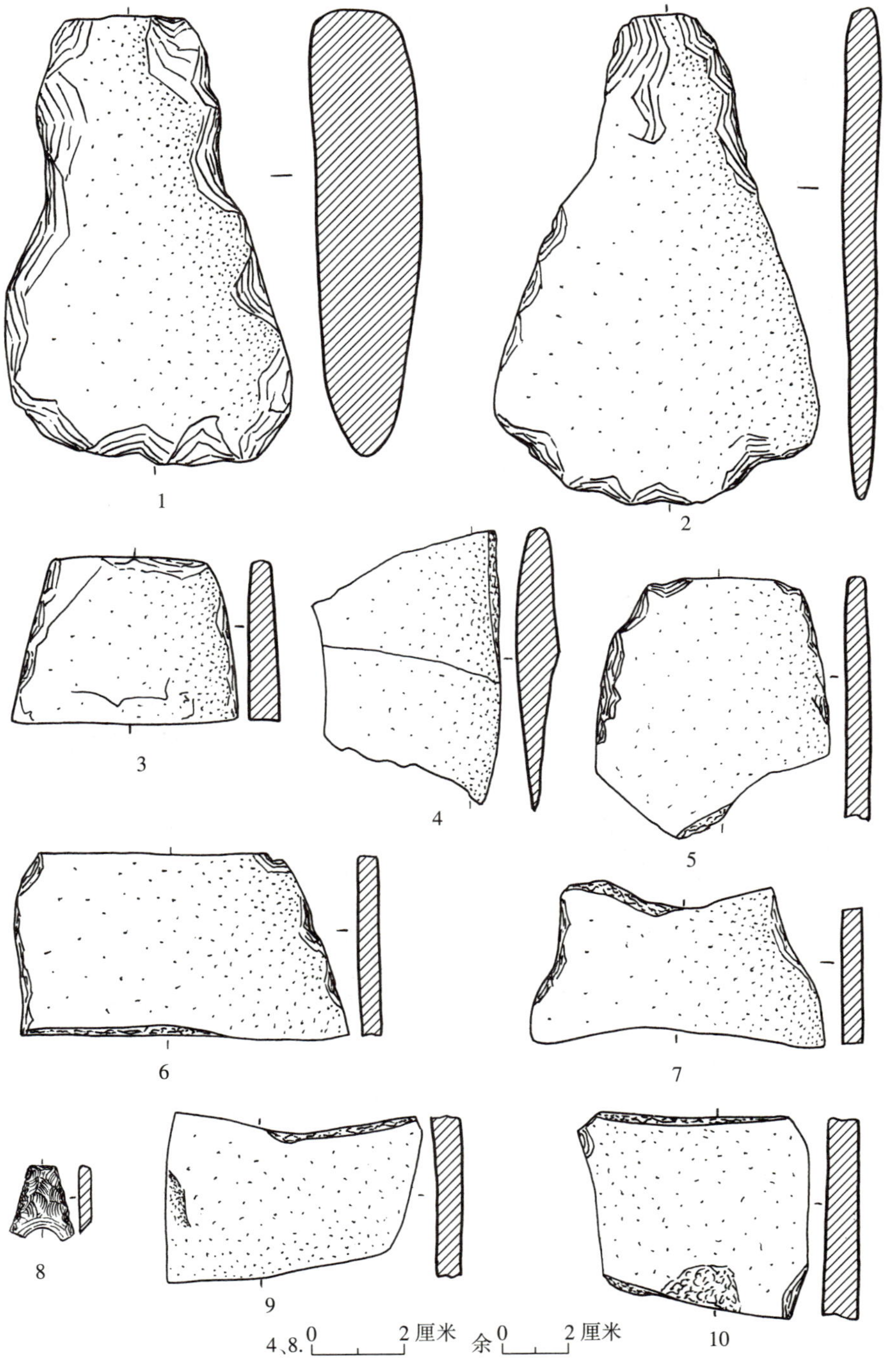

图4－309　ⅠH429的石制品

1. 石铲（或斧）（ⅠH429:5）　2. 石铲（ⅠH429:7）　3、5、6. 石铲残段（ⅠH429:15、ⅠH429:10、ⅠH429:2）　4. 石铲残片（ⅠH429:12）　7. 有肩石铲残段（ⅠH429:14）　8. 残石镞（ⅠH429:18）　9、10. 石铲残块（ⅠH429:11、ⅠH429:6）

图4－310　ⅠH429陶容器以外的石、陶、骨制品

1、2. 石凿（ⅠH429:4、ⅠH429:8）　3. 石刀（ⅠH429:3）　4. 盘状石器（ⅠH429:13）
5. 残卜骨（ⅠH429:9）　6. 多孔陶器残块（ⅠH429:16）　7、8. 圆陶片（ⅠH429:22、ⅠH429:23）

的位置显现出暗褐色圆点。长14.4、宽7.25、厚0.88厘米（图4－310，5）。

ⅠH429:10　石铲残段。角闪安山岩，浅灰色，磨制，仅存上部，顶边磨平。残段平面作五边形，两断碴边约略构成"∟"状。长7.86、宽7.13、厚0.91厘米（图4－309，5）。

ⅠH429:11　石铲残块。板岩，灰黑杂褐色，磨制，残块平面略呈四边形，存留原石铲的一段侧边，其余三边均为断碴。长7.5、宽5.04、厚0.89厘米（图4－309，9）。

ⅠH429:12　石铲残片。安山岩，灰绿色，磨制。长5.9、宽4.05、厚0.86厘米

（图4－309，4）。

ⅠH429:13　盘状石器。凝灰岩，灰色杂红，原器为磨制石铲，将周边交互打击修薄，一面被烧成黑色。直径8.91～9.35、厚0.81厘米（图4－310，4；彩版一一〇，4）。

ⅠH429:14　有肩石铲残段。玄武岩，灰黑色，磨制，仅存肩部，局部烧成黑色。残段长8.8、宽4.74、厚0.75厘米（图4－309，7）。

ⅠH429:15　石铲残段。安山岩，灰绿色，磨制，仅存上部，直顶磨平，两侧边斜直。残段长6.86、宽5.06、厚0.95厘米（图4－309，3）。

ⅠH429:16　多孔陶器残块。夹砂红陶，外表黑色，残存者为一段弧壁，留有11个完整的和9个残缺的小孔，均由外向内穿透。壁厚1.13、孔径0.32厘米（图4－310，6）。

ⅠH429:17　残骨针。磨制，上部残。残长3.17、宽0.21、厚0.15厘米。

ⅠH429:18　残石镞。玛瑙，镞体布满压削痕，凹底，两侧出翼，镞尖和翼尾均残。残长1.53、残宽1.42、厚0.25厘米（图4－309，8）。

ⅠH429:21　圆陶片残块。以瓮、罐类陶器腹片制成，泥质灰陶，残存两道箍堆纹，周边打薄。残块长8.92、宽3.53、厚0.6厘米。

ⅠH429:22　圆陶片。以陶器底制成，泥质褐陶，周边修薄。直径6.3～6.95、厚0.87厘米（图4－310，7）。

ⅠH429:23　圆陶片。以陶器腹片制成，泥质红陶，外表褐色，周边修薄。直径7.55～7.78、厚0.82厘米（图4－310，8）。

ⅠH430②:1　石刀残段。凝灰岩，紫色，磨制，一面平，另一面隆起，背边磨平。残段长2.85、宽2.32、厚0.69厘米。

ⅠH430②:2　残骨针。磨制，上部残。残长2.2、直径0.1厘米。

ⅠH430②:3　盘状石器。安山岩，黑色，局部边缘处打制修薄，除此之外的其他部位则保留着原砾石表面。直径7.08～7.97、厚0.93厘米（图4－311，4）。

ⅠH430②:5　石磬残块。石灰岩，灰色，磬面磨光，并有撞击痕。残块平面近梯形，存留原石磬的部分表面和一段侧边，其余部位皆为断碴，断面上显示着因打击而产生的崩疤。长8.28、宽4、厚1.5厘米。

ⅠH430②:6　骨镞半成品。磨制，镞体仅具极短的三棱，而未制成镞尖，长圆锥形铤，铤尾烧成黑色。长4.94、铤直径0.78厘米（图4－311，3）。

ⅠH430②:7　石铲残段。大理岩，灰色，磨制，仅存上部，直顶磨平，两侧边斜直。残段长6.8、宽5.35、厚0.92厘米（图4－311，1）。

ⅠH430②:8　石铲残块。凝灰质板岩，灰绿色，磨制，残块平面近梯形，存留原石铲的刃边和侧边各一段，另两边为断碴。长8.55、宽6.68、厚0.62厘米（图4－311，2）。

ⅠH431③:1　石器坯。安山岩，紫红色，初步打制成窄顶宽刃的石器雏形。长15.1、宽12、厚2.3厘米。

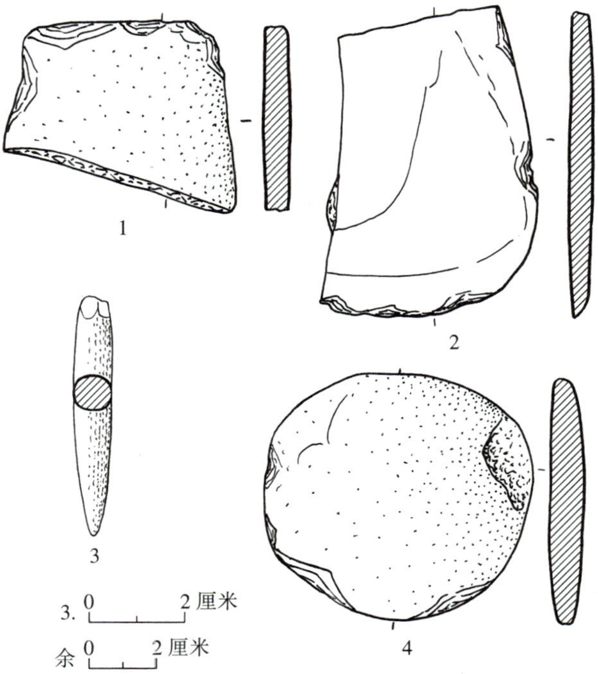

图4－311 ⅠH430的石、骨制品

1. 石铲残段（ⅠH430②：7） 2. 石铲残块（ⅠH430②：8）
3. 骨镞半成品（ⅠH430②：6） 4. 盘状石器（ⅠH430②：3）

ⅠH433：1 磨制陶片。将陶片四边磨平而成，夹砂灰陶，外表施绳纹。长7.2、厚0.7厘米。

ⅠH433：2 石铲残块。板岩，灰黑色，磨制，残块平面略作长方形，存留原石铲的一段侧边，其余三边均为断碴。长4.6、宽4.1、厚0.85厘米。

ⅠH434②：1 石铲残段。凝灰质板岩，紫褐色，打制，下部残断，直顶磨平，两侧边斜直。长14.45、顶宽6.1、厚0.75厘米（图4－312，3）。

ⅠH434②：2 石铲残段。熔结凝灰岩，黑灰色，磨制，仅存下部，两侧边斜直，一侧刃角圆弧，另一刃角残损，直刃，锋稍偏，刃面有纵向磨蚀痕。残段长10.05、宽8.6、厚0.9厘米（图4－312，7）。

ⅠH434③：1 石铲残块。大理岩，白色杂黑、绿斑，磨制。残块平面近长方形，存留原石铲的侧边和刃边各一段，两边各有一处打制的缺豁，其他两边为断碴。长7.5、宽6.25、厚0.8厘米（图4－312，5）。

ⅠH434③：2 经过磨制的动物肩胛骨残块。

ⅠH434③：3 骨器残段。

ⅠH434③：4 经过磨制的动物肋骨残片。

ⅠH434③：5 骨器残片。

ⅠH434⑤：1 石铲残块。熔结凝灰岩，灰色，磨制，残块平面呈长三角形，存留一段原石铲的侧边，其余两边为断碴。长2.85、宽1.6、厚0.5厘米（图4－312，4）。

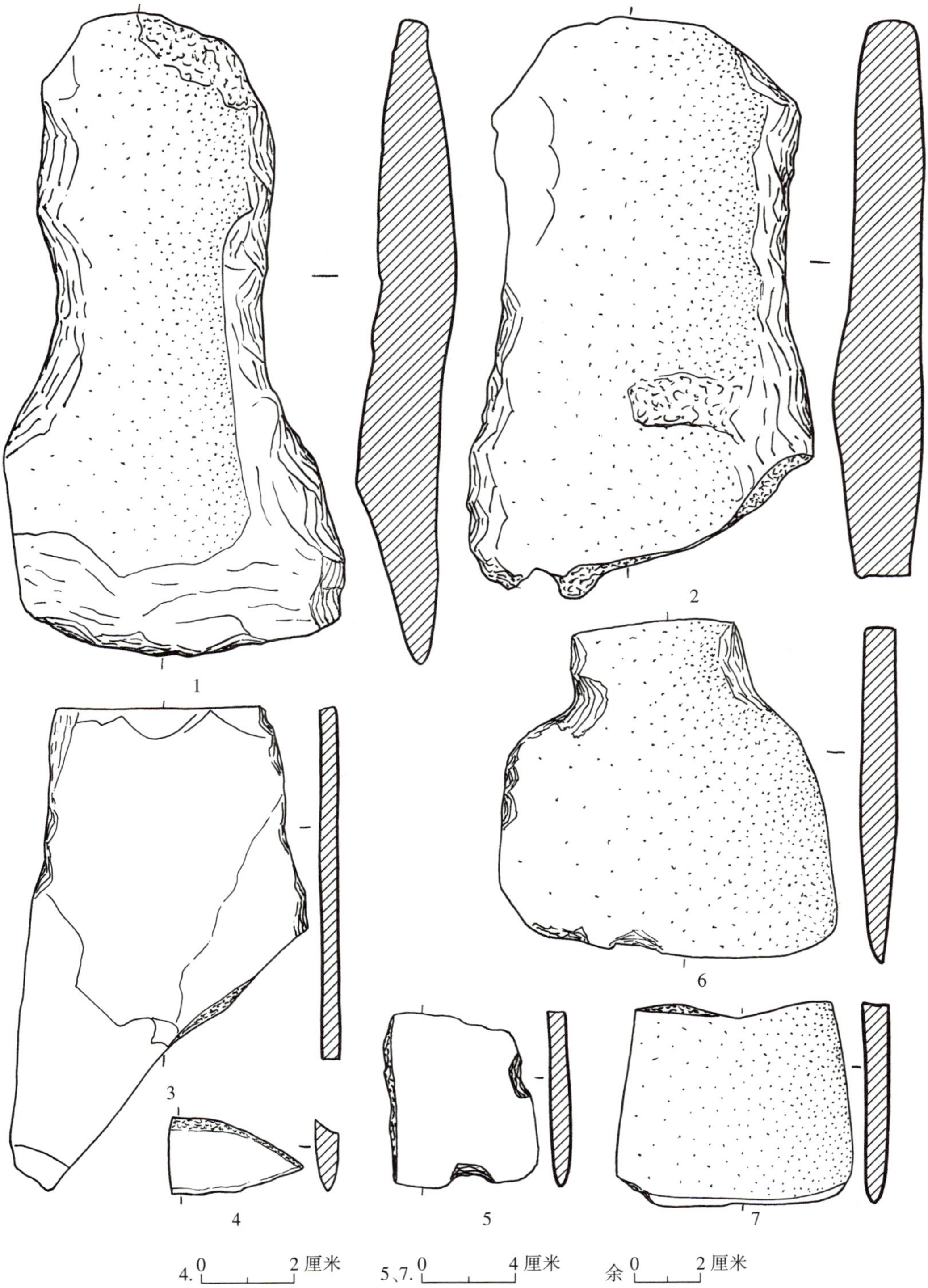

图4－312　ⅠH434的石制品

1. 石铲（ⅠH434⑥:2）　2. 石铲（或斧）半成品（ⅠH434⑥:1）　3、7. 石铲残段（ⅠH434②:1、ⅠH434②:2）　4、5. 石铲残块（ⅠH434⑤:1、ⅠH434③:1）　6. 有肩石铲（ⅠH434⑨:1）

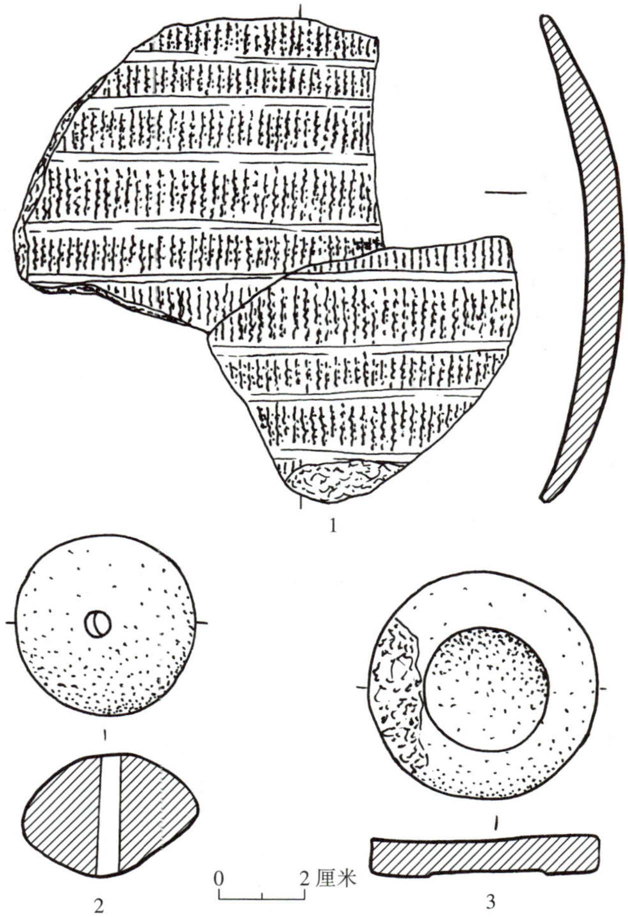

图 4－313　ⅠH434 陶容器以外的陶制品
1. 残圆陶片（ⅠH434⑤:2）　2. 陶纺轮（ⅠH434⑨:3）　3. 陶圆饼（ⅠH434⑨:5）

ⅠH434⑤:2　残圆陶片。以罐类陶器腹片制成，周边打薄，夹砂灰陶，外表有抹断绳纹。直径 11.4、厚 0.8 厘米。出土时分为两残块（图 4－313，1）。

ⅠH434⑥:1　石铲（或斧）半成品。玄武岩，灰色，打制，平顶，两侧边凹弧，刃端斜弧，刃部甚厚。长 17.5、宽 10.35、厚 2.67 厘米（图 4－312，2）。

ⅠH434⑥:2　石铲。安山岩，灰色，打制，窄顶，束腰，宽刃，刃边凸弧。长 19.2、宽 10.15、厚 2.5 厘米（图 4－312，1；彩版一一一，2）。

ⅠH434⑨:1　有肩石铲。灰色，表面黑色，磨制，短柄两侧边经交互打击，顶略斜，并磨平，两侧边斜直，斜刃，偏锋，刃缘有疤痕，刃面可见纵或纵斜向的磨蚀痕。长 10.3、宽 9.95、厚 0.9 厘米（图 4－312，6；彩版一一二，1）。

ⅠH434⑨:3　陶纺轮。泥质红陶，外表灰色，算盘珠状。直径 4～4.1、高 2.75、孔径 0.52 厘米（图 4－313，2）。

ⅠH434⑨:4　石磬残块。石灰岩，黑色，磨制。共 3 块。较大的一块系磬折处残块，整体略扁，一面磨平，余皆断裂面，残存一对钻孔，孔壁经摩擦而十分光亮，在磨平的一面紧挨孔边尚有一个磨钻而成的浅圆窝，此块长5.6、厚2.95、孔内径2.4厘米。

ⅠH434⑨:5　陶圆饼。以陶器圈足加工而成，泥质红陶，周边磨平。直径5.3、厚0.9厘米（图4-313，3）。

ⅠH439:1　石器坯。安山岩，紫褐色，为近似窄顶之铲形的石片，仅刃部有交互打击痕。长18.95、宽15.4、厚2.8厘米。

ⅠH439:2　燧石石块。

ⅠH442:1　有肩石铲残段。凝灰质板岩，黑色，磨制，仅存柄部，直顶磨平，柄之两边交互打击修薄。整体形态似H469④:2。残段长8.07、宽7.23、厚0.65厘米（图4-314，1）。

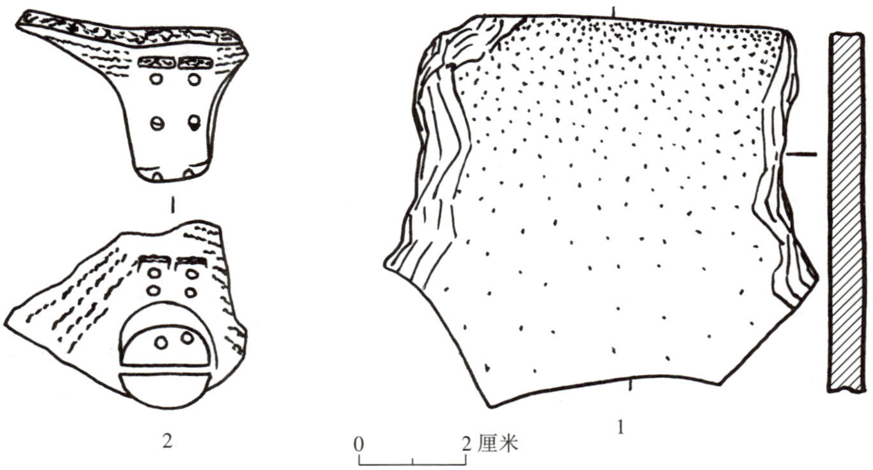

图4-314　ⅠH442陶容器以外的石、陶制品
1. 有肩石铲残段（ⅠH442:1）　2. 陶塑猪首（ⅠH442:2）

ⅠH442:2　陶塑猪首。当系鬶、盉类薄胎陶器的附件。相连之器壁为夹砂红陶，内、外表皮黑色，外表有细密的篦点纹。猪首外伸，长吻微启，其上前后共有三对小孔，皆自外向内戳成，前面一对为鼻孔，中间一对示目，后面一对紧贴双耳（自耳根处残断，由断痕观察，该处当有竖立之双耳），故应是耳孔。器壁内侧横开一道小口，与猪嘴连通，是为流管。器壁厚0.4、猪首长2.25、宽2.1、高2.02厘米（图4-314，2；彩版一一〇，3）。

ⅠH443③:1　石铲残块。凝灰质板岩，黄褐杂黑色，磨制，残块平面近四边形，存留原石铲的刃边和侧边各一段，其余两边为断碴。长11.3、宽6.69、厚0.98厘米（图4-315，1）。

ⅠH443⑥:1　彩绘陶器口沿残片。泥质灰陶，口沿表面饰红、白两色彩绘，红色脱落较多（图4-315，2）。

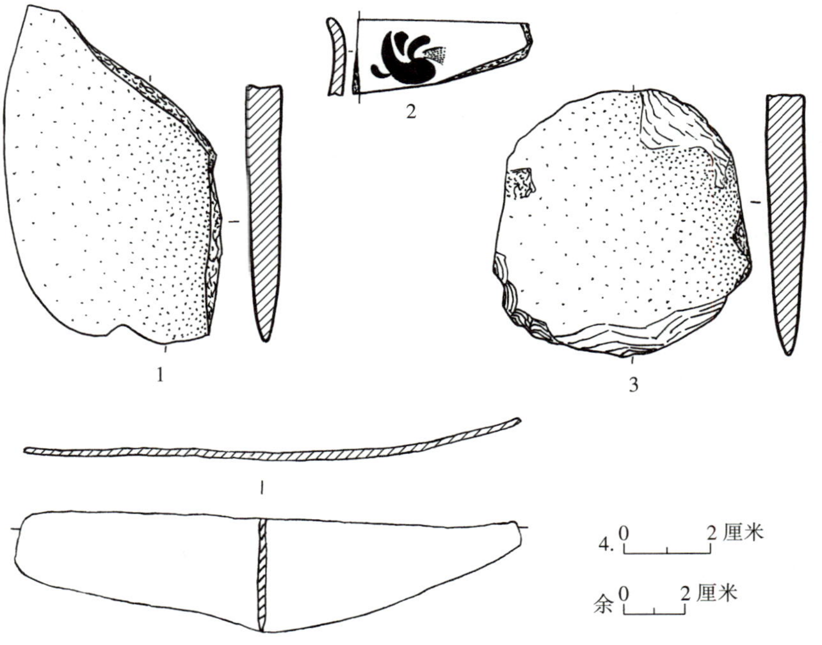

图 4－315　Ⅰ H443 陶容器以外的石、陶、铜制品

1. 石铲残块（Ⅰ H443③:1）　2. 彩绘陶器口沿残片（Ⅰ H443⑥:1）　3. 盘状石器（Ⅰ H443⑨:1）　4. 残铜刀（Ⅰ H443⑧:1）

Ⅰ H443⑦:1　彩绘陶器口沿残片。泥质灰陶，在外侈的口沿背面有红彩。

Ⅰ H443⑧:1　残铜刀。柄部稍残。出土时自柄端附近断裂下 3 小残块，黏合后知其原貌为柄端向一面稍有弯翘。直背边，柄部的另侧边略显凸弧，刃边弧曲，刃端呈圆钝的凸弧边。刀身最宽处为刃、柄分界之位置。整体锈蚀严重。残长 11.6、最宽处 2.65、厚 0.1 ~0.15 厘米（图 4－315，4；彩版一一二，3）。

Ⅰ H443⑨:1　盘状石器。玄武岩，黑色，以磨制石铲的下部残段制成，原石铲的两侧边仍有所存留，刃部及其相对的一侧均经交互打击而成较薄的弧边。直径 8.4、厚 1.2 厘米（图 4－315，3）。

Ⅰ H445:1　石铲。大理岩，绿色，磨光。窄顶，斜弧刃，上部两侧边各磨出一“V”形豁口，该部铲体一侧表面可见与刃边大体平行的细密摩擦痕，当是缚柄留下的痕迹。刃两面均有清晰的纵向磨蚀痕。铲体上部有烧黑处。长 14.5、宽 9.9、厚 0.95 厘米（图 4－316，4；彩版一一三，1）。

Ⅰ H445:2　梯形石块。安山岩，灰褐色，打制。平面呈较规则的梯形，厚度亦较一致。长 11.48、宽 9.35、厚 5.49 厘米（图 4－316，3）。

Ⅰ H445:4　石铲。板岩，深灰色，磨制，铲面可见磨制时产生的细密摩擦痕。斜顶，两侧边斜而略直，直刃，正锋，侧边与刃边均经交互打击。长 16.28、宽 9.25、厚 1 厘米（图 4－316，2；彩版一一三，2）。

Ⅰ H445:5　石铲。大理岩，绿色，磨光。顶边略平，两侧边斜直，直刃，偏锋，

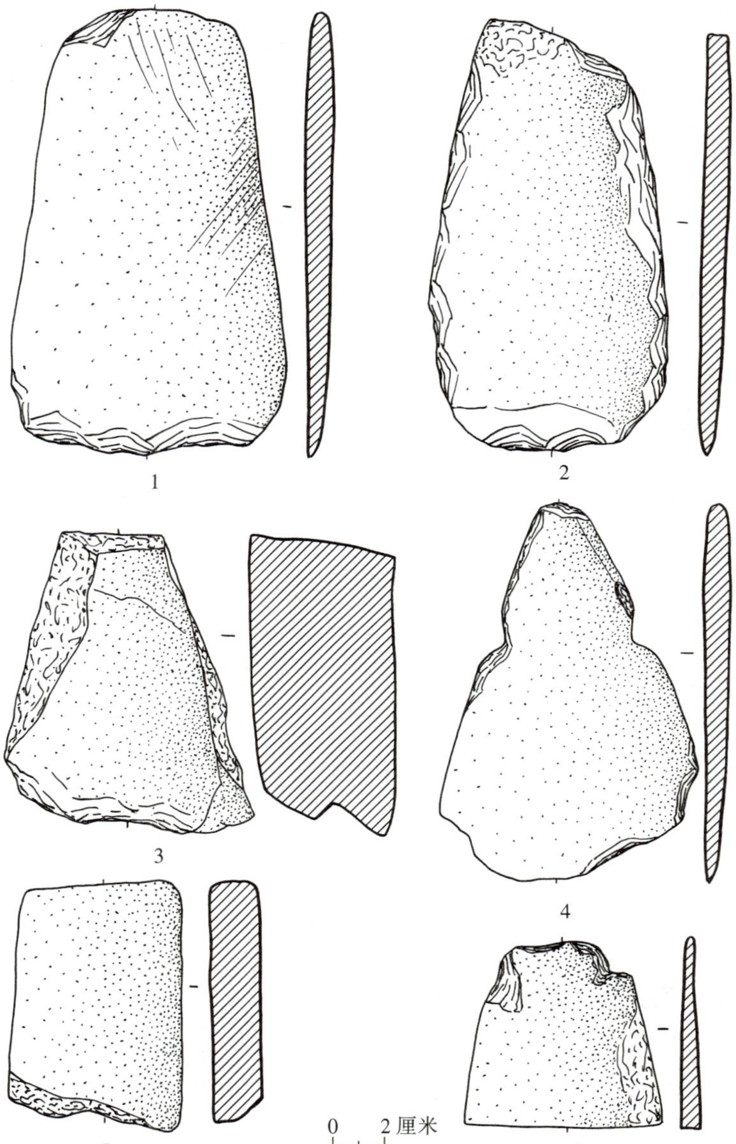

图4－316　ⅠH445的石制品

1、2、4. 石铲（ⅠH445∶5、ⅠH445∶4、ⅠH445∶1）

3、5. 梯形石块（ⅠH445∶2、ⅠH445∶14）　6. 石铲残段（ⅠH445∶10）

铲面可见磨制时留下的摩擦痕，刃两面均有清晰的纵向磨蚀痕。上三分之一以上的铲体一面有着多道横向印迹，这部分铲面也较为粗糙，当是缚柄所致。长17.05、宽10.47、厚0.96厘米（图4－316，1；彩版一一四，1）。

ⅠH445∶6　有磨制痕的石块。珍珠岩，青灰色，平面略近梯形，一侧边有磨过的痕迹。长32.5、宽28、厚14厘米。

ⅠH445∶7　残猪犬齿（图4－317，4）。

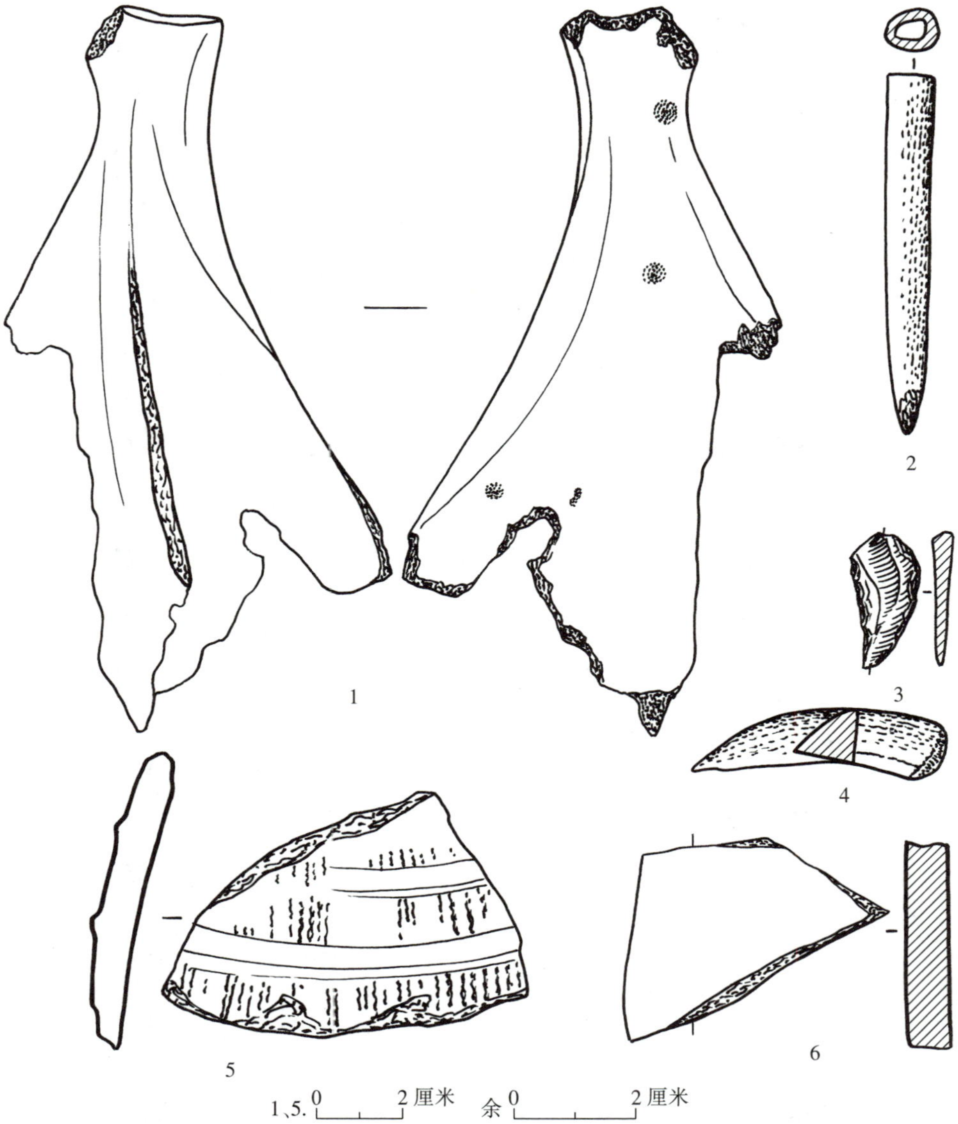

图4－317　ⅠH445陶容器以外的石、陶、骨制品

1. 残卜骨（ⅠH445∶8）　2. 锥形骨器（ⅠH445∶13）　3. 镞形小石片（ⅠH445∶9）
4. 残猪犬齿（ⅠH445∶7）　5. 三角形陶片（ⅠH445∶17）　6. 石铲残块（ⅠH445∶15）

ⅠH445∶8　残卜骨。以猪右肩胛骨制成，在有肩胛冈的一面存留三处直径0.5厘米的深褐色圆形灼痕，下部残断。残长16.82厘米（图4－317，1）。

ⅠH445∶9　镞形小石片。燧石，两侧边有压削痕。长2.25、宽1.16、厚0.4厘米（图4－317，3）。

ⅠH445∶10　石铲残段。浅灰色，磨制，仅存上部，顶边磨平，两侧边斜直。残段长7.56、宽7.2、厚0.75厘米（图4－316，6）。

ⅠH445∶11　镞形小石片。燧石，一侧边有压削痕。长2.1、宽1.5、厚0.4厘米。

ⅠH445:12　彩绘陶器残片。系泥质灰陶尊折腹处残片，折棱以下的器表留有红色彩绘。

ⅠH445:13　锥形骨器。磨制，顶磨平。主体为管状，横截面近椭圆形。长5.9、宽0.8、厚0.7厘米（图4-317，2）。

ⅠH445:14　梯形石块。安山岩，紫红色，为一较规则的扁平砾石，平面呈梯形。长9.45、宽6.52、厚2厘米（图4-316，5）。

ⅠH445:15　石铲残块。大理岩，灰绿色，磨制，残块平面作梯形，存留原石铲的一段侧边，其余三边为断碴。长4.6、宽3.1、厚0.68厘米（图4-317，6）。

ⅠH445:17　三角形陶片。以陶器残片制成，泥质红陶，外表施绳纹，存留两道箍堆纹，最长边被修得最薄。长8.4、宽5.3、厚1厘米（图4-317，5）。

ⅠH448:1　石球。石英岩，浅灰色杂白、黄斑，打、琢兼制，呈不规则球体。直径在5.4~7.3厘米之间（图4-318，5；彩版一一二，2）。

ⅠH448:2　石铲（或斧）。安山岩，灰褐色，粗略打制。窄顶，两侧边凹弧，宽刃。长10.8、宽8.45、厚3.3厘米（图4-318，2）。

ⅠH448:3　彩绘陶器口沿残片。残留少许红色彩绘。

ⅠH448:4　陶圆饼。以瓮、罐类陶器的腹片制成，周边磨平，夹砂灰陶，外表饰划断篮纹。直径7.1~8.3、厚1.1厘米（图4-318，3）。

ⅠH448:5　石铲（或斧）。英安岩，灰褐色，打制，平顶，束腰，斜弧刃。长16.85、宽11.2、厚3.7厘米（图4-318，1）。

ⅠH448:6　陶圆饼。以瓮、罐类陶器的腹片制成，周边磨钝，泥质红陶，外表灰色，存留两道箍堆纹。直径5.9~7.3、厚1厘米（图4-318，4）。

ⅠH448:7　彩绘陶器口沿残片。仅存红色彩绘痕迹。

ⅠH449①:1　小石片。灰色，有压削痕。

ⅠH449①:2　盘状石器。英安岩，灰色，打制，形体不甚规整，周边打薄。直径7.65~8.8、厚1.5厘米（图4-319，10）。

ⅠH449②:1　石铲残块。熔结凝灰岩，绿色，磨制，残块平面作三角形，存留一段原石铲的侧边，其余两边为断碴。长5.7、宽4.8、厚0.6厘米（图4-320，6）。

ⅠH449④:1　残骨镞。磨制，镞体三棱锥状，前锋残，短圆柱形铤。残长3.8、宽0.85、铤直径0.68厘米（图4-321，7）。

ⅠH449⑥:1　圆陶片。将陶器底周边打薄而成。直径6.65、厚0.8厘米（图4-319，9）。

ⅠH449⑨:1　石斧残段。辉石岩，绿色，仅存下部，刃部两面磨光，其余部位密布琢痕，斜刃略显凸弧，刃缘有崩碴。残段长5.4、宽4.6、厚2.7厘米（图4-320，4）。

ⅠH449⑨:2　石斧。条带状混合岩，黑灰色泛绿。琢制为主，刃部两面磨制，斜平顶，两侧边略见凸弧，斜刃稍弧，刃缘较钝，有较多崩碴。长10.84、宽5.55、厚4.3厘米（图4-320，1；彩版一一五，4）。

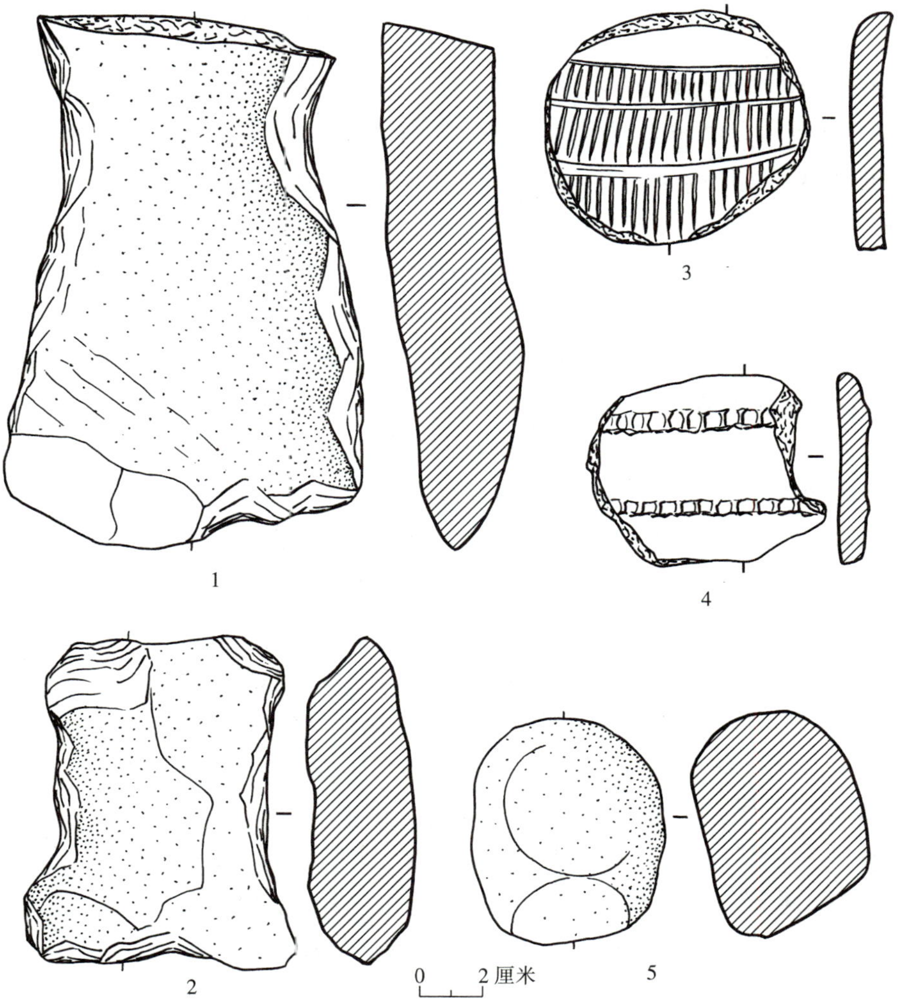

图 4－318　ⅠH448 陶容器以外的石、陶制品
1、2. 石铲（或斧）（ⅠH448∶5、ⅠH448∶2）　3、4. 陶圆饼（ⅠH448∶4、ⅠH448∶6）　5. 石球（ⅠH448∶1）

ⅠH449⑨∶3　半个盘状石器。熔结凝灰岩，黑色，原器为磨制石铲，沿一侧交互打击成圆弧形薄边，致使此器整体作半圆盘状，原石铲两侧边各有一段存留。长 11.7、宽 7.25、厚 0.9 厘米（图 4－319，3）。

ⅠH449⑨∶4　石器残块。大理岩，红色，磨制，扁平体，平面近五边形，最短之边为原石器的侧边，其余各边均为断碴。长 8.85、宽 5.9、厚 0.9 厘米（图 4－320，5）。

ⅠH449⑨∶6　石饰件。大理岩，淡绿色，磨光，扁平体，平面接近半圆形，靠近直边一侧有两对钻孔，一端尚有一残孔。长 4.02、宽 2.15、厚 0.47、孔内径 0.3～0.4 厘米（图 4－319，2；彩版一一五，1）。

ⅠH449⑨∶7　骨器残段。磨制，略呈刀形。长 7.55、宽 1.45、厚 0.3 厘米（图 4－321，5）。

ⅠH449⑨∶8　骨器残段。磨制，仅存锥尖。

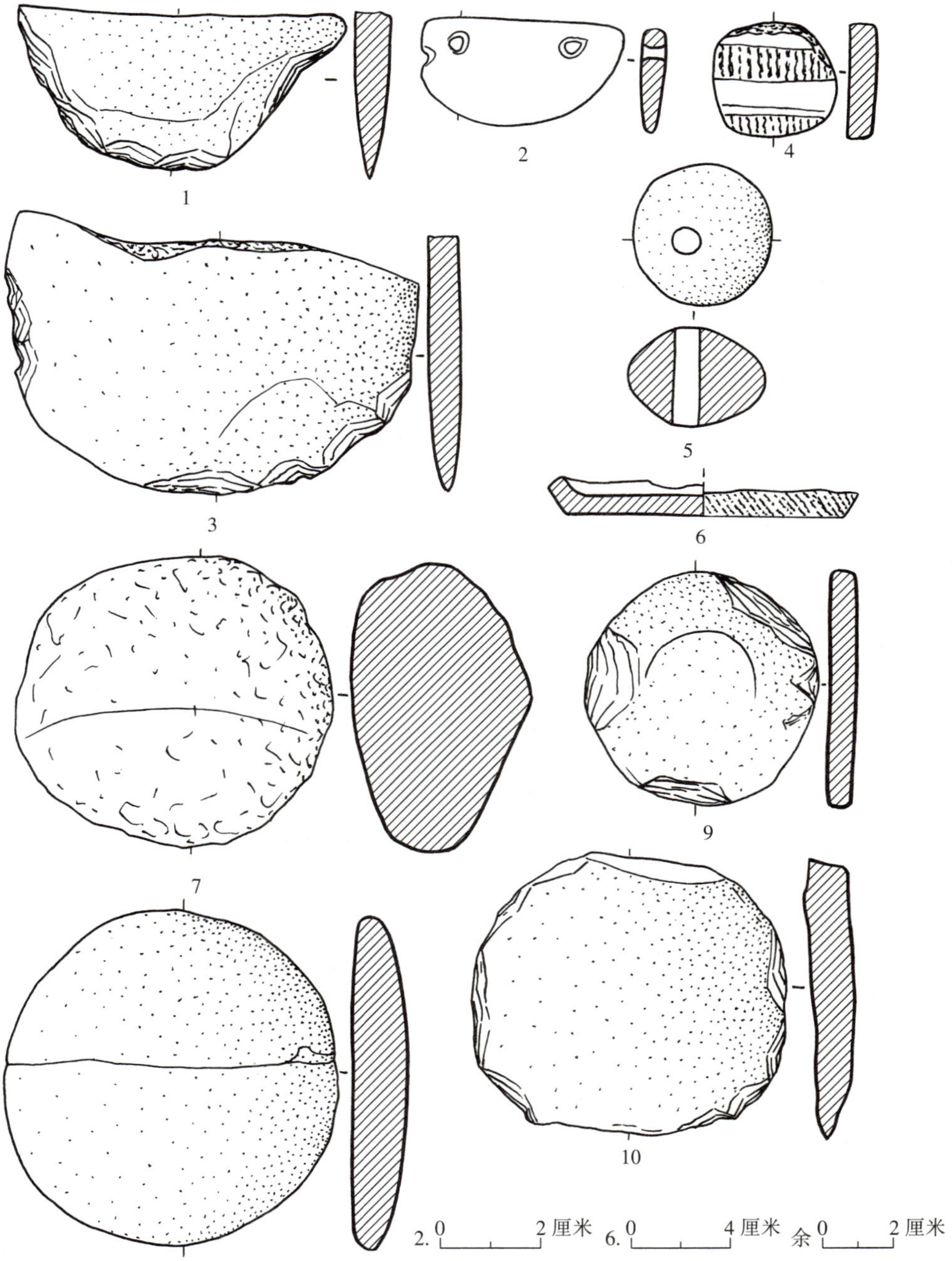

图4－319　ⅠH449陶容器以外的石、陶制品

1. 残盘状石器（ⅠH449⑨:14）　2. 石饰件（ⅠH449⑨:6）　3. 半个盘状石器（ⅠH449⑨:3）
4、8. 陶圆饼（ⅠH449⑨:11、ⅠH449⑬:4）　5. 陶纺轮（ⅠH449⑨:13）　6. 陶器底（ⅠH449⑨:9）
7. 饼形石器坯（ⅠH449⑬:13）　9. 圆陶片（ⅠH449⑥:1）　10. 盘状石器（ⅠH449①:2）

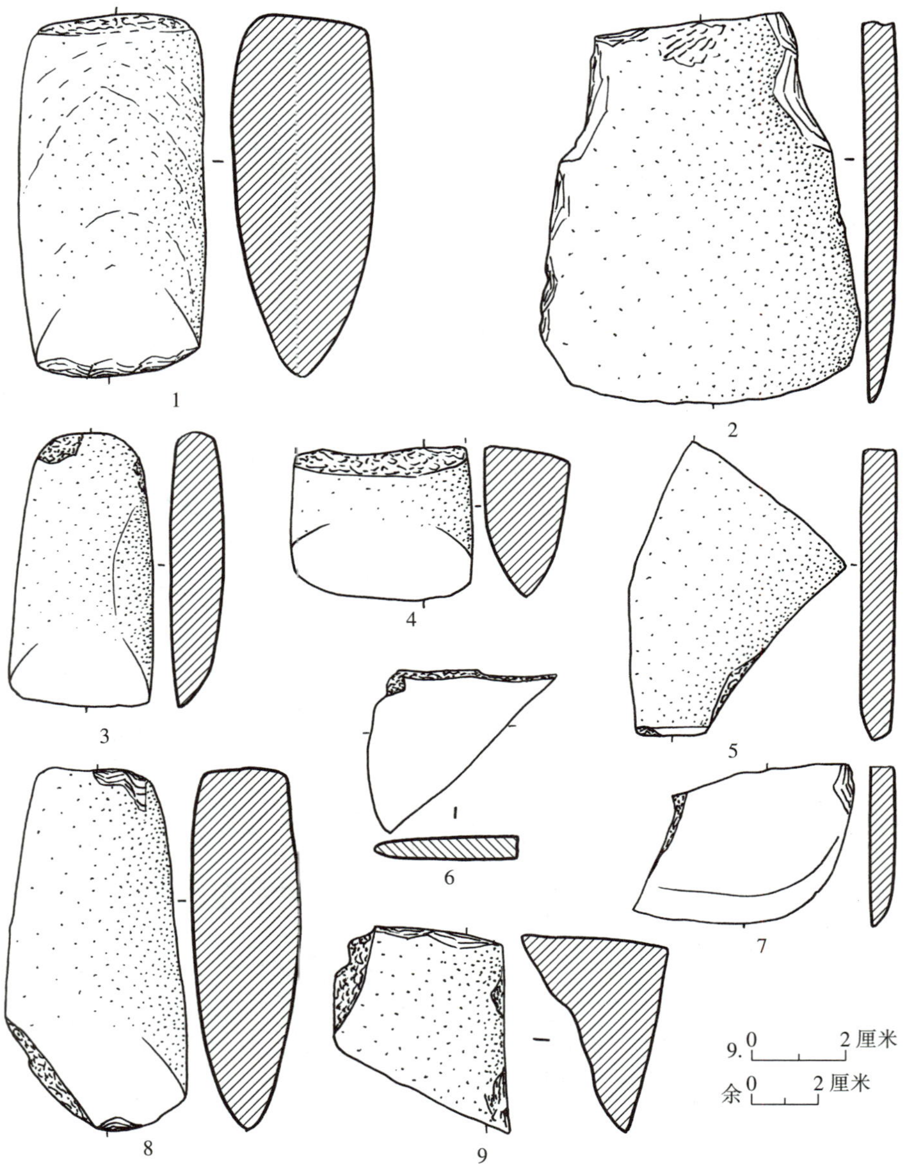

图4－320　ⅠH449的石制品

1. 石斧（ⅠH449⑨:2）　2. 石铲（ⅠH449⑩:2）　3. 石锛（ⅠH449⑫:3）　4. 石斧残段（ⅠH449⑨:1）　5. 石器残块（ⅠH449⑨:4）　6、7. 石铲残块（ⅠH449②:1、ⅠH449⑨:15）　8. 残石斧（ⅠH449⑬:5）　9. 石磬残块（ⅠH449⑩:3）

ⅠH449⑨:9　陶器底。夹砂红陶，连接少许器壁，断碴多经粗略打磨，器壁外表有斜向绳纹。底径11.4、器壁厚0.95厘米（图4－319，6）。

ⅠH449⑨:10　石铲（或斧）半成品。安山岩，灰色，粗略打制，平顶，两侧边凹弧，斜弧刃。长11.06、宽7.35、厚3.44（图4－322，3）。

ⅠH449⑨:11　陶圆饼。以陶器腹片制成，作不规则圆形，周边磨平，泥质灰陶，外表饰绳纹。直径3.2～3.45、厚0.76厘米（图4－319，4）。

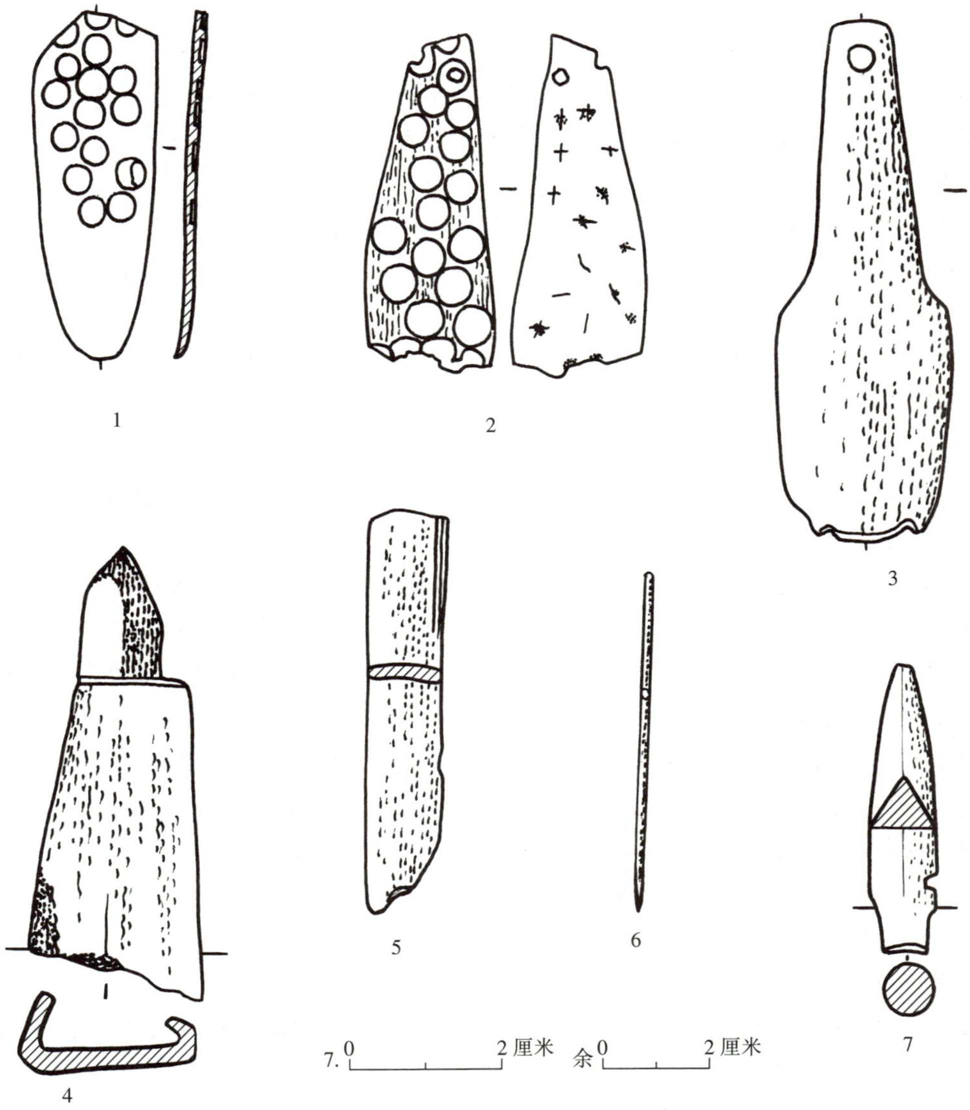

图 4－321 ⅠH449 的骨制品

1. 卜骨残段（ⅠH449⑫:1） 2. 卜骨残块（ⅠH449⑬:2） 3. 长柄骨铲（ⅠH449⑩:1） 4. 骨器半成品（ⅠH449⑩:5） 5. 骨器残段（ⅠH449⑨:7） 6. 骨针（ⅠH449⑫:2） 7. 残骨镞（ⅠH449④:1）

ⅠH449⑨:12 石铲（或斧）半成品残段。英安岩，灰色，打制，原砾石面多所存留，仅存下部，两侧边略凹，凸弧刃。残段长 10.3、宽 9.2、厚 3.3（图 4－322，4）。

ⅠH449⑨:13 陶纺轮。夹砂灰陶，算盘珠状。直径 3.85、高 2.9、孔径 0.6～0.7 厘米（图 4－319，5；彩版一一五，3）。

ⅠH449⑨:14 残盘状石器。玄武岩，黑灰色，打制，周边最薄，残存近半。长 8.9、宽 4.4、厚 1.1 厘米（图 4－319，1）。

ⅠH449⑨:15 石铲残块。凝灰岩，黄褐色，磨制，平面近四边形，存留原石铲的侧边和刃边各一段，其余两边均为断碴。长 6.6、宽 4.6、厚 0.61 厘米（图 4－320，7）。

ⅠH449⑨:16　石铲残段。安山岩，灰褐色，打制，上部残缺，两侧边略直，直刃，刃与两侧边均经交互打击致薄。残段长12.7、宽9.6、厚2.4厘米（图4－322，6）。

ⅠH449⑩:1　长柄骨铲。磨制，柄长于铲体，铲柄近顶处穿有一孔，铲体自上而下渐薄，凸弧刃，刃缘有残损。长9.7、宽3.23、厚0.47、孔径0.4厘米（图4－321，3；彩版一一六，1）。

ⅠH449⑩:2　石铲。板岩，墨绿色，磨制，短柄，斜顶磨平，两侧边斜直，刃边略呈凸弧，偏锋，刃部两面均有纵向磨蚀痕。长11.45、宽9.6、厚0.9厘米（图4－320，2；彩版一一六，3）。

ⅠH449⑩:3　石磬残块。石灰岩，灰色，一面磨光，并有多道划痕，另一面似断裂面。残块平面呈梯形。断碴边先经较浅的切割，后被击断，致使断边较直。长4.1、宽3.7、厚3.1厘米（图4－320，9）。

ⅠH449⑩:4　石铲（或斧）。安山岩，灰色，打制，斜顶，束腰，宽刃略见凸弧。长14.6、宽10.7、厚3厘米（图4－322，5）。

ⅠH449⑩:5　骨器半成品。略似骨铲的形态，将动物肢骨纵劈一半制成，下部打出薄刃，上部存留切割时留下的凹槽。长8.25、宽3.3、骨壁厚0.5厘米（图4－321，4）。

ⅠH449⑫:1　卜骨残段。原器为一磨制的骨匕，上部残。骨松质一面存留13个完整的和3个残缺的钻，其中一个已穿透，骨密质一面与钻相对应的位置多可见到隐约的暗褐色圆点。残段长6.3、宽2.3、厚0.22、钻直径约0.5厘米（图4－321，1）。

ⅠH449⑫:2　骨针。磨制，无针孔。长6.43、直径0.15厘米（图4－321，6）。

ⅠH449⑫:3　石锛。流纹质玻屑凝灰岩，灰白色，磨制，窄顶，直刃，偏锋。长8.27、宽4.3、厚1.62厘米（图4－320，3；彩版一一五，2）。

ⅠH449⑫:4　骨器残片。

ⅠH449⑫:5　骨器残片。

ⅠH449⑫:6　石铲（或斧）半成品。英安岩，灰色，打制成有肩石铲的雏形。长16.2、宽9.8、厚2.25厘米（图4－322，1）。

ⅠH449⑫:7　磨制石器残片。安山岩，此残片的两面黏有类似朱砂的红色物质。

ⅠH449⑬:1　石铲。凝灰质板岩，灰色，磨制，平直顶，柄部两侧边留有交互打击痕，铲体两侧边斜直，斜弧刃，刃面有短促的纵向磨蚀痕。长16.4、宽10.05、厚1厘米（图4－322，2；彩版一一七，1）。

ⅠH449⑬:2　卜骨残块。残块平面近梯形，两长边有切割痕和磨痕。一面存留15个完整的和6个残缺的钻，其中一个已穿透。另一面在与钻相对应的位置有12个已显出暗褐色圆点，这些圆点的直径在0.1～0.3厘米之间，可观察到“十”“卜”“一”3种形态的兆痕。残块长6.4、宽2.4、厚0.45、钻直径约0.8厘米（图4－321，2；彩版一一六，2）。

ⅠH449⑬:4　陶圆饼。夹砂灰褐陶，器体较规则，周边平钝，并有拍印的绳纹痕迹，或为尚未与器壁结合的器底。直径9.3、厚1.5厘米（图4－319，8）。

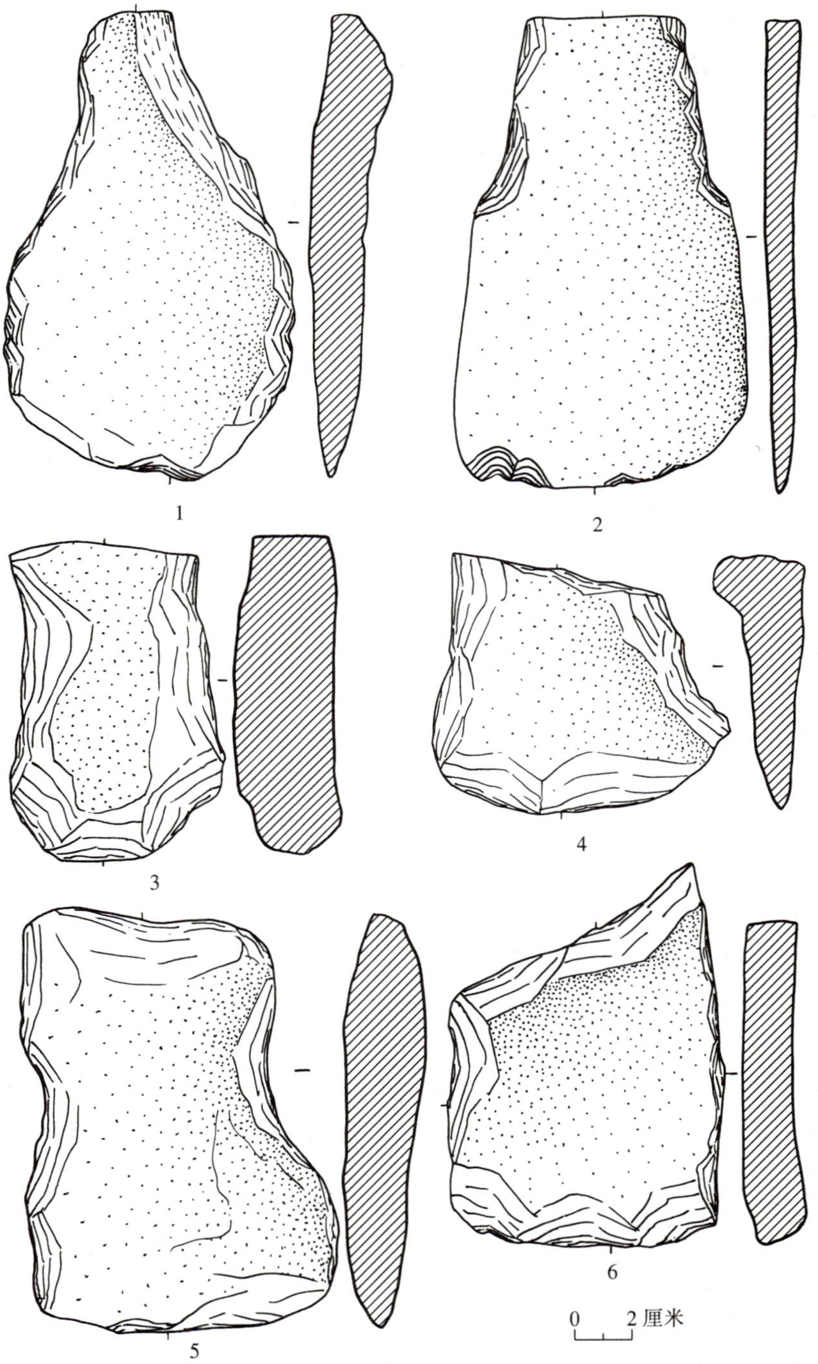

图4－322　ⅠH449的石制品

1、3. 石铲（或斧）半成品（ⅠH449⑫:6、ⅠH449⑨:10）　2. 石铲（ⅠH449⑬:1）
4. 石铲（或斧）半成品残段（ⅠH449⑨:12）　5. 石铲（或斧）（ⅠH449⑩:4）
6. 石铲残段（ⅠH449⑨:16）

ⅠH449⑬:5　残石斧。辉绿玢岩，以琢制为主，刃部两面磨制。平顶，宽刃凸弧，下部残缺一角。大约在上三分之一处有一周不甚明显的凹痕，当是安柄的痕迹，接近斧顶处局部烧黑。长10.78、宽5.35、厚3.05厘米（图4－320，8）。

ⅠH449⑬:7　安山岩石块。长12.6、宽9.2、厚2.1厘米。

ⅠH449⑬:8　安山岩石块。长15、宽12.4、厚11厘米。

ⅠH449⑬:9　磨制石器残片。石灰岩。

ⅠH449⑬:10　鹅卵石残块。熔结角砾岩。长15.5、宽10.65、厚5.7厘米。

ⅠH449⑬:11　安山岩石块。长11.2、宽7.7、厚2.7厘米。

ⅠH449⑬:12　安山岩石块。长11.7、宽9.3、厚8.6厘米。

ⅠH449⑬:13　饼形石器坯。安山岩，略经打制，大体接近饼形。直径7.95～8.8、厚5.1厘米（图4－319，7）。

ⅠH450③:1　残石刀。霏细岩，两面和背边磨平，背边有一“◡”形凹缺，所存端首略圆。残长7.9、宽3.03、厚0.68厘米。

ⅠH454①:1　残骨器。磨制，细长条状，一端磨出扁刃，另一端稍残。残长4.87、宽0.46、厚0.4厘米。

ⅠH454①:2　彩绘陶豆残段。泥质褐陶，外表施黑色陶衣，上有红、白两色彩绘纹饰。

ⅠH454①:3　残骨镞。磨制，经烧烤而呈褐色及黑色，镞体三棱锥状，前锋稍残，截头圆锥形长铤。残长7.81、宽0.97、铤最大直径0.8厘米（图4－323，1）。

ⅠH454①:4　骨锥。磨制，形体不甚规则，锥尖略残。长9.59、顶宽2.98、厚1.9厘米（图4－323，2）。

ⅠH456②:2　石铲。板岩，黑色，磨制，窄顶，柄部和铲体之间略显内束，柄部表面明显不如铲面光亮，可知柄部曾为其他物体包裹。铲体两侧边斜直，直刃略弧，正锋，刃缘多有崩碴。长15.29、宽10、厚1.05厘米（图4－324；彩版一一七，2）。

ⅠH460⑥:1　扁骨针。磨制，整体宽扁，近顶部穿有一孔，近尖部稍显弯曲。长9、宽0.55、厚0.25、孔径0.3厘米（图4－325；彩版一一九，3）。

ⅠH462:1　石铲残段。凝灰质板岩，灰白色，磨制，仅存上部，平顶，两侧边斜直。残段长8.06、宽5.8、厚0.5厘米。

ⅠH469②:2　石磬残块。石灰岩，浅灰色，扁平体，磨光，两面均有清晰的划擦痕。残块平面略近梯形，对应的两短边较薄，为原石磬的侧边，两长边及其相邻的短斜边均为断碴。长6.52、宽4.82、厚0.81厘米（图4－326，4）。

ⅠH469②:3　石铲（或斧）半成品。安山岩，浅灰色，打制，束腰。长15.9、宽9.15、厚2.7厘米（图4－326，1）。

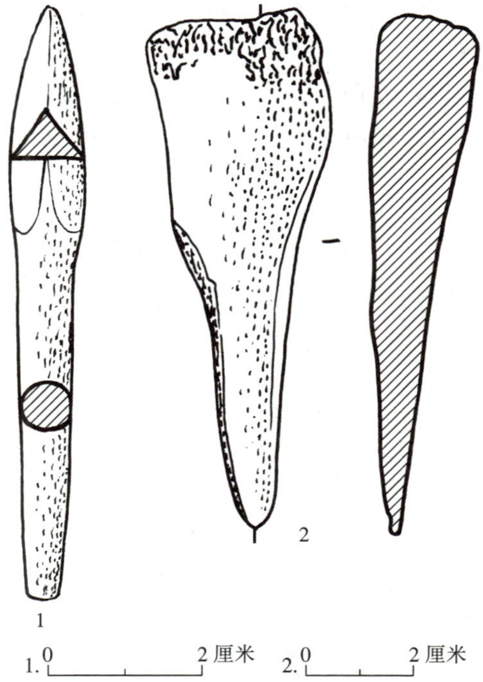

图4－323　ⅠH454的骨制品

1. 残骨镞（ⅠH454①:3）　2. 骨锥（ⅠH454①:4）

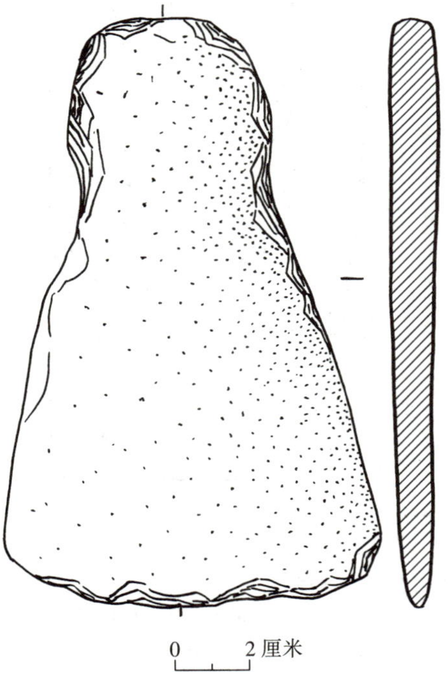

图4－324　ⅠH456的石铲

（ⅠH456②:2）

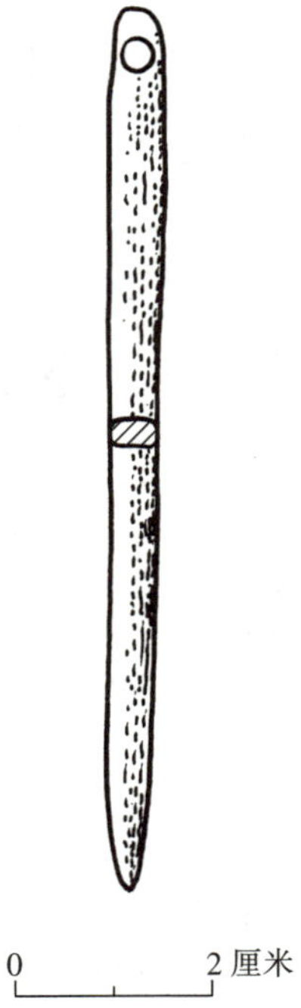

图4－325　ⅠH460的扁骨针

（ⅠH460⑥:1）

ⅠH469④:1　骨针。磨制，无针孔，稍有弯弧。长6.1、直径0.1厘米（图4-326，10）。

ⅠH469④:2　石铲残段。安山岩，灰绿色，磨制，仅存柄部。平顶，两侧边直而薄，整体形态酷似ⅠH442:1。残段长7、宽6.9、厚0.89厘米（图4-326，3）。

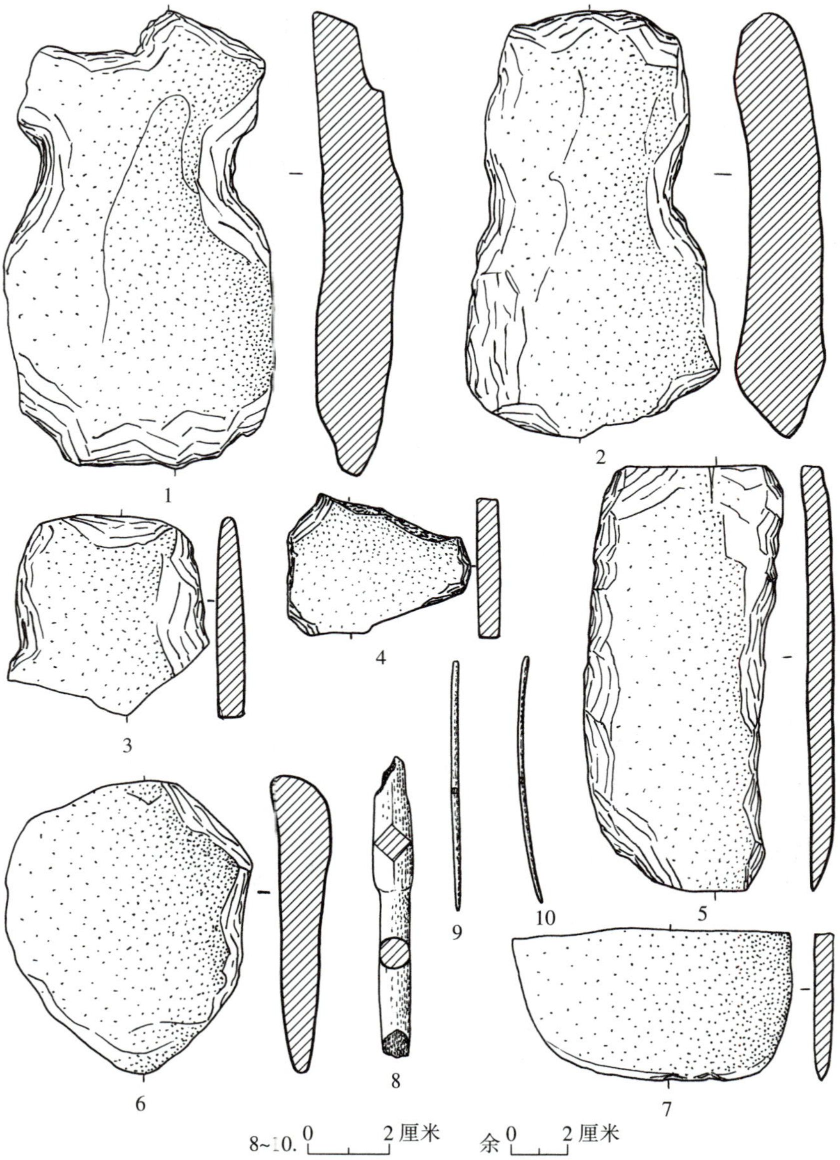

图4-326　ⅠH469的石、骨制品

1、2. 石铲（或斧）半成品（ⅠH469②:3、ⅠH469⑥:2）　3、7. 石铲残段（ⅠH469④:2、ⅠH469⑤:2）　4. 石磬残块（ⅠH469②:2）　5. 石铲残块（ⅠH469⑤:1）　6. 饼形砾石（ⅠH469⑥:3）　8. 残骨镞（ⅠH469⑥:1）　9. 残骨针（ⅠH469⑦:1）　10. 骨针（ⅠH469④:1）

ⅠH469⑤:1　石铲残块。凝灰岩，黄褐色，磨制。残块为石铲刃角，平面近呈长方形，刃角凸弧，刃边略直，偏锋。与刃相对的另一短边为断碴，其余两长边经交互打击修薄。长14.7、宽6.35、厚0.86厘米（图4－326，5）。

ⅠH469⑤:2　石铲残段。熔结凝灰岩，灰绿色，磨制，仅存下部，斜刃，锋稍偏。残段长9.6、宽5.22、厚0.6厘米（图4－326，7）。

ⅠH469⑥:1　残骨镞。磨制，镞体四棱锥状，前锋残，铤之主体呈圆柱形，铤尾两面磨成斜面，尾端渐薄，收成扁边。残长7.3、宽0.98、铤直径0.76厘米（图4－326，8）。

ⅠH469⑥:2　石铲（或斧）半成品。安山岩，打制，顶边略直，束腰，斜弧刃。长14.79、宽8.85、厚3.05厘米（图4－326，2）。

ⅠH469⑥:3　饼形砾石。流纹质安山岩，灰色，略呈厚圆饼状。直径8.17～10.05、厚1.82厘米（图4－326，6）。

ⅠH469⑦:1　残骨针。磨制，两端均残。残长6.12、直径0.1厘米（图4－326，9）。

ⅠH470:1　石片。燧石，绿色。长2.9、宽2.2、厚0.5厘米。

ⅠH470:2　石块。燧石，绿色。长1.6、宽1.3、厚0.95厘米。

ⅠH470:3　残骨针。磨制，仅存下部。残长2.67、直径0.2厘米。

ⅠH470:4　陶弹丸。褐色，不规则球体。直径1.6厘米。

ⅠH471:1　石铲残块。玄武岩，黑灰色，磨制。残块为石铲刃角，平面近四边形，存留原石铲凸弧形刃边和侧边各一段，另两边为断碴。长8.6、宽6、厚0.63厘米（图4－327，3）。

ⅠH471:2　残圆陶片。将陶器底周边交互打击修薄而成，泥质灰陶，底内印有交错绳纹的痕迹，残缺一角。直径14.02、厚0.75厘米（图4－327，1）。

ⅠH471:3　有孔陶器残块。夹砂褐陶，扁平体，一面较平，另一面略微隆起，残存一段陶器的弧边，其余三边为断碴，留有2个完整的和4个残缺的透孔。或为陶箅的残块。长5.6、宽5.53、厚1.48、孔径0.35～0.45厘米（图4－327，2）。

ⅠH471:4　磨过的石块。安山岩，浅灰色，顶面磨成凹弧。长32、宽27.5、厚13.5厘米。

ⅠH472:1　石铲残块。安山岩，绿色，磨制，残块平面近梯形，存留原石铲极少的顶边和一段侧边，另两边为断碴。长5.45、宽5.06、厚0.73厘米。

ⅠH472:2　彩绘陶器残片。

ⅠH474①:1　石铲残块。熔结凝灰岩，磨制。残块为石铲刃角，平面近方形，存留原石铲的刃边和侧边各一段，其余两边为断碴。长4.62、宽4.12、厚0.6厘米（图4－328，5）。

ⅠH474②:1　石刀残段。杂砂岩，磨制，一面平，另一面隆起，背边磨平，一残孔对钻而成，器体自孔中部残断。长7.04、宽4.39、厚1.32、孔内径0.44厘米（图4－328，6）。

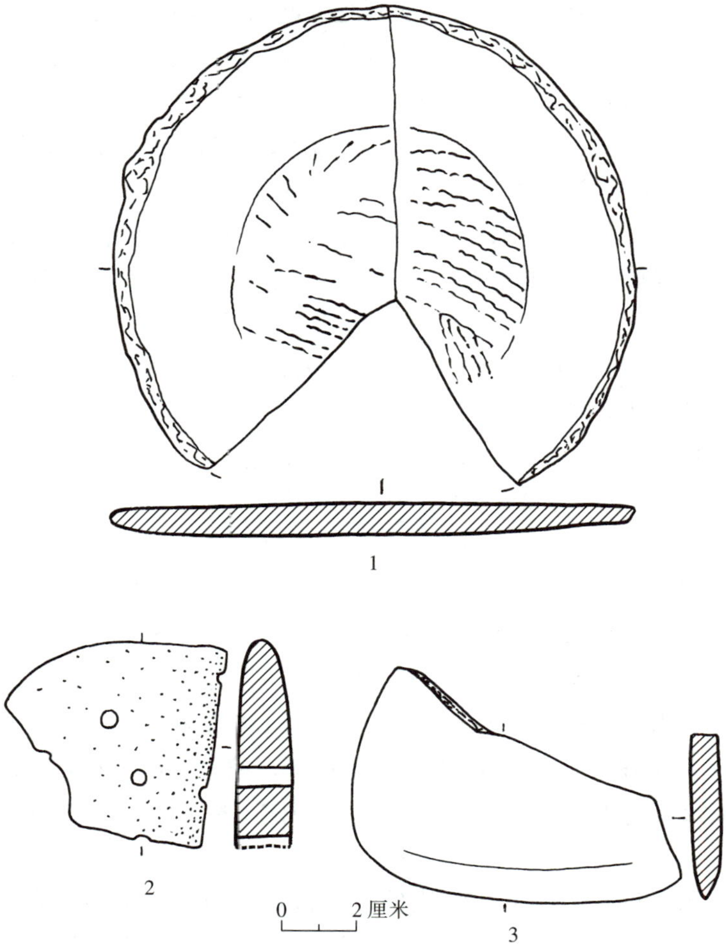

图4－327　ⅠH471陶容器以外的石、陶制品
1. 残圆陶片（ⅠH471:2）　2. 有孔陶器残块（ⅠH471:3）　3. 石铲残块（ⅠH471:1）

ⅠH474②:2　石刀残段。熔结凝灰岩，磨制，一面平，另一面隆起，隆起的一面多有残损，背边磨平。长6.07、宽2.71、厚0.45厘米（图4－328，7）。

ⅠH474②:3　残陶圆饼。将陶器底周边磨平而成，泥质灰陶，少部分残缺。直径9.6、厚0.76厘米（图4－328，3）。

ⅠH474②:4　残石凿。熔结凝灰岩，黑色，磨制。顶残，两侧直边磨成斜平的边棱，窄刃，偏锋。残长4.8、宽1.34、厚1.06厘米（图4－328，10）。

ⅠH474④:1　彩绘陶器残片。泥质灰陶，外表黑色，内壁有红色彩绘（图4－328，9）。

ⅠH474④:2　骨针。磨制，平顶，无孔，主体部分截面为长方形。长8.38、宽0.51、厚0.4厘米（图4－328，11）。

ⅠH474④:3　石钺残块。熔结凝灰岩，黑色杂黄斑，磨制。残块为石钺刃角，平面近梯形，存留原石钺刃边和侧边各一段，其余两边为断碴，并有一残缺的对钻孔。

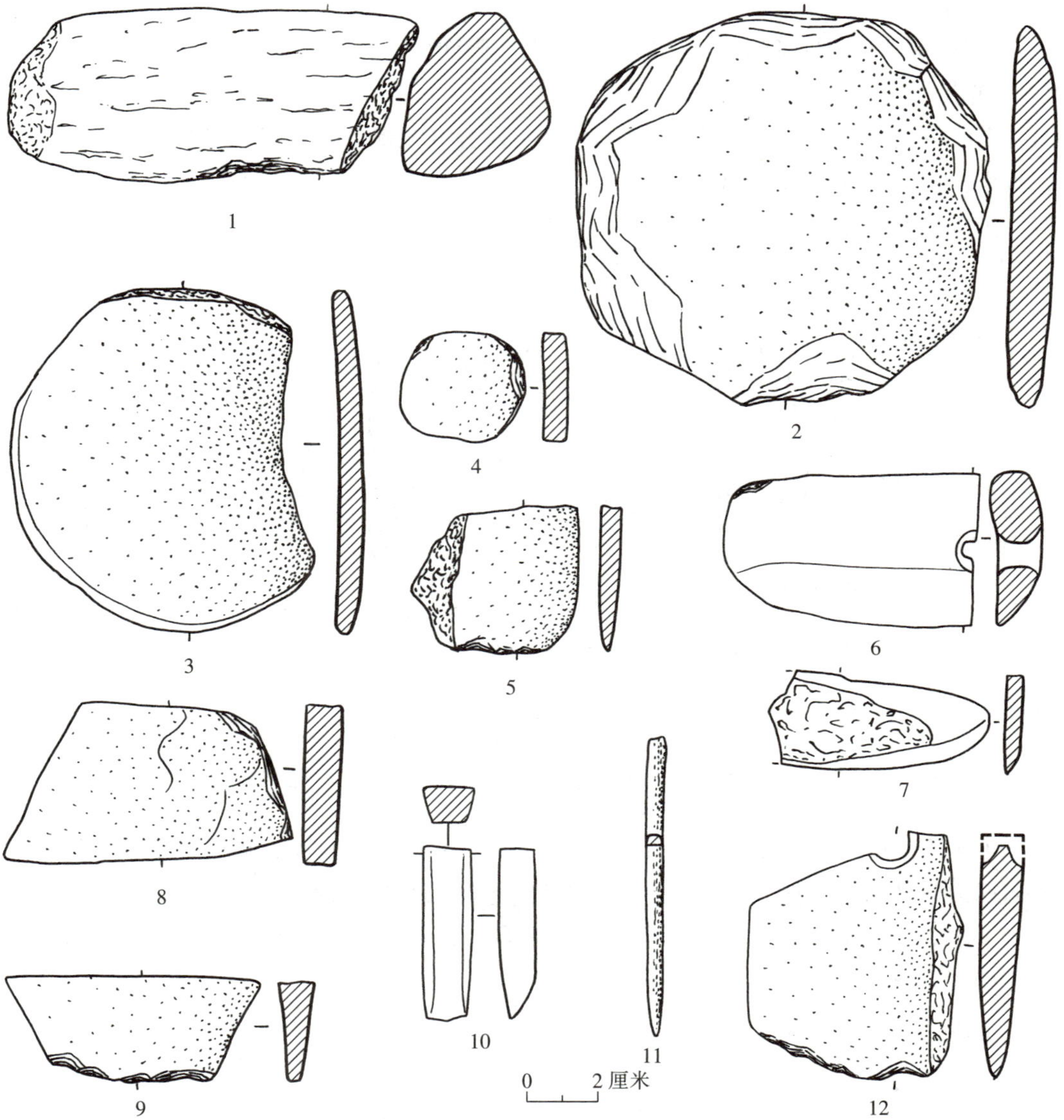

图4－328　ⅠH474陶容器以外的石、陶、骨制品

1. 石器残段（ⅠH474④:4）　2. 圆陶片（ⅠH474④:5）　3. 残陶圆饼（ⅠH474②:3）
4. 陶圆饼（ⅠH474④:6）　5. 石铲残块（ⅠH474①:1）　6、7. 石刀残段（ⅠH474②:1、ⅠH474②:2）
8. 磨制陶片（ⅠH474④:7）　9. 彩绘陶器残片（ⅠH474④:1）　10. 残石凿（ⅠH474②:4）
11. 骨针（ⅠH474④:2）　12. 石钺残块（ⅠH474④:3）

长6.75、宽6、厚1.15、孔内径0.92厘米（图4－328，12）。

ⅠH474④:4　石器残段。珍珠岩，黑色，琢痕较多，整体不甚规则，略似残磨棒，截面近三角形，无使用痕迹。长11.2、宽4.85、厚4.1厘米（图4－328，1）。

ⅠH474④:5　圆陶片。将陶器底周边打制修薄而成，泥质红陶，外表烧黑。直径11.28～11.96、厚1.36厘米（图4－328，2）。

ⅠH474④:6　陶圆饼。以陶器残片制成，泥质灰陶，周边磨平。直径3.1～3.5、厚0.65厘米（图4－328，4）。

ⅠH474④:7　磨制陶片。泥质灰陶，平面为梯形，各边磨平。长7.9、宽4.4、厚0.99厘米（图4－328，8）。

ⅠH474④:A　有“｜｜”状刻划痕的羊跖骨（刻痕与跖骨纵向平行）。

ⅠH477:1　彩绘陶器残片。

ⅠH477:2　石铲（或斧）半成品残段。安山岩，灰色，打制，下部残。长10.35、宽7.8、厚2.89厘米（图4－329，3）。

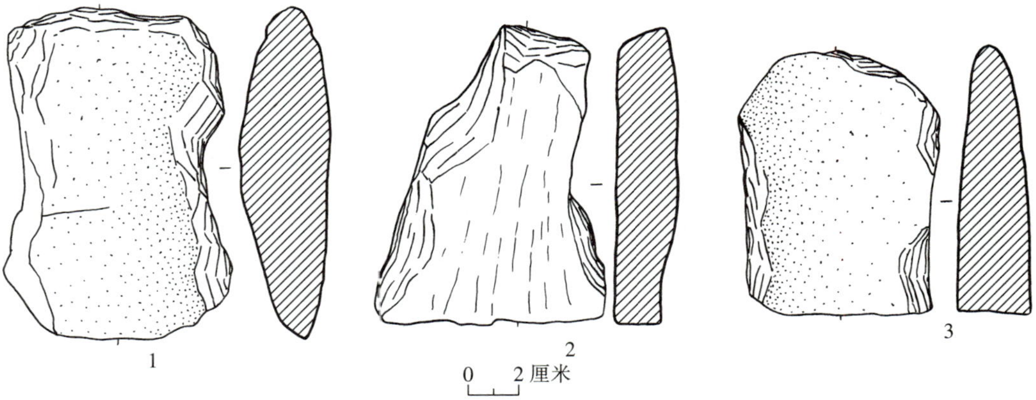

图4－329　ⅠH477的石制品

1. 石铲（或斧）半成品（ⅠH477:3）　2. 铲形石器坯（ⅠH477:4）　3. 石铲（或斧）半成品残段（ⅠH477:2）

ⅠH477:3　石铲（或斧）半成品。安山岩，灰褐色，打制，束腰，上下等宽，顶边和刃边略呈凸弧。长13、宽8.7、厚3.56厘米（图4－329，1）。

ⅠH477:4　铲形石器坯。安山岩，浅灰色，打制。长12.24、宽8.93、厚2.97厘米（图4－329，2）。

ⅠH477:5　骨器残片。

ⅠH477:6　石铲残块。石灰岩，灰色，磨制。

ⅠH478:1　有肩石铲。凝灰质板岩，灰绿色，磨制，斜顶，斜弧刃，刃缘有一缺豁，锋稍偏。长10.05、宽8.84、厚0.9厘米（图4－330；彩版一一八，1）。

ⅠH478:2　石铲（或斧）半成品残段。安山岩。

ⅠH478:3　残骨锥。磨制，上部残，锥尖及其附近的锥体略显三棱。残长6、宽1.27、厚1厘米。

ⅠH480:1　细锥形残骨器。

ⅠH480:2　石钺残段。石灰岩，白色，磨制，仅存上部，平顶，两侧边斜直。残段长5.78、宽3.81、厚0.94厘米。

ⅠH480:3　石铲残块。石灰岩，灰色，磨制，残块平面为四边形。长4.7、宽2.6、厚0.59厘米。

ⅠH480:4　石器残块。凝灰岩，紫色，粗略磨制，扁体，残块平面近梯形。长

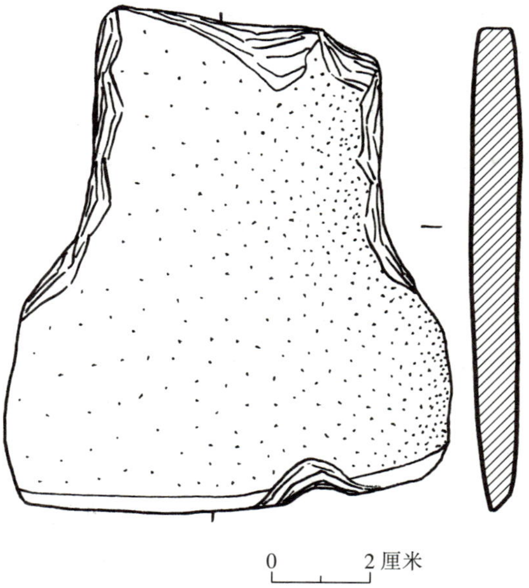

图4－330　ⅠH478的有肩石铲
（ⅠH478：1）

6.6、宽5.2、厚1.14厘米。

ⅠH480：5　彩绘陶鬲裆部残片。泥质灰陶，外表黑色，裆上部有红色彩绘，下部存留粗绳纹。

ⅠH480：6　石铲残块。石灰岩，黄褐色，磨光，残块平面作三角形，存留一段原石铲侧边，另两边为断碴。长6.12、宽3.6、厚0.61厘米。

ⅠH480：7　饼形石器。玄武岩，灰色，琢制，一面中部有一深0.4厘米的钻窝。直径9.14～9.37、厚3.84厘米。

ⅠH480：9　有打制痕的石块。英安岩，灰色，局部烧黑，扁体，平面略呈三角形，边缘有打制痕。长21.4、宽17.6、厚4.6厘米。

ⅠH480：11　残石臼。珍珠岩，黑色，顶、底略平，残存的原石臼边较平直，臼窝磨光，自臼窝中部残断。残长23、残宽14.5、高7.6厘米，臼窝直径约16、深6.5厘米。

ⅠH483①：1　磨制石器残块。安山岩，灰色，扁体。残块为原石器一角，一面被磨平，相邻的一长一短两段直边为原石器侧边，亦被磨平，其余的边均为断碴。长15、宽11.73、厚3.75厘米（图4－331，5）。

ⅠH483②：1　石铲残块。安山岩，黑色杂白斑，磨制，残块平面呈三角形，残存原石铲的一段侧边。长5.04、宽4.4、厚0.72厘米。

ⅠH483②：2　盘状石器。板岩，浅灰色，两面经过磨制，周边交互打击修薄。直径10.3～11、厚0.75厘米（图4－331，1；彩版一一八，2）。

ⅠH483②：3　有肩石铲残段。板岩，深灰色，磨制，肩部以下残。残段长9.65、宽9.1、厚0.7厘米（图4－331，4）。

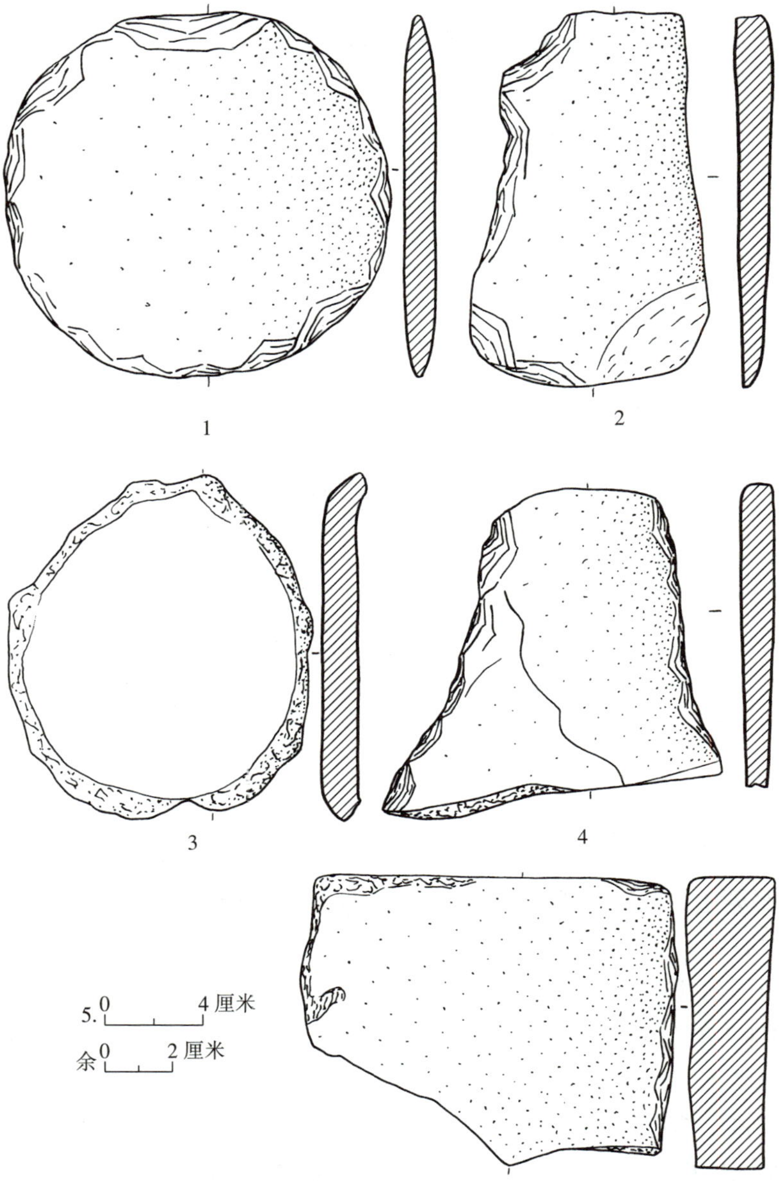

图4－331　ⅠH483陶容器以外的石、陶制品
1. 盘状石器（ⅠH483②:2）　2. 石器残块（ⅠH483②:4）　3. 陶器底（ⅠH483②:5）
4. 有肩石铲残段（ⅠH483②:3）　5. 磨制石器残块（ⅠH483①:1）

ⅠH483②:4　石器残块。凝灰岩，灰绿色，扁平体，边缘处局部经打制修薄。长10.8、宽6.86、厚1.25厘米（图4－331，2）。

ⅠH483②:5　陶器底。夹砂红陶，周边皆为断碴。直径8.6～9.76、厚1.15厘米（图4－331，3）。

ⅠH489④:1　骨镞。磨制，镞体三棱锥状，长圆锥形铤。长8.01、宽1、铤最大直径0.76厘米（图4－332，5；彩版一一九，1）。

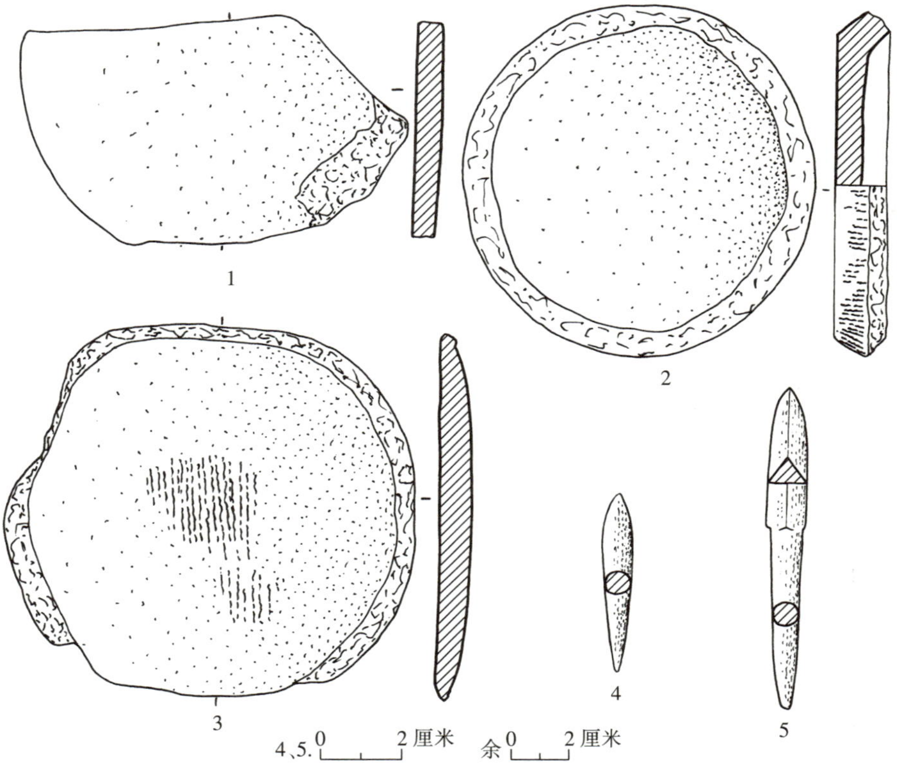

图4－332　ⅠH489陶容器以外的陶、骨制品
1. 圆陶片残块（ⅠH489④:3）　2. 陶圆饼（ⅠH489④:2）　3. 圆陶片（ⅠH489④:4）
4、5. 骨镞（ⅠH489④:5、ⅠH489④:1）

ⅠH489④:2　陶圆饼。以陶器底制成，周边修平，泥质灰陶，器壁外表饰绳纹。直径11.9～12.1厘米（图4－332，2；彩版一一九，5）。

ⅠH489④:3　圆陶片残块。以陶器底制成，周边断碴略加修整，泥质红陶。残块长13.3、宽7.7、厚0.82厘米（图4－332，1）。

ⅠH489④:4　圆陶片。以陶器底制成，周缘断碴修齐而成薄边，泥质灰陶。直径12.85～14.3、厚0.82厘米（图4－332，3；彩版一一九，4）。

ⅠH489④:5　骨镞。磨制，镞体矮圆锥状，长圆锥形铤。镞体向铤的过渡较为圆滑，二者之间无明确分界。长4.47、最大直径0.72厘米（图4－332，4；彩版一一九，2）。

ⅠH489⑤:1　盘状石器坯。安山岩，灰色。原为圆盘状砾石，可见若干处打击痕。直径13.1～14.2、厚4.7厘米。

ⅠH489⑤:2　石块。珍珠岩，灰色，无明显加工痕迹。长10.95、宽7.25、厚4.9厘米。

ⅠH489⑤:3　砾石残块。辉石安山岩，灰色。长9.9、宽9.6、厚3.5厘米。

ⅠH489⑤:5　珍珠岩石片。

ⅠH489⑤:6　砾石残块。珍珠岩，长22.3、宽9、厚8.4厘米。

ⅠH489⑤:7　砾石残块。辉石安山岩，灰色。长15.2、宽10.4、厚3.06厘米。

ⅠH492:1　石器。蛋白石，白色，形体欠规则，周边打薄。长3.66、宽3.31、厚1.7厘米。

ⅠH492:2　石铲。英安岩，灰色，打制，直顶边，凸弧刃。长12.78、宽9.52、厚2.13厘米。

ⅠH493:1　饼形石器。流纹岩，黄褐色，打制，周边修制较平。直径9.6~9.8、厚3.55厘米（图4-333，2）。

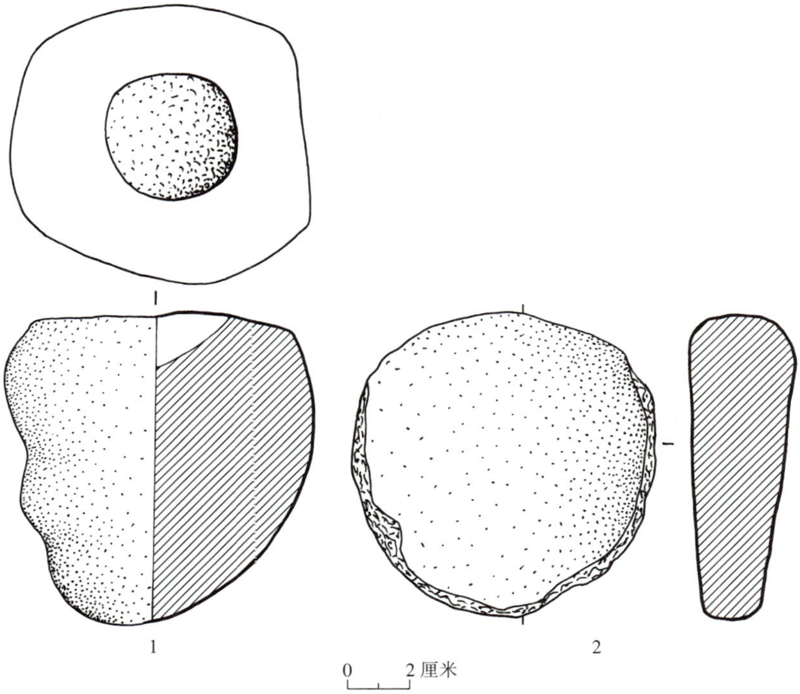

图4-333　ⅠH493的石制品
1. 石臼（ⅠH493:2）　2. 饼形石器（ⅠH493:1）

ⅠH493:2　石臼。为一安山岩灰色砾石，于其上琢出臼窝。高10、宽9.6厘米，臼窝直径4.1~4.2、深1.65厘米（图4-333，1）。

ⅠH494①:1　小河沿文化彩陶残片。泥质红陶，外表饰褐色彩陶花纹。

ⅠH494①:2　细石器。燧石。

ⅠH494②:1　石环残段。滑石，浅褐色，磨制，由内缘向外渐薄，残存两个对钻孔。残段长4.74、宽1.55、厚0.6厘米，钻孔内径分别为0.3和0.4厘米（图4-334，1）。

ⅠH494②:2　彩绘陶尊残片。与ⅠH496⑤:2属同件陶器，泥质红陶，外表褐色，饰白色彩绘花纹（图4-334，2；彩版一二〇，1）。

ⅠH494②:3　石铲残块。熔结凝灰岩，灰绿色，磨制，残块平面略呈三角形，存

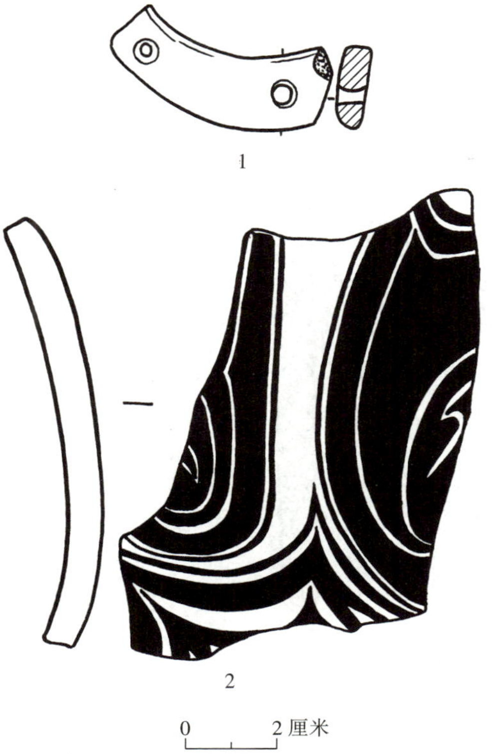

图 4－334　ⅠH494 的石环残段和彩绘陶尊残片
1. 石环残段（ⅠH494②:1）　2. 彩绘陶尊残片（ⅠH494②:2）

留原石铲端边和侧边各一段，另一边为断碴。长 5.06、宽 3.22、厚 0.67 厘米。

ⅠH494②:4　残圆陶片。将陶器底周边磨薄而成，泥质灰陶，边缘烧黑。直径 8.2、厚 0.92 厘米。

ⅠH494④:1　铲形砾石。安山岩，灰色，一侧有少许打制痕。长 13.2、宽 11.2、厚 2.3 厘米。

ⅠH494④:2　石铲（或斧）半成品残段。玄武岩，灰褐色，打制，斜顶，束腰，下部残。残段长 10.1、宽 7.85、厚 3.8 厘米。

ⅠH495①:1　石铲。玄武岩，黑色，磨制，窄顶，顶边磨平，两侧边斜直，直刃，刃缘多有崩碴。长 14.55、宽 8.38、厚 0.98 厘米（图 4－335，1；彩版一二〇，2）。

ⅠH495②:2　残石铲。安山岩，紫褐色杂浅黄斑。粗略磨制，窄顶，两侧边略显内凹，下部残，但残断之边均经交互打击修薄。长 12.86、宽 7.5、厚 1.34 厘米（图 4－335，2）。

ⅠH496①:1　陶豆柄制品。泥质灰陶，一端连接豆盘残底，另一端磨平。高 5.69、直径 4.45 厘米（图 4－336，8）。

ⅠH496②:1　石制品。凝灰质板岩，灰绿色，打制，扁体，两面较平整，平面近呈三角形，各边均修治得较平而与器面近乎垂直。长 13.44、宽 8.31、厚 2.4 厘米（图

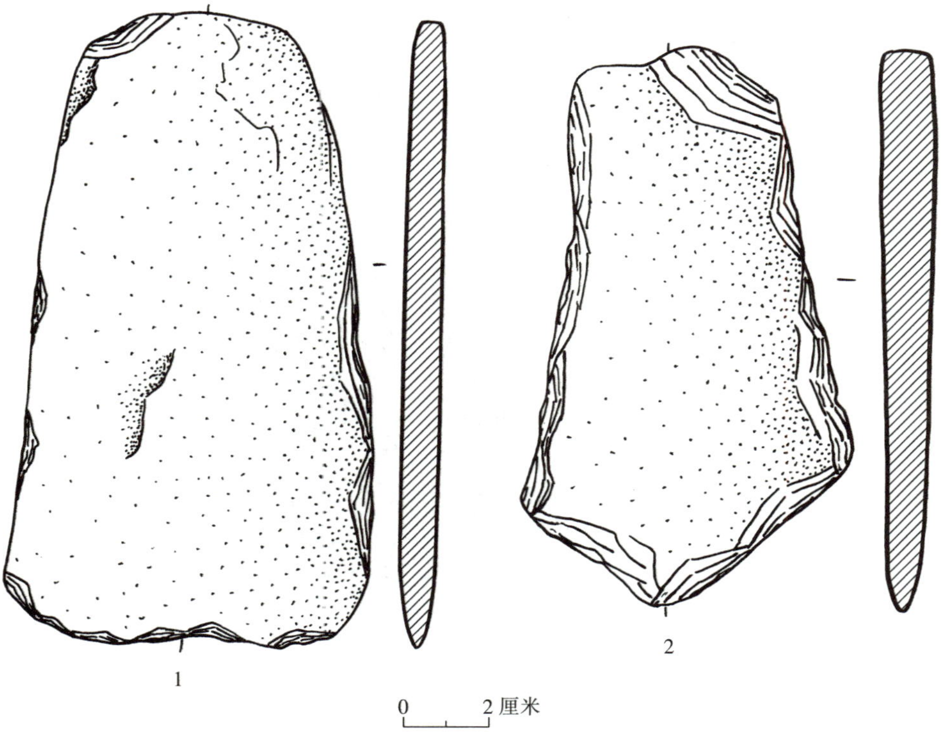

图 4－335　Ⅰ H495 的石制品
1. 石铲（Ⅰ H495①:1）　2. 残石铲（Ⅰ H495②:2）

4－336，5）。

Ⅰ H496②:2　陶纺轮。泥质灰陶，近鼓状。直径 2.95～3.15、高 2.64、孔径 0.45 厘米（图 4－336，6）。

Ⅰ H496③:1　石铲残块。玄武岩，黑色，磨制，残块平面略近三角形。长 6.41、宽 6.2、厚 0.78 厘米（图 4－336，1）。

Ⅰ H496③:2　石铲残块。大理岩，白色，磨制，残块平面似三角形，存留一段原石铲侧边，其余之边为断碴。长 5.2、宽 4.6、厚 1.43 厘米（图 4－336，2）。

Ⅰ H496③:3　石铲残块。大理岩，浅灰色，磨制，残块平面为梯形，各边均为断碴。长 3.5、宽 2.56、厚 0.48 厘米（图 4－336，4）。

Ⅰ H496③:4　石铲残块。凝灰质板岩，黑色，磨制，残块平面略近梯形，各边均为断碴。长 6.05、宽 2.88、厚 0.8 厘米（图 4－336，3）。

Ⅰ H496③:5　石铲残段。凝灰质板岩，灰色，磨制，仅存顶部。窄顶边，残存很短的两侧边呈下斜之势。残段长 6.4、宽 6.3、厚 1.1 厘米（图 4－336，7）。

Ⅰ H496⑤:1　磨制石铲残片。

Ⅰ H496⑤:2　彩绘陶尊残片。与Ⅰ H494②:2 属同件陶器，泥质红陶，外表褐色，饰白色彩绘花纹（图 4－336，9）。

Ⅰ H499:1　骨针。磨制。长 4.9、直径 0.11～0.15、孔径 0.05 厘米（图 4－337，4）。

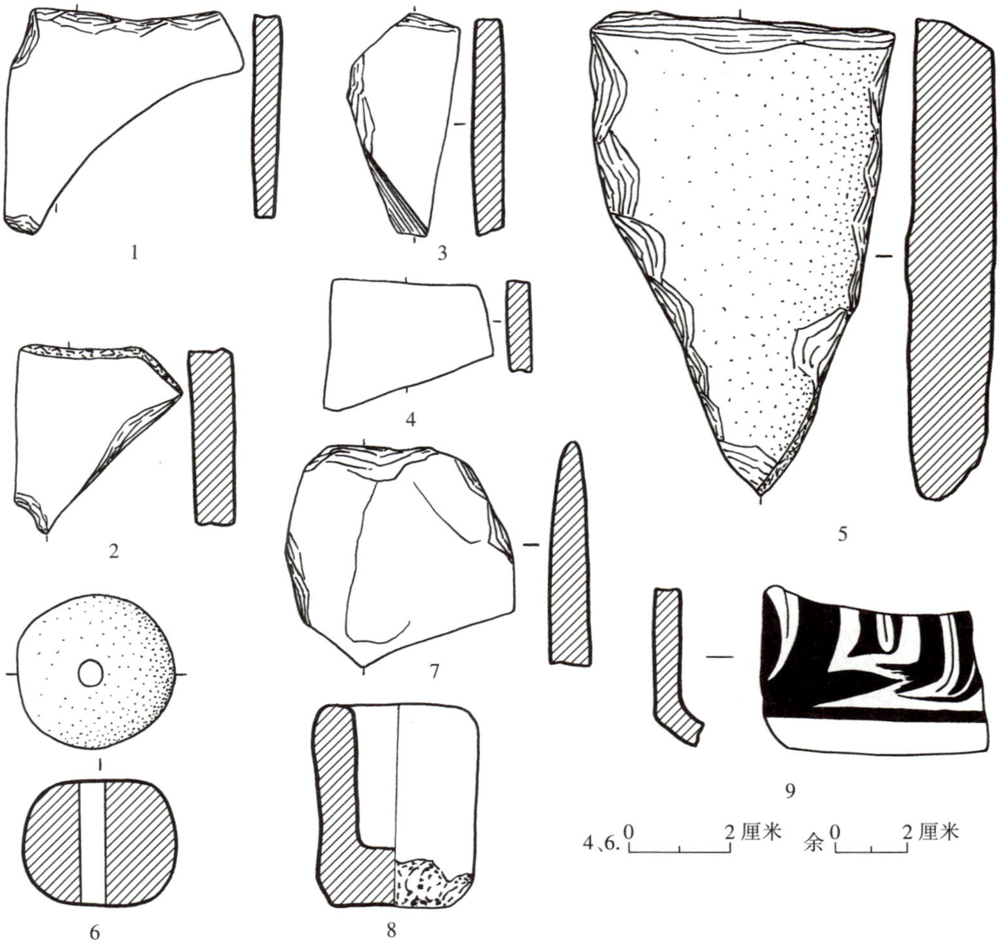

图4－336　ⅠH496陶容器以外的石、陶制品

1～4. 石铲残块（ⅠH496③:1、ⅠH496③:2、ⅠH496③:4、ⅠH496③:3）　5. 石制品（ⅠH496②:1）　6. 陶纺轮（ⅠH496②:2）　7. 石铲残段（ⅠH496③:5）　8. 陶豆柄制品（ⅠH496①:1）　9. 彩绘陶尊残片（ⅠH496⑤:2）

ⅠH499:2　骨针。磨制。长6.1、直径0.18、孔径0.05厘米（图4－337，5）。

ⅠH499:3　石刀残段。晶屑凝灰岩。

ⅠH499:4　蚌片。

ⅠH499:5　石铲（或斧）半成品。熔结凝灰岩，紫色，打制，顶斜平，束腰，尖弧刃。长11.5、宽8.74、厚2厘米（图4－337，3）。

ⅠH499:6　骨铲。磨制，直顶边磨平，一侧边有交互打击痕，斜尖刃，刃面下斜略见弯弧。长16.58、宽5.82、厚1.4厘米（图4－337，6；彩版一二〇，4）。

ⅠH499:7　石铲（或斧）半成品。英安岩，灰色，打制，尖顶，束腰，尖弧刃。长16.5、宽10.95、厚3.2厘米（图4－337，2）。

ⅠH499:8　有打击痕的砾石。安山岩，灰色，扁体。长19.5、宽10.2、厚3.2厘米。

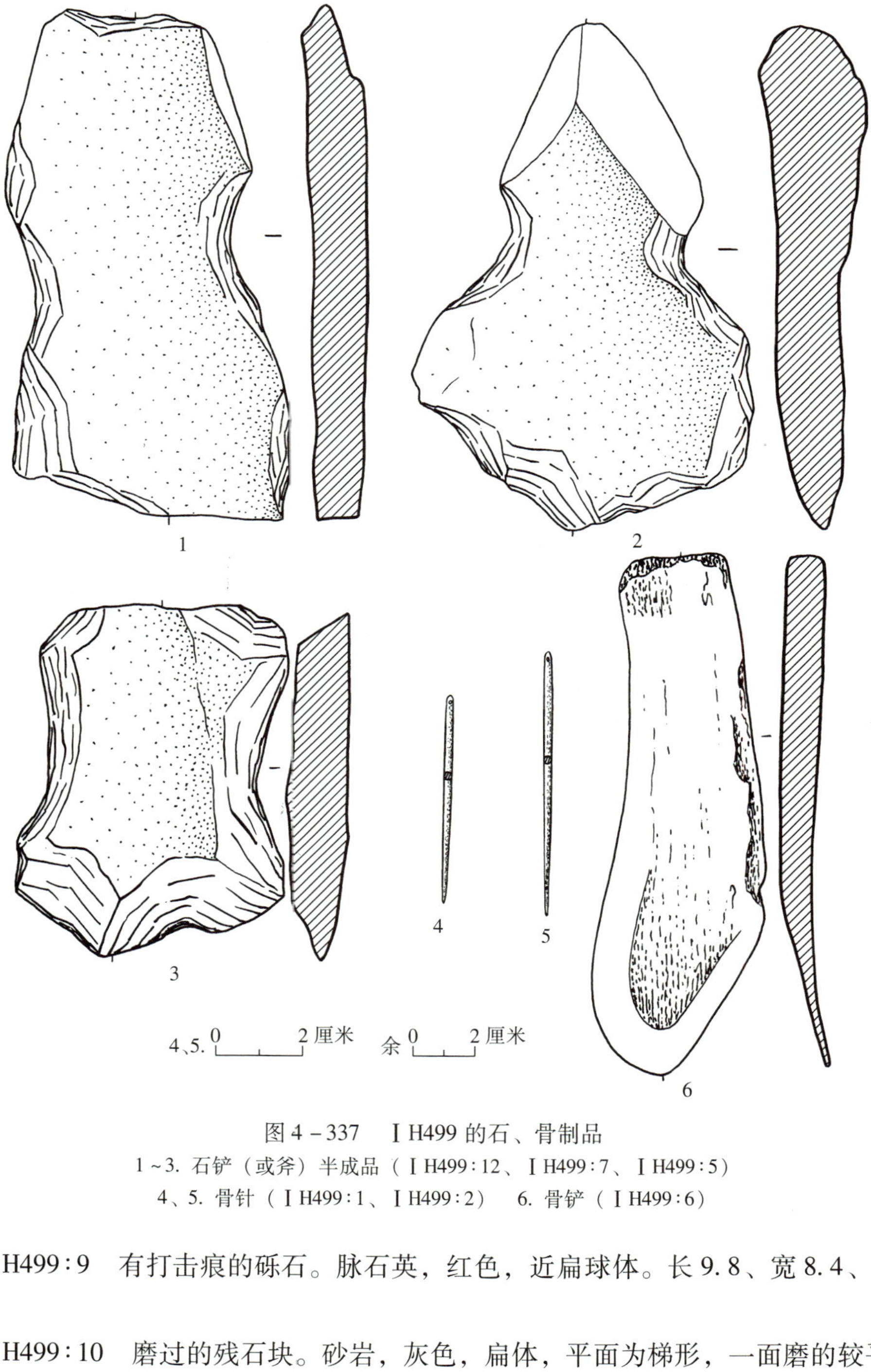

图 4－337　Ⅰ H499 的石、骨制品

1～3. 石铲（或斧）半成品（Ⅰ H499∶12、Ⅰ H499∶7、Ⅰ H499∶5）
4、5. 骨针（Ⅰ H499∶1、Ⅰ H499∶2）　6. 骨铲（Ⅰ H499∶6）

Ⅰ H499∶9　有打击痕的砾石。脉石英，红色，近扁球体。长 9.8、宽 8.4、厚 6.4 厘米。

Ⅰ H499∶10　磨过的残石块。砂岩，灰色，扁体，平面为梯形，一面磨的较平。长 22.5、宽 20.4、厚 5.3 厘米。

Ⅰ H499∶12　石铲（或斧）半成品。英安岩，灰绿色，打制，斜顶稍平，束腰，刃未加修治。长 16.75、宽 8.9、厚 2.2 厘米（图 4－337，1）。

Ⅰ H499∶13　细石器石片。碧玉，深红色。

ⅠH500∶1　彩绘陶豆残片。为豆盘底部残片，泥质红陶，盘内有白色彩绘花纹（图4－338）。

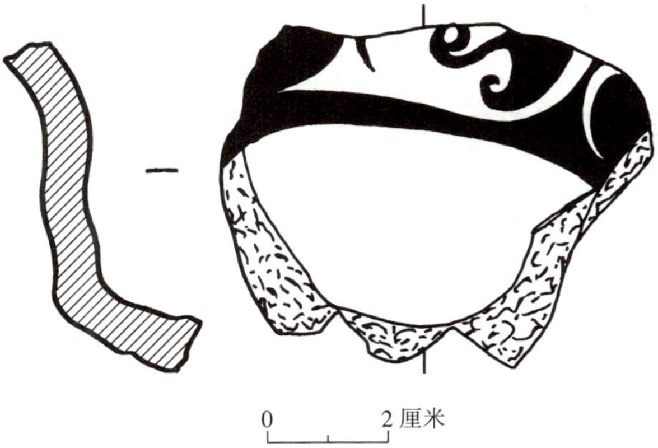

图4－338　ⅠH500的彩绘陶豆残片
（ⅠH500∶1）

ⅠH500∶2　细石器石片。

ⅠH500∶3　石磬残块。石灰岩，深灰色，磨制。扁体，残块平面呈三角形，存留一段原石磬磨平的侧边和极少的端边，其他边为断碴。长5.5、宽3.28、厚0.85厘米。

ⅠH500∶4　石铲（或斧）半成品残段。安山岩，灰色，打制，顶边凸弧，束腰，下部残。残段长11.5、宽8.64、厚2.9厘米。

ⅠH501∶1　残骨针。磨制，顶自针孔处残断，尖端略弯。残长12.47、宽0.4、厚0.28、孔径0.15厘米（彩版一二〇，3）。

ⅠH501∶2　残骨器。磨制，扁长条体，直侧边，两端磨尖，纵向残半。长8.4、残宽0.5、厚0.09厘米。

ⅠH501∶3　细石器石片。燧石，紫色。

ⅠH501∶4　残石斧。辉绿岩，灰色，粗略磨制，呈露琢痕。窄顶，两侧边斜直并磨平，刃部多有残缺。残长11.8、宽5.48、厚3.23厘米。

ⅠH501∶5　骨器残段。磨制，残体近呈圭状。残长6.5、宽2.3、厚0.16厘米。

ⅠH501∶6　残扁骨针。磨制，顶尖，尖端残。残长5.6、宽0.52、厚0.32、孔径0.15厘米。

ⅠH501∶7　骨锥。将动物肢骨纵劈制成，磨出锥尖，其余部位存留兽骨原貌。长12.2厘米。

ⅠH501∶8　骨器残片。

ⅠH501∶9－1　残骨针。磨制，扁体，顶部残，尖端稍弯。残长9.31、宽0.37、厚0.26厘米。

ⅠH501∶9－2　残骨针。磨制，扁体，仅存上段。近顶部有上、下两针孔，相距0.4厘米。残长4.3、宽0.36、厚0.23、孔径0.11厘米。

ⅠG1①:5　小陶皿。捏制，形体不甚规则，直口、平底。口径3.5、高2～2.2厘米（图4-339，4）。

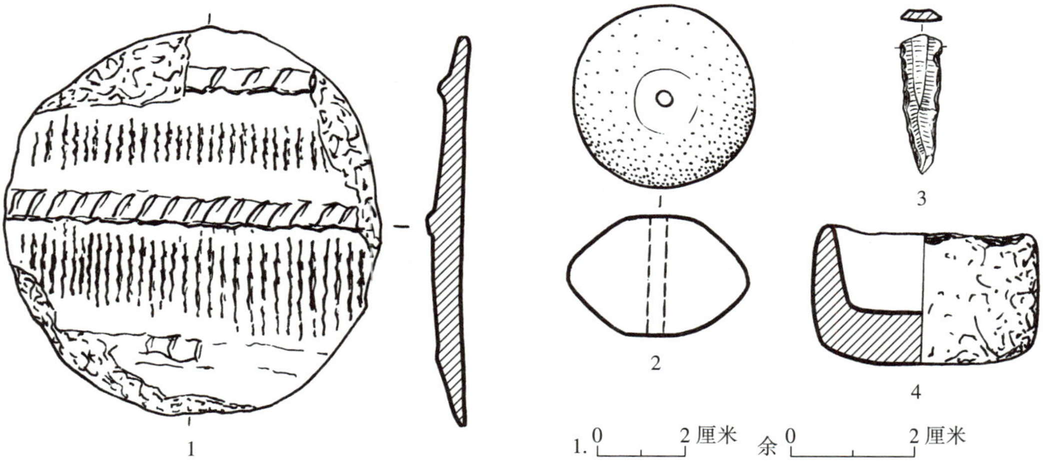

图4-339　ⅠG1陶容器以外的石、陶制品

1. 圆陶片（ⅠG1④:3）　2. 陶纺轮（ⅠG1①:17）　3. 细石器（ⅠG1④:2）　4. 小陶皿（ⅠG1①:5）

ⅠG1①:17　陶纺轮。泥质陶，算盘珠状。直径3、高1.9、孔径0.2厘米（图4-339，2）。

ⅠG1④:2　细石器。近扁锥体，锥尖压削而成。长2.2厘米（图4-339，3）。

ⅠG1④:3　圆陶片。以瓮、罐类陶器腹片制成，边缘经交互打击修薄，泥质陶，外表施纵向绳纹，存留三道箍堆纹。直径8.5～9厘米（图4-339，1）。

ⅠG2①:1　小河沿文化彩陶片。绘黑、红两色（图4-340，5）。

ⅠG2①:2　残骨镞。磨制，上、下均残，镞体三棱锥状，铤截面圆形。残长3.28、宽0.71厘米（图4-341，11）。

ⅠG2①:3　残骨匕。磨制，所存之端边作凸弧形。残体长6.36、宽1.3、厚0.2厘米（图4-341，5）。

ⅠG2①:4　卜骨残块。长条形，存留1个完整的和9个残缺的钻（图4-341，2）。

ⅠG2①:5　骨针。磨成扁体。长5.91、宽0.71、厚0.21、孔径0.11厘米（图4-341，4；彩版一二一，4）。

ⅠG2①:6　石铲残块。凝灰质板岩，紫褐色，磨制，仅存刃部一角（图4-340，7）。

ⅠG2①:7　梭形骨器。磨制，扁平体，两端出尖。长3.6、宽0.41、厚0.2厘米（图4-341，10）。

ⅠG2①:8　残骨镞。磨制，仅存铤部，截面圆形，铤尾残。残长4.02、直径0.82厘米（图4-341，12）。

ⅠG2①:9　卜骨残块。以动物肩胛骨制成，有肩胛冈的一面残存7个完整的和2个残缺的钻。残块长10.47、宽4.7、钻径0.5～0.78厘米（图4-341，1）。

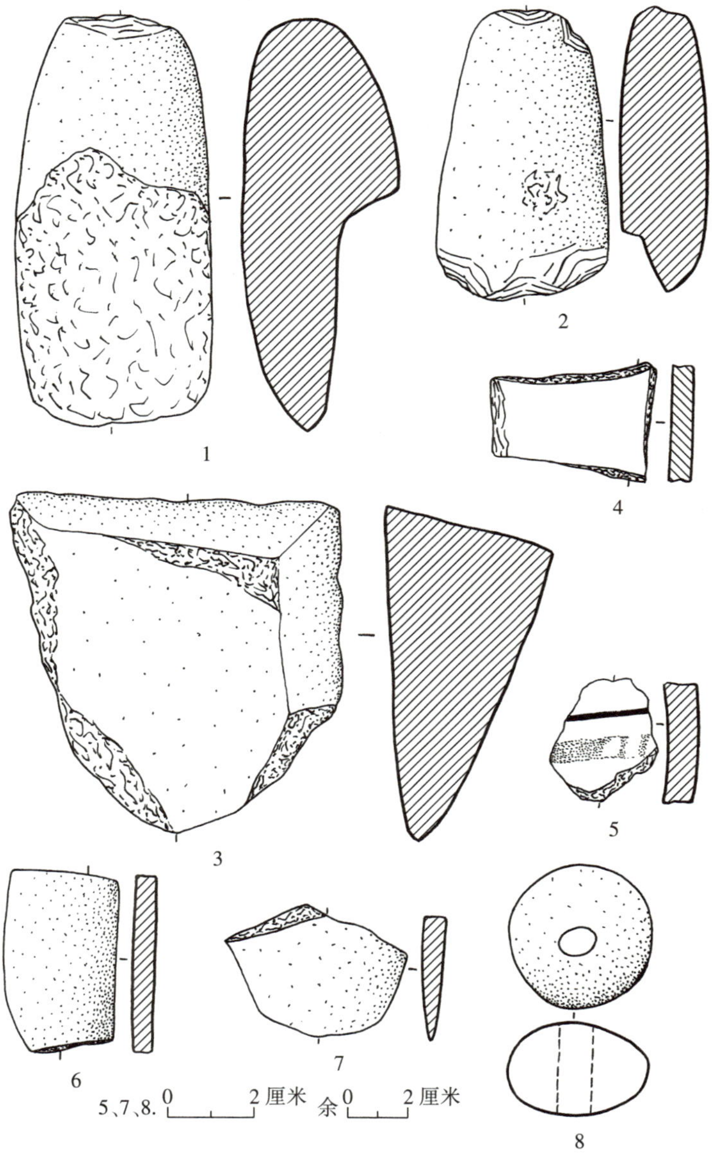

图4－340　ⅠG2①陶容器以外的石、陶制品
1、2. 残石斧（ⅠG2①:15、ⅠG2①:16）　3. 磨过的残石块（ⅠG2①:18）
4、6、7. 石铲残块（ⅠG2①:19、ⅠG2①:21、ⅠG2①:6）
5. 小河沿文化彩陶片（ⅠG2①:1）　8. 陶纺轮（ⅠG2①:12）

ⅠG2①:10　残骨锥。磨制，上部残，锥尖略呈弯弧。残长9、宽0.9、厚0.66厘米（图4－341，3）。

ⅠG2①:11　骨器残片。以动物肋骨磨制而成，仅存3.09厘米长的一段（图4－341，8）。

ⅠG2①:12　陶纺轮。泥质褐陶，算盘珠状。直径3.3、高2.2、孔径0.55厘米（图4－340，8）。

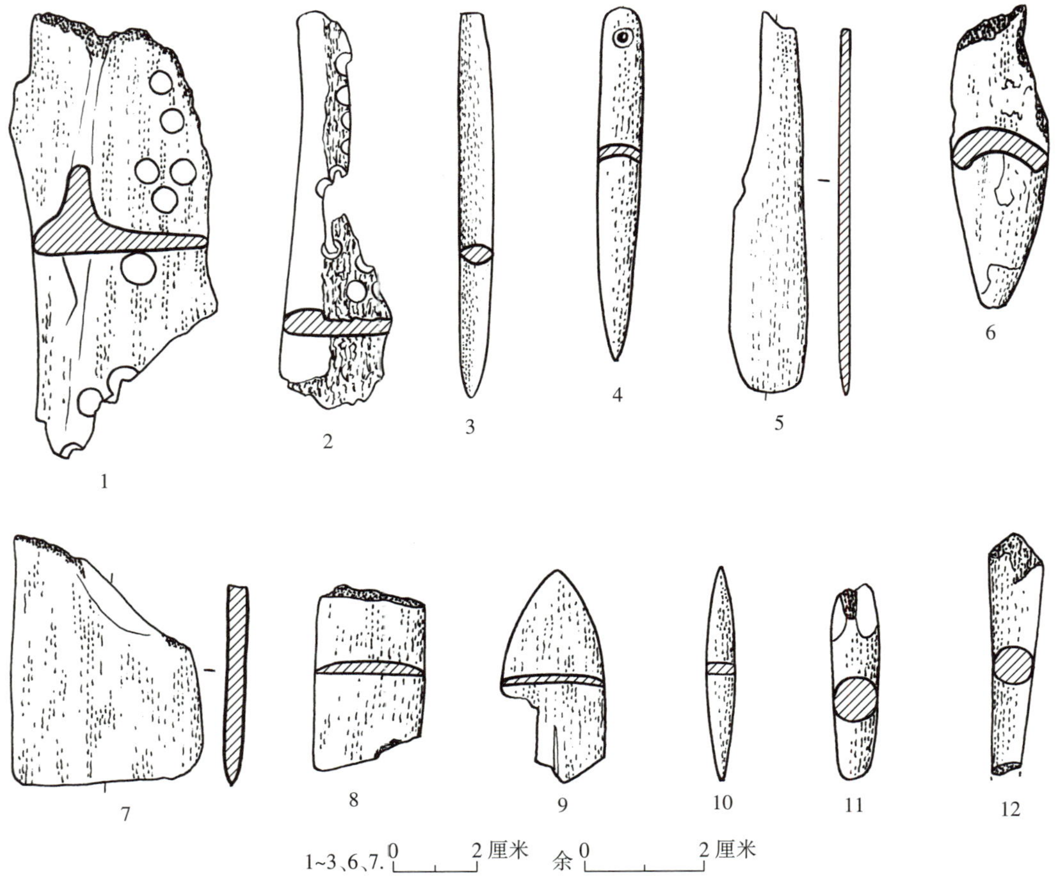

图4-341 ⅠG2①的骨制品

1、2. 卜骨残块（ⅠG2①:9、ⅠG2①:4） 3. 残骨锥（ⅠG2①:10） 4. 骨针（ⅠG2①:5）
5. 残骨匕（ⅠG2①:3） 6. 骨锥残段（ⅠG2①:13） 7. 骨铲残段（ⅠG2①:23） 8. 骨器残片（ⅠG2①:11）
9. 磨制骨器残片（ⅠG2①:22） 10. 梭形骨器（ⅠG2①:7） 11、12. 残骨镞（ⅠG2①:2、ⅠG2①:8）

ⅠG2①:13　骨锥残段。纵劈动物肢骨磨制而成，仅存锥尖部分。残段长7.03、宽2.28厘米（图4-341，6）。

ⅠG2①:14　石器残片。熔结凝灰岩，打制，残片平面作长方形。长5.86、宽4.48、厚0.72厘米。

ⅠG2①:15　残石斧。粗面岩，灰色，琢制，斜平顶，两侧边与刃边皆凸弧，斧体下部约纵向残半。长13.17、宽6.22、残厚5.01厘米（图4-340，1）。

ⅠG2①:16　残石斧。角闪石，黑色，琢制，平顶，两侧边略显凸弧，斜刃，刃部残缺较多。残长9.24、宽5.52、厚2.92厘米（图4-340，2）。

ⅠG2①:17　细石器石片。蛋白石。

ⅠG2①:18　磨过的残石块。珍珠岩，褐色。长10.71、宽10.25、厚6.4厘米（图4-340，3）。

ⅠG2①:19　石铲残块。凝灰质板岩，黑色，磨制，残块平面呈梯形，存留一段原石铲侧边，其余各边均为断碴。长5.4、宽3.76、厚0.88厘米（图4－340，4）。

ⅠG2①:20　有压削痕的小石块。燧石。

ⅠG2①:21　石铲残块。石灰岩，灰色，磨制，残块平面近长方形，存留一段原石铲侧边，其余各边均为断碴。长5.89、宽3.61、厚0.66厘米（图4－340，6）。

ⅠG2①:22　磨制骨器残片。仅存骨器尖端部分，扁锥体，略显弧度。残片长3.6厘米（图4－341，9）。

ⅠG2①:23　骨铲残段。磨制，仅存下部，两侧边略见斜直，直刃。残段长5.85、宽4.5、厚0.53厘米（图4－341，7）。

ⅠG2①:24　残骨针。

ⅠG2①:25　卜骨残块。在骨松质一面存留1个完整的和3个残缺的钻。

ⅠG2②:1　卜骨残块。在磨平的一面存留完整和残缺的钻各6个，其中一个完整的钻已穿透，另一面与钻对应的位置隐约显现五处黑褐色点。残块长4.9、宽2.1、厚0.82、钻径0.46厘米（图4－342，1）。

ⅠG2②:2　扁锥形骨器。磨制，一端尖，另一端磨成直刃。长5.22、宽0.81、厚0.2厘米（图4－342，7）。

ⅠG2②:3　石铲残段。凝灰质板岩，紫褐色，磨制，上部残，但断碴边被交互打击修薄，残体平面略呈梯形。残段长9.52、宽8.78、厚0.9厘米（图4－343，2）。

ⅠG2②:4　卜骨残段。为一骨匕残段，残存的端边作舌凸状，尚留1个完整的和2个残缺的钻，另一面则显现出3个“一”字形兆痕。残段长6.6、宽2.9、厚0.29、钻径0.56厘米（图4－342，2）。

ⅠG2②:6　残磨石。砂岩，褐色。残体外形近扁方体，顶面与一侧边磨得较平，中部有一直径3.5、深1.2厘米的钻窝。残体最长处长9.7、至宽6.97、高4.66厘米（图4－343，7）。

ⅠG2②:7　卜骨残块。在残骨料上有一处两面对钻的钻窝。残块长10.4、宽2.43、钻径0.5厘米（图4－342，3）。

ⅠG2②:8　磨制骨器残段（图4－342，6）。

ⅠG2②:9　骨器。纵劈动物肢骨，并将骨松质一面磨平，两端略有修磨，靠近一端处对钻一孔。长10.43、宽1.6、厚0.3、孔内径0.2厘米（图4－342，4）。

ⅠG2②:10　石杵。花岗斑岩，浅褐色，琢制，存留较多打制痕，形体不甚规则，杵面经使用而磨得较平。长15.7、宽9、厚7.2厘米（图4－343，8）。

ⅠG2②:11　盘状石器。凝灰岩，灰色，打制，周边交互打击修薄。直径11.9～12.67、厚2.16厘米（图4－343，3）。

ⅠG2②:12　磨制石铲残片（图4－343，4）。

ⅠG2②:13　残饼形石器。安山玢岩，多有气孔，灰色，粗略磨制，周边圆钝，残半。直径7.5、厚2.24厘米（图4－343，5）。

ⅠG2②:14　骨镞。磨制，镞体上部略微磨出三棱，前锋尖锐，圆锥形铤。长

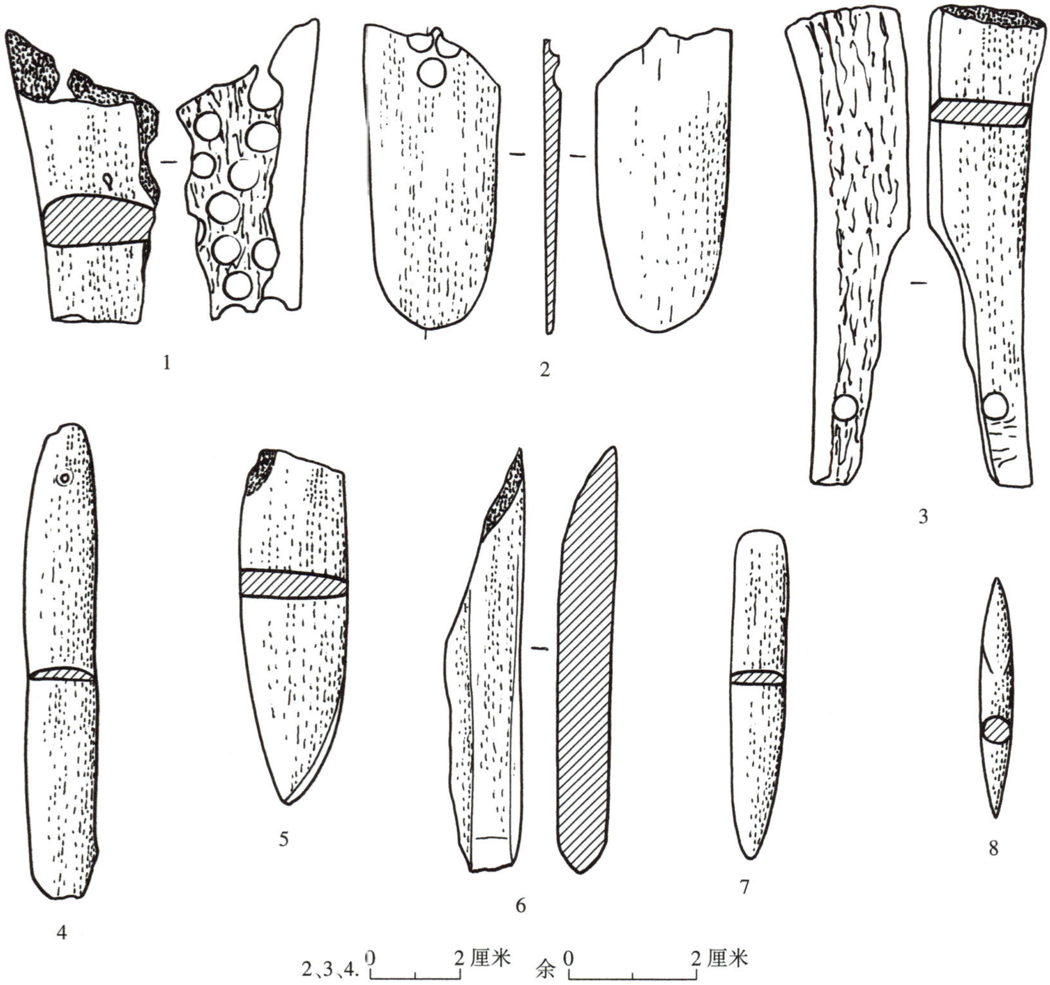

图4－342　ⅠG2②的骨制品

1、3. 卜骨残块（ⅠG2②:1、ⅠG2②:7）　2. 卜骨残段（ⅠG2②:4）
4. 骨器（ⅠG2②:9）　5. 残骨器　（ⅠG2②:18）　6. 磨制骨器残段（ⅠG2②:8）
7. 扁锥形骨器（ⅠG2②:2）　8. 骨镞（ⅠG2②:14）

3.8、宽0.5、厚0.45厘米（图4－342，8）。

ⅠG2②:15　有打击痕的残砾石。英安岩，整体略似窄顶宽刃的石斧形。长9.6、宽6.3厘米。

ⅠG2②:16　石器残段。英安岩，灰色，粗略磨制，扁体。残段长7.1、宽6.54、厚2.2厘米（图4－343，1）。

ⅠG2②:17　磨制石器残段。熔结凝灰岩，灰色，扁平体，两面磨平，残存的两边一边圆钝，另一边磨成正锋刃。残段长4.7、宽4.6、厚1.6厘米（图4－343，6）。

ⅠG2②:18　残骨器。磨制，存者为扁锥体。长5.5、宽1.68、厚0.4厘米（图4－342，5）。

ⅠG2②A:1　残陶纺轮。泥质褐陶，外表黑色，算盘珠状，少部分残。直径

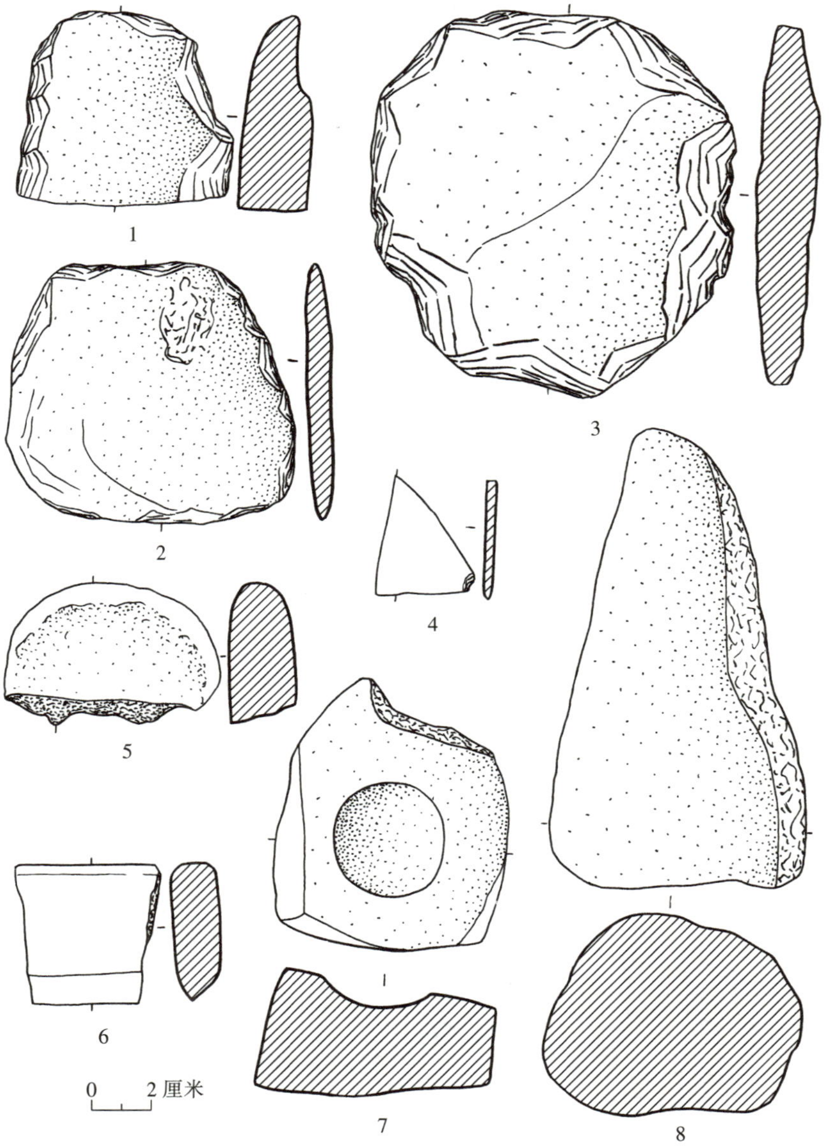

图4－343　ⅠG2②的石制品

1. 石器残段（ⅠG2②:16）　2. 石铲残段（ⅠG2②:3）　3. 盘状石器（ⅠG2②:11）
4. 磨制石铲残片（ⅠG2②:12）　5. 残饼形石器（ⅠG2②:13）　6. 磨制石器残段（ⅠG2②:17）
7. 残磨石（ⅠG2②:6）　8. 石杵（ⅠG2②:10）

3.04～3.17、高1.97、孔径0.5厘米（图4－344，1）。

ⅠG2②A:2　卜骨残块。在残骨料上存留4个残钻，除一个自骨密质一面钻成外，余皆由骨松质一面钻成。残块长14.4、宽1.6厘米（图4－344，2）。

ⅠG2③:2　骨器残块（图4－345，1）。

ⅠG2③:3　陶圆饼残块。所属原体为一尚未与陶器器壁接合的器底，夹砂灰陶，周边修得平钝。残块长6、宽3.42、厚0.92厘米（图4－345，2）。

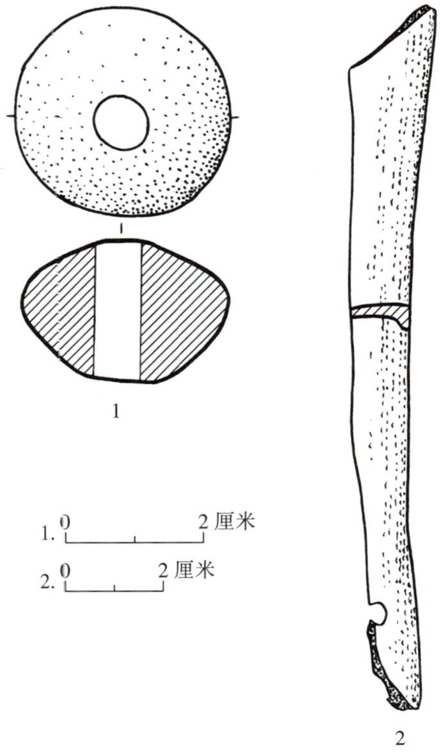

图4－344　ⅠG2②A陶容器以外的陶、骨制品

1. 残陶纺轮（ⅠG2②A:1）　2. 卜骨残块（ⅠG2②A:2）

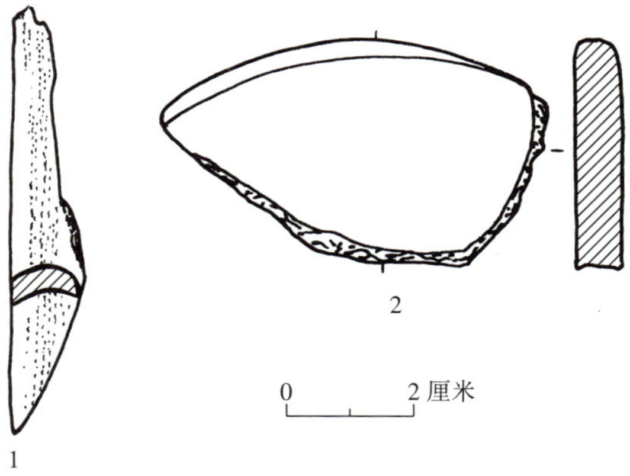

图4－345　ⅠG2③陶容器以外的陶、骨制品

1. 骨器残块（ⅠG2③:2）　2. 陶圆饼残块（ⅠG2③:3）

ⅠG2④:2　石铲残块。熔结凝灰岩，灰绿色，磨制，残块平面近三角形，存留原石铲刃边和侧边各一段，另一边为断碴。长6.61、宽3.9、厚0.58厘米（图4－346，7）。

ⅠG2④:4　细石器石片。燧石（图4－346，5）。

ⅠG2④:5　磨制骨器残段。长4.5、宽0.36厘米（图4－346，1）。

ⅠG2④:6　石铲残块。石灰岩，灰色，磨制，残块平面为梯形，存留原石铲端边

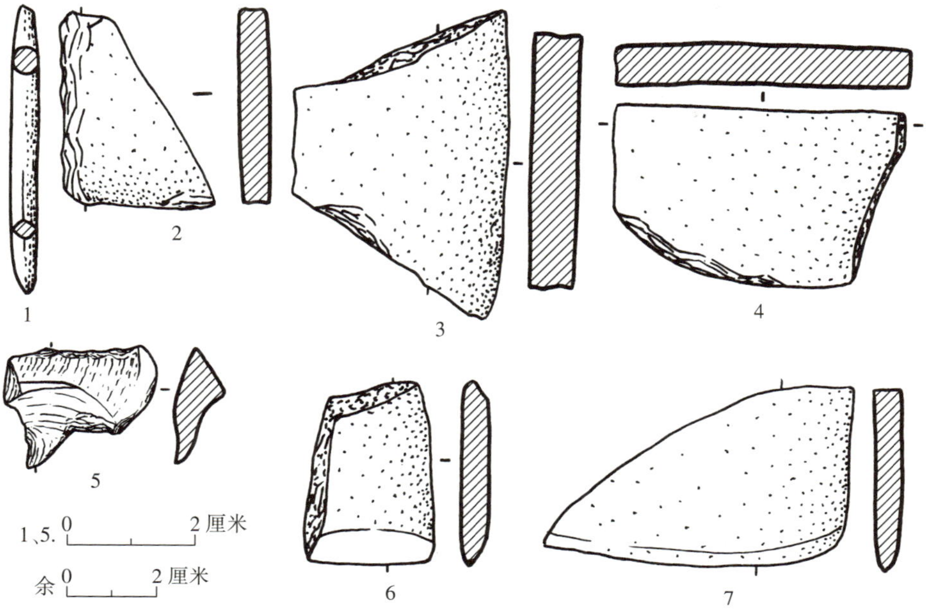

图 4－346　ⅠG2④陶容器以外的石、陶、骨制品

1. 磨制骨器残段（ⅠG2④:5）　2、4、7. 石铲残块（ⅠG2④:6、ⅠG2④:7、ⅠG2④:2）
3. 铲形石器残块（ⅠG2④:8）　5. 细石器石片（ⅠG2④:4）　6. 梯形陶片（ⅠG2④:9）

和侧边各一段，另两边为断碴。长 4.18、宽 3.4、厚 0.52 厘米（图 4－346，2）。

ⅠG2④:7　石铲残块。大理岩，黑绿色，磨制，残块平面近梯形，存留一段原石铲刃边，其余各边均为断碴。长 6.48、宽 3.9、厚 0.94 厘米（图 4－346，4）。

ⅠG2④:8　铲形石器残块。熔结凝灰岩，黑灰色，磨制，扁平体，残块平面呈梯形，存留一段原石器侧边，其余各边均为断碴。长 6.73、宽 4.69、厚 1 厘米（图 4－346，3）。

ⅠG2④:9　梯形陶片。将陶器残片周边磨平而成。长 3.93、宽 2.88、厚 0.7 厘米（图 4－346，6）。

ⅠG2⑥A:1　石铲残块。板岩，黑色，磨制，残块平面近梯形，存留两段原石铲侧边，另两边为断碴。长 10、宽 5.9、厚 0.94 厘米（图 4－347，1）。

ⅠG2⑥A:2　石铲残块。凝灰质板岩，灰色，磨制，残块平面近梯形，存留一段原石铲侧边，其余各边为断碴。长 4.8、宽 3.52、厚 0.88 厘米（图 4－347，2）。

ⅠG2⑥A:4　残陶圆饼。所属原物为周边磨平的泥质灰陶器之器底，残缺少半。直径 6.4、厚 0.85 厘米（图 4－347，4）。

ⅠG2⑥A:5　陶豆盘底制品。泥质灰陶，上端周边磨平。直径 4.9、高 2.9 厘米（图 4－347，3）。

ⅠG2⑥B:1　残骨器。将动物肢骨纵劈制成，一端磨尖。残长 8.9、宽 1.32 厘米（图 4－348，3）。

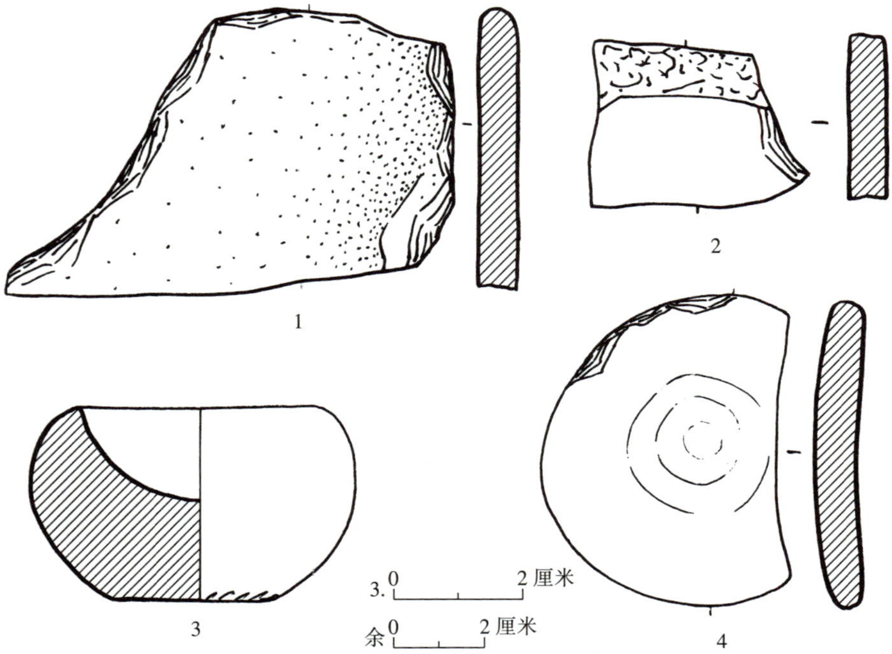

图 4－347　ⅠG2⑥A 陶容器以外的石、陶制品

1、2. 石铲残块（ⅠG2⑥A∶1、ⅠG2⑥A∶2）　3. 陶豆盘底制品（ⅠG2⑥A∶5）　4. 残陶圆饼（ⅠG2⑥A∶4）

ⅠG2⑥B∶2　残猪獠牙。将牙纵劈所致。残长 5.4、宽 1、厚 0.46 厘米（图 4－348，4）。

ⅠG2⑥B∶3　石钺残段。火山角砾岩，黑褐色，磨制，仅存上部，凸弧顶磨平，两侧边斜直，中轴处对钻一孔，约自孔中部残断。残段长 8.38、宽 6.08、厚 1.58 厘米（图 4－348，1）。

ⅠG2⑥B∶5　石铲残块。石灰岩，灰色，磨制，残块平面呈三角形，存留一段原石铲侧边，另两边为断碴。长 2.87、宽 2.7、厚 0.54 厘米（图 4－348，8）。

ⅠG2⑥B∶6　石铲残块。石灰岩，浅灰色，磨制，残块平面略近四边形，边缘多为断碴，仅存少许原石铲边。长 4.32、宽 2.71、厚 0.92 厘米（图 4－348，7）。

ⅠG2⑥B∶7　骨镞。磨制，镞体上部三棱锥状，前锋尖锐，圆锥形铤。长 4.21、宽 0.62 厘米（图 4－348，6）。

ⅠG2⑥B∶8　盘状石器。凝灰质板岩，浅灰色，打制，周边交互打击修薄。直径 7.53～7.88、厚 0.48 厘米（图 4－348，2）。

ⅠG2⑥B∶9　骨镞。磨制，镞体作长圆锥状，锋残，铤亦作细长圆锥形。长 5.2、镞体直径 0.5 厘米（图 4－348，5）。

ⅠG2⑥B∶10　石铲残块。凝灰质板岩，紫褐色，磨制，残块平面为梯形，存留一段原石铲侧边，其余各边均为断碴。长 5.75、宽 4.58、厚 0.82 厘米（图 4－348，9）。

ⅠG2⑦∶1　残陶纺轮。泥质红陶，外表褐色，算盘珠状，残缺少半。直径 3.15、高 3、孔径 0.5 厘米（图 4－349，3）。

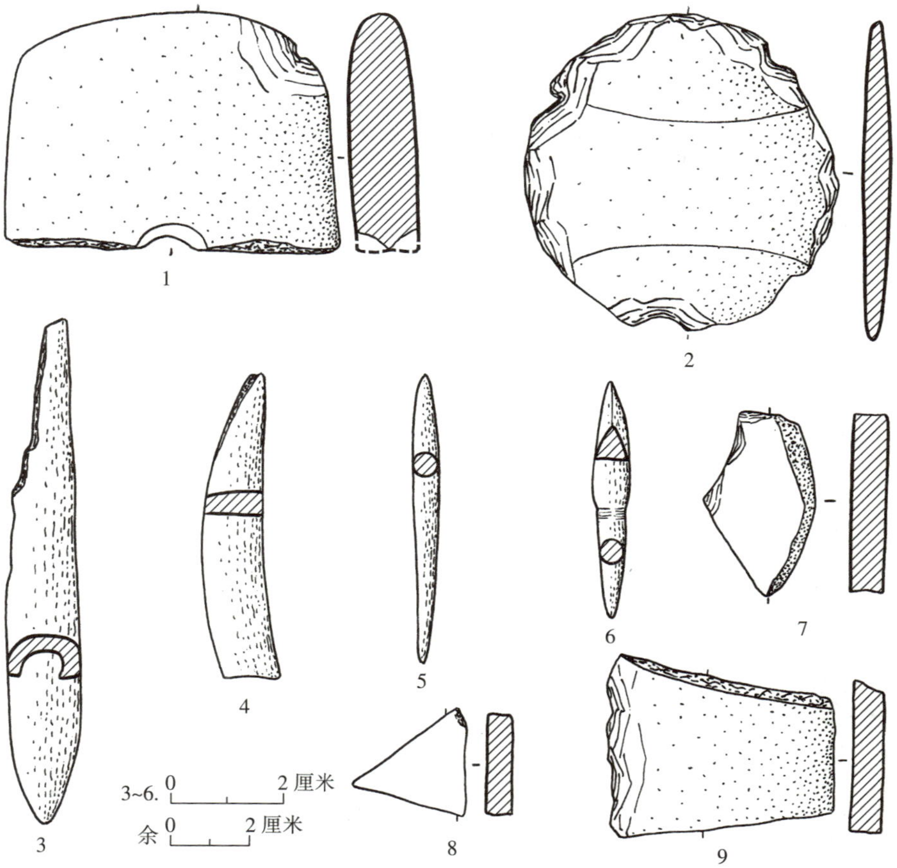

图4-348　ⅠG2⑥B石、骨制品

1. 石钺残段（ⅠG2⑥B:3）　2. 盘状石器（ⅠG2⑥B:8）　3. 残骨器（ⅠG2⑥B:1）　4. 残猪獠牙（ⅠG2⑥B:2）　5、6. 骨镞（ⅠG2⑥B:9、ⅠG2⑥B:7）　7~9. 石铲残块（ⅠG2⑥B:6、ⅠG2⑥B:5、ⅠG2⑥B:10）

ⅠG2⑦:2　残骨镞。磨制，烧成黑色，镞体近呈三棱锥状，锋残。铤亦残，截面圆形。残长2.83、宽0.96厘米（图4-349，1）。

ⅠG2⑦:3　石环残段。白色，磨光，扁体。残段长1.94、宽1.45、厚0.47厘米（图4-349，2）。

ⅠG2⑦:4　残骨器。一端略尖，靠近尖端的残体部分呈弧状。残长9.9、宽1.7厘米（图4-349，7）。

ⅠG2⑦:5　残骨器。磨制，扁长体，一端磨薄而成刃边，另一端有孔，自孔中部残断。残长7.1、宽1.2、厚0.22、孔径0.4厘米（图4-349，8）。

ⅠG2⑦:6　残骨器。将动物肋骨纵劈，一端磨出窄刃。残长12.74、宽1.28、厚0.24厘米（图4-349，5）。

ⅠG2⑦:7　有刻痕的兽骨残块。扁体，一面残存4条平行的刻道。残块长6.6、宽3.3、厚1.16、刻痕长1.3~1.55厘米（图4-349，4）。

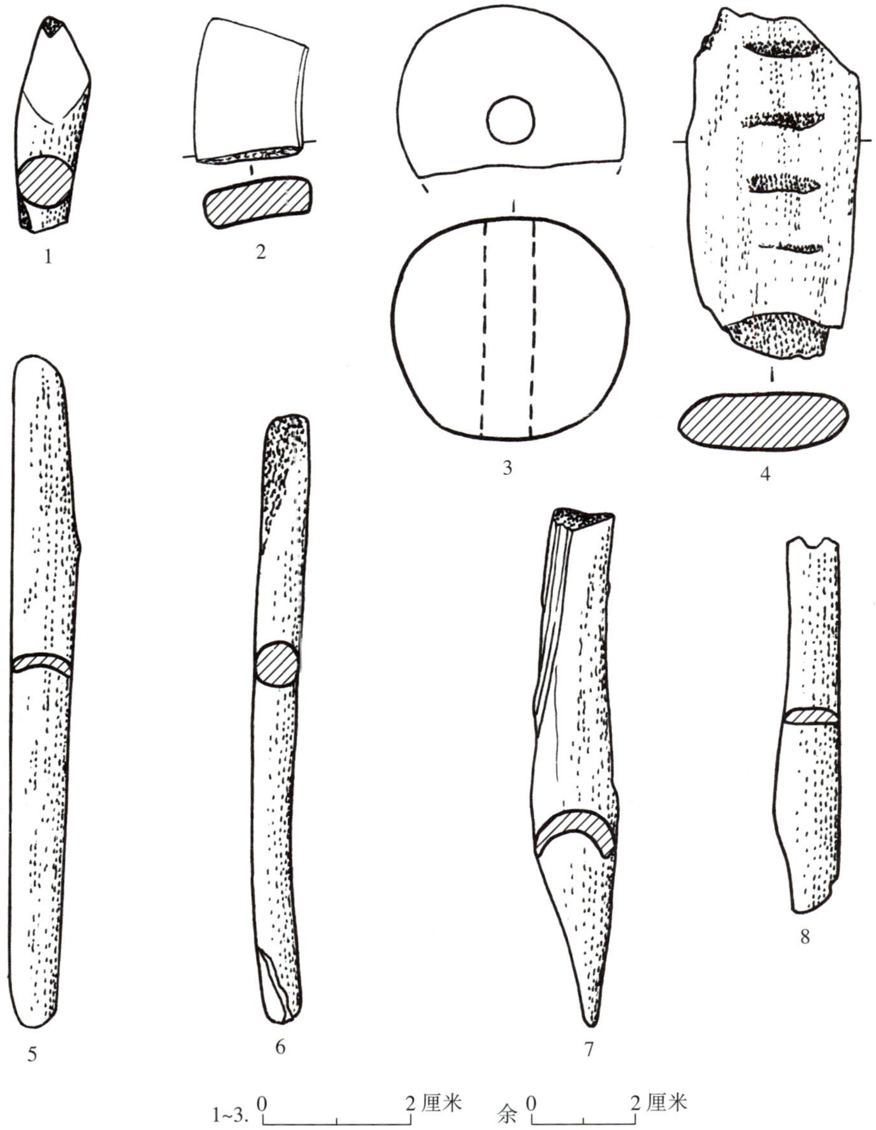

图 4－349　Ⅰ G2⑦陶容器以外的石、陶、骨制品

1. 残骨镞（Ⅰ G2⑦:2）　2. 石环残段（Ⅰ G2⑦:3）　3. 残陶纺轮（Ⅰ G2⑦:1）
4. 有刻痕的兽骨残块（Ⅰ G2⑦:7）　5~8. 残骨器（Ⅰ G2⑦:6、Ⅰ G2⑦:8、Ⅰ G2⑦:4、Ⅰ G2⑦:5）

Ⅰ G2⑦:8　残骨器。磨制，完整者当为略有弯弧的长圆锥体，斜平顶，锥尖残。残长 11.64、直径 0.9 厘米（图 4－349，6）。

Ⅰ G2⑧:1　残骨锥。磨制，扁体，两端均残。残长 5.8、宽 1.61、厚 0.8 厘米（图 4－350，1）。

Ⅰ G2⑧:2　石铲残块。凝灰质板岩，紫褐色，磨制，残块平面近梯形，存留原石铲一段侧边和少许端边，其余两边为断碴。长 4.57、宽 2.79、厚 0.51 厘米（图 4－350，6）。

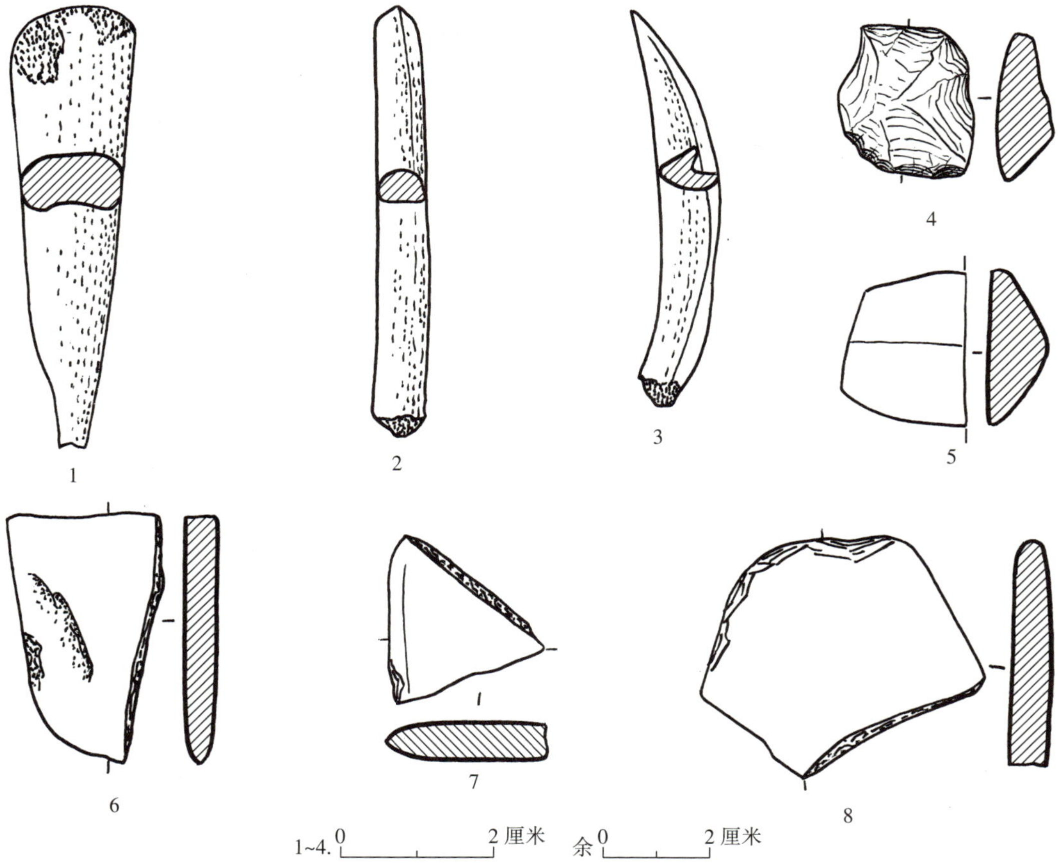

图4－350　ⅠG2⑧的石、骨制品

1. 残骨锥（ⅠG2⑧:1）　2、3. 残骨器（ⅠG2⑧:9、ⅠG2⑧:10）　4. 细石器石片（ⅠG2⑧:7）
5. 石刀残段（ⅠG2⑧:17）　6～8. 石铲残块（ⅠG2⑧:2、ⅠG2⑧:16、ⅠG2⑧:3）

ⅠG2⑧:3　石铲残块。大理岩，灰绿色，磨制，存留原石铲侧边和端边各一段，其余各边为断碴。长4.8、宽4、厚0.64厘米（图4－350，8）。

ⅠG2⑧:4　石铲残块。板岩，灰黑色，磨制，残块平面近梯形，残存一段原石铲侧边，其余各边均为断碴。长7.1、宽4.52、厚1.02厘米（图4－351，6）。

ⅠG2⑧:5　石铲残块。凝灰质板岩，紫褐色，磨制，残块平面近梯形，残存一段原石铲侧边，其余各边均为断碴。长5.72、宽4.32、厚0.82厘米（图4－351，5）。

ⅠG2⑧:6　石铲。英安岩，灰褐色，打制，斜顶，两侧边凹弧，直刃。长14.1、宽10.4、厚2.6厘米（图4－351，3）。

ⅠG2⑧:7　细石器石片。蛋白石（图4－350，4）。

ⅠG2⑧:8　磨石。砂岩，灰色，外形近似石磬，各面及边均磨得较平。长7.1、宽3.48、厚1.84厘米（图4－351，9）。

ⅠG2⑧:9　残骨器。磨制，存者为断面略见椭圆的细柱体，两端均残。残长5.61、宽0.64、厚0.5厘米（图4－350，2）。

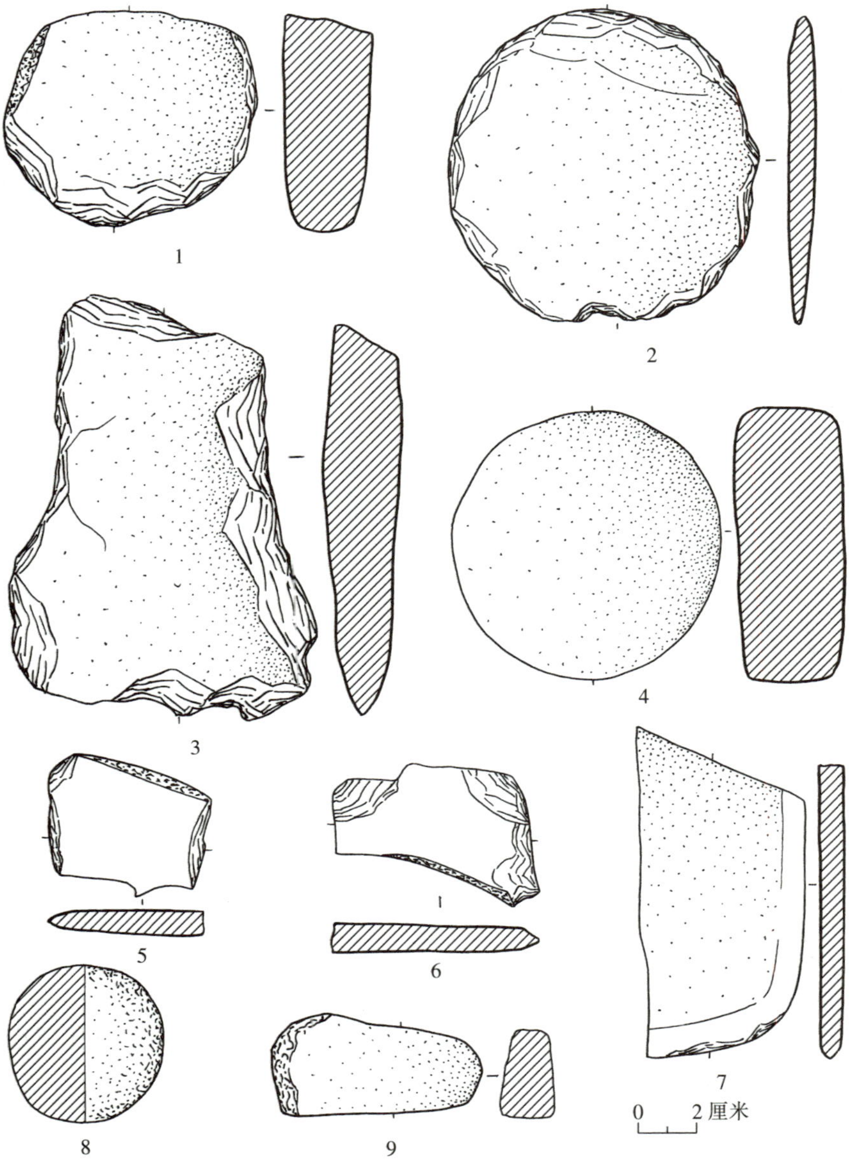

图4－351　ⅠG2⑧的石制品

1、4. 饼形石器（ⅠG2⑧:13、ⅠG2⑧:12）　2. 盘状石器（ⅠG2⑧:15）　3. 石铲（ⅠG2⑧:6）　5～7. 石铲残块（ⅠG2⑧:5、ⅠG2⑧:4、ⅠG2⑧:11）　8. 石球（ⅠG2⑧:14）　9. 磨石（ⅠG2⑧:8）

ⅠG2⑧:10　残骨器。磨制，弯条状，一端磨尖。残长5.14、宽0.7厘米（图4－350，3）。

ⅠG2⑧:11　石铲残块。凝灰质板岩，紫色，磨制，残块平面呈梯形，残存原石铲刃边和侧边各一段，另两边为断碴。长11.1、宽5.7、厚0.72厘米（图4－351，7）。

ⅠG2⑧:12　饼形石器。碱性花岗岩，褐色，粗略磨制，形体规整。直径9～9.16、厚3.78厘米（图4－351，4；彩版一二一，1）。

ⅠG2⑧:13 饼形石器。安山岩，灰色，打制，形体欠规整。长8.6、宽7、厚3.12厘米（图4-351，1）。

ⅠG2⑧:14 石球。流纹岩，灰色，局部烧黑，粗略磨制，形体较规整。直径4.92~5.5厘米（图4-351，8；彩版一二一，3）。

ⅠG2⑧:15 盘状石器。安山岩，灰色，打制，周边交互打击修薄。直径10.32~10.6、厚1厘米（图4-351，2；彩版一二一，2）。

ⅠG2⑧:16 石铲残块。熔结凝灰岩，黑绿色，磨制，残块平面呈三角形，残存一段原石铲侧边，另两边为断碴。长3.1、宽2.97、厚0.62厘米（图4-350，7）。

ⅠG2⑧:17 石刀残段。晶屑凝灰岩，灰色，磨制，一面平，另一面隆起成脊。残段长2.8、宽2.4、厚1.02厘米（图4-350，5）。

ⅠG2⑨:1 石铲残块。石灰岩，灰色，磨制，残块平面近三角形，残存一段原石铲边，另两边为断碴。长5.3、宽3.41、厚0.58厘米（图4-352，2）。

ⅠG2⑨:2 骨器。磨制，子弹头状，底部钻一孔洞。长4.32、底径1.5~1.6、孔径0.57、孔深2.4厘米（图4-352，10）。

ⅠG2⑨:3 骨器残片（图4-352，9）。

ⅠG2⑨:4 石铲（或磬）残块。石灰岩，灰色，磨制，残块平面呈梯形，残存一段原石铲边，其余各边为断碴。长4.83、宽3.89、厚0.89厘米（图4-352，1）。

ⅠG2⑨:5 石刀残段。紫褐色，磨制，两面均较平，背边钝厚，刃作偏锋，所存之端边呈凸弧形。残段长5.8、宽2.6、厚0.71厘米（图4-352，3）。

ⅠG2⑨:6 石刀残段。晶屑凝灰岩，灰色，磨制，一面略平，另一面在靠近刃部磨出脊线，背边和所存之端边磨平。残段长4、宽1.91、厚0.5厘米（图4-352，6）。

ⅠG2⑨:7 石铲残块。石灰岩，灰色，磨制，残块平面近梯形，残存一段原石铲侧边，其余各边均为断碴。长4.3、宽4.1、厚0.6厘米（图4-352，4）。

ⅠG2⑨:8 石铲残块。凝灰质板岩，灰色，磨制，石铲的一面已剥落，残块平面为梯形，残存一段原石铲边，其余各边均为断碴。长3.9、宽3.1、厚0.5厘米（图4-352，5）。

ⅠG2⑨:9 彩绘陶尊残片。泥质灰陶，外表褐色，饰白色彩绘花纹（图4-352，7）。

ⅠG2⑨:11 圆陶片残块。以瓮、罐类陶器腹片制成，边缘经交互打击修薄，泥质灰陶，外表残存三道箍堆纹。残块长8.1、宽6.6、厚0.9厘米（图4-352，8）。

ⅠG2⑨:12 卜骨残块。以动物肩胛骨制成，存留3个残钻（图4-352，11）。

ⅠG2⑩:1 石钺残段。大理岩，绿色，磨制，仅存上部，顶边较直，两侧边斜直，中轴处对钻一孔，自孔中部残断，顶和两侧边以及断碴边均被磨平。残段长6.7、宽4.9、厚1.8、孔内径1.25厘米（图4-353，1；彩版一二二，1）。

ⅠG2⑩:3 石铲残块。大理岩，灰绿色，磨制（图4-353，2）。

ⅠG2⑩:4 有布纹印痕的陶片。泥质红陶，表面有较清晰的布纹印痕。陶片的最大长、宽、厚度分别为5.8、宽3.1、1厘米，印痕经纬直交，每平方毫米约4×4股

图4－352　ⅠG2⑨陶容器以外的石、陶、骨制品

1. 石铲（或磬）残块（ⅠG2⑨:4）　2、4、5. 石铲残块（ⅠG2⑨:1、ⅠG2⑨:7、ⅠG2⑨:8）　3、6. 石刀残段（ⅠG2⑨:5、ⅠG2⑨:6）　7. 彩绘陶尊残片（ⅠG2⑨:9）　8. 圆陶片残块（ⅠG2⑨:11）　9. 骨器残片（ⅠG2⑨:3）　10. 骨器（ⅠG2⑨:2）　11. 卜骨残块（ⅠG2⑨:12）

（图4－353，3；彩版一二四，1）。

ⅠG2⑪:1　铲类石器残块。凝灰质板岩，紫褐色，磨制，残块平面呈梯形，残存一段原石器侧边，其余各边均为断碴。长6.77、宽6.3、厚1.1厘米（图4－354，10）。

ⅠG2⑪:2　有肩石铲坯。流纹岩，褐色，表面多为砾石原貌，少有打制加工，甚至肩部也保留着砾石表面。长20.63、宽10.2、厚2.8厘米（图4－354，2）。

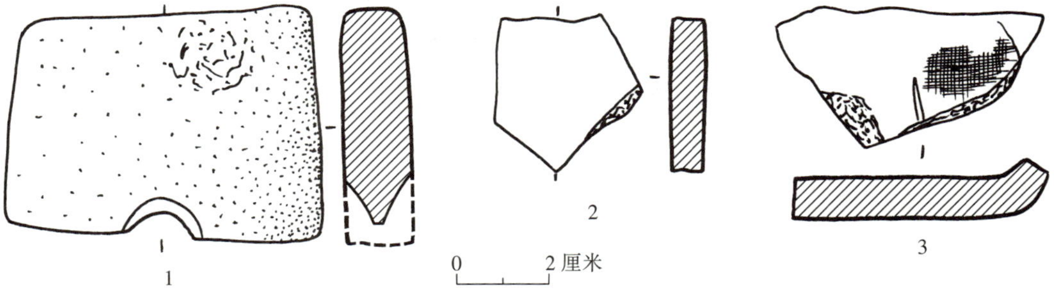

图4-353　ⅠG2⑩陶容器以外的石、陶制品
1. 石钺残段（ⅠG2⑩:1）　2. 石铲残块（ⅠG2⑩:3）　3. 有布纹印痕的陶片（ⅠG2⑩:4）

ⅠG2⑪:3　石球。玄武岩，灰色，打制为主，局部粗磨，形体欠规整。直径5.2~7.3厘米（图4-354，1）。

ⅠG2⑪:4　陶纺轮。泥质灰陶，算盘珠状。直径2.68、高1.78、孔径0.51厘米（图4-354，4）。

ⅠG2⑪:5　磨制石铲残片。凝灰质板岩。

ⅠG2⑪:6　铲类石器残块。凝灰质板岩，灰褐色，磨制，一面已剥落，残块平面呈梯形，残存一段原石器侧边，其余各边均为断碴。长10.15、宽4.54、厚0.54厘米（图4-354，3）。

ⅠG2⑪:7　盘状石器。流纹岩，紫褐色，局部烧黑，多数边缘经打制修薄，其余部位则保留着砾石原貌。直径9.82~10.41、厚2.18厘米（图4-354，6）。

ⅠG2⑪:8　石器残段。细碧岩，绿色，磨制，扁平体，两侧直边大体平行，皆磨成正锋。残段长3.61、宽3.2、厚0.82厘米（图4-354，8）。

ⅠG2⑪:9　盘状石器坯。安山岩，灰色，局部烧黑，打制。直径9.9~11.3、厚3.9厘米（图4-354，7）。

ⅠG2⑪:10　石铲残块。凝灰质板岩，浅紫色，磨制，残块平面近梯形，残存一段原石铲磨平的顶边，其余各边均为断碴。长6.13、宽2.8、厚0.53厘米（图4-354，9）。

ⅠG2⑪:25　石铲残块。凝灰质板岩，灰色，磨制，残块平面略近梯形，残存一段原石铲侧边，其余各边均为断碴。长6.65、宽4、厚0.66厘米（图4-354，5）。

ⅠG2⑬:2　骨铲。磨制，顶边较直，两侧边下部各有四五道刻痕，一侧刃角残，刃边略斜，偏锋。长13.6、宽7.8、厚1.5厘米（图4-355，2；彩版一二二，2）。

ⅠG2⑬:6　石铲（或斧）半成品。安山质流纹岩，紫色，打制，斜顶，束腰，斜刃。长14.38、宽10.64、厚3.4厘米（图4-356，3）。

ⅠG2⑬:7　石铲（或斧）半成品。安山质流纹岩，紫色，打制，平顶略直，两侧边下斜，刃边近呈凸弧。长12、宽10.25、厚2.1厘米（图4-356，5）。

ⅠG2⑬:8　石刀残段。流纹质晶屑熔结凝灰岩，紫色杂绿，磨制，一面平，另一

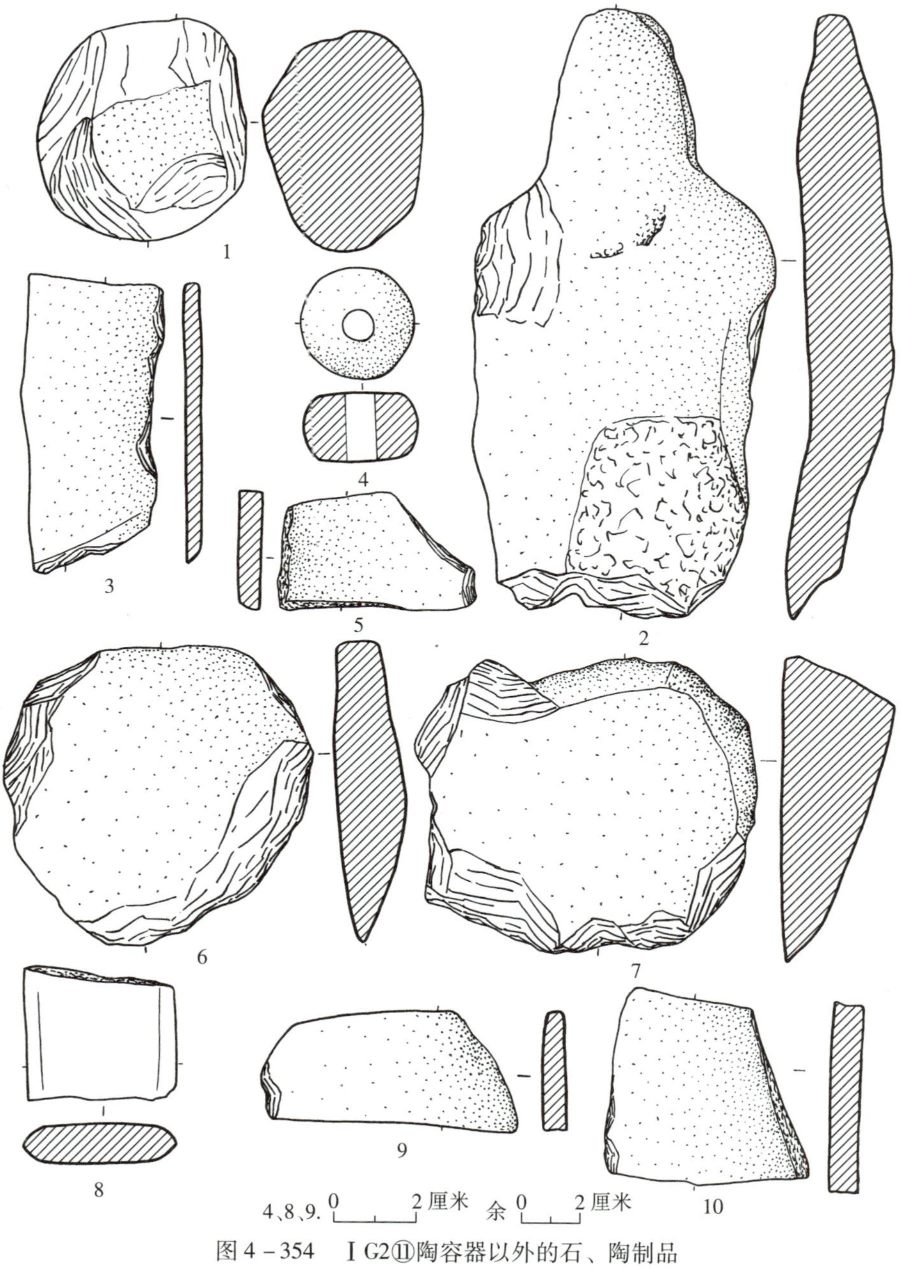

图4－354　ⅠG2⑪陶容器以外的石、陶制品

1. 石球（ⅠG2⑪:3）　2. 有肩石铲坯（ⅠG2⑪:2）　3、10. 铲类石器残块（ⅠG2⑪:6、ⅠG2⑪:1）
4. 陶纺轮（ⅠG2⑪:4）　5、9. 石铲残块（ⅠG2⑪:25、ⅠG2⑪:10）　6. 盘状石器（ⅠG2⑪:7）
7. 盘状石器坯（ⅠG2⑪:9）　8. 石器残段（ⅠG2⑪:8）

面隆起成脊，背边磨平，并制出一凹缺，约自凹缺中部残断，所存端边略显凸弧。残段长6.34、宽2.83、厚0.92厘米（图4－355，4）。

ⅠG2⑬:9　石刀残段。晶屑凝灰岩，黑色，磨制，一面平，另一面隆起成脊，两端均残，背边磨平，并制出一凹缺，约自凹缺中部残断。残段长5.2、宽2.4、厚0.74

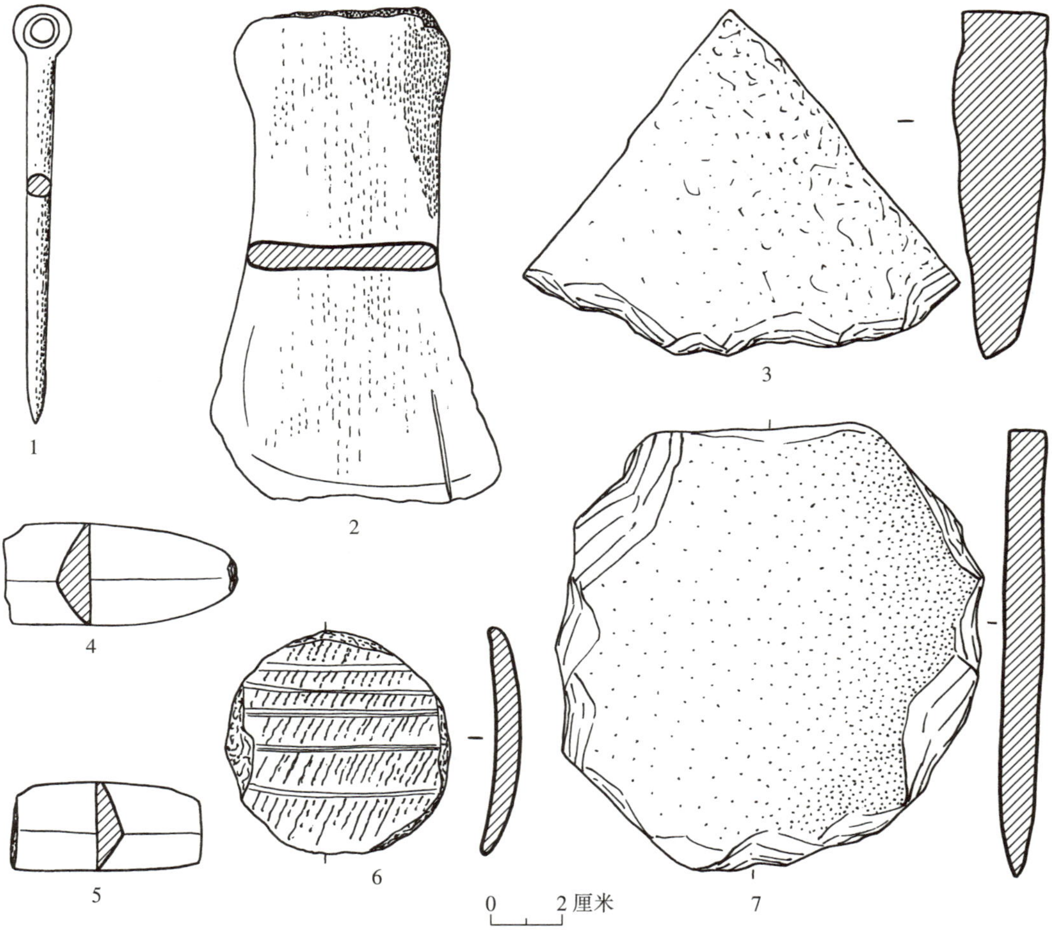

图4－355　ⅠG2⑬陶容器以外的石、陶、骨制品

1. 环首骨簪（ⅠG2⑬:10）　2. 骨铲（ⅠG2⑬:2）　3. 盘状石器残块（ⅠG2⑬:17）
4、5. 石刀残段（ⅠG2⑬:8、ⅠG2⑬:9）　6. 圆陶片（ⅠG2⑬:13）　7. 盘状石器（ⅠG2⑬:18）

厘米（图4－355，5）。

ⅠG2⑬:10　环首骨簪。磨制。长11.46、环首宽1.47厘米（图4－355，1；彩版一二四，3）。

ⅠG2⑬:13　圆陶片。将陶器残片边缘交互打击修薄而成，泥质灰陶，外表饰划断绳纹。直径5.93～6.2、厚0.7厘米（图4－355，6；彩版一二四，2）。

ⅠG2⑬:14　石铲（或斧）半成品。安山岩，棕色，刃部有较多打制痕，其余部位基本保留砾石原貌，窄顶斜平，两侧边斜直，凸弧刃。长16.6、宽10.8、厚2.4厘米（图4－356，1；彩版一二三，1）。

ⅠG2⑬:15　石铲（或斧）。英安岩，灰绿色，打制，窄顶，两侧边较为斜直，凸弧刃。长12、宽8.2、厚2.6厘米（图4－356，4）。

ⅠG2⑬:16　石铲（或斧）半成品。安山岩，打制，外观略见有肩石铲的形态，直顶，凸弧刃。长15.2、宽12.2、厚3.3厘米（图4－356，2）。

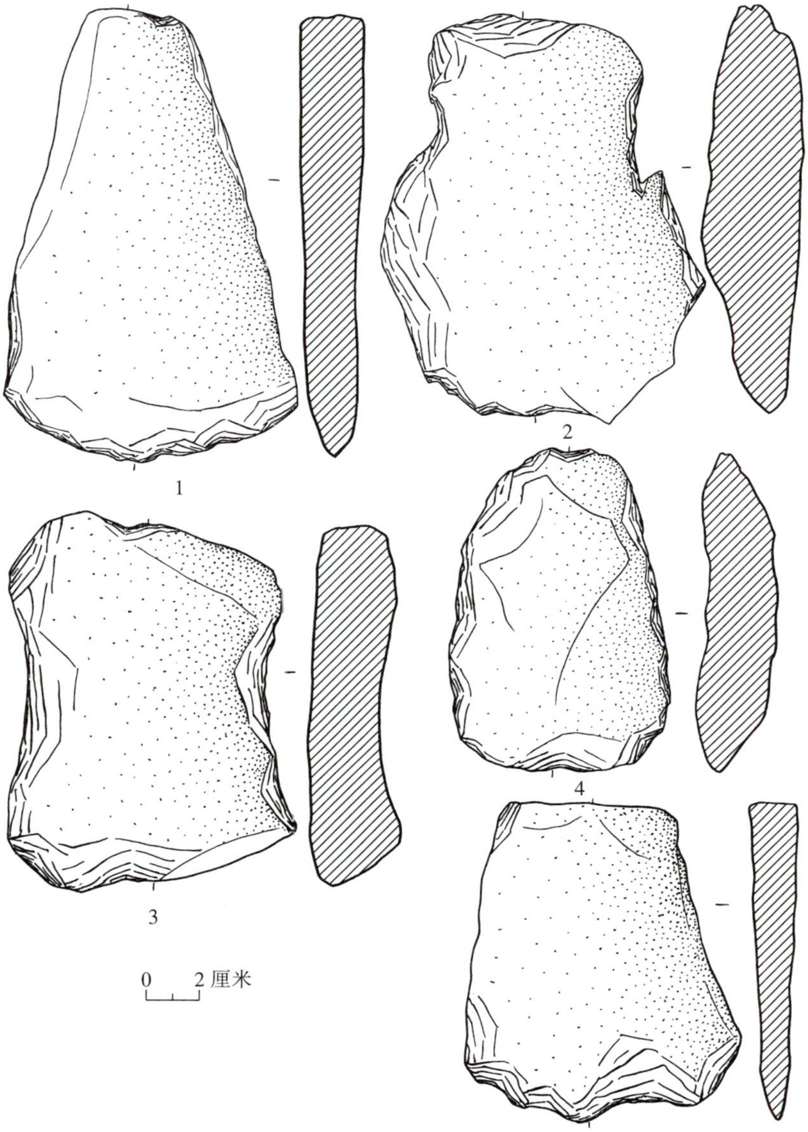

图4－356　ⅠG2⑬的石铲（或斧）及其半成品
1～3、5. 石铲（或斧）半成品（ⅠG2⑬∶14、ⅠG2⑬∶16、ⅠG2⑬∶6、ⅠG2⑬∶7）
4. 石铲（或斧）（ⅠG2⑬∶15）

ⅠG2⑬∶17　盘状石器残块。英安岩，灰色，边缘略经打制修薄，残块为整器的四分之一。残块长10.2、宽9.13、厚2.7厘米（图4－355，3）。

ⅠG2⑬∶18　盘状石器。安山岩，灰色，除一小段保留原石材的平边外，其余边缘处交互打击修薄。直径11.6～12.34、厚1.1厘米（图4－355，7；彩版一二三，2）。

ⅠG2⑭∶1　饼形石器。珍珠岩，黑色，打制为主，少有琢制。直径6.16～6.54、厚1.9厘米（图4－357，1）。

ⅠG2⑭∶2　骨镞。磨制，形体不甚规整，锋略残，细扁锥形铤，尖、铤之间的镞体磨成四棱状。长4.13、宽0.73、厚0.63厘米（图4－357，3）。

ⅠG2⑭:3　周边磨平的陶片。为一泥质红陶陶片，边缘全被磨平，外观作不规则圆形。长3.32、宽3.23、厚0.7厘米（图4－357，2）。

ⅠG2⑮:2　骨匕。纵劈动物肋骨后磨制而成，窄端的一边磨平，较宽的一端磨成凸弧刃，刃部略残。长11.14、宽2.04、厚0.25厘米（图4－358，1）。

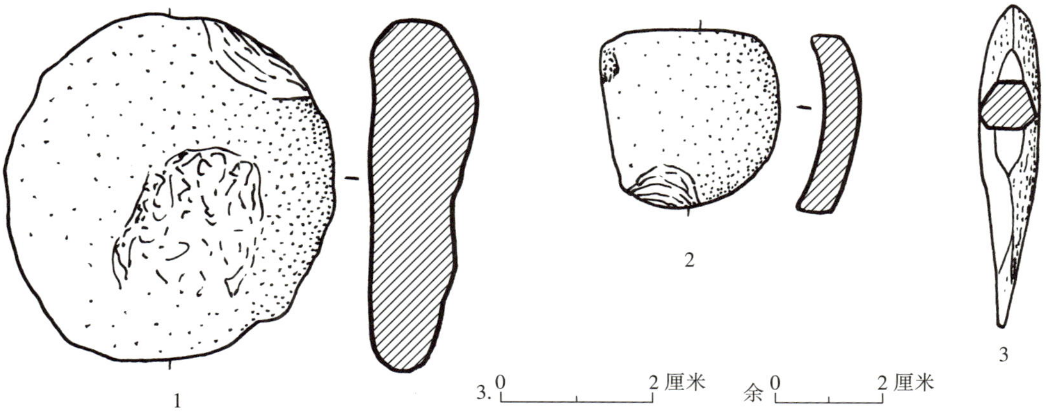

图4－357　ⅠG2⑭陶容器以外的石、陶、骨制品

1. 饼形石器（ⅠG2⑭:1）　2. 周边磨平的陶片（ⅠG2⑭:3）　3. 骨镞（ⅠG2⑭:2）

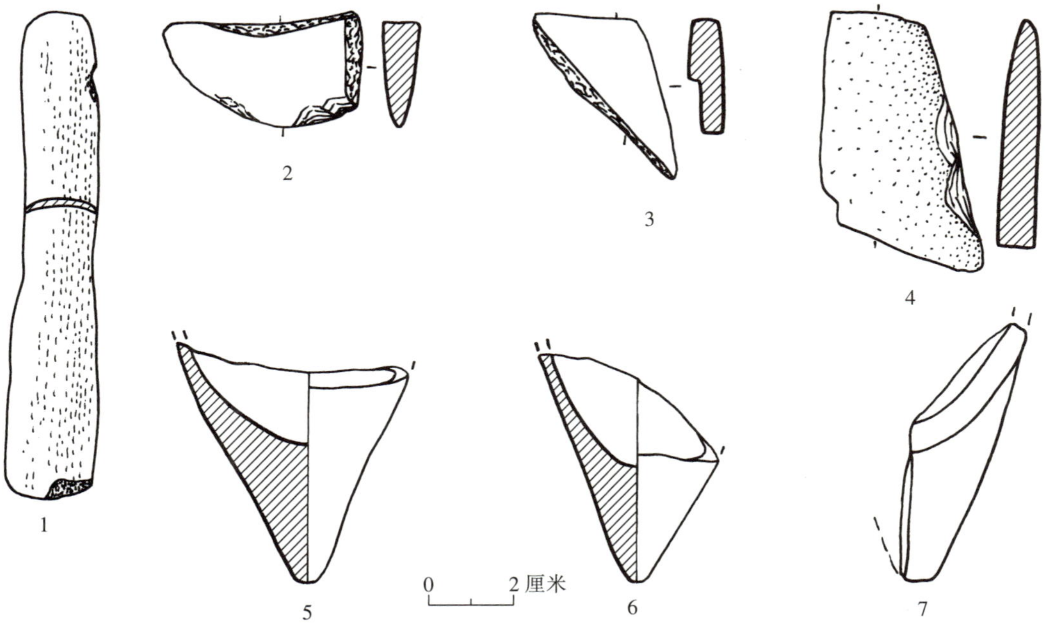

图4－358　ⅠG2⑮陶容器以外的石、陶、骨制品

1. 骨匕（ⅠG2⑮:2）　2、4. 石铲残块（ⅠG2⑮:5、ⅠG2⑮:4）　3. 石铲（或磬）残块（ⅠG2⑮:6）
5～7. 陶鬲足（ⅠG2⑮:8－1、ⅠG2⑮:8－2、ⅠG2⑮:8－3）

ⅠG2⑮:3　小河沿文化彩陶片。夹砂红陶，外表有黑彩花纹。

ⅠG2⑮:4　石铲残块。黑色，磨制，残块平面近梯形，残存原石铲的顶边和侧边各一段，另两边为断碴。长5.7、宽3.8、厚0.72厘米（图4－358，4）。

ⅠG2⑮:5　石铲残块。板岩，紫色，磨制，残块平面近三角形，残存一段凸弧状的原石铲刃边，另两边为断碴。长4.63、宽2.5、厚0.84厘米（图4－358，2）。

ⅠG2⑮:6　石铲（或磬）残块。石灰岩，灰色，磨制，残块平面呈三角形，两短边磨平，为原石铲（或磬）的端边和侧边，另一长边为断碴。两短边各长3.3、2.5厘米，厚0.93厘米（图4－358，3）。

ⅠG2⑮:8　陶鬲足。为3只同属一件筒形陶鬲的残足，泥质灰陶，圆锥形足根，外表均有光亮的褐色陶衣，以两只较完整的而言，陶衣覆盖鬲足表面的大半，而朝向内侧的部分则无陶衣。3只残足的高度分别为5（G2⑮:8－1）、4.3（G2⑮:8－2）、5.5（G2⑮:8－3）厘米（图4－358，5～7；彩版一二四，5、6）

ⅠG2⑰:3　石铲（或磬）残块。石灰岩，灰色，磨制，残块平面呈梯形，残存一段磨平的端边和两段打制修薄的侧边，另一边为断碴。长4、宽3.9、厚0.86厘米（图4－359，3）。

ⅠG2⑰:4　残骨簪。磨制，扁圆体，靠近尖端的半段略显弯弧，顶部残。残长10.86、宽0.41、厚0.27厘米（图4－359，10）。

ⅠG2⑰:5　残圆陶片。将陶器器底周边交互打击修薄而成，泥质灰陶，残缺少半。直径7.75、厚0.87厘米（图4－359，5）。

ⅠG2⑰:6　石铲残块。熔结凝灰岩，灰色杂黑斑，磨制，残块平面呈梯形，残存一段原石铲侧边，其余各边均为断碴。长5.91、宽5.21、厚1.04厘米（图4－359，4）。

ⅠG2⑰:7　有打击痕的砾石残块。安山岩，灰色，扁体，平面近梯形。长11.2、宽6.53、厚2.2厘米（图4－359，2）。

ⅠG2⑰:9　长方形陶片。以陶器器底残片制成，泥质灰陶，周边磨平。长6.71、宽4.4、厚1.12厘米（图4－359，7）。

ⅠG2⑰:10　石制品。大理岩，白色，平面近梯形，原为残存一段刃边的铲类磨制石器残块，后将各断碴边磨平，与刃相对的长边磨成斜平面。长3.65、宽3.21、厚0.78厘米（图4－359，6）。

ⅠG2⑰:12　石铲。英安岩，灰色，打制，窄顶，两侧边略直，刃边斜弧。长12.71、宽6.72、厚1.66厘米（图4－359，1）。

ⅠG2⑰:13　骨镞半成品。磨制，仅制出圆锥形铤及少部分镞体。长5.24、直径0.71厘米（图4－359，9）。

ⅠG2⑰:15　石铲残块。凝灰质板岩，黑色，磨制，残块平面近梯形，残存一段原石铲侧边及少许端边，其余各边为断碴。长2.7、宽2.32、厚1.7厘米（图4－359，8）。

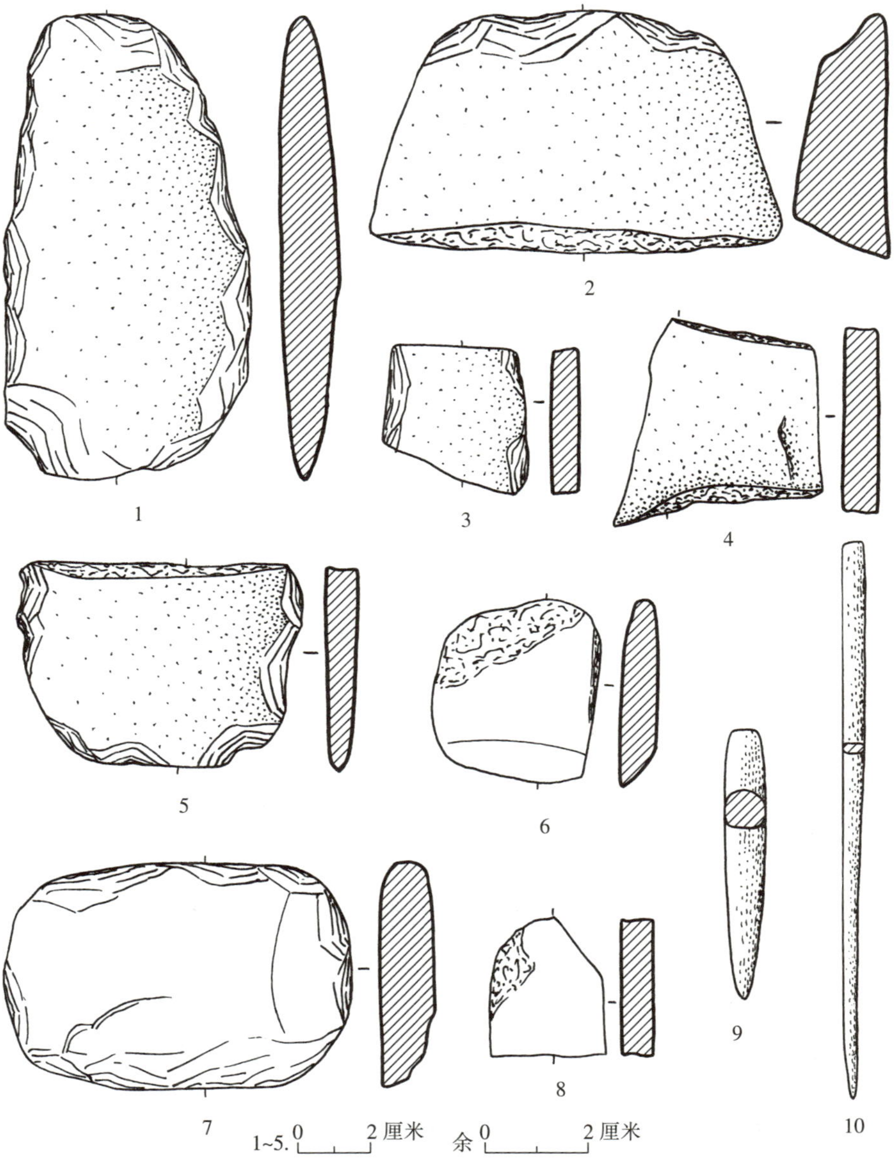

图4-359　ⅠG2⑰陶容器以外的石、陶、骨制品

1. 石铲（ⅠG2⑰:12）　2. 有打击痕的砾石残块（ⅠG2⑰:7）　3. 石铲（或磬）残块（ⅠG2⑰:3）　4、8. 石铲残块（ⅠG2⑰:6、ⅠG2⑰:15）　5. 残圆陶片（ⅠG2⑰:5）　6. 石制品（ⅠG2⑰:10）　7. 长方形陶片（ⅠG2⑰:9）　9. 骨镞半成品（ⅠG2⑰:13）　10. 残骨簪（ⅠG2⑰:4）

ⅠG2⑱:2　盘状石器残块。凝灰质板岩，紫色，周边交互打击修薄并烧成黑色，残块约为整器的三分之一。残块长12.2、宽8.3、厚0.81厘米（图4-360，3）。

ⅠG2⑱:6　石铲（或斧）。安山岩，灰色，打制，顶边略直，两侧边斜直，刃边稍见斜弧。长12.2、宽8.95、厚2.4厘米（图4-360，2）。

ⅠG2⑱:7　彩绘陶器残片。泥质灰陶，外表残存红色彩绘痕迹。

ⅠG2⑱:8　石铲（或斧）半成品。安山岩，灰绿色，打制，斜顶，两侧边略显凹

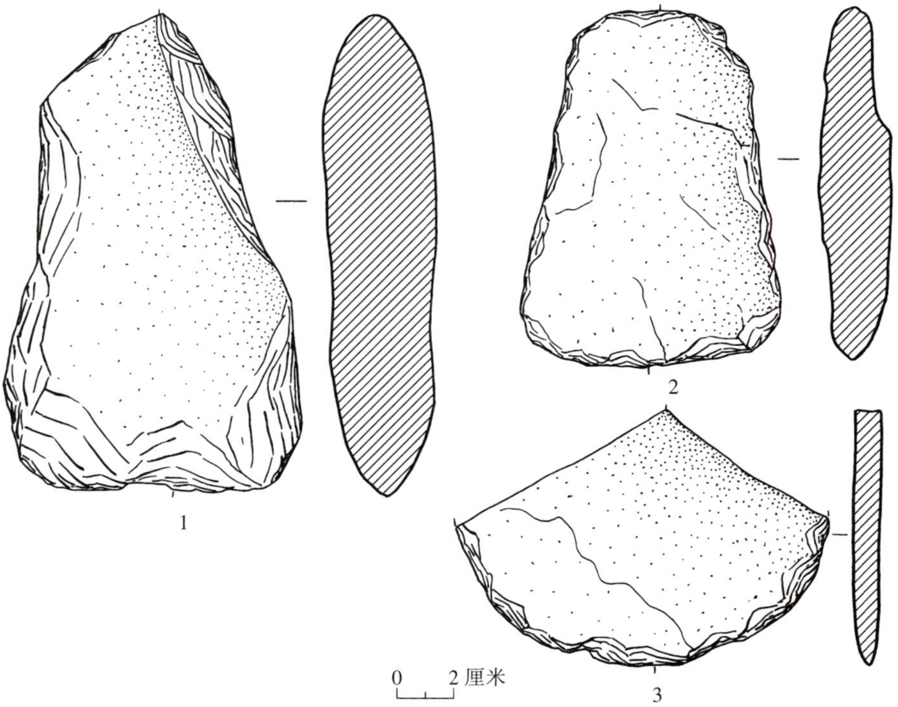

图4－360　ⅠG2⑱的石制品

1. 石铲（或斧）半成品（ⅠG2⑱:8）　2. 石铲（或斧）（ⅠG2⑱:6）　3. 盘状石器残块（ⅠG2⑱:2）

弧，刃边较直。长16.78、宽10.1、厚3.61厘米（图4－360，1）。

ⅠG3③:1　彩绘陶器残片。泥质灰陶，彩绘多已脱落。

ⅠG6③:1　圆陶片。将陶器残片周边打制修薄而成，泥质褐陶，素面。直径约8.1、厚0.72厘米（图4－361，4；彩版一二五，1）。

ⅠG6③:2　石铲残块。熔结凝灰岩，灰色，磨制，残存原石铲的刃边和侧边各一段，另两边为断碴，刃角亦残缺。残块的刃边至对应之边的长度7.1、厚0.95厘米（图4－361，2）。

ⅠG6③:3　陶圆饼残块。以陶器残片制成，泥质红陶，周边修平。

ⅠG6⑤:1　石铲残段。石灰岩，灰色，磨制，平顶，两侧边斜直，下部残。残段下部最宽处的长度8.71、厚0.6厘米（图4－361，3）。

ⅠG6⑥:1　彩绘陶尊残片。泥质灰陶，外表黑色，饰红色彩绘，彩色脱落殆尽，上部残后又将断碴修磨成口沿，属于此器的残片有3块。

ⅠG6⑦:1　圆陶片。将陶器残片周边交互打击修薄而成，泥质灰陶，器表可见模糊的细篮纹。直径7.9～8.67、厚1.38厘米（图4－361，5；彩版一二五，2）。

ⅠG6⑦:2　圆陶片残块。将陶器残片周边交互打击修薄而成，泥质红陶。

ⅠG6⑧:1　彩绘陶器口沿残片。泥质褐陶，饰红色彩绘，彩色脱落殆尽。

ⅠG6⑨:1　石球。花岗岩，紫褐色，琢制，呈不规则球体。直径5.32～6.25厘米（图4－361，7；彩版一二四，4）。

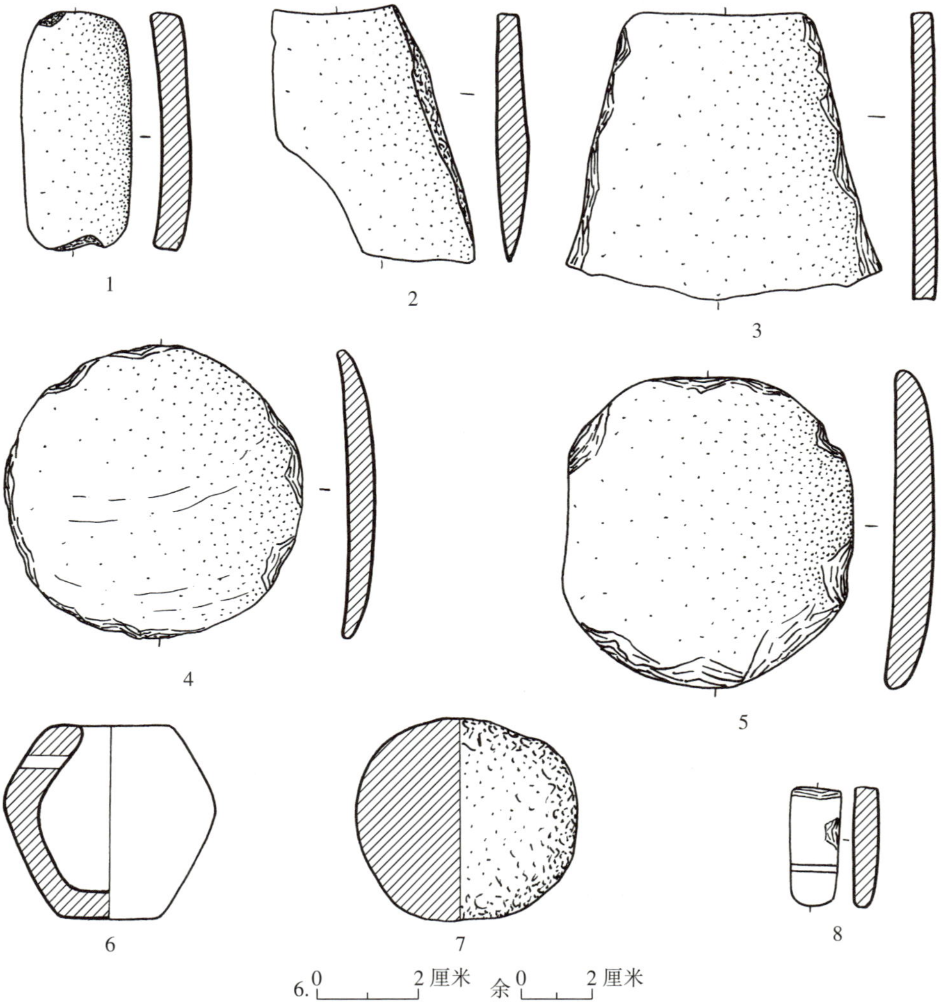

图4－361　ⅠG6陶容器以外的石、陶制品

1、8. 长方形陶片（ⅠG6⑨:3、ⅠG6⑨:4）　2. 石铲残块（ⅠG6③:2）　3. 石铲残段（ⅠG6⑤:1）　4、5. 圆陶片（ⅠG6③:1、ⅠG6⑦:1）　6. 陶埙（ⅠG6⑩:2）　7. 石球（ⅠG6⑨:1）

ⅠG6⑨:2　圆陶片。将陶器残片周边修薄而成，泥质红陶，外表黑色。直径5.55～6、厚0.58厘米。

ⅠG6⑨:3　长方形陶片。将陶器残片周边磨平而成，泥质红陶。长6.6、宽3.03、厚0.94厘米（图4－361，1）。

ⅠG6⑨:4　长方形陶片。将陶器残片周边磨平而成，泥质红陶，外表黑色。长3.21、宽1.35、厚0.65厘米（图4－361，8）。

ⅠG6⑨:5　残圆陶片。将陶器残片周边交互打击修薄而成，泥质红陶，内、外表皆黑色，有模糊的绳纹，残半。直径11.4、厚0.76厘米。

ⅠG6⑨:6　陶圆饼残块。将陶器残片周边磨平而成，泥质红陶，外表黑色。

ⅠG6⑩:2　陶埙。泥质褐陶，外表黑色，原吹孔（陶罐口部）残损后将断碴处磨平，形近平口（口近三角形）、折肩、平底的小陶罐，肩部横穿一圆形声孔。高3.85、腹径4.21～4.44、底径2.1～2.3、吹孔残长0.9～1.3、音孔直径0.35厘米（图4－361，6）。此陶埙的测音实验数据参见附录八。

ⅠG6⑫:1　圆陶片。将陶器残片周边略加修薄而成，泥质红陶，外表黑色。直径4.7～5.3、厚0.72厘米。

ⅠG7①:1　石刀残段。晶屑凝灰岩，青灰色，磨制，一面平，另一面隆起成脊，平背，端首圆尖。残段长6.79、宽2.2、厚0.89厘米（图4－362，2）。

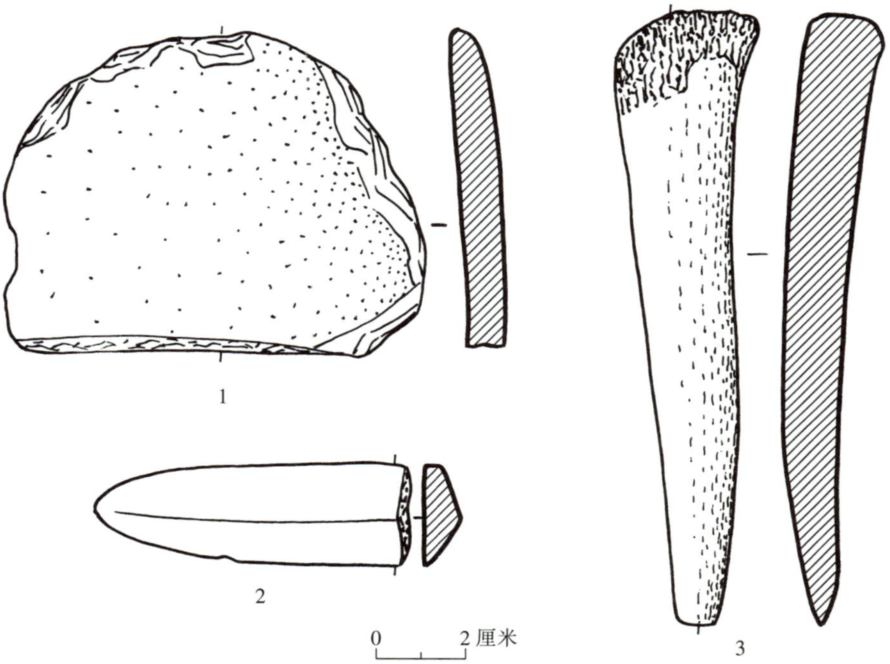

图4－362　ⅠG7陶容器以外的石、陶、骨制品

1. 残圆陶片（ⅠG7②:1）　2. 石刀残段（ⅠG7①:1）　3. 骨凿（ⅠG7④:2）

ⅠG7②:1　残圆陶片。将陶器器底周边交互打击修薄而成，泥质红陶，内、外表皆黑色，残缺少半。直径9.2、厚1厘米（图4－362，1）。

ⅠG7④:1　骨锥。磨制。长7.28、宽0.5、厚0.47厘米。

ⅠG7④:2　骨凿。磨制，窄刃，偏锋，上部保留动物肢骨原貌。长13.3厘米（图4－362，3）。

ⅠG7④:3　残骨锥。多数部位保留骨料原状，仅磨制成锥尖。

ⅠG7④:4　经过磨制的骨片。

ⅠT436Q1①:1　残圆陶片。以瓮、罐类陶器腹片制成，泥质灰陶，外表饰绳纹，存留四道箍堆纹，周边经粗略打制修薄。直径6.8、厚0.8厘米。

ⅠT436Q1①:2　圆陶片残块。以瓮、罐类陶器腹片制成，泥质红陶，外表饰绳纹，存留三道箍堆纹，周边经打制修薄，残块约为圆陶片的四分之一。厚1.06厘米。

ⅠT436Q1①:3　圆陶片。将陶器底周边打制修薄而成，泥质灰陶。直径 9.47～10.63、厚 1.24 厘米（图 4－363，3）。

ⅠT436Q1①:4　石铲残段。凝灰质板岩，灰色，磨制，仅存上部，平顶略呈凸弧，两侧边斜直，残段平面作梯形。长 7.2、宽 6.26、厚 0.78 厘米（图 4－363，2）。

ⅠT436Q1②:1　圆陶片。以陶器残片制成，泥质红陶，外表饰绳纹，存留两道箍堆纹，周边经粗略打制而成圆陶片雏形。直径 11.25～13.04、厚 1.23 厘米（图 4－363，1）。

ⅠQ6:1　石器残块。凝灰岩，浅灰色，打制，残块呈扁体四边形。长 9.7、宽 5.4、厚 0.7 厘米。

ⅠQ6:2　石锛残块。燧石，灰黄色，磨制，残块平面近方形，存留原石锛的刃边和侧边各一段。长 3.14、宽 2.83、厚 1.28 厘米。

ⅠQ6:3　盘状石器。英安岩，灰褐色，打制，除一段边缘尚存石片台面外，其余各边均经交互打击修薄。直径 11.6～12.4、厚 2.42 厘米。

ⅠT110⑥:1　磨制骨器。

ⅠT110⑥:3　石锛。玄武岩，黑色，磨制，平顶略呈凸弧，两侧边斜直并磨平，直刃，偏锋。长 4.91、宽 3.08、厚 0.9 厘米（图 4－364，1；彩版一二六，1）。

ⅠT110⑥:5　石刀。凝灰质板岩，灰色，磨制，一面平，另一面隆起成脊，端首圆尖，直背磨平，中部制出一凹缺，凸弧刃。长 11.82、宽 2.53、厚 0.73 厘米（图

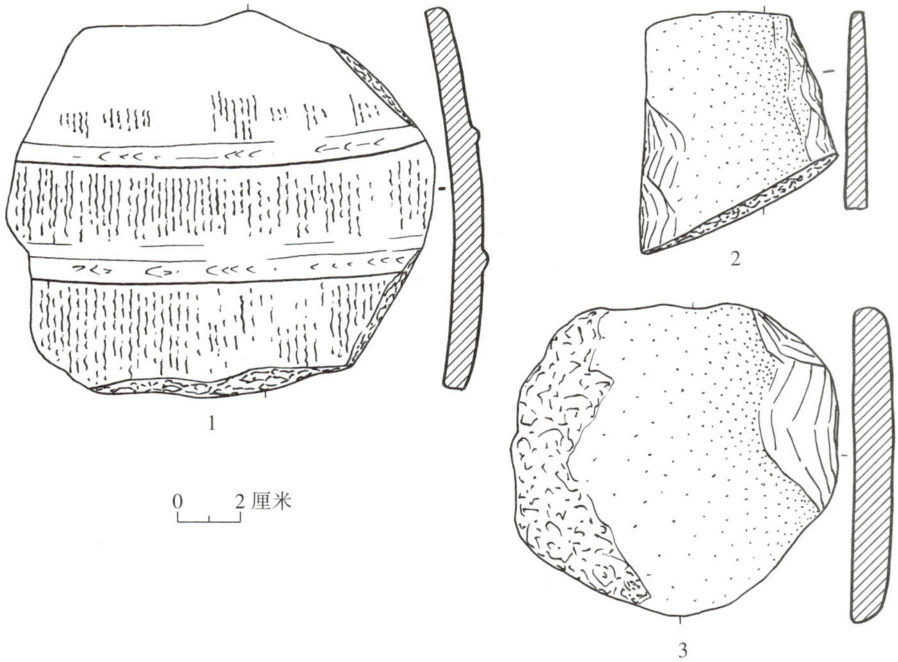

图 4－363　ⅠQ1 陶容器以外的石、陶制品
1、3. 圆陶片（ⅠT436Q1②:1、ⅠT436Q1①:3）　2. 石铲残段（ⅠT436Q1①:4）

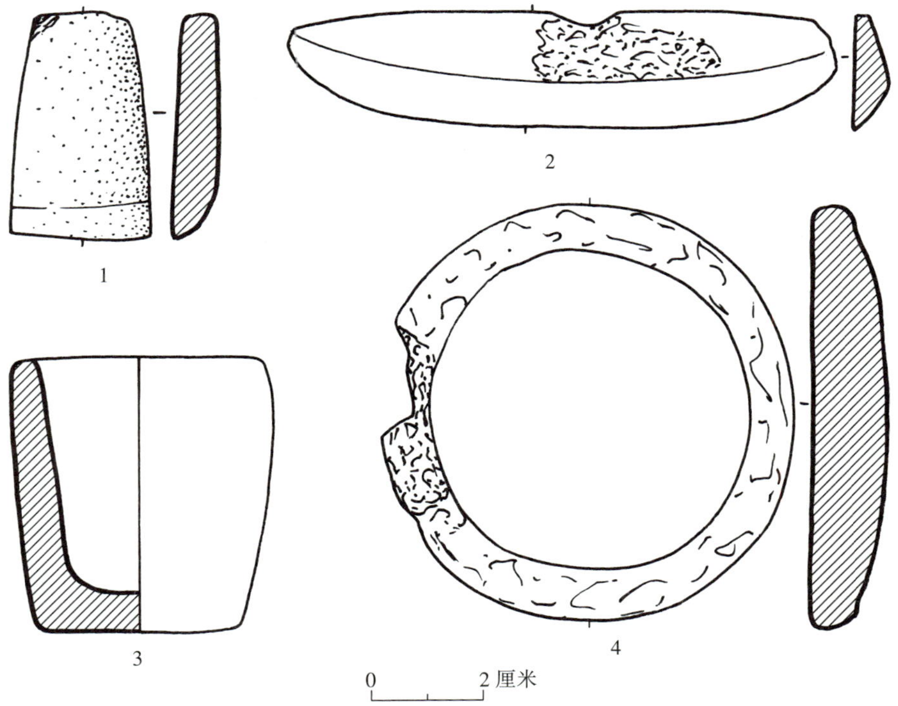

图 4－364　ⅠT110⑥、ⅠT110⑥B、ⅠT110⑧陶容器以外的石、陶制品
1. 石锛（ⅠT110⑥:3）　2. 石刀（ⅠT110⑥:5）　3. 石罐（ⅠT110⑧:1）　4. 陶圆饼（ⅠT110⑥B:1）

4－364，2；彩版一二六，2）。

ⅠT110⑥B:1　陶圆饼。将陶器底周边断碴修平而成，泥质灰陶。直径 9、厚 1.7 厘米（图 4－364，4）。

ⅠT110⑦:1　卜骨残块。将动物肢骨纵向劈半制成，骨松质一面存留 6 个完整的和 7 个残缺的钻。残块长 7.3、宽 2.3、厚 0.65、钻直径 0.45 ~0.76 厘米。

ⅠT110⑦:2　石铲（或斧）。安山岩，灰色，打制，柄部凸显，斜直刃。长 15.4、宽 11.45、厚 3.36 厘米。

ⅠT110⑦:4　残圆陶片。以瓮、罐类陶器腹片制成，泥质红陶，外表饰绳纹，存留七道箍堆纹，周边经打制修薄，残缺一角。直径 10.7、厚 0.95 厘米。

ⅠT110⑦:5　残陶圆饼。以瓮、罐类陶器腹片制成，泥质红陶，外表黑色，饰绳纹，存留六道箍堆纹，周边磨平。直径 9.6、厚 0.8 厘米。

ⅠT110⑦:7　磨制骨器。

ⅠT110⑦B:2　圆陶片残块。以陶器底制成，泥质灰陶，周边断碴处经修整。

ⅠT110⑦B:3　磨制骨器。

ⅠT110⑧:1　石罐。滑石，黑褐色，含云母颗粒，局部烧黑。敞口，圆唇，器壁较直，平底，口、底各有一处残缺，内、外壁及底均磨得较光滑。口径 5.27 ~5.96、底径4.53～4.7、高5.82厘米（图4－364，3；彩版一二六，3）。

ⅠT110⑧:3　圆陶片残块。以陶器底制成，泥质红陶，外表灰色，周边经打制修薄。

ⅠT111②:1　石铲（或斧）。安山岩，褐色，打制，窄顶，束腰，刃边略呈凸弧，刃缘个别处较为圆钝，似经使用所致。长15.94、宽11.1、厚3.25厘米。

ⅠT111②:2　石铲残块。玻屑凝灰岩，黑灰色，磨制，残块平面呈四边形，存留原石铲的刃边和侧边各一段，其余两边为断碴。长4.6、宽4.1、厚0.86厘米。

ⅠT111②:3　残骨刀。磨制，柄残，刀尖略圆，刀背略显凸弧，刃边较直。残长11.5、宽1.52、厚0.2厘米。

ⅠT315⑥:1　骨锥残段。磨制，仅存下部，但在残断处留有交互打击而成的斜面，似有意打断。长6.2、直径0.78厘米。

ⅠT315⑥:2　石片。燧石，紫色，有压削痕。

ⅠT315⑥:3　石铲残块。凝灰质板岩，磨制。

ⅠT315⑥:4　残骨锥。

ⅠT316⑤A:1　石斧。玄武岩，黑色，磨制，平顶，凸弧刃，正锋，上部两侧边多打制痕迹。长9.4、宽7.4、厚2.1厘米。

ⅠT316⑤A:2　陶纺轮。泥质红陶，算盘珠状。直径3、高2.26、孔径0.48厘米。

ⅠT316⑤B:1　石器残片。安山岩。

ⅠT316⑤B:2　卜骨残段。以动物肩胛骨制成，在宽端一侧的中部钻有一孔，存留12个完整的和6个残缺的钻。长11、宽6.5、厚0.5、孔径0.4、钻直径0.4～0.5厘米。

ⅠT316⑥:1　石铲残块。石灰岩，灰色，磨制，残块平面略作梯形，存留原石铲的顶边和侧边各一段，另两边为断碴。长4.8、宽4.28、厚0.65厘米。

ⅠT316⑥:2　陶纺轮。泥质褐陶，算盘珠状，沿中腹折棱刻一周横人字纹。直径2.96、高2.1、孔径0.47厘米。

ⅠT321①:2　石磬残角。石灰岩，灰色，两面磨光，所存石磬残角为直角，两直边加工形式似稍有不同，其一是先经较浅的切割，而后沿此切槽打出直边，另一似直接打成直边。其余边棱为断裂面。长5.5、厚4.9厘米。

ⅠT325⑥:1　锛形陶器。以陶器腹片制成，泥质灰陶，外表施抹断绳纹，存留2个钻坑。平面为梯形，一端边磨成正锋，其余三边磨平。长4.14、宽3.39、厚0.68（图4－365，1）。

ⅠT325⑥:2　彩绘陶器残片。系罐类陶器的颈肩部残片，泥质灰陶，外表黑色，饰红、白两色彩绘。

ⅠT325⑥:3　带流陶器口沿残片。夹砂褐陶，卷沿，圆唇，口部制出流口，约自流口中部残断，外表施划断绳纹（图4－365，2）。

ⅠT325⑥:4　盘状石器残片。系该石器的边缘部分，凝灰质板岩，灰色。

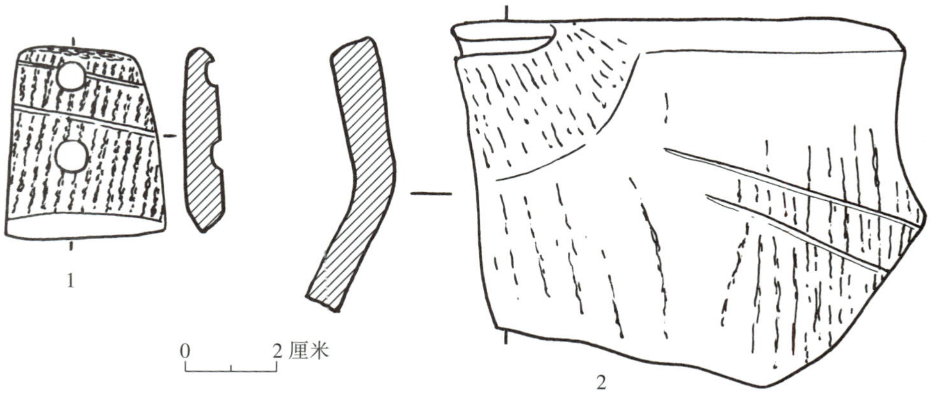

图4－365　ⅠT325⑥的锛形陶器和带流陶器口沿残片
1. 锛形陶器（ⅠT325⑥:1）　2. 带流陶器口沿残片（ⅠT325⑥:3）

ⅠT326④:2　磨制石器残段。凝灰岩，黄褐色，磨制，扁体，平面作长方形。长4.82、宽3.64、厚1厘米。

ⅠT326⑥:1　磨制骨器残段。片状，略见弧度。长4.51、宽2.04、厚0.3厘米（图4－366，3）。

ⅠT326⑥:2　卜骨残块。原为磨制骨铲，一面残存30个完整的和29个残缺的钻，有两个已穿透，另一面约有10处暗褐色圆点，可辨认的兆痕几乎都是“一”字形。长7.5、厚0.45、钻直径0.3～0.53厘米（图4－366，2）。

ⅠT326⑥:3　残骨针。磨制，上部残。长2.71、直径0.12厘米。

ⅠT326⑥:4　陶纺轮。泥质褐陶，形体不甚规整，近呈馒头状，平底，中孔略斜。直径2.7、高1.42、孔径0.3～0.4厘米（图4－366，12）。

ⅠT326⑥:5　蚌饰。长方形扁体，两面及四边均经磨制，一面略残。长2.67、宽2.36、厚0.44厘米（图4－366，4）。

ⅠT326⑥:6　圆陶片。以陶器残片制成，泥质灰陶，外表施划断细绳纹，周边打薄。直径6.56～7.33、厚0.76厘米（图4－366，7）。

ⅠT326⑥:7　残骨锥。磨制，上部残。长3.9、宽0.62、厚0.43厘米。

ⅠT326⑥:8　圆陶片。将陶器底周边打薄而成，泥质红陶。直径6.3～6.4、厚1.25厘米（图4－366，6）。

ⅠT326⑥:9　残磨制骨器（图4－366，5）。

ⅠT326⑥:10　石器残段。凝灰岩，浅灰色，磨制，残段为扁体，平面呈三角形，两面及部分边缘磨平。长5.18、宽3.4、厚1.16厘米。

ⅠT326⑥:11　卜骨残块。以动物肩胛骨制成，有肩胛冈的一面残存7个完整的和7个残缺的钻。长11.9、宽3.36、厚1.44、钻直径0.5厘米（图4－366，1）。

ⅠT326⑥:12　残骨针。磨制，下部残。长2.57、直径0.14、孔径0.05厘米。

ⅠT326⑥:13　石铲残块。凝灰岩，磨制，残块平面近梯形，残存一小段原石铲的

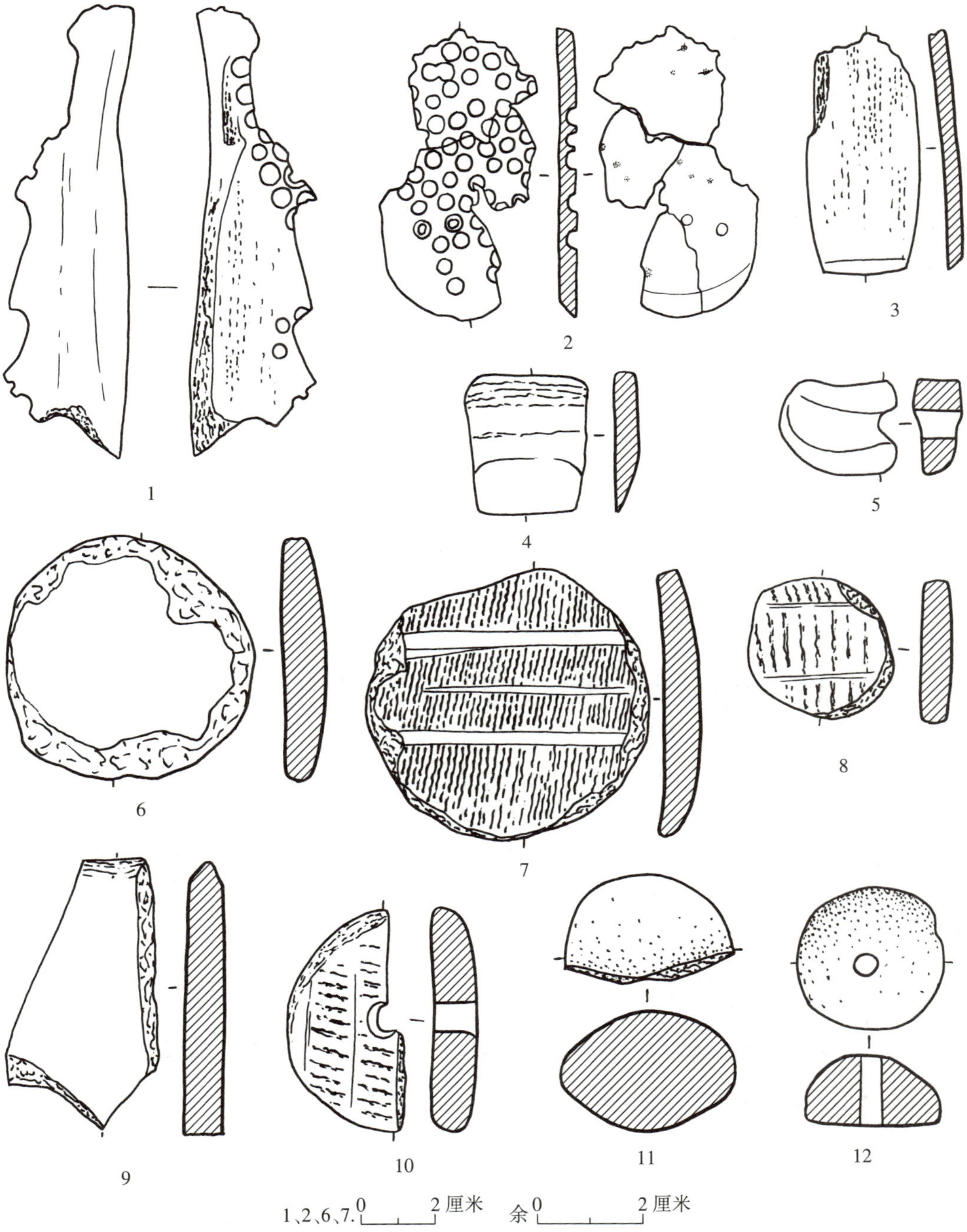

图4－366　ⅠT326⑥陶容器以外的石、陶、骨、蚌制品

1、2. 卜骨残块（ⅠT326⑥:11、ⅠT326⑥:2）　3. 磨制骨器残段（ⅠT326⑥:1）　4. 蚌饰（ⅠT326⑥:5）　5. 残磨制骨器（ⅠT326⑥:9）　6、7. 圆陶片（ⅠT326⑥:8、ⅠT326⑥:6）　8. 陶圆饼（ⅠT326⑥:16）　9. 石铲残块（ⅠT326⑥:13）　10. 残有孔陶圆饼（ⅠT326⑥:17）　11. 残陶纺轮半成品（ⅠT326⑥:18）　12. 陶纺轮（ⅠT326⑥:4）

侧边。长 5.08、宽 2.3、厚 0.72 厘米（图 4－366，9）。

Ⅰ T326⑥∶14　燧石石块。

Ⅰ T326⑥∶15　磨制石器残片。安山岩。

Ⅰ T326⑥∶16　陶圆饼。以陶器残片制成，泥质灰陶，外表施抹断绳纹，周边磨平。直径 2.73、厚 0.65 厘米（图 4－366，8）。

Ⅰ T326⑥∶17　残有孔陶圆饼。以陶器残片制成，泥质灰陶，外表施抹断绳纹，周边磨平，中部有一对钻孔，自孔中部残半。直径 4.07、厚 0.88、孔内径 0.46 厘米（图 4－366，10）。

Ⅰ T326⑥∶18　残陶纺轮半成品。泥质灰陶，外形呈算盘珠状，无孔，残半。直径 3.3、高 2.1 厘米（图 4－366，11）。

Ⅰ T326⑥∶19　石铲（或斧）半成品。灰色，打制，窄顶，束腰，凸弧刃。长 13.8、宽 9.43、厚 1.8 厘米。

Ⅰ T336⑥∶1　石铲。安山岩，灰色，打制，斜平顶，束腰，凸弧刃。长 12.4、宽 7.7、厚 2.43 厘米（图 4－367，1）。

Ⅰ T336⑥∶2　有镂孔的圈足盆残片。泥质灰陶，卷沿，圆唇，腹壁内凹，平底之下有连接圈足之痕。腹壁存留一残矩形镂孔，残孔上、下两角处各有一道斜向的短刻痕（图 4－367，2）。

Ⅰ T336⑥∶3　骨镞。磨制，前锋制出短促的三棱，铤尾收成圆锥体。长 6.28、直径 0.77 厘米（图 4－367，3）。

Ⅰ T336⑥∶4　骨器残块。

Ⅰ T337⑥∶1　残卜骨。以动物肩胛骨制成，去脊并修磨，残存 2 个完整的和 4 个残缺的钻，其中一个完整的已穿透。长 15、宽 10、厚 0.53、钻直径 0.42 厘米。

Ⅰ T337⑦∶1　多孔陶器残块。泥质褐陶，残存 5 个完整的和 5 个残缺的圆孔，皆自外向内穿透。

Ⅰ T337⑦∶2　多孔陶器残块。泥质红陶，外表黑色，残存 10 个完整的和 12 个残缺的圆孔，皆自外向内穿透。

Ⅰ T337⑦∶3　残骨针。磨制，顶、尖均残。长 2.53、直径 0.12 厘米。

Ⅰ T337⑦∶4　残骨锥。

Ⅰ T337⑦∶5　残骨锥。磨制，上部残。长 5.3、直径 0.74 厘米。

Ⅰ T337⑦∶6　陶垫残块。

Ⅰ T338②∶1　陶圆饼。以陶器残片制成，泥质红陶，外表灰色，施细绳纹，周边磨平。直径 5.7～6.4、厚 0.65～1.3 厘米（图 4－368，2）。

Ⅰ T338②∶2　残圆陶片。以陶器残片制成，夹砂红陶，外表施划断绳纹，周边交互打击修薄，残缺少半。直径 6.73、厚 0.91 厘米（图 4－368，1）。

Ⅰ T406④A∶2　彩绘陶器口沿残片。泥质褐陶，仅存红色彩绘痕迹。

Ⅰ T406④A∶3　彩绘陶器残片。泥质灰陶，仅存红色彩绘痕迹。

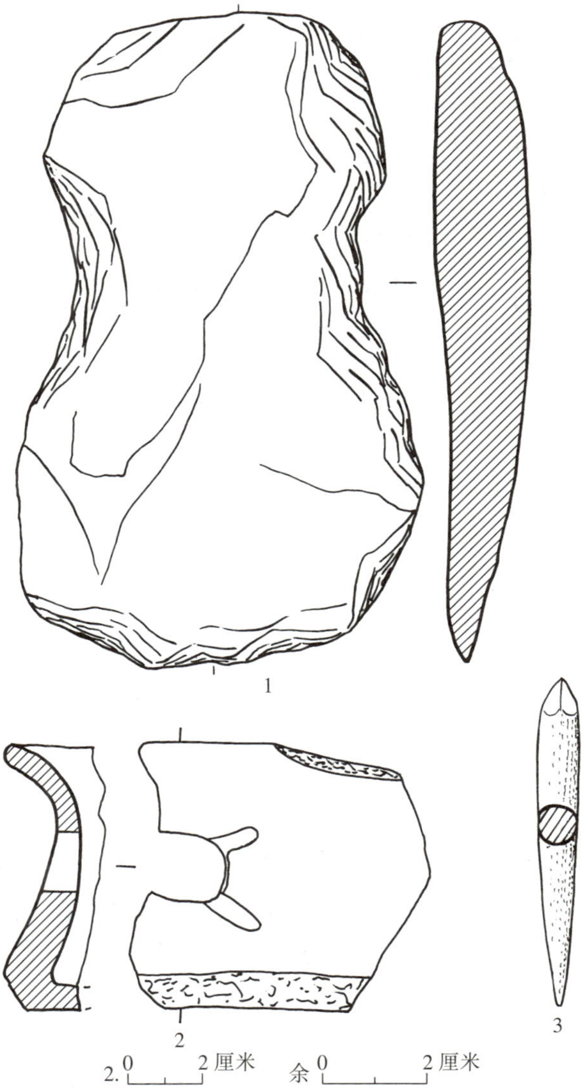

图4－367　ⅠT336⑥陶容器以外的石、陶、骨制品

1. 石铲（ⅠT336⑥:1）　2. 有镂孔的圈足盆残片（ⅠT336⑥:2）　3. 骨镞（ⅠT336⑥:3）

ⅠT406④A:4　彩绘陶器残片。泥质灰陶，外表黑光，彩绘多已脱落，但仍可看出红、白两色。

ⅠT406④A:6　石铲残块。熔结凝灰岩，灰色，磨制，残块平面近梯形。长6.33、宽3.3、厚0.82厘米。

ⅠT406④A:7　残圆陶片。将瓮、罐类陶器腹片周边修薄而成，泥质灰陶，残存三道箍堆纹。直径8.1～8.6、厚1.4厘米。

ⅠT406④A:8　圆陶片。将瓮、罐类陶器腹片周边粗略打薄而成，泥质灰陶，残存五道箍堆纹。直径6.3～7.6、厚0.78厘米。

ⅠT407⑤:1　残圆陶片。以瓮、罐类陶器腹片制成，泥质灰陶，外表饰绳纹，残

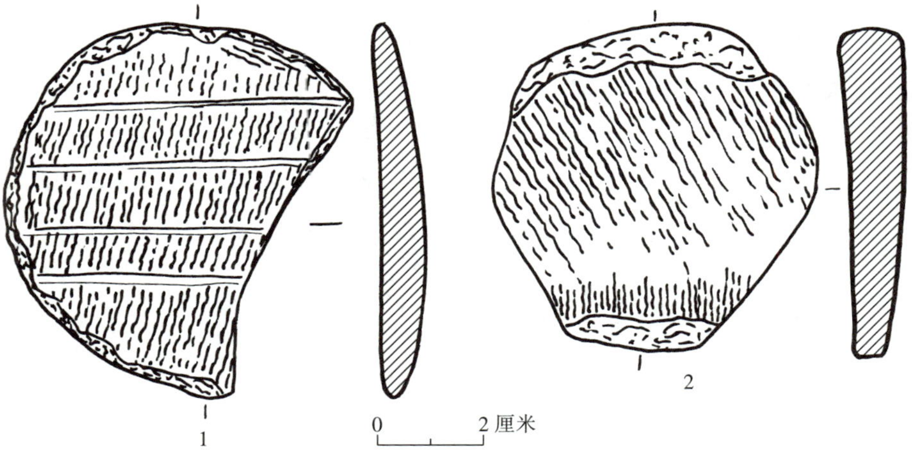

图 4 - 368　Ⅰ T338②的残圆陶片和陶圆饼
1. 残圆陶片（Ⅰ T338②:2）　2. 陶圆饼（Ⅰ T338②:1）

存四道箍堆纹。直径 11.26、厚 0.9 厘米。

Ⅰ T407⑤:2　磨制石铲残角。凝灰质板岩。

Ⅰ T407⑤:3　骨锥残段。

Ⅰ T407⑤:4　残骨针。

Ⅰ T407⑤:5　磨制石铲（或磬）残角。大理岩。

Ⅰ T407⑤:6　骨器残片。

Ⅰ T407⑤:7　石钺残块。熔结凝灰岩，黑褐色，磨制，存留残对钻孔。

Ⅰ T407⑤:8　残铜片。残片平面略呈梯形，横截面弯弧状。梯形的底边较直，并显圆钝，当为此器原边的状态。其余三边多有凹凸参差处，断碴亦较明显。俯视残片，靠近梯形直侧边的器表隐约显出一道直棱，与梯形之直侧边平行，据此推测这残片抑或是镦套之类的器件。残片局部黏有泥土，锈蚀不甚严重，比重明显超过Ⅰ H443⑧:1 这件残铜刀。照片中这梯形残片的斜侧边中部有一 V 字形缺豁，系做成分鉴定时取样所致（图 4 - 369；彩版一二六，4）。

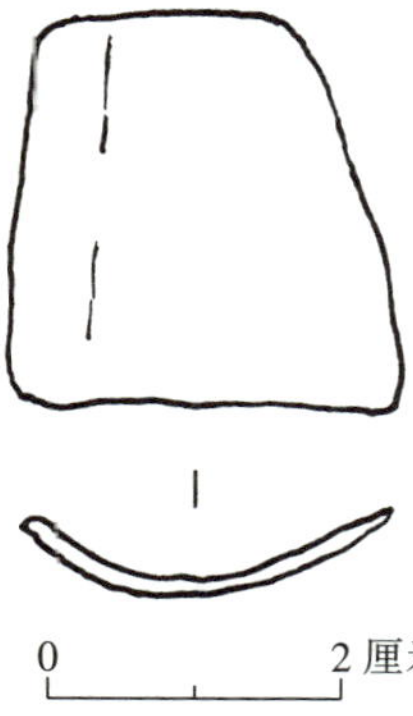

图 4 - 369　Ⅰ T407⑤的残铜片
（Ⅰ T407⑤:8）

ⅠT407⑤:13～ⅠT407⑤:17、ⅠT407⑤:20　圆陶片残块。

ⅠT407⑤:18　圆陶片。泥质灰陶，外表饰绳纹。直径5～5.8、厚0.8厘米。

ⅠT407⑤:22　圆陶片。泥质灰陶，外表饰斜绳纹，残存五道箍堆纹。直径6.5～7、厚0.8厘米。

ⅠT407⑥:2　彩绘陶豆残片。泥质灰陶，豆盘内有红、白两色彩绘花纹。

ⅠT407⑥:3　彩绘陶器残片。

ⅠT407⑥:4－1　石铲残段。石灰岩，灰色，磨制，下部残。平顶，两侧边斜直。残段长7.2、宽7.14、厚0.9厘米。

ⅠT407⑥:4－2　石铲残块。凝灰质板岩，磨制。

ⅠT407⑥:5　残骨针。

ⅠT407⑥:6　骨锥。磨制，平顶，锥体略扁。长6.9、宽0.68、厚0.57厘米。

ⅠT407⑥:7　人头骨残片。多处烧黑。

ⅠT407⑦:1　磨制石器残片。熔结凝灰岩。

ⅠT407⑦:2　骨簪。磨制，平顶。长10.98、直径0.4厘米。

ⅠT407⑦:4　磨制石铲残块。凝灰质板岩。

ⅠT407⑦:6　残圆陶片。将陶器底周边修薄而成，泥质褐陶，残半。直径10.4、厚1.4厘米。

ⅠT409④:1　石器残片。英安岩。

ⅠT409④:2　有压削痕的石片。燧石。

ⅠT409④:4　残圆陶片。

ⅠT409⑤:1　玛瑙珠。红色，磨制，算盘珠状，中孔对钻而成。直径1.12、高0.62、孔内径0.2厘米。

ⅠT409⑥:1　骨簪。磨制，截面近三角形。长10.71、宽0.59、厚0.51厘米。

ⅠT409⑦:1　陶纺轮。泥质灰陶，算盘珠状。直径3.7～3.88、高1.6、孔径0.6厘米。

ⅠT409⑧:1　陶圆饼。将陶器残片周边磨平而成，泥质红陶。直径5.1～5.54、厚0.9厘米。

ⅠT409⑧:2　双孔骨管。内、外磨光，一端粗，另一端稍细，中部有2个穿孔。长6.44、粗端直径1.28～1.42、细端直径1.2～1.28、孔径分别为0.5和0.53厘米。

ⅠT409⑨:1　彩绘陶器口沿残片。

ⅠT409⑨:2　骨针残段。

ⅠT411②:1　残骨器。磨制，残存部分为椭圆柱体，两端为截痕。长3.4、宽2、厚1.5厘米。

ⅠT411②:2　残陶圆饼。泥质灰陶，形体不甚规则，中部对钻一孔，自孔中部残半，一面尚存一个直径0.5、深0.3厘米的钻坑。直径4.9、厚0.8、孔内径0.6厘米。

ⅠT411③:1　有打击痕的砾石。长2.98、宽1.69、厚0.6厘米。

ⅠT411⑦:1　石铲（或斧）半成品。安山岩，灰褐色，粗略打制，窄顶，束腰，宽刃略显凸弧。长21.7、宽16、厚5.7厘米。

ⅠT411⑦:2　猪獠牙。

ⅠT411⑦:A　2件有"｜｜"状刻划痕的羊跖骨（刻痕与跖骨纵向平行）。

ⅠT413⑦:1　骨锥。将动物肢骨纵向劈开制成。长6.46、宽1.84、厚1.6厘米。

ⅠT413⑦:2　圆陶片残块。以陶器残片制成，泥质灰陶，外表饰划断绳纹，残块约为圆陶片的四分之一。残块长4.1、宽4、厚0.7厘米。

ⅠT413⑧:1　石器残块。

ⅠT413⑧:2　红山文化彩陶片。泥质灰陶，外表红色，残存两道黑彩条带。

ⅠT413⑧:3　陶圆饼。以陶器残片制成，泥质灰陶，外表黑色，周边磨平。直径2.8～3.1、厚0.72厘米。

ⅠT413⑧:4　石铲残块。凝灰质板岩，灰色，磨制。长4.64、宽3.6、厚0.8厘米。

ⅠT420⑤:1　彩绘陶器口沿残片。泥质灰陶，沿内施红、白两色彩绘花纹。

ⅠT420⑤:2　彩绘陶器口沿残片。泥质灰陶，沿内有彩绘花纹。

ⅠT420⑤:3　石铲残块。大理岩，灰黄色，磨制，残块平面近梯形，存留原石铲一段侧边和少许刃边，另两边为断碴。长9.5、宽4.92、厚0.8厘米。

ⅠT420⑤:6　两件圆陶片。出自同一陶罐，且可相互拼接（见图4－139，6）。

ⅠT420⑤:9　圆陶片残块。将瓮、罐类陶器腹片周边打制修薄而成，泥质灰陶，外表残存三道箍堆纹。

ⅠT420⑤:10　圆陶片残块。将陶器底周边修薄而成，泥质灰陶。

ⅠT420⑤:11　石铲残块。熔结凝灰岩，灰色，磨制，残块平面呈梯形，存留一段原石铲侧边，其余各边均为断碴。长4.57、宽4.45、厚0.94厘米。

ⅠT420⑤:12　陶圆饼残块。夹砂红陶，边缘平而规整。

ⅠT420⑥:1　彩绘陶器残片。

ⅠT420⑥:2　彩绘陶器残片。

ⅠT420⑥:5　石器。凝灰质板岩，浅褐色，原为磨制石铲之类的石器，后将多处边缘交互打击修薄，以至于接近盘状石器的雏形。

ⅠT420⑥:6　圆陶片残块。

ⅠT420⑥:7　圆陶片残块。

ⅠT420⑥:8　圆陶片残块。

ⅠT420⑥A:1　彩绘陶器残片。泥质陶，所存为口及其下稍有内束的领部，表面饰红、白两色彩绘，直口，唇沿外折。约属罐、鬲之类的陶器。残片的高度为6厘米，若依此复原，该器口径是9.5厘米（图4－370）。

ⅠT420⑦:2　石斧。玄武岩，青灰色，琢制为主，存留较多打制痕，斜顶，刃部残。长12.1、宽6.53、厚4.3厘米。

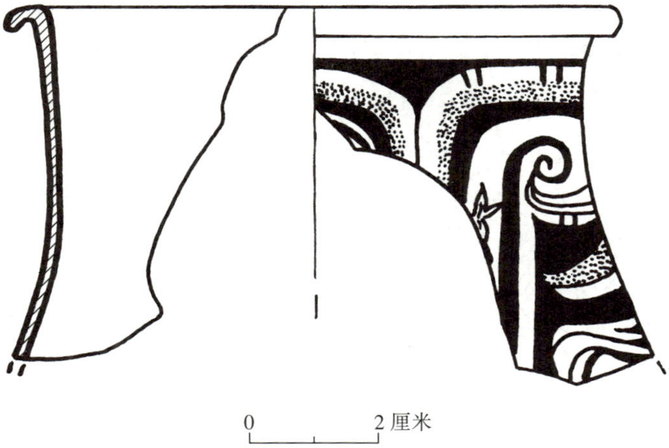

图4－370　ⅠT420⑥A 的彩绘陶器残片
（ⅠT420⑥A∶1）

ⅠT421⑥∶1　彩绘陶尊口沿残片。

ⅠT421⑦∶1　陶纺轮。泥质红陶，外观近圆台状，侧面略显凹弧，中有一孔。顶径2.05～2.2、底径3.2～3.3、高2.87、孔径0.6厘米。

ⅠT421⑦∶2　骨针。磨制，尖顶。长8.72、宽0.4、厚0.2、孔径0.1厘米。

ⅠT421⑦∶3　彩绘陶器口沿残片。

ⅠT421⑦∶5　圆陶片残块。将陶器底周边修薄而成，泥质红陶，外表灰色。

ⅠT421⑨∶1　陶豆柄残段。泥质红陶，上、下皆断碴，尚存少许豆盘底。高8.5、直径3.5厘米。

ⅠT421⑨∶2　陶豆柄残段。泥质灰陶，上、下皆断碴，尚存少许豆盘底。高11.9、直径3.23厘米。

ⅠT421⑨∶3　圆陶片。将陶器残片周边交互打击修薄而成，泥质灰陶。直径8.6～9、厚1厘米。

ⅠT423②A∶1　彩陶口沿残片。泥质红陶，外表有隐约的两道褐色彩条。

ⅠT423②D∶1　圆陶片。以陶器底制成，泥质红陶，外表褐色，连接少许器壁，周边断碴处多经打制修薄。直径7.8～8.43、厚0.8厘米。

ⅠT423③A∶1　石斧残段。玄武岩，黑灰色，磨制，残存少许顶部和一侧边。残段长11.7、宽4.1、厚2.54厘米。

ⅠT423③B∶2　残陶纺轮。夹砂灰陶，外圈有一周泥凸，仅存3枚。直径3、高1.74、孔径0.52厘米。

ⅠT423④B∶2　残圆陶片。将陶器残片周边修薄而成，泥质红陶，残半。直径8.96、厚0.8厘米。

ⅠT423④C∶1　石铲残块。凝灰质板岩，浅灰色，打制，残块平面作五边形，存留一段原石铲侧边，其余各边均为断碴。长9.72、宽5.08、厚0.68厘米。

ⅠT423④C∶2　石铲残块。熔结凝灰岩，黑灰色，磨制，残块平面近梯形，存留一段原石铲侧边，其余各边均为断碴。长3.92、宽2.98、厚0.6厘米。

ⅠT423④C∶3　陶圆饼。以陶器底制成，泥质灰陶。直径6.85～7.03、厚0.7厘米。

ⅠT433③∶1　陶纺轮。泥质褐陶，外圈有一周泥凸，共5枚，其一残缺。直径3.2、高2、孔径0.46～0.6厘米（图4－371，10）。

ⅠT433③∶2　卜骨残块。在磨光的骨松质一面残存5个完整的和7个残缺的钻，骨密质一面显现出6处"一"字形兆痕。残块长7.6、宽2.11、厚0.57、钻径0.58厘米（图4－371，19）。

ⅠT433③A∶2　磨制骨器残块。

ⅠT433③B∶3　陶圆饼残块。原器为一未与器壁结合的陶器之底，夹砂褐陶。

ⅠT433③D∶1　石刀残段。晶屑凝灰岩，褐色，磨制，一面平，另一面隆起成脊，端首略为磨平，背边稍尖，刃缘因使用而磨得较钝。残段长7、宽2.38、厚0.96厘米（图4－371，8）。

ⅠT433③D∶2　石铲残块。辉长岩，深灰色，磨制，残块平面为五边形，残存一段原石铲侧边，其余各边均为断碴。长6.4、宽4.6、厚0.85厘米（图4－371，20）。

ⅠT433③E∶1　骨簪。磨制，截面近圆形。长9.41、直径0.48～0.55厘米（图4－371，17；彩版一二六，5左）。

ⅠT433③E∶2　骨簪。磨制，截面椭圆形。长12.4、宽0.79、厚0.42厘米（图4－371，15；彩版一二六，5右）。

ⅠT433③E∶3　骨簪。磨制，截面近圆形。长13.97、直径0.67～0.75厘米（图4－371，14；彩版一二六，6）。

ⅠT433③E∶4　残有孔骨器。磨制，整体如凿形，近顶部有一穿孔，自孔边缘处被纵向切劈。长7.5、宽1.1、厚0.51、孔径0.46厘米（图4－371，16）。

ⅠT433④∶1　骨器残片。以动物肢骨磨制而成。

ⅠT433④∶2　圆陶片。将陶器残片周边打制修薄而成，夹砂灰陶，器表饰划断绳纹。直径7.1、厚0.86厘米（图4－371，11）。

ⅠT433④A∶1　残磨石。凝灰质粉砂岩，灰白色，四棱柱体，两端残。长7.2、宽3.5、厚2.9厘米。

ⅠT433④B∶3　卜骨残块。残存2个完整的和6个残缺的钻。残块长4.8、宽2.2、厚0.5、钻径0.5厘米。

ⅠT433④B∶4　锥形骨器残段。磨制，锥尖较扁。残段长6.76、宽1.65、厚1.3厘米。

ⅠT433④B∶5　骨器残片。

ⅠT433④C∶1　人头骨残片。

ⅠT433④D∶1　石铲残块。熔结凝灰岩，灰色，磨制，残块平面近长方形，残存原

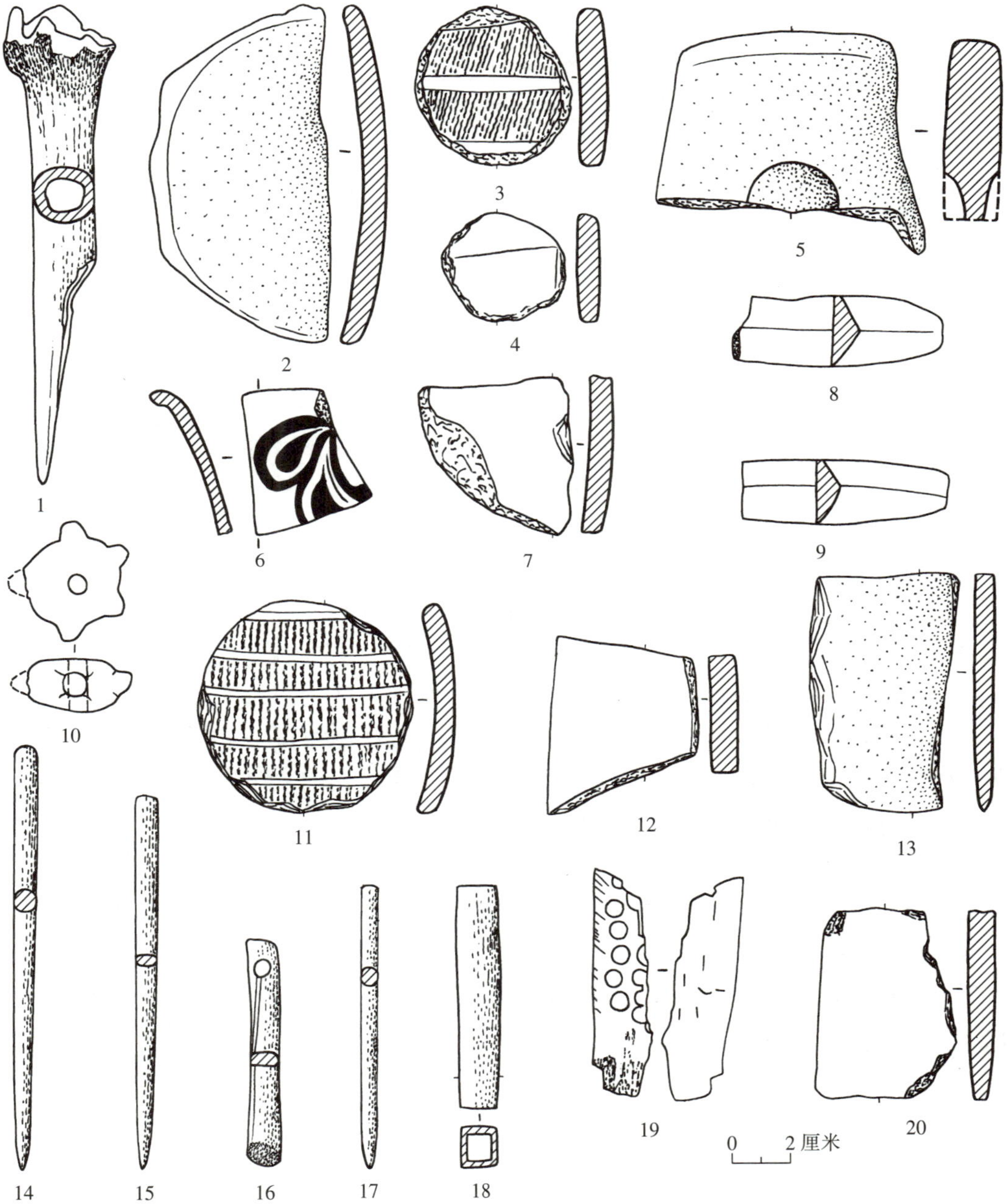

图4－371　ⅠT433陶容器以外的石、陶、骨制品

1. 骨锥（ⅠT433⑥A:2）　2. 残陶圆饼（ⅠT433⑥A:3）　3、4. 陶圆饼（ⅠT433⑥:5、ⅠT433⑥:4）　5. 石钺半成品残段（ⅠT433⑥A:1）　6. 彩绘陶豆口沿残片（ⅠT433⑤A:1）　7. 圆陶片残块（ⅠT433⑥:3）　8、9. 石刀残段（ⅠT433③D:1、ⅠT433④D:2）　10. 陶纺轮（ⅠT433③:1）　11. 圆陶片（ⅠT433④:2）　12、13、20. 石铲残块（ⅠT433④E:1、ⅠT433④D:1、ⅠT433③D:2）　14、15、17. 骨簪（ⅠT433③E:3、ⅠT433③E:2、ⅠT433③E:1）　16. 残有孔骨器（ⅠT433③E:4）　18. 骨管（ⅠT433⑤C:2）　19. 卜骨残块（ⅠT433③:2）

石铲刃边和侧边各一段，其余两边均为断碴。长 8、宽 4.87、厚 0.68 厘米（图 4－371，13）。

ⅠT433④D∶2　石刀残段。晶屑凝灰岩，磨制，一面平，另一面隆起成脊，端边略直，背边磨平，刃缘因使用而有凸凹。残段长 7、宽 2.1、厚 1.07 厘米（图 4－371，9）。

ⅠT433④E∶1　石铲残块。熔结凝灰岩，灰色，磨制，残块平面呈梯形，残存一段原石铲侧边，其余各边均为断碴。长 5.98、宽 4.95、厚 0.86 厘米（图 4－371，12）。

ⅠT433④F∶1　石铲（或斧）半成品。流纹岩，紫褐色，打制成束腰的形体。长 17.23、宽 9.6、厚 5.55 厘米。

ⅠT433④F∶3　残骨器。磨制，扁长体，一端残，另一端作圭首状。长 8.64、宽 1、厚 0.44 厘米。

ⅠT433⑤A∶1　彩绘陶豆口沿残片。泥质灰陶，内、外表皆黑色，卷沿，圆唇，豆盘内饰红、白两色彩绘花纹（图 4－371，6）。

ⅠT433⑤A∶2　小河沿文化彩陶残片。泥质褐陶，外表施红色陶衣，其上有黑、白两色彩陶花纹。

ⅠT433⑤C∶1　残骨簪。磨制，截面椭圆形，上部残。残长 6.1、宽 0.5、厚 0.32 厘米。

ⅠT433⑤C∶2　骨管。磨制，外观为方柱形。长 7.3、宽 1.3 厘米（图 4－371，18）。

ⅠT433⑥∶3　圆陶片残块。将陶器残片周边打制修薄而成，泥质红陶，残块为圆陶片的四分之一。长 5.15、宽 5.02、厚 0.9 厘米（图 4－371，7）。

ⅠT433⑥∶4　陶圆饼。将陶器残片周边磨平而成，泥质红陶。直径 3.5～4.1、厚 0.74 厘米（图 4－371，4）。

ⅠT433⑥∶5　陶圆饼。将陶器残片周边磨平而成，泥质红陶，外表灰色，饰划断绳纹。直径 4.9～5.2、厚 0.9 厘米（图 4－371，3）。

ⅠT433⑥A∶1　石钺半成品残段。斜长角闪岩，黑色，琢制，仅存上部，有一未穿透的对钻孔，自孔中部残断。残段长 8.73、宽 7.3、厚 2.4、孔外径 2.3～2.5 厘米（图 4－371，5）。

ⅠT433⑥A∶2　骨锥。以动物肢骨制成，上部保留该部位骨骼原状，下部纵向劈去大半，而将存留的部分磨成长扁锥。长 15.94、扁锥部分宽 1.54 厘米（图 4－371，1）。

ⅠT433⑥A∶3　残陶圆饼。将陶器底周边略加修平而成，泥质红陶，内、外表皆黑色。残半。直径 11.1、厚 0.8 厘米（图 4－371，2）。

ⅠT434②∶1　有加工痕的砾石。流纹岩。

ⅠT434②∶2　石铲残块。板岩，黑灰色，磨制，残块平面呈四边形，存留一段原石铲的侧边，其余各边均为断碴。长 3.51、宽 3.42、厚 0.6 厘米。

ⅠT434②∶3　石铲。英安岩，灰色，打制，平顶，上部呈短柄状，其下之铲体两侧边斜直，凸弧刃。长12.03、宽9.6、厚1.8厘米。

ⅠT434②:4　骨锥。磨制，以动物肢骨制成，上段保留该部骨骼原貌，下段纵向劈去大半，而将存留的部分磨成长扁锥。长12.1、扁锥部分宽1.5厘米。

ⅠT434②:5、T434②:6－1、T434②:6－2、T434②:7、T434②:8－1、T434②:8－2　彩绘陶器残片。

ⅠT434③:1　圆陶片。以陶器底制成，泥质灰陶，周边交互打击修薄。直径9.7～10.1、厚1.1厘米。

ⅠT434④:1　骨凿。将动物肢骨纵向劈半制成，留有切割痕，下部磨制，斜刃。长10、刃宽1.3厘米。

上述“陶容器以外的其他制品”中，有以下几个值得注意的现象。

同一件器物的残体出自不同单位。属于此类情形的有“靴形陶鼎足”ⅠF42②B:4和ⅠH297:1、“彩绘陶尊残片”ⅠH494②:2和ⅠH496⑤:2、“石铲残块”ⅠF33②:2和ⅠH179:7。当然，这种现象也见于陶容器，如本节“一、陶容器”介绍的浅腹盆ⅠH79:4中，就有出自ⅠH150·ⅠH151的残片。

取自同一件石材的器物分处不同单位（层）。可确认的至少有两例，其一是石铲残段ⅠF42②D:5、石铲半成品ⅠH235⑱:2、石铲残段ⅠH344⑦:1、石铲半成品残段ⅠH235⑱:5，此4件石制品出自同一石材；其二是ⅠH235⑲:2、ⅠH235⑲:16、ⅠH235⑳:2、ⅠH235⑳:9这4件饼形石器，取自同一件安山岩石料。

同一单位（同层）出有一件石铲的若干残块。属此情形的应有不少实例，典型者如ⅠH413①:5、ⅠH413①:13。

仅见的2件鳄鱼骨板制品。分别为ⅠF55⑤:3、ⅠH426①:9，二者同形同制，体量相近。

有“｜｜”状刻划痕的羊跖骨。共6件，分别出自4个单位：ⅠF12③:A（2件）、ⅠF28②:A（1件）、ⅠH474④:A（1件）、ⅠT411⑦:A（2件）。

第三节　陶器的拼对

在发掘过程中曾注意到，出自不同单位的陶片存在可以相互拼合的现象。于是，在集中整理时，对此类现象一一做了记录，兹刊布于此。当然，发掘时的混入尤其是将原属下层的陶片混入上层无疑是产生此类情形的一个重要原因，但经查核和拼对体验，有把握说以下诸例大多数应与发掘混入无关。

一、拼对的分类

梳理后分为4种情况：①同一遗迹中不同堆积层出土陶片的拼合。②直接或间接叠压（打破）的地层或遗迹中出土陶片的拼合。③在地层上属于并列的单位中出土陶片的拼合。④兼有以上第2、第3两种情况者。

第1种情况最常见。见于表4－5中的各件标本。

表4－5　陶片拼对（1）

标本号	陶器	陶片所出遗迹之层序
ⅠH34⑤:3	泥质罐口沿第一种	ⅠH34③、ⅠH34⑤
ⅠH37③:11	AbⅡ式夹砂罐	ⅠH37①、ⅠH37②、ⅠH37③、ⅠH37④
ⅠH37③:17	AaⅡ式盆	ⅠH37②、ⅠH37③
ⅠH90④B:3	BⅡ式夹砂罐	ⅠH90④B、ⅠH90⑤A
ⅠH116⑨:1	AaⅡ式夹砂罐	ⅠH116④、ⅠH116⑧、ⅠH116⑨
ⅠH116⑥:1	Ab型泥质罐	ⅠH116⑤、ⅠH116⑥
ⅠH116⑭:1	BⅠ式盆	ⅠH116②、ⅠH116⑥、ⅠH116⑭
ⅠH126②:1	AbⅢ式夹砂罐	ⅠH126②、ⅠH126③
ⅠH136②:10	Bb型泥质罐	ⅠH136①、ⅠH136②
ⅠH136②:8	AaⅡ式夹砂罐	ⅠH136①、ⅠH136②
ⅠH137④:3	AaⅡ式甗盆	ⅠH137①、ⅠH137②、ⅠH137④
ⅠH137④:4	C型尊	ⅠH137①、ⅠH137④
ⅠH142②:2	BⅡ式鼎	ⅠH142①、ⅠH142②
ⅠH151①:4	AaⅡ式夹砂罐	ⅠH150②、ⅠH151①
ⅠH156②:9	D型泥质罐	ⅠH156①、ⅠH156②
ⅠH187②:1	AaⅡ式盆	ⅠH187②、ⅠH187⑩
ⅠH235⑱:13	AaⅢ式盆	ⅠH235⑦、ⅠH235⑩、ⅠH235⑱、ⅠH235⑲
ⅠH235⑱:23	AaⅢ式盆	ⅠH235⑩、ⅠH235⑫、ⅠH235⑮、ⅠH235⑰、ⅠH235⑱
ⅠH235⑲:24	未分型夹砂鬲	ⅠH235⑲、ⅠH235㉑
ⅠH235⑳:10	残陶垫	ⅠH235⑮（柄部）、ⅠH235⑳
ⅠH235⑳:14	BⅡ式盆	ⅠH235⑭、ⅠH235⑲、ⅠH235⑳、ⅠH235㉑
ⅠH276②:2	AaⅢ式泥质罐	ⅠH276②、ⅠH276③
ⅠH344④:10	Ab型盆	ⅠH344④、ⅠH344⑥
ⅠH344④:11	AbⅡ式夹砂甗盆	ⅠH344④、ⅠH344⑥
ⅠH366①:1	C型泥质罐	ⅠH366①、ⅠH366③
ⅠH434②:3	CⅡ式夹砂罐	ⅠH434②、ⅠH434⑨
ⅠH449⑩:8	AaⅡ式夹砂甗盆	ⅠH449⑨、ⅠH449⑩
ⅠH449⑩:10	AaⅡ式夹砂甗盆	ⅠH449⑨、ⅠH449⑩
ⅠG2⑨:18	AbⅡ式瓮	ⅠG2⑨、ⅠG2⑩
ⅠG2⑩:2	B型夹砂鼓腹鬲	ⅠG2⑨、ⅠG2⑩
ⅠG2⑪:13	A型夹砂筒腹鬲	ⅠG2⑩、ⅠG2⑪

续表

标本号	陶器	陶片所出遗迹之层序
ⅠG2⑪:26	AbⅢ式夹砂罐	ⅠG2⑩、ⅠG2⑪
ⅠG2⑬:3	B型夹砂筒腹鬲	ⅠG2⑬、ⅠG2⑮
ⅠG2⑬:19	A型夹砂筒腹鬲	ⅠG2⑩、ⅠG2⑬、ⅠG2⑭
ⅠG2⑬:20	夹砂罐口沿第二种	ⅠG2⑩、ⅠG2⑬
ⅠG2⑬:24	C型尊	ⅠG2⑬、ⅠG2⑮
ⅠG2⑭:4	A型夹砂筒腹鬲	ⅠG2⑬、ⅠG2⑭
ⅠG2⑮:7	AⅢ式鼎	ⅠG2⑬、ⅠG2⑮
ⅠG2⑰:18	A型夹砂筒腹鬲	ⅠG2⑪、ⅠG2⑫、ⅠG2⑰
ⅠG2⑰:17	BⅡ式夹砂甗盆	ⅠG2⑪、ⅠG2⑯、ⅠG2⑰
ⅠG2⑱:11	AbⅢ式夹砂罐	ⅠG2⑰、ⅠG2⑱
ⅠG6④:2	AaⅡ式盆	ⅠG6④、ⅠG6⑩
ⅠF1④B:5	AⅡ式尊	ⅠF1②、ⅠF1③、ⅠF1④A、ⅠF1④B
ⅠF42②D:9	BⅡ式尊	ⅠF42②C、ⅠF42②D

以上44件标本共涉及21个遗迹单位。这些遗迹单位中所包含的堆积层少则2层，多者可达21层。堆积厚薄不均、性状各异，反映出堆积形成过程中复杂的人类行为。一般来说，同一遗迹单位内的包含物，其来源无外乎两种：一是被破坏的更早时期的堆积，二是人们在建造、使用或填满该遗迹的过程中无意识地弃入或有意识地置入。那么，同一遗迹单位中不同堆积层出土的陶片之所以能够拼合，大概也无外乎两种原因：要么是这些不同堆积层中的遗物来自被破坏的同遗迹更早的堆积，要么是在该遗迹被填满的过程中人们分数次弃入或置入了同一件器物的不同部分。两者之中任何一种原因导致这一现象，都可以说明这些堆积层形成的时间跨度并不很长。

第2种情况也比较多见，见于表4－6中的各件标本。

表4－6　陶片拼对（2）

标本号	陶器	陶片所出遗迹或地层
ⅠH33①:1	BⅠ式夹砂罐	ⅠF8h1、ⅠH33①
ⅠH34③:21	AaⅠ式泥质罐	ⅠG7③、ⅠH34③
ⅠH34③:19	BⅠ式尊	ⅠT422④、ⅠH34③
ⅠH34④:15	簋残片	ⅠT423②D、ⅠH34④
ⅠH34④:12	AaⅠ式瓮	ⅠT434④B、ⅠF25①、ⅠH176、ⅠH34④
ⅠH90①:2	Ac型碗	ⅠT110⑦C、ⅠT110⑧、ⅠH90①
ⅠH151①:3	AaⅡ式盆	ⅠH137②、ⅠH151①
ⅠH151①:5	夹砂罐口沿第一种	ⅠH137④、ⅠH151①
ⅠH187①:3	AⅡ式泥质筒腹鬲	ⅠF30①、ⅠH187①

续表

标本号	陶器	陶片所出遗迹或地层
ⅠH235⑯:27	DⅡ式盆	ⅠH233（战国时期）、ⅠH269（战国时期）、ⅠH235⑯
ⅠH319:2	BⅢ式夹砂罐	ⅠH317④、ⅠH319
ⅠH345①:9	AⅢ式泥质筒腹鬲	ⅠH235⑰、ⅠH345①
ⅠH355:2	AaⅢ式泥质罐	ⅠH354（夏家店上层文化）、ⅠH355
ⅠH422⑥:1	壶口沿第三种	ⅠH235⑯、ⅠH422⑥
ⅠH496①:2	Ac 型碗	ⅠH494④、ⅠH496①
ⅠH496⑤:2	彩绘陶尊	ⅠH494②、ⅠH496⑤
ⅠF7②:4	Bb 型泥质罐	ⅠT421②（战国时期）、ⅠF7②
ⅠF13②:4	B 型钵	ⅠT407⑦、ⅠF13③、ⅠF13d1
ⅠF18③B:5	AⅡ式泥质筒腹鬲	ⅠT434②、ⅠT434②E、ⅠF18③、ⅠF18③B
ⅠT110⑥:11	B 型泥质罐	ⅠT110④K、ⅠT110⑥、ⅠT110⑥A
ⅠT110⑦:3	AⅢ式尊	ⅠT110⑤、ⅠT110⑥、ⅠT110⑦
ⅠT421⑥:2	改制盘	ⅠH44②（战国时期）、ⅠT421⑥

具有直接或间接叠压、打破关系的单位出土的陶片能够拼合，比较容易使人理解。因为较晚单位在建造或形成堆积的过程中往往会破坏较早单位中的堆积，致使较早单位堆积中的部分陶片混入其内。这种情况不仅存在于不同文化（时期）的单位之间，也多见于同一文化（时期）的单位之间。当发现这样的情况之后，原则上应将所拼合成的标本归入较早单位进行编号。但实际情形可能并不那么简单，所以，以上披露的是这些陶片出自不同遗迹（或地层）的情况。

第 3 种情况见于表 4－7 中的各件标本。

表 4－7　陶片拼对（3）

标本号	陶器	陶片所出遗迹或地层
ⅠH136②:14	AaⅡ式夹砂罐	ⅠF34③、ⅠH136①、ⅠH136②
ⅠH137①:21	AaⅡ式盆	ⅠH156②、ⅠH137①、ⅠH137③、ⅠH137④
ⅠH155②:3	AaⅡ式夹砂罐	ⅠF50①、ⅠH155②
ⅠH156①:22	F 型泥质罐	ⅠH494②、ⅠH156①
ⅠH157:3	AaⅡ式夹砂甗盆	ⅠH478、ⅠH157
ⅠH165:3	BⅠ式尊	ⅠH174、ⅠH165
ⅠH203:1	夹砂甗（AⅡ式甗鬲、AaⅡ式甗盆）	ⅠH203、ⅠH204
ⅠH420:8	AaⅡ式盆	ⅠT325⑥、ⅠH420
ⅠH434①:1	AaⅡ式盆	ⅠH422⑦、ⅠH434①、ⅠH434②
ⅠH485①:1	E 型盆	ⅠH434②、ⅠH485①
ⅠH494①:3	未分型泥质罐	ⅠF50①、ⅠH494①、ⅠH494②

续表

标本号	陶器	陶片所出遗迹或地层
ⅠF50①:12	泥质甗盆	ⅠH494②、ⅠH494④、ⅠH158②、ⅠF50①
ⅠF50②:3	D型泥质罐	ⅠH494③、ⅠF50①、ⅠF50②
ⅠF61①:7	夹砂罐口沿第一种	ⅠH496①、ⅠF61①
ⅠG6④:1	AaⅠ式夹砂罐	ⅠT421⑨、ⅠG6④
ⅠG6⑫:2	AⅡ式尊	ⅠH136②、ⅠG6⑫

出土陶片能够拼合的并列单位，彼此之间相距近者不足0.1米，远者也不过10余米。这些单位中出土的陶片能够拼合，原因也不出两种。一是这些单位的堆积在形成过程中共同破坏了同一种较早形成的堆积，二是人们将同一件器物的不同部分分别弃入或置入了相距较近的单位之中。出现这后一种情况，似可判断这些并列单位在堆积形成的时间上可能相去不远。再结合其他细微的堆积现象，有助于判断这些单位的功能与平面布局关系。

第4种情况仅有2例，见表4－8。

表4－8　陶片拼对（4）

标本号	陶器	陶片所出遗迹或地层
ⅠF50①:10	C型泥质罐	ⅠT430⑨、ⅠF43、ⅠF50①
ⅠH155②:7	BⅠ式夹砂甗盆	ⅠH158、ⅠH137①、ⅠH155②

二、ⅠG2陶容器的拼对

ⅠG2是出土陶片最多的遗迹，像这样的单位，反复拼对多次。结果表明，有相当数量的陶器，某些特定部位的残片被分置于不同堆积层，这显然是有意为之。表4－9是ⅠG2可复原陶器或较大残器的陶片拼对记录（其中ⅠG2⑩:2、ⅠG2⑪:13、ⅠG2⑬:19、ⅠG2⑮:7、ⅠG2⑰:18这5件亦见于表4－5）。

不难发现，表中除ⅠG2⑫:5（弦断绳纹夹砂罐形鼎）和ⅠG2⑪:21（泥质筒腹鬲）、ⅠG2⑪:19（弦断绳纹夹砂筒腹鬲）、ⅠG2⑰:18（绳纹夹砂筒腹鬲）这4件陶器外，其余11件都存在着此类现象，即在同一件陶器中，相对而言偏于上部的陶片（如口部、上腹）往往出自靠下的层位，而下部的陶片（如鬲、鼎之底和足，罐之底和下腹）出土层位则多偏上。这似乎反映了夏家店下层文化先民的某种理念，也为说明此沟的非实用之性质提供了一个重要线索。

表 4 – 9　Ⅰ G2 可复原陶器或较大残器的陶片拼对记录表

标本号	陶器	陶片所属部位	陶片所出层序	陶片所在探方	陶片数量	拼对后的状态
Ⅰ G2⑪:15	细绳纹夹砂罐	口、上腹	Ⅰ G2⑮	Ⅰ T430 · Ⅰ T431	数片	下腹以下残缺，其余部位不缺陶片
		口、上腹	Ⅰ G2⑭	Ⅰ T430 · Ⅰ T431	数片	
		主体部分	Ⅰ G2⑪	Ⅰ T430 · Ⅰ T431	50	
		下腹	Ⅰ G2⑨	Ⅰ T430 · Ⅰ T431	2	
Ⅰ G2⑪:22	弦断绳纹夹砂罐（AbⅢ式）	上腹	Ⅰ G2⑯	Ⅰ T430 · Ⅰ T431	1	可复原。口、腹均有残缺
		包括罐底在内的主体部分	Ⅰ G2⑪	Ⅰ T430 · Ⅰ T431	数片	
Ⅰ G2⑰:16	弦断绳纹夹砂罐形鼎（BⅢ式）	口、上腹	Ⅰ G2⑰	Ⅰ T418	数片	可复原。一足根缺，口、腹部少量残缺
		腹	Ⅰ G2⑪	Ⅰ T430 · Ⅰ T431	1	
		底	Ⅰ G2⑪	Ⅰ T430 · Ⅰ T431	2	
		足	Ⅰ G2⑩	Ⅰ T430 · Ⅰ T431	1	
Ⅰ G2⑮:1	弦断绳纹夹砂罐形鼎（BⅢ式）	下腹	Ⅰ G2⑰	Ⅰ T418	2	可复原。口、腹、足各有极少部分残缺
		主体部分及一足	Ⅰ G2⑮	Ⅰ T418	20	
		连接底部的一足	Ⅰ G2⑩	Ⅰ T430 · Ⅰ T431	1	
		足	Ⅰ G2⑮	Ⅰ T405	1	
Ⅰ G2⑮:7	饰纵向篮纹的夹砂罐形鼎（AⅢ式）	口	Ⅰ G2⑮	Ⅰ T405	数片	仅一足顶部稍有残存，另两足缺失，鼎之罐部可复原
		口、腹相连	Ⅰ G2⑮	Ⅰ T405	数片	
		上腹	Ⅰ G2⑬	Ⅰ T405	1	
		下腹	Ⅰ G2⑮	Ⅰ T405	1	
		罐底	Ⅰ G2⑬	Ⅰ T405	1	
		足之顶部残片	?	?	1	
Ⅰ G2⑫:5	弦断绳纹夹砂罐形鼎（BⅢ式）	罐部	Ⅰ G2⑫	Ⅰ T430 · Ⅰ T431	数片	三足皆缺，鼎之罐部可复原
		罐部	Ⅰ G2⑪	Ⅰ T430 · Ⅰ T431	＞10	
Ⅰ G2⑱:4	夹砂筒腹鬲（A 型）	主体部分	Ⅰ G2⑱	Ⅰ T418	数片	款足下部以下残缺
		主体部分	Ⅰ G2⑮	Ⅰ T418	数片	
		裆	Ⅰ G2⑬	Ⅰ T405	数片	
Ⅰ G2⑰:1	泥质筒腹鬲（AⅢ式）	口、上腹	Ⅰ G2⑰	Ⅰ T418	2	款足下部以下残缺。口、腹均有部分残缺
		连裆款足	Ⅰ G2⑥B	Ⅰ T418	4	
		连裆款足	?	Ⅰ T418	3	
Ⅰ G2⑰:18	上部光素下部绳纹的夹砂筒腹鬲	中腹	Ⅰ G2⑰	Ⅰ T418	3	可复原。缺一足，口、腹均有部分残缺
		两足	Ⅰ G2⑰	Ⅰ T418	2	
		口、上腹	Ⅰ G2⑪	Ⅰ T430 · Ⅰ T431	6	

续表

标本号	陶器	陶片所属部位	陶片所出层序	陶片所在探方	陶片数量	拼对后的状态
ⅠG2⑬:19	款足下段及足根有绳纹的夹砂筒腹鬲（A型）	主体部分	ⅠG2⑭	ⅠT418	数片	可复原。口、腹、足均有残缺，三足根俱全（参见图版一二，2）
		主体部分	ⅠG2⑬	ⅠT418	数片	
		足	ⅠG2⑩	ⅠT430·ⅠT431	数片	
ⅠG2⑪:12	中腹以下饰绳纹的夹砂筒腹鬲（A型）	主体部分	ⅠG2⑪	ⅠT430·ⅠT431	数片	可复原。两足残缺较多
		足	ⅠG2⑨	ⅠT430·ⅠT431	数片	
ⅠG2⑪:13	中腹以下饰绳纹的夹砂筒腹鬲（A型）	上腹以上	ⅠG2⑭	ⅠT430·ⅠT431	数片	可复原。足、口部残缺较多
		足	ⅠG2⑪	ⅠT430·ⅠT431	1	
		中腹	ⅠG2⑩	ⅠT430·ⅠT431	1	
		上腹以上	ⅠG2⑬	ⅠT418	数片	
		上腹以上	ⅠG2⑫	ⅠT418	数片	
ⅠG2⑪:19	弦断绳纹夹砂筒腹鬲（A型）	口、腹、足	ⅠG2⑪	ⅠT430·ⅠT431	数片	接近复原。足根不全，款足残缺较多
		从口至足	ⅠG2⑨	ⅠT405	1	
ⅠG2⑪:21	款足留少许绳纹的光素泥质筒腹鬲（AⅢ式）	主体部分、足	ⅠG2⑪	ⅠT430·ⅠT431	数片	接近复原。足根残缺
		中腹	ⅠG2⑪	ⅠT405	数片	
		裆	ⅠG2⑤	ⅠT405	1	
ⅠG2⑩:2	款足底平的夹砂鼓腹鬲（B型）	口、腹	ⅠG2⑩	ⅠT430·ⅠT431	数片	款足上、下未能拼接
		一足	ⅠG2⑨	ⅠT430·ⅠT431	1	
		?	ⅠG2⑥	ⅠT430·ⅠT431	1	
		裆	ⅠG2④	ⅠT430·ⅠT431	2	

注：ⅠG2⑪:15和ⅠG2⑰:18这2件陶器未见于第二节之“一、陶容器”的介绍，抑或是著录于该节时陶器编号有所改动。

第四节　小结

一、分段及各段特征[①]

发掘表明，大山前第Ⅰ地点夏家店下层文化堆积深厚，地层关系颇为复杂。在发掘的74个探方中有57个皆存在该文化地层及遗迹单位之间的叠压和打破关系（附表一）。这些地层关系，是研究陶器形制演变与分期的基础。在这些地层关系中，首先将出土陶片丰富且器物形制有明显变化的典型单位之间的各组地层关系（略去未出陶片或出土陶片少而缺乏可资比较的典型器物标本的单位），依由晚及早的顺序整理如下：

1组　ⅠT405：ⅠG1→ⅠG2→ⅠG6→ⅠH33

① 本节第一部分关于分段的认识也包括第Ⅱ、第Ⅶ两地点的夏家店下层文化遗存。

2 组　ⅠT407：ⅠH37→ⅠH137→ⅠG6→ⅠH169

3 组　ⅠT410：

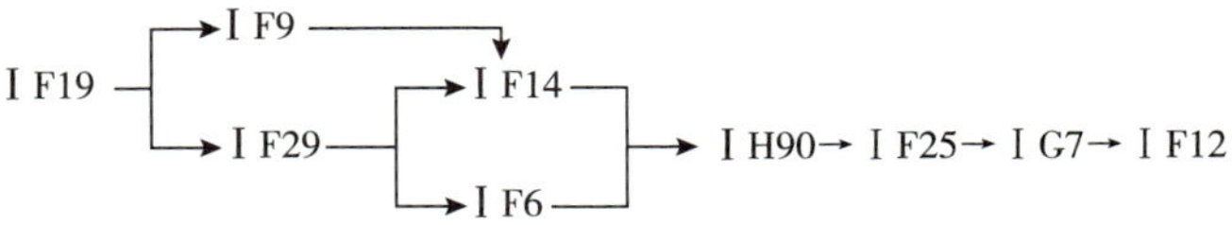

4 组　ⅠT419：

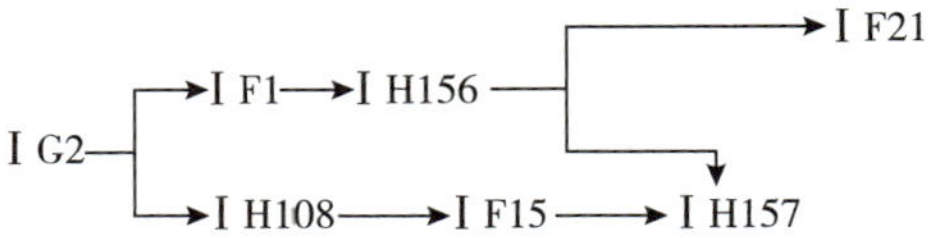

5 组　ⅠT421：

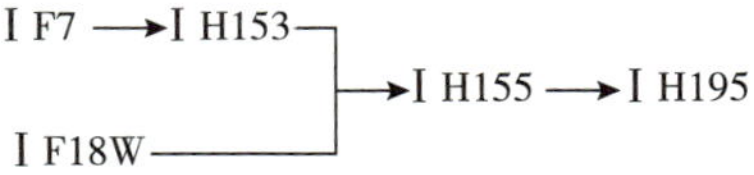

6 组　ⅠT423：ⅠF9→ⅠF18→ⅠH149→ⅠG7→ⅠH34→ⅠF12（ⅠF18、ⅠF12 均包含垫土）

7 组　ⅠT430：

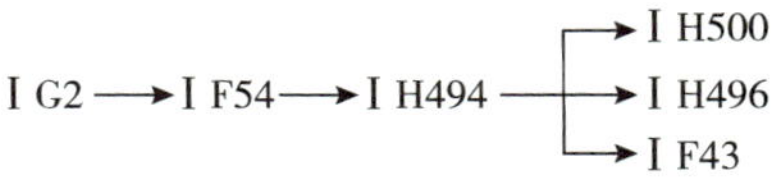

8 组　ⅠT301：ⅠH356→ⅠH428

9 组　ⅠT307：ⅠH413→ⅠH334→ⅠH297

10 组　ⅠT309：ⅠH369→ⅠF55

11 组　ⅠT316：

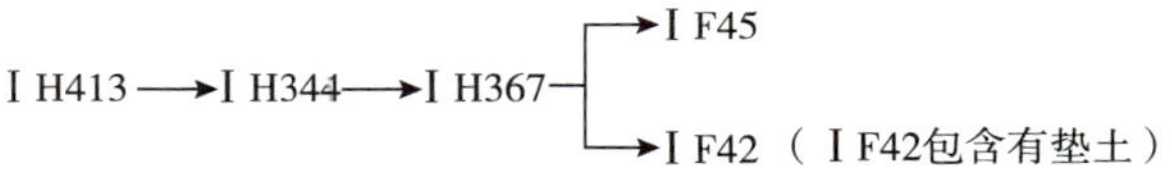

12 组　ⅠT327：ⅠH252→ⅠF42（ⅠF42 包含垫土）

13 组　ⅠT328：ⅠH276→ⅠF48

14 组　ⅠT335：

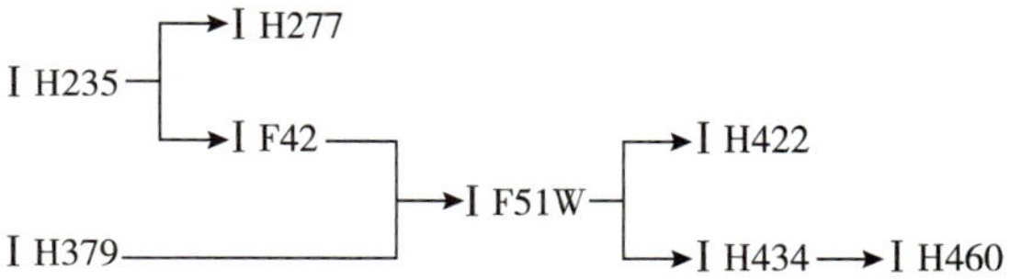

由上述 14 组典型单位之间的叠压打破关系入手，根据器物型式的划分结果及各型器物式别之间的组合关系，可将大山前 1996～1997 年度发掘的夏家店下层文化遗存归纳为三个发展阶段（附表三）。

第一段：以ⅠF12、ⅠH33、ⅠH34、ⅠH169、ⅠH195 为代表。ⅠF44、ⅠH443·ⅠH444·ⅠH445、ⅠT413⑧、ⅦH3、ⅦH6 可归入此段。典型陶器有 AaⅠ、AbⅠ、CⅠ式夹砂罐，AaⅠ式泥质罐，AⅠ、BⅠ式夹砂鼎，AaⅠ式甗盆，AⅠ、BⅠ式甗鬲，AaⅠ式盆，AaⅠ式大口瓮，AⅠ、BⅠ式尊等。伴出的陶器还有 A 型钵、B 型碗、簋、C 型甗鬲、A 型三足盘、B 型壶、C 型盆、小盆等。未见筒腹鬲和豆等。陶器以泥质灰陶和夹砂灰陶为主。夹砂陶流行饰印痕较深的斜向绳纹或交叉绳纹。泥质陶上所施附加堆纹条带多窄细而规整，其上的压花也比较规则。见有少量篮纹、弦纹加篮纹、附加堆纹加篮纹和方格纹。典型陶器中，AaⅠ、AbⅠ、CⅠ式夹砂罐，AaⅠ式泥质罐，

AⅠ、BⅠ式夹砂鼎和AaⅠ式大口瓮的口沿外卷或外侈程度较大，以薄唇者居多。完整器体形均相对矮胖。夹砂鼎三足内聚于底部中央。AaⅠ式甗盆，AaⅠ式盆，AⅠ、BⅠ式尊等敞口类陶器，口部外敞程度较大，口沿宽展而外侈，唇部不加厚。AⅠ式甗鬲三空足外撇程度较大，BⅠ式甗鬲分裆较阔，二者体形均相对较扁矮。

第二段：代表性单位有ⅠF1、ⅠF9、ⅠF14、ⅠF15、ⅠF18、ⅠF18W、ⅠF21、ⅠF25、ⅠF42、ⅠF43、ⅠF45、ⅠF48、ⅠF51W、ⅠF54、ⅠF55、ⅠH37、ⅠH90、ⅠH137、ⅠH149、ⅠH153、ⅠH155、ⅠH156、ⅠH157、ⅠH277、ⅠH297、ⅠH334、ⅠH344、ⅠH367、ⅠH422、ⅠH428、ⅠH434、ⅠH460、ⅠH494、ⅠH496、ⅠH500、ⅠG6、ⅠG7等。可归属此段的单位有ⅠF8·ⅠF11（含ⅠF8h1）、ⅠF13、ⅠF22、ⅠF26、ⅠF27、ⅠF28、ⅠF30、ⅠF33、ⅠF50、ⅠF51、ⅠF52、ⅠF53、ⅠF61、ⅠH12、ⅠH75、ⅠH99、ⅠH113、ⅠH116、ⅠH119、ⅠH120、ⅠH136、ⅠH138、ⅠH142、ⅠH145、ⅠH150·ⅠH151、ⅠH158、ⅠH167、ⅠH174、ⅠH179、ⅠH183、ⅠH187、ⅠH202、ⅠH203、ⅠH204、ⅠH206·ⅠH364、ⅠH214、ⅠH221、ⅠH304、ⅠH328、ⅠH387、ⅠH414、ⅠH418、ⅠH429、ⅠH430、ⅠH433、ⅠH448、ⅠH449、ⅠH454、ⅠH462、ⅠH469、ⅠH474、ⅠH477、ⅠH478、ⅠH483、ⅠH489、ⅠH499、ⅠT406④A、ⅠT407⑦、ⅠT408⑤、ⅠT409⑤、ⅠT410③、ⅠT410③A、ⅠT410④、ⅠT410⑥、ⅠT420⑦、ⅠT421⑦A、ⅠT422④、ⅠT423③B、ⅠT423④B、ⅠT423④C、ⅠT430⑥~ⅠT430⑧、ⅠT433③C、ⅠT433④D~ⅠT433④F、ⅠT433⑥、ⅠT434④、ⅡF2、ⅡF3、ⅡG1、ⅦH1、ⅦH4。典型陶器有AaⅡ、AbⅡ、BⅠ、BⅡ、CⅡ式夹砂罐，AaⅡ式泥质罐，AⅡ、BⅡ式夹砂鼎，AaⅡ、AbⅠ、AbⅡ、BⅠ式甗盆，AⅡ、BⅡ式甗鬲，AaⅡ、BⅠ、DⅠ式盆，AⅠ、AⅡ式泥质筒腹鬲，AaⅡ、AbⅠ式大口瓮，AⅡ、BⅡ式尊，Ⅰ式豆。伴出陶器的类型也十分丰富，除上段已有者之外，新增Ab、Ba、Bb、C、D、E、F型泥质罐，泥质鼎，泥质甗，Ab、E型盆，B型泥质筒腹鬲，A型夹砂筒腹鬲，B型夹砂鼓腹鬲，泥质直腹鬲，B型大口瓮，小口瓮，C型尊，A、B型平底盘，B型三足盘，四足盘，圈足盘，B型钵，Aa、Ab、Ac、C型碗，A、C型壶，杯，器盖等。陶器中以色泽均匀的灰陶居多。纹饰中流行较规整的竖向绳纹和弦断绳纹。附加堆纹条带多宽而扁平，部分于器表不甚平行，其上的压花亦不甚规则。篮纹、弦纹加篮纹、附加堆纹加篮纹、方格纹已很少见。少量鬲、罐、鼎的口沿上装饰有对称的小鋬纽。典型陶器中，AaⅡ、AbⅡ、CⅡ式夹砂罐，AaⅡ式泥质罐，AⅡ、BⅡ式夹砂鼎，AaⅡ式大口瓮的口沿普遍开始立起，外卷或外侈的程度较上段减小，部分唇缘开始加厚。完整器体形均较上段同型器物稍瘦高。新出现的BⅠ、BⅡ式夹砂罐口沿也有外卷程度渐小的演进趋势。夹砂鼎三足分离，多接于底部边缘。AaⅡ式甗盆，AaⅡ式盆，AⅡ、BⅡ式尊等敞口类陶器的口及上腹部稍内收，口沿较窄，沿面稍下压，部分器物唇部开始加厚。新出现的AbⅠ、AbⅡ、BⅠ式甗盆，BⅠ、DⅠ式盆，AⅠ、AⅡ式泥质筒腹鬲皆窄沿稍侈或近平。AⅡ、BⅡ式甗鬲三足稍内收，体形略瘦高。AⅠ、AⅡ式泥质筒腹鬲的三足稍外撇，特征近于此段AⅡ、BⅡ式甗鬲的足部。

Ⅰ式豆盘口较窄，盘内凹窝与内壁之间过渡圆缓。

第三段：代表性单位有ⅠF6、ⅠF7、ⅠF19、ⅠF29、ⅠH108、ⅠH235・ⅠH345・ⅠH374・ⅠH420、ⅠH252、ⅠH276、ⅠH356、ⅠH369、ⅠH379、ⅠH413、ⅠG1、ⅠG2等。可归属此段的单位有ⅠF39、ⅠH79、ⅠH126、ⅠH226、ⅠH234・ⅠH366・ⅠH407、ⅠH282、ⅠH317・ⅠH318、ⅠH319、ⅠH348、ⅠH350、ⅠH355、ⅠH408、ⅠH424、ⅠH426、ⅠT110⑥、ⅠT110⑦、ⅠT110⑦B、ⅠT407⑤、ⅠT408④、ⅠT420⑤、ⅠT433③A、ⅠT433③B等。典型陶器有AaⅢ、AaⅣ、AbⅢ、BⅢ、CⅢ式夹砂罐，AaⅢ式泥质罐，AⅢ、BⅢ式夹砂鼎，AaⅢ、BⅡ式甗盆，AⅢ式甗鬲，AaⅢ、BⅡ、DⅡ式盆，AⅢ式泥质筒腹鬲，AaⅢ、AbⅡ式大口瓮，AⅢ、BⅢ式尊，Ⅱ式豆等。伴出陶器中新增B型夹砂筒腹鬲、A型夹砂鼓腹鬲。夹砂筒腹鬲数量突然增多，成为一种重要的炊器形式。陶质、陶色与上段相比变化不大。纹饰中竖向绳纹和弦断绳纹仍比较流行，但器表绳纹被抹去的现象比较常见。弦纹与附加堆纹多不规整，施纹显得很随意。篮纹、方格纹趋于绝迹。鬲、罐、鼎口沿上较多装饰对称小錾纽的现象。典型陶器中，AaⅢ、AaⅣ、AbⅢ、BⅢ、CⅢ式夹砂罐，AaⅢ式泥质罐，AⅢ、BⅢ式夹砂鼎，AaⅢ、AbⅡ式大口瓮的口沿皆近乎直立，且唇部普遍加厚。完整器的体形又较上段同型器略瘦高。夹砂鼎鼎足间距进一步加大，一般接于腹底交界处或下腹近底处。AaⅢ、BⅡ式甗盆，AaⅢ、BⅡ、DⅡ式盆，AⅢ式泥质筒腹鬲，AⅢ、BⅢ式尊的口及上腹进一步内收，口部一般为窄沿近平，有些唇缘甚至已下勾，唇部增厚的现象也很普遍。AⅢ式甗鬲与AⅢ式泥质筒腹鬲的三足继续收束，体形又显瘦高。Ⅱ式豆的盘口增宽，盘内凹窝与内壁之间的转折较明显（图4－372～图4－375）。

属夏家店下层文化时期，但未出与其所在层位相应的典型陶器的地层及遗迹单位，有些可据层位关系和上述分段结果判断所属段别。

被第一段的单位叠压或打破的有ⅠH13、ⅠH170、ⅠH196、ⅠH197、ⅠH292、ⅠH435、ⅠT422⑥、ⅠT434④E～ⅠT434④G，参考这些单位所出遗物的风格，可将它们都归为第一段。ⅠQ1是夏家店下层文化时期第Ⅰ地点北缘的土墙，ⅠQ1W是此墙外侧的石砌与护坡堆积。从对二者的解剖情况看，所出陶片少且破碎严重，最晚者属夏家店下层文化时期。据探方ⅠT434的地层关系，ⅠQ1从层位上早于第一段的ⅠH34和ⅠH13，而从探方ⅠT413的地层关系看，ⅠQ1W从层位上又晚于第一段的ⅠT413⑧。故ⅠQ1及ⅠQ1W当属第一段的单位。

被第二段单位叠压或打破，并打破或叠压了第二段单位的有ⅠF16、ⅠF17、ⅠF20、ⅠF31、ⅠF59、ⅠH115、ⅠH132、ⅠH133、ⅠH164、ⅠH165、ⅠH176、ⅠH181、ⅠH182、ⅠH192、ⅠH280、ⅠH310、ⅠH311、ⅠH353、ⅠH377、ⅠH383、ⅠH384、ⅠH463、ⅠH471、ⅠH481、ⅠH490、ⅠH491、ⅠH495、ⅠG5、ⅠG11、ⅠQ5、ⅠT111④A～ⅠT111④C、ⅠT316⑥、ⅠT325⑥、ⅠT325⑥A、ⅠT325⑦、ⅠT326⑥、ⅠT326⑥A、ⅠT326⑦、ⅠT327⑥、ⅠT327⑦、ⅠT337⑦、ⅠT337⑧、ⅠT338②、ⅠT406④、ⅠT408⑥、ⅠT408⑦、ⅠT409④、ⅠT409⑥、ⅠT409⑥A、

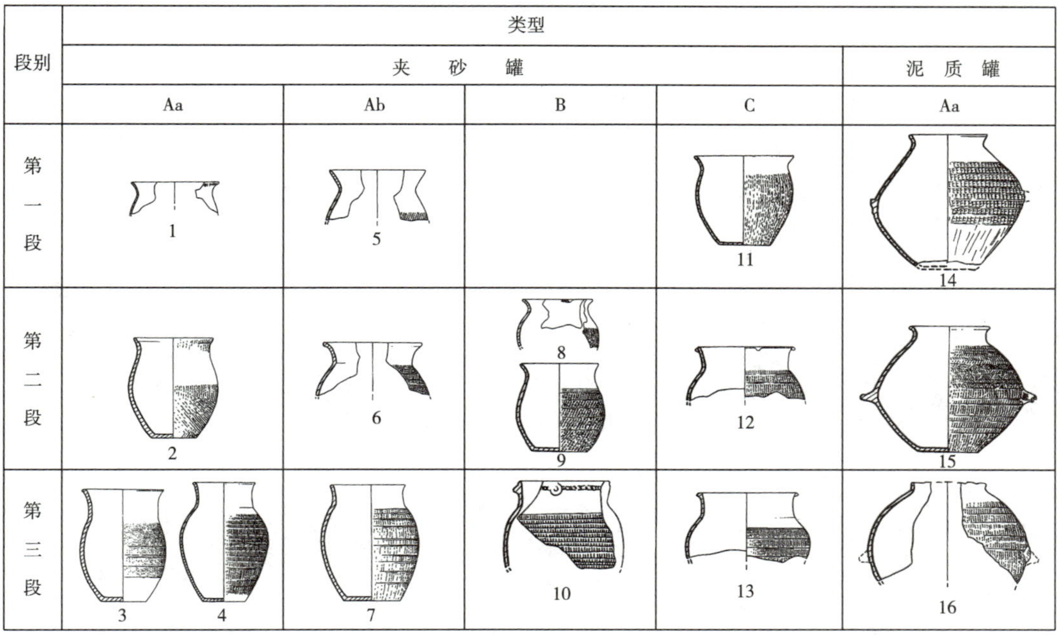

图4－372　第Ⅰ、Ⅱ、Ⅶ地点夏家店下层文化陶罐分段比较图

1～4. AaⅠ～AaⅣ式夹砂罐（ⅠH169②:10、ⅠH136②:7、ⅠF7②:2、ⅠG2⑱:10）　5～7. AbⅠ～AbⅢ式夹砂罐（ⅠT413⑧:6、ⅠH37③:10、ⅠG2⑪:22）　8～10. BⅠ～BⅢ式夹砂罐（ⅠH136②:9、ⅠH418⑦:4、ⅠH408②:2）　11～13. CⅠ～CⅢ式夹砂罐（ⅠH195:1、ⅠH202⑧:11、ⅠG2⑪:20）　14～16. AaⅠ～AaⅢ式泥质罐（ⅦH6:10、ⅠF42②D:10、ⅠH355:2）

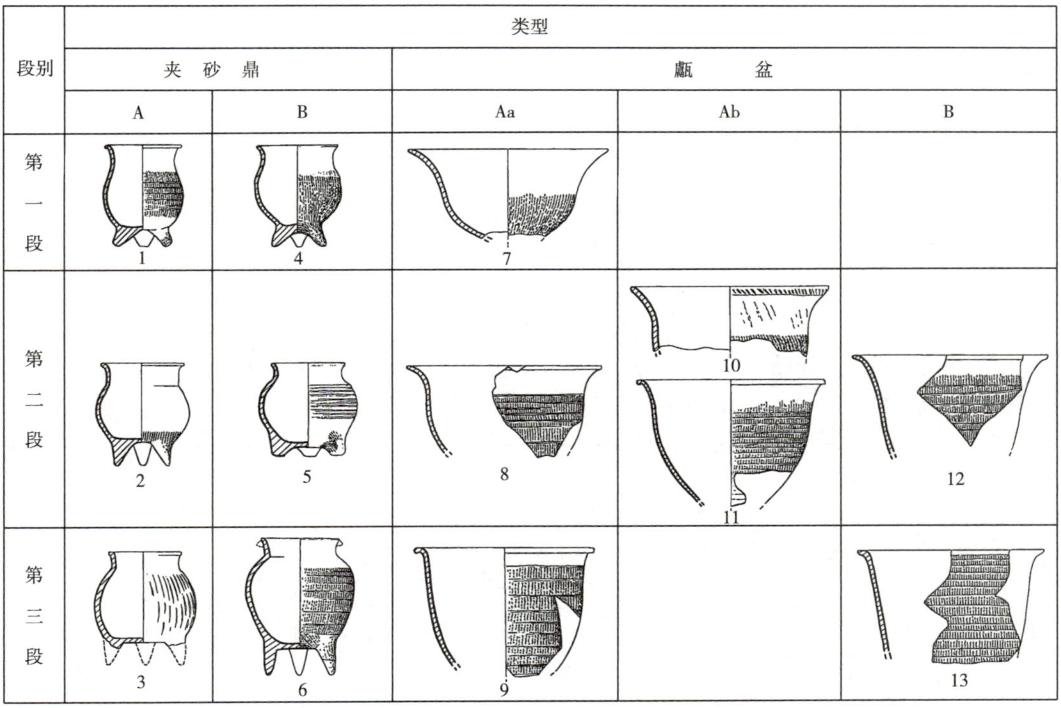

图4－373　第Ⅰ、Ⅱ、Ⅶ地点夏家店下层文化夹砂鼎与甗盆分段比较图

1～3. AⅠ～AⅢ式夹砂鼎（ⅠH445:3、ⅠF8h1:1、ⅠG2⑮:7）　4～6. BⅠ～BⅢ式夹砂鼎（ⅠF44④:5、ⅠF18W:1、ⅠG2⑮:1）　7～9. AaⅠ～AaⅢ式甗盆（ⅦH3:2、ⅠH137④:3、ⅠG2⑪:23）　10、11. AbⅠ、AbⅡ式甗盆（ⅡG1:2、ⅠH344⑧:13）　12、13. BⅠ、BⅡ式甗盆（ⅠF27②:5、ⅠG2⑰:17）

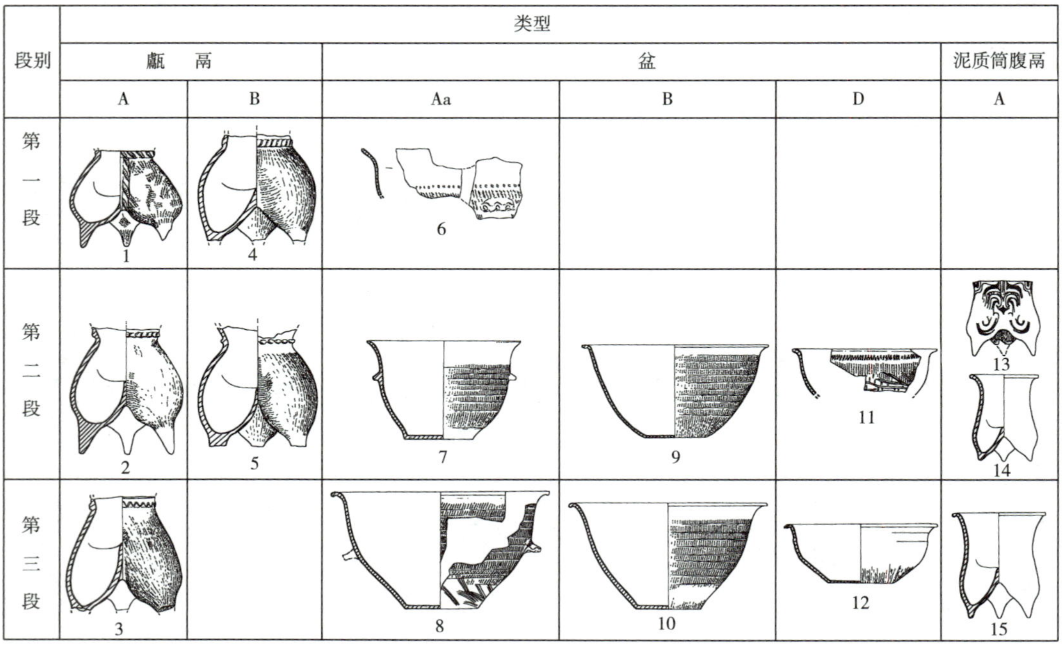

图4－374　第Ⅰ、Ⅱ、Ⅶ地点夏家店下层文化甗鬲、盆与泥质筒腹鬲分段比较图
1～3. AⅠ～AⅢ式甗鬲（ⅦH3∶1、ⅠH119∶6、ⅠH226②∶14）　4、5. BⅠ、BⅡ式甗鬲（ⅠT413⑧∶5、ⅠG6⑪∶1）　6～8. AaⅠ～AaⅢ式盆（ⅠH34④∶14、ⅠF42②C∶2、ⅠH235⑱∶23）　9、10. BⅠ、BⅡ式盆（ⅠF50①∶13、ⅠH235⑳∶14）　11、12. DⅠ、DⅡ式盆（ⅠF8h1∶13、ⅠG2⑪∶11）
13～15. AⅠ～AⅢ式泥质筒腹鬲（ⅠH328②∶1、ⅠF18③B∶5、ⅠG2⑬∶11）

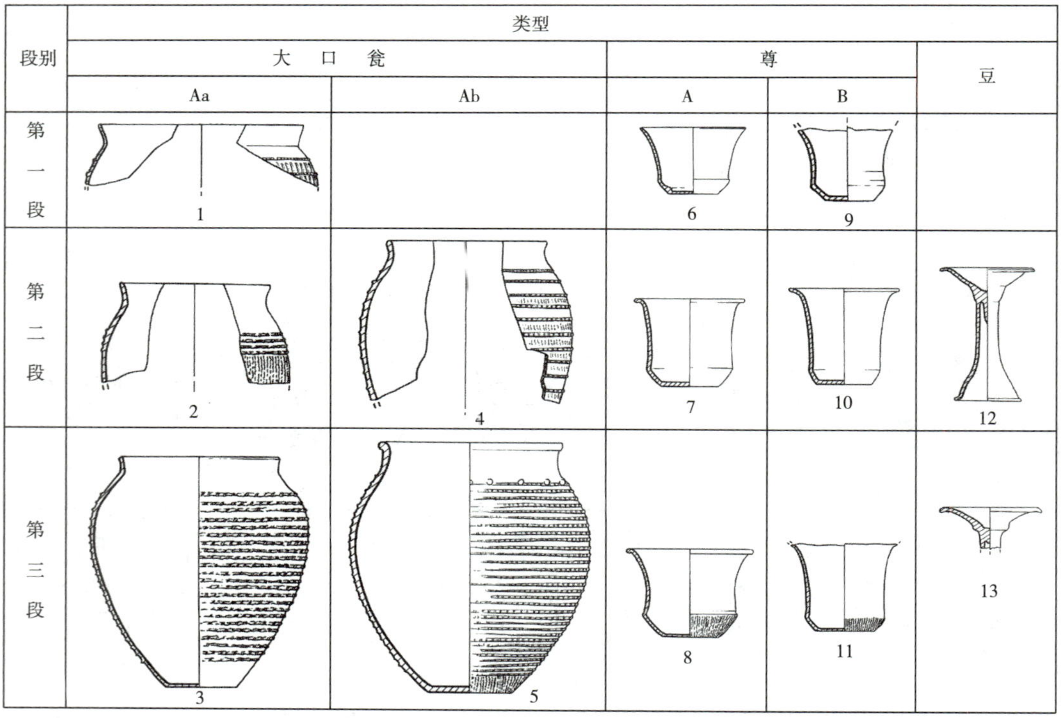

图4－375　第Ⅰ、Ⅱ、Ⅶ地点夏家店下层文化大口瓮、尊、豆分段比较图
1～3. AaⅠ～AaⅢ式大口瓮（ⅠH169①∶4、ⅠH344④∶12、ⅠH379②∶38）　4、5. AbⅠ、AbⅡ式大口瓮（ⅠG6③∶5、ⅠF7②∶1）　6～8. AⅠ～AⅢ式尊（ⅠH169②∶9、ⅠF8h1∶2、ⅠH379②∶22）
9～11. BⅠ～BⅢ式尊（ⅠH34③∶19、ⅠH145②∶2、ⅠH379②∶23）
12、13. Ⅰ、Ⅱ式豆（ⅠH203∶6、ⅠH379②∶31）

ⅠT409⑥B、ⅠT410④A、ⅠT410⑤、ⅠT410⑤A～ⅠT410⑤D、ⅠT410⑥A、ⅠT410⑦、ⅠT410⑦A、ⅠT411③A～ⅠT411⑥、ⅠT420⑥A、ⅠT421⑦B、ⅠT421⑧、ⅠT422②、ⅠT422②A、ⅠT422②B、ⅠT422③、ⅠT423②C、ⅠT423②D、ⅠT423③A、ⅠT423③C、ⅠT423④A、ⅠT430⑧A～ⅠT430⑨D、ⅠT432③～ⅠT432⑥、ⅠT433③D、ⅠT433③E、ⅠT433④、ⅠT433④A～ⅠT433④C、ⅠT433④G、ⅠT433⑤、ⅠT433⑤A～ⅠT433⑤C、ⅠT433⑥A、ⅠT434③，它们自然应该归入第二段。

被第三段单位叠压或打破，并打破或叠压了第三段单位的有ⅠH234、ⅠH389、ⅠQ2、ⅠQ3、ⅠQ6、ⅠT110③C～ⅠT110③E、ⅠT110⑤、ⅠT110⑤A～ⅠT110⑤C、ⅠT110⑥A、ⅠT110⑥B、ⅠT324③、ⅠT324④、ⅠT334③、ⅠT410①B、ⅠT410②、ⅠT433③，它们自然应该归入第三段。

叠压或打破第三段单位的还有ⅠF2、ⅠH100、ⅠH140、ⅠH146、ⅠH178、ⅠH185、ⅠH246、ⅠH250、ⅠH258、ⅠH260、ⅠH262、ⅠH265、ⅠH475、ⅠT110③B、ⅠT110④A～ⅠT110④N、ⅠT111②、ⅠT111②A、ⅠT111②B、ⅠT324②、ⅠT405④A、ⅠT406③B、ⅠT418⑤、ⅠT419⑤、ⅠT421④～ⅠT421⑥、ⅠT422①A、ⅠT422①B，参考这些单位出土陶片的特征，也可将它们归为第三段。

还有一些夏家店下层文化时期的单位，无法判定段别，但可据地层关系和上述分段结果对其相对年代范围做一初步判断。

叠压或打破第一段单位，从而年代不早于第一段的单位有ⅠD9、ⅠT413⑦、ⅠT435②～ⅠT435⑤、ⅠT435⑥A～ⅠT435⑥E等。

被第二段单位叠压或打破，从而年代不晚于第二段的单位有ⅠF47、ⅠF60、ⅠH95、ⅠH105、ⅠH117、ⅠH118、ⅠH152、ⅠH166、ⅠH168、ⅠH171、ⅠH172、ⅠH186、ⅠH332、ⅠH386、ⅠH432、ⅠH453、ⅠH472、ⅠH476、ⅠH484、ⅠH485、ⅠH488、ⅠH492、ⅠH497、ⅠH498、ⅠH501、ⅠH503、ⅠT309⑧、ⅠT334⑤、ⅠT335⑦C、ⅠT408⑧、ⅠT408⑨、ⅠT408⑩A、ⅠT408⑩B、ⅠT430⑩～ⅠT430⑩B、ⅠT432⑦。

层序介于第二段单位和第一段单位之间，年代属第一段或第二段的单位有ⅠF23、ⅠF32、ⅠF34、ⅠH173、ⅠH189、ⅠT111④D、ⅠT406④B、ⅠT409⑦～ⅠT409⑪、ⅠT411⑦、ⅠT421⑨、ⅠT421⑩、ⅠT422⑤、ⅠT433⑦、ⅠT434④A～ⅠT434④D。

叠压或打破第二段单位，从而年代不早于第二段的单位有ⅠF40、ⅠF56、ⅠH80、ⅠH104、ⅠH244、ⅠH266、ⅠH390、ⅠH461、ⅠH480、ⅠH493、ⅠH502、ⅠG9、ⅠT316⑤A、ⅠT335⑥、ⅠT335⑦、ⅠT336⑥、ⅠT336⑦、ⅠT337⑥、ⅠT406③C～ⅠT406③E、ⅠT409②A、ⅠT409③、ⅠT411②、ⅠT411②A、ⅠT411③、ⅠT423②A、ⅠT423②B、ⅠT424②、ⅠT424③、ⅠT429⑧A～ⅠT429⑩、ⅠT434②、ⅠT434②A～ⅠT434②F、ⅡH4、ⅡT2②、ⅡT3②。

被第三段单位叠压或打破，从而年代不晚于第三段的单位有ⅠF49、ⅠF57、ⅠH24、ⅠH180、ⅠH320·ⅠH370、ⅠH335、ⅠH349、ⅠH368、ⅠH388、ⅠH400、

ⅠH404、ⅠH415、ⅠH416、ⅠH417、ⅠH419、ⅠH450、ⅠL13。也就是说，这些单位的年代范围可能在第一段至第三段之内，甚至也可能早于第一段。

ⅠH421、ⅠH442、ⅠT315⑥的层序介于第三段单位和第一段单位之间，年代范围在第一段至第三段内。

层序介于第三段单位和第二段单位之间，从而年代范围在第二段至第三段内的有ⅠF10、ⅠF24、ⅠF58、ⅠH148、ⅠH191、ⅠH193、ⅠH291、ⅠH373、ⅠG3、ⅠL15、ⅠT110⑦A、ⅠT110⑦C、ⅠT110⑧、ⅠT111②C、ⅠT111②D、ⅠT111③A、ⅠT111③B、ⅠT316⑤B～ⅠT316⑤D、ⅠT317⑤B、ⅠT317⑤C、ⅠT334④、ⅠT335⑦A、ⅠT335⑦B、ⅠT407⑥、ⅠT410②A～ⅠT410②D、ⅠT420⑥、ⅠT429⑤～ⅠT429⑧、ⅠT430④、ⅠT430⑤。其中ⅠG3从形状、走向与堆积特点上观察，很可能与ⅠG6属于同一条沟。ⅠG6属第二段典型单位，故ⅠG3也可能属第二段。

除以上单位之外，有些夏家店下层文化的单位既不出可供分段的典型陶器，又不与可确定段别的夏家店下层文化单位发生叠压或打破关系。这样的单位有ⅠF46、ⅠH230、ⅠH278、ⅠH340、ⅠH381、ⅠH382、ⅠH431、ⅠH439、ⅠH456、ⅠH457、ⅠH470、ⅠD12、ⅠD16、ⅠT308⑤、ⅠT308⑥、ⅠT309④～ⅠT309⑦、ⅠT319⑦、ⅠT339②、ⅠT436⑥、ⅡF1、ⅡH2、ⅡH3、ⅡT1②～ⅡT1④等。但值得注意的是，其中的ⅠF46与第二段的ⅠF48是直接打破生土的两座圆角矩形半地穴式建筑，二者呈西北—东南向并列。ⅠF4的西北壁与ⅠF48的东南壁相距仅50厘米，却相互平行而不打破。二者穴壁局部皆呈袋形，且都涂抹黄色草拌泥。故ⅠF46不仅有可能属于第二段，而且还有可能与ⅠF48属于一组曾经共时的建筑。其余单位的具体年代范围则难以判断。

此外，ⅠH127、ⅠH94在层序上居于夏家店下层文化和战国时期的单位之间，ⅠH88被战国时期地层叠压，直接打破生土。这三个单位所出陶片既少且碎，据个别特征，仍可判断ⅠH127多半属夏家店下层文化，其他两坑只是有此可能。

以上所分三段在陶器演变特征上彼此衔接紧密，无大的缺环，反映了大山前的夏家店下层文化遗存在时间上是连续发展的。属第二段的单位之间仍有较复杂的叠压打破关系，且第二段的B型夹砂罐、Ab型甗盆、A型泥质筒腹鬲均可细分两式，表明归属于此段的单位在时间上可能有较长的跨度。

二、年代[①]

以往研究表明，夏家店下层文化的年代大致相当于夏至早商时期[②]。大甸子墓地的发掘向人们展示，夏家店下层文化与二里头文化虽然在地域上相隔遥远，但彼此之间

① 本节第二部分关于年代的认识也包括第Ⅱ、第Ⅶ两地点的夏家店下层文化遗存。

② 张忠培、孔哲生、张文军、陈雍：《夏家店下层文化研究》，《考古学文化论集》（1），文物出版社，1987年；李伯谦：《论夏家店下层文化》，《纪念北京大学考古专业三十周年论文集（1952～1982）》，文物出版社，1990年。

仍有明显的联系①。就大山前遗址来说，我们所发掘到的夏家店下层文化遗存中虽未见到与二里头文化交流的明证，但经细致比较，这里的部分夏家店下层文化陶器的形制与演变特征，与豫西地区的二里头文化有着明显的共性。其一，大山前夏家店下层文化陶器群中篮纹、方格纹渐少而趋于消失的发展趋势同于二里头文化。其二，大山前夏家店下层文化一些敞口类陶器如 Aa 型盆、Aa 型甗盆、尊、筒腹鬲等的口沿都有由宽沿外侈到窄沿近平，再到沿外端下垂的共同演变规律，而二里头文化的一些敞口类器物如深腹盆（或甑）、盆形鼎、豆等的口沿也存在类似的变化趋势②，甚至大山前 AaⅠ～AaⅢ式盆在整体特征上也分别与二里头文化一至三期的深腹盆（或甑）十分接近。

据李伯谦先生分析，下七垣文化中较常见的浅弧腹盆和豆的口沿都有由侈沿到平沿、沿下角逐渐变小的演变趋势③。这显然也与前述大山前夏家店下层文化多数敞口类器物的口沿变化趋势是一致的，显示了共同的时代风格。再者，大山前第二、三段单位中见有少量鼎足截面呈三角形的泥质盆形鼎，形制特征非常接近于下七垣文化第二、三期的鼎类器。而下七垣文化第二、三期的年代，李伯谦先生认为约相当于二里头文化第三期，并可能延至二里头文化第四期偏早。

综上所述，我们初步估计大山前遗址夏家店下层文化遗存的年代范围，很有可能与下七垣文化的年代范围一致，即大体相当于二里头文化第二期至第四期偏早阶段。鉴于大山前第一段 AaⅠ式盆的形制与二里头遗址第一期的深腹盆或甑的特点有一定程度的接近，推测此段的年代上限也可能早至二里头文化的第一期。

我们在大山前第Ⅰ地点 6 个夏家店下层文化的单位中提取了木炭，送中国社会科学院考古研究所考古科技实验研究中心检测。考虑到尽可能做到检测的客观性，送检时未提供这些单位的文化性质及所估计的年代。检测结果详见附录一④：

夏家店下层文化的 6 个数据中，ZK－2940 远较以往估计的夏家店下层文化的年代区间（距今 4000～3400 年）为早，有可能采集的是土坯中的古老木炭。ZK－2938、ZK－2939、ZK－2941 的树轮校正值则完全落在 4000～3400 年的区间之内，ZK－2934、ZK－2935 的树轮校正值亦有一部分与这一年代区间接近或重合。看来，木炭的 ^{14}C 测年树轮校正值与前面估计的大山前夏家店下层文化遗存的年代基本一致。

从遗存的分段结果看，ZK－2935 出自第一段的单位，ZK－2934、ZK－2941 出自第二段的单位，ZK－2938、ZK－2939、ZK－2940 出自第三段的单位。显然，这一分段

① 中国社会科学院考古研究所：《大甸子——夏家店下层文化遗址与墓地发掘报告》，科学出版社，1996 年。

② 邹衡：《试论夏文化》，《夏商周考古学论文集》，文物出版社，1980 年；中国社会科学院考古研究所：《偃师二里头：1959 年～1978 年考古发掘报告》，中国大百科全书出版社，1999 年。

③ 李伯谦：《先商文化探索》，《庆祝苏秉琦考古五十五年论文集》，文物出版社，1989 年。

④ 大山前第Ⅰ地点的发掘共获 8 个 ^{14}C 测年数据（ZK－2934、ZK－2935、ZK－2938～ZK－2941 出自夏家店下层文化单位，ZK－2936、ZK－2937 出自战国时期单位。所测样品皆为木炭），测年数据曾刊于《放射性碳素测定年代报告（二四）》（《考古》1997 年第 7 期）和《放射性碳素年代测定报告（二五）》（《考古》1999 年第 7 期），但《放射性碳素年代测定报告（二五）》披露的 ZK－2939、ZK－2940 这 2 个数据的树轮校正年代分别为 BC1681～1472、BC7543～7341，与本报告附录一所载数值有一定出入。

结果的认识未能通过^{14}C测年得到进一步的印证。

三、经济形态与环境

以往的发现和研究业已证明，夏家店下层文化是一种比较发达的农业文化。但是，该文化的农具究竟是怎样的一个构成？已有的观察仍有不够全面之处。对于遗址中所出动物骨骼，以往的发掘多数也只鉴定出种属，而缺乏对各类动物所占比重的统计分析，其认识亦有待深入。

KDⅠ的发掘，出土有大量石制品。其中磨制石铲、打制石铲、斧、石刀、磨盘、磨棒等应是可用于农业生产的工具。此类农具在石制品中为大宗，尤以磨制石铲数量最多。据KDⅠ遗迹单位出土石器的统计（见附表四）①，磨制石铲及其残片数量高达247件，占形制明确的石制品总数的三分之一强。从保存完整的此类器的形制看，基本可分两种。一种是顶窄刃宽、两侧边斜直，平面近于梯形，另一种平面呈凸字形，有明显的肩部。这类石铲虽磨制精细，却往往在铲体上部的两侧保留一些打击的疤痕，而恰恰是在这一部分的铲体两面常见缚柄的痕迹，说明这些打击疤痕的存在正是为了增加缚柄的牢固程度。铲的刃部多为偏锋，少数为正锋。有不少因经久使用而刃部斜弧，刃缘有凸凹的崩碴，磨蚀痕均垂直于刃边。以往不少学者认为此类工具是夏家店下层文化的主要掘土工具，适于翻地、挖坑，也可用于铲地，松软土壤。实际上，此类工具短者仅8.64厘米，最长者也不过19.2厘米，多数长度在9.7～18厘米之间，除去铲体上部三分之一左右的捆柄部位，能够插入土壤的长度至多只有12厘米，这显然无法达到翻耕的应有深度。再者，从石料的统计来看（见附表五），这类工具选用的质料虽有半数为既易加工又坚韧耐磨的熔结凝灰岩、凝灰质板岩和板岩，但也有三分之一为质软、易碎的石灰岩和硬度差、不耐磨的大理岩，难以胜任张力很大的掘土任务。如若将其作为除草、松软表层土壤的工具，倒是十分合适。所以，从这类工具的轻薄、体短、偏锋以及部分质料质软易碎等特点，并结合磨蚀痕迹来观察，推测其主要的功能当是用于中耕。

应当注意的是，发掘区中所出此类器多为残片。在KDⅠ诸遗迹单位出土的247件标本中，有221件为残片。这些残片的平面绝大多数为梯形或长方形，至少保留原石铲的一个边。一般来说，此类石铲经通体磨光之后，即不需再以打击来处理。所以，这些梯形或长方形的残片显然不是制作石铲过程中的遗留物。作为中耕工具，石铲的使用多在野外农田里，即使是残损，残片亦不应大量发现在居址中。虽然有的灰坑的坑壁有用石铲修整的痕迹，但并非普遍现象，况且这类活动也无法造成磨制石铲在居址中的大量残损。退一步讲，即使是在居址使用发生的残损，残片的形状也不会呈现如此的规律性。因此，这类磨制石铲的残片可能绝大多数都是在某种观念的作用下有意击打而成的。事实上，在ⅠH119、ⅠH413等灰坑中曾发现过同一件磨制石铲被打成

① 本节所述石器、骨器之件数与第二节“二、陶容器以外的其他制品”并不完全吻合，以后者为准。

残片的例子。少数石铲被打成梯形或长方形残片后还将残边交互打击修薄或稍加修磨（如ⅠH158②:3、ⅠH221⑥:2、ⅠH496⑤:1、ⅠH495②:2），但明显不具实用性，难以视为二次加工的实用性产品。考虑到这种有意将磨制石铲打成残片的现象，可以估计磨制石铲在整个石制品中所占的比重实际应比统计的结果要低一些。

KDⅠ遗迹单位中出土的打制石铲共45件，其中成品或半成品27件，残块18件。这类器物的形状多类似于磨制石铲，所以有的学者将其视为磨制石铲的半成品或毛坯[①]，而更多的学者则习惯称其为石锄，将其看作不同于磨制石铲的另一类工具。从完整器看，此类器物短者不足10厘米，而长者可至20厘米以上，一般的长度则在11～19厘米之间，形体普遍较磨制石铲稍大。单从形态看，这类石器中有些不能排除作为磨制石铲半成品或毛坯的可能，然以石料观之，此类器物所选石材却以岩浆岩类中的安山岩比例最高，其次为凝灰质板岩和英安岩、玄武岩，其他质料很少见。与磨制石铲相比，石质各有侧重。而且，磨制石铲中还不见使用英安岩的例子。所以，显然不能将此类器物一律看成磨制石铲的半成品。其中以安山岩、玄武岩和英安岩这些石质较硬且有明显相同性物理特征的石料打制而成者，多半应视作功能有别于磨制石铲的另一类物品。由于这类器物多打制出肩部或亚腰，也当是捆柄使用的，且因形状似后来的锄或镬，所以不少学者推测这也是一种掘土工具。但从本遗址所出来看，此类石器多数体形厚重，刃部很钝或干脆没有刃部，难以入土翻地。这类工具中可观察到使用痕迹者并不多。仅ⅠH235⑤:1、ⅠF25⑥:2等少数几件标本可看出刃部棱角因使用而变得比较圆钝。根据这种器物体形厚重、钝刃或无刃的特点，并结合刃部磨蚀痕迹的观察，推测其或许可用于翻耕之后的破碎土块。不过，这类器物多数虽已打制成形却不见使用痕迹，也是颇值得思考的一件事。一种原因可能是石质硬，用来碎土很难留下明显的磨蚀痕迹。但在ⅠH235、ⅠH282等灰坑中都曾发现取同一石材打制两件此类器物置入坑中的例子。出自祭坑ⅠH379的一件长度达42厘米，比一般的打制石铲长一倍有余，未见使用痕迹。或许，有些仅仅打制成铲形的器物，原本就不是为了直接用于农业生产。

KDⅠ遗迹单位中出土石斧30件，其中经打、琢、磨工序而为成品者16件，半成品3件，磨制石斧残片11件。此类工具的功能并不单一，用于开垦农田过程中的斩草除木，应不成问题。这类石器的石料来源较杂，但以玄武岩最为常见。其他石料数量虽少，也多属于与玄武岩物理性质类似的岩浆岩类，表明此类石器的选材主要着眼于岩浆岩坚硬耐磨的特点。

KDⅠ遗迹单位中尚有86件打制石器，单从器形难以辨明是打制石铲还是石斧的半成品。其中完整者67件，残块19件。这些石器的质料多为安山岩，其次为英安岩和玄武岩，其他质料都很少见。玄武岩硬度虽高，但有一定韧性，且颗粒均匀细腻，以之

① 朱延平：《辽西区古文化中的祭祀遗存》，《中国考古学跨世纪的回顾与前瞻（1999年西陵国际学术研讨会论文集）》，科学出版社，2000年。

打制而成者，是石斧半成品的可能性较大。而安山岩和英安岩硬度高，质脆，无层理，不适宜制作磨制石器。故以这两类石料打制者，绝大多数都应是砍砸或碎土类工具。

磨盘、磨棒是加工谷物的工具，皆以砂岩制作。这两类工具发现的数量很少，或许与其耐用性强和残损率低有一定关系。

上述与农业生产有关的各类工具在形制上已有高度的定型化，而且根据不同工具的性能需求在选材上亦各有侧重，说明人们已基本掌握一些常见石料的自身特性，能够物尽其用，在农业生产的各个环节中充分发挥各类工具的效能。

从前文分析可以看出，在夏家店下层文化的石质生产工具中还难以确认出类似赵宝沟文化和红山文化尖头石耜那样的掘土工具。这是夏家店下层文化石质农具组合与辽西区新石器时代文化相比所发生的一个非常重要的变化。实际上，当时的主要翻土工具可能已并非石质。前文已提及，根据KDⅠ所见灰坑、灰沟壁上遗留的工具痕迹来看，当时主要的掘土工具可能已普遍采用了木制的耒、耜。这样的工具既然可用于挖坑、挖沟，那么用于翻耕土地自然也是完全胜任的。如果考虑到大量木质工具的存在，则夏家店下层文化农业生产工具的种类就已相当齐全了。从砍伐用的斧类工具，到翻耕用的木质耒、耜和破碎土块的打制石铲（或锄），再到中耕用的磨制石铲及谷物加工工具，应有尽有。种类的多样化和形制的定型化说明农具的使用已有了明确的分工，尤其是中耕工具的发达，表明该文化已属于一种精耕细作的农业类型。

大山前第Ⅰ地点的ⅠF39、ⅠH118、ⅠH120、ⅠH153、ⅠH203、ⅠH407、ⅠH449均出有粟粒，其中，ⅠH118、ⅠH120、ⅠH203所出者得到中国社会科学院考古研究所植物考古学者的鉴定（参见附录三）。除ⅠH449的粟粒见于坑底外，其余都出自坑内堆积之中。ⅠH449坑底之所以会存留少量粟粒，或许表明这是存放粮食的窖穴。在赤峰四分地东山嘴遗址的发掘中，在紧邻F4的窖坑H5中就曾发现一件陶甗的鬲部盛放有已脱壳的谷粒，甗鬲的口部出土时盖有一件圆形器底制成的盖。其内盛放的谷物已炭化①。这虽然不能说一定是为存贮的目的而保留下来的一种状态，但至少说明脱壳的谷物是可以盛于有盖的器皿中再置于坑中保存的。敖汉旗大甸子墓地个别随葬的陶罐中盛有谷子，也从侧面反映了粮食的这种保存方式②。据称建平水泉遗址曾发现有3座夏家店下层文化时期的圆形窖穴，底部均"陈积"有较厚的炭化谷粒③。总之，从众多遗址中粮食颗粒的发现，结合大山前和北票丰下等遗址粮食颗粒的鉴定结果看，谷子应当就是当时主要的作物，是人们赖以生存的主要食物来源。

几乎所有经发掘的夏家店下层文化遗址都出土有较多的动物骨骼，数量最多的是猪、牛、羊、狗四类，此外还有极少量野生的鹿科动物和兔等。建平水泉遗址出土的

① 辽宁省博物馆、昭乌达盟文物工作站、赤峰县文化馆：《内蒙古赤峰县四分地东山咀遗址试掘简报》，《考古》1983年第5期。

② 孔昭宸、杜乃秋、刘观民等：《内蒙古自治区赤峰市距今8000—2400年间环境考古学的初步研究》，《环境考古研究（第一辑）》，科学出版社，1991年。

③ 李恭笃、高美璇：《夏家店下层文化若干问题研究》，《辽宁大学学报》1984年第5期。

兽骨还曾做过专门的研究[①]。KDⅠ夏家店下层文化遗存中的动物骨骼经过分析鉴定（参见附录四），在2103块可鉴定标本中，猪所占的比例最大，达47.65%。其次是牛、羊、狗，分别占24.44%、15.50%和10.94%。其中除个别个体的牛骨（或角）尚具有野生性状之外，绝大多数都已具有明显的家养动物的特征。从家畜的构成种类及各自所占的比重看，这是一种典型的依附于农业的家畜饲养业类型。从某种意义上说，猪是与人争食的动物，所以，猪的饲养规模应是以农业的发展为基础的。KDⅠ夏家店下层文化饲养动物中猪所占的较高比例，也从一个侧面反映了当时农业的发展程度。猪、牛、羊所占比例合计高达87.59%。说明家畜饲养业已成为当时居民肉食品的主要来源，在居民的经济生活中占有重要地位。

以往建平水泉遗址夏家店下层文化灰坑H104中曾出土一枚被火烧过的马的第三上臼齿，鉴定者认为其"原始结构颇为明显，似为野马可能性大"[②]。KDⅠ夏家店下层文化单位中出土有18块马骨，其中多为马牙，也有马的掌骨、趾骨等。从现有材料的形态观察，尚难以确定是野马还是家马。吉林大学边疆考古研究中心考古DNA实验室曾取其中3件马牙和1件趾骨做线粒体DNA分析，发现其均落入现代家马的聚簇上，但是4例样品却分属于两个不同的谱系，表明它们有着不同的母系来源。其中一支与普氏野马应有较近的共同母系祖先[③]。应当说，目前这4例样品的分析仅能说明夏家店下层文化中已存在出现家马的可能性。但这一问题的最终解决，还有待今后材料的进一步积累。

在KDⅠ出土动物骨骼的可鉴定标本中，明确属于野生动物的骨骼仅有马鹿4例、狍6例、麂3例，加上个别的野牛骨，合计所占比例不超出1%。而且，在KDⅠ出土的上千件生产工具标本中，可用于狩猎的工具仅有石镞（或镞形石片）10件、骨镞34件。结合其他遗址所见的类似现象，可以说狩猎在夏家店下层文化居民的经济生活中已不占重要地位。

由以上分析可以看出，大山前夏家店下层文化的经济形态是以粟作农业经济为主，并以家畜饲养业作为重要的辅助性取食手段。在生活资料的获取方面，狩猎所起的作用已十分有限。这种经济形态与黄河中下游同时期诸考古学文化的经济形态十分相似。

农业的发展离不开环境的支持与制约。大山前遗址所在的赤峰地区的地貌以山地丘陵为主，海拔多在500～1500米之间。年均气温5℃～8℃，≥10℃的年积温为2700℃～3200℃，年降水量为350～450毫米[④]，且主要的降水量集中在每年的7、8月份。蒸发量高达2000毫米以上。属典型的中温带半干旱大陆性气候区[⑤]。这里冬季寒冷干燥，

---

① 张镇洪：《建平县水泉夏家店文化遗址兽骨研究》，《考古与文物》1989年第1期。

② 张镇洪：《建平县水泉夏家店文化遗址兽骨研究》，《考古与文物》1989年第1期。

③ 蔡大伟、韩璐、谢承志等：《内蒙古赤峰地区青铜时代古马线粒体DNA分析》，《自然科学进展》2007年第3期。

④ 中国科学院内蒙古宁夏综合考察队：《内蒙古植被》，科学出版社，1985年。

⑤ 张家诚、林之光：《中国气候》，上海科学技术出版社，1985年。

夏季高温炎热，春秋两季多风，昼夜温差大。限于这样的地理环境与气候条件，赤峰南部的农业区在坡岗上种植的主要作物迄今仍为耐旱的谷子与黍子，还有荞麦与豆类。而只在水热条件较好的河谷地带才种植玉米、小麦等作物。

为了解大山前夏家店下层文化时期的植被与生态气候，我们在KDⅠ、KDⅣ的夏家店下层文化单位中共采集14块土样进行了检测分析（参见附录五）。其中KDⅣ的8个样品系在T444方内依次叠压的③、④A、④B三个文化层中采集的序列样品。从8个样品所含孢粉分析，乔木植物花粉平均占33.06%，以针叶植物花粉数量较多，约占26.83%，主要为松属，仅有少量的冷杉属和云杉属花粉。阔叶植物花粉约占6.35%，以桦树花粉占优势，还有少量的椴属、栎属、胡桃属、榆属和柳属花粉。灌木及草本植物花粉占63.94%，以禾本科、蒿属、藜科孢粉所占比例较高，分别为32.53%、20.45%和6.5%。其中有几份样品的禾本科植物花粉相对集中。大部分禾本科花粉呈团块，颗粒较大，应属栽培禾本科。还有少量麻黄属、榛属、紫菀属、菊科、蓼属、莎草科、十字花科、伞形科、杜鹃科、唐松草属等。蕨类及藻类植物孢粉很少，占2.89%，种类有石松属、卷柏属、水龙骨属和真蕨纲等。KDⅠ的6个样品中，乔木植物花粉平均占38.67%，略高于KDⅣ，其中针叶与阔叶植物花粉各占28.02%和10.65%。灌木及草本植物花粉占57.18%，稍低于KDⅣ。其中禾本科与蒿属、藜科孢粉所占比例分别为16.93%、24.03%和9.45%。蕨类及藻类植物孢粉约占4.15%。从以上两个地点的孢粉种类与比例构成上看，大山前一带当时的植被属于以针叶树为主的针阔叶混交林草原植被，有成片的农田和一定的水域，反映的气候环境要较现今温和湿润。但KDⅣ所采的序列孢粉样品显示当时的气候也存在小幅度的波动。

值得注意的是，通过KDⅠ、KDⅣ两地点孢粉比例构成的比较可以发现，KDⅠ孢粉样品中所含的乔木植物花粉较KDⅣ为高，而所含的禾本科植物花粉却较KDⅣ为低。大山前这两个地点相距约700米，KDⅣ居于坡岗之上，而KDⅠ则是地势很低，靠河很近的一个缓丘。二者所含孢粉结构的不同很可能是由微环境的不同所造成的。或许说明当时河谷地带生长着更多的乔木，而农田则主要分布在坡岗之上。

此外，在ⅠF8h1中集中出土了较多的木炭碎块。经鉴定，这些碎块包含有油松、蒙古栎、柳属、硕桦、白桦和杨属共6个树种。以不同树种碎块的重量来计，以油松的百分比占绝对优势，在出土木炭碎块总重量中的比例高达68.78%，蒙古栎所占的比例次之，达14.43%，而其余几个树种合计所占的比例不足17%。

孢粉分析是目前研究古代植被与气候的主要手段之一，但通过孢粉一般只能鉴定到植物的属乃至于科，有一定的局限性。而通过木炭碎块的显微结构研究，则可以将多数植物鉴定到种。二者结合，会更有利于了解古代的植被与气候状况。通过孢粉分析，我们得知大山前一带的乔本植物中以松属的孢粉含量最高，结合木炭碎块的研究，又可了解到松属植物中的主要品种应为油松。由于所发现的油松木炭碎块中多属不适于做建筑材料的应压木，加之油松本身又含松脂，易燃烧，所以分析者推断所发现的油松木炭可能绝大多数属于薪炭遗存（参见附录六）。

从KDⅠ、KDⅣ两地点的孢粉分析结果看，在阔叶植物中，桦属孢粉的百分比都要高于栎属，而ⅠF8h1中白桦、硕桦的百分比合计仍不及蒙古栎。考虑到所测木炭碎块皆出自ⅠF8h1这一个单位，所以此坑中蒙古栎百分比高于桦属植物，不能排除是出于偶然或对薪炭材料的有意选择的结果。

由孢粉与木炭碎块的综合分析看，遗址所在的区域分布着油松林和以桦属、蒙古栎为建群树种的落叶阔叶林及沟谷杂木林，且林木的覆盖率较高。柳属树种及部分湿生、水生植物的存在，显示聚落址附近的河流（现为时令河）当时应有充沛的水量。而粟属植物属于喜暖类型的植物，它的存在表明当时的气候应较今温暖。从动物骨骼中所鉴定出来的麃，也从一个侧面反映了当时赤峰南部地区的气候要较今温暖湿润。这较今相对优越的自然环境，为当时粟作农业和家庭饲养业的发展提供了良好的条件。

四、关于陶器产地的分析

制陶是当时一项重要的手工业。遗址中出土的陶器大多为火候较高、色泽均匀的灰陶，器形制作规整，器类分化显著，已可适应不同功能的需求。大山前遗址历年的发掘均未发现烧制陶器的窑址。所发现的陶拍、陶垫等制陶工具的数量也十分有限。但KDⅠF42的垫土层中发现有不少烧流或烧变形的陶器残片，表明其附近区域可能存在过陶窑。为探明此地夏家店下层文化陶器的产地及其主要的烧制工艺，我们选取了KDⅠ出土的19片陶片和3份采自KDⅠ北侧深沟沟壁上的生土样品，利用电感耦合高频等离子体发射光谱法对其化学成分进行了测定和分析。所测的陶片分别选自ⅠH34、ⅠH37和ⅠG2，这3个单位分属第一、二、三段，陶片样品既有夹砂陶又有泥质陶，器形则有瓮、罐、甗、盆、尊形鬲、尊、壶等，均属夏家店下层文化陶器群中的代表性器类。具体测试结果参见附录七。

一般来说，陶土中的痕量元素（即含量低于0.1%的元素）的构成情况是非人为控制的，主要是由其产地所决定的[①]。实验发现，本次所选的陶片的化学成分中，锰（Mn）始终作为痕量元素存在，在陶片中的含量在0.04%～0.06%之间波动，与当地黏土中的含量相差不多。表明这批陶片所代表的遗址中的大量生活用陶器很可能就是就地取土制作而成的。

由实验数据可知，本次选取的陶片在陶胎化学成分构成上的特点是低二氧化硅（SiO_2）、低三氧化二铝（Al_2O_3）、高助熔剂，说明制陶所用黏土为普通易熔黏土。由于这类黏土中三氧化二铁（Fe_2O_3）的含量较高，氧化烧成的陶器为橙黄色或红色，还原烧成时为浅灰、灰或深灰色。从大山前遗址诸典型单位陶质陶色的统计来看，灰或深灰色的陶器占据大宗，说明当时烧陶所采用的主要是还原法，当然，也发现有少量以氧化焰烧成的橙黄色或红色的陶器。

---

① 李士、秦广雍：《现代实验技术在考古学中的应用》，科学出版社，1991年。

五、关于灰坑性质的认识

灰坑是KDⅠ发掘区中所见数量最多的一类夏家店下层文化遗迹。从形制、结构及坑壁、坑底是否加工等迹象并结合坑内堆积特征看，其最初的形成可能与三种行为有关：祭祀、贮藏和取土。

但如此之多的灰坑究竟是只有一种属性，抑或各有不同的功能，甚至几种功用兼而有之，在发掘之初就是大家争讼的一个重要话题。关于这个问题，队内大体有过三种意见。其一认为，多数灰坑仍以实用性为主，当作为贮藏的窖穴。其二认为，这些灰坑中既有窖穴，也有取土所产生的坑穴，还有祭祀用坑。其三则认为，大多数灰坑都是祭祀坑。事实上，第一、二种意见也都认为其中至少有一部分应是祭祀坑。这样，共同认定的这类祭祀坑有如下4座：

ⅠH203，坑口长130厘米，最深处坑深35厘米。坑底有火烧痕迹，堆积中也夹杂炭屑和红烧土颗粒。堆积中有6件陶器，为甗（甗鬲）、鬲、鼎、豆各一和两件盆，皆被打碎。还出有人的一只足骨（包括跟骨、跗骨与趾骨）和炭化粟粒。

ⅠH204，在ⅠH203西北，两坑最近距离仅15厘米。此坑形近ⅠH203，比后者略小。坑底亦有被火烧过的痕迹，堆积中杂烧土颗粒与炭屑。坑底置有若干较大的墙皮残块，出甗盆和钵各1件，亦被打碎。此甗盆与ⅠH203的甗鬲恰好上下拼接为一件完整的陶甗。堆积中还出有零星兽骨。从各方面迹象看，ⅠH203与ⅠH204很可能为一对同时举行过祭祀活动的坑穴。

ⅠH379，规整的圆坑，坑深仅30厘米，口径115～120厘米。坑内堆积分两层。第1层为纯净的黄沙土。当刮开此坑平面时，这种黄沙土与周围的灰土层反差鲜明，煞是醒目。此层厚5～12厘米，未见遗物。第2层为灰土，厚18～25厘米，出土大量遗物。其中包括陶质容器22件，计有夹砂罐1、夹砂鼎3、甗盆1、甗鬲2、筒腹鬲4（夹砂与泥质各2）、尊6、豆1、泥质罐2、泥质甗1、壶1件。这些容器中除1件泥质灰陶甗和1件泥质红陶筒腹鬲不见使用痕迹（可能非实用器），未被打破之外，其余陶器都被打成大大小小的碎片，但多可复原。唯几件三足器的实足尖已缺失。容器以外的器物共有19件，包括石斧、石铲、石刀、石锛、石铲残片、石环残段、盘状石器、石器残块、石器坯、有加工痕的燧石石片、圆陶片、陶纺轮、骨锥等。其中完整的一件石铲及一件石刀，皆从中间位置断成两截。一件石器坯系将扁平砾石略经打制而成束腰石铲状，或许已可象征石铲（或石锄）。此外，堆积中还有一段人的臂骨和其他骨骸，坑底还卧置一块长方形土坯。此坑形状虽较规整，但坑浅，坑壁亦未经修整，而有些凹凸不平，给人感觉就是为了埋置这些遗物而一次性挖成的。

ⅠF8h1，位于F8室内居住面之下，其上有踩踏痕。此坑为较规整的椭圆形袋状坑，坑口长约100厘米，坑深155～170厘米。坑内堆积灰褐土，含大量燃烧未尽的树枝残段、烧灰和烧土颗粒，应为坑中燃火所致。堆积中出有保存完整的泥质陶罐1、夹砂鼎1、尊2、壶1，以及少量罐、瓮、盆类器的残片。还见有残石刀、石铲（或斧）

半成品、陶纺轮、陶圆饼残块、狍角、蚌壳、桦树皮、碎土坯等。坑内南部距坑口130厘米和145厘米处各发现一连带残胫骨的人足骨，属同一成年女性，两足皆指向南方。从各种迹象判断，此坑与F8应是一同规划构筑而成的，颇类中原地区史前至商周时期高级别建筑的所谓“奠基坑”。类似的房址还见于克什克腾旗龙头山夏家店上层文化遗址中①。

以上4座祭祀坑虽有深浅之别，形状各异，但皆一次性掏挖而成。坑内堆积也很像是一次性形成的，且都出有成组的陶器。除ⅠH379之外，皆有坑内烧火的痕迹。有3座坑皆出有砍截下来的人肢骨。可见，它们应是为祭祀的目的而专门挖造的。

除以上4座祭祀坑外，大家还取得这样的共识，即ⅠH120、ⅠH149、ⅠH202、ⅠH206·ⅠH364、ⅠH277、ⅠH282、ⅠH304、ⅠH418、ⅠH428、ⅠH434、ⅠH443·ⅠH444·ⅠH445、ⅠH449、ⅠH474、ⅠH483、ⅠH489等坑，形状多为规整的圆形袋状，现存坑深皆在100厘米以上。这些坑的坑内堆积有些迹象值得注意：坑内堆积都非只一层，且基本都呈水平状分布，所含遗物虽无成组陶器，却也有特殊之处，作为祭祀用坑的可能性也不可谓不大。试选几例分析如下：

ⅠH149，坑内堆积分两层。第1层为灰绿土，杂有较多的炭灰。第2层堆积则几乎全为破碎的土坯块，土坯有黑、黄二色。堆积中出有石铲、有刻痕的兽骨、陶圆饼和彩绘陶片各1件。坑底有一石磬半成品，立置斜靠于东壁，显系有意放置。

ⅠH202，坑内堆积分8层。第8层中的7个小层皆为黑白相间、层层相叠的灰烬，堆积中包含有炭化的植物籽实，未燃尽的树枝、树皮及以植物编结的绳段，局部坑壁也经烧烤而呈现暗红色。此层很可能主要是在坑内烧火形成的。灰烬中还出有石斧、磨棒残段、盘状石器坯、磨石残块、石铲残段及可复原的夹砂罐、夹砂鼎等遗物。

ⅠH206·ⅠH364，为主要堆积相连的两坑。ⅠH206坑底有7个石块和2件石器坯，尚见婴儿头盖骨残片。ⅠH206⑦内还出有打制和磨制石铲的残段、盘状石器残块、燧石石片、石斧残片、卜骨残块、骨镞、多孔陶器残块、残陶埙等遗物。

ⅠH277，坑内堆积分4层。第1层为黄灰色土，杂黑土坯碎块，厚60厘米，出石铲残块2、打制石器残块2、盘状石器坯1、残陶圆饼1。此层底部置一三角形石材，形近石磬。第2层为黄土杂黑土坯碎块，厚15厘米。此层出打制石铲1、石铲（或斧）2、磨制石铲残块2、残有孔石器1、石器坯1、石器残块1、圆盘状大石片1及陶纺轮1件，还有少量陶片与兽骨。明确在此层底部放置的有13个石块、4件石器、2块陶片和1件陶纺轮。另有人肢骨一段。第3层完全为黑土坯碎块，厚20厘米，仅含少量陶片。第4层黄褐色土，厚5厘米。坑底置有2件盘状石器和石铲（或斧）半成品、圆陶片、有打击痕的扁平砾石各1件。含大量黑色土坯碎块是此坑堆积的特点。坑中出

① 齐晓光：《内蒙古克什克腾旗龙头山遗址发掘的主要收获》，《内蒙古东部区考古学文化研究文集》，海洋出版社，1991年。

土遗物丰富，尤以石器及其半成品为多，还有石材，而且这些遗物在坑中多置于层面之上。由于坑内堆积中不含加工石器时所留石片与石屑，此坑规模又比较小，不大可能是制作石器的场所，很可能与某种仪礼活动有关。

ⅠH282，略近长方形，斗状，坑内堆积分4层，其中第3层堆积比较特殊。此层厚4~6厘米，主要堆积物为草拌泥，出石器坯和石铲（或斧）半成品各1件，经鉴定二者系取自同一石材。层中还出有一小孩头骨残片。

ⅠH418，口径145~150厘米，坑深105厘米。坑内堆积分9层，皆呈水平分布，且较厚的软土与薄层硬土交替相叠。第1层为褐色软土，出残骨针、骨料和彩绘陶片各1件。第2层为黄褐色硬土，层面散布数片陶片，贴近东壁处有1件石斧。第3层灰色软土，出打制石铲残块、磨制石铲残块、有孔骨器和磨过的距骨各1件。第4层为褐色硬土，无遗物。第5层为灰褐色软土，间杂6小层灰烬，或黑或灰，层层交叠，1件磨制石铲与1件有肩石铲半成品（或石锄）摆放于此层层面。堆积中出一磨制石铲残块。第6层为黄褐色硬土，层面置一磨制石铲。另在层面上压剥出一片树叶的痕迹。第7层为黑灰色软土，此层上部有12个石块，出石杵、打制石铲、细石器及可复原夹砂陶罐、残陶盘、陶纺轮各1件。下部夹有薄灰层，出石器坯、磨制石铲残块、兽距骨各1件。灰烬中还有土坯碎块和草绳。第8层为灰色硬土，层面有一石块。第9层系灰褐色软土，含数片陶片。坑底存留3件完整的磨制石铲和一扁平砾石。砾石外形也似有肩石铲。此坑软土堆积厚薄不一，薄者6~10厘米，厚者30~40厘米。而硬土堆积层厚度一般都在2~4厘米，似经踩踏或砸实而成。所出完整石器皆有意摆放于层面之上，而不混于堆积之中。

ⅠH474，部分在发掘区外，从已发掘部分看，当为较规整的圆角矩形直壁坑。坑内堆积分5层。第1层为较纯净的黄土，出一磨制石铲残块。第2层黄灰土，出石刀残段2件，残陶圆饼、残石凿和可复原的泥质陶盆各1件。第3层亦为较纯净的黄土，未见遗物。第4层为含炭粒的灰土。此层底部散落一些大小不一的石块，南端最大石块下有一人头盖骨残片，其上有一穿孔。这些石块以东还有一具残缺不全的小孩骨骼。此层出彩绘陶器残片、石钺残块、石器残段、圆陶片、陶圆饼、梯形磨制陶片、骨锥、有刻痕的羊跖骨各1件，还出有夹砂罐、甗盆、大口瓮等器类的残片。近坑底为一层很薄的灰绿土，含少量陶片。

六、关于遗存布局的认识

从地形、地貌观察，在大山前的7个地点中，KDⅠ原本是由KDⅡ所在坡岗向东南方向延伸下来的一部分，但由于其北侧现存一宽17~30米的深沟，西南与南侧又濒临河道，从而使其成为一个独立于四周的台子。

KDⅠ的面积约16000平方米，而此地点仅发掘了1764.85平方米。不过，遗址边缘的陡坡上或基岩裸露，或已基本不见灰土与遗迹，所布的几列探方则沿该地点中轴纵贯南北，这样推算下来，KDⅠ主要的遗迹分布区约有四分之一已被揭露出来。所以，尽管此项发掘不能完整地揭示该地点夏家店下层文化的全部现存遗迹，但至少可据此推测主要遗迹的布局特点。

从KDⅠ夏家店下层文化深厚的堆积和复杂的叠压打破关系，以及陶器的分段来看，这里应是一处经历时间较长而又相对稳定的遗址。

发掘区北部揭露出的ⅠQ1是一段西南—东北向弧形延展的土墙，现存墙体底宽10～12米，顶宽6～9米，高1.1～1.4米。经解剖，墙的主体系水平堆筑而成，各部位层次多少不等，外缘则有斜向叠压在主墙体之上的附加部分。这附加部分似经过夯打，不仅外侧有斜直的面，而且硬度也高于主墙墙体，或就是为加固主墙体而附设的护坡。这护坡的外缘有一段狭长的石块铺砌的部分，残高20～70厘米，局部叠压在护坡堆积之上，或许也是ⅠQ1的附设部分，暂称石礅。这石礅再往北，便是KDⅠ北侧深沟的南壁了。

从地层关系结合分期结果看，ⅠQ1是第一段中形成时间最早的重要建筑遗迹。从其走向结合部分地段的钻探看，它主要崛起在KDⅠ西北与北侧沿深沟的南缘处。KDⅠ东部由于村民建房已被切割成10余米高的陡崖，ⅠQ1是否延伸至此不得而知。KDⅠ的南端与西南缘为临河的基岩，坡势陡峭，近年虽有采石活动，但规模较小，并未影响这里的基本地貌。发掘区的南端已临近KDⅠ南侧断崖，并未发现ⅠQ1延伸至此的迹象。综合各方面情况看，ⅠQ1多半为耸立于北侧深沟南缘的一道隔墙。

如本章第一节所述，此沟的形成年代当不晚于夏家店下层文化。经解剖可知，ⅠQ1主墙所堆筑的土有两种，上为深褐色土，下为黄褐色土。而KDⅠ北侧深沟的断壁上（尤其是北壁）则有明显差异的上下两层生土，上为黄土，下为红褐色土。经仔细观察，ⅠQ1的深褐色土无论其黏性的土质，还是含料姜石颗粒等特点都与沟壁上的红褐色土有所相似，唯色泽更深，土质稍杂。ⅠQ1的黄褐色土则偏沙性，亦与沟壁所呈露的黄色生土十分相像，唯土色稍深，土质略杂。所以，ⅠQ1墙体的上下两层墙土很可能分别取自北侧深沟内原生的两种生土，亦即是说，ⅠQ1主体部分的堆筑很有可能就是与挖北侧深沟同时完成的。

不过，如此堆筑而起的墙体，若从外侧看，似乎高大耸立，但由台顶观之，则根本无险可言。甚至第一段的灰坑ⅠH13、ⅠH34都可挖破它的内缘。可见，ⅠQ1在防御方面的作用并不明显，而界隔的性质似更突出。KDⅠ正是因为ⅠQ1及其北侧深沟的存在，才使得其与北侧KDⅡ所在的坡岗相隔开，形成了一处相对独立的台子。

发掘区内的夏家店下层文化遗迹集中分布于两个区域。一处在ⅠQ1南缘以南25～30米的范围内，另一处在KDⅠ南侧断崖以北约30米的范围内。从这个现象来看，夏家店下层文化的主要遗迹很可能沿ⅠQ1的内侧展开分布，最终形成的是一个近环状的遗迹带。这一推测也和钻探的结果基本相符，特别是经钻探了解到，被环围的这个中心区直径约25米，分布在这里的夏家店下层文化遗迹仅有少量的灰坑，而由发掘来看，该地段除残留的一个柱穴（ⅠD12）外，基本不见编号为房址的夏家店下层文化遗迹。

从发掘区内纵贯KDⅠ南北的两个剖面来看（见图2－2、图2－3、图2－5），尽管目前KDⅠ的地表总体上呈现南高北低的趋势，但若从生土的现存高度看，上述夏家店下层文化遗迹带内的生土层面相对较低，而发掘区中部夏家店下层文化遗迹分布稀疏的区域虽经战国时期的扰动和近现代整修农田的破坏，现存生土层面却仍然高于其南北两侧。

可以说，中间这一直径约25米的“高地”之所以少见夏家店下层文化的遗迹应非偶然，很可能就是在某种特有的理念下预先将其规划出来的，不作为主要的建筑用地，而只赋予其特殊的功能。这块“高地”已发掘的范围内不见第一段的遗迹，只见少量的第二、三段的灰坑。其中位于这一地段南部边缘的ⅠH203与ⅠH204是一对同时形成且性质明确的祭祀坑，属第二段，坑内皆有燃火痕迹；属第二段的ⅠH202、ⅠH448、ⅠH449、ⅠH428、ⅠH12与第三段的ⅠH355、ⅠH356等灰坑，从形制结构等方面看，其最初的功能虽未必与窖穴无关，但如前所述，其中有些坑至少在堆积过程中已显现出非实用性迹象。如ⅠH202、ⅠH428、ⅠH449、ⅠH356诸坑，堆积中都有于坑内燃火形成的厚薄不等的灰烬层，坑底或近坑底处都置有较完整的黑土坯。所以，综合各方面迹象，可以说这片位居KDⅠ核心部位的高地，或许就是一处被赋予特殊功能的中心性礼仪场所。这中心场所及ⅠQ1的存在，显示KDⅠ夏家店下层文化遗迹群的整体布局具有凝聚式特点。

发掘区内的夏家店下层文化遗迹分布密集，不仅夏家店下层文化单位之间有着复杂的叠压打破关系，夏家店上层文化、战国时期乃至辽代的人类活动也都对夏家店下层文化的遗存造成了不同程度的破坏，导致大多数夏家店下层文化的遗迹已残缺不全，也使准确判断哪些是开口或起建层位相同的遗迹遇到相当大的困难。何况，即使是有着并列关系的遗迹，由于缺乏相互连接的路土等证据，亦不能就此断言它们彼此之间具有共时关系。所有这些条件的限制，使得详细分析发掘区内夏家店下层文化遗迹的布局及大多数遗迹之间的相互关系，至少从目前看是难以做到的。本报告逐一介绍了夏家店下层文化的遗迹，刊布了发掘区平面图和主要的剖面图，并出示了各探方的地层关系表，期望能在今后针对布局等问题提出进一步的认识。

赤峰考古队田野工作报告之二

大山前第Ⅰ、Ⅱ地点发掘报告

中

国家文物局合组　中国社会科学院考古研究所
内蒙古自治区文物考古研究所
吉林大学边疆考古研究中心　赤峰考古队　编著

故宫出版社

第五章　第Ⅰ地点夏家店上层文化遗存

与第Ⅰ地点的夏家店下层文化和战国时期遗存相比，这里的夏家店上层文化遗存显得较为稀少。尤其是未见可确认为夏家店上层文化的地层。虽然这可能和战国时期及其以后的遗存破坏有关，但可以肯定的是，此一时期的堆积并不像之前的夏家店下层文化那样普遍而深厚。

第一节　遗迹

属于夏家店上层文化的遗迹共有 25 处，包含房址和灰坑两种。

一、房址

编号为房址的遗迹仅 1 处。

97KDⅠF38　跨ⅠT314、ⅠT315、ⅠT324 和ⅠT325。在ⅠQ4 之下，其下为ⅠH258。系一半地穴房址，口部平面略作圆角长方形，东北角被战国时期的ⅠH243 削毁。

四壁向内斜收，局部穴壁坍塌，穴底不甚平整，中部最深。南北向最长 370、东西向最宽 325、最深处穴深 70 厘米。穴底似经踩踏而质地略硬，其主要部分经过烧烤，呈红色烧土面，这部分大致呈直径 240 厘米左右的不规则圆形。靠西壁处的穴底有一片略见椭圆形的范围（长约 120、宽约 65 厘米）烧烤特甚，呈黑色，该处穴底之下 10 厘米厚的土亦被烧成红褐色。穴底中部偏东有一东南—西北向略长的灶坑，最长 60、宽约 50、深约 15 厘米，坑中横立 3 块土坯，俯视呈“Y”形。

穴底东南部有一残陶罐底（ⅠF38②:4）。穴底尚有石刀残段、鹅卵石、骨器和狗骨、狗牙各 1 件，以及 20 余块经烧过的桦树皮，但确切位置均不甚明了。这些桦树皮或是容器残块，绝大多数已烧成黑色，最大的一块长 8、宽 5.6 厘米（图 5－1）。

穴内堆积为黑灰土，出较多陶片，并有兽骨，还出石斧、石刀残段、鹅卵石、陶纺轮、残骨镞、蚌饰、经磨过的羊距骨各 1 件，以及 14 块烧过的桦树皮（最大的一块长 6.4、宽 5.7 厘米）。

二、灰坑

编号为灰坑的遗迹共 24 处。

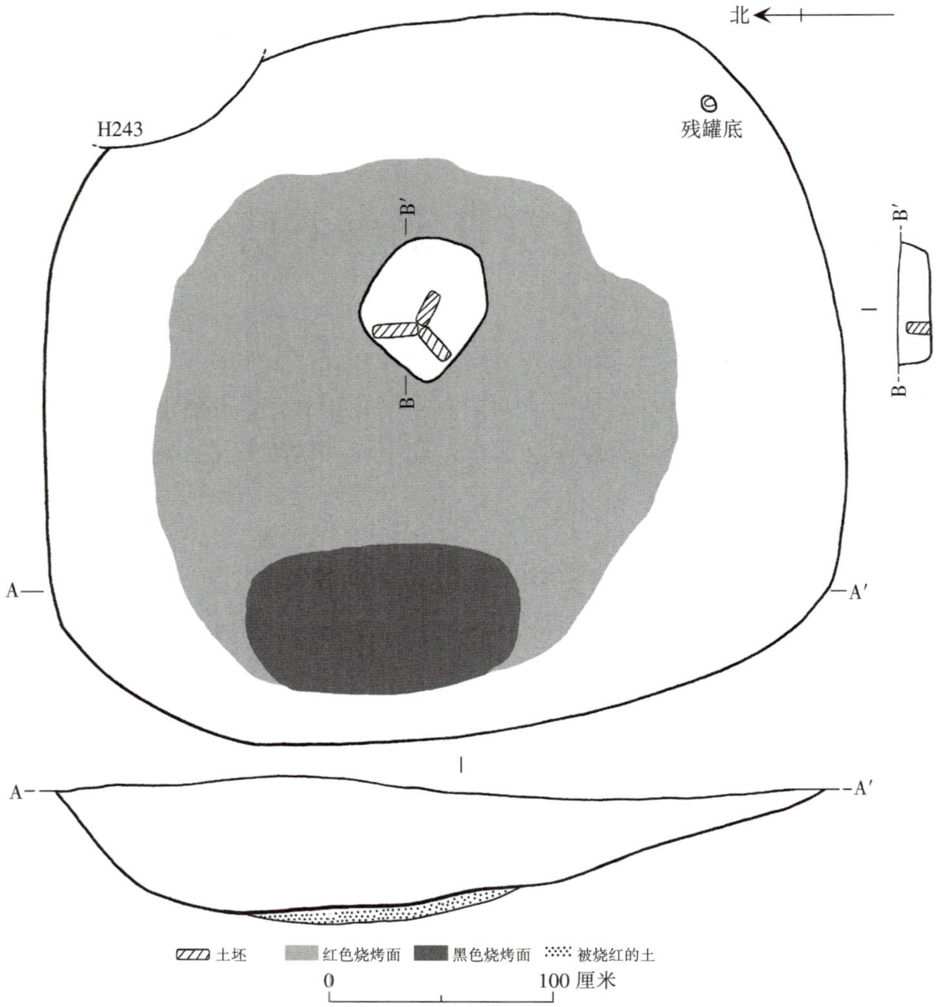

图 5－1　97KDⅠF38 平、剖面图

96KDⅠH62　位于ⅠT409 东北，其东部在发掘区外。被ⅠH177 打破，本身打破ⅠT409 第 2A 层。已发掘部分的坑口平面略呈半圆形，南北长 145、坑深 45 厘米。坑壁较直，坑底略平。坑内堆积灰土，出陶片和兽骨。

96KDⅠH74　位于ⅠT419 内。开口于ⅠT419 第 4 层下，打破第 5 层。平面近圆形，袋状，坑底略平。口径约 220、底径约 235、坑深 50～60 厘米（图 5－2）。坑内西北部的堆积为黑灰与烧土块，其余部分为黄花土。坑内堆积出有较多陶片，除夏家店上层文化外，也有不少夏家店下层文化陶片，兽骨中主要是牛和狗，并有石、骨器等。

坑底靠近东南壁处置有彼此叠压的 4 件卜骨，均以牛、羊之类的动物肩胛骨制成。被放在下面的ⅠH74∶9 这件体量最大，肩臼朝向西侧。其上压有ⅠH74∶10 和ⅠH74∶15，前者位居西北，后者残缺较甚，处于东南。最上面的是ⅠH74∶11。坑底东南部和东北部各有一堆陶片，东南部的陶片均为夹砂红陶（彩版一二七，2），东北部的陶片皆泥质灰陶，两堆陶片各含一个器底，与东北部陶片在一起的还有ⅠH74∶5 这

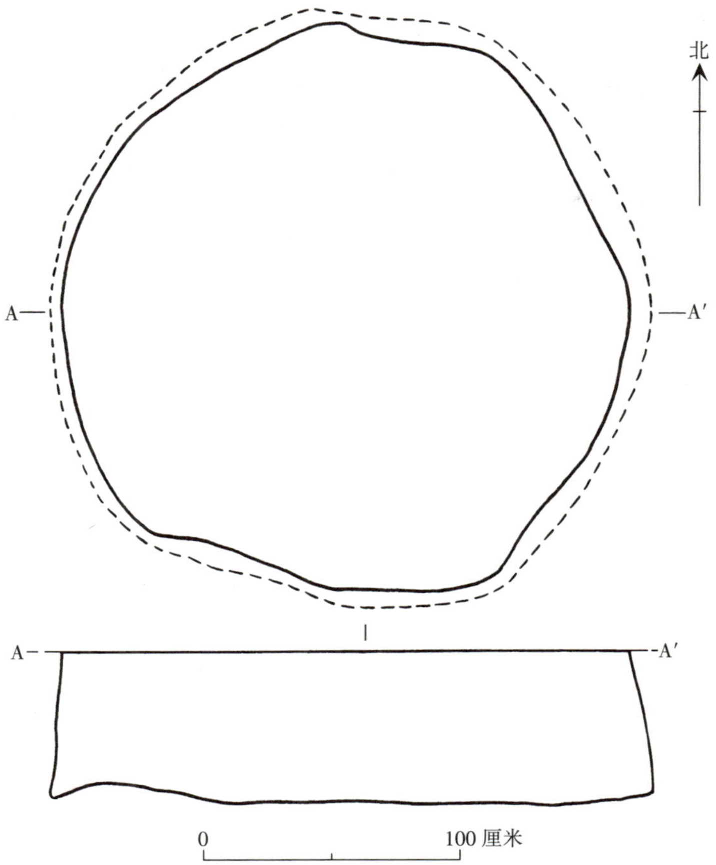

图5－2　96KDⅠH74平、剖面图

件盘状石器（彩版一二七，1）。

96KDⅠH89　位于ⅠT110东部，部分在发掘区外。开口于ⅠT110第2层下，打破第4A层。已发掘部分的坑口南北长220、最宽160、坑深30～65厘米。袋状，坑底略平。坑内堆积分四层：ⅠH89①，黄褐色土，厚0～30厘米；ⅠH89②，褐色土，厚0～20厘米；ⅠH89③，黄褐色土，厚0～20厘米；ⅠH89④，土色驳杂，而以黄褐色为主，厚10～15厘米。堆积中出陶片和兽骨。

96KDⅠH92　跨ⅠT110西南和ⅠT410东南，南部在发掘区外。开口于ⅠT110第3A层下，被战国时期的ⅠH35、ⅠH46打破，本身打破ⅠH177和ⅠT110的第3B、4I层。已发掘部分的坑口平面不甚规则，东西最长处长270、南北最宽处宽220厘米，袋状，坑底略平，最深处坑深170厘米。

坑内堆积大体分六层：ⅠH92①，为夹杂黄土颗粒的灰褐色土，厚0～65厘米。出一猪上颌骨，分左、右两半，左半出自此层中，右半的出土位置偏上，以至于在清理其上的ⅠH46（战国时期）时已将其掘出；ⅠH92②，黄褐色土，厚0～25厘米；ⅠH92③，灰褐土，最厚处约75厘米；ⅠH92④，土色黄灰相杂，厚0～40厘米；ⅠH92⑤，黄褐色土，厚0～90厘米；ⅠH92⑥，灰褐土，厚0～50厘米。各层均出陶片和兽骨，除夏家店上层文化外，也有不少夏家店下层文化陶片。ⅠH92①出小陶盅和石器残段各1件，ⅠH92③出一小河沿文化彩陶片，ⅠH92⑥见一夏家店下层文化彩绘陶片。

坑内南侧有一段土坯墙，坐落在ⅠH92⑤的底部。就已发掘部分而言，此墙延展的方向大体为西南—东北向，在此范围内墙体保存的最长、最宽距离分别为220和68厘米，存高30～65厘米。以卧置之土坯层层相叠而成，坯皆黑土，较大者长、宽、厚各约40、30、10厘米，坯间填抹黄泥。东部墙体所存最高，可见叠砌的规则（彩版一二八，1）。

坑底北壁下卧置一陶鬲（ⅠH92⑦:1），鬲口朝北，一足在上，此足足根下部残缺（图5-3；彩版一二八，2）。

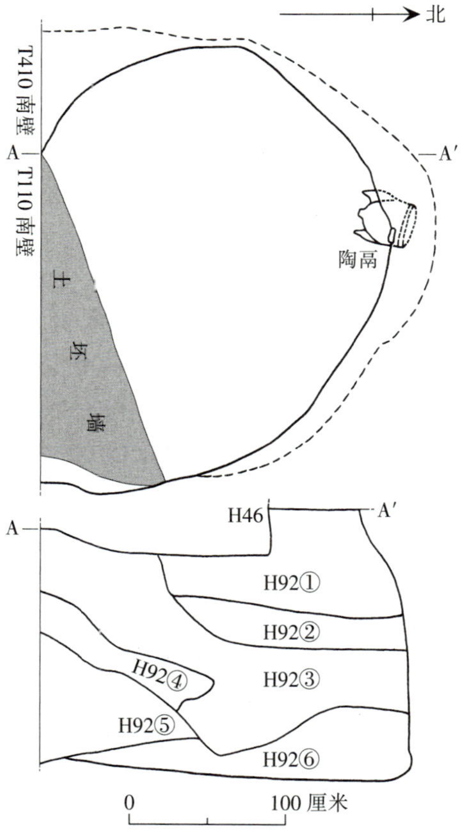

图5-3　96KDⅠH92平、剖面图及ⅠH92⑤土坯墙

96KDⅠH141　跨ⅠT420、ⅠT421、ⅠT432和ⅠT433。开口于战国时期的ⅠT420第4层（亦即ⅠT421第3层）、ⅠT432和ⅠT433的第2层下，打破夏家店下层文化的ⅠT420第5层、ⅠT421第4层和ⅠT432、ⅠT433的第3层，以及ⅠH158。

平面略近圆形，口径265～305厘米，坑深一般在110厘米左右。袋状，局部坑壁有坍塌，坑底略平。坑内堆积分三层：ⅠH141①，灰杂土，0～52厘米，出有兽骨；ⅠH141②,灰褐土，厚15～65厘米，含较多红烧土块，见有残果核和果仁（鉴定结果参见附录三)；ⅠH141③，灰土，厚约20厘米。各层均出夏家店上层文化和夏家店下层文化的陶片，ⅠH141③的陶片以夏家店上层文化为主。

此坑的平面范围特别是中心部位与其下的ⅠH158（夏家店下层文化）和其上的ⅠH45（战国时期）多有重合。

96KDⅠH177　跨ⅠT409东北和ⅠT410东南，部分在发掘区外。被ⅠH92打破，本身打破ⅠH62。已发掘部分的坑口平面东西向最长100、南北最宽40、坑深75～95厘米，袋状，坑底略平。出少量陶片。

97KDⅠH213　位于ⅠT326内。在ⅠQ4下，打破ⅠT326第6层。坑口距地表30～60厘米，平面近圆形，东南部坑壁较直，西北部呈袋状，坑底略平，靠下部的坑壁和坑底抹一层黄泥。坑口直径250～260、坑深125～155厘米。坑底西北部有一口径18、深10厘米的圆形浅穴。坑内堆积分二层，皆呈水平状分布：ⅠH213①，灰褐色土，厚80～110厘米；ⅠH213②,灰绿土，厚35～50厘米。两层均出陶片和兽骨，堆积中还有石、骨器和陶纺轮、卜骨残块等（图5－4）。

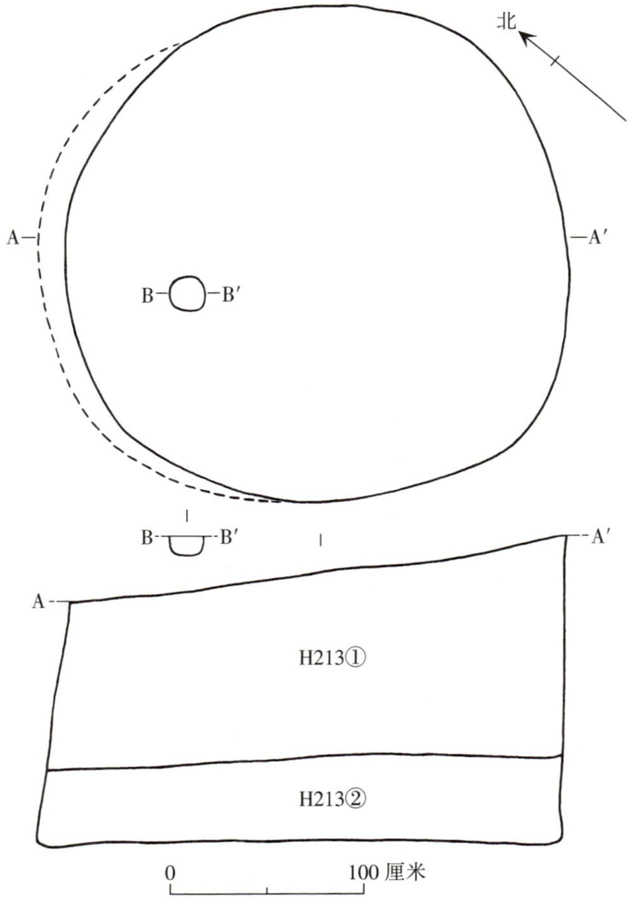

图5－4　97KDⅠH213平、剖面图

97KDⅠH239　位于ⅠT316内。开口于ⅠT316第5层下，打破ⅠH344。坑口距地表85～130厘米，南部被战国时期的ⅠH238削去甚多。此坑平面圆形，袋状，坑底较平。口径160、底径208～215厘米，坑深190～210厘米。距坑口70～80厘米处以下的坑壁普遍存留二齿工具痕，绝大部分齿痕分上、下两排，痕长多在40～70厘米之间，最长至80厘米，痕宽约4厘米，齿距7厘米左右（彩版一二九，1；图版一四，1）。

坑内堆积分八层：ⅠH239①，深褐色土，较软，厚10～30厘米；ⅠH239②，土色黑黄相杂，土质略硬，厚25厘米左右；ⅠH239③，黑土，较硬，厚0～40厘米，此层底部贴近北壁处有一大石块，其下置有完整的羊头骨及肩胛骨各1件；ⅠH239④，黑灰土，较硬，厚15～65厘米；ⅠH239⑤，灰土，较软，厚25～50厘米；ⅠH239⑥，黑灰土，较软，厚0～30厘米；ⅠH239⑦，土色黑黄相杂，较硬，厚25～35厘米；ⅠH239⑧，黑土，较软，厚5～20厘米。堆积中出较多陶片和兽骨，并有石、骨器和砾石。坑底南部存留陶片和石块各1件（图5－5）。

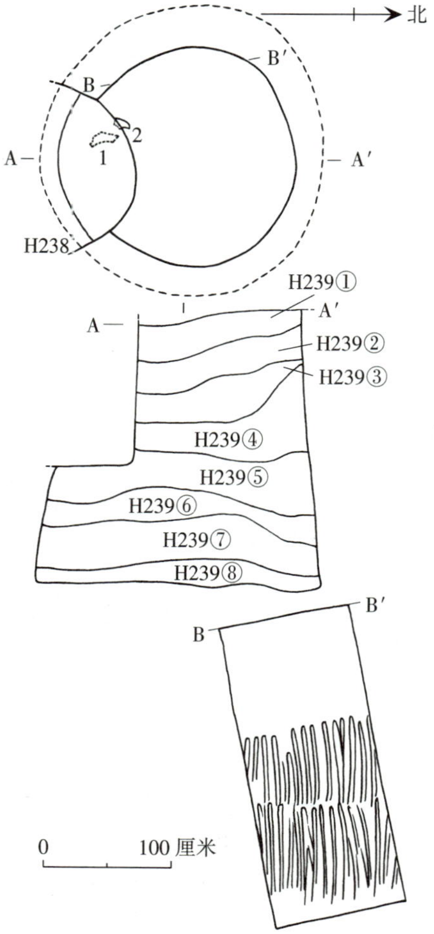

图5－5　97KDⅠH239平、剖面图及BB′截面坑壁工具痕
1. 坑底陶片　2. 坑底石块

97KDⅠH254　位于ⅠT307内。被战国时期的ⅠH240打破，本身打破同属夏家店上层文化的ⅠH333。平面圆形，锅底状。口径105、最深处坑深35厘米。坑内堆积黑灰土，出少量陶片，并有陶纺轮半成品和残骨镞各1件。

97KDⅠH258　跨ⅠT315和ⅠT325。在ⅠF38之下，打破ⅠH260、ⅠH353。东邻夏家店上层文化的ⅠH298，二者最近距离在80厘米左右。

此坑平面圆形，直壁，底略平。直径约335、坑深150厘米左右。坑内堆积分三层，皆呈水平状分布：ⅠH258①，黑灰土，较软，厚55～65厘米，出较多陶片，以夹砂红褐陶为主，并有少量兽骨，此层东北部出有1件残陶鼎（ⅠH258①:1），三足皆自足顶残断；ⅠH258②，黄灰色土，较软，厚55～60厘米，出有兽骨及较多的夏家店下层文化陶片，以多道箍堆纹的泥质灰陶陶片为主，并有螺壳和石铲残段、卜骨残块各1件；ⅠH258③，灰褐土，较软，厚25～35厘米，出少量泥质黑灰陶陶片和兽骨（图5－6）。

97KDⅠH288　跨ⅠT306和ⅠT316。开口于两探方的第5层下，打破ⅠH381、ⅠH413。平面呈不规则椭圆形，袋状，坑底略平。坑口东南—西北向长200、最宽150、

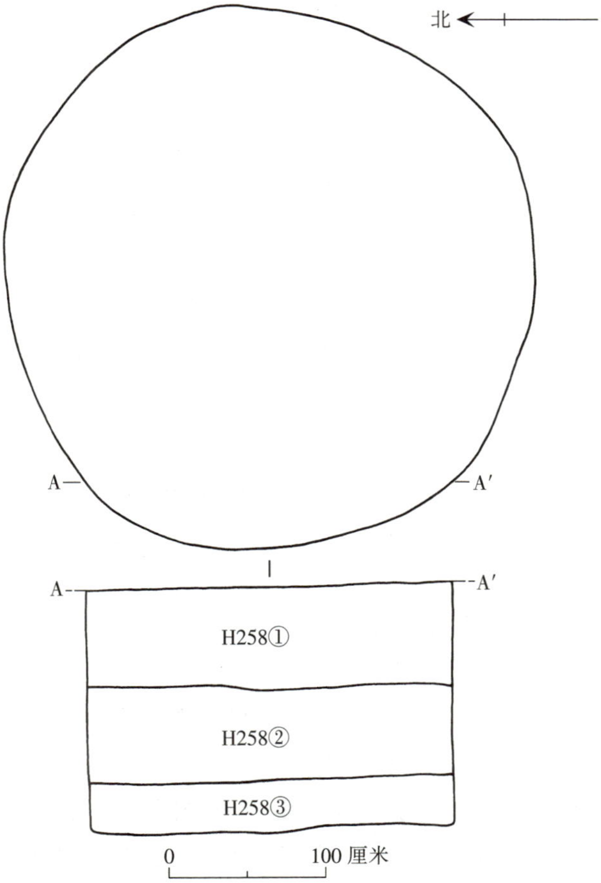

图5－6　97KDⅠH258平、剖面图

坑底长215、宽160、坑深40～45厘米。坑内堆积黄灰色土，出陶片和兽骨，以及残骨针、残骨镞、磨制石铲残片各1件，并有一人的下颌骨（图5－7）。

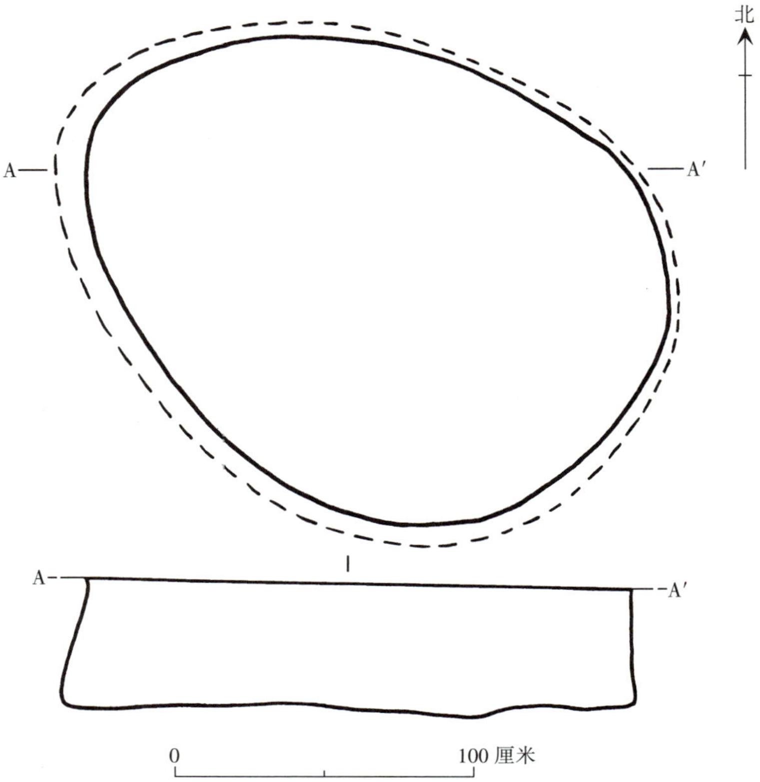

图5－7　97KDⅠH288平、剖面图

97KDⅠH295　跨ⅠT306、ⅠT307和ⅠT316。为ⅠH279所破，打破ⅠH413。平面圆形，上部坑壁较直，下部袋状，坑底略平。口径约225、底径245～250、坑深约190厘米。坑内堆积分三层：ⅠH295①，黑土杂黄、灰斑，夹料姜石，较硬，厚70～120厘米；ⅠH295②,深褐色土，夹杂灰烬，较软，厚60～100厘米；ⅠH295③，黑土，夹杂红烧土块，略硬，厚0～15厘米。各层均出陶片和兽骨，并有石、骨器和圆陶片等，ⅠH295②尚出2件狗右下颌骨（图5－8）。

97KDⅠH298　位于ⅠT315内。被战国时期的ⅠH243、ⅠH281打破，打破ⅠH348。坑口距地表115厘米，平面圆形，直壁，平底。口径205～220、坑深120厘米。坑内堆积分二层：ⅠH298①，褐色土；ⅠH298②，黄杂土。堆积中出有兽骨和少量陶片，并有石铲半成品和残卜骨各1件。

97KDⅠH307　位于ⅠT308东部，向东延至发掘区外。被ⅠH263打破，直接打破生土。南边被ⅠH275削毁。坑口距地表75～80厘米。已发掘部分的坑口南北向长190、东西向最宽处宽140、坑深175厘米。袋状，平底。坑内堆积灰褐土，局部夹杂黄土、炭灰及红烧土块，出较多陶片，并有兽骨和石、骨器。

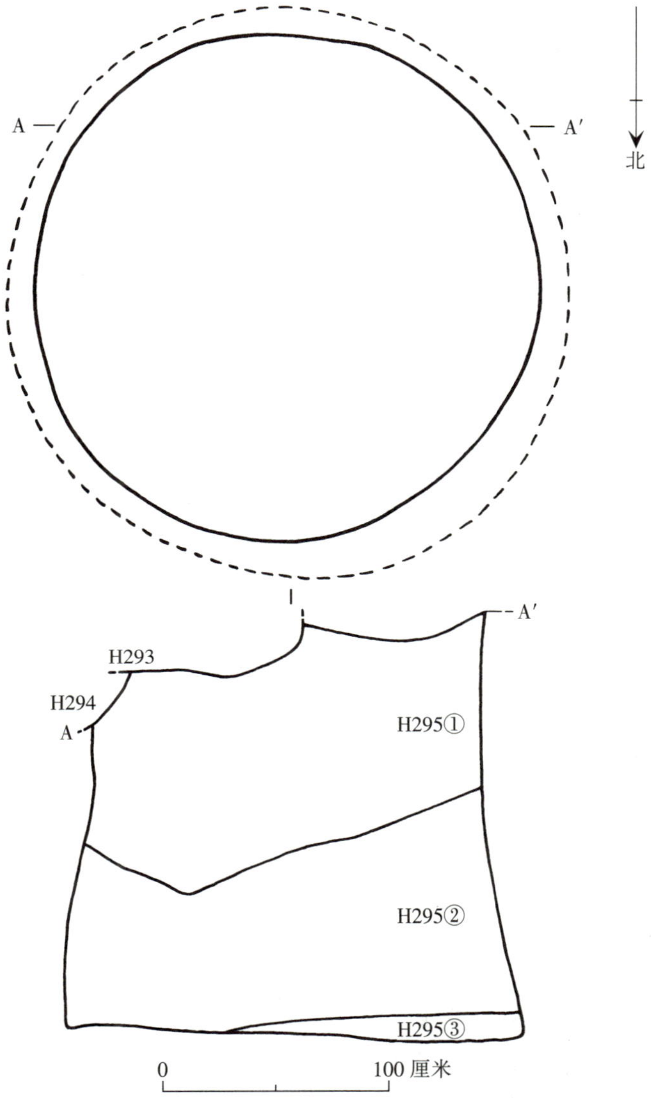

图 5-8　97KDⅠH295 平、剖面图

97KDⅠH333　位于ⅠT307 内。中部为夏家店上层文化的ⅠH254 所打破，打破ⅠH413。平面圆形，袋状，平底。口径 187～200、底径 205～225、坑深 120 厘米。东北部坑壁存留二齿工具痕，齿距 4.5、齿痕进深 1.5 厘米。坑内堆积分二层：ⅠH333①，黑灰土，较软，含较多石块；ⅠH333②，为灰白色灰烬，含红烧土块，厚约 10 厘米。堆积中出较多陶片和兽骨，还出有 4 件石铲（钺）残块，以及骨镞、骨锥尖和陶圆饼各 1 件（图 5-9）。

97KDⅠH347　位于Ⅰ T432 内。Ⅰ T432 第 1 层下开口，打破同属夏家店上层文化的Ⅰ H401。此坑南北向长，但坑口边线划定得不够准确，大致在长 180、宽 70 厘米左右的范围内，坑深约 20 厘米。坑内出数片陶片，并有散乱的人骨。

97KDⅠH354　位于ⅠT301 内。ⅠT301 第 1 层下开口，打破ⅠH355、ⅠH356。坑

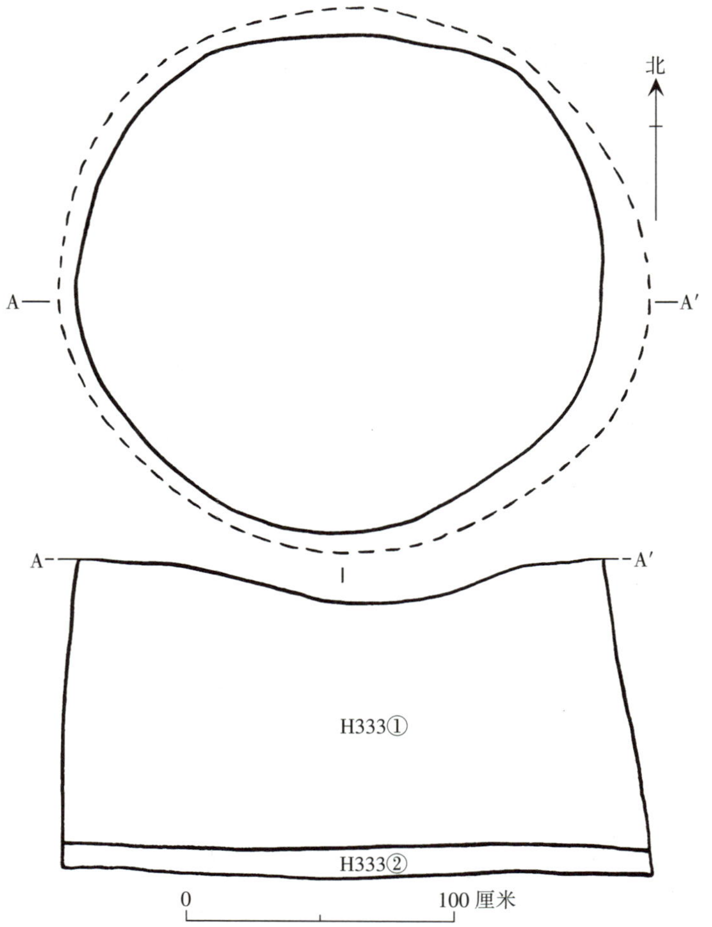

图 5－9　97KDⅠH333 平、剖面图

口距地表 15 厘米，平面近圆形，坑壁略呈袋状，平底。口径 250～260、底径 260～270 厘米，坑深 25～35 厘米。坑底靠近北壁处有一圆形浅穴，口径 28、最深处深 16 厘米。坑底南部置一残陶豆座。坑内堆积黄灰色土，较软，出少量陶片，并有一陶埙（图 5－10）。

97KDⅠH380　跨ⅠT305 东南和ⅠT306 东北，其东部在发掘区外。被战国时期的ⅠH338打破，其上依次还有ⅠH330、ⅠH272、ⅠH271 等坑，打破夏家店下层文化的ⅠH381、ⅠH382、ⅠH413。从已发掘的部分看，此坑平面当近圆形，直壁，平底。口径 235～250、坑深约 130 厘米。坑内堆积分三层，皆呈水平状分布：ⅠH380①，灰土，较软，厚约 55 厘米；ⅠH380②，黄土，略硬，厚 40～50 厘米；ⅠH380③，黄灰色土，略硬，厚25～35 厘米。各层均出陶片，堆积中还有兽骨，并出一残骨管（图 5－11）。

97KDⅠH401　跨ⅠT431 西北和ⅠT432 西南，西部在发掘区外。北边被ⅠH347 打破，打破ⅠG2、ⅠH480 和ⅠH502。从已发掘的部分看，此坑平面当近圆形，坑壁较直，南部稍显袋状，平底。口径 325～335、坑深 160～220 厘米。坑内堆积黄土，夹杂炭灰、红烧土块和碎土坯块。所出陶片以夏家店下层文化的居多，夏家店上层文化陶片仅占少数，还出石、骨器等。坑底分置 3 个石块，中央有一狗头骨，前端朝西（图 5－12）。

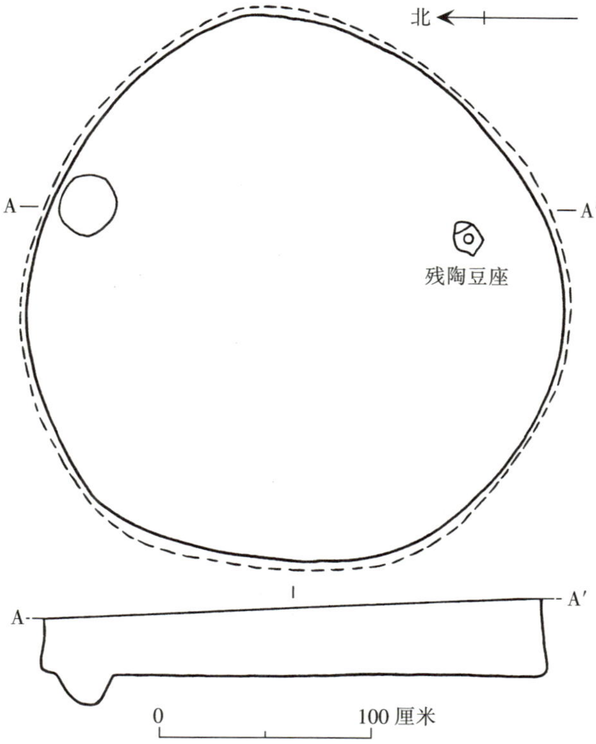

图 5－10　97KDⅠH354 平、剖面图

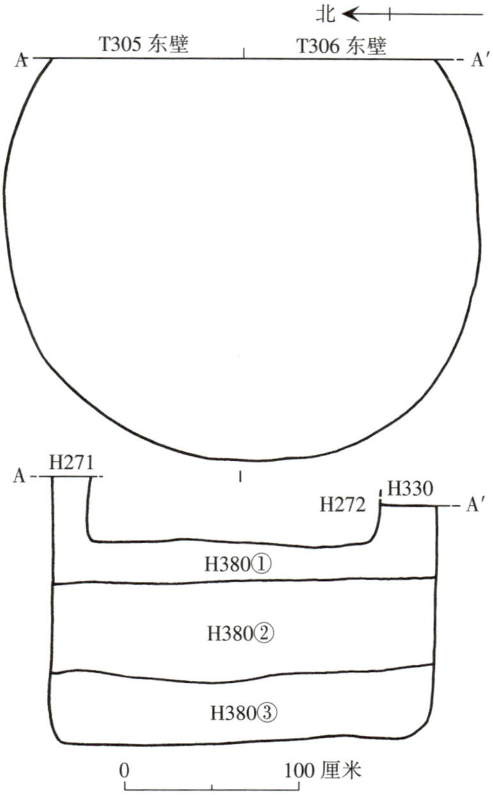

图 5－11　97KDⅠH380 平、剖面图

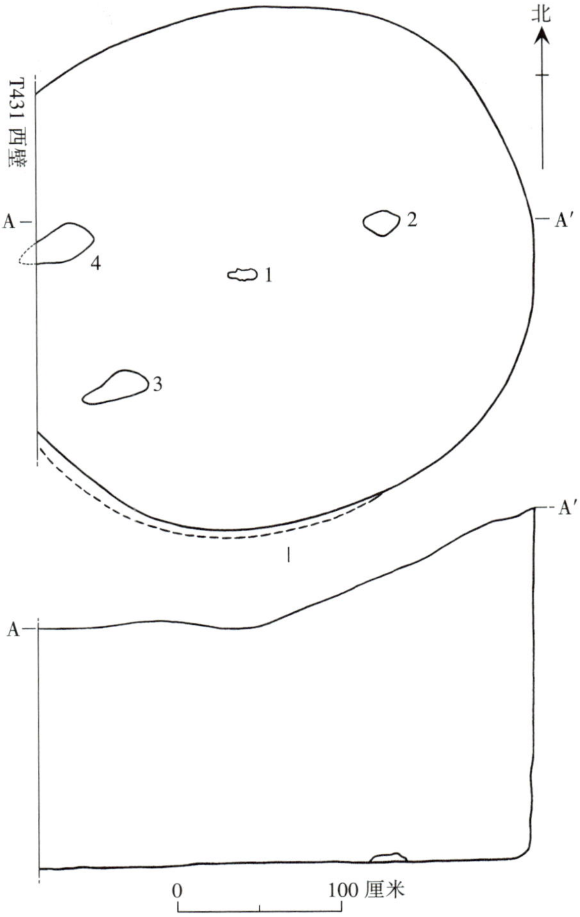

图5－12　97KDⅠH401平、剖面图
1. 狗头骨　2～4. 石块

97KDⅠH409　跨ⅠT301、ⅠT302、ⅠT311和ⅠT312。开口于这些探方的第1层下，直接打破生土。平面近圆形，略呈袋状，坑底较平。口径315～345、底径330～350、坑深80～100厘米。坑底较为硬实，而易于将堆积土与之剥离。坑底设12个小穴，围绕底部一周有9个，西部6个排列较密，东部3个较为稀疏，其他3个集中在中部偏西处，小穴的具体情况如表5－1所示。

坑底贴近西壁处有一堆烧土块，其东缘散布着些许石块。坑底东南壁下置一砾石，东北壁下亦有一砾石，在它和⑨号小穴之间是一残成两瓣的陶片，⑨号小穴西侧亦有一陶片。约在坑底中心的位置存留砾石和陶片各1件。

坑内堆积分三层：ⅠH409①，黄灰色土，略硬，厚10～55厘米；ⅠH409②，浅灰色土，杂灰烬，较软，厚10～50厘米；ⅠH409③，黄褐色土，略硬。各层均出陶片和兽骨，堆积中还有若干石器，并有圆陶片、蛋壳残片和贴附在草拌泥上的白灰面残块各1件，以及1件刻划“｜｜”状痕的羊跖骨（其中，至少盘状石器、石刀残段、石铲残块和圆陶片这4件属夏家店下层文化）（图5－13）。

表5－1　ⅠH409坑底小穴统计表

穴号	直径（厘米）	深度（厘米）	倾斜度（度）
①	7	12	77
②	7	3	90
③	7	3	90
④	8	23	90
⑤	7.5	9	85
⑥	6	7.5	90
⑦	9	10	90
⑧	5	9	90
⑨	4	4	77
⑩	6	3	90
⑪	6	3	90
⑫	4	3	90

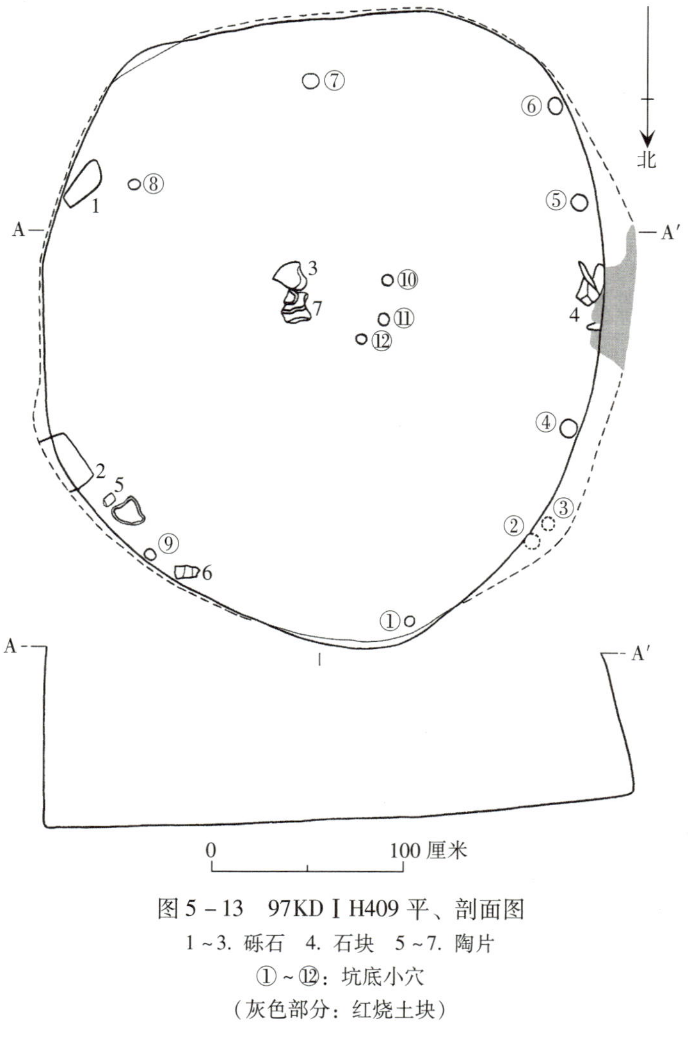

图5－13　97KDⅠH409平、剖面图
1～3. 砾石　4. 石块　5～7. 陶片
①～⑫：坑底小穴
（灰色部分：红烧土块）

97KDⅠH410　位于ⅠT336内。在战国时期的ⅠQ4之下，为战国时期的ⅠH228所破，打破ⅠT336第6层和ⅠD16。南邻夏家店上层文化的ⅠH437，二者最近距离不足90厘米。此坑平面圆形，袋状，平底。口径310～330、底径370～390、坑深约180厘米。坑内堆积分三层：ⅠH410①，黄褐色土，较软，厚100～120厘米；ⅠH410②，黄灰色土，较软，厚40～60厘米；ⅠH410③，黄杂土，较软，厚15～35厘米。各层均出陶片，堆积中还有兽骨，并出石铲残块、砾石、有孔陶圆饼和残骨镞各1件，还有1件残陶鼎（ⅠH410①:4），三足皆失（图5－14）。

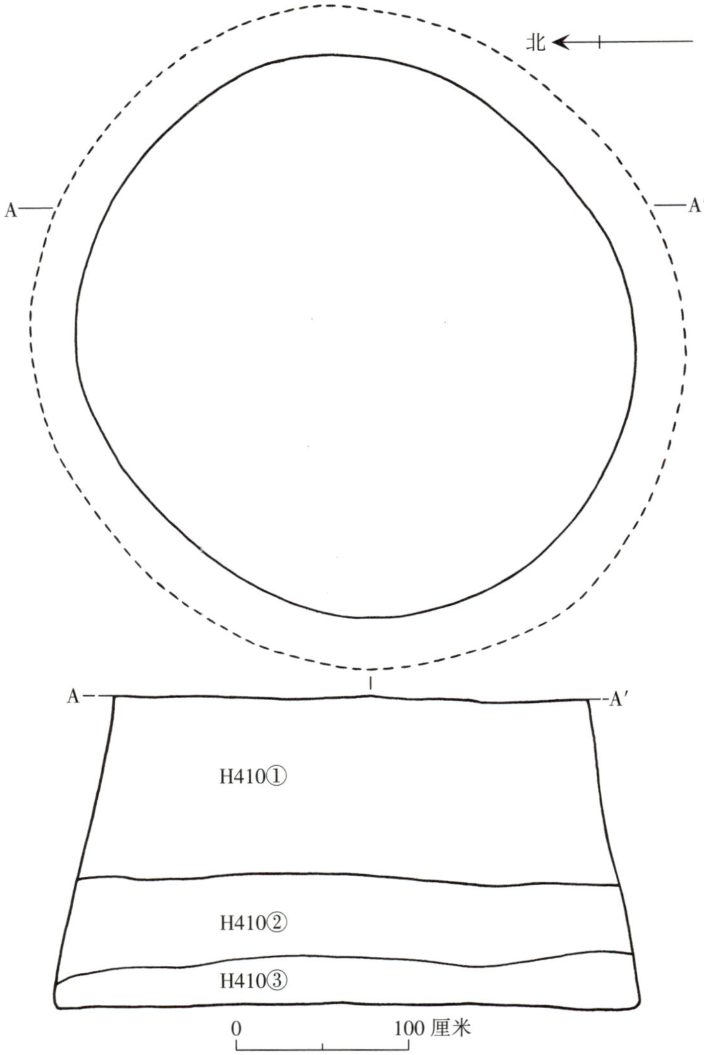

图5－14　97KDⅠH410平、剖面图

97KDⅠH437　位于ⅠT337内。在ⅠQ4之下，为ⅠH436所破，打破ⅠT337第6层。平面圆形，袋状，坑底略平。口径240、底径255～260、坑深130～140厘米。坑壁局部存留二齿工具痕，齿痕长15～25、宽约4厘米。坑底较硬，似经踩踏所致，坑

底遗物分置3处：南壁下置一石块，紧贴其西缘有一兽骨和一陶片，再向西隔开一定距离为另一陶片。西壁下置一南一北两石块。坑底中央略偏东的位置卧置一附P2、P3、P4、M1、M2、M3的牛左上颌骨。坑内堆积分二层：ⅠH437①，黄灰色土，较软，含灰烬、红烧土块和木炭块，厚60～70厘米；ⅠH437②,灰土，较软，亦含灰烬和红烧土块，厚60～80厘米。两层均出较多陶片，并有兽骨和石、骨器，以及卜骨、陶纺轮等（图5－15；彩版一二八，3）。

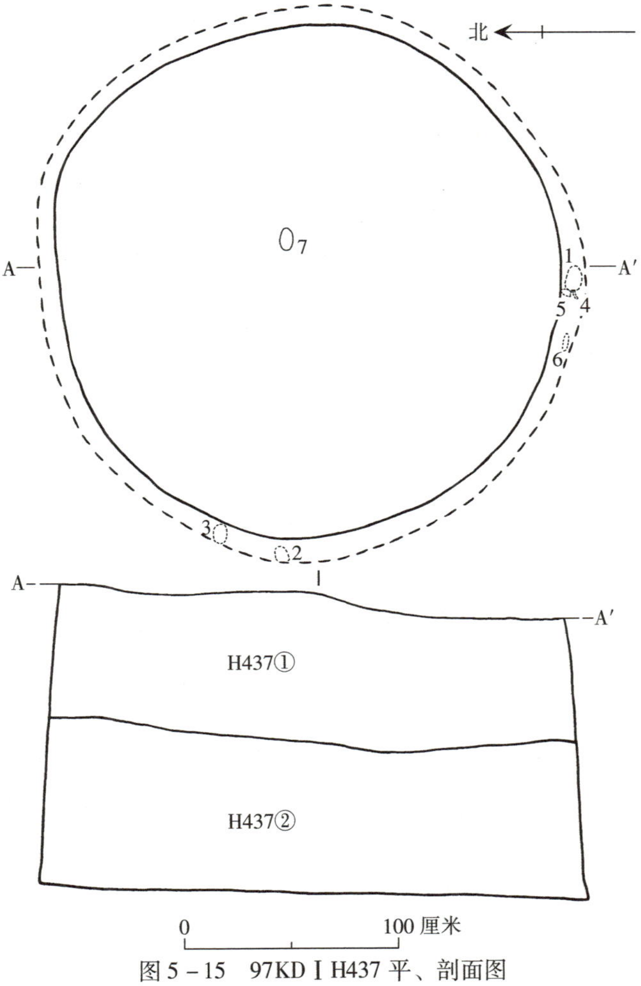

图5－15　97KDⅠH437平、剖面图
1～3. 石块　4. 兽骨　5、6. 陶片　7. 牛左上颌骨

97KDⅠH486　位于ⅠT310南部，其南部在发掘区外。为战国时期的ⅠH385所破，直接打破生土。圆形，直壁，底较平，被南倾的ⅠT310第4层削去甚多，致使坑口由北而南倾斜。所存坑口直径250、坑深15～80厘米。坑内堆积黄褐色土，坑底覆盖一层薄薄的黑灰。出少量陶片和兽骨，并有两件残骨针和一骨器残段。

96KDⅠH487　位于ⅠT323内。开口于ⅠT323第1层下，直接打破生土。平面圆形，直壁，口径60、深40厘米，出少量陶片。

第二节　遗物

本节所述遗物为人工制品。就质地而言，主要有陶、石、骨、蚌四类，陶制品为主。以下按“陶容器”和“陶容器以外的其他制品”两项分别介绍。

一、陶容器[①]

均夹砂陶，陶土中所羼石英砂粒粗细不均。烧成火候不高，陶质酥脆易碎。陶色有褐色和红色两种。褐陶居多，器表色泽不纯，一般泛红褐色，少数为灰褐色。红陶色泽均匀而鲜亮，也有一定数量。器形有鬲、鼎、罐、盆、豆、钵等，出土数量都不多。器物内外表面多经磨光，在打磨之前，多以片状工具先行刮抹。施纹者很少，仅见带有附加堆纹条带和篦点纹条带的残片。另见个别施有红衣的陶器。多数器类的器身以泥圈套接法成形，为黏接牢固多于一侧接口上压印细密的斜向坑窝。豆柄系以泥片卷制而成。器耳与鬲、鼎类器的实足根均为捏制。器耳皆有榫，插入器壁，周缘再以薄泥片包贴。足根既有直接以泥片包贴上去的，又有以榫卯法安接者。

1. 鬲

多为破碎程度较大的残片。可辨形体者依口腹特征分为二型。

A型　2件，复原1件。口较直，深腹微鼓。上腹置对称双鋬手。ⅠH92⑦:1，此件近乎完整。灰褐陶，器表有烟炱。口沿外侧加厚，沿内侧上端抹斜，尖圆唇。空足肥硕，足根外撇，一足足根下部残缺（参见彩版一二八，2）。口径32、高40厘米（图5－16，7）。ⅠH437①:11，口腹残片。红褐陶。高领，沿内侧微凹，圆唇。器表有烟熏痕迹。口径40、残高28.8厘米（图5－16，10）。

B型　3件。侈口，领较矮，扁鼓腹。领部外侧置对称鋬手或桥耳。ⅡH1:2，大体可复原。红褐陶。口略侈，沿上端内侧抹斜，尖圆唇。领腹分界不甚明显。空足较浅，裆顶宽缓，实足根略外撇。器表有烟熏痕迹。口径34.4、残高28厘米（图5－16，6）。ⅡH1:3，口腹残片。红褐陶。沿上端内侧抹斜，圆唇。领腹分界较明显。残高9.6厘米（图5－16，9）。

2. 鼎

2件。皆缺失三足。ⅠH410①:4，红褐陶。侈口矮领，沿外侧加厚，圆唇。腹略垂，圜底近平。沿及上腹之间有对称双桥耳，皆在一足的斜上方。器表有烟熏痕迹。口径18.4、残高13.6厘米（图5－16，4）。ⅠH258①:1，红褐陶。敞口，口部外侧加

---

① “陶容器”这一部分除介绍第Ⅰ地点夏家店上层文化的陶容器外，还包括第Ⅱ地点的夏家店上层文化陶容器（数量很少）。

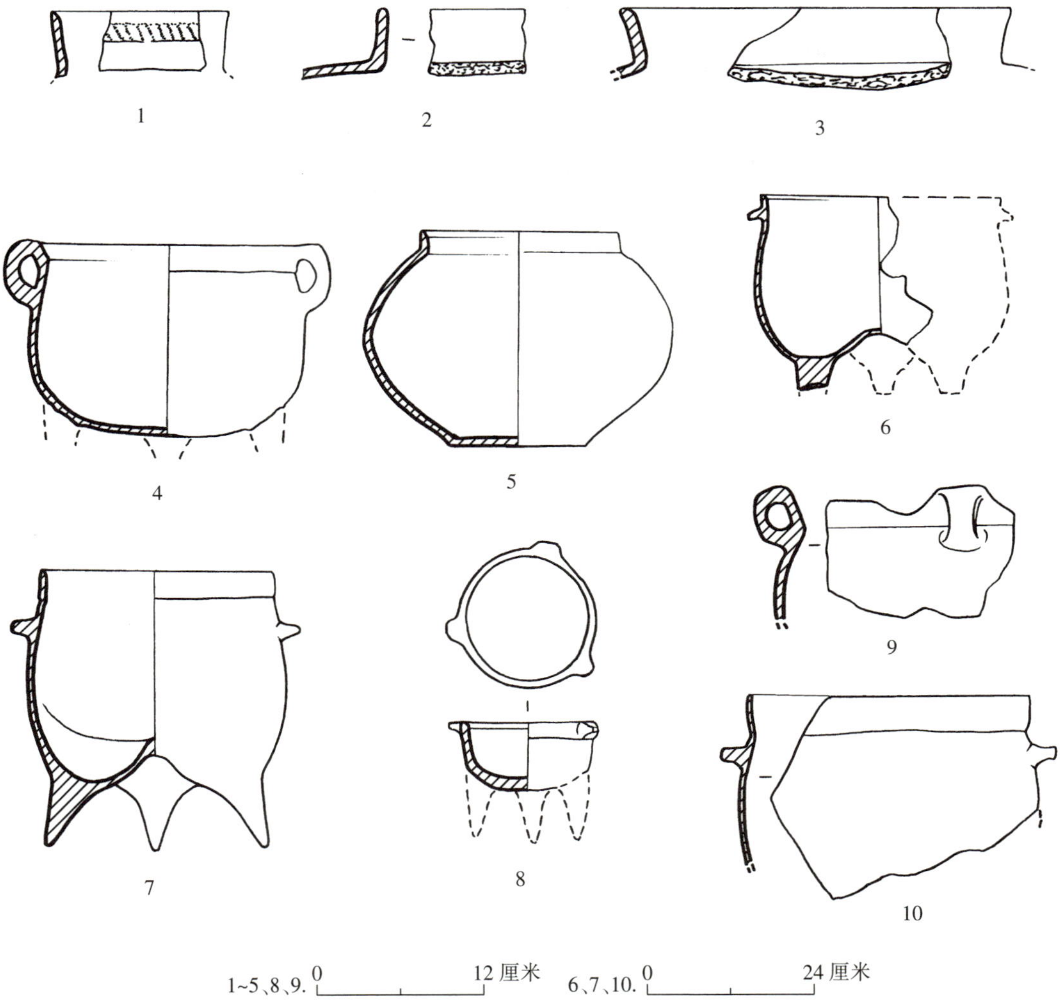

图 5－16　第Ⅰ、Ⅱ地点夏家店上层文化陶鬲、鼎、罐

1～3、5. 罐（ⅠF38①:8、ⅠH380②:1、ⅠH437③:1、ⅠH141②:5）　4、8. 鼎（ⅠH410①:4、ⅠH258①:1）
6、9. B 型鬲（ⅡH1:2、ⅡH1:3）　7、10. A 型鬲（ⅠH92⑦:1、ⅠH437①:11）

厚，内侧抹斜，尖圆唇。浅弧腹，圜底。口部外侧横置三枚小錾纽。从足根脱落处看，三足系以榫卯法安接。器表有烟熏痕迹。口径 9.6、残高 4.8 厘米（图 5－16，8）。

3. 罐

复原 2 件。ⅠH141②:5，红褐陶。直口矮领，沿内上端抹斜，尖圆唇。扁鼓腹，近底处腹微曲。口径 14.2、高 15.2 厘米（图 5－16，5；彩版一三〇，1）。ⅠH74:18，红褐陶。敛口，圆唇，圆鼓腹，小平底。口径 3.2、高 5 厘米（图5－17，10）。

口沿残片 4 件。ⅠH437③:1，红褐陶。侈口，领斜直，沿内上端抹斜，圆唇。口径约 28、残高 4.8 厘米（图 5－16，3）。ⅠF38①:8，红褐陶。口稍侈，直领，沿内上端抹斜，尖圆唇。领外上端有压印横向和斜向篦点纹组成的几何形纹饰带。口径约

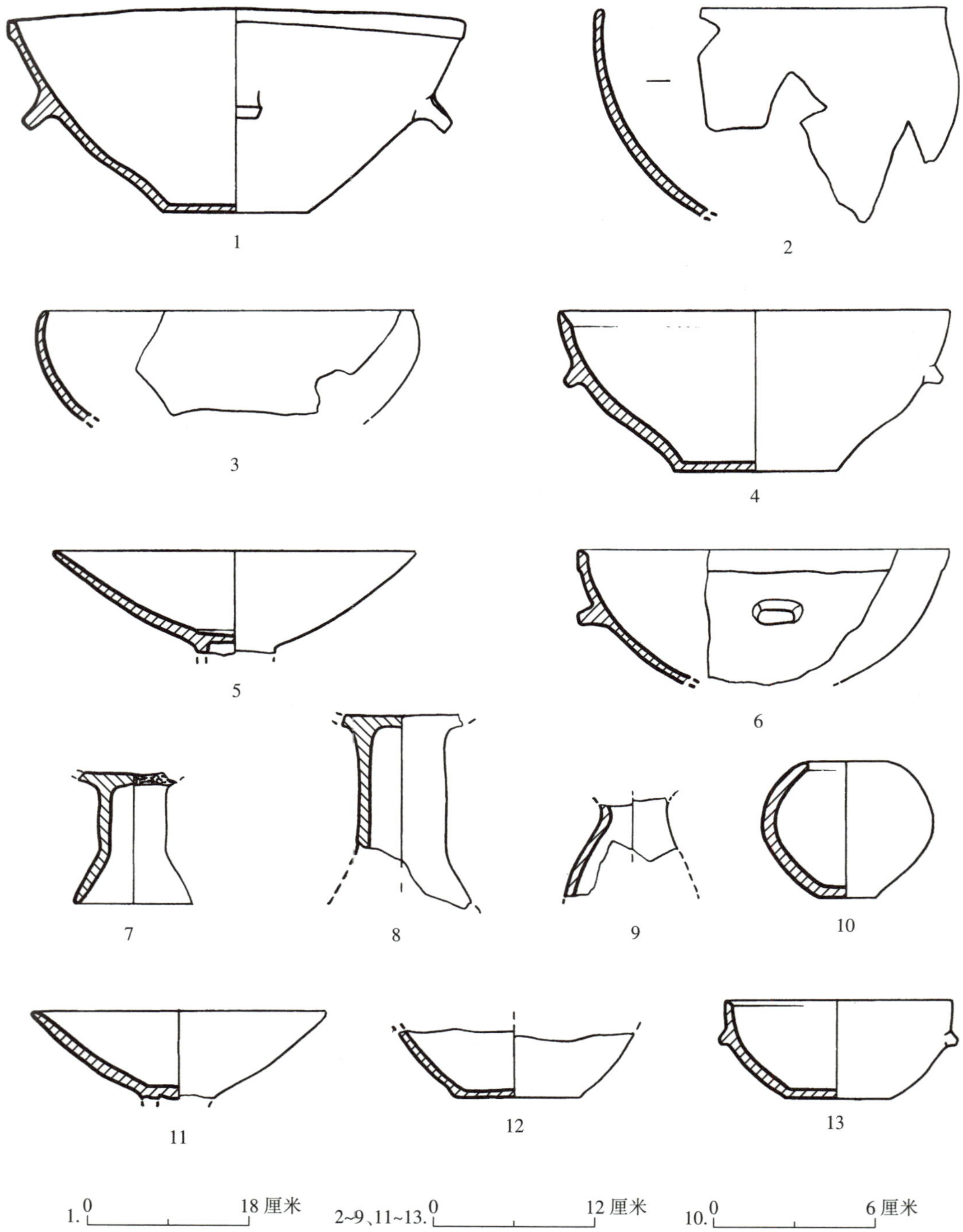

图5-17　夏家店上层文化陶罐、盆、豆、钵

1~4、6. 盆（ⅠH239⑥:3、ⅠF38①:10、ⅠH30:3、ⅠH27②:1、ⅠH45:1）　5、11. 豆（ⅠH74:6、ⅠH74:14）　7~9. 豆柄（ⅠH410③:1、ⅠH239①:1、ⅠH74:17）　10. 罐（ⅠH74:18）　12. 罐底（ⅠF38②:4）　13. 钵（ⅠT113④:1）

12.8、残高4.8厘米（图5－16，1）。ⅠH380②:1，红褐陶。直口，圆唇，肩近平。残高5.2厘米（图5－16，2）。

另有罐底部残片2件。ⅠF38②:4，红褐陶。下腹近底处微内曲。平底。底径9.6、残高4.8厘米（图5－17，12）。

4. 盆

复原2件。ⅠH239⑥:3，红褐陶。敞口，圆唇，唇缘外侧加厚，深弧腹。下腹略曲。腹中部偏上置两组对称的双鋬手。鋬手呈肥厚的长方形，下斜。此器口部呈椭圆形，整体形状不甚规整。器表留有烟熏痕迹。口最大径50.4、高22.8厘米（图5－17，1；彩版一二九，2）。ⅠH27②:1，出于战国时期灰坑内。红褐陶。敞口，唇缘内侧抹斜，深弧腹，下腹近底处曲收。上腹置对称的双鋬手，鋬手较小且下斜。器表似有红色陶衣。口径28.8、高12厘米（图5－17，4）。

口腹残片3件。ⅠH45:1，出于战国时期灰坑中。红褐陶。敞口，圆唇，唇缘外侧加厚，内侧略抹斜，浅弧腹。上腹留有1枚方形鋬手。口径27.2、残高10厘米（图5－17，6）。ⅠF38①:10，红褐陶。口微敛，圆方唇，深弧腹。残高16厘米（图5－17，2）。ⅠH30:3，出于战国时期灰坑中。红褐陶。敛口，圆唇，腹较浅。口径27.2、残高8厘米（图5－17，3）。

5. 豆

均残。豆盘有2件较为完整。ⅠH74:6，红陶。敞口，圆唇，浅斜腹，盘底内侧下凹。口径27.2、残高7.6厘米（图5－17，5）。ⅠH74:14，红陶。敞口，圆唇，腹斜收，盘底内侧略下凹。器表施红色陶衣。口径21.6、残高6.4厘米（图5－17，11）。

豆柄3件。ⅠH74:17，红陶。呈喇叭形。残高7.2厘米（图5－17，9）。ⅠH410③:1,红陶。柄上部呈筒形，下部呈喇叭形。残高9.6厘米（图5－17，7）。ⅠH239①:1，红褐陶。形制与前件基本一致。残高14厘米（图5－17，8）。

6. 钵

复原1件。ⅠT113④:1，出于战国时期地层中。灰褐陶。口微敛，唇缘内侧抹斜，弧腹。上腹置对称双鋬手。口径16.8、高7.2厘米（图5－17，13；彩版一三〇，2）。

二、陶容器以外的其他制品

以下对陶容器以外的其他遗物作全面介绍。这些遗物出自第Ⅰ地点夏家店上层文化的房址和灰坑，可分石、骨（角）、蚌、陶四类质料。石、骨（角）制品的种类和数量较多。蚌壳制品很少。陶制品主要是陶纺轮、圆陶片、陶圆饼。也包括一些夏家店下层文化的遗物，它们既可能是发掘时混入的，也有可能是在这些遗迹废弃后的堆积过程中被有意或无意置入的，凡可确认为是夏家店下层文化的，均加以说明。兹按出土单位并依各件遗物的编号顺序逐一分述。

ⅠF38①∶1　石刀残段。晶屑凝灰岩，黑灰色，磨制，弧背磨平，偏锋，端首处有一残钻孔。刀上对钻2孔，位置略近背部，石刀自较小之孔中间残断。残段长5.9、宽4.61、厚1、孔内径0.52和0.8厘米（图5－18，2）。

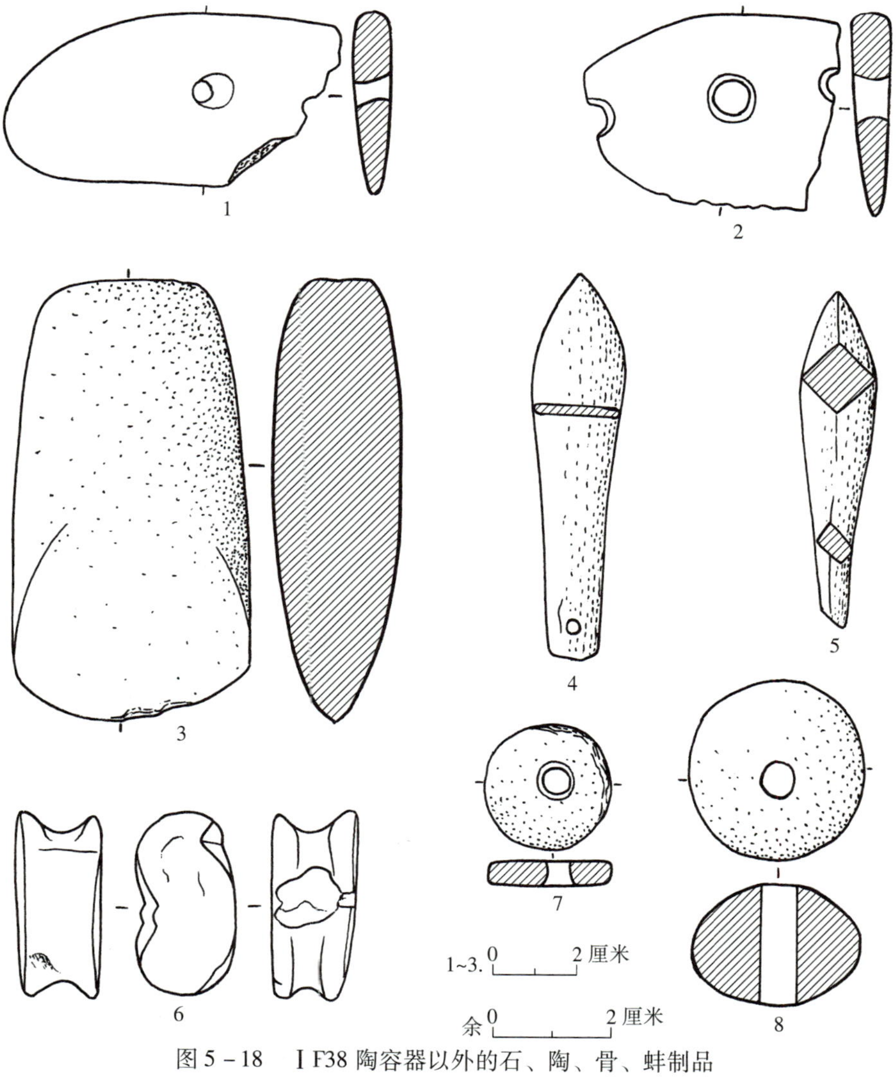

图5－18　ⅠF38陶容器以外的石、陶、骨、蚌制品

1、2. 石刀残段（ⅠF38②∶1、ⅠF38①∶1）　3. 石斧（ⅠF38①∶7）　4. 骨器（ⅠF38②∶3）　5. 残骨镞（ⅠF38①∶6）　6. 磨过的羊距骨（ⅠF38①∶3）　7. 蚌饰（ⅠF38①∶5）　8. 陶纺轮（ⅠF38①∶2）

ⅠF38①∶2　陶纺轮。泥质红陶，局部烧黑，算盘珠状，一面的孔边有啮齿类动物咬痕。直径3、高2.18、孔径0.5厘米（图5－18，8）。

ⅠF38①∶3　磨过的羊距骨。经磨制加工，两面平整。长3.2、宽1.7、厚1.4厘米（图5－18，6）。

ⅠF38①∶4　鹅卵石。白色透明，一侧稍加磨砺。长3、宽1.8、厚1.3厘米。

ⅠF38①:5 蚌饰。圆片状，周边磨钝，中部对钻一孔。直径2.11、厚0.3、孔内径0.42厘米（图5-18，7；彩版一三〇，4）。

ⅠF38①:6 残骨镞。磨制，镞体四棱锥状，铤截面呈扁菱形，尾残。长5.71、直径1.2~1.27厘米（图5-18，5）。

ⅠF38①:7 石斧。流纹质安山岩，灰绿色，有气孔分布，琢制。弧顶略平，斜弧刃，正锋，未见使用痕迹，上部烧黑。长10.45、宽5.7、厚2.92厘米（图5-18，3；彩版一三〇，3）。

ⅠF38②:1 石刀残段。石英岩，绿色，磨制，弧背磨平，偏锋，圆端首。刀上对钻2个孔，自一孔处残断。残段长7.8、宽4.2、厚0.86、孔内径0.51厘米（图5-18，1）。

ⅠF38②:2 鹅卵石。玄武岩，黑色光亮。长13.5、宽9.17、厚4.77厘米。

ⅠF38②:3 骨器。磨制，扁矛状，尾端穿孔。长6.51、宽1.51、孔径2.3厘米（图5-18，4；彩版一三〇，5）。

ⅠH74:1 有孔圆陶片。或属夏家店下层文化。

ⅠH74:2 刮削器。燧石，灰色。

ⅠH74:3 残骨铲。以动物肩胛骨磨制而成，一侧边残缺。长12.5、宽4.76、柄部厚2.45厘米（图5-19，1）。

ⅠH74:4 骨片。

ⅠH74:5 盘状石器。安山岩，灰色，边缘经打制修薄。直径10.4~11.5、厚1.3厘米。

ⅠH74:7 骨锥残段。

ⅠH74:8 骨针。磨制，略呈弯弧形。长6.15、直径0.12、孔径0.04厘米。

ⅠH74:9 残卜骨。以牛肩胛骨制成，尚存部分肩胛冈，中部残缺，断碴处有打击痕。在无肩胛冈的一面存留4个黑色灼痕，有肩胛冈的一面亦见1个黑色灼痕。长30.9、宽19.2厘米（图5-19，2；彩版一三二，1）。

ⅠH74:10 卜骨。以羊肩胛骨制成，肩胛冈弯曲部分被切去并经修磨。有肩胛冈的一面在颈部有3个钻，其中两钻有黑色灼痕，靠近肩胛冈处尚有一排黑色灼痕，1大3小。长16.6、宽10.6厘米（图5-19，4；彩版一三一，1）。

ⅠH74:11 残卜骨。以动物肩胛骨制成，两端略残，部分肩胛冈被切去。在无肩胛冈的一面以肩胛冈为界，一侧存留18处灼痕，另一侧存9个灼痕，灼痕多为暗褐色圆形，中心处往往有一烧焦的黑点，两侧各有2处灼痕已灼穿，其余的灼痕在有肩胛冈的一面几乎都透显出暗褐色点。长19.6、宽10.34厘米（图5-19，5；彩版一三一，2）。

ⅠH74:12 卜骨残块。以动物肩胛骨制成，无肩胛冈的一面残存3个灼痕。

ⅠH74:13 卜骨残块。仅存肩胛骨臼部及其附近一段，在有肩胛冈的一面残存3个钻，两钻有黑色灼痕。残块长11.3、宽3.9厘米。

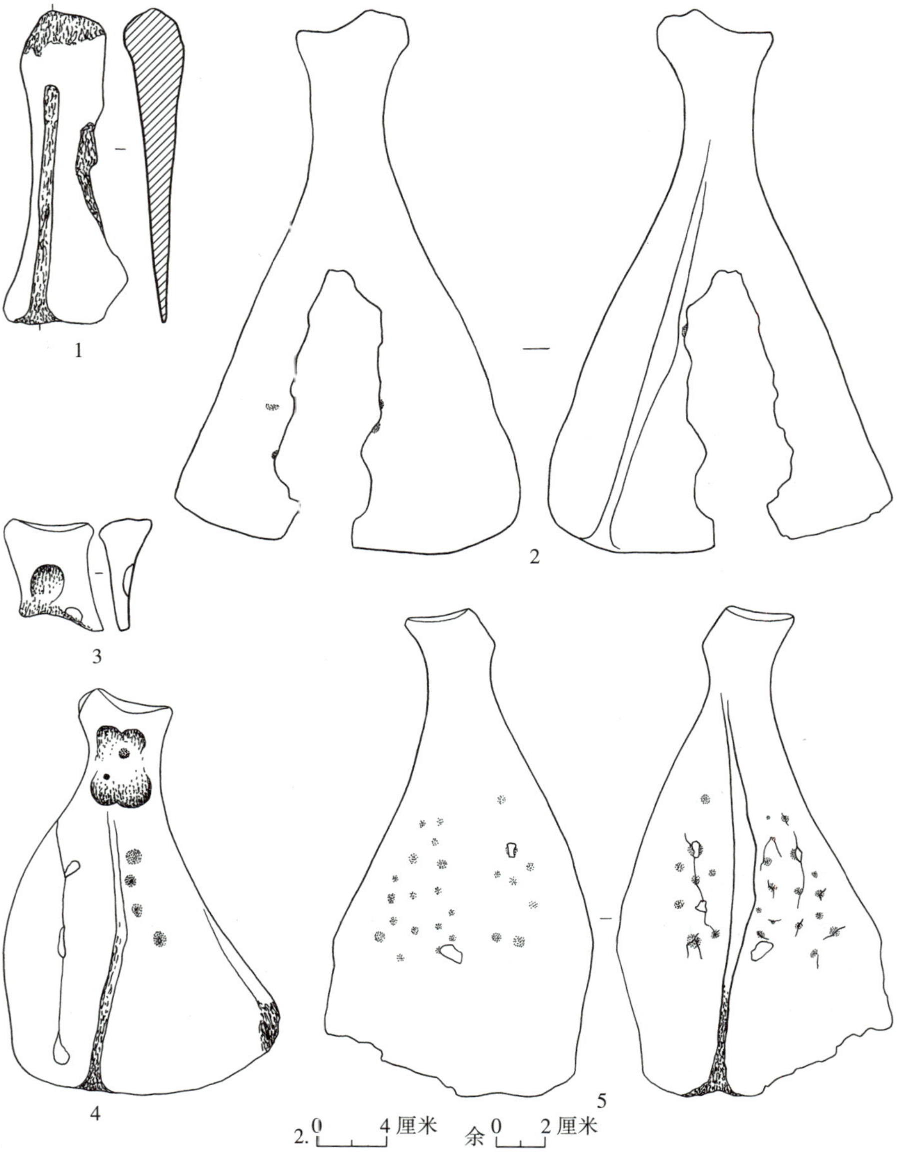

图 5－19　ⅠH74 的骨制品

1. 残骨铲（ⅠH74∶3）　2、5. 残卜骨（ⅠH74∶9、ⅠH74∶11）　3. 卜骨残块（ⅠH74∶19）　4. 卜骨（ⅠH74∶10）

ⅠH74∶15　残卜骨。以动物肩胛骨制成，下部残，未见钻、灼。残长 15.1、残宽 7.9 厘米。

ⅠH74∶19　卜骨残块。仅存肩胛骨臼部，似有钻的迹象，局部烧黑（图 5－19，3）。

ⅠH92①∶1　小陶盅。泥质褐陶，捏制，形体欠规则。敞口，圆唇，平底。口径 3.7、底径 2.8、高 1.9 厘米（图 5－20，2）。

ⅠH92①∶2　石铲残段。石灰岩，灰色，磨制，一面有琢点残迹，上部残，两侧边斜直，凸弧刃，刃缘已磨钝，且多有崩碴。残段长 7.94、宽 6.43、厚 0.8 厘米

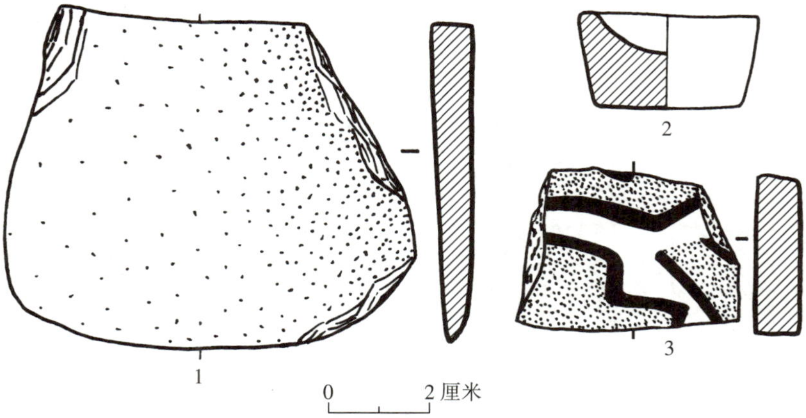

图5－20　ⅠH92陶容器以外的石、陶制品

1. 石铲残段（ⅠH92①:2）　2. 小陶盅（ⅠH92①:1）　3. 小河沿文化彩陶片（ⅠH92③:1）

（图5－20，1）。

ⅠH92③:1　小河沿文化彩陶片。夹砂红陶，外表施红色陶衣，其上绘黑边白彩花纹（图5－20，3）。

ⅠH92⑥:1　彩绘陶器残片。泥质灰陶，外表有红色彩绘的痕迹。属夏家店下层文化。

ⅠH141①:1　骨匕形器。多数部位保留该处兽骨原貌，一端磨出直刃。长10.9厘米（图5－21，3）。

ⅠH141①:2　磨制石器残块。千枚岩（图5－21，6）。

ⅠH141①:3　细锥形残骨器。

ⅠH141①:4　石铲残块。玄武岩，黑色，磨制，残块平面近梯形。长5.35、宽3.2、厚0.7厘米（图5－21，5）。

ⅠH141①:5　骨器残段。

ⅠH141①:6　石铲残段。凝灰岩，浅灰色，磨制，平顶，两侧边斜直，下部残。残段长6.86、宽6.74、厚1.03厘米。

ⅠH141①:7　磨盘残块。砂岩，绿色，残块平面作梯形。厚3.03厘米（图5－21，7）。

ⅠH141②:1　骨锥。磨制，主体部分截面为椭圆形。长12.4、宽1.3、厚0.68厘米（图5－21，4）。

ⅠH141②:2　骨锥。磨制，主要部分为扁锥体。长15.8厘米（图5－21，2）。

ⅠH141②:3　残陶纺轮。夹砂褐陶，鼓形，残半。腹径5.6、高3.02、孔径0.9厘米（图5－21，1）。

ⅠH141②:6　彩绘陶器残片。泥质红陶，外表有红色彩绘痕迹。属夏家店下层文化。

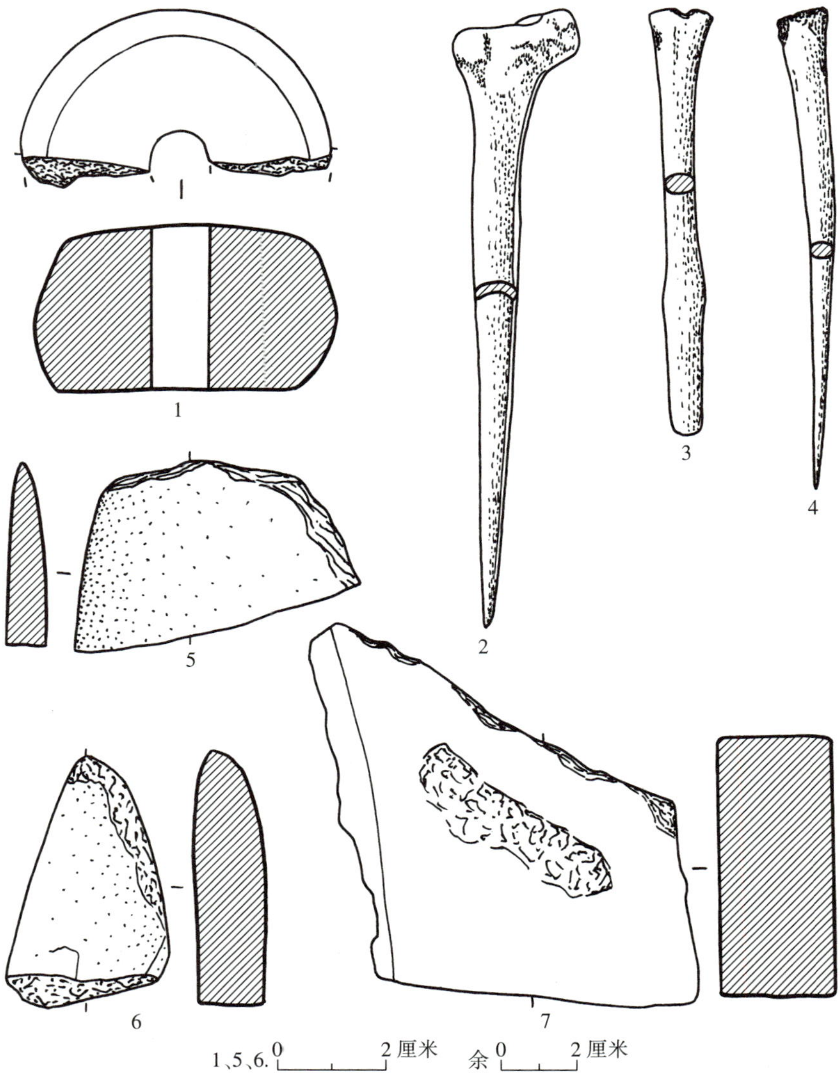

图5-21　ⅠH141陶容器以外的石、陶、骨制品

1. 残陶纺轮（ⅠH141②:3）　2、4. 骨锥（ⅠH141②:2、ⅠH141②:1）　3. 骨匕形器（ⅠH141①:1）　5. 石铲残块（ⅠH141①:4）　6. 磨制石器残块（ⅠH141①:2）　7. 磨盘残块（ⅠH141①:7）

ⅠH213①:1　残骨锥（或簪）。磨制，仅存上部，平顶，截面圆形，烧成黑色。长2.39、直径0.66厘米。

ⅠH213①:2　卜骨残段。磨制，磨平的一面残存5个完整的和6个残缺的钻，另一面有8个暗褐色圆点。长3.2、宽1.76、厚0.24、钻直径0.3~0.4厘米。

ⅠH213①:3　有切痕的羊跖骨。在羊跖骨的近端一侧有半圆形切痕。切痕宽0.25~0.32、深0.1厘米。

ⅠH213①:4　卜骨残块。磨制，磨平的一面残存完整和残缺的钻各两个，两完整钻的中心处有黑色灼点。长4.7、宽0.62、厚0.32、钻直径0.57厘米。

ⅠH213①:5　残陶纺轮。泥质红陶，外表灰色，算盘珠状，自孔中部纵向残半。直径3、高2.3、孔径0.6厘米。此器或属夏家店下层文化。

ⅠH213①:6　锥状骨器。磨制，长扁锥状，斜顶，两侧边不甚规整。长14.3、宽1.19、厚0.21厘米。

ⅠH213①:7　凿状骨器。磨制，弧顶，两侧边斜直。长6.8、宽4.76、厚0.92厘米。

ⅠH213①:8　磨制石器残片。安山岩。

ⅠH213①:9　磨制石器残片。玄武岩。

ⅠH213②:1　残陶纺轮。泥质褐陶，外表光滑，形如束腰之鼓状，自中孔处残缺，仅存少半。直径4.6、高3.5、孔径0.88厘米。

ⅠH213②:2　彩绘陶器残片。属夏家店下层文化。

ⅠH213②:3　石刀残段。大理岩，紫褐色杂黄斑，磨制，背边磨平，圆端首。长3.82、宽4.17、厚0.88厘米。

ⅠH239③:1　骨簪。磨制，平顶，尖端圆钝光滑。长11.28、直径0.9厘米。

ⅠH239③:2　石铲（或斧）半成品。安山岩，紫褐色，打制，束腰。长13.3、宽9.6、厚3.1厘米。

ⅠH239③:3　石刀残段。安山岩，青灰色，磨制，一面平，另一面隆起成脊，背边磨平。长5.3、宽1.7、厚0.5厘米。属夏家店下层文化。

ⅠH239⑤:1　骨器残片。

ⅠH239⑤:2　石铲（或斧）半成品。安山岩，黑褐色，打制，窄顶，宽刃，略显束腰。长15.3、宽9.65、厚4.7厘米。

ⅠH239⑥:2　石铲。安山岩，灰色，打制，窄顶，束腰，宽斜刃。长14.3、宽11.25、厚2.9厘米。

ⅠH239⑦:1　石磬残块。石灰岩，灰色，两面磨光，局部表面烧黑。长7、宽6.7、厚4.84厘米。

ⅠH239⑦:2　有打击痕的砾石残块。玄武岩。

ⅠH254:1　陶纺轮半成品。夹砂红陶，鼓形，中孔未穿透。腹径3.2～3.3、高2.55、孔径0.42厘米（图5－22，2）。

ⅠH254:2　残骨镞。磨制，镞体三棱锥状，尖锋略钝，长铤，截面圆形，铤尾扁体，尾端残。长9.15、宽0.57厘米（图5－22，1）。

ⅠH258②:1　卜骨残块。平面略呈三角形，骨松质一面留有4个完整的和9个残缺的钻，骨密质一面对应地有若干黑色圆点，系由骨松质一面灼烤而致，个别者还见有类似卜兆的痕迹。长7.52、宽1.91、厚0.4、钻径约0.47厘米（图5－23，1）。

ⅠH258②:2　石铲残段。白云母大理岩，灰色，磨制，铲面局部烧黑，仅存下部，刃缘崩碴较多，凹凸参差。长8.93、宽3.96、厚0.98厘米（图5－23，2）。

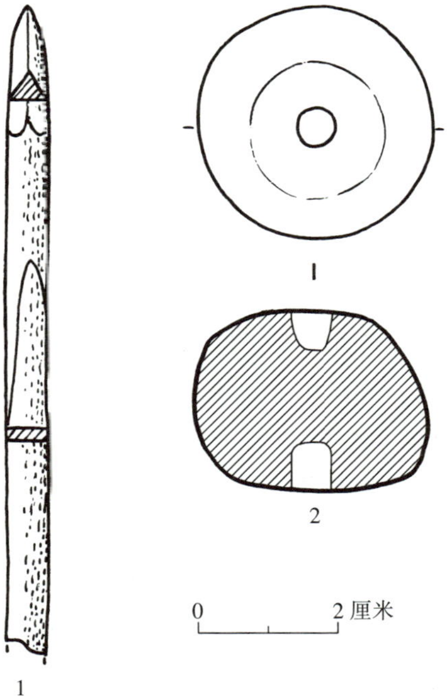

图 5－22　ⅠH254 的残骨镞和陶纺轮半成品

1. 残骨镞（ⅠH254∶2）　2. 陶纺轮半成品（ⅠH254∶1）

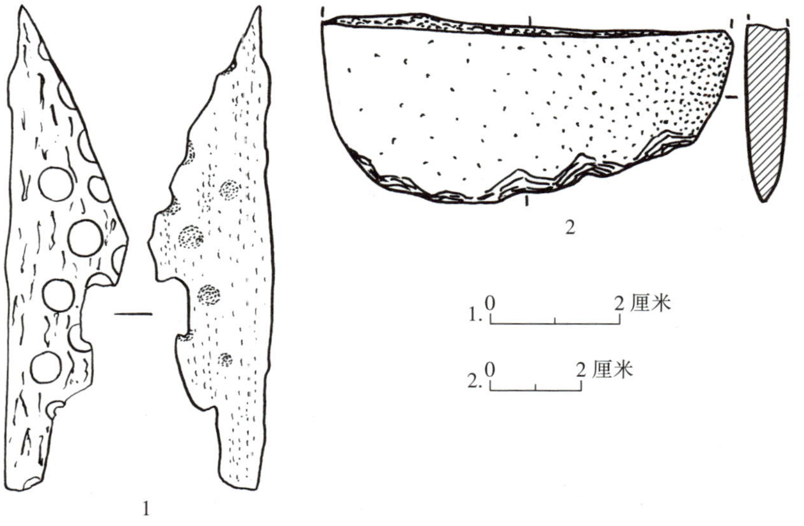

图 5－23　ⅠH258 的卜骨残块和石铲残段

1. 卜骨残块（ⅠH258②∶1）　2. 石铲残段（ⅠH258②∶2）

ⅠH288:1　磨制石铲残片。

ⅠH288:2　残骨针。磨制，自孔中残断。残长2.64、直径0.13厘米。ⅠH288:3　人下颌骨。

ⅠH288:4　残骨镞。磨制，镞体三棱锥状，铤残。残长6.53、宽1.2厘米（图5-24）。

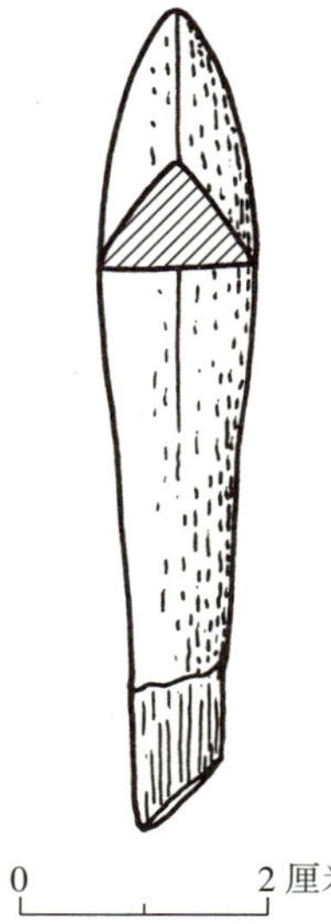

图5-24　ⅠH288的残骨镞（ⅠH288:4）

ⅠH295①:1　残骨针。磨制，仅存下部。长3.26、直径0.22厘米。

ⅠH295①:2　陶纺轮。夹砂红陶，近算盘珠状，围绕中腹周边有11个小泥突。直径3.62~3.84、高2.41、孔径0.44厘米。

ⅠH295①:3　石铲残块。凝灰质板岩，黑灰色，磨制，残块平面呈四边形，存留原石铲的顶边与侧边各一段，另两边为断碴。长4.81、宽4.78、厚0.78厘米。

ⅠH295①:4　有打击痕的砾石残块。安山岩，浅灰色，平面呈四边形。长10.53、宽7.2、厚3.14厘米。

ⅠH295①:5　骨器残片。

ⅠH295①:6　石凿残段。安山岩，灰色，磨制，上部残，一面平，另一面隆起，直刃，偏锋。长5.28、宽2、厚0.6厘米。

ⅠH295②:1　残骨锥。磨制，外形不甚规则，尖部残。

ⅠH295②:2　残骨针。磨制，上部残。长3.12、直径0.21厘米。

ⅠH295②:3　柱状石器残段。黑灰色，磨制，八棱柱体，上、下均残。长2.32、直径0.62厘米。

ⅠH295②:4　残圆陶片。以陶器底制成，泥质灰陶，周边修薄，残缺大半。直径约9.2、厚0.9厘米。

ⅠH295③:1　骨器残片。

ⅠH295③:2　鹿角残段。有数道磨制出的纵向凹槽。长3.68、最宽1.92厘米。

ⅠH298①:1　石铲半成品。紫褐色，打制，顶边略直，宽刃凸弧，各边均经交互打击修薄。长15.8、宽8.66、厚3.2厘米（图5-25，1）。

ⅠH298①:2　残卜骨。以羊左肩胛骨制成，有3处灼痕，灼成黑色，均在有肩胛冈的一面。颈部的灼痕位于一剔挖成的小坑中，其对应的一面则显示出“卜”字形兆。另两处灼痕的卜兆不明显。长12.3厘米（图5-25，2；彩版一三二，2）。

ⅠH307:1　饼形石器。玄武岩，黑色，打制，周边略经琢制而较平钝，两面多为原砾石表面。直径8.78~9.2、厚3.2厘米（图5-26，2）。

ⅠH307:2　石铲（或斧）半成品。安山岩，灰色，打制。长14.2、宽11.7、厚3.8厘米（图5-26，1）。

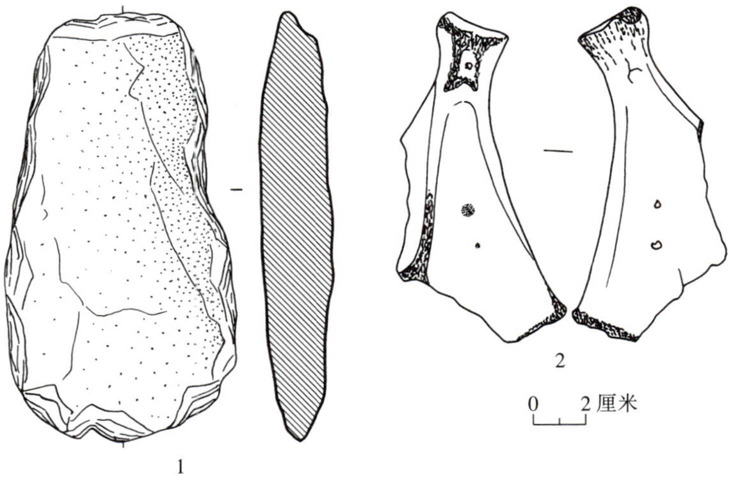

图5－25　ⅠH298的石铲半成品和残卜骨

1. 石铲半成品（ⅠH298①:1）　2. 残卜骨（ⅠH298①:2）

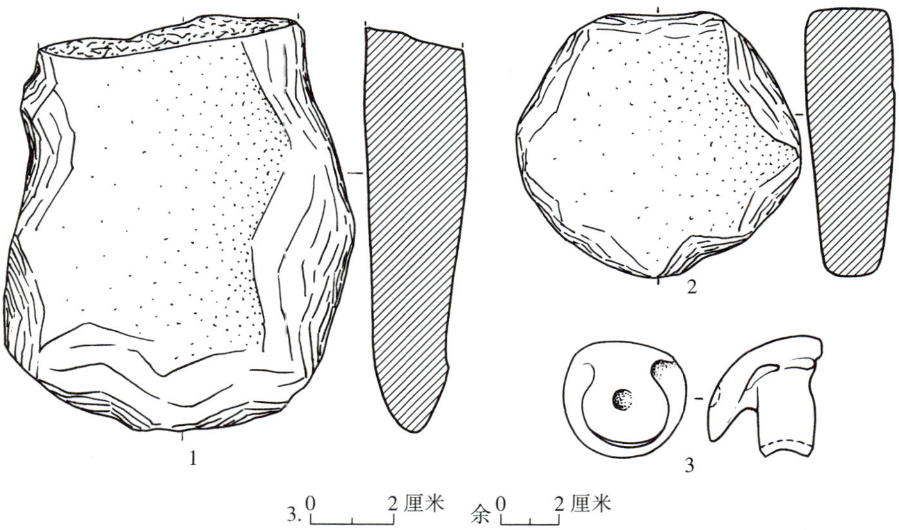

图5－26　ⅠH307的石、骨制品

1. 石铲（或斧）半成品（ⅠH307:2）　2. 饼形石器（ⅠH307:1）　3. 骨器（ⅠH307:3）

ⅠH307:3　骨器。磨制，整体近似顶部掀开的帽状。直径2.8～3.1、高2.65厘米（图5－26，3）。

ⅠH333①:1　骨锥尖。磨制。长1.59厘米。

ⅠH333①:2　石铲残块。石灰岩，黑色，磨制，残块平面略近梯形，存留原石铲的刃边和侧边各一段，另两边皆为断碴。残块长4.2、宽4、厚0.62厘米（图5－27，5）。

ⅠH333①:3　石钺残块。大理岩，白色泛绿，磨制。残块平面略近三角形，存留少许石钺顶边和一段凸弧形的侧边，此两边皆为平棱。另两边系自对钻孔处截开的断碴。残块长6.2、宽5、厚1.04、孔内径1厘米（图5－27，6）。

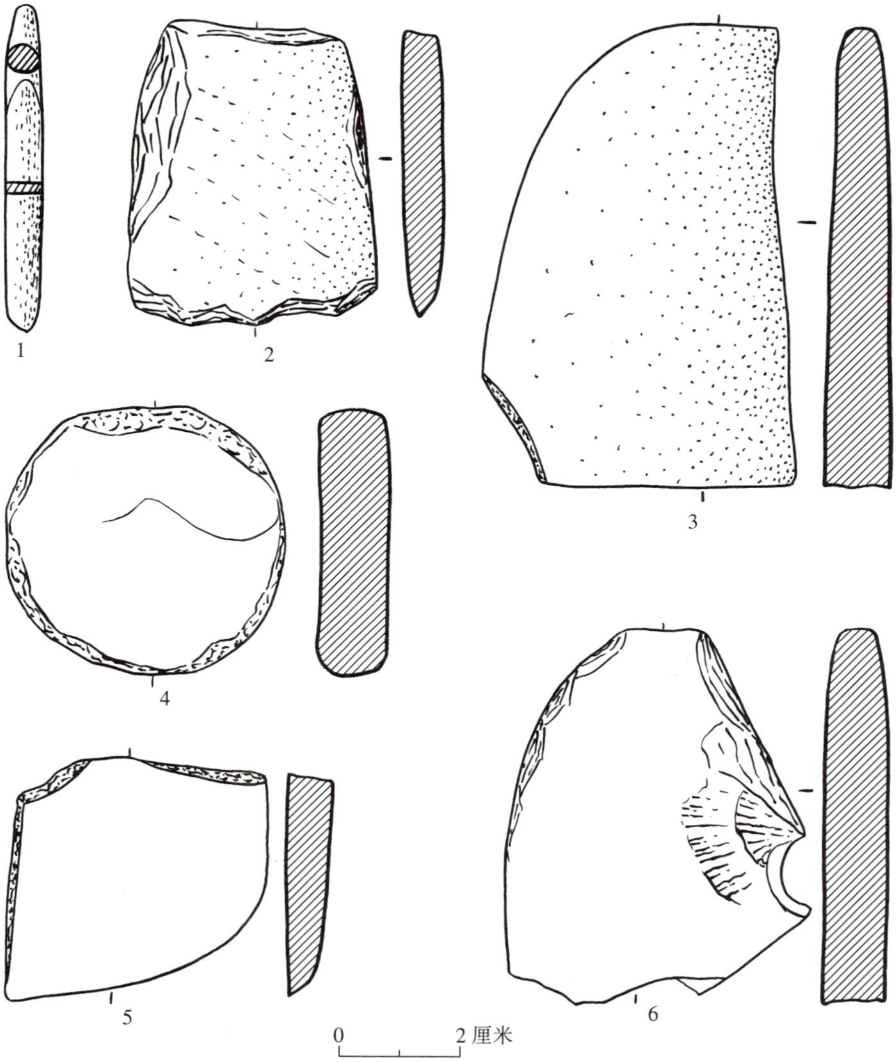

图5－27　ⅠH333陶容器以外的石、陶、骨制品
1. 骨镞（ⅠH333①:6）　2、3、5. 石铲残块（ⅠH333①:7、ⅠH333①:5、ⅠH333①:2）　4. 陶圆饼（ⅠH333①:4）　6. 石钺残块（ⅠH333①:3）

ⅠH333①:4　陶圆饼。以陶器残片制成，夹砂红陶，周边磨平。直径4.4～4.7、厚1.28厘米（图5－27，4）。

ⅠH333①:5　石铲残块。闪长玢岩，灰色杂白斑，磨制。残块平面略近梯形，存留少许石铲顶边和一段弧形侧边，另两边为构成直角的断碴。残块长7.56、宽5.1、厚0.94厘米（图5－27，3）。

ⅠH333①:6　骨镞。磨制，镞体不甚规则，锋尖圆钝，扁体长铤，铤尾最薄。长5.3、宽0.55厘米（图5－27，1）。

ⅠH333①:7　石铲残块。凝灰质板岩，灰色，磨制，平面呈梯形。残块长5.01、宽4.12、厚0.59厘米（图5－27，2）。

ⅠH354:1　陶埙。泥质灰陶，捏制，近似橄榄形，有一气孔贯穿中部，孔端不闭合即可吹响。长4.3、中部直径1.86、孔径0.35～0.4厘米（彩版一三二，3）。

ⅠH380①:1　残骨管。以肢骨制成，内、外壁均磨光，主体部分为圆管，端口略方，一端稍残。长14.2、壁厚1.88厘米（图5－28）。

ⅠH401:1　磨制石铲残块。

ⅠH401:2　狍角。略显磨砺之痕迹。

ⅠH401:3　残骨锥。磨制，扁体，平顶，锥尖残。残长10.94、宽0.89、厚0.32厘米。

ⅠH401:4　残圆陶片。将陶器底周边交互打击修薄而成，泥质红陶，内、外表皆黑色，残半。直径12.2、厚1.1厘米（图5－29，3）。

ⅠH401:5　骨片。

ⅠH401:6　彩绘陶器口沿残片。属夏家店下层文化。

ⅠH401:7　残石铲。安山岩，灰绿色，磨制，为有肩石铲的上部。平顶，柄部和铲体两侧边斜直。残长13.4、残宽7.9、厚1.2厘米（图5－29，2）。

ⅠH401:8　石铲残段。大理岩，浅灰色，局部烧黑，磨制，仅存有肩石铲之柄部。平顶，柄部两侧边斜直，磨成平棱。长9.47、宽8.5、厚0.8厘米（图5－29，4）。

ⅠH401:9　盘状石器坯。安山岩，灰色，粗略打制成中厚边薄的形制，局部边缘仍存留石材断碴。直径10.42～12.43、厚4.72厘米（图5－29，1）。

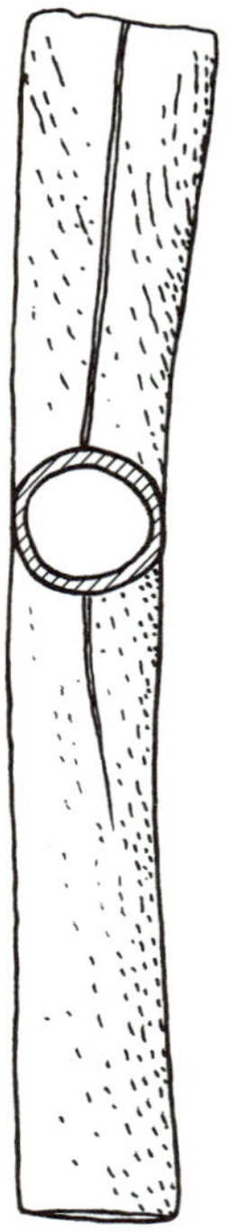

图5－28　ⅠH380的残骨管
（ⅠH380①:1）

ⅠH409①:1　石器残段。粗玄岩，黑色，琢制，近椭圆柱体。长5.9、宽4.7、厚3.8厘米。

ⅠH409①:2　小石片。碧玉，紫红色，有压削痕。

ⅠH409①:3　石刀残段。属夏家店下层文化。层状凝灰岩，绿色，磨制，一面平，另一面隆起，弧背磨平，直刃。长7、宽2.3、厚0.8厘米（图5－30，3）。

ⅠH409①:4　蛋壳残片。

ⅠH409①:5　小石块。脉石英，白色，有打击痕。

ⅠH409①:A　有“｜｜”状刻划痕的羊跖骨（刻痕与跖骨纵向平行）。

ⅠH409②:1　盘状石器。熔渣，灰色，打制，周边最薄。直径14.4～15.6、厚4.2厘米（图5－30，1）。

ⅠH409②:2　石器坯。安山岩，紫褐色，粗略打制，近扁体长方形。长11.8、宽10、厚2.4厘米。

ⅠH409③:1　石器残片。凝灰质板岩，黑色，磨制。长6.6、宽5.2、厚0.3厘米。

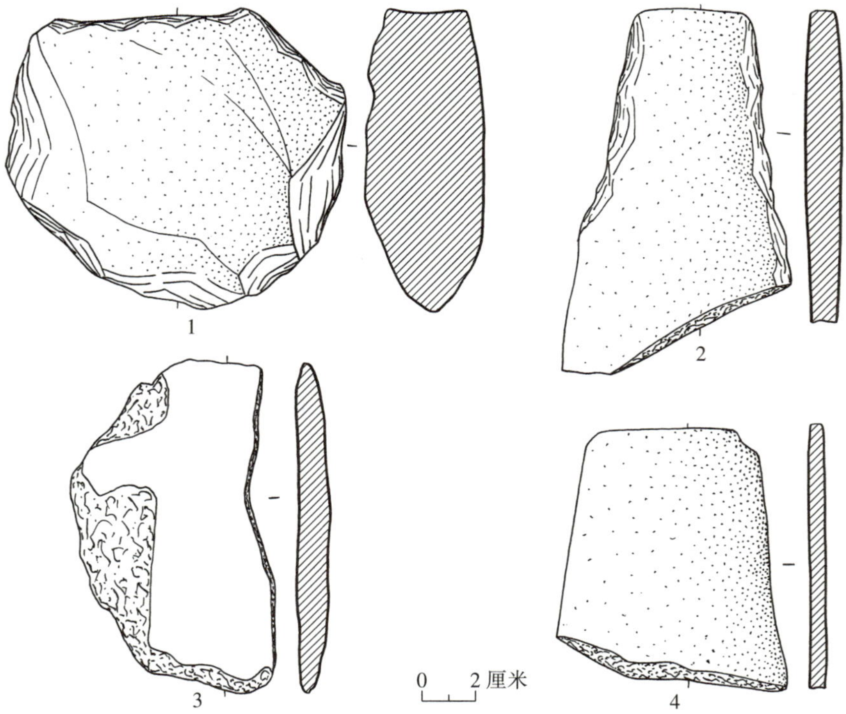

图5－29　ⅠH401陶容器以外的石、陶制品

1. 盘状石器坯（ⅠH401:9）　2. 残石铲（ⅠH401:7）　3. 残圆陶片（ⅠH401:4）　4. 石铲残段（ⅠH401:8）

ⅠH409③:2　石器残块。玻基凝灰岩，灰色，磨制，存留一段原石器的侧边，其余各边为断碴。长4.2、宽3.5、厚0.65厘米。

ⅠH409③:3　石铲残块。玻基凝灰岩，黑色，磨制，为有肩石铲之肩部残段，两侧边打薄。残块长7.1、宽3.9、厚0.6厘米（图5－30，4）。

ⅠH409③:4　石器残块。安山岩，棕褐色，打制，平面略呈三角形。长8.7、宽4.6、厚2.6厘米。

ⅠH409③:5　贴附于草拌泥上的白灰面残块。

ⅠH409③:6　圆陶片。泥质灰陶，以陶器底制成，周边经交互打击修薄，稍有残缺。直径6.5、厚1厘米（图5－30，2）。

ⅠH410①:1　有打击痕的砾石。角闪安山岩，紫褐色，不规则圆盘状，边缘略经打制。直径10～11.25、最厚处2.2厘米。

ⅠH410①:2　石铲残块。板岩，磨制，残块平面作梯形，存留原石铲的顶和侧边各一段，其余两边为断碴。长8.9、宽7.1、厚0.45厘米。

ⅠH410①:3　有孔陶圆饼。以瓮、罐类陶器腹片制成，泥质红陶，残存四道箍堆纹，周边粗略修磨，中部对钻一孔。直径7.15～7.88、厚0.85、孔内径0.74厘米（图5－31；彩版一三二，4）。陶片属夏家店下层文化，但究竟是夏家店下层文化还是夏家店上层文化之时制成的有孔陶圆饼（尤其是所钻之孔）则难以确认。

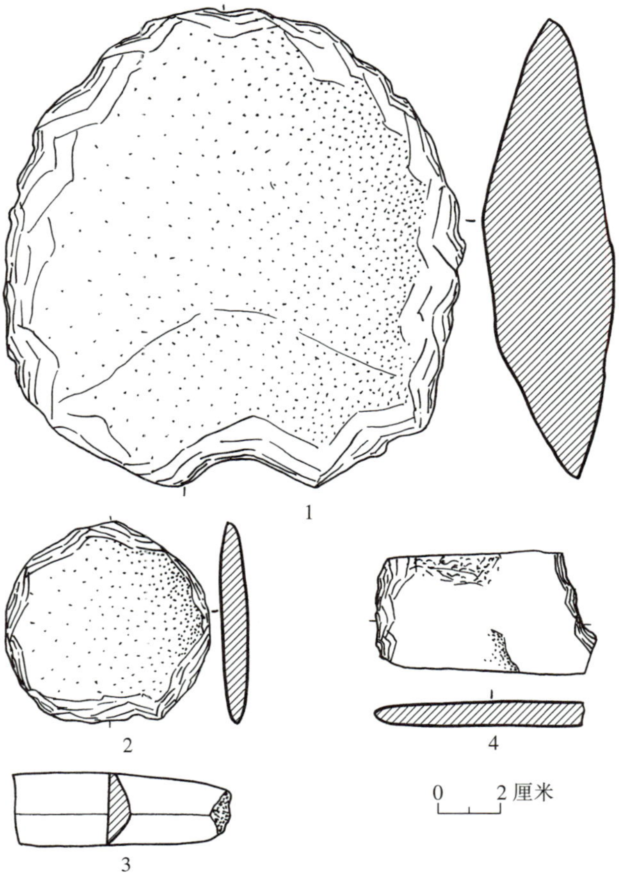

图5－30　ⅠH409陶容器以外的石、陶制品

1. 盘状石器（ⅠH409②:1）　2. 圆陶片（ⅠH409③:6）

3. 石刀残段（ⅠH409①:3）　4. 石铲残块（ⅠH409③:3）

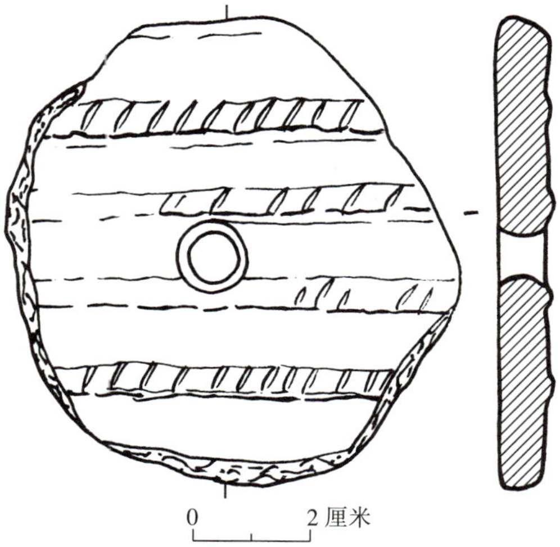

图5－31　ⅠH410的有孔陶圆饼

（ⅠH410①:3）

ⅠH410②:1　残骨镞。磨制，镞体三棱锥状，镞尖稍残，长铤，截面圆形，尾部残断。长6.2、宽0.64、铤直径0.58厘米。

ⅠH437①:1　石铲残块。玻基凝灰岩，紫褐色，磨制，残块平面呈四边形，存留一段原石铲的侧边，其余三边均为断碴。残块长4.81、宽4、厚0.9厘米（图5-32，11）。

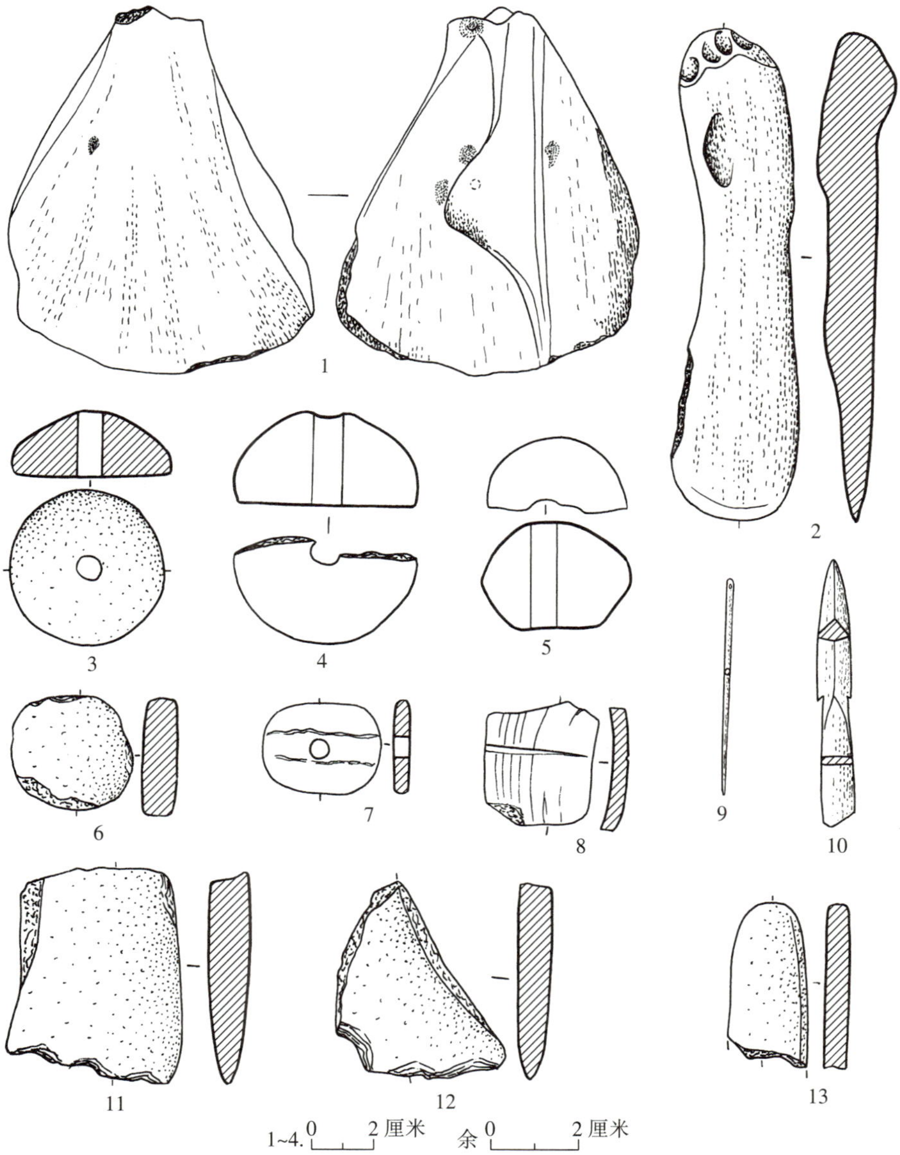

图5-32　ⅠH437陶容器以外的石、陶、骨、蚌制品

1. 残卜骨（ⅠH437①:5）　2. 骨铲（ⅠH437①:3）　3. 陶纺轮（ⅠH437①:8）　4、5. 残陶纺轮（ⅠH437②:6、ⅠH437①:6）　6. 陶圆饼（ⅠH437②:4）　7. 有孔蚌饰（ⅠH437②:7）　8. 蚌片（ⅠH437②:5）　9. 骨针（ⅠH437①:4）　10. 骨镞（ⅠH437②:1）　11、12. 石铲残块（ⅠH437①:1、ⅠH437①:10）　13. 残石器（ⅠH437②:2）

ⅠH437①:2　磨过的肢骨残段。

ⅠH437①:3　骨铲。以牛右下颌骨磨制而成，凸弧刃，偏锋。长15.7、宽3.9、最厚处2厘米（图5－32，2；彩版一三二，5）。

ⅠH437①:4　骨针。磨制。长5、宽0.12、厚0.09、孔径0.06厘米（图5－32，9）。

ⅠH437①:5　残卜骨。以猪左肩胛骨制成，去臼。在有肩胛冈的一面存留5处灼痕。以肩胛冈为界，面积较大的一侧有4处灼痕，其中3处分布较为集中，1处偏于颈部，面积小的一侧只有1处灼痕，位于肩胛冈附近。长11.7、宽9.5厘米（图5－32，1）。

ⅠH437①:6　残陶纺轮。泥质褐陶，外表黑色，算盘珠状，约自孔中部残半。腹径3.45、高2.5厘米（图5－32，5）。

ⅠH437①:7　骨器残片。

ⅠH437①:8　陶纺轮。夹砂红陶，外形呈圆台状，中心处穿有一孔。直径4.8、高2.25、孔径0.73厘米（图5－32，3；彩版一三二，6）。

ⅠH437①:9　镞形石片。燧石，紫色，一侧边缘有压削痕。长2.55、宽1.35、厚0.31厘米。

ⅠH437①:10　石铲残块。安山岩，褐色，磨制，残块平面近三角形，存留一段原石铲的侧边，其余两边为断碴。残块长4.3、宽4.1、厚0.72厘米（图5－32，12）。

ⅠH437②:1　骨镞。磨制，镞体三棱锥状，略出双翼，扁铤，铤尾稍残。长6.1、宽0.8、铤宽0.67厘米（图5－32，10）。

ⅠH437②:2　残石器。千枚岩，灰色，磨制，扁体，残器平面近长舌状。长3.73、宽1.8、厚0.51厘米（图5－32，13）。

ⅠH437②:3　卜骨残块。以动物肩胛骨制成，残存3处灼痕。

ⅠH437②:4　陶圆饼。以陶器残片制成，夹砂红陶，周边粗略磨平。直径2.7~2.9、厚0.7厘米（图5－32，6）。

ⅠH437②:5　蚌片。存留一深一浅两道划槽（图5－32，8）。

ⅠH437②:6　残陶纺轮。夹砂红陶，外形呈圆台状，中心处穿有一孔，自孔中部残半。直径5.8、高3.12、孔径0.8厘米（图5－32，4）。

ⅠH437②:7　有孔蚌饰。磨制，平面为圆角长方形，周边多所磨平，中穿一孔。长2.7、宽2.03、厚0.36、孔径0.45厘米（图5－32，7）。

ⅠH437②:8　残骨锥。磨制。长0.68厘米。

ⅠH486:1　残骨针。磨制，顶部残。残长3.68、直径0.2厘米。

ⅠH486:2　骨针残段。磨制。长1.65、直径0.16厘米。

ⅠH486:3　骨器残段。磨制，扁平体，端边略薄。长4.95、宽1.1、厚0.25厘米。

第三节　小结①

一、遗存特征

KDⅠ、KDⅡ出土的夏家店上层文化陶器多色泽鲜艳的红陶和红褐陶，而少见器表灰暗的灰褐陶，不见泥质陶。陶鬲中仅见以深弧腹和浅鼓腹为特征的型别，而未见筒腹鬲，纹饰陶比例很低。这些特征与赤峰夏家店②、蜘蛛山③、宁城南山根④、小黑石沟⑤、三座店⑥等遗址的同类遗存比较接近，而与以西拉木伦河流域为分布中心的龙头山类型⑦相比，则存在一定的差异。故可将其归入以老哈河中上游地区为分布中心的南山根类型⑧。

二、年代

KDⅠ、KDⅡ的这批夏家店上层文化遗存，相互之间缺乏叠压打破关系，且出土陶器的数量有限，仅凭这批资料本身难以进行系统的分期研究。

近年，通过对龙头山遗址出土遗存的分期，已初步摸索到夏家店上层文化部分形态的陶鬲、钵形鼎、高领鼓腹罐等器类的演变趋势⑨。与该遗址的陶器分期成果相比较，大山前ⅠH258①:1鼎敞口、腹较浅的特征接近龙头山遗址第一段ⅡT0606③:1鼎；大山前ⅠH410①:4鼎口稍敛，腹较深，形制特点与龙头山遗址第三段ⅡT0904①:1鼎相一致；大山前ⅠH141②:5罐直口、鼓腹较扁，形近龙头山遗址第二段ⅡT0402②:5罐。此外，大山前ⅠH92⑦:1鬲有领、深弧腹，虽与龙头山遗址已分式的A、B、C三型鬲不属同型，但从诸型陶鬲三足根皆有由直立而渐外撇的演进趋势来看，该鬲足根外撇的特点明显接近龙头山第三段的陶鬲。由此可见，KDⅠ、KDⅡ出土的夏家店上层文化遗存虽然并不丰富，但年代跨度却比较大。参考对龙头山遗址夏家店上层文化遗存的年代判断，可将KDⅠ、KDⅡ所见同类遗存的年代大体估计为西周时期。

---

① 本节也总结了对第Ⅱ地点夏家店上层文化遗存特征和年代的认识。

② 中国科学院考古研究所内蒙古工作队：《赤峰药王庙、夏家店遗址试掘报告》，《考古学报》1974年第1期。

③ 中国社会科学院考古研究所内蒙古工作队：《赤峰蜘蛛山遗址的发掘》，《考古学报》1979年第2期。

④ 中国科学院考古研究所内蒙古工作队：《宁城南山根遗址发掘报告》，《考古学报》1975年第1期。

⑤ 内蒙古自治区文物考古研究所、宁城县辽中京博物馆：《小黑石沟——夏家店上层文化遗址发掘报告》，科学出版社，2009年。

⑥ 郭治中、塔拉：《宁城县三座店夏家店下层文化至汉代遗址》，《中国考古学年鉴1989》，第137、138页，文物出版社，1990年。

⑦ 齐晓光：《内蒙古克什克腾旗龙头山遗址发掘的主要收获》，《内蒙古东部区考古学文化研究文集》，海洋出版社，1991年。

⑧ 靳枫毅：《夏家店上层文化及其族属问题》，《考古学报》1987年第2期。该文系统论述了包括南山根类型在内的夏家店上层文化的类型划分，但需说明的是，该文提出的“十二台营子类型”，并不属于夏家店上层文化。

⑨ 王立新、齐晓光：《龙头山遗址的几个问题》，《北方文物》2002年第1期。

第六章　第Ⅰ地点战国时期遗存

第Ⅰ地点战国时期的遗存较为丰富，仅次于夏家店下层文化。除连续分布的地层外，尚有各类遗迹。从出土遗物的特征来看，这里的战国时期遗存的年代下限应延续到汉初。为便于称述，本报告以“战国时期”名之。

第一节　遗迹

属于战国时期的遗迹有房址、灰坑、灰沟、墙、柱穴、灶址、路土。

一、房址

编号为房址的遗迹有5处。

96KDⅠF3　跨ⅠT420和ⅠT432。在ⅠT420第2层下，被ⅠH329打破，打破ⅠT420第4层和ⅠT432第2层。西、南部分别为ⅠH3和ⅠH329削毁，残存者为平面不规则形的一片硬土，南北最长90、东西最宽50、最厚处13厘米。

96KDⅠF4　残存者为一片硬土及其下之垫土。硬土分布于ⅠT406内，在ⅠT406第3A层下，打破第3B、第3C层。其东部为ⅠH2削去，周边多为地层削毁，不甚连属。硬土的范围大体呈作西南—东北向长的长方形，长约300厘米，宽160厘米左右。硬土分三层：ⅠF4①A，黄土，厚1.5厘米。此层层面的南部有一小穴，口径21厘米，穴底先垫一层6厘米厚的黄色草拌泥，其上抹一层3.5厘米厚的泥土，该层土烧烤成红褐色，十分坚硬，由此至穴口的深度仅3.5厘米；ⅠF4①B，主要是红褐色碎土坯块，厚0～3厘米；ⅠF4①C，亦为黄土，厚0～1.5厘米。硬土之下有三层稍软的垫土（统称ⅠF4②）：ⅠF4②A，灰土，厚约10厘米；ⅠF4②B，主要为红褐色碎土坯块，厚5～10厘米；ⅠF4②C，黄灰色土，厚约10厘米。垫土向西北的分布超出硬土范围较多，此层见有兽骨和2块战国时期陶片。

97KDⅠF36　跨ⅠT313、ⅠT314、ⅠT324和ⅠT323。东北、西南分别为ⅠH217和ⅠH229削去，并被ⅠH267贯穿，下压ⅠH235和ⅠT324第2层。被其上地层削毁过甚，残存者为一片西南—东北向长的硬土及其下之垫土，最长320、最宽270厘米。硬土（ⅠF36①）黄褐色，厚2～4厘米，表面经烧燎，坚硬而平滑。东北部有一块高出周围2～3厘米之处被烧烤成红褐色硬面，其范围东西向长85、宽45厘米。在这红褐色硬面上开一小穴，口径31～38、穴深38厘米。存留在这片硬土表面的有5件遗物：紧贴红褐烧烤面东北侧的为一残陶豆（ⅠF36①:3），红色烧烤面以西有扁平石块（ⅠF36①:4）

和红烧土块各1块，另有一骨针和一有打击痕的石块，二者具体位置不详。硬土下普遍有二层稍软的垫土：ⅠF36②A，黄灰色土，厚5～10厘米；ⅠF36②B，黄褐色土，厚10～15厘米（图6-1）。

97KDⅠF37　位于ⅠT317内。南边被ⅠH236打破，本身打破ⅠT317第5层。为一平面近凸字形的半地穴式房址的地穴部分。凸出部分指向东南，方向112°。夏家店下层文化的ⅠF47之平面范围绝大部分与此房址重合，二者凸出部分的朝向也比较接近。

该房址四壁边线均不甚规则，略呈凸弧状，各边的长度多为220～250厘米。穴底不甚平整，中部略低，穴深一般在40～55厘米之间。

沿穴壁四周砌筑10～35厘米厚的黄色草拌泥墙。西壁墙体多有内凸，尤以中部最甚，其他各边的墙壁自上而下多较平直，仅个别处略有凸凹。墙体可能是内外分层涂抹而成，有些地方在最先涂抹的一层墙面还可见到烧烤的痕迹，这类痕迹以东北角的两处最为明显。

紧贴西南角墙根建一土台，其外表涂抹草拌泥，台宽30～50、高10～20厘米。台上散布的陶片分居两处，一多一少，各属1件陶器（陶片较多的属ⅠF37:6）。

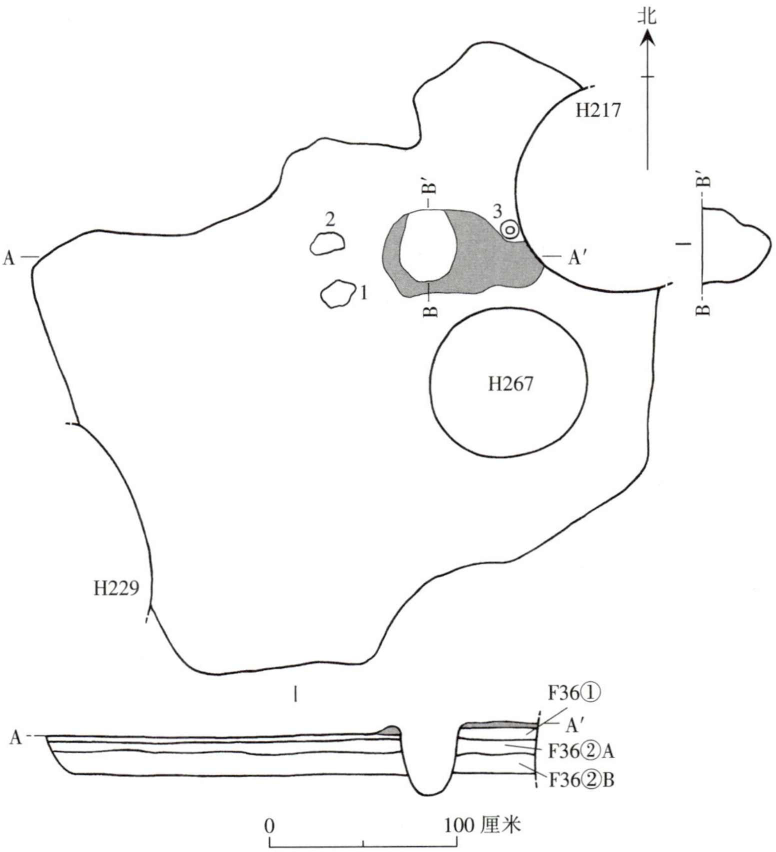

图6-1　97KDⅠF36平、剖面图
（图中灰色部分为烧烤硬面）
1. 红烧土块　2. 扁平石块　3. 残陶豆

主室穴底较硬，一般可见三层踩踏面，上层黑灰土，中层浅黄色土，下层灰褐色土，各厚 1 ~3 厘米。北部墙根附近的踩踏面分两层，上层是红烧土，下层为浅黄色土。沿墙根一周多堆有灰白色的灰烬，最厚 3 厘米。

凸出部分的穴底较主室之底高 4 ~6 厘米，这部分穴底普遍垫一层 2 ~3 厘米厚的灰白色灰烬。

东壁北部的草拌泥墙被挖出一个壁龛。龛高 20、宽 20、进深 15 厘米。龛底与主室之底相连。龛内、外一带的地表经过烧烤，形成烧烤面，其下 3 ~5 厘米厚的土亦被烧成红色。龛底置一陶片。

主室有 3 个柱洞，洞深约 10 厘米，d1 和 d2 的口径皆 10 厘米左右，d3 约 15 厘米。

土台和壁龛之外的室内地表存留物有 4 块（堆）陶片、1 件兽骨和 3 个石块（图 6 –2）。

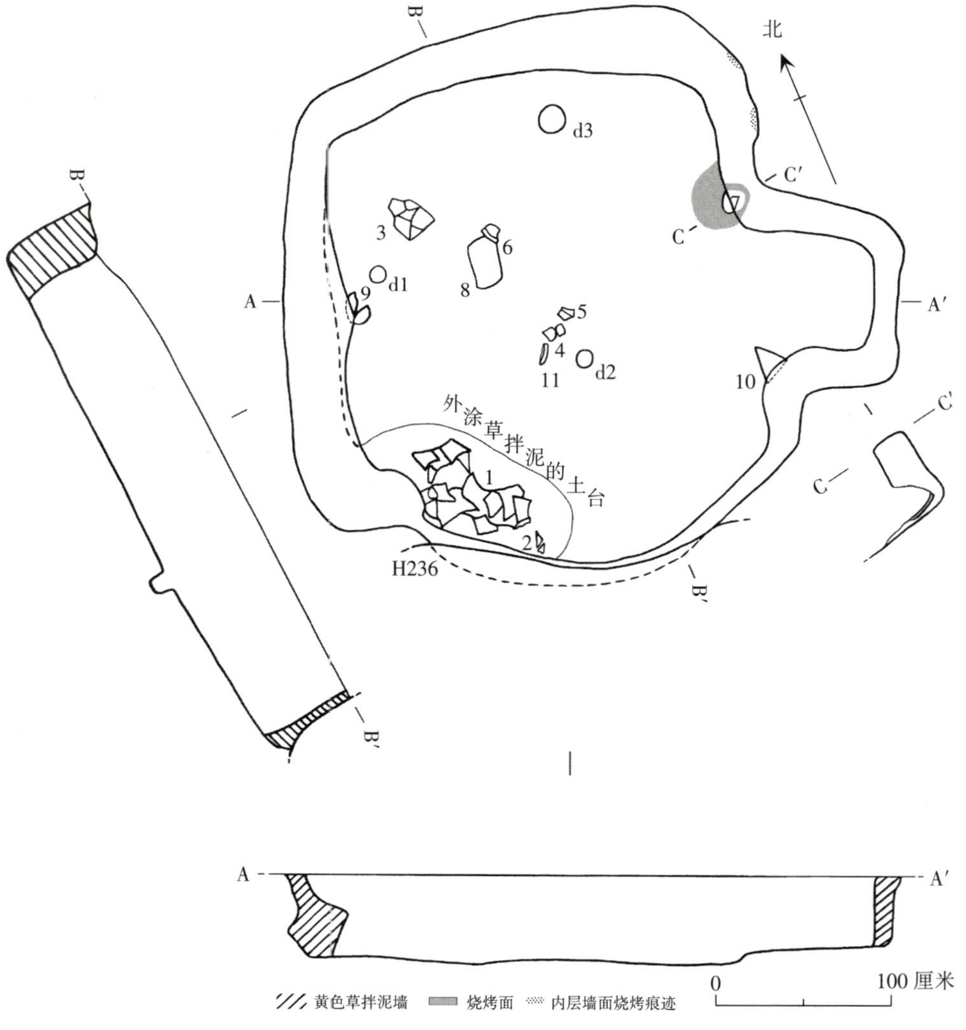

图 6 –2　97KDⅠF37 平、剖面图

1 ~7. 陶片　8 ~10. 石块　11. 兽骨　d1 ~d3. 柱洞

（1 为 F37∶6 的陶片）

穴内堆积灰褐色土，含夹砂红陶陶片，出残铜镞和铁块各两件。

97KDⅠF41　跨ⅠT308和ⅠT318。在ⅠT308第4B层和ⅠT318第4C层下，打破ⅠQ4N（ⅠQ4墙内堆积）、ⅠH240、ⅠH398。系一平面呈圆角方形的半地穴式房址的地穴部分。东西长320～330、南北宽280～320厘米，穴深35～60厘米。四壁较直，穴底略平且较硬实。穴底置一有孔石器残段（ⅠF41③:1）和一堆小石块。穴内堆积分两层：ⅠF41①，浅黄色土，仅见于东北部，出少量陶片、兽骨；ⅠF41②，灰褐色土，夹杂石块，出有兽骨，以及战国时期和夏家店下层文化的陶片、铁块、石器残块、卜骨残块等。

二、灰坑

编号为灰坑的遗迹共计255处。

96KDⅠH1　跨ⅠT411和ⅠT424。在两探方的第1层下开口，打破第3层。平面近圆形，锅底状。坑口东西长95、最深处坑深45厘米。坑内堆积为灰黄色土，出有陶片。

96KDⅠH2　跨ⅠT406和ⅠT407。开口于两探方的第1层下，打破ⅠT407第2层（亦即ⅠT406第2A层）。坑口平面形状不规则，锅底状，底部不平，坑底北部有一下凹的小浅穴。坑口南北长355、最深处坑深42厘米。坑内堆积为黄灰色土，较软，出土陶片、骨器、铁块和石珠等。

96KDⅠH3　跨ⅠT419、ⅠT420、ⅠT431和ⅠT432。开口于这些探方的第1层下，打破ⅠT419和ⅠT420的第2层，及ⅠH329。平面呈不规则椭圆形，西部范围划定得不够准确，坑底缓平。坑口南北长约320、坑深8～35厘米。坑内堆积深灰色土，夹杂少量红烧土粒和炭屑，出陶片。

96KDⅠH4　跨ⅠT422和ⅠT434。开口于两探方第1层下，打破ⅠT422第1A层和ⅠT434第2层。平面呈不规则椭圆形，斜壁锅底状，坑底不平。坑口最大径320、最深处坑深50厘米。坑内堆积分两层：ⅠH4①，较软的灰土，并夹杂红烧土和石块，出陶片；ⅠH4②，深灰色土，含炭粒和料姜石，出陶片，并有一白灰块。

96KDⅠH5　位于ⅠT414内。开口于ⅠT414第2层下，打破第3层。平面略呈圆形，袋状，平底。坑口南北长95、坑深45～80厘米。坑内堆积浅灰色土，含陶片。

96KDⅠH6　位于ⅠT414内。开口于ⅠT414第1层下，打破ⅠH7。平面呈圆形，袋状。口径110、坑深17～31厘米。坑内堆积灰褐色土，含陶片、兽骨、红烧土块。

96KDⅠH7　位于ⅠT414内。被ⅠH6打破，打破ⅠT414第1B层。平面呈圆形，锅底状。口径190、坑深32～86厘米。坑内堆积分两层：ⅠH7①，为较软的灰土，厚12～16厘米；ⅠH7②，为较硬的黄灰色土。各层均出少量陶片和兽骨。

96KDⅠH8　跨ⅠT416和ⅠT417。开口于两探方的第1层下，打破第2层。平面近圆形，直壁。口径130～140、坑深近40厘米。坑内堆积灰褐色土。坑底置有较多陶片，分属两件陶罐（图6－3）。

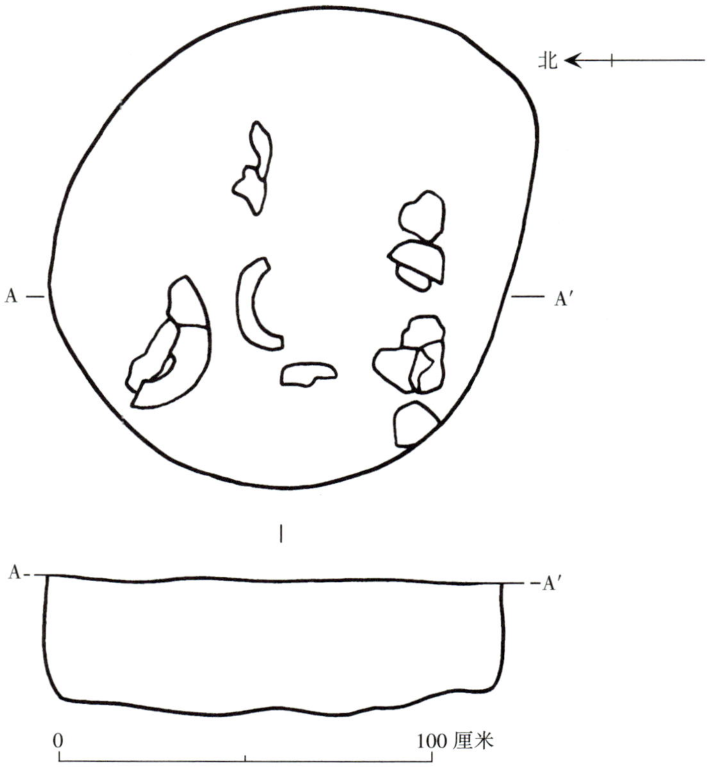

图 6－3　96KDⅠH8 平、剖面图及坑底陶片

96KDⅠH9　位于ⅠT409 内。开口于ⅠT409 第 1 层下，打破ⅠH61。平面为不规则圆形，锅底状。坑口东西长 90、最深处坑深 23 厘米。坑内堆积为灰褐色土，出少量陶片，并有石器和铁器残片各 1 件。坑底西部置有两块较大的陶釜残片。

96KDⅠH10　位于ⅠT405 内。被ⅠD4 打破，打破ⅠT405 第 2A 层。平面呈圆形，锅底状。口径 80、坑深 44 厘米。坑内堆积黑土，出少量陶片。

96KDⅠH11　位于ⅠT418 内。开口于ⅠT418 第 1C 层下，打破第 2A 层。平面近圆形，坑壁略直，平底。口径 80～85、坑深约 120 厘米。坑内堆积灰土，含较多红烧土块和炭灰，出有陶片。坑底沿周边环列 7 处石块，西边的两处各有若干石块，余皆 1 个石块（图 6－4）。

96KDⅠH14　跨ⅠT421 和ⅠT422。开口于两探方的第 1 层下，打破ⅠT421 第 2 层。平面近圆形，袋状，坑底不甚平整。口径 205～230、底径 250～285、坑深125～135 厘米。坑壁留有尖齿状工具的痕迹，痕长达 12 厘米。坑内堆积分四层：ⅠH14①，灰土，较软，含较多红烧土；ⅠH14②，褐土，较硬；ⅠH14③，黄花土，较软；ⅠH14④,黑灰土，较硬。各层均出陶片，ⅠH14③有一猪头骨。坑底置有石块，西南部存留较多陶片和兽骨（图 6－5）。

96KDⅠH15　位于ⅠT408 东北角，约有四分之一在发掘区外。开口于ⅠT408 第 1

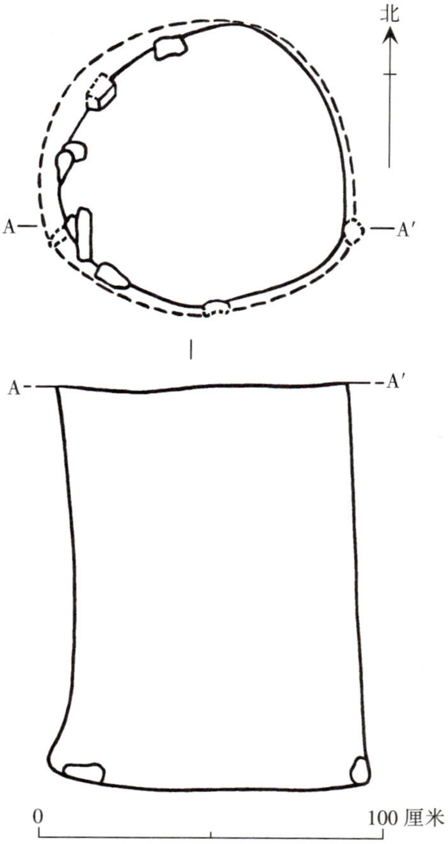

图 6－4　96KDⅠH11 平、剖面图及坑底周边环列的石块

层下，打破ⅠT408 第 2 层。平面为圆形，直壁，坑底不平整。口径约 145、坑深约 60 厘米。坑内堆积黑土，土质较软，出陶片和兽骨，并有一铜刀币残块。

96KDⅠH16　位于ⅠT418 内。开口于ⅠT418 第 1 层下，打破ⅠT418 第 2 层。平面形状不规则，底部多凸凹。坑口最长 120、坑深 12～22 厘米。坑内堆积灰褐土，出陶片，并有 1 件泥质灰陶罐（ⅠH16∶1）。

96KDⅠH17　跨ⅠT416 和ⅠT417。开口于ⅠT416③A 下，打破ⅠH54。平面呈不规则椭圆形，底稍大于口。坑口长 236、宽 150、坑深 70 厘米。坑内堆积黑灰土，夹杂料姜石和红烧土块，出陶片和兽骨，有一残蚌刀。

96KDⅠH18　跨ⅠT407 和ⅠT420。开口于ⅠT407、ⅠT420 的第 3 层下，打破此两探方的第 4 层。平面形状不规则，坑口东西长约 180、南北长约 140、坑深 34 厘米。坑底略平，局部较硬，或为踩踏所致。坑内堆积黑灰色土。此坑出土物在发掘时多混入其上的地层。

96KDⅠH19　跨ⅠT417 和ⅠT418。开口于两探方的第 1 层下，打破ⅠT417 第 3 层（亦即ⅠT418 第 2 层）。平面形状不规则，锅底状。坑口西南—东北向长 205、坑深 40 厘米。坑内堆积黑土，出陶片，并有铁块。

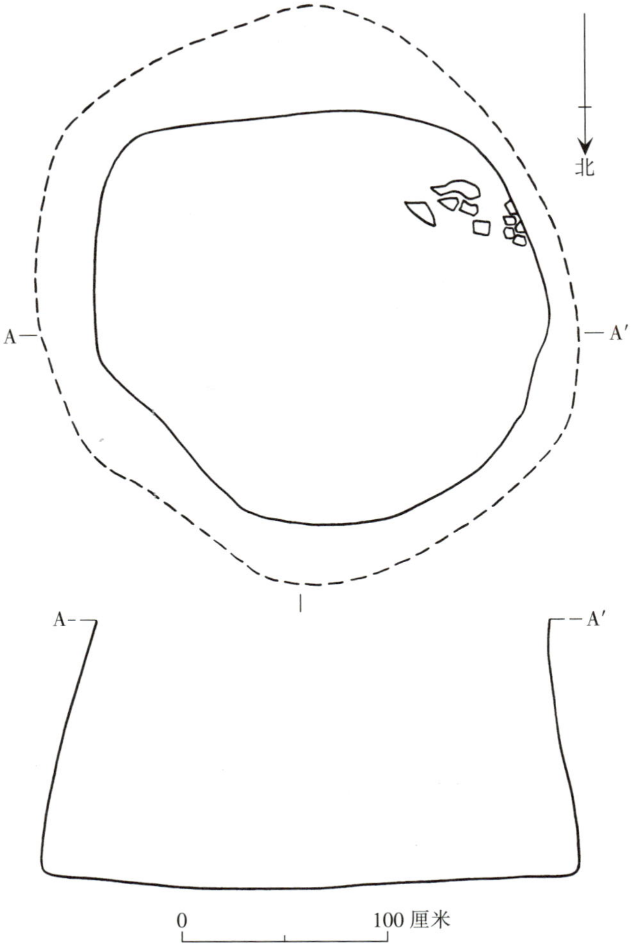

图6－5　96KDⅠH14平、剖面图及坑底西南部陶片

96KDⅠH20　位于ⅠT416内。开口于ⅠT416第2层下，打破ⅠH41。平面形状不规则，多数地方呈袋状，坑底多有凹凸。坑口东西长约295、坑深80～134厘米。坑内堆积灰土，杂黄土粒，含较多陶片，并有兽骨、石器、骨器、陶圆饼、铁片和1件铜镞（图6－6）。

96KDⅠH21　位于ⅠT414西部，大部分在发掘区外。开口于ⅠT414第1B层下，打破ⅠT414第3层。已发掘部分的坑口南北长165、坑深75～100厘米。坑内堆积黄土，含陶片。

96KDⅠH22　跨ⅠT418和ⅠT419。开口于ⅠT419第3层下，打破ⅠT419第4层（亦即ⅠT418第3层）。平面近椭圆形，坑壁较直，坑底略平。坑口长110、宽85、坑深约40厘米。坑内堆积黄土，含陶片和兽骨。

96KDⅠH23　跨ⅠT421和ⅠT433。为ⅠD7和ⅠH30所破，打破ⅠT421第2层。平面近圆形，坑壁向内斜收，坑底较平。坑口最大径230、坑深约84厘米。坑内堆积灰绿色土，土质较软，略带沙性，含陶片和兽骨，后者中包括猪和狗的残下颌骨各1

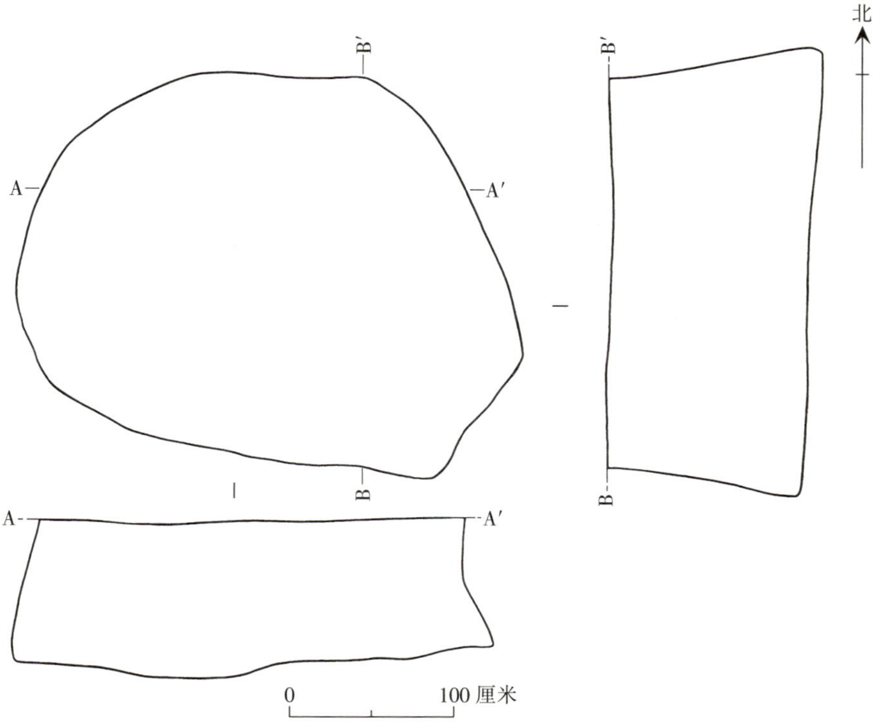

图 6－6　96KDⅠH20 平、剖面图

件，并出有陶圆饼残块、石块、铁块各 2 件。坑底东部置有若干石块。

96KDⅠH25　跨ⅠT419 和ⅠT420。开口于两探方的第 1 层下，打破第 2 层。此坑平面形状不甚规则，直径 110～120、坑深 36 厘米。坑内堆积黄灰色土，含少量陶片和兽骨，并有一骨镞。

96KDⅠH26　跨ⅠT419、ⅠT420、ⅠT406 和ⅠT407。位于ⅠT406 第 2A 层（亦即ⅠT407 第 2 层）下，被同层下的ⅠH49 打破，打破ⅠT406 第 2B 层。平面为不规则椭圆形，直壁，坑底略平。坑口南北长 220、东西宽 180、坑深 55 厘米。坑内堆积黑绿色土，含陶片。

96KDⅠH27　跨ⅠT417 和ⅠT429。两探方第 3 层下开口，打破ⅠT417 第 4 层。平面近椭圆形，直壁，底略大于口。坑口长约 226、宽 180、坑深约 105 厘米。坑内堆积分两层：ⅠH27①，灰土，出陶片，并有一陶圆饼；ⅠH27②，黄灰色土，出陶片。

96KDⅠH28　跨ⅠT420 和ⅠT421。被ⅠD2 打破，本身打破两探方的第 2 层。此坑南部边缘不甚清楚，整体作锅底状。坑口东西长 160、坑深 75 厘米。坑内堆积灰绿土，含陶片和兽骨，并有一石器残片。

96KDⅠH29　位于ⅠT421 内。ⅠT421 第 1 层下开口，打破第 2 层。平面呈圆形，袋状。口径 120～125、底径 130～140、坑深 44～50 厘米。坑内堆积灰绿土，含陶片和兽骨，并有陶圆饼和铁块各 1 件（图 6－7）。

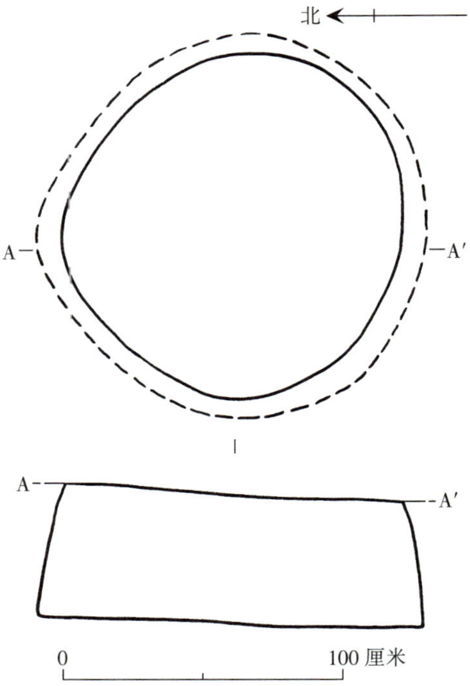

图 6－7　96KDⅠH29 平、剖面图

96KDⅠH30　跨ⅠT421、ⅠT422、ⅠT433 和ⅠT434。开口于各探方的第 1 层下，打破ⅠH23 和ⅠT422 第 1A 层。平面为不规则圆形，袋状。口径约 170、底径约 190、坑深 67～80 厘米。坑内堆积灰花土，含陶片。

96KDⅠH31　位于ⅠT409 东南部，向东延至发掘区外。开口于ⅠT409 第 1 层下，打破第 2 层。平面形状不规则，近锅底状。已发掘部分的坑口南北长 220、东西宽 190、坑深 22～50 厘米。坑内堆积含陶片和兽骨，并有残蚌饰和陶纺轮。

96KDⅠH32　位于ⅠT403 内。被ⅠH43 打破，打破ⅠH94。平面形状不规则，坑壁内收略呈锅底状。坑口长 185、坑深 20 厘米。坑内堆积灰黑土，出陶片和兽骨，有一陶纺轮。

96KDⅠH35　位于ⅠT110 南部，向南延至发掘区外。开口于ⅠT110 第 2 层下，打破夏家店上层文化的ⅠH92。平面形状不规则，锅底状。已发掘部分的坑口东西长 155、南北长 145、坑深 37 厘米。坑内堆积黄褐色土，出陶片和兽骨。

96KDⅠH36　跨ⅠT406 和ⅠT419。开口于ⅠT419 第 2 层（亦即ⅠT406 第 2A 层）下，打破ⅠH49。平面近圆形，直壁。口径约 190、坑深 50 厘米。坑内堆积黄灰色土，出较多陶片，并有兽骨。

96KDⅠH38　跨ⅠT404、ⅠT405、ⅠT417 和ⅠT418。开口于ⅠT417 第 3 层（亦即ⅠT418 第 2 层）下，打破ⅠT417 第 4 层（亦即ⅠT418 第 3 层）。平面为圆形，袋状。口径 70、底径 145、坑深 70 厘米。坑内堆积灰褐土，出少量陶片和兽骨。

96KDⅠH39　跨ⅠT407 和ⅠT408，东部在发掘区外。开口于两探方的第 1 层下，打破第2层。已发掘部分的坑口平面呈椭圆形，直壁，坑底略平。这部分的坑口最长处长160、宽90、坑深85厘米。坑内堆积灰土，含少量陶片，并有兽骨和一铁器残块。

96KDⅠH40 跨ⅠT405和ⅠT406。开口于两探方的第1层下，打破ⅠT405第2层（亦即ⅠT406第2A层）。平面近椭圆形。坑口东西长95、坑深51厘米。坑内堆积黄灰色土，出有陶片和兽骨。

96KDⅠH41 位于ⅠT416内。被ⅠH20打破，打破ⅠT416第3层。平面呈圆形，东南壁向内凹进，其余部位大体为直壁。口径178～190、坑深约150厘米。坑内堆积分五层：ⅠH41①，灰花土；ⅠH41②，深灰色土；ⅠH41③，黄灰色土；ⅠH41④，黑灰土；ⅠH41⑤，为炭灰。各层均出较多陶片，并有兽骨和未烧尽的炭木（图6－8）。

96KDⅠH42 跨ⅠT403和ⅠT416。两探方的第2层下开口，打破第3层。平面为椭圆形，略呈袋状。坑口长140、坑底长156、坑深90厘米。坑内堆积黄灰色土，出少量陶片和兽骨。

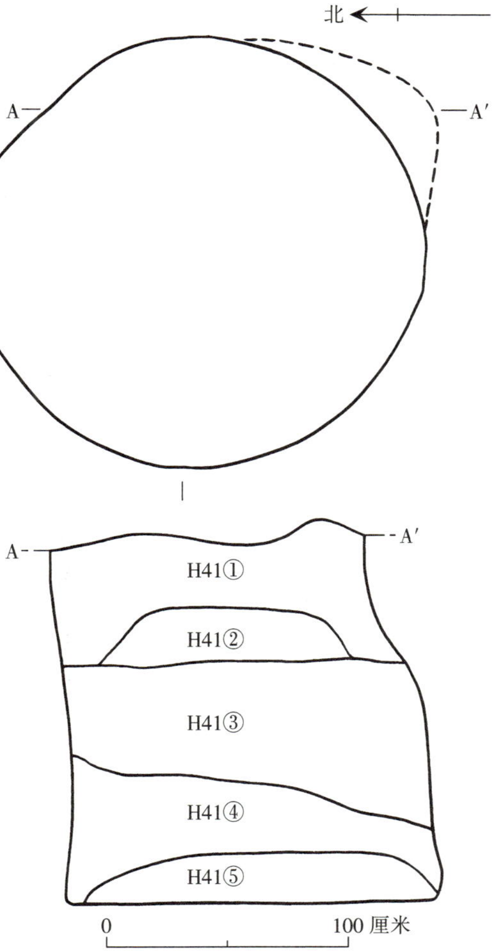

图6－8 96KDⅠH41平、剖面图

96KDⅠH43　位于ⅠT403内。开口于ⅠT403第3层下，打破ⅠH32和ⅠH72。平面呈圆形，袋状。口径155～160、底径170～175、坑深65～70厘米。坑内堆积灰白色土，含陶片和兽骨，并有若干骨器和细石器石片、有孔陶圆饼各1件（图6-9）。

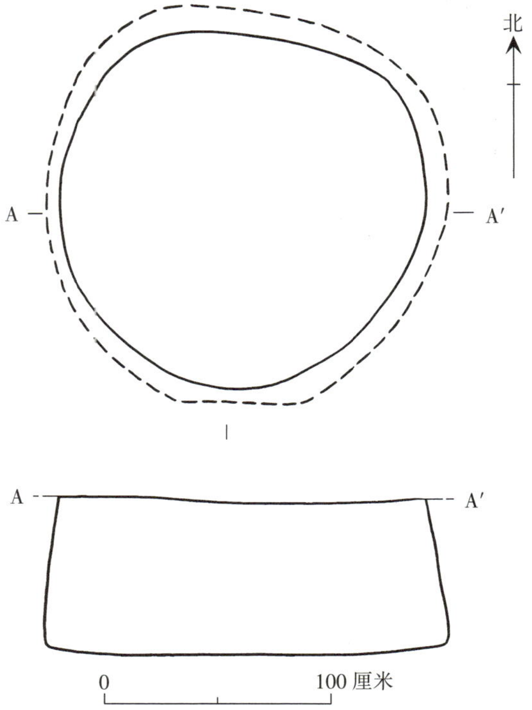

图6-9　96KDⅠH43平、剖面图

96KDⅠH44　绝大部分位于ⅠT421内。开口于ⅠT421第2层下，打破第3层。平面近圆形，袋状。坑口距地表深85厘米，口径195～218、底径270～278、坑深138～143厘米。坑底以上85厘米的坑壁皆为生土。坑壁局部留有长条平头的工具痕，痕长20～30、宽5～8厘米，似镢类工具的印痕，某处两道平行的印痕挨得很近，是否是两道一组的印痕则未能知。坑内堆积分二层：ⅠH44①，灰绿土，土质较软，夹杂黑土块；ⅠH44②,黄褐色土，较硬，含黑灰色土粒，此层在靠近坑壁处有许多炭灰。各层均出较多陶片和兽骨，并有石器、骨器、陶圆饼和蚌片、铁块（图6-10）。

96KDⅠH45　跨ⅠT420和ⅠT432。在ⅠT420第2层（亦即ⅠT421第2层、ⅠT432第1A层）下开口，打破ⅠT420第4层（亦即ⅠT421第3层）和ⅠT432第2层。该坑平面大致近圆形，直壁。口径约210、坑深60～70厘米。坑内堆积黄灰色土，出有陶片。值得注意的是，此坑恰好坐落在夏家店上层文化的ⅠH141的范围内。

96KDⅠH46　跨ⅠT110西南和ⅠT410东南，向南延至发掘区外。被ⅠH125打破，打破ⅠT110第2层。已发掘部分的平面范围不甚规则，袋状。坑口东西长约180、坑深40～67厘米。坑内堆积分三层，均出有陶片，堆积中并有较多兽骨。

96KDⅠH47　位于ⅠT417内。ⅠT417第3层下开口，打破第4层。平面形状不规

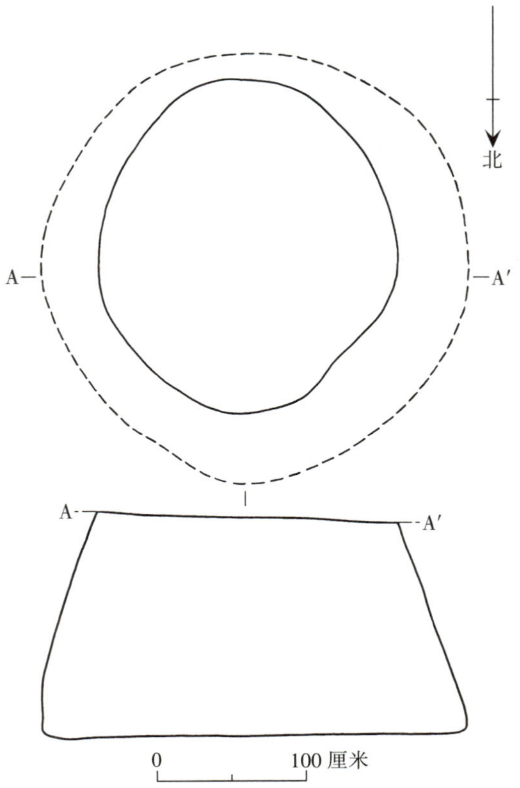

图 6－10　96KDⅠH44 平、剖面图

则。东西长约 155、坑深 90 厘米。坑内堆积黄灰色土，出有陶片和兽骨。

96KDⅠH48　跨ⅠT401 东北和ⅠT402 东南，向东延至发掘区外。其上叠压ⅠT401第 3A 和ⅠT402 第 3B 层，打破ⅠT401 第 3B 层（亦即ⅠT402 第 3C 层）。已发掘部分的坑长 80、宽 70、坑深 36 厘米。坑内堆积深棕色土，出较多陶片，并有一残石臼。

96KDⅠH49　跨ⅠT406、ⅠT419 和ⅠT420。在ⅠT406 第 2A 层（亦即ⅠT419 和ⅠT420 的第 2 层）下，被同层下的ⅠH36 打破，打破ⅠH26。坑口平面呈不规则椭圆形，长约 400、宽 220、最深处坑深 75 厘米。坑内堆积灰花土，出有陶片和兽骨。

96KDⅠH50　位于ⅠT111 内。在ⅠT111 第 1 层下，打破夏家店下层文化的ⅠH100。平面近圆形，直壁，平底。口径 140～150、坑深 23 厘米。坑内堆积灰色土，出有少量陶片和兽骨。

96KDⅠH51　位于ⅠT411 内。在ⅠT411 第 1 层下，打破ⅠH53。平面近圆形，袋状。口径 85～95、底径 150、坑深 70 厘米。坑内堆积黄土，出土少量陶片。

96KDⅠH52　位于ⅠT420 内。在ⅠT420 第 1 层下，打破第 2 层。平面呈不规则圆形，锅底状。坑口东西长 150、坑深 96 厘米。坑内堆积灰绿土，出有陶片和兽骨。

96KDⅠH53　跨ⅠT111 和ⅠT411。为ⅠH51 所破，打破ⅠT411 第 3B 和ⅠT111第 2B 层。平面略近圆形，锅底状。口径 120～140、坑深 33 厘米。坑内堆积灰土，含少量陶片。

96KDⅠH54　位于ⅠT416西部，向西延至发掘区外。为ⅠH17所破，直接打破生土。已发掘部分的坑口南北长390、坑深96厘米。坑内堆积分五层：ⅠH54①，灰花土；ⅠH54②，深灰土；ⅠH54②A，黄灰色土；ⅠH54③，黄土；ⅠH54④，硬黄土。各层均出陶片。堆积中还有一残骨镞。

96KDⅠH55　跨ⅠT403、ⅠT404、ⅠT416和ⅠT417。开口于ⅠT416和ⅠT417的第3层下，被ⅠH56打破，打破ⅠT416第3A层、ⅠT417第4层和ⅠH121。平面形状不规则，略呈锅底状。坑口西南—东北向长约370、最深处坑深约100厘米。坑内堆积黄土，含较多陶片和兽骨，并有石、骨器和多件陶圆饼。

96KDⅠH56　跨ⅠT403和ⅠT404。开口于两探方的第3层下，打破ⅠH55。平面椭圆形，锅底状。坑口长约150、宽约120、坑深60厘米。坑内堆积黑灰土，含少量陶片，并出有兽骨。

96KDⅠH57　跨ⅠT407和ⅠT408。开口于两探方的第2层下，打破ⅠT407第3层和ⅠT408第3A层。平面近圆形，袋状，坑底较平。口径215～230、底径255～280、坑深约100厘米。坑内堆积分二层：ⅠH57①，黑土，仅见于西部，厚0～40厘米；ⅠH57②,灰土，出较多陶片和兽骨，并有2件陶圆饼和经过磨制的兽骨（图6－11）。

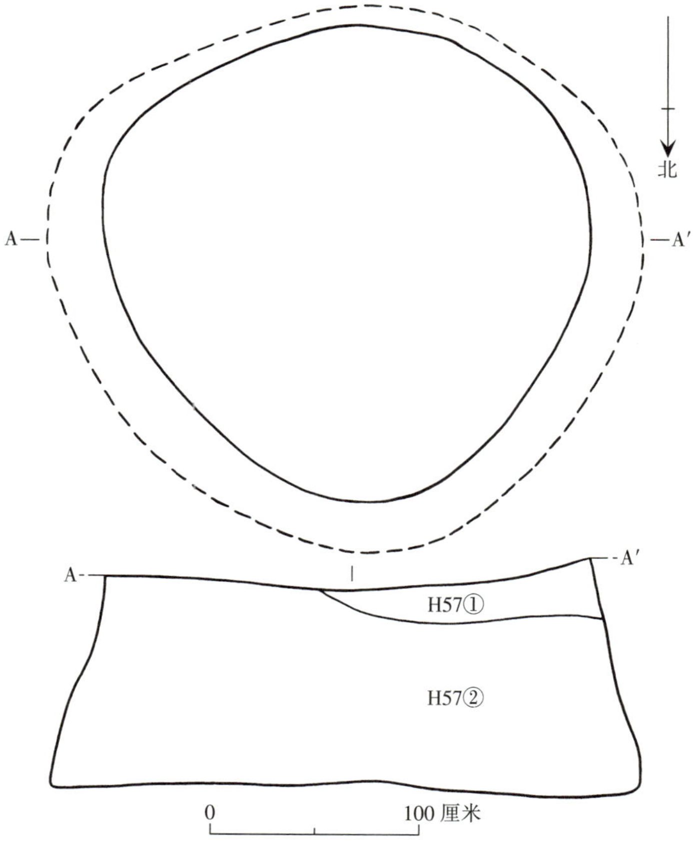

图5－11　96KDⅠH57平、剖面图

96KDⅠH58　跨ⅠT405东北和ⅠT406东南，一部分在发掘区外。开口于ⅠT405第2层（亦即ⅠT406第2A层）下，打破ⅠT405第3层（亦即ⅠT406第3A层）。从已发掘的部分看，此坑平面略近椭圆形，坑壁较直，坑底较平。坑口东西长186、坑深53厘米。坑内堆积灰土，夹杂石块，含少量陶片。

96KDⅠH59　跨ⅠT415和ⅠT416。开口于两探方的第2层下，打破ⅠT415第3层、ⅠT416第3A层和ⅠH97。平面近椭圆形，多数部位坑壁向内斜收而略呈锅底状。坑口长200、宽150、坑深120厘米。坑内堆积黄灰色土，含陶片和兽骨，并出有石、骨器和一琉璃耳瑱。

96KDⅠH60　跨ⅠT415西北和ⅠT416西南，大部分在发掘区外。开口于两探方的第2层下，打破ⅠT415第4层。已发掘部分的坑口南北长90、宽20、坑深70～90厘米。坑内堆积为黄土，出有兽骨。

96KDⅠH61　位于ⅠT409内。被ⅠH81打破，打破ⅠT409第3层。平面近圆形，锅底状。口径185～195、坑深25厘米。坑内堆积为黄花土，出有陶片和1件残半的陶纺轮，以及一猪头骨。

96KDⅠH63　跨ⅠT408和ⅠT409。开口于两探方的第2层下，打破ⅠT409第3层。平面近圆形，坑壁略直，坑底凹凸不平。口径178～190、坑深55厘米。坑内堆积为黑土，含少量陶片。

96KDⅠH64　跨ⅠT406和ⅠT419。开口于ⅠT406第2C层和ⅠT419第3A层下，打破ⅠH66。平面近圆形，直壁，坑底较平。口径147～165、坑深62～75厘米。坑内堆积灰土，出有陶片和兽骨，并有石、骨器各1件。

96KDⅠH65　位于ⅠT112东北部，一部分在发掘区外。开口于ⅠT112第2层下，打破第3层。从已发掘部分看，此坑平面近圆形。口径125～135、坑深112厘米。坑内堆积为灰褐土，含少量陶片，坑底置有大小不等的石块。

96KDⅠH66　跨ⅠT406和ⅠT419。北部为ⅠH64削毁，打破ⅠT406第3A层。此坑直壁，平底。残存部分西南—东北向的长度为170、坑深30～53厘米。坑内堆积为灰黑土，含少量陶片。

96KDⅠH67　跨ⅠT419和ⅠT431。ⅠT419第3层下开口，打破ⅠT419第4层。平面略呈椭圆形，直壁。坑口长170、宽110、坑深约50厘米。坑内堆积为黄土，出有陶片和兽骨。

96KDⅠH68　位于ⅠT110东部，向东延至发掘区外。ⅠT110第1层下开口，打破ⅠZ1。已发掘部分的坑口东西长170、南北宽145、坑深25～35厘米。坑内堆积为褐色土，出有陶片和兽骨。

96KDⅠH69　位于ⅠT402内。ⅠT402第4层下开口，打破ⅠH86和ⅠH111。平面呈圆形，直壁。口径124、底径122、坑深58厘米。坑内堆积为灰褐色土，出有陶片和兽骨。

96KDⅠH70　位于ⅠT403内。开口于第3层下，打破ⅠH71。平面近圆形，坑壁略直。口径120～130、底径约136、坑深62厘米。坑内堆积为黄灰色土，出有陶片和兽骨。

96KDⅠH71　跨ⅠT402、ⅠT403、ⅠT415和ⅠT416。在ⅠT402第4层（亦即ⅠT403第3层）下，被同层下的ⅠH70打破，打破ⅠH106和ⅠH162。平面为不规则椭圆形，坑壁略呈袋状。坑口长240、坑底长248、坑深102～120厘米。坑内堆积分三层：ⅠH71①，灰土，出陶片和一件陶塑；ⅠH71②，黑灰土，出陶片，并有1件残石凿和4枚铜刀币；ⅠH71③，灰褐土，出陶片（图6－12）。

96KDⅠH72　位于ⅠT403内。大部分被ⅠH43削去，打破ⅠH73、ⅠH94。残存部分最深处的坑深35厘米。坑内堆积为灰褐色土，出有兽骨。

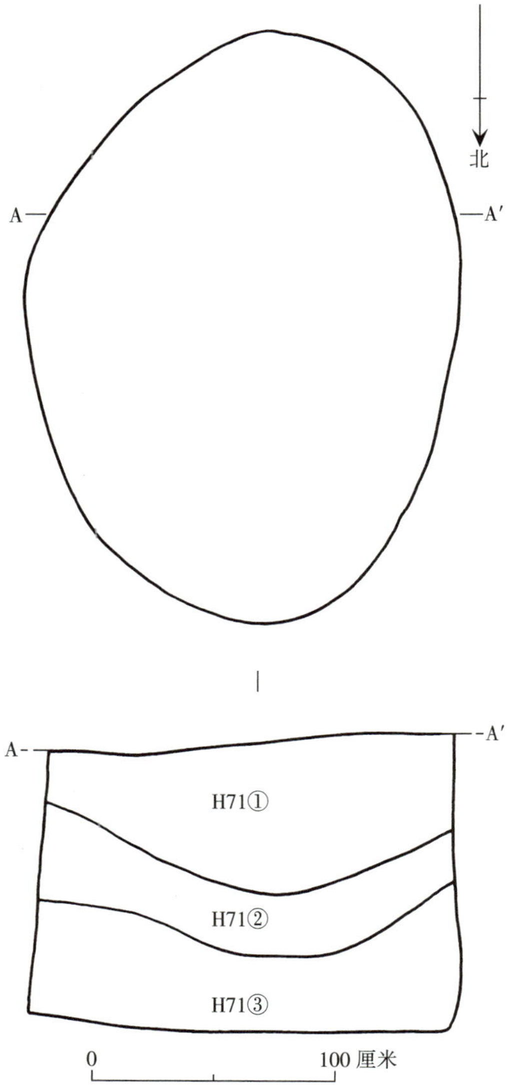

图6－12　96KDⅠH71平、剖面图

96KDⅠH73 跨ⅠT402东北和ⅠT403东南，东部延至发掘区外。为ⅠH72和ⅠH139所破，直接打破生土。西南和北部分别被ⅠH86、ⅠH43削毁。此坑平面大体呈圆形，直壁，底略平，其上铺敷一层5厘米厚的灰绿土。已发掘部分的坑口南北向长225、坑深85厘米。坑内堆积为黄褐色土，夹杂较多石块，含陶片。

96KDⅠH77 位于ⅠT408的东北侧，其东北部在发掘区外。开口于ⅠT408第2层下，打破第3B层。从已发掘部分看，此坑平面当为圆形，坑壁和底均不甚规则。口径约200、坑深65厘米。坑内堆积为深褐色土，含陶片和兽骨。此外，该坑内还出有夏家店下层文化的石铲残角、石铲残段、圆陶片各1件。

96KDⅠH78 跨ⅠT407东北和ⅠT408东南，向东延至发掘区外。开口于ⅠT407第3层和ⅠT408第3B层下，打破夏家店下层文化的ⅠF33。已发掘部分的坑口南北长约280、坑深约90厘米。坑壁略内收，底较平。坑内堆积为灰土，出有陶片和兽骨，并有石、骨器。

96KDⅠH81 位于ⅠT409内。被ⅠH143和ⅠD5打破，打破ⅠH61。平面近圆形，袋状，平底。口径约120、底径约130、坑深120厘米。坑内堆积分二层：ⅠH81①，黄褐色土，较软，厚45～85厘米；ⅠH81②，灰黑土，较硬，厚12～20厘米。各层均出少量陶片。

96KDⅠH82 位于ⅠT405东部，大部在发掘区外。开口于ⅠT405第2A层下，打破第3层。此坑平面的范围划定得不够确切。

96KDⅠH83 位于ⅠT418内。开口于ⅠT418第3层下，打破第3A层。平面为不规则圆形，锅底状，南壁缓斜，北壁略陡。坑口西南—东北向长约110、坑深50厘米。坑内堆积为浅灰色土，较软，出有陶片和兽骨。

96KDⅠH84 位于ⅠT404东北部，向东延至发掘区外。开口于ⅠT404第3A层下，打破第3C层。袋状。ⅠT404东壁一线的坑口南北向长110、坑底长140、坑深54厘米。坑内堆积灰白色土，较软，含少量陶片。

96KDⅠH85 跨ⅠT414和ⅠT415。开口于两探方的第4层下，打破ⅠT415第4A层。平面圆形，略显袋状，坑底不平，东南部较浅。口径130、底径140、坑深85～105厘米。坑壁留有长条平头的工具痕。坑内堆积分三层：ⅠH85①，黄褐色土，厚28～58厘米，出陶片和兽骨，有一饼形石器（ⅠH85∶2），靠近东壁处此层底部卧置一较完整而可复原的灰陶釜（ⅠH85∶1）；ⅠH85②，黑灰土，厚0～32厘米，出陶片和兽骨；ⅠH85③，黄灰色土，厚24～38厘米，杂有灰烬和烧土粒（图6－13）。

96KDⅠH86 位于ⅠT402内。南部多被ⅠH69削毁，本身打破ⅠT402第4A层。平面大致为椭圆形，略显袋状。坑口和底存长分别为134、142厘米，坑深90厘米。坑内堆积为黄灰色土，较软，含陶片。

96KDⅠH87 跨ⅠT401、ⅠT402、ⅠT414和ⅠT415。开口于ⅠT401第3B层、ⅠT402第3D层和ⅠT414、ⅠT415的第3A层下，打破ⅠT402、ⅠT414和ⅠT415的第4层。此坑平面范围划定得不够准确，口径和坑深约60厘米。坑内堆积为黄灰色土。

96KDⅠH91　位于ⅠT402 内。ⅠT402 第 4 层下开口，打破ⅠH112。平面呈圆形，坑壁略直。口径 124、底径 132、坑深 54 厘米。坑内堆积为黄灰色土，出有少量陶片和兽骨。

96KDⅠH93　位于ⅠT433 内。开口于ⅠT433 第 1 层下，打破ⅠH103。平面呈圆形，略呈袋状，坑底较平。口径 150～156、底径 160～166、坑深 40～50 厘米。坑内堆积为黄灰色土，出有陶片和兽骨，并有石、骨器和陶圆饼、铁片（图 6－14）。

96KDⅠH96　位于ⅠT415 内。ⅠT415 第 4 层下开口，打破ⅠH98。平面略近圆形，锅底状。口径 102～110、坑深 80 厘米。坑内堆积为较硬的黄土，含少量陶片。

96KDⅠH97　位于ⅠT415 内。开口于ⅠT415 第 2 层下，被同层下的ⅠH59 打破，打破第 4 层。平面呈圆形，袋状，平底。口径 215～235、底径 238～260、坑深约 140 厘米。坑内填黄褐色土，含较多陶片和兽骨，并有石、骨镞各 1 件和若干陶圆饼、铁片（图 6－15）。

96KDⅠH98　位于ⅠT415 内。被ⅠH96 打破，直接打破生土。此坑西、北部分别为ⅠH97 和ⅠH59 削毁。残存部分的坑壁向内斜收，坑口东西向长 135、最深处坑深 65 厘米。坑内堆积黑灰土，含少量陶片。

96KDⅠH101　位于ⅠT421 内。开口于ⅠT421 第 1 层下，打破ⅠD8。平面近椭圆形。坑口南北长约 130、坑深 24 厘米。出少量陶片。

96KDⅠH102　位于ⅠT421 内。开口于ⅠT421 第 2 层下，打破夏家店下层文化的

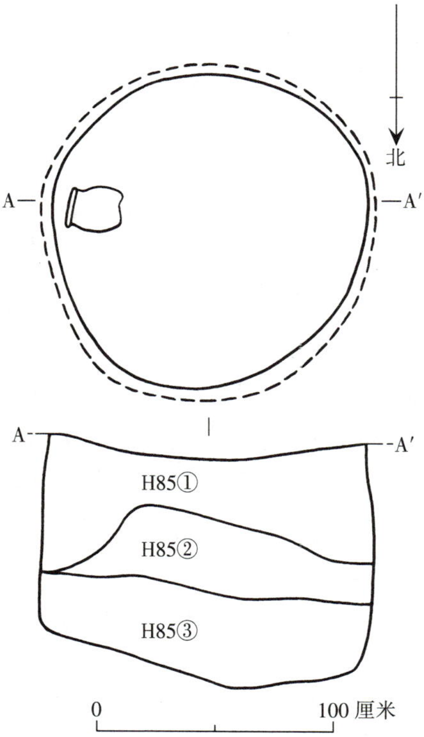

图 6－13　96KDⅠH85 平、剖面图及灰陶釜（ⅠH85∶1）的平面位置

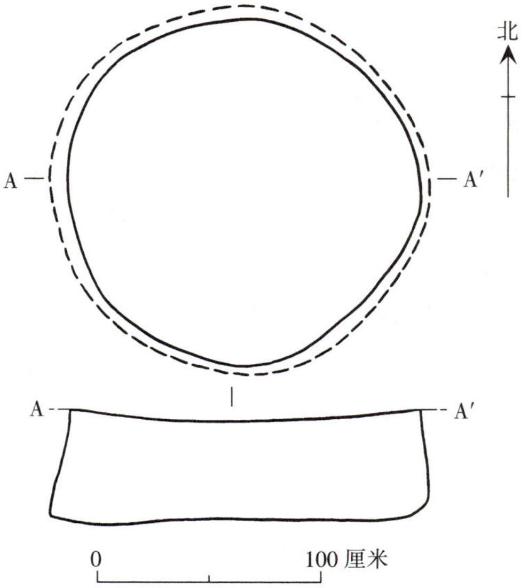

图 6－14　96KDⅠH93 平、剖面图

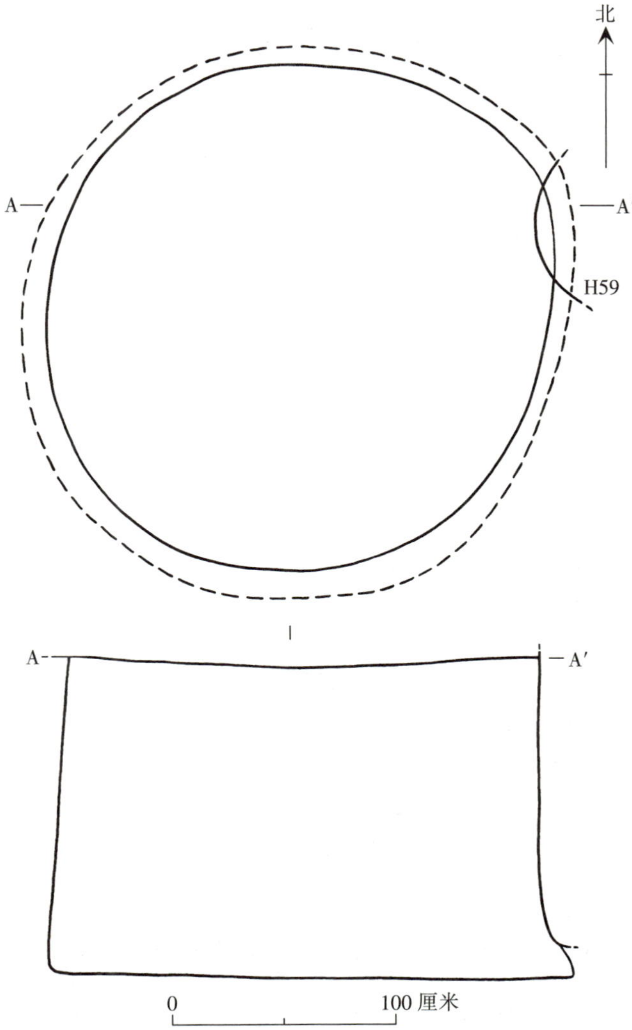

图 6－15　96KDⅠH97 平、剖面图

ⅠF7。平面近椭圆形，袋状。坑口南北长约 65、坑深 18 厘米。坑内堆积灰土，出少量陶片和兽骨，并有一扁体梯形石块。

96KDⅠH103　跨ⅠT432 和ⅠT433。被ⅠH93 打破，打破ⅠH154。平面近圆形，略呈袋状。口径 210～242、坑深 30～50 厘米。坑内堆积分二层：ⅠH103①，浅灰色土，厚 10～40 厘米，出陶片和兽骨，并有石、骨器和铁片；ⅠH103②，深灰色土，厚 0～34 厘米，出少量陶片。坑底东部存留 1 件陶釜的残片，甚为破碎（图 6－16）。

96KDⅠH106　跨ⅠT403 和ⅠT416。被ⅠH71 打破，直接打破生土。此坑南部为ⅠH70、ⅠH71 削毁，被ⅠH42 打破的范围则仅存坑底。残余部分的最深处坑深 58 厘米。坑内堆积黄灰色土，见少量陶片。

96KDⅠH107　跨ⅠT408、ⅠT409、ⅠT421 和ⅠT422。开口于ⅠT408、ⅠT409 和ⅠT421 的第 2 层下，打破ⅠT408 第 3B 层。平面似椭圆形，剖面近 U 状，局部坑壁抹

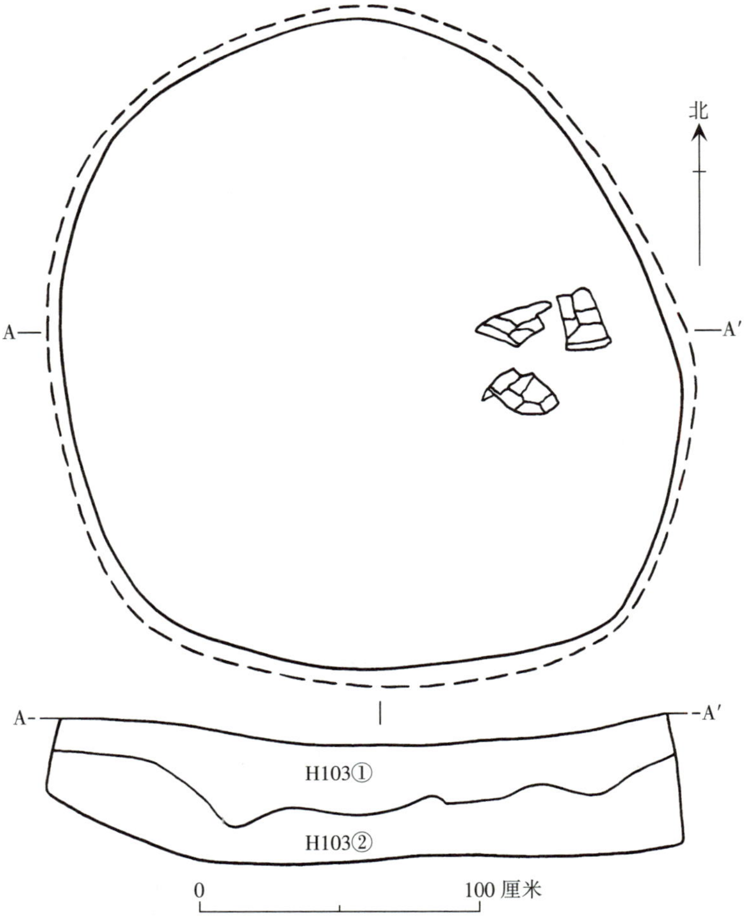

图 6－16　96KDⅠH103 平、剖面图及坑底陶釜的残碎片

有草拌泥。所存坑口东西长约 80、宽约 65、坑深 64 厘米。坑内堆积为黄灰色土，较软，含陶片和少量兽骨。

96KDⅠH109　位于ⅠT406 内。开口于ⅠT406 第 2A 层下，打破第 3A 层。坑口距地表 36 厘米，平面近椭圆形，直壁，平底。坑口长 162、宽 114、坑深 58 厘米。坑内堆积为黑灰土，出有陶片及兽骨，并有一石容器残片和一残猪獠牙。

96KDⅠH110　位于ⅠT408 东部，向东延至发掘区外。开口于ⅠT408 第 1 层下，打破第 2 层。已发掘部分的坑口平面为半圆形，南壁较直，北壁明显呈袋状，平底。南北向最长处坑口长 90、坑深 60 厘米。坑内堆积为黑土，含陶片。

96KDⅠH111　位于ⅠT402 内。被ⅠH69 打破，本身打破ⅠT402 第 4A 层。平面呈圆形，袋状。口径 120、底径 126、坑深 141 厘米。坑内堆积为黑灰土，出有兽骨和少量陶片。

96KDⅠH112　位于ⅠT402 内。西北边为ⅠH91 削毁，打破ⅠT402 第 4A 层。平面近圆形，东西向稍长。口径 105～120、底径 124、坑深 35 厘米。坑内堆积为深黄色土，出有兽骨和少量陶片。

96KDⅠH114　位于ⅠT402东南部，大部分在发掘区外。ⅠT402第4A层下开口，打破ⅠH161和ⅠH122。已发掘部分坑深76厘米，出有兽骨和少量陶片。

96KDⅠH121　跨ⅠT403、ⅠT404、ⅠT416和ⅠT417。被ⅠH55打破，打破ⅠT404的第4层。坑口平面为不规则圆形，锅底状。口径195～240、最深处坑深75厘米。坑内堆积分三层：ⅠH121①，为较软的黄土；ⅠH121②，为较软之灰土；ⅠH121③，为较硬的黄土。各层均出陶片，堆积中尚有兽骨。

96KDⅠH122　位于ⅠT402内。被ⅠH114打破，打破ⅠG4。东、西分别为ⅠH112和ⅠH114削毁，所存无几。残余部分坑深32厘米。坑内堆积深棕色土，含少量陶片。

96KDⅠH123　位于ⅠT402东部，向东延至发掘区外。坑口大部分为ⅠH161打破，打破生土。此坑西部为ⅠH111削毁，最深处坑深96厘米。

96KDⅠH124　位于ⅠT415西南部，大部分在发掘区外。开口于ⅠT415第4层下，打破ⅠG4。已发掘部分的坑口南北长195、坑深约100厘米。坑内堆积为较硬的黄褐色土，出有陶片、兽骨和石块。

96KDⅠH125　跨ⅠT110、ⅠT409和ⅠT410，大部分在发掘区外。被ⅠH143打破，打破ⅠH46。平面近圆形，锅底状，坑底不平。从已发掘的部分看，此坑口径约230、坑深20～45厘米。坑内堆积灰褐色土，含陶片和兽骨。

96KDⅠH129　位于ⅠT406东南部，大部分在发掘区外。开口于ⅠT406第2A层下，打破第3A层。已发掘部分的坑口南北长约200、坑深61厘米。坑内堆积为黄灰色土，出有陶片和兽骨，并有一陶圆饼。

96KDⅠH130　位于ⅠT406东部，大部分在发掘区外。开口于ⅠT406第2A层下，打破第3A层。已发掘部分的坑口南北长132、坑深50厘米。坑内堆积黄灰色土，出有陶片和兽骨。

96KDⅠH131　跨ⅠT402和ⅠT415。两探方的第4层下开口，打破ⅠT402第4A层和ⅠH162。平面呈圆形，略呈袋状。口径216～235、底径约240、坑深110～130厘米。坑内堆积分二层：ⅠH131①，黑灰土，含大量灰烬，一般厚约60厘米；ⅠH131②，浅黄色土，较硬，最厚处厚68厘米。两层均出陶片。

96KDⅠH134　跨ⅠT402和ⅠT403。两探方的第2层下开口，打破ⅠT402第3层。坑口平面近圆形，口径70～80、坑深20厘米。坑内堆积中有兽骨。坑底南部卧置两件陶器，为一泥质灰陶折腹碗（ⅠH134：2）和一泥质灰陶罐（ⅠH134：1），彼此扣合（图6－17）。

96KDⅠH135　位于ⅠT433内。开口于ⅠT433第2层下，打破夏家店下层文化的第3B层。平面呈圆形，略显袋状。口径200～210、坑深40厘米。坑内堆积黄灰色土，含少量陶片。

96KDⅠH139　位于ⅠT402东部，大部分在发掘区外。ⅠT402第4A层下开口，

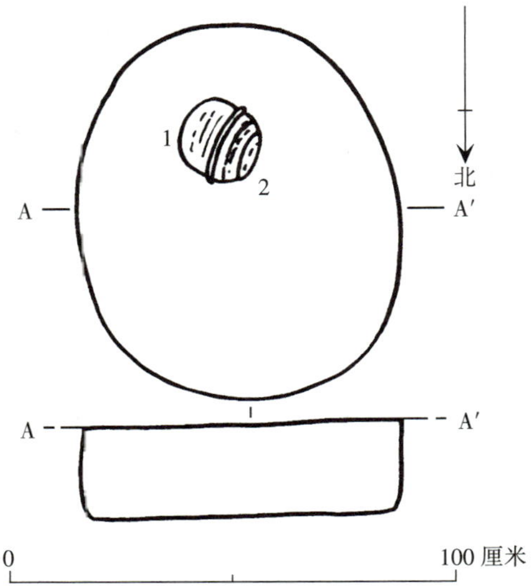

图 6－17　96KDⅠH134 平、剖面图
1. 泥质灰陶罐　2. 泥质灰陶折腹碗

打破ⅠH73 和ⅠH161。坑深约 50 厘米。出有兽骨和陶片。

96KDⅠH143　位于ⅠT409 内。开口于ⅠT409 第 2 层下，打破ⅠH81 和ⅠH125。坑口平面大体上为椭圆形，长约 140、宽约 85 厘米，坑底由西向东倾斜，坑深 20～60 厘米。坑内堆积黄灰色土。

96KDⅠH144　跨ⅠT406 和ⅠT407，部分在发掘区外。开口于ⅠT406 第 2A 层（亦即ⅠT407 第 2 层）下，打破ⅠT406 第 3A 层。已发掘部分的坑口平面接近半圆形，坑口南北长 180、坑深 87 厘米。坑内堆积灰绿色土，夹杂较大沙粒，含陶片和兽骨，并有一饼形石器。

96KDⅠH147　跨ⅠT110 和ⅠT410。开口于ⅠT110 第 2 层下，打破ⅠT110 第 3 层。平面略近平行四边形。坑口长 72、坑深 8～10 厘米。坑内堆积为黄灰色土。

96KDⅠH154　位于ⅠT433 内。被ⅠH103 打破，打破ⅠT433 第 2 层。平面近似椭圆形，四壁向内斜收如锅底状。坑口南北长 224、最深处坑深 50 厘米。坑内堆积分二层：ⅠH154①，黄灰色土，厚 0～40 厘米；ⅠH154②，黑灰土，厚 0～20 厘米。各层均出陶片，堆积中尚有兽骨及一骨器和一陶圆饼残块。

96KDⅠH159　跨ⅠT402 和ⅠT415。被ⅠG4 打破，直接打破生土，残损过甚。平面范围长 120、宽 65、坑深 120 厘米。出有兽骨和陶片。

96KDⅠH160　跨ⅠT414 和ⅠT415。被ⅠG4 打破，直接打破生土。平面近圆形，直壁，平底。南北向最长处坑口长 145、坑深 62 厘米。坑内堆积黄褐色土，夹杂炭粒，含少量陶片。

96KDⅠH161　位于ⅠT402 东部，大部分在发掘区外。为ⅠH114 和ⅠH139 所破，打破ⅠH123。已发掘部分的坑口南北长 160、坑深 60 厘米。出有兽骨和陶片。

96KDⅠH162　跨ⅠT402 和ⅠT415。开口于ⅠT402 第 4A 层下，被ⅠH71 打破，

本身打破ⅠT415第5层。为ⅠH69、ⅠH71、ⅠH86、ⅠH131多个灰坑削毁，残缺过甚。所存坑口平面略似圆形，口径约215、最深处坑深88厘米。坑内堆积棕黄色土，含陶片。

96KDⅠH163　跨ⅠT435西北角和ⅠT436西南角，向西延至发掘区外。开口于ⅠT436第3层下，打破夏家店下层文化的ⅠQ1。已发掘部分的平面呈半圆形，直壁，坑底略平。坑口南北长160、坑深100～130厘米。坑内堆积黑土，下部夹有红烧土块，坑内出有陶片。

96KDⅠH175　跨ⅠT435和ⅠT436。开口于两探方的第1层下，打破夏家店下层文化的ⅠQ1。坑口近圆形，袋状，平底。口径90～105、坑深80厘米。坑内堆积深褐色土，杂较多石块，含少量陶片。

96KDⅠH188　跨ⅠT409、ⅠT410、ⅠT422和ⅠT423。开口于诸探方第1层下，打破ⅠT410第1A层。平面略呈圆形，锅底状。口径70～77、最深处坑深42厘米。坑内堆积为黄土，出有陶釜下部的较大残片，并有铜刀币残片和铁块各1件。

96KDⅠH194　位于ⅠT418内。开口于ⅠT418第2B层下，打破第3层。平面略呈椭圆形，坑底东倾。坑口东西长约140、宽75、坑深90厘米。坑内堆积黄土，含少量陶片。

96KDⅠH198　跨ⅠT418、ⅠT419、ⅠT430和ⅠT431。开口于这些探方的第1层下，打破ⅠH199、ⅠH351和ⅠT418、ⅠT419的第2层。平面为不规则圆形。坑口东西长270、南北宽245、坑深36～60厘米。坑内堆积为黄灰色土，出有陶片和兽骨，并有2件陶圆饼和一铁块。

96KDⅠH199　跨ⅠT418、ⅠT419、ⅠT430和ⅠT431。被ⅠH198打破，打破ⅠT418第3层（亦即ⅠT419第4层）和ⅠT430第2层。平面近圆形，坑壁向内斜收。坑口南北长140、东西宽120、坑深约52厘米。坑内堆积浅黄色土，含少量陶片。

96KDⅠH200　跨ⅠT408、ⅠT409、ⅠT421和ⅠT422。开口于这些探方的第1层下，打破ⅠT408、ⅠT409、ⅠT421这3个探方的第2层。此坑范围划定得稍欠准确，锅底状，底部不平。口径约100、坑深35厘米。坑内堆积灰褐土。

97KDⅠH205　位于ⅠT326内。开口于ⅠT326第1层下，打破第5层。坑口距地表15厘米，平面近圆形，直壁，平底，底部偏东有一小浅凹。坑口东西长78、南北宽65、坑深40厘米，底部小凹深5厘米。坑内堆积分二层，均呈水平状分布：ⅠH205①,灰褐土，厚一般约30厘米，出少量陶片；ⅠH205②，褐色土，夹杂白灰，厚约10厘米，无遗物。

97KDⅠH207　跨ⅠT316和ⅠT326。开口于两探方的第1层下，打破ⅠH251。坑口距地表15厘米，平面呈不规则长方形，坑壁略直，底部不平，中部最深。坑口长390、最宽处170、坑深25～60厘米。坑内堆积黑灰色土，含陶片和兽骨，并有6件陶纺轮、2件骨锥、2件铁块和1件残铁镰。坑底散置石块和较大的陶片，这些陶片有的可同邻坑ⅠH238内的拼对（图6－18）。

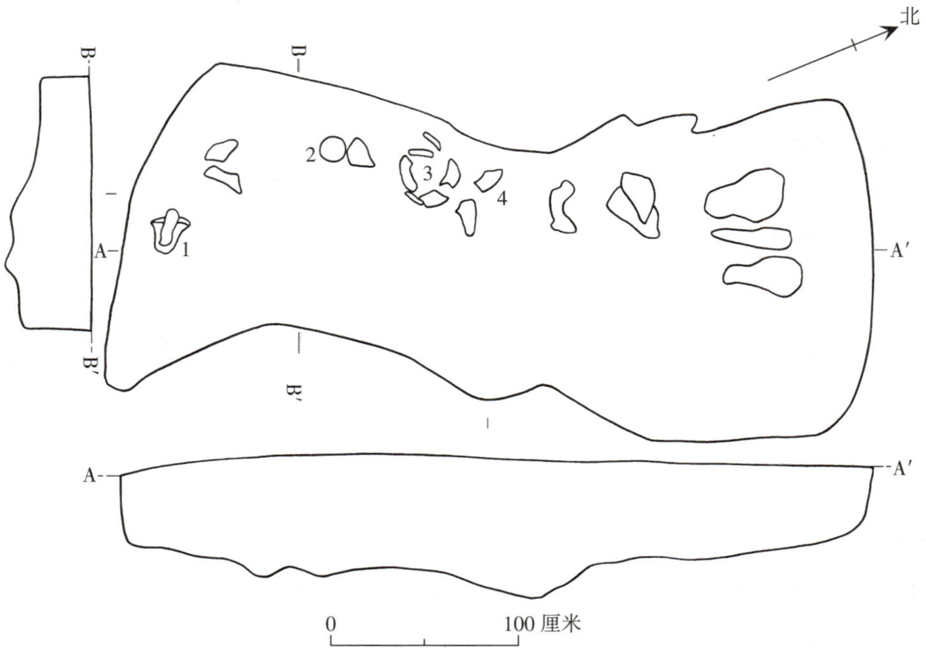

图 6－18　97KDⅠH207 平、剖面图
（1～4 为陶片，余皆石块）

97KDⅠH208　位于ⅠT317 内。开口于ⅠT317 第 1 层下，打破第 3 层。耕土之下有一陶片堆，散布在直径 60 厘米左右的范围内，但无明显的灰坑边线。这些陶片至少其主体部分拼对成可复原的灰陶釜ⅠH208∶1。

97KDⅠH211　跨ⅠT327 和ⅠT328。为ⅠH405 所破，打破ⅠH227、ⅠD11 和ⅠT328第 2 层。坑口距地表 20 厘米，平面近圆形，直壁，坑底不平。坑口南北长 310、坑深 35～65 厘米。坑内堆积浅灰色土，含陶片和兽骨，并有骨器、铁器、窑汗残块各 1 件，还见 1 件刻有花纹的泥质灰陶陶片。

96KDⅠH215　位于ⅠT325 内。开口于ⅠQ4 之下，打破夏家店下层文化的ⅠH235。平面呈圆形，略显袋状。口径 67～70、底径 75、坑深 45～50 厘米。坑内堆积灰土，含少量陶片，并出不少石料，还有 1 件夏家店下层文化的石铲（或斧）半成品（图 6－19）。

97KDⅠH216　位于ⅠT313 内。开口于ⅠT313 第 3 层下，直接打破生土。坑口距地表 25～45 厘米，平面呈长方形，坑壁较直，平底。坑口长 165～170、宽 80、坑深 77～103 厘米。坑壁局部留有长条平头的工具痕，痕宽 4.3 厘米，似镢类工具的印痕。坑内堆积分二层，皆呈水平状分布：ⅠH216①，灰土，厚 30～40 厘米，出陶片和兽骨，并有骨、铜、铁质遗物；ⅠH216②，黄灰色土，厚 35～60 厘米，发掘中遗物皆归入ⅠH216①（图 6－20）。

97KDⅠH217　跨ⅠT313 和ⅠT314。在ⅠT313 第 3 层和ⅠQ4 之下，打破ⅠF36。坑口距地表 20～35 厘米，平面呈圆形，坑壁有凹凸，略显袋状，坑底亦有起伏。东北侧

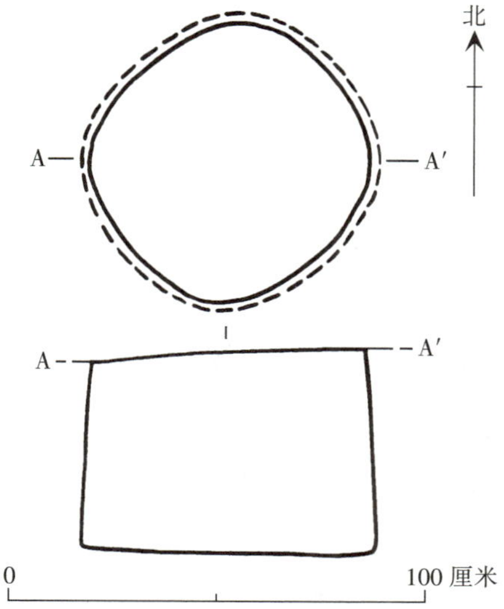

图 6－19　97KDⅠH215 平、剖面图

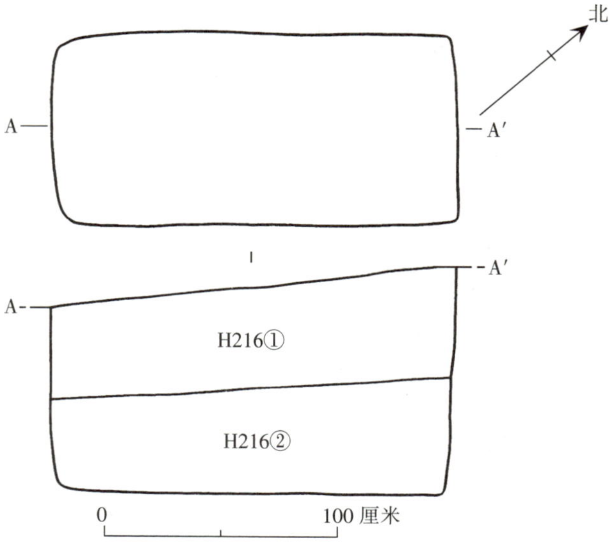

图 6－20　97KDⅠH216 平、剖面图

下部坑壁自上而下逐渐向内缓凸，致使此处壁、底交界点较之坑口向西南缩进 6～7 厘米。口径和底径分别为 120、125 厘米，坑深 55～75 厘米。坑内堆积黑灰色土，含少量陶片。在靠近东北壁的位置有若干猪骨存留于坑底（图 6－21）。

97KDⅠH218　位于ⅠT325 内，南邻ⅠH219。开口于ⅠT325 第 1 层下，打破ⅠH235。平面呈圆形，直壁，平底。口径 55、坑深 18 厘米。坑内堆积黑灰色土，含少量陶片（图 6－22）。

97KDⅠH219　位于ⅠT325 内，北邻ⅠH218，西南邻ⅠH220。开口于ⅠT325 第 1 层下，打破ⅠH235。平面呈圆形，直壁，平底。口径 55～60、坑深 17～20 厘米。坑内堆积黑灰色土，含少量陶片（图 6－23）。

97KDⅠH220　跨ⅠT325 和ⅠT335，东北邻ⅠH219。开口于两探方的第 1 层下，打破ⅠH235。平面呈圆形，直壁，平底。口径 55～60、坑深 20 厘米。坑内堆积灰土，含少量陶片（图 6－24）。

97KDⅠH222　位于ⅠT314 内。开口于ⅠT314 第 3 层下，打破ⅠH235。平面呈圆形，锅底状。口径 170、坑深 70 厘米。坑内堆积灰土，含少量陶片。

97KDⅠH224　跨ⅠT307 东南和ⅠT308 东北，向东延至发掘区外。南部被ⅠH263 削毁，打破ⅠT307 第 5 层。已发掘部分的坑口平面近半圆形。坑深 70 厘米左右。坑内堆积黄土，含较多陶片。坑底见有炭粒和树皮，并有 2 件石铲残块。

97KDⅠH225　跨ⅠT318 和ⅠT319。开口于两探方的第 1 层下，打破ⅠT318 第 3A 层。平面形状不规则，底部凹凸不平。坑口南北长约 345、中部东西宽约 280、坑深 60 厘米左右。坑内堆积为灰土，出有陶片和兽骨，并有铁块等。值得注意的是，该坑平面范围涵盖了其下的夏家店下层文化房址ⅠF46 的主体部分。

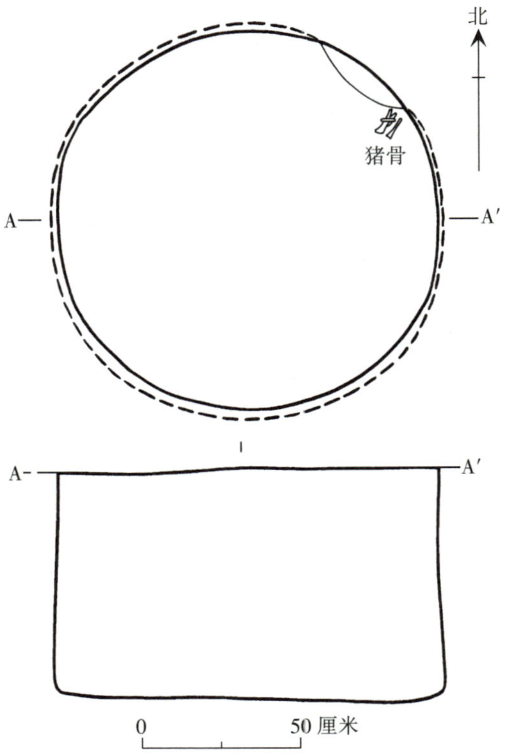

图 6-21　97KDⅠH217 平、剖面图

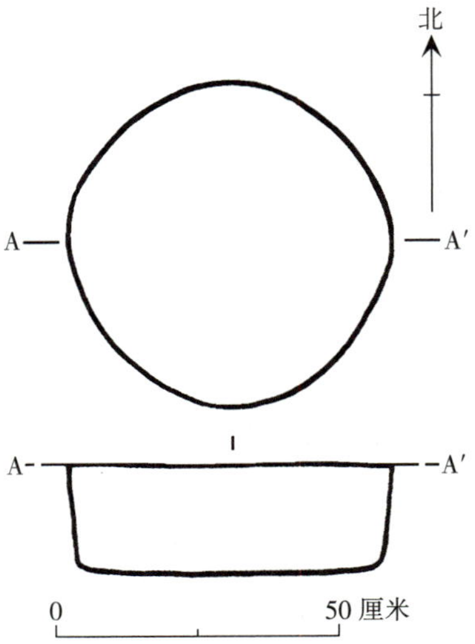

图 6-22　97KDⅠH218 平、剖面图

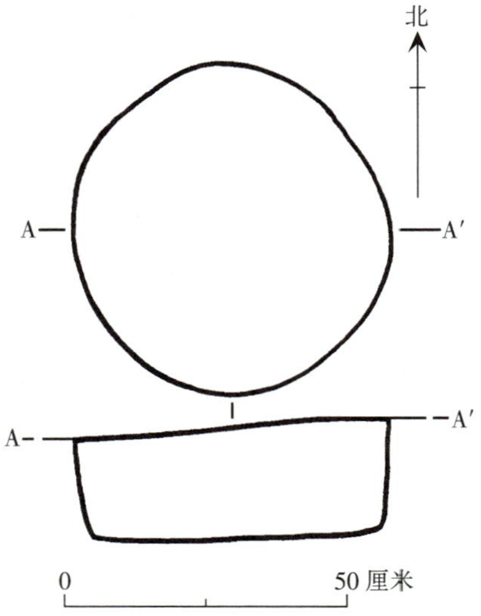

图 6-23　97KDⅠH219 平、剖面图

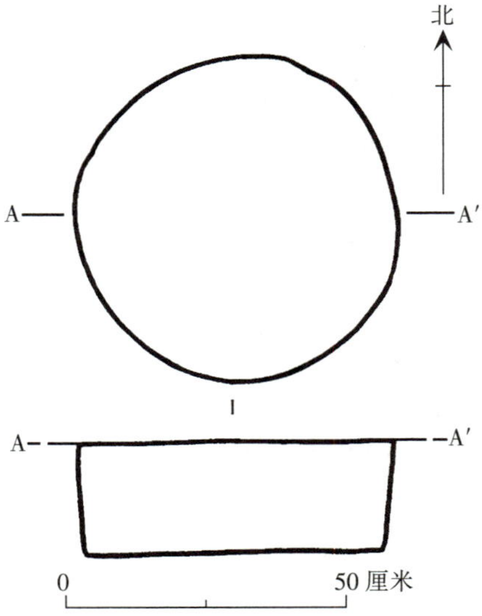

图 6-24　97KDⅠH220 平、剖面图

97KDⅠH227　跨ⅠT327和ⅠT337。为ⅠZ3和ⅠH211所破，打破ⅠT327第3层和ⅠD10。坑口距地表15厘米，平面呈长方形，坑壁略直，坑底不平，东南部坑壁被ⅠH211削毁。坑口长370、宽240～250、坑深30～60厘米。坑内堆积为黄灰相间的杂土，出有陶片和兽骨，并有铜币残片和石、骨、铁器等（图6－25）。

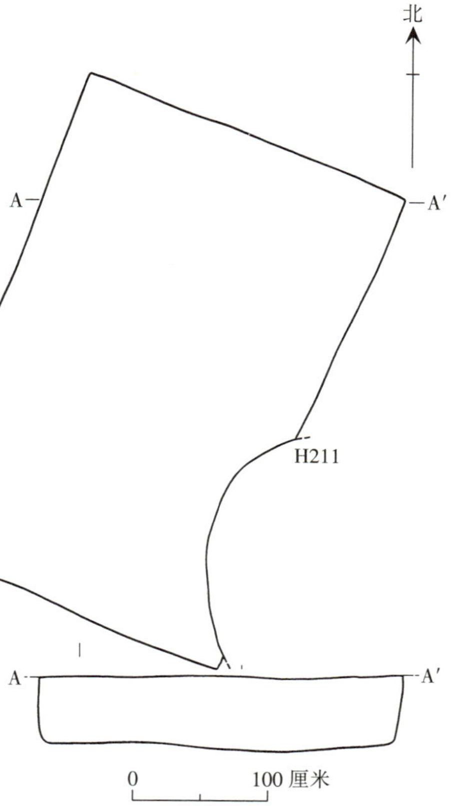

图6－25　97KDⅠH227平、剖面图

97KDⅠH228　跨ⅠT336和ⅠT337。开口于两探方的第1层下，打破夏家店上层文化的ⅠH410。平面呈圆形，坑壁较直，坑底不平。口径120～128、坑深25～50厘米。坑内堆积黄褐色土，含少量陶片。

97KDⅠH229　位于ⅠT324内。开口于ⅠQ4下，打破ⅠF36。平面呈椭圆形，坑口长170、宽120、坑深90厘米。坑内堆积黑土，出有陶片和兽骨，并有一铁片。

97KDⅠH232　位于ⅠT315内。开口于ⅠT315第3层下，打破第4层。平面呈圆形，坑底四周最深。口径102、坑深52厘米。坑内堆积黄花土，有较多石块。

97KDⅠH233　跨ⅠT313和ⅠT314。开口于两探方的第3层下，打破夏家店下层文化的ⅠH234。坑口距地表深30～40厘米，平面呈圆形，直壁，平底。口径84、坑深64厘米。坑内堆积深灰色土，出有陶片和兽骨，并有骨器、石块和1件有切割痕的动物肢骨。

97KDⅠH236　跨ⅠT317和ⅠT318。开口于ⅠT318第3C层下，打破ⅠF37。平面形状不规则，东西向长，锅底状。坑口最长220、坑深50厘米。坑内堆积为灰杂土，出兽骨和少量陶片，并有石片和骨器各1件。

97KDⅠH237　跨ⅠT317和ⅠT327。开口于两探方的第4层下，打破第5层。坑口平面为不规则圆形，坑壁内收，略呈锅底状，坑底不平，中心处最深。坑口东西向最长205、南北向最宽176、最深50厘米。坑内堆积黄灰色土，含少量陶片，并有1件盘状石器。

97KDⅠH238　位于ⅠT316内。开口于ⅠT316第4层下，打破第5层。坑口距地表约100厘米，平面呈圆形，直壁。口径130～140、坑深110～118厘米（图6－26；彩版一三三，1）。

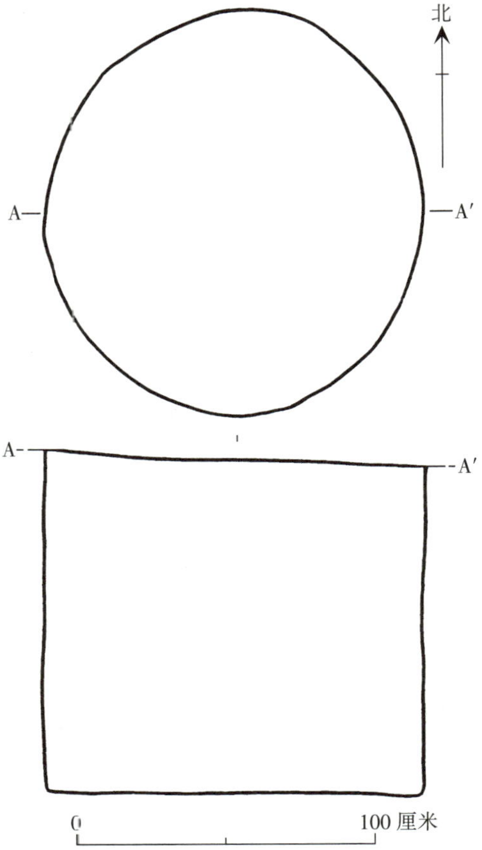

图6－26　97KDⅠH238平、剖面图

坑壁普遍抹一层厚2～3厘米的青灰泥，壁面局部留有长条平头的工具痕，痕长28、宽7厘米，似镢类之痕（彩版一三三，2）。坑内堆积灰土，出有陶片和兽骨，并见木炭块、果壳，还有残石刀和铁块各1件，以及2件陶纺轮。陶片中有的可同邻坑ⅠH207内的拼对。

97KDⅠH240　跨ⅠT307、ⅠT308、ⅠT317和ⅠT318。被ⅠH253和ⅠF41打破，本身打破夏家店上层文化的ⅠH254。此坑东北边线划定得不甚清楚，平面呈不规则椭圆形，坑底不平整。坑口南北长约310、最深处坑深110厘米。坑内堆积分二层：

ⅠH240①,黑灰土，仅见于中部，厚0～22厘米；ⅠH240②，为黄、灰、黑色之杂土。两层均出少量陶片和兽骨，并有石块。

97KDⅠH242　跨ⅠT314和ⅠT315。东南部被ⅠH243削毁，打破ⅠQ4。此坑东北部边线欠清楚，平面大致呈圆形。坑口南北长约270、坑深约50厘米。坑内堆积黑灰土，含陶片，并有1件陶纺轮。

97KDⅠH243　跨ⅠT314和ⅠT315。开口于两探方的第4层下，打破ⅠH242和夏家店上层文化的ⅠH298。平面略似椭圆形，直壁，平底。坑口最长230、宽190、坑深76～120厘米。坑内堆积分二层：ⅠH243①，灰土，厚30～120厘米；ⅠH243②，黄褐色土，东部较厚，厚0～50厘米。两层均出陶片，ⅠH243①尚有石器残块和砾石残块，堆积中还有兽骨（图6－27）。

97KDⅠH245　位于ⅠT327内。开口于ⅠT327第5层下，被其直接打破的遗迹有夏家店下层文化的ⅠF40、ⅠH246、ⅠH250。坑口距地表深约100厘米，平面为长方

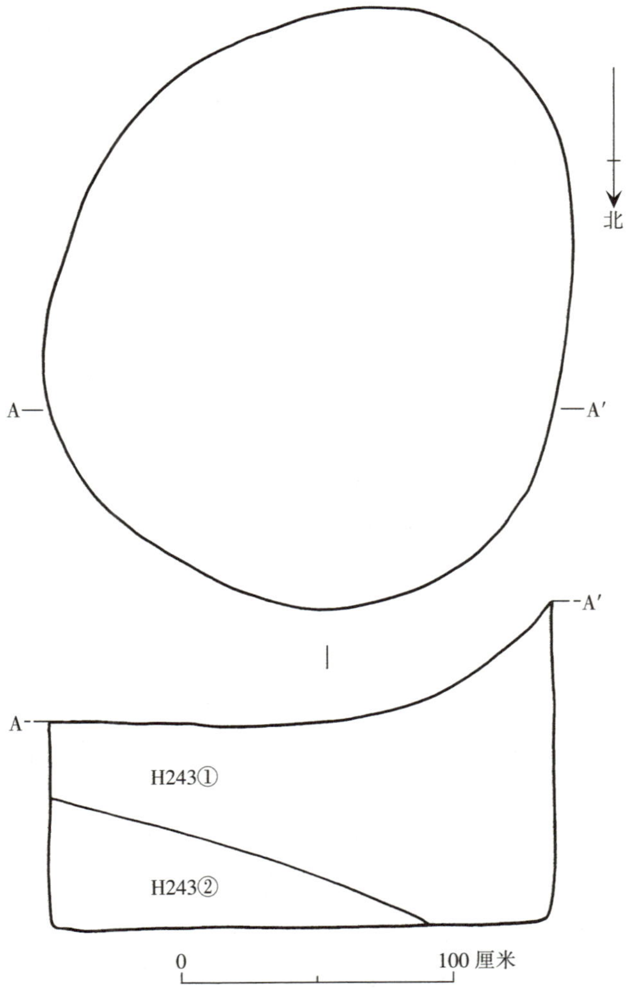

图6－27　97KDⅠH243平、剖面图

形，坑壁向内略有斜收，坑底较平。坑口长310～314、宽80～90厘米，坑底长约300、宽约60厘米，坑深50～60厘米。坑内堆积浅黄色沙性土，含少量陶片。坑底南部存留1件以夹砂红褐陶的罐类器下部改制而成的碗（ⅠH245：1），其下有一猪下颌骨（图6－28）。

97KDⅠH247　跨ⅠT303和ⅠT304。开口于两探方的第3A层下，打破ⅠL14。坑口距地表150厘米。平面呈圆形，直壁，平底。直径80、坑深22厘米。坑内堆积灰绿土，无遗物。

97KDⅠH248　跨ⅠT303和ⅠT304。开口于两探方的第3层下，打破第3A层和ⅠH268、ⅠH315。平面近圆形，略呈袋状，口径150厘米。坑底西高东低。西侧贴坑壁处有一个宽、高各18厘米的土台。坑内堆积灰花土，极软，含少量碎陶片，并有铜镞、骨器、石块、铁块等。

97KDⅠH249　跨ⅠT305、ⅠT306、ⅠT315和ⅠT316。开口于这些探方的第3层下，打破第4层。平面近椭圆形，坑壁略直而稍显袋状，坑底由周边向中心略有下凹。坑口南北长约190、宽约150、主体部位坑深100～106厘米。坑内堆积为黄灰色土，含少量陶片和兽骨，并有2件石器残块。

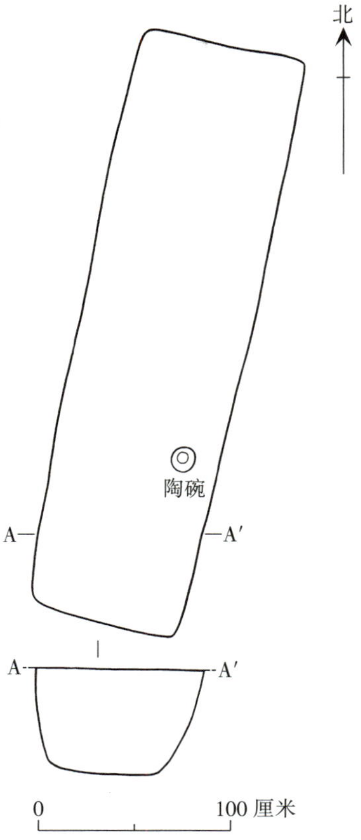

图6－28　97KDⅠH245
平、剖面图

97KDⅠH251　跨ⅠT315、ⅠT316、ⅠT325和ⅠT326。为ⅠH207所破，其下叠压ⅠH325。坑口平面近椭圆形，北宽南窄，北端边廓略显尖凸，南端边廓漫弧近平。四壁向内斜收近呈锅底状。坑底有的地方很硬，似经踩踏。南北向最长处坑口长610、东西向最宽处宽315、最深处坑深135厘米。坑内堆积分四层，除ⅠH251①接近水平状外，其他各层的分布状态皆为中厚边薄。ⅠH251①，浅灰绿土，厚15～60厘米；ⅠH251②，灰绿土，厚0～55厘米，该层底部为一层厚不足5厘米的草木灰；ⅠH251③，灰白色土，厚5～25厘米；ⅠH251④，浅褐色土，厚0～20厘米（图6－29）。

各层均出较多陶片和兽骨。堆积中尚见残陶纺轮、铜戈残块和石、骨、铁器。坑底（编号为ⅠH251⑤）有一砾石残块。

97KDⅠH253　跨ⅠT307东南和ⅠT308东北，向东延至发掘区外。在ⅠT307第5层之下，打破ⅠH240。此坑南部被ⅠH263削毁，其余部分亦多为ⅠH224所削，平面范围划定得也不够准确。已发掘部分呈锅底状，这部分坑口在ⅠT307和ⅠT308东壁一线的南北向最大长度约230、坑深70厘米。坑内堆积分二层：ⅠH253①，黑灰土，厚15～25厘米，出陶片，并有较多石块，个别石块经过人为加工；ⅠH253②，灰土，出

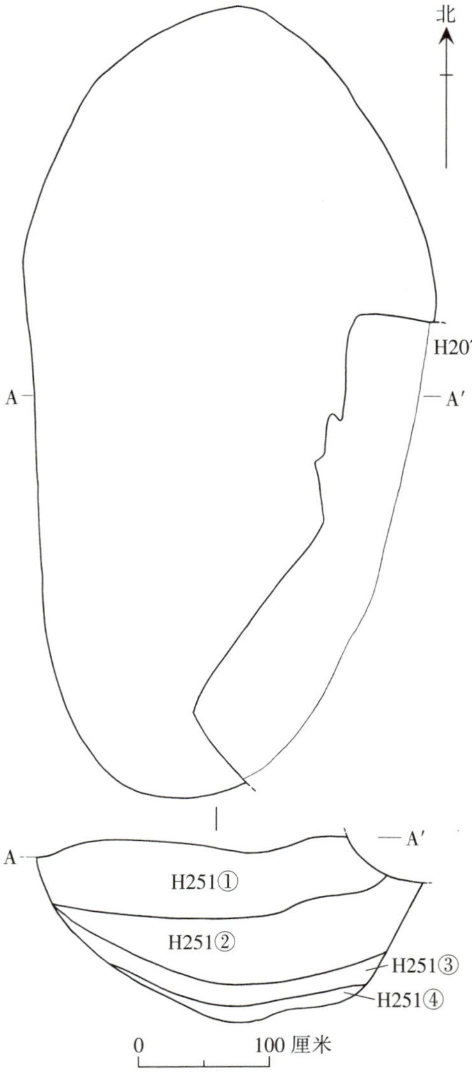

图 6－29　97KDⅠH251 平、剖面图

较多陶片和兽骨。

97KDⅠH255　位于ⅠT304 东部。大部分在发掘区外。开口于ⅠT304 第 3 层下，打破ⅠH290。已发掘部分坑口南北长 220、坑深 30 厘米。坑内堆积黄灰色土，出有陶片，其中一件陶片口沿刻划符号，还有一铁块。

97KDⅠH256　跨ⅠT304 和ⅠT314。ⅠT304 第 4 层下开口，打破ⅠH306、ⅠH326。坑口距地表 150 厘米，平面呈圆形，袋状，坑底凹凸不平，石块密布。口径 170～177、底径 200～215、坑深 30～40 厘米。坑内堆积黄花土，出较多陶片和兽骨，并有石铲残块和小石片各 1 件（图 6－30）。

97KDⅠH257　位于ⅠT332 内。开口于ⅠT332 第 3 层下，打破第 4A 层。坑口距地表 58 厘米，圆形，直壁，平底。口径 90～102、深 30～60 厘米。坑内堆积浅黄色

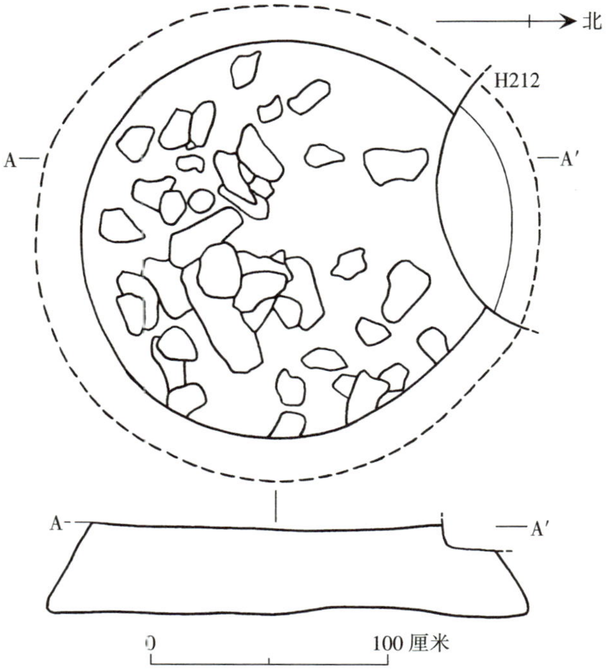

图 6－30　97KDⅠH256 平、剖面图及坑底石块

土，无遗物。

97KDⅠH259　跨ⅠT305、ⅠT306 和ⅠT315。开口于这些探方的第 4 层下，打破ⅠH331。平面呈圆形，坑壁较直，西壁局部留有长条平头的工具痕，痕长 8、宽 7 厘米，似镢类工具之痕。口径 290～300、坑深 40～50 厘米。坑内堆积灰褐土，出陶片，并有铁块。

97KDⅠH261　位于ⅠT306 东南部，向东延至发掘区外。开口于ⅠT306 第 3 层下，打破第 5 层。已发掘部分的平面形状为大半个椭圆，直壁，底略平。坑口南北长约 210、坑深约 80 厘米。坑内堆积分二层：ⅠH261①，黄土杂黑斑，厚 0～33 厘米，出有陶片和兽骨，并有一残铜器；ⅠH261②，灰褐色土，厚 47～56 厘米，出兽骨和较多陶片，有一陶圆饼。

97KDⅠH263　位于ⅠT308 东北部，部分在发掘区外。开口于第 4B 层下，打破ⅠH224、ⅠH398。已发掘部分的平面形状似半个椭圆，坑壁向内斜直而收，口大底小，坑底较平。坑口南北长 210、底长 125、坑深 135 厘米。坑内堆积土黄色和黑灰色相杂，含较多石块和少量陶片，并有石器。

97KDⅠH264　位于ⅠT303 内。被ⅠH313 打破，打破ⅠH286。坑口距地表 125 厘米，平面呈圆形，直壁。口径约 70、坑深 28 厘米。坑内堆积灰绿土，出有少量陶片。

97KDⅠH267　位于ⅠT314 西北部。在ⅠQ4 之下，打破ⅠF36。平面呈圆形，口大底小。口径 85～92、底径 70、坑深 35 厘米。坑内堆积为黑灰土，出有少量陶片和兽骨。

97KDⅠH268　位于ⅠT303内。南边被ⅠH248削毁，打破ⅠT303第4层。坑口距地表100厘米，平面略近圆形，局部坑壁袋状，平底。口径135～150、坑深约140厘米。坑底见有谷物之朽灰。坑内堆积为黑灰土，出有少量陶片和兽骨，并有石器。

97KDⅠH269　位于ⅠT304内。开口于ⅠT304第4层下，打破ⅠH366。坑口距地表180厘米，平面近圆形，袋状，平底。坑口南北向长260、深50厘米。坑内堆积为灰土杂黄斑，出有较多陶片和兽骨，并有石刀残段和铁块各2件，以及骨器残片和陶圆饼各1件。

97KDⅠH270　位于ⅠT314内。开口于ⅠT314第3层下，打破ⅠH235。平面近圆形，坑壁不规整。口径60、坑深30厘米。坑内堆积黑灰土。

97KDⅠH271　跨ⅠT305东南和ⅠT306东北角，大部分在发掘区外。开口于ⅠT305和ⅠT306的第4层下，打破ⅠH272。已发掘部分的坑口南北长220、坑深35～40厘米。坑内堆积灰褐土，出陶片，有一铁块。

97KDⅠH272　跨ⅠT305东南角和ⅠT306东北角，部分在发掘区外。为ⅠH271所破，打破ⅠH330。已掘部分的坑口南北长160、坑深60厘米。坑内堆积深灰色土，出陶片，有一陶圆饼残块。

97KDⅠH273　跨ⅠT305东南角和ⅠT306东北，部分在发掘区外。开口于ⅠT305和ⅠT306的第3层下，打破第4层。坑口距地表120厘米，坑口南边划定得不甚准确，袋状，平底。已发掘部分的坑口南北长约240、东西宽约120、坑底南北长约265、坑深55厘米。坑内堆积为灰绿土，出陶片、石器和兽骨，后者中有一狗头骨。

97KDⅠH274　跨ⅠT306和ⅠT316。开口于两探方的第4层下，打破第5层。平面呈圆形，直壁，平底。口径64、坑深50～60厘米。坑内堆积灰褐土，出陶片。

97KDⅠH275　位于ⅠT308东部，大部分在发掘区外。开口于ⅠT308第4层下，打破第4B层。已发掘部分的坑口南北长100、坑底南北长200、坑深190厘米。坑内堆积为深灰色土，出有陶片和兽骨。

97KDⅠH279　位于ⅠT306内。开口于ⅠT306第5层下，打破夏家店上层文化的ⅠH295。坑口距地表约165厘米，平面近圆形，袋状，平底。坑口南北长108、东西长88、坑底直径约110、坑深120厘米（图6－31；图版一四，2）。坑壁局部留有长条平头的工具痕，痕长10、宽7、深1厘米，似镢类之痕。坑内堆积为黄褐色土，出有兽骨和少量陶片，并有石、骨器和残陶纺轮、铁块等。

97KDⅠH281　跨ⅠT305和ⅠT315。开口于两探方的第4层下开口，打破ⅠT305第5层。平面似圆形，东半部平面范围划定不够准确，直壁。口径约60、坑深80～85厘米。坑内堆积为黄灰色土，出少量陶片和兽骨。

97KDⅠH283　跨ⅠT304东南和ⅠT305东北，大部分在发掘区外。西、南分别为ⅠH306和ⅠH301削毁，本身打破ⅠH284。坑口距地表180～190厘米，已发掘部分的坑口南北长210、坑深34～40厘米。坑内堆积黄灰色土，含陶片和兽骨，并有残铜镞和铁块各1件。

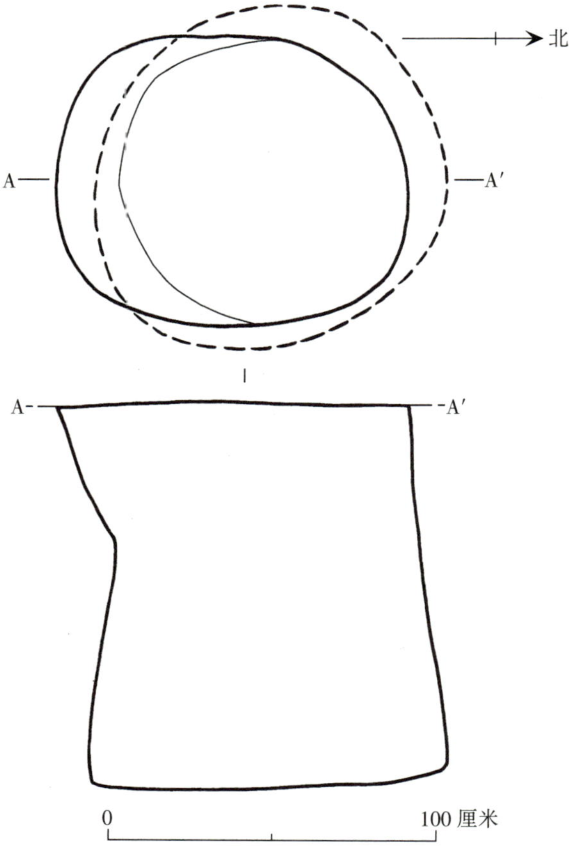

图 6－31　97KDⅠH279 平、剖面图

97KDⅠH284　位于ⅠT304 东南部，大部分在发掘区外。为ⅠH283 所破，直接打破生土。北端被ⅠH290 削毁。坑口距地表 180～190 厘米，已发掘部分的坑口南北长约 170、坑深 40～60 厘米。坑内堆积黄土，出少量陶片。

97KDⅠH285　位于ⅠT317 内。开口于ⅠT317 第 4 层下，打破第 5 层。坑口距地表 90 厘米。平面略似圆形，直壁，平底。口径 100～110、坑深 80 厘米。坑内堆积为浅黄色土，含少量陶片和兽骨，尚有石镞、骨簪各 1 件。

97KDⅠH286　位于ⅠT303 内。为ⅠH264 所破，打破ⅠH305 和ⅠH314。坑口距地表 103 厘米，坑口平面近圆形，直壁，坑底由东向西倾斜。口径 100～115、坑深 80～130 厘米。坑内堆积黄灰色土，出少量陶片。

97KDⅠH287　位于ⅠT332 内。开口于第 5 层下，打破ⅠH300、ⅠH321。坑口距地表 240 厘米，平面略近椭圆形，坑壁向内斜收，底较平。坑口南北长 190、宽 140、坑深 120 厘米。坑内堆积为浅黄色土，出较多陶片和兽骨，并有 1 件陶圆饼。坑底中央掘成 48 厘米深的小穴，此穴分上、下两部分，上部是浅凹，直径 54、深 12 厘米。下部为窄坑，偏于浅凹的东南侧，直径 38、深 36 厘米，内置 2 件泥质灰陶碗（ⅠH287∶2、ⅠH287∶3）。

97KDⅠH289　位于ⅠT303内。为ⅠH314所破，打破夏家店下层文化的ⅠH349。此坑主要部分被ⅠH264、ⅠH286削毁，坑口距地表110厘米，残存者最长110、存深18厘米。坑内堆积黄灰色土。所出遗物悉归其上的遗迹，但可确认发掘出有战国时期陶片。

97KDⅠH290　位于ⅠT304东部，大部分在发掘区外。为ⅠH255所破，打破ⅠL14。坑口距地表140厘米，已发掘部分的坑口南北长205厘米。坑内堆积黄灰色土，出少量陶片。

97KDⅠH293　跨ⅠT306南部和ⅠT307东北，部分在发掘区外。开口于两探方的第3层下，打破ⅠH294和两探方的第4层。坑口距地表105厘米，此坑平面范围划定得不够准确。已发掘部分的东西向长约300、坑深40厘米。坑内堆积黄灰色土，出陶片和兽骨，以及较多石块，并有石、骨器和铁块。

97KDⅠH294　跨ⅠT306和ⅠT307。为ⅠH293所破，打破两探方的第5层。平面似椭圆形，坑壁向内斜收，平底。长约140、宽约120、底径88、坑深50厘米。坑内堆积黑土，含少量陶片。

97KDⅠH296　位于ⅠT303内。开口于ⅠT303第4层下，打破ⅠH313和ⅠH412。坑口距地表95厘米，平面近圆形，直壁，坑底不平。口径130~140、坑深116厘米。坑内堆积为灰绿土，出有陶片和兽骨，并有1件蚌片。

97KDⅠH299　位于ⅠT303东部，部分在发掘区外。开口于ⅠT303第3层下，打破第3A层。坑壁较直，坑底略平。已发掘部分的坑口南北长270、坑深48厘米。坑内堆积灰绿土，夹黄色土粒，含陶片，并有石器。

97KDⅠH300　位于ⅠT332内。为ⅠH287所破，打破ⅠT332第6A层。坑口平面为圆形，直壁，平底。口径120、坑深40厘米。坑内堆积黄褐色土，含少量陶片，可辨认者基本上都属于夏家店下层文化。

97KDⅠH301　位于ⅠT305的东部，大部分在发掘区外。开口于ⅠT305第4层下，打破ⅠT305第5层和ⅠH283、ⅠH302。已发掘部分的坑口南北长165、坑深90厘米。坑内堆积分二层：ⅠH301①，灰褐土，厚36~56厘米；ⅠH301②，黑灰土，厚24~34厘米。堆积中含少量陶片，并有石器残块和铁块各1件。

97KDⅠH302　位于ⅠT305的东部，大部分在发掘区外。为ⅠH301所破，打破夏家店下层文化的ⅠH304。已发掘部分的坑口南北长125、坑深70厘米。坑内堆积为灰土，出有陶片和兽骨。

97KDⅠH303　位于ⅠT305内。开口于ⅠT305第5层下，打破夏家店下层文化的ⅠH304、ⅠH348。此坑南半部的范围划定得不够准确，平面大致为圆形，袋状，坑底平整。东南边被ⅠH301削毁。口径160~180、底径约210、坑深40厘米。坑内堆积黄灰色土，含少量陶片。

97KDⅠH306　跨ⅠT304和ⅠT305。开口于两探方的第4层下，同层下的ⅠH256打破其西北边缘，本身打破ⅠT304第5层和ⅠH283。坑口距地表140~180厘米，平面呈圆形，坑壁略直，坑底较平。口径270～280、坑深50～85厘米。坑内堆积为黄灰色土，出陶片和兽骨，并有骨器、石块，还有陶纺轮、铁块各1件。

97KDⅠH308 位于ⅠT332西部，部分在发掘区外。开口于ⅠT332第6A层下，打破ⅠH357和ⅠH362。已发掘部分的坑口南北长170、坑深65厘米。坑内堆积黄褐色土，含少量陶片，并有石锛、骨器各1件。

97KDⅠH309 跨ⅠT332和ⅠT333。开口于两探方的第5层下，打破第6层。坑口距地表130厘米，此坑北半部的范围划定得不够准确，平面大致为椭圆形，坑壁向内斜收。坑口东西长220、宽150、最深处坑深110厘米。坑内堆积为浅黄色土，出有兽骨和少量陶片，并有一石器。

97KDⅠH312 跨ⅠT303东南和ⅠT304东北，部分在发掘区外。开口于ⅠL14之下，打破两探方的第4层。坑口距地表160厘米，北部平面范围划定得不够准确，据已发掘部分推测此坑平面或近椭圆形，南部为ⅠH290削毁。坑口的西南—东北向长约370、宽约200、坑深60厘米。坑内堆积为灰绿土，含陶片。

97KDⅠH313 位于ⅠT303内。东边被ⅠH296削毁，打破ⅠH264。平面略近圆形，锅底状。坑口南北长120、坑深38厘米。坑内堆积为灰绿色土，出有少量陶片和兽骨。

97KDⅠH314 位于ⅠT303内。为ⅠH286所破，打破ⅠH289。坑口距地表200厘米，平面呈圆形，锅底状。口径60、坑深30厘米。坑内堆积为黄灰色土。

97KDⅠH315 跨ⅠT303、ⅠT304、ⅠT313和ⅠT314。开口于这些探方的第3层下，为同层下的ⅠH248所破，其下叠压ⅠH316。此坑平面形状不甚规则，南部被辽代的ⅠH212削去。坑口东南—西北向长250、坑深90～110厘米。坑内堆积为浅灰色土，出有陶片和兽骨。ⅠH316的形状一如此坑，唯其范围略小。

97KDⅠH316 跨ⅠT303、ⅠT304、ⅠT313和ⅠT314。在ⅠH315之下，打破ⅠT303和ⅠT304的第4层。坑口距地表110～115厘米，平面形状一如其上的ⅠH315。坑口东南—西北向长220、坑深30～88厘米。坑内堆积深灰色土，含陶片，并有一石器。

97KDⅠH321 位于ⅠT332内。为ⅠH287所破，打破ⅠT332第6A层。坑口距地表270厘米，平面略呈椭圆形。坑口西南—东北向长120、宽70、坑深30厘米。坑内上部为一层极薄的淤泥，其下堆积为黑灰色土。

97KDⅠH322 跨ⅠT332和ⅠT333。西部为ⅠH346所截，打破ⅠH323和ⅠH357。多数部位的坑壁略直，平底。残存部分的坑口南北向长70、最深处坑深120厘米。坑内堆积黄褐色土，出有1件可复原的泥质灰陶罐（ⅠH322∶1）。

97KDⅠH323 跨ⅠT332和ⅠT333。为ⅠH322所破，打破夏家店下层文化的ⅠH469。坑口距地表250厘米，此坑先后被ⅠH322、ⅠH346、ⅠH321所截，残存的西边则不甚清楚，只是大致划定。所存部分的坑壁略直，坑底略平，这部分坑口南北长150、坑深50厘米。坑内堆积为黄褐色土，出少量陶片。

97KDⅠH324 位于ⅠT332北部，大部分在发掘区外。开口于ⅠT332第4D层下，打破第5层。坑口距地表150厘米，已发掘部分的坑口东西长80、坑深110厘米。坑内堆积为黄灰色土。

97KDⅠH325 跨ⅠT315、ⅠT316、ⅠT325和ⅠT326。在ⅠH251之下，打破ⅠT315、ⅠT316和ⅠT325的第3层。坑口距地表150厘米，平面形状不甚规则，近呈东西向长的椭圆形。坑口长155、宽120、坑深95～110厘米。坑内堆积为褐色土，含少量陶片和兽骨，并有石刀残段、石铲残块、残骨矛（或镞）各1件，此3件属夏家店下层文化。

97KDⅠH326 跨ⅠT304、ⅠT305、ⅠT314和ⅠT315。开口于这些探方的第4层下，同层下的ⅠH256将其北部削毁，打破ⅠT305和ⅠT315的第5层。坑口距地表145～155厘米，平面近圆形，袋状，坑底不平。口径约125、深30～50厘米。坑内堆积为杂黑斑的黄土，含少量陶片和兽骨。

97KDⅠH327 位于ⅠT315内。开口于ⅠT315第5层下，打破ⅠH353。坑口距地表130厘米。平面为圆形，直壁，底部不平。口径约105、坑深120厘米。坑内堆积分二层，皆呈水平状分布：ⅠH327①，灰褐土，厚60厘米，出1件完整的灰陶釜（ⅠH327①:1）；ⅠH327②，杂花土，厚约60厘米。两层均出较多陶片和兽骨。

97KDⅠH329 位于ⅠT432内。为ⅠH3所破，打破ⅠF3。平面为圆形，锅底状。口径110～120、坑深48厘米。坑内堆积灰土，含陶片。

97KDⅠH330 位于ⅠT306东北部，部分在发掘区外。为ⅠH272所破，打破ⅠT306第5层。此坑平面范围划定得不甚准确，平面大致为圆形，坑底由西向东倾斜。已发掘部分的东西向长约180、坑深25厘米。坑内堆积棕黄色土。

97KDⅠH331 位于ⅠT306内。北部为ⅠH259削毁，打破ⅠT306第5层。平面大体为圆形，坑壁向内斜收，平底。口径76、坑深40厘米。坑内堆积黄褐色土。

97KDⅠH336 跨ⅠT325和ⅠT326。被ⅠH425打破，本身打破夏家店下层文化的ⅠH454。平面略近椭圆形，东宽西窄，坑壁较直，坑底略平。坑口最长215、最宽185、最深90厘米。坑底西南部有一圆形浅凹，直径40、最深24厘米。坑内堆积为深灰色土，含少量陶片，并有石器残片和残砾石各1件。其下之夏家店下层文化的ⅠH430与此坑平面形状近似，轮廓较此坑略大，两坑涵盖的主要范围则基本一致。

97KDⅠH337 位于ⅠT326内。开口于ⅠT326第5A层下，打破夏家店下层文化的ⅠF40。坑口距地表110厘米。平面略呈圆形，直壁。口径56～64、坑深40厘米。坑内堆积浅灰色土，含陶片。

97KDⅠH338 位于ⅠT306内。开口于ⅠT306第5层下，打破夏家店上层文化的ⅠH380。坑口距地表210厘米，平面为圆形，袋状，平底。口径100～110、底径120、坑深50厘米。北侧坑壁存留长条平头的工具痕，痕长11、宽7、进深1厘米，似镢类之痕。坑底较硬，似经踩踏所致，存留3个石块（西部和北部）和1件铁块（西北部）。坑内堆积为黄土，含陶片和兽骨，并有石刀残段和铁块各1件。

97KDⅠH339　位于ⅠT309东北部，部分在发掘区外。位于ⅠT309第3层下，打破ⅠQ4N。该坑范围划定得不甚明确，坑口大致接近圆形。口径约80、坑深约60厘米。坑内堆积灰土。

97KDⅠH342　跨ⅠT303和ⅠT313。开口于两探方的第3层下，打破生土。坑口距地表100厘米。此坑大部分为辽代的ⅠH210削去，残存者坑深8～24厘米。局部坑壁显现宽7厘米的镢类工具痕。坑内堆积黄灰色土，含少量陶片。

97KDⅠH343　位于ⅠT335内。开口于ⅠT335第1层下，打破第2B层。平面为圆形。口径70、坑深15厘米。坑内堆积为灰绿土，出少量陶片和兽骨，并有陶弹丸和石刀残段各1件。

97KDⅠH346　跨ⅠT332和ⅠT333。开口于两探方的第6A层下，打破ⅠH322。坑口距地表300厘米，平面近呈东西向长的椭圆形，坑壁向内斜收，底略平。坑口长约190、宽约125、坑深50～80厘米。坑内堆积黄褐色土，含少量陶片。

97KDⅠH351　跨ⅠT430和ⅠT431。东半部为ⅠH198削去，打破ⅠT430第2层和ⅠT431第3层。坑口距地表20厘米，坑口直径约170、坑深35厘米。坑内堆积为灰绿土，出有陶片和兽骨。

97KDⅠH352　位于ⅠT431内。开口于ⅠT431第1层下，打破第3层。平面近圆形，直壁。口径约120、坑深110厘米。坑内堆积为灰绿土，出有陶片和兽骨。

97KDⅠH357　跨ⅠT332和ⅠT333。为ⅠH308和ⅠH322所破，打破ⅠH363。此坑西北部被ⅠH308削毁。坑口距地表350厘米，平面近椭圆形，坑底不甚平整，存留较多石块。坑口西南—东北向长230、坑深30厘米。坑内堆积为黄褐色土，出陶片和兽骨，并有一残骨镞。

97KDⅠH358　位于ⅠT332北部，大部分在发掘区外。开口于ⅠT332第5层下，打破ⅠH360。坑口距地表220厘米。已发掘部分的坑口东西长265、坑深80厘米。坑内堆积为黄灰色土，出陶片和兽骨。

97KDⅠH359　位于ⅠT332西北部，大部分在发掘区外。开口于ⅠT332第6A层下，直接打破生土。坑口距地表250厘米，已发掘部分的坑口东西长80、坑深35厘米。坑内堆积黄褐色土，出少量陶片。

97KDⅠH360　位于ⅠT332北部，大部分在发掘区外。为ⅠH358所破，打破ⅠT332第6A层。已发掘部分的坑口东西长210、坑深40～100厘米。坑内堆积黄灰色土，含陶片。

97KDⅠH361　位于ⅠT332北部，部分在发掘区外。为ⅠH365所破，直接打破生土。此坑被ⅠH358和ⅠH365所截，仅存一小部分。坑口距地表深300、坑深50厘米。坑内堆积黄褐色土，出少量陶片。

97KDⅠH362　位于ⅠT332西部，部分在发掘区外。南部为ⅠH308所截，打破ⅠH365。坑口距地表250厘米，已发掘部分的坑口东西向长140、坑深30厘米。坑内堆积深褐色土。

97KDⅠH363　跨ⅠT332西南和ⅠT333西北，部分在发掘区外。为ⅠH357所破，直接打破生土。此坑被ⅠH357、ⅠH346、ⅠH308削毁甚多，仅存一小部分。已发掘部分的坑口南北长110、坑深80厘米。坑内堆积深褐色土，出少量陶片。

97KDⅠH365　位于ⅠT332北部。为ⅠH362所破，本身打破ⅠH361。此坑被ⅠH358和ⅠH362截去甚多，坑口距地表340厘米，平面大致为圆形，口径约190、坑深30厘米。坑内堆积为褐色土，出有兽骨。

97KDⅠH371　位于ⅠT430内。开口于ⅠT430第1层下，打破第2层。坑口圆形，直壁，平底。口径约216、坑深70厘米。坑内堆积分二层，皆呈水平状分布：ⅠH371①,浅灰色土，厚约20厘米；ⅠH371②，浅黄色土，厚50厘米。各层均出陶片，堆积中尚有兽骨。

97KDⅠH372　位于ⅠT431西部，向西延至发掘区外。开口于ⅠT431第1层下，打破ⅠH479。从已发掘部分看，此坑平面当为圆形，袋状，坑底较平。口径约252、底径270、坑深90厘米。坑内堆积为灰绿土，出陶片和兽骨。

97KDⅠH375　跨ⅠT429西北和ⅠT430西南，向西延至发掘区外。开口于两探方的第1层下，打破第2层。已发掘部分的坑口平面形状为半个椭圆，直壁，此部分的坑口东西长50、坑深50厘米。坑内堆积为浅灰色土，出有陶片和兽骨。

97KDⅠH376　跨ⅠT429和ⅠT430。西南部边缘处被ⅠH397削毁，打破ⅠT430第2层。平面近呈西南—东北向长的椭圆形，直壁，东北侧坑壁略显袋状，坑底西侧有一浅凹。坑口长315、宽250、坑深40厘米，西侧浅凹直径100～130、最深16厘米。坑内堆积浅灰色土，含陶片。

97KDⅠH378　跨ⅠT317和ⅠT318。开口于两探方的第1层下，打破ⅠT318第3A层。坑口平面为不规则圆形，直壁。口径90～100、坑深70厘米。坑内堆积为浅灰色土，出少量陶片和兽骨。

97KDⅠH385　位于ⅠT310东南角，南部和东边延至发掘区外。开口于ⅠT310第4层下，打破夏家店上层文化的ⅠH486。坑口平面似圆形，直壁，坑底已至基岩。口径约155、坑深24～62厘米。含少量陶片。

97KDⅠH391　位于ⅠT429西部，大部分在发掘区外。开口于ⅠT429第1层下，打破ⅠH392。袋状。已发掘部分的坑口南北长130、坑深173厘米。坑内堆积分二层：ⅠH391①，褐色土，厚约135厘米；ⅠH391②，黄土。堆积中出有少量兽骨和陶片。

97KDⅠH392　位于ⅠT429西部，大部分在发掘区外。为ⅠH391、ⅠH397所破，打破ⅠH396和ⅠT429第2层。东北部边缘处被ⅠH397削毁。已发掘部分的坑口南北长285、最深处坑深80厘米。坑内堆积为黄杂土，出有兽骨和陶片。

97KDⅠH393　位于ⅠT429南部，向南延至发掘区外。开口于ⅠT429第1层下，打破ⅠH394、ⅠH395。已发掘部分的坑口东西长180、底径155、坑深90厘米。坑内堆积分三层：ⅠH393①，黄土，厚24～40厘米；ⅠH393②，浅黄色土，厚22～32厘米；ⅠH393③，灰土，厚12～55厘米。各层均出陶片。堆积中尚有兽骨。

97KDⅠH394　位于ⅠT429西南角，西、南延至发掘区外。其东部被ⅠH393削去，打破ⅠH396。已发掘部分的坑深85厘米。坑内堆积为灰褐色土，出少量陶片和兽骨。

97KDⅠH395　位于ⅠT429南部，向南延至发掘区外。西部为ⅠH393所削，打破ⅠT429第3层。已发掘部分的坑口近半圆形，坑壁向内斜收，底部不平。坑深32～75厘米。坑内堆积为灰杂土，出少量陶片和兽骨。

97KDⅠH396　位于ⅠT429西部，大部分在发掘区外。为ⅠH392、ⅠH394所破，打破ⅠT429第3层。此坑南部为ⅠH394削毁，其余部分亦多被ⅠH392打破。发掘区内的坑口南北向长320、存深仅10余厘米。坑内堆积为黄褐色土，出少量陶片和兽骨。

97KDⅠH397　位于ⅠT429内。开口于ⅠT429第1层下，打破ⅠH392和ⅠH376。平面近椭圆形，锅底状，坑底由东向西下倾。坑口东西长240、坑深70厘米。坑内堆积为灰褐色土，出有兽骨和少量陶片。

97KDⅠH398　位于ⅠT308内。东、西分别为ⅠH263和ⅠF41打破，所存无几，直接打破生土。存深30厘米。坑内堆积主要为棕黄色土块，出土物仅一陶片。

97KDⅠH399　位于ⅠT429内。开口于ⅠT429第1层下，打破第3层。平面呈圆形，袋状。口径约150、底径160、坑深130厘米。坑内堆积为夹杂黄色斑点的灰褐色土，出有陶片和兽骨。

97KDⅠH402　位于ⅠT430西部，向西延至发掘区外。开口于ⅠT430第1层下，打破第2层。已发掘部分的坑口平面近半圆形，直壁。坑口南北长84、坑深20厘米。坑内堆积黑灰土，含少量陶片。

97KDⅠH403　位于ⅠT430西部，向西延至发掘区外。开口于ⅠT430第1层下，打破第2层。已发掘部分的坑口平面近半圆形，直壁。坑口南北长130、坑深20厘米。坑内堆积为黑灰色土，含少量陶片和兽骨。

97KDⅠH405　跨ⅠT318和ⅠT328。开口于两探方的第1层下，打破ⅠH211和ⅠT318第3A层。平面近圆形，直径120～140、最深44厘米。坑内堆积灰土，含少量陶片。

97KDⅠH406　位于ⅠT334内。开口于ⅠT334第2D层下，打破ⅠH465。西半部被ⅠT334第2D层削去，现存平面形状近乎半圆。坑口南北向长300、最深处坑深116厘米。坑内堆积为黄土，含陶片和兽骨，并有2件陶圆饼、2件石铲残块，以及铁块、石铲残段、石器残块、羊距骨各1件。

97KDⅠH411　位于ⅠT303东部，向东延至发掘区外。为ⅠH412所破，打破夏家店下层文化的ⅠH349。已发掘部分的坑口平面近半圆形，直壁。坑口南北向长150、坑深168厘米。坑内堆积为灰绿土，夹杂炭粒，出有兽骨和少量陶片，前者中有一较完整的狗头骨。

97KDⅠH412　位于ⅠT303东部，向东延至发掘区外。西部为ⅠH296削毁，打破ⅠH411。坑口距地表145厘米，从已发掘的部分看此坑平面为圆形。口径120、坑深

40 厘米。坑内堆积灰绿土，含少量陶片，并有 2 件石器。

97KDⅠH423　跨ⅠT333 西南角和ⅠT334 西北角，部分在发掘区外。开口于ⅠT333第 4 层和ⅠT334 第 2D 层下，打破ⅠT333 第 5 层。坑口距地表 160 厘米，坑壁较直，底略平。坑口南北向长 116、坑深 90 厘米。坑内堆积灰土。

97KDⅠH425　位于ⅠT326 内。在ⅠQ4 之下，打破ⅠH336。坑口距地表 50 厘米，平面为圆形，锅底状。口径 50～60、坑深 40 厘米。坑内堆积黄灰色土，含少量陶片。

97KDⅠH427　位于ⅠT316 内。开口于ⅠT316 第 4 层下，打破第 5 层。坑口距地表 100 厘米，坑口平面近椭圆形，长 125、宽 70、坑深 40 厘米。坑内堆积分二层：ⅠH427①,灰绿色，厚 5～20 厘米；ⅠH427②，浅灰色土，夹杂炭灰和烧土块，厚10～35 厘米。各层均出少量陶片。尚有可能属于夏家店下层文化的 1 件石铲（或斧）半成品。

97KDⅠH436　位于ⅠT337 内。开口于ⅠT337 第 1 层下，打破夏家店上层文化的ⅠH437。平面近圆形。口径约 55、坑深 25 厘米。坑内堆积浅灰色土，出有陶片。

97KDⅠH438　位于ⅠT339 内。开口于ⅠT339 第 1 层下，打破ⅠH451。平面为圆形，直壁，坑底较平。口径 80、最深 52 厘米。坑内堆积黄灰色土，含少量陶片。

97KDⅠH440　位于ⅠT339 内。开口于ⅠT339 第 1 层下，直接打破生土。平面为圆形，直壁，坑底已至基岩。口径 78 厘米，坑深 28 厘米。坑内堆积黄杂土，仅出 1 块陶片。

97KDⅠH441　位于ⅠT338 西部，向西延至发掘区外。开口于ⅠT338 第 1 层下，打破ⅠH451。已发掘部分的坑口平面呈半圆形，直壁，平底。坑口南北向长 110、坑深 100 厘米。坑内堆积黄杂土。

97KDⅠH446　位于ⅠT333 西部，向西延至发掘区外。开口于ⅠT333 第 6 层下，打破夏家店下层文化的ⅠH493。坑口距地表 250 厘米，坑壁呈袋状。已发掘部分的坑口南北向长 155、底长 172、坑深 84 厘米。坑内堆积为黄褐色土，出有陶片和兽骨。

97KDⅠH447　位于ⅠT333 内。开口于ⅠT333 第 6 层下，打破ⅠH467。平面为圆形，直壁。口径 60、坑深 50 厘米。坑内堆积为黄褐色土，出陶片和兽骨，并出一有孔陶圆饼。

97KDⅠH451　跨ⅠT338 南部和ⅠT339 北部，向西延至发掘区外。在ⅠQ4 之下，为ⅠH441 和ⅠH438 所破，打破ⅠH458。已发掘部分呈东南—西北向，坑壁向内斜收。坑口最长 540、宽 340、最深 90 厘米。坑内堆积分二层：ⅠH451①，灰土，含大量炭粒与烧土块，厚 50 厘米，出较多夏家店下层文化陶片，并有石器和残陶纺轮各 1 件；ⅠH451②，褐色土，出较多陶片和兽骨，并有石块。

97KDⅠH452　位于ⅠT339 西部，部分在发掘区外。开口于第 1 层下，打破夏家店下层文化的ⅠH456。已发掘部分的坑口南北向长 100、坑深 10～16 厘米。坑内堆积黄灰色土，含少量陶片。

97KDⅠH455　跨ⅠT337 和ⅠT338。在ⅠQ4 之下，打破夏家店下层文化的ⅠF56。平面形状不规则，直壁，平底。坑口西南—东北向长 85、宽约 65、坑深 60 厘米。坑内堆积黄灰色土，含少量陶片。

97KDⅠH458　位于ⅠT339内。为ⅠH451所破，打破夏家店下层文化的ⅠT339第2层。平面呈圆形。口径80、深30厘米。坑内堆积黑灰色土，仅出2块陶片。

97KDⅠH465　位于ⅠT334西部，大部分在发掘区外。为ⅠH406所破，打破ⅠH473。已发掘部分的坑口南北向长165、坑深40厘米。坑内堆积黄土，含少量陶片。

97KDⅠH466　跨ⅠT334西南和ⅠT335西北，向西延至发掘区外。开口于两探方的第2D层下，打破ⅠH473。坑壁较直。已发掘部分的坑口南北向长215、坑深140厘米。坑内堆积黄灰色土，含少量陶片，并见一石器。

97KDⅠH467　位于ⅠT333内。为ⅠH447所破，打破夏家店下层文化的ⅠH469。平面呈圆形，直壁。口径90~100、深70厘米。坑内堆积为黄褐色土，出陶片和兽骨，并有一铁片。

97KDⅠH468　位于ⅠT333西部，大部分在发掘区外。开口于ⅠT333第6层下，打破第6A层。坑口距地表300厘米，坑壁略直。已发掘部分的坑口南北向长130、坑深70厘米。坑内堆积灰褐色土，含陶片。

97KDⅠH473　位于ⅠT334西部，大部分在发掘区外。为ⅠH465、ⅠH466所破，打破夏家店下层文化的ⅠH474。此坑南部被ⅠH466削毁。已发掘部分的坑口南北向长190、坑深92厘米。坑内堆积中含少量陶片。

97KDⅠH479　跨ⅠT431西北和ⅠT432西南，向西延至发掘区外。为ⅠH372所破，打破夏家店上层文化的ⅠH401。已发掘部分的平面近呈半圆形，袋状。坑口南北向长218、坑底长230、坑深71厘米。坑内堆积为灰土，出陶片和兽骨。

97KDⅠH482　位于ⅠT431内。开口于ⅠT431第1层下，打破第3层。平面呈南北向长的椭圆形。坑口长120、宽80、坑深20~30厘米。坑内堆积灰绿土，含少量陶片。

三、沟

编号为沟的遗迹有2处。

96KDⅠG4　跨ⅠT402、ⅠT414和ⅠT415，东、西均延至发掘区外。开口于ⅠT415第5层下，为ⅠH85、ⅠH122、ⅠH124所破，打破ⅠH159和ⅠH160。此沟已发掘的部分大体呈东西向长，西段略显西南—东北走向，上宽下窄。已发掘部分的沟长约900、沟口宽120~155、沟底宽25~85、沟深120~160厘米。沟内堆积分五层：ⅠG4①，黑土，较硬，厚10~35厘米，含较多石块；ⅠG4②，土色黄黑相杂，略硬，厚0~25厘米；ⅠG4③，黑土，较软，厚10~25厘米；ⅠG4④，深褐色土，略硬，厚0~30厘米；ⅠG4⑤，为层层相叠的淤积土，沙性明显，土色黄或黄褐，厚10~30厘米。各层均出陶片和兽骨，以ⅠG4①、ⅠG4②、ⅠG4④为主（参见图2－2）。

96KDⅠG8　跨ⅠT113、ⅠT412和ⅠT413，东、西均延至发掘区外。开口于这

些探方的第2层下，打破ⅠT413第2A层。此沟已发掘的部分略呈西南—东北走向，上宽下窄。已发掘部分的沟长约930、沟口宽150~270、沟底宽20~90、沟深60~100厘米。沟内堆积分二层：ⅠG8①，黑灰土；ⅠG8②，土色黄黑相杂。沟底局部尚存一薄层灰白色淤泥。沟内所出遗物很少，陶片以夏家店下层文化为主（参见图2-2、图2-6）。

四、墙

编号为墙的独立遗迹仅一处。

97KDⅠQ4　墙体跨ⅠT309、ⅠT310、ⅠT313~ⅠT315、ⅠT318~ⅠT320、ⅠT323~ⅠT329、ⅠT335~ⅠT339。此墙下有战国时期的ⅠF36、ⅠH336等遗迹，被ⅠF41、ⅠD10等战国时期遗迹打破，目前其多数部位开口于现代耕土层下，所存无几，残高一般只有7~20厘米。已发掘部分大体上呈现为墙体的西南拐角处，墙长约42延长米。

南墙较宽，略见东南—西北走向，其东段墙体所存较多，最宽处625、最高60厘米。

西墙的残高一般为7~20厘米，多数部位宽14~33厘米。西墙北段有一处墙体较宽，在600~685厘米之间，但这部分墙体的中间被削去，以至于有一部分孤悬于墙的主体之外（在ⅠT335和ⅠT336内）。由此向北，墙体所存更少，在ⅠT313西南角和ⅠT323东南角一带，终被现代耕土层所截。

墙体分层夯筑而成，南墙东段可见上下相叠的6个夯层，各夯层较平，每层平均厚度7~10厘米，ⅠQ4①和ⅠQ4②为黄土，ⅠQ4③和ⅠQ4⑥为黄褐色土，ⅠQ4④和ⅠQ4⑤为黑杂土，除ⅠQ4①和ⅠQ4②外，其他各层底部均显现清晰的夯窝，多数夯窝的直径和窝深可分6种：9厘米/3.5厘米、7厘米/4厘米、6.5厘米/4厘米、6厘米/4厘米、5厘米/3厘米、5厘米/1.5厘米（彩版一三四，1）。

南墙东段的墙体南侧，散布着许多石块，北侧则有与这段墙体连接的墙内堆积（ⅠQ4N），局部可见嵌入墙体与墙内堆积之间的土块。墙内堆积虽不见夯窝，但亦较坚硬，或与堆筑墙体有关。墙内堆积大略分四层，各层最厚不过18厘米，均呈由南向北下斜的分布态势：ⅠQ4N①灰绿土，ⅠQ4N②黄灰色土，ⅠQ4N③黄褐色土，ⅠQ4N④棕黄色土（图6-32）。

无论是墙体夯土还是墙内堆积土，都含有陶片和兽骨，战国时期的陶片甚少，夏家店下层文化的陶片占主要比重，这种现象尤以西墙最为突出，并见有夏家店下层文化的彩绘陶片和石、骨器或其残段。

五、柱穴

编号为柱穴的独立遗迹共17个。

96KDⅠD1　位于ⅠT404内。在ⅠT404第1层下，打破第2层。平面呈圆形，锅底状。口径30、最深23厘米。穴底正中垫一石块，其上有内、外三层土：外层（下层）为红黏土，厚5.5厘米，个别处在穴壁与此层之间尚有一薄层灰褐色土。中层为含料姜石的灰褐土，厚约4.5厘米。内层（上层）居于穴内正中处，为褐色土，口径10厘米，中间最深处的厚度也是10厘米。各层均被夯实，十分坚硬。内层可否理解为柱洞的存留，尚不清楚，但若视作像ⅠD5、ⅠD7（详后）那样的柱洞之下的小穴或更确切。穴内未出陶片，据其形制和结构，判断应属战国时期柱穴之类的遗迹（图6－33；彩版一三四，2）。

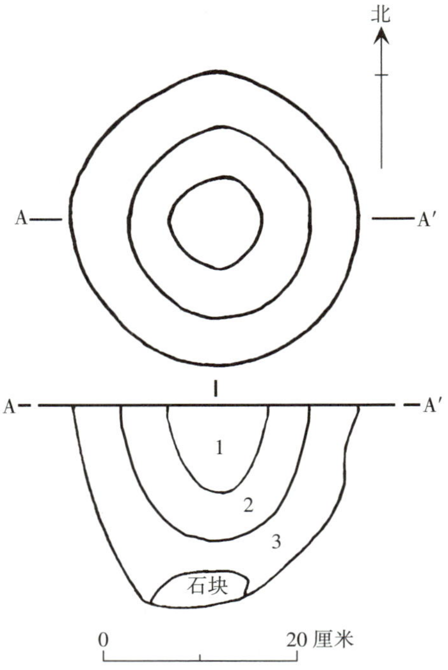

图6－33　96KDⅠD1平、剖面图
1. 褐色土　2. 含料姜石的灰褐土　3. 红黏土

96KDⅠD2　位于ⅠT421内。在ⅠT421第1层下，打破ⅠH28。平面呈圆形，锅底状。口径50～54、最深17厘米。柱洞位于正中，直抵穴底，洞径9～12厘米，洞底东、西两侧各垫一砾石，洞内堆积灰褐色土。柱洞外的穴内填土呈浅黄色，经夯实而致坚硬。据形制和结构，判断为战国时期的柱穴。

96KDⅠD3　位于T421内。在T421第1层下，打破第2层。平面呈圆形，锅底状。口径75～82、最深35厘米。穴底有若干石块，其上有内、外两层填土：外层（下层）浅黄色土，厚6～13厘米。其上为柱洞外围的内层（上层）填土，系含料姜石的黑土，厚12～22厘米。柱洞位于穴内正中处，洞径22、深20厘米，洞内堆积为软灰土。两层填土经夯实而致坚硬。据形制和结构，判断其为战国时期的柱穴（图6－34；彩版一三五，1）。

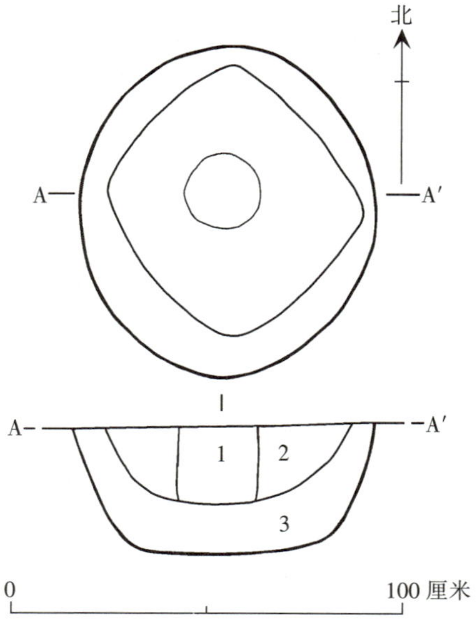

图 6－34　96KDⅠD3 平、剖面图
1. 软灰土　2. 含料姜石的黑土　3. 浅黄色土

96KDⅠD4　位于ⅠT405 内。在ⅠT405 第 2 层下，打破ⅠD6 和ⅠH10。平面呈圆形，东西向略长。穴壁较直，穴底略平，中部稍深。口径 57～65、最深 55 厘米。穴底正中处垫有 5 厘米厚的红烧土，其上为柱洞。柱洞口径 30 厘米，洞内堆积为灰土，内含数片陶片。柱洞外的穴内填土呈浅黄色，经夯实而致坚硬（彩版一三六）。

96KDⅠD5　位于ⅠT409 内。在ⅠT409 第 2 层下，打破ⅠH81。坑口平面不甚规则，略近圆形，锅底状。口径 77～89 厘米。穴底正中有一直径 12、深 7 厘米的锅底形小穴，内填黑色硬土，并有碎陶片。小穴之上为柱洞，剖面呈 U 字形，口径 12、深（亦即洞口至小穴口之深度）21 厘米，洞内堆积灰土。柱洞外的穴内填土近黄褐色，夹杂黑斑和红烧土颗粒，经夯实而致坚硬（彩版一三五，2）。

96KDⅠD6　位于ⅠT405 内。南部为ⅠD4 所削，打破ⅠT405 第 2A 层。平面呈圆形，口径 65 厘米。

96KDⅠD7　位于ⅠT421 内。在ⅠT421 第 1 层下，打破ⅠH23。平面略近圆形，东南—西北向稍长，口径 72～83 厘米，穴底向南略有下斜，南部最深 31 厘米。穴内填土分上、下两层。下层为夯实的黄花土，厚 13～20 厘米。在穴内偏于西北处的此层顶部下挖一锅底形浅坑，坑内先后垫有 4 厘米厚的红烧土和 6 厘米厚的黄土，是为柱洞下之小穴。立柱后于其外围遍填浅黄色土，是为上层填土，厚约 10 厘米，亦经夯实。柱洞剖面近 U 字形，柱洞口径 19、深 18 厘米，洞壁坚固而平滑。据其形制和结构，判断为战国时期的柱穴（图 6－35）。

97KDⅠD10　跨ⅠT327 和ⅠT337。被ⅠH227 打破，打破ⅠQ4。平面略近圆形，东西向稍长，口径 48～54、穴深 45 厘米。穴壁较直。穴底先铺敷一层垫土，经夯实，

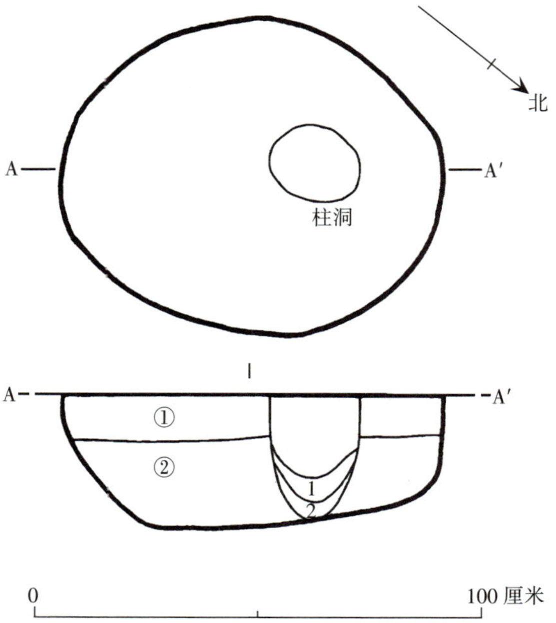

图 6 - 35　96KDⅠD7 平、剖面图
①浅黄色土　②黄花土
1. 黄土　2. 红烧土

厚 16 厘米。其上是遍布柱洞之外的穴内填土。柱洞直径 35～40 厘米。

97KDⅠD11　跨ⅠT327 南部和ⅠT328 北部。在ⅠT328 第 3 层下，打破两探方的第 5 层。平面呈圆形，口径 64、最深 76 厘米。柱洞与穴壁之间填红褐色土，并经夯实。柱洞口径 40、深 60～68 厘米，洞内堆积灰褐土，土质较软。

97KDⅠD13　位于ⅠT316 内。在ⅠT316 第 3 层下，打破第 5 层。西部为ⅠH251 削毁，残存之穴口东西长 90、最宽处宽 70 厘米。可分东、西两部分。西部宽而浅，深 16～20 厘米。东部较深，这部分的平面形状为南北向略长的圆形，穴底向东下斜，下部直径 50 多厘米，最深 106 厘米。东部穴底垫有夯实的黄褐土，此层最厚处厚 20 多厘米。其上是遍布柱洞之外的穴内填土，亦为黄褐色土，经夯实。柱洞位于东部，洞体略见倾斜（上端偏东，下端偏西）。洞底和壁均垫石块。柱洞直径约 50、深约 80 厘米。洞内堆积为较软的浅褐色土，内含数片陶片。

97KDⅠD14　跨ⅠT316、ⅠT317、ⅠT326 和ⅠT327。开口于这些探方的第 4 层下，打破第 5 层。坑口平面不甚规则，东西向长 110、最宽处宽 70 厘米。此穴西浅东深。东部的平面形状近似圆形，直径 40～45、最深 70 厘米，穴底垫有黄土，此层黄土最厚处厚 24 厘米，其上是遍布柱洞之外的穴内填土，亦为经夯实的黄土。柱洞位于东部，直径和深度皆是 45 厘米，洞内堆积为较软的灰土。

97KDⅠD15　跨ⅠT304 和ⅠT314。在ⅠT304 第 3 层和ⅠT314 第 4 层下，打破ⅠT304第 4 层。平面呈圆形，口径 45、穴深 40 厘米。穴底垫一层黄土，其上是柱洞外围的穴内填土，此层土黄褐色，夹杂石块，夯致坚实。柱洞直径 20、深 15～25 厘米，洞内填土黄灰色，土质较软。

97KDⅠD17　位于ⅠT308内。在ⅠT308第1层下，打破第3层。穴口平面呈圆形，穴壁向内斜收。口径48、最深36厘米。柱洞直抵穴底，其外填黄土，并经夯实。柱洞口径24厘米，洞内堆积黄灰色土，土质较软。据形制和结构，判断此遗迹为战国时期的柱穴（彩版一三五，3）。

97KDⅠD18　位于ⅠT318内。在ⅠT318第1层下，打破第3A层。平面呈圆形，口径45～49、穴深30厘米。在穴底柱洞之下的位置垫一层小石子，其上为柱洞，柱洞之外遍填夹杂小石子的黄杂土，略经夯实。柱洞直径26厘米，洞内堆积为较软的黄灰色土，含有数片碎陶片。据形制和结构，判断其为战国时期的柱穴。

97KDⅠD19　位于ⅠT338内。在ⅠT338第1层下，打破第2层。平面呈圆形，口径31、穴深33厘米。柱洞直抵穴底，其外遍填黄杂土，并经夯实。柱洞直径14厘米，洞内堆积为较软的黄土。据形制和结构，判断其为战国时期的柱穴。

97KDⅠD20　位于ⅠT338内。在ⅠQ4之下，打破ⅠT338第2层。平面近圆形，口径36、穴深35厘米。柱洞直抵穴底，其外遍填黄杂土，经夯实。柱洞直径26厘米，洞内堆积黄灰色土，土质较软，含炭屑和少量红烧土颗粒，并有数片陶片。

97KDⅠD21　位于ⅠT315内。开口于第1层下，打破第3层。平面呈圆形，锅底状。口径28、穴深30厘米。穴底先铺敷一层垫土，其上是柱洞之外的填土，经夯实。柱洞口径23、深12厘米，洞内堆积黄灰色土，出数片碎陶片。据形制和结构，判断其为战国时期的柱穴。

六、灶址

编号为灶址的遗迹有2处。

96KDⅠZ1　位于ⅠT110东部，向东延至发掘区外。北部为ⅠH68所削，打破ⅠT110第2层。从已发掘部分看，为一东西向长的不规则形锅底状灶坑，存长70、最宽60、坑深22～26厘米。坑壁和底普遍抹一层较硬的黄土，厚2～18厘米。黄土表面形成1～2厘米厚的红烧土硬面，底部烧结面十分坚硬，其下3～6厘米深的黄土被烧成红色。底面还被一直径6厘米的小穴洞穿。灶坑内的堆积为白色灰烬，含数片战国时期陶片。

97KDⅠZ3　位于ⅠT327内。开口于ⅠT327第1层下，打破ⅠH227。为一口径约50厘米的圆形灶坑。坑底不平，北高南低，坑深27～50厘米。壁、底均形成烧烤硬面，其下3～6厘米深的土被烧成红色。灶坑内堆积为白色灰烬，内含两个石块。其形制和坑内堆积与ⅠZ1极似，故认为属战国时期。

七、路土

编号为路土的遗迹仅一处。

97KDⅠL14　跨ⅠT303和ⅠT304，东部在发掘区外。被ⅠH247、ⅠH290打破，

其下为ⅠH312。距地表140厘米，南部边线划定得不够确切。已发掘部分大体上分布在南北长570、东西宽320厘米的范围内。一般厚10～20厘米，最厚处可达40厘米，自上而下分四层：分别为黄土、黄黑相杂的土、黑土和浅黄色土，上层黄土最为坚硬。

第二节　遗物

本节所述遗物为人工制品。以质地论，有陶、石、铜、铁、琉璃、骨、蚌七类，陶制品为大宗。以下按“陶容器和建筑材料”“陶容器和建筑材料以外的其他制品”两项分别介绍。

一、陶容器和建筑材料

以泥质灰陶为大宗，约占全部陶片的70%以上。另有少量夹砂灰陶、夹云母红陶、夹砂灰褐陶和个别泥质红陶。泥质灰陶陶土不甚细腻，偶见粗细不均的砂粒，当为陶土中所含。夹砂灰陶所羼砂粒多白色石英砂，颗粒粗细均匀。这两类陶器的烧成火候高，色泽纯正，质地坚硬。夹砂灰褐陶所羼砂粒不甚均匀，器表色泽深浅不一，质地也不如前两类陶器坚硬。夹云母红陶俗称“鱼骨盆”，陶土中羼有大量粗细不匀的云母或蚌末，质酥易碎。

陶容器主要是釜、罐、盆、甑、瓮、豆、碗、钵、量、杯等生活用器皿，以盆、罐数量最多，釜、瓮、豆、碗其次，其余器类很少。建筑材料极少，仅有陶水管和瓦两种。

有纹饰的陶片约占全部陶片的60%，其余为素面和磨光陶。纹饰多施于釜、罐、盆、瓮这些形体较大的容器之上。种类有绳纹、弦纹、弦断绳纹、附加堆纹、旋纹、暗纹等。以绳纹和弦纹结合使用的弦断绳纹最为多见，其次是绳纹、旋纹，其他纹样很少。绳纹多为滚压，竖向或斜向，纹样规整，纹痕清晰；拍印的斜向或交错绳纹较少。绳纹有粗、细之分。粗绳纹多施于灰陶釜的腹底部，每厘米仅2根左右。细绳纹多施于泥质罐、瓮、盆和红陶釜的腹底部，每厘米约4～5根。弦纹多与细绳纹兼施，极少单独使用，纹痕有宽有窄，但都比较规整，显示了此期在轮修过程中轮盘的稳定性和施纹的技术有了明显提高。旋纹多施于灰陶釜、盆、甑等器类的上腹部，也见于部分碗、豆之上。系器物轮修过程中以手指抹压器表所形成的平行凸棱状纹饰。暗纹偶见施于盆、豆之上的例子。这种纹饰是在器表经轮修之后，以圆钝而光滑的工具抹压而成的，色泽一般要深于器表的原色。这样，所抹压的纹饰图案就可以通过色泽的深浅不同而显现出来。附加堆纹仅饰于部分瓮和泥质罐的肩部，呈条带状。除以上纹样外，部分盆的口部，以及瓮和泥质罐的口、肩部经磨光处理，也起到了一定的装饰效果。

大多数陶容器的制作包括泥条盘筑陶坯、定形、施纹、轮修等步骤，都是在陶轮上完成的。制成的陶器形制规整，器壁厚薄均匀，内外器表皆有轮旋痕迹，且多数器物的口部修整得棱角分明。只有红陶釜和夹砂灰褐陶罐例外。这两类器物皆以泥圈套接法成形，器形有欠规整。其中红陶釜器壁多厚薄不均，仅口沿部位经过轮修；夹砂灰褐陶罐器壁厚薄倒比较均匀，但器表仅经刮抹或简单的磨光处理，未见轮修痕迹。

1. 釜

按陶系可分为两类。一类口部及上腹为泥质，而下腹及底为夹砂，器表呈灰色，可称灰陶釜。另一类即是夹云母红陶釜。

灰陶釜　66件。皆深弧腹，圜底。据口部及上腹部形制可分二型。

A型　58件，可复原2件。敞口，仰折沿，沿面呈凹弧形，方唇，沿外有一周凸棱。上腹近直，器表多有旋纹，下腹及底饰粗绳纹，绳纹多竖向施印。ⅠH327①:1，可复原。唇面略外斜。腹中部绳纹被抹去，但纹痕隐约可辨。器表有烟熏痕迹。口径32、高28厘米（图6-36，1；图版一五，1）。ⅠH85:1，可复原。斜方唇。上腹内外壁皆有旋纹，纹痕宽窄不一。口径30、高26.4厘米（图6-37，4；彩版一三七，1）。ⅠT315③:4，斜方唇。底残。器表有烟熏痕。下腹曾敷有一层黄泥浆，脱落严重，但仍致使绳纹和烟熏痕迹模糊难辨。口径29.6、残高24厘米（图6-36，6）。ⅠH103②:1，口腹残片。窄方唇。腹中部旋纹纹痕较宽。器表有烟熏痕迹。口径34、残高25.6厘米（图6-36，5）。ⅠH466:2，口腹残片。圆方唇。腹中部旋纹纹痕较宽，下腹绳纹为斜向。器表有烟熏痕。口径约28、残高约22厘米（图6-36，2）。ⅠH359:3，口腹残片。斜方唇。腹中部有纹痕较宽的旋纹。器表有烟熏痕。口径25.6、残高18.6厘米（图6-36，4）。ⅠH238:17，口腹残片。圆方唇。旋纹纹痕较宽。器表有烟熏痕迹。口径31.2、残高16.8厘米（图6-36，3）。ⅠH248:11，口腹残片。窄方唇。器表有烟熏痕。口径30.4、残高12厘米（图6-37，3）。ⅠH248:10，口腹残片。圆方唇，沿内有一周凹槽。器表有烟熏痕。口径约32、残高15.2厘米（图6-37，1）。ⅠT410②:7，口腹残片。圆方唇，沿内凹弧程度不大，沿外明显加厚。器表有烟熏痕。口径约32、残高12厘米（图6-37，5）。

B型　8件，可复原1件。侈口束颈，鼓肩。纹饰特点同于A型。ⅠH208:1，可复原。折沿，厚圆唇。旋纹纹痕较浅。口径27、高27.6厘米（图6-37，6；彩版一三七，2）。ⅠH259:4，口腹残片。卷沿，沿面略凹，方唇，沿外起棱。口径23.6、残高17.2厘米（图6-37，2）。

红陶釜　49件，皆口腹残片。从大山前第Ⅶ地点战国时期瓮棺葬出土完整器来看，此类陶釜形制特点与灰陶釜A型基本相似。均敞口，仰折沿，沿面多呈凹弧形，但口沿转折处皆无明显棱角。斜弧腹。腹饰竖向细绳纹。ⅠT409②:4，圆唇。颈部有一周凹槽。绳纹纹痕较模糊。器表有烟熏痕迹。口径约36、残高23.6厘米（图6-38，5）。ⅠH46①:7，沿面微凹，圆唇。绳纹纹痕较模糊。断碴处有明显泥圈套接痕迹。套接处为增加黏合度压印有成排斜向坑点。口径约32、残高12厘米（图6-38，1）。ⅠH3:1，沿内有一周明显的凹槽，圆唇。绳纹纹痕较模糊。断碴处有明显的泥圈套接

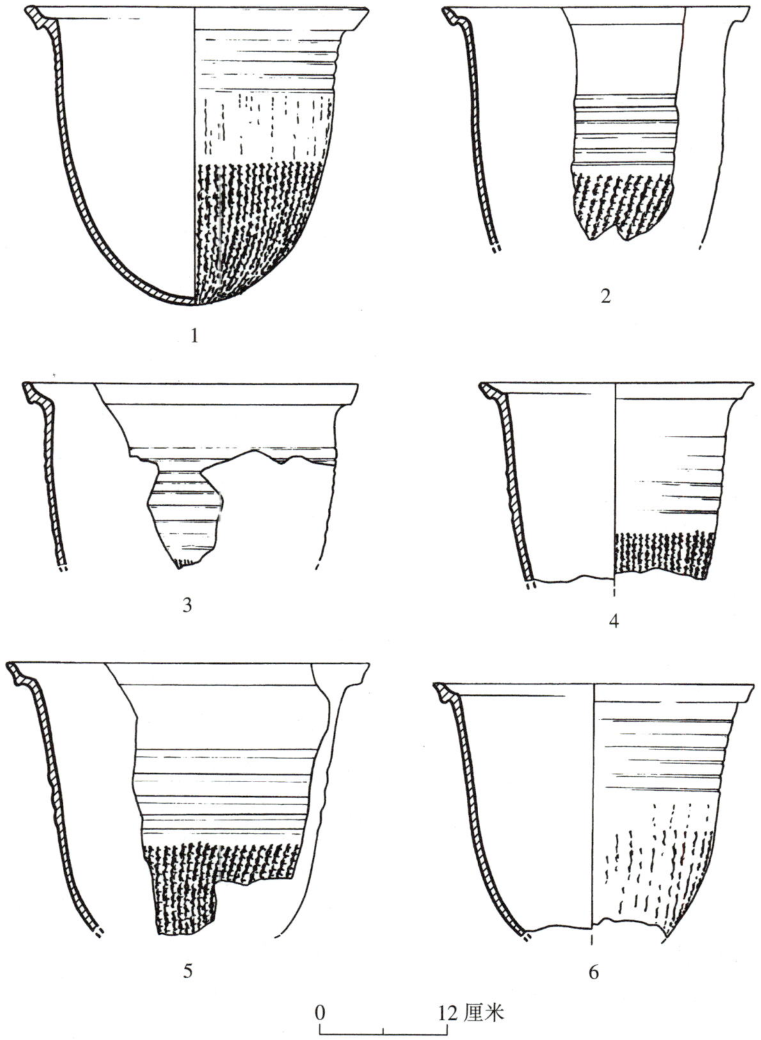

图 6－36　战国时期 A 型灰陶釜

1. ⅠH327①:1　2. ⅠH466:2　3. ⅠH238:17　4. ⅠH359:3　5. ⅠH103②:1　6. ⅠT315③:4

痕。器表有烟熏痕迹。口径约 30.4、残高 12 厘米（图 6－38，2）。ⅠF37:8，沿面有一周凹槽，圆唇。颈部有斜向细绳纹痕迹，以下为竖向绳纹。口径 32、残高 16.2 厘米（图 6－38，6）。ⅠH227:9，仰折沿较宽，圆唇。颈部略内凹。腹部绳纹僵直，纹痕较深。口径 34、残高 14 厘米（图6－38，4）。ⅠH299:3，沿面有一周凹槽，圆唇。断碴处可看出泥圈套接痕迹。口径约 34、残高 9 厘米（图 6－38，3）。

2. 罐

包括泥质罐和夹砂罐两类。

泥质罐　共 65 件。皆为灰陶，据口腹形制，可分五型。

A 型　20 件。侈口矮领，沿上端外翻，方唇。折肩，腹弧收，腹最大径在折肩处。

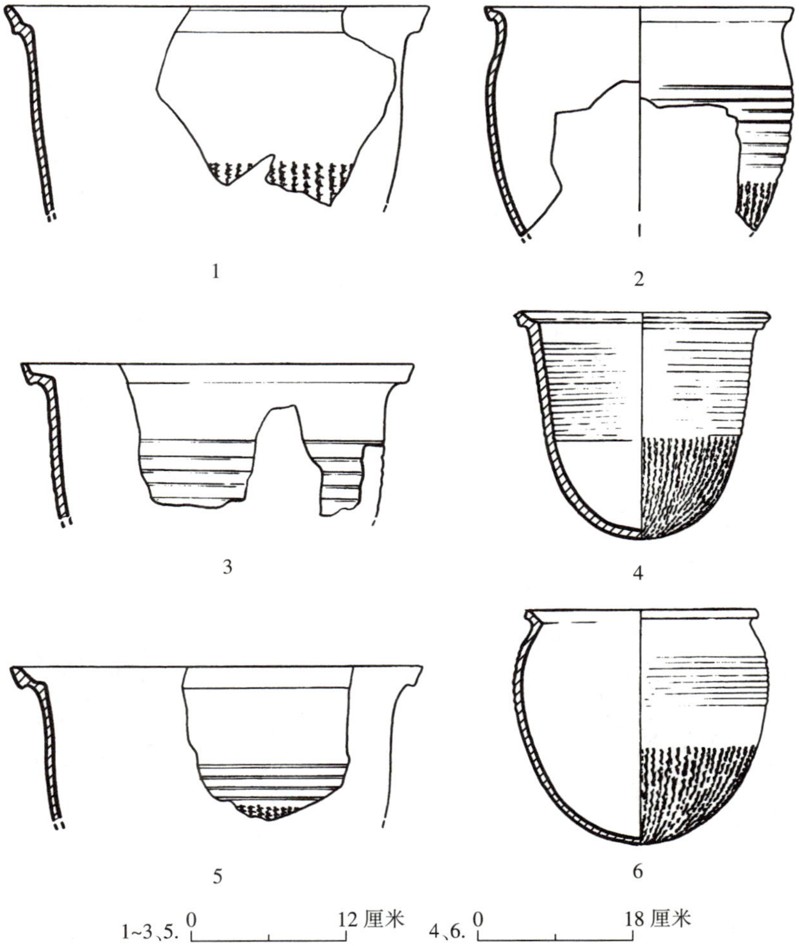

图6-37　战国时期A、B型灰陶釜
1、3~5. A型（ⅠH248:10、ⅠH248:11、ⅠH85:1、ⅠT410②:7）　2、6. B型（ⅠH259:4、ⅠH208:1）

完整者皆平底。上腹部多饰较规整的弦断绳纹，下腹多施横向和斜向绳纹。可分二式。

Ⅰ式：可判明属此式者仅有1件。ⅠH238:10，底部虽残，整体仍显瘦高。厚方唇。肩部折棱上侧有一周浅凹槽。沿面有2组对称的条状刻痕，每组为平行的5道。上腹旋纹纹痕较宽。口径20、残高26厘米（图6-39，3）。

Ⅱ式：可判明属此式者7件，其中5件可复原。肩部稍上耸，整体较Ⅰ式显得宽扁。ⅠH207②:3，沿外端下垂，厚方唇。肩部折棱圆钝。肩部原有竖向绳纹，但被修整时抹平，纹痕隐约可辨；底部饰交错绳纹。肩部有一刻划符号。口径20、高24厘米（图6-39，1；彩版一三八，5）。ⅠH8②:1，方唇，唇缘外凸，唇面有一周浅凹槽。肩部折棱圆钝。口及肩部磨光，底饰交错绳纹。口径22.8、高25.8厘米（图6-40，2；彩版一三七，4）。ⅠH8②:2，沿外端下垂，厚方唇，唇面有一周浅凹槽。肩部折棱上

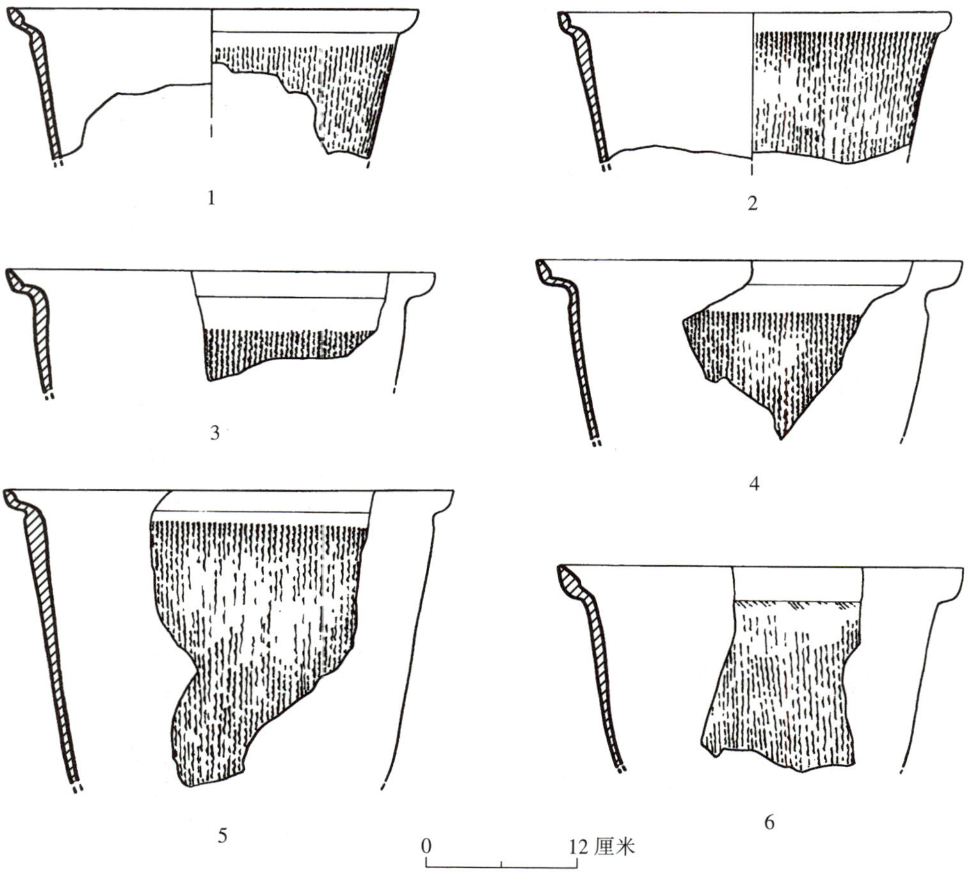

图 6－38　战国时期红陶釜

1. ⅠH46①：7　2. ⅠH3：1　3. ⅠH299：3　4. ⅠH227：9　5. ⅠT409②：4　6. ⅠF37：8

侧有一周凹槽。口及肩部磨光，底部饰交错绳纹。口径 24.6、高 25.8 厘米（图 6－40，5；图版一五，2）。ⅠH16：1，沿外端下垂，窄方唇。肩部折棱上侧有一周凹槽。口及肩部磨光，下腹绳纹可分交错绳纹、横向绳纹和斜向绳纹三条纹饰带，底部饰交错绳纹。口径 25.2、高 28.2 厘米（图 6－40，1；图版一五，3）。ⅠT418①A：1，沿上端外卷近平，窄方唇。沿上端有一周浅凹槽。肩部折棱圆钝。口及肩部磨光。口径 20.4、高 26.4 厘米（图 6－40，4；彩版一四〇，1）。ⅠT315③：15，口腹残片。沿上端外卷近平，厚方唇。肩部有一刻划符号。内壁有密集的不规则坑点。口径 24、残高 10.8 厘米（图 6－39，5）。

B 型　28 件，皆口腹残片。口部特征同于 A 型。鼓腹。上腹饰弦断绳纹。ⅠT416②：24，沿上端外卷近平，厚方唇。下腹饰横向绳纹。内壁有密集的不规则坑点。口径约 24、残高 20 厘米（图 6－39，2）。ⅠT318③：7，沿上端外卷近平，厚方唇。沿面有一周凹槽，凹槽内侧的沿面上有两道刻划短线，推测原先应有四道，两两对称。此器内壁留有印满圆形麻点的垫窝。口径约 23.2、残高 10.2 厘米（图 6－39，4）。

C 型　3 件，可复原 2 件。侈口高领，沿上端外侧加厚起棱，圆鼓腹。上腹有旋

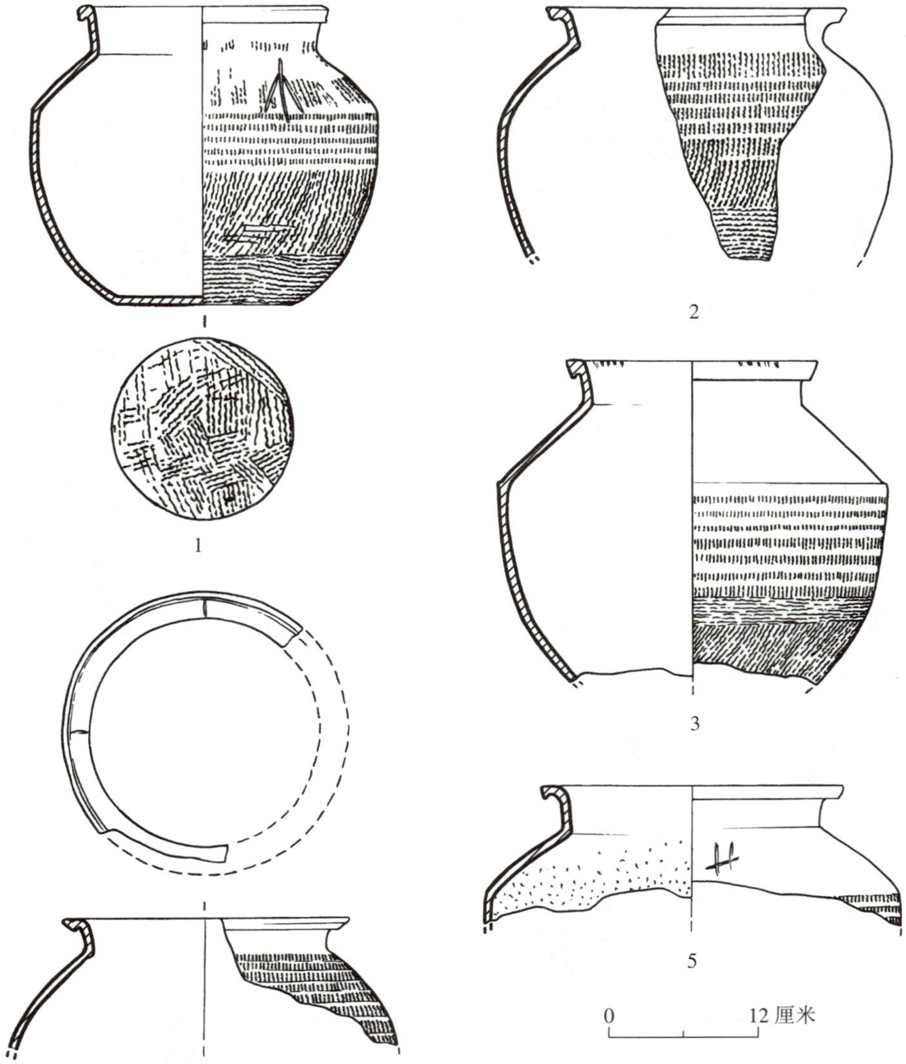

图6－39　战国时期A、B型泥质罐

1、5. AⅡ式（ⅠH207②:3、ⅠT315③:15）　2、4. B型（ⅠT416②:24、ⅠT318③:7）　3. AⅠ式（ⅠH238:10）

纹，下腹饰斜向绳纹。ⅠH238:7，沿上端略外卷，圆唇，平底。底部有交错绳纹。口径12.8、高19.2厘米（图6－41，1；彩版一三八，6）。ⅠH261①:2，领部较直，方唇，凹圜底。下腹绳纹有交错现象。饰绳纹处的内壁上有密集的麻点，当为带有麻点的陶垫所留印痕。口径12、高20.8厘米（图6－41，2；彩版一三九，4）。ⅠT436⑤:1，系口腹残片。圆方唇。下腹绳纹有交错现象。口径12.6、残高14厘米（图6－41，6）。

D型　2件，可复原。侈口卷沿，领较矮，鼓腹稍扁，平底。ⅠH134:1，唇缘外侧加厚起棱，唇面外斜。腹饰旋纹。下腹近底处有刮抹痕。口径12.8、高15.6厘米（图6－41，7；彩版一三七，5）。ⅠH322:1，方唇。唇面外斜。沿内侧及器表泛银灰色，似为陶衣。口径15.6、高28.2厘米（图6－40，3；彩版一三九，6）。

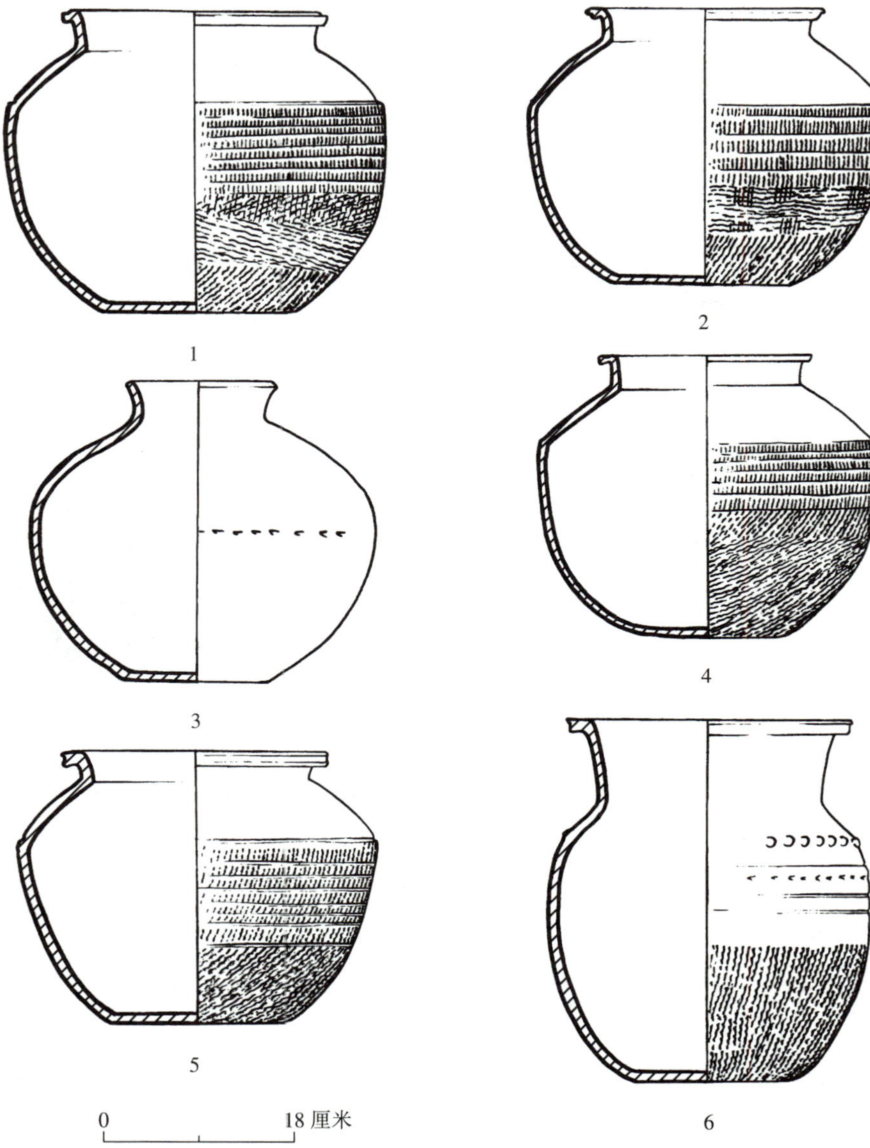

图 6－40　战国时期 A、D 型及未分型泥质罐
1、2、4、5. AⅡ式（ⅠH16∶1、ⅠH3②∶1、ⅠT418①A∶1、ⅠH8②∶2）　3. D 型（ⅠH322∶1）　6. 未分型标本（ⅠH238∶8）

E 型　3 件，皆口腹残片。侈口高领，折肩。ⅠH210∶8，出自辽代灰坑中。厚方唇，沿上端内外皆有一周凹槽。腹饰竖向绳纹。内壁有密集坑点。口径 28.8、残高 13.2 厘米（图 6－42，4）。ⅠG4⑤∶6，厚方唇，沿面近唇处一周凹槽。口径约 25.6、残高 12 厘米（图 6－42，2）。

除以上五型外，尚有 4 件泥质罐形制较为特殊。ⅠH238∶8，侈口高领，沿上端平折，方唇。溜肩，深弧腹，平底。肩部饰一排共 7 枚小乳钉，上腹饰一周戳印坑点，下腹为斜向细绳纹，底部有交错绳纹。口径 27、高 34.2 厘米（图 6－40，6；彩版一三

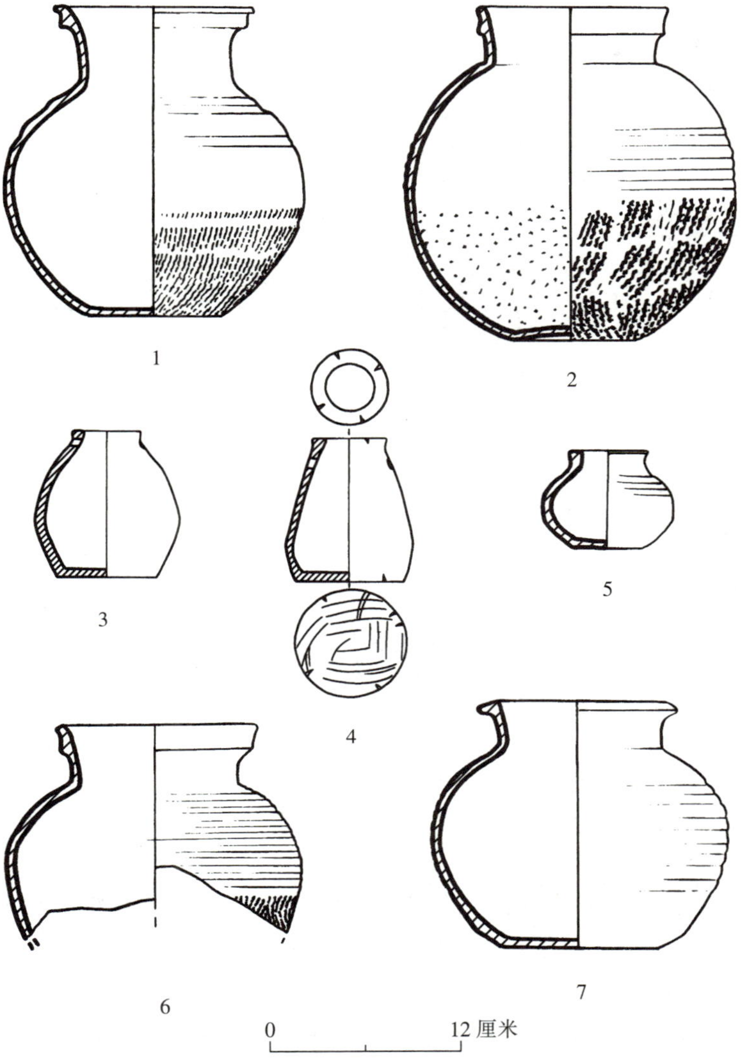

图6－41　战国时期C、D型泥质罐及小罐
1、2、6. C型（ⅠH238:7、ⅠH261①:2、ⅠT436⑤:1）　3～5. 小罐（ⅠH207①:3、ⅠH207①:8、ⅠH243①:4）　7. D型（ⅠH134:1）

九，1）。ⅠH274:1，侈口高领，沿上端外卷近平，方唇，沿面近唇处有一周凹槽。圆鼓腹，圜底近平。上腹饰规整弦断绳纹；下腹饰斜向绳纹，绳纹有交错现象。内壁有明显的陶垫印窝。口径22.4、高31.2厘米（图6－42，1；彩版一三九，5）。ⅠH238:22，口腹残片。直口矮领，圆方唇较厚。圆鼓肩。肩部有旋纹，腹饰竖向绳纹。口径20、残高12厘米（图6－42，3）。ⅠH238:26，口腹残片。直口稍敛，矮领，厚方唇，唇面内斜。鼓肩明显。肩部有旋纹，腹饰竖向细绳纹，口径16.8、残高6.8厘米（图6－42，5）。

另有5件泥质小罐，其中3件完整。ⅠH207①:3，敛口，厚方唇，腹略垂。近口部有两个对称的圆形穿孔。素面。口径4.4、高9.2厘米（图6－41，3；图版一五，5）。ⅠH207①:8，敛口，厚方唇，垂腹。近口部有两个对称的圆形穿孔。唇面上有两两对称

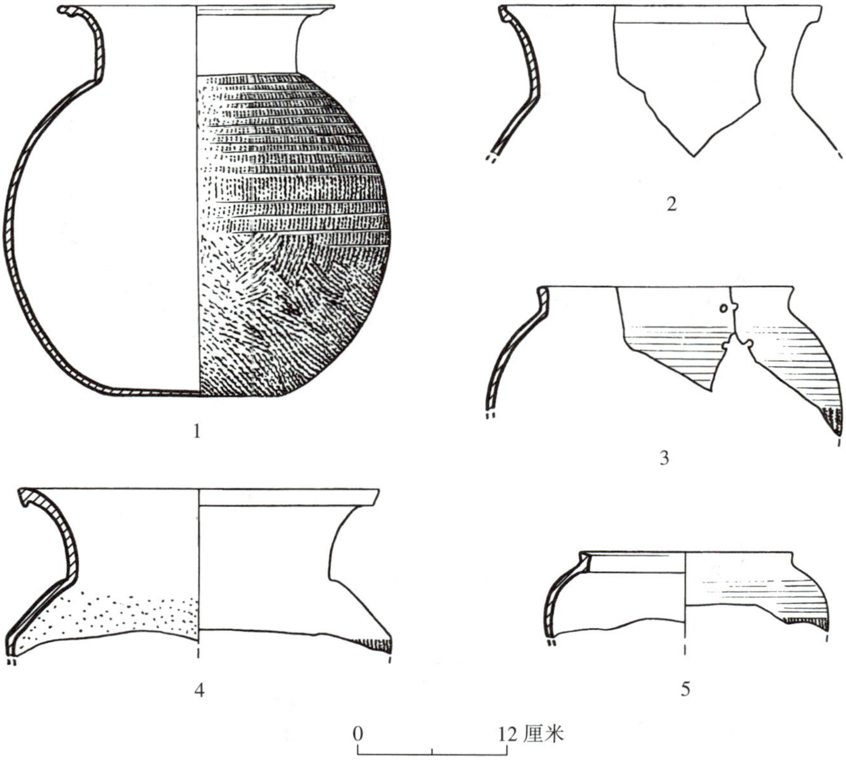

图 6－42　战国时期 E 型及未分型泥质罐
1、3、5. 未分型标本（ⅠH274∶1、ⅠH238∶22、ⅠH238∶26）　2、4. E 型（ⅠG4⑤∶6、ⅠH210∶8）

的四道刻划痕，相对应的底部亦有这样的刻划痕。素面，下腹及底有明显刮抹痕。口径 4.4、高 9 厘米（图 6－41，4；彩版一三七，6）。ⅠH243①∶4，形近 D 型罐。上腹有旋纹，下腹近底处有切削痕迹。口径 5、高 6 厘米（图 6－41，5）。

夹砂罐　共 15 件。多为灰褐陶，器表色泽暗淡，且深浅不一。据口腹形制可分二型。

A 型　8 件，皆口腹残片。侈口折沿，鼓腹。素面。ⅠF37∶6，口部近椭圆形。方唇。上腹部置对称长方形鋬手，鋬手肥厚且上翘。器表有刮抹和打磨痕迹。口部长径 36、短径 32.4、残高 28.8 厘米（图 6－43，1；彩版一三七，3）。ⅠF37∶5，窄方唇。鼓腹略瘦。沿内及器表经打磨。口径 27.6、残高 25.2 厘米（图 6－43，2）。

B 型　6 件，1 件可复原，余皆口腹残片。侈口窄沿，沿外加厚，形成所谓的“外叠唇”。深腹略鼓。素面。ⅠH251③∶2，可复原。圆唇。平底。器表有刮抹痕迹。口径 10、高 10.4 厘米（图 6－43，5；彩版一三九，2）。ⅠT318④∶13，尖圆唇。器表有凌乱刮抹痕。内壁有手指垫窝，凹凸不平。残高 11 厘米（图 6－43，6）。ⅠH451①∶3，圆唇。器表有纵向刮抹痕，并遗有烟熏痕迹。口径约 14、残高 10 厘米（图 6－43，7）。ⅠT318④∶14，圆唇。器表有纵向刮抹痕，并留有烟熏痕迹。残高 12 厘米（图 6－43，3）。

另有完整夹砂小罐 1 件。ⅠT416②∶13，灰陶。直口矮领，圆唇。肩略鼓，腹弧收，平底。素面。器形不甚规整，当系捏制。口径 4.4、高 6.6 厘米（图 6－43，4）。

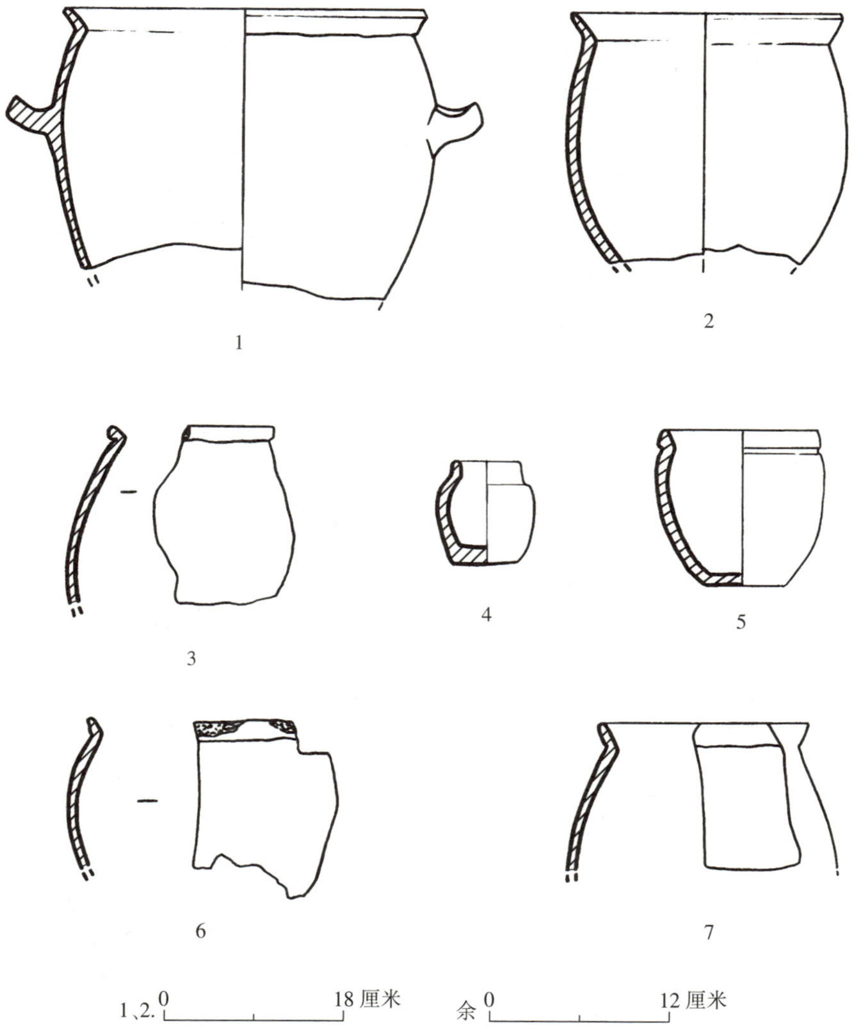

图6-43　战国时期夹砂罐

1、2. A型（ⅠF37:6、ⅠF37:5）　3、5~7. B型（ⅠT318④:14、ⅠH251③:2、ⅠT318④:13、ⅠH451①:3）
4. 小罐（ⅠT416②:13）

3. 甑

7件。除2件腹身大体完整而底部残损之外，余皆腹底残片。皆泥质灰陶，敞口，深弧腹，底部有梭形穿孔。ⅠT314③:18，卷沿近平，厚方唇。上腹有旋纹，下腹饰斜向和交错绳纹，绳纹局部被抹去。底部边缘残留有5个梭形箅孔，呈环状分布。口径42.8、残高27.2厘米（图6-44，3）。ⅠT418①A:2，卷沿近平，厚方唇。唇面上有一周压印斜向浅坑。器表素面。底部边缘残留有9个梭形箅孔，呈环形排列。箅孔系由外向内穿刺而成。口径48、高29.6厘米（图6-44，2；图版一六，5）。

4. 盆

除个别为泥质红陶外，绝大多数都是泥质灰陶。据口腹形制可分四型。

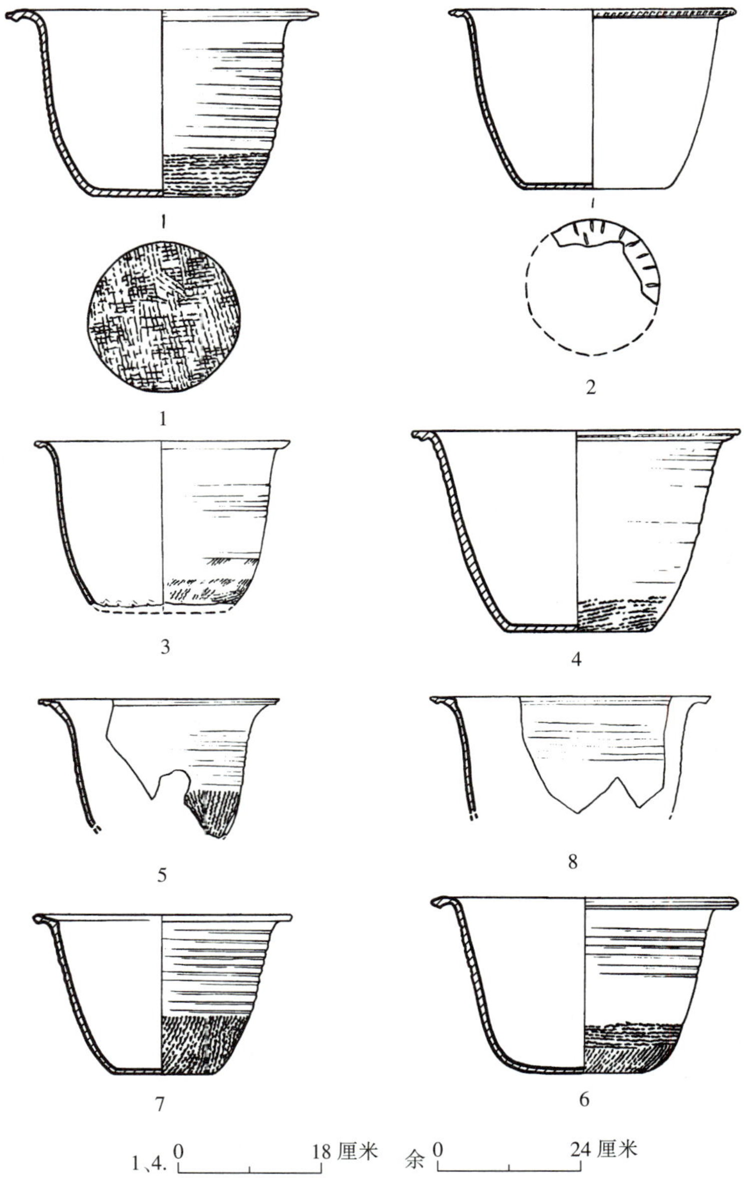

图 6－44　战国时期盆、甑

1. AⅡ式盆（ⅠH207②：1）　2、3. 甑（ⅠT418①A：2、ⅠT314③：18）　4、6、7. AI 式盆（ⅠH238：9、ⅠH293：10、ⅠH238：25）　5、8. A 型盆或甑口沿（ⅠF37：7、ⅠH248：12）

A 型　复原 5 件。除底部无箅孔外，形制与甑大体相同。可分二式。

Ⅰ式：4 件。腹壁外敞程度较大。ⅠH238：9，卷沿近平，方唇。沿面上有一周浅凹槽，唇缘上压印有一周斜向坑点，沿外有一周凸棱。上腹有明显刮抹痕，下腹饰横向绳纹，底饰交错绳纹。口径 40.8、高 25.2 厘米（图 6－44，4；图版一六，6）。ⅠH238：25，折沿外侈，厚方唇。上腹有旋纹，下腹饰斜向绳纹，绳纹有交错现象。底部饰交错绳纹。口径 43.2、高 26.4 厘米（图 6－44，7）。ⅠH293：10，卷沿，沿外端下勾，厚方唇。上腹有旋纹，下腹饰横向和斜向绳纹。底部也有绳纹，纹痕较浅且散乱。口径51.2、高28.8厘米（图6－44，6；图版一六，1）。ⅠT315④:7，平折沿，厚方唇。腹有旋纹。下腹近底处有切削痕。口径26.4、高14.4厘米（图6－45，1；图版一六，3）。

Ⅱ式：仅1件。ⅠH207②:1，宽卷沿，沿外端下勾，厚方唇。腹壁较Ⅰ式内收，上腹近直。沿面近唇处有一周浅凹槽。上腹有旋纹，下腹饰横向绳纹，底部饰交错绳纹，纹痕较浅。口径39、高23.4厘米（图6－44，1；图版一五，6）。

另有此型盆或甑的口腹残片标本92件。ⅠF37:7，宽卷沿，方唇。沿内外各有一

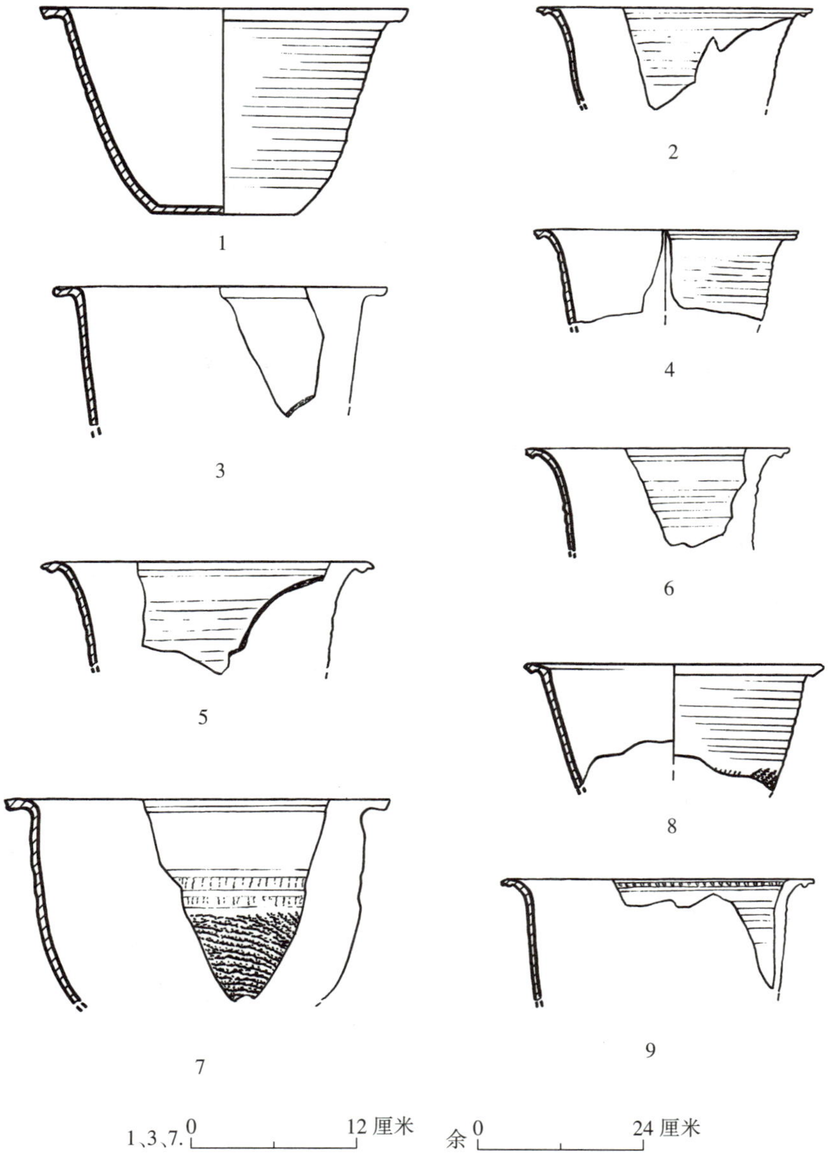

图6－45　战国时期盆和盆或甑口沿

1. AⅠ式盆（ⅠT315④:7）　2～9. A型盆或甑口沿（ⅠH238:19、ⅠT308③:34、ⅠH287:4、ⅠT316③:8、ⅠH327①:2、ⅠH351:1、ⅠT315④:6、ⅠH243②:1）

周凸棱，上腹有旋纹，下腹饰斜向细绳纹。口径40、残高22.2厘米（图6－44，5）。ⅠH248∶12，卷沿近平，圆方唇。沿内外各起一周凸棱；唇面上戳印斜向坑点；上腹有旋纹。腹中部有一刻划符号。口径46.4、残高20厘米（图6－44，8）。ⅠH243②∶1，卷沿，沿外端下勾，厚方唇。唇面上压印斜向小坑点一周；腹有旋纹。口径44.8、残高16厘米（图6－45，9）。ⅠT316③∶8，卷沿，沿外端下勾，厚方唇。唇面有一周凹槽；腹有旋纹。口径48、残高16厘米（图6－45，5）。ⅠH327①∶2，卷沿近平，厚方唇。沿面近唇处有一周凹槽；下侧唇缘上压印有细密的斜向坑点一周；腹有旋纹。口径约38.4、残高15.2厘米（图6－45，6）。ⅠH287∶4，卷沿近平，厚方唇。唇面上压印有细绳状纹饰一周；腹有旋纹。口径38.4、残高14.4厘米（图6－45，4）。ⅠH238∶19，卷沿近平，厚方唇。沿内有一周凸棱，腹有旋纹。口径48、残高14.5厘米（图6－45，2）。ⅠT315④∶6，折沿稍侈，厚方唇。上腹有旋纹，下腹有斜向绳纹。口径43.2、残高18厘米（图6－45，8）。ⅠH351∶1，泥质红陶。折沿近平，方唇。上腹有旋纹，下腹饰斜向绳纹。口径28、残高14.6厘米（图6－45，7）。ⅠT308③∶34，平折沿，圆方唇。沿面近唇处有一周凹槽。口径24、残高10厘米（图6－45，3）。

B型　4件。敞口，折腹。可分二式。

Ⅰ式：3件，复原1件。上腹外敞程度较大，腹内侧转折圆缓。ⅠH412∶3，泥质红陶。平卷沿，方唇。沿面近唇处有一周浅凹槽。上腹有旋纹。口径28、高8.4厘米（图6－46，8；图版一七，3）。ⅠH238∶23，口腹残片。平卷沿，厚方唇。沿面近唇处有一周浅凹槽。素面。口径约25、残高6厘米（图6－46，9）。

Ⅱ式：仅1件。ⅠH43∶6，已复原。平卷沿，方唇，上腹较Ⅰ式内收，腹内侧转折明显。沿面近唇处有一周凹槽，上腹有旋纹。口径25.6、高9.2厘米（图6－46，6；图版一七，1）。

C型　3件，复原1件。直口或口微敛，平折沿，方唇，折腹。素面。ⅠH233∶4，口微敛，腹较浅。口径27.2、高6.4厘米（图6－46，4；图版一七，2）。ⅠT314③∶20，口腹残片。口微敛，腹较深。口径约37.8、残高14厘米（图6－46，1）。ⅠH57∶11，口腹残片。直口，腹较深。口径16.4、残高6厘米（图6－46，3）。

D型　5件，复原1件。敞口，窄平沿，上腹斜直，下腹缓折，形体较小。ⅠT405②∶7，圆方唇。素面。口径19.2、高9厘米（图6－46，7；图版一七，4）。ⅠG4⑤∶3，口腹残片。方唇，唇面有凹槽。素面。残高8厘米（图6－46，2）。ⅠT304③∶5，口腹残片。圆方唇，沿面近唇处有一周凹槽。上腹有旋纹。口径22、残高8.8厘米（图6－46，5）。

除上述四型之外，推算复原的ⅠT308②∶3盆形制较为特殊。此盆卷沿近平，束颈鼓肩，下腹斜收，底残（当为平底）。肩部有斜向绳纹。口径18.8、高10厘米（图6－47，3；图版一八，5）。

另有盆口腹残片15件。ⅠT308④∶2，泥质红陶。敞口，折沿外侈，方唇，斜弧腹。素面。口径22.4、残高10.4厘米（图6－47，4）。ⅠT303③∶12，敞口，卷沿，

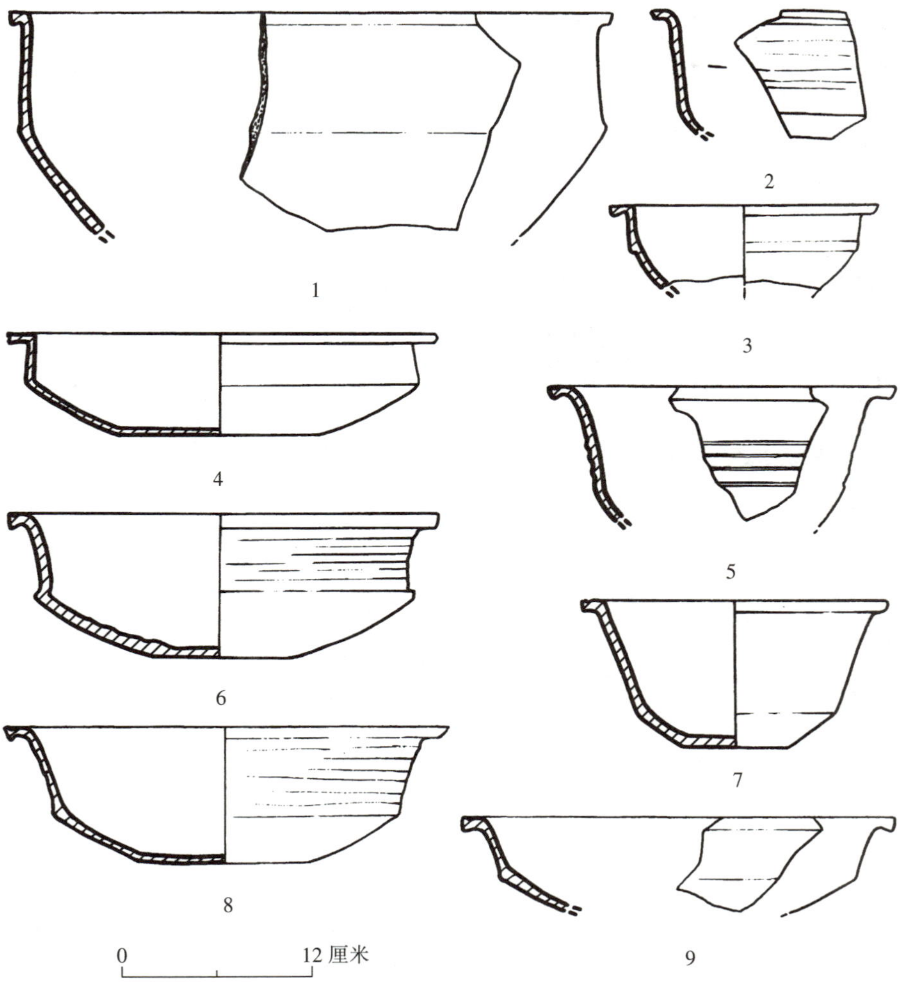

图 6－46　战国时期 B、C、D 型盆
1、3、4. C 型（ⅠT314③:20、ⅠH57:11、ⅠH233:4）　2、5、7. D 型（ⅠG4⑤:3、ⅠT304③:5、ⅠT405②:7）
6. BⅡ式（ⅠH43:6）　8、9. BⅠ式（ⅠH412:3、ⅠH238:23）

沿面外端下斜，方唇，颈微束，弧腹。素面。口径 24、残高 8 厘米（图 6－47，1）。ⅠH238:24，形近 A 型盆或甑的上部，但体形甚小。圆方唇。素面。口径 14、残高 6 厘米（图 6－47，2）。ⅠH57:9，形近 D 型盆的上部。圆方唇。腹有旋纹。口径 23.2、残高 8 厘米（图 6－47，6）。ⅠH238:20，形近 D 型盆口部。方唇。沿面近唇处起棱。素面。口径 23.8、残高 5.2 厘米（图 6－47，5）。

5. 瓮

均泥质灰陶。直口或口微侈，矮领，沿上端外侧加厚，形成很厚的唇。深腹，圜底。据肩部形制可分二型。

A 型　8 件。均残。缓折肩。ⅠH293:9，肩部折棱处饰一周附加堆纹条带，条带上以缠绳小棒斜向压花。下腹有一周凹弦纹。口径 24、残高 37.6 厘米（图 6－48，1）。

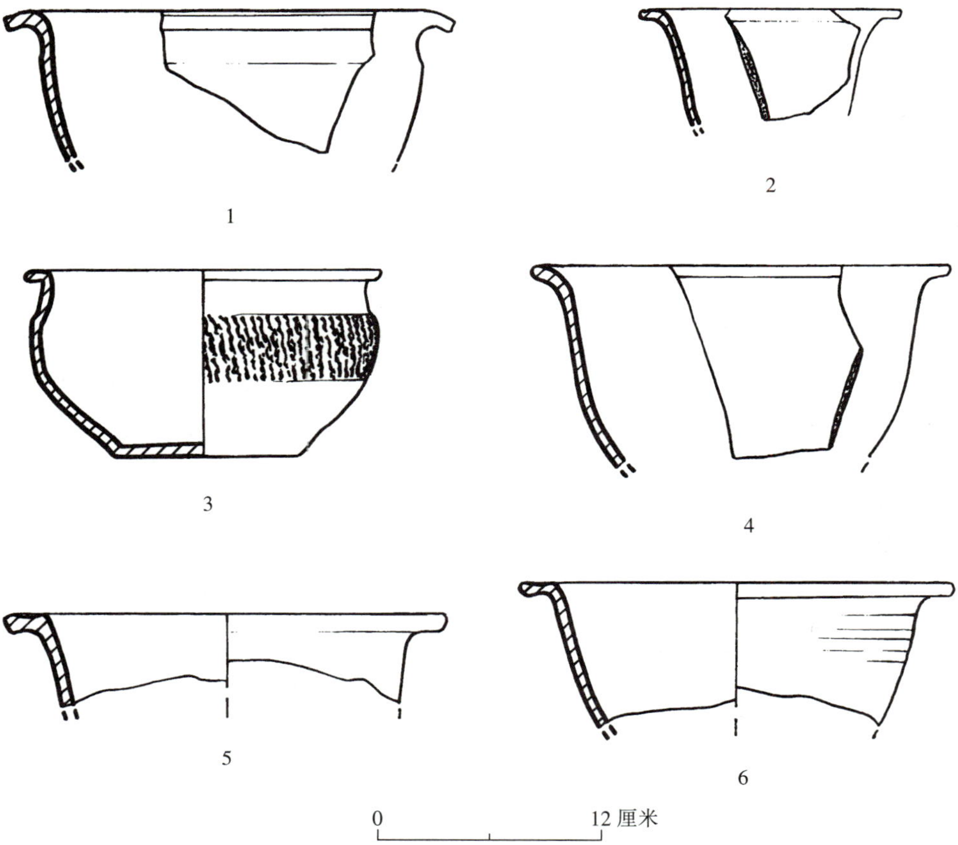

图6－47　战国时期陶盆

1、2、4～6. 盆口沿（ⅠT303③:12、ⅠH238:24、ⅠT308④:2、ⅠH238:20、ⅠH57:9）　3. 未分型标本（ⅠT308②:3）

ⅠT315③:3,沿外中部起一周凸棱。肩部折棱以下饰弦断绳纹，绳纹为竖向和斜向，有交错现象。肩部有一刻划符号。器内壁有圆形陶垫印窝。口径34.4、残高26.4厘米（图6－48，5）。ⅠH238:12，仅口沿残。腹部弧鼓，圜底近平。肩部磨光。肩折棱以下饰弦断绳纹。绳纹为斜向，较规整。内壁有陶垫印窝。残高48.8厘米（图6－48，2）。ⅠT315③:14，肩部折棱处饰一周附加堆纹条带，条带上以缠绳小棒斜向压花。折棱以下饰弦断绳纹，绳纹为竖向或斜向。内壁有密集的麻点。口径35.2、残高27.2厘米（图6－48，7）。ⅠH238:13，肩部磨光。肩部折棱处饰附加堆纹条带，其上以缠绳小棒斜向压花。腹饰较规整的弦断绳纹，绳纹为竖向。内壁有麻点。口径28.8、残高16厘米（图6－48，4）。ⅠT305③:13，肩部磨光。腹饰弦断绳纹，绳纹为竖向或斜向，略有交错。内壁印有麻点。口径28.8、残高15.2厘米（图6－48，3）。ⅠH57:7，肩有旋纹。肩部折棱以下饰弦断绳纹，绳纹系纵向。口径约32、残高12厘米（图6－48，6）。

B型　3件。均残。圆肩。ⅠT315④:4，大体可复原。腹似球形。肩部磨光，腹饰规整弦断绳纹，绳纹竖向。口径32、高50.4厘米（图6－49，1）。ⅠH238:14，肩腹交界处饰附加堆纹条带一周，其上以缠绳工具压花。肩部及附加堆纹条带以下的一段

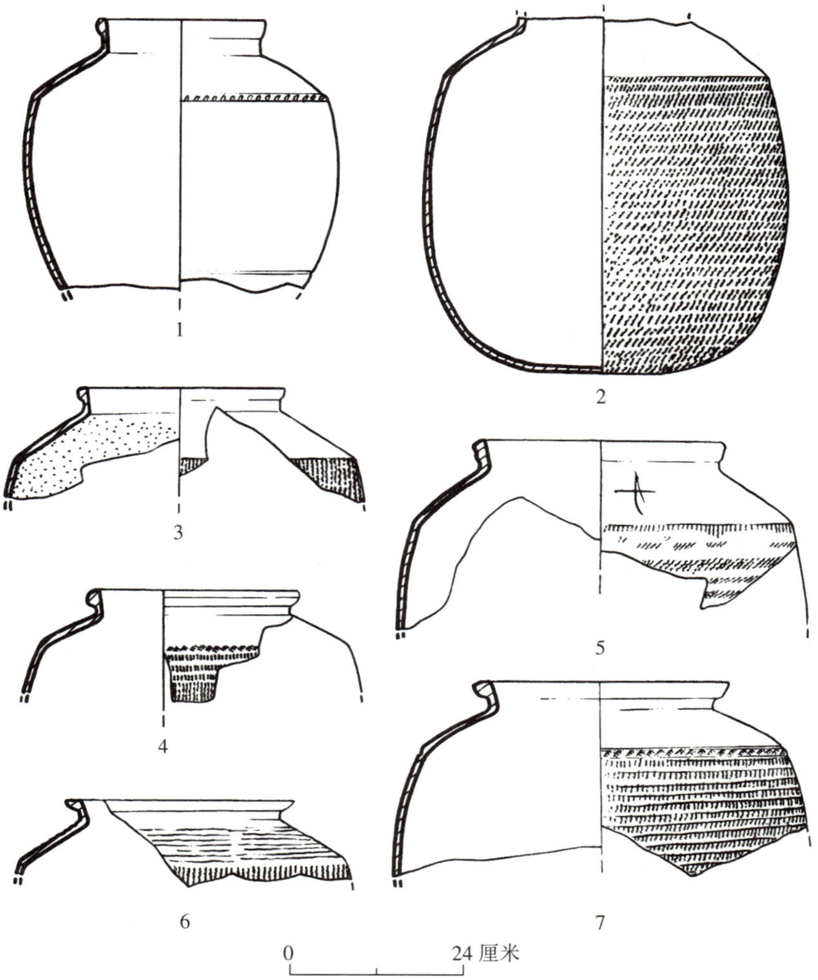

图 6－48　战国时期 A 型瓮

1. ⅠH293∶9　2. ⅠH238∶12　3. ⅠT305③∶13　4. ⅠH238∶13　5. ⅠT315③∶3　6. ⅠH57∶7　7. ⅠT315③∶14

器表磨光，以下饰较规整的弦断绳纹，绳纹为竖向。内壁印有麻点。口径 25.2、残高 18.8 厘米（图 6－49，3）。

另有 16 件 A 型或 B 型瓮的口沿标本。

有 2 件瓮形制较特殊。ⅠH238∶11，已复原。此器大小及口沿与底部特征接近于瓮，但肩腹形状却似泥质罐 A 型。肩部磨光，腹饰较规整的弦断绳纹，绳纹为竖向，底饰交错绳纹。内壁印有密集麻点。口径 36.8、高 37.6 厘米（图 6－49，2）。ⅠT308③∶33，口腹残片。此器形体大小及肩腹形状与 A 型瓮基本一致，但口沿特点却与泥质罐 A 型或 B 型相似。肩部饰三周弦纹，弦纹之间按压出波状折线暗纹。肩部折棱以下饰弦断绳纹，绳纹为竖向。口径 28.8、残高 26.4 厘米（图 6－49，4）。

6. 豆

除个别为泥质红陶外，绝大多数为泥质灰陶。素面。以无盖的豆最为多见。据整

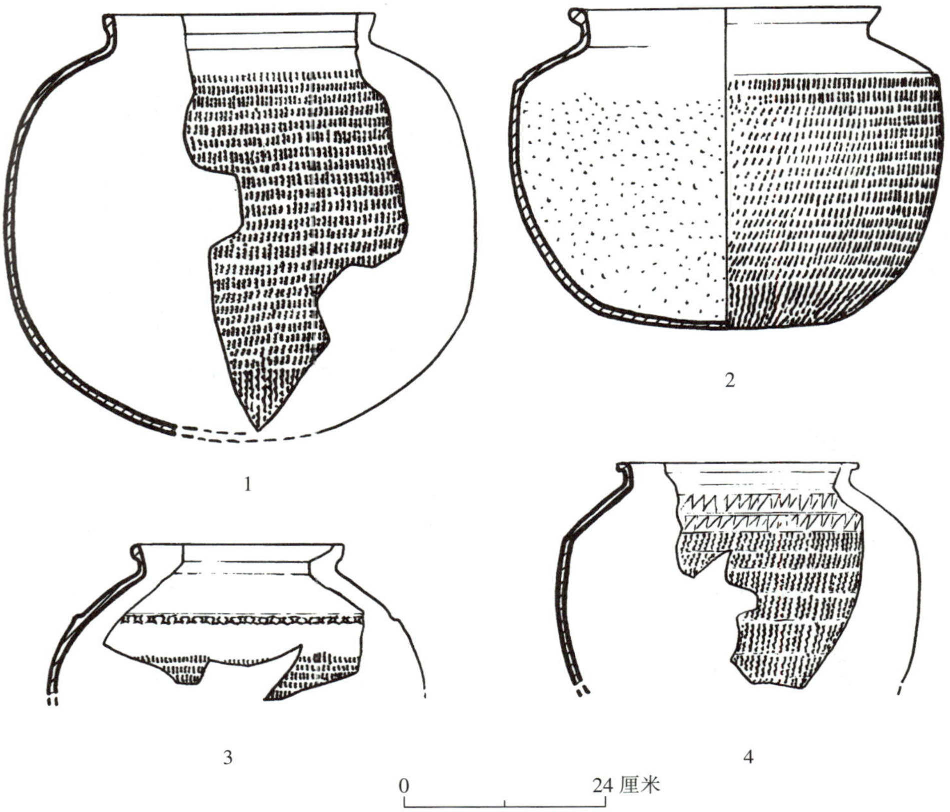

图 6－49　战国时期 B 型及未分型瓮

1、3. B 型（ⅠT315④∶4、ⅠH238∶14）　2、4. 未分型标本（ⅠH238∶11、ⅠT308③∶33）

体形状分为二型。

A 型　20 件。矮粗柄，豆盘为敞口，弧腹。分二式。

Ⅰ式：可判明属此式者 8 件，复原 1 件。豆盘上腹外敞程度较大。ⅠT316⑤∶2，圆唇。柄部底座起明显台棱。盘腹有一刻划符号。口径 12、高 10.8 厘米（图 6－50，2；彩版一四〇，2）。ⅠH248∶8，圆唇。盘腹刻划符号与前件相同。口径 12.8、残高 5.2 厘米（图 6－50，12）。ⅠT317④∶9，圆唇。口径 14.4、残高 6 厘米（图 6－50，8）。ⅠH406∶10，泥质红陶。圆方唇。出土时器表敷有一层黄色泥浆。口径 14、残高 9.2 厘米（图 6－50，4）。ⅠG4①∶3，圆唇。豆盘器壁由唇部至底部逐渐加厚。口径 13.6、残高 6.2 厘米（图 6－50，14）。ⅠG4①∶7，圆唇，沿上端外侧加厚起棱。盘壁内外皆泛银灰色。口径 18.4、残高 6 厘米（图 6－50，13）。ⅠH57∶4，薄圆唇。口径约 13.6、残高 4.4 厘米（图 6－50，11）。ⅠT433①∶1，出自耕土层中。圆唇。口径 13.6、残高 5.6 厘米（图 6－50，15）。

Ⅱ式：可判明属此式者 12 件，复原 2 件。豆盘上腹内收。ⅠT317④∶7，方唇。盘腹外侧有一不甚明显的折棱，底座起台棱。口径 13.6、高 12 厘米（图 6－50，3；彩版一四〇，4）。ⅠT317③∶22，圆唇。盘腹外侧有一道较明显的折棱和一个“十”字形刻划符号。底座起棱角锐利的台棱。口径 13.6、高 12.8 厘米（图 6－50，6；图版一五，4）。

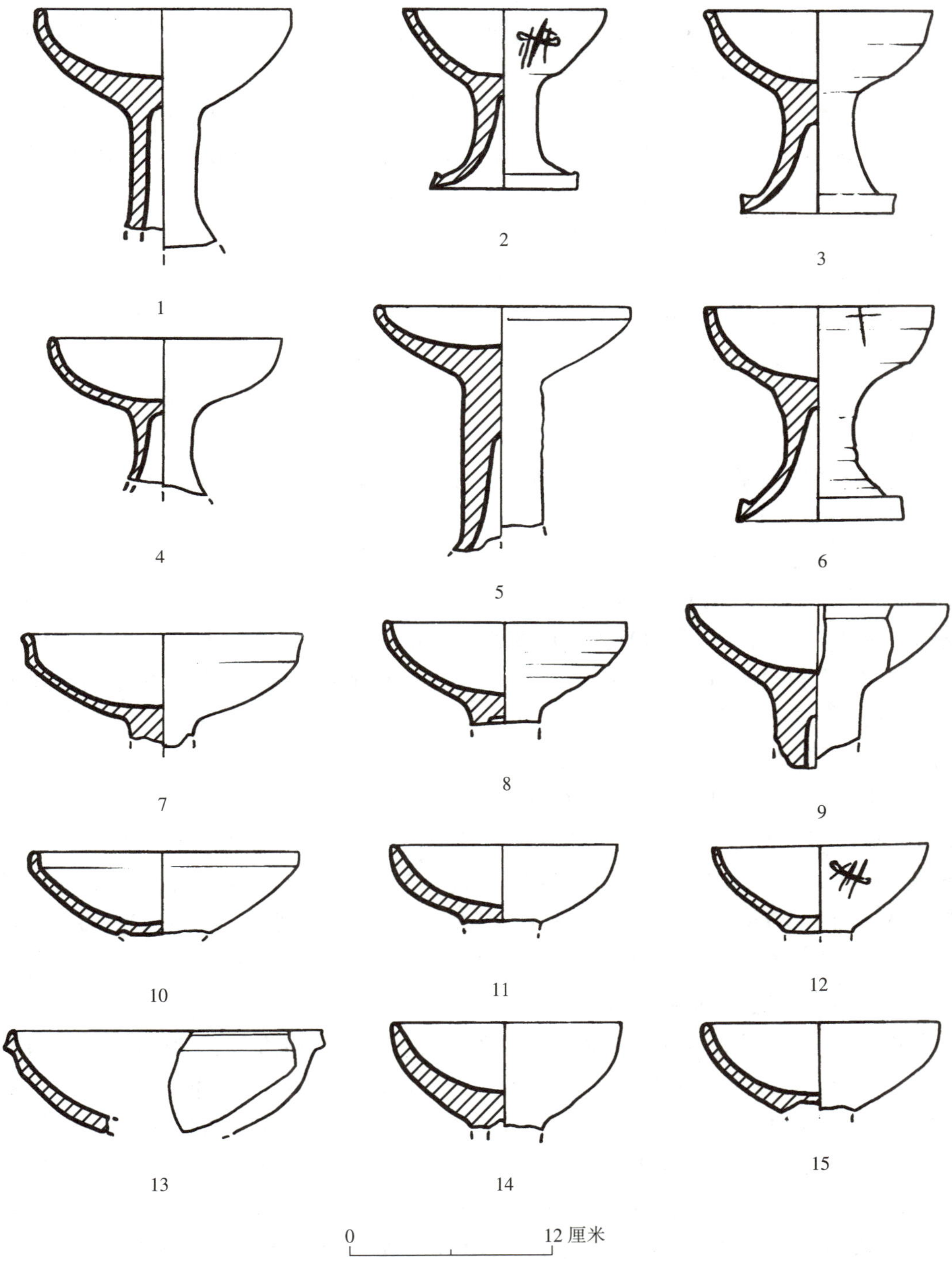

图6－50　战国时期陶豆

1、7、9、10. BⅡ式（ⅠH436①:1、ⅠT420②:8、ⅠT419④:13、ⅠT430②:11）　2、4、8、11～15. AⅠ式（ⅠT316⑤:2、ⅠH406:10、ⅠT317④:9、ⅠH57:4、ⅠH248:8、ⅠG4①:7、ⅠG4①:3、ⅠT433①:1）　3、6. AⅡ式（ⅠT317④:7、ⅠT317③:22）　5. BⅠ式（ⅠF36①:3）

B型　17件。高柄，豆盘近口处缓折，口较直。可分二式。

Ⅰ式：可判明属此式者2件，均残。盘腹较浅。ⅠF36①:3，圆方唇。豆盘磨光。口径15.3、残高14.4厘米（图6-50，5）。

Ⅱ式：可判明属此式者15件，均残。盘腹较深。ⅠT419④:13，圆方唇。口径约15.2、残高10厘米（图6-50，9）。ⅠT430②:11，圆方唇。盘内壁磨光。口径16.4、残高4.8厘米（图6-50，10）。ⅠT420②:8，圆唇。口径约16.8、残高6.8厘米（图6-50，7）。ⅠH436①:1，泥质红胎灰皮陶。圆方唇。口径约15、残高14厘米（图6-50，1）。

另有21件豆的残片标本难以判明所属型别。

盖豆　仅1件。ⅠT306③:24，系豆盘残片。子口稍内敛，圆唇，鼓腹较浅。口径约14.4、残高5.6厘米（图6-51，6）。

7. 碗

绝大多数为泥质灰陶。均敞口，平底。上腹多有旋纹，下腹素面。据口腹形制可分三型。

A型　31件，复原10件。口略敞，缓折腹，上腹较直。ⅠH238:6，方唇。口径16、高6厘米（图6-51，5；彩版一三八，4）。ⅠT406②:16，圆唇。口径17.6、高6厘米（图6-51，16）。ⅠT405②:10，圆唇。口径15.2、高6.2厘米（图6-51，12）。ⅠH57:3，圆方唇。下腹近底处有刮削痕。口径14.6、高6厘米（图6-51，7）。以上4件腹较浅。ⅠT405②:9，圆唇。口径16、高7.2厘米（图6-51，11；图版一七，5）。ⅠT405②:12，圆唇。折腹处外侧加厚起棱。口径14.8、高6.4厘米（图6-51，10；图版一七，6）。ⅠH29:3，圆方唇。折腹处外侧加厚起棱。上腹有一刻划符号。口径14.8、高7.2厘米（图6-51，13）。ⅠH2:5，方唇。口径13.6、高6厘米（图6-51，14；图版一八，3）。ⅠH2:6，圆唇。口径13.6、高6.8厘米（图6-51，18；图版一八，4）。ⅠT407①:1，是出于耕土层中的一件标本。圆唇。口径15.2、高6.6厘米（图6-51，15）。以上6件腹较深。ⅠH238:16，口腹残片。方唇。体形较常见的碗大。口径24、残高10厘米（图6-52，1）。

B型　13件，复原4件。折腹，上腹外敞程度较大且略曲。ⅠH287:2，圆方唇。口径14、高4.8厘米（图6-51，2；图版一八，1）。ⅠH287:3，方唇。口径15.6、高6厘米（图6-51，1；图版一八，2）。ⅠH134:2，厚方唇，唇面略外斜。口径15.2、高6厘米（图6-51，4；彩版一三八，2）。ⅠH44①:12，方唇。口径16、高6.8厘米（图6-51，9）。ⅠT405②:11，圆唇。底残。口径14.4、残高4.8厘米（图6-51，8）。ⅠH238:21，圆唇。底残。口径14、残高6厘米（图6-51，17；图版一六，4）。

C型　3件，皆复原。敞口弧腹，腹外侧中部或偏下处稍起凸棱，看似缓折腹。ⅠH238:3，方唇。下腹留有刮削痕迹。口径14.4、高6.4厘米（图6-51，3；图版一六，2）。ⅠT309③:1，厚圆唇。口径14.2、高5.6厘米（图6-52，9；图版一六，7）。ⅠH207②:2，圆唇。上腹有一刻划符号。腹部折棱处有四道对称的竖向刻槽。口

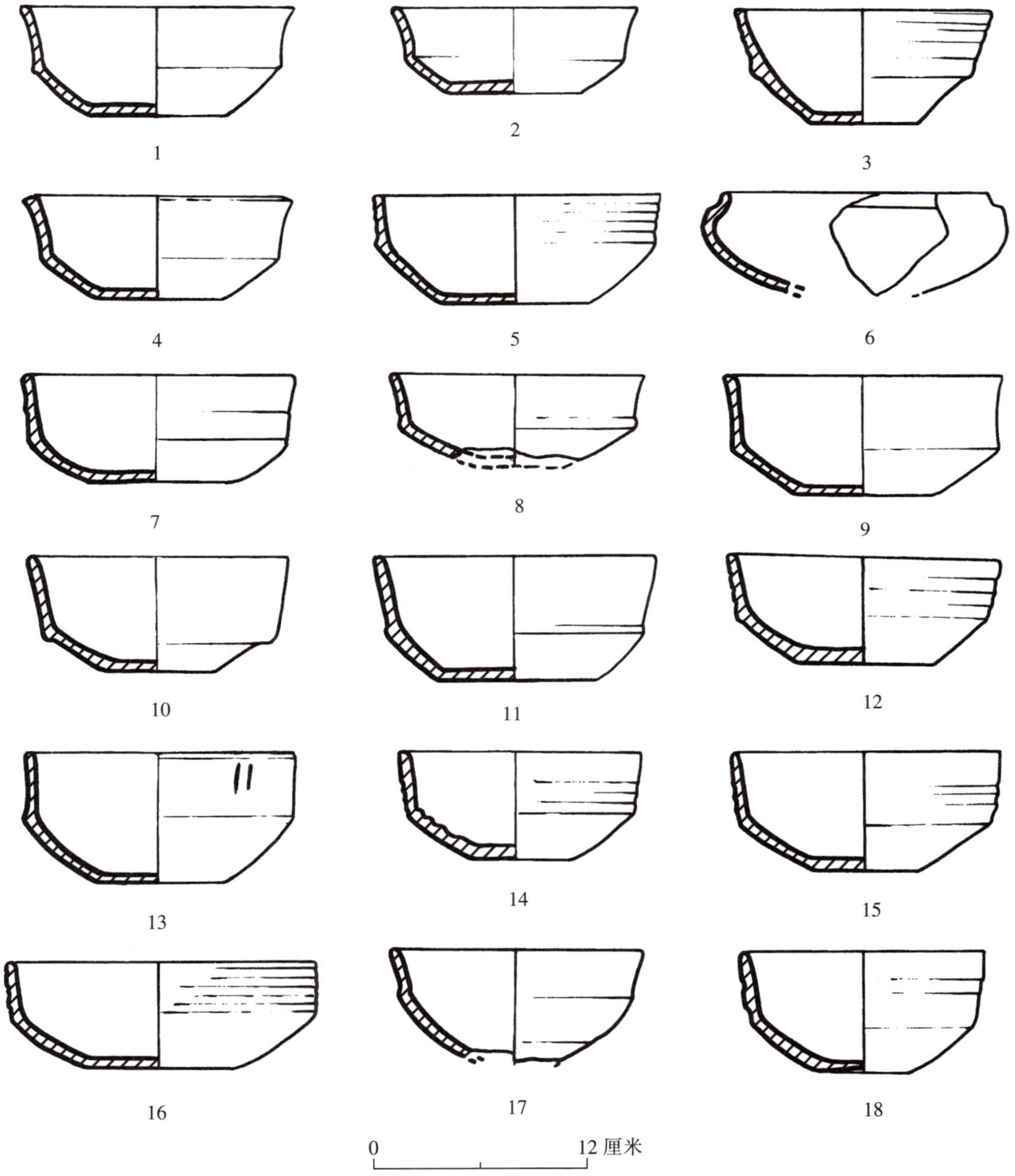

图6－51　战国时期盖豆与碗

1、2、4、8、9、17. B型碗（ⅠH287:3、ⅠH287:2、ⅠH134:2、ⅠT405②:11、ⅠH44①:12、ⅠH238:21）　3. C型碗（ⅠH238:3）　5、7、10～16、18. A型碗（ⅠH238:6、ⅠH57:3、ⅠT405②:12、ⅠT405②:9、ⅠT405②:10、ⅠH29:3、ⅠH2:5、ⅠT407①:1、ⅠT406②:16、ⅠH2:6）　6. 盖豆（ⅠT306③:24）

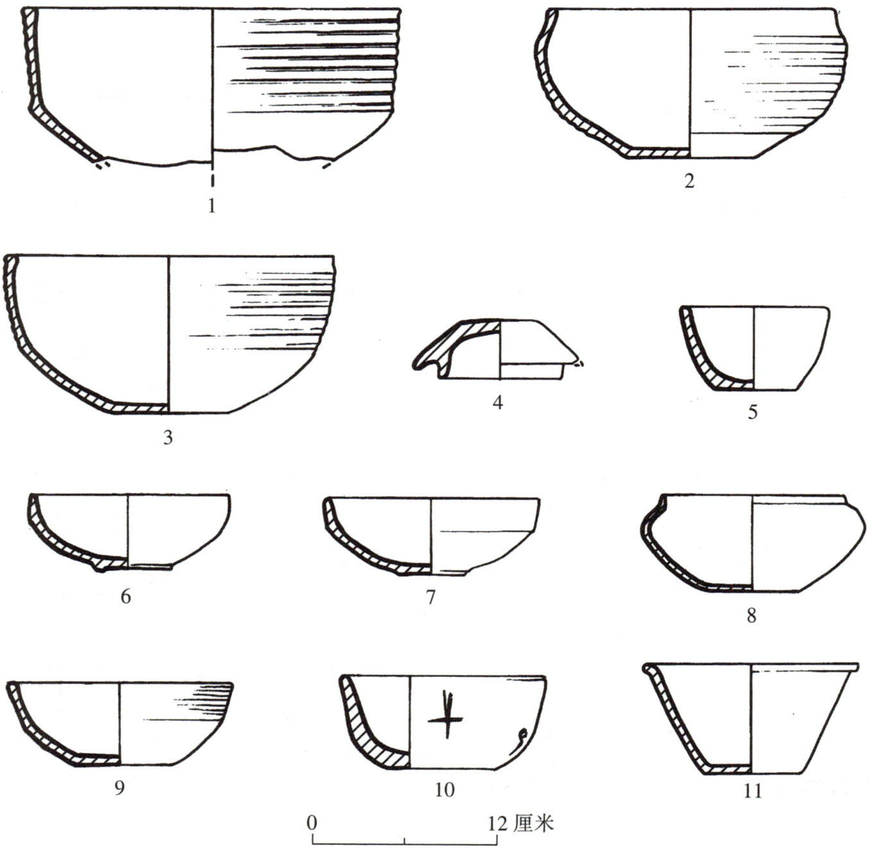

图 6－52　战国时期碗、钵、杯、器盖

1. A 型碗（ⅠH238∶16）　2、3、8. 钵（ⅠH207①∶2、ⅠT317③∶23、ⅠH210∶7）　4. 器盖（ⅠH248∶15）　5. 杯（ⅠT433①∶5）　6、7. 改制碗（ⅠT308④∶1、ⅠH399∶5）　9、10. C 型碗（ⅠT309③∶1、ⅠH207②∶2）　11. 夹砂碗（ⅠH251①∶1）

径 13.4、高 6 厘米（图 6－52，10；彩版一三八，3）。

除上述三型之外，有 2 件碗是以豆盘改制而成的，底部系磨平。ⅠT308④∶1，形同 AⅠ式豆的豆盘。口径 13.2、高 4.8 厘米（图 6－52，6；图版一八，6）。ⅠH399∶5，形同 BⅡ式豆的豆盘。口径 14、高 5.2 厘米（图 6－52，7）。

夹砂碗　仅 1 件。ⅠH251①∶1，黑灰陶。敞口，窄沿外侈，圆唇，斜腹，平底。器表有纵向刮抹痕迹。口径 13.2、高 7.2 厘米（图 6－52，11；彩版一三九，3）。

8. 钵

6 件，复原 3 件。皆泥质灰陶。敛口，平底。ⅠT317③∶23，口近椭圆形，稍敛，方唇，弧腹。上腹有旋纹，下腹近底处留有刮削痕。口长径 22、短径 20.4、高 10.4 厘米（图 6－52，3；彩版一四〇，3）。ⅠH207①∶2，敛口程度较大，方唇，鼓肩，腹弧收。腹有旋纹，近底处有刮削痕迹。口径 18.8、高 9.6 厘米（图 6－52，2；彩版一三八，1）。ⅠH210∶7，出自辽代灰坑。形近前件，但鼓肩更明显。圆唇。素面。下腹近底处有刮削痕迹。口径12、高6.4厘米（图6－52，8）。

9. 量

3件。皆残片。泥质灰陶。直腹，平底。ⅠT303③:11，腹底残片。壁甚厚。下腹近底处有一残圆孔。器表磨光。底径约26.4、残高11.6、壁厚1.6、孔径约3厘米（图6－53，1）。ⅠT406②A:2，腹底残片。器壁较前件稍薄。器表磨光。底径约26、残高5.2、壁厚0.8厘米（图6－53，2）。

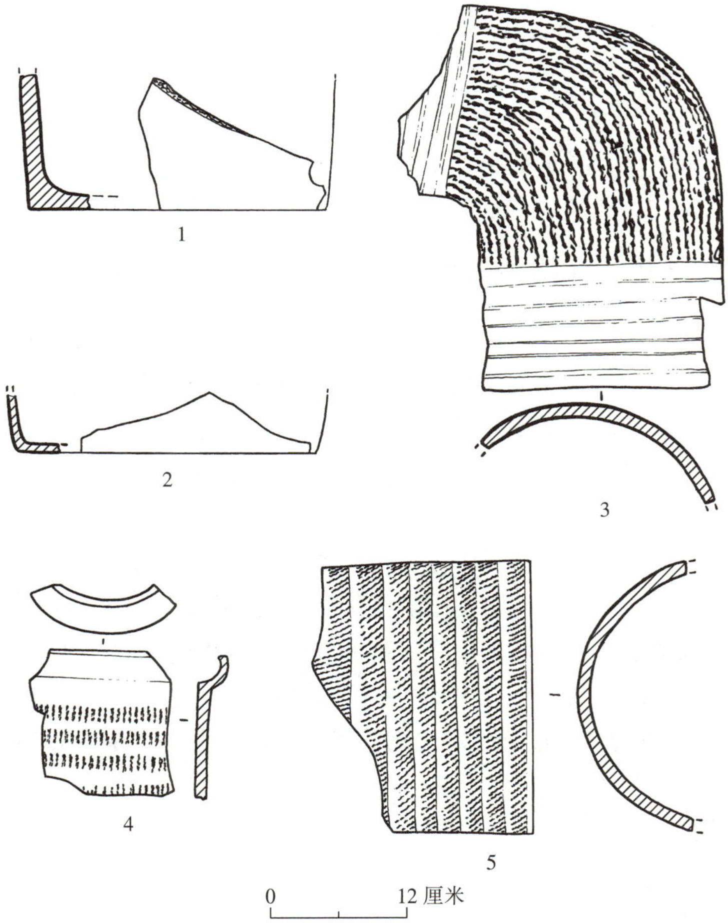

图6－53　战国时期陶量、水管与筒瓦

1、2. 量（ⅠT303③:11、ⅠT406②A:2）　3、5. 水管（ⅠH248:14、ⅠH300:2）　4. 筒瓦（ⅠT307③:6）

10. 杯

2件。复原1件。皆泥质灰陶。敞口，弧腹。素面。ⅠT433①:5，出自耕土层。方唇。口径9.8、高5.5厘米（图6－52，5）。

11. 器盖

仅1件。ⅠH248:15，泥质灰陶。覆碗式。素面。器表有切削痕。内口径8、高

3.8 厘米（图6－52，4）。

12. 水管

5 件。皆残块。泥质灰陶。ⅠH248∶14，弯管。一端保留有接口，直口厚方唇。近口部管壁较直，有明显轮旋痕迹，系轮制。拐弯处以泥圈相接，且以泥片从外侧加厚。拐弯处饰与管身平行的粗绳纹，纹痕清晰。饰绳纹处的内壁有陶垫印窝。口径约 27 厘米（图6－53，3）。ⅠH300∶2，直管。口为方唇。管身饰规整弦断绳纹，绳纹为斜向。内壁有陶垫印窝。口径约26、残长 18.4 厘米（图6－53，5）。

13. 瓦

2 件。皆筒瓦残块。泥质灰陶。ⅠT307③∶6，瓦舌（子口）稍卷，圆唇。瓦背有规整弦断绳纹，瓦内为素面。残长 12 厘米（图6－53，4）。

二、陶容器和建筑材料以外的其他制品

这些遗物出自第Ⅰ地点战国时期的灰坑、沟和地层，以石、骨、陶、铁、铜五类质料为主，铜制品数量较少，陶制品中多数是陶圆饼和陶纺轮。此外，尚有极少量的蚌壳和琉璃制品。这些战国时期的单位中也包含一些夏家店下层文化和夏家店上层文化（或还有个别红山文化）的遗物，它们既可能是发掘时混入的，也有可能是在战国时期的遗迹和地层堆积时被有意或无意置入的，凡可确认为早于战国时期的遗物，均加以说明。兹按灰坑、沟和地层的编号，并以器号为序对各单位的出土物逐件分述。

需要提及的是，在 1996 年开始发掘的阶段，地层中的一些石制品残段难以收全。亦即，除部分地层外，这里介绍的应是发掘所获陶容器和建筑材料以外的全部遗物。

ⅠH1∶1　骨锥残段。磨制，仅存锥尖部分。长 3.8、宽 1.05、厚 0.3 厘米。

ⅠH2∶1　有孔陶圆饼。以夹云母红陶釜残片制成。直径 3.68～4.23、厚 0.57、孔径 1.03 厘米。

ⅠH2∶2　铁片。

ⅠH2∶4　残陶纺轮。

ⅠH2∶7　铁块。

ⅠH2∶8　骨器残段。

ⅠH2∶9　白石珠。磨制，管状。高 1、直径 0.46、孔径 0.2 厘米。

ⅠH4∶1　白灰块。

ⅠH9∶1　铁器残片。

ⅠH9∶2　石器。玄武岩，褐色，打制，扁体，平面近四边形，残缺一角。长 10.7、宽 8.6、厚 2.45 厘米。

ⅠH14∶1　残骨器。将动物肢骨纵劈制成，边缘处存留 3 个穿孔，均残。残长 10.8、宽 3.34、孔径 0.6～0.7 厘米。

ⅠH14∶2　石铲残段。石灰岩，浅灰色，磨制，下部残。平顶，两侧边斜直。残段长7.6、宽6.45、厚0.83厘米（图6－54，2）。

ⅠH14∶3　骨锥。磨制，主体部分保留动物肢骨原貌，下部制出短而窄的锥尖。长10.41、宽2.87、厚2.36、锥尖长2.1厘米（图6－54，1；彩版一四〇，5）。

ⅠH15∶1　铜刀币残块。

ⅠH17∶1　残蚌刀。磨制，靠近背边处有一列5个圆形穿孔。残长10.9、宽3.64、厚0.5、孔径0.3～0.45厘米（图6－55）。

ⅠH20∶1　刮削器。燧石，绿色，压削而成。

ⅠH20∶3、ⅠH20∶5、ⅠH20∶6、ⅠH20∶10、ⅠH20∶13、ⅠH20∶18、ⅠH20∶24、ⅠH20∶28　铁片。

ⅠH20∶4　有孔陶圆饼。以夹云母红陶釜残片制成，外表有绳纹。直径3.4～3.7、厚0.82、孔内径0.96厘米（图6－56，6）。

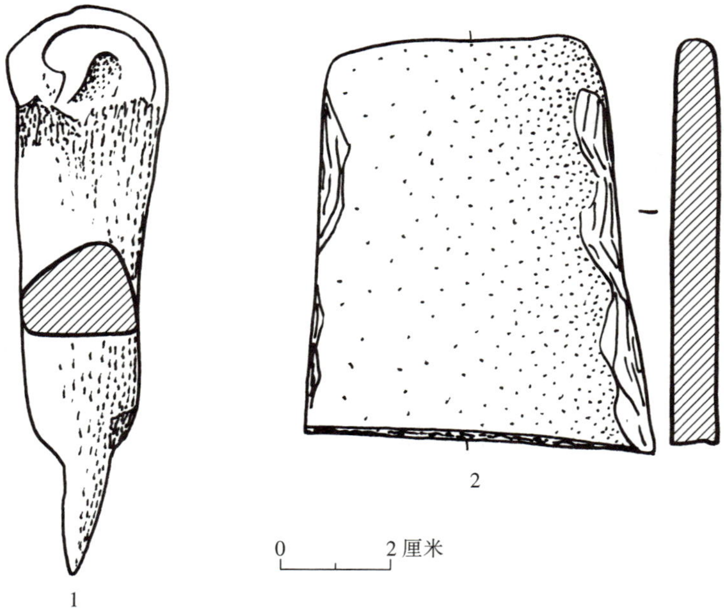

图6－54　ⅠH14的骨锥和石铲残段
1. 骨锥（ⅠH14∶3）　2. 石铲残段（ⅠH14∶2）

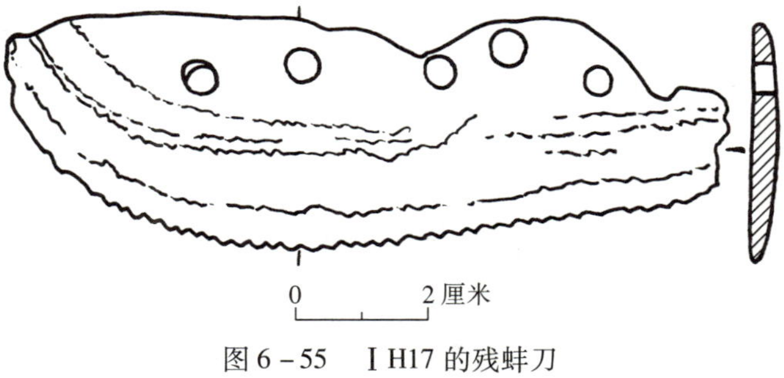

图6－55　ⅠH17的残蚌刀
（ⅠH17∶1）

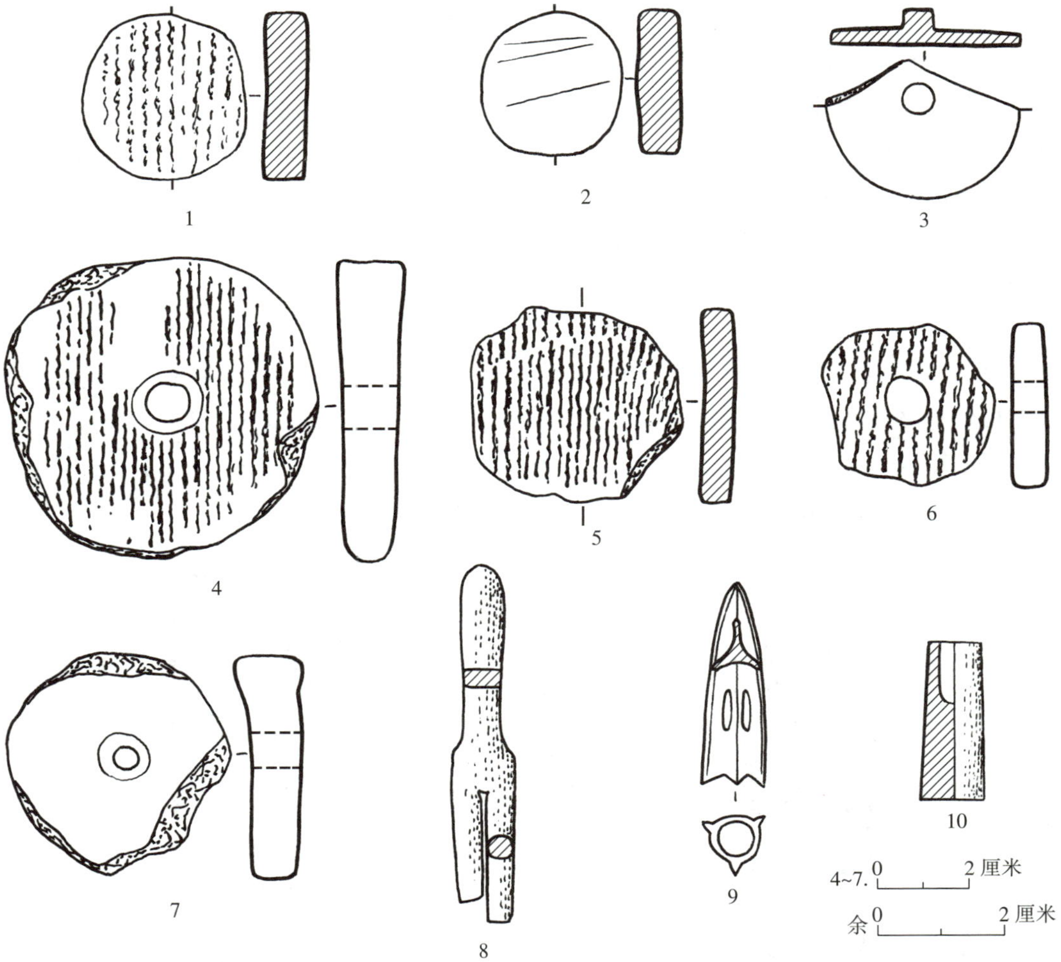

图 6－56　ⅠH20 的陶圆饼和铜、骨制品
1、2、5. 陶圆饼（ⅠH20∶17、ⅠH20∶22、ⅠH20∶16）　3. 残盖状骨器（ⅠH20∶14）　4、6、7. 有孔陶圆饼（ⅠH20∶8、ⅠH20∶4、ⅠH20∶26）　8. 残骨钗（ⅠH20∶27）　9. 铜镞（ⅠH20∶7）　10. 骨器（ⅠH20∶21）

ⅠH20∶7　铜镞。镞体三棱锥形，体内制成圆銎，各棱稍凸出镞身而略显三翼，于镞底形成后锋，三棱翼间的銎体表面均开一镂孔，形近长三角状。长 3.07、宽 0.91、銎口内径 0.5 厘米（图 6－56，9；彩版一四〇，6）。

ⅠH20∶8　有孔陶圆饼。以夹云母红陶釜残片制成，外表有绳纹。直径 6.42～6.65、厚 1.32、孔内径 0.8 厘米（图 6－56，4；彩版一四一，1）。

ⅠH20∶14　残盖状骨器。主体呈周边磨平的圆片状，中心处有一圆柱形凸纽。此器残缺少半，凸纽亦残。直径 2.98、厚 0.21、凸纽残高 0.3 厘米（图 6－56，3）。

ⅠH20∶16　陶圆饼。以陶器残片制成，泥质灰陶，外表饰绳纹。直径 4.23～4.6、厚 0.9 厘米（图 6－56，5）。

ⅠH20∶17　陶圆饼。以夹云母灰陶釜残片制成，外表饰绳纹。直径 2.45～2.67、厚 0.7 厘米（图 6－56，1）。

ⅠH20:19　铜刀币柄部残片。

ⅠH20:20　铜刀币柄部残片。

ⅠH20:21　骨器。磨制，外观如圆柱体，一端磨平，另一端钻一深窝。长2.48、平端直径1、有窝端内径0.47、窝深0.7厘米（图6-56，10）。

ⅠH20:22　陶圆饼。以陶器残片制成，泥质灰陶，周边磨平。直径2.14~2.26、厚0.6厘米（图6-56，2）。

ⅠH20:26　有孔陶圆饼。以陶器残片制成，泥质褐陶。直径4.5~4.83、最厚处1.33厘米（图6-56，7）。

ⅠH20:27　残骨钗。磨制，扁长之柄下接一对长齿，双齿均残，齿体横截面圆形。残长5.61、宽0.98、齿径0.38厘米（图6-56，8）。

ⅠH23:2、ⅠH23:4　铁块。

ⅠH23:6　陶圆饼残块。中部有一未透之孔。

ⅠH23:7　石块。

ⅠH25:1　骨镞。磨制，锋残，两边略出侧翼，圆銎铤。残长2.92、宽1.14、铤直径0.76~0.81厘米。

ⅠH27①:1　陶圆饼。以夹云母红陶釜残片制成，外表有绳纹。

ⅠH28:4　石器残片。玻屑凝灰岩。

ⅠH29:1　陶圆饼。以夹云母红陶釜残片制成，平面近椭圆形。

ⅠH29:2　铁块。

ⅠH30:1　有孔陶圆饼。将陶器残片周边修平而成，泥质红陶，外表饰绳纹，中部穿一孔。直径7.1~7.7、厚0.9厘米、孔内径0.78厘米。

ⅠH30:2　残骨镞。磨制，镞体四棱锥形，锋残，圆锥状铤，铤尾圆尖。残长7.3、镞体直径0.9、关部直径0.7厘米。

ⅠH31:1　有孔蚌饰残块。

ⅠH31:2　陶纺轮。泥质褐陶，对钻孔。直径4.3~4.4、高1.04厘米。

ⅠH32:1　残陶纺轮。泥质红陶，算盘珠状。

ⅠH39:2　铁器残块。

ⅠH43:1　骨器。磨制，外观为细圆锥形，底端钻成圆形深窝。长3.6、直径0.9~0.95厘米（图6-57，2）。

ⅠH43:2　细石器石片。

ⅠH43:3　骨器残段。

ⅠH43:4　有孔陶圆饼。将陶器残片周边磨平而成，泥质褐陶，外表饰绳纹。直径3.76~3.9、厚0.79、孔内径0.3厘米。

ⅠH43:5　骨镞。磨制，三翼銎铤式，前锋残断，翼窄而短，翼底略平，圆銎铤。残长3.84、宽1.03、銎外径0.8厘米（图6-57，1；彩版一四一，2）。

ⅠH44①:1　骨弓弭。磨制，扁体，一面平，另面微鼓，在一侧边开有一“U”字

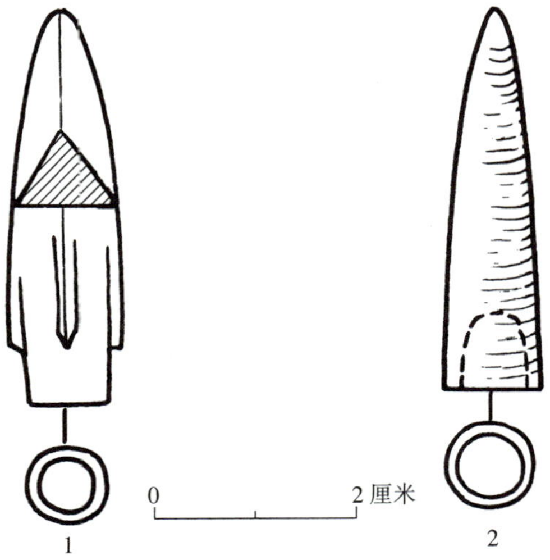

图 6－57　ⅠH43 的骨制品
1. 骨镞（ⅠH43∶5）　2. 骨器（ⅠH43∶1）

形楔口，是为弦弧。长 5. 35、宽 1. 77、厚 0. 38、楔口宽 0. 6 厘米。

ⅠH44①∶2、ⅠH44①∶6　铁块。

ⅠH44①∶3　陶圆饼残块。将陶器底周边磨平而成，泥质褐陶。

ⅠH44①∶4　蚌片。

ⅠH44①∶5　磨制石器残块。玄武岩。

ⅠH44①∶8　石器。熔渣，灰色，气孔密布，外形如斧、锛类，"刃"部修平。长 6. 46、宽 3. 78、厚 2. 2 厘米。

ⅠH44①∶9　磨制石器残片。安山岩。

ⅠH44①∶10　磨制石器残块。安山岩。

ⅠH44①∶11　磨制石器残片。安山岩。

ⅠH44②∶1　烧黑的羊距骨。

ⅠH44②∶3、ⅠH44②∶7　铁块。

ⅠH44②∶8　磨石残块。砂岩，矩形，沾有红色。

ⅠH44②∶9　蚌片。

ⅠH44②∶13　残骨镞。

ⅠH44②∶16　残有孔陶圆饼。

ⅠH44②∶19　有孔陶圆饼。

ⅠH54∶1　残骨镞。

ⅠH55∶1　陶圆饼。以夹云母红陶釜残片制成，外表饰绳纹。直径 4. 52 ~ 4. 79、厚 1. 14 厘米（图 6－58，2）。

ⅠH55∶2　有孔陶圆饼。以夹云母红陶釜残片制成。直径 2. 83 ~ 3. 02、厚 0. 7、孔内径 0. 6 厘米（图 6－58，7）。

图6－58　ⅠH55的石、陶圆饼和陶豆柄制品
1、2、5、8. 陶圆饼（ⅠH55∶8、ⅠH55∶1、ⅠH55∶12、ⅠH55∶5）　3. 陶豆柄制品（ⅠH55∶9）　4. 石圆饼（ⅠH55∶13）　6. 残陶圆饼（ⅠH55∶10）　7. 有孔陶圆饼（ⅠH55∶2）

ⅠH55∶3　打制石器残块。凝灰质粉砂岩。

ⅠH55∶4　骨器残片。

ⅠH55∶5　陶圆饼。以夹云母红陶釜残片制成，外表饰绳纹。直径2.75～3、厚0.78厘米（图6－58，8）。

ⅠH55∶8　陶圆饼。以夹云母红陶釜残片制成，外表饰绳纹。直径4.01～4.3、厚1.22厘米（图6－58，1）。

ⅠH55∶9　陶豆柄制品。以陶豆柄下部残段制成，泥质灰陶，两端磨平。直径3.3～3.4、厚2.25厘米（图6－58，3）。

ⅠH55:10　残陶圆饼。以夹云母红陶釜残片制成，外表饰绳纹，残缺少半。直径3.55、厚0.8厘米（图6-58，6）。

ⅠH55:11　骨锥。

ⅠH55:12　陶圆饼。以陶器底残片制成，泥质灰陶，外表饰交错绳纹。直径4.22～4.4、厚0.79厘米（图6-58，5）。

ⅠH55:13　石圆饼。白色，上、下两面均为较平的断碴，周边为砾石表面。直径2.07～2.3、厚0.62厘米（图6-58，4）。

ⅠH57:1　有孔陶圆饼。以夹云母红陶釜残片制成，周边修平，平面略趋方形。直径5.5～5.8、厚1.34、孔内径0.8厘米。

ⅠH57:2　陶圆饼。以陶器残片制成，夹砂褐陶，周边修平。直径4.3～4.4、厚1.1厘米。

ⅠH57:3　经磨过的牛、马类下颌骨残块。

ⅠH59:2　残骨弓弭。磨制，扁平体，窄端残，靠近宽端的一侧边开有一浅“V”字形楔口，是为弦弨。残长9.72、宽1.78、厚0.32厘米（图6-59，1）。

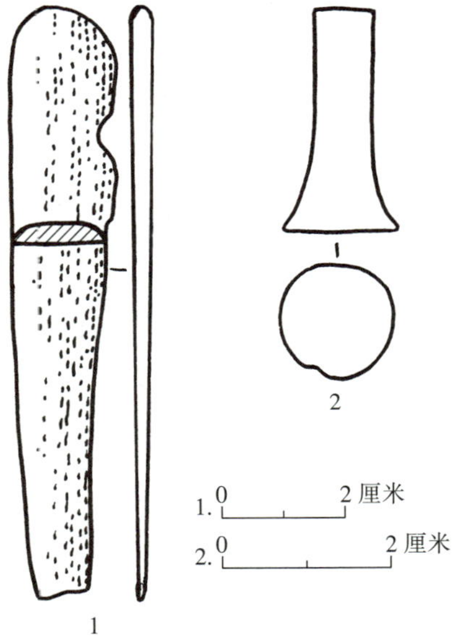

图6-59　ⅠH59的骨弓弭和琉璃耳瑱
1. 残骨弓弭（ⅠH59:2）　2. 琉璃耳瑱（ⅠH59:4）

ⅠH59:3　骨器残片。

ⅠH59:4　琉璃耳瑱。蓝色，铆钉形，两端皆平。长2.6厘米（图6-59，2；彩版一四一，4）。

ⅠH59:5　打制石器坯。玄武岩。

ⅠH59:6　磨制石器。石灰岩，扁长方体。

ⅠH61:1　残陶纺轮。泥质褐陶，算盘珠状，自孔中部残半。

ⅠH64:1　骨器残段。

ⅠH64:2　细石器。燧石。

ⅠH71①:1　残陶塑。泥质红陶，残体为一引颈长探的兽头，吻部前突，其后横贯一孔，以示双目，耳残，颈后亦为断碴。或陶器之附柄（图6－60，5）。

ⅠH71②:1　残石凿。板岩。

ⅠH71②:2　铜刀币4枚（ⅠH71②:2－1～ⅠH71②:2－4）。形制和大小相同，皆环首，柄身磬折，面文为扁眉目形“明”字。长度均在13.8厘米左右（图6－60，1～4）。ⅠH71②:2－3（图6－60，3）和ⅠH71②:2－4（图6－60，4）铸有幕文，为“[illegible]”（左）字。

ⅠH77:1　石铲残角。板岩，磨制。属夏家店下层文化。

ⅠH77:2　圆陶片。属夏家店下层文化。

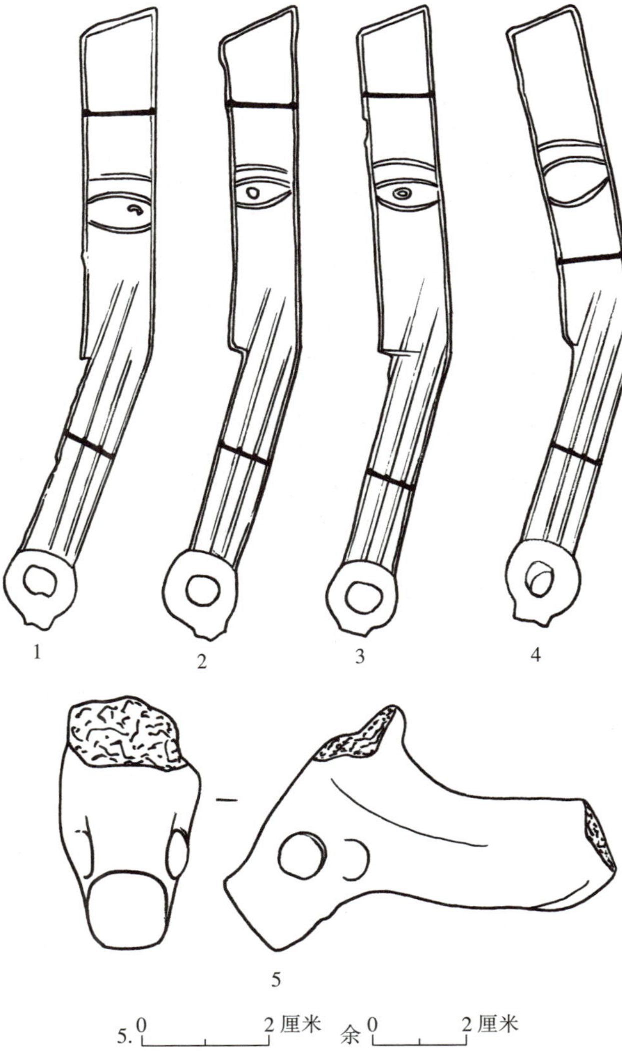

图6－60　ⅠH71的铜刀币和残陶塑

1～4. 铜刀币4枚（ⅠH71②:2－1～ⅠH71②:2－4）　5. 残陶塑（ⅠH71①:1）

ⅠH77∶3　有肩石铲残段。大理岩，磨制，平顶，柄部两侧边斜直，其下残缺。属夏家店下层文化。

ⅠH78∶1～ⅠH78∶6　圆陶片。皆属夏家店下层文化。

ⅠH78∶7　燧石质细石器。属夏家店下层文化。

ⅠH78∶8、ⅠH78∶9　骨镞。属夏家店下层文化。

ⅠH85∶2　饼形石器。紫褐色，周边不甚规则。直径7.6～9.03、厚2.7厘米。

ⅠH93∶1　残陶圆饼。系一未与陶器器壁接合的器底，夹砂灰陶，底外有交错绳纹，部分残缺。直径12.6、厚1.14厘米（图6－61，1）。

ⅠH93∶2　经切割的鹿角。

ⅠH93∶3　煤精饰件。黑色，磨光，束腰圆柱体，高2.5厘米。一端直径1.5厘米，端面磨平，其上有“十”字形刻痕；另一端直径1.78厘米，端面略有内凹，中心

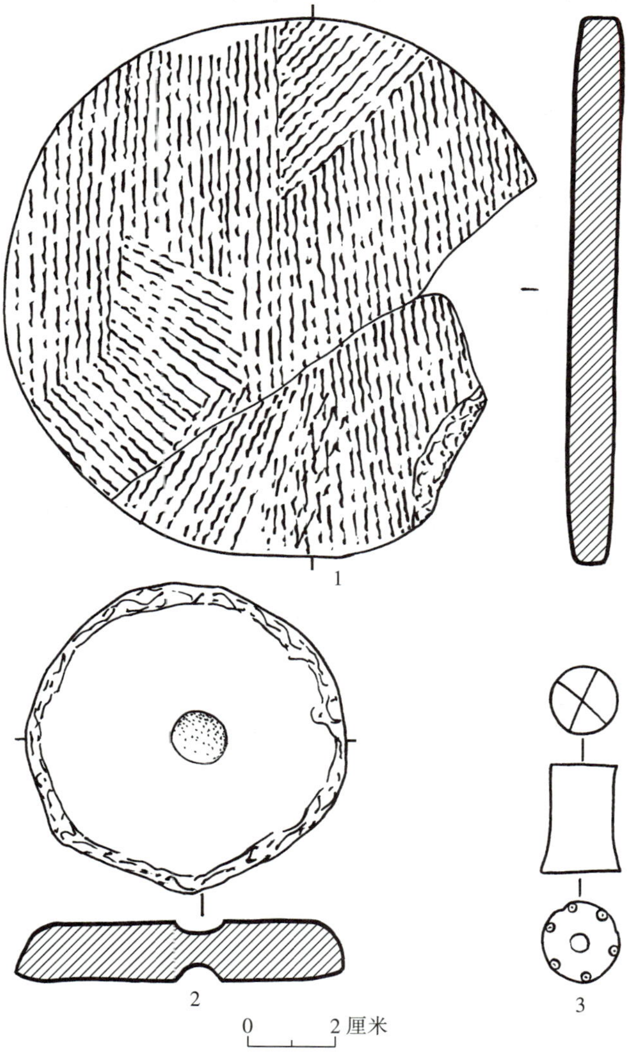

图6－61　ⅠH93的煤精饰件和陶圆饼

1. 残陶圆饼（ⅠH93∶1）　2. 陶圆饼（ⅠH93∶4）　3. 煤精饰件（ⅠH93∶3）

处钻一圆坑，直径和深度皆0.3厘米，沿边缘还刻出6个均等分布的小圆圈，圈中各有一个小坑点，圈、点皆涂朱，至今尚存（图6-61，3；彩版一四一，3）。

ⅠH93∶4　陶圆饼。将陶器底周边断碴修平而成，夹砂红陶，中心处有一未穿透的对钻孔。直径6.6~7.18、厚1.36厘米（图6-61，2）。

ⅠH93∶5　骨器。较小型动物的肢骨上穿有一孔。长5.6、宽1.1、孔径0.55厘米。

ⅠH93∶6、ⅠH93∶7　铁片。

ⅠH93∶8　石铲残段。板岩，紫褐色，打制，存留原石铲的两段侧边，另两边为断碴。残段长8.78、宽5.45、厚0.83厘米。

ⅠH93∶9　锥形骨器。磨制，扁体。长5.06、宽1.15、厚0.4厘米。

ⅠH97∶1　细石器石镞。燧石，绿色，压削而成，镞体细长，前锋略残，镞底制出两翼，一翼残断。残长2.4、残宽1.41、厚0.42厘米（图6-62，5）。

ⅠH97∶3　残有孔陶圆饼。以夹云母红陶釜残片制成。

ⅠH97∶4、ⅠH97∶6~ⅠH97∶8　铁片。

ⅠH97∶5　陶圆饼。以陶器残片制成，周边经打制修平，泥质灰陶，外表饰划断绳纹。直径5~5.13、厚0.91厘米（图6-62，4）。

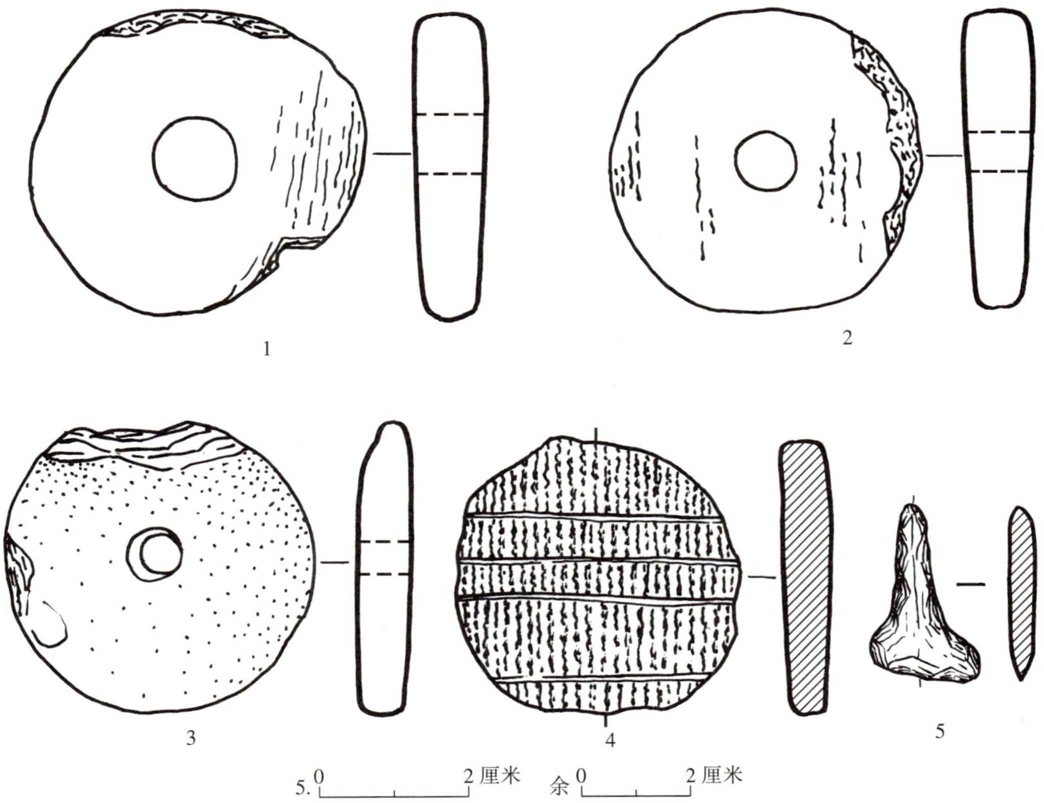

图6-62　ⅠH97的石镞和陶圆饼

1~3. 有孔陶圆饼（ⅠH97∶12-3、ⅠH97∶12-1、ⅠH97∶12-2）　4. 陶圆饼（ⅠH97∶5）　5. 细石器石镞（ⅠH97∶1）

ⅠH97:9　骨镞。磨制。长9.1、宽0.7、厚0.41厘米。

ⅠH97:12－1　有孔陶圆饼。以夹云母红陶釜残片制成。直径5.5～5.8、厚1.2、孔内径0.9厘米（图6－62，2；彩版一四一，5）。

ⅠH97:12－2　有孔陶圆饼。以夹云母红陶釜残片制成。直径5.5～5.7、厚1.1、孔内径0.65厘米（图6－62，3）。

ⅠH97:12－3　有孔陶圆饼。以夹云母红陶釜残片制成。直径5.7～6.2、厚1.2、孔内径1.3厘米（图6－62，1）。

ⅠH102:1　石块。玄武质安山岩，紫褐色，扁体，平面近梯形。长21.2、宽16.8、厚5.3厘米。

ⅠH103①:1　骨器。磨制，烧成黑色，扁体，平面近长方形，一面平，另面略鼓。一端呈凸弧形边，此边被磨平。另一端自略鼓之面磨薄，边残。在凸弧形端边的附近穿有一孔，穿孔之下的略鼓之面有两道平行的直线状刻痕，刻痕之下是两排钻坑，每排4个。另一面穿孔以下也有一排4个钻坑，残端边附近的钻坑已穿透。此器长4.8、宽1.3、厚0.3厘米，穿孔、钻坑的直径各为0.3和0.2厘米（图6－63，1）。

ⅠH103①:2　铁片。

ⅠH103①:3　骨器。动物肢骨上穿有一孔。

ⅠH103①:4　残骨镞。磨制，镞体三棱锥状，长铤，截面扁圆形，尾残。残长6.5、宽0.95、厚0.64厘米（图6－63，2）。

ⅠH103①:5　骨器残段。磨制，一端制出锥尖。

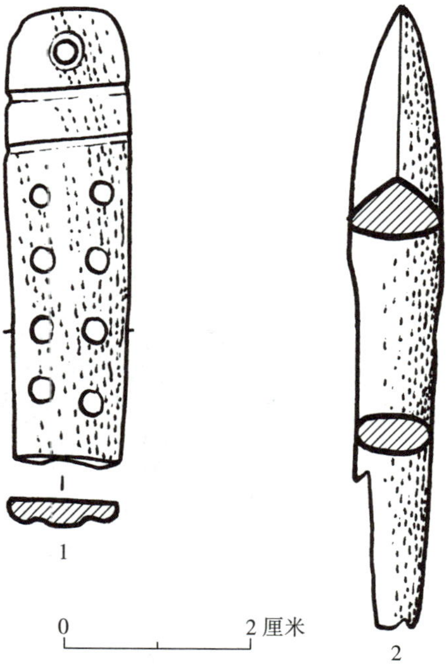

图6－63　ⅠH103的骨制品

1. 骨器（ⅠH103①:1）　2. 残骨镞（ⅠH103①:4）

ⅠH103①:6　细石器石片。燧石，紫红色，有压削痕。

ⅠH103①:7　骨器残段。磨制，一端略呈锥尖。

ⅠH103①:8　磨制石器残片。

ⅠH109:2　石容器残片。安山岩，青灰色，磨制，仅存口部，平唇。唇厚0.95厘米。

ⅠH109:3　残猪獠牙。

ⅠH129:1　陶圆饼。将陶器残片周边修平而成，泥质灰陶，饰交错绳纹。直径3.66~3.85厘米。

ⅠH144:1　饼形石器。珍珠岩，黑色，琢、磨兼制。直径10~10.54、厚2.96厘米。

ⅠH154:1　骨器。片状，整体略有弧度，平面近梯形，通身磨光，或亦为骨弓弭。长侧边的中部开有类似弦弭的"U"字形楔口，其左右两侧的器体上各穿一孔，与长侧边对应的另一侧边沿线附近排列着3个完整的和1个残缺的穿孔。器体中部还有一较大的穿孔。此器长6.9、宽4.1、厚0.55、穿孔内径0.42~0.53厘米（图6-64，2；彩版一四二，1）。

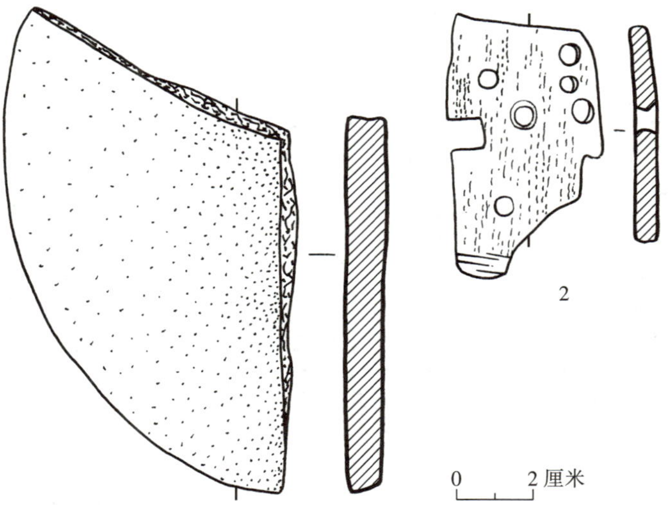

图6-64　ⅠH154的陶圆饼残块和骨器
1. 陶圆饼残块（ⅠH154:2）　2. 骨器（ⅠH154:1）

ⅠH154:2　陶圆饼残块。原为尚未与陶器器壁接合的器底，泥质灰陶，残块约当原器的三分之一。厚1厘米（图6-64，1）。

ⅠH188:2　铜刀币残片。

ⅠH188:3　铁块。

ⅠH198①:1　铁容器残片（图6-65）。

ⅠH198①:3　陶圆饼。以陶器残片制成，泥质灰陶。直径3.4、厚0.78厘米。

ⅠH198①:4　有孔陶圆饼。以陶器残片制成，泥质灰陶。直径4.7~5.3、厚1、孔内径0.6厘米。

ⅠH207①:1　陶纺轮。泥质灰陶。直径4.05、高1.9、孔径0.95厘米（图6-66，1）。

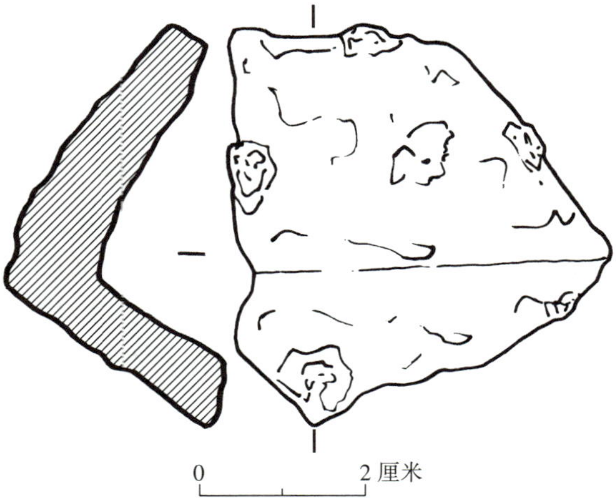

图6－65　ⅠH198的铁容器残片
（ⅠH198①:1）

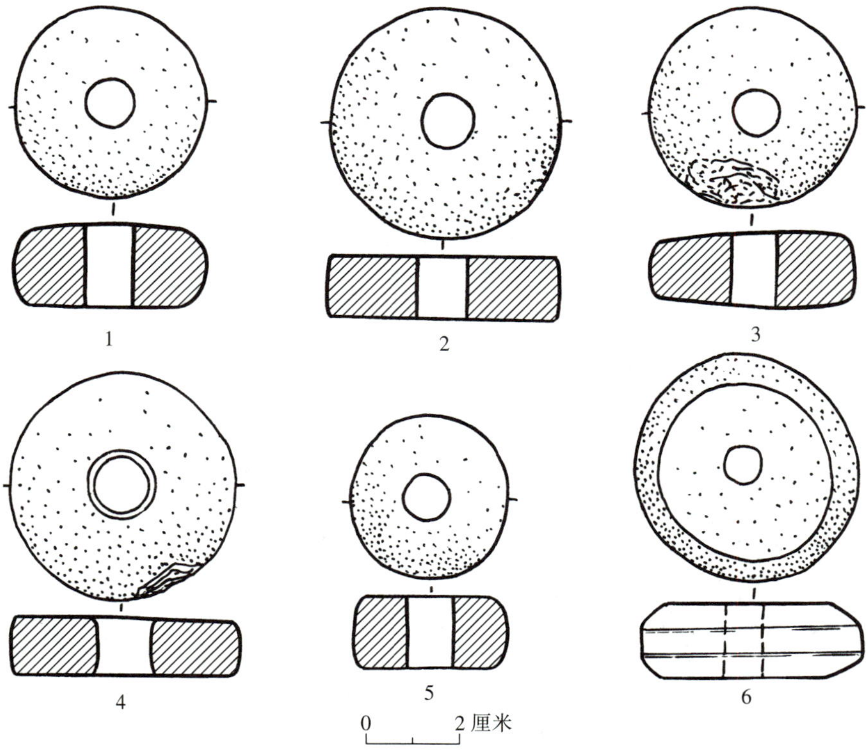

图6－66　ⅠH207的陶纺轮
1. ⅠH207①:1　2. ⅠH207①:12　3. ⅠH207①:15　4. ⅠH207①:13　5. ⅠH207①:7　6. ⅠH207①:14

ⅠH207①:4、ⅠH207①:10　铁块。

ⅠH207①:5　残铁镰。

ⅠH207①:6　骨锥。磨制，形体不甚规则。长10.2、宽0.71、厚0.42厘米。

ⅠH207①:7　陶纺轮。泥质灰陶，饼状，中孔。直径3.4、高1.56、孔径1厘米（图6－66，5）。

ⅠH207①:9　骨锥。以羊的左胫骨纵劈制成，磨出锥尖。长8.4、宽2.8、厚2.13厘米。

ⅠH207①:12　陶纺轮。泥质灰陶，饼状，中孔。直径4.92、高1.52、孔径1厘米（图6－66，2）。

ⅠH207①:13　陶纺轮。泥质灰陶，饼状，中孔。直径4.83、高1.22、孔径1.13厘米（图6－66，4）。

ⅠH207①:14　陶纺轮。泥质灰陶，近呈扁鼓形，中孔。直径4.74、高1.64、孔径0.78厘米（图6－66，6）。

ⅠH207①:15　陶纺轮。泥质灰陶，饼状，中孔。直径4.21、高1.67、孔径0.92厘米（图6－66，3）。

ⅠH211:1　骨器。扳指状，以动物脊椎骨制成，内、外磨光，脊突上横穿一孔。长5.76、宽4.01、高2.9、穿孔直径0.85～0.98厘米（图6－67，1）。

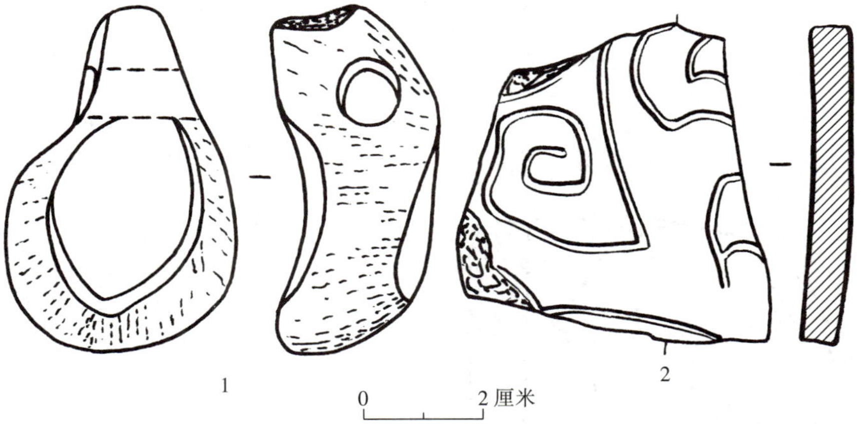

图6－67　ⅠH211的骨器和刻纹陶片

1. 骨器（ⅠH211:1）　2. 刻纹陶片（ⅠH211:3）

ⅠH211:2　窑汗残块。

ⅠH211:3　刻纹陶片。泥质灰陶，外表有线刻花纹（图6－67，2）。

ⅠH211:4　铁器。细长柱体，一端较细，另一端扁。长18.4、直径0.66厘米。

ⅠH215:1　石铲（或斧）半成品。安山岩，灰褐色，打制，一面留有较多的砾石原面，斜顶，束腰，斜弧刃。长12.53、宽8.86、厚2.8厘米。

ⅠH216①:1　骨器残片。

ⅠH216①:2　铁片。

ⅠH216①:3　铜片。

ⅠH216①:4　铁钉残段。

ⅠH216①:5　铁杆铜帽。帽顶平，向外伸出6个短翼。帽长3.4、直径（包括短翼在内）1.2厘米，短翼长0.8、厚0.31厘米。帽中插有1.5厘米长的残铁杆，已锈蚀，杆、帽之间尚有一层厚不足0.1厘米的木质物。

ⅠH216①:6　六边形陶片。以陶器残片制成，泥质灰陶，外表施交错绳纹。最大长度5.15、厚1厘米（图6-68）。

ⅠH224:1　石铲残块。石灰岩，浅褐色，磨制，残块平面略呈梯形。长6.1、宽4.13、厚0.73厘米。

ⅠH224:2　石铲残块。熔结凝灰岩，灰色，磨制，残块平面呈四边形。长3.7、宽3.36、厚0.82厘米。

ⅠH225:1　铁块。

ⅠH225:2　窑汗块。

ⅠH225:3　石器残块。安山岩。

ⅠH227:1　铁镬残块。

ⅠH227:2　环首铜刀币残块。

ⅠH227:3　磨制石器残块。大理岩，绿色，有残缺的对钻孔。

ⅠH227:4　骨器。磨制，近圆柱体。中部略粗，开一圆角长方形的透孔。一端收成钝锥形，另一端端面斜平。长4.8、宽1.19、厚0.92厘米（图6-69）。

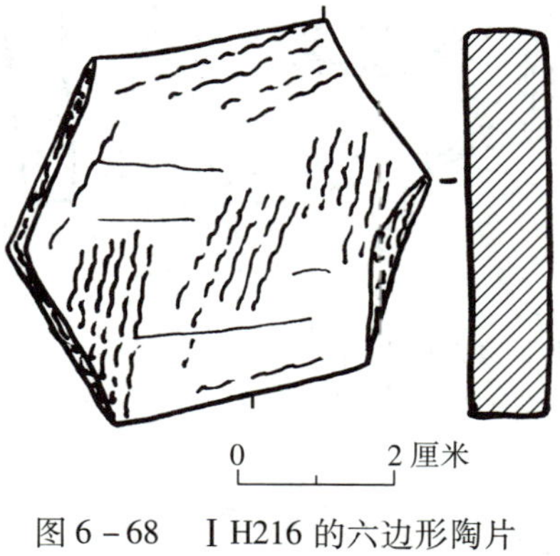

图6-68　ⅠH216的六边形陶片
（ⅠH216①:6）

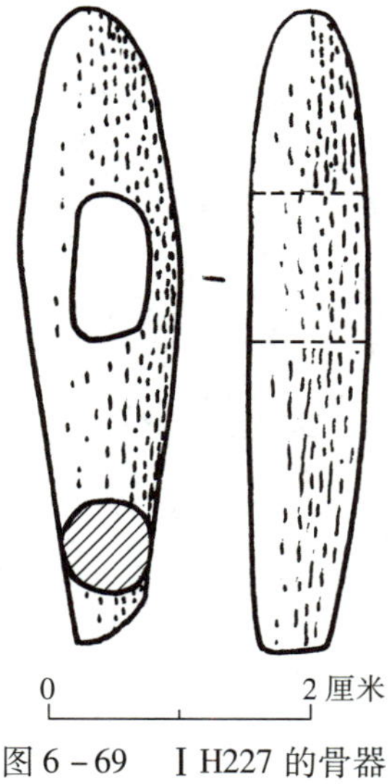

图6-69　ⅠH227的骨器
（ⅠH227:4）

ⅠH227:5　陶器。泥质红陶，外表褐色，形似窝头。直径2.56、高3.4厘米。

ⅠH227:6　铁块。

ⅠH229:1　铁片。

ⅠH233:1　有切割痕的动物肢骨。

ⅠH233:2　石块。珍珠岩，黑色。长9、宽6.1、厚1.7厘米。

ⅠH233:3　骨锥残段。

ⅠH236∶1　残骨器。

ⅠH236∶2　石片。燧石，黄色，边缘有压削痕。

ⅠH237∶1　盘状石器。辉石安山岩，灰色，打制，周边最薄。直径 11.4～11.6、厚 2.2 厘米。

ⅠH238①∶1　陶纺轮。泥质褐陶，饼状，中孔。直径 4、高 1.58、孔径 0.98 厘米（图 6－70，2）。

ⅠH238①∶2　铁块。

ⅠH238①∶4　残石刀。砂岩，磨制，一面平，另一面隆起成脊，背边和两端均磨平，凸弧刃，刃部有残损。长 6.57、宽 3.8、厚 1.48 厘米。属夏家店下层文化。

ⅠH238①∶5　陶纺轮。泥质褐陶，饼状，中孔。直径 4.77、高 1.4、孔径 0.9 厘米（图 6－70，1）。

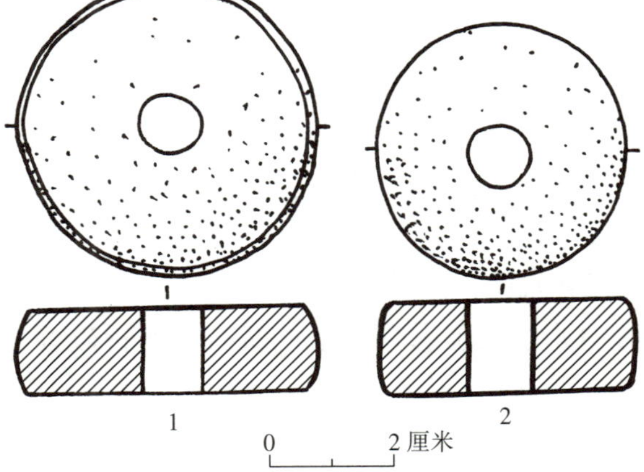

图 6－70　ⅠH238 的陶纺轮

1. ⅠH238①∶5　2. ⅠH238①∶1

ⅠH242①∶1　陶纺轮。泥质灰陶，算盘珠状。直径 3.45、厚 2.12、孔径 0.5～0.7 厘米。

ⅠH243①∶1　石铲（或斧）半成品残段。安山岩，灰褐色，打制，仅存上部。长 7.9、宽 7.8、厚 2.3 厘米。

ⅠH243①∶2　砾石残块。安山岩，褐色。长 8、宽 7.7、厚 4.5 厘米。

ⅠH243①∶3　砾石残块。凝灰岩。

ⅠH243①∶5　石器残块。安山质火山角砾岩，灰褐色，粗略打制，残块平面近方形，一边修薄。长 3.7、宽 3.35、厚 4.3 厘米。

ⅠH243①∶6　磨石残块。砂岩，黑色。长 6.2、宽 5.9、厚 3.8 厘米。

ⅠH248∶1　铁镭下部残段。锈蚀严重，尚存中空的銎部（图 6－71，1）。

ⅠH248∶2、ⅠH248∶7　铁块。

ⅠH248∶3　略经磨过的残肢骨。

ⅠH248∶4　石片。安山岩质。

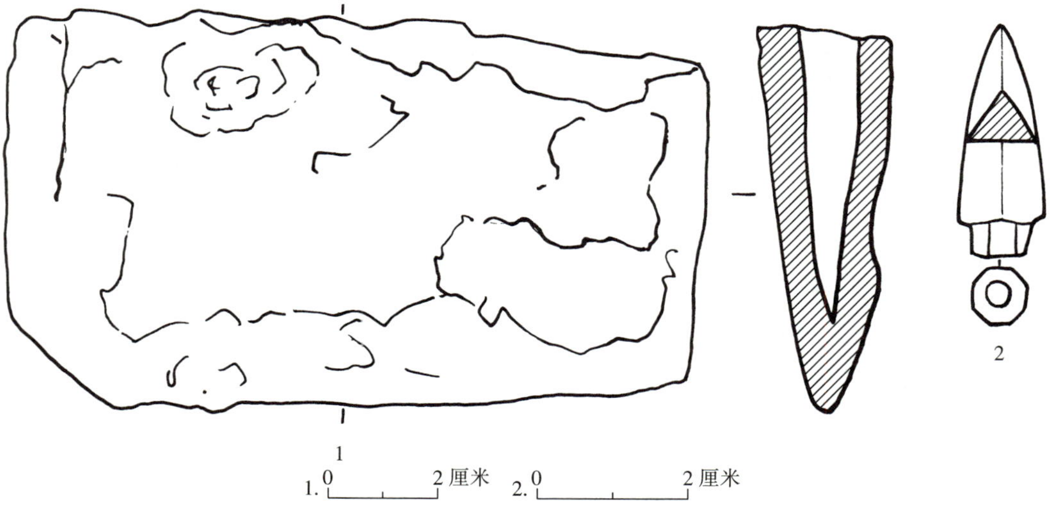

图 6－71　ⅠH248 的铁锸下部残段和铜镞
1. 铁锸下部残段（ⅠH248∶1）　2. 铜镞（ⅠH248∶6）

ⅠH248∶5　骨器残片。

ⅠH248∶6　铜镞。镞体三棱锥状，下接六棱柱形短銎铤。长 3.1、宽 1.16、铤直径 0.72 厘米（图 6－71，2）。

ⅠH248∶9　有打击痕的石块。英安岩。

ⅠH248∶13　豆座残段。泥质灰陶，两端断碴打磨得较为平钝。高 4.85、直径 5.16 厘米。

ⅠH249①∶1　有孔石器残块。

ⅠH249①∶2　磨制石铲残块。

ⅠH251①∶1　石铲（或斧）半成品。打制，斜顶，两侧边凹弧，斜弧刃略尖。长 12.7、宽 9、厚 2.9 厘米。

ⅠH251①∶2　铁刀残块。

ⅠH251①∶3～ⅠH251①∶5、ⅠH251①∶7、ⅠH251①∶8、ⅠH251①∶10　铁块。

ⅠH251①∶6　铁镬残片。

ⅠH251①∶9　骨器残片。

ⅠH251①∶11　残陶纺轮。泥质红陶，饼状，自孔中部残半。高 2.25、孔径 0.9 厘米。

ⅠH251①∶12　残铁钩。

ⅠH251①∶13　残石凿。熔结凝灰岩，浅褐色，磨制，形体不甚规则，顶和刃部均有残缺，偏锋。长 4.05、宽 2.05、厚 0.94 厘米。

ⅠH251①∶14　斧、锛类石器残段。安山岩，绿色，磨制，下部残，平顶，顶部亦有残缺，两侧边平直。长 8.2、宽 4.61、厚 2.1 厘米。

ⅠH251②∶1　铜戈残块。因锈蚀过甚而破碎，出土时尚可辨认出戈的某个部位。

ⅠH251②∶2　残骨簪。磨制，整体略有弯弧，簪首有三周刻槽，尖端残。残长

16.1、直径0.44厘米。

ⅠH251③:1　残骨锥。

ⅠH251⑤:1　有打击痕的砾石残块。安山岩。

ⅠH253:1　经过加工的砂岩石块。

ⅠH255:1　铁块。

ⅠH255:2　刻符陶片。泥质灰陶，宽折沿，方唇，沿面刻有“口”字形符号。

ⅠH256:1　石铲残块。凝灰岩，绿色，磨制，残块平面作梯形。长5.4、宽3.04、厚0.85厘米。

ⅠH256:2　燧石小石片。

ⅠH259①:1～ⅠH259①:3　铁块。

ⅠH261①:1　铜器残段。扁体，平面呈长方形。长5.18、宽1.71、厚0.61厘米。

ⅠH261②:1　有孔陶圆饼。泥质褐陶，孔偏于一侧。直径5～5.26、厚1.26、孔径0.65厘米。

ⅠH263:1　石器。安山岩，灰色，琢制。长10.07、宽6.21、厚5.2厘米。

ⅠH263:2　石铲残段。熔结凝灰岩，灰色，磨制，下部残。长6.8、宽6.2、厚0.7厘米。

ⅠH263:3　有孔石器残块。安山岩，灰色，打制。长7.23、宽7.18、厚4.6、孔内径2.7厘米。

ⅠH263:4　石铲（或斧）半成品。安山岩，黑灰色，打制，窄顶，束腰，宽刃微弧。长16.28、宽11.08、厚4.5厘米。

ⅠH267:1　小石板。灰色，磨制，平面为较规整的圆角长方形。长3.3、宽2.38、厚0.7厘米。

ⅠH268:1　有肩石铲残段。大理岩，浅灰色，磨制，存留肩部及其之下的一段铲体。残段长9.1、宽8.52、厚1.02厘米（图6－72，2）。

ⅠH268:2　石铲残段。大理岩，绿色，磨制，仅存上部，平顶，两侧边斜直。残段长5.77、宽4.2、厚1厘米（图6－72，3）。

ⅠH268:3　有钻坑的砾石。安山质熔渣，紫红色，多气孔，在一面有一个直径3、深1.5厘米的钻坑。

ⅠH268:4　石铲（或斧）半成品。安山岩，浅灰色，打制，束腰。长15.6、宽9.4、厚3.7厘米（图6－72，1）。

ⅠH269:1　骨器残片。

ⅠH269:2、ⅠH269:3　铁块。

ⅠH269:4　石刀残段。凝灰岩，褐色，磨制。属夏家店下层文化。

ⅠH269:5　有孔陶圆饼。以陶器残片制成，泥质灰陶，外表饰绳纹，中孔。直径3.9～4.15、厚0.78厘米。

ⅠH269:6　石刀残段。凝灰岩，黑色，磨制，一面平，另一面隆起，背边磨平。

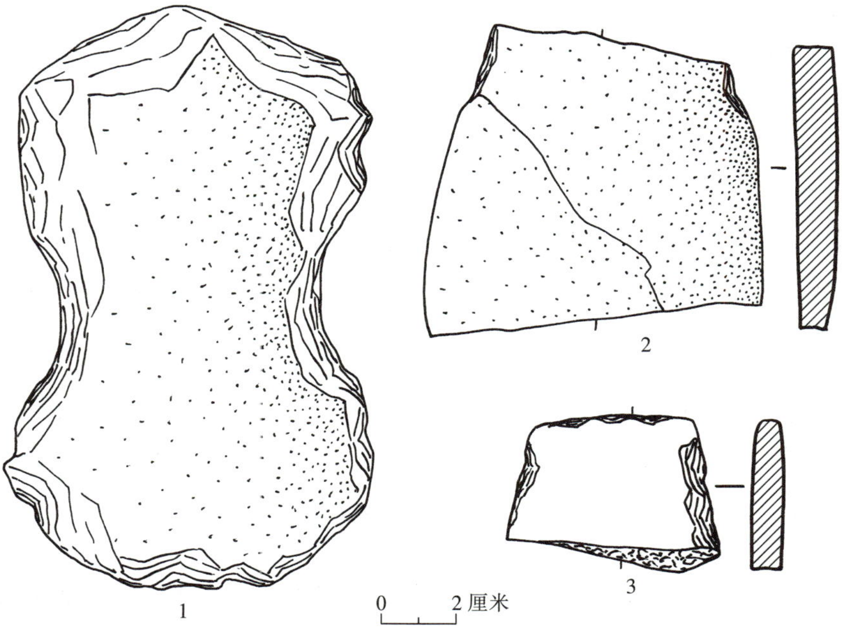

图6－72　ⅠH268的石制品

1. 石铲（或斧）半成品（ⅠH268:4）　2. 有肩石铲残段（ⅠH268:1）　3. 石铲残段（ⅠH268:2）

属夏家店下层文化。

ⅠH271:1　铁块。

ⅠH272①:1　陶圆饼残块。

ⅠH273:1　磨制石器残片。安山岩。

ⅠH273:2　石器残段。玄武岩，灰色，琢制，上、下均残，残存部分作圆台状。残段长6.33、最大直径6.5厘米。

ⅠH279:1　残陶纺轮。泥质褐陶，饼状，自孔中部残半。直径5.06、高2.31、孔径0.62厘米。

ⅠH279:2　铁块。

ⅠH279:3　有切割痕的残骨。

ⅠH279:4　骨器残段。

ⅠH279:5　石铲（或磬）残段。石灰岩，灰色，磨制。此残段长5.38、宽3.19、厚0.8厘米。

ⅠH279:6　有切割痕的残骨。

ⅠH279:7　石铲残块。板岩，黑色，磨制，残块平面近梯形。

ⅠH283:1　残铜镞。镞体三棱锥形，铤残。残长2.3、宽1.02厘米。

ⅠH283:2　铁块。

ⅠH285:2　残石镞。黄色，平面近三角形，凹底，出双翼，一翼残断，一面布满压削痕。长2.75、宽1.45、厚0.3厘米（图6－73，2；彩版一四二，2）。

ⅠH285∶3　骨簪。磨制，整体略有弯弧，横截面圆形。长13.6、直径0.59厘米（图6－73，1）。

ⅠH287∶1　有孔陶圆饼。以陶釜残片制成，夹云母灰陶，外表施绳纹，中部钻一孔。直径6.8～7.1厘米（图6－74）。

ⅠH293∶1　残骨器。磨制，烧成黑色。残长1.81厘米。

ⅠH293∶2　骨片。

ⅠH293∶3、ⅠH293∶5、ⅠH293∶8　铁块。

ⅠH293∶4　石器残段。珍珠岩，黑色，磨制，扁体，两端均残，残段平面近呈四边形。残段长8.92、宽5.74、厚2.6厘米。

ⅠH293∶6　残骨镞。粗略磨制，镞体近圆锥状，銎铤略残。残长2.78、直径0.8厘米。

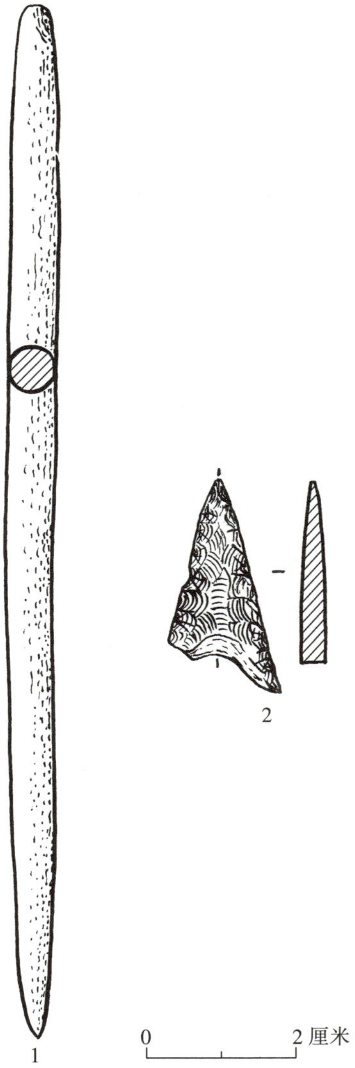

图6－73　ⅠH285的骨簪和残石镞
骨簪（ⅠH285∶3）　2. 残石镞（ⅠH285∶2）

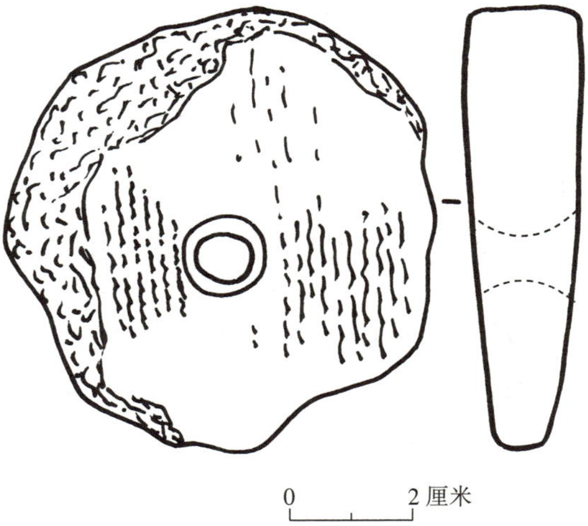

图6－74　ⅠH287的有孔陶圆饼
（ⅠH287∶1）

ⅠH293:7　石钺残段。此件与ⅠT306⑤:2相互拼合。辉绿岩，绿色，磨制，存留一残缺的对钻孔，残段平面略作长方形。长7.32、宽5.41、厚1.7厘米。或属夏家店下层文化。

ⅠH299:1　磨制石铲残块。大理岩。

ⅠH299:2　磨制石铲残块。凝灰质板岩。

ⅠH300:1　圆陶片残块。以陶器残片制成，周边打薄，泥质灰陶，外表施绳纹，存留两道箍堆纹。残块长7、宽5.4、厚0.9厘米。属夏家店下层文化。

ⅠH301:1　铁块。

ⅠH301:2　磨制石器残块。石灰岩。

ⅠH306:1　骨簪。磨制，簪首制成三连珠状，簪尾略弯。长5.8、直径0.4厘米（图6-75，2）。

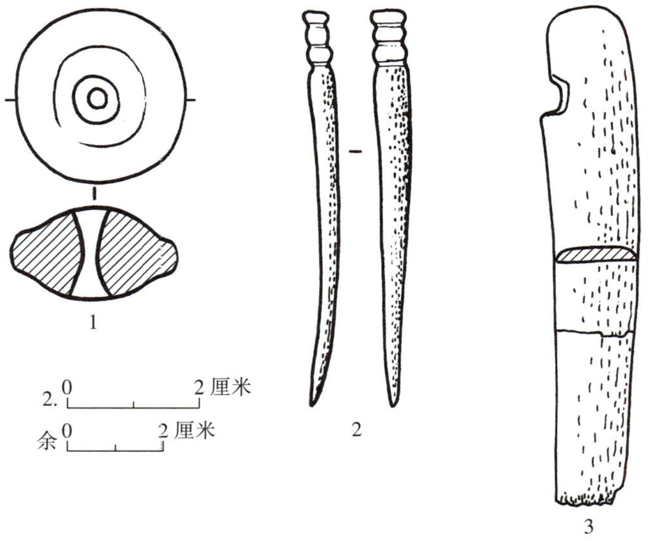

图6-75　ⅠH306的骨器和陶纺轮

1. 陶纺轮（ⅠH306:8）　2. 骨簪（ⅠH306:1）　3. 残骨弓弭（ⅠH306:4）

ⅠH306:2　铁块。

ⅠH306:3　骨器残片。

ⅠH306:4　残骨弓弭。磨制，扁体，一面平，另面略鼓。弦弧为在靠近宽端的一侧边开一"U"字形楔口而成。宽端边呈弧形，另一端边残损。残长10.6、宽2、厚0.3厘米（图6-75，3）。

ⅠH306:5　锥形骨器。磨制，平顶，尖端圆钝。长8.34、宽1.15、厚0.82厘米。

ⅠH306:6　有加工痕的石块。辉石安山岩。

ⅠH306:7　经过砥磨的石块。

ⅠH306:8　陶纺轮。泥质褐陶，近呈算盘珠状。直径3.38、高2.02、孔径0.5厘米（图6-75，1）。此器或属夏家店下层文化。

ⅠH308:1　石锛。灰色，磨光，斜顶，直侧边，斜刃，偏锋。长3.5、宽1.4、厚0.57厘米（图6－76，2）。

ⅠH308:2　骨器。磨制，规则的长方体，形似骨牌。长3.3、宽2.25、厚0.6～0.7厘米（图6－76，1）。

ⅠH309:1　石铲（或斧）。安山岩，灰色，打制，束腰，多处尚存砾石原面。长14、宽9.4、厚2.1厘米（图6－77）。

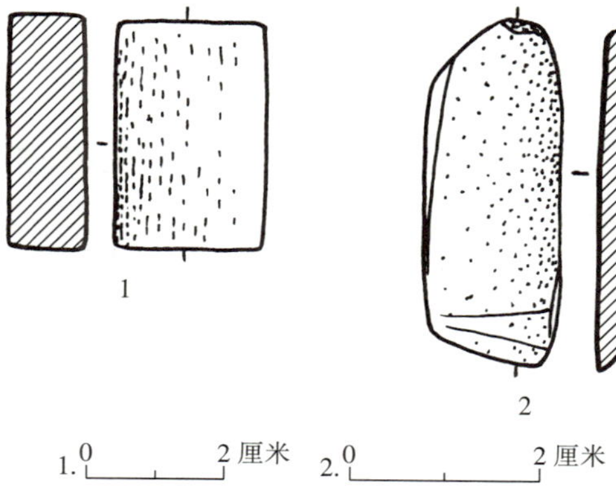

图6－76　ⅠH308的石锛和骨器
1. 骨器（ⅠH308:2）　2. 石锛（ⅠH308:1）

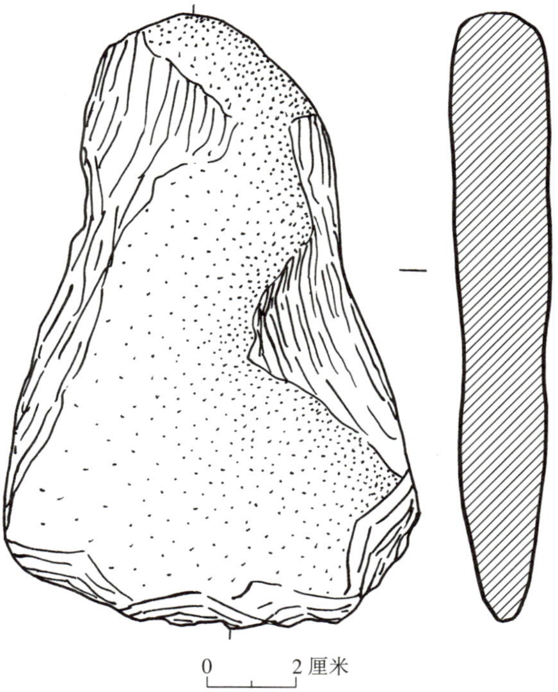

图6－77　ⅠH309的石铲（或斧）
（ⅠH309:1）

ⅠH316:1　石器半成品。安山岩，褐色，打制。长10.3、宽7.5、厚2.4厘米。

ⅠH325①:1　石刀残段。灰白色，磨制，一面平，另一面隆起成脊，背边磨平。残段长2.94、宽2、厚0.59厘米。属夏家店下层文化。

ⅠH325①:2　残骨矛（或镞）。磨制，扁锥体，尾端残。长7.1、宽1.23、厚0.52厘米。

ⅠH325①:3　石铲残块。绿色，磨制，残块平面呈梯形，存留一段原石铲的刃边，其余各边均为断碴。长4.32、宽2.9、厚0.67厘米。

ⅠH336:1　残砾石。安山岩。

ⅠH336:2　石器残片。

ⅠH338①:1　石刀残段。大理岩，灰色，磨制，一面略显凹弧，另一面隆起，背边磨平，端首圆尖。残段长4.83、宽3.68、厚0.92厘米。属夏家店下层文化。

ⅠH338①:2、ⅠH338②:1　铁块。

ⅠH343①:1　陶弹丸。泥质红陶，外表灰色，椭圆球体。长2.19、宽1.65厘米。

ⅠH343①:2　石刀残段。紫褐色，磨制，弧背磨平，刃边内凹，正锋，两端俱残，存留两个对钻孔。长9.5、厚1.05厘米（图6－78）。此器属夏家店上层文化。

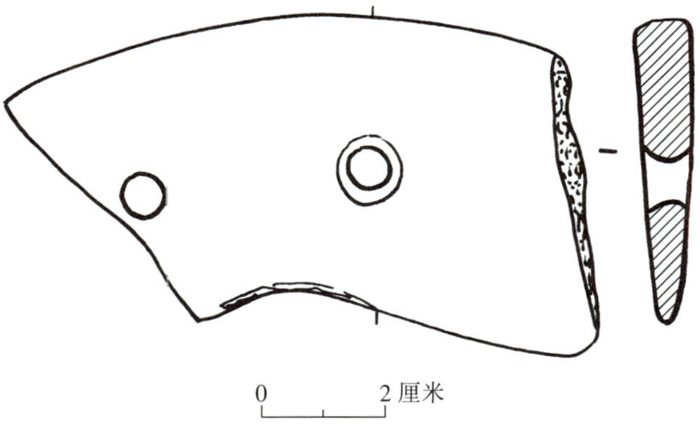

图6－78　ⅠH343的石刀残段
（ⅠH343①:2）

ⅠH357:1　残骨镞。镞体三棱锥状。长3.6、宽0.95厘米。

ⅠH406:1　铁块。

ⅠH406:2　石铲残块。熔结凝灰岩，灰色，磨制。长7.5、宽3.42、厚0.65厘米。

ⅠH406:4　磨过的羊距骨。

ⅠH406:5　陶圆饼。以陶器底制成，泥质灰陶，周边磨平，少部分残缺。直径9.2～9.5、厚1.55厘米。

ⅠH406:6　石铲残段。流纹岩，灰黄色，磨制，仅存上部。残段长11.33、宽7、厚0.58厘米。

ⅠH406:7　石器残块。大理岩。

ⅠH406:8　石铲残块。熔结凝灰岩，灰绿色，磨制。长5.12、宽3.11、厚0.71厘米。

ⅠH406:9　小陶饼。以釜残片制成，夹云母红陶，平面略趋方形，多数边缘被磨平。

ⅠH412:1　石器坯。安山岩，略经打制，平面近似长方形。长9.6、宽8.2、厚0.98厘米。

ⅠH412:2　石铲残段。大理岩，灰绿色，磨制，平面不甚规则。残段长11.9、宽10.3、厚3.3厘米。

ⅠH427:5　石铲（或斧）半成品（彩版一四二，4）。

ⅠH446:1　有孔陶圆饼。以陶釜残片制成，夹云母红陶，外表施绳纹，中钻一孔。直径3.25~4厘米（图6－79）。

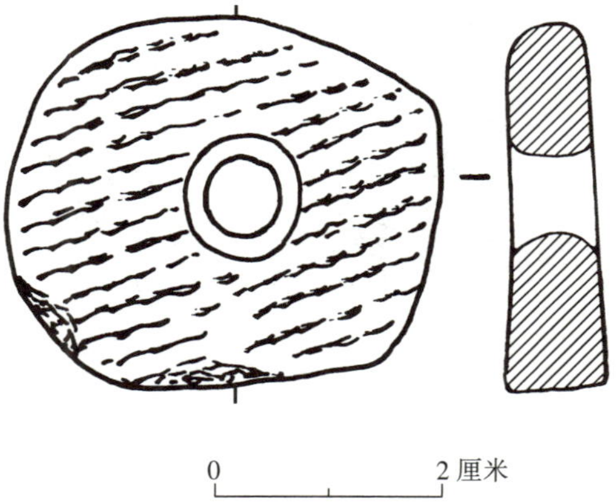

图6－79　ⅠH446的有孔陶圆饼
（ⅠH446:1）

ⅠH451①:1　石铲（或斧）半成品。安山质凝灰岩，灰色，打制，束腰，凸弧刃，多数部位尚存原砾石表面。长16、宽8.8、厚3.3厘米（图6－80，2）。

ⅠH451①:2　残陶纺轮。泥质褐陶，外观为圆台状，中孔，残缺少半。直径4.36、高3.56、孔径0.78厘米（图6－80，1）。

ⅠH466:1　石铲（或斧）。安山岩，灰色，打制，平顶，两侧边略直，宽弧刃。长15.1、宽10.8、厚3.32厘米。

ⅠH467:1　铁片。

ⅠG4④:1　陶圆饼。以陶器残片制成，周边经打制略为修平，泥质灰陶，外表饰交错绳纹。直径7.8~8.9、厚1.71厘米（图6－81；彩版一四二，3）。

ⅠG4⑤:2　刮削器。燧石，绿色，压削而成。

ⅠG8②:1　有孔陶圆饼残块。泥质灰陶，外表饰绳纹，形体欠规则。

ⅠT112③:1　红山文化彩陶片。夹砂黄褐陶，外表有三道黑彩条纹。

ⅠT303③:1、ⅠT303③:3、ⅠT303③:5、ⅠT303③:7　铁块。

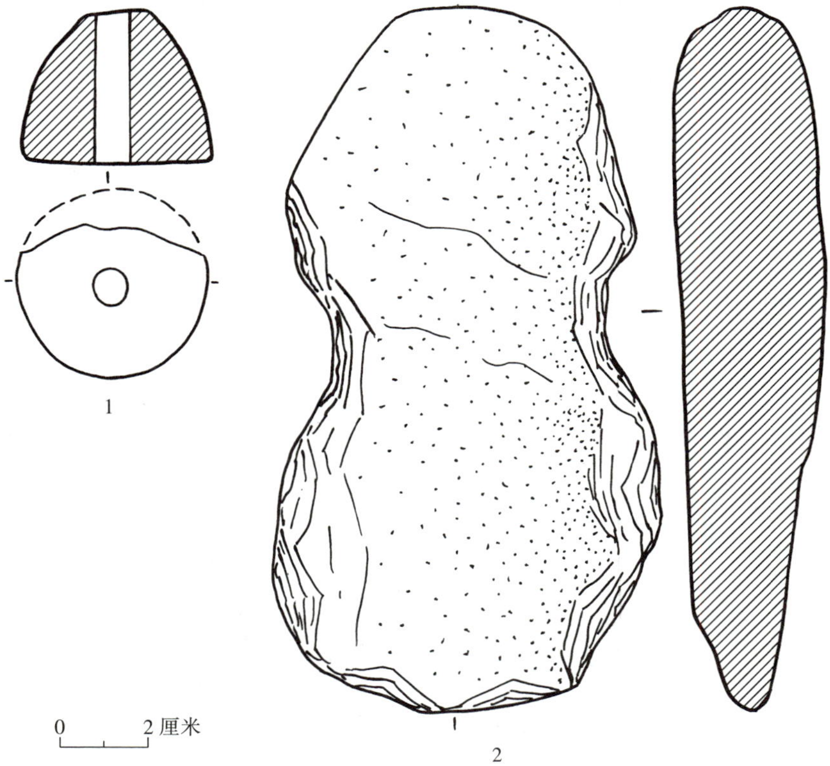

图6－80　ⅠH451的残陶纺轮和石铲（或斧）半成品

1. 残陶纺轮（ⅠH451①:2）　2. 石铲（或斧）半成品（ⅠH451①:1）

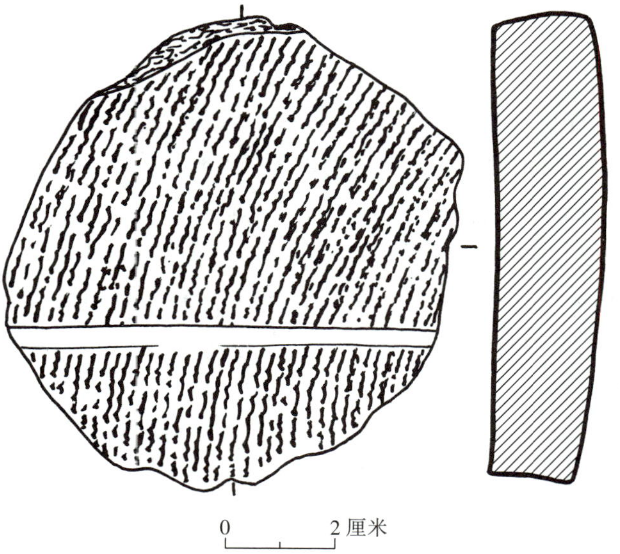

图6－81　ⅠG4的陶圆饼

（ⅠG4④:1）

ⅠT303③∶2　磨制石器残块。凝灰岩，褐色，平面作梯形。长10.8、宽4.6、厚2.2厘米。

ⅠT303③∶4　略经磨过的残骨。

ⅠT303③∶6　陶纺轮。泥质灰陶，外观近呈扁鼓形，中孔。直径5.75、厚1.56、孔径0.8厘米（图6－82，2）。

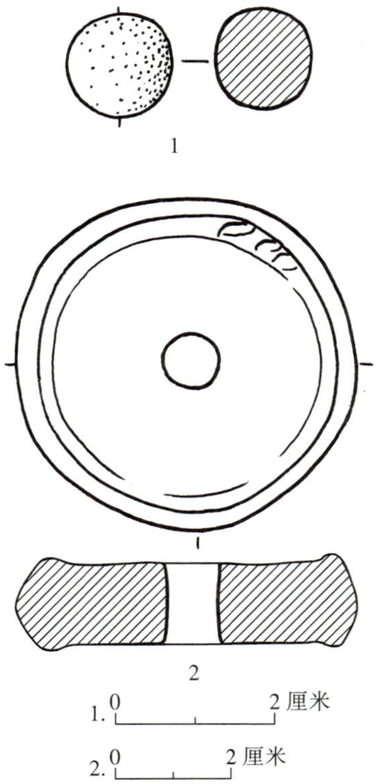

图6－82　ⅠT303③的陶弹丸和陶纺轮
1. 陶弹丸（ⅠT303③∶10）　2. 陶纺轮（ⅠT303③∶6）

ⅠT303③∶8　有打击痕的石块。安山岩，褐色，平面作梯形。长13、宽11.5、厚3.1厘米。

ⅠT303③∶9　有打击痕的石块。安山岩，灰色，平面作不规则梯形。长9.8、宽9.2、厚3.56厘米。

ⅠT303③∶10　陶弹丸。泥质褐陶，球体。直径1.4厘米（图6－82，1）。

ⅠT305②∶1～ⅠT305②∶4、ⅠT305②∶6、ⅠT305②∶10～ⅠT305②∶14　铁块。

ⅠT305②∶5　石刀残段。黑灰色，磨制，一面平，另一面隆起成脊，背边磨平，尖首。长4.95、宽2.36、厚1.69厘米。属夏家店下层文化。

ⅠT305②∶7　石珠。管状，白色，磨光。直径0.44、长1.74、孔径0.2厘米。

ⅠT305②∶8　有孔陶圆饼。以釜残片制成，夹云母红陶，对钻孔。直径5.1、厚1.5、孔内径0.81厘米。

ⅠT305②:9　小石片。碧玉，紫红色，边缘有压削痕。

ⅠT305②:15　铁镬残片。

ⅠT305③:1、ⅠT305③:2～ⅠT305③:9　铁块。

ⅠT305③:2　铜刀币残段。仅存刀币柄部，环首，柄两面各有四条长凸棱。

ⅠT305③:10　残石杵。玄武岩，黑灰色，磨制，平顶，杵面亦平，下部稍残。长13.4、直径6.2厘米。

ⅠT305③:11　残兽角。根部残断并被烧黑，角尖被磨过。长6.69、根部厚1.37～1.64厘米。

ⅠT305③:12　陶圆饼残块。

ⅠT306②:1、ⅠT306②:4、ⅠT306②:7、ⅠT306②:16、ⅠT306②:21、ⅠT306②:22、ⅠT306②:26、ⅠT306②:29　铁片。

ⅠT306②:2、ⅠT306②:15、ⅠT306②:17、ⅠT306②:20、ⅠT306②:24、ⅠT306②:36、ⅠT306②:38、ⅠT306②:41、ⅠT306②:45　铁块。

ⅠT306②:3　铜镞。镞体三棱锥形，体内铸成圆銎，棱脊稍凸出于镞身而略显三翼，并在镞底形成后锋，各棱翼之间的銎体表面均开有一长椭圆形镂孔。长3.7、宽1.1、镞底銎口内径0.48厘米（图6－83，1）。

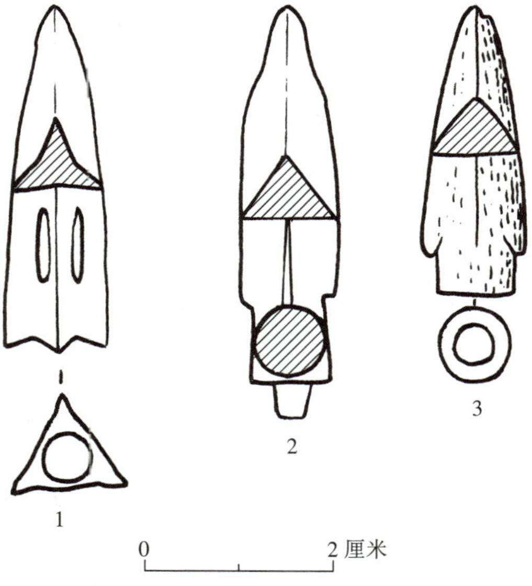

图6－83　ⅠT306②的铜、骨镞

1. 铜镞（ⅠT306②:3）　2. 残铁杆铜镞（ⅠT306②:5）　3. 残骨镞（ⅠT306②:28）

ⅠT306②:5　残铁杆铜镞。镞体三棱锥状，镞尖陡然收窄，前锋稍钝，圆銎铤，内插一段残铁杆。通长4.3、镞长3.94、宽1、銎内径0.8厘米（图6－83，2）。

ⅠT306②:6　石珠。白色，磨制，管状。长0.98、直径0.55、孔径0.22厘米。

ⅠT306②:8、ⅠT306②:10、ⅠT306②:23、ⅠT306②:42　铁条。

ⅠT306②:9　燧石小石片。

ⅠT306②:11　蛋白石石片。

ⅠT306②:12　多孔陶器残块。

ⅠT306②:13、ⅠT306②:14　燧石石片。

ⅠT306②:18、19　残铁钩。

ⅠT306②:25　残兽牙。

ⅠT306②:27　锥形铁器。

ⅠT306②:28　残骨镞。磨制，镞体三棱锥状，前锋稍残，两棱略出后翼，翼窄而短，圆銎铤。残长3.06、宽1.09、銎内径0.41厘米（图6－83，3）。

ⅠT306②:30　石杵。玄武岩，灰色，琢制，顶部较多打击痕，杵面凸弧，经使用而十分光滑。长7.16、宽4.94、厚3.5厘米。

ⅠT306②:31　石锛。安山岩，浅褐色，磨制，顶部不甚规则，两侧边略为磨平，斜刃，偏锋。长6.22、宽4.03、厚1.18厘米。

ⅠT306②:32　残骨锥。

ⅠT306②:33　骨器残片。

ⅠT306②:34　圭形骨器。将动物肋骨纵向半劈制成，长20、宽2.03、厚0.52厘米。

ⅠT306②:35　骨片。

ⅠT306②:37　铁钩。

ⅠT306②:39　长铁钩。

ⅠT306②:40　残剑形铁器。

ⅠT306②:43　有多道刻划痕的陶器残片。

ⅠT306②:44　有一道刻划痕的陶器残片。

ⅠT306③:1　石铲残块。玄武岩，灰色，磨制，残块平面呈梯形。长6.38、宽2.7、厚0.68厘米。

ⅠT306③:2　石铲残块。熔结凝灰岩，灰褐色，磨制，残块平面略呈梯形。长5.91、宽3.42、厚0.71厘米。

ⅠT306③:3　有切割痕的骨料。

ⅠT306③:4　陶器。夹砂灰陶，扁体，平面呈长方形，一角稍残。长5.03、宽2.94、厚2.03厘米。

ⅠT306③:5　柱形石器。黑灰色，磨制，横截面椭圆形，一端稍残。长3.37、宽0.82、厚0.7厘米。

ⅠT306③:7　陶纺轮残块。

ⅠT306③:8　锥形铁器。

ⅠT306③:9　石斧。玄武岩，黑灰色，琢制，存留较多打制痕，斜顶，两侧边略直，直刃，刃缘厚钝。长15.97、宽6.43、厚3.82厘米。

ⅠT306③:10　扁平砾石。玄武岩，平面近呈梯形。长11.87、宽5.42、厚3.96厘米。

ⅠT306③:11　铁片。

ⅠT306③:12、ⅠT306③:14、ⅠT306③:15、ⅠT306③:19、ⅠT306③:22　铁块。

ⅠT306③:13　陶圆饼。以陶器残片制成，泥质灰陶，外表有绳纹，周边磨平。直径3.23~3.65、厚0.62厘米。

ⅠT306③:16　石片屑。

ⅠT306③:17　有孔陶圆饼。以陶釜腹片制成，夹云母红陶，周边磨平，中钻一孔。直径3.35~3.52、厚0.85、孔径0.93厘米。

ⅠT306③:18　磨制骨器半成品。

ⅠT306③:20　残圭形骨器。磨制，扁体，一端边略尖，另一端残。长8.85、宽1.68厘米。

ⅠT306③:21　残铁杆铜镞。锈蚀严重，镞体三棱锥状，銎铤，内插一段残铁杆。镞长4.05、宽1.15厘米。

ⅠT306③:23　陶圆饼。以陶器残片制成，泥质灰陶，外表有三道凸棱，周边修平。直径6.45、厚1.2厘米。

ⅠT306④:1　有肩石铲。石灰岩，黑灰色，磨制，弧顶，柄部窄长，肩以下铲体两侧边斜直，直刃，偏锋，刃缘有崩碴。长13.49、宽8.02、厚0.91厘米。

ⅠT306④:2　磨制骨器残片。

ⅠT306④:3　磨制骨器。

ⅠT306⑤:1　残子安贝。

ⅠT306⑤:2　石钺残段。此件与ⅠH293:7相互拼合。绿色，磨制，存留石钺顶边和两段侧边，自中孔处残断。残段长7.04、宽4.98、厚1.67、孔径0.6厘米。或属夏家店下层文化。

ⅠT306⑤:3　石铲残块。凝灰岩，灰色，磨制，残块平面作四边形。长5.78、宽2.9、厚0.62厘米。

ⅠT306⑤:4　石钺残块。凝灰质板岩，褐色，磨制，存留一残缺的对钻孔，残块平面近梯形。长7.07、宽4.72、厚1.68、孔径1.01厘米。

ⅠT306⑤:5　蛋白石小石片。

ⅠT306⑤:6、ⅠT306⑤:7　铁块。

ⅠT306⑤:8　骨器残片。

ⅠT306⑤:9　磨制石铲残块。凝灰质板岩。

ⅠT306⑤:10　磨制石铲残块。熔结凝灰岩。

ⅠT306⑤:11　石铲残块。石灰岩，黑灰色，磨制，残块平面作梯形。长5.66、宽5.08、厚0.49厘米。

ⅠT306⑤:12　蛋白石石片。

ⅠT306⑤:13　有打击痕的砾石。蛋白石质。

ⅠT307②:1　有打击痕的砾石残块。凝灰岩质。

ⅠT307②:2、ⅠT307②:3、ⅠT307②:6、ⅠT307②:8、ⅠT307②:10、

ⅠT307②:11　铁片。

ⅠT307②:4　铜镞。镞体三棱锥形，体内为圆銎，各棱稍凸出于镞身而略显三翼，于镞底形成后锋，棱翼之间的表面各开一长镂孔。镞长3.3、宽1.23、銎口内径0.41厘米（图6－84，8）。

ⅠT307②:5　石片。燧石，有压削痕。

ⅠT307②:7　残骨锥。

ⅠT307②:9　铁䦆残块。

ⅠT307③:1　石臼。熔渣，多气孔，黑灰色，平面轮廓近三角形，顶面有臼窝，臼面经使用而摩擦光滑。长15.68、宽10.8、高6.98、臼窝直径6.28、窝深2.6厘米。

ⅠT307③:2　铜镞。镞体三棱锥状，銎铤。长2.55、宽0.6、銎内径0.3厘米（图6－84，9）。

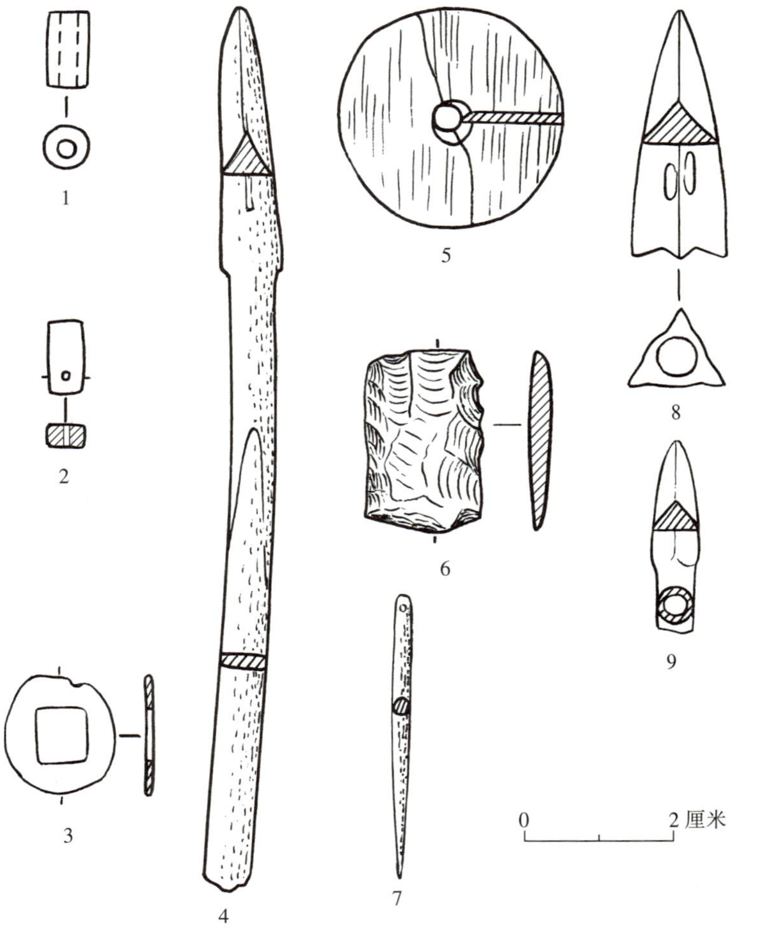

图6－84　ⅠT307②～ⅠT307⑤的石、骨、铜制品

1. 石珠（ⅠT307④:6）　2. 绿松石饰件（ⅠT307⑤:7）　3. 榆荚钱（ⅠT307③:5）　4. 骨镞（ⅠT307⑤:5）　5. 有孔圆骨片（ⅠT307④:1）　6. 石刃（ⅠT307⑤:6）　7. 骨针（ⅠT307④:7）　8、9. 铜镞（ⅠT307②:4、ⅠT307③:2）

ⅠT307③:3　石铲（或斧）。安山岩，灰色，打制，弧顶，束腰，直刃。长 14.7、宽 8.6、厚 4.1 厘米。

ⅠT307③:4　铁块。

ⅠT307③:5　榆荚钱。铜质。直径 1.52 厘米（图 6－84，3）。

ⅠT307④:1　有孔圆骨片。磨制，周边磨平。直径 2.95、厚 0.17、孔径 0.41 厘米（图 6－84，5）。

ⅠT307④:2　铁片。

ⅠT307④:3　蚌片。

ⅠT307④:4　陶纺轮残块。

ⅠT307④:5、ⅠT307④:9　铁块。

ⅠT307④:6　石珠。白色，磨制，管状。长 1、直径 0.58、内径 0.22 厘米（图 6－84，1）。

ⅠT307④:7　骨针。磨制，顶部磨扁。长 3.78、直径 0.2、孔径 0.06 厘米（图 6－84，7）。

ⅠT307④:8　铜刀币残块。

ⅠT307⑤:1　残陶纺轮。夹砂褐陶，外观为圆台状，自孔中部残断。直径 4.79、高 2.67 厘米。

ⅠT307⑤:2　骨镞半成品。

ⅠT307⑤:3　残骨锥。

ⅠT307⑤:4　石刀残段。熔结凝灰岩，黑色，磨制，一面平，另一面隆起成脊，背边磨平。残段长 4.83、宽 2.38、厚 0.72 厘米。属夏家店下层文化。

ⅠT307⑤:5　骨镞。磨制，镞体作三棱锥形，前锋圆钝。长铤，略见弯弧，铤前部圆柱形，尾部扁体，尾端最薄。长 11.52、宽 0.77 厘米（图 6－84，4）。

ⅠT307⑤:6　石刃。燧石，红色，平面略近长方形，通体布满压削痕，当为有梗石刀的石刃。长 2.32、宽 1.51、厚 0.34 厘米（图 6－84，6）。

ⅠT307⑤:7　绿松石饰件。磨制，长方柱体，在一端附近有一缀孔。长 0.95、宽 0.48、厚 0.32 厘米（图 6－84，2）。

ⅠT307⑤:8　镞形石片。燧石，黑色，有压削痕。

ⅠT308①:1　残铁镘。直刃，两侧边平直，銎口纵截面呈“V”字形。长 8.85、宽 7.14、厚 2.22 厘米（图 6－85，2）。

ⅠT308①:2　铁刀。尖刀首，平背略弧，刃边不甚规则，柄部稍宽，柄端有一孔。长 18.7、柄端宽 1.7、厚 0.3 厘米（图 6－85，6）。

ⅠT308①:3　铁片。

ⅠT308②:1　残铁条。残长 16.8、直径 0.7 厘米（图 6－85，5）。

ⅠT308②:2　陶纺轮。泥质褐陶，饼形，中孔。直径 5.15、高 1.35、孔径 0.95 厘米。

ⅠT308③:1　铁钩。

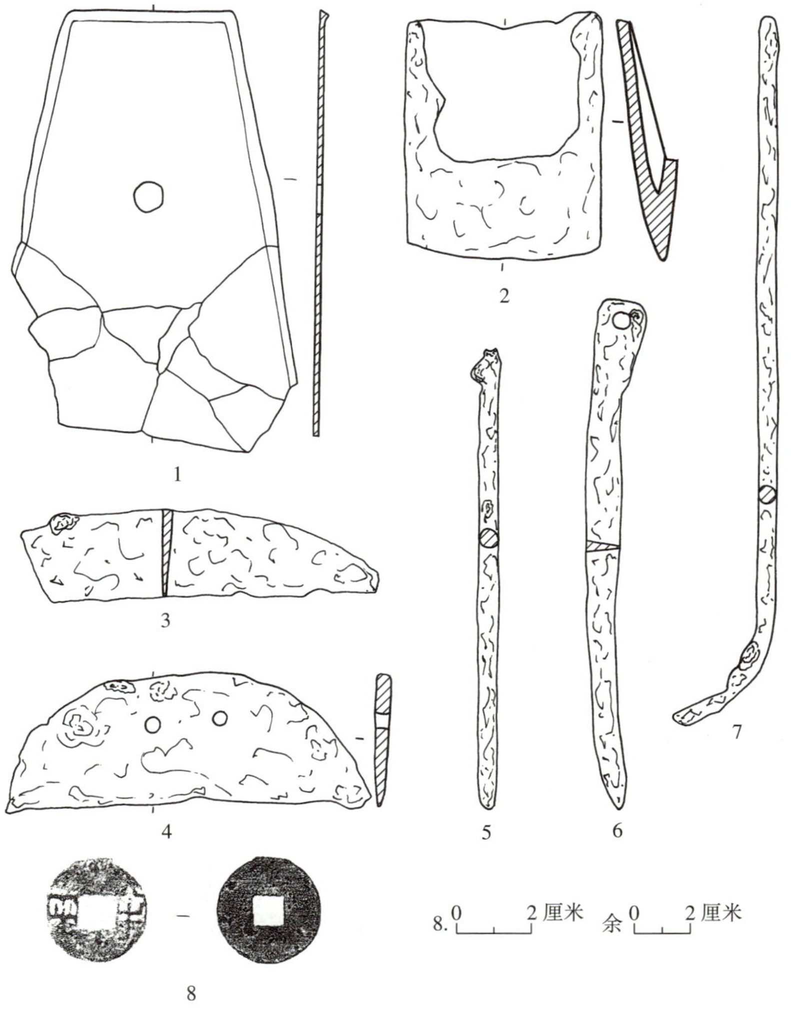

图6－85　ⅠT308的铜、铁制品

1. 残有孔铁器（ⅠT308③:7）　2. 残铁䦆（ⅠT308①:1）　3. 残铁镰（ⅠT308③:8）　4. 铁铚（ⅠT308③:16）　5. 残铁条（ⅠT308②:1）　6. 铁刀（ⅠT308①:2）　7. 长铁钩（ⅠT308③:10）　8. 铜圜钱（ⅠT308③:2）

ⅠT308③:2　铜圜钱。无廓，铸有“半两”二字。直径2.8、厚0.11厘米（图6－85，8）。

ⅠT308③:3、ⅠT308③:21　铁块。

ⅠT308③:4　石块。

ⅠT308③:5　石器。黄、褐相杂色，磨光，扁体，平面呈长方形。长2.29、宽1.51、厚0.72厘米。

ⅠT308③:6、ⅠT308③:22　铁䦆残块。

ⅠT308③:7　残有孔铁器。板状，原器平面当为梯形，约在中部穿有一孔。长15.8、孔径1.03厘米（图6－85，1）。

ⅠT308③:8　残铁镰。弧背，直刃，两端均残。残长13.1、宽3.32、厚0.4厘米（图6-85，3）。

ⅠT308③:9、ⅠT308③:12　残铁镰。

ⅠT308③:10　长铁钩（图6-85，7）。

ⅠT308③:11、ⅠT308③:18　铁片。

ⅠT308③:13　石片。

ⅠT308③:14　铁钉。

ⅠT308③:15　铁镬残段。

ⅠT308③:16　铁铚。平面略近半月形，弧背，直刃，靠近背部有2个穿孔。长13.21、宽4.9、厚0.42厘米，孔径分别为0.37和0.5厘米（图6-85，4）。

ⅠT308③:17、ⅠT308③:20、ⅠT308③:27　铁条。

ⅠT308③:19　石铲（或斧）半成品。灰色，打制，平顶，凸弧刃。长18.25、宽10.9、厚3.85厘米。

ⅠT308③:23　残骨针。

ⅠT308③:24　陶纺轮。泥质褐陶。直径4.05、高1.62、孔径1.1厘米。

ⅠT308③:25　有打击痕的石块。

ⅠT308③:26　陶纺轮。泥质灰陶，花边算盘珠状。直径3.85、高2、孔径0.5厘米。属夏家店下层文化。

ⅠT308③:28　砾石。灰褐色，扁体，平面为较规则的长方形。长9.42、宽3.64、厚2.23厘米。

ⅠT308③:29　磨制石器残块。

ⅠT308③:30　陶圆饼。以陶器残片制成，泥质红陶，周边磨平。直径5.4、厚0.8厘米。

ⅠT308③:31　玄武岩石块。

ⅠT308③:32　陶圆饼。以陶器残片制成，泥质灰陶，外表施绳纹，周边修平。直径7.3~7.7、厚1.05厘米。

ⅠT313③:1、ⅠT313③:2　骨器残片。

ⅠT313③:3　骨针残段。

ⅠT313③:4　琉璃器残段。绿色，八棱柱状。残长2、直径5.5厘米。

ⅠT313③:5、ⅠT313③:6　铁块。

ⅠT313③:7　骨锥残段。

ⅠT313③:8　五边形陶片。以陶器残片制成，泥质灰陶，外表施旋断绳纹。厚0.6厘米，每边长约2.4厘米。

ⅠT314③:1　铁刀残段。长6.35、宽2.2、厚0.6厘米。

ⅠT314③:2　铁器残段。

ⅠT314③:3、ⅠT314③:4、ⅠT314③:6　铁块。

ⅠT314③:5　打制石器残段。安山岩。

ⅠT314③:7　盘状石器坯。英安岩，褐色，粗略打制成形。直径 12～13.4、厚 2.98 厘米。

ⅠT314③:8　石器残块。凝灰岩。

ⅠT314③:9　石器残块。安山岩。

ⅠT314③:10　石杵。辉绿玢岩，灰绿色，琢制，平顶，杵面磨平。长 11.04、宽 6.42 厘米。

ⅠT314③:11　石铲残块。玻屑熔结凝灰岩，黑色，磨制，残块平面作梯形。长 5.34、宽 4.32、厚 0.9 厘米。

ⅠT314③:12　铁镰残段。

ⅠT314③:13、ⅠT314③:14　骨器残片。

ⅠT314③:15　有打击痕的石块。英安岩。

ⅠT314③:16　残猪犬齿。

ⅠT314③:17　有打击痕的石块。安山岩。

ⅠT314③:19　有打击痕的石块。

ⅠT314④:1　打制石器残块。安山岩。

ⅠT314④:2　陶圆饼。泥质褐陶，周边磨平。直径 3.4、厚 1.37 厘米。

ⅠT314④:3　盘状石器坯。安山岩，褐色，粗略打制成形。直径 7.2～7.9、厚 2.2 厘米。

ⅠT314④:4　盘状石器。玄武岩，黑灰色，打制，周边最薄。直径 9.5～9.9、厚 1.72 厘米。

ⅠT314④:5　铁器残片。

ⅠT315③:1　残铁镬。

ⅠT315③:2　骨镞。磨制，扁菱锥状，锋与铤均残。长 4.85、宽 1.2、厚 0.7 厘米。

ⅠT315③:5　有磨痕的残肋骨。

ⅠT315③:6　有孔陶圆饼。以釜残片制成，夹云母红陶，周边磨平，中部对钻一孔。直径 3.15～3.42、厚 0.73、孔内径 0.35 厘米。

ⅠT315③:7　石器半成品。流纹岩，紫褐色，两面有对钻而成的圆窝。长 12.2、宽 9.45、厚 8.6 厘米。

ⅠT315③:8　石器残块。安山岩。

ⅠT315③:9　陶圆饼。以瓮、罐类陶器腹片制成，泥质灰陶，外表残存五道箍堆纹。直径 6.36～6.6、厚 1.15 厘米。属夏家店下层文化。

ⅠT315③:10　残石锛。凝灰质板岩，黑灰色，磨制，顶残，直刃略弧，偏锋，中部有一钻坑。长 8.18、宽 3.63、厚 0.71 厘米。

ⅠT315③:11　铁器残片。

ⅠT315③:12　铁镬残块。

ⅠT315③:13　骨器残片。

ⅠT315④:1、ⅠT315④:2　铁块。

ⅠT315④:3　石器。安山岩，为一灰色扁体砾石，仅于周边有交互打击痕。长21.6、宽12.2、厚4.78厘米。

ⅠT315⑤:1　骨锥残段。

ⅠT315⑤:2　有切割痕的残骨。

ⅠT316①:1　铁块。

ⅠT316①:2　铁杆铜镞。三侧翼聚于镞尖，形成前锋，后锋在关前，圆銎铤前窄后宽，銎内尚存残断的铁杆。镞长4、宽1.26、铤尾直径0.9～1厘米（图6－86，2）。

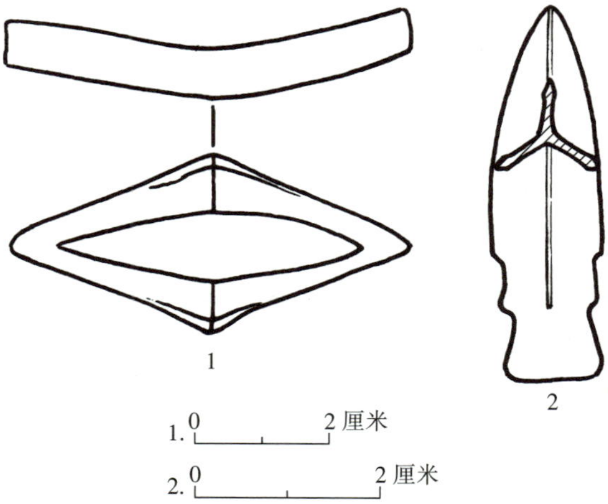

图6－86　ⅠT316的铜质剑（铍）格和铁杆铜镞
1. 铜质剑（铍）格（ⅠT316④:2）　2. 铁杆铜镞（ⅠT316①:2）

ⅠT316②:1　铁块。

ⅠT316③:1、ⅠT316③:3～ⅠT316③:5　铁块。

ⅠT316③:2　石刀残段。凝灰岩，灰色，磨制，背边磨平，靠背部一侧残存一个对钻孔，自孔中部残断。长5.82、宽4.7、厚0.97、孔内径0.63厘米。

ⅠT316③:6　磨过的骨片。

ⅠT316③:7　石斧残段。玄武岩，黑色，琢制。残段长7.6、宽5.5、厚3.94厘米。

ⅠT316④:1　彩绘陶器残片。属夏家店下层文化。

ⅠT316④:2　铜质剑（铍）格。俯视近若扁菱形环套。长5.92、宽2.7、高0.78厘米（图6－86，1）。

ⅠT316④:3　石器残块。珍珠岩，黑色，似经一定的琢制。长5.9、宽3.8、厚2.15厘米。

ⅠT316④:4　石器残段。安山岩，琢制，近若环状，外侧磨出一周凹槽。长9.46、宽4.7、厚3.8厘米。

ⅠT316⑤:1　石铲残段。板岩，黑灰色，磨制，仅存上部，窄顶，两侧边斜直。残段长8.32、宽8、厚0.78厘米。

ⅠT317②:1　骨器残段。

ⅠT317③:1、ⅠT317③:9、ⅠT317③:16　铁片。

ⅠT317③:2　铁条。

ⅠT317③:3　骨器残片。

ⅠT317③:4　环首铁器。

ⅠT317③:5　残铁器。

ⅠT317③:6　骨锥残段。

ⅠT317③:7　陶纺轮。泥质灰陶，算盘珠状。直径3.45、高2.1、孔径0.5~0.6厘米。

ⅠT317③:10　骨饰件。磨制，外形为方柱体，四面刻有以直线和圆圈为主的同样纹饰。

ⅠT317③:11　铁刀残块。

ⅠT317③:12　有孔石器残段。凝灰岩，灰色，打制，中部有对钻孔，自孔中部残半，残段略呈半个圆环状。长8.23、宽5.6、厚2.85、孔内径2.1厘米。

ⅠT317③:13　残骨簪。

ⅠT317③:14　铜钱。锈蚀过甚。

ⅠT317③:15　铁钩。

ⅠT317③:17　残陶纺轮。有孔陶圆饼状，自孔中部残半。

ⅠT317③:18　石刀残段。晶屑凝灰岩，灰色，磨制，一面平，另一面隆起成脊，背边磨平。长3.7、宽2.6、厚0.85厘米。属夏家店下层文化。

ⅠT317③:19、ⅠT317③:21　铁块。

ⅠT317③:20　石铲半成品。凝灰岩，黑色，打制，平顶，斜刃。长16.1、宽7.7、厚2.6厘米。

ⅠT317④:1　铜刀币残块。

ⅠT317④:2　残铜钩。

ⅠT317④:3　骨器残片。

ⅠT317④:4　铁块。

ⅠT317④:5　石珠3枚。白色，磨制，管状。三者的长度和直径分别是:1、0.45厘米；1、0.5厘米；0.75、0.5厘米。

ⅠT317④:6　残石臼。安山岩，灰色，有气孔。整体略近浅盘状，残缺一角，臼窝平面近长方形。长45.7~54.8、宽31.4、高12.3厘米，臼窝长、宽、深各为38.2、19.8、6.2厘米（图6-87）。

ⅠT318③:2　铁块。

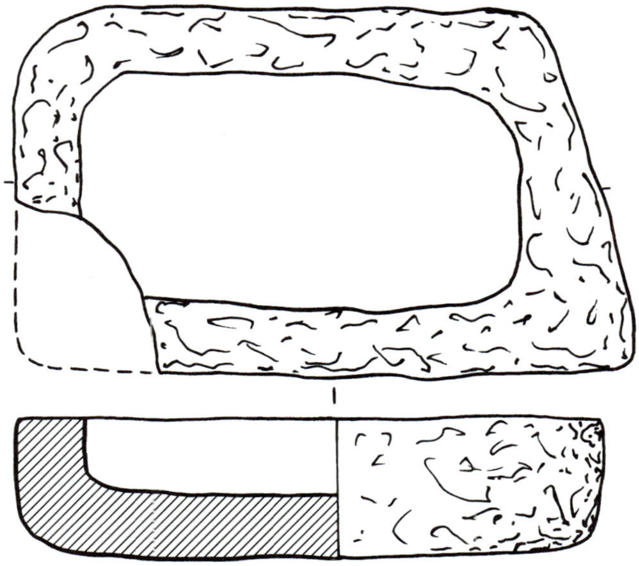

图6－87　ⅠT317④的残石臼
（ⅠT317④:6）

ⅠT318③:3　有孔石器残叒。角闪安山岩，灰色，打制，原器应似环状，自孔中部残半，孔内壁因使用而被柄摩擦光滑。直径7.15、厚3.05、孔内径2.05厘米。

ⅠT318③:4　蚌片。

ⅠT318③:5　有孔石器残段。凝灰岩，绿色，粗略磨制，原器或似环状，自孔中部残断，孔内壁较光滑。厚4、孔内径2.9厘米。

ⅠT318③:6　磨制石铲残块。凝灰质板岩。

ⅠT318④:1　磨制石器残段。大理岩。

ⅠT318④:2　小石片。

ⅠT318④:3　半个盘状石器。安山岩，灰色，原为磨制石铲的下部，刃边经打制修整而略呈半个圆盘状。长9.73、宽5.7、厚0.77厘米。

ⅠT318④:4　有打击痕的砾石残块。辉石安山岩。

ⅠT318④:5　石铲残块。蚀变安山岩，黑色，磨制，残块平面略呈梯形。长5.8、宽4.8、厚0.7厘米。

ⅠT318④:6　有孔骨锥。形体不甚规则，顶部穿有一孔。长6.3厘米。

ⅠT318④:7　残骨镞。磨制，镞尖三棱锥形，前锋稍残，镞体略显双翼，鋌铤。长4.15、宽1.2厘米。

ⅠT318④:8　臼形石器。凝灰岩，灰色，在卵形砾石的一面制出圆形浅窝。长4.7、宽4、厚3.2厘米，浅窝直径1.9、深0.3厘米。

ⅠT318④:9　磨制陶豆柄残段。高3.2、直径4厘米。

ⅠT318④:10　石器残块。凝灰岩。

ⅠT318④:11　磨制石铲残块。凝灰岩。

ⅠT318④:12　陶纺轮。泥质褐陶，算盘珠状。直径3.3、高2.53、孔径0.44厘米。

ⅠT321②:1　石铲（或斧）残段。安山岩，灰色，粗略打制，仅存下部，两侧边较直，凸弧刃。长11.1、宽10.1、厚2.4厘米。

ⅠT321②:2　牌状陶器。夹砂红陶，长方体，四边磨平。长5.16、宽2.8、厚1.75厘米。

ⅠT321②:3　石刀残段。熔结凝灰岩，磨制，一面平，另一面隆起。残段长6.7、宽2.8、厚1.75厘米。

ⅠT321②:4　圆陶片残块。泥质褐陶。长6.7、厚0.7厘米。

ⅠT321②:5　石铲残块。凝灰质板岩，黑灰色，打制。长8.8、宽7.9、厚1.8厘米。

ⅠT321②:6　石器残段。玄武岩，黑灰色，打制，边缘较薄。长7、宽5.1、厚1厘米。

ⅠT323②:1　石镞。白色透明，周身密布压削痕，平面呈作等腰三角形，凹底。长1.9、宽1.3、厚0.35厘米（图6-88）。

ⅠT324①:1　石铲（或斧）半成品。英安岩，灰色，粗略打制成窄顶宽刃的形体。长14.3、宽11.3、厚3厘米（此器亦有可能出自ⅠH235上部堆积）。

ⅠT326④:2　磨制石器残块。扁体，残块平面近呈长方形。长5、宽4.7、厚0.96厘米（图6-89）。

ⅠT327③:1　陶纺轮。泥质褐陶，算盘珠状，稍残。直径2.81、高2.38、孔径1.67厘米。

ⅠT327④:1　陶圆饼。以陶器残片制成，泥质灰陶，周边磨平。直径3.3、厚0.62厘米。

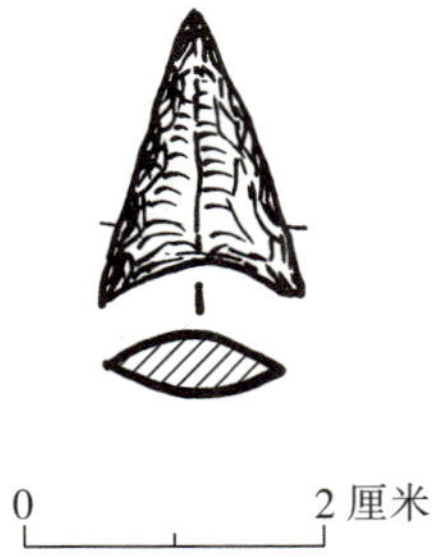

图6-88　ⅠT323②的石镞
（ⅠT323②:1）

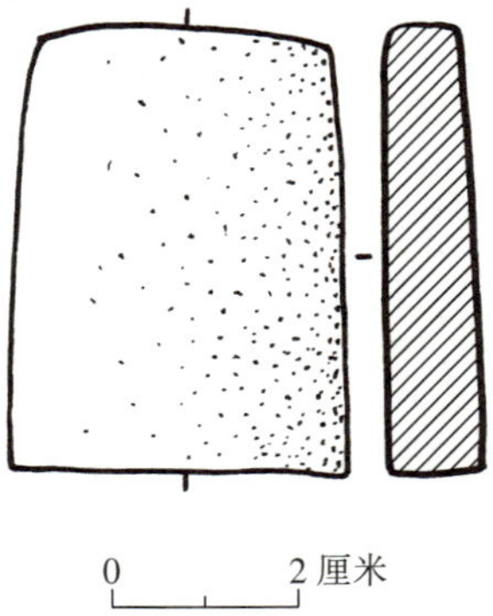

图6-89　ⅠT326④的磨制石器残块
（ⅠT326④:2）

ⅠT327⑤:1　骨镞。磨制，镞体三棱锥状，长圆锥形铤。长 8. 1、宽 0. 91 厘米。

ⅠT327⑤:2　梅花鹿角主干残段。有切割痕。

ⅠT327⑥:1　石铲残块。玻基凝灰岩，磨制。长 4、宽 1. 45、厚 0. 74 厘米。

ⅠT328①:1　石斧。黑色，琢制，刃部磨制，平顶，宽刃凸弧，正锋，刃缘钝厚。长 10. 53、宽 5. 9、厚 4. 03 厘米。

ⅠT328①:2　石斧。灰色，琢制，刃部磨制，平顶，斜刃，正锋，刃缘钝厚，多有崩碴。长 9. 3、宽 5. 4、厚 3. 38 厘米。

ⅠT328①:3　有切割痕的牛角。角尖残，角根处有一块平整的切割面，似锯割所致。

ⅠT328①:4　石铲残块。灰色，磨制，残块呈矩形体。长 5. 96、宽 3. 35、厚 0. 8 厘米。

ⅠT328①:5　石铲残块。灰色，磨制，残块平面近方形。长 3. 9、宽 3. 6、厚 0. 74 厘米。

ⅠT328②:1、ⅠT328②:2　铁块。

ⅠT328④:1　磨制陶豆柄残段。泥质褐陶，两端面磨修平整。直径 3. 3、高 4 厘米。

ⅠT328④:2　残陶垫。夹砂褐陶，外表黑色，垫面微鼓，捉手残。直径 5. 54、高 2. 8 厘米。

ⅠT328④:3　骨锥。磨制，一端扁平，另一端成尖。长 6. 5、直径 0. 42 厘米。

ⅠT328④:4　骨器。磨制，略呈矩形体。长 3. 35、宽 1. 05、厚 0. 72 厘米。

ⅠT328⑥:2　石磬残块。石灰岩，灰色，磨制，残块平面作四边形。长 13. 1、宽 10. 1、厚 1. 4 厘米。

ⅠT328⑥:3　骨器残段。

ⅠT332②:1　石铲（或斧）。安山岩，灰黑色，打制，束腰，斜刃。长 12. 15、宽 8. 5、厚 3. 15 厘米。

ⅠT332②:2　石铲半成品。安山岩，灰褐色，打制，斜直边，直刃。长 9. 9、宽 6. 3、厚 2. 5 厘米。

ⅠT332②:3　铁片。

ⅠT332②:4　石铲（或斧）半成品残段。安山岩，黑色，打制，仅存下部，凸弧刃。长 8. 7、宽 6. 4、厚 2. 3 厘米。

ⅠT332②:5　石铲（或斧）半成品。玄武岩，灰黑色，粗略打制，斜顶，斜弧刃，多处尚存砾石原面。长 16、宽 10. 7、厚 3. 7 厘米（图 6 – 90，3）。

ⅠT332②:6　有打制痕的石片。

ⅠT332②:7　石铲（或斧）半成品残段。安山岩，灰色，打制，仅存下部，凸弧刃。长 9. 1、宽 8. 2、厚 1. 7 厘米。

ⅠT332②:8　残盘状石器。玄武岩，黑灰色，打制，周边交互打击修薄，少半残

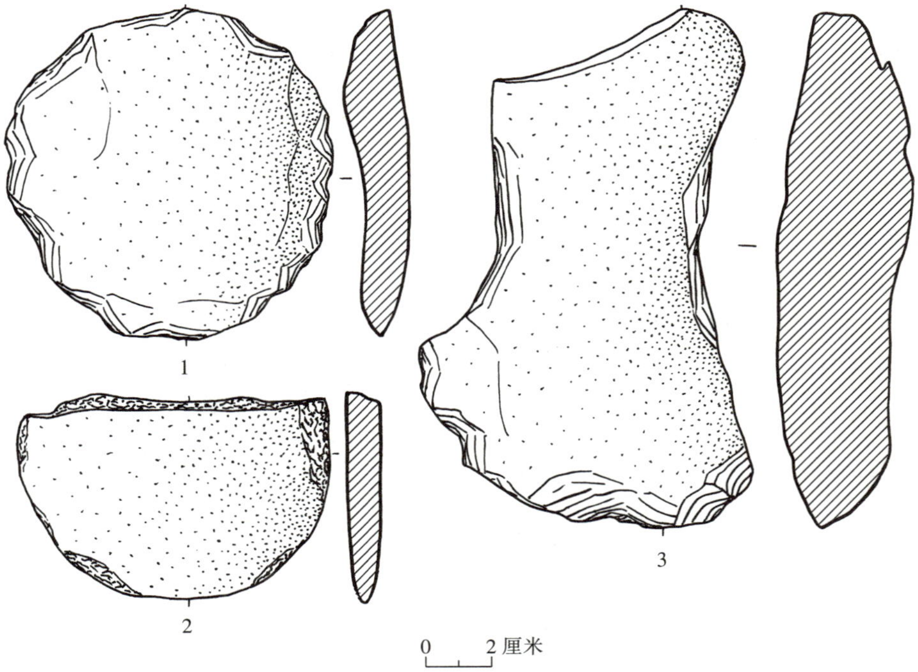

图6－90　ⅠT332②的石制品

1. 盘状石器（ⅠT332②:9）　2. 残盘状石器（ⅠT332②:8）　3. 石铲（或斧）半成品（ⅠT332②:5）

缺。直径9.6、厚1.1厘米（图6－90，2）。

ⅠT332②:9　盘状石器。安山岩，褐色，打制，周边交互打击修薄。直径10、厚1.6厘米（图6－90，1）。

ⅠT332②:10　陶圆饼残段。泥质褐陶，周边磨平，残半。直径6.4、厚0.41厘米。

ⅠT332②:11　石铲（或斧）半成品残段。英安岩，灰色，打制，顶和刃部均残，直侧边。长10.7、宽8.2、厚2.5厘米。

ⅠT332②:12　石器残段。千枚岩，灰褐色，打制，残段略呈长方体。长8.8、宽7、厚2.6厘米。

ⅠT332②:13　石器残段。英安岩，黑灰色，打制，残段略呈长方体。长11.3、宽9.3、厚2.6厘米。

ⅠT332②:14　磨石残块。安山岩，灰褐色，原物系一较规整的砾石，一面经过砥磨。长12.6、宽10.6、厚5.2厘米。

ⅠT332②:15　陶圆饼残段。泥质灰陶，周边磨平，残半。直径5.5、厚1.1厘米。

ⅠT332④:1　有打击痕的石块。安山岩。

ⅠT332④:2　盘状石器坯。安山岩，褐色，粗略打制成不规则圆盘形，周边较薄。直径13.8、厚3.7厘米。

ⅠT332④:3　石刀半成品残段。凝灰岩，灰白色，打制，弧背，直刃。残段长14.8、宽6.5、厚1.4厘米。

ⅠT332④:4　卜骨残段。原器为骨匕，在骨松质一面存留12个完整的和3个残缺的钻。长4.9、宽2.8、厚0.25、钻直径0.3～0.4厘米。

ⅠT332④:5　陶圆饼。夹砂红陶，周边磨平。直径3.6～3.8厘米。

ⅠT332⑥:1　有打击痕的石块。安山岩，略近长方体。长14.1、宽6.5、厚2.9厘米。

ⅠT332⑥:2　磨制石器残块。安山岩。

ⅠT333②:1　铁片。

ⅠT333②:2　石器半成品。英安岩，灰色，打制。长10.4、宽9.4、厚3厘米。

ⅠT333②:3　残刻纹骨片。一面有类似叶脉状的刻划纹。长2.9、宽1.7、厚0.24厘米（图6－91）。

图6－91　ⅠT333②的残刻纹骨片
（ⅠT333②:3）

ⅠT333②:4　彩绘陶器残片。泥质褐陶，卷沿，器表残存红色彩绘。属夏家店下层文化。

ⅠT333②:5　骨器残片。

ⅠT332②:6　有打击痕的石块。大理岩。

ⅠT332②:7　石器残段。英安岩，灰褐色，为石铲（或斧）半成品下部残段，其上制出一臼窝。

ⅠT333②:8　磨制石器残块。凝灰岩。

ⅠT333②:9　石凿残段。大理岩，绿色，磨制，上部残，正锋。长3.7、宽1.6、厚1.2厘米。

ⅠT333②:10　有穿孔的羊右跟骨。

ⅠT333③:1　陶豆柄部残段。泥质褐陶，管状。长6.4、直径2.4厘米。

ⅠT333⑤:1　陶圆饼残段。以陶器腹片制成，泥质灰陶，周边磨平，残缺近半。直径3.8、厚0.7厘米。

ⅠT333⑥:1　磨制石器残块。石灰岩。

ⅠT333⑥:2　骨器残段。

ⅠT333⑥:3　磨制石器残块。凝灰岩。

ⅠT333⑥:4　有打击痕的砾石。凝灰岩。

ⅠT334②A:1　骨器残片。

ⅠT334②A:2　燧石石片。

ⅠT334②A:3　石器残块。

ⅠT334②A:4　铁块。

ⅠT334②A:5　石铲残块。凝灰质板岩，磨制，残块平面近长方形。长7.85、宽4.2、厚0.8厘米。

ⅠT334②A:6　彩陶残片。泥质红陶，外表饰黑彩纹样。属红山文化。

ⅠT334②A:7　小陶饼。以陶器残片制成，泥质灰陶，平面近呈圆角方形，周边磨平。长2.5、宽2.06、厚1.84厘米。

ⅠT334②A:8　陶纺轮。泥质灰陶，算盘珠状。直径3、高2.46、孔径0.5厘米。

ⅠT334②A:9　饼形石器。玄武岩，黑色，打制，形体较规整，周边修磨平钝。直径7.2、厚1.61厘米。

ⅠT334②B:1　盘状石器残块。安山岩，深褐色，打制，周边最薄。残块长6.6、宽5.2、厚1.1厘米。

ⅠT334②B:2　石铲残块。熔结凝灰岩，浅灰色，磨制，残块平面近梯形。长8.62、宽5.71、厚0.7厘米。

ⅠT334②B:3　骨器残片。

ⅠT335②:1　有打制痕迹的砾石。黑灰色。

ⅠT335②:2　石铲。灰色，磨制，平顶，两侧边直，凸弧刃，刃缘较多打击痕。长10.9、宽11.75、厚1.65厘米。

ⅠT405②:4　铁容器底部。略显矮圈足，在残存的器壁外表有两道对称分布于器体的纵向细凸棱，与底部矮圈足垂直相接，当是以合范铸造时留下的痕迹。底径12.7、残高3.1厘米（图6－92）。

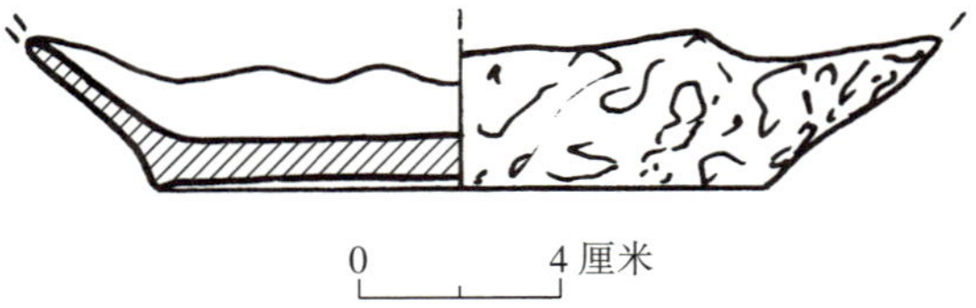

图6－92　ⅠT405②的铁容器底部
（ⅠT405②:4）

ⅠT412②:1　残圆陶片。泥质褐陶，以陶器残片制成，残缺少半。直径10.53、厚1.66厘米。

ⅠT412②:2　石铲残块。熔结凝灰岩，灰色，磨制，仅存柄部一角。残块长 9.1、宽 4.63、厚 1.01 厘米。

ⅠT412②:3　椭圆陶片。泥质灰陶，外表饰绳纹，周边磨平。长 3.33、宽 2.44、厚 0.52 厘米。

ⅠT412③:1　石片。

ⅠT412③:2　骨器残片。

ⅠT412③:3　石铲（或斧）残段。安山质凝灰岩，灰褐色，打制，下部残。残长 9.5、宽 9.64、厚 2.16 厘米。

ⅠT412③:4　石片。

ⅠT420③:1　残陶纺轮。泥质褐陶，算盘珠状，残半。

ⅠT420④:1　卜骨残块。以动物肩胛骨制成，残块平面近三角形，有肩胛冈的一面经磨制，残存 29 个完整的和 20 个残缺的钻，完整的钻有 5 个已穿透，钻内并无明显的灼痕，但另一面却至少有 10 个圆形暗褐色点，可见 11 处兆痕，除一处似“卜”字形外，余皆“一”字形。残块长 6.6、宽 4.45、厚 0.71、钻径 0.35～0.45 厘米。属夏家店下层文化（图 6－93）。

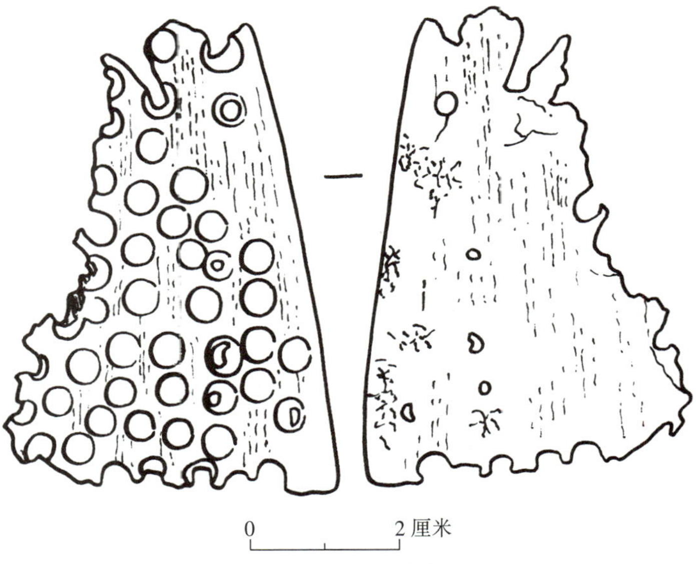

图 6－93　ⅠT420④的卜骨残块
（ⅠT420④:1）

ⅠT420④:2　彩绘陶器残片。属夏家店下层文化。

ⅠT420④:3　石铲。英安岩，灰色，打制，直顶边，两侧边斜直，凸弧刃。长 14.3、宽 7.76、厚 2.1 厘米。

ⅠT420④:4　细石器石镞。蛋白石，白色透明，压削而成，扁体三角形，凹底，前锋残。残长 2.2、宽 1.1、厚 0.31 厘米。

ⅠT420④:5　磨制骨器残片。

ⅠT421③:1　骨锥残尖。

ⅠT421③:2　铁块。

ⅠT421③:3　残石刀。晶屑凝灰岩，灰色，磨制，一面平，另一面隆起成脊，圆端首，背边磨平，并制出一月牙形凹缺。残段长6.1、宽2.7、厚0.63厘米。属夏家店下层文化。

ⅠT421③:4　残石钺。大理岩，绿色杂白斑，磨制，上部残，两侧边直，凸弧刃，正锋，刃缘参差凸凹，且有崩碴，中部对钻一孔，自孔中部残断。残长7.2、宽6.86、厚1.49、孔内径1.4厘米。或属夏家店下层文化（彩版一四二，5）。

ⅠT421③:5　陶纺轮。泥质褐陶，算盘珠状。直径3.2、高2.3、孔径0.5厘米。

第三节　小结

一、文化性质与特征

从这批遗存的总体面貌看，来自燕文化的成分占据绝对优势。从生活用具、生产工具到武器、建筑构件等，大多是典型的燕文化式样。所以，这里的战国遗存在文化性质上当归属于燕文化。但A、B型夹砂灰褐陶罐、夹砂黑灰陶碗则明显不属于燕文化因素。这部分陶器的数量虽然不多，却富有地方特色。其中的B型夹砂灰褐陶罐与凌河文化和水泉文化中典型的叠唇鼓腹罐[①]风格一致，与A型夹砂罐特征接近的陶罐也见于凌河文化之中[②]。表明这部分因素很有可能是自水泉文化或凌河文化承袭而来。尤其值得注意的是，在ⅠF37的居住面上，A型夹砂灰褐陶罐与燕式的夹云母红陶釜、泥质灰陶盆等遗物共出。

一般认为，燕文化是在战国晚期伴随燕国势力的北进而广布于包括赤峰在内的广大地区的。上述燕文化成分与土著文化因素同时并存的现象，似乎说明了一个重要的问题，即燕国北击东胡之后，并未将这里的原住居民驱赶殆尽。作为殖民者的燕人，至少已与当地或邻近地区的部分人群实现了有效的融合。

二、年代

KDⅠ的战国时期遗存虽有较复杂的地层关系，但同类或同型器物之间的形制特点大都十分接近，暗示这批遗存的时间跨度可能并不很长。所出红陶釜与年代定为战国晚期的燕下都武阳台村21号作坊遗址W21T51②W2:1釜[③]和北京窦店W1:1釜[④]的形

---

① 郭治中：《水泉墓地及相关问题之探索》，《中国考古学跨世纪的回顾与前瞻（1999年西陵国际学术研讨会论文集）》，科学出版社，2000年。

② 如锦西小荒地古城H10:4罐。见吉林大学考古学系、辽宁省文物考古研究所：《辽宁锦西市邰集屯小荒地秦汉古城址试掘简报》，《考古学集刊》（11），图5：16，第137页，中国大百科全书出版社，1997年。

③ 河北省文物考古研究所：《燕下都》，图八一：2，第137页，文物出版社，1996年。

④ 北京市文物研究所拒马河考古队：《北京市窦店古城调查与试掘报告》，图六：3，《考古》1992年第8期。

制特点几乎完全一致；AⅠ式盆、BⅠ式盆的形制也分别与战国晚期的燕下都郎井村13号作坊遗址LJ13T5②H1∶21、LJ13T4②J2∶21盆相接近①；其他像A、B、C、E诸型泥质罐，甑，A、B型豆，A型瓮，A型碗等器物也都与燕下都等地战国晚期单位出土的同类器物风格十分相似。所以，KDⅠ出土的这批战国时期遗存，其主体应大致相当于战国晚期。但有少部分的年代可晚至汉初，如琉璃耳瑱（ⅠH59∶4）等。

出自ⅠH41⑤和ⅠH44②的木炭曾由中国社会科学院考古研究所考古科技实验研究中心检测，其结果详见《附录一》。^{14}C树轮校正年代值也印证了前述对KDⅠ这批遗存的年代认识。

需要指出的是，前述A型泥质罐和A、B型盆及A、B型豆各分两式，表明这批遗存存在进一步分段的可能性。同时，也有地层关系的依据。例如，据ⅠT316的地层关系示意图可知，ⅠH238在层序上早于ⅠH207，ⅠH238出AⅠ式泥质罐和AⅠ、BⅠ式盆，而ⅠH207则出AⅡ式泥质罐和AⅡ式盆，二者出土同型器物的式别有异。所以，ⅠH238和ⅠH207当代表早、晚两个不同的发展阶段，ⅠH238早于ⅠH207。但考虑到这批遗存中可供分式的标本不多，同一单位中往往缺乏不同器物的式别之间的组合关系，两式的划分还难以从类型学上把握同型器物的演变规律等局限性因素，拟不对这批遗存进行分段研究（附表六）。

三、遗迹特点

战国时期的堆积在KDⅠ发掘区内的分布比较普遍，尤以南侧坡顶一带分布最为集中。由于有大型夯土墙ⅠQ4的发现，可知这坡顶当时可能有过一座类似小城堡的建筑。此建筑的南墙保存较好，呈东南—西北向延伸，最宽处625、最高60厘米。该墙于ⅠT328、ⅠT338、ⅠT339处呈圆角折向东北，与西墙接续。但西墙破坏严重，宽窄不一，若断若续，至ⅠT313、ⅠT323内已趋消失。由地形及战国时期遗迹的布局分析，这道墙很可能在ⅠT311、ⅠT312处再折向东南，形成该建筑的北墙。再向北，台顶以北的坡下横亘着ⅠG4这条东西向的壕沟，此沟或亦是与这夯土墙建筑有关的设施。

从20世纪70年代拍摄的航片看，KDⅠ的南部是一个略微凸显的圆形台子②，这样的地貌或许古已有之。如果说这座类似小城堡的建筑限于圆台之内的话，则其原状或接近一座边长约50米的方形小城。而在发掘区内，战国时期遗迹最密集的地段有两处，一处在ⅠG4的北侧，另一处则大体位于这台顶夯土墙环绕的范围内。

KDⅠ的战国时期遗存中既有大量生活用陶器和铁镬、锄等农业生产工具，又见有铜镞、铁剑等武器，说明这里的居民从事农耕之外，还肩负有军事上的职责。

在夯土墙起建之前KDⅠ已有战国时期遗存，ⅠF41、ⅠD11、ⅠD14、ⅠD17、ⅠD18等遗迹的存在，则表明此夯土墙废弃之后这里仍营造有战国时期的建筑。

---

① 河北省文物考古研究所：《燕下都》，图七二：1、7，第120页，文物出版社，1996年。
② 赤峰考古队：《半支箭河中游先秦时期遗址》，图版五六，科学出版社，2002年。

第七章　第Ⅰ地点辽代遗存

第一地点辽代的遗存发现较少，遗存量逊于夏家店上层文化。辽代的地层和遗迹仅见于ⅠT302、ⅠT303、ⅠT304、ⅠT313 和ⅠT314 这 5 个探方，而属于此一时期的地层只有ⅠT303 和ⅠT304 的第 2 层。显然，辽代遗存在ⅠT302、ⅠT303、ⅠT304 以东未发掘的区域尚有一定的分布。

第一节　遗迹

属于辽代的遗迹共有 9 处，含房址和灰坑两种。

一、房址

编号为房址的遗迹仅 1 处。

97KDⅠF35　跨ⅠT303 东南和ⅠT304 东北，其东部在发掘区外。开口于两探方的第 1 层下，下压ⅠH223。仅存西南—东北向长的三道砌石之墙，墙高不超过 0.5 米，周围尚有散落的石块和若干土坯，以及残板瓦和柱础石各 1 件。石墙之间的堆积多灰土和炭屑，有少量辽代陶片。推测这三道石墙可能是两条烟道的外墙及其之间的隔墙。已发掘部分的这处遗迹长 370、宽约 150 厘米。

二、灰坑

编号为灰坑的遗迹共有 8 处。兹分述之。

97KDⅠH201　位于ⅠT302 内。开口于ⅠT302 第 1 层下，打破ⅠH223。坑口距地表 20 厘米，平面呈不规则长方形，坑底凹凸不平。坑口长约 140、宽约 85、最深处坑深 35 厘米。坑内堆积灰绿土，质地坚硬，含少量陶片。

97KDⅠH209　位于ⅠT303 内。在ⅠH223 之下，打破ⅠT303 第 3 层。坑口距地表 20 厘米，平面略呈椭圆形。长 125、宽 80、坑深 15 厘米。坑内堆积灰褐土，含陶片，并有一铁片。

97KDⅠH210　跨ⅠT303 和ⅠT313。被ⅠH223 打破，打破两探方的第 2 层。坑口距地表 20 厘米，平面近圆形，略呈袋状。口径约 170、最深处坑深 120 厘米。坑内堆积黑灰土，出有陶片和兽骨，并有瓷片、骨器和铁块，还出一枚铜钱，隐约可辨“祥符元宝”4 字（图 7－1）。

97KDⅠH212　跨ⅠT304 和ⅠT314。开口于两探方的第 1 层下，打破第 2 层。坑

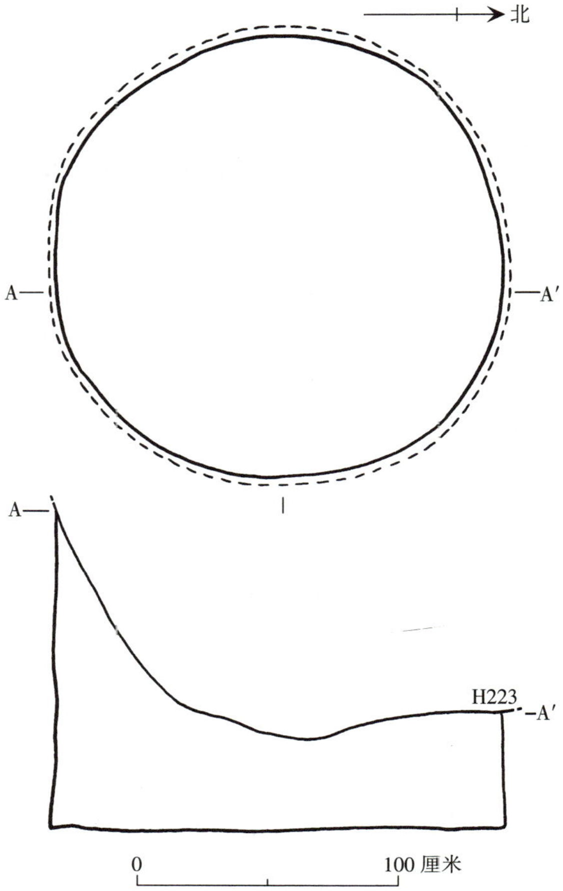

图 7－1　97KDⅠH210 平、剖面图

口距地表 20 厘米，平面呈圆形，直壁，平底。口径 170、坑深约 165 厘米。坑内堆积分二层，皆呈水平状分布：ⅠH212①，灰土，厚 50～65 厘米；ⅠH212②，红褐色土，厚约 100 厘米。此坑出陶片、瓷片、石片、骨器、铁器、兽骨，并有残圈足瓷盘、残白釉瓷狗及绿釉瓦片各 1 件（图 7－2）。

97KDⅠH223　跨ⅠT302、ⅠT303 和ⅠT313，向东延至发掘区外。被ⅠH201、ⅠH231和ⅠF35 打破，打破ⅠH209、ⅠH210。已发掘部分的坑口平面形状不规则，南北向最大长度 650 厘米，坑深一般约 100 厘米。坑内堆积以灰绿土为主，出有陶片、瓷片和石、骨、铜、铁器，并有较多兽骨，1 件陶瓮肩部残片上刻有一个“司”字。

97KDⅠH231　位于ⅠT303 内。开口于ⅠT303 第 1 层下，打破ⅠH223。坑口距地表 20 厘米，平面为不规则圆形，直壁，平底。口径约 120、坑深 155 厘米。坑内堆积灰褐土，出土少量陶片及 1 件夏家店下层文化的打制石铲。

97KDⅠH241　位于ⅠT304 东部，向东延至发掘区外。ⅠT304 第 1 层下开口，打破第 2 层。已发掘部分的坑口近半圆形（此坑部分边缘划定得不甚清楚），南北长 65、坑深 15～25 厘米。出少量陶片，并有一残铁容器。

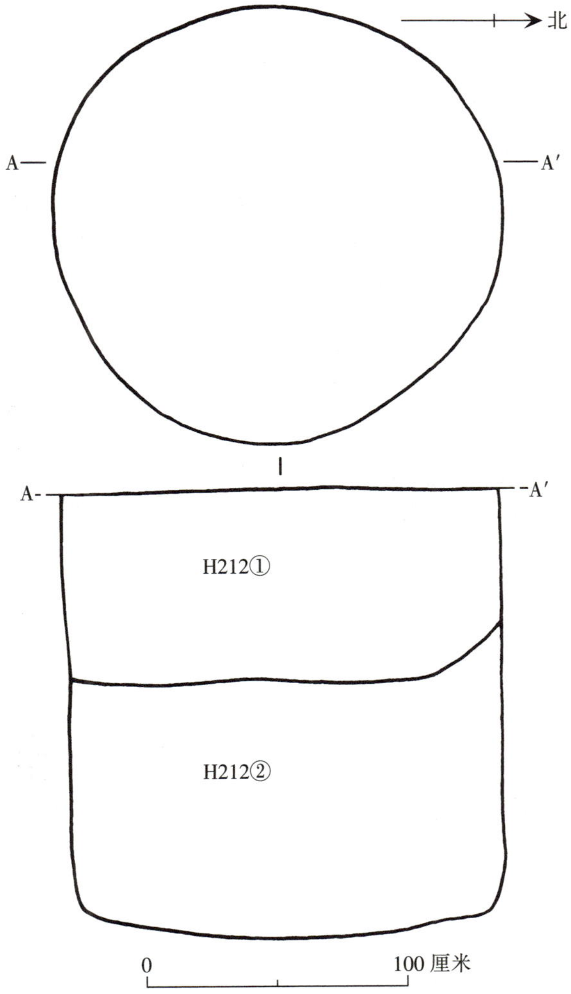

图 7－2　97KDⅠH212 平、剖面图

97KDⅠH341　位于ⅠT314 内。开口于ⅠT314 第 1 层下，打破第 2 层。平面呈圆形，直壁。口径 60、深 65 厘米。坑内堆积灰土，出少量陶片。

第二节　遗物

属于这一时期的遗物不多。以质地论，有石、陶、瓷、施釉瓦、铜、铁、骨 7 类。其中，陶容器占主要比重，瓷容器次之，其余的数量都很少。以下按“陶容器和砖瓦”“瓷容器”“其他制品”三项分别介绍。

一、陶容器和砖瓦

均泥质灰陶。质地细密，火候较高，陶色均匀。器类有瓮、壶、盆、筒瓦、砖等。陶容器以素面为主，有些在器表局部施有暗纹，皆轮制。筒瓦与砖为模制。

1. 瓮

均残。口腹残片3件，皆敛口，沿外卷成圆筒状。ⅠH210∶9，圆鼓腹，上腹压印有网格状暗纹宽带，器表其余部分磨光。口径51.2、残高32厘米（图7－3，1）。ⅠH341∶1，溜肩，鼓腹，肩部压印有网格状暗纹宽带，器表其余部分磨光。口径19.2、残高15.5厘米（图7－3，4）。另有腹底残片1件，ⅠH209∶2，平底，器表有粗绳纹被抹去的痕迹。底径31.2、残高8.8厘米（图7－3，3）。

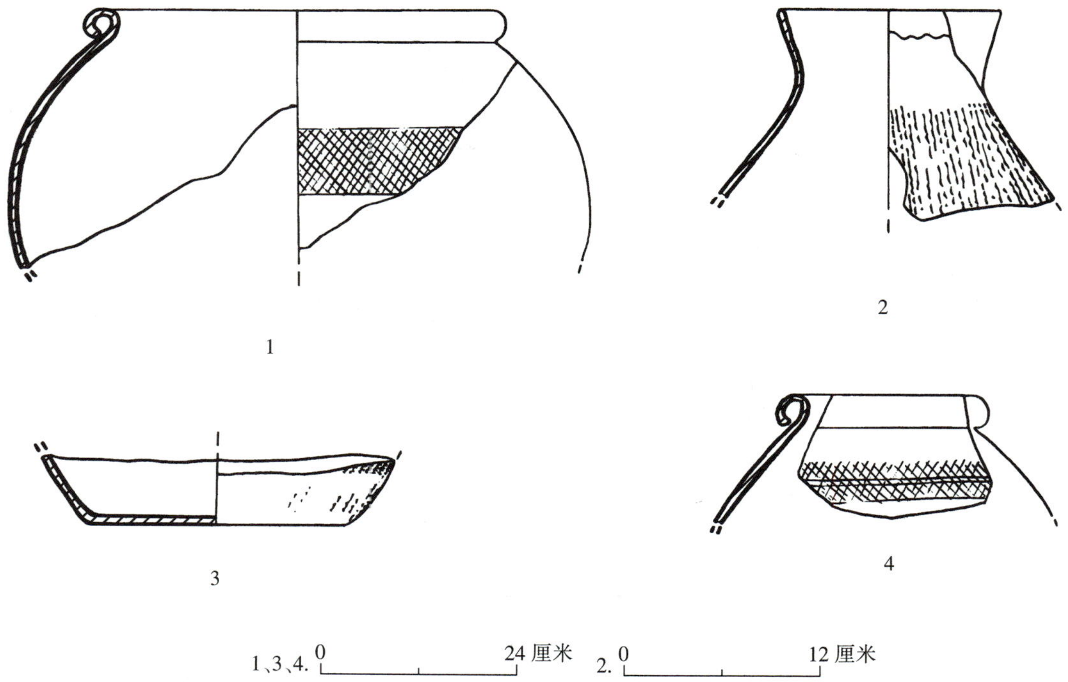

图7－3　辽代陶容器

1、4. 瓮（ⅠH210∶9、ⅠH341∶1）　2. 壶（ⅠT308①∶4）　3. 瓮底（ⅠH209∶2）

2. 壶

口腹残片1件。ⅠT308①∶4，出于耕土层中。侈口高领，圆方唇，溜肩。领部有一周划印水波纹，颈部以下有绳纹被抹去的痕迹。口径13.6、残高12.8厘米（图7－3，2）。

3. 盆

均系口沿残片。

4. 筒瓦

均残。一般背为素面，内印布纹。胎甚厚重。

5. 残板瓦

仅1件，见于F35旁。

6. 砖

均残。砖面皆有纵向平行沟槽。厚约5厘米。

二、瓷容器

多属残片。器表皆施白釉，胎质分粗糙和细腻两种。所见器类只有圈足钵（碗）和圈足盘。以前者为主，如ⅠH210∶3、ⅠH212∶4、ⅠH212∶13、ⅠH212∶17、ⅠH223∶35、ⅠH223∶39，均是钵（碗）的口沿和口腹残片。ⅠH212∶4这件口腹残片较大，可知其口径，胎质较粗，敞口，唇缘略平，口外有一周浅槽，弧腹，底残，口径17.4、残高8.7、壁厚0.6厘米（图7－4，1）。

圈足盘数量较少，此类器胎质多较细腻，可复原者仅1件。ⅠH212∶9，敞口，圆唇稍外侈，浅腹，腹壁缓弧，盘底略平，盘内黏有两个残支钉。口径16.3、残高3.1、壁厚0.45厘米（图7－4，2）。

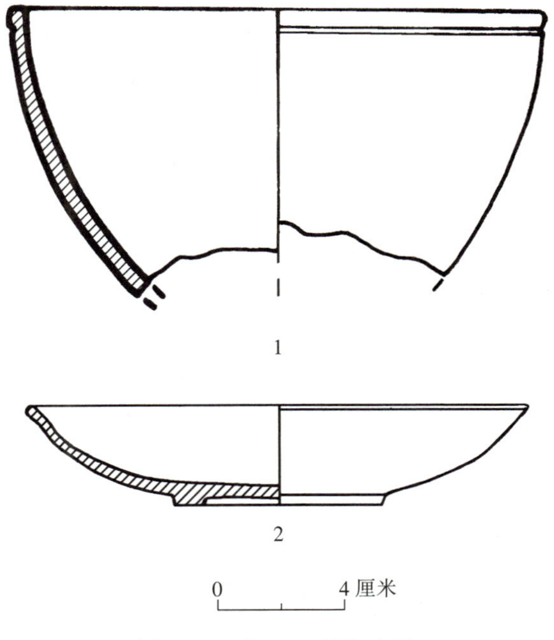

图7－4　ⅠH212的瓷容器

1. 残钵（ⅠH212∶4）　2. 残圈足盘（ⅠH212∶9）

三、其他制品

此一部分包含除陶容器、砖瓦、瓷容器之外的其他遗物。按出土单位逐件介绍。

ⅠF35:1　柱础石。扁体，平面近呈长方形。

ⅠH209:1　铁片。

ⅠH210:1、ⅠH210:2、ⅠH210:5　铁块。

ⅠH210:4　骨器残片。

ⅠH210:6　铜钱。锈蚀严重，但仍可辨认“祥符元宝”4字（“祥符”系宋真宗年号，即公元1008～1016年）。

ⅠH212:1、ⅠH212:3、ⅠH212:10、ⅠH212:11　铁块。

ⅠH212:2、ⅠH212:5、ⅠH212:7　残铁钩。

ⅠH212:6　铁钉。

ⅠH212:8　铁条。

ⅠH212:12　残瓷狗。白釉，已多所脱落。头部前伸，前肢直立，后肢残。长5.7、高4.68厘米（图7－5）。

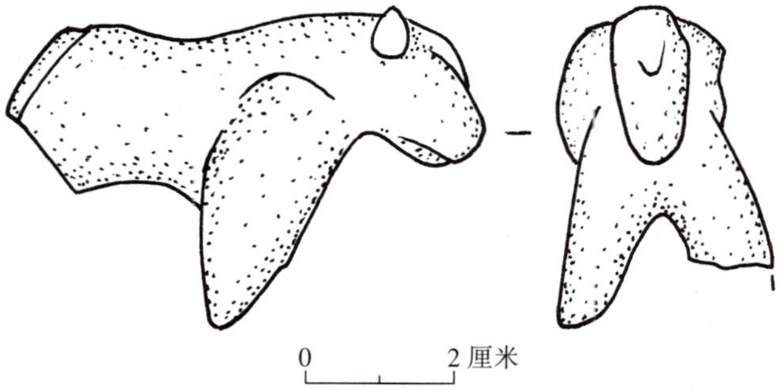

图7－5　ⅠH212的残瓷狗
（ⅠH212:12）

ⅠH212:14　石片。

ⅠH212:15　绿釉瓦片。

ⅠH212:16　骨器残片。

ⅠH223:1～ⅠH223:3、ⅠH223:7～ⅠH223:9、ⅠH223:11～ⅠH223:13、ⅠH223:16～ⅠH223:20、ⅠH223:26、ⅠH223:28、ⅠH223:29、ⅠH223:33、ⅠH223:37　铁块。

ⅠH223:4　残铁锸。两侧边平直，直刃。残长7、宽12.9、銎口残深5.3厘米。

ⅠH223:5　有打击痕的石块。英安岩。

ⅠH223:6　斧形石器。玄武岩，黑灰色，粗略磨制，平顶，刃边亦磨平。长8.66、宽5.57、厚2.43厘米。

ⅠH223:10　刀币残片。属战国时期。

ⅠH223:14　燧石质石核。

ⅠH223:15　有打击痕的石块。英安岩。

ⅠH223:21　有孔陶圆饼。以陶片制成，泥质灰陶，外表施绳纹。直径2.5、厚0.67、孔内径0.66厘米（图7－6，3）。属战国时期。

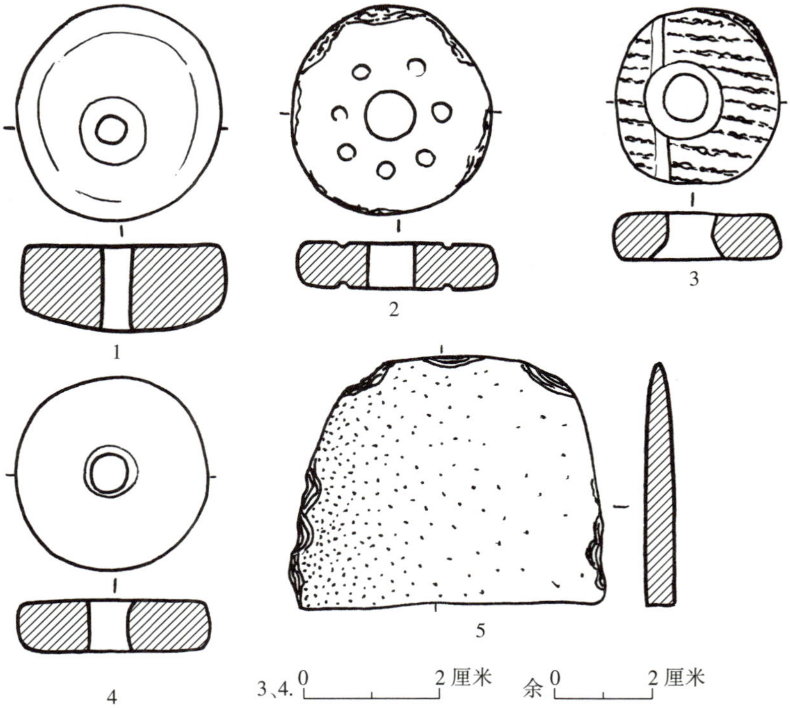

图 7－6　ⅠH223 的有孔陶圆饼和石铲残段
4. 有孔陶圆饼（ⅠH223∶24、ⅠH223∶27、ⅠH223∶21、ⅠH223∶38）　5. 石铲残段（ⅠH223∶31）

ⅠH223∶22　磨制石器残块。石灰岩。

ⅠH223∶23　有切割痕的肢骨。

ⅠH223∶24　有孔陶圆饼。泥质褐陶，周边磨平。直径 4～4.35、厚 1.96、孔径 0.55～0.68 厘米（图 7－6，1）。

ⅠH223∶25　骨簪残段。磨制，仅存下部，尖端圆钝。残段长 7.12、直径 0.43 厘米。

ⅠH223∶27　有孔陶圆饼。属战国时期。以釜残片制成，夹云母红陶，两面皆在孔周围均匀地排列着一周小戳坑，一面 7 个，另一面 8 个。直径 4～4.2、厚 0.94、孔径 0.9 厘米（图 7－6，2）。

ⅠH223∶30　磨制石器残片。

ⅠH223∶31　石铲残段。熔结凝灰岩，磨制，仅存上部。残段长 6.3、宽 4.9、厚 0.66（图 7－6，5）。

ⅠH223∶32　磨制石器残段。凝灰岩，残段长 11.3、宽 5.1、厚 1.7 厘米。

ⅠH223∶34　石凿残段。熔结凝灰岩，黑色，磨制，仅存下部，窄刃略直，偏锋。长 3.3、宽 1.6、厚 1 厘米。

ⅠH223∶36　石铲残段。玄武岩，黑色，稍有磨制，仅存上部。长 8.7、宽 7、厚 2.1 厘米。

ⅠH223∶38　有孔陶圆饼。泥质褐陶，周边磨平。直径 2.8、厚 0.81、孔径 0.62

厘米（图7－6，4）。

ⅠH223∶40　石斧（或杵）残段。玄武岩，黑色，琢制，仅存上部，横截面略近圆形。长9.6、宽5.9、厚5.2厘米。

ⅠH223∶41　刻字陶片。瓮、罐类肩部残片，泥质灰陶，肩以下器表施绳纹，肩部刻一“司”字。

ⅠH223∶42　陶圆饼。以瓮、罐类腹片制成，泥质灰陶，存留五道箍堆纹，周边磨平。直径6.35、厚1.1厘米。属夏家店下层文化。

ⅠH223∶43　残陶圆饼。以瓮、罐类腹片制成，泥质褐陶，存留两道箍堆纹，周边磨平。直径7.3、厚1.02厘米。属夏家店下层文化。

ⅠH223∶44　磨制石器残块。玄武岩。

ⅠH231∶1　石铲。玄武岩，黑色，打制，窄顶，凸弧刃。长10.85、宽7.5、厚1.3厘米（图7－7）。属夏家店下层文化。

ⅠH241∶1　残铁容器。仅存下部，平底略见内凹。残体直径25.6、底径12、残高4厘米（图7－8）。

ⅠT304①∶1　残陶盖纽。

ⅠT304①∶2　绿釉瓦残块（图7－9，10）。

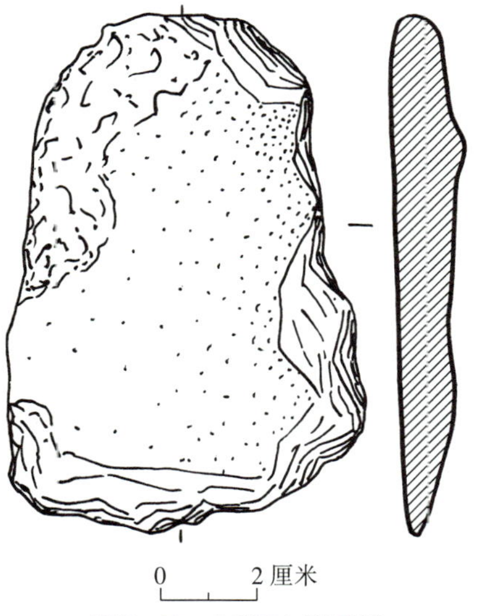

图7－7　ⅠH231的石铲
（ⅠH231∶1）

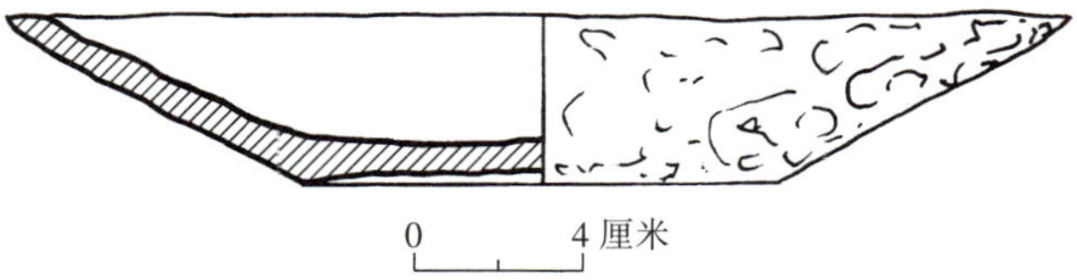

图7－8　ⅠH241的残铁容器
（ⅠH241∶1）

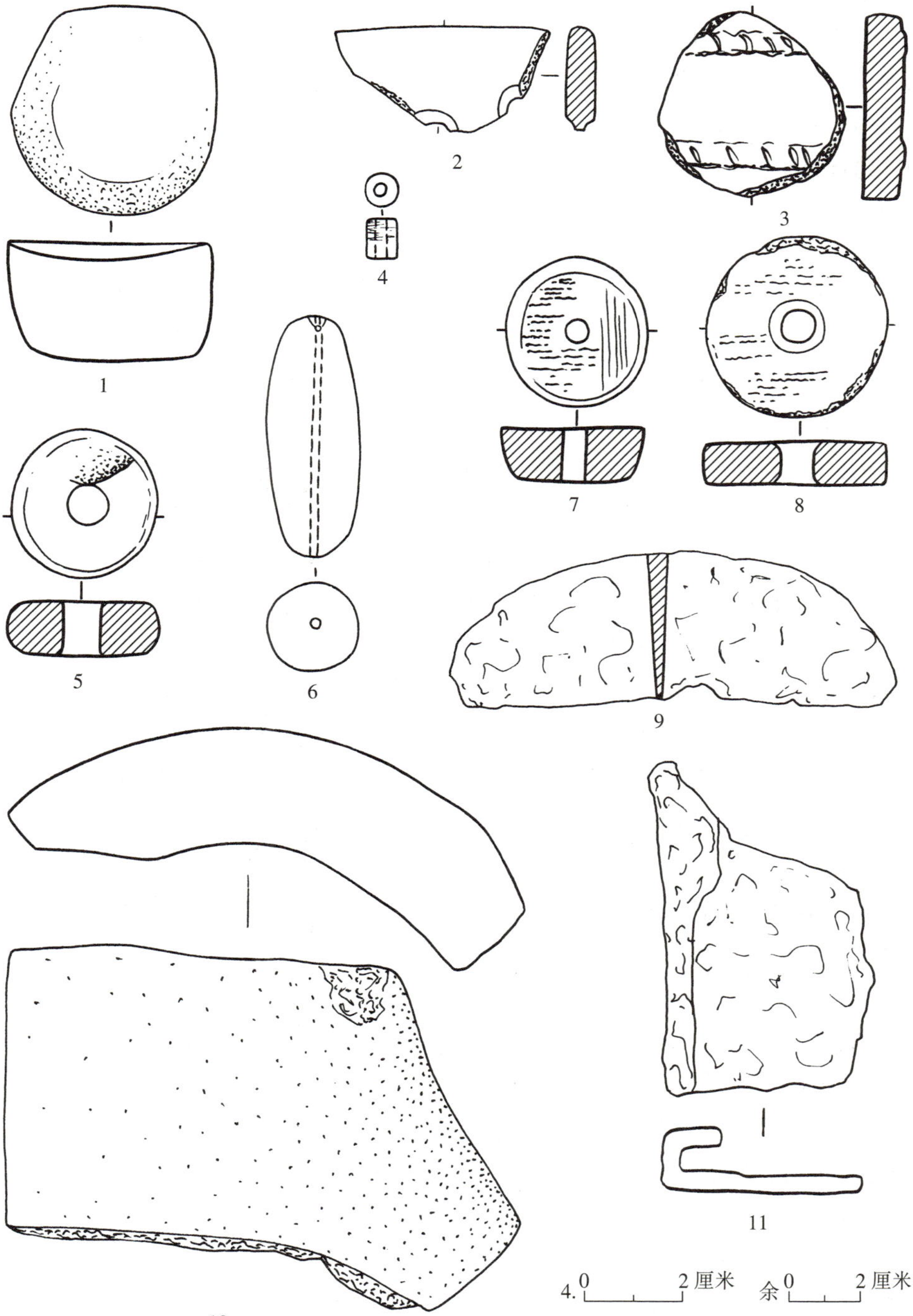

图7-9　ⅠT304①、ⅠT304②陶容器以外的石、陶、铁制品

1. 凹面陶器（ⅠT304②:33）　2. 石钺残块（ⅠT304②:34）　3. 陶圆饼（ⅠT304②:32）　4. 石珠（ⅠT304②:7）
5、7、8. 陶纺轮（ⅠT304②:13、ⅠT304②:1、ⅠT304②:21）　6. 埙形陶器（ⅠT304②:31）
9. 铁镰（ⅠT304②:26）　10. 绿釉瓦残块（ⅠT304①:2）　11. 铁镬残块（ⅠT304②:6）

ⅠT304①:3　石器残块。

ⅠT304②:1　陶纺轮。饼状，中孔，饰绳纹（图7－9，7）。属战国时期。

ⅠT304②:2　残铁镬。

ⅠT304②:3、ⅠT304②:4　铁片。

ⅠT304②:5　铜钱。铸有“景德元宝”四字（“景德”系宋真宗年号，即公元1004～1007年）。

ⅠT304②:6　铁镬残块（图7－9，11）。

ⅠT304②:7　石珠。白色，磨制，管状。长0.81、直径0.59、孔径0.19厘米（图7－9，4）。

ⅠT304②:8、ⅠT304②:10、ⅠT304②:18、ⅠT304②:20　铁块。

ⅠT304②:9　铁镬残片。

ⅠT304②:11、ⅠT304②:12、ⅠT304②:14、ⅠT304②:15　铁镬残段。

ⅠT304②:13　陶纺轮。属战国时期。外观近呈扁鼓形，中孔（图7－9，5）。

ⅠT304②:16　残梅花鹿角。主干自第二侧枝下被锯断，第三侧枝及主干上部也被砍断，唯第二侧枝尚存，在第二侧枝下的主干上可见数道锐器划痕。

ⅠT304②:17　磨制石器残块。

ⅠT304②:19　彩绘陶器残片。属夏家店下层文化。

ⅠT304②:21　陶纺轮。属战国时期。饼状，中孔，饰绳纹（图7－9，8）。

ⅠT304②:22、ⅠT304②:23、ⅠT304②:29、ⅠT304②:30　铁器残块。

ⅠT304②:24　有切割痕的动物肋骨。

ⅠT304②:25　石器残块。

ⅠT304②:26　铁镰。弧背，直刃，两端及刃部略残。长12.7、宽4.27、厚0.47厘米（图7－9，9）。

ⅠT304②:27、ⅠT304②:28　有打击痕的石块。

ⅠT304②:31　埙形陶器。泥质褐陶，捏制，若长卵，有一贯穿中轴的长孔。长6.87、直径2.62、孔径0.3厘米（图7－9，6）。

ⅠT304②:32　陶圆饼。以陶器残片制成，泥质褐陶，残留两道箍堆纹。直径5.1～5.26、厚1.07厘米（图7－9，3）。属夏家店下层文化。

ⅠT304②:33　凹面陶器。泥质灰陶，不规则厚圆盘状，顶面中心较周边下凹0.4厘米。直径5.9、高3.46厘米（图7－9，1）。

ⅠT304②:34　石钺残块。凝灰岩，残存2个对钻之孔和一段原器侧边（图7－9，2）。属夏家店下层文化。

ⅠT304③:1　铁镰残段。

ⅠT304③:2　切割过的猪犬齿。

ⅠT304③:3　石器残块。

ⅠT304③:4　小石片。

第八章　第Ⅰ地点时代不明的遗迹

KDⅠ难以判定确切时代的单位，包括编号为房址的1处和编号为灰坑的10处遗迹，兹分述之。

96KDⅠF5　位于ⅠT405东壁附近，大部分在发掘区外。被ⅠT405第1层叠压，其下为该探方第2层，故知其不早于战国时期。已发掘部分为一窄条7厘米厚的硬黄土，南北向长75、最宽处宽10厘米。

96KDⅠH76　位于ⅠT435西部，其西延至发掘区外。开口于ⅠT435第1层下，打破ⅠQ1，故知其应不早于夏家店下层文化。ⅠT435西壁一线的坑口南北长160、坑深20厘米。坑内堆积出数片陶片，其中有1片饰之字形压印纹，属红山文化。

96KDⅠH88　位于ⅠT403内。开口于ⅠT403第3层下，打破生土，故知其应不晚于战国时期。平面略近圆形，直壁。口径70～80、坑深30厘米。坑内堆积浅灰色土，仅出有数片残碎过甚的陶片。

96KDⅠH94　位于ⅠT403东部，向东延至发掘区外。被ⅠH32和ⅠH72打破，本身打破ⅠH116,故其时代应在夏家店下层文化到战国时期之间。从已发掘部分看，此坑平面当为圆形，直壁。口径约200、坑深90厘米。坑内堆积黄褐色土。出少量陶片，个别者有近似夏家店下层文化之处。

96KDⅠH184　位于ⅠT407东部，向东延至发掘区外。开口于ⅠT407第1层下，打破第2层，故其年代应不早于战国时期。已发掘部分的平面呈半圆形，直壁，平底。坑口东西向长160、坑深46厘米。坑内堆积灰土，杂黑色颗粒，未见遗物。

96KDⅠH190　位于ⅠT401东北部，大部分在发掘区外。ⅠT401第4A层下开口，直接打破生土，故其年代应不晚于战国时期。平面仅存一角，已发掘部分的坑口南北向长70、宽50、坑深35厘米。坑内堆积褐色土，未见遗物。

96KDⅠH196　跨ⅠT433和ⅠT434。在ⅠH197下，直接打破生土，故其时代应不晚于夏家店下层文化。平面呈圆形，口径60、深20厘米，无遗物。

97KDⅠH244　位于ⅠT327内。开口于ⅠT327第5层下，打破第6层，故其时代应在夏家店下层文化到战国时期之间。平面呈圆形，直壁。口径80、坑深40～50厘米。坑内堆积褐色土，无遗物。

97KDⅠH459　仅见于ⅠT335西壁。系开口于ⅠT335西壁之外（未发掘）的一个袋形坑，此坑底部的东边（南北长约1米）凸入探方内，该处距地表180厘米。虽开口不明，但打破ⅠF51W,故其年代应不早于夏家店下层文化。

97KDⅠH484　位于ⅠT338内。开口于ⅠT338第2层下，直接打破生土，故知其应不晚于夏家店下层文化。平面近圆形，口径55～60、坑深20厘米，无遗物。

第九章　第Ⅱ地点遗存

第一节　发掘概况

大山前第Ⅱ地点的面积近 45000 平方米。这里因修水平梯田而普遍切削成多道垂直的断崖，崖壁上则露出一些灰土。经调查和钻探，初步了解到，这里的遗迹主要是半地穴房址和灰坑，而缺乏连续的古代文化层。地表暴露陶片的数量远逊于第Ⅰ地点①。为获知遗迹概貌，并确认这些遗迹的文化性质，1996 年我队发掘 KDⅠ的同时，在 KDⅡ布设了 4 个探方，经钻探得知这 4 处均可能存在较为完整的遗迹。每探方发掘用时不过数日，最终在该地点实际发掘的总面积为 98.25 平方米（见图 1－1；彩版一四三）。

各探方具体情况如下。

96KDⅡT1　位于 KDⅡ中部偏东南，地表海拔 774 米。探方规格 6.75 米×5 米。

此探方的堆积层序可以ⅡT1 北壁为例：

第 1 层：现代耕土层，厚 15～50 厘米，灰黄色土，质疏松。ⅡH1 开口于此层之下。

第 2 层：覆盖的平面范围遍及全方，厚 20～40 厘米，黄花土，质致密。出土较少陶片。ⅡH2 开口于此层之下。

第 3 层：平面范围遍及全方，厚 25～90 厘米，灰色土，质黏。出土较多陶片。

第 4 层：叠压在黄色生土之上，分布于此探方的中、东部，厚 0～45 厘米，灰绿色土，夹杂炭粒与红烧土块，质疏松。ⅡF1 为此层叠压（图 9－1）。

ⅡT1 内的层位关系可表示为：①→H1→②→H2→③→④→F1→生土。ⅡH1 为夏家店上层文化的灰坑，ⅡT1②及其以下各单位均属夏家店下层文化。

96KDⅡT2　位于 KDⅡ中部，地表海拔 783 米。最初布 4 米×4 米的探方，后于其西增补 3.5 米×3 米的扩方。该探方的第 1 层为现代耕土，其下见有现代的育林坑。第 2 层亦为现代堆填之土，其下即是黄色生土。探方内的 2 处遗迹ⅡF2 和ⅡH3 皆开口于第 2 层之下，直破生土，均属夏家店下层文化（图 9－2）。

96KDⅡT3　位于 KDⅡ中部偏北，地表海拔 794 米。布方 5 米×5 米，北角有一条 1 米×2 米的范围未发掘。该探方的第 1 层为现代耕土，第 2 层亦为现代堆填之土，其下是黄色生土。探方内发现 2 处遗迹，开口于第 2 层之下，直破生土，分别为ⅡH4 和

---

① 赤峰考古队：《半支箭河中游先秦时期遗址》，第 11～15 页，科学出版社，2002 年。

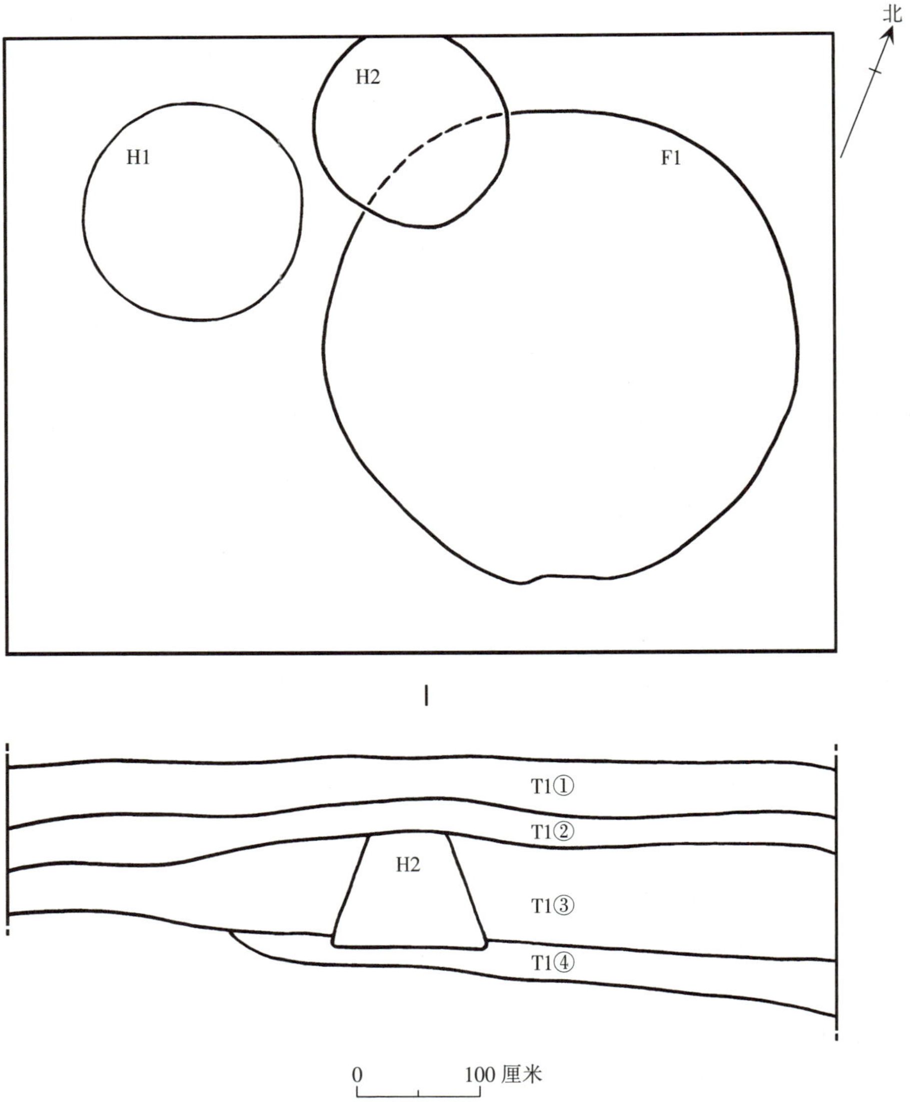

图 9－1　96KDⅡ T1 平面图及北壁剖面图

ⅡF3,前者打破后者，均属夏家店下层文化（图 9－3）。

96KDⅡT4　位于 KDⅡ西南部，地表海拔 763～764 米。探方北侧紧邻 2 米高的陡坎，地表北高南低。布方 5 米×3 米。此探方在现代耕土层下见有ⅡM1 这座夏家店上层文化墓葬，墓葬打破夏家店下层文化的ⅡG1，后者直破生土（图 9－4）。另外，在调查 KDⅡ时，曾于此探方边上一现代育林坑的底部清理出若干彩陶片，经拼对复原成 1 件小河沿文化彩陶罐（彩版一四四，1）。

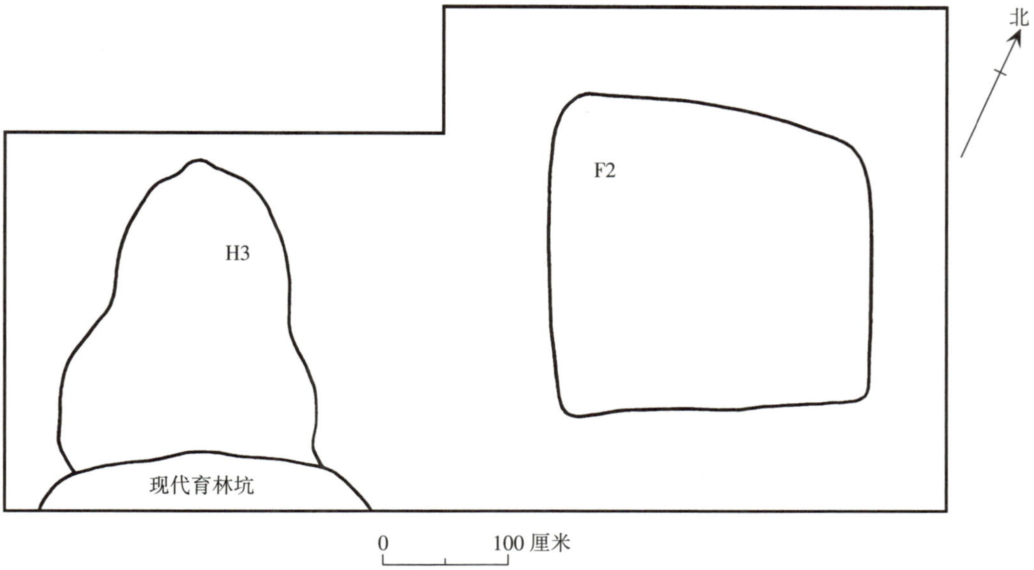

图 9－2　96KDⅡ T2 平面图

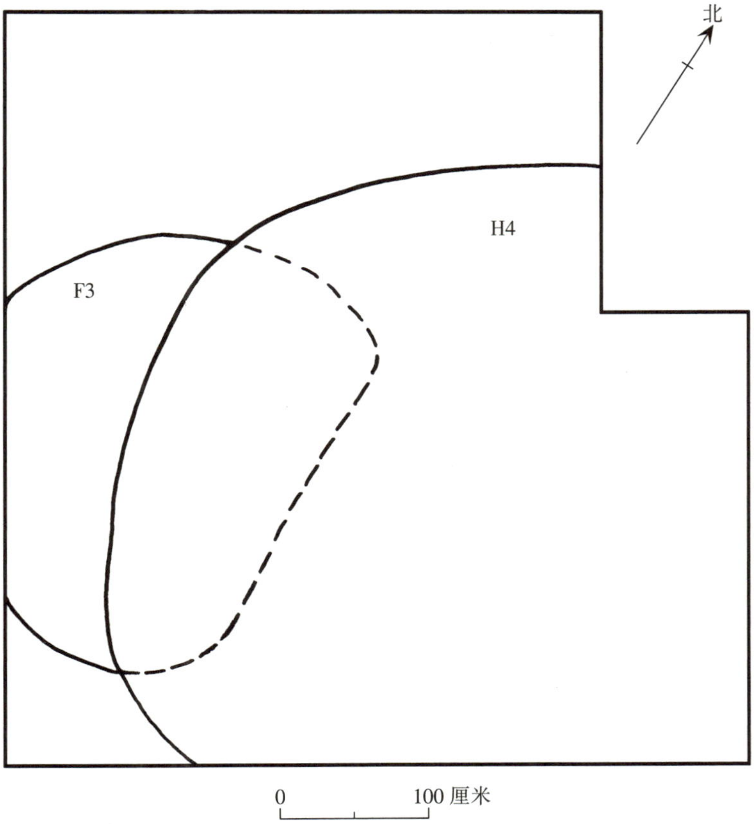

图 9－3　96KDⅡ T3 平面图

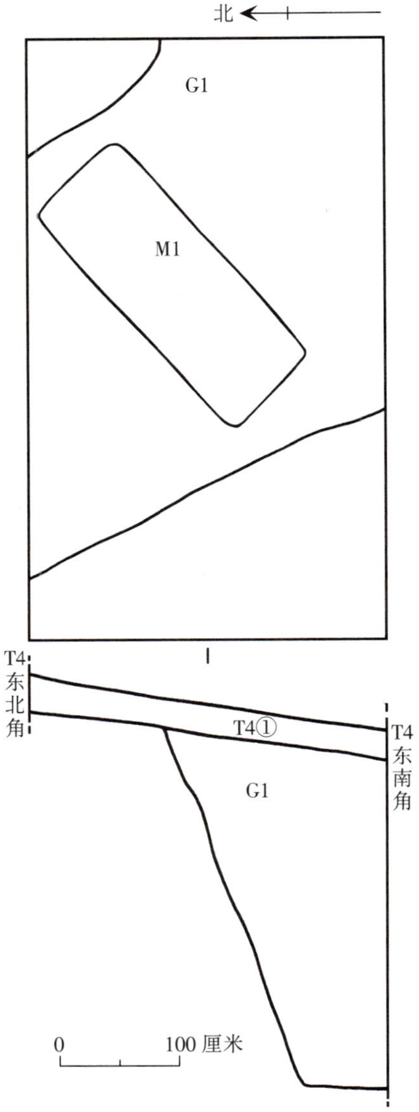

图9－4　96KDⅡ T4平面图及东壁剖面图

第二节　遗迹

以下逐一介绍此次发掘的KDⅡ诸遗迹。

一、夏家店下层文化遗迹

编号为房址和灰坑的夏家店下层文化遗迹各有3处，还发掘到一段沟。

96KDⅡF1　位于ⅡT1的中、东部。地面式建筑。其上为ⅡT1第4层叠压。该房址在生土层面上以黄土夯筑一周墙体，内、外壁敷抹1～2厘米厚的草拌泥。墙之平面外圆内方，外圆的直径370～380厘米，内方的各边长度约230厘米。墙体宽35～55、存高20～63厘米。此墙东南端形成豁缺，是为门道，以此为标志，则该房址的方向为152°。

墙内普遍垫有一层经夯实的黄土（ⅡF1⑥），厚10～20厘米，其中见有较碎的夏家店下层文化陶片。在此层垫土上铺敷室内地面。室内地面共有4层，均为平整的草拌泥抹面，自最下层草拌泥面（ⅡF1⑤）起，每两层草拌泥面之间均铺垫一层4～6厘米厚的硬黄土，除上层草拌泥（ⅡF1②）厚1.5～2厘米外，其他各层草拌泥的厚度均在1厘米以下。

上层地面的西北角及其附近墙壁经烧烤而呈红褐色，该处地面有一口径14、深10厘米的小圆坑，坑壁抹草拌泥，坑内存灰烬。此层地面还有一柱穴（d1），位于中轴线上靠近门道一侧，口径23、深40厘米，穴底垫15厘米厚的碎陶片，穴壁也贴附一周碎陶片。

第2层地面（ⅡF1③）的中部有一直径约70厘米的范围经烧烤而成红褐色硬面，其中心处有一口径18、深22厘米的小圆坑，坑壁抹2厘米厚的草拌泥。此层地面的东南部有两个柱穴，壁、底均抹一层草拌泥，d2口径19、深14厘米，d3口径17、深11厘米。

门道与上层地面相连，内宽外窄，内侧宽85、外侧宽65厘米。门道内侧起始于上层草拌泥地面的外缘。此处向外为一15厘米高的陡坎，坎外地面以15°的倾角下斜，这部分地表经烧烤而呈红色（图9－5；彩版一四四，2）。

室内地面以上的堆积（ⅡF1①）为灰土，出少量夏家店下层文化陶片和兽骨。

96KDⅡF2　位于ⅡT2东部。开口于ⅡT2第2层（现代）下，直接打破生土。地穴或半地穴式，平面近梯形，除东边长180厘米外，其余三边的长度皆约250厘米。穴壁较直，底略小于口，穴底较平。东南角有一生土台，其长、宽、高各为60～70、20～16、10厘米。穴内堆积黄灰色土，出有1件可复原的陶罐和1件残陶豆，并有一石铲（图9－6；彩版一四五，1）。

96KDⅡF3　位于ⅡT3西南部。部分延至探方之外而未发掘。开口于ⅡT3第2层（现代）下，东部被同层下的ⅡH4打破，直接打破生土。地穴或半地穴式，已发掘的口部南北向长300、东西向长230、穴深40～110厘米。穴底不平，近呈周边向中部下斜之势。穴内堆积黄灰色土，含灰烬和红烧土颗粒，出夏家店下层文化陶片和少量兽骨，并有石斧、石铲、石刀、盘状石器各1件和2个残陶垫。

96KDⅡH2　位于ⅡT1中北部，尚有一小部分延至探方之外而未发掘。开口于ⅡT1第2层（夏家店下层文化）下，打破ⅡT1第3层（夏家店下层文化）。坑口距地表60厘米，坑口平面当为圆形，袋状，坑底不甚平整。口径160、底径200、坑深约90厘米。坑内堆积分二层：ⅡH2①，灰褐色土，较软，厚0～45厘米；ⅡH2②，黄灰色土，较软，厚40～90厘米。两层均出少量夏家店下层文化陶片。

96KDⅡH3　位于ⅡT2西部，东距F2约70厘米。开口于ⅡT2第2层（现代）

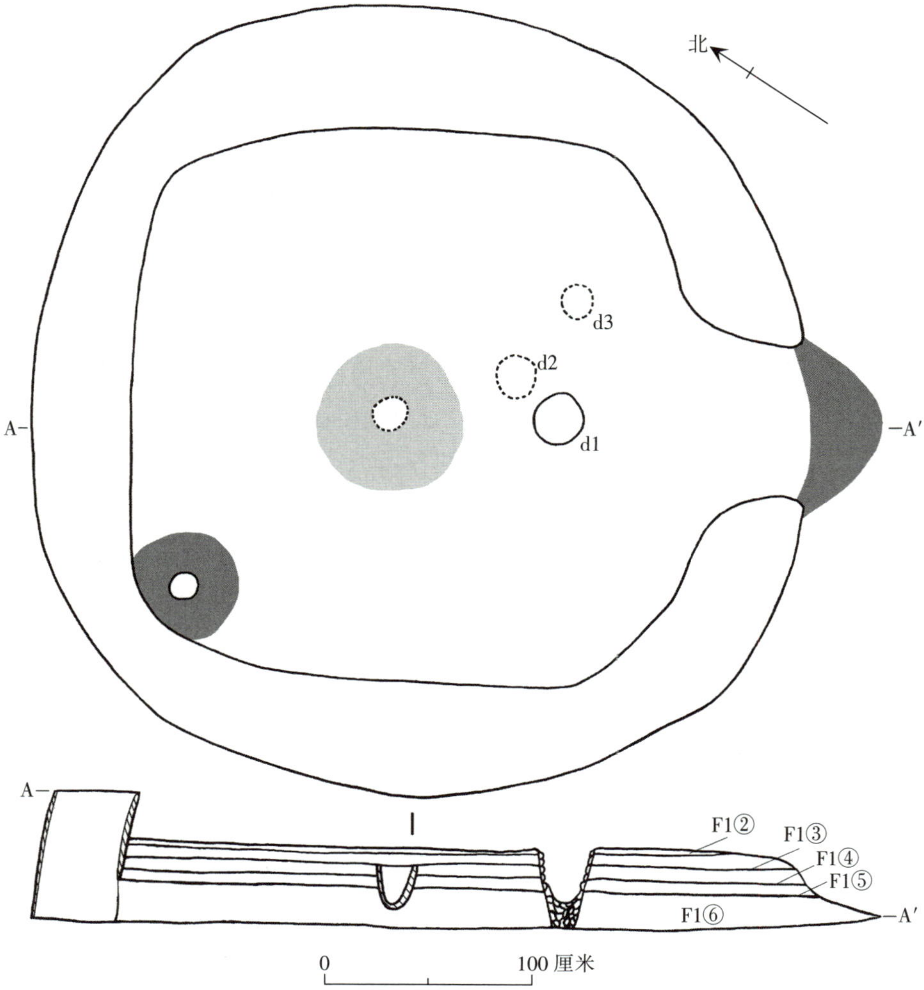

图 9－5　96KDⅡ F1 平、剖面图
（平面图中深灰色为上层地面之烧烤面，浅灰色为第 2 层地面之烧烤面；剖面图中斜线部分为草拌泥）

下，直接打破生土。南部被现代育林坑切毁。现存部分的平面形状不规则，坑口最长处长 90 厘米。坑底北浅南深，最深 75 厘米。坑内堆积黑灰土，出少量夏家店下层文化陶片。

96KDⅡH4　位于ⅡT3 东部，向东延至探方之外而未发掘。开口于ⅡT3 第 2 层（现代）下，打破ⅡF3。坑口距地表 35～100 厘米，已发掘部分的坑口平面近扇形，东西向长约 480、最深处坑深 70 厘米。坑内堆积灰绿土，出少量夏家店下层文化陶片，并有兽骨和 2 件石铲、1 件石磨棒。

96KDⅡG1　位于ⅡT4，西北、东南延至探方之外。被夏家店上层文化的ⅡM1 打破，直接打破生土。沟口距地表 25 厘米，沟壁下斜。已发掘部分西北—东南向长 350、口宽约 330、沟深 270～290 厘米。沟内堆积黄灰色土，出数片夏家店下层文化陶片，主要为一陶甗上半部的残片。

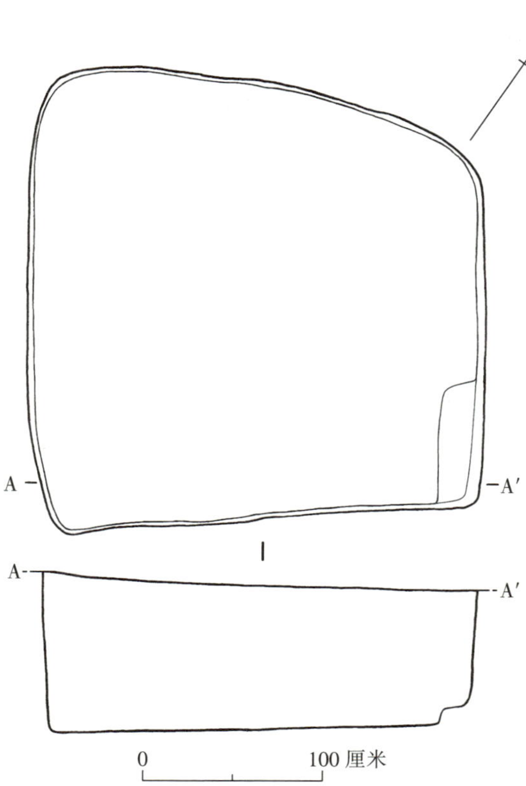

图 9－6　96KDⅡ F2 平、剖面图

二、夏家店上层文化遗迹

属于夏家店上层文化的遗迹仅有灰坑和墓葬各一处。

96KDⅡH1　位于ⅡT1 西北部。开口于ⅡT1 第 1 层下，打破夏家店下层文化的ⅡT1第 2 层。坑口距地表 45 厘米，平面圆形，袋状，坑底较平。

口径 170～180、底径 250～265、坑深约 150 厘米。坑内堆积分三层，均呈水平状分布：ⅡH1①，黄花土，略硬，厚 0～20 厘米，无遗物；ⅡH1②，灰褐色土，较软，厚 40～50 厘米，出夏家店上层文化陶片，并有兽骨和骨器等；ⅡH1③，灰土，较软，厚 70～100 厘米，出夏家店上层文化陶片，并有兽骨和石、骨器及卜骨等，底部东壁下有若干陶片，均属ⅡH1∶2 这件残陶鬲（图 9－7）。

96KDⅡM1　位于ⅡT4。发掘前墓内石板已露出地表，遂做清理。此墓为长方形土坑竖穴，方向 35°。墓穴长 245、宽 95、深 130 厘米。穴口处石块堆陈，揭去这纷乱的石块后，显出石椁：贴靠四壁竖立板状石块，其上覆盖条状石块，东北部的条状石块有两层（彩版一四五，2）。穴底有一具尸骨，保存欠佳，大体上可辨认出侧身直肢（面向西北）的体态，胸部一带有 27 粒料珠和一兽牙。穴内填土黄灰色，出一枚铜泡（图 9－8）。

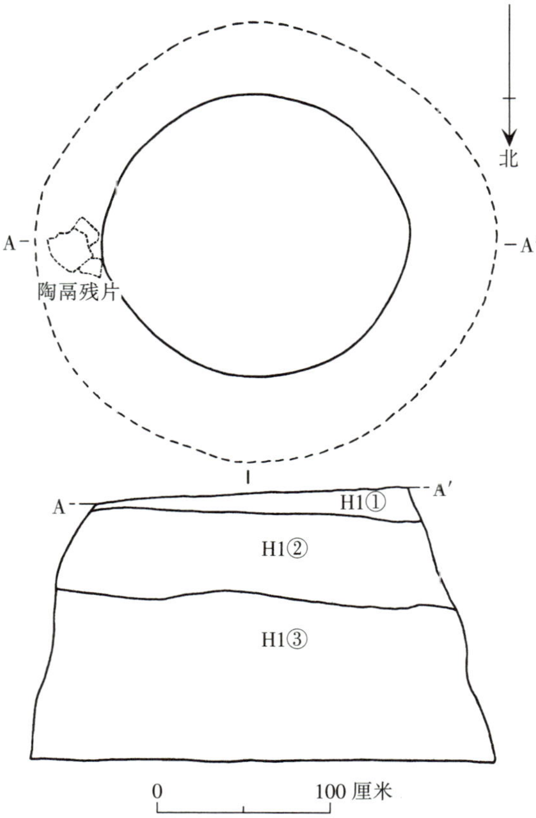

图 9－7　96KDⅡ H1 平、剖面图

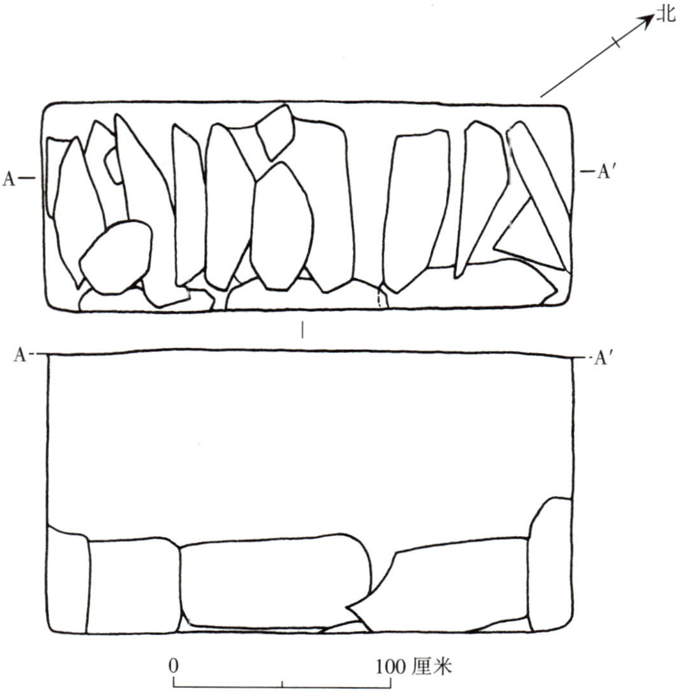

图 9－8　96KDⅡ M1 平、剖面图

第十章 结语

大山前第Ⅰ、Ⅱ地点的发掘是赤峰地区又一次大规模的田野考古工作，为该地区的考古研究和大遗址保护提供了重要的资料。在此，试就以下几个方面谈些认识。

一

大山前属于坡岗型遗址，其规模之大，在半支箭河中游一带几乎是唯一的。像第Ⅰ地点这样以夏家店下层文化为主、尚分布夏家店上层文化和战国时期遗存、并呈现深厚堆积和复杂遗迹的还有第Ⅲ、第Ⅳ地点，后者同样处于清水河与人工挖成的深沟所环绕的台子上①。KDⅠ和KDⅣ东西并峙，这样的格局在半支箭河乃至锡伯河流域的先秦时期坡岗型遗址中并不多见。大山前诸地点又和架子山这处山丘型遗址群隔河相望，更说明大山前—架子山的重要性，至少在半支箭河中游的调查区域内应具有中心地位②。

这种突出的地位也反映在夏家店下层文化的某些特殊遗物上。如ⅠH149∶2这件石磬半成品，其规整的形体甚至接近《周礼》所言之典型石磬，“（磬氏）为磬，倨句一矩有半，其博为一，股为二，鼓为三……”③。“倨句一矩有半”意即上股边与上鼓边所夹之钝角为135°（90°+45°），而此磬之倨句则是134°，上股边与上鼓边的比值约0.6，亦可视作接近2/3，如是，此磬在目前见到的夏家店下层文化同类器中应是最能体现礼乐规序的典范之作。又如ⅠF55⑤∶3、ⅠH426①∶9这2件罕见的鳄鱼骨板制品，当是迄今所知先秦时期流传地域最北的鳄鱼骨板。

有鉴于此，1999年，我队提议在赤峰地区继续深入开展以探究先秦时期遗址格局为主要内容的区域性调查，旨在辨析出不同地域中像大山前这样有着突出地位的大遗址，并建言应尽快将这类大遗址列为首要保护对象④。

二

如第四章第四节所述，此项发掘揭露出KDⅠ在夏家店下层文化时凸显着一块特殊的中央高地。在ⅠH74、ⅠH401这两坑与ⅠH354、ⅠH409两坑之间也没有发现任何夏

---

① 赤峰考古队：《内蒙古喀喇沁旗大山前遗址1998年的发掘》，《考古》2004年第3期。

② 赤峰考古队：《半支箭河中游先秦时期遗址》，第309页，科学出版社，2002年。

③ 《周礼·考工记·磬氏》。

④ 《全国重点文物保护单位》编辑委员会：《全国重点文物保护单位（第一批至第五批）》第Ⅰ卷，第490页，文物出版社，2004年。

家店上层文化遗迹，所以这块夏家店上层文化“空白区”的主要部分与夏家店下层文化的中央高地正相重合。及至战国时期，由ⅠT301、ⅠT302、ⅠT311、ⅠT312、ⅠT321、ⅠT322及其邻近地带构成的这块中央高地则是明显的一片空白，可见，战国时期仍赋予中央高地以特殊性。

如是，从夏家店下层文化到战国时期，大山前第Ⅰ地点诸遗迹之布局均以围绕中央高地为其特色，这种结构竟延续了近两千年之久。由此不难想象，当地先民从夏家店下层文化到战国时期应始终秉承着同样的文化理念。

三

此项发掘也为深入探究夏家店下层文化一些主要陶器的演变规律提供了新的视角。例如，夹砂罐、泥质罐、夹砂鼎、甗盆、甗鬲、盆、泥质筒腹鬲、大口瓮、尊、豆等器类都有明确的演变轨迹可寻。而且，形态上有相通之处的若干器类往往呈现出相近的演变规律。譬如，夹砂罐、泥质罐、夹砂鼎、大口瓮等有领类陶器，口沿皆由外侈或外卷程度较大而渐趋直立，唇部也由薄变厚。甗盆、盆、泥质筒腹鬲、尊等敞口类陶器的口沿则由宽沿外侈趋于窄沿近平乃至唇缘下勾。常见的罐类器、大口瓮、甗鬲也都有由矮胖而渐趋瘦高的发展趋势。

同时，对这些器物演变序列的揭示也使夏家店下层文化分期分段的认识得到深化，确认各阶段夏家店下层文化的时间位置也因此而获得了新的实证。至于大山前第Ⅰ、Ⅱ地点的夏家店下层文化、夏家店上层文化、战国时期遗存所处的年代，本报告的第四章第四节和五、六两章的第三节已有详论，兹不赘述。

四

大山前第Ⅰ、Ⅱ地点的发掘，为研究赤峰地区先秦时期尤其是夏家店下层文化的经济形态等问题提供了重要资料。通过提取各类标本进行相关的分析检测，有理由认为这里的夏家店下层文化先民主营粟作农业，与之相关的家畜饲养业也在经济生活中占有重要地位，肉食的主要来源应是猪，牛、羊抑或其次。此时是否驯养家马则有待进一步确认。

在诸多可以反映生产力水平的领域中，冶金当最具代表性意义。此次发掘共获得3件夏家店下层文化的铜制品。众所周知，赤峰地区是中国境内采掘铜矿和冶铜发生得最早的地区之一，大山前附近亦不乏铜或以铜为主的多金属矿源，如北30千米左右的车户沟铜矿（属松山区初头朗镇池家营子村），东南20多千米的喀喇沁旗十家乡的明安山铜矿。尽管还无法想象大山前的夏家店下层文化先民对周围地区铜矿资源的熟悉程度，但至少不应排除已对其利用或开采的可能性。

报告行将完成时，回顾那两年的发掘和后来的整理工作，收获之余，感到的确存在不少的问题。如果当初能够引起重视，这部报告所含的信息绝不止此。以上，我们尽可能全面地报道了大山前第Ⅰ、Ⅱ地点发掘所获资料，错漏之处在所难免，恭请读者批评指正。

附录一　内蒙古喀喇沁旗大山前第 I 地点 ^{14}C 测年数据表①

中国社会科学院考古研究所考古科技实验研究中心

实验室编号	出土单位	^{14}C 半衰期 5730 年的实测结果	^{14}C 半衰期 5568 年的实测结果	树轮校正年代
ZK－2934	96KD Ⅰ H12	3834 ±400（BC1884 ±400）	3725 ±400（BC1775 ±400）	BC2852～1548
ZK－2935	96KD Ⅰ H34	3157 ±75（BC1207 ±75）	3068 ±75（BC1118 ±75）	BC1412～1214
ZK－2936	96KD Ⅰ H41⑤	2225 ±62（BC275 ±62）	2162 ±62（BC212 ±62）	BC355～101
ZK－2937	96KD Ⅰ H44②	2260 ±65（BC310 ±65）	2169 ±75（BC246 ±75）	BC369～165
ZK－2938	96KD Ⅰ T111②	3418 ±70（BC1468 ±70）	3321 ±70（BC1371 ±70）	BC1681～1515
ZK－2939	96KD Ⅰ T408④	3404 ±83（BC1454 ±83）	3308 ±83（BC1358 ±83）	BC1681～1467
ZK－2940	96KD Ⅰ T421⑥的土坯碎块中	8674 ±123（BC6724 ±123）	8429 ±123（BC6479 ±123）	BC7543～7314
ZK－2941	96KD Ⅰ F18	3462 ±79（BC1512 ±79）	3364 ±79（BC1414 ±79）	BC1741～1523

① ZK－2934、ZK－2935、ZK－2938～ZK－2941 出自夏家店下层文化单位，ZK－2936、ZK－2937 出自战国时期单位。所测样品皆为木炭。

附录二　内蒙古喀喇沁旗大山前第Ⅰ地点石制品的石料分析

名称	石质	时代								
		夏家店下层文化			夏家店上层文化			战国		
		数量（件）	小计（件）	百分比（%）	数量（件）	小计（件）	百分比（%）	数量（件）	小计（件）	百分比（%）
扁平砾石	安山岩	1	1	100						
扁平石块	英安岩							1	1	100
饼形石器	安山玢岩	1	12	8. 33					1	
	安山岩	4		33. 36						
	长石石英砂岩	1		8. 33				1		100
	碱性花岗岩	1		8. 33						
	脉石英	1		8. 33						
	熔渣	1		8. 33						
	细晶花岗岩	1		8. 33						
	玄武岩	1		8. 33						
	珍珠岩	1		8. 33						
铲类石器	凝灰质板岩	1	2	50						
	熔结凝灰岩	1		50						
铲形砾石	安山岩	1	1	100						
铲形石器	安山岩	2	3	66. 66						
	熔结凝灰岩	1		33. 34						
打制石器	凝灰质粉砂岩							1	2	50
	晶屑凝灰岩	1	1	100						
	玄武岩							1		50
斧（或锛）	细碧角斑岩							1	1	100
刮削器	蛋白石	2	4	50		1			2	
	燧石	2		50	1		100	2		100
砾石	安山岩	6	10	60						
	流纹岩	2		20						
	脉石英	1		10						
	英安岩	1		10						
两尖端石器	燧石	1	1	100						

续表

名称	石质	时代								
		夏家店下层文化			夏家店上层文化			战国		
		数量（件）	小计（件）	百分比（%）	数量（件）	小计（件）	百分比（%）	数量（件）	小计（件）	百分比（%）
卵形砾石	凝灰岩	1	1	100						
磨盘	含砾粗砂岩	1	2	50						
	砂岩	1		50						
磨石	凝灰质粉砂岩	2	5	40						
	石英砂岩	1		20						
	砂岩	2		40						
磨制石铲	板岩	1	8	12.5						
	大理岩	1		12.5						
	凝灰质板岩	3		37.5						
	熔结凝灰岩	2		25						
	石灰岩	1		12.5						
磨制石铲残块	大理岩	1	1	100						
磨制石铲刃角	大理岩	1	1	100						
磨制石器	安山岩	1	10	10				3	5	60
	板岩	1		10						
	流纹岩	1		10						
	凝灰岩	1		10						
	千枚岩	1		10						
	熔结凝灰岩	3		30						
	石灰岩	1		10				1		20
	燧石	1		10						
	玄武岩							1		20
盘状石器	安山玢岩	1	18	5.56		1				
	安山岩	8		44.44	1		100			
	流纹岩	1		5.56						
	凝灰岩	3		16.66						
	凝灰质板岩	1		5.56						
	熔结凝灰岩	1		5.56						
	玄武岩	2		11.10						
	英安岩	1		5.56						

续表

名称	石质	时代								
		夏家店下层文化			夏家店上层文化			战国		
		数量（件）	小计（件）	百分比（%）	数量（件）	小计（件）	百分比（%）	数量（件）	小计（件）	百分比（%）
石锛	玻基凝灰岩	1	3	33.3						
	流纹质玻屑凝灰岩	1		33.3						
	玄武岩	1		33.4						
石铲	安山岩	7	147	4.76		2			2	
	板岩	12		8.17				1		50
	玻基凝灰岩	1		0.68						
	玻屑凝灰岩	3		2.04						
	大理岩	18		12.24						
	硅质灰岩	3		2.04						
	辉长岩	1		0.68						
	晶屑凝灰岩	1		0.68						
	流纹岩	1		0.68						
	凝灰岩	3		2.04						
	凝灰质板岩	31		21.09						
	熔结凝灰岩	21		14.28						
	石灰岩	29		19.73	2		100	1		50
	玄武岩	10		6.81						
	英安岩	5		3.40						
	珍珠岩	1		0.68						
石铲（或斧）	安山岩	22	47	46.81				1	1	100
	安山质流纹岩	2		4.25						
	安山质凝灰岩	1		2.13						
	大理岩	1		2.13						
	辉长岩	1		2.13						
	火山角砾岩	1		2.13						
	流纹岩	1		2.13						
	凝灰岩	1		2.13						
	熔结凝灰岩	1		2.13						
	玄武岩	5		10.63						
	英安岩	11		23.40						
石铲（或磬）	石灰岩	6	6	100						
石铲（或耜）	安山岩	1	1	100						

续表

名称	石质	时代								
		夏家店下层文化			夏家店上层文化			战国		
		数量（件）	小计（件）	百分比（%）	数量（件）	小计（件）	百分比（%）	数量（件）	小计（件）	百分比（%）
	玻基安山岩	1		33.33						
石杵	花岗斑岩	1	3	33.33						
	玄武岩	1		33.34						
	玻基凝灰岩	1		4.54						
	霏细岩	1		4.54						
	辉绿玢岩	1		4.54						
	晶屑凝灰岩	13		59.14				1		50
	晶屑熔结凝灰岩	1		4.54						
石刀	流纹质晶屑熔结凝灰岩	1	22	4.54					2	
	凝灰质板岩	1		4.54						
	凝灰质粉砂岩	1		4.54						
	凝灰质细砂岩	1		4.54						
	熔结凝灰岩							1		50
	细碧岩	1		4.54						
	板岩	1		4.54						
	玻基玄武岩	1		4.54						
	粗面岩	1		4.54						
	粗玄岩	1		4.54						
	大理岩	1		4.54						
	煌斑岩	1		4.54						
	辉长岩	1		4.54						
石斧	辉绿玢岩	1	22	4.54						
	辉绿岩	3		13.66						
	辉石岩	1		4.54						
	角闪石岩	1		4.54						
	榴辉岩	1		4.54						
	条带状混合岩	1		4.54						
	玄武岩	6		27.32						
	珍珠岩	1		4.54						
石罐	滑石	1	1	100						
石臼	珍珠岩	1	1	100						

续表

名称	石质	时代								
		夏家店下层文化			夏家店上层文化			战国		
		数量（件）	小计（件）	百分比（%）	数量（件）	小计（件）	百分比（%）	数量（件）	小计（件）	百分比（%）
	安山岩	6		27.32						
	角闪安山岩	1		4.54						
	流纹安山岩	1		4.54						
	脉石英	1		4.54						
	熔结角砾岩	1		4.54						
石块	砂岩	1	22	4.54					3	
	燧石	3		13.66						
	玄武岩	1		4.54						
	玄武质安山岩							1		33.33
	英安岩	4		18.12						
	珍珠岩	3		13.66				2		66.67
	碧玉	3		11.54						
石片	蛋白石	6	26	23.08					1	
	燧石	17		65.38				1		100
	安山岩	6		17.14				3		30
	玻基凝灰岩							1		10
	粗面霏细岩	1		2.86						
	粗玄岩	1		2.86						
	大理岩	2		5.71						
	蛋白石	1		2.86						
	辉绿玢岩	1		2.86						
	流纹质熔结凝灰岩	1		2.86						
石器	凝灰岩	1	35	2.86					10	
	凝灰质板岩	6		17.14						
	熔结凝灰岩	2		5.71						
	石灰岩	1		2.86				1		10
	燧石	4		11.43				2		20
	细碧岩	1		2.86						
	玄武岩	2		5.71				2		20
	英安岩	2		5.71				1		10
	珍珠岩	3		8.57						
石磬	大理岩	1	8	12.5						
	石灰岩	7		87.5						

续表

名称	石质	时代								
		夏家店下层文化			夏家店上层文化			战国		
		数量（件）	小计（件）	百分比（%）	数量（件）	小计（件）	百分比（%）	数量（件）	小计（件）	百分比（%）
石磬（或铲）	石灰岩	1	1	100						
石球	花岗岩	1	4	25						
	流纹岩	1		25						
	石英岩	1		25						
	玄武岩	1		25						
石容器	安山岩		1					1	1	100
	大理岩	1		100						
石钺	大理岩	3	8	37.5				1	1	100
	火山角砾岩	1		12.5						
	角闪辉长岩	1		12.5						
	熔结凝灰岩	1		12.5						
	石灰岩	1		12.5						
	斜长角闪岩	1		12.5						
石凿	板岩		5					1	1	100
	辉长岩	1		20						
	熔结凝灰岩	1		20						
	斜长角闪岩	2		40						
	玄武岩	1		20						
石制品	大理岩	1	2	50						
	凝灰质板岩	1		50						
石珠	大理岩	1	2	50						
	玛瑙	1		50						
石镞	蛋白石	1	1	100						
石饰件	大理岩	1	2	50						
	绿松石	1		50						
小石块	脉石英	1	1	100						
有肩石铲	安山岩	3	11	27.28						
	板岩	1		9.09						
	辉石安山岩	1		9.09						
	流纹岩	2		18.18						
	凝灰质板岩	1		9.09						
	石灰岩	1		9.09						
	玄武岩	2		18.18						
铲形石片	燧石	1	1	100						

鉴定人：汤卓炜

统计人：汤海波

附录三　内蒙古喀喇沁旗大山前第Ⅰ地点出土植物遗存种属鉴定

赵志军
（中国社会科学院考古研究所）

出土单位	该单位所属文化	样品描述	鉴定结果	备注
ⅠH118	夏家店下层文化	炭化谷粒	粟 *Setaria italica*	炭化较甚，呈焦煳状
ⅠH120②	夏家店下层文化	炭化谷粒	粟 *Setaria italica*	无谷壳
ⅠH120③	夏家店下层文化	籽粒	葫芦科甜瓜属 *Cucumis* sp.	籽粒黏于陶片，未炭化
ⅠH141②	夏家店上层文化	残果核、果仁	山杏 *Prunus armeniaca*	
ⅠH202⑧	夏家店下层文化	果核	蔷薇科李属 *Prunus* sp.	
ⅠH203	夏家店下层文化	炭化谷粒	粟 *Setaria italica*	

附录四　内蒙古喀喇沁旗大山前遗址第Ⅰ地点动物遗存①

汤卓炜[1]　朱延平[2]　郭治中[3]　王立新[1]　蔡大伟[1]
（1. 吉林大学边疆考古研究中心；2. 中国社会科学院考古研究所；
3. 内蒙古自治区文物考古研究所）

引　言

内蒙古赤峰市喀喇沁旗永丰乡大山前遗址第Ⅰ地点经过1996～1997年度的系统发掘，出土了大量中国北方青铜时代早期文化遗存。除此之外，还出土了大量以脊椎动物为主的动物遗存。这批材料的系统整理和深入研究有利于探讨夏家店下层文化和夏家店上层文化的经济形态与环境状况，古代人类与动物资源的关系，社会结构及其复杂化进程等重要的考古学问题。几年来在内蒙古文物考古研究所宁城工作站，以及吉林大学边疆考古研究中心环境考古研究室的初步整理基础上，本课题组进行了动物考古的初步研究。经过1996～1997年历时两年的大规模系统发掘，内蒙古赤峰市喀喇沁旗大山前遗址第Ⅰ地点出土了4242件古代可鉴定动物遗存。受张忠培先生委托，经台湾“中央研究院”历史语言研究所李匡悌先生推介，由吉林大学边疆考古研究中心汤卓炜对该地点的动物遗存开展系统性研究。本报告对出土的古代动物遗存，按单位进行排列，每一可鉴定标本均加以说明，旨在为今后深入的动物考古研究奠定基础。此项研究报道了各单位动物遗存的分布情况；依据统计原则及国际通用动物考古骨骼测量标准，测量并计算了各动物属种可测量性数据；根据鉴定特征明显的骨骼部位数量及成对标本匹配原则，统计了可鉴定标本数（NISPs）、最小个体数（MNIs）以及反映骨骼最大表现率的NISP/MNI（表1～表7）。

---

① 第一作者：汤卓炜，男，1958年1月生，吉林大学边疆考古研究中心，环境考古专业，工学博士。
本项研究属于教育部重点基地重大项目《东北地区古代动物遗存综合研究》（项目号：450060401045），并得到科技部“十一五”科技支撑计划项目《中华文明探源工程（二）》《3500BC－1500BC中国文明形成及早期发展阶段的技术与经济研究》的古代家养动物的形态学分析、DNA分析子课题经费资助，以及国家基础科学人才培养基金项目（J0030094）和吉林大学“985工程”项目资助（此项研究也包括2件大山前第Ⅶ地点出土的动物遗存，详见本文表1－78）。

一、动物遗存基础数据

首先，在内蒙古文物考古研究所宁城工作站，将大山前遗址第Ⅰ地点出土的动物遗存加以初步分类整理（包括清洗、编号、区分可鉴定标本和暂时不可鉴定标本、计数、登记等）。进一步主要参考（英）塞普提摩斯·谢逊著，张鹤宇、林大诚等翻译的《家畜解剖学》（科学出版社，1962年）、（瑞士）Elisabeth Schmid 所著的 *Atlas of Animal Bones: For Prehistorians, Archaeologists and Quaternary Geologists*（Elsevier Publishing Company，Amsterdam - London - New York，1972）及其中文译本《动物骨骼图谱——用于史前学、考古学和第四纪地质学》（伊丽莎白·施密德著，李天元译，中国地质大学出版社，1992年），以及大量现生动物骨骼比对标本，以比较解剖学的工作方法为指导，对动物遗存加以分类学意义上的鉴定。鉴定出属种9个，隶属于哺乳动物纲的食肉目犬科犬属（*Canis familiaris*）、奇蹄目马科马属现代马种（*Equus caballus*）、偶蹄目猪科猪属家猪种（*Sus scrofa domesticus*）、鹿科鹿属马鹿种（*Cervus elaphus*）、梅花鹿种（*C. nippon*）、狍属（*Capreolus* sp.）、牛科山羊属（*Capra* sp.）、绵羊属（*Ovis* sp.）、牛属家牛种（*Bos taurus*）（见表7）。

其次，对动物遗存在遗迹单位及考古地层中的分布情况加以整理归类，以便于今后开展古代人类对动物资源利用和处理过程的行为学研究及遗址形成过程的研究（见表1）。

另外，为了便于今后学界的深入研究，课题组参照安格拉·冯登德里施（Angela von den Driesch）的著作 *A Guide to the Meashurement of Animal Bones from Archaeological Sites*，以及以此书为蓝本，由马萧林博士、侯彦峰翻译的《考古遗址出土动物骨骼测量指南》（科学出版社，2007年），对2个以上标本的同一可测量性数据加以测量和统计（见表2～表6）。为了便于古今对比，表中也列出了遗址范围内发掘出的现代动物遗存测量数据。

二、初步分析结果

从动物遗存在遗迹单位及考古地层的分布情况看，大多数分布于探方的地层中（包括现代地层中出土的标本在内，合计3788件），很大一部分分布于灰坑中（包括现代地层中出土的标本，合计2960件，其中主要分布于夏家店下层文化和战国时期的灰坑中，其次是夏家店上层文化的灰坑中，辽代的灰坑中很少），房址中分布很少（只有137件，其中绝大多数分布于夏家店下层文化的房址中），很少分布在夏家店下层文化和战国时期的灰沟中（119件，主要分布于夏家店下层文化和战国的灰沟中），墙中出土的极少数（仅约50件出土于战国时期的墙中，夏家店下层文化墙中零星出现）。

大多数测量数据来自大型管状骨，少量来自肢端骨骼、椎骨及头部骨骼。

从可鉴定标本数量上看，绝大多数为家养动物，其中又以家猪为多数。夏家店下层文化时期，家猪近半数，牛近1/4，次之是绵羊和家犬，山羊很少，尚有少量野生动物；夏家店上层文化时期，猪的数量已经过半，绵羊的数量超过了牛，牛和犬的数量接近，山羊依旧很少，未见野生动物；战国时期，家猪数量有所下降，但仍然接近半数，家犬的数量增加明显，超过了牛和绵羊，山羊比重进一步降低，未见野生动物；辽代时期，家猪比例依然很高，牛、羊比重都有所增加，再次出现野生动物（马鹿和狍），相对于战国时期，犬的数量大为减少。

夏家店下层文化牛骨骼各部位表现不尽相同，其中左下颌表现率最高，并据此获得此阶段牛的最小个体数，其他表现率较高的骨骼还有上颌骨、距骨、胫骨远端；绵羊右下颌体现最高表现率，并据此得到最小个体数，另外上M1、距骨也体现出较高表现率；犬左下颌获得最大表现率，次之为上颌骨，另外，尺骨、犬齿和上M1也有较高表现率；猪右下颌表现率最高，并据此得到最小个体数，次之为上颌骨，肩胛骨、肱骨远端、尺骨、髋骨、桡骨近端、距骨、跟骨、下犬齿、下门齿、下颌愈合处亦有较高表现率；山羊最大表现率出自下颌骨，次之为肩胛骨；马除了右胫骨远端表现较高外，没有其他骨骼部位表现突出。夏家店上层文化时期牛各部位骨骼表现率并未体现出峰值；绵羊没有表现率突出的骨骼部位；犬的下颌骨表现率较高；猪的上、下颌骨表现率均很高，次之为头骨、寰椎和肩胛骨；山羊未有突出表现的骨骼部位；马样本量太小仅右胫骨近端及眶骨残片各1件。战国时期牛骨骼表现率最高的部位是距骨，并据此获得该时期牛的最小个体数，下颌骨亦有较高表现率；绵羊右下颌得到最大表现率，次之有肱骨远端、距骨、上M1、M3及胫骨远端；犬表现率最高的依然是下颌骨，次之是上颌骨，其他表现率较高的还有尺骨、肩胛骨、盆骨、寰椎、肱骨远端、跟骨等；猪的最大表现率依然是下颌骨，次之为上颌骨，肱骨远端、距骨、肩胛骨、跟骨、肱骨远端、桡骨近端表现率也较高；山羊下颌骨及髋臼表现突出，次之为肩胛骨；马除了右掌骨近端及下M1、P4略多外，其他部位未见突出表现。辽代牛骨骼未出现较高表现率的骨骼部位；绵羊胫骨远端略多于其他部位；犬没有表现率突出的骨骼部位；猪的肩胛骨和上、下颌骨均有较高表现率；马未见突出表现的骨骼部位。

附记：参加内蒙古自治区文物考古研究所宁城工作站整理工作的有郭治中、朱延平、王立新、盛之翰、赵明星、田丽等。整理工作期间内蒙古文物考古研究所所长塔拉先生曾前来宁城工作站指导工作。另外特别值得一提的是，一生从事统计工作的汤卓炜的父亲——汤海波先生，在进行原始数据整理的过程中，付出了艰辛的劳动。在此一并表示感谢。

表1－1　大山前第Ⅰ地点夏家店下层文化房址的动物遗存

出土单位	动物属种	骨骼部位	图版
ⅠF1	犬	右下M2	
ⅠF1	猪	左胫骨远端	
ⅠF1	猪	第二（五）掌骨	
ⅠF1	猪	右上P1	
ⅠF1	猪	左肩胛残	
ⅠF1	猪	右肩胛重残，未成	
ⅠF1	猪	左肩胛重残	
ⅠF1	猪	左髋臼＋坐骨耻部	
ⅠF1	猪	左尺骨残	
ⅠF1	猪	右尺骨残	
ⅠF1	猪	掌（跖）骨	
ⅠF1	绵羊	左距骨	
ⅠF6	牛	右踝骨	
ⅠF6	犬	寰椎	
ⅠF6	猪	右头部后存右颞（残）、顶（残）	
ⅠF6	猪	右上颌残附DP3未磨	
ⅠF6（ⅠT110内）	牛	右舟形方骨	
ⅠF6（ⅠT110内）	牛	右楔形骨	
ⅠF6（ⅠT111内）	牛	右距骨	
ⅠF6②（ⅠT111内）	山羊	右下颌附P3、P4、M1、M2、M3	
ⅠF6⑤（ⅠT110内）	犬	右下颌附M1、M2	
ⅠF6⑤	牛	未萌出的门齿	
ⅠF6⑤	牛	右C	
ⅠF6⑤	绵羊	右角根部	
ⅠF6⑤	猪	左距骨	
ⅠF6⑤	猪	右上颌（残）附P1、P2、P3	
ⅠF6⑧（ⅠT110内）	牛	左胫骨远端	
ⅠF6⑧（ⅠT110内）	牛	左角连接部分枕骨	
ⅠF6⑧（ⅠT110内）	猪	右肱骨远端	
ⅠF6⑨（ⅠT110内）	牛	右跖骨	
ⅠF6⑨	猪	左侧颅骨及上腭附M1、M2、M3、P3、P4	
ⅠF6⑩（ⅠT110内）	牛	右跟骨	
ⅠF7	猪	右额眶处残	
ⅠF8①	猪	右第一趾（指）骨残	
ⅠF8①	猪	肋骨	

续表

出土单位	动物属种	骨骼部位	图版
Ⅰ F8h1	牛	左下 DP4	
Ⅰ F8h1	犬	左肱骨	
Ⅰ F8h1	猪	右距骨	
Ⅰ F8h1	猪	右第一指骨	
Ⅰ F8h1	猪	左舟形立方骨	
Ⅰ F8h1	猪	左桡骨近端残	
Ⅰ F18①（Ⅰ T422 内）	犬	左肱骨	二〇，8
Ⅰ F20	猪	乳前臼齿残片	
Ⅰ F22①	牛	右下颌残段附 DP2	
Ⅰ F22②	山羊	右跖骨	三〇，12
Ⅰ F23（Ⅰ T405 内）	牛	左第一指（趾）骨	
Ⅰ F23（Ⅰ T405 内）	猪	左胫骨近端残	
Ⅰ F23（Ⅰ T405 内）	猪	左上颌（残）附 DP2、DP3、DP4、M1、P1	
Ⅰ F25②（Ⅰ T111 内）	牛	右股骨残	
Ⅰ F25②（Ⅰ T111 内）	猪	左下颌残附 P3、P4	
Ⅰ F25⑤（Ⅰ T111 内）	牛	右跟骨	
Ⅰ F25⑤（Ⅰ T111 内）	牛	左下颌残段	
Ⅰ F25⑤（Ⅰ T111 内）	猪	右下 I2 未磨，未成年	
Ⅰ F25⑥（Ⅰ T111 内）	犬	右尺骨	二〇，9
Ⅰ F25⑥（Ⅰ T111 内）	牛	颞突	
Ⅰ F26	牛	左距骨	
Ⅰ F26	牛	颈椎	
Ⅰ F26	绵羊	左髂骨	
Ⅰ F26	绵羊	左髂骨	
Ⅰ F26	猪	左下颌残附 M2 轻磨	
Ⅰ F26	猪	右肩胛残	
Ⅰ F26	猪	左髂骨	
Ⅰ F26	猪	腰椎残	
Ⅰ F26	猪	腰椎残	
Ⅰ F26	猪	右桡骨近端残	
Ⅰ F27④	猪	左上 I2 未磨	
Ⅰ F33（Ⅰ T408 内）	牛	左肱骨远端	
Ⅰ F33（Ⅰ T408 内）	牛	右肱骨远端	二九，11
Ⅰ F33（Ⅰ T408 内）	绵羊	右第二趾骨	
Ⅰ F33（Ⅰ T408 内）	犬	掌（跖）骨	

续表

出土单位	动物属种	骨骼部位	图版
ⅠF33（ⅠT408 内）	猪	头后部存额（残）+顶（残）	
ⅠF33（ⅠT408 内）	猪	左上颌（残）附 P3、DP4、M1	
ⅠF33（ⅠT408 内）	猪	左上 DP4	
ⅠF34	猪	第二（五）掌骨	
ⅠF34①	猪	掌（跖）骨远端	
ⅠF34①	猪	右下 C	
ⅠF34②	犬	左跟骨	
ⅠF34②	猪	右第二指骨	
ⅠF34③	猪	右第一指骨	
ⅠF34③	猪	左尺骨关节残	
ⅠF34③	猪	右胫骨远端残	
ⅠF34③	绵羊	左上 M3	
ⅠF39（ⅠT302 内）	绵羊	右上 M3	
ⅠF39①	犬	完整头骨附左 C、P4、M1，右 C、P4、M2	
ⅠF39③	犬	右下 M1	
ⅠF40d1	马	左肩胛骨	
ⅠF42②A	猪	右上颌附 P3－M3	二四，4、5
ⅠF42②A 下的ⅠH383	牛	右距骨	
ⅠF43	猪	右桡骨残	
ⅠF44①（ⅠT316 内）	犬	右下颌附 P2	
ⅠF44①（ⅠT316 内）	猪	掌（跖）骨	
ⅠF44①（ⅠT316 内）	猪	左肱骨远端残	
ⅠF44③（ⅠT316 内）	猪	右下颌残附 M1 中磨	
ⅠF44④（ⅠT306 内）	猪	左髋骨髂前端残含部分耻骨	
ⅠF44④（ⅠT316 内）	犬	左下颌冠突残犬痕	
ⅠF44④（ⅠT316 内）	犬	左下颌残无冠突角 P3、P4	
ⅠF44④（ⅠT316 内）	猪	头后部存顶、枕	
ⅠF44④（ⅠT316 内）	猪	左颞残	
ⅠF44④（ⅠT316 内）	猪	左上颌（残）附 M1	
ⅠF44④（ⅠT316 内）	猪	下颌残附右 I1、左右 C、DP2、DP3、DP4、M1	二五，1
ⅠF44④（ⅠT316 内）	猪	左顶枕残	
ⅠF44④（ⅠT316 内）	猪	左下颌前附左 C、DP2、DP3 未出	
ⅠF44④（ⅠT316 内）	猪	左下颌残附 DP3、DP4、M1、M2 刚出	
ⅠF44④（ⅠT316 内）	猪	右下颌残附 DP3、DP4、M1	
ⅠF44④（ⅠT316 内）	猪	右下 I1 未磨，未成年	

续表

出土单位	动物属种	骨骼部位	图版
ⅠF44④（ⅠT316 内）	猪	右第三掌骨	
ⅠF44④（ⅠT316 内）	猪	右第四掌骨	
ⅠF44④（ⅠT316 内）	猪	左股骨远端残	
ⅠF44④（ⅠT316 内）	猪	右肱骨远端残	
ⅠF44④（ⅠT316 内）	猪	右肱骨远端残	
ⅠF44④（ⅠT316 内）	猪	左第一趾（指）骨残	
ⅠF45①（ⅠT317 内）	猪	头后部存右额（残）、顶（左残）、左枕	
ⅠF45①（ⅠT317 内）	犬	右上颌残、前段无齿	
ⅠF46	猪	右第二指骨	
ⅠF46①	猪	右上颌（残）附 DP2、DP3、DP4、M1	
ⅠF46②	马	左肩胛骨	
ⅠF48①	绵羊	左肱骨远端	
ⅠF48①	猪	左距骨	
ⅠF48①（ⅠT318 内）	犬	左下 M1	
ⅠF48③	牛	枢椎	
ⅠF50①	猪	右下 DI1，未成年	
ⅠF53	狍	左肱骨远端	二八，11、12
ⅠF55①	犬	掌（跖）骨	
ⅠF55①	猪	颈突	
ⅠF55①	猪	右跟骨	
ⅠF55③	猪	右下 C 残片	
ⅠF55③	猪	左距骨	
ⅠF55④	猪	右下 I1 尖损，成年	
ⅠF55④	猪	右下 I1 尖损，成年	

表 1－2　大山前第Ⅰ地点夏家店下层文化灰坑的动物遗存

出土单位	动物属种	骨骼部位	图版
ⅠH13	牛	左距骨	
ⅠH33（ⅠT406 内）	猪	门齿残片	
ⅠH33（ⅠT406 内）	牛	左楔形骨	
ⅠH33（ⅠT406 内）	牛	左桡骨远端	
ⅠH33（ⅠT406 内）	绵羊	左肱骨远端	
ⅠH33（ⅠT406 内）	猪	右下 C	
ⅠH33①（ⅠT406 内）	猪	右肩胛残	
ⅠH33②（ⅠT406 内）	牛	左掌骨	

续表

出土单位	动物属种	骨骼部位	图版
Ⅰ H34①	猪	左下 DI1 未成	
Ⅰ H34③（Ⅰ T422 内）	绵羊	左下颌附 DP4、M1 及未萌出的 M2	三一，5、6
Ⅰ H34④（Ⅰ T434 内）	犬	左下颌附 C 及 P2 – M2	一九，15、16
Ⅰ H34⑤（Ⅰ T422 内）	牛	左桡骨近端	二九，12、13
Ⅰ H34（Ⅰ T422 内）	牛	右跟骨	二九，6
Ⅰ H37	犬	右上犬齿	
Ⅰ H37	猪	掌（跖）骨远端	
Ⅰ H37①（Ⅰ T407 内）	绵羊	左距骨	
Ⅰ H37①（Ⅰ T407 内）	猪	左下颌残附 M3 残	
Ⅰ H37①（Ⅰ T407 内）	猪	右下颌残	
Ⅰ H37①（Ⅰ T407 内）	猪	左尺骨残	
Ⅰ H37②	犬	右下犬齿	
Ⅰ H37②（Ⅰ T406 内）	牛	右桡骨近端	
Ⅰ H37②（Ⅰ T406 内）	猪	右上 DI1 尖磨	
Ⅰ H37②（Ⅰ T406 内）	猪	门齿残片	
Ⅰ H37②（Ⅰ T406 内）	猪	左股骨远端残	
Ⅰ H37③	牛	右尺骨	
Ⅰ H37③	牛	右桡骨近端	
Ⅰ H37③	绵羊	右跖骨	
Ⅰ H37③	猪	左桡骨近端残	
Ⅰ H37③	猪	右肱骨远端残	
Ⅰ H37③（Ⅰ T407 内）	猪	左下颌	
Ⅰ H37③（Ⅰ T406 内）	猪	左下 I2 尖损，未成年	
Ⅰ H37④（Ⅰ T406 内）	猪	左第一趾骨	
Ⅰ H37④（Ⅰ T406 内）	猪	左下颌残附 DP3、DP4、M1	
Ⅰ H37④（Ⅰ T406 内）	猪	右下颌角	
Ⅰ H37⑤（Ⅰ T406 内）	猪	右距骨	
Ⅰ H79	牛	左桡骨近端	
Ⅰ H79	牛	左头状骨	
Ⅰ H79	牛	尾椎	
Ⅰ H79	牛	左第一指骨	
Ⅰ H79	绵羊	左上 M1	
Ⅰ H80	猪	右下 DP4	
Ⅰ H90	绵羊	右下颌残段附 DP4	
Ⅰ H90（Ⅰ T110 内）	猪	右下颌附 P2、P3、P4、M1、M2、M3	

续表

出土单位	动物属种	骨骼部位	图版
Ⅰ H90（Ⅰ T110 内）	猪	右下颌附 M1	
Ⅰ H90（Ⅰ T410 内）	牛	左肱骨关节头	
Ⅰ H90（Ⅰ T410 内）	牛	右尺骨	
Ⅰ H90（Ⅰ T410 内）	牛	右股骨关节头	
Ⅰ H90（Ⅰ T410 内）	牛	胸椎	
Ⅰ H90（Ⅰ T410 内）	牛	左肱骨近端关节	
Ⅰ H90（Ⅰ T410 内）	牛	左舟形方骨	
Ⅰ H90（Ⅰ T410 内）	牛	左下颌骨残段	
Ⅰ H90（Ⅰ T410 内）	牛	髋臼残块	
Ⅰ H90（Ⅰ T410 内）	牛	左钩骨	
Ⅰ H90①（Ⅰ T110 内）	犬	右尺骨	
Ⅰ H90②	猪	右距骨	
Ⅰ H90②（Ⅰ T110 内）	牛	掌（跖）骨远端	
Ⅰ H90②（Ⅰ T110 内）	猪	左上颌（残）附 P4、M1、M2 及泪、颧	
Ⅰ H90③	猪	门齿	
Ⅰ H90③（Ⅰ T110 内）	猪	下颌附左 I1、I2、C、P3，右 I2、C	
Ⅰ H90③（Ⅰ T110 内）	猪	左额眶处	
Ⅰ H90④（Ⅰ T110 内）	犬	头骨缺颧弓听泡附 P3、P4、M1、M2 及右 C	
Ⅰ H90④B（Ⅰ T110 内）	猪	右下犬齿	
Ⅰ H90⑤（Ⅰ T110 内）	猪	左下颌附 P2、P3、P4、M1、M2、M3	
Ⅰ H90⑤（Ⅰ T110 内）	猪	左 I1	
Ⅰ H90⑥（Ⅰ T110 内）	猪	DC	
Ⅰ H90⑦（Ⅰ T110 内）	牛	左跟骨	
Ⅰ H90⑦（Ⅰ T110 内）	犬	残髂附髋臼	
Ⅰ H95	牛	右头状骨	
Ⅰ H95	绵羊	右上 P3	
Ⅰ H95	猪	左舟形骨	
Ⅰ H100	绵羊	下颌骨冠状突	
Ⅰ H100	绵羊	左下颌残段附 DP4	
Ⅰ H100	犬	乳犬左上颌残附 DP2、DP3、DP4	
Ⅰ H100	犬	颈椎	
Ⅰ H100	犬	胸椎	
Ⅰ H100	猪	右下 I1 尖损，成年	
Ⅰ H100	猪	左下 DI1 未成	
Ⅰ H100	猪	左下 DI2 未成	

续表

出土单位	动物属种	骨骼部位	图版
ⅠH108	牛	颈椎	
ⅠH108②	猪	左距骨	
ⅠH108②	猪	胸椎残	
ⅠH113（ⅠT111内）	猪	右胫骨近端	
ⅠH113（ⅠT111内）	猪	第二（五）掌骨	
ⅠH113（ⅠT111内）	猪	左下P4	
ⅠH115（ⅠT409内）	犬	右上犬齿	
ⅠH116（ⅠT403内）	牛	右下颌残段	
ⅠH116（ⅠT403内）	绵羊	左掌骨近端	
ⅠH116（ⅠT403内）	绵羊	左髋臼	
ⅠH116（ⅠT403内）	绵羊	右上M1	
ⅠH116（ⅠT403内）	犬	右上颌残颌前P4	
ⅠH116（ⅠT403内）	猪	右颌前	
ⅠH116（ⅠT403内）	猪	左尺骨残	
ⅠH116（ⅠT403内）	猪	右第四掌骨	
ⅠH117（ⅠT404内）	猪	右尺骨残	
ⅠH120	绵羊	左下M2	
ⅠH120	猪	左下DP4	
ⅠH120	猪	左下DP4	
ⅠH120	绵羊	左下M2	
ⅠH120（ⅠT111内）	牛	右头状骨	
ⅠH120（ⅠT111内）	犬	寰椎	
ⅠH120②（ⅠT110内）	牛	掌（跖）骨远端	
ⅠH120②（ⅠT111内）	牛	右上M3	
ⅠH120②（ⅠT111内）	牛	右下颌骨冠状突及升支	
ⅠH120②（ⅠT111内）	犬	完整头骨缺右上I1，右上P2、P3萎缩	一九，1、2、6
ⅠH120②（ⅠT111内）	犬	左下颌缺M3	一九，13、14
ⅠH120②（ⅠT111内）	犬	左肱骨近端	
ⅠH120②（ⅠT111内）	犬	左桡骨	
ⅠH120②（ⅠT111内）	犬	左肩胛骨	
ⅠH120②（ⅠT111内）	犬	枢椎	
ⅠH120②（ⅠT111内）	犬	颈椎	
ⅠH120②（ⅠT111内）	犬	颈椎	
ⅠH120②（ⅠT111内）	猪	右下颌残附M2、M3	
ⅠH120③（ⅠT111内）	绵羊	右距骨	

续表

出土单位	动物属种	骨骼部位	图版
Ⅰ H120③（Ⅰ T111 内）	犬	左尺骨	
Ⅰ H120③（Ⅰ T111 内）	犬	颈椎	
Ⅰ H120④	牛	右上 M2	
Ⅰ H120④	绵羊	上臼齿	
Ⅰ H120④	犬	左距骨	
Ⅰ H120④	猪	右侧髂骨和髋臼	
Ⅰ H120④	猪	左上 I2 未磨	
Ⅰ H120④	猪	乳前臼齿残片	
Ⅰ H120④	绵羊	左角	
Ⅰ H120④（Ⅰ T111 内）	牛	左蹄骨	
Ⅰ H120④（Ⅰ T111 内）	绵羊	左下 M3	
Ⅰ H120④（Ⅰ T111 内）	绵羊	右上 M2	
Ⅰ H120④（Ⅰ T111 内）	犬	左肱骨远端	
Ⅰ H120④（Ⅰ T111 内）	犬	右尺骨	
Ⅰ H120④（Ⅰ T111 内）	犬	掌（跖）骨	
Ⅰ H120④（Ⅰ T111 内）	牛	右距骨	
Ⅰ H120④（Ⅰ T111 内）	犬	右下犬齿	
Ⅰ H120④（Ⅰ T111 内）	猪	左跟骨残片	
Ⅰ H120④（Ⅰ T111 内）	猪	右上颌附 P1、DP3、DP4、M1、M2	
Ⅰ H120④（Ⅰ T111 内）	猪	左下颌角	
Ⅰ H120④（Ⅰ T111 内）	猪	右尺骨残	
Ⅰ H120⑤（Ⅰ T111 内）	猪	左下颌附左 DP2、DP3、M3，右 I1	
Ⅰ H126	猪	左上颌（残）附 P2、P3、P4、M1、M2、M3	
Ⅰ H126①	猪	左上 M3	
Ⅰ H126②	牛	左距骨	
Ⅰ H126③	猪	左髋骨髂前端残无耻骨	
Ⅰ H126③	猪	右距骨	
Ⅰ H127	马	左下 P3	
Ⅰ H132	牛	上臼齿残片	
Ⅰ H133（Ⅰ T409 内）	绵羊	左下 M3	
Ⅰ H136①B（Ⅰ T416 内）	猪	右桡骨残	
Ⅰ H136①B（Ⅰ T417 内）	牛	胸椎	
Ⅰ H136①B（Ⅰ T417 内）	牛	左第二趾（指）骨	
Ⅰ H136①B（Ⅰ T417 内）	牛	右髂骨残段附髋臼	
Ⅰ H136①B（Ⅰ T417 内）	牛	右蹄骨	

续表

出土单位	动物属种	骨骼部位	图版
ⅠH136①B（ⅠT417内）	牛	右角残段附颅骨残片	
ⅠH136①B（ⅠT417内）	猪	左下颌角	
ⅠH136①B（ⅠT417内）	猪	左上I1	
ⅠH136①B（ⅠT417内）	猪	颈椎	
ⅠH136①B（ⅠT417内）	猪	左肱骨远端残	
ⅠH136①B（ⅠT417内）	绵羊	左髂骨附髋臼	
ⅠH136②（ⅠT417内）	绵羊	右肱骨远端	三二，1、2
ⅠH136②（ⅠT417内）	犬	右肩胛骨	
ⅠH137①	猪	右股骨近端	
ⅠH137①	猪	寰椎	
ⅠH137①	猪	右第四掌骨	
ⅠH137①	猪	右肱骨远端残	
ⅠH137①（ⅠT406内）	犬	右下颌残段附P4、M2	
ⅠH137①（ⅠT406内）	猪	左下颌残附DP2、DP3、DP4、M1、M2洞小开	
ⅠH137①（ⅠT406内）	猪	寰椎残	
ⅠH137②	犬	左下颌残段M2	
ⅠH137②（ⅠT406内）	绵羊	右距骨	
ⅠH137②（ⅠT406内）	猪	右颞（残）	
ⅠH137②（ⅠT406内）	猪	右颞（残）	
ⅠH137②（ⅠT406内）	猪	左上颌（残）附M1、M2及泪（残）、颧	
ⅠH137②（ⅠT406内）	猪	左上颌（残）附P4、M1、M2（残）	
ⅠH137②（ⅠT406内）	猪	右颞关节部+枕髁残	
ⅠH137②（ⅠT406内）	猪	右颌前	
ⅠH137②（ⅠT406内）	猪	右上颌残附P3、P4、M1、M2	
ⅠH137②（ⅠT406内）	猪	下颌愈合处	
ⅠH137②（ⅠT406内）	猪	右上I2未磨	
ⅠH137②（ⅠT406内）	猪	右跟骨	
ⅠH137②（ⅠT406内）	猪	右肱骨远端残	
ⅠH137③（ⅠT406内）	猪	左髋骨	
ⅠH137③（ⅠT406内）	牛	右掌骨（两端关节脱落）	
ⅠH137③（ⅠT406内）	犬	左上颌残附P4、M1、M2	
ⅠH137③（ⅠT406内）	猪	左第四跖骨	
ⅠH137③（ⅠT406内）	猪	右下P4	
ⅠH137③（ⅠT406内）	猪	左距骨	
ⅠH137③（ⅠT407内）	牛	右下颌残片	

续表

出土单位	动物属种	骨骼部位	图版
ⅠH137③（ⅠT407内）	猪	右桡骨远端	二六，10
ⅠH137③（ⅠT407内）	牛	左下颌骨残片	
ⅠH137③（ⅠT407内）	牛	右第一指骨	
ⅠH137③（ⅠT407内）	绵羊	左肩胛残段	
ⅠH137③（ⅠT407内）	绵羊	左肱骨远端	
ⅠH137③（ⅠT407内）	犬	头骨	
ⅠH137③（ⅠT407内）	猪	左下颌角	
ⅠH137③（ⅠT407内）	猪	右尺骨残	
ⅠH137③（ⅠT407内）	猪	左距骨	
ⅠH137③（ⅠT407内）	猪	左跟骨	
ⅠH137③（ⅠT407内）	猪	右半月骨	
ⅠH137③（ⅠT407内）	绵羊	左下DP3	
ⅠH137④（ⅠT406内）	猪	右下颌角附M2未出	
ⅠH137④（ⅠT407内）	绵羊	左下M3	
ⅠH137④（ⅠT407内）	猪	右上颌（残）附P1、P2、P3、P4、M1	
ⅠH137④（ⅠT407内）	猪	右上颌残附P4、M1	
ⅠH137④（ⅠT407内）	猪	右上颌残片	
ⅠH137④（ⅠT407内）	猪	左上P1	
ⅠH137④（ⅠT407内）	猪	左下P4	
ⅠH137④（ⅠT407内）	猪	左下P4	
ⅠH137④（ⅠT407内）	猪	右下P4	
ⅠH137④（ⅠT407内）	猪	右下M2未成	
ⅠH137④（ⅠT407内）	猪	寰椎残	二四，14、15
ⅠH137④（ⅠT407内）	猪	左第三掌骨	
ⅠH137④（ⅠT407内）	猪	右第四跖骨	
ⅠH137④（ⅠT407内）	猪	左第一趾（指）骨残	
ⅠH137④（ⅠT407内）	猪	左下M2近成	
ⅠH137⑤（ⅠT406内）	猪	左下颌前附P2、P3	
ⅠH138	犬	左上颌残附颧弓额前骨P3、P4、M1、M2	
ⅠH138	猪	右下颌愈合处附C、P4、M1、M2、M3（刚成胚）	二五，4、5
ⅠH138	猪	右颞关节处	
ⅠH145	绵羊	右上M1	
ⅠH145	犬	左尺骨	
ⅠH145	犬	左下M1	
ⅠH146	犬	右下颌附P2、P3、M1、M2	

续表

出土单位	动物属种	骨骼部位	图版
ⅠH150·ⅠH151之ⅠH150①	牛	枢椎	二九，4、5
ⅠH150·ⅠH151之ⅠH150①	牛	右下颌附DP4	
ⅠH150·ⅠH151之ⅠH150①	绵羊	枢椎	
ⅠH150·ⅠH151之ⅠH150①	绵羊	右上M1	
ⅠH150·ⅠH151之ⅠH150①	犬	左额骨	
ⅠH150·ⅠH151之ⅠH150①	犬	左额骨	
ⅠH150·ⅠH151之ⅠH150①	犬	左下颌前段残M3	
ⅠH150·ⅠH151之ⅠH150①	犬	右下颌附P3、M1	
ⅠH150·ⅠH151之ⅠH150①	犬	掌（跖）骨	
ⅠH150·ⅠH151之ⅠH150①	犬	颈椎	
ⅠH150·ⅠH151之ⅠH150①	犬	右下M2	
ⅠH150·ⅠH151之ⅠH150①	犬	右下犬齿	
ⅠH150·ⅠH151之ⅠH150①	猪	颅骨后部存额、顶、颞、蝶骨	二三，7、8
ⅠH150·ⅠH151之ⅠH150①	猪	左下颌残附DP4、MI（洞开丢失）	
ⅠH150·ⅠH151之ⅠH150①	猪	左髋骨髂前端残无耻骨	
ⅠH150·ⅠH151之ⅠH150①	猪	左髋骨+臼残	
ⅠH150·ⅠH151之ⅠH150①	猪	左跟骨	
ⅠH150·ⅠH151之ⅠH150①	猪	右股骨远端残	
ⅠH150·ⅠH151之ⅠH150①	猪	左肱骨远端残	
ⅠH150·ⅠH151之ⅠH150①	猪	右第一趾（指）骨残	
ⅠH150·ⅠH151之ⅠH150①	猪	左舟形方骨	
ⅠH150·ⅠH151之ⅠH150②	绵羊	右肱骨远端	
ⅠH150·ⅠH151之ⅠH150②	猪	左上I1	
ⅠH150·ⅠH151之ⅠH150②	牛	右下颌骨升支及冠状突	二九，3
ⅠH150·ⅠH151之ⅠH150③	犬	左上犬	
ⅠH150·ⅠH151之ⅠH150③	猪	左上颌（残）附M2	
ⅠH150·ⅠH151之ⅠH151①	猪	右距骨	
ⅠH150·ⅠH151之ⅠH151①	猪	右第四掌骨	
ⅠH150·ⅠH151之ⅠH151①	猪	右股骨远端残	
ⅠH150·ⅠH151之ⅠH151①	猪	右桡骨近端残	
ⅠH150·ⅠH151之ⅠH151①	猪	右第一趾（指）骨残	
ⅠH150·ⅠH151之ⅠH151①	绵羊	左髂骨附髋臼	
ⅠH150·ⅠH151之ⅠH151①	绵羊	左跟骨	
ⅠH150·ⅠH151之ⅠH151①	猪	左尺骨残	
ⅠH153	绵羊	右下颌残段附P4、M1、M2、M3	

续表

出土单位	动物属种	骨骼部位	图版
Ⅰ H153	犬	左下 P4、M1	
Ⅰ H153	绵羊	右距骨	
Ⅰ H153	猪	左下颌冠状突附 C 粗糙，DP3、DP4、M1、M2 Ⅰ Ⅱ脊刚出	
Ⅰ H153	猪	左下颌残附 P2、P3、P4、M1、M2 未磨	
Ⅰ H153	猪	右下颌残附 M1、M2 轻磨、M3 洞	
Ⅰ H156	绵羊	右尺骨	
Ⅰ H156	犬	左跟骨	
Ⅰ H156	猪	掌（跖）骨碎块	
Ⅰ H156③	猪	左下 C 尖磨	
Ⅰ H156③	猪	左肩胛残	
Ⅰ H158①	猪	左下颌残附 M1、M2 残	
Ⅰ H158①	猪	右肩胛残	
Ⅰ H167②	牛	右下 M3	
Ⅰ H169①	绵羊	右距骨	
Ⅰ H169①	犬	左尺骨	
Ⅰ H169①	犬	右尺骨	
Ⅰ H169①	猪	左上 M3	
Ⅰ H169①	猪	右髋骨	
Ⅰ H169①	猪	右尺骨关节残	二六，7
Ⅰ H169①	猪	右桡骨	
Ⅰ H169②	牛	左肩胛骨	
Ⅰ H169②	牛	左胫骨近端	
Ⅰ H169②	牛	左下 M3	
Ⅰ H169②	牛	右上 M3	
Ⅰ H169②	牛	左下 P4	
Ⅰ H169②	绵羊	左下颌残段附 DP3、DP4、M1	
Ⅰ H169②	绵羊	右上颌附 DP2、DP3、DP4、M1、M2	
Ⅰ H169②	绵羊	左上颌附 DP2、DP3、DP4、M1	
Ⅰ H169②	牛	颈椎残段	
Ⅰ H169②	牛	左下颌残段附 P2	
Ⅰ H169②	狍	左角附额	二八，3、4
Ⅰ H171	马鹿	左肩胛骨	二七，7、8
Ⅰ H174	牛	左跟骨	
Ⅰ H174	牛	左距骨	

续表

出土单位	动物属种	骨骼部位	图版
ⅠH174	牛	左第一指骨	
ⅠH174	牛	右第一指骨	
ⅠH174	牛	右第二指骨	
ⅠH174	牛	左第二指骨	
ⅠH174	牛	左蹄骨	
ⅠH174	牛	左距骨	
ⅠH174	猪	右肱骨远端	
ⅠH174	猪	右桡骨近端	
ⅠH174	猪	右肩胛重残	
ⅠH174	犬	右上犬齿	
ⅠH179	牛	右股骨近端	
ⅠH179	牛	右掌骨近端	
ⅠH179	马	右胫骨远端	
ⅠH179	猪	左胫骨远端残	
ⅠH183	犬	右下颌附 P4、M1、M2	
ⅠH183	猪	左尺骨残	
ⅠH183	猪	左桡骨近端残	
ⅠH187①	猪	右胫骨近端	二六，11
ⅠH187①	猪	左距骨	
ⅠH191①	牛	右舟形骨	
ⅠH191①	绵羊	左下 M1	
ⅠH202	牛	右蹄骨	
ⅠH202	绵羊	右下颌残段附 P3、P4、M1、M2、M3、DP4	
ⅠH202	牛	左髂骨残段	
ⅠH202	犬	右下颌冠突及角部附 M2	
ⅠH202	猪	左下颌附 DP4、M1（洞开）	
ⅠH202	猪	右下颌角	
ⅠH202	猪	右尺骨关节残	二六，9
ⅠH202②	猪	右第四跖骨	
ⅠH206·ⅠH364之ⅠH206①	猪	左上 I1 重未磨	
ⅠH206·ⅠH364之ⅠH206①	猪	右颌前骨	
ⅠH206·ⅠH364之ⅠH206①	猪	左额前骨	
ⅠH206·ⅠH364之ⅠH206①	猪	右肩胛重残，未成	
ⅠH206·ⅠH364之ⅠH206②	猪	右上颌附 M2、M3 洞开见胚	
ⅠH206·ⅠH364之ⅠH206⑦	绵羊	胸椎（残）	

续表

出土单位	动物属种	骨骼部位	图版
Ⅰ H206 · Ⅰ H364 之 Ⅰ H206⑦	猪	右下颌残附未出 I2	
Ⅰ H206 · Ⅰ H364 之 Ⅰ H364	绵羊	左下颌附 P2、P3、P4、M1、M2、M3	
Ⅰ H206 · Ⅰ H364 之 Ⅰ H364	绵羊	左下颌残段附 DP2、DP3、DP4、M1、M2（残）	
Ⅰ H206 · Ⅰ H364 之 Ⅰ H364	绵羊	右下颌残段	
Ⅰ H214	猪	左髂骨	
Ⅰ H221③	犬	左下颌冠突角	
Ⅰ H221③	犬	寰椎	
Ⅰ H221③	猪	左上 I1 未磨	
Ⅰ H221③	猪	左下 I1 未磨，未成年	
Ⅰ H221③	猪	下颌愈处附右下 I2	
Ⅰ H221③	猪	左肩胛残	
Ⅰ H221③	猪	右桡骨近端残	
Ⅰ H226②（Ⅰ T323 内）	猪	右下颌残附 DP3、DP4、M1 重残、M2 残根	
Ⅰ H226③（Ⅰ T323 内）	猪	左顶（残）、枕（残）	
Ⅰ H226④（Ⅰ T323 内）	猪	左上颌附 C、P2、P3、P4、M1、M2，泪骨、颧（残）	二四，8
Ⅰ H226④（Ⅰ T323 内）	猪	左下颌前段附 P2、P3、P4	
Ⅰ H226④（Ⅰ T324 内）	猪	左跟骨	
Ⅰ H230④	猪	右肱骨远端残	
Ⅰ H230④（Ⅰ T328 内）	狍	狍左角残段	
Ⅰ H234 · Ⅰ H366 · Ⅰ H407 之 Ⅰ H234	猪	左蹄骨	
Ⅰ H234 · Ⅰ H366 · Ⅰ H407 之 Ⅰ H366①	犬	右股骨远端	
ⅠH234 · ⅠH366 · ⅠH407 之ⅠH366③（ⅠT304 内）	犬	掌（跖）骨	
ⅠH234 · ⅠH366 · ⅠH407 之ⅠH366③（ⅠT304 内）	猪	右上颌（残）附 C	
ⅠH234 · ⅠH366 · ⅠH407 之ⅠH366③（ⅠT304 内）	猪	右下颌残附 DP2、DP3、DP4、M1	
ⅠH234 · ⅠH366 · ⅠH407 之ⅠH366③（ⅠT304 内）	猪	左下 DI2 未成	
ⅠH234 · ⅠH366 · ⅠH407 之ⅠH366③（ⅠT304 内）	猪	右上 P2	
Ⅰ H234 · Ⅰ H366 · Ⅰ H407 之 Ⅰ H407	犬	左上颌附 P4	
ⅠH235 · ⅠH345 · ⅠH374 · ⅠH420 之ⅠH235（ⅠT325 内）	山羊	左肩胛骨	
ⅠH235 · ⅠH345 · ⅠH374 · ⅠH420 之ⅠH235（ⅠT325 内）	犬	左股骨近端	
ⅠH235 · ⅠH345 · ⅠH374 · ⅠH420 之ⅠH235（ⅠT325 内）	猪	左肩胛重残	
ⅠH235 · ⅠH345 · ⅠH374 · ⅠH420 之ⅠH235⑤（ⅠT324 内）	狍	右额骨附角	二八，5、6
ⅠH235 · ⅠH345 · ⅠH374 · ⅠH420 之ⅠH235⑥（ⅠT314 内）	绵羊	左股骨远端	
ⅠH235 · ⅠH345 · ⅠH374 · ⅠH420 之ⅠH235⑥（ⅠT325 内）	猪	左下 DP4	
ⅠH235 · ⅠH345 · ⅠH374 · ⅠH420 之ⅠH235⑧	犬	左下颌冠突角 M2	

续表

出土单位	动物属种	骨骼部位	图版
ⅠH235 · ⅠH345 · ⅠH374 · ⅠH420 之ⅠH235⑧	猪	左下 C 尖磨	
ⅠH235 · ⅠH345 · ⅠH374 · ⅠH420 之ⅠH235⑧	猪	右距骨	
ⅠH235 · ⅠH345 · ⅠH374 · ⅠH420 之ⅠH235⑨（ⅠT325 内）	绵羊	右下颌残段附 DP3、DP4、M1、M2	
ⅠH235 · ⅠH345 · ⅠH374 · ⅠH420 之ⅠH235⑩（ⅠT325 内）	猪	右肩胛残	
ⅠH235 · ⅠH345 · ⅠH374 · ⅠH420 之ⅠH235⑩（ⅠT325 内）	牛	右上 M3	
ⅠH235 · ⅠH345 · ⅠH374 · ⅠH420 之ⅠH235⑩（ⅠT325 内）	犬	右下颌附 C、P2、P3、P4、M1 残根	
ⅠH235 · ⅠH345 · ⅠH374 · ⅠH420 之ⅠH235⑩（ⅠT325 内）	猪	左尺骨残	
ⅠH235 · ⅠH345 · ⅠH374 · ⅠH420 之ⅠH235⑩（ⅠT325 内）	猪	左桡骨近端残	
ⅠH235 · ⅠH345 · ⅠH374 · ⅠH420 之ⅠH235⑭（ⅠT324 内）	猪	左尺骨残	
ⅠH235 · ⅠH345 · ⅠH374 · ⅠH420 之ⅠH235⑮（ⅠT314 内）	犬	右上顶、枕、颞、额	
ⅠH235 · ⅠH345 · ⅠH374 · ⅠH420 之ⅠH235⑮（ⅠT314 内）	犬	右下颌附 P2、P3、M1、M2	一九，11、12
ⅠH235 · ⅠH345 · ⅠH374 · ⅠH420 之ⅠH235⑮（ⅠT314 内）	犬	右胫骨	二〇，16
ⅠH235 · ⅠH345 · ⅠH374 · ⅠH420 之ⅠH235⑮（ⅠT314 内）	犬	右肱骨	二〇，7
ⅠH235 · ⅠH345 · ⅠH374 · ⅠH420 之ⅠH235⑮（ⅠT314 内）	犬	左尺骨	
ⅠH235 · ⅠH345 · ⅠH374 · ⅠH420 之ⅠH235⑮（ⅠT314 内）	犬	左桡骨	
ⅠH235 · ⅠH345 · ⅠH374 · ⅠH420 之ⅠH235⑮（ⅠT314 内）	犬	腰椎Ⅴ	
ⅠH235 · ⅠH345 · ⅠH374 · ⅠH420 之ⅠH235⑮（ⅠT314 内）	犬	腰椎Ⅳ	
ⅠH235 · ⅠH345 · ⅠH374 · ⅠH420 之ⅠH235⑮（ⅠT314 内）	犬	腰椎	
ⅠH235 · ⅠH345 · ⅠH374 · ⅠH420 之ⅠH235⑮（ⅠT314 内）	犬	腰椎	
ⅠH235 · ⅠH345 · ⅠH374 · ⅠH420 之ⅠH235⑯（ⅠT325 内）	牛	右上颌残段附 M1、M2、P4	
ⅠH235 · ⅠH345 · ⅠH374 · ⅠH420 之ⅠH235⑯（ⅠT325 内）	牛	右上 P3	
ⅠH235 · ⅠH345 · ⅠH374 · ⅠH420 之ⅠH235⑯（ⅠT325 内）	牛	右上 P4	
ⅠH235 · ⅠH345 · ⅠH374 · ⅠH420 之ⅠH235⑯（ⅠT325 内）	绵羊	左下 M3	
ⅠH235 · ⅠH345 · ⅠH374 · ⅠH420 之ⅠH235⑯（ⅠT325 内）	犬	颈椎	
ⅠH235 · ⅠH345 · ⅠH374 · ⅠH420 之ⅠH235⑯（ⅠT325 内）	犬	盆骨缺耻骨	
ⅠH235 · ⅠH345 · ⅠH374 · ⅠH420 之ⅠH235⑯（ⅠT325 内）	猪	右下颌残附 P3、P4、M1 残、M2、M3 Ⅰ Ⅱ 脊出	
ⅠH235 · ⅠH345 · ⅠH374 · ⅠH420 之ⅠH235⑰（ⅠT325 内）	犬	上颌残附颌前骨 + 左 I1、C、P3、P4、M1、M2，右 I3、P1、P2、P3、M2	
ⅠH235 · ⅠH345 · ⅠH374 · ⅠH420 之ⅠH235⑰（ⅠT325 内）	猪	左上颌附 P4（残）、M1、M2（M3 洞开未出）	
ⅠH235 · ⅠH345 · ⅠH374 · ⅠH420 之ⅠH235⑰（ⅠT314 内）	狍	左角	二八，7、8
ⅠH235 · ⅠH345 · ⅠH374 · ⅠH420 之ⅠH235⑲（ⅠT324 内）	犬	左下 M1、M2	
ⅠH235 · ⅠH345 · ⅠH374 · ⅠH420 之ⅠH235⑲（ⅠT324 内）	猪	右第三掌骨	
ⅠH235 · ⅠH345 · ⅠH374 · ⅠH420 之ⅠH235⑲（ⅠT324 内）	猪	左股骨远端残	
ⅠH235 · ⅠH345 · ⅠH374 · ⅠH420 之ⅠH235⑳（ⅠT325 内）	猪	左肩胛残	
ⅠH235 · ⅠH345 · ⅠH374 · ⅠH420 之ⅠH235⑳（ⅠT325 内）	猪	左肱骨远端残	

续表

出土单位	动物属种	骨骼部位	图版
ⅠH235·ⅠH345·ⅠH374·ⅠH420之ⅠH235㉑（ⅠT325内）	犬	左下颌残段 M2	
ⅠH235·ⅠH345·ⅠH374·ⅠH420之ⅠH345①	猪	左下颌残附 DP3、DP4、M1 洞胚	
ⅠH235·ⅠH345·ⅠH374·ⅠH420之ⅠH345①	马	尺骨、桡骨	
ⅠH235·ⅠH345·ⅠH374·ⅠH420之ⅠH345①	犬	右距骨	
ⅠH235·ⅠH345·ⅠH374·ⅠH420之ⅠH345①	猪	右上颌（残）附 M1、M2（残）	
ⅠH235·ⅠH345·ⅠH374·ⅠH420之ⅠH345①	猪	左下颌残附 M1 轻	
ⅠH235·ⅠH345·ⅠH374·ⅠH420之ⅠH345①	猪	右顶	
ⅠH235·ⅠH345·ⅠH374·ⅠH420之ⅠH345①	绵羊	颈椎	
ⅠH252①（ⅠT328内）	犬	掌（跖）骨	
ⅠH252①（ⅠT327内）	牛	左第二趾骨	
ⅠH252①（ⅠT327内）	犬	右跟骨	
ⅠH252①（ⅠT327内）	猪	头后部存顶（残）、枕	
ⅠH252①（ⅠT327内）	猪	右下颌残附 M1 残、M2、M3 残	
ⅠH252①（ⅠT327内）	猪	左下颌残附 DP4、M1	
ⅠH252①（ⅠT327内）	猪	左下 DI2 未成	
ⅠH252①（ⅠT327内）	猪	左距骨	
ⅠH252④（ⅠT328内）	猪	右下 M2	
ⅠH252⑥（ⅠT327内）	牛	眶骨	
ⅠH276	绵羊	颈椎	
ⅠH276	猪	左肱骨远端残	
ⅠH276④	牛	颈椎	
ⅠH276④	牛	颈椎	
ⅠH276④	牛	颈椎	
ⅠH276④	牛	颈椎	
ⅠH276⑤	牛	左第一趾骨	
ⅠH276⑤	山羊	左坐骨附髋臼	
ⅠH276⑤	绵羊	颅骨右侧残片	三一，3
ⅠH276⑤（ⅠT317内）	犬	掌（跖）骨	
ⅠH276⑤（ⅠT317内）	猪	右上 I2 重磨	
ⅠH277（ⅠT334内）	猪	左上颌（残）附 DP3、DP4	
ⅠH277（ⅠT334内）	猪	右颞关节处	
ⅠH277（ⅠT334内）	猪	右额	
ⅠH277（ⅠT334内）	猪	左额眶处残	
ⅠH277（ⅠT334内）	猪	左颞关节处	
ⅠH277（ⅠT334内）	猪	左枕髁＋颈突	

续表

出土单位	动物属种	骨骼部位	图版
ⅠH277（ⅠT334 内）	猪	左上颌残附 DP3、DP4	
ⅠH277（ⅠT334 内）	猪	左上 M3	
ⅠH277（ⅠT334 内）	猪	左下 DP3	
ⅠH277（ⅠT335 内）	绵羊	左下 M2	
ⅠH282①（ⅠT313 内）	绵羊	右上 M1	
ⅠH282①（ⅠT313 内）	犬	颈椎	
ⅠH282②（ⅠT313 内）	猪	左尺骨残	
ⅠH304③	牛	左上 M3	
ⅠH305	猪	左肩胛重残	
ⅠH334（ⅠT307 内）	猪	左髋臼 + 坐骨	
ⅠH334（ⅠT307 内）	牛	左股骨头关节	
ⅠH334（ⅠT307 内）	牛	右头状骨	
ⅠH334（ⅠT307 内）	牛	下臼齿残片	
ⅠH334（ⅠT307 内）	绵羊	右桡骨远端	
ⅠH334（ⅠT307 内）	山羊	右髂骨附髋臼	
ⅠH334（ⅠT307 内）	绵羊	左下颌残段附 DP4、M1、M2	
ⅠH334（ⅠT307 内）	绵羊	左上颌附 DP2、DP3、DP4、M1	
ⅠH334（ⅠT307 内）	绵羊	右下 M3	
ⅠH334（ⅠT307 内）	绵羊	右下 M1	
ⅠH334（ⅠT307 内）	绵羊	右上 M3	
ⅠH334（ⅠT307 内）	绵羊	右上 M2	
ⅠH334（ⅠT307 内）	绵羊	左上 M3	
ⅠH334（ⅠT307 内）	犬	左下颌门齿处残附 P4、M1、M2	
ⅠH334（ⅠT307 内）	猪	右下 C 残片	
ⅠH334（ⅠT307 内）	猪	右下 C 根残	
ⅠH334（ⅠT307 内）	猪	右肩胛重残，未成	
ⅠH334（ⅠT307 内）	猪	左髋臼 + 坐骨耻部	
ⅠH334（ⅠT307 内）	猪	左尺骨残	
ⅠH334（ⅠT307 内）	猪	寰椎残	
ⅠH344（ⅠT317 内）	猪	右肱骨远端残	
ⅠH344（ⅠT316 内）	牛	右距骨	
ⅠH344①（ⅠT316 内）	猪	右颧（残）+上颌（残）附 M2	二四，6、7
ⅠH344①（ⅠT317 内）	猪	下颌残附左 I1、C、P2、P3、P4，右 I2、P2、P3、P4、M1	
ⅠH344②（ⅠT316 内）	山羊	右肩胛骨	

续表

出土单位	动物属种	骨骼部位	图版
ⅠH344②（ⅠT316内）	猪	左下颌前段附左C、P1根、P2P3尖磨	
ⅠH344④（ⅠT316内）	牛	右距骨	
ⅠH344④（ⅠT316内）	猪	右肩胛残	
ⅠH344⑥（ⅠT316内）	牛	右下颌冠状突及关节突	
ⅠH344⑥（ⅠT316内）	猪	左上颌残	
ⅠH344⑦（ⅠT316内）	猪	右桡骨远端残	
ⅠH344⑦（ⅠT316内）	猪	掌（跖）骨碎块	
ⅠH344⑧（ⅠT316内）	牛	右跟骨	
ⅠH344⑧（ⅠT316内）	牛	左距骨	
ⅠH344⑧（ⅠT316内）	牛	右胫骨远端	
ⅠH344⑧（ⅠT316内）	牛	左下M1	
ⅠH344⑧（ⅠT316内）	猪	右上C尖磨	
ⅠH344⑧（ⅠT316内）	猪	右髂骨臼+髋骨附臼	
ⅠH349	猪	右第三掌骨	
ⅠH349	猪	左第二趾（指）骨残	
ⅠH349④	猪	掌（跖）骨碎块	
ⅠH350（ⅠT303内）	猪	右第三跖骨	
ⅠH350①	犬	右下犬齿	
ⅠH350①（ⅠT303内）	绵羊	右桡骨近端	
ⅠH350①（ⅠT303内）	犬	左上颌残+颧弓附P4	
ⅠH350①（ⅠT303内）	犬	寰椎	
ⅠH350②（ⅠT303内）	猪	右胫骨近端残	
ⅠH353⑤（ⅠT315内）	猪	左髋臼+坐骨	
ⅠH353⑦（ⅠT315内）	绵羊	左上M2	
ⅠH353⑧（ⅠT315内）	猪	左上颌残附DP3、DP4、M1、M2	
ⅠH353⑧（ⅠT315内）	猪	左第三掌骨	
ⅠH355	山羊	右下颌附DP4、M1、M2	
ⅠH355	猪	右第二趾（指）骨残	
ⅠH356②	猪	左肩胛残	
ⅠH356⑤	牛	右上颌残段附DP2、DP3、DP4	
ⅠH356⑤	牛	眶骨残	
ⅠH356⑤	牛	眶骨残块	
ⅠH356⑤	猪	右下颌残附M1、M2、M3出ⅠD脊	
ⅠH356⑥	牛	右上颌残段附DP4	
ⅠH356⑥	猪	右上颌残附C+颌前残	

续表

出土单位	动物属种	骨骼部位	图版
ⅠH356⑥	猪	右上 P2	
ⅠH356⑦	猪	右下 I1 尖损，成年	
ⅠH369（ⅠT309 内）	猪	右第一趾（指）骨近端关节	
ⅠH373①	绵羊	右下颌附 DP2、DP3、DP4、M1	三一，9、10
ⅠH373③	猪	左下 DI2 未成	
ⅠH379②	猪	左上 DP4	
ⅠH381①	绵羊	左上颌残段附 P2、P3、P4、M1、M2、M3	
ⅠH386	牛	右髌骨	
ⅠH386	牛	右第一指骨	
ⅠH386	牛	右髌骨	
ⅠH386	猪	左颧骨	
ⅠH386	猪	左上颌残	
ⅠH386	猪	右第一趾（指）骨残	
ⅠH386	猪	右第一趾（指）骨残	
ⅠH386	猪	左第一趾（指）骨残	
ⅠH387	猪	左颌前骨附 I1	
ⅠH387	猪	右下颌残附 DP4、M1 轻	
ⅠH408	牛	左第一趾骨	
ⅠH408	山羊	左肩胛骨	
ⅠH408	猪	左髋骨臼	
ⅠH408②	犬	右额残无顶及后，头骨前部附右颧弓右 C、M1、M2，左 P4、M2	
ⅠH408②	猪	左肩胛残	
ⅠH408③	犬	左肱骨远端	
ⅠH408③	猪	右下 DI1 未成	
ⅠH413	牛	髋臼残块	
ⅠH413	绵羊	左下 I2	
ⅠH413	猪	右颌前＋上颌残	
ⅠH413	猪	左尺骨残	
ⅠH413	犬	左胫骨远端	
ⅠH413①	牛	右桡骨近端残片	
ⅠH413①	绵羊	右髂骨附髋臼	
ⅠH413①	绵羊	右下颌残段	
ⅠH413①	绵羊	右下颌残段附 M1、M2、M3	
ⅠH413①	绵羊	右上 M2	

续表

出土单位	动物属种	骨骼部位	图版
Ⅰ H413①	绵羊	左上 M1	
Ⅰ H413①	绵羊	右下 P4	
Ⅰ H413①	绵羊	右下 I3	
Ⅰ H413①	绵羊	左 DC	
Ⅰ H413①	绵羊	右 DC	
Ⅰ H413①	犬	左上颌残附 DP3、DP4	
Ⅰ H413①	犬	左上犬	
Ⅰ H413①	猪	右下颌残附 M2 残、M3 残	
Ⅰ H413①	猪	右上 I2 重磨	
Ⅰ H413①	猪	寰椎残	
Ⅰ H413①	猪	右胫骨近端残	
Ⅰ H413①	猪	右下 DI1 未成	
Ⅰ H413②	绵羊	右髋臼	
Ⅰ H413②	绵羊	左下颌骨升支及冠状突	
Ⅰ H413②	绵羊	右下 M3	
Ⅰ H413②	绵羊	左下 M3	
Ⅰ H413②	绵羊	右下 I2	
Ⅰ H413②	犬	左上颌残段附 M1	
Ⅰ H413②	猪	头后部存额（残）、顶、枕（残）、右颞	
Ⅰ H413②	猪	左额眶处残	
Ⅰ H413②	猪	左下颌角	
Ⅰ H413②	猪	寰椎，基本完整	
Ⅰ H413②	猪	胸椎残	
Ⅰ H413②	猪	右距骨	
Ⅰ H413②	猪	左胫骨近端残	
Ⅰ H413③	绵羊	枢椎	
Ⅰ H413③	猪	右上 I2 残	
Ⅰ H413③	猪	左上 C 尖磨	
Ⅰ H414	猪	左下 DI2	
Ⅰ H416	绵羊	左蹄骨	
Ⅰ H416	猪	右下颌残附 DP2、DP3、DP4、M1	
Ⅰ H417①（Ⅰ T306 内）	牛	右下 DP4	
Ⅰ H417①（Ⅰ T306 内）	犬	右距骨	
Ⅰ H418③	猪	右下 I2 未磨，未成年	
Ⅰ H418⑦	猪	右距骨	

续表

出土单位	动物属种	骨骼部位	图版
ⅠH419	绵羊	左上 P3	
ⅠH419①	牛	左上 M1	
ⅠH422⑤	猪	左上颌前骨附 I1、I3	
ⅠH422⑤	绵羊	右距骨	
ⅠH422⑤	犬	右胫骨远端	
ⅠH422⑤	猪	右颌前骨	
ⅠH422⑤	猪	左颞眶部	
ⅠH422⑤	猪	右上 DI1 尖磨	
ⅠH422⑤	猪	左下 C 尖磨	
ⅠH422⑤	猪	右尺骨残	
ⅠH424③（ⅠT333 内）	猪	左上颌前残附 P2、P3 根	
ⅠH424③（ⅠT333 内）	猪	左髋臼 + 坐骨	
ⅠH424⑥	猪	左上颌（残）附 P3、M1、M2	
ⅠH424⑥	犬	左下颌无齿	
ⅠH424⑥	犬	右下颌角残部附 M2	
ⅠH426	牛	右股骨近端	
ⅠH426	牛	右距骨	
ⅠH426	牛	寰椎后关节面右半	
ⅠH426	野牛	右髂骨残段	
ⅠH426	犬	左肱骨远端	
ⅠH426	猪	左肩胛较重残	
ⅠH426	猪	右第四掌骨	
ⅠH426	猪	左颞下颌关节部（残）	
ⅠH426	猪	右上颌（残）附 DP2、DP3、DP4（残）	
ⅠH429	猪	左下颌前附左 I1、C、DP2、DP3、P4，右 I1	
ⅠH429	猪	右下颌残附 M2 残、M3	
ⅠH429	猪	右下 I1 尖损，成年	
ⅠH429	猪	右尺骨残	
ⅠH429	猪	左桡骨近端残	
ⅠH429	猪	左第一趾（指）骨残	
ⅠH429	猪	左下颌残附 P4、M1、M2、M3 洞开小口	
ⅠH429	猪	右肱骨远端残	
ⅠH430②	牛	右第二指骨	
ⅠH430②	绵羊	右桡骨近端附尺骨	
ⅠH430②	绵羊	右蹠骨近端	

续表

出土单位	动物属种	骨骼部位	图版
Ⅰ H430②	绵羊	左掌骨近端	
Ⅰ H430②	山羊	左髋臼	
Ⅰ H430②	绵羊	右肱骨近端关节	
Ⅰ H430②	牛	左方椎骨（腕部）	
Ⅰ H430②	犬	左上颌残、左颌残	
Ⅰ H430②	犬	右下颌附 DC、DP3、DP4	
Ⅰ H430②	犬	右股骨近端	
Ⅰ H430②	犬	右肱骨远端	
Ⅰ H430②	犬	右上 M1	
Ⅰ H430②	猪	左颞眶部（残）	
Ⅰ H430②	猪	左下颌角冠状髁突	
Ⅰ H430②	猪	右尺骨残	
Ⅰ H430②	猪	掌（跖）骨	
Ⅰ H430②	猪	左股骨远端关节残	
Ⅰ H430②	猪	左肱骨远端残	
Ⅰ H430②	猪	右蹄骨	
Ⅰ H433①（Ⅰ T337 内）	犬	右下颌前段附 P2	
Ⅰ H433①（Ⅰ T337 内）	犬	右下犬齿	
Ⅰ H434①	猪	左下颌残附 M1、M2 未磨	
Ⅰ H434③	绵羊	右下 M3	
Ⅰ H434③	猪	左下 I2 尖损，成年	
Ⅰ H434③	猪	右上 DP3	
Ⅰ H434⑦	猪	右上颌（残）附 P3、P4、M1、M2、M3	二四，9、10
Ⅰ H434⑦	猪	下颌愈合处	
Ⅰ H434⑦	猪	腰椎残	
Ⅰ H439	猪	下颌愈合处附 P3 未出	
Ⅰ H442	绵羊	右下 I2	
Ⅰ H442	犬	掌（跖）骨	
Ⅰ H443・Ⅰ H444・Ⅰ H445 之Ⅰ H445	牛	右下颌冠状突及关节突	
Ⅰ H443・Ⅰ H444・Ⅰ H445 之Ⅰ H445	猪	右肩胛残	
Ⅰ H443・Ⅰ H444・Ⅰ H445 之Ⅰ H445	犬	左尺骨	
Ⅰ H443・Ⅰ H444・Ⅰ H445 之Ⅰ H445	犬	左桡骨远端	
Ⅰ H443・Ⅰ H444・Ⅰ H445 之Ⅰ H445	猪	右第二趾（指）骨残	
Ⅰ H443・Ⅰ H444・Ⅰ H445 之Ⅰ H445	绵羊	左下颌升支及冠状突残段	
Ⅰ H448	猪	左肩胛重残	

续表

出土单位	动物属种	骨骼部位	图版
ⅠH448	猪	右尺骨残	
ⅠH449①	山羊	右髋臼	
ⅠH449②	绵羊	右下 M2	
ⅠH449②	猪	左髋骨重残	
ⅠH449④	犬	左上颌残，无齿	
ⅠH449④	绵羊	左下颌附 M2、M3	
ⅠH449④	猪	左第四跖骨	
ⅠH449④	猪	左蹄骨	
ⅠH449⑤	猪	右第三跖骨	
ⅠH449⑤	猪	左胫骨远端残	
ⅠH449⑨	绵羊	右桡骨远端关节	
ⅠH449⑨	山羊	左跟骨	三〇，15
ⅠH449⑨	牛	角残片	
ⅠH449⑨	猪	右胫骨近端残	
ⅠH449⑨	猪	左半月骨	
ⅠH449⑨	猪	右舟形骨	
ⅠH449⑩	绵羊	右髂骨附髋臼	
ⅠH449⑩	绵羊	枕骨	
ⅠH449⑩	绵羊	眶骨	
ⅠH449⑩	绵羊	左上颌残附 M3	
ⅠH449⑩	绵羊	右下 M3	
ⅠH449⑩	绵羊	右下 M3	
ⅠH449⑩	山羊	左肩胛骨（残）	
ⅠH449⑩	牛	下乳臼齿残片	
ⅠH449⑩	猪	左下 M2	
ⅠH449⑩	猪	颈椎	
ⅠH449⑩	猪	胸椎残	
ⅠH449⑩	猪	右距骨	
ⅠH449⑩	犬	左肩胛骨	二〇，5、6
ⅠH449⑪	绵羊	下颌骨冠状突	
ⅠH449⑪	绵羊	右上 M1	
ⅠH449⑪	猪	右跟骨	
ⅠH449⑪	猪	右第三跖骨	
ⅠH449⑪	猪	左第一趾（指）骨残	
ⅠH449⑫	绵羊	左下 M1	

续表

出土单位	动物属种	骨骼部位	图版
Ⅰ H449⑫	绵羊	右下 DP4	
Ⅰ H449⑫	猪	颈椎	
Ⅰ H449⑫	猪	腰椎残	
Ⅰ H449⑫	猪	掌（跖）骨碎块	
Ⅰ H449⑫	绵羊	右坐骨附髋臼	
Ⅰ H449⑬	猪	掌（跖）骨	
Ⅰ H456②	猪	右第四掌骨	
Ⅰ H469⑤	猪	右胫骨远端残	
Ⅰ H469⑤	牛	枢椎残片	
Ⅰ H469⑤（Ⅰ T333 内）	猪	左跟骨	
Ⅰ H471	猪	右颞（残）	
Ⅰ H472（Ⅰ T337 内）	犬	左肱骨远端	
Ⅰ H472（Ⅰ T337 内）	猪	左肩胛重残	
Ⅰ H472（Ⅰ T337 内）	猪	右肱骨远端残	
Ⅰ H474④	绵羊	右跖骨	
Ⅰ H474④	猪	左下颌附 DC、DP3、DP4、M1（洞开）	
Ⅰ H474④	猪	下颌附左右 DP2、DP3、DP4、M1（洞开）	
Ⅰ H474④	猪	右下乳门齿 DI1	
Ⅰ H474④	猪	左肩胛重残	
Ⅰ H474④	猪	右距骨	
Ⅰ H474④	猪	右跟骨	
Ⅰ H474④	猪	右第四掌骨	
Ⅰ H474④	猪	右股骨残	
Ⅰ H474④	猪	右胫骨残	
Ⅰ H474④	牛	左角残片附部分额骨	
Ⅰ H474④	犬	右肱骨远端	
Ⅰ H476	猪	左枕髁	
Ⅰ H476	猪	左下 DI2 未成	
Ⅰ H478	猪	左颞残	
Ⅰ H480	狍	右额骨附角	二八，1、2
Ⅰ H483①	猪	左肩胛重残	
Ⅰ H483①	猪	左尺骨残	
Ⅰ H483①	猪	右胫骨近端残	
Ⅰ H489①	绵羊	右掌（跖）骨远端	
Ⅰ H489①	绵羊	左距骨	

续表

出土单位	动物属种	骨骼部位	图版
ⅠH489①	犬	右下颌残段附M2	
ⅠH489①	犬	掌（跖）骨	
ⅠH489①	猪	右上颌（残）附P4（刚洞出）、M1，	
ⅠH489②	牛	上臼齿残片	
ⅠH492	猪	右下I1未磨，未成年	
ⅠH494③	猪	存颅骨、额骨、顶骨、枕骨、泪骨、颧骨的头骨	二三，9
ⅠH496②	牛	左方椎骨	
ⅠH497①	猪	右肱骨残	
ⅠH500	牛	右胫骨近端	
ⅠH500	绵羊	右上M1	
ⅠH500	马	左第二趾骨	二二，12
ⅠH501③	牛	右角	二九，1

表1-3　大山前第Ⅰ地点夏家店下层文化沟（ⅠG1、ⅠG2、ⅠG5、ⅠG6、ⅠG7）的动物遗存

出土单位	动物属种	骨骼部位	图版
ⅠG1①（ⅠT404内）	绵羊	右上M1	
ⅠG1①（ⅠT404内）	犬	右下犬齿	
ⅠG1①（ⅠT404内）	猪	左下颌角	
ⅠG1①（ⅠT404内）	猪	左下I2尖损，成年	
ⅠG1①（ⅠT405内）	猪	右上M2	
ⅠG1⑥（ⅠT404内）	绵羊	右下颌残段附DP2、M1	
ⅠG2	犬	左胫骨近端	
ⅠG2	猪	右顶枕骨	
ⅠG2	猪	右颞枕髁残关节部	
ⅠG2	猪	右颌前附I3	
ⅠG2	猪	左上颌残附M1、M2、M3残	
ⅠG2	猪	左下颌残附M1残、M2残根	
ⅠG2	猪	右疣髁	
ⅠG2	猪	左上DP3	
ⅠG2	猪	左髋骨髋骨脊后段残无耻骨	
ⅠG2	猪	左尺骨残	
ⅠG2	猪	左尺骨残	
ⅠG2	猪	寰椎，基本完整	
ⅠG2	猪	左第三跖骨	

续表

出土单位	动物属种	骨骼部位	图版
Ⅰ G2	猪	左肱骨远端残	
Ⅰ G2	猪	右肱骨远端残	
Ⅰ G2	牛	右肱骨近端	
Ⅰ G2	牛	右距骨	
Ⅰ G2	牛	左掌骨近端	
Ⅰ G2	牛	左头状骨	
Ⅰ G2	牛	右大楔形骨	
Ⅰ G2	牛	右第一指骨	
Ⅰ G2	牛	左上颌残段附 DP3、DP4	
Ⅰ G2（Ⅰ T405 内）	牛	右舟形方骨（骰骨）	二九，8
Ⅰ G2	山羊	左下颌残段附 M2、M3	
Ⅰ G2	绵羊	左上 M3	
Ⅰ G2（Ⅰ T406 内）	绵羊	左下 M2	
Ⅰ G2④（Ⅰ T406 内）	绵羊	左上 M3	
Ⅰ G2⑤（Ⅰ T405 内）	犬	右下颌冠残	
Ⅰ G2⑤（Ⅰ T405 内）	犬	右下颌残段附 P3、M1、M2	
Ⅰ G2⑩（Ⅰ T431 内）	猪	左下 C	二三，2
Ⅰ G2⑬（Ⅰ T406 内）	绵羊	右上 M1	
Ⅰ G2⑮（Ⅰ T419 内）	猪	右下颌残附 P3、DP4、M1、M2	
Ⅰ G2⑱	绵羊	右胫骨	三二，10
Ⅰ G2⑱	马鹿	右胫骨远端	二七，11
Ⅰ G5②（Ⅰ T410 内）	猪	左肩胛骨残	二六，3
Ⅰ G6	绵羊	颈椎	
Ⅰ G6②	牛	右踝骨	
Ⅰ G6②	犬	掌（跖）骨	
Ⅰ G6②	牛	右胫骨远端	
Ⅰ G6②	牛	右踝骨	
Ⅰ G6②	绵羊	左下颌附 DP3、DP4	
Ⅰ G6②	绵羊	左上 DP4	
Ⅰ G6②	马	左股骨近端	
Ⅰ G6②	犬	左距骨	
Ⅰ G6②	犬	掌（跖）骨	
Ⅰ G6②	犬	掌（跖）骨	
Ⅰ G6②	猪	右半月骨	
Ⅰ G6⑤	犬	右顶附颞关节部	

续表

出土单位	动物属种	骨骼部位	图版
ⅠG6⑤	犬	髋臼	
ⅠG6⑥	牛	寰椎	
ⅠG6⑥	绵羊	右肩胛骨	
ⅠG6⑥	犬	右肱骨远端	
ⅠG6⑧	猪	颈椎	
ⅠG6⑧	猪	右胫骨远端残	
ⅠG6⑩	猪	左桡骨近端	
ⅠG6⑩	猪	左尺骨关节残	
ⅠG6⑩	猪	右尺骨残	
ⅠG6⑩	猪	右胫骨近端关节残	
ⅠG7①	牛	右下颌残段附 DP4	
ⅠG7③（ⅠT410 内）	绵羊	左下颌附 P3－M3	三一，7、8
ⅠG7④	牛	右下 DP3	

表 1－4　大山前第Ⅰ地点夏家店上层文化房址（ⅠF38）的动物遗存

出土单位	动物属种	骨骼部位
ⅠF38①（ⅠT325 内）	犬	左肱骨近端
ⅠF38①（ⅠT325 内）	猪	左下颌前段附左 I1、C、DP2、DP3、DP4、M1、M2
ⅠF38②（ⅠT325 内）	犬	左下颌残段无齿
ⅠF38②（ⅠT325 内）	犬	左下 M1

表 1－5　大山前第Ⅰ地点夏家店上层文化灰坑的动物遗存

出土单位	动物属种	骨骼部位	图版
ⅠH62	猪	左下颌角	
ⅠH62	猪	右股骨远端关节残	
ⅠH62	猪	右下 M2 未成	
ⅠH62	猪	右半月骨	
ⅠH62	犬	左跟骨	
ⅠH62	猪	右下 C 残片	
ⅠH74	牛	掌（跖）骨近端	
ⅠH74	犬	右距骨	
ⅠH74	犬	左第五掌骨	
ⅠH74	犬	掌（跖）骨	
ⅠH74	犬	掌（跖）骨	
ⅠH74	犬	颈椎	

续表

出土单位	动物属种	骨骼部位	图版
Ⅰ H89	绵羊	右下 M1	
Ⅰ H89	犬	枕骨 + 踝	
Ⅰ H89	犬	枢椎	
Ⅰ H89	猪	寰椎	
Ⅰ H89	猪	右上犬齿	
Ⅰ H89	猪	右下颌	
Ⅰ H89	猪	左下犬齿	
Ⅰ H89	猪	头顶部存顶骨	
Ⅰ H89	猪	寰椎，基本完整	
Ⅰ H89	猪	左距骨	
Ⅰ H89	犬	左下颌冠突残门齿处残	
Ⅰ H89	猪	左下颌角	
Ⅰ H89	牛	右股骨头	
Ⅰ H92	犬	左枕髁	
Ⅰ H92	猪	右下 I1 尖损，成年	
Ⅰ H92①	猪	上颌骨附左 P4 – M2 及左 P1	二四，11
Ⅰ H92③（Ⅰ T110 内）	猪	右上颌附 M2、M3	
Ⅰ H92③（Ⅰ T110 内）	猪	上犬齿	
Ⅰ H92③（Ⅰ T110 内）	猪	右下颌残附 C、DP3、DP4、M1、M2 洞开	
Ⅰ H92③（Ⅰ T110 内）	猪	右肩胛重残	
Ⅰ H92③	牛	左下颌残段	
Ⅰ H92③	绵羊	左胫骨远端	
Ⅰ H92③	牛	左上 DP2	
Ⅰ H92④（Ⅰ T110 内）	牛	右下颌骨	
Ⅰ H92④（Ⅰ T110 内）	猪	左上颌（残）附 C、P1（残）、P3（残）	
Ⅰ H92④	牛	掌（跖）骨远端	
Ⅰ H92④	猪	右肩胛重残	
Ⅰ H92④	猪	右肱骨远端残	
Ⅰ H92⑤（Ⅰ T110 内）	猪	左下颌角	
Ⅰ H92⑤（Ⅰ T110 内）	猪	左下颌角	
Ⅰ H92⑤（Ⅰ T110 内）	猪	右下 DI1 未成	
Ⅰ H141①	马鹿	角基残	
Ⅰ H213①	猪	右颌前残	
Ⅰ H213①	猪	左上颌残附 M2（残）、M3	
Ⅰ H239①	猪	左肩胛残	

续表

出土单位	动物属种	骨骼部位	图版
ⅠH239①	猪	左肱骨远端残	
ⅠH239③	犬	掌（跖）骨	
ⅠH239③	猪	头部存左颞（残）	
ⅠH239③	猪	左距骨	
ⅠH239③	绵羊	左肩胛骨	
ⅠH239③	山羊	枕骨附左枕髁及左顶骨	三〇，8
ⅠH239③	山羊	右上颌残附 P2、P3、P4、M1、M2、M3	三〇，5、6
ⅠH239③	山羊	颅骨附额骨、顶骨、颞骨、枕骨残、岩骨及右角	三〇，3、4
ⅠH239③	山羊	颅骨附额骨、顶骨、颞骨残、左角	三〇，1、2
ⅠH239⑤	绵羊	胸椎	
ⅠH239⑤	犬	左股骨近端	
ⅠH239⑤	猪	左下颌（升支残）附左 I3、DP2、DP3、DP4、M1，右 I1 未出	
ⅠH239⑤	猪	右下颌残附 DP4、M1、M2 洞小开	
ⅠH239⑤	猪	左下 C	
ⅠH239⑤	猪	右下 I1 尖损，成年	
ⅠH239⑤	猪	右下颌残附 DP4、M1、M2 洞小开	
ⅠH239⑤	猪	左下 C	
ⅠH239⑤	猪	右下 I1 尖损，成年	
ⅠH239⑤	绵羊	枢椎残段	
ⅠH239⑤	绵羊	右角残段	
ⅠH239⑤	绵羊	颅骨残片	
ⅠH239⑤	绵羊	岩骨（残）	
ⅠH239⑤	绵羊	眶骨（残）	
ⅠH239⑤	绵羊	胸椎（残）	
ⅠH239⑤	绵羊	胸椎（残）	
ⅠH239⑤	绵羊	右下颌残段附 P3、M1	
ⅠH239⑤	绵羊	左下颌附 P3、P4、M2、M3	
ⅠH239⑤	绵羊	右下 M2	
ⅠH239⑤	绵羊	左下 M1	
ⅠH239⑤	绵羊	右下 P4	
ⅠH239⑤	绵羊	左下 I1	
ⅠH239⑤	绵羊	左下 I2	
ⅠH239⑤	绵羊	右下 I1	
ⅠH239⑤	绵羊	左下 I3	

续表

出土单位	动物属种	骨骼部位	图版
Ⅰ H239⑦	猪	左跟骨	
Ⅰ H239⑧	犬	掌（跖）骨	
Ⅰ H239⑧	猪	左下颌残附 DP4、M1 残片、M2 洞开小口	
Ⅰ H258①	牛	左第二趾（指）骨	
Ⅰ H258①	牛	跖骨远端	
Ⅰ H258①	猪	寰椎残	
Ⅰ H258②	猪	右下 C 尖残	
Ⅰ H258②	猪	右肩胛重残	
Ⅰ H258③	犬	左下犬齿	
Ⅰ H288（Ⅰ T306 内）	绵羊	右下 M2	
Ⅰ H288①（Ⅰ T306 内）	绵羊	左下 I3	
Ⅰ H295①（Ⅰ T306 内）	牛	左下 P3	
Ⅰ H295②（Ⅰ T306 内）	牛	左距骨残段	
Ⅰ H295②（Ⅰ T306 内）	绵羊	左胫骨远端残片	
Ⅰ H295②（Ⅰ T306 内）	犬	右下颌附 P3、P4、M1、M2	
Ⅰ H295②（Ⅰ T306 内）	犬	右下颌残段附 M2	
Ⅰ H295②（Ⅰ T306 内）	猪	左肩胛残	
Ⅰ H295②（Ⅰ T306 内）	猪	右肱骨远端残	
Ⅰ H295②（Ⅰ T306 内）	猪	掌（跖）骨碎块	
Ⅰ H295②（Ⅰ T307 内）	猪	右下颌残附 P3、P4、M1、M2、M3 Ⅰ Ⅱ脊	
Ⅰ H295③（Ⅰ T306 内）	绵羊	额骨及顶骨残片	三一，2
Ⅰ H295③（Ⅰ T306 内）	绵羊	掌（跖）骨远端关节	
Ⅰ H295③（Ⅰ T306 内）	牛	左髋臼残块	
Ⅰ H295③（Ⅰ T306 内）	猪	右上 I2 尖残	
Ⅰ H298①	牛	右方椎骨	
Ⅰ H298①	绵羊	右下颌残段附 M3	
Ⅰ H298①	犬	左下颌冠突角门残	
Ⅰ H298①	猪	右肩胛残	
Ⅰ H307	牛	左胫骨远端残部	
Ⅰ H307	绵羊	右掌（跖）骨远端	
Ⅰ H307	犬	左下颌角残 P3、P4、M1、M2	
Ⅰ H307	猪	右下 DP4	
Ⅰ H307	猪	左桡骨近端残	
Ⅰ H333	猪	右上颌附 M1、M2	
Ⅰ H333	牛	右角	

续表

出土单位	动物属种	骨骼部位	图版
Ⅰ H333	牛	右第一指骨远端	
Ⅰ H333	绵羊	颅骨残片	
Ⅰ H333	山羊	左下颌附 DP3、DP4、M1	
Ⅰ H333	绵羊	右上颌残段附 DP4	
Ⅰ H333	绵羊	M3	
Ⅰ H333	绵羊	右上 M1	
Ⅰ H333	马	右胫骨近端	
Ⅰ H333	犬	左下颌冠突角 M2	
Ⅰ H333	犬	掌（跖）骨	
Ⅰ H333	犬	右上 M1	
Ⅰ H333	猪	右上颌（残）附 P1、P2、P3	
Ⅰ H333	猪	左上颌残附 M1、M2	
Ⅰ H333	猪	左下颌残附 DP4 残、M1 残根	
Ⅰ H333	猪	左第一趾（指）骨残	
Ⅰ H333	犬	右门齿	
Ⅰ H333	犬	左肩胛骨	
Ⅰ H333	猪	左髋臼 + 坐骨	
Ⅰ H401②（Ⅰ T431 内）	犬	头骨附 I3、C、P2 - P4、M2	一九，8
Ⅰ H409①（Ⅰ T311 内）	绵羊	右跖骨	
Ⅰ H409①（Ⅰ T311 内）	猪	左胫骨远端残	
Ⅰ H409①（Ⅰ T311 内）	绵羊	左距骨	
Ⅰ H409①（Ⅰ T311 内）	绵羊	右半月骨	
Ⅰ H409①（Ⅰ T311 内）	猪	寰椎，基本完整	
Ⅰ H409①（Ⅰ T311 内）	猪	右跟骨	
Ⅰ H409②（Ⅰ T311 内）	绵羊	右头状骨	
Ⅰ H409②（Ⅰ T311 内）	绵羊	右上 P3	
Ⅰ H409②（Ⅰ T311 内）	猪	右上颌（残）附 M1	
Ⅰ H409②（Ⅰ T311 内）	猪	左胫骨远端残	
Ⅰ H409②（Ⅰ T311 内）	猪	右肱骨远端残	
Ⅰ H409③（Ⅰ T311 内）	猪	右下颌残附 DP2、DP4 尖平	
Ⅰ H409③（Ⅰ T312 内）	猪	左下颌残附 DP4、M1 洞穴位	
Ⅰ H437①	猪	右肩胛残	
Ⅰ H437①	牛	右舟形方骨	
Ⅰ H437①	牛	左第一趾骨	
Ⅰ H437①	牛	角残片	

续表

出土单位	动物属种	骨骼部位	图版
Ⅰ H437①	牛	右上 M3 残段	
Ⅰ H437①	牛	下臼齿残片	
Ⅰ H437①	牛	角残片	
Ⅰ H437①	猪	右上颌（残）附 P3、P4	
Ⅰ H437①	猪	下颌愈合处附左右 I2（刚出），右 C（残）	
Ⅰ H437①	猪	右上颌残附 DP3 残、DP4	
Ⅰ H437①	猪	左上颌残附 M1 残、M2 Ⅰ脊尖磨	
Ⅰ H437①	猪	右肩胛残	
Ⅰ H437①	猪	右肩胛残	
Ⅰ H437①	猪	寰椎残	
Ⅰ H437①	猪	掌（跖）骨	
Ⅰ H437①	猪	左肱骨远端残	
Ⅰ H437②	牛	右股骨远端	
Ⅰ H437②	绵羊	右尺骨	
Ⅰ H437②	猪	右下颌前段附 DP4 未磨	
Ⅰ H437②	牛	左上颌附 P2、P3、P4、M1、M2、M3	
Ⅰ H437②	马鹿	右肱骨远端	二七，2
Ⅰ H486	猪	右胫骨远端残	

表 1－6　大山前第Ⅰ地点战国时期房址（ⅠF4、ⅠF41）的动物遗存

出土单位	动物属种	骨骼部位	图版
Ⅰ F4	绵羊	左楔形骨	
Ⅰ F4	绵羊	下牙	
Ⅰ F4	猪	右上颌（残）附 DP3、DP4	
Ⅰ F4	猪	右下 I1 尖损，成年	
Ⅰ F41②（Ⅰ T308 内）	牛	右上 M3	
Ⅰ F41②（Ⅰ T308 内）	绵羊	左肱骨远端	
Ⅰ F41②（Ⅰ T308 内）	牛	眶骨残	
Ⅰ F41②（Ⅰ T308 内）	犬	左上颌残，无齿	
Ⅰ F41②（Ⅰ T308 内）	犬	右尺骨	二〇，10、11
Ⅰ F41②（Ⅰ T308 内）	猪	右额残	
Ⅰ F41②（Ⅰ T308 内）	猪	下颌愈合处	
Ⅰ F41②（Ⅰ T308 内）	猪	右额残	
Ⅰ F41②（Ⅰ T308 内）	猪	右肱骨远端残	
Ⅰ F41②（Ⅰ T308 内）	牛	左第二指骨	

表1－7　大山前第Ⅰ地点战国时期灰坑的动物遗存

出土单位	动物属种	骨骼部位	图版
ⅠH1	猪	左尺骨残	
ⅠH1	猪	腰椎残	
ⅠH2	绵羊	左髋臼（残）	
ⅠH2	绵羊	右距骨（残）	
ⅠH2	绵羊	右距骨	
ⅠH2	绵羊	右下颌升支残段	
ⅠH2	绵羊	右下 M2	
ⅠH2	野牛	右股骨远端	
ⅠH2	牛	胸椎残块	
ⅠH2	牛	胸椎残块	
ⅠH2	牛	左第二指骨	
ⅠH2	牛	左髋骨	
ⅠH2	牛	右胫骨远端	
ⅠH2	猪	右上 I2 未磨	
ⅠH2	猪	左上颌残附 DP4（P4 胚）、M1 未露	
ⅠH2	猪	颅骨残片	
ⅠH2	猪	右肩胛残	
ⅠH2	猪	左髋骨臼	
ⅠH2	猪	左颌前	
ⅠH2	猪	左下犬齿	
ⅠH2	猪	左上 I1	
ⅠH2（ⅠT406 内）	猪	左第一趾（指）骨残	
ⅠH2	犬	左下颌冠突微残	
ⅠH2（ⅠT406 内）	犬	右上颌残附 DP2、DP3、DP4	
ⅠH2（ⅠT406 内）	犬	左下颌冠突残 DC、DP2、DP3、DP4	
ⅠH2（ⅠT406 内）	犬	右尺骨	
ⅠH2（ⅠT406 内）	犬	头骨	
ⅠH3	绵羊	右距骨	
ⅠH3	绵羊	左胫骨远端关节	
ⅠH3	绵羊	左跟骨	
ⅠH3	绵羊	左桡骨	
ⅠH3	绵羊	左距骨	
ⅠH3	绵羊	左舟形方骨	

续表

出土单位	动物属种	骨骼部位	图版
Ⅰ H3	绵羊	左跟骨	
Ⅰ H3	绵羊	左桡骨	
Ⅰ H3	绵羊	左尺骨	
Ⅰ H3	绵羊	左掌骨	
Ⅰ H3	绵羊	右肩胛骨	
Ⅰ H3	绵羊	左桡骨远端关节	
Ⅰ H3	犬	左下颌门处残 DP2、DP3、DP4	
Ⅰ H3	犬	颈椎	
Ⅰ H3	猪	左股骨远端关节残	
Ⅰ H3	猪	左肱骨残	
Ⅰ H3	猪	右肱骨远端残	
Ⅰ H3	猪	左髌骨	
Ⅰ H3	牛	右胫骨远端	
Ⅰ H5	猪	左下颌附 DP4 尖刚出、M1	
Ⅰ H6	绵羊	左肱骨远端	
Ⅰ H6	犬	右下颌残段附 M1 未萌出	
Ⅰ H6	猪	右第四跖骨	
Ⅰ H7①	猪	右蹄骨	
Ⅰ H10	犬	右上 M1	
Ⅰ H10	绵羊	右下颌附 DP2、DP3、DP4、M1	
Ⅰ H14③	猪	头骨	二三，10～12
Ⅰ H15	绵羊	右胫骨远端	
Ⅰ H15	犬	右胫骨远端	
Ⅰ H15	犬	右桡骨远端	
Ⅰ H15	犬	右跟骨	
Ⅰ H15	犬	寰椎	
Ⅰ H15	犬	枢椎	
Ⅰ H15	犬	颈椎	
Ⅰ H15	犬	颈椎	
Ⅰ H15	犬	骶骨	
Ⅰ H15	猪	左上颌残附 DP3、DP4、M1	
Ⅰ H15	猪	右下颌角	
Ⅰ H15	猪	左上 DI2 未磨	
Ⅰ H15	犬	左距骨	
Ⅰ H15	犬	右上 M1	

续表

出土单位	动物属种	骨骼部位	图版
Ⅰ H17	犬	掌（跖）骨	
Ⅰ H17（Ⅰ T416 内）	猪	右下颌残附 P3、P4、M1、M2、M3 Ⅰ Ⅱ 脊出头	
Ⅰ H19（Ⅰ T417 内）	绵羊	胸椎	
Ⅰ H19（Ⅰ T418 内）	猪	右下颌角附 M2 残根	
Ⅰ H20	犬	左肱骨远端	
Ⅰ H20	犬	掌（跖）骨	
Ⅰ H20	犬	左跟骨	
Ⅰ H20	猪	右下颌附 DP3、DP4	
Ⅰ H20	猪	右上颌（残）附 M1、M2	
Ⅰ H20	猪	左上颌后残	
Ⅰ H20	猪	右下 DI1 未成	
Ⅰ H20	猪	门齿残片	
Ⅰ H20	猪	右跟骨	
Ⅰ H20	猪	掌（跖）骨	
Ⅰ H20	犬	右下颌残段附 M1、M2	
Ⅰ H20	犬	右股骨近端	
Ⅰ H20	犬	左肱骨远端	
Ⅰ H22	犬	左下 M1	
Ⅰ H22（Ⅰ T419 内）	牛	左桡骨远端	
Ⅰ H23	猪	下颌愈合处附右 C	
Ⅰ H23	猪	右上 C 尖残	
Ⅰ H23	犬	左下颌 P2、P4、M1、M2	
Ⅰ H23	猪	右下颌残附 M1、M2	
Ⅰ H23	犬	右上犬齿	
Ⅰ H23	犬	左下 C、M1、M2	
Ⅰ H25	猪	右下 M1	
Ⅰ H27（Ⅰ T429 内）	猪	右下颌残附 I1、I2、P1、DP3 尖、DP4 中磨、M1 残	
Ⅰ H28	绵羊	右下 DP4	
Ⅰ H28	犬	左下颌残冠突残附 P3、P4、M1、M2	
Ⅰ H28	猪	左第一趾（指）骨残	
Ⅰ H29	猪	门齿残片	
Ⅰ H29	牛	左下 DP4	
Ⅰ H29	猪	右下 I1 尖损，成年	
Ⅰ H31	牛	左跖骨近端	
Ⅰ H31	猪	右股骨残	

续表

出土单位	动物属种	骨骼部位	图版
Ⅰ H31	猪	左肱骨远端残	
Ⅰ H32	绵羊	右上颌附 M1、M2	
Ⅰ H32	绵羊	右上 DP3	
Ⅰ H32	牛	门齿残片	
Ⅰ H32	猪	右上 I2 未磨	
Ⅰ H32	猪	左桡骨近端残	
Ⅰ H35	绵羊	左下颌残段	
Ⅰ H35	犬	右上犬齿	
Ⅰ H35	猪	颅骨残片	
Ⅰ H35	猪	左上颌（残）附 M2、M3	
Ⅰ H35	猪	乳前臼齿残片	
Ⅰ H35	猪	乳前臼齿残片	
Ⅰ H35	猪	右胫骨近端关节残	
Ⅰ H35	猪	左舟形骨	
Ⅰ H35	猪	左上颌（残）附 P1、P3、P4、M1、M2	
Ⅰ H35	猪	右下颌残附 P2、P3、DP4、M1、M2、M3	
Ⅰ H35	猪	左下颌残附 P2、P3、P4、M1、M2、M3 Ⅰ Ⅱ 脊	
Ⅰ H35	猪	右肩胛残	
Ⅰ H36	绵羊	左掌（跖）骨远端	
Ⅰ H36	犬	左下犬齿	
Ⅰ H36	犬	右上犬齿	
Ⅰ H36	猪	右距骨	
Ⅰ H36	猪	左第一趾（指）骨残	
Ⅰ H36（Ⅰ T419 内）	猪	左侧肩胛骨	
Ⅰ H36（Ⅰ T419 内）	牛	右跖骨近端残片	
Ⅰ H38	马	右下 M3	二一，4、5
Ⅰ H39（Ⅰ T408 内）	马	右股骨头	
Ⅰ H39（Ⅰ T408 内）	犬	右下颌附 C、P1、P2、P3、P4	
Ⅰ H39（Ⅰ T408 内）	犬	右下 M1	
Ⅰ H39（Ⅰ T408 内）	猪	左上颌（残）附 DP4、M1	
Ⅰ H39（Ⅰ T408 内）	猪	左上 I2 重磨	
Ⅰ H40（Ⅰ T406 内）	绵羊	左下颌骨升支及冠状突	
Ⅰ H40（Ⅰ T406 内）	绵羊	右下 M2	
Ⅰ H40（Ⅰ T406 内）	绵羊	右下 M1	
Ⅰ H40（Ⅰ T406 内）	绵羊	左上 M1	

续表

出土单位	动物属种	骨骼部位	图版
ⅠH42（ⅠT403 内）	牛	右第一指骨	
ⅠH42（ⅠT403 内）	牛	右蹄骨	
ⅠH42（ⅠT403 内）	绵羊	左桡骨远端残片	
ⅠH42（ⅠT403 内）	绵羊	右上 M1	
ⅠH42（ⅠT403 内）	牛	左上 P2	
ⅠH42（ⅠT403 内）	犬	左跟骨	
ⅠH42（ⅠT403 内）	猪	左第二趾（指）骨残	
ⅠH43	牛	上臼齿	
ⅠH43	猪	左下 DI1 未成	
ⅠH43	猪	右舟形骨	
ⅠH43	猪	掌（跖）骨碎块	
ⅠH44①	马	右大楔形骨	
ⅠH44①	犬	掌（跖）骨	
ⅠH44①	犬	掌（跖）骨	
ⅠH44①	犬	头骨	
ⅠH44①	猪	左髋骨臼	
ⅠH44①	猪	左蹄骨	
ⅠH44①	猪	右下颌残片附 M1 残未磨	
ⅠH44①	猪	左髋臼 + 坐骨	
ⅠH44②	猪	右下 I1 未磨，未成年	
ⅠH46	猪	左上 P2	
ⅠH46	猪	左蹄骨	
ⅠH46（ⅠT110 内）	绵羊	左下 M1	
ⅠH46（ⅠT110 内）	犬	左下颌残段无齿	
ⅠH46（ⅠT110 内）	猪	右第三跖骨	
ⅠH46（ⅠT110 内）	猪	右上颌（残）附 DP4、M1	
ⅠH46（ⅠT110 内）	猪	左枕髁	
ⅠH46（ⅠT110 内）	猪	右顶	
ⅠH46（ⅠT110 内）	猪	门齿残片	
ⅠH46（ⅠT410 内）	山羊	左髋骨	
ⅠH46（ⅠT410 内）	犬	右胫骨	
ⅠH46（ⅠT410 内）	犬	右尺骨	
ⅠH46（ⅠT410 内）	犬	右桡骨近端	
ⅠH46（ⅠT410 内）	犬	右肩胛骨	
ⅠH46（ⅠT410 内）	猪	第六腰椎	

续表

出土单位	动物属种	骨骼部位	图版
ⅠH46（ⅠT410 内）	猪	枢椎	
ⅠH46（ⅠT410 内）	猪	胸椎残	
ⅠH46（ⅠT410 内）	猪	右距骨	
ⅠH47	猪	左距骨	
ⅠH47	猪	左下颌残附 C、DP3、DP4	
ⅠH49	犬	左下颌残段 M2	
ⅠH49	犬	髋骨残	
ⅠH49	犬	左下 M1	
ⅠH49（ⅠT419 内）	猪	右下颌附 P3、P4、M1	
ⅠH50	犬	左尺骨	
ⅠH52	绵羊	右股骨远端关节	
ⅠH52	牛	胸椎	
ⅠH52	绵羊	右股骨远端	
ⅠH52	猪	右下颌残附 M1、M2、M3 残	
ⅠH54	猪	左跟骨	
ⅠH54	牛	右距骨	二九，7
ⅠH54	猪	掌（跖）骨	
ⅠH55	牛	右方椎骨	
ⅠH55	牛	右桡骨远端关节	
ⅠH55	牛	右第二指骨	
ⅠH55	牛	右第二指骨	
ⅠH55	牛	左蹄骨	
ⅠH55	猪	左第一指骨	
ⅠH55	猪	左第四跖骨	
ⅠH55	猪	右上颌残附 P3、P4、M1、M2、M3	
ⅠH55	猪	左下 I1 未磨，未成年	
ⅠH55	猪	左下 I2 尖损，成年	
ⅠH55	猪	左蹄骨	
ⅠH55	猪	右第一趾（指）骨残	
ⅠH55	牛	右半月骨	
ⅠH55	牛	右方椎骨	
ⅠH55	牛	右头状骨	
ⅠH55	牛	右掌骨	
ⅠH55	牛	左第一指骨	
ⅠH55	牛	右第一指骨	

续表

出土单位	动物属种	骨骼部位	图版
Ⅰ H55	牛	左胫骨远端	
Ⅰ H55	猪	右髂骨臼 + 髋骨附臼	
Ⅰ H55	牛	右第二趾（指）骨	
Ⅰ H56（Ⅰ T404 内）	绵羊	右下 M2	
Ⅰ H56（Ⅰ T404 内）	猪	左肱骨远端残	
Ⅰ H56（Ⅰ T404 内）	猪	右下 I1 尖损，成年	
Ⅰ H57（Ⅰ T408 内）	牛	左下 M3	
Ⅰ H57（Ⅰ T408 内）	绵羊	右距骨	
Ⅰ H57（Ⅰ T408 内）	马	右第二指（趾）骨	
Ⅰ H57（Ⅰ T408 内）	猪	右下颌残 + 愈合处附右 I1、C、P1、DP2、P3、P4、M1、M2，左 I1	
Ⅰ H57（Ⅰ T408 内）	猪	下颌愈合处附左 C、P1 根、P3 根（尖残）	
Ⅰ H57（Ⅰ T408 内）	猪	右颞关节处 + 枕髁残	
Ⅰ H57（Ⅰ T408 内）	猪	右颌前	
Ⅰ H57（Ⅰ T408 内）	猪	左上 I2 未磨	
Ⅰ H57（Ⅰ T408 内）	猪	左肩胛重残	
Ⅰ H57（Ⅰ T408 内）	猪	右桡骨远端残	
Ⅰ H57（Ⅰ T408 内）	猪	左肱骨残	
Ⅰ H57（Ⅰ T408 内）	猪	左肱骨远端残	
Ⅰ H57（Ⅰ T408 内）	猪	左下 I2 尖损，成年	
Ⅰ H59	牛	左桡骨近端	
Ⅰ H60	犬	掌（跖）骨	
Ⅰ H60	猪	右下颌残附 P3、P4 残	
Ⅰ H60	猪	左上 DP4	
Ⅰ H60	猪	左桡骨近端残	
Ⅰ H60	猪	右第一趾（指）骨残	
Ⅰ H60	猪	右第一趾（指）骨近端关节	
Ⅰ H60	犬	右下颌附 P1、P2、P3、P4	
Ⅰ H61	猪	头部缺左颌前、左颌后段、顶枕、颞、枕髁且右颌前附右上 I2、C、P2、P3、P4、M1、M2、M3，左上 P2、P3、P4、M1、M2、M3	二三，4～6
Ⅰ H64（Ⅰ T406 内）	犬	右肱骨远端	
Ⅰ H64（Ⅰ T406 内）	猪	左第四跖骨	
Ⅰ H64（Ⅰ T406 内）	猪	左股骨远端残	
Ⅰ H64（Ⅰ T406 内）	猪	左蹄骨	

续表

出土单位	动物属种	骨骼部位	图版
Ⅰ H64	犬	右上 M1	
Ⅰ H67	猪	右第一指骨	
Ⅰ H67	猪	右上颌残	
Ⅰ H67	猪	左舟形骨	
Ⅰ H67（Ⅰ T419 内）	绵羊	右下 M2	
Ⅰ H67（Ⅰ T419 内）	绵羊	左跖骨近端	
Ⅰ H67（Ⅰ T419 内）	猪	髋骨残片	
Ⅰ H67（Ⅰ T419 内）	猪	右下犬齿	
Ⅰ H67（Ⅰ T419 内）	猪	左额眶处残	
Ⅰ H68	绵羊	腰椎	
Ⅰ H68	猪	右股骨远端	
Ⅰ H69	猪	左下 DI1 未成	
Ⅰ H69	猪	枢椎	
Ⅰ H69	猪	左上 P3	
Ⅰ H70	绵羊	右肩胛骨残段	
Ⅰ H70	犬	左上颌残附颧弓 P4、M1、M2	
Ⅰ H70	猪	右上 I2 未磨	
Ⅰ H70	猪	右第三掌骨	
Ⅰ H70	猪	掌（跖）骨	
Ⅰ H70	猪	左上 DI2 轻磨	
Ⅰ H72	猪	右侧上颌骨	
Ⅰ H78（Ⅰ T408 内）	牛	右跟骨	
Ⅰ H78（Ⅰ T408 内）	绵羊	左髂骨	
Ⅰ H78（Ⅰ T408 内）	犬	右上 M1	
Ⅰ H78（Ⅰ T408 内）	猪	右上 C 残	
Ⅰ H83	猪	头后部存顶（残）、枕（残）、右颞	
Ⅰ H85①（Ⅰ T415 内）	绵羊	左股骨近端	
Ⅰ H85①（Ⅰ T415 内）	犬	胸椎	
Ⅰ H85①（Ⅰ T415 内）	猪	右肱骨近端残	
Ⅰ H85②（Ⅰ T415 内）	猪	右肱骨远端残	
Ⅰ H91	犬	左桡骨远端	
Ⅰ H91	犬	右上犬齿	
Ⅰ H91	猪	右顶枕骨	
Ⅰ H91	猪	颈突残	
Ⅰ H91	猪	右桡骨近端残	

续表

出土单位	动物属种	骨骼部位	图版
ⅠH91	猪	右第二趾（指）骨残	
ⅠH93	猪	左顶	
ⅠH93	猪	左肩胛重残	
ⅠH97	牛	右桡骨	
ⅠH97	牛	右髋骨附髋臼	
ⅠH97	山羊	左髋臼	
ⅠH97	绵羊	左桡骨近端	
ⅠH97	绵羊	左距骨残片	
ⅠH97	犬	左上颌残附前段颌前骨附P3、P4、M1	
ⅠH97	犬	左下颌附C及P3、P4、M1、M2	一九，9、10
ⅠH97	犬	右下颌附P2、P3、P4、M1、M2	
ⅠH97	犬	右肱骨远端	
ⅠH97	犬	掌（跖）骨	
ⅠH97	犬	掌（跖）骨	
ⅠH97	犬	左上犬	
ⅠH97	猪	枕髁（残）	
ⅠH97	猪	右下C	
ⅠH97	猪	左尺骨残	
ⅠH97	猪	左尺骨残	
ⅠH97	猪	左第四跖骨	
ⅠH97	猪	右胫骨残	
ⅠH97	猪	左胫骨近端残	
ⅠH97	猪	左舟形方骨	
ⅠH97	牛	右髋骨	二九，14
ⅠH102	猪	右下颌残附M1轻、M2洞小开见胚	
ⅠH103	犬	上颌残部，头中后部	
ⅠH103	绵羊	右第二趾骨	
ⅠH103①（ⅠT432内）	猪	右下I1尖损，成年	
ⅠH103①（ⅠT433内）	牛	右掌骨远端	二九，15
ⅠH103①（ⅠT433内）	牛	左蹄骨	
ⅠH103①（ⅠT433内）	猪	掌（跖）骨	
ⅠH109	牛	左距骨	
ⅠH109	绵羊	右桡骨近端	
ⅠH109	牛	左方椎骨（腕部）	
ⅠH109	猪	右肱骨远端残	

续表

出土单位	动物属种	骨骼部位	图版
Ⅰ H111	牛	左下颌骨	
Ⅰ H111	牛	左下颌内侧残片	
Ⅰ H111	猪	右肩胛重残	
Ⅰ H111	猪	左第一趾（指）骨残	
Ⅰ H112	牛	右蹄骨	
Ⅰ H112	猪	右第三跖骨	
Ⅰ H113（Ⅰ T111 内）	牛	右上颌附 DP2、DP3	
Ⅰ H113（Ⅰ T111 内）	牛	右钩骨	
Ⅰ H114	牛	右髂骨	
Ⅰ H114	绵羊	右肱骨远端	
Ⅰ H114	猪	左尺骨残	
Ⅰ H114	猪	左第三跖骨	
Ⅰ H121（Ⅰ T404 内）	猪	左颌前附 I2 未出	
Ⅰ H121（Ⅰ T404 内）	猪	左上颌残	
Ⅰ H121（Ⅰ T404 内）	猪	左尺骨残	
Ⅰ H121（Ⅰ T404 内）	猪	右桡骨近端残	
Ⅰ H121（Ⅰ T404 内）	猪	左肱骨远端残	
Ⅰ H121（Ⅰ T404 内）	猪	右第二趾（指）骨残	
Ⅰ H124	牛	左跟骨	
Ⅰ H129	牛	右距骨	
Ⅰ H130	猪	右股骨远端关节残	
Ⅰ H134（Ⅰ T402 内）	猪	左下颌残附 M1 残、M2、M3 残	
Ⅰ H134（Ⅰ T402 内）	猪	臼齿残片	
Ⅰ H139	犬	右股骨近端	
Ⅰ H139	猪	左下颌角	
Ⅰ H139	猪	左胫骨远端残	
Ⅰ H139	犬	左上颌残附 P3、P4、M1	
Ⅰ H154	犬	左下颌残 P4、M1、M2	
Ⅰ H159	牛	右桡骨近端关节	
Ⅰ H159	猪	右髋骨残	
Ⅰ H159（Ⅰ T402 内）	牛	右上 P3	
Ⅰ H159（Ⅰ T402 内）	猪	左颞眶部	
Ⅰ H159（Ⅰ T402 内）	猪	左桡骨近端残	
Ⅰ H161	猪	左下颌残附 M1、M2	
Ⅰ H198	猪	左舟形立方骨	

续表

出土单位	动物属种	骨骼部位	图版
ⅠH198	猪	右上颌（残）附 DP3、DP4、M1	
ⅠH198	猪	右跟骨	
ⅠH198①（ⅠT418 内）	犬	寰椎	
ⅠH198①（ⅠT418 内）	猪	右第三掌骨	
ⅠH198①（ⅠT418 内）	猪	右股骨近端残	
ⅠH198①（ⅠT418 内）	猪	左肱骨远端残	二六，5、6
ⅠH198（ⅠT419 内）	猪	右胫骨近端	
ⅠH198（ⅠT430 内）	山羊	右角	三○，9
ⅠH211（ⅠT327 内）	绵羊	左肱骨远端	
ⅠH211（ⅠT327 内）	猪	右上颌（残）附 M1、M2	
ⅠH211（ⅠT327 内）	马	左上 I2	二一，1
ⅠH225	犬	左肱骨近端	
ⅠH225	牛	右肱骨近端	
ⅠH225	牛	左跖骨远端	
ⅠH225	牛	左角	
ⅠH225	牛	髋骨残段	
ⅠH225	牛	髂骨残段	
ⅠH225	牛	右上 DP4	
ⅠH225	绵羊	左额骨附角	三一，4
ⅠH225	绵羊	左桡骨近端	
ⅠH225	绵羊	右下颌残段附 M3	
ⅠH225	犬	盆骨缺耻骨	
ⅠH225	犬	右胫骨	
ⅠH227（ⅠT327 内）	牛	右髋臼	
ⅠH227（ⅠT327 内）	马	左第二趾骨	二二，13
ⅠH229	绵羊	右距骨	
ⅠH233	猪	寰椎残	
ⅠH233（ⅠT313 内）	猪	臼齿残片	
ⅠH236	牛	左方椎骨	
ⅠH238	犬	右下颌附 P1、P2、P3、P4、M1、M2	
ⅠH238	猪	寰椎残	
ⅠH238	猪	左胫骨远端残	
ⅠH240（ⅠT308 内）	猪	右下 C 根残	
ⅠH243	猪	左下 C 根残	
ⅠH243①（ⅠT314 内）	猪	右颌前＋上颌残附 P1、P2	

续表

出土单位	动物属种	骨骼部位	图版
ⅠH245	猪	下颌缺冠状突附左右I1、C、P1、DP2、DP3、DP4、M1、M2，M3洞小开	二五，2、3
ⅠH251（ⅠT316内）	绵羊	右下颌骨升支及冠状突	
ⅠH251（ⅠT326内）	牛	左角	
ⅠH251①（ⅠT316内）	绵羊	左距骨	
ⅠH251①（ⅠT316内）	犬	右上颌残附P4	
ⅠH251①（ⅠT316内）	犬	盆骨缺耻骨	
ⅠH251①（ⅠT316内）	猪	右颞关节部（残）	
ⅠH251①（ⅠT316内）	猪	左桡骨近端残	
ⅠH251①（ⅠT326内）	猪	右下颌残附DP2、DP3、DP4、M1	
ⅠH251①（ⅠT326内）	猪	右第一趾（指）骨残	
ⅠH251②（ⅠT326内）	牛	右下颌残片附在牙胚中的犬齿	
ⅠH251②（ⅠT316内）	绵羊	颅骨残片	
ⅠH251②（ⅠT316内）	牛	右第二指骨	
ⅠH251②（ⅠT316内）	猪	右上颌残附C、P1根、P2残、P3重、P4中、M1重磨	
ⅠH251②（ⅠT316内）	猪	右下颌残附DP3、DP4、M1ⅠⅡ脊尖	
ⅠH251②（ⅠT316内）	猪	枢椎	
ⅠH251③（ⅠT316内）	牛	右肩胛骨残段	
ⅠH251③（ⅠT316内）	牛	右下颌骨残	
ⅠH251③（ⅠT316内）	猪	左肱骨残	
ⅠH251④（ⅠT326内）	牛	右第一指骨	
ⅠH251④（ⅠT326内）	牛	第一指（趾）骨残段	
ⅠH251④（ⅠT326内）	绵羊	右距骨	
ⅠH251④（ⅠT316内）	牛	左跖骨近端	
ⅠH251④（ⅠT316内）	牛	左跟骨	
ⅠH251④（ⅠT316内）	牛	第一指骨近端	
ⅠH251④（ⅠT316内）	猪	右上颌（残）附P2、P3	
ⅠH251④（ⅠT316内）	猪	左髂颈髋无坐耻附臼	
ⅠH251④（ⅠT326内）	牛	左下P3	
ⅠH253	牛	左跖骨远端	
ⅠH253	牛	左下M2	
ⅠH253	猪	左胫骨远端残	
ⅠH253	猪	右枕、右顶	
ⅠH253	猪	左髂髋、无耻，附臼残	

续表

出土单位	动物属种	骨骼部位	图版
ⅠH253	猪	右髂骨臼+髋骨附臼	
ⅠH253	猪	右肱骨远端残	
ⅠH253	绵羊	左胫骨远端	
ⅠH253（ⅠT307内）	绵羊	右桡骨（附尺骨）远端	三二，4
ⅠH256（ⅠT304内）	绵羊	左上颌残段附DP3、DP4	
ⅠH256（ⅠT304内）	绵羊	左上M2	
ⅠH256（ⅠT314内）	猪	右跟骨	
ⅠH261①	牛	左下颌残段	
ⅠH261②	牛	髂骨残片	
ⅠH261②	牛	颞骨残块	
ⅠH267	牛	右桡骨远端	
ⅠH268	犬	右下颌前端残	
ⅠH269	绵羊	右桡骨远端	
ⅠH269	马	右第三掌骨近端	二二，5
ⅠH269	绵羊	右桡骨远端	
ⅠH269	犬	枢椎	
ⅠH269	猪	右第二趾（指）骨残	
ⅠH273（ⅠT306内）	牛	右胫骨远端	
ⅠH273（ⅠT306内）	牛	右距骨	
ⅠH273（ⅠT306内）	犬	右肩胛骨	
ⅠH273（ⅠT306内）	绵羊	右胫骨远端	三二，11
ⅠH273（ⅠT306内）	绵羊	左跟骨	
ⅠH273（ⅠT306内）	绵羊	右肱骨远端	
ⅠH273（ⅠT306内）	牛	枕骨髁	
ⅠH273（ⅠT306内）	马	右髌骨	
ⅠH273（ⅠT306内）	犬	头骨缺颧关节处听泡、右颧骨、额顶冠状缝及额颌缝愈合	一九，7
ⅠH273（ⅠT306内）	犬	左距骨	二〇，18
ⅠH273（ⅠT306内）	猪	左髂髋、耻一部附臼	
ⅠH273（ⅠT306内）	猪	左髋臼+坐骨耻部无髂	
ⅠH273（ⅠT306内）	猪	左跟骨	
ⅠH273（ⅠT306内）	猪	左肱骨远端残	
ⅠH273（ⅠT306内）	马	左胫骨远端	
ⅠH275	绵羊	右上M1	
ⅠH275	犬	左下犬齿	

续表

出土单位	动物属种	骨骼部位	图版
ⅠH279	牛	左下颌附P2、P3及M3齿根	二九，2
ⅠH279	牛	岩骨残	
ⅠH279	牛	左上M1	
ⅠH279	猪	左跟骨	
ⅠH281①（ⅠT315内）	牛	左下M3	
ⅠH285	牛	右第二指骨	
ⅠH289	绵羊	右桡骨近端	
ⅠH289	绵羊	左尺骨近端	
ⅠH289	猪	右蹄骨	
ⅠH289	绵羊	右掌（跖）骨远端	
ⅠH289①	绵羊	寰椎	
ⅠH293（ⅠT306内）	猪	左下颌前附DP4、M1残	
ⅠH293（ⅠT306内）	绵羊	左跖骨近端	
ⅠH293③（ⅠT306内）	犬	左半侧头骨枕残	
ⅠH296	犬	颈椎	
ⅠH296	猪	右肩胛残	
ⅠH302①	牛	左跖骨远端	
ⅠH306（ⅠT304内）	犬	右肩胛骨	
ⅠH306（ⅠT304内）	绵羊	左上M2	
ⅠH306（ⅠT304内）	绵羊	左上M1	
ⅠH306（ⅠT304内）	犬	掌（跖）骨	
ⅠH306（ⅠT304内）	猪	左颞残	
ⅠH306（ⅠT304内）	猪	右上颌附C+颌前残	
ⅠH306（ⅠT304内）	猪	左上颌残附DP2、DP3、DP4	
ⅠH306（ⅠT304内）	猪	左髋骨附臼	
ⅠH309（ⅠT332内）	犬	左桡骨	
ⅠH309（ⅠT332内）	猪	左下颌残	
ⅠH309（ⅠT333内）	犬	左肱骨远端	
ⅠH313	猪	臼齿残片	
ⅠH315	猪	左下颌残附M2残、M3ⅠⅡ脊出	
ⅠH325（ⅠT315内）	牛	左股骨远端	
ⅠH325①（ⅠT315内）	猪	右距骨	
ⅠH325①（ⅠT316内）	牛	掌（跖）骨远端关节	
ⅠH325①（ⅠT316内）	山羊	左肩胛骨	
ⅠH326（ⅠT304内）	绵羊	右下P4	

续表

出土单位	动物属种	骨骼部位	图版
ⅠH327②	牛	左桡骨近端	
ⅠH327②	犬	左下颌冠突残 M2	
ⅠH327②	猪	左下颌残附 M1 轻、M2 洞小开见胚	
ⅠH338	马	右上 P2	二一，2、3
ⅠH338	猪	左距骨	
ⅠH343	绵羊	左上 M2	
ⅠH351（ⅠT431 内）	牛	左尺骨残段	
ⅠH352	犬	右下颌残段附 M1、M2	
ⅠH352	猪	左髋骨 + 臼残	
ⅠH352	猪	右桡骨残	
ⅠH357（ⅠT332 内）	犬	左下颌残冠突残附 P2、P3、P4、M1、M2、M3	
ⅠH357（ⅠT333 内）	犬	左上颌残附 C、P3、P4、M1、M2	
ⅠH358	猪	左下颌角附 M2 残根	
ⅠH365①	绵羊	左髌骨	
ⅠH371	犬	右桡骨	
ⅠH371	猪	右上 P3	
ⅠH372	牛	右半月骨	
ⅠH372	猪	右距骨	
ⅠH375	猪	右下颌残附 M2 中磨	
ⅠH378（ⅠT318 内）	牛	右下颌残段附 P2、P3、P4、M1	
ⅠH378（ⅠT318 内）	山羊	左髋骨	
ⅠH378（ⅠT318 内）	马	右掌骨近端	
ⅠH391①	牛	左半月骨	
ⅠH392	牛	右上 M1	
ⅠH392	犬	左上颌残附颧、颌前	
ⅠH392	猪	左下颌残附 M1、M2 Ⅰ Ⅱ洞出	
ⅠH392	猪	右第一趾（指）骨残	
ⅠH393①	绵羊	左肱骨远端	
ⅠH393①	猪	左下 DI1 未成	
ⅠH393①	猪	左跟骨	
ⅠH393①	猪	左肱骨远端残	
ⅠH393①	猪	右肱骨远端残	
ⅠH394	猪	左上 M2	
ⅠH395	绵羊	左跟骨	
ⅠH395	绵羊	右下 M3	

续表

出土单位	动物属种	骨骼部位	图版
Ⅰ H395	猪	右肱骨远端残	
Ⅰ H396	猪	左颞关节部	
Ⅰ H396	猪	右肱骨远端残	
Ⅰ H397	牛	左第一趾骨	
Ⅰ H397	绵羊	右距骨	
Ⅰ H397	猪	右下颌残附 P2、P3、P4、M1、M2	
Ⅰ H397	猪	右跟骨	
Ⅰ H399	猪	右下 DI1 未成	
Ⅰ H399	绵羊	左第一趾骨	
Ⅰ H399	马	左第一趾（指）骨	
Ⅰ H399	犬	掌（跖）骨	
Ⅰ H403①	绵羊	右上 M1	
Ⅰ H406	犬	右肩胛骨	
Ⅰ H411	牛	骶骨棘突	
Ⅰ H411	牛	颈椎残	
Ⅰ H411	犬	左下颌冠突残 M1、M2	
Ⅰ H411	犬	右下颌附 M1、M2	
Ⅰ H411	犬	右尺骨	
Ⅰ H411	犬	腰椎	
Ⅰ H411	犬	掌跖骨等共 31 件	
Ⅰ H411	猪	左肩胛重残	
Ⅰ H411	猪	左肱骨远端残	
Ⅰ H411	猪	右肱骨远端残	
Ⅰ H446	猪	左跟骨	
Ⅰ H446	猪	右下 C 尖未磨	
Ⅰ H447	牛	右上颌残段附 M3 及 M2 齿根残部	
Ⅰ H447	猪	左第一趾（指）骨残	
Ⅰ H467	猪	左下颌残附 DP4 未磨	
Ⅰ H467	犬	右肩胛骨	二〇，3、4
Ⅰ H479	牛	角残片	
Ⅰ H479	猪	右上颌前残 + 上颌残	
Ⅰ H479（Ⅰ T432 内）	绵羊	右距骨	
Ⅰ H479（Ⅰ T431 内）	绵羊	右掌骨	

表1-8　大山前第Ⅰ地点战国时期沟（ⅠG4）的动物遗存

出土单位	动物属种	骨骼部位	图版
ⅠG4	犬	左下颌 P3、M1、M2	
ⅠG4	猪	右下颌残附 M2 残、M3 洞	
ⅠG4	猪	左下颌角	
ⅠG4	牛	右第一趾（指）骨	
ⅠG4	牛	右胫骨	
ⅠG4①	牛	左第一指（趾）骨	
ⅠG4①	牛	左上 DP3	
ⅠG4①	绵羊	右掌骨远端	
ⅠG4①	绵羊	右距骨	三二，12
ⅠG4①	牛	左距骨	
ⅠG4①	牛	右第一指骨	
ⅠG4①	犬	左尺骨	
ⅠG4①	犬	掌（跖）骨	
ⅠG4①	犬	颈椎	
ⅠG4①	猪	左下颌角	
ⅠG4①	猪	左肩胛残	二六，4
ⅠG4①	猪	右肩胛重残	
ⅠG4①	猪	左距骨	
ⅠG4①	猪	右距骨	
ⅠG4①	猪	左股骨远端关节残	
ⅠG4①	猪	左肱骨远端残	
ⅠG4①	猪	左第一趾（指）骨残	
ⅠG4①	猪	右舟形方骨	
ⅠG4①	猪	右舟形骨	
ⅠG4①	猪	掌（跖）骨碎块	
ⅠG4②	猪	右下 M1	
ⅠG4②	猪	右肩胛重残，未成（犬啮痕）	

表1-9　大山前第Ⅰ地点战国时期墙（ⅠQ4）的动物遗存

出土单位	动物属种	骨骼部位	图版
ⅠQ4②	猪	左上颌残附 M1 残、M2、M3	
ⅠQ4③	马	上臼齿残块	
ⅠQ4④	猪	右距骨	
ⅠQ4④	猪	左第四掌骨	
ⅠQ4⑤	猪	右上颌前段附 P2、P3、P4	

续表

出土单位	动物属种	骨骼部位	图版
Ⅰ Q4⑤	猪	右上颌前段附 P1、P2、P3	
Ⅰ Q4⑤	牛	左 C 残片	
Ⅰ Q4⑤（Ⅰ T309 内）	犬	右上犬齿	
Ⅰ Q4⑤（Ⅰ T309 内）	猪	右上颌（残）附 P1	
Ⅰ Q4⑤（Ⅰ T309 内）	猪	右上颌（残）附 DP3、DP4、M1	
Ⅰ Q4⑤（Ⅰ T309 内）	猪	右上 P1	
Ⅰ Q4⑥	牛	左距骨	
Ⅰ Q4⑥（Ⅰ T324 内）	猪	左髋骨臼	
Ⅰ Q4⑥（Ⅰ T324 内）	马	右胫骨远端	二二，7
Ⅰ Q4N	猪	右肩胛残	
Ⅰ Q4N①	牛	右下 M1	
Ⅰ Q4N①	猪	右距骨	
Ⅰ Q4N①	猪	右上颌（残）附 P4、M1、M2	
Ⅰ Q4N①	绵羊	眶骨	
Ⅰ Q4N①	犬	左上颌残附颌前 P2、P3、P4、M1	
Ⅰ Q4N①	犬	右上颌附颌前 P2、P3、P4、M1	
Ⅰ Q4N①	猪	右髂附臼 + 髋骨附臼	

表 1－10　大山前第Ⅰ地点辽代灰坑（Ⅰ H210、Ⅰ H212、Ⅰ H223）的动物遗存

出土单位	动物属种	骨骼部位	图版
Ⅰ H210（Ⅰ T303 内）	绵羊	左下 M2	
Ⅰ H210（Ⅰ T303 内）	猪	左跟骨	
Ⅰ H212（Ⅰ T304 内）	犬	右下颌残段附 M1 残根	
Ⅰ H223	牛	左尺骨残段	
Ⅰ H223	牛	左第二趾骨	
Ⅰ H223	牛	左上 P3	
Ⅰ H223	绵羊	左胫骨远端	
Ⅰ H223	马	右第一趾骨	二二，9
Ⅰ H223	马	第一指骨	
Ⅰ H223	马	左下颌附 M1	
Ⅰ H223	马	右下 M2	
Ⅰ H223	犬	颈椎	
Ⅰ H223	犬	头骨	
Ⅰ H223	狍	狍左角残段	
Ⅰ H223	猪	右顶	

续表

出土单位	动物属种	骨骼部位	图版
ⅠH223	猪	左颞关节部残	
ⅠH223	猪	左下颌残附 M1、M2、M3（Ⅰ、Ⅱ脊出）	
ⅠH223	猪	左肩胛重残	
ⅠH223	猪	左尺骨残	
ⅠH223	猪	右距骨	
ⅠH223	猪	左跟骨	

表 1-11　ⅠT303 地层的动物遗存

所出地层		动物属种	骨骼部位	图版
层序	时代			
ⅠT303①	现代	牛	左跖骨近端	
ⅠT303①	现代	牛	左胫骨近端	
ⅠT303①	现代	牛	枢椎	
ⅠT303①	现代	牛	左下 M2	
ⅠT303①	现代	山羊	左肩胛骨	
ⅠT303①	现代	马	右肱骨近端	
ⅠT303①	现代	犬	左第五掌骨	
ⅠT303①	现代	犬	左第五掌骨	
ⅠT303①	现代	猪	右桡骨近端残	
ⅠT303②	辽代	绵羊	眶骨	
ⅠT303②	辽代	马	左下 P3	二一，10、11
ⅠT303②	辽代	猪	右顶残	
ⅠT303②	辽代	猪	右下 C 后壁磨	二三，3
ⅠT303②	辽代	猪	右第四跖骨	
ⅠT303②	辽代	猪	左顶（残）、枕骨	
ⅠT303③	战国	牛	髋骨残段附髋臼	
ⅠT303③	战国	绵羊	左上 M2	
ⅠT303③	战国	犬	左距骨	
ⅠT303③	战国	犬	腰椎Ⅲ	
ⅠT303③	战国	猪	右上颌附 DP4、M1 洞、M2	
ⅠT303③	战国	猪	右胫骨远端残	
ⅠT303③	战国	猪	右第二趾（指）骨残	
ⅠT303④	战国	牛	左上 M3	
ⅠT303④	战国	马	右跖骨	

表 1－12　Ⅰ T304 地层的动物遗存

所出地层		动物属种	骨骼部位	图版
层序	时代			
Ⅰ T304	?	猪	右下颌残附 DP3、DP4、M1 洞小开	
Ⅰ T304	?	猪	右尺骨残	
Ⅰ T304①	现代	猪	左第一趾（指）骨残	
Ⅰ T304②	辽代	牛	右胫骨远端	
Ⅰ T304②	辽代	牛	左跖骨近端	
Ⅰ T304②	辽代	牛	左方椎骨	
Ⅰ T304②	辽代	山羊	右肩胛骨	
Ⅰ T304②	辽代	犬	右肩胛骨	
Ⅰ T304②	辽代	绵羊	右胫骨远端	
Ⅰ T304②	辽代	绵羊	右下 I1	
Ⅰ T304②	辽代	牛	左下颌残段	
Ⅰ T304②	辽代	马	左跖骨	
Ⅰ T304②	辽代	猪	右顶残	
Ⅰ T304②	辽代	猪	左下颌残附 M1、M2	
Ⅰ T304②	辽代	猪	左下颌残附 DP2、DP3、DP4、M1、M2 洞小开	
Ⅰ T304②	辽代	猪	右下颌残附 C、DP3、DP4、M1、M2 Ⅰ Ⅱ脊洞出	
Ⅰ T304②	辽代	猪	右肩胛重残	
Ⅰ T304②	辽代	猪	右尺骨关节残	
Ⅰ T304②	辽代	猪	左第三跖骨	
Ⅰ T304②	辽代	猪	右股骨远端关节残	
Ⅰ T304②	辽代	猪	左胫骨远端残	
Ⅰ T304②	辽代	猪	右肩胛重残，未成	
Ⅰ T304②	辽代	马鹿	左角	二七，5、6
Ⅰ T304③	战国	牛	右胫骨近端	
Ⅰ T304③	战国	牛	钩骨	
Ⅰ T304③	战国	牛	右下 M3	
Ⅰ T304③	战国	绵羊	右第二指骨	
Ⅰ T304③	战国	绵羊	右上 M1	
Ⅰ T304③	战国	绵羊	右下 DP4	
Ⅰ T304③	战国	犬	顶枕骨残、枕髁	
Ⅰ T304③	战国	猪	右上颌（残）附 P1、DP2、DP3、DP4、M1	
Ⅰ T304③	战国	猪	右颞关节处	
Ⅰ T304③	战国	猪	左尺骨残	
Ⅰ T304③	战国	猪	右肱骨远端残	

续表

所出地层		动物属种	骨骼部位	图版
层序	时代			
Ⅰ T304③A	战国	梅花鹿	梅花鹿角枝六顶端期?	
Ⅰ T304④	战国	牛	右肱骨近端	
Ⅰ T304④	战国	牛	左肩胛骨	
Ⅰ T304④	战国	牛	右胫骨远端	
Ⅰ T304④	战国	绵羊	左肱骨远端	
Ⅰ T304④	战国	猪	左颞关节部	
Ⅰ T304④	战国	猪	右上颌残附 M1、M2	
Ⅰ T304④	战国	猪	左下颌残附 M1、M2、M3	
Ⅰ T304④	战国	猪	左髋骨 + 臼残	
Ⅰ T304④	战国	猪	左髂骨	
Ⅰ T304④	战国	猪	右第一趾（指）骨残	
Ⅰ T304④	战国	绵羊	右胫骨	
Ⅰ T304④	战国	牛	左半月骨	

表 1－13　Ⅰ T305 地层的动物遗存

所出地层		动物属种	骨骼部位	图版
层序	时代			
Ⅰ T305①	现代	牛	右舟形方骨	
Ⅰ T305②	战国	山羊	右下颌残段附 M1、M2、M3	
Ⅰ T305②	战国	狍	狍角六顶期（右）	
Ⅰ T305②	战国	猪	右下颌残附 M1、M2、M3 残	
Ⅰ T305③	战国	牛	左肱骨远端	
Ⅰ T305③	战国	绵羊	右上颌附 DP2、DP3、DP4、M1	
Ⅰ T305③	战国	猪	右胫骨远端残	
Ⅰ T305④	战国	牛	右下 M1	
Ⅰ T305④	战国	犬	右下颌附 P2、P4 残根	
Ⅰ T305④	战国	猪	左枕髁附颈突	
Ⅰ T305⑤	战国	马	左第三掌骨远端	二二，6

表 1－14　Ⅰ T306 地层的动物遗存

所出地层		动物属种	骨骼部位	图版
层序	时代			
Ⅰ T306①	现代	牛	右肱骨远端	
Ⅰ T306①	现代	牛	左角	

续表

所出地层		动物属种	骨骼部位	图版
层序	时代			
Ⅰ T306①	现代	牛	上臼齿残片	
Ⅰ T306①	现代	绵羊	左桡骨近端附尺骨	三二，3
Ⅰ T306①	现代	绵羊	左髋骨	三二，5
Ⅰ T306①	现代	绵羊	右第二指骨	
Ⅰ T306①	现代	马	右舟形骨	
Ⅰ T306①	现代	猪	右上颌残附 C、DP3、DP4、M1、M2	
Ⅰ T306②	战国	牛	枢椎	
Ⅰ T306②	战国	牛	右上 M3	
Ⅰ T306②	战国	绵羊	右胫骨远端	
Ⅰ T306②	战国	绵羊	右肱骨远端	
Ⅰ T306②	战国	绵羊	左掌骨近端	
Ⅰ T306②	战国	山羊	右髋骨	三〇，13、14
Ⅰ T306②	战国	绵羊	左上 M2	
Ⅰ T306②	战国	熊	左桡骨近端	二〇，19、20
Ⅰ T306②	战国	马	左第二趾骨	
Ⅰ T306②	战国	马	右第二趾骨	二二，10
Ⅰ T306②	战国	马	额骨、颧骨附泪骨（残）	
Ⅰ T306②	战国	犬	左上颌残附颧弓 P4、M1、M2	
Ⅰ T306②	战国	犬	掌（跖）骨	
Ⅰ T306②	战国	犬	髋骨	
Ⅰ T306②	战国	猪	左枕髁	
Ⅰ T306②	战国	猪	左上颌（残）附 C、P2、P3、P4、M1、M2、M3	
Ⅰ T306②	战国	猪	右下颌残附 M1 残根、M2 未磨	
Ⅰ T306②	战国	猪	右下颌残附 M1、M2、M3 残	
Ⅰ T306②	战国	猪	左下 DI1 未成	
Ⅰ T306②	战国	猪	左下 DI2 未成	
Ⅰ T306②	战国	猪	左下 DI2 未成	
Ⅰ T306②	战国	猪	右肩胛残	
Ⅰ T306②	战国	猪	左肩胛重残	
Ⅰ T306②	战国	猪	左髂后部髋骨脊耻一部 + 臼	
Ⅰ T306②	战国	猪	寰椎，基本完整	
Ⅰ T306②	战国	猪	右桡骨远端残	
Ⅰ T306②	战国	猪	左第一趾（指）骨残	
Ⅰ T306②	战国	猪	左第一趾（指）骨残	

续表

所出地层		动物属种	骨骼部位	图版
层序	时代			
Ⅰ T306②	战国	猪	右半月骨	
Ⅰ T306③	战国	牛	右股骨近端	
Ⅰ T306③	战国	牛	右桡骨远端	
Ⅰ T306③	战国	牛	枕骨髁及枕骨大痕	
Ⅰ T306③	战国	牛	掌（跖）骨远端关节	
Ⅰ T306③	战国	犬	右肩胛骨	
Ⅰ T306③	战国	山羊	右尺骨	三〇，11
Ⅰ T306③	战国	绵羊	右肩胛骨	三一，12
Ⅰ T306③	战国	绵羊	左下 M3	
Ⅰ T306③	战国	牛	眶骨残	
Ⅰ T306③	战国	马	左髂骨附髋臼	
Ⅰ T306③	战国	牛	右上 P2	
Ⅰ T306③	战国	犬	右尺骨	
Ⅰ T306③	战国	犬	左桡骨近端	
Ⅰ T306③	战国	犬	掌（跖）骨	
Ⅰ T306③	战国	犬	掌（跖）骨	
Ⅰ T306③	战国	犬	颈椎	
Ⅰ T306③	战国	猪	右额眶处残	
Ⅰ T306③	战国	猪	左下颌残附 DP2	
Ⅰ T306③	战国	猪	左下 C 残片	
Ⅰ T306③	战国	猪	右顶骨残	
Ⅰ T306③	战国	猪	左肩胛残	
Ⅰ T306③	战国	猪	左髋骨重残	
Ⅰ T306③	战国	猪	右距骨	
Ⅰ T306③	战国	猪	左桡骨近端残	
Ⅰ T306③	战国	猪	左桡骨残	
Ⅰ T306④	战国	牛	左下颌骨残段（升支及冠状突）	
Ⅰ T306④	战国	牛	左下颌骨残段	
Ⅰ T306④	战国	犬	左跟骨	
Ⅰ T306④	战国	犬	掌（跖）骨	
Ⅰ T306④	战国	猪	左跟骨	
Ⅰ T306⑤	战国	牛	左肱骨远端	
Ⅰ T306⑤	战国	牛	右肱骨远端	
Ⅰ T306⑤	战国	牛	左上 M3	

续表

所出地层		动物属种	骨骼部位	图版
层序	时代			
Ⅰ T306⑤	战国	牛	左上 M3	
Ⅰ T306⑤	战国	牛	左上 DP4	
Ⅰ T306⑤	战国	牛	左上 P4	
Ⅰ T306⑤	战国	牛	右下 DP4	
Ⅰ T306⑤	战国	牛	右下颌残段附 M1、M2、M3 齿冠残	
Ⅰ T306⑤	战国	绵羊	右下颌残附 M1、M2	
Ⅰ T306⑤	战国	绵羊	右下颌附 DP2、DP3、DP4	
Ⅰ T306⑤	战国	绵羊	左肱骨远端	
Ⅰ T306⑤	战国	绵羊	右肱骨远端	
Ⅰ T306⑤	战国	牛	右下颌骨残段	
Ⅰ T306⑤	战国	牛	左上 P3	
Ⅰ T306⑤	战国	牛	上臼齿	
Ⅰ T306⑤	战国	牛	左上 DP3	
Ⅰ T306⑤	战国	牛	左上 DP4	
Ⅰ T306⑤	战国	马	左蹄骨远端	
Ⅰ T306⑤	战国	犬	左下颌残段无齿	
Ⅰ T306⑤	战国	猪	右上颌残附 M2 残，尖刚磨	
Ⅰ T306⑤	战国	猪	乳臼齿残片	
Ⅰ T306⑤	战国	猪	右肩胛重残	
Ⅰ T306⑤	战国	猪	右坐骨附残臼	

表 1－15　Ⅰ T307 地层的动物遗存

所出地层		动物属种	骨骼部位
层序	时代		
Ⅰ T307①	现代	牛	右上颌残段附 DP3、DP4
Ⅰ T307②	战国	牛	左距骨
Ⅰ T307②	战国	牛	左第一指骨
Ⅰ T307②	战国	牛	右第二趾骨
Ⅰ T307②	战国	牛	左第二指骨
Ⅰ T307②	战国	山羊	左髋骨
Ⅰ T307②	战国	山羊	左下颌残段附 P3、P4、M1、M2、M3
Ⅰ T307②	战国	牛	左第一趾骨
Ⅰ T307②	战国	犬	左尺骨
Ⅰ T307②	战国	犬	掌（跖）骨

续表

所出地层		动物属种	骨骼部位
层序	时代		
ⅠT307②	战国	犬	掌（跖）骨
ⅠT307②	战国	猪	左下颌残附 P4、M1、M2
ⅠT307②	战国	猪	右下 DI1 未成
ⅠT307②	战国	猪	右尺骨残
ⅠT307②	战国	猪	左距骨
ⅠT307②	战国	猪	右距骨
ⅠT307③	战国	牛	左肱骨远端
ⅠT307③	战国	牛	右第一趾骨
ⅠT307③	战国	牛	尺骨近端
ⅠT307③	战国	犬	掌（跖）骨
ⅠT307③	战国	猪	头后部存额（残）、顶、枕（残）、右颞
ⅠT307③	战国	猪	下颌愈合处附左右 I2
ⅠT307③	战国	猪	右下颌残附 DP4 未磨
ⅠT307③	战国	猪	右下颌残附 DP4 未磨
ⅠT307③	战国	猪	右下颌残附 P2、P3、DP4、M1 重磨
ⅠT307③	战国	猪	右下颌残附 P2、P3、P4、M1
ⅠT307③	战国	猪	臼齿残片
ⅠT307③	战国	猪	右尺骨残
ⅠT307④	战国	牛	下臼齿残片
ⅠT307④	战国	绵羊	左距骨
ⅠT307④	战国	绵羊	右下颌残段附 P2、P3、P4、M1、M2
ⅠT307④	战国	绵羊	右下 M3
ⅠT307④	战国	犬	左下颌冠突残 + C、M1
ⅠT307④	战国	犬	掌（跖）骨
ⅠT307④	战国	犬	盆骨缺耻骨
ⅠT307④	战国	猪	左上颌（残）附 P3（成熟）、P4（残）、M1、M2、M3
ⅠT307④	战国	猪	左下颌残附 P4 根、M1 残、M2 中磨
ⅠT307④	战国	猪	左下颌残附 DP3 残、DP4、M1
ⅠT307④	战国	猪	右下颌残附 DP4、M1、M2 洞小开
ⅠT307④	战国	猪	左尺骨残
ⅠT307④	战国	猪	左跟骨
ⅠT307⑤	战国	牛	左肱骨远端
ⅠT307⑤	战国	牛	右第一趾骨
ⅠT307⑤	战国	牛	头骨残块附岩骨

续表

所出地层		动物属种	骨骼部位
层序	时代		
Ⅰ T307⑤	战国	牛	右髌骨
Ⅰ T307⑤	战国	牛	右上 M3
Ⅰ T307⑤	战国	牛	右上 M2
Ⅰ T307⑤	战国	牛	右上 DP4
Ⅰ T307⑤	战国	牛	下臼齿残片
Ⅰ T307⑤	战国	山羊	右下颌残段附 P2、P3、P4、M1、M2
Ⅰ T307⑤	战国	绵羊	左下 M3
Ⅰ T307⑤	战国	绵羊	右上 M3
Ⅰ T307⑤	战国	犬	左上颌残附颌前 P3、P4、M1、M2
Ⅰ T307⑤	战国	犬	右上颌附颌前 C、P4、M1、M2
Ⅰ T307⑤	战国	犬	右距骨
Ⅰ T307⑤	战国	犬	盆骨缺耻骨
Ⅰ T307⑤	战国	犬	左上犬
Ⅰ T307⑤	战国	犬	左下犬齿
Ⅰ T307⑤	战国	猪	右上颌（残）附 P4、M1
Ⅰ T307⑤	战国	猪	左下颌残附 P3、P4、M1、M2、M3 洞出
Ⅰ T307⑤	战国	猪	左下颌残附 P3、P4、M1 残根
Ⅰ T307⑤	战国	猪	右肩胛残
Ⅰ T307⑤	战国	猪	右股骨远端关节残
Ⅰ T307⑤	战国	猪	左桡骨近端残
Ⅰ T307⑤	战国	绵羊	右跖骨近端
Ⅰ T307⑤	战国	牛	左第一趾骨
Ⅰ T307⑤	战国	猪	右肱骨远端残

表 1－16　Ⅰ T308 地层的动物遗存

所出地层		动物属种	骨骼部位	图版
层序	时代			
Ⅰ T308①	现代	犬	右下颌附 P3、P4、M2	
Ⅰ T308①	现代	猪	右颌前	
Ⅰ T308③	战国	牛	右第一趾骨	
Ⅰ T308③	战国	牛	右下颌残段	
Ⅰ T308③	战国	绵羊	左桡骨附尺骨	
Ⅰ T308③	战国	犬	左下颌附 P2、P4、M1	
Ⅰ T308③	战国	犬	右下颌附 P3、P4、M1、M2	

续表

所出地层		动物属种	骨骼部位	图版
层序	时代			
Ⅰ T308③	战国	犬	左胫骨	
Ⅰ T308③	战国	犬	左距骨	
Ⅰ T308③	战国	犬	左跟骨	二〇，17
Ⅰ T308③	战国	猪	下颌愈合处附左 C 残	
Ⅰ T308③	战国	猪	右下颌残附 M1 重、M2 残	
Ⅰ T308③	战国	猪	左下颌角	
Ⅰ T308③	战国	猪	右上颌残附 P1、P2 残根	
Ⅰ T308③	战国	猪	右下颌愈合处残	
Ⅰ T308③	战国	猪	左下 DI2 未成	
Ⅰ T308③	战国	猪	左肩胛残	
Ⅰ T308③	战国	猪	左髂骨	
Ⅰ T308③	战国	猪	左蹄骨	
Ⅰ T308③	战国	猪	掌（跖）骨碎块	
Ⅰ T308④	战国	牛	左股骨远端	
Ⅰ T308④	战国	牛	右第一指骨	
Ⅰ T308④	战国	绵羊	右上 M2	
Ⅰ T308④	战国	犬	左尺骨	
Ⅰ T308④	战国	犬	掌（跖）骨	
Ⅰ T308④	战国	犬	掌（跖）骨	
Ⅰ T308④	战国	犬	寰椎	
Ⅰ T308④	战国	猪	右下 M1	
Ⅰ T308④	战国	猪	右第四跖骨	
Ⅰ T308④B	战国	绵羊	左距骨	
Ⅰ T308④B	战国	马	右下臼齿	
Ⅰ T308④B	战国	马	左下 P2	二一，8、9
Ⅰ T308④B	战国	犬	头骨后部及左上颌附左上 P4、M1、M2	
Ⅰ T308④B	战国	犬	左下颌角残 P2、M1、M2	
Ⅰ T308④B	战国	猪	右上 M2	
Ⅰ T308④B	战国	猪	左髋臼 + 坐骨	

表 1－17　Ⅰ T309 地层的动物遗存

所出地层		动物属种	骨骼部位
层序	时代		
Ⅰ T309④	夏家店下层文化	牛	右胫骨近端
Ⅰ T309⑤	夏家店下层文化	猪	下颌愈合处

表1－18　I T310地层的动物遗存

所出地层		动物属种	骨骼部位
层序	时代		
I T310②	战国	牛	左下 M1
I T310②	战国	绵羊	右掌骨远端
I T310③	战国	牛	右第二指骨
I T310③	战国	绵羊	右掌骨
I T310③	战国	犬	左上犬
I T310③	战国	猪	左下颌角
I T310③	战国	猪	左肩胛残
I T310③	战国	猪	右尺骨残
I T310③	战国	猪	左胫骨远端残
I T310⑤	不晚于战国	牛	右上 M2

表1－19　I T311地层的动物遗存

所出地层		动物属种	骨骼部位
层序	时代		
I T311	?	牛	掌（跖）骨远端
I T311①	现代	猪	左桡骨残

表1－20　I T313地层的动物遗存

所出地层		动物属种	骨骼部位	图版
层序	时代			
I T313①	现代	犬	右尺骨	
I T313①	现代	猪	右下颌残附 DP2、DP3、DP4、M1、M2	
I T313③	战国	绵羊	枢椎	
I T313③	战国	绵羊	左距骨	
I T313③	战国	狍	右下颌附 DP2、DP3、DP4、M1	二八，9、10
I T313③	战国	绵羊	左下颌残段附 M1、M2、M3	
I T313③	战国	牛	右舌骨大角	
I T313③	战国	犬	左下颌	
I T313③	战国	犬	右下颌	
I T313③	战国	犬	右下颌残	
I T313③	战国	犬	左股骨	
I T313③	战国	犬	右股骨	
I T313③	战国	犬	右股残段	
I T313③	战国	犬	左下颌附 P2、P3、P4、M2	

续表

所出地层		动物属种	骨骼部位	图版
层序	时代			
ⅠT313③	战国	犬	左肱骨	
ⅠT313③	战国	犬	右肱骨	
ⅠT313③	战国	犬	右尺骨	
ⅠT313③	战国	犬	左残右胫骨	
ⅠT313③	战国	犬	右尺骨	
ⅠT313③	战国	犬	桡骨	
ⅠT313③	战国	犬	右肩胛残	
ⅠT313③	战国	犬	左肩胛残	
ⅠT313③	战国	犬	右犬齿	
ⅠT313③	战国	犬	盆骨	
ⅠT313③	战国	犬	左髂骨	
ⅠT313③	战国	犬	颈椎三节	
ⅠT313③	战国	犬	胸椎一节	
ⅠT313③	战国	犬	腰椎三节	
ⅠT313③	战国	犬	荐椎一节	
ⅠT313③	战国	犬	左髋臼残部	
ⅠT313③	战国	犬	掌（跖）骨	
ⅠT313③	战国	猪	右上颌（残）附 M2	
ⅠT313③	战国	猪	左额骨	
ⅠT313③	战国	猪	左下颌附 DP3、DP4 未出头	
ⅠT313③	战国	猪	右上颌后	
ⅠT313③	战国	猪	右下颌残附 DP3 未、DP4 尖磨	
ⅠT313③	战国	猪	左下颌残附 DP3、DP4	
ⅠT313③	战国	猪	左下颌角	
ⅠT313③	战国	猪	左上 C 尖平	二三，1
ⅠT313③	战国	猪	左下颌前段残片	
ⅠT313③	战国	猪	左肩胛残	
ⅠT313③	战国	猪	左髂	
ⅠT313③	战国	猪	左髂骨	
ⅠT313③	战国	猪	左尺骨关节残	
ⅠT313③	战国	猪	右尺骨残	
ⅠT313③	战国	猪	左距骨	
ⅠT313③	战国	猪	右距骨	
ⅠT313③	战国	猪	左肱骨残	
ⅠT313③	战国	猪	右肱骨远端残	

表 1－21　I T314 地层的动物遗存

所出地层		动物属种	骨骼部位
层序	时代		
I T314①	现代	牛	左尺骨残段
I T314①	现代	绵羊	右桡骨近端
I T314①	现代	牛	右蹄骨
I T314①	现代	犬	左上颌残附 P4、M1、M2
I T314①	现代	犬	右跟骨
I T314①	现代	猪	右颌前附 I1 残根
I T314③	战国	牛	左方椎骨
I T314③	战国	牛	左方椎骨
I T314③	战国	牛	下臼齿残片
I T314③	战国	牛	下臼齿残片
I T314③	战国	牛	左上 DP4
I T314③	战国	马	左第一趾（指）骨
I T314③	战国	猪	右上颌残附 DP3、DP4
I T314③	战国	猪	右第一趾（指）骨残
I T314④	战国	绵羊	左掌骨远端
I T314④	战国	犬	左胫骨
I T314④	战国	绵羊	左股骨近端
I T314④	战国	犬	左股骨近端
I T314④	战国	猪	左尺骨关节残
I T314④	战国	猪	左桡骨近端残
I T314④	战国	猪	左桡骨近端残

表 1－22　I T315 地层的动物遗存

所出地层		动物属种	骨骼部位
层序	时代		
I T315①	现代	山羊	右肩胛骨
I T315①	现代	犬	左颞骨关节处
I T315①	现代	犬	枢椎
I T315①	现代	猪	有颧（残）、泪（残）、上颌（残）
I T315①	现代	猪	右下颌残附 DP3、DP4、M1 胚未出头
I T315①	现代	猪	右下 C 根残
I T315①	现代	猪	左上 I1
I T315①	现代	猪	掌（跖）骨
I T315①	现代	猪	左股骨远端残

续表

所出地层		动物属种	骨骼部位
层序	时代		
Ⅰ T315③	战国	牛	左距骨
Ⅰ T315③	战国	牛	右上 M3
Ⅰ T315③	战国	绵羊	右下颌骨升支及冠状突
Ⅰ T315③	战国	绵羊	左肱骨远端
Ⅰ T315③	战国	犬	右下颌附 C、P2 残根
Ⅰ T315③	战国	猪	下颌愈合处附右 C 根、右 I2 根
Ⅰ T315③	战国	猪	左肩胛残
Ⅰ T315③	战国	猪	右距骨
Ⅰ T315③	战国	猪	右股骨近端残
Ⅰ T315④	战国	绵羊	左髌骨
Ⅰ T315④	战国	绵羊	右髌骨
Ⅰ T315④	战国	牛	髋臼残块
Ⅰ T315④	战国	马	右胫骨远端
Ⅰ T315④	战国	犬	右胫骨远端
Ⅰ T315④	战国	犬	右肩胛骨
Ⅰ T315④	战国	犬	寰椎
Ⅰ T315④	战国	犬	颈椎
Ⅰ T315④	战国	猪	左上颌（残）附 P4、M1、M2、M3
Ⅰ T315④	战国	猪	下颌愈合处附右 I1、I2、C、P1
Ⅰ T315④	战国	猪	右上颌残附 P4、M1、M2（均残）
Ⅰ T315④	战国	猪	右下颌残附 M2 残、M3（Ⅲ脊未出）
Ⅰ T315④	战国	猪	左肩胛重残
Ⅰ T315④	战国	猪	左髋骨臼耻一部坐一部
Ⅰ T315④	战国	猪	左第三跖骨
Ⅰ T315④	战国	猪	右股骨近端残
Ⅰ T315④	战国	猪	左股骨远端残
Ⅰ T315④	战国	猪	右桡骨近端残
Ⅰ T315④	战国	猪	左第一趾（指）骨残
Ⅰ T315⑤	战国	绵羊	右下颌附 DP2、DP3、DP4、M1
Ⅰ T315⑤	战国	绵羊	左下颌残段附 DP2、DP3、DP4
Ⅰ T315⑤	战国	绵羊	右下 M2
Ⅰ T315⑤	战国	马	右尺骨
Ⅰ T315⑤	战国	猪	头部存额（前残）
Ⅰ T315⑤	战国	猪	左股骨近端残

续表

所出地层		动物属种	骨骼部位
层序	时代		
Ⅰ T315⑤	战国	猪	左胫骨远端残
Ⅰ T315⑤	战国	猪	右肱骨远端残
Ⅰ T315⑥	夏家店下层文化	绵羊	左下颌残段附 DP2、DP3、DP4

表 1－23 Ⅰ T316 地层的动物遗存

所出地层		动物属种	骨骼部位
层序	时代		
Ⅰ T316①	现代	牛	右跖骨近端
Ⅰ T316①	现代	马	右上 M2
Ⅰ T316②	战国	犬	寰椎
Ⅰ T316③	战国	牛	右第一指骨
Ⅰ T316③	战国	绵羊	左下颌残段附 M2
Ⅰ T316③	战国	绵羊	左下 M2
Ⅰ T316③	战国	绵羊	左下 M1
Ⅰ T316③	战国	马	右桡骨远端
Ⅰ T316③	战国	马	下颌骨吻部残段
Ⅰ T316③	战国	犬	左股骨
Ⅰ T316③	战国	猪	左下颌残附 P3、P4、DP4 刚脱、M1、M2
Ⅰ T316③	战国	猪	寰椎残
Ⅰ T316③	战国	猪	胸椎残
Ⅰ T316③	战国	猪	腰椎残
Ⅰ T316③	战国	猪	左距骨
Ⅰ T316④	战国	猪	左上颌残附 P4 中、M1 中、M2 轻磨、M3 洞开
Ⅰ T316⑤	战国	牛	左距骨
Ⅰ T316⑤	战国	绵羊	上牙
Ⅰ T316⑤	战国	牛	右上 DP2
Ⅰ T316⑤	战国	猪	右下颌残附 DP3、M1
Ⅰ T316⑤	战国	猪	左上 I1 重磨
Ⅰ T316⑤A	战国	牛	枢椎
Ⅰ T316⑤A	战国	马	右下 P2
Ⅰ T316⑤A	战国	猪	右肩胛较重残

表 1－24　ⅠT317 地层的动物遗存

所出地层		动物属种	骨骼部位	图版
层序	时代			
ⅠT317①	现代	牛	右第一指骨	
ⅠT317①	现代	牛	寰椎	
ⅠT317①	现代	犬	左肩胛骨	
ⅠT317①	现代	马	左第二指（趾）骨	
ⅠT317①	现代	犬	掌（跖）骨	
ⅠT317①	现代	猪	左下颌残附 DP4、M1、M2	
ⅠT317①	现代	猪	右下颌残附 DP2、DP3、DP4	
ⅠT317①	现代	猪	左下颌残附 D1、DP2、DP3、DP4、M1 残	
ⅠT317①	现代	猪	右尺骨残	
ⅠT317②	战国	牛	右肩胛骨	
ⅠT317②	战国	牛	左掌骨近端	
ⅠT317②	战国	牛	右跖骨	二九，16
ⅠT317②	战国	牛	右桡骨远端	
ⅠT317②	战国	牛	右距骨	
ⅠT317②	战国	牛	右第一指骨	
ⅠT317②	战国	牛	左下颌残	
ⅠT317②	战国	牛	右下 M1 残片	
ⅠT317②	战国	牛	右上 M2 残片	
ⅠT317②	战国	绵羊	枢椎残块	
ⅠT317②	战国	绵羊	右下颌残段附 DP2、M1	
ⅠT317②	战国	马	左跖骨近端	
ⅠT317②	战国	犬	寰椎	
ⅠT317②	战国	犬	颈椎	
ⅠT317②	战国	猪	左上颌（残）附 P4（残）、M1、M2、M3	
ⅠT317②	战国	猪	右上颌（残）附 P1、DP2、DP3、DP4、M1	
ⅠT317②	战国	猪	右上颌残附 DP3、DP4、M1	
ⅠT317②	战国	猪	左下颌残附 DP3、DP4、M1 残、M2 Ⅰ Ⅱ脊	
ⅠT317②	战国	猪	右上颌残 DP4 残根、M1 根	
ⅠT317②	战国	猪	左肩胛残	
ⅠT317②	战国	梅花鹿	右桡骨近端	二七，1
ⅠT317③	战国	牛	左距骨	
ⅠT317③	战国	牛	左第一趾骨	
ⅠT317③	战国	牛	右跟骨	
ⅠT317③	战国	绵羊	左第一趾骨	

续表

所出地层		动物属种	骨骼部位	图版
层序	时代			
Ⅰ T317③	战国	绵羊	左下颌残段附 DP2、DP3、DP4	
Ⅰ T317③	战国	山羊	左下颌残段附 M1、M2、M3	
Ⅰ T317③	战国	绵羊	右下颌残段	
Ⅰ T317③	战国	绵羊	左上 M1	
Ⅰ T317③	战国	犬	左下犬齿	
Ⅰ T317③	战国	猪	左额	
Ⅰ T317③	战国	猪	左第四掌骨	
Ⅰ T317③	战国	猪	右胫骨远端残	
Ⅰ T317④	战国	牛	右舟形骨	
Ⅰ T317④	战国	绵羊	左胫骨远端	

表 1－25　Ⅰ T318 地层的动物遗存

所出地层		动物属种	骨骼部位	图版
层序	时代			
Ⅰ T318①	现代	马	左下颌附 M3	
Ⅰ T318①	现代	犬	掌（跖）骨	
Ⅰ T318①	现代	犬	残坐骨附残臼	
Ⅰ T318①	现代	猪	右跟骨	
Ⅰ T318①	现代	猪	左桡骨残	
Ⅰ T318③A	战国	绵羊	右肱骨远端	
Ⅰ T318③A	战国	牛	左肩胛骨残	
Ⅰ T318③A	战国	马	上颌吻部附乳 I1、I2（左、右）	
Ⅰ T318③A	战国	犬	右股骨	
Ⅰ T318③A	战国	犬	右跟骨	
Ⅰ T318③A	战国	猪	左上颌（残）附 M2	
Ⅰ T318③A	战国	猪	右上 DP4	
Ⅰ T318③A	战国	猪	左尺骨关节残	二六，8
Ⅰ T318③A	战国	猪	寰椎残	
Ⅰ T318③A	战国	猪	腰椎残	
Ⅰ T318③A	战国	猪	右股骨远端关节残	
Ⅰ T318③A	战国	猪	右肱骨远端残	
Ⅰ T318④A	战国	牛	左第二指骨	
Ⅰ T318④A	战国	绵羊	左上颌附 DP2、DP3、DP4、M1	
Ⅰ T318④A	战国	绵羊	左下 M3	

续表

所出地层		动物属种	骨骼部位	图版
层序	时代			
ⅠT318④A	战国	牛	左肱骨远端	
ⅠT318④A	战国	牛	右下颌骨残段	
ⅠT318④A	战国	牛	右距骨	
ⅠT318④A	战国	马	蹄骨	
ⅠT318④A	战国	马	左第二趾骨	二二，11
ⅠT318④A	战国	犬	左肱骨远端	
ⅠT318④A	战国	犬	右肱骨远端	
ⅠT318④A	战国	猪	左颧（残）	
ⅠT318④A	战国	猪	右下颌残附 M3ⅠⅡ脊磨	
ⅠT318④A	战国	猪	左上颌残附 DP4、M1 尖刚磨	
ⅠT318④A	战国	猪	左肱骨远端残	
ⅠT318④C	战国	牛	左蹄骨	

表 1－26　ⅠT319 地层的动物遗存

所出地层		动物属种	骨骼部位
层序	时代		
ⅠT319①	现代	牛	左胫骨远端
ⅠT319⑦	夏家店下层文化	猪	左上颌（残）+颌前骨附 I1、C

表 1－27　ⅠT320 地层的动物遗存

所出地层		动物属种	骨骼部位
层序	时代		
ⅠT320②	战国	绵羊	右掌骨远端
ⅠT320②	战国	绵羊	左桡骨远端关节
ⅠT320②	战国	犬	左胫骨
ⅠT320②	战国	犬	右上犬齿
ⅠT320②	战国	猪	右肱骨远端残
ⅠT320②	战国	猪	左舟形方骨
ⅠT320④	战国	牛	右第二趾骨
ⅠT320④	战国	绵羊	左上 M1
ⅠT320④	战国	猪	左下颌残附 P4、M1、M2、M3 洞开胚
ⅠT320④	战国	猪	右下 I1 尖损、成年

表 1－28　ⅠT321 地层的动物遗存

所出地层		动物属种	骨骼部位
层序	时代		
ⅠT321③	战国	绵羊	右距骨
ⅠT321③	战国	犬	掌（跖）骨
ⅠT321③	战国	猪	右第一趾（指）骨残

表 1－29　I T322 地层的动物遗存

所出地层		动物属种	骨骼部位
层序	时代		
I T322②	战国	猪	左上颌附 M1、M2 中磨
I T322③	战国	猪	右胫骨近端残

表 1－30　I T323 地层的动物遗存

所出地层		动物属种	骨骼部位
层序	时代		
I T323①	现代	猪	右上颌（残）附 P3（残）、P4、M1、M2、M3
I T323①	现代	猪	左上颌（残）
I T323③	战国	绵羊	左肱骨远端

表 1－31　I T325 地层的动物遗存

所出地层		动物属种	骨骼部位
层序	时代		
I T325③	战国	绵羊	左下 M3
I T325③	战国	绵羊	左上 M2
I T325③	战国	猪	右桡骨近端残
I T325⑥	夏家店下层文化	牛	右第二趾骨
I T325⑥	夏家店下层文化	犬	掌（跖）骨
I T325⑥	夏家店下层文化	犬	左下犬齿

表 1－32　I T326 地层的动物遗存

所出地层		动物属种	骨骼部位
层序	时代		
I T326③	战国	猪	蝶骨
I T326③	战国	牛	左下颌残段附 DP4、M1
I T326③	战国	山羊	右坐骨附髋臼
I T326③	战国	绵羊	左距骨
I T326③	战国	山羊	左下颌残段附 P3、P4、M1、M2
I T326③	战国	绵羊	左上 M1
I T326③	战国	绵羊	右上 M1
I T326③	战国	绵羊	左掌骨近端
I T326③	战国	犬	右上颌残附 M1、M2 颧弓残
I T326③	战国	犬	右上颌残附 M1、M2
I T326③	战国	犬	右下颌附 C、P2、P3、P4、M1、M2
I T326③	战国	犬	右下颌附 P2、P3、M1、M2
I T326③	战国	犬	右上 M1
I T326③	战国	猪	右下 I1 尖损，成年

表 1－33　Ⅰ T327 地层的动物遗存

所出地层		动物属种	骨骼部位
层序	时代		
Ⅰ T327①	现代	猪	左第四掌骨
Ⅰ T327③	战国	猪	左上颌（残）附 P4、M1、M2
Ⅰ T327④	战国	马	左第二指（趾）骨
Ⅰ T327⑤	战国	牛	第一指骨近端
Ⅰ T327⑤	战国	猪	下颌愈合处
Ⅰ T327⑤	战国	猪	右距骨
Ⅰ T327⑥	夏家店下层文化	牛	右第一指骨
Ⅰ T327⑥	夏家店下层文化	马	蹄骨
Ⅰ T327⑥	夏家店下层文化	猪	右下颌残附 P3、P4、M1、M2
Ⅰ T327⑥	夏家店下层文化	猪	右下颌残附 M3 Ⅰ Ⅱ脊磨
Ⅰ T327⑧	夏家店下层文化	牛	右下 I1

表 1－34　Ⅰ T328 地层的动物遗存

所出地层		动物属种	骨骼部位
层序	时代		
Ⅰ T328①	现代	猪	右跟骨
Ⅰ T328③	战国	牛	左角残段
Ⅰ T328③	战国	牛	眶骨
Ⅰ T328④	战国	马	右第二指（趾）骨
Ⅰ T328⑤	战国	牛	枕骨残片
Ⅰ T328⑤	战国	牛	左距骨
Ⅰ T328⑥	战国	猪	右下颌残附 M1、M2、M3

表 1－35　Ⅰ T329 地层的动物遗存

所出地层		动物属种	骨骼部位
层序	时代		
Ⅰ T329③	战国	马	右胫骨远端

表 1－36　Ⅰ T332 地层的动物遗存

所出地层		动物属种	骨骼部位
层序	时代		
Ⅰ T332②	战国	猪	左额眶部＋泪残
Ⅰ T332②	战国	猪	左下颌附 M1 残、M2、M3

表 1－37　Ⅰ T333 地层的动物遗存

所出地层		动物属种	骨骼部位	图版
层序	时代			
Ⅰ T333②	战国	绵羊	左掌骨	三二，9
Ⅰ T333②	战国	山羊	右肩胛骨	
Ⅰ T333②	战国	犬	寰椎	
Ⅰ T333②	战国	猪	右枕髁附颈突	
Ⅰ T333②	战国	猪	左尺骨残	
Ⅰ T333②	战国	猪	左第三掌骨	
Ⅰ T333⑤	战国	猪	右下颌前段附 DP4 未磨	
Ⅰ T333⑥	战国	绵羊	左掌骨近端	
Ⅰ T333⑥	战国	猪	右上颌（残）附泪（残）、颧（残）、P4、M1、M2	
Ⅰ T333⑥	战国	猪	右下颌残附 I2、C、M1、M2	
Ⅰ T333⑥	战国	猪	寰椎残	

表 1－38　Ⅰ T334 地层的动物遗存

所出地层		动物属种	骨骼部位
层序	时代		
Ⅰ T334②B	战国	猪	下颌附左右 DP4 洞开
Ⅰ T334②B	战国	牛	左距骨

表 1－39　Ⅰ T335 地层的动物遗存

所出地层		动物属种	骨骼部位	图版
层序	时代			
Ⅰ T335①	现代	猪	右颞残	
Ⅰ T335①	现代	猪	右下颌附 DP2、DP3、DP4	二六，1、2
Ⅰ T335①	现代	猪	右下颌残附 M1、M2、M3	
Ⅰ T335①	现代	猪	右下颌残附 P3 尖平、P4 残	
Ⅰ T335①	现代	猪	右下颌残附 DP3、DP4、M1 位	

表 1－40　Ⅰ T336 地层的动物遗存

所出地层		动物属种	骨骼部位	图版
层序	时代			
Ⅰ T336①	牛	现代	左第一趾骨	
Ⅰ T336①	绵羊	现代	右股骨远端	三二，7、8
Ⅰ T336①	犬	现代	左下颌残无冠突 C、P2、P3、P4、M1、M2	
Ⅰ T336①	猪	现代	左颧（残）	
Ⅰ T336①	猪	现代	右肩胛残	

续表

所出地层		动物属种	骨骼部位	图版
层序	时代			
ⅠT336①	猪	现代	右肱骨远端残	
ⅠT336⑥	绵羊	夏家店下层文化	右跖骨	
ⅠT336⑥	绵羊	夏家店下层文化	右上 M2	
ⅠT336⑥	猪	夏家店下层文化	右上颌（残）附 P3、P4、M1、M2	
ⅠT336⑥	猪	夏家店下层文化	左上颌（残）附 P3、P4、M1、M2	
ⅠT336⑥	猪	夏家店下层文化	右下颌残附 DP3、DP4、M1、M2 洞开	
ⅠT336⑥	猪	夏家店下层文化	左下 C 残片	
ⅠT336⑥	猪	夏家店下层文化	左下 C 残片	
ⅠT336⑥	猪	夏家店下层文化	右肩胛亶残	
ⅠT336⑥	猪	夏家店下层文化	右胫骨远端残	
ⅠT336⑥	猪	夏家店下层文化	右胫骨近端残	
ⅠT336⑥	猪	夏家店下层文化	左肱骨远端残	

表 1－41　ⅠT337 地层的动物遗存

所出地层		动物属种	骨骼部位
层序	时代		
ⅠT337⑥	夏家店下层文化	牛	左下 M2
ⅠT337⑦	夏家店下层文化	牛	右下颌残段附 DP2、DP3
ⅠT337⑦	夏家店下层文化	猪	左肩胛残
ⅠT337⑦	夏家店下层文化	猪	右桡骨近端残

表 1－42　ⅠT338 地层的动物遗存

所出地层		动物属种	骨骼部位
层序	时代		
ⅠT338②	夏家店下层文化	猪	左下颌残附 P2、P3、M1、M2、M3

表 1－43　ⅠT339 地层的动物遗存

所出地层		动物属种	骨骼部位
层序	时代		
ⅠT339②	夏家店下层文化	猪	左下 I1 未磨，未成年

表 1－44　ⅠT401 地层的动物遗存

所出地层		动物属种	骨骼部位	图版
层序	时代			
ⅠT401①B	近现代	绵羊	左距骨	
ⅠT401①B	近现代	马鹿	左肱骨远端	二七，9、10
ⅠT401①B	近现代	猪	左上 I2 未磨	

续表

所出地层		动物属种	骨骼部位	图版
层序	时代			
Ⅰ T401①B	近现代	猪	左第四掌骨	
Ⅰ T401①B	近现代	猪	右第一趾（指）骨残	
Ⅰ T401③A	战国	绵羊	右跟骨	

表 1－45　Ⅰ T402 地层的动物遗存

所出地层		动物属种	骨骼部位	图版
层序	时代			
Ⅰ T402③	战国	牛	右第一趾骨	
Ⅰ T402③	战国	牛	左第二趾（指）骨	
Ⅰ T402③	战国	犬	左股骨	二〇，15
Ⅰ T402③	战国	犬	腰椎	
Ⅰ T402③	战国	猪	右额眶处残	
Ⅰ T402③	战国	猪	右下颌残附 M2、M3	
Ⅰ T402③	战国	猪	右距骨	
Ⅰ T402③	战国	猪	左第二趾（指）骨残	
Ⅰ T402③D	战国	犬	左肱骨远端	
Ⅰ T402③D	战国	猪	右上颌（残）附 P2、P3、P4、M1	
Ⅰ T402③D	战国	猪	右第一趾（指）骨残	
Ⅰ T402③E	战国	猪	右胫骨近端残	
Ⅰ T402④A	战国	犬	左股骨远端	
Ⅰ T402④A	战国	犬	左肱骨	
Ⅰ T402④A	战国	犬	掌（跖）骨	
Ⅰ T402④A	战国	猪	左颞（残）	
Ⅰ T402④A	战国	猪	左下颌附 DP4 未出全、DI1 未出头	
Ⅰ T402④A	战国	猪	左肱骨远端残	

表 1－46　Ⅰ T403 地层的动物遗存

所出地层		动物属种	骨骼部位	图版
层序	时代			
Ⅰ T403②	战国	绵羊	右胫骨远端	
Ⅰ T403②	战国	绵羊	右胫骨远端	
Ⅰ T403②	战国	绵羊	右肱骨远端	
Ⅰ T403②	战国	犬	右尺骨	
Ⅰ T403②	战国	猪	左下颌残附 P3、P4、M1	
Ⅰ T403②	战国	猪	右下颌残附 DP3、DP4、M1 刚出	
Ⅰ T403②	战国	猪	右下颌残	

续表

所出地层		动物属种	骨骼部位	图版
层序	时代			
Ⅰ T403②	战国	猪	左上 M2	
Ⅰ T403②	战国	猪	右跟骨	
Ⅰ T403②	战国	猪	左胫骨远端残	
Ⅰ T403②	战国	猪	右肱骨远端残	
Ⅰ T403③	战国	牛	左距骨	
Ⅰ T403③	战国	牛	左第二趾（指）骨	
Ⅰ T403③	战国	牛	右第二指（趾）骨	
Ⅰ T403③	战国	牛	右第一指（趾）骨	
Ⅰ T403③	战国	牛	右上 M2	
Ⅰ T403③	战国	牛	左下 DP3	
Ⅰ T403③	战国	绵羊	左尺骨	
Ⅰ T403③	战国	牛	左下 I3	
Ⅰ T403③	战国	牛	左下 I3	
Ⅰ T403③	战国	马	左下 P4	
Ⅰ T403③	战国	马	左下 M2	二一，16、17
Ⅰ T403③	战国	马	右下 M2	
Ⅰ T403③	战国	马	右下 P4	
Ⅰ T403③	战国	马	左下 P4	
Ⅰ T403③	战国	马	右下 M1	
Ⅰ T403③	战国	马	左下 M1	
Ⅰ T403③	战国	马	左下 P3	
Ⅰ T403③	战国	马	右下 P3	
Ⅰ T403③	战国	马	左下 M1	
Ⅰ T403③	战国	马	右下 M1	
Ⅰ T403③	战国	猪	下颌愈合处附左右 I1、I2、C	
Ⅰ T403③	战国	猪	左下颌附 DP3、DP4、M1	
Ⅰ T403③	战国	猪	右下颌残附 M2、M3	
Ⅰ T403③	战国	猪	左下颌角	
Ⅰ T403③	战国	猪	右股骨远端残	
Ⅰ T403③	战国	猪	左胫骨残	
Ⅰ T403③	战国	猪	右桡骨近端残	
Ⅰ T403③	战国	猪	右蹄骨	
Ⅰ T403③	战国	猪	左第一趾（指）骨残	
Ⅰ T403③A	战国	绵羊	左下颌附 DP3、DP4	

表 1－47　Ⅰ T404 地层的动物遗存

所出地层		动物属种	骨骼部位	图版
层序	时代			
Ⅰ T404①	现代	绵羊	右下颌残段附 P3、P4	
Ⅰ T404①	现代	马	右跖骨远端	二二，8
Ⅰ T404①	现代	犬	左下颌 CP3、M1、M2	
Ⅰ T404①	现代	犬	左下 P1、P3、P4、M1	
Ⅰ T404①	现代	犬	左胫骨	
Ⅰ T404①	现代	犬	右股骨近端	
Ⅰ T404①	现代	猪	左上颌（残）附 P2（残）、P3、P4、M1、M2、M3	二四，12、13
Ⅰ T404①	现代	猪	左上颌残附 DP2、DP3、DP4（残）	
Ⅰ T404①	现代	猪	左下 M3 残	
Ⅰ T404①	现代	猪	左距骨	
Ⅰ T404①	现代	猪	右第三跖骨	
Ⅰ T404①	现代	猪	左第一趾（指）骨残	
Ⅰ T404②	战国	牛	右距骨	
Ⅰ T404②	战国	绵羊	右胫骨远端	
Ⅰ T404②	战国	绵羊	左下颌骨升支及冠状突	
Ⅰ T404②	战国	犬	头骨	
Ⅰ T404②	战国	猪	左顶残	
Ⅰ T404②	战国	猪	左上 I2	
Ⅰ T404②	战国	猪	左下 DI2 未成	
Ⅰ T404②	战国	猪	左肩胛重残	
Ⅰ T404②	战国	猪	右尺骨残	
Ⅰ T404②	战国	猪	右胫骨远端残	
Ⅰ T404②	战国	猪	左桡骨近端残	
Ⅰ T404③	战国	牛	左第一趾（指）骨	
Ⅰ T404③	战国	牛	右第一指骨	
Ⅰ T404③	战国	牛	左上 M3	
Ⅰ T404③	战国	绵羊	颌前骨	
Ⅰ T404③	战国	绵羊	右下颌残段附 P2、P3、P4	
Ⅰ T404③	战国	绵羊	右下 M3	
Ⅰ T404③	战国	绵羊	左上 M2	
Ⅰ T404③	战国	绵羊	右肱骨远端	
Ⅰ T404③	战国	犬	右下颌残段附 P4、M1	

续表

所出地层		动物属种	骨骼部位	图版
层序	时代			
Ⅰ T404③	战国	犬	左下犬齿	
Ⅰ T404③	战国	猪	右下颌角	
Ⅰ T404③	战国	猪	臼齿残片	
Ⅰ T404③	战国	猪	左尺骨残	
Ⅰ T404③	战国	猪	左距骨	
Ⅰ T404③	战国	猪	左第四掌骨	
Ⅰ T404③	战国	猪	右胫骨近端残	
Ⅰ T404③	战国	猪	右肱骨远端残	
Ⅰ T404③	战国	猪	右第一趾（指）骨残	
Ⅰ T404③	战国	猪	左半月骨	
Ⅰ T404③	战国	马	右下 P4	二一，12、13
Ⅰ T404③	战国	马	左下 M1	二一，14、15
Ⅰ T404③	战国	马	右下 M3	二二，1、2
Ⅰ T404③	战国	马	左下 M2	二二，3、4
Ⅰ T404④	战国	牛	右肱骨远端	
Ⅰ T404④	战国	绵羊	右距骨	
Ⅰ T404④	战国	绵羊	左跟骨	
Ⅰ T404④	战国	犬	左肱骨近端	
Ⅰ T404④	战国	猪	左下颌前段附左 C、DP4、M1，右 I2（残）	
Ⅰ T404④	战国	猪	左下颌残附 DP4、M1	
Ⅰ T404④	战国	猪	左下颌残附 M3 未磨残	
Ⅰ T404④	战国	猪	右尺骨残	
Ⅰ T404④	战国	猪	右距骨	
Ⅰ T404④	战国	猪	左股骨远端残	
Ⅰ T404④	战国	猪	左肱骨远端残	
Ⅰ T404④	战国	猪	右肱骨远端残	
Ⅰ T404④A	战国	牛	岩骨	
Ⅰ T404④A	战国	绵羊	左距骨	
Ⅰ T404④A	战国	绵羊	下颌骨冠状突	
Ⅰ T404④A	战国	牛	左蹄骨	
Ⅰ T404④A	战国	猪	左上颌残附 DP3、DP4	
Ⅰ T404④A	战国	猪	右距骨	

表 1－48　Ⅰ T405 地层的动物遗存

所出地层		动物属种	骨骼部位
层序	时代		
Ⅰ T405②	战国	绵羊	左髋臼
Ⅰ T405②	战国	绵羊	掌（跖）骨远端
Ⅰ T405②	战国	绵羊	距骨残片
Ⅰ T405②	战国	绵羊	右下颌附 M3
Ⅰ T405②	战国	马	左下 M3
Ⅰ T405②	战国	犬	右肱骨远端
Ⅰ T405②	战国	犬	髋臼 + 髂骨颈
Ⅰ T405②	战国	猪	头部存顶、枕
Ⅰ T405②	战国	猪	左额眶处残
Ⅰ T405②	战国	猪	右下颌残附 M1、M2、M3 Ⅰ Ⅱ刚出
Ⅰ T405②	战国	猪	右下颌残附 M3 重
Ⅰ T405②	战国	猪	右下 C 重磨
Ⅰ T405②	战国	猪	乳臼齿残片
Ⅰ T405②	战国	猪	乳臼齿残片
Ⅰ T405②	战国	猪	寰椎残
Ⅰ T405②	战国	猪	掌（跖）骨
Ⅰ T405②	战国	牛	左第二指（趾）骨
Ⅰ T405③	战国	犬	左尺骨
Ⅰ T405③	战国	猪	左跟骨
Ⅰ T405④	战国	牛	左肱骨远端
Ⅰ T405④A	夏家店下层文化	犬	右肩胛骨

表 1－49　Ⅰ T406 地层的动物遗存

所出地层		动物属种	骨骼部位	图版
层序	时代			
Ⅰ T406②A	战国	猪	右上颌附犬齿及 P1	
Ⅰ T406②A	战国	猪	右尺骨	
Ⅰ T406②B	战国	牛	右第一指（趾）骨	
Ⅰ T406②B	战国	绵羊	左下 M3	
Ⅰ T406②B	战国	猪	左桡骨近端残	
Ⅰ T406②B	战国	牛	右第一指骨	
Ⅰ T406②B	战国	绵羊	右上 M1	
Ⅰ T406②B	战国	绵羊	左上 M1	
Ⅰ T406②B	战国	猪	左上颌（残）附 DP2、DP4、M1	

续表

所出地层		动物属种	骨骼部位	图版
层序	时代			
ⅠT406②B	战国	猪	右上 P3	
ⅠT406②B	战国	猪	左半月骨	
ⅠT406②C	战国	绵羊	右上 M3	
ⅠT406②C	战国	猪	右股骨远端残	
ⅠT406②C	战国	猪	左胫骨远端残	
ⅠT406③A	战国	猪	头后部额（前残）+顶	
ⅠT406③A	战国	猪	右上颌残附 DP3、DP4、M1	
ⅠT406③A	战国	绵羊	枢椎	三一，11
ⅠT406③B	夏家店下层文化	牛	右尺骨	
ⅠT406③B	夏家店下层文化	牛	左距骨	
ⅠT406③B	夏家店下层文化	猪	右侧髂骨和髋臼	
ⅠT406③B	夏家店下层文化	猪	左跟骨	
ⅠT406③B	夏家店下层文化	猪	右第三指骨	
ⅠT406③B	夏家店下层文化	猪	左第三跖骨	
ⅠT406③B	夏家店下层文化	猪	左半月骨	
ⅠT406③B	夏家店下层文化	猪	左下 C 根残	
ⅠT406③B	夏家店下层文化	牛	左第四掌骨远端	
ⅠT406③B	夏家店下层文化	牛	左第一指骨	
ⅠT406③B	夏家店下层文化	绵羊	掌（跖）骨远端	
ⅠT406③B	夏家店下层文化	绵羊	左上 M1	
ⅠT406③B	夏家店下层文化	猪	左桡骨近端	
ⅠT406③B	夏家店下层文化	猪	右上颌（残）附 P4、M1、M2，	
ⅠT406③B	夏家店下层文化	猪	左下颌前段附 C、DP2、DP3、DP4、M1	
ⅠT406③B	夏家店下层文化	猪	右下颌角	
ⅠT406③B	夏家店下层文化	猪	右上 C 尖磨	
ⅠT406③B	夏家店下层文化	猪	右距骨	
ⅠT406③B	夏家店下层文化	猪	右跟骨	
ⅠT406③B	夏家店下层文化	猪	左肱骨远端残	
ⅠT406③B	夏家店下层文化	猪	右第一趾（指）骨残	
ⅠT406③B	夏家店下层文化	猪	右第一趾（指）骨残	
ⅠT406③B	夏家店下层文化	犬	左上颌残附 M1、M2	
ⅠT406④A	夏家店下层文化	绵羊	左下 M2	
ⅠT406④A	夏家店下层文化	犬	头骨前部及顶颞残	
ⅠT406④A	夏家店下层文化	犬	右下颌冠状突	

续表

所出地层		动物属种	骨骼部位	图版
层序	时代			
Ⅰ T406④A	夏家店下层文化	犬	左尺骨	
Ⅰ T406④A	夏家店下层文化	犬	头骨	
Ⅰ T406④A	夏家店下层文化	猪	右第四跖骨	
Ⅰ T406④A	夏家店下层文化	猪	右第四跖骨	
Ⅰ T406④A	夏家店下层文化	牛	右头状骨	
Ⅰ T406④A	夏家店下层文化	牛	右舟形骨	
Ⅰ T406④A	夏家店下层文化	牛	右钩骨	
Ⅰ T406④A	夏家店下层文化	牛	右半月骨	
Ⅰ T406④A	夏家店下层文化	牛	右方椎骨	
Ⅰ T406④A	夏家店下层文化	牛	右跟骨	
Ⅰ T406④B	夏家店下层文化	猪	右上 DI2 未磨	

表 1－50　Ⅰ T407 地层的动物遗存

所出地层		动物属种	骨骼部位
层序	时代		
Ⅰ T407	?	绵羊	左上 DP3
Ⅰ T407①	现代	猪	右下 P4
Ⅰ T407①	现代	猪	右肩胛残
Ⅰ T407②	战国	牛	右髌骨
Ⅰ T407②	战国	牛	右跖骨
Ⅰ T407②	战国	牛	右舟形骨
Ⅰ T407②	战国	绵羊	左跟骨
Ⅰ T407②	战国	绵羊	左头状骨
Ⅰ T407②	战国	绵羊	右上 M2
Ⅰ T407②	战国	绵羊	左上 M1
Ⅰ T407②	战国	绵羊	右上 M1
Ⅰ T407②	战国	牛	右第二指骨
Ⅰ T407②	战国	马	右跖骨远端
Ⅰ T407②	战国	犬	左下颌冠突残角残 P2、P4、M1、M2
Ⅰ T407②	战国	犬	左下 M1
Ⅰ T407②	战国	猪	右颞关节处残
Ⅰ T407②	战国	猪	左上颌残附 DP2、DP3、DP4（残）
Ⅰ T407②	战国	猪	左下颌残附 DP3、DP4、M1
Ⅰ T407②	战国	猪	右下颌残附 M1 中磨

续表

所出地层		动物属种	骨骼部位
层序	时代		
ⅠT407②	战国	猪	左上 C 残
ⅠT407②	战国	猪	左上 DP4
ⅠT407②	战国	猪	左上 DP3
ⅠT407②	战国	猪	左上 DP3
ⅠT407②	战国	猪	右下 DP4
ⅠT407②	战国	猪	右肩胛重残
ⅠT407②	战国	猪	左跟骨
ⅠT407②	战国	猪	左舟形方骨
ⅠT407②	战国	猪	掌（跖）骨远端关节
ⅠT407②	战国	猪	掌（跖）骨碎块
ⅠT407③	战国	猪	右桡骨近端残
ⅠT407④	战国	牛	左头状骨
ⅠT407④	战国	绵羊	右上 P2
ⅠT407④	战国	犬	右上 M1
ⅠT407⑤	夏家店下层文化	牛	眶骨
ⅠT407⑤	夏家店下层文化	马	眶骨残片
ⅠT407⑤	夏家店下层文化	犬	左上犬
ⅠT407⑤	夏家店下层文化	犬	左下 M1
ⅠT407⑤	夏家店下层文化	犬	左下 M1
ⅠT407⑤	夏家店下层文化	犬	右下 M1
ⅠT407⑤	夏家店下层文化	犬	右下犬齿
ⅠT407⑤	夏家店下层文化	猪	左下颌残附 DP3、DP4、M1
ⅠT407⑤	夏家店下层文化	猪	左上 I1
ⅠT407⑤	夏家店下层文化	猪	左上 I2
ⅠT407⑤	夏家店下层文化	猪	左上 I2 重磨
ⅠT407⑤	夏家店下层文化	猪	左上 DI1 轻磨
ⅠT407⑤	夏家店下层文化	猪	左上 I1 重磨
ⅠT407⑤	夏家店下层文化	猪	左下 C 尖磨
ⅠT407⑤	夏家店下层文化	猪	乳前臼齿残片
ⅠT407⑤	夏家店下层文化	绵羊	右跖骨近端
ⅠT407⑥	夏家店下层文化	猪	右距骨
ⅠT407⑥	夏家店下层文化	猪	左桡骨近端残
ⅠT407⑥	夏家店下层文化	猪	右半月骨
ⅠT407⑦	夏家店下层文化	牛	左头状骨
ⅠT407⑦	夏家店下层文化	猪	左上 C 根残

表 1－51　Ⅰ T408 地层的动物遗存

所出地层		动物属种	骨骼部位
层序	时代		
Ⅰ T408①	现代	猪	左额眶处残
Ⅰ T408①	现代	猪	右下颌残附 M1、M2
Ⅰ T408②	战国	牛	左胫骨近端关节
Ⅰ T408②	战国	牛	跖骨远端
Ⅰ T408②	战国	牛	左尺骨残段
Ⅰ T408②	战国	犬	左肩胛骨
Ⅰ T408②	战国	绵羊	左舟形方骨
Ⅰ T408②	战国	犬	左肱骨远端
Ⅰ T408②	战国	犬	左肱骨远端
Ⅰ T408②	战国	猪	右枕髁残＋颈突
Ⅰ T408②	战国	猪	右下 DI1 未成
Ⅰ T408②	战国	猪	右下 DI1 未成
Ⅰ T408②	战国	猪	右肩胛重残，未成（啮痕）
Ⅰ T408②	战国	猪	右尺骨残
Ⅰ T408②	战国	猪	左尺骨残
Ⅰ T408②	战国	猪	右距骨
Ⅰ T408③	战国	绵羊	左尺骨
Ⅰ T408③	战国	犬	右下颌残段附 P3、P4、M1、M2
Ⅰ T408③	战国	猪	左颞关节处
Ⅰ T408③	战国	猪	左颞关节处
Ⅰ T408③	战国	猪	右上颌残附 M2
Ⅰ T408③	战国	猪	右下颌残附 M2、M3 Ⅰ 脊轻磨
Ⅰ T408③	战国	猪	左下颌角
Ⅰ T408③	战国	猪	左第三掌骨
Ⅰ T408③	战国	猪	左股骨
Ⅰ T408③	战国	猪	右肱骨远端残
Ⅰ T408③	战国	猪	左第一趾（指）骨残
Ⅰ T408③	战国	猪	掌（跖）骨远端关节
Ⅰ T408④	夏家店下层文化	牛	右下 DP4
Ⅰ T408④	夏家店下层文化	猪	左股骨远端关节残
Ⅰ T408④	夏家店下层文化	犬	左上头骨、额后无，附 P4、M1、M2
Ⅰ T408⑤	夏家店下层文化	牛	左胫骨近端关节
Ⅰ T408⑤	夏家店下层文化	牛	左胫骨近端
Ⅰ T408⑤	夏家店下层文化	牛	左舟形方骨

续表

所出地层		动物属种	骨骼部位
层序	时代		
ⅠT408⑤	夏家店下层文化	牛	左楔形骨
ⅠT408⑤	夏家店下层文化	绵羊	左跖骨近端
ⅠT408⑤	夏家店下层文化	牛	左下 DP4
ⅠT408⑤	夏家店下层文化	猪	头骨后部：额、顶及部分枕骨附右颞、颧弓残
ⅠT408⑤	夏家店下层文化	猪	左上颌残
ⅠT408⑤	夏家店下层文化	猪	左距骨
ⅠT408⑤	夏家店下层文化	猪	左肱骨远端残
ⅠT408⑥	夏家店下层文化	犬	左上颌残附颧弓 P2、P3、P4、M1、M2
ⅠT408⑥	夏家店下层文化	猪	下颌残附左右 C、M1、M2、I2、左 P2
ⅠT408⑥	夏家店下层文化	猪	左上 DI1 未磨
ⅠT408⑥	夏家店下层文化	猪	左下 I1 未磨，未成年
ⅠT408⑥	夏家店下层文化	猪	左下 DI2 未成
ⅠT408⑥	夏家店下层文化	猪	左下 DI2 未成
ⅠT408⑥	夏家店下层文化	猪	右上 P1
ⅠT408⑥	夏家店下层文化	猪	右下 P4
ⅠT408⑥	夏家店下层文化	猪	右下 P4
ⅠT408⑥	夏家店下层文化	猪	左下 DP4
ⅠT408⑥	夏家店下层文化	猪	门齿残片
ⅠT408⑥	夏家店下层文化	猪	右肩胛残
ⅠT408⑥	夏家店下层文化	猪	右肩胛重残，未成
ⅠT408⑥	夏家店下层文化	猪	右髌骨残
ⅠT408⑥	夏家店下层文化	猪	掌（跖）骨碎块
ⅠT408⑦	夏家店下层文化	牛	掌（趾）骨远端关节
ⅠT408⑦	夏家店下层文化	猪	掌（跖）骨

表 1－52　ⅠT409 地层的动物遗存

所出地层		动物属种	骨骼部位	图版
层序	时代			
ⅠT409	?	绵羊	右上 M2	
ⅠT409	?	绵羊	右下 M1	
ⅠT409	?	绵羊	右上 M1	
ⅠT409	?	绵羊	右下 DP4	
ⅠT409	?	绵羊	左上 DP4	
ⅠT409	?	绵羊	左下 P3	

续表

所出地层		动物属种	骨骼部位	图版
层序	时代			
Ⅰ T409	?	犬	右下颌附 M2	
Ⅰ T409	?	犬	右上 M1	
Ⅰ T409	?	犬	右下 M1	
Ⅰ T409	?	猪	右下 I1 尖损，成年	
Ⅰ T409	?	猪	左上 P1	
Ⅰ T409	?	猪	右上 DP4	
Ⅰ T409	?	猪	左上 M2	
Ⅰ T409	?	猪	左下 DI2 未成	
Ⅰ T409	?	牛	左第一趾（指）骨	
Ⅰ T409	?	山羊	左下颌附 P2、P4、M1、M2、M3	
Ⅰ T409	?	绵羊	右下颌残段附 M2	
Ⅰ T409	?	犬	右下犬齿	
Ⅰ T409	?	猪	头部存额（残）、顶、左颞（残）	
Ⅰ T409	?	猪	左上颌（残）附 DP2、DP3、DP4、M1、M2	
Ⅰ T409	?	猪	右颧骨残	
Ⅰ T409	?	猪	右上颌（残）附 DP2、DP4、M1	
Ⅰ T409	?	猪	右上颌（残）+颌前骨附 C	
Ⅰ T409	?	猪	下颌愈合处附左右 I2（未出），左 P3 根	
Ⅰ T409	?	猪	下颌愈合处附 P4 根	
Ⅰ T409	?	猪	左下颌附 P4 残、M1、M2、M3	
Ⅰ T409	?	猪	左下颌残附 M2 中磨	
Ⅰ T409	?	猪	右下颌角	
Ⅰ T409	?	猪	右下 C	
Ⅰ T409	?	猪	右上 I2 重磨	
Ⅰ T409	?	猪	右上 I2 轻磨	
Ⅰ T409	?	猪	右上 M2 未成	
Ⅰ T409	?	猪	左下 M2 近成	
Ⅰ T409	?	猪	左肩胛重残	
Ⅰ T409	?	猪	右肱骨远端残	
Ⅰ T409	?	猪	左上颌附 P3－M3	二四，2、3
Ⅰ T409①	现代	犬	掌（跖）骨	
Ⅰ T409②	战国	山羊	右肩胛残片	
Ⅰ T409②	战国	绵羊	右上 M2	
Ⅰ T409②	战国	牛	左舟形方骨	

续表

所出地层		动物属种	骨骼部位	图版
层序	时代			
ⅠT409②	战国	牛	右上 P4	
ⅠT409②	战国	牛	右上 P3	
ⅠT409②	战国	犬	左上颌残附 P3、P4、M1	
ⅠT409②	战国	犬	左下颌残无冠突 P4、M2	
ⅠT409②	战国	犬	右下颌附 P2、P3、M1、M2	
ⅠT409②	战国	犬	左股骨远端	
ⅠT409②	战国	犬	右下犬齿	
ⅠT409②	战国	犬	头骨	
ⅠT409②	战国	猪	头部存左额（残）	
ⅠT409②	战国	猪	左颌前骨	
ⅠT409②	战国	猪	右颌前残附 I1	
ⅠT409②	战国	猪	左下颌残附 M1、M2	
ⅠT409②	战国	猪	左下 DP4	
ⅠT409②	战国	猪	右下 DP4	
ⅠT409②	战国	猪	右股骨远端关节残	
ⅠT409②	战国	猪	右胫骨近端关节残	
ⅠT409②	战国	猪	右胫骨近端关节	
ⅠT409②	战国	猪	左舟形方骨	
ⅠT409②	战国	猪	右舟形骨	
ⅠT409③	夏家店下层文化	马鹿	右跟骨	二七，12
ⅠT409③	夏家店下层文化	牛	左股骨头	
ⅠT409③	夏家店下层文化	绵羊	掌（跖）骨远端	
ⅠT409③	夏家店下层文化	牛	右 C	
ⅠT409③	夏家店下层文化	犬	右尺骨	
ⅠT409③	夏家店下层文化	猪	左下颌附 M1 刚出头	
ⅠT409③	夏家店下层文化	猪	左下 DI1 未成	
ⅠT409③	夏家店下层文化	猪	左下 DP4	
ⅠT409③	夏家店下层文化	猪	左第二趾（指）骨残	
ⅠT409③	夏家店下层文化	猪	右髌骨残	
ⅠT409④	夏家店下层文化	绵羊	下臼齿	
ⅠT409④	夏家店下层文化	犬	头骨	
ⅠT409④	夏家店下层文化	猪	左颞（残）	
ⅠT409④	夏家店下层文化	猪	右髂骨臼 + 髋骨附臼	
ⅠT409⑤	夏家店下层文化	绵羊	右桡骨近端	

续表

所出地层		动物属种	骨骼部位	图版
层序	时代			
Ⅰ T409⑤	夏家店下层文化	绵羊	左踝骨	
Ⅰ T409⑤	夏家店下层文化	绵羊	左第一趾骨	
Ⅰ T409⑤	夏家店下层文化	绵羊	右下 I3	
Ⅰ T409⑤	夏家店下层文化	猪	左上 C 尖残	
Ⅰ T409⑤	夏家店下层文化	猪	左胫骨远端残	
Ⅰ T409⑤	夏家店下层文化	猪	左蹄骨	
Ⅰ T409⑥	夏家店下层文化	绵羊	左桡骨	
Ⅰ T409⑥	夏家店下层文化	猪	左下颌前段附左 C（残）	
Ⅰ T409⑥	夏家店下层文化	猪	右下 I2 尖磨，成年	
Ⅰ T409⑥	夏家店下层文化	猪	右下 I2 尖磨，成年	

表 1－53　Ⅰ T410 地层的动物遗存

所出地层		动物属种	骨骼部位
层序	时代		
Ⅰ T410	?	猪	右下 C
Ⅰ T410①	现代	绵羊	左上颌附 DP2、DP3、DP4、M1
Ⅰ T410①A	战国	犬	右下颌角
Ⅰ T410①B	夏家店下层文化	猪	左下颌残附 I2、C、P2、P3 尖平
Ⅰ T410①B	夏家店下层文化	牛	左下颌骨残段
Ⅰ T410②	夏家店下层文化	牛	掌（跖）骨远端
Ⅰ T410②	夏家店下层文化	牛	右上 M2
Ⅰ T410②	夏家店下层文化	绵羊	左上 M2
Ⅰ T410②	夏家店下层文化	牛	颈椎残块
Ⅰ T410②	夏家店下层文化	犬	右桡骨近端
Ⅰ T410②	夏家店下层文化	猪	右下 M2 未成
Ⅰ T410②	夏家店下层文化	猪	乳前臼齿残片
Ⅰ T410②	夏家店下层文化	猪	右肩胛残
Ⅰ T410②	夏家店下层文化	猪	左髋骨髋骨脊后段残无耻骨
Ⅰ T410②	夏家店下层文化	猪	右跟骨
Ⅰ T410②	夏家店下层文化	猪	右蹄骨
Ⅰ T410②A	夏家店下层文化	猪	右下颌角
Ⅰ T410③	夏家店下层文化	牛	右跖骨近端
Ⅰ T410③	夏家店下层文化	牛	颅骨残片
Ⅰ T410③	夏家店下层文化	牛	左下颌残段附 M2

续表

所出地层		动物属种	骨骼部位
层序	时代		
ⅠT410③	夏家店下层文化	绵羊	右距骨
ⅠT410③	夏家店下层文化	绵羊	右上 M2
ⅠT410③	夏家店下层文化	绵羊	右上 DP3
ⅠT410③	夏家店下层文化	牛	右髂骨残段
ⅠT410③	夏家店下层文化	猪	左第三掌骨
ⅠT410③	夏家店下层文化	猪	右第一指骨
ⅠT410③	夏家店下层文化	猪	梯形骨
ⅠT410③	夏家店下层文化	猪	颅骨残片
ⅠT410③	夏家店下层文化	猪	右额眶处
ⅠT410③	夏家店下层文化	猪	左上颌残附 P4、M1、M2、M3
ⅠT410③	夏家店下层文化	猪	左上 M3
ⅠT410③	夏家店下层文化	猪	右下颌残附 P2、P3、DP4、M1 重磨
ⅠT410③	夏家店下层文化	猪	左下颌残附 M2、M3
ⅠT410③	夏家店下层文化	猪	颈椎
ⅠT410③	夏家店下层文化	猪	右肱骨残
ⅠT410③	夏家店下层文化	猪	掌（跖）骨碎块
ⅠT410③A	夏家店下层文化	犬	左下 M1
ⅠT410③A	夏家店下层文化	猪	右跟骨
ⅠT410⑤A	夏家店下层文化	猪	左第四掌骨
ⅠT410⑤A	夏家店下层文化	猪	左跟骨
ⅠT410⑥	夏家店下层文化	猪	左第一指骨
ⅠT410⑥	夏家店下层文化	牛	右上 P3
ⅠT410⑥	夏家店下层文化	绵羊	下臼齿
ⅠT410⑥	夏家店下层文化	绵羊	左上 DP3
ⅠT410⑥	夏家店下层文化	犬	左下颌残无冠突角 M2
ⅠT410⑥	夏家店下层文化	猪	右下颌愈合处附右 I1、I2、P1、P2、P3、P4、M3
ⅠT410⑥	夏家店下层文化	猪	左上颌残附 M1、M2
ⅠT410⑥	夏家店下层文化	猪	右下颌残附 M2、M3 洞开见Ⅰ Ⅱ脊
ⅠT410⑥	夏家店下层文化	猪	右下 C
ⅠT410⑥	夏家店下层文化	猪	左上 I1
ⅠT410⑥	夏家店下层文化	猪	左上 I1
ⅠT410⑥	夏家店下层文化	猪	左上 DI1 未磨
ⅠT410⑥	夏家店下层文化	猪	左上 I1 重未磨
ⅠT410⑥	夏家店下层文化	猪	左下 I2 尖损，未成年

续表

所出地层		动物属种	骨骼部位
层序	时代		
Ⅰ T410⑥	夏家店下层文化	猪	右上 M2
Ⅰ T410⑥	夏家店下层文化	猪	右肩胛残
Ⅰ T410⑥	夏家店下层文化	猪	左距骨
Ⅰ T410⑥	夏家店下层文化	猪	右跟骨
Ⅰ T410⑥	夏家店下层文化	猪	右肱骨远端残
Ⅰ T410⑦	夏家店下层文化	牛	左上颌前骨残段
Ⅰ T410⑦	夏家店下层文化	绵羊	左胫骨远端
Ⅰ T410⑦	夏家店下层文化	绵羊	左肱骨远端
Ⅰ T410⑦	夏家店下层文化	牛	左下颌骨残段

表 1－54　Ⅰ T411 地层的动物遗存

所出地层		动物属种	骨骼部位
层序	时代		
Ⅰ T411	?	牛	左下颌残段 M1、M2
Ⅰ T411	?	猪	右上颌残附 M1 脊轻
Ⅰ T411②	夏家店下层文化	牛	左距骨
Ⅰ T411②	夏家店下层文化	牛	左第一指骨
Ⅰ T411②	夏家店下层文化	绵羊	左上 M2
Ⅰ T411②	夏家店下层文化	牛	右舟形方骨
Ⅰ T411③	夏家店下层文化	绵羊	右下 M2
Ⅰ T411④	夏家店下层文化	牛	右第二指骨
Ⅰ T411⑤A	夏家店下层文化	牛	左下 M1
Ⅰ T411⑦	夏家店下层文化	牛	眶骨
Ⅰ T411⑦	夏家店下层文化	牛	前腭骨
Ⅰ T411⑦	夏家店下层文化	牛	掌（跖）骨远端
Ⅰ T411⑦	夏家店下层文化	牛	右上颌残段附 M1、M2
Ⅰ T411⑦	夏家店下层文化	牛	右上颌残段附 DP3、DP4
Ⅰ T411⑦	夏家店下层文化	牛	右下 M1
Ⅰ T411⑦	夏家店下层文化	绵羊	右跖骨
Ⅰ T411⑦	夏家店下层文化	绵羊	右跖骨
Ⅰ T411⑦	夏家店下层文化	牛	右下颌骨残段
Ⅰ T411⑦	夏家店下层文化	牛	右上 DP2

表 1－55　ⅠT413 地层的动物遗存

所出地层		动物属种	骨骼部位	图版
层序	时代			
ⅠT413①	现代	猪	左上 C 残	
ⅠT413②	战国	牛	右胫骨远端	
ⅠT413②	战国	牛	右下 P4	
ⅠT413②	战国	绵羊	颈椎	
ⅠT413②	战国	绵羊	左上 P2	
ⅠT413②	战国	犬	右上 M1	
ⅠT413②	战国	猪	胸椎残	
ⅠT413③	战国	牛	右第一指骨	
ⅠT413③	战国	绵羊	左胫骨远端	
ⅠT413③	战国	绵羊	掌（跖）骨远端	
ⅠT413③	战国	绵羊	掌（跖）骨远端	
ⅠT413③	战国	绵羊	左上 M3	
ⅠT413③	战国	绵羊	左上 M1	
ⅠT413③	战国	牛	左第一指骨	
ⅠT413③	战国	猪	左下颌残附 M1、M2 位空、M3 洞有	
ⅠT413③	战国	猪	乳前臼齿残片	
ⅠT413③	战国	猪	右尺骨残	
ⅠT413③	战国	猪	左第一趾（指）骨残	
ⅠT413④	战国	牛	右半月骨	
ⅠT413④	战国	牛	骶骨棘突残段	
ⅠT413④	战国	绵羊	掌（跖）骨远端	
ⅠT413④	战国	牛	右楔形骨	
ⅠT413④	战国	马	右下 I2	二一，6、7
ⅠT413④	战国	犬	左颞骨关节处	
ⅠT413④	战国	猪	左顶	
ⅠT413④	战国	猪	左肩胛重残	
ⅠT413④	战国	猪	右肱骨远端残	
ⅠT413④	战国	猪	左第一趾（指）骨残	
ⅠT413④A	战国	牛	右下颌残段附 DP2、DP3、DP4	
ⅠT413⑤	战国	犬	右肩胛骨	
ⅠT413⑤	战国	犬	左上颌残附颧弓 P4、M2	
ⅠT413⑤	战国	猪	右颌前附 I1、I3	
ⅠT413⑤	战国	猪	掌（跖）骨碎块	
ⅠT413⑥	战国	牛	右头状骨	

续表

所出地层		动物属种	骨骼部位	图版
层序	时代			
Ⅰ T413⑥	战国	牛	右肩胛骨残段	
Ⅰ T413⑥	战国	牛	右方椎骨	
Ⅰ T413⑥	战国	猪	右下颌残附 P1 洞开、DP3、DP4、M1	
Ⅰ T413⑥	战国	猪	左下颌残附 DP3、DP4、M1	
Ⅰ T413⑥	战国	猪	右第四掌骨	
Ⅰ T413⑦	夏家店下层文化	猪	左肱骨远端残	
Ⅰ T413⑦	夏家店下层文化	猪	左肱骨远端残	
Ⅰ T413⑦	夏家店下层文化	牛	右枕骨远端关节	
Ⅰ T413⑦	夏家店下层文化	牛	右肱骨近端	
Ⅰ T413⑦	夏家店下层文化	牛	右舟形方骨	
Ⅰ T413⑦	夏家店下层文化	牛	右跖骨近端	
Ⅰ T413⑦	夏家店下层文化	牛	左下颌内侧残片	
Ⅰ T413⑦	夏家店下层文化	牛	左角	

表 1－56　Ⅰ T414 地层的动物遗存

所出地层		动物属种	骨骼部位
层序	时代		
Ⅰ T414①A	近现代	牛	右第二指骨
Ⅰ T414①A	近现代	猪	右距骨
Ⅰ T414①A	近现代	猪	右胫骨远端残
Ⅰ T414①B	战国	猪	右第四掌骨
Ⅰ T414②	战国	牛	左胫骨
Ⅰ T414②	战国	猪	左颞关节部
Ⅰ T414③A	战国	猪	左上 I1
Ⅰ T414④	战国	犬	颈椎

表 1－57　Ⅰ T415 地层的动物遗存

所出地层		动物属种	骨骼部位	图版
层序	时代			
Ⅰ T415①	现代	猪	左下颌后段	
Ⅰ T415①A	战国	猪	右下 I1 未磨，未成年	
Ⅰ T415②	战国	牛	右股骨头	
Ⅰ T415②	战国	绵羊	右上 M1	

续表

所出地层		动物属种	骨骼部位	图版
层序	时代			
ⅠT415②	战国	猪	右下颌残附 P3、DP4、M1、M2	
ⅠT415②	战国	猪	右跟骨	
ⅠT415②	战国	猪	掌（跖）骨	
ⅠT415③	战国	绵羊	右上颌附 P2、P3、P4、M1	
ⅠT415③	战国	绵羊	右上 M2	
ⅠT415③	战国	绵羊	右上 P2	
ⅠT415③	战国	绵羊	左肱骨远端	
ⅠT415③	战国	牛	左上 M3	
ⅠT415③	战国	犬	右胫骨远端	
ⅠT415③	战国	犬	左桡骨远端	
ⅠT415③	战国	犬	左第五掌骨	
ⅠT415③	战国	犬	左下 M1	
ⅠT415③	战国	犬	右下 M1	
ⅠT415③	战国	猪	左上 DI2 轻磨	
ⅠT415③	战国	猪	右上 I2 重磨	
ⅠT415③	战国	猪	右上 DI2 未磨	
ⅠT415③	战国	猪	右肩胛重残，未成（犬痕）	
ⅠT415③	战国	猪	左跟骨	
ⅠT415③	战国	猪	右肱骨远端残	
ⅠT415④	战国	绵羊	右掌骨远端	
ⅠT415④	战国	山羊	右髋臼	
ⅠT415④	战国	绵羊	左胫骨远端	
ⅠT415④	战国	犬	头骨中后部	
ⅠT415④	战国	犬	头骨前部，左上颌残	
ⅠT415④	战国	犬	左上颌残附颧弓 P3、P4、M1	
ⅠT415④	战国	犬	右上颌残附 P2、P3、P4、M1、M2	
ⅠT415④	战国	犬	右上颌前骨附 I1、I2、I3	
ⅠT415④	战国	犬	寰椎	二〇，1、2
ⅠT415④	战国	猪	右上颌残附 DP4、M1、M2	
ⅠT415④	战国	猪	右距骨	
ⅠT415④	战国	猪	右股骨远端残	

表 1－58　Ⅰ T416 地层的动物遗存

所出地层		动物属种	骨骼部位
层序	时代		
Ⅰ T416②	战国	绵羊	右第一趾骨
Ⅰ T416②	战国	牛	右距骨
Ⅰ T416②	战国	犬	掌（跖）骨
Ⅰ T416②	战国	犬	颈椎
Ⅰ T416②	战国	猪	右上颌残附 DP2、DP3、DP4
Ⅰ T416②	战国	猪	右下颌残
Ⅰ T416②	战国	猪	左下 DI1 未成
Ⅰ T416②	战国	猪	左下 DI2 未成
Ⅰ T416②	战国	猪	左下 DI2 未成
Ⅰ T416②	战国	猪	左肩胛重残
Ⅰ T416②	战国	猪	右跟骨
Ⅰ T416②	战国	猪	左跟骨
Ⅰ T416②	战国	猪	右第一趾（指）骨残
Ⅰ T416③	战国	绵羊	右上 M1
Ⅰ T416③	战国	犬	右尺骨
Ⅰ T416③	战国	猪	寰椎
Ⅰ T416③A	战国	猪	右下颌附 DP2、DP3、DP4
Ⅰ T416③A	战国	猪	右肩胛

表 1－59　Ⅰ T417 地层的动物遗存

所出地层		动物属种	骨骼部位
层序	时代		
Ⅰ T417①	现代	猪	左颌前残段
Ⅰ T417②	战国	绵羊	右第二指骨
Ⅰ T417②	战国	绵羊	左上 M3
Ⅰ T417②	战国	猪	右上颌（残）附 M1（残）、M2、M3（残）
Ⅰ T417②	战国	猪	右桡骨远端关节残
Ⅰ T417③	战国	牛	右下 M1
Ⅰ T417③	战国	绵羊	左桡骨附尺骨
Ⅰ T417③	战国	绵羊	腰椎
Ⅰ T417③	战国	绵羊	右第一趾骨
Ⅰ T417③	战国	绵羊	左上 DP4
Ⅰ T417③	战国	猪	下颌愈合处
Ⅰ T417③	战国	猪	右下 I1 尖损，成年

续表

所出地层		动物属种	骨骼部位
层序	时代		
ⅠT417③	战国	猪	左上 P1
ⅠT417④	战国	牛	左髌骨
ⅠT417④	战国	绵羊	右肱骨远端
ⅠT417④	战国	猪	左颞关节处
ⅠT417④	战国	猪	右上颌残附 C、P1 根
ⅠT417④	战国	猪	左下 C 尖磨
ⅠT417④	战国	猪	右胫骨远端残
ⅠT417④	战国	牛	右下 DP4
ⅠT417⑥	战国	牛	左舟形方骨

表 1－60　ⅠT418 地层的动物遗存

所出地层		动物属种	骨骼部位	图版
层序	时代			
ⅠT418	?	绵羊	右跟骨	
ⅠT418①	现代	牛	右桡骨远端关节	
ⅠT418①	现代	牛	左跟骨	
ⅠT418①	现代	牛	右上 P3	
ⅠT418①	现代	牛	右肩胛	二九，9、10
ⅠT418①	现代	绵羊	右髂骨、坐骨附髋臼	
ⅠT418①	现代	山羊	右髋骨	
ⅠT418①	现代	绵羊	右桡骨近端	
ⅠT418①	现代	绵羊	掌（跖）骨远端	
ⅠT418①	现代	绵羊	左肱骨远端	
ⅠT418①	现代	犬	枕髁左颞残	
ⅠT418①	现代	犬	左胫骨近端	
ⅠT418①	现代	犬	左胫骨远端	
ⅠT418①	现代	犬	右胫骨	
ⅠT418①	现代	犬	右桡骨	二〇，12、13
ⅠT418①	现代	犬	左下 M1	
ⅠT418①	现代	猪	头后部左额（残）、顶、枕（右残）	
ⅠT418①	现代	猪	头部存左颞（残）	
ⅠT418①	现代	猪	右颞关节部	
ⅠT418①	现代	猪	左肩胛残	
ⅠT418①	现代	猪	左髂骨	

续表

所出地层		动物属种	骨骼部位	图版
层序	时代			
ⅠT418①	现代	猪	右尺骨残	
ⅠT418①	现代	猪	腰椎残	
ⅠT418①	现代	猪	左第三掌骨	
ⅠT418①	现代	猪	左第四掌骨	
ⅠT418①	现代	猪	左胫骨远端残	
ⅠT418①	现代	猪	右桡骨残	
ⅠT418①	现代	猪	左肱骨残	
ⅠT418①	现代	猪	左第一趾（指）骨残	
ⅠT418②	战国	牛	右肱骨远端	
ⅠT418②	战国	牛	右距骨	
ⅠT418②	战国	绵羊	右下颌残段	
ⅠT418②	战国	绵羊	右下 DP3	
ⅠT418②	战国	牛	左掌骨远端	
ⅠT418②	战国	犬	右下颌残段无齿	
ⅠT418②	战国	犬	右胫骨	
ⅠT418②	战国	犬	左下犬齿	
ⅠT418②	战国	犬	右上 M1	
ⅠT418②	战国	犬	右上犬齿	
ⅠT418②	战国	猪	右上颌（残）附 P2（残）、DP3、DP4、M1、M2	
ⅠT418②	战国	猪	左上颌前段附 C（未出）、DP2	
ⅠT418②	战国	猪	右上颌后附 M1、M2	
ⅠT418②	战国	猪	右下颌残附 P3、DP4、M1、M2	
ⅠT418②	战国	猪	左下颌残附 M2、M3 洞开见ⅠⅡ脊尖	
ⅠT418②	战国	猪	左下颌残附 M1 残、M2 中	
ⅠT418②	战国	猪	左下颌残附 P3、P4 残	
ⅠT418②	战国	猪	左下颌残附 M1 重、M2 重磨	
ⅠT418②	战国	猪	右下颌残	
ⅠT418②	战国	猪	右上 DP3	
ⅠT418②	战国	猪	左下 DP4	
ⅠT418②	战国	猪	右下 DP4	
ⅠT418②	战国	猪	左下 M3 残	
ⅠT418②	战国	猪	左上 M3	
ⅠT418②	战国	猪	左下颌残	
ⅠT418②	战国	猪	右肩胛残	

续表

所出地层		动物属种	骨骼部位	图版
层序	时代			
ⅠT418②	战国	猪	右尺骨残	
ⅠT418②	战国	猪	左尺骨残	
ⅠT418②	战国	猪	寰椎残	
ⅠT418②	战国	猪	左跟骨	
ⅠT418②	战国	猪	右第三掌骨	
ⅠT418②	战国	猪	右肱骨远端残	
ⅠT418②	战国	猪	左蹄骨	
ⅠT418②	战国	猪	右第二趾（指）骨近端关节残	
ⅠT418③	战国	牛	胸椎	
ⅠT418③	战国	牛	右方椎骨	
ⅠT418③	战国	牛	左第一趾骨	
ⅠT418③	战国	绵羊	左胫骨远端	
ⅠT418③	战国	犬	左下颌冠突残角残 M2	
ⅠT418③	战国	犬	右肱骨近端	
ⅠT418③	战国	犬	右上 P4	
ⅠT418③	战国	犬	左下 M1	
ⅠT418③	战国	猪	左额眶处残	
ⅠT418③	战国	猪	右额眶处残	
ⅠT418③	战国	猪	右下颌残附 M1 残、M2 Ⅰ脊、M3 洞位丢失	
ⅠT418③	战国	猪	左下颌残附 M2 残中磨	
ⅠT418③	战国	猪	右下颌残愈合处	
ⅠT418③	战国	猪	乳臼齿残片	
ⅠT418③A	战国	猪	左上 DP3	
ⅠT418④	战国	牛	右肱骨近端	
ⅠT418④	战国	犬	左肩胛骨	
ⅠT418④	战国	绵羊	左上 M2	
ⅠT418④	战国	绵羊	右上 M2	
ⅠT418④	战国	绵羊	左上 DP3	
ⅠT418④	战国	犬	寰椎	
ⅠT418④	战国	犬	右上 M2	
ⅠT418④	战国	猪	右下颌残附 P3、DP4、M1、M2	
ⅠT418④	战国	猪	左下 DI1 未成	
ⅠT418④	战国	猪	右跟骨	
ⅠT418④	战国	猪	右第四掌骨	

续表

所出地层		动物属种	骨骼部位	图版
层序	时代			
ⅠT418④	战国	猪	右蹄骨	
ⅠT418⑤	夏家店下层文化	猪	掌（跖）骨碎块	
ⅠT418⑤	夏家店下层文化	牛	左肩胛关节窝	
ⅠT418⑤	夏家店下层文化	牛	右桡骨近端残片	
ⅠT418⑤	夏家店下层文化	犬	右肱骨远端	
ⅠT418⑤	夏家店下层文化	绵羊	左掌骨远端	
ⅠT418⑤	夏家店下层文化	猪	右枕髁	

表1－61　ⅠT419地层的动物遗存

所出地层		动物属种	骨骼部位
层序	时代		
ⅠT419	?	猪	右第一趾（指）骨残
ⅠT419①A	战国	猪	骶骨
ⅠT419①A	战国	猪	左下颌残附DP2、DP3、DP4、M1、M2
ⅠT419②	战国	绵羊	右下M2
ⅠT419②	战国	犬	左跟骨
ⅠT419②	战国	犬	头骨
ⅠT419②	战国	猪	右胫骨远端
ⅠT419②	战国	猪	左下犬齿
ⅠT419②	战国	猪	左上I1
ⅠT419②	战国	猪	右下I1尖损，成年
ⅠT419②	战国	猪	左下DI1未成
ⅠT419②	战国	猪	左上DP3
ⅠT419②	战国	猪	乳前臼齿残片
ⅠT419②	战国	猪	右距骨
ⅠT419②	战国	猪	左下颌角
ⅠT419③	战国	绵羊	左下I1
ⅠT419③	战国	犬	左桡骨近端
ⅠT419③	战国	猪	右跟骨
ⅠT419③	战国	猪	右上颌（残）附M3
ⅠT419③	战国	猪	右额眶处
ⅠT419③	战国	猪	左下颌残附DP4、M1脊尖磨
ⅠT419④	战国	牛	右第一指骨
ⅠT419④	战国	绵羊	右上M1

续表

所出地层		动物属种	骨骼部位
层序	时代		
ⅠT419④	战国	猪	右侧肩胛骨
ⅠT419④	战国	猪	左下颌前附左I1、I2、C未出
ⅠT419④	战国	猪	左下颌残
ⅠT419④	战国	猪	左下颌角附M3洞开
ⅠT419④	战国	猪	右上DI1尖残
ⅠT419④	战国	猪	右下I1尖损，成年
ⅠT419④	战国	猪	左下DP4
ⅠT419④	战国	猪	右桡骨远端关节残
ⅠT419④B	战国	牛	右下M1（前叶）
ⅠT419⑤	夏家店下层文化	绵羊	右上M3
ⅠT419⑤	夏家店下层文化	猪	右下颌残附M1中磨
ⅠT419⑤	夏家店下层文化	猪	颅骨残片

表1－62　ⅠT420地层的动物遗存

所出地层		动物属种	骨骼部位	图版
层序	时代			
ⅠT420②	战国	犬	左距骨	
ⅠT420②	战国	犬	右距骨	
ⅠT420②	战国	犬	左跟骨	
ⅠT420②	战国	犬	盆骨缺耻骨	
ⅠT420②	战国	犬	左髋骨	二〇，14
ⅠT420②	战国	猪	右下颌残附DP4、M1	
ⅠT420②	战国	猪	左第四跖骨	
ⅠT420②	战国	猪	左肱骨远端残	
ⅠT420②	战国	猪	左第二趾（指）骨残	
ⅠT420②	战国	猪	左舟形骨	
ⅠT420③	战国	绵羊	右距骨	
ⅠT420③	战国	牛	下臼齿残片	
ⅠT420③	战国	猪	右下I1尖损，成年	
ⅠT420③	战国	猪	掌（跖）骨碎块	
ⅠT420④	战国	牛	左肱骨远端残段	
ⅠT420④	战国	绵羊	右桡骨近端	
ⅠT420④	战国	牛	右方椎骨	
ⅠT420④	战国	犬	右下颌角部	

续表

所出地层		动物属种	骨骼部位	图版
层序	时代			
ⅠT420④	战国	犬	左胫骨远端	
ⅠT420④	战国	犬	右桡骨	
ⅠT420④	战国	犬	左跟骨	
ⅠT420④	战国	猪	左下 DP4	
ⅠT420④	战国	猪	左下 M1	
ⅠT420④	战国	猪	右肩胛重残，未成（犬痕）	
ⅠT420④	战国	猪	掌（跖）骨	
ⅠT420④	战国	猪	左第一趾（指）骨残	
ⅠT420⑤	夏家店下层文化	牛	左第一趾（指）骨	
ⅠT420⑤	夏家店下层文化	绵羊	右桡骨近端	
ⅠT420⑤	夏家店下层文化	绵羊	左上 M2	
ⅠT420⑤	夏家店下层文化	猪	下颌愈合处附右 I2	
ⅠT420⑥	夏家店下层文化	牛	左掌骨	
ⅠT420⑥	夏家店下层文化	牛	左距骨	
ⅠT420⑥	夏家店下层文化	牛	右距骨	
ⅠT420⑥	夏家店下层文化	牛	肋骨头	
ⅠT420⑥	夏家店下层文化	牛	左下 DP3	
ⅠT420⑥	夏家店下层文化	牛	左上 DP4	
ⅠT420⑥	夏家店下层文化	绵羊	右胫骨远端	
ⅠT420⑥	夏家店下层文化	绵羊	右掌骨	
ⅠT420⑥	夏家店下层文化	山羊	左肩胛骨	
ⅠT420⑥	夏家店下层文化	绵羊	右下颌残段附 DP2、DP3	
ⅠT420⑥	夏家店下层文化	绵羊	右下 M3	
ⅠT420⑥	夏家店下层文化	牛	颞骨残	
ⅠT420⑥	夏家店下层文化	牛	左肩胛骨残	
ⅠT420⑥	夏家店下层文化	马	蹄骨	
ⅠT420⑥	夏家店下层文化	马	蹄骨	
ⅠT420⑥	夏家店下层文化	犬	右上颌附颌前 P3、P4、M1、M2	
ⅠT420⑥	夏家店下层文化	犬	左下颌 P2、P3、P4、M1、M2	
ⅠT420⑥	夏家店下层文化	犬	左下颌残冠突残角残 M1、M2	
ⅠT420⑥	夏家店下层文化	犬	左下颌无齿 C 未出	
ⅠT420⑥	夏家店下层文化	犬	右下颌附 P3、P4、M1、M2	
ⅠT420⑥	夏家店下层文化	犬	右下颌附 P2、P3、P4	
ⅠT420⑥	夏家店下层文化	犬	寰椎	

续表

所出地层		动物属种	骨骼部位	图版
层序	时代			
ⅠT420⑥	夏家店下层文化	犬	左下犬齿	
ⅠT420⑥	夏家店下层文化	犬	右下 M1	
ⅠT420⑥	夏家店下层文化	犬	右下犬齿	
ⅠT420⑥	夏家店下层文化	猪	头右后部存右额（残）、右颞、右枕髁附颈突	
ⅠT420⑥	夏家店下层文化	猪	左上颌前骨、上颌前部附 P1、P2、P3、P4、M1（残）	
ⅠT420⑥	夏家店下层文化	猪	左上颌（残）附 P4、M1、M2、M3	
ⅠT420⑥	夏家店下层文化	猪	下颌残附左右 I2（突残）M1、M2	
ⅠT420⑥	夏家店下层文化	猪	下颌愈合处附右 P3、P4	
ⅠT420⑥	夏家店下层文化	猪	左颌前 + 上颌残 I2 未出	
ⅠT420⑥	夏家店下层文化	猪	左下颌残附 M2 未磨	
ⅠT420⑥	夏家店下层文化	猪	左下颌残附 M2 残中磨	
ⅠT420⑥	夏家店下层文化	猪	左上 C 尖磨	
ⅠT420⑥	夏家店下层文化	猪	右下 I2 尖磨，成年	
ⅠT420⑥	夏家店下层文化	猪	右上 DP4	
ⅠT420⑥	夏家店下层文化	猪	左下 P4	
ⅠT420⑥	夏家店下层文化	猪	左肩胛残	
ⅠT420⑥	夏家店下层文化	猪	右肩胛重残	
ⅠT420⑥	夏家店下层文化	猪	左肩胛重残	
ⅠT420⑥	夏家店下层文化	猪	左肩胛重残	
ⅠT420⑥	夏家店下层文化	猪	左髋骨臼	
ⅠT420⑥	夏家店下层文化	猪	左髋骨臼	
ⅠT420⑥	夏家店下层文化	猪	左尺骨残	
ⅠT420⑥	夏家店下层文化	猪	左距骨	
ⅠT420⑥	夏家店下层文化	猪	左距骨	
ⅠT420⑥	夏家店下层文化	猪	右第四掌骨	
ⅠT420⑥	夏家店下层文化	猪	左第四掌骨	
ⅠT420⑥	夏家店下层文化	猪	左第四掌骨	
ⅠT420⑥	夏家店下层文化	猪	右胫骨近端残	
ⅠT420⑥	夏家店下层文化	猪	左桡骨近端残	
ⅠT420⑥	夏家店下层文化	猪	左肱骨远端残	
ⅠT420⑥	夏家店下层文化	猪	右肱骨远端残	
ⅠT420⑥	夏家店下层文化	猪	右肱骨远端残	
ⅠT420⑥A	夏家店下层文化	牛	右下颌残段	
ⅠT420⑥A	夏家店下层文化	猪	右肱骨远端残	
ⅠT420⑦	夏家店下层文化	绵羊	右下 M2	

表 1-63 I T421 地层的动物遗存

所出地层		动物属种	骨骼部位
层序	时代		
I T421②	战国	牛	额骨残段
I T421②	战国	绵羊	右胫骨远端关节
I T421②	战国	绵羊	右上 M3
I T421②	战国	绵羊	右上 M1
I T421②	战国	绵羊	右上 M1
I T421②	战国	牛	左蹄骨
I T421②	战国	牛	左踝骨
I T421②	战国	犬	右上颌残附 M1 + 颧弓残
I T421②	战国	犬	掌（跖）骨
I T421②	战国	犬	盆骨缺耻骨
I T421②	战国	猪	左枕髁（残）
I T421②	战国	猪	左上颌（残）附 DP4、M1
I T421②	战国	猪	左上颌（残）附 M1、M2
I T421②	战国	猪	右颞关节处残
I T421②	战国	猪	右颞关节处
I T421②	战国	猪	右下颌残附 C、P3、M1、M2
I T421②	战国	猪	左下颌残附 DP3、DP4、M1、M2 洞小开
I T421②	战国	猪	左下颌残附 DP4 未磨
I T421②	战国	猪	左下颌残附 DP4 残根
I T421②	战国	猪	左上颌残附 DP3 尖平
I T421②	战国	猪	右下 C
I T421②	战国	猪	右下 DP4
I T421②	战国	猪	左髂
I T421②	战国	猪	骶骨前段
I T421②	战国	猪	右第三跖骨
I T421②	战国	猪	左第一趾（指）骨残
I T421②	战国	猪	掌（跖）骨碎块
I T421③	战国	猪	左第一趾（指）骨残
I T421⑧	夏家店下层文化	犬	右下 M2
I T421⑨	夏家店下层文化	犬	掌（跖）骨
I T421⑨	夏家店下层文化	猪	右下 I1 尖损，成年

表 1 – 64　Ⅰ T422 地层的动物遗存

所出地层		动物属种	骨骼部位
层序	时代		
Ⅰ T422	?	牛	右跟骨
Ⅰ T422	?	牛	骶骨
Ⅰ T422	?	牛	右第一指骨
Ⅰ T422	?	牛	右下 M1
Ⅰ T422	?	犬	掌（跖）骨
Ⅰ T422	?	猪	左上颌（残）附 P4、M1、M2
Ⅰ T422	?	猪	下颌愈合处附 P4 根
Ⅰ T422	?	猪	左下颌残附 DP3、DP4、M1 未磨
Ⅰ T422	?	猪	左髋臼 + 坐骨耻部
Ⅰ T422	?	猪	左桡骨近端残
Ⅰ T422②	夏家店下层文化	猪	头部存右颞（残）
Ⅰ T422④	夏家店下层文化	猪	颅骨附上腭骨
Ⅰ T422④	夏家店下层文化	猪	右上 I2 重磨

表 1 – 65　Ⅰ T423 地层的动物遗存

所出地层		动物属种	骨骼部位	图版
层序	时代			
Ⅰ T423①	现代	牛	右胫骨远端关节	
Ⅰ T423①	现代	犬	左胫骨	
Ⅰ T423①	现代	猪	左下颌残附 P3、P4 尖平	
Ⅰ T423②A	夏家店下层文化	牛	左跟骨	
Ⅰ T423②A	夏家店下层文化	绵羊	右下 M1	
Ⅰ T423②A	夏家店下层文化	绵羊	左上 M3	
Ⅰ T423②A	夏家店下层文化	绵羊	左股骨近端	三二，6
Ⅰ T423②A	夏家店下层文化	山羊	右肩胛骨	
Ⅰ T423②A	夏家店下层文化	犬	左肩胛骨	
Ⅰ T423②A	夏家店下层文化	猪	左肱骨远端	
Ⅰ T423③A	夏家店下层文化	猪	左上 M2 中磨	
Ⅰ T423③A	夏家店下层文化	牛	掌（跖）骨远端	
Ⅰ T423③A	夏家店下层文化	牛	左第一趾（指）骨	
Ⅰ T423③A	夏家店下层文化	牛	左上 M2	
Ⅰ T423③A	夏家店下层文化	猪	左下颌残附 DP3 残根、DP4 未磨	
Ⅰ T423③A	夏家店下层文化	猪	右下 C 残片	
Ⅰ T423③A	夏家店下层文化	猪	右第一趾（指）骨残	

续表

所出地层		动物属种	骨骼部位	图版
层序	时代			
ⅠT423③B	夏家店下层文化	山羊	右下颌附 DP3、DP4、M1、M2	
ⅠT423③B	夏家店下层文化	山羊	左下颌残段附 DP4、M1、M2	
ⅠT423③B	夏家店下层文化	牛	左胫骨远端	
ⅠT423③B	夏家店下层文化	牛	右上颌残段附 P2、P3、P4、M1、M2	
ⅠT423③B	夏家店下层文化	绵羊	左第一趾骨	
ⅠT423③B	夏家店下层文化	猪	左上颌附 P2、P3、P4	
ⅠT423③B	夏家店下层文化	猪	右髋骨	
ⅠT423④A	夏家店下层文化	绵羊	左掌（跖）骨远端关节	
ⅠT423④A	夏家店下层文化	绵羊	右下 M3	
ⅠT423④A	夏家店下层文化	猪	左上 I2	
ⅠT423④A	夏家店下层文化	牛	左上颌附 DP4、M1	
ⅠT423④A	夏家店下层文化	绵羊	颅骨残片	
ⅠT423④A	夏家店下层文化	猪	左侧髂骨和髋臼	
ⅠT423④B	夏家店下层文化	牛	右下 M2（前叶）	
ⅠT423④B	夏家店下层文化	犬	左胫骨远端	
ⅠT423④B	夏家店下层文化	猪	右下犬齿	
ⅠT423④B	夏家店下层文化	牛	左上颌附 DP2、DP3、DP4	
ⅠT423④B	夏家店下层文化	牛	左下颌附 M2	
ⅠT423④B	夏家店下层文化	猪	下颌愈合处附左右 I1、I2 突残，右 P1、P2 根	
ⅠT423④B	夏家店下层文化	猪	左第四跖骨	
ⅠT423④B	夏家店下层文化	猪	DC	

表 1－66 ⅠT425 地层的动物遗存

所出地层		动物属种	骨骼部位
层序	时代		
ⅠT425②	战国	牛	左掌骨
ⅠT425②	战国	牛	左钩骨
ⅠT425②	战国	马	左掌骨远端
ⅠT425②	战国	猪	左额眶处残
ⅠT425②	战国	猪	右下颌残附 P4、M1、M2 残
ⅠT425②	战国	猪	右下 DP4
ⅠT425②	战国	猪	右肱骨远端残
ⅠT425③	战国	猪	左上颌残附 M2、M3
ⅠT425③	战国	牛	右方椎骨
ⅠT425③	战国	犬	左下 M1
ⅠT425④	战国	猪	左第三跖骨

表 1－67　ⅠT429 地层的动物遗存

所出地层		动物属种	骨骼部位
层序	时代		
ⅠT429①	现代	猪	掌（跖）骨
ⅠT429①	现代	猪	右蹄骨
ⅠT429②	战国	绵羊	右第一趾骨
ⅠT429②	战国	绵羊	左下 M3
ⅠT429②	战国	犬	左上颌残附 P3、P4、M1、M2
ⅠT429②	战国	犬	右上颌残附 P4
ⅠT429②	战国	犬	右下颌附 P2 残根
ⅠT429②	战国	猪	下颌前段附右 C、P3P4 残，左 P3 尖刚磨
ⅠT429②	战国	猪	左下颌残附 P4 残、M1 重、M2 中、M3ⅠⅡ脊出未磨
ⅠT429②	战国	猪	右下颌残附 M1、M2、M3ⅠⅡ脊出
ⅠT429②	战国	猪	右下颌角
ⅠT429⑤	夏家店下层文化	犬	枕髁
ⅠT429⑤	夏家店下层文化	猪	左上 M2
ⅠT429⑥	夏家店下层文化	牛	左肱骨远端

表 1－68　ⅠT430 地层的动物遗存

所出地层		动物属种	骨骼部位
层序	时代		
ⅠT430①	现代	牛	右第一趾骨
ⅠT430②	战国	猪	右下颌前附 DP3（残）
ⅠT430②	战国	猪	右下 P3 未成
ⅠT430③	战国	牛	髂骨附部分髋臼
ⅠT430③	战国	绵羊	右下颌骨升支及冠状突
ⅠT430③	战国	猪	右颌前骨（残）
ⅠT430③	战国	猪	右第二趾（指）骨残
ⅠT430④	夏家店下层文化	牛	角残片
ⅠT430④	夏家店下层文化	猪	左上颌（残）附 P2、P3、P4、M1、M2
ⅠT430④	夏家店下层文化	猪	左上颌（残）附 P4、M1、M2
ⅠT430④	夏家店下层文化	猪	左肩胛残
ⅠT430④	夏家店下层文化	猪	右肩胛重残，未成
ⅠT430⑤	夏家店下层文化	牛	寰椎残片
ⅠT430⑤	夏家店下层文化	牛	右距骨
ⅠT430⑤	夏家店下层文化	牛	右跖骨近端
ⅠT430⑤	夏家店下层文化	牛	左下颌骨升支

续表

所出地层		动物属种	骨骼部位
层序	时代		
ⅠT430⑤	夏家店下层文化	犬	左下 P1、P2、P3、P4、M1
ⅠT430⑤	夏家店下层文化	猪	右额
ⅠT430⑤	夏家店下层文化	猪	右上 C 尖磨
ⅠT430⑤	夏家店下层文化	猪	右下 I1 尖损，成年
ⅠT430⑤	夏家店下层文化	猪	右尺骨残
ⅠT430⑥	夏家店下层文化	猪	右上颌（残）附 P4、M1、M2
ⅠT430⑥	夏家店下层文化	猪	左上 I1
ⅠT430⑦	夏家店下层文化	山羊	左下颌残段附 M3
ⅠT430⑦	夏家店下层文化	猪	右尺骨残
ⅠT430⑨	夏家店下层文化	牛	左下 M2
ⅠT430⑨	夏家店下层文化	山羊	左下颌附 P3、P4、M1、M2、M3
ⅠT430⑨	夏家店下层文化	猪	右髂骨
ⅠT430⑨	夏家店下层文化	猪	右尺骨残

表 1－69　ⅠT431 地层的动物遗存

所出地层		动物属种	骨骼部位
层序	时代		
ⅠT431①	现代	绵羊	右跟骨
ⅠT431②	战国	犬	头骨缺鼻、枕髁
ⅠT431③	战国	犬	右尺骨
ⅠT431③	战国	犬	掌（跖）骨
ⅠT431③	战国	猪	左下 DI1 未成
ⅠT431③	战国	猪	左上颌残附 DP3、DP4

表 1－70　ⅠT432 地层的动物遗存

所出地层		动物属种	骨骼部位
层序	时代		
ⅠT432	?	绵羊	左上 M1
ⅠT432	?	猪	右尺骨残
ⅠT432	?	猪	掌（跖）骨
ⅠT432②	战国	牛	左股骨头关节
ⅠT432②	战国	牛	右上颌残段附 M1
ⅠT432②	战国	猪	掌（跖）骨碎块
ⅠT432②	战国	犬	右下颌附 P2、M1
ⅠT432③	夏家店下层文化	绵羊	左下 M2
ⅠT432③	夏家店下层文化	猪	左下 DI2 未成

表 1－71　ⅠT433 地层的动物遗存

所出地层		动物属种	骨骼部位
层序	时代		
ⅠT433①	现代	牛	右股骨头
ⅠT433①	现代	绵羊	右肩胛骨关节
ⅠT433①	现代	牛	左方椎骨
ⅠT433①	现代	犬	右肱骨远端
ⅠT433①	现代	犬	掌（跖）骨
ⅠT433①	现代	犬	掌（跖）骨
ⅠT433①	现代	猪	右上 DI1 未磨
ⅠT433①	现代	猪	左第一趾（指）骨残
ⅠT433②	战国	猪	左下颌角
ⅠT433②	战国	猪	左下 C 尖磨
ⅠT433②	战国	猪	左下 DI2 未成
ⅠT433③	夏家店下层文化	绵羊	左上 M2
ⅠT433③	夏家店下层文化	犬	右桡骨远端
ⅠT433③	夏家店下层文化	猪	左上 I1
ⅠT433③	夏家店下层文化	猪	右下 I1 尖损，成年
ⅠT433③a	夏家店下层文化	猪	左桡骨近端残
ⅠT433③c	夏家店下层文化	绵羊	右下 M1
ⅠT433③e	夏家店下层文化	牛	左第二指骨
ⅠT433③e	夏家店下层文化	猪	左下颌前段
ⅠT433③e	夏家店下层文化	猪	右下 C 根残
ⅠT433③e	夏家店下层文化	猪	左下 C 尖磨
ⅠT433③e	夏家店下层文化	猪	左下 I2 尖损，成年
ⅠT433③e	夏家店下层文化	猪	左下 I2 尖损，未成年
ⅠT433③e	夏家店下层文化	猪	左第三跖骨
ⅠT433③f	夏家店下层文化	牛	左髂骨残段附髋臼
ⅠT433③f	夏家店下层文化	猪	左髂骨颈头残附臼一部
ⅠT433④	夏家店下层文化	猪	左肩胛残
ⅠT433④a	夏家店下层文化	猪	左下颌前附左右 I1 未出
ⅠT433④b	夏家店下层文化	猪	右上颌（残）附 M2
ⅠT433④b	夏家店下层文化	猪	右肱骨近端残
ⅠT433④C	夏家店下层文化	牛	右跖骨远端
ⅠT433④C	夏家店下层文化	牛	左第一趾（指）骨
ⅠT433④C	夏家店下层文化	猪	右肩胛重残
ⅠT433④C	夏家店下层文化	猪	右胫骨近端残

续表

所出地层		动物属种	骨骼部位
层序	时代		
Ⅰ T433④e	夏家店下层文化	马	左上 M1
Ⅰ T433④e	夏家店下层文化	绵羊	右上 P4
Ⅰ T433④e	夏家店下层文化	猪	右下颌残附 M2、M3
Ⅰ T433④e	夏家店下层文化	猪	左上 P4
Ⅰ T433④f	夏家店下层文化	猪	下颌愈合处
Ⅰ T433④f	夏家店下层文化	猪	左肩胛重残
Ⅰ T433⑤a	夏家店下层文化	牛	左跖骨远端
Ⅰ T433⑤a	夏家店下层文化	牛	枕骨残片
Ⅰ T433⑤a	夏家店下层文化	猪	右顶枕骨
Ⅰ T433⑤b	夏家店下层文化	猪	头部存额（残）、顶、左颞
Ⅰ T433⑥	夏家店下层文化	牛	右桡骨近端
Ⅰ T433⑥	夏家店下层文化	牛	右跖骨远端
Ⅰ T433⑥	夏家店下层文化	牛	左掌骨远端
Ⅰ T433⑥	夏家店下层文化	牛	右距骨
Ⅰ T433⑥	夏家店下层文化	牛	颈椎
Ⅰ T433⑥	夏家店下层文化	牛	左第一趾（指）骨
Ⅰ T433⑥	夏家店下层文化	牛	右第二指（趾）骨
Ⅰ T433⑥	夏家店下层文化	牛	左蹄骨
Ⅰ T433⑥	夏家店下层文化	牛	右上 DP4
Ⅰ T433⑥	夏家店下层文化	牛	颈椎残片
Ⅰ T433⑥	夏家店下层文化	牛	右上 M1
Ⅰ T433⑥	夏家店下层文化	牛	右上 P2
Ⅰ T433⑥	夏家店下层文化	牛	掌（跖）骨远端
Ⅰ T433⑥	夏家店下层文化	牛	左上 DP4
Ⅰ T433⑥	夏家店下层文化	牛	左下 DP4
Ⅰ T433⑥	夏家店下层文化	牛	左下颌升支及关节突
Ⅰ T433⑥	夏家店下层文化	猪	右肱骨远端残
Ⅰ T433⑥	夏家店下层文化	猪	右肱骨远端残
Ⅰ T433⑥	夏家店下层文化	猪	右第一趾（指）骨残
Ⅰ T433⑥	夏家店下层文化	绵羊	眶骨
Ⅰ T433⑥	夏家店下层文化	绵羊	右距骨
Ⅰ T433⑥	夏家店下层文化	绵羊	右距骨
Ⅰ T433⑥	夏家店下层文化	绵羊	右跟骨
Ⅰ T433⑥	夏家店下层文化	绵羊	左上 M1

续表

所出地层		动物属种	骨骼部位
层序	时代		
ⅠT433⑥	夏家店下层文化	牛	眶骨残
ⅠT433⑥	夏家店下层文化	牛	右下颌骨残段
ⅠT433⑥	夏家店下层文化	犬	左桡骨
ⅠT433⑥	夏家店下层文化	猪	左尺骨残
ⅠT433⑥	夏家店下层文化	猪	左下颌残附 M1、M2 残、M3 洞开未出
ⅠT433⑥	夏家店下层文化	猪	左下颌残附 DP4 刚露
ⅠT433⑥	夏家店下层文化	猪	左肩胛残
ⅠT433⑥	夏家店下层文化	猪	左髂颈髋残耻一部附臼
ⅠT433⑥	夏家店下层文化	猪	左髋骨臼
ⅠT433⑥	夏家店下层文化	猪	右髋骨残
ⅠT433⑥a	夏家店下层文化	猪	左尺骨残
ⅠT433⑥a	夏家店下层文化	牛	胸椎
ⅠT433⑥a	夏家店下层文化	牛	右下颌残段
ⅠT433⑥a	夏家店下层文化	猪	颈椎
ⅠT433⑥a	夏家店下层文化	猪	右第三掌骨
ⅠT433⑥a	夏家店下层文化	牛	股骨远端
ⅠT433⑥a	夏家店下层文化	牛	左乳门齿
ⅠT433⑥a	夏家店下层文化	绵羊	右桡骨近端
ⅠT433⑥a	夏家店下层文化	牛	左尺骨残段
ⅠT433⑥a	夏家店下层文化	绵羊	右尺骨近端
ⅠT433⑥a	夏家店下层文化	绵羊	右桡骨近端附尺骨残段
ⅠT433⑥a	夏家店下层文化	绵羊	左桡骨附尺骨残段
ⅠT433⑥a	夏家店下层文化	绵羊	左掌骨
ⅠT433⑥a	夏家店下层文化	牛	右上 DP4
ⅠT433⑥a	夏家店下层文化	牛	右尺骨残段
ⅠT433⑥a	夏家店下层文化	牛	左跟骨

表 1－72　ⅠT434 地层的动物遗存

所出地层		动物属种	骨骼部位	图版
层序	时代			
ⅠT434①	现代	猪	右上颌残附 M1	
ⅠT434①	现代	猪	右上 DP3	
ⅠT434①	现代	猪	右上 DP3	
ⅠT434①	现代	牛	上臼齿	

续表

所出地层		动物属种	骨骼部位	图版
层序	时代			
Ⅰ T434②	夏家店下层文化	牛	右距骨	
Ⅰ T434②F	夏家店下层文化	猪	左髋骨无耻，髂头残	
Ⅰ T434②E	夏家店下层文化	绵羊	牙	
Ⅰ T434④	夏家店下层文化	牛	左半月骨	
Ⅰ T434④	夏家店下层文化	牛	左下 P4	
Ⅰ T434④	夏家店下层文化	牛	右胫骨近端	
Ⅰ T434④	夏家店下层文化	牛	左方椎骨	
Ⅰ T434④	夏家店下层文化	牛	右舟形骨	
Ⅰ T434④	夏家店下层文化	牛	右下颌骨残段	
Ⅰ T434④	夏家店下层文化	牛	右角	
Ⅰ T434④	夏家店下层文化	牛	左上颌残段附 DP3	
Ⅰ T434④	夏家店下层文化	绵羊	右髋臼	
Ⅰ T434④	夏家店下层文化	绵羊	左下颌残段附 DP4	
Ⅰ T434④	夏家店下层文化	牛	右上 M3	
Ⅰ T434④	夏家店下层文化	牛	左上 M1	
Ⅰ T434④	夏家店下层文化	猪	右上 M2 老年	
Ⅰ T434④B	夏家店下层文化	牛	左上 M2	
Ⅰ T434④B	夏家店下层文化	猪	右下颌残附 DP3、DP4 未磨	
Ⅰ T434④B	夏家店下层文化	牛	左第一指（趾）骨	
Ⅰ T434④B	夏家店下层文化	牛	右上 DP2	
Ⅰ T434④C	夏家店下层文化	猪	右下颌附左 I1、I2、P1、P2、P3、P4	
Ⅰ T434④C	夏家店下层文化	牛	尾椎	
Ⅰ T434④C	夏家店下层文化	牛	胸椎	
Ⅰ T434④C	夏家店下层文化	猪	左桡骨近端残	
Ⅰ T434④D	夏家店下层文化	牛	右胫骨远端	
Ⅰ T434④D	夏家店下层文化	牛	左方椎骨	
Ⅰ T434④D	夏家店下层文化	绵羊	颅骨残片	
Ⅰ T434④D	夏家店下层文化	牛	左尺骨残段	
Ⅰ T434④D	夏家店下层文化	绵羊	左跟骨	
Ⅰ T434④D	夏家店下层文化	绵羊	左胫骨	
Ⅰ T434④D	夏家店下层文化	绵羊	右下颌附 M3	
Ⅰ T434④D	夏家店下层文化	绵羊	右上 M2	
Ⅰ T434④D	夏家店下层文化	绵羊	右上 M2	
Ⅰ T434④D	夏家店下层文化	猪	下颌愈合处	

续表

所出地层		动物属种	骨骼部位	图版
层序	时代			
Ⅰ T434④D	夏家店下层文化	牛	右肱骨近端残	
Ⅰ T434④D	夏家店下层文化	犬	右下颌附 P2、P4、M1、M2	
Ⅰ T434④D	夏家店下层文化	马鹿	左角基部	二七，3、4
Ⅰ T434④D	夏家店下层文化	猪	下颌附 DP3、DP4、M1、M2 及左 C	二五，7、8
Ⅰ T434④D	夏家店下层文化	猪	右下颌附 M3	
Ⅰ T434④D	夏家店下层文化	猪	左侧髂骨和髂臼	
Ⅰ T434④D	夏家店下层文化	猪	跖骨	
Ⅰ T434④D	夏家店下层文化	猪	右顶（残）	
Ⅰ T434④D	夏家店下层文化	猪	右上颌（残）附 DP3、DP4	
Ⅰ T434④D	夏家店下层文化	猪	左下颌愈合处附左 I1、C（残根）、M1（残）、M2（残）及右 C 残根	
Ⅰ T434④D	夏家店下层文化	猪	右上 I2 未磨	
Ⅰ T434④D	夏家店下层文化	猪	左下 DI2 未成	
Ⅰ T434④D	夏家店下层文化	猪	左下 DI2 未成	
Ⅰ T434④D	夏家店下层文化	猪	左下 DI2 未成	
Ⅰ T434④D	夏家店下层文化	猪	右肩胛重残，未成	
Ⅰ T434④D	夏家店下层文化	猪	左髋骨臼	
Ⅰ T434④D	夏家店下层文化	猪	右尺骨残	
Ⅰ T434④D	夏家店下层文化	猪	左桡骨残	
Ⅰ T434④D	夏家店下层文化	猪	左肱骨远端残	
Ⅰ T434④D	夏家店下层文化	猪	右距骨	

表 1－73　Ⅰ T436 地层的动物遗存

所出地层		动物属种	骨骼部位
层序	时代		
Ⅰ T436①	现代	猪	左跟骨
Ⅰ T436③	战国	牛	右第二趾（指）骨
Ⅰ T436③	战国	绵羊	枢椎
Ⅰ T436④	战国	牛	左上 DP4
Ⅰ T436④	战国	犬	掌（跖）骨
Ⅰ T436④	战国	猪	下颌前段附左右 DP4、M1，右 DP3 残
Ⅰ T436④	战国	犬	掌（跖）骨
Ⅰ T436④	战国	猪	左髂髋、耻一部附臼
Ⅰ T436⑤	战国	牛	右肱骨远端

续表

所出地层		动物属种	骨骼部位
层序	时代		
Ⅰ T436⑤	战国	牛	左胫骨头
Ⅰ T436⑤	战国	马	眶骨残片
Ⅰ T436⑤	战国	牛	右上颌附 DP2、DP3、DP4、M1
Ⅰ T436⑤	战国	牛	左上颌附 DP3、DP4、M1
Ⅰ T436⑤	战国	牛	顶骨残片含额脊
Ⅰ T436⑤	战国	牛	颞骨残

表 1－74　Ⅰ T110 地层的动物遗存

所出地层		动物属种	骨骼部位	图版
层序	时代			
Ⅰ T110①	现代	猪	头部左眶存额（前残）、顶（残）	
Ⅰ T110①	现代	猪	右上颌附 DP3 未磨	
Ⅰ T110①	现代	猪	颈椎	
Ⅰ T110①	现代	猪	左距骨	
Ⅰ T110①	现代	猪	掌（跖）骨	
Ⅰ T110②	战国	绵羊	左上 M1	
Ⅰ T110②	战国	牛	左尺骨残片	
Ⅰ T110②	战国	牛	右第一指骨	
Ⅰ T110②	战国	绵羊	右下颌残段附 M1	
Ⅰ T110②	战国	猪	左跟骨	
Ⅰ T110②	战国	猪	寰椎	
Ⅰ T110②	战国	猪	右第三掌骨	
Ⅰ T110②	战国	猪	右上犬齿	
Ⅰ T110②	战国	猪	右下颌残附 DP4、M1	
Ⅰ T110②	战国	猪	左下颌残附 DP4、M1	
Ⅰ T110②	战国	猪	右下颌角	
Ⅰ T110②	战国	猪	右跟骨	
Ⅰ T110②	战国	猪	左肱骨远端残	
Ⅰ T110②	战国	猪	右第二指骨	
Ⅰ T110③	战国	牛	左下颌残段附 M2	
Ⅰ T110③	战国	犬	左上颌残附 P3、P4	
Ⅰ T110③	战国	猪	右第一指骨	
Ⅰ T110⑤	夏家店下层文化	猪	左跟骨	
Ⅰ T110⑥	夏家店下层文化	牛	右乳门齿	

续表

所出地层		动物属种	骨骼部位	图版
层序	时代			
ⅠT110⑥	夏家店下层文化	猪	左胫骨远端	
ⅠT110⑥	夏家店下层文化	猪	右肩胛残	
ⅠT110⑥	夏家店下层文化	猪	右肩胛重残，幼猪	
ⅠT110⑥	夏家店下层文化	猪	胸椎残	
ⅠT110⑦	夏家店下层文化	山羊	额骨及顶骨残片	三〇，7
ⅠT110⑦	夏家店下层文化	绵羊	右下 P4	
ⅠT110⑦	夏家店下层文化	猪	右下颌附 DP3、DP4、M1；左 I1、I2、I3	
ⅠT110⑦	夏家店下层文化	猪	右下颌附 DP3、DP4、M1	
ⅠT110⑦	夏家店下层文化	猪	左上颌残附 I1	
ⅠT110⑦	夏家店下层文化	猪	右上颌残附 DP3、DP4	
ⅠT110⑦	夏家店下层文化	猪	右肩押重残	
ⅠT110⑦	夏家店下层文化	猪	左髋骨附臼	
ⅠT110⑦	夏家店下层文化	猪	右第三掌骨	
ⅠT110⑦B	夏家店下层文化	猪	左下 I1 未磨，未成年	
ⅠT110⑧	夏家店下层文化	猪	右第一指骨	
ⅠT110⑧	夏家店下层文化	猪	右额残	
ⅠT110⑧	夏家店下层文化	牛	枕骨残片	
ⅠT110⑧	夏家店下层文化	犬	右肱骨近端	
ⅠT110⑧	夏家店下层文化	猪	左下颌附 P2、P3、P4、M1、M2、M3	二五，9、10
ⅠT110⑧	夏家店下层文化	猪	左侧肩胛骨	
ⅠT110⑧	夏家店下层文化	猪	头部存右额	
ⅠT110⑧	夏家店下层文化	猪	左下颌残附 DP2	
ⅠT110⑧	夏家店下层文化	猪	左下 DI1 未成	
ⅠT110⑧	夏家店下层文化	猪	左尺骨残	
ⅠT110⑧	夏家店下层文化	猪	右跟骨	

表 1－75　ⅠT111 地层的动物遗存

所出地层		动物属种	骨骼部位
层序	时代		
ⅠT111	?	猪	左下 DI2 未成
ⅠT111①	现代	犬	颈椎
ⅠT111①	现代	犬	颈椎
ⅠT111①	现代	猪	髌骨
ⅠT111①	现代	猪	右上颌残附 DP4、M1 未磨
ⅠT111②	夏家店下层文化	猪	右肩胛骨

表 1－76 Ⅰ T112 地层的动物遗存

所出地层		动物属种	骨骼部位
层序	时代		
Ⅰ T112①	现代	猪	左上颌残附 DP3、DP4

表 1－77 Ⅰ T113 地层的动物遗存

所出地层		动物属种	骨骼部位
层序	时代		
Ⅰ T113①	现代	猪	右下颌残附 M1、M2、M3 洞开见Ⅰ脊
Ⅰ T113④	战国	马	右胫骨

表 1－78 第Ⅶ地点夏家店下层文化灰坑的动物遗存

出土单位	动物属种	骨骼部位	图版
ⅦH2	绵羊	颅骨残片	三一，1
ⅦH3	山羊	左肩胛骨	三〇，10

表 2 大山前第Ⅰ地点牛骨骼测量数据均值

年代	骨骼部位	测量均值
夏家店下层文化	寰椎	Ⅰ GL：91（N＝2），GLF：78（N＝2），BFcd：106.5（N＝2）
	颈椎	BFcr：30.85（N＝3），前 BFcr：29.92（N＝3） HFcr：40.5（n＝2），后 BFcr：49（N＝1）
	枢椎	BFcr：102（N＝2）
	胸椎	Ⅰ HFcr：45（N＝3），BFcr：55.33（N＝3）
	腰椎	前 BFcr：42.33（N＝4），后 BFcr：46.8（N＝5）
	右 M^1	齿冠高：17.67（N＝3）
	右髌骨	Ⅰ GL：62.5（N＝2），GB：48.16（N＝2）
	右尺骨	DPA：61.5（N＝3）
	右第二趾骨	BP：31.08（N＝6），GL：42.1（N＝5），SD：25（N＝5），Bd：26.8（N＝4）
	右第一趾骨	SD：24.2（N＝6），Bd：26.43（N＝4），BP：28.75（N＝2）
	右第一趾骨	BP：33（N＝2），SD：26.5（N＝3），GLPe：63.25（N＝2），Bd：29（N＝3）
	右跟骨	Ⅰ GL：115.75（N＝4），GB：45.73（N＝10）
	右肱骨远端	Bd：86（N＝5）
	右胫骨远端	Bd：71.33（N＝6），Dd：55（N＝2）
	右距骨	Ⅰ GLl：72.94（N＝17），GLm：67.1（N＝18），Dm：41.69（N＝10），DL：40.43（N＝9），Bd：48（N＝10）
	右髂骨	LA：79（N＝2）
	右桡骨近端	BP：75（N＝2），Bd：62（N＝2）
	右蹄骨	DLS：62.87（N＝3），Ld：50.33（N＝3），MBS：19（N＝2）
	右头状骨	Ⅰ GB：36.5（N＝5）
	右掌骨近端	BP：67.25（N＝2）
	右跖骨	DP：51.5，前后长：50（N＝2）

续表

年代	骨骼部位	测量均值
夏家店下层文化	右跖骨近端	BP：46.26（N=3）
	右舟形方骨	ⅠGB：58.04（N=7）
	左 dp_3	齿冠高：16.5（N=2）
	左尺骨	DPA：59.75（N=2），SDO：51（N=2）
	左第二趾骨	BP：31.18（N=4），SD：25.68（N=4），Bd：28.75（N=2），GL：42（N=2）
	左第一指（趾）骨	BP：27（N=2），SD：22.5（N=2），Bd：25.8（N=2）
	左第一趾骨	BP：28.25（N=4），SD：25.6（N=5），Bd：26.67（N=3）
	左第一趾（指）骨	ⅠGLPe：65.8（N=3），SD：31.83（N=3），BP：36.25（N=2），Bd：34（N=3）
	左第一趾骨	BP：34.25（N=2），SD：29.3（N=3），GLPe：68（N=2），Bd：34.5（N=3）
	左跟骨	ⅠGB：47.19（N=8）
	左肱骨远端	Bd：85.75（N=2）
	左股骨头关节	DC：53.6（N=3）
	左角	"45"：56.33（N=3），"46"：60.33（N=3）
	左胫骨远端	Bd：56.3（N=2）
	左距骨	ⅠGLl：69.31（N=7），GLm：64.64（N=7），DL：38.9（N=5），Dm：40.4（N=5），Bd：44.1（N=5）
	左桡骨近端	BFP：78.67（N=3），BP：84.67（N=3）
	左蹄骨	DLS：67.5（N=3），Ld：51.53（N=3），MBS：20.75（N=2）
	左舟形方骨	ⅠGB：64.67（N=3）
战国	右 M^2	齿冠高：34.5（N=2）
	右髌骨	ⅠGL：66.25（N=2）
	右第二趾骨	BP：29.44（N=5），GL：40.55（N=4），SD：23.73（N=4），Bd：25.08（N=4）
	右第二趾（指）骨	ⅠGL：44.33（N=3），BP：32.33（N=3），SD：25.33（N=3），Bd：27（N=3）
	右第一指（趾）骨	BP：30（N=2），SD：25.5（N=2），Bd：27.5（N=2）
	右第一趾骨	BP：30.3（N=8），SD：26.67（N=6），Bd：27.36（N=7），GLPe：60.1（N=5）
	右第一趾骨	SD：29.08（N=6），Bd：31.67（N=6），BP：33（N=3），GLPe：62.75（N=2）
	右跟骨	ⅠGB：41.85（N=2）
	右肱骨远端	Bd：77.75（N=2）
	右胫骨远端	Bd：65.63（N=4）
	右距骨	Dm：40.75（N=4），Bd：49.75（N=4）GLl：71.4（N=5），DL：37.36（N=5），GLm：65.85（N=4）
	右蹄骨	DLS：63.1（N=2），Ld：51（N=2），MLS：12（N=2）
	右头状骨	ⅠGB：32（N=2）
	右舟形方骨	ⅠGB：60（N=2）

续表

年代	骨骼部位	测量均值
战国	左第二趾（指）骨	ⅠGL：42.5（N=3），BP：32.87（N=3），SD：32（N=2），Bd：26.5（N=2）
	左第一指（趾）骨	SD：29.7（N=2），Bd：33.75（N=2）
	左第一趾骨	SD：26.9（N=3），Bd：29.1（N=3）
	左第一趾骨	SD：32.6（N=3），GLPe：73（N=2）
	左肱骨远端	Bd：78，1（N=4）
	左距骨	ⅠGLl：70.14（N=7），GLm：65.53（N=6），DL：59.18（N=5），Dm：40.54（N=7），Bd：45.1（N=5）
	左蹄骨	MBS：16.77（N=3），DLS：58.5（N=2）
	右头状骨	ⅠGB：39（N=2）
	左下颌	齿冠高：20.83（N=3）
	左跖骨远端	Bd：54.5（N=2）
	左舟形方骨	ⅠGB：58（N=3）
辽代	左第二趾骨	ⅠGL：34.5（N=2），BP：45.5（N=2），SD：27.5（N=2），Bd：27.3（N=2）
	右胫骨远端	Bd：68.25（N=2）

表3 大山前第Ⅰ地点犬骨骼测量数据均值

年代	骨骼部位	测量均值
夏家店下层文化	寰椎	ⅠGB：74.24（N=5），GL：35.26（N=5），Lad：15.63（N=4）
	枢椎	ⅠH：34.23（N=3），LAPe：48（N=3），Cde：41.85（N=2）
	腰椎	PL：28.6（N=5），L：49.5（N=2）
	右尺骨	DPA：17.23（N=3），BPC：13.4（N=4）
	右跟骨	ⅠGB：15.3（N=2），GL：38.1（N=2）
	右肱骨	SD：11.65（N=2）
	右肱骨远端	Bd：30.68（N=5），BT：18.47（N=3）
	右股骨近端	BP：37.5（N=2），DC：46.15（N=2）
	右胫骨远端	Bd：20.73（N=3），Dd：15.75（N=3）
	左尺骨	DPA：22.78（N=6），BPC：15.46（N=5），SDO：18.7（N=3）
	左额骨	“31”（1/2）：16.87（N=3），“32”（1/2）：23.35（N=2），“33”（1/2）：12.6（N=2）
	左肱骨	SD：9（N=2）
	左肱骨远端	BT：19.8（N=2）
	左胫骨远端	Bd：21.5（N=2），Dd：16.4（N=2）
	左距骨	ⅠGL：29.46（N=5），GB：15.8（N=2）
	左桡骨	SD：12.63（N=3）
	左上犬齿	L：8.15 B：5.37（N=4）
	左下犬齿	L：9.23 B：5.73（N=3）

续表

年代	骨骼部位	测量均值
战国	寰椎	ⅠGB：74.2（N=4），GL：36.67（N=7），Lad：15.07（N=6）
	盆骨	SH：15.71（N=7），GL：138.5（N=2），SL：47.67（N=6）
	右尺骨	DPA：21.03（N=4），SDO：18.83（N=4），BPC：14.57（N=3）
	右跟骨	ⅠGB：15.1（N=2）
	右股骨近端	BP：37.25（N=2），DC：18.15（N=2）
	右肩胛骨	ⅠGLP：27.5（N=2），SLC：21.83（N=3）
	右胫骨	Bd：20.85（N=2），SD：11.36（N=3），
	右胫骨远端	Bd：20.56（N=3），Dd：14.9（N=3）
	右距骨	ⅠGL：24.39（N=2）
	右桡骨	SD：11.63（N=2）
	右桡骨近端	BP：15.6（N=2）
	左跟骨	ⅠGL：42.66（N=5），GB：16.7（N=5）
	左肱骨近端	Bd：29.7（N=2），BT：17.7（N=2）
	左肱骨远端	Bd：27.9（N=5），BT：17.38（N=4）
	左股骨	BP：33.25（N=2），DC：17.65（N=2），Bd：28.5（N=2），SD：12.9（N=2），CD：4.3（N=2）
	左股骨远端	Bd：28.85（N=2）
	左胫骨	Bd：24.23（N=3），Dd：16.3（N=2），SD：12.43（N=3），CD：4.0（N=2）
	左胫骨近端	BP：40.3（N=2），DC：19.35（N=2）
	左距骨	ⅠGL：21.82（N=6）
	左门齿	L：6.9（N=2），B：5.2（N=2）
	左桡骨近端	BP：15.95（N=2），BFd：17.75（N=2）
	左下犬齿	L：8.75（N=6），B：6.03（N=6）
现代	右肱骨远端	Bd：28.07（N=2）
	左第五掌骨	Bd：9.35（N=2），GL：50.13（N=2）
	左胫骨	SD：11.05（N=2），CD：3.45（N=2）

表4　大山前第Ⅰ地点羊骨骼测量数据均值

年代	骨骼部位	测量均值
夏家店下层文化	颈椎	BFcr：24.05（N=2），HFcr：17.25（N=2）
	枢椎	BFcr：53.25（N=2），Bpacd：32.93（N=3）
	右跟骨	ⅠGL：64.85（N=2），GB：20.42（N=3）
	右肱骨远端	Bd：34.75（N=2），BT：35.5（N=2）
	右肩胛骨	BG：21.59（N=7），LG：27.95（N=6），GLP：33.57（N=6），SLC：24.53（N=5）

续表

年代	骨骼部位	测量均值
夏家店下层文化	右胫骨远端	Bd：29，7（N＝4）
	右距骨	ⅠGLl：32.31（N＝5），GLm：30.8（N＝4），DL：18.1（N＝4），Dm：19（N＝4），Bd：20.85（N＝4）
	右髋臼	LA：32.6（N＝2）
	右髂骨	LA：34.3（N＝2）
	右桡骨近端	BP：37.22（N＝5），BFP：35.52（N＝5）
	右下颌	"M_3" L：25.15（N＝2）B：9.35（N＝2），"8"：55.43（N＝3），"9"：24.57（N＝3），"12"：76.5（N＝2），"13"：74.3（N＝2）
	右掌骨	BP：29.65（N＝2），SD：14.6（N＝2），CD：46.25（N＝2）
	右跖骨	BP：22.4（N＝6），SD：13.31（N＝6），CD：50.41（N＝6）
	右舟形方骨	ⅠGB：29.22（N＝2）
	左 M_3	L：24.85 B：9.45（N＝4）
	左跟骨	ⅠGL：25.7（N＝2），GB：24.78（N＝4）
	左肱骨远端	BT：32.93（N＝4），Bd：36.97（N＝3）
	左股骨远端	Bd：31.57（N＝2）
	左肩胛骨	SLC：24.22（N＝5），BG：22.93（N＝5），LG：25.5（N＝3），GLP：32.7（N＝2）
	左距骨	ⅠGLl：34.5（N＝2），Dm：26.6（N＝2）
	左髋骨	LA：36（N＝2）
	左髂骨	LA：33.25（N＝2）
	左桡骨	BP：31.15（N＝2），BFP：24.9（N＝2）
	左下颌	"8"：54.28（N＝4），"9"：24.25（N＝4），M_3：L：24.4 B：9.44（N＝6）
	左掌骨	BP：24.25（N＝2），SD：14.2（N＝2），CD：45（N＝2）
	左掌骨近端	BP：26（N＝2）
	左掌跖骨远端	Bd：25.4（N＝4）
战国	腰椎	BFcr：29.85（N＝2）
	右第一趾骨	Bd：11.5（N＝2），SD：11.33（N＝2）
	右肱骨远端	BT：32.74（N＝6），Bd：35.35（N＝2）
	右肩胛骨	BG：26（N＝3），LG：27.2（N＝3），SLC：20.63（N＝4）
	右胫骨远端	Bd：29.76（N＝5）
	右距骨	ⅠGLl：32.24（N＝4），GLm：32.35（＝2），Dl：18.8（N＝2），Dm：19.2（N＝2），Bd：20（N＝3）
	右桡骨近端	BFP：33.17（N＝3），BP：34.3（N＝2）
	右绕骨远端	Bd：36.6（N＝3）
	右掌跖骨远端	Bd：27.7（N＝2）

续表

年代	骨骼部位	测量均值
战国	右掌骨	BP：26.1（N=2），SD：16.7（N=2），CD：50（N=2）
	右掌骨远端	Bd：23.88（N=4）
	左 M_3	B：7.8（N=3）
	左尺骨	DPA：27.7（N=2），SDO：23.75（N=2）
	左跟骨	Ⅰ GL：63.1（N=2），GB：20.87（N=3）
	左肱骨远端	BT：33.85（N=6），Bd：39.1（N=2）
	左肩胛骨	BG：26.6（N=3），LG：29.4（N=3），GLP：34.18（N=2），SLC：21.1（N=2）
	左胫骨远端	Bd：31.5（N=3）
	左距骨	Ⅰ GLl：31.43（N=6），GLm：29.02（N=6），Dm：18.5（N=4），Bd：20.37（N=6）
	左髋骨	LA：31.38（N=2），LFO：27.25（N=2）
	左桡骨附尺骨	BP：34.4（N=2），BFP：30.5（N=2）
	左桡骨近端	BP：35（N=2），BFP：31.3（N=2）
	左掌骨近端	BP：24.5（N=3）
	左跖骨近端	BP：23.53（N=2）
辽代	右胫骨远端	Bd：29.2（N=3）
现代	右肩胛骨	BG：17.25（N=2）
	右桡骨近端	BP：35（N=2）
	左肩胛骨	BG：20（N=2），LG：26.85（N=2），GLP：30（N=2），SLC：22.5（N=2）

表 5　大山前第Ⅰ地点猪骨骼测量数据均值

年代	骨骼部位	测量均值
夏家店下层文化	环椎	Ⅰ H：43.49（N=5），BFcr：51.1（N=3）
	下颌	12：60.88（N=20），TH：19.21（N=20）
	右侧髂骨和髋臼	SH：24（N=2），SC：58.5（N=2）
	右尺骨	DPA：38.24（N=17），BPC：17.7（N=12），SDO：29.43（N=4），SD：14.5（N=2），Bd：14.25（N=2）
	右第二趾（指）骨	SD：13.5（N=2）
	右第三掌骨	BP：17.85（N=13），Bd：17.85（N=12），GL：68.7（N=2），SD：15.52（N=10），CD：46.58（N=8），GL：76.57（N=3）
	右第四掌骨	BP：15.54（N=14），Bd：16.95（N=12），SD：12.39（N=9），GL：76.63（N=4），LeP：71.25（N=2）
	右第一趾骨	Ⅰ GLPe：36.17（N=3），BP：17.5（N=4），SD：14.43（N=4），Bd：15.63（N=4）

续表

年代	骨骼部位	测量均值
夏家店下层文化	右第一趾（指）骨	SD：14.4（N=12），BP：17.56（N=7），Bd：13.11（N=8），GLPe：35.6（N=7），
	右额	42（1/2）：14.8（N=2），41（1/2）：40.55（N=2）
	右跟骨	ⅠGB：21.13（N=11），GL：84.5（N=2）
	右肱骨远端	BT：32（N=2），BD：40.78（N=13），SD：73.5（N=2）
	右肩胛	SLC：25.66（N=27），GLP：34.92（N=12），LG：28.4（N=14），BG：21.35（N=15）
	右胫骨远端	Bd：29.76（N=9）
	右距骨	ⅠGLl：40.74（N=17），GLm：36.29（N=16），DL：21.24（N=16），Dm：23.67（N=13），BD：24.12（N=14）
	右髋骨+坐骨	LA：34.9（N=3），LFO：38.35（N=3）
	右髂骨	SH：25.94（N=7），SB：14.15（N=6），SC：67.6（N=5），LA：35.65（N=6）
	右桡骨近端	BP：29.3（N=6）
	右上颌	"28"：62.8（N=5），"30"：33.27（N=6），"31"：19.09（N=7），B：22.33（N=4）
	右下颌	"12"：40.95（N=9），TH：17.24（N=8），"M3"L：34.03，B：15.72（N：L=10，B=11）
	掌跖骨远端	Bd：17（N=2）
	掌跖骨	Bd：17.82（N=9）
	左髂骨	SH：27.5（N=2），LAR：32.3（N=3）
	左尺骨	DPA：37.64（N=14），BPC：17.78（N=17），SDO：23.1（N=2）
	左第二趾（指）骨	BP：15.86（N=6），Bd：14.28（N=6），SD：12.28（N=6），GL：22.8（N=6）
	左第三掌骨	BP：18.1（N=2），SD：14.53（N=3），CD：45（N=3），GLl：76.75（N=2），Ll：73.5（N=2）
	左第三跖骨	BP：17.33（N=3）
	左第四掌骨	BP：17.86（N=5），Bd：18.25（N=6），SD：14.9（N=5），CD：47.2（N=5），LeP：69.75（N=4）
	左第四跖骨	B：15.25（N=2），BP：15.85（N=2）
	左第一趾（指）骨	BP：17.85（N=9），Bd：15.34（N=7），SD：15.14（N=10），GLPe：38.1（N=7）
	左跟骨	ⅠGL：81.5（N=2），GB：22.78（N=11）
	左肱骨	SD：10.7（N=2）
	左肱骨远端	Bd：40.76（N=9），BT：32.1（N=9）

续表

年代	骨骼部位	测量均值
夏家店下层文化	左肩胛骨	SLC：23.1（N=18），GLP：35.21（N=10），LG：29.72（N=10），BG：24，46（N=10）
	左胫骨远端	L：24.5（N=2），Bd：32.5（N=5）
	左距骨	ⅠGLI：41.01（N=12），GLm：37.6（N=14），DL：21.11（N=13），Dm：23.42（N=5），BO：23.43（N=3），BD：24.53（N=4）
	左髋骨	LA：38.08（N=8），SB：13.33（N=4），SH：24.2（N=4）
	左髂骨	SH：22.78（N=5），SB：13.68（N=5），SC：62.4（N=5），LA：32.08（N=4）
	左桡骨近端	L：28.5（N=2），B：18（N=2），BP：29.77（N=11）
	左上颌	"28"：63.77（N=3），"29"：45.92（N=6），"30"：31.78（N=5）
	左蹄骨	DLS：33.15（N=2），Ld：30.4（N=2），MBS：12.62（N=3）
	左下颌	"12"：57.61（N=10），TH：18.41（N=13），B：13.99（N=7）
夏家店上层文化	寰椎	ⅠH：46.1（N=4），BFcr：51.18（N=4）
	下颌	"12"：56.5（N=2），TH：20.15（N=2）
	右肩胛骨	SLC：20.16（N=5）
	左肱骨远端	Bd：42.8（N=2）
	左肩胛骨	SLC：17.9（N=3）
	左距骨	DL：20.7（N=2）
	左上颌	"29"：44.15（N=2）
	左下颌	"12"：42.2（N=2），TH：13.23（N=3）
战国	寰椎	ⅠH：43（N=6）
	枢椎	LAPe：40.73（N=2）
	头部	"38"：60.55（N=4），"40"：30.28（N=4），"41"：85.15（N=2），"42"：31.03（N=3）
	下颌骨	"12"：48.61（N=12），TH：19.23（N=12）
	右尺骨	BPA：35.98（N=6），BPC：16.52（N=5）
	右第二趾（指）骨	ⅠGL：23.48（N=5），SD：13.2（N=5），Bd：13.98（N=5），GL：23.6（N=4）
	右第三掌骨	ⅠGL：82.15（N=2），BP：18.63（N=3），SD：15.5（N=3），CD：40.33（N=3）
	右第三跖骨	BP：15.63（N=3）
	右第一趾骨	ⅠGLPe：34.5（n=2），BP：16.47（N=3），SD：154.17（N=3），Bd：14.2（N=3）
	右第一趾（指）骨	SD：11.5（N=7），Bd：13.55（N=6）
	右额	"24"：28.44（N=5），"41（1/2）"：39.57（N=3），"42（1/2）"：13.1（N=2）

续表

年代	骨骼部位	测量均值
战国	右跟骨	Ⅰ GB：20.05（N=11）
	右肱骨远端	Bd：41.24（N=7），BT：32.48（N=8）
	右股骨远端	Bd：32.93（N=6）
	右肩胛骨	SLC：19.14（N=14），GLP：31.02（N=5），LG：26.18（N=5），BG：21.12（N=5）
	右距骨	Ⅰ GLl：40.52（N=13），GLm：36.84（N=12），DL：20.91（N=14），Dm：23.09（N=11），BD：24.45（N=11）
	右髋骨	LA：34.25（N=2），LFO：41.75（N=2）
	右髂骨	SH：20（N=5），SB：12.9（N=5），LA：33.2（N=3），SC：60.25（N=4）
	右桡骨	BP：30.3（N=2），SD：19.55（N=2）
	右桡骨近端	BP：28.11（N=6）
	右桡骨远端	BFd：26.2（N=4）
	右上颌	"30"：31.33（N=3），"31"：17.43（N=3）
	右蹄骨	DLS：30.05（N=4），LD：28.06（N=4），MBS：12.23（N=3）
	右下颌	"DB4" L：18.47 B：16.5（N=2），"12"：45.2（N=2），TH：15.83（N=3），"M3" L：33.3（N=1） B：14.95（N=5）
	掌跖骨	Bd：17.37（N=6）
	左肩胛骨	C：65（N=2）
	左尺骨	DPA：31.74（N=7），BPC：16.41（N=8），SDO：23.17（N=3）
	左第二趾（指）骨	BP：16.68（N=3），Bd：15.47（N=3），SD：14.6（N=3），GL：24.27（N=3）
	左第三掌骨	BP：17.8（N=2），Bd：18.85（N=2），SD：15.75（N=2），CD：49.85（N=2）
	左第三跖骨	BP：19.45（N=2），Bd：19.13（N=3），SD：16.3（N=3），GL：81.3（N=2）
	左第四掌骨	BP：17.5（N=3），Bd：17.6（N=3），SD：13.73（N=3），CD：45.9（N=3）
	左第四跖骨	Ⅰ GL：69.35（N=2），Bd：15.35（N=2）
	左第一趾（指）骨	SD：12.1（N=10），BP：16.23（N=6），Bd：13.59（N=10），GLPe：32.76（N=6）
	左跟骨	Ⅰ GL：76.5（N=2），GB：21.91（N=11）
	左肱骨远端	BT：31.24（N=8），Bd：38.39（N=6）
	左股骨远端	Bd：31.15（N=6）
	左肩胛骨	SLC：21.67（N=7），GLP：33（N=3）

续表

年代	骨骼部位	测量均值
战国	左距骨	ⅠGLl：34.06（N=5），GLm：34.64（N=5），DL：19.32（N=5），BD：11.05（N=2）
	左髋骨	LA：33.4（N=8），LFO：38.2（N=3），SH：27.2（N=2），SB：15.45（N=2），SC：74.75（N=2）
	左髂骨	SH：20.82（N=6），SB：11.48（N=5），SC：53.3（N=5），LA：32.58（N=4）
	左桡骨近端	BP：27.46（N=11）
	左上颌	"M3" L：35 B：19.05（N=2），"28"：62.1（N=4），"30"：29.78（N=4），"31"：16.36（N=5）
	左蹄骨	DLS：31.87（N=3），Ld：30.85（N=3），MBS：12.4（N=3）
	左下颌	TH：13.12（N=9），M3：B：15.13（N=3），"12"：37.42（N=5）
辽代	右尺骨	BPC：17.25（N=2）
	右肩胛骨	SLC：24.35（N=2）
	左肩胛骨	SLC：22.67（N=3）
	左上颌	"28"：64.4（N=2），"30"：31.95（N=2）
现代	右跟骨	ⅠGB：22.3（N=2）
	右肩胛骨	SLC：14.05（N=2）
	右桡骨	BP：23.7（N=2）
	掌跖骨	Bd：18.7（N=2）
	左第四掌骨	Bd：18.2（N=3），SD：15.65（N=2），CD：48.5（N=2）GL：71.5（N=2），LeP：67（N=2）
	左第一趾（指）骨	BP：18.13（N=3），Bd：16.01（N=4），SD：13.4（N=4），GLPe：67（N=2）
	左距骨	ⅠGLl：43.65（N=2），GLm：38.35（N=2），DI：22.85（N=2），DAM：25.85（N=2），BD：26.65（N=2）

表6　大山前第Ⅰ地点马骨骼测量数据均值

年代	骨骼部位	测量均值
夏家店下层文化	蹄骨	BF：49.55（N=2）
战国	右第二指（趾）骨	SD：43（N=2）
	右掌骨近端	BP：51（N=2）
	左第一趾（指）骨	ⅠGL：85.25（N=2），SD：33.1（N=2），Bd：46（N=2），BFd：45.4（N=2），BP：55（N=2），BFP：47.85（N=2），DP：45（N=2）

表 7 大山前第 I 地点可鉴定动物标本数及最小个体数统计表

时代	属种	属性	可鉴定标本数 NISP		最小个体数 MNI		MNI/NISP	备注
			数量	百分比（%）	数量	百分比（%）		
夏家店下层文化	牛	家养	538	23.04	21	13.73	0.04	左下颌
	绵羊	家养	326	13.96	24	15.69	0.07	右下颌
	犬	家养	283	12.12	40	26.14	0.14	左下颌
	猪	家养	1130	48.39	56	36.60	0.05	左下颌
	山羊	家养	27	1.16	7	4.58	0.26	左下颌
	马	?	22	0.94	2	1.31	0.09	右胫骨远端
	野牛	野生	2	0.09	1	0.65	0.5	右股骨
	马鹿	野生	3	0.13	1	0.65	0.33	角基部
	狍	野生	4	0.17	1	0.65	0.25	左额骨
	小计		2335		153		0.07	8 种
夏家店上层文化	牛	家养	26	13.07	1	5.26	0.04	左下颌
	绵羊	家养	39	19.60	2	10.53	0.05	左下颌
	犬	家养	27	13.57	5	26.32	0.19	左下颌
	猪	家养	101	50.75	9	47.37	0.09	左上颌
	山羊	家养	4	2.01	1	5.26	0.25	左下颌
	马	?	2	1.00	1	5.26	0.50	右胫骨近端
	小计		199		19		0.09	5 种
战国	牛	家养	275	17.09	10	8.40	0.04	左距骨
	绵羊	家养	218	13.54	13	10.93	0.06	右下颌
	犬	家养	339	21.06	41	34.46	0.12	左下颌
	猪	家养	721	44.81	50	42.01	0.07	右下颌
	山羊	家养	14	0.89	3	2.52	0.21	左下颌
	马	?	42	2.61	2	1.68	0.05	右掌骨近端
	小计		1609		119		0.07	5 种
辽	牛	家养	20	19.80	1	7.14	0.05	左下颌
	绵羊	家养	13	12.88	2	15.29	0.15	右胫骨远端
	犬	家养	10	9.90	2	15.29	0.20	寰椎
	猪	家养	42	41.58	4	28.57	0.10	左肩胛骨
	山羊	家养	4	3.96	1	7.14	0.25	左下颌
	马	?	9	8.91	1	7.14		左下颌
	梅花鹿	野生	1	0.99	1	7.14	1	角枝
	狍	野生	2	1.98	2	14.29	1	角
	小计		101		14		0.14	7 种
总计			4244		305		0.07	

附录五　内蒙古大山前遗址孢粉分析所反映的夏家店下层文化时期的自然环境

齐乌云
（中国社会科学院考古研究所）

燕山以北的赤峰地区属于典型的中温带半干旱大陆性气候区，冬季寒冷干燥，夏季高温炎热；春季多风，春秋季气温多变；全年降水稀少，且多集中在每年的7、8月份，年平均降水量在200～400毫米，蒸发量达2000毫米以上，特别是春季风沙严重，草原区昼夜温差高达35℃，显示为半干旱—干旱型气候[①]。植被上属温带草原植被一温带沙漠过渡带[②]。就赤峰全区范围看，年平均气温5℃～8℃，1月份均温－11℃～－15℃，7月份均温20℃～23℃，≥10℃的年积温为2700℃～3200℃，年降水量为350～450毫米[③]。由于本区地势从东南向西北逐渐升高，故影响农作物生长的主要热量因子≥10℃的年积温逐渐减少，而降水量相应增加[④]。本文涉及的主要文化遗址喀喇沁旗永丰乡大山前遗址现代植被具有暖温型草原向中温型草原过渡区的特征。其丛生的禾草草原是最基本的类型[⑤]。除个别水热条件较好的沟谷或山地残留有乔木树种外，在遗址分布地区则缺少乔木和蕨类植物生长。因而对不同文化层所做的孢粉分析，有助于讨论古今植被、气候的变化及其原因。

一、采样点地层

本文通过对朱延平同志所送的大山前遗址夏家店下层文化时期的14个样品，进行了孢粉分析研究，恢复了先民们生活时期的植被、气候等自然环境。现按年代早晚顺序将1996年和1998年采集样品的采样地层介绍如下：

1998年采集的样品均为夏家店下层文化时期的文化堆积，从早到晚的顺序为：

---

① 张家诚、林之光：《中国气候》，上海科学技术出版社，1985年。
② 中国科学院内蒙古宁夏综合考察队：《内蒙古植被》，科学出版社，1985年。
③ 中国科学院内蒙古宁夏综合考察队：《内蒙古植被》，科学出版社，1985年。
④ 内蒙古草场资源遥感应用考察队：《内蒙古自治区赤峰市自然条件与草场资源地图》，科学出版社，1988年。
⑤ 王义凤、雍世鹏等：《内蒙古自治区的植被地带特征》，《植物学报》1979年第3期。

实验室编号	野外采样点及层位	地层描述
1	98KDⅣT444④B⑤	褐黄色粉沙
2	98KDⅣT444④B④	黑褐黄色粉沙
3	98KDⅣT444④B③	浅黄色粉沙
4	98KDⅣT444④B②	灰黄色粉沙
5	98KDⅣT444④B①	灰黄色粉沙
6	98KDⅣT444④A②	褐黄色粉沙
7	98KDⅣT444④A①	灰褐黄色粉沙
8	98KDⅣT444③	浅黄色粉细沙

1996 年采集的样品也为夏家店下层文化时期的，从早到晚的顺序为：

实验室编号	野外采样点及层位	地层描述
9	96KDⅠT436 东隔梁 Q1②黄花土	浅黄色粉细沙
10	96KDⅠT436 东隔梁 Q1①黑土	黑褐色粉沙
11	96KDⅠT434④C 绿土层	浅灰绿黄色粉沙夹 2 毫米厚的浅白黄色粉沙
12	96KDⅠT407⑤	褐黑色粉沙
13	96KDⅠT420⑤	灰黄色粉细沙
14	96KDⅠG2 距底 0.5 米处	浅黄色粉细沙，含炭粒

1996 年采集的地点和 1998 年采集的地点相距 700 米，但文化层之间没有叠压关系，不好确定 1996 年样品和 1998 年样品之间的早晚关系。1998 年的样品是在 T444 探方的文化层中采集的序列样品，因此，本文夏家店下层文化时期的孢粉以 1998 年的样品作为基准，以 1996 年的样品作为补充。

二、孢粉分析结果

在内蒙古大山前遗址的 14 个样品中都发现了一定量的孢粉化石。在分析的夏家店下层文化时期的 14 个样品中，统计到的孢粉分属于 30 多个类型，其中乔木有 10 个种属，灌木和草本有 17 个种属，蕨类及藻类植物有 6 个种属，水生植物有 1 个种属（表 1、表 2）。

在多数样品中都包括炭屑碎片及草根，但数量有明显差别。对 14 个样品的木本和灌木、草本植物的百分含量进行比较发现，灌木和草本植物的百分含量除 6 号样品外从未超过木本植物的百分含量，因此，夏家店下层文化时期大山前遗址附近是一个森林

表1　内蒙古大山前遗址1～8号样品孢粉统计表

孢粉名称	样号															
	1(④B⑤)		2(④B④)		3(④B③)		4(④B②)		5(④B①)		6(④A②)		7(④A①)		8(③)	
	粒数	百分比(%)	粒数	百分比(%)	粒数	百分比(%)	粒数	百分比(%)	粒数	百分比(%)	粒数	百分比(%)	粒数	百分比(%)	粒数	百分比(%)
孢子花粉总数	121	100	141	100	87	100	119	100	127	100	121	100	119	100	117	100
乔木植物花粉总数	24	19.8	24	17.0	36	41.4	56	47.0	25	19.7	70	57.9	45	37.8	29	24.8
灌木及草本植物花粉总数	89	73.6	115	81.6	50	57.5	61	51.3	98	77.2	47	38.8	71	59.7	84	71.8
蕨类及藻类植物孢子总数	8	6.6	2	1.4	1	1.1	2	1.7	4	3.1	4	3.3	3	2.5	4	3.4
乔木植物花粉																
针叶植物花粉总数	20	16.5	18	12.8	28	32.2	50	42.0	19	15.0	60	49.6	39	32.8	16	13.7
阔叶植物花粉总数	4	3.3	6	4.2	8	9.2	6	5.0	6	4.7	10	8.3	6	5.0	13	11.1
冷杉属(*Abies*)	1	0.8	1	0.7	1	1.1	2	1.7	1	0.8	3	2.5	2	1.7	1	0.9
云杉属(*Picea*)											1	0.8				
松属(*Pinus*)	19	15.7	17	12.1	27	31.1	48	40.3	18	14.2	56	46.3	37	31.1	15	12.8
桦木属(*Betula*)	3	2.5	4	2.8	6	6.9	4	3.4	4	3.1	5	4.1	4	3.4	8	6.8
栎属(*Quercus*)			1	0.7	1	1.1					1	0.8	1	0.8	1	0.9
胡桃属(*Juglans*)					1	1.1	1	0.8	1	0.8	1	0.8			1	0.9
榆属(*Ulmus*)											1	0.8			1	0.9
椴树属(*Tilia*)	1	0.8	1	0.7			1	0.8	1	0.8	2	1.7	1	0.8	1	0.9
柳属(*Salix*)															1	0.9
灌木及草本植物花粉																
麻黄属(*Ephedra*)	1	0.8					1	0.8					4	3.4		
榛属(*Corylus*)	1	0.8					1	0.8	1	0.8					1	0.9
蒿属(*Artemisia*)	42	34.7	18	12.8	8	9.2	15	12.6	14	11.0	26	21.5	34	28.6	39	33.2
紫苑属(*Aster*)	1	0.8	1	0.7			1	0.8	1	0.8			2	1.7	1	0.9
菊科(*Compositae*)	2	1.6	2	1.4	1	1.1	2	1.7	1	0.8	2	1.7	2	1.7	2	1.7

续表

孢粉名称	样号															
	1(④B⑤)		2(④B④)		3(④B③)		4(④B②)		5(④B①)		6(④A②)		7(④A①)		8(③)	
	粒数	百分比(%)	粒数	百分比(%)	粒数	百分比(%)	粒数	百分比(%)	粒数	百分比(%)	粒数	百分比(%)	粒数	百分比(%)	粒数	百分比(%)
藜科(*Chenopodiaceae*)	7	5.8	11	7.8	3	3.4	11	9.3	7	5.5	5	4.1	7	5.9	12	10.2
蓼属(*Polygonum*)	1	0.8											1	0.8		
伞形科(*Umbelliferae*)			1	0.7			1	0.8	1	0.8						
杜鹃科(*Erieaceae*)													1	0.8		
十字花科(*Cruciferae*)			1	0.7												
唐松草属(*Thalictrum*)													1	0.8		
莎草科(*Cyperaceae*)			2	1.4	1	1.1			1	0.8						
禾本科(*Gramineae*)	34	28.2	79	56.1	37	42.5	29	24.4	72	56.7	14	11.6	19	16.0	29	24.7
蕨类及藻类植物孢子																
石松属(*Lycopodium*)	1	0.8							1	0.8						
卷柏属(*Selaginella*)	7	5.8	2	1.4	1	1.1	1	0.8	3	2.3	2	1.7	2	1.7	2	1.7
水龙骨属(*Polypodium*)											1	0.8			1	0.9
水龙骨科(*Polypodiaceae*)							1	0.8								
真蕨纲(*Filicinae*)											1	0.8	1	0.8	1	0.9

表 2　内蒙古大山前遗址 9～14 号样品孢粉统计表

孢粉名称	样号											
	9(Q1②黄花土)		10(Q1①黑土)		11(F28 下④C)		12(T407 ⑤)		13(T420 ⑤)		14(G2 底)	
	粒数	百分比(%)	粒数	百分比(%)	粒数	百分比(%)	粒数	百分比(%)	粒数	百分比(%)	粒数	百分比(%)
孢子花粉总数	100	100	91	100	64	100	102	100	56	100	109	100

续表

孢粉名称	样号											
	9（Q1②黄花土）		10（Q1①黑土）		11（F28 下④C）		12（T407 ⑤）		13（T420 ⑤）		14（G2 底）	
	粒数	百分比(%)	粒数	百分比(%)	粒数	百分比(%)	粒数	百分比(%)	粒数	百分比(%)	粒数	百分比(%)
乔木植物花粉总数	48	48.0	24	26.4	25	39.1	47	46.1	20	35.7	40	36.7
灌木及草本植物花粉总数	45	45.0	63	69.2	37	57.8	50	49.0	35	62.5	65	59.6
蕨类及藻类植物孢子总数	7	7.0	4	4.4	2	3.1	5	4.9	1	1.8	4	3.7
乔木植物花粉												
针叶植物花粉总数	28	28.0	14	15.4	20	31.3	37	36.3	15	26.8	33	30.3
阔叶植物花粉总数	20	20.0	10	11.0	5	7.8	10	9.8	5	8.9	7	6.4
冷杉属（*Abies*）	2	2.0	1	1.1	1	1.6	1	1.0	1	1.8	1	0.9
松属（*Pinus*）	26	26.0	13	14.3	19	29.7	36	35.3	14	25.0	3.2	29.4
桦木属（*Betula*）	11	11.0	8	8.8	3	4.6	8	7.8	3	5.3	6	5.5
栎属（*Quercus*）	3	3.0	1	1.1	1	1.6	1	1.0	1	1.8	1	0.9
栗属（*Castanea*）	1	1.0										
胡桃属（*Juglans*）	1	1.0	1	1.1								
榆属（*Ulmus*）	4	4.0			1	1.6						
椴树属（*Tilia*）							1	1.0	1	1.8		
灌木及草本植物花粉												
榛属（*Corylus*）	4	4.0	1	1.1			1	1.0	1	1.8	1	0.9
麻黄属（*Ephedra*）	1	1.0	3	3.3	1	1.6	3	2.9	1	1.8	2	1.8
蒿属（*Artemisia*）	23	23.0	39	42.9	6	9.4	15	14.7	17	30.3	26	23.9
紫苑属（*Aster*）	1	1.0	1	1.1							1	0.9
菊科（*Compositae*）	1	1.0	2	2.2	1	1.6	1	1.0	1	1.8	2	1.8

续表

孢粉名称	样号											
	9(Q1②黄花土)		10(Q1①黑土)		11(F28下④C)		12(T407⑤)		13(T420⑤)		14(G2底)	
	粒数	百分比(%)	粒数	百分比(%)	粒数	百分比(%)	粒数	百分比(%)	粒数	百分比(%)	粒数	百分比(%)
藜科(*Chenopodiaceae*)	5	5.0	13	14.2	3	4.6	5	4.9	8	14.3	15	13.7
伞形科(*Umbelliferae*)					1	1.6					1	0.9
石竹科(*Caryophyllaceae*)			1	1.1	1	1.6						
唇形科(*Labiatae*)	1	1.0										
蓼属(*Polygonum*)											1	0.9
禾本科(*Gramineae*)	9	9.0	3	3.3	24	37.5	25	24.5	7	12.5	16	14.8
蕨类及藻类植物孢子												
石松属(*Lycopodium*)											1	0.9
卷柏属(*Selaginella*)	2	2.0	2	2.2	1	1.6	2	2.0			2	1.8
水龙骨属(*Polypodium*)	1	1.0							1	1.8		
水龙骨科(*Polypodiaceae*)	4	4.0	1	1.1	1	1.6	1	1.0				
膜蕨科(*Hymenophyllaceae*)							1	1.0				
真蕨纲(*Filicinae*)			1	1.1			1	1.0			1	0.9

草原植被。但是根据孢粉组合中乔木植物花粉含量的变化，将T444探方的8个样品自下而上可划分为以下三个孢粉亚带。

第一孢粉组合亚带：由T444探方的1～5号样品组成。在3、4号样品的孢粉组合中乔木植物花粉与草本植物花粉占的比例相近。乔木花粉中以松属花粉为主，其次是桦木属花粉，还有冷杉属、胡桃属、栎属、椴树属等植物花粉。草本植物花粉以禾本科、蒿属为主，藜科、菊科花粉也较多。在3号样品中含有湿生、水生植物莎草科，而在4号样品中含指示干旱环境的麻黄属花粉。在沼泽、洼地等局部水域环境中生长着卷柏属等蕨类植物。此时植被状况较好，比现在温暖湿润，发育针阔混交林草原植被。

在1、2、5号样品的大量禾本科植物花粉中，大部分花粉呈团块，颗粒较大，像农作物的禾本科。农作物花粉在这几个样品中的相对集中，加大了木本和草本植物百分含量的差值，掩盖了遗址周围实际的自然植被状况。从1～5号样品中木炭片含量及松属孢子的数量发现，其数量在这5个样品中的含量均很多，因此，笔者认为这5个样品应归为同一孢粉带。

第二孢粉组合亚带：由T444探方的第6号样品组成。到了这一时期，乔木植物花粉含量超过了灌木及草本植物花粉，但仍以松为主的针叶植物花粉为主。在针叶植物花粉中，除松属、冷杉属，还出现了云杉属。阔叶植物花粉中包括桦木属、椴树属、栎属、胡桃属、榆属等植物花粉。草原面积明显缩小，以蒿属、禾本科为主，其他还有藜科、菊科。在沼泽、洼地等局部水域环境中，生长着卷柏属、水龙骨属、真蕨纲等蕨类植物。在这一样品中木炭片及松属的管孢很多，是一个温凉湿润环境下的以针叶树为主的针阔混交林植被。

第三孢粉组合亚带：由T444探方的7、8号样品组成。这一时期灌木及草本植物花粉的总量超过了乔木植物花粉总量，并有向上逐渐增多的趋势。草原面积扩大。森林面积缩小，植被、气候面貌与第一孢粉亚带相似，但在显微镜下观察时发现该时期切片中草根多，木炭片及管孢少，可能气候要由向温干方向发展的趋势。

表2的9～14号样品的孢粉组合面貌与上述第一孢粉组合亚带很相近，在此不再重复叙述。

三、讨论和结论

本文依据大山前遗址的孢粉分析资料，初步认为现属典型草原亚地带的赤峰地区，在距今3700～3300年前的夏家店下层文化时期，曾广泛分布着针叶阔叶混交的森林草原。温和偏湿的自然环境为先民们的生活繁衍和文化发展提供了较为适宜的环境条件。聚落形态、原始农业的发展又给予自然植被以深刻影响。在夏家店下层文化堆积时期，气候环境虽较今温和湿润，但也存在小幅度的气候波动，如温和偏湿—温凉湿润—温和偏湿—温凉偏干等演变过程。这种气候上的小幅度波动对植被的影响不是特别显著，没有达到从量到质的变化，第二孢粉组合亚带的木本植物花粉含量刚刚超过50%（57.9%），当时的植被基本上以针叶树为主的针阔混交林草原植被为主。

上述反映不同生境的孢粉，能够说明当时这里仍有森林、农田、草原和沼泽，由于当时气候潮湿，有利于由落叶阔叶和常绿针叶（主要是松）树种组成的混交林在局部水热条件较今好的地区生长。由于在大山前遗址出土了大量的农业工具，如石锄、石铲和石镰刀，同时发现了牛、羊、猪、狗等家畜，以及猎获的鹿科动物，因此可以说远在公元前1500年前，先民们在当时气候较今温暖潮湿的生境下种植适应性强的谷子，饲养家畜，过着农牧兼而有之的生活，这与同时代中原农业文化的发达程度无多大区别。

在第四纪的气候冷暖演替过程当中，全球气候带曾出现过南北方向移动，气候变暖，气候带向北迁；气候变冷，气候带向南迁。在夏家店下层文化的气候温和时期，气候带向北移动，地处农牧交错带的大山前遗址，气候变得温和湿润，适合农业耕作，牧业因素大大减少。也就是说夏家店下层文化时期的温暖湿润时期，农牧交错带生态环境脆弱地区的农业北界向北移动，牧业南界也随之向北移动。史培军在鄂尔多斯地区的环境演变研究中，认为温暖湿润时期农业得到发展，先民们的生产方式以农业为主；寒冷干燥时期，不适合农业耕作，畜牧业得到发展①，与本文的气候变化与农牧交替关系的观点基本相吻合。

尽管大山前遗址的孢粉为我们讨论中国历史气候的演变提供了参考资料，但由于考古文化时期的农业、牧业以及其他人类活动叠加在自然变化中，在缺乏系统孢粉资料的情况下，目前尚难提出令人置信的自然环境变化详细情况，有待进一步深入研究。

---

① 史培军：《地理环境演变研究的理论与实践——鄂尔多斯地区晚第四纪以来地理环境演变研究》，科学出版社，1991年。

附录六　内蒙古喀喇沁旗大山前第Ⅰ地点出土木炭分析与研究

王树芝
（中国社会科学院考古研究所）

木炭是木材经过不完全燃烧，或者在隔绝空气的条件下热解，所残留的深褐色或黑色多孔固体燃料。木炭分析是通过对木材横切面、径切面和弦切面上细胞和组织的宏观构造特征和微观构造特征分析，从而确定木本植物种属①。木炭分析不仅可以提供古代人类利用木材的信息，探索古代人类与自然界植物的相互关系，而且能认识地域性木本植物种类，重建古环境和古气候。

考古出土木炭分析可以鉴定到属，甚至可以鉴定到种②，而且木炭分析的优点还在于木炭来自文化层，与考古学文化具有同时性，还能代表局地范围的地方性植被、气候特征，特别是一些当地植被的优势种或建群种，它们具有较强的气候指示意义③。

近30年，木炭分析和微炭屑测量在国内外广泛开展，已经取得了不少的研究成果，是第四纪和第三纪环境研究中的一种重要的研究工具，尤其是木炭分析，同时还是提取古人类利用木材的信息，探索社会、技术和林地管理等人地关系的重要研究工具④。

本文利用大山前遗址灰坑中出土的木炭碎块结构进行种属的鉴定并采用量化分析方法，对遗址周围的古植被进行探讨；利用其中的建群树种和多种伴生树种的生态习性分析当时的生态气候，结合夏家店下层文化时期的动植物研究资料和考古发现，探讨了赤峰夏家店下层文化时期的经济形态。

一、样本的采集和制样

大山前遗址位于赤峰市西南部的喀喇沁旗永丰乡大山前村（图1）。大山前第Ⅰ地点为大山前遗址群的一部分，是一个凸出于周围河边低地的小缓丘，台顶最高处海拔765米，西、南两面紧邻清水河，台顶高出河床12米。其上主要堆积着夏家店下层文化、夏家店上层文化、战国时代和辽代这四个时期的文化遗存，其中以夏家店下层文化堆积为主（据放射性碳素断代，其年代在2000aB. C. ~1500aB. C. 之间）。大山前第

---

① 王树芝：《木材分析》，《科技考古的方法与应用》，第108~112页，文物出版社，2012年。

② M. Q. Sutton, B. S. Arkush. *Archaeological Laboratory Methods: An Introduction. Dubugue*, Kendall / Hunt Publishing, 1996, p. 260.

③ 崔海亭、李宜垠、胡金明等：《利用炭屑显微结构复原青铜时代的植被》，《科学通报》2002年第19期。

④ 王树芝：《考古遗址木材分析简史》，《南方文物》2011年第1期。

Ⅰ地点1996年发掘区中部的探方ⅠT406内，出土遗物甚为丰富，在出土的大量夏家店下层文化遗物中，有一些烧过的木炭碎块，其中，在ⅠF8h1这个灰坑集中出土了大量木炭，这些木炭以长6～7厘米，宽3～4厘米者居多，最大的长度近10厘米，我们采集了这个灰坑内的所有木炭碎块进行木炭分析。

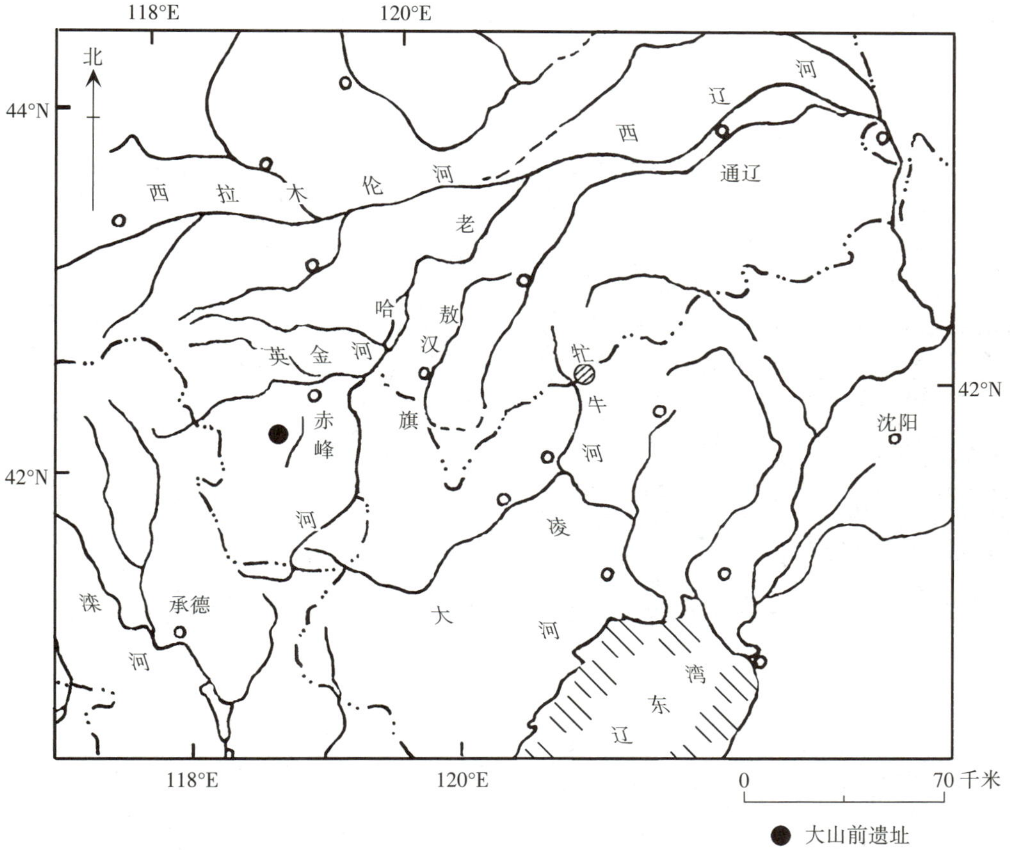

图1　采样地点位置示意图

将采集的木炭碎块标本经室内加工，做横向、径向、弦向三个方向切片，在具有反射光源、明暗场、物镜放大倍数为5倍、10倍、20倍和50倍的Nikon LV150金相显微镜下观察，结合《中国木材志》[①] 对树种木材特征的描述和采集的现代树种木材切片进行木炭树种的鉴定。然后在quanta650扫描电子显微镜下进行拍照。

二、木炭碎块的鉴定结果

ⅠF8h1灰坑内的木炭碎块经过鉴定，共有6个树种，分别是油松（*Pinus tabulaeformis*）、蒙古栎（*Quercus mongolica*）、柳属（*Salix* sp.）、硕桦（*Betula costata*）、白桦

---

① 成俊卿、杨家驹、刘鹏：《中国木材志》，中国林业出版社，1992年。

（*Betula costata*）、杨属（*Populus* sp.）。

这些树种的构造特征如下：

油松（*Pinus tabulaeformis*）　图2为木炭碎块的横切面，生长轮明显，有树脂道。图3为木炭碎块的径切面，射线薄壁细胞与早材管胞间交叉场纹孔式为窗格型射线管胞内壁有锯齿。图4为木炭碎决的弦切面，有单列射线和纺锤射线，有树脂道。另外，还鉴定出了油松应压木。应压木是指木本裸子植物的枝条或倾斜和卷曲树干下部的木材[①]，特点是管胞的横切面多呈圆形，且具有明显的胞间隙（图5），从径切面或弦切面看，在管胞次生壁上常具有明显的螺纹裂隙（图6）。

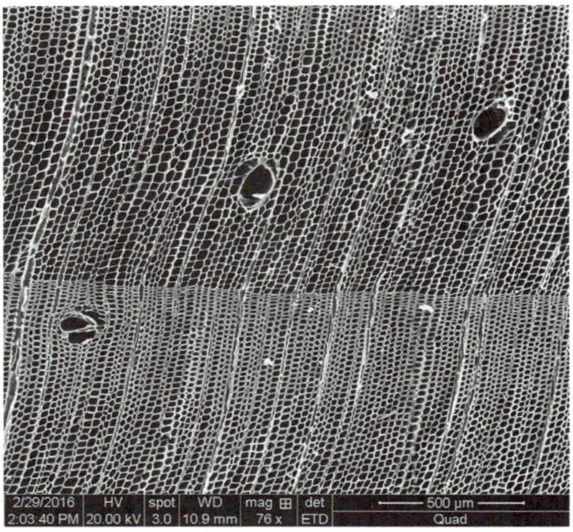

图2　油松横切面显微结构

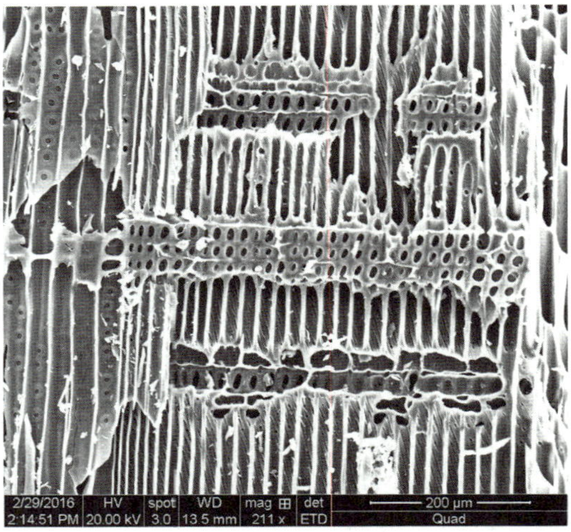

图3　油松径切面显微结构

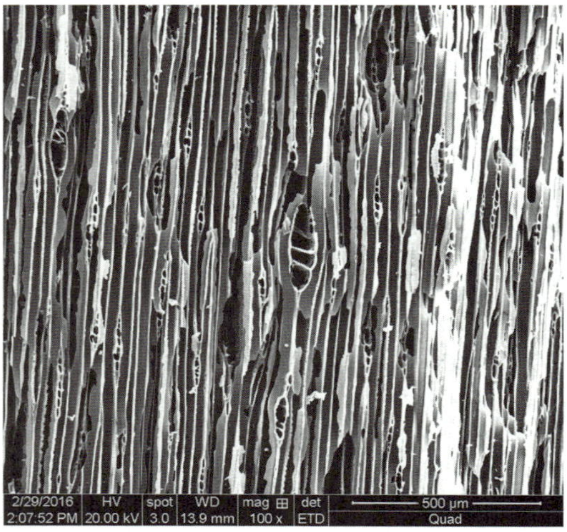

图4　油松弦切面显微结构

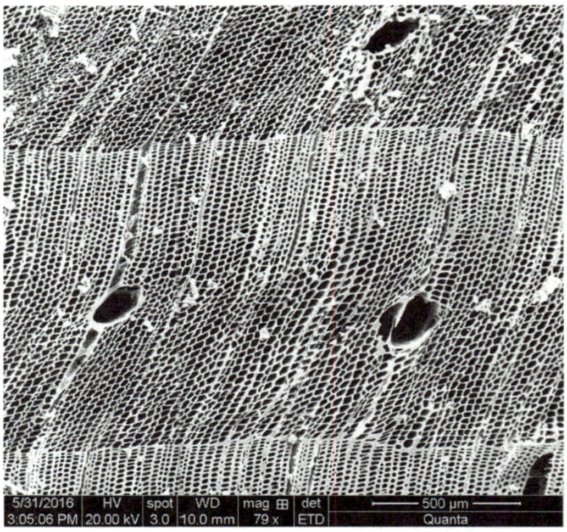

图5　油松应压木横切面显微结构

① 林金星、胡玉熹：《裸子植物结构图集》，第91～92页，科学出版社，2000年。

蒙古栎（*Quercus mongolica*） 图 7 为木炭碎块的横切面，生长轮明显，环孔材，宽度略均匀，早材管孔略大，在肉眼下略见，连续排列成早材带，宽 1～2 列管孔，导管内有侵填体。早材至晚材急变，晚材管孔甚小，火焰状径列，宽多列管孔。图 8 为木炭碎块的径切面，单穿孔，同形射线。图 9 为木炭碎块的弦切面，木射线非叠生，有宽窄两类木射线，窄木射线通常 1 列，宽射线呈纺锤形。

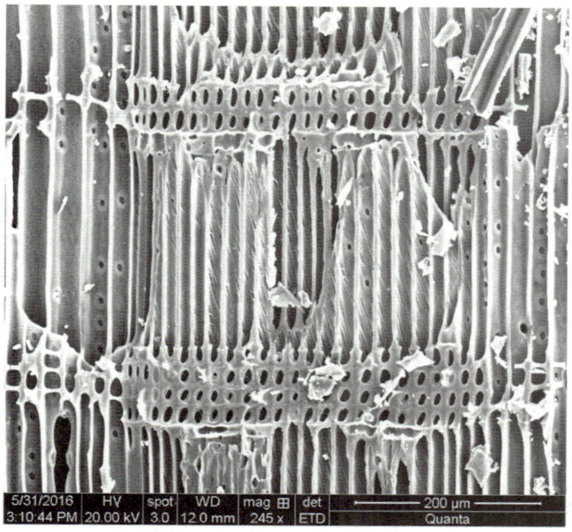

图 6 油松应压木径切面显微结构

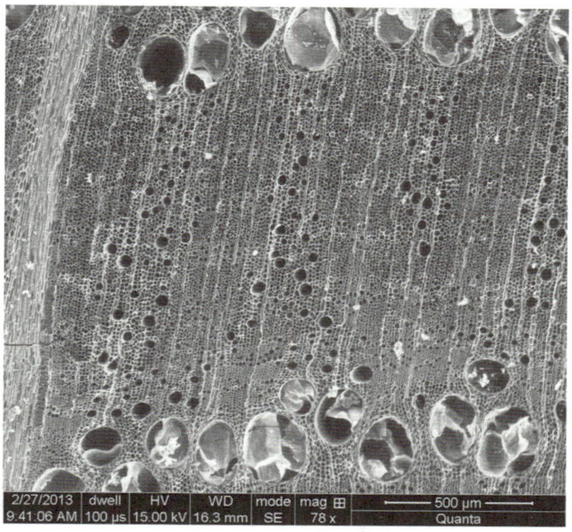

图 7 蒙古栎横切面显微结构

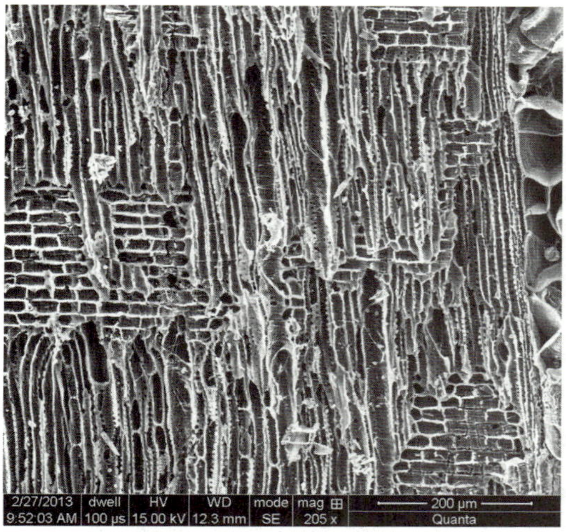

图 8 蒙古栎径切面显微结构

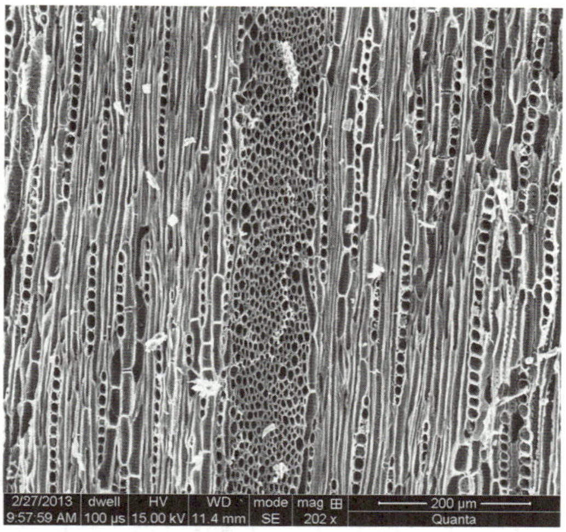

图 9 蒙古栎弦切面显微结构

柳属（*Salix* sp.） 图 10 为木炭碎块的横切面，生长轮略明显，散孔材，导管横切面为圆形及卵圆形，多数为单管孔，少数呈短径列复管孔，通常 2～3 个，未见侵填体。图 11 为木炭碎块的径切面，单穿孔，穿孔板略倾斜，管间纹孔式互列，射线组织异形单列。图 12 为木炭碎块的弦切面，木射线非叠生，单列射线。

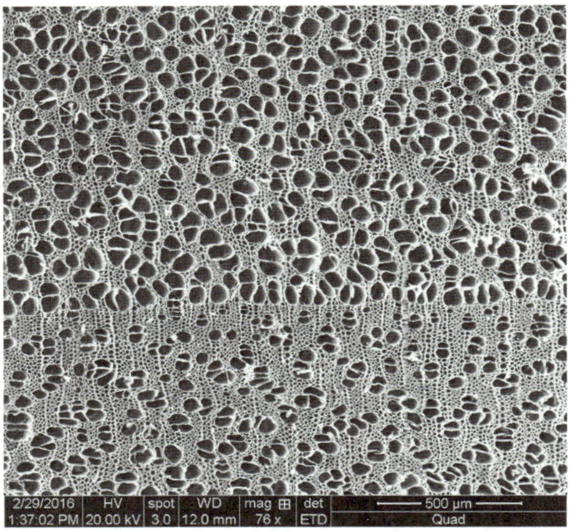

图10　柳属横切面显微结构

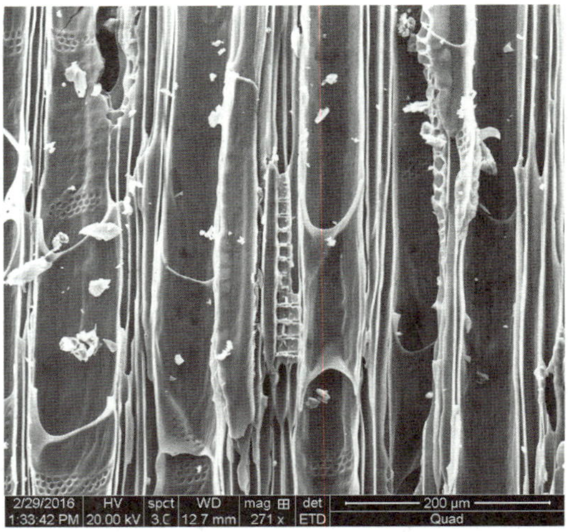

图11　柳属径切面显微结构

硕桦（*Betula costata*）　图13为木炭碎块的横切面，生长轮略明显，散孔材，单管孔及短径列复管孔（2~4个，间或5~6个），图14为木炭碎块的径切面，复穿孔，梯状。图15为木炭碎块的弦切面，木射线非叠生，多列射线宽2~4个细胞。

白桦（*Betula platyphylla*）　图16为木炭碎块的横切面，生长轮略明显，散孔材，单管孔及短径列复管孔（2~4个，间或5~6个），管孔比硕桦管孔小。图17为木炭碎块的径切面，复穿孔，梯状。图18为木炭碎块的弦切面，木射线非叠生，多列射线宽2~3个细胞。

杨属（*Populus* sp.）　图19为木炭碎块的横切面，生长轮略明显，散孔材，导管横切面为圆形及卵圆形，短径列复管孔（2~4个）或单管孔，少数呈管孔团，未见侵填体。图20为木炭碎块的径切面，单穿孔，射线组织同形单列。图21为木炭碎块的弦切面，木射线非叠生，单列射线。

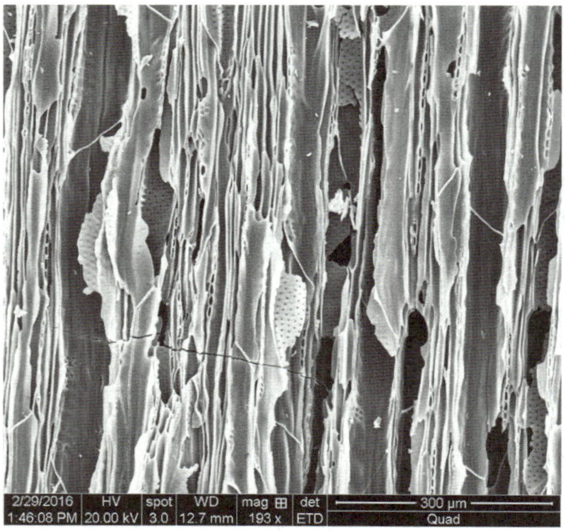

图12　柳属弦切面显微结构

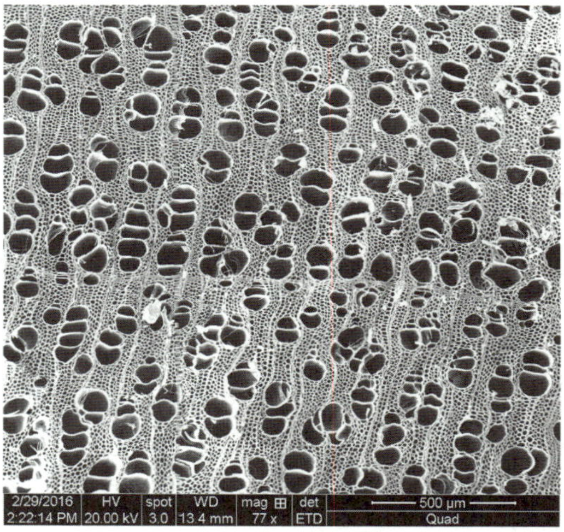

图13　硕桦横切面显微结构

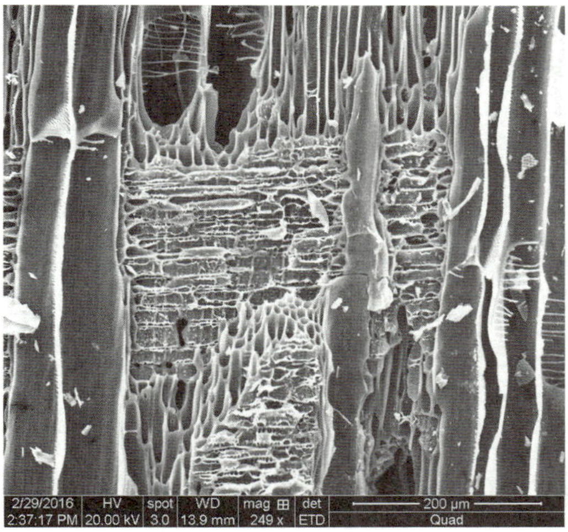

图 14　硕桦径切面显微结构

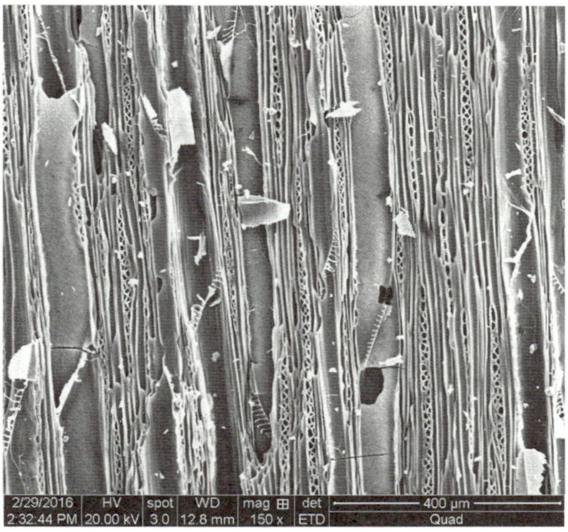

图 15　硕桦弦切面显微结构

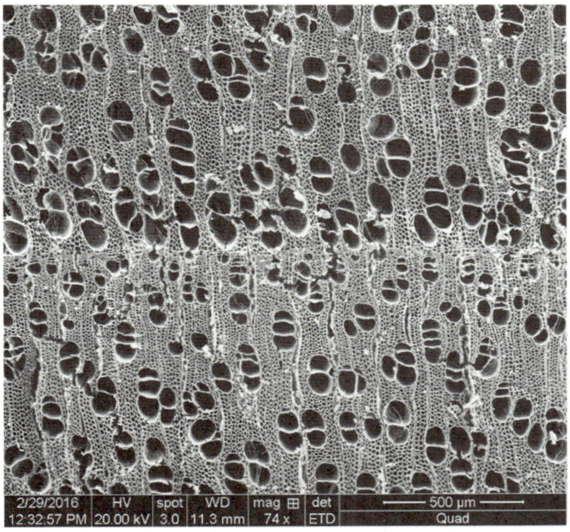

图 16　白桦横切面显微结构

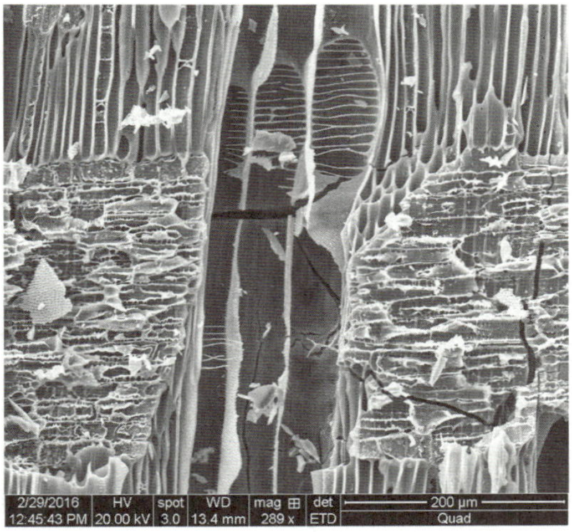

图 17　白桦径切面显微结构

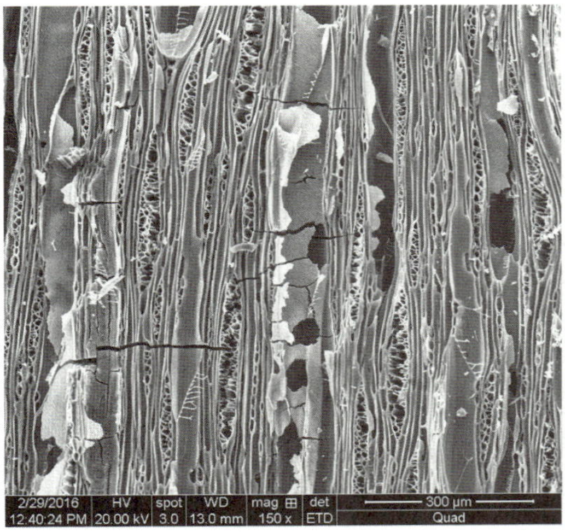

图 18　白桦弦切面显微结构

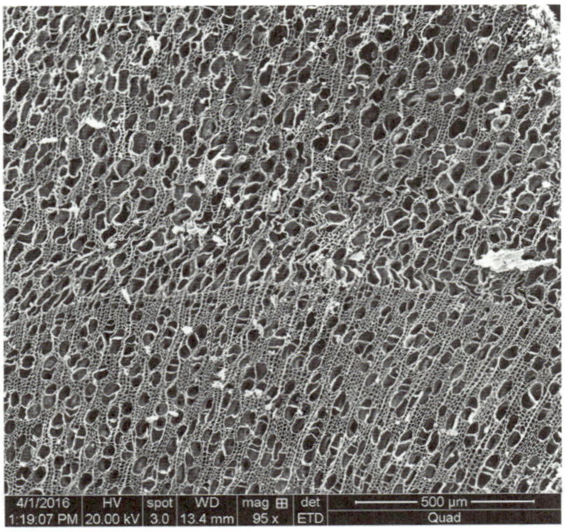

图 19　杨属横切面显微结构

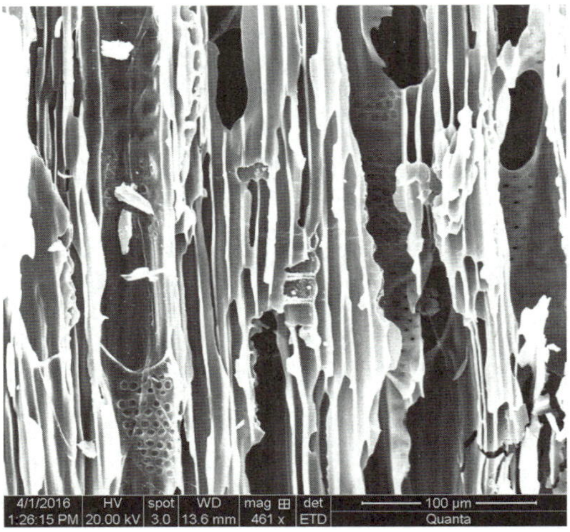

图 20　杨属径切面显微结构

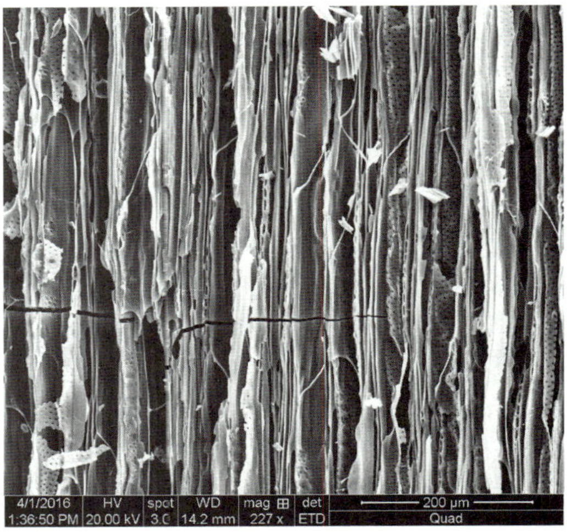

图 21　杨属弦切面显微结构

鉴定出树种后，然后把所有的木炭碎块按照树种分开，分别进行称量，计算各自所占的百分含量（表 1）。

表 1　I F8hl 灰坑内的木炭碎块种属重量和百分比

种属	重量（克）	百分比（%）
油松（*Pinus tabulaeformis*）	672	68. 78
蒙古栎（*Quercus mongolica*）	141	14. 43
杨属（*Populus* sp.）	59	6. 04
白桦（*Betula platyphylla*）	53	5. 42
硕桦（*Betula costata*）	33	3. 38
柳属（*Salix* sp.）	19	1. 94

总的木炭碎块重量为 977 克，其中以油松的百分比占绝对优势，在出土木炭碎块总重量中的比例高达 69%，蒙古栎在出土木炭碎块总重量所占比例也较高，达 14% 强，其余几个树种所占比例不足 17%。

三、讨论

1. 夏家店下层文化时期遗址周边分布有油松林和以蒙古栎林为建群树种的落叶阔叶林及沟谷杂木林

考古遗址中出土的树种虽然是人类对植物进行选择利用的结果，但是这些树种仍然能够在一定程度上代表遗址周边的树种组成，特别是史前时期，遗址中出现的木材种类在某种程度上能够代表遗址周边的树种组成，由于过去与现代遗址周围植物群落有相同的分布和特征，考虑到现代植物资源分布，罗德里格斯（Rodríguez）对遗址中出土木炭进行研究，由此推测古代人类获得木本植物资源的距离可能在 0 ~ 6 千米，在遗址周围树木资源缺乏时，也可能到 10 ~ 12 千米半径范围内取材[①]。

某种树种在遗址周围占的比例越高，该树种被古代先民选取木材的机会可能越大，因此，同一灰坑中不同树种木炭碎块的百分含量在一定程度上反映出遗址周边的群落组成。由于油松的百分比占绝对优势，蒙古栎占第二，其余几个树种所占比例很低，由此可见，在大山前第Ⅰ地点夏家店下层文化居民生活的自然环境分布着油松林、以蒙古栎林为建群树种的落叶阔叶林及沟谷杂木林。

崔海亭等人对敖汉旗大甸子和哈力海吐两处灰坑的木炭碎块利用显微结构进行研究，两处都存在蒙古栎（*Quercus mongolica*）[②]。孔昭宸等人对敖汉旗大甸子遗址的孢粉组合研究表明，遗址周边有油松（*Pinus tabulaeformis*）、栗（*Castanea*）、榆（*Ulmus*）、胡桃（*Juglans*）、云杉（*Picea*）和冷杉（*Abies*），他们认为，距今 3500 年前，赤峰黄土丘陵区生长着暖温带针阔混交林[③]。

值得指出的是，在油松木炭碎块总重量中，应压木比重高达 60% 以上。前面提到所谓应压木是指木本裸子植物的枝条、或倾斜和卷曲树干下部的木材，这样的木材是不适于做建筑材料的，而油松含松脂较高，易燃烧。因此，我们推断，大山前遗址ⅠF8h1出土的油松木炭可能绝大多数属于薪炭遗存。

2. 赤峰地区夏家店下层文化时期的生态环境与经济形态

油松是我国的特有树种，华北山地有天然油松林，多分布在海拔 1200 ~ 1800 米[④]。一般认为限制油松分布上限的年平均温度为 1℃，1 月平均温度为 -19℃，限制油松分布的下限不是热量而是水分，干燥指数大于 1 时，油松很难生长。湿润状况比温度对油松的分布范围起着更大的限制作用[⑤]。栎属的存在表明气候较暖湿。柳属多分布在河流两岸的滩地、低湿地[⑥]，说明遗址周围有河流。因此，木炭分析结果表明赤峰地区大山前夏家店下层文化时期温暖湿润。

温暖湿润的生态环境为赤峰地区夏家店下层文化时期的先民提供了丰富的自然资源。但是，由于夏家店下层文化时期人口水平的快速增长[⑦]，只靠自然资源无法满足人们的需要，在这种情况下，促使了农业的发展。在夏家店下层文化聚落居址中发掘出

① M. F. Rodríguez, "Woody plant resources in the Southern Argentine Puna: Punta de la Peña 9 archaeological site." *Journal of Archaeological Science*, no. 31 (2004), pp. 1361 - 1372.

② 崔海亭、李宜垠、胡金明等：《利用木炭碎块显微结构复原青铜时代的植被》，《科学通报》2002 年第 19 期。

③ 孔昭宸、杜乃秋、刘观民等：《内蒙古自治区赤峰市距今 8000 ~ 2400 年间环境考古的初步研究》，《环境考古研究（第一辑）》，第 112 ~ 119 页，科学出版社，1991 年。

④ 中国树木志编委会：《中国主要树种造林技术》，第 104 页，农业出版社，1978 年。

⑤ 《中国森林》编辑委员会：《中国森林》第 2 卷，第 886 页，中国林业出版社，2000 年。

⑥ 中国树木志编委会：《中国主要树种造林技术》，第 420 页，农业出版社，1978 年。

⑦ 周南、柯睿思、尹贵格等：《区域性人口规模重建之尝试》，《内蒙古东部（赤峰）区域考古调查阶段性报告》，第 62 ~ 72 页，科学出版社，2003 年。

许多石制的生产工具，如长方形石铲、锄、镰、磨谷器等反映出夏家店下层文化农业的高度发展水平①。属于夏家店下层文化时期的敖汉旗的大甸子遗址的随葬罐中发现保存完好的谷子（*Setalia italica*）外壳②。在兴隆沟遗址第三地点（夏家店下层文化）浮选出的植物种子有黍、粟和大豆等，而且，出土的植物种子以栽培作物为主③。在赤峰市松山区四分地东山咀遗址中有一个带盖的陶甗，装有深色谷粒，经鉴定已全部炭化，籽粒已经脱壳，形态较完整，少有破损，其宽度为1.8～2毫米，自胚凹处至底部为1.5～1.8毫米。其形状大小与现代北方常见的黄米相似，应是我国古稷的一个品种，已经栽培④。此外，在已经发掘的夏家店下层文化遗址中，都发现了动物骨骼，能辨认出的有猪、狗、羊、牛和鹿科动物，鹿科动物通过狩猎所得，其他动物通过畜牧经济获得，因此，赤峰地区夏家店下层文化经济模式是以农业为主，兼营畜牧、狩猎的复合经济形态。而且，王立新根据大山前遗址出土的掘土工具相关资料的分析，结合粮食颗粒和动物骨骼的鉴定与分析，认为夏家店下层文化已属于一种精耕细作的农业类型⑤。

值得注意的是，大山前第Ⅰ地点出土的木本植物中，存在耐阳的桦木属、杨属先锋树种，暗示有人类活动的干扰。这是因为当木本植物被采伐或火烧以后，原有的植被遭到破坏，林地裸露，光照增强，温度变化激烈，耐阴的树种幼苗对霜冻、日灼和干旱很敏感，很难适应改变了的环境条件，因而不能生长。这种条件虽然不适宜耐阴的树种的生长，但是适合结实早、种粒小、抗火能力强的阳性树种的更新和发展，这时附近的山杨、桦树率先侵入这个地区，迅速成林，实现定居⑥。另外，从巴林左旗七锅山剖面相当于夏家店下层文化时期的孢粉分析表明，孢粉组合中先锋物种蕨类植物中华卷柏的增多也暗示人类活动有所加剧⑦。

四、结语

通过对大山前遗址灰坑中出土的木炭的鉴定和分析，得出如下两点认识：

第一，在大山前第Ⅰ地点夏家店下层文化居民生活的自然环境分布着油松林、以蒙古栎林为建群树种的落叶阔叶林及沟谷杂木林。

第二，赤峰地区夏家店下层文化时期的生态环境温暖湿润，赤峰地区夏家店下层

① 索秀芬：《内蒙古农牧交错带考古学文化经济形态转变及其原因》，《内蒙古文物考古》2003年第1期。

② 孔昭宸、杜乃秋、刘长江等：《兴隆洼遗址植物遗存及其赤峰市8000年来环境考古学研究的收获与思考》，《中国古代文明研究中心通讯》第14期。

③ 赵志军：《从兴隆沟遗址浮选结果谈中国北方旱作农业起源问题》，《东亚古物》（A卷），第188～199页，文物出版社，2004年。

④ 李恭笃、高美璇：《夏家店下层文化若干问题研究》，《辽宁大学学报》1984年第5期。

⑤ 王立新：《大山前遗址发掘资料所反映的夏家店下层文化的经济形态与环境背景》，《边疆考古研究》第6辑，第350～357页，科学出版社，2007年。

⑥ 王传书、张均成：《林业哲学与森林美学问题研究》，第146～147页，科学出版社，1992年。

⑦ 许清海、杨振京、崔之久、阳小兰、梁文栋：《赤峰地区孢粉分析与先人生活环境初探》，《地理科学》2002年第4期。

文化经济模式是以农业为主，兼营畜牧、狩猎的复合经济形态。但值得指出的是，大山前第Ⅰ地点出土的木本植物中，存在耐阳的桦属、杨属先锋树种，暗示有人类活动的干扰。

附记：本研究得到了中国社会科学院创新工程项目、科技部国家科技支撑计划（课题编号：2013BAK08B02）和国家自然科学基金项目（项目编号：41571183）资助。

附录七　内蒙古喀喇沁旗大山前第Ⅰ地点陶片化学成分测定和分析

刘　爽[1]　金海燕[2]
（1. 吉林大学边疆考古研究中心；2. 吉林大学测试科学实验中心）

古代陶器的化学成分组成是古陶的基本性质之一。通过对它的分析，可以研究古代社会制陶工艺的发展历程，揭示其中的内在规律，丰富对考古学文化内涵的认识，为重构古代社会生活框架提供科学的研究依据。因此，化学成分测定成为深入研究古代制陶工艺的基础，在科技考古研究领域里占有重要的位置。

本文是在吉林大学边疆考古研究中心与吉林大学测试科学实验中心合作的基础上，利用电感耦合等离子发射光谱仪（ICP－AES）测定内蒙古赤峰大山前遗址第Ⅰ地点的陶片和土壤的化学成分组成，以期填补我国内蒙古地区夏代到早商的夏家店下层文化陶器化学成分研究中的空白。

一、电感耦合高频等离子体发射光谱仪的工作原理

等离子体（Plasma）是指电子和离子浓度处于平衡状态的电离的气体。这种气体不仅含有中性原子和分子，而且含有大量的电子和离子，因而等离子体是电的良导体，因其正、负电荷密度几乎相等，故从整体来看是电中性的。采用频率为7～50兆赫的高频电源感应加热原理，使流经石英管的工作气体（Ar、N2、空气等）电离所产生的火焰状的等离子体就是电感耦合高频等离子炬（Inductively Coupled Plasma torch，简称ICP）。

电感耦合高频等离子体发射光谱仪（ICP－AES）是以射频发生器提供的高频能量加到感应耦合线圈上，并将等离子炬管置于该线圈中心，因而在炬管中产生高频电磁场，用微电火花引燃，使通过炬管中的氩气电离，产生电子和离子而导电，导电的气体受高频电磁场作用，形成与耦合线圈同心的涡流区，强大的电流产生高热，从而形成火炬状的并可以自持的等离子体，由于高频电流的趋肤效应及内管载气的作用，使等离子体呈环状结构。样品由载气（氩气）带入雾化系统进行雾化后，以气溶胶形式进入等离子体的轴向通道，在高温和惰性气氛中被充分蒸发、原子化、电离和激发，发射出所含元素的特征谱线，由光栅分光系统将各种组分原子发射的多种波长的光分解成光谱，并由光电倍增管接受。根据特征谱线的存在与否，鉴别样品中是否含有某种元素（定性分析）；根据特征谱线强度确定样品中相应元素的含量（定量分析）。

电感耦合高频等离子体发射光谱仪（ICP－AES）在文物保护科学领域上的应用主要是通过对金属材料类和无机非金属材料类的文物进行元素的定性和定量分析，尤其重要的是对微量和痕量元素的分析，达到鉴定文物真伪、确定文物年代、区分文物的来源和产地、探索文物的腐蚀机理等目的。利用ICP－AES多元素快速、分析灵敏度高的特点，可对文物的化学元素成分进行大量的系统分析，建立文物的微量、痕量元素的组成模式，从而建立文物的数据库①。

二、测试内容

本次测试的19片陶片选自内蒙古赤峰大山前第Ⅰ地点96KDⅠH34、96KDⅠH37和96KDⅠG2这3个夏家店下层文化的单位（为行文方便，以下称标本号时将96KDⅠ省去），其中H34有5片：编号为1～5；H37有6片：编号为6～11；G2有8片：编号为12～19（表1、表2）。

这3个单位分属于该遗址夏家店下层文化的第一、二、三段。所选择样本既有夹砂陶，又有泥质陶，器形有瓮、罐、甗、盆、尊形鬲、尊、壶等，均属夏家店下层文化陶器群中的代表性器类。所以，在样本的选择上充分考虑到了它们所具有的代表性意义。

测试的3份黏土样本取自赤峰大山前遗址第Ⅰ地点北侧沟壁，选择的取样部位均为未经人为扰动的生土。自下至上分3块取样：下部为红色生土，编号为T1；中部即红色生土与黄色生土的过渡带，编号为T2；上部为黄色生土，编号为T3。

表1　陶片编号及具体性状

编号	单位号（96KDⅠ）	器类及陶片部位	陶质陶色
1	H34④	瓮底	泥质灰陶
2	H34④	罐底	夹砂灰陶（内有残垢）
3	H34④	尊腹片	泥质红褐陶
4	H34④	甗盆口沿	夹砂红褐陶
5	H34④	罐（?）口沿	夹砂红褐陶
6	H37①	尊腹片	泥质灰褐陶
7	H37②	甗盆腹片	夹砂灰褐陶
8	H37③	盆口沿	泥质灰陶
9	H37④	瓮口沿	泥质灰陶
10	H37④	罐口沿	夹砂灰陶
11	H37⑤	甗盆口沿	夹砂灰陶

① 申艾君：《电感耦合高频等离子体发射光谱与文物保护科学》，第七届全国考古与文物保护化学学术会议论文。

续表

编号	单位号（96KDⅠ）	器类及陶片部位	陶质陶色
12	G2①	瓮口沿	泥质灰褐陶
13	G2④	盆口沿	泥质灰陶
14	G2⑦	甗裆	夹砂红褐陶
15	G2⑦	罐或鼎口沿	夹砂黑陶
16	G2⑦	罐口沿	泥质黑灰陶
17	G2⑬	尊形鬲口沿	夹砂灰陶
18	G2⑬	壶口沿	泥质灰陶
19	G2⑱	尊口沿	泥质红胎灰皮陶

表 2　陶片断面的观察记录

编号	单位号（96KDⅠ）	陶片断面观察
1	H34④	断面内外表面为黑色，渐变为灰褐色，中间为灰白色，分层明显
2	H34④	质地较粗糙，内表面附黑色残垢，断面黑色，夹杂不规则砂粒，研磨时有细小亮片
3	H34④	泥质细腻，红褐色
4	H34④	断面内外表面为砖红色，向中间由浅灰渐变为灰红色，分界线不明显，砂粒较粗，形状不规整，分布较密
5	H34④	断面内外表面为黑灰色，中间为砖红色层，层面界线不规则，砂粒很粗，形状不规整
6	H37①	断面内外表面为黑色薄层，渐变为一灰色薄层，中间为砖红色层，厚约 0.5 厘米
7	H37②	断面为砖红色，夹砂颗粒较细，形状规整
8	H37③	断面内外表面为土黄色，中间浅灰色，有针孔状小眼
9	H37④	断面为土黄色
10	H37④	断面内层黑灰色，外层土黄色，分界线不明显，夹砂多为细颗粒，少数颗粒较大，形状规整
11	H37⑤	断面内层浅灰色，外层为土黄色，分界线不明显，砂粒大小不均，形状不规整，分布较密集
12	G2①	断面外表层为黑色，内表层为一浅灰色薄层，渐变为灰色，中间为砖红色
13	G2④	断面内表层为一黑色薄层，其他为土黄色，质地细腻
14	G2⑦	砂粒多数细小规整，质地坚硬，研磨时有细小亮片
15	G2⑦	断面灰黑色，砂粒细小均匀，形状规整，有细小银白色亮片
16	G2⑦	断面内外表面为黑色，至中间渐变为灰色
17	G2⑬	断面为土黄色，质地较粗糙，砂粒形状不规则，有白色、深灰色
18	G2⑬	断面为土黄色，质地较粗糙
19	G2⑱	断面内外表层为黑色，渐变为灰色，中间为土褐色

三、测试过程

（一）X 射线荧光法

在对这些陶片进行研究的过程中，我们首先选取其中 5 片：H34④、H37①、H37②、G2①、G2⑱，采用 X 射线荧光法测试，用低能 r 源作激发源，Si（Li）探测器探测 X 射线荧光，结果如图 1～图 5：

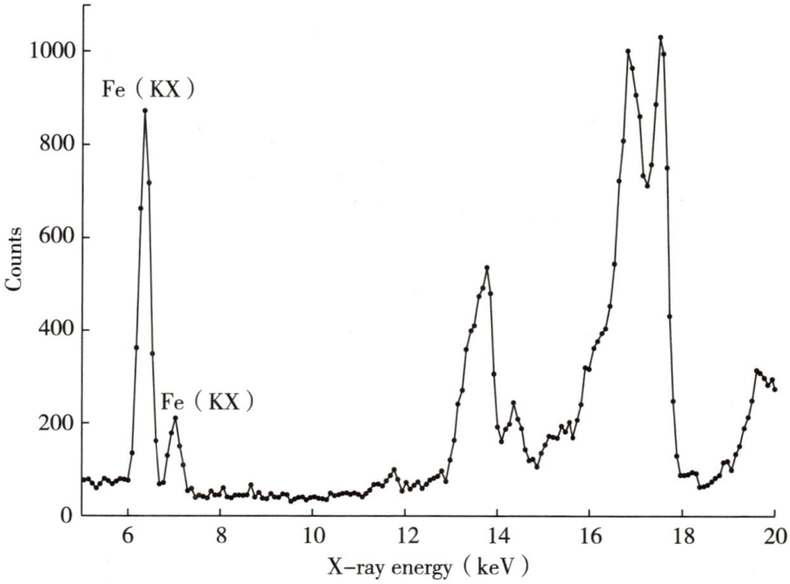

图 1　H34④陶片 X 射线荧光测试图

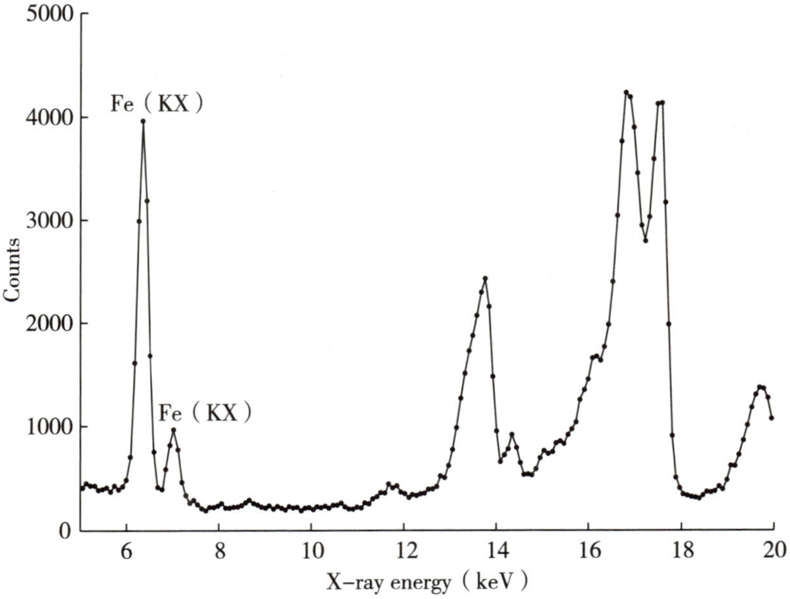

图 2　H37①陶片 X 射线荧光测试图

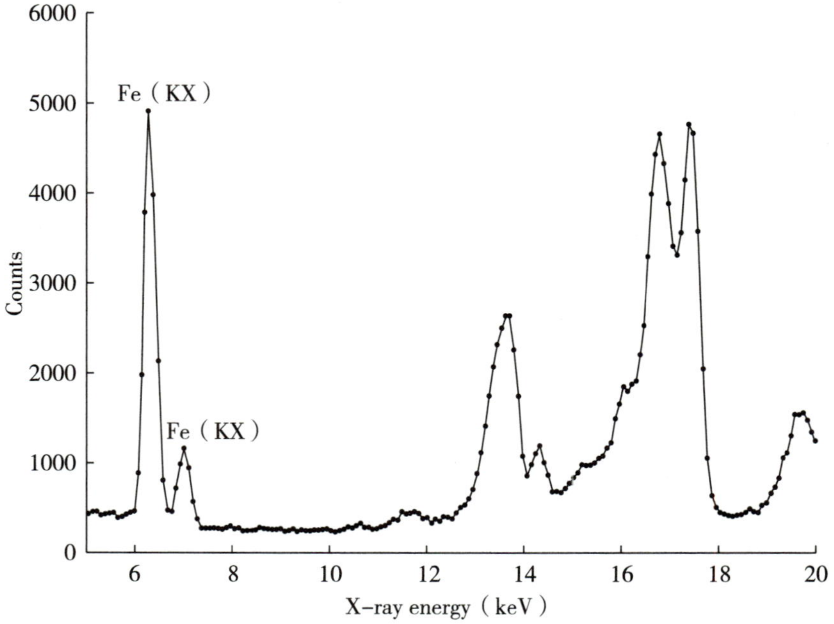

图 3　H37②陶片 X 射线荧光测试图

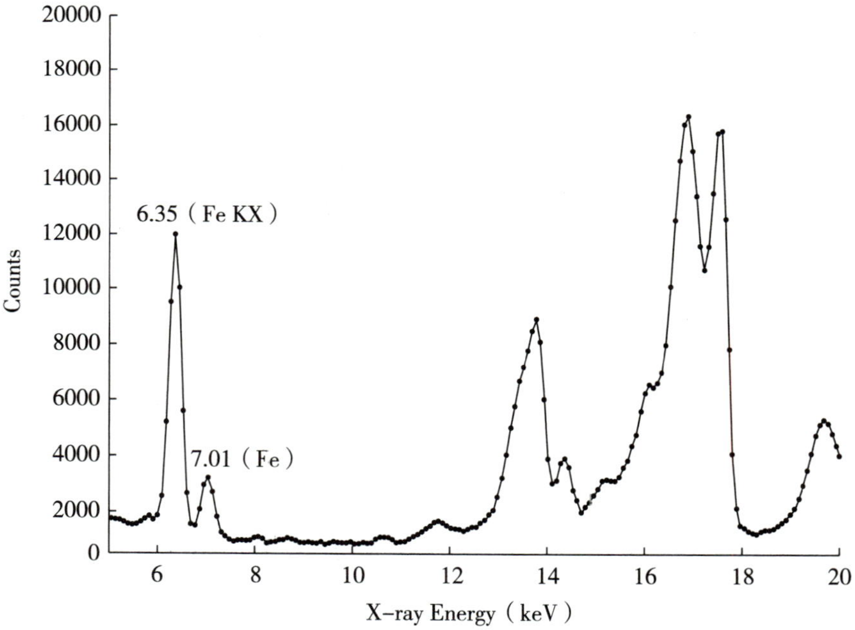

图 4　G2①陶片 X 射线荧光测试图

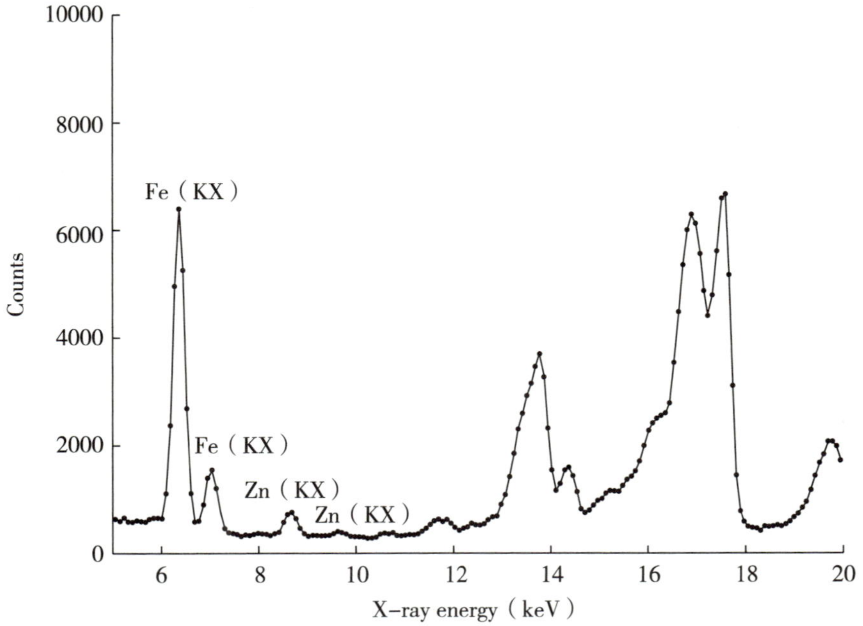

图 5　G2⑱陶片 X 射线荧光测试图

经过分析，用这种方法得出的结果并不理想，希望在今后的进一步工作中，通过改进实验条件、提高分辨率，来得到令人满意的结果。

（二）电感耦合高频等离子体发射光谱法

1. 测定二氧化硅和其他元素的含量

吉林大学测试科学实验中心使用 GSR－6 标准岩样，检测本次实验中测定二氧化硅和其他元素含量方法的准确性，实验步骤如下：

（1）用分析天平称量标样两份 1#：0.4544 克，2#：0.4457 克；

（2）称量碳酸钠和碳酸钾（1∶1）3 克，在坩埚中搅拌均匀，用定量滤纸擦净搅拌棒后一并放入坩埚，再加盖一层碳酸钠，盖上坩埚盖，置于马福炉中在 950～1000℃下灼烧 30 分钟；

（3）从马福炉中取出稍凉，置于 250 毫升烧杯中，加入 50 毫升热盐酸（1∶1），用搅拌棒搅拌使熔块脱落，用蒸馏水洗净坩埚取出，将烧杯放在电炉上蒸发至 80℃，放入烘干箱中在 105℃烘干 1 小时；

（4）取出烧杯，加入浓盐酸 10 毫升，稍后，加入 50 毫升热水，水浴加热，搅拌，使盐类充分溶解，过滤，滤液为黄色，用 0.1% 洗涤多次，再用蒸馏水洗涤；

（5）将沉淀连带滤纸转移至坩埚中，煤气灯灼烧灰化，再置于马福炉中 1000℃灼烧 40 分钟；

（6）取出，干燥器中冷却至室温，称重：1#：24.8264 克，2#：24.4117 克，计算出二氧化硅的含量；

（7）滤液定容至 100 毫升，用 ICP 法测定其他元素含量。

测定结果见表 3。

表 3　ICP 法测定结果

	1#	2#	标样理论值
SiO_2（%）	15.3	15.1	15.56
Al_2O_3（%）	4.48	4.88	5.00
Fe_2O_3（%）	2.62	2.85	2.49
CaO（%）	35.38	38.55	35.69
MgO（%）	5.63	6.14	5.18

实验数据平行，与标样理论值相符，说明此方法准确率较高，用同样方法测定陶片和土壤的化学成分含量。

2. 烧失量的测定

将样品在 950～1000℃灼烧，使结构水及有机物挥发，根据灼烧前后质量差，计算烧失量。

四、测试结果

测试结果见表 4。

表 4　陶片及土壤化学成分、分子式和烧失量

序号	SiO_2（%）	Al_2O_3（%）	Fe_2O_3（%）	CaO（%）	MgO（%）	K_2O（%）	Na_2O（%）	TiO_2（%）	P（%）	Mn（%）	烧失量（%）	总和	助熔剂总和（%）	分子式 RxOy∶1∶SiO_2
1	65.1	16.20	6.40	1.22	1.67	2.16	1.42	0.499	0.199	0.0649	2.91	97.84	13.63	0.92∶1∶6.75
2	56.2	15.32	8.10	2.58	2.15	2.65	1.43	0.549	0.80	0.07	9.62	99.47	18.33	1.39∶1∶6.27
3	65.9	15.19	5.30	1.57	1.67	1.98	1.77	0.49	0.11	0.05	1.3	95.33	12.94	1.05∶1∶7.3
4	70.3	14.53	4.71	2.21	1.57	2.05	1.90	0.39	0.12	0.05	1.0	98.83	13.00	0.97∶1∶8.36
5	66.8	16.23	6.07	2.73	1.75	2.40	1.75	0.44	0.097	0.06	1.72	100.05	15.30	1.23∶1∶6.94
6	68.6	16.00	6.47	1.12	1.53	2.72	1.60	0.52	0.06	0.043	5.3	104.00	14.06	1.05∶1∶7.13
7	66.5	15.70	6.48	1.33	1.43	2.52	1.48	0.43	0.03	0.07	4.63	100.60	13.77	1.11∶1∶7.33
8	66.0	13.34	4.49	4.44	1.51	2.17	1.70	0.37	0.02	0.05	3.89	97.97	14.74	1.59∶1∶8.46
9	64.8	15.28	6.21	2.52	2.00	2.40	1.61	0.47	0.07	0.06	4.59	100.01	15.34	1.38∶1∶7.20
10	67.3	16.57	6.00	2.16	1.20	2.25	2.56	0.53	0.26	0.06	4.09	102.98	15.02	1.11∶1∶7.00
11	65.6	16.51	6.01	2.15	1.20	2.24	2.55	0.52	0.25	0.07	3.40	100.50	14.99	1.11∶1∶6.90
12	67.8	14.10	5.60	2.13	2.02	2.70	1.60	0.46	0.16	0.055	4.70	101.30	14.73	1.41∶1∶8.07

续表

序号	SiO_2 (%)	Al_2O_3 (%)	Fe_2O_3 (%)	CaO (%)	MgO (%)	K_2O (%)	Na_2O (%)	TiO_2 (%)	P (%)	Mn (%)	烧失量 (%)	总和	助熔剂总和（%）	分子式 RxOy:1:SiO_2
13	67.1	14.20	6.20	3.30	2.10	2.00	1.50	0.51	0.10	0.052	4.30	101.40	15.76	1.41:1:8.00
14	62.3	16.70	6.80	1.30	2.10	2.40	1.90	0.45	0.02	0.06	6.80	100.80	15.03	1.11:1:6.5
15	66.0	14.00	5.70	4.00	2.00	1.80	2.00	0.41	0.06	0.07	4.42	100.50	16.04	1.54:1:7.86
16	69.0	14.10	5.30	2.50	1.60	2.40	1.70	0.47	0.13	0.06	3.80	101.10	14.16	1.29:1:8.21
17	68.9	15.50	5.00	3.60	1.80	2.10	2.30	0.37	0.18	0.05	0.20	100.00	15.40	1.30:1:7.67
18	67.4	15.70	5.80	2.80	1.90	2.60	1.71	0.48	0.17	0.06	2.20	100.80	15.50	1.40:1:7.47
19	68.1	13.60	5.20	1.80	1.80	2.10	1.50	0.41	0.11	0.06	4.50	99.80	13.00	1.15:1:8.77
T1	68.0	9.69	3.25	3.00	0.73	1.37	1.40	0.27	0.04	0.03	9.36	97.10	10.10	1.40:1:11.89
T2	67.0	9.54	3.21	3.75	0.74	1.28	1.40	0.27	0.05	0.04	9.68	97.00	10.74	1.60:1:11.81
T3	69.0	8.08	3.51	1.23	0.82	1.31	1.20	0.27	0.04	0.04	8.50	94.00	8.42	1.22:1:14.40

五、数据分析及结论

第一，考古样品中的元素，根据其含量通常可分为三类，即常量（主要）元素、微量元素和痕量元素。常量元素一般是指样品中含量大于或等于2%的元素，这些元素的比例是可以受人为控制的。微量元素是指含量介于0.1%～2%之间的元素，这些元素不排除是人们故意加进去的可能性。痕量元素是指含量低于0.1%的元素，对于这些元素的存在与否，古代人是不能控制的，一般由文物的原产地所决定①。

由上可知，痕量元素在考古样品产地方面的研究中起着重要的作用，从本次实验可知，在陶片和土壤的化学成分中，Mn始终作为痕量元素存在，在陶片中的含量在0.04%～0.06%之间波动，与当地黏土中的含量相差不多，这说明，这批陶片尽管分别属于第一、二、三段，又取自不同的器类，但它们在痕量元素上所体现出的一致性以及与当地黏土矿物成分的相似性，表明在很大程度上它们不仅具有同一起源，而且，都是取材于当地的土壤就近就地制作而成。

当然，制作陶器的工艺过程中的每个环节，都可以使化学元素含量发生变化，我们在此只能做出初步的分析和判定，欲得出更加趋近于真实的结论，需要更全面的实验数据作支撑。

第二，陶胎的化学组成主要取决于塑性原料（黏土）的化学组成，换句话说，陶胎的化学组成反映了制陶所用的黏土属于哪一个类型，因此，根据陶胎中SiO_2、Al_2O_3的含量以及助熔剂总和的高低，可将新石器时代至汉代制陶所用的黏土分为普通易熔黏土、高镁质易熔黏土、高铝质耐火黏土、高硅质黏土或瓷石四个类型②。

---

① 李士、秦广雍：《现代实验技术在考古学中的应用》，第192页，科学出版社，1991年。

② 李文杰：《中国古代制陶工艺研究》，第329页，科学出版社，1996年。

由实验数据可知，本次选取的陶片陶胎的化学组成的特点是低二氧化硅（SiO_2）、低三氧化二铝（Al_2O_3）、高助熔剂，说明其制陶所用黏土为普通易熔黏土，由于这类黏土 Fe_2O_3 含量较高，氧化烧成的陶器为橙黄色或红色，还原烧成的陶器为浅灰、灰或深灰色。

附记：本次测试所用陶片和土壤由吉林大学边疆考古研究中心王立新教授提供，吉林大学物理系马玉刚博士作了 X 射线荧光分析，吉林大学测试科学实验中心 ICP 实验室金海燕老师和刘爽共同进行化学成分测定实验，数据处理、分析和结论由刘爽做出。此文曾刊于教育部人文社会科学重点研究基地吉林大学边疆考古研究中心《边疆考古研究》第 4 辑，第 330 ~ 338 页，科学出版社，2005 年。

附录八　内蒙古喀喇沁旗大山前第Ⅰ地点残陶埙测音实验

陶埙名称：一音孔陶埙

陶埙编号：96KDⅠG6⑩：2

具体形态：泥质褐陶，外表黑色，原吹孔（陶罐口部）残损后将断碴处磨平，形近平口（口近三角形）、折肩、平底的小陶罐，肩部横穿一圆形声孔。高3.85、腹径4.21～4.44、底径2.1～2.3、吹孔残长0.9～1.3、音孔直径0.35厘米（参见本报告第431～432页和图4－361之6）。

测音实验：

闭孔　f^3 －44音分，1363.53赫兹。

开孔　#f^3 －48音分，1441.54赫兹。

录音时间：2000年8月26日

录音地点：内蒙古宁城县内蒙古自治区文物考古研究所东部工作站

录音机型号：索尼TCD－D7

设计操作：王子初、王清雷

测音时间：2000年10月12日

测音地点：中国艺术研究院音乐研究所视听实验室

温度：室温

实验设计：王子初

机型：80486DX2

测音软件：《通用音乐分析系统》

记录：王清雷

电脑操作：赵文娟、刘一青

监测：王芸、王清雷

附表一　大山前第Ⅰ地点各探方层位关系表

<table>
<tr><th>探方号</th><th>层位关系示意图</th><th>备注</th></tr>
<tr><td>96KDⅠT401</td><td>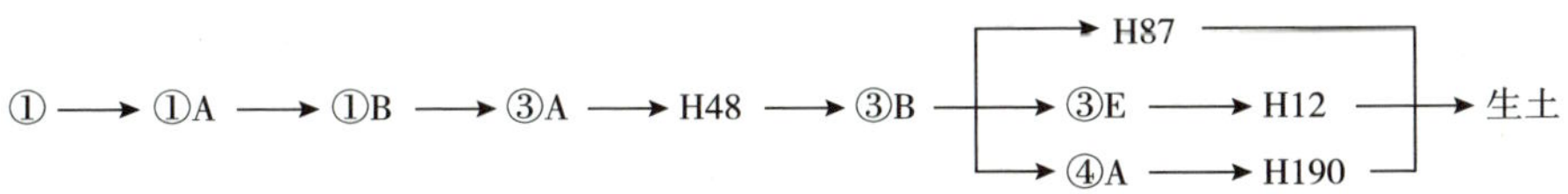</td><td>①为现代耕土层（下同，并省略对①的年代描述）。①A、①B为近现代形成的地层，H12属夏家店下层文化，H190不晚于战国时期，其余单位属战国时期</td></tr>
<tr><td>96KDⅠT402</td><td>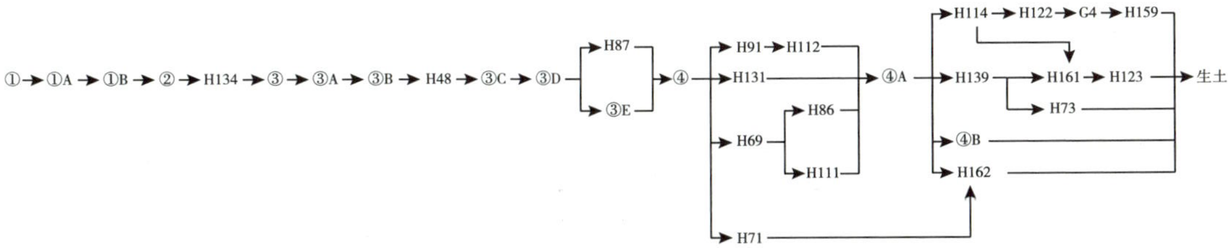</td><td>①A、①B为近现代形成的地层，其余单位属战国时期</td></tr>
<tr><td>96KDⅠT403</td><td>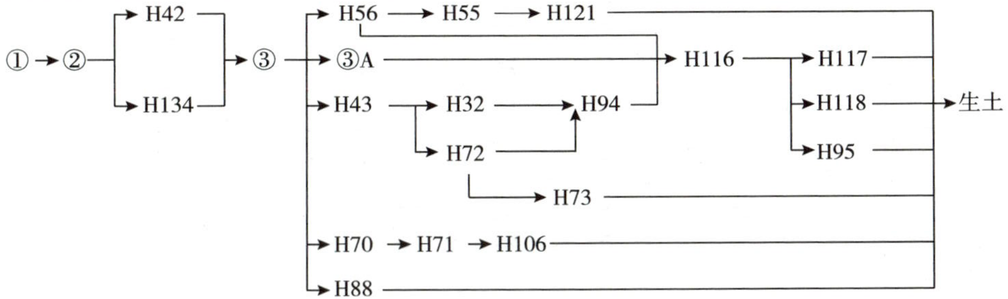</td><td>H95、H116、H117、H118属夏家店下层文化，H88不晚于战国时期，H94属夏家店下层文化至战国时期之间，其余单位属战国时期</td></tr>
</table>

续表

探方号	层位关系示意图	备注
96KDⅠT404	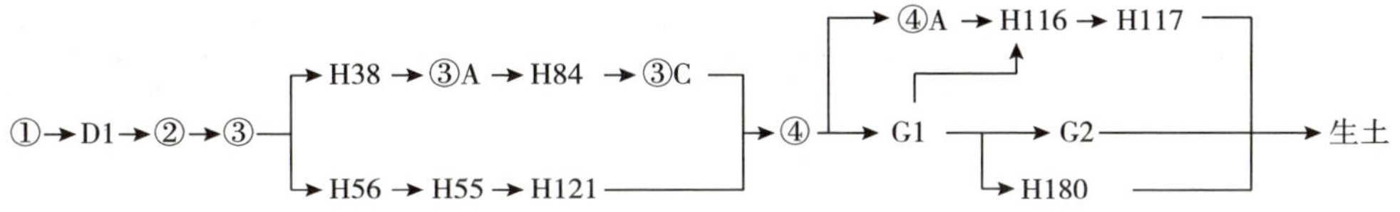	G1、G2、H116、H117、H180属夏家店下层文化，其余单位属战国时期
96KDⅠT405	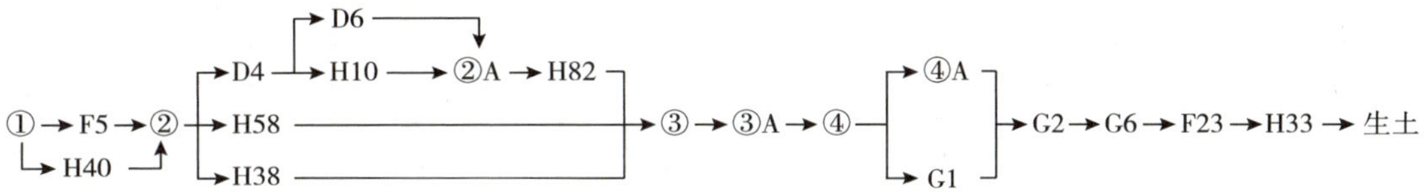	④A、G1、G2、G6、F23、H33属夏家店下层文化，F5不早于战国时期，其余单位属战国时期
96KDⅠT406	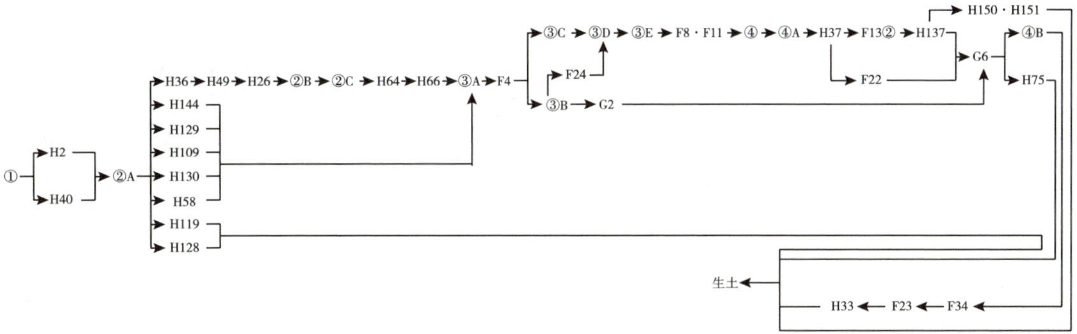	H2、H40、②A、H36、H49、H26、②B、②C、H64、H66、H144、③A、F4属战国时期，H128属小河沿文化，其余单位属夏家店下层文化

续表

探方号	层位关系示意图	备注
96KDⅠT407	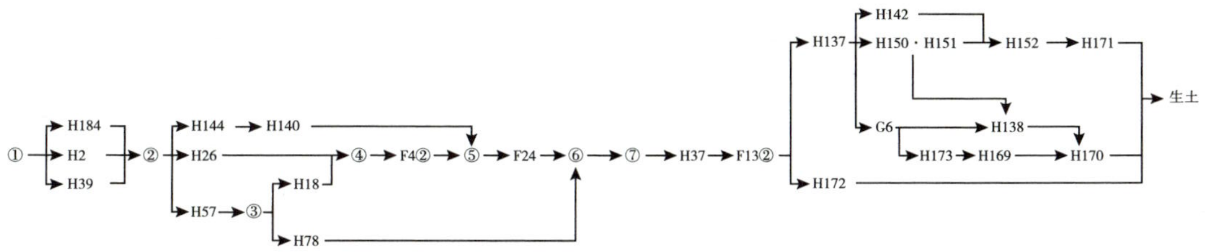	H184 不早于战国时期，H2、H39、②、H144、H26、④、F4②、H57、③、H18、H78 属战国时期，其余单位属夏家店下层文化
96KDⅠT408	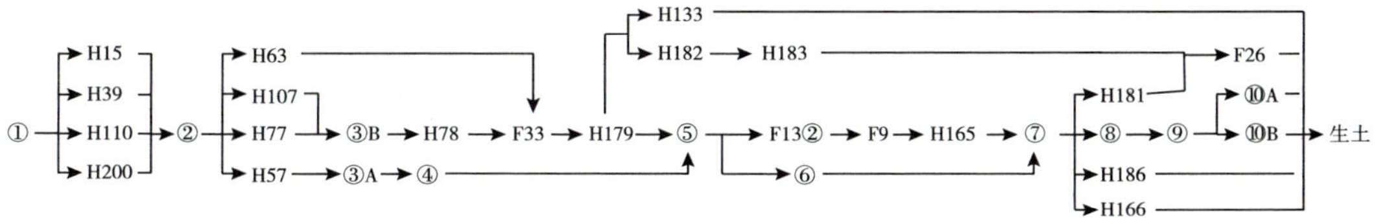	H15、H39、H110、H200、②、H63、H107、H57、H77、③A、③B、H78 属战国时期，其余单位属夏家店下层文化
96KDⅠT409	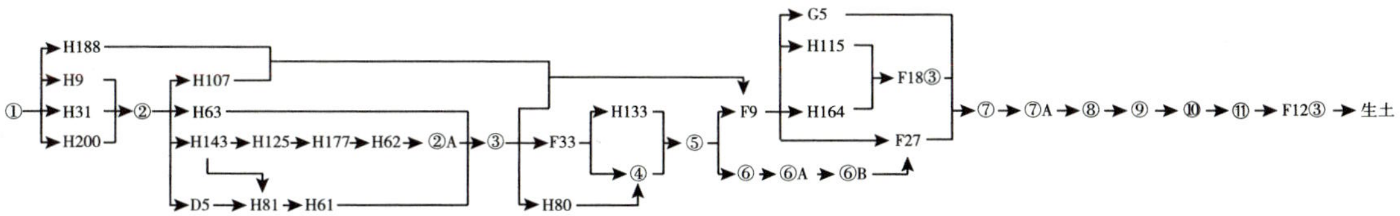	H188、H9、H31、H200、②、H107、H63、H143、H125、D5、H81、H61 属战国时期，H62、H177 属夏家店上层文化，其余单位属夏家店下层文化

续表

<table>
<tr><th>探方号</th><th>层位关系示意图</th><th>备注</th></tr>
<tr><td>96KDⅠT410</td><td>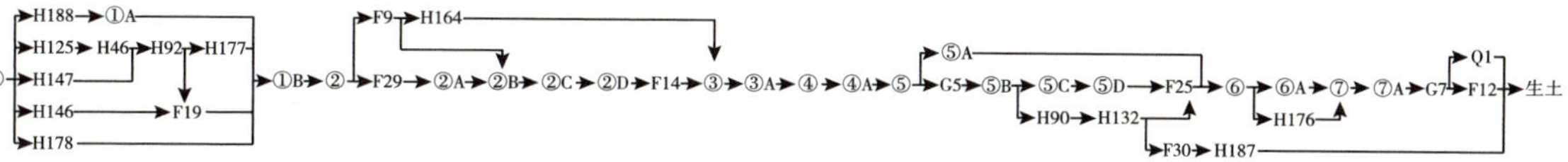
</td><td>H188、①A、H46、H125、H147属战国时期，H92、H177属夏家店上层文化，其余单位属夏家店下层文化</td></tr>
<tr><td>96KDⅠT411</td><td>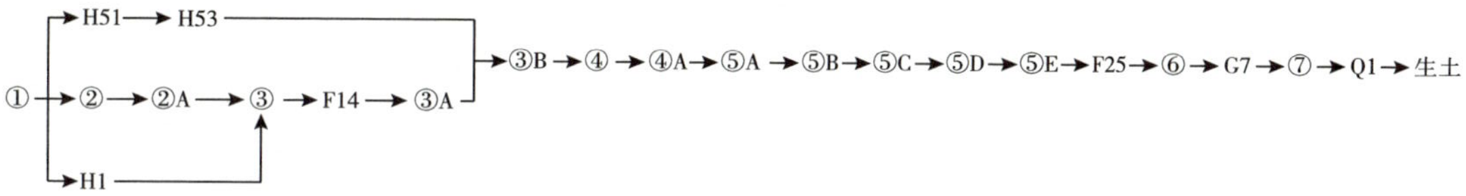
</td><td>H1、H51、H53属战国时期，其余单位属夏家店下层文化</td></tr>
<tr><td>96KDⅠT412</td><td>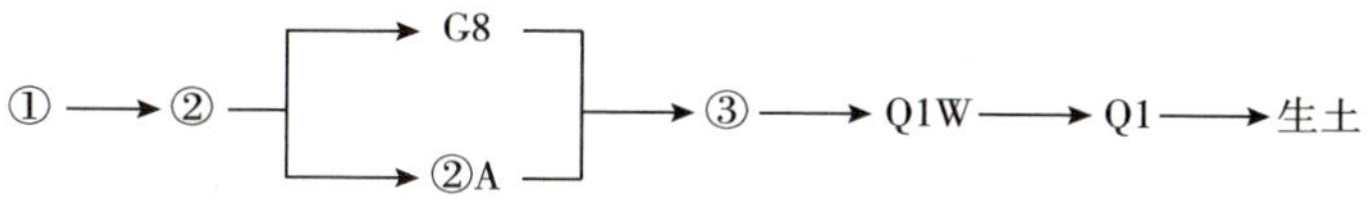
</td><td>Q1W、Q1属夏家店下层文化，其余单位属战国时期</td></tr>
<tr><td>96KDⅠT413</td><td>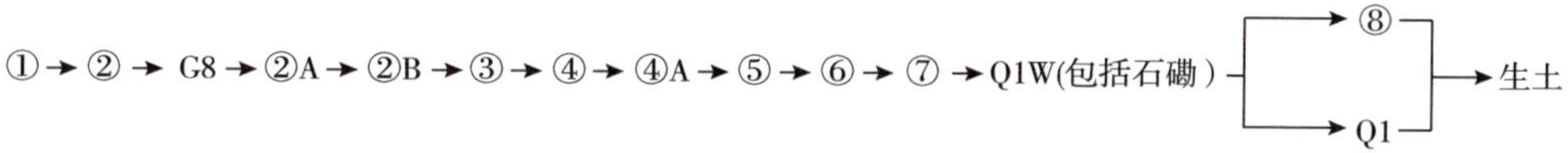
</td><td>⑦、Q1W、Q1、⑧属夏家店下层文化，其余单位属战国时期</td></tr>
<tr><td>96KDⅠT414</td><td>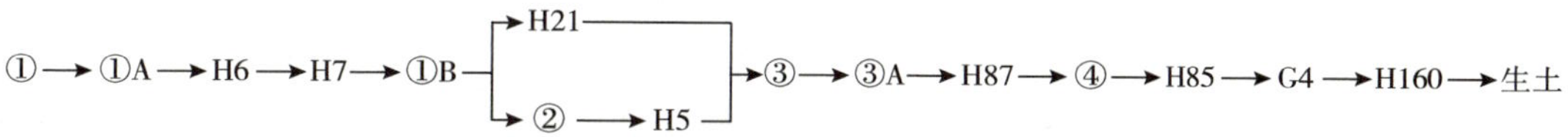
</td><td>①A为近现代形成的地层，其余单位属战国时期</td></tr>
</table>

续表

<table>
<tr><th>探方号</th><th>层位关系示意图</th><th>备注</th></tr>
<tr><td>96KDⅠT415</td><td>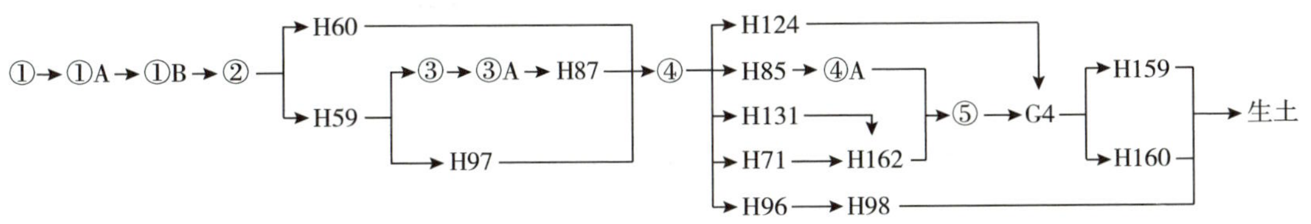</td><td>①A 为近现代形成的地层，其余单位属战国时期</td></tr>
<tr><td>96KDⅠT416</td><td>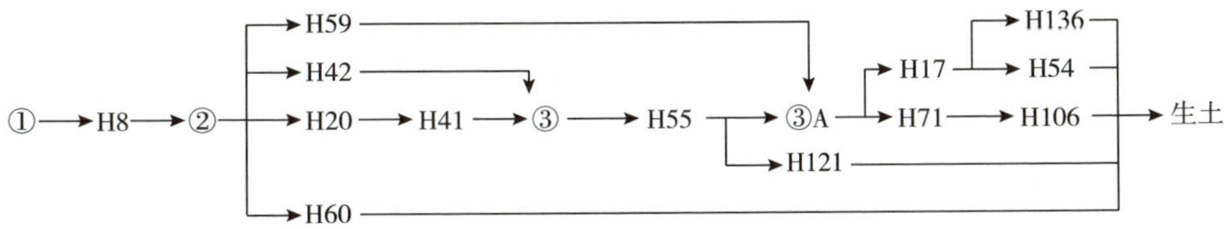</td><td>H136 属夏家店下层文化，其余单位属战国时期</td></tr>
<tr><td>96KDⅠT417</td><td>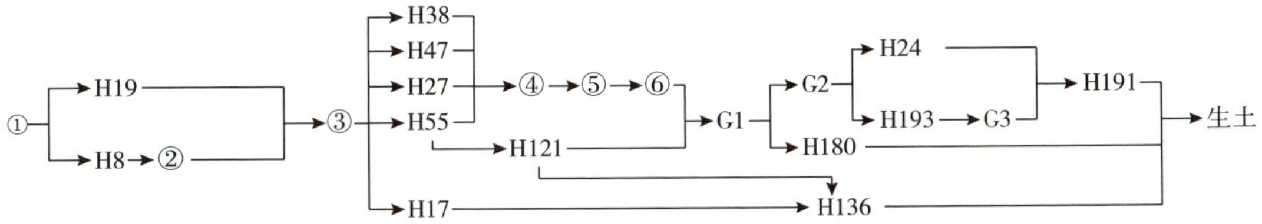</td><td>G1、G2、H24、H193、G3、H191、H180、H136 属夏家店下层文化，其余单位属战国时期</td></tr>
<tr><td>96KDⅠT418</td><td>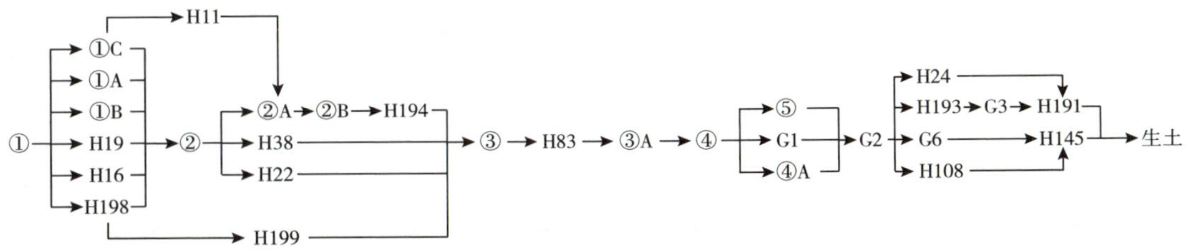</td><td>⑤、G1、G2、H24、H193、G3、H191、G6、H145、H108 属夏家店下层文化，其余单位属战国时期</td></tr>
</table>

续表

探方号	层位关系示意图	备注
96KDⅠT419	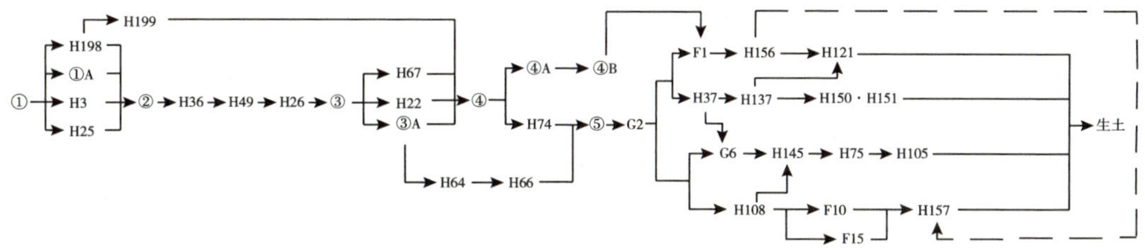	①A、H3、H25、H198、H199、②、H36、H49、H26、③、③A、H22、H67、H64、H66、④、④A、④B 属战国时期，H74 属夏家店上层文化，其余单位属夏家店下层文化
96KDⅠT420	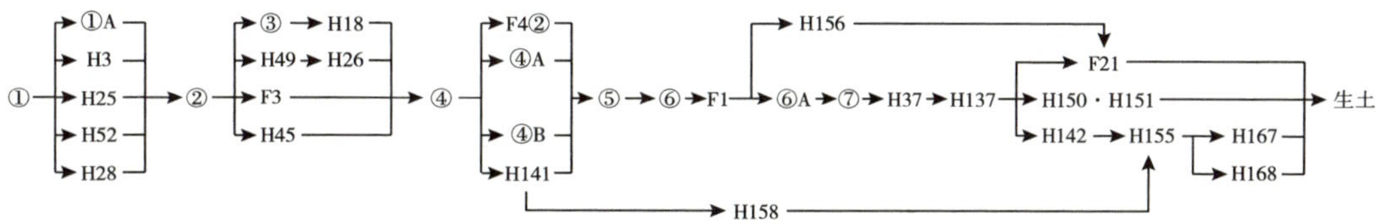	H141 属夏家店上层文化，H158、⑤、⑥、F1、H156、⑥A、⑦、H37、H137、F21、H150·H151、H142、H155、H167、H168 属夏家店下层文化，其余单位属战国时期
96KDⅠT421	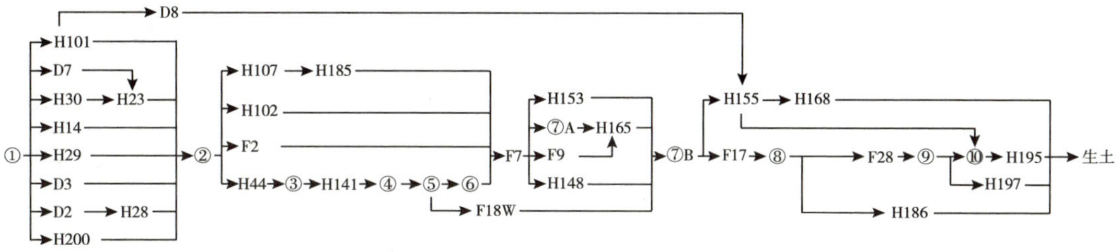	D7、H30、H23、H14、H101、H29、D3、D2、H28、H200、②、H107、H102、H44、③属战国时期，H141 属夏家店上层文化，其余单位属夏家店下层文化

续表

探方号	层位关系示意图	备注
96KDⅠT422	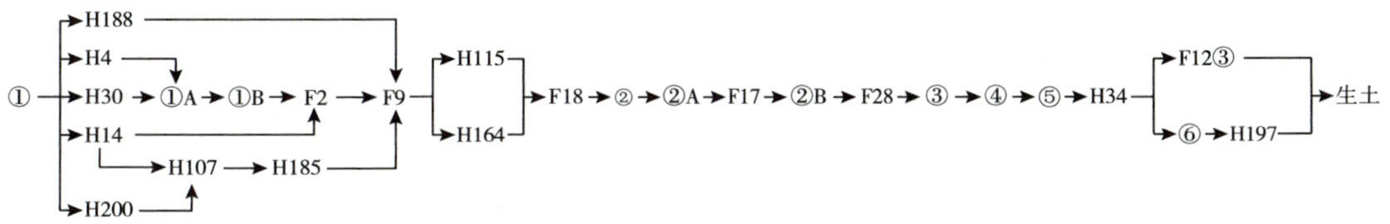	H188、H4、H30、H14、H200、H107属战国时期，其余单位属夏家店下层文化
96KDⅠT423	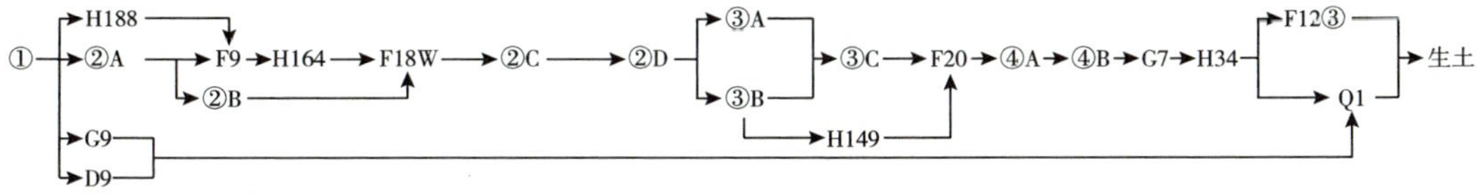	H188属战国时期，其余单位属夏家店下层文化
96KDⅠT424	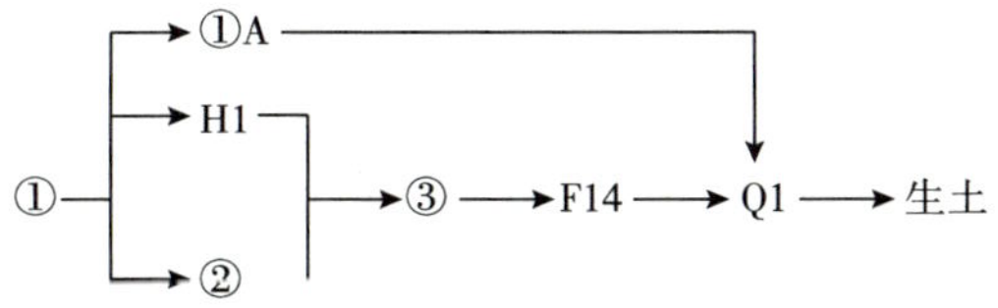	①A、H1属战国时期，其余单位属夏家店下层文化
96KDⅠT425	①→②→③→④→Q1W石磡→Q1→生土	②、③、④属战国时期，其余单位属夏家店下层文化
97KDⅠT429	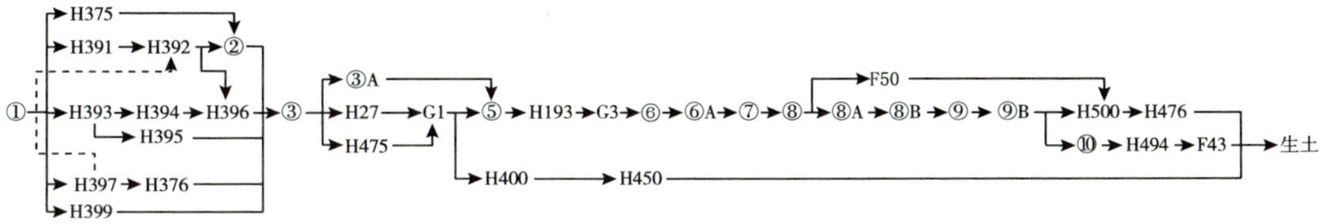	H375、H391、H392、H397、H376、H393、H394、H395、H396、H399、②、③、③A、H27属战国时期，其余单位属夏家店下层文化

续表

<table>
<tr><th>探方号</th><th>层位关系示意图</th><th>备注</th></tr>
<tr><td>97KD Ⅰ T430</td><td>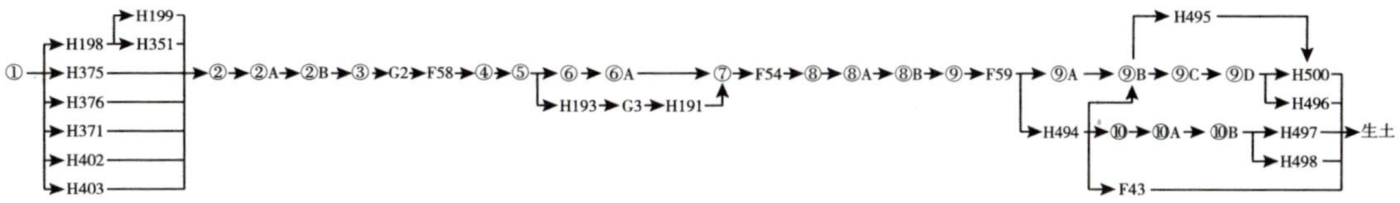
</td><td>H198、H199、H351、H375、H376、H371、H402、H403、②、②A、②B、③属战国时期，其余单位属夏家店下层文化</td></tr>
<tr><td>97KD Ⅰ T431</td><td>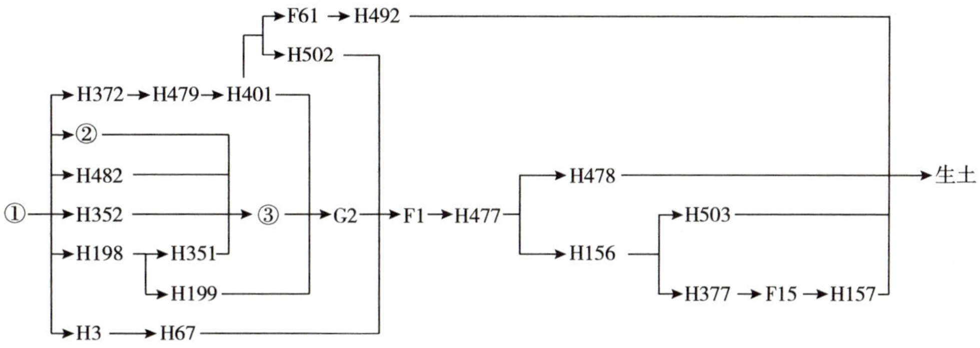
</td><td>H372、H479、②、H482、H352、H198、H199、H351、H3、H67、③属战国时期，H401 属夏家店上层文化，其余单位属夏家店下层文化</td></tr>
<tr><td>97KD Ⅰ T432</td><td>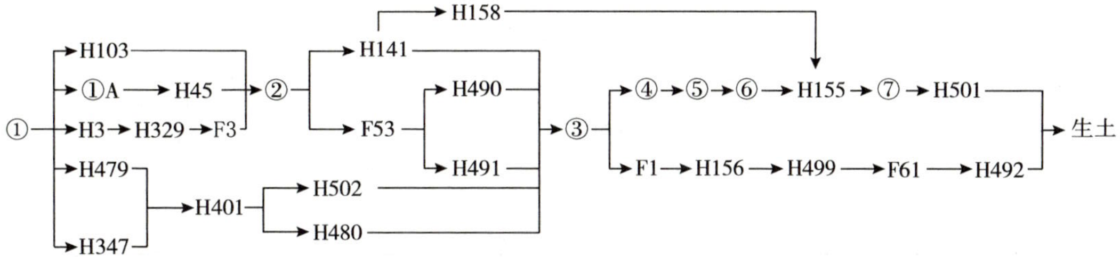
</td><td>H103、①A、H45、H3、H329、F3、②、H479 属战国时期，H141、H347、H401 属夏家店上层文化，其余单位属夏家店下层文化</td></tr>
</table>

续表

探方号	层位关系示意图	备注
96KDⅠT433	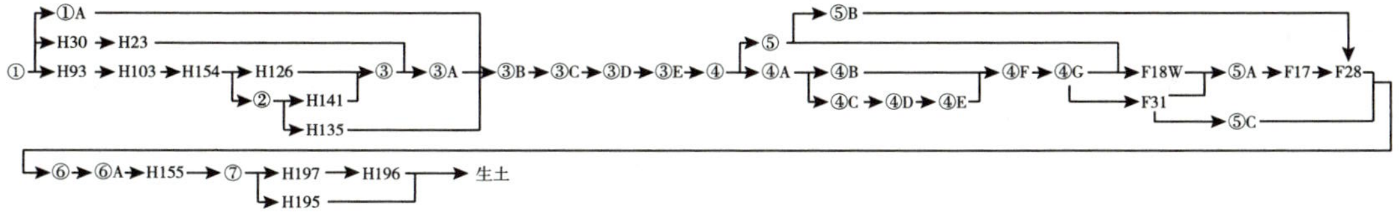	①A、H30、H23、H93、H103、H154、②、H135 属战国时期，H141 属夏家店上层文化，H196 不晚于夏家店下层文化，其余单位属夏家店下层文化
96KDⅠT434	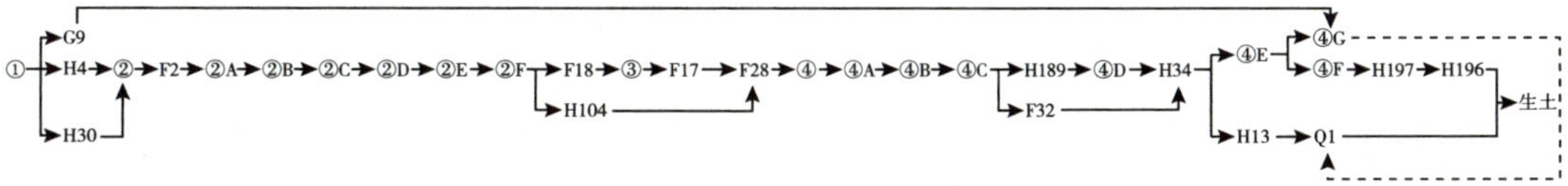	H4、H30 属战国时期，H196 不晚于夏家店下层文化，其余单位属夏家店下层文化
96KDⅠT435	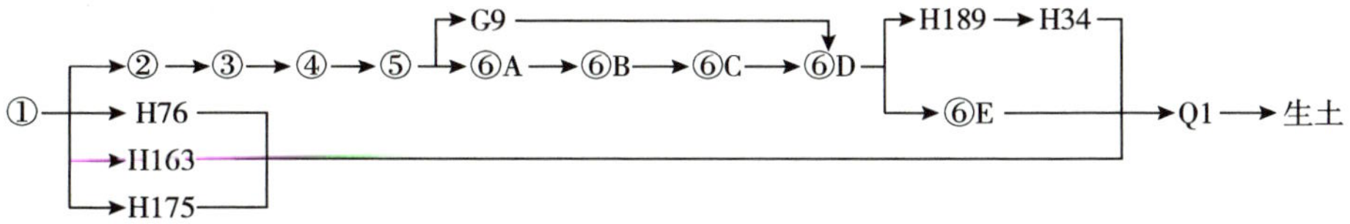	H163、H175 属战国时期，H76 不早于夏家店下层文化，其余单位属夏家店下层文化
96KDⅠT436	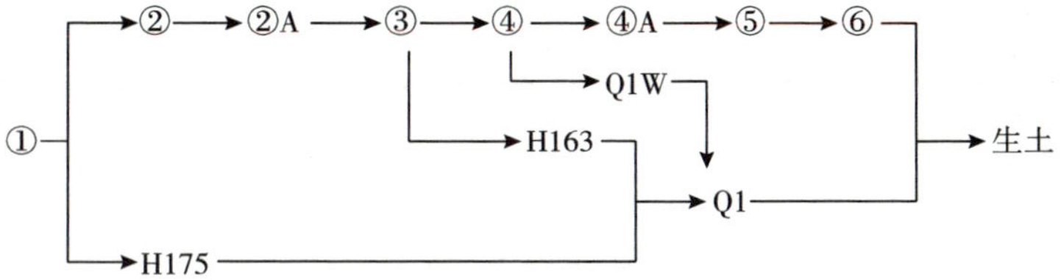	⑥、Q1W、Q1 属夏家店下层文化，其余单位属战国时期

续表

探方号	层位关系示意图	备注
96KD Ⅰ T110	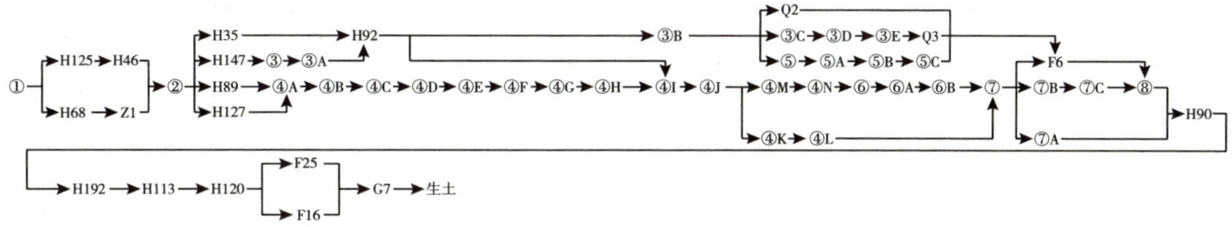	H125、H46、H68、Z1、②、H35、H147、③、③A属战国时期，H89、H92属夏家店上层文化，其余单位属夏家店下层文化
96KD Ⅰ T111	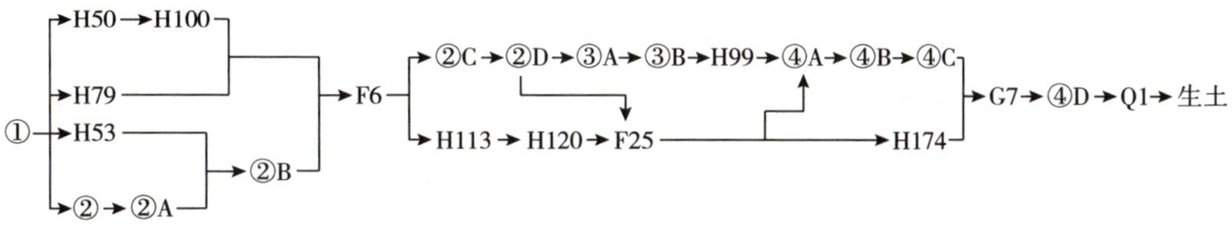	H50、H53属战国时期，其余单位属夏家店下层文化
96KD Ⅰ T112	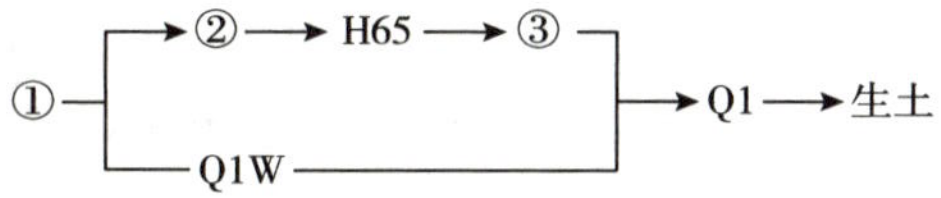	②、③、H65属战国时期，其余单位属夏家店下层文化
96KD Ⅰ T113	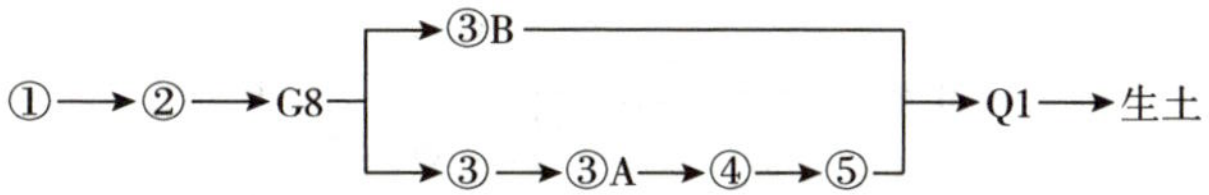	Q1属夏家店下层文化，其余单位属战国时期

探方号	层位关系示意图	备注
97KD Ⅰ T301	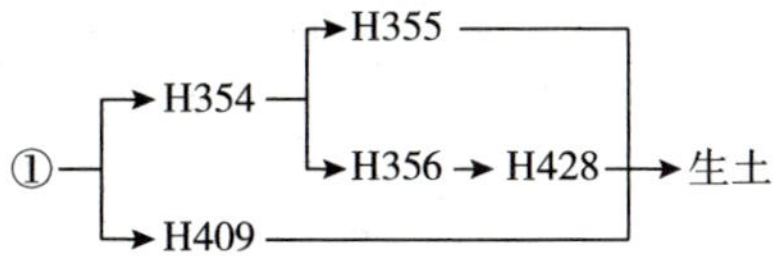	H354、H409 属夏家店上层文化，其余单位属夏家店下层文化
97KD Ⅰ T302	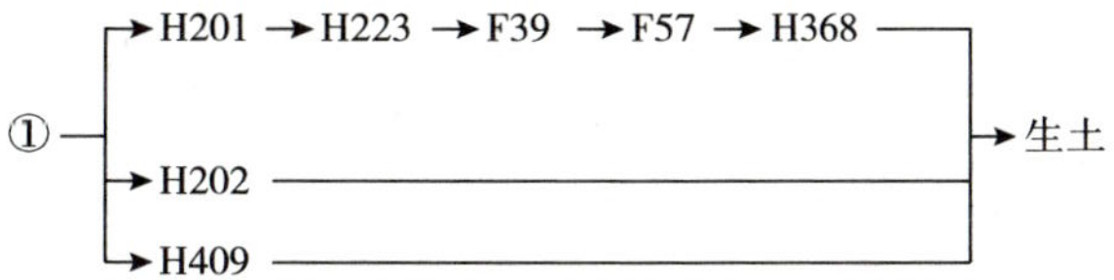	H201、H223 属辽代，H409 属夏家店上层文化，其余单位属夏家店下层文化
97KD Ⅰ T303	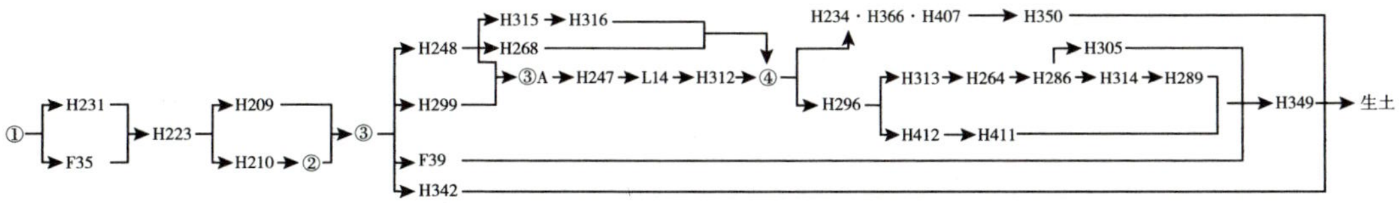	②、H209、H210、H223、H231、F35 属辽代，H349、H350、F39、H305、H234 · H366 · H407 属夏家店下层文化，其余单位属战国时期
97KD Ⅰ T304	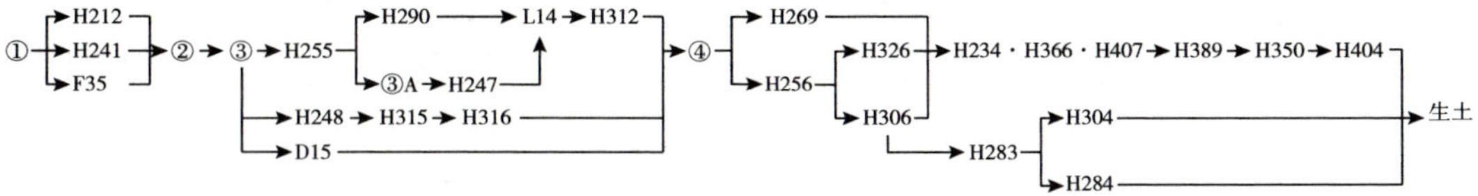	②、H212、H241、F35 属辽代，H234 · H366 · H407、H389、H350、H404、H304 属夏家店下层文化，其余单位属战国时期

续表

<table>
<tr><th>探方号</th><th>层位关系示意图</th><th>备注</th></tr>
<tr><td>97KDⅠT305</td><td>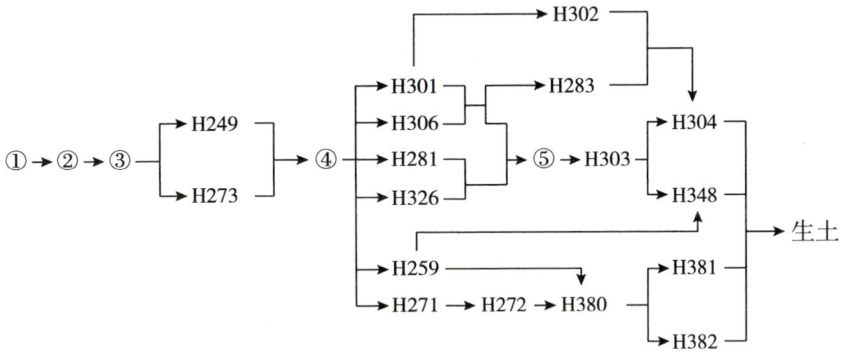
</td><td>H348、H304、H381、H382属夏家店下层文化，H380属夏家店上层文化，其余单位属战国时期</td></tr>
<tr><td>97KDⅠT306</td><td>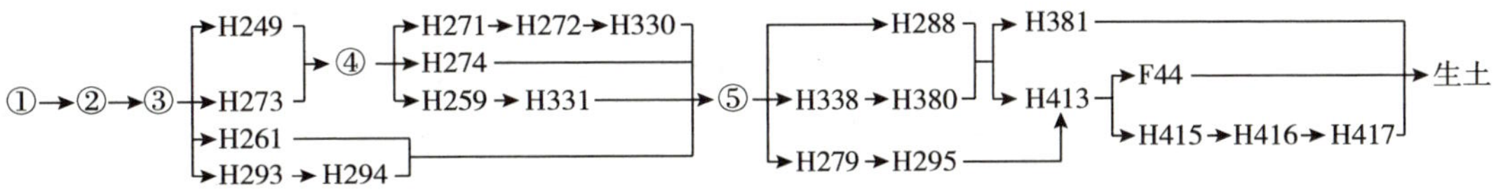
</td><td>H381、H413、H415、H416、H417、F44属夏家店下层文化，H380、H288、H295属夏家店上层文化，其余单位属战国时期</td></tr>
<tr><td>97KDⅠT307</td><td>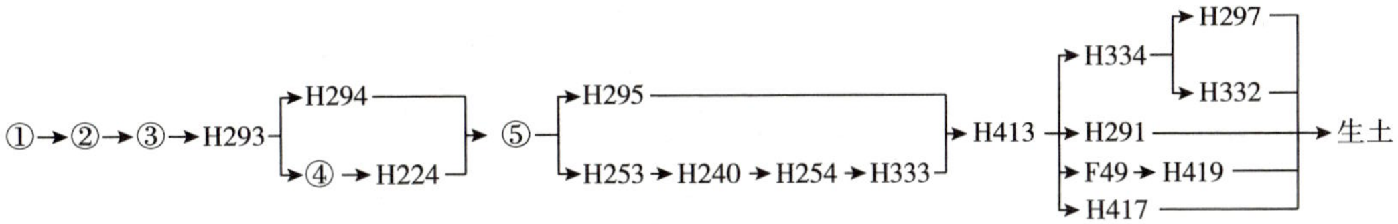
</td><td>H413、H334、H297、H332、H291、F49、H419、H417属夏家店下层文化，H295、H254、H333属夏家店上层文化，其余单位属战国时期</td></tr>
</table>

续表

探方号	层位关系示意图	备注
97KDⅠT308	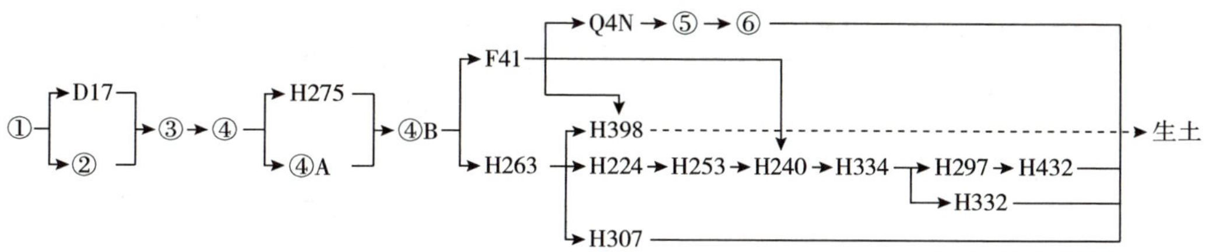	⑤、⑥、H334、H297、H432、H332属夏家店下层文化，H307属夏家店上层文化，其余单位属战国时期
97KDⅠT309	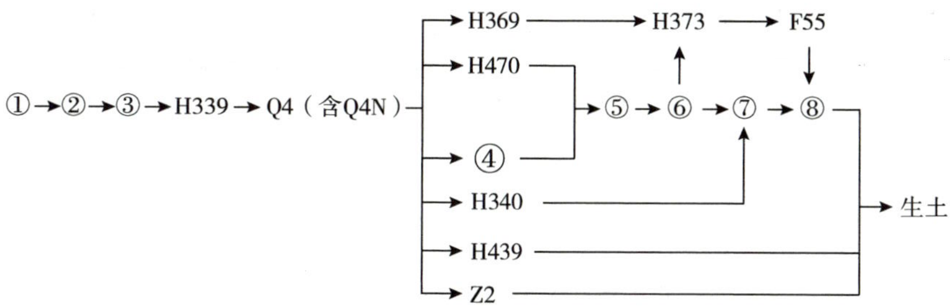	②、③、H339、Q4属战国时期，其余单位属夏家店下层文化
97KDⅠT310	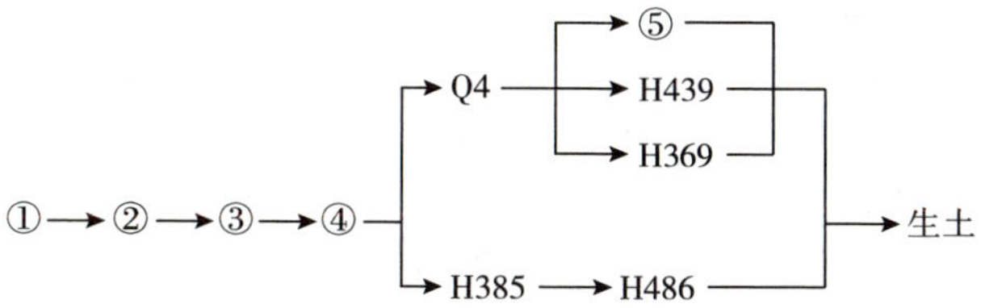	H439、H369属夏家店下层文化，H486属夏家店上层文化，⑤未出遗物故年代不晚于战国时期，其余单位属战国时期
97KDⅠT311	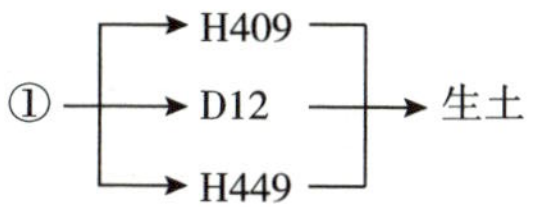	H409属夏家店上层文化，D12、H449属夏家店下层文化

续表

探方号	层位关系示意图	备注
97KD Ⅰ T312	① ⟶ H409 ⟶ 生土	H409 属夏家店上层文化
97KD Ⅰ T313	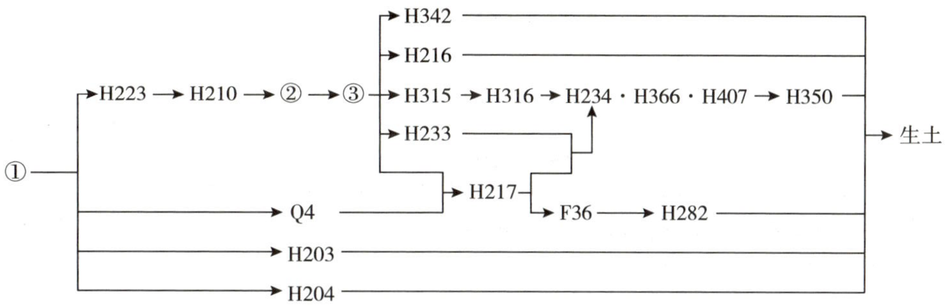	H210、H223 属辽代，H203、H204、H282、H234 · H366 · H407、H350 属夏家店下层文化，其余单位属战国时期
97KD Ⅰ T314	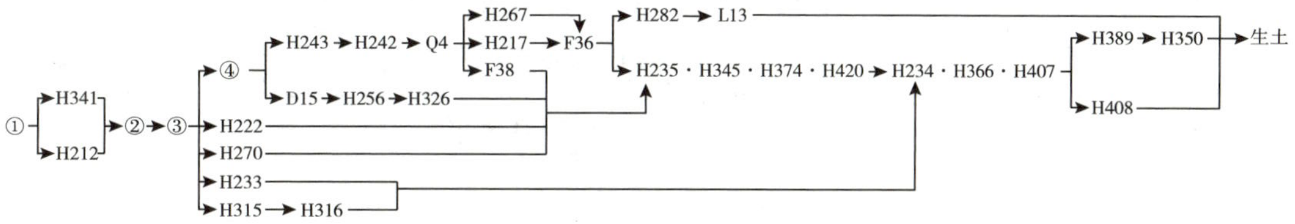	H212、H341 属辽代，F38 属夏家店上层文化，H282、L13、H235 · H345 · H374 · H420、H234 · H366 · H407、H350、H389、H408 属夏家店下层文化，其余单位属战国时期
97KD Ⅰ T315	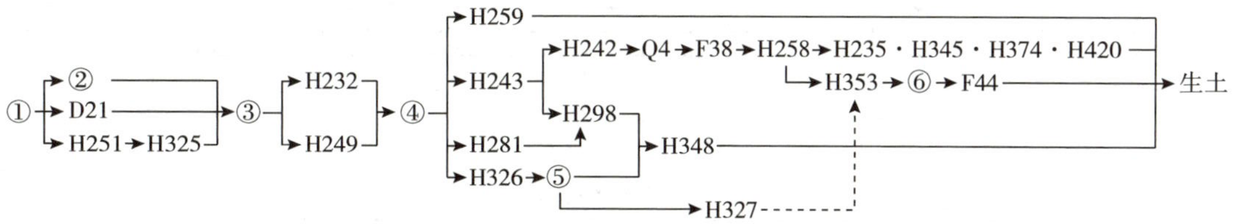	H235 · H345 · H374 · H420、H353、⑥、F44、H348 属夏家店下层文化，F38、H258、H298 属夏家店上层文化，其余单位属战国时期

续表

探方号	层位关系示意图	备注
97KDⅠT316	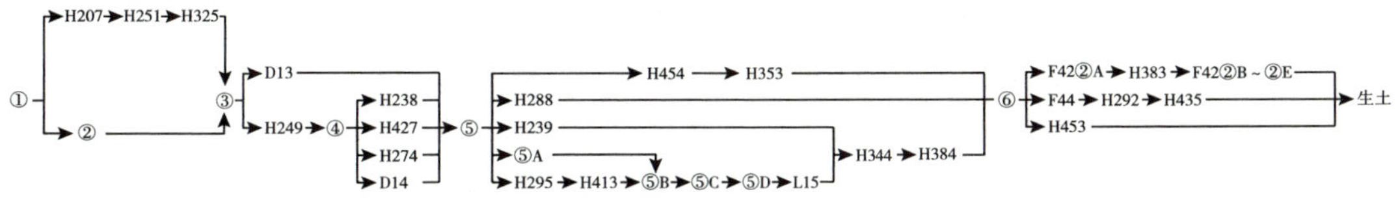	H207、H251、H325、②、③、D13、H249、④、H238、H427、H274、D14、⑤、⑤A 属战国时期，H239、H288、H295 属夏家店上层文化，其余单位属夏家店下层文化
97KDⅠT317	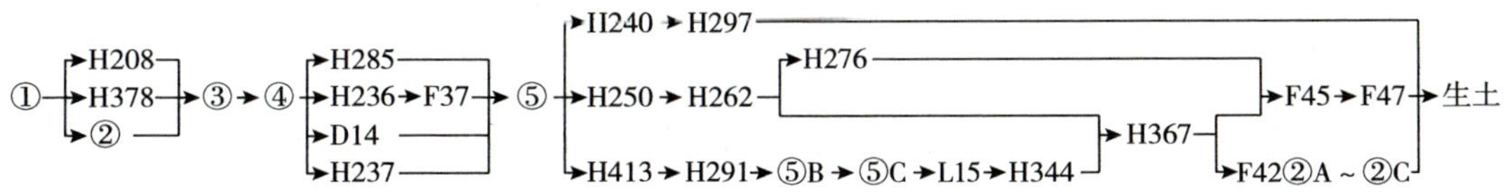	②、③、④、H208、H378、H285、H236、F37、D14、H237、⑤、H240 属战国时期，其余单位属夏家店下层文化（此探方地层编号中无⑤A）
97KDⅠT318	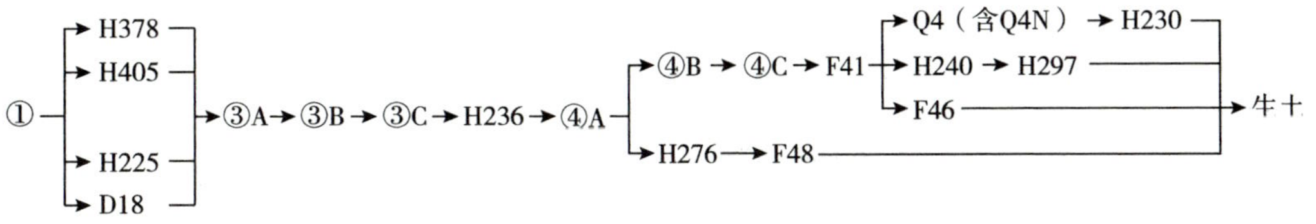	H230、H276、H297、F46、F48 属夏家店下层文化，其余单位属战国时期（此探方地层编号中无②）
97KDⅠT319	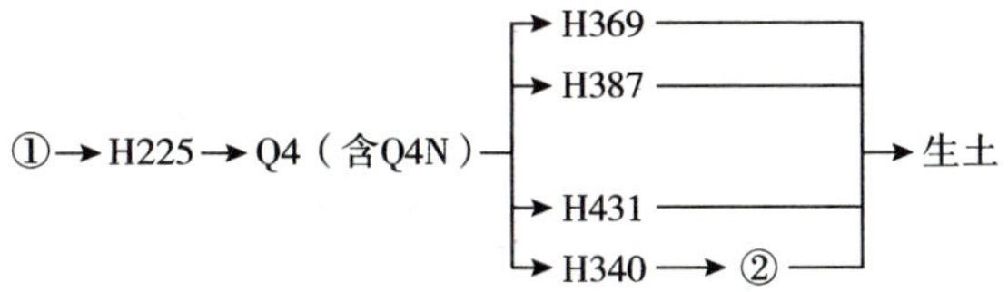	H225、Q4 属战国时期，其余单位属夏家店下层文化

续表

探方号	层位关系示意图	备注
97KDⅠT320	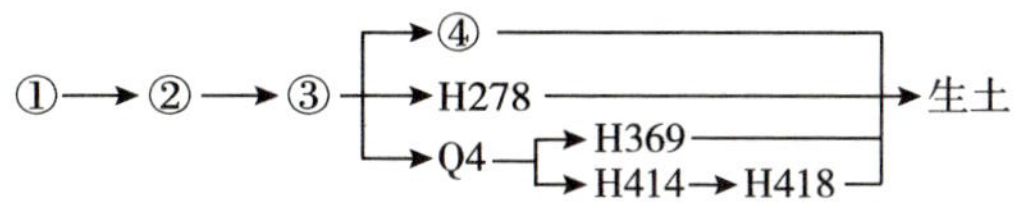	H278、H369、H414、H418属夏家店下层文化，其余单位属战国时期
97KDⅠT321	①→②→③→H448→H449→生土	②、③属战国时期，H448、H449属夏家店下层文化
97KDⅠT322	①→②→③→H206·H364→生土	②、③属战国时期，H206·H364属夏家店下层文化
97KDⅠT323	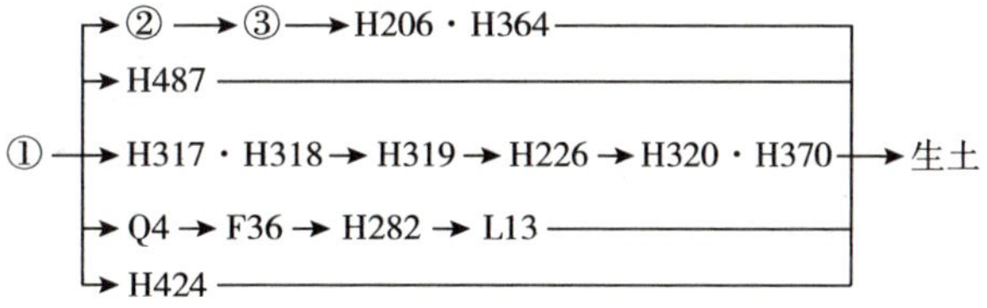	②、③、Q4、F36属战国时期，H487属夏家店上层文化，其余单位属夏家店下层文化
97KDⅠT324	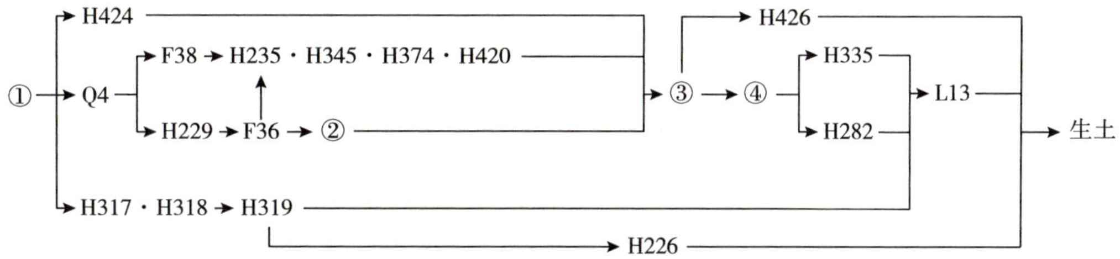	Q4、H229、F36属战国时期，F38属夏家店上层文化，其余单位属夏家店下层文化

续表

探方号	层位关系示意图	备注
97KD Ⅰ T325	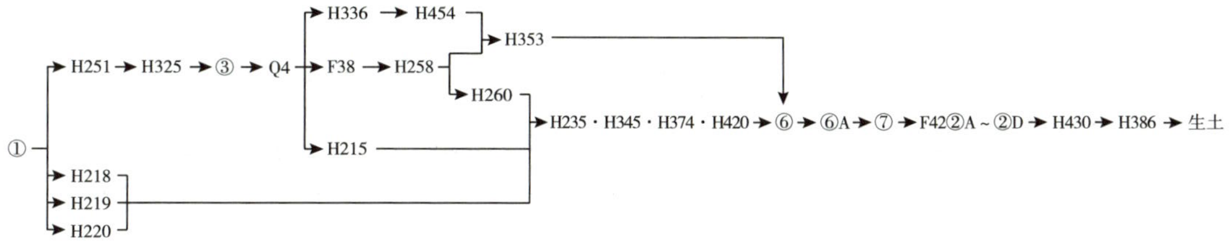	H251、H325、③、Q4、H336、H215、H218、H219、H220属战国时期，F38、H258属夏家店上层文化，其余单位属夏家店下层文化
97KD Ⅰ T326	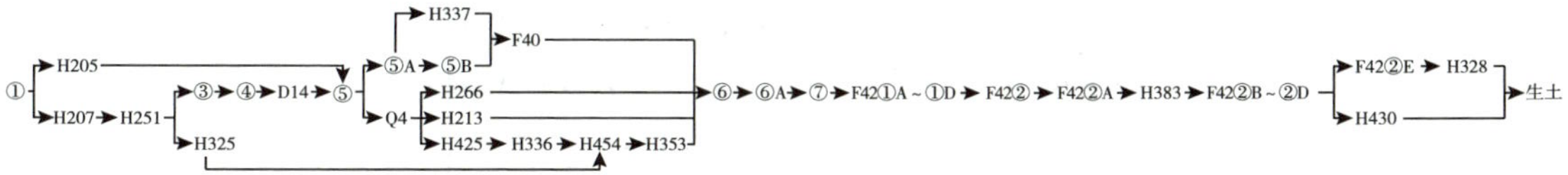	H205、H207、H251、H325、③、④、D14、⑤、⑤A、⑤B、H337、Q4、H425、H336属战国时期，H213属夏家店上层文化，其余单位属夏家店下层文化
97KD Ⅰ T327	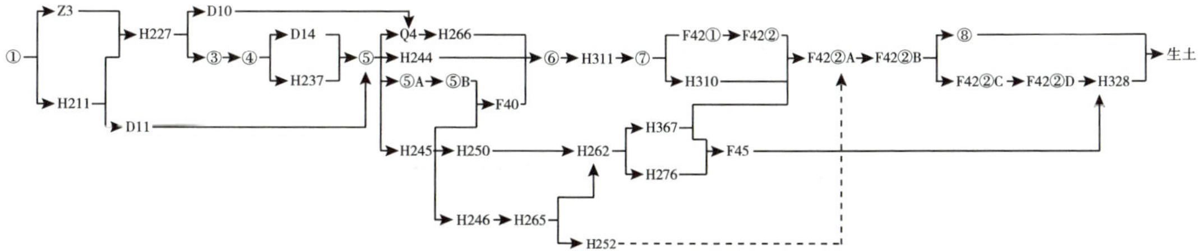	Z3、H211、H227、D10、D11、③、④、D14、H237、⑤、Q4、⑤A、⑤B、H245属战国时期，H244属夏家店下层文化至战国时期之间，其余单位属夏家店下层文化
97KD Ⅰ T328	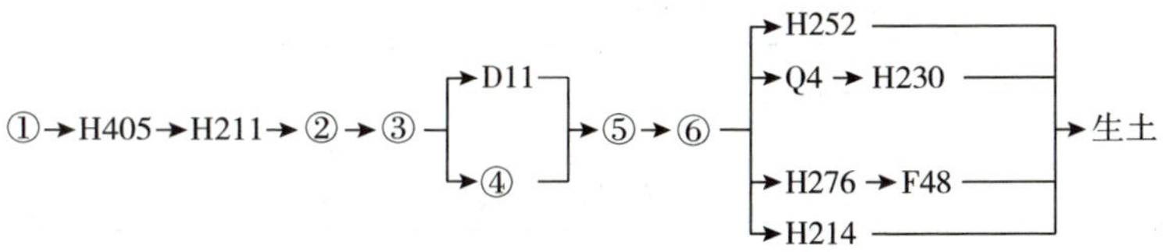	H252、H230、H276、F48、H214属夏家店下层文化，其余单位属战国时期

续表

探方号	层位关系示意图	备注
97KD Ⅰ T329	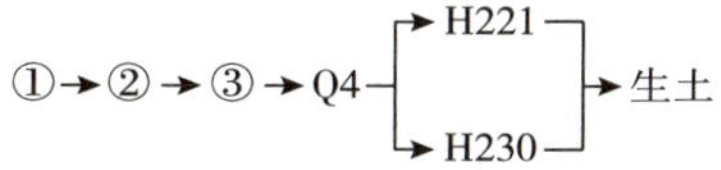	②、③、Q4 属战国时期，H221、H230 属夏家店下层文化
97KD Ⅰ T332	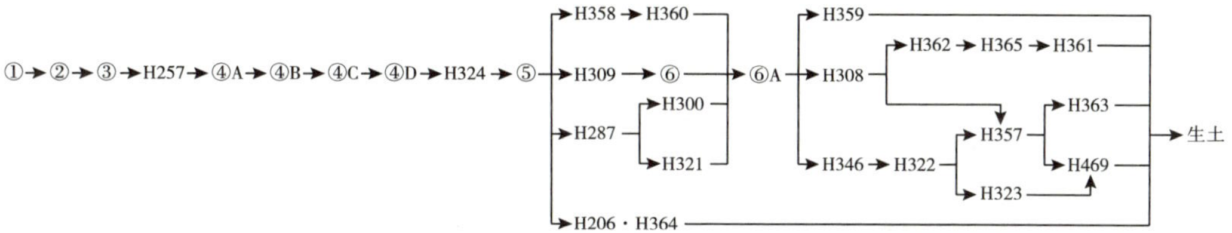	H469、H206・H364 属夏家店下层文化，其余单位属战国时期
97KD Ⅰ T333	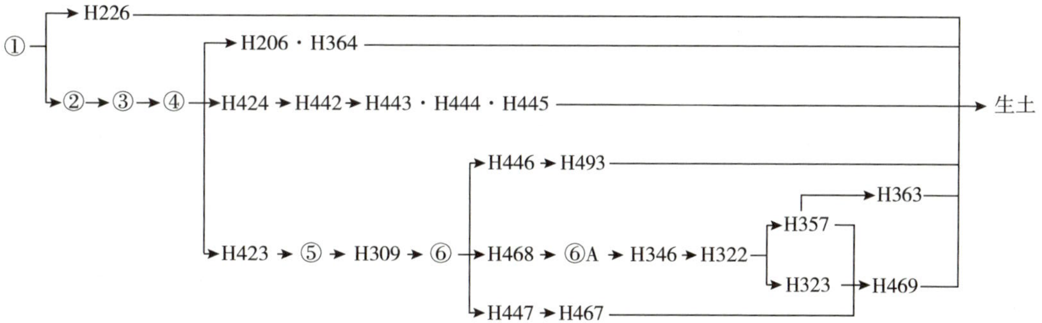	H226、H206・H364、H424、H442、H443・H444・H445、H469、H493 属夏家店下层文化，其余单位属战国时期
97KD Ⅰ T334	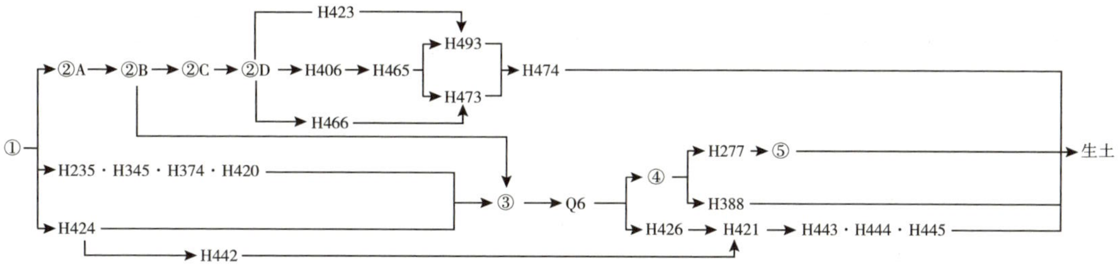	②A～②D、H423、H406、H465、H466、H473 属战国时期，其余单位属夏家店下层文化

续表

探方号	层位关系示意图	备注
97KDⅠT335	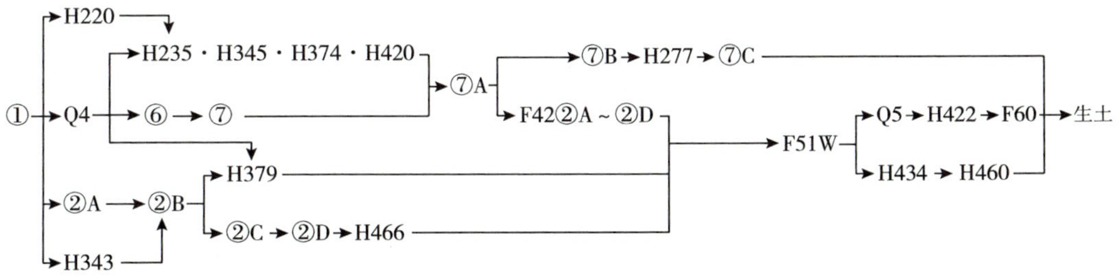	②A～②D、Q4、H220、H343、H466属战国时期，其余单位属夏家店下层文化（T335还涉及H459，系开口于该探方西壁之外而未发掘的袋形坑，此坑底部的东边凸入T335内，打破F51W，故其年代不早于夏家店下层文化）
97KDⅠT336	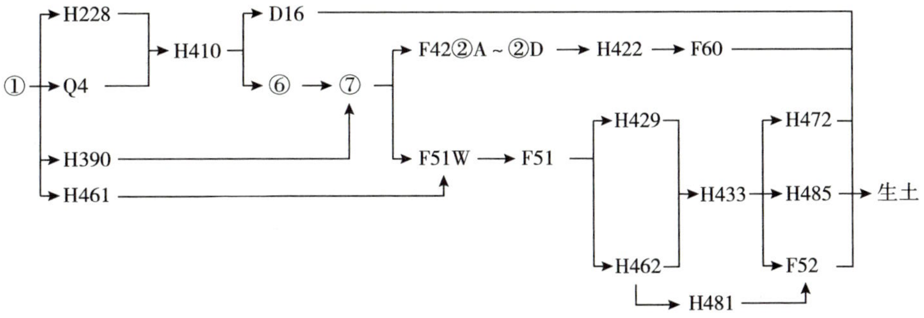	H228、Q4属战国时期，H410属夏家店上层文化，其余单位属夏家店下层文化
97KDⅠT337	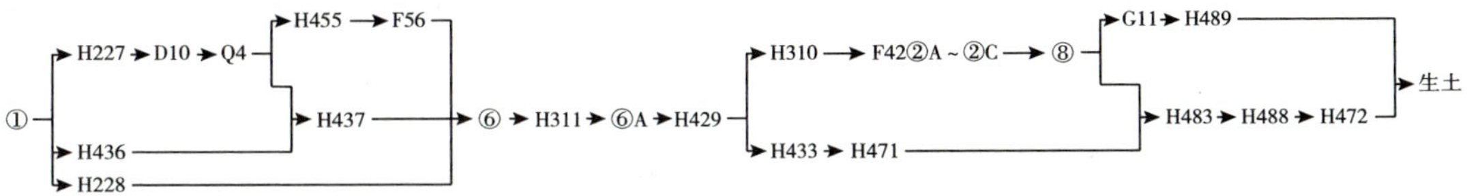	H227、D10、Q4、H455、H436、H228属战国时期，H437属夏家店上层文化，其余单位属夏家店下层文化

续表

探方号	层位关系示意图	备注
97KD Ⅰ T338	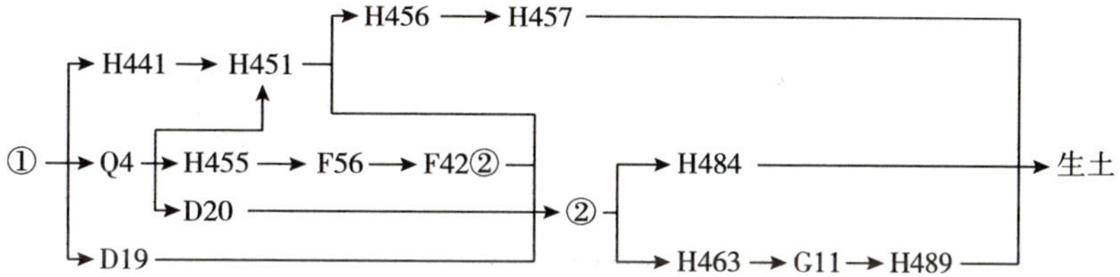	H441、H451、Q4、H455、D19、D20属战国时期，H484不晚于夏家店下层文化，其余单位属夏家店下层文化
97KD Ⅰ T339	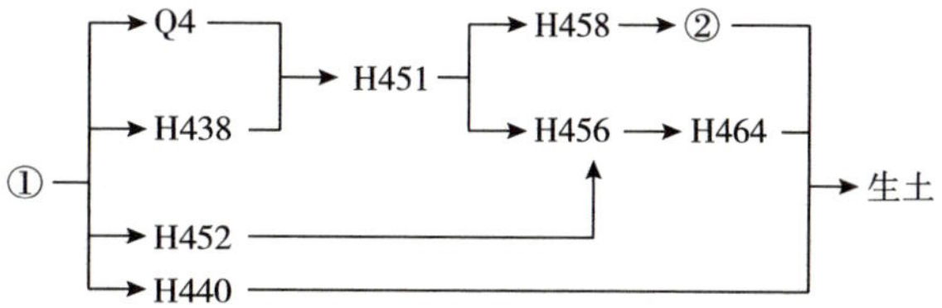	②、H456、H464属夏家店下层文化，其余单位属战国时期

附表二　大山前第Ⅰ地点夏家店下层文化典型单位陶器陶系、纹饰与器型统计表

1. ⅠH34 出土陶器陶系、陶色、纹饰统计表

纹饰	陶系（件）										合计	百分比（%）
	夹砂					泥质						
	灰	灰褐	黑灰	红	黄	灰	灰褐	黑灰	红	黄		
绳纹	471	104	107	7	2	13	5				709	25.76
弦纹	4		2			53	3		3		65	2.36
弦断绳纹	100	28	28	2		7	1		1		167	6.07
附加堆纹	9	4	3	2		149	20		3		190	6.91
附加堆纹＋绳纹						10					10	0.36
篮纹	9	1	1			89	12		5	1	118	4.29
弦纹＋篮纹	12	2	1			189	24		2		230	8.36
附加堆纹＋篮纹	6					165	32		1		204	7.41
素面	201	50	18	15	5	255	28	3	12	4	591	21.48
磨光	32	6	12	4	1	188	89	76	38		446	16.21
戳印纹	3					3	1				7	0.25
划印纹	1		1								2	0.07
方格纹	1					6					7	0.25
弦纹＋方格纹	2	1				2					5	0.18
篦点纹	1										1	0.04
合计	852	196	173	30	8	1129	215	79	65	5	2752	100
百分比（%）	30.96	7.12	6.29	1.09	0.29	41.02	7.82	2.87	2.36	0.18	100	

2. ⅠH34 出土陶器器类统计表

器类	陶系（件）										合计	百分比（%）
	夹砂					泥质						
	灰	灰褐	黑灰	红	黄	灰	灰褐	黑灰	红	黄		
甗	20	22	3	6							51	22.67
罐	22	7	13	1		27	7	2	5	1	85	37.78
瓮	2	1	3	1		20	6		2		35	15.56
盆		1		1		14	4				20	8.89

续表

器类	陶系（件）										合计	百分比（%）
	夹砂					泥质						
	灰	灰褐	黑灰	红	黄	灰	灰褐	黑灰	红	黄		
尊						9	8	3	8		28	12.5
豆						2	1				3	1.33
盘						1					1	0.44
碗						1					1	0.44
簋						1					1	0.44
合计	44	31	19	9		75	26	5	15	1	225	100
百分比（%）	19.56	13.78	8.44	4.00		33.33	11.56	2.22	6.67	0.44	100	

3. ⅠH137出土陶器陶系、陶色、纹饰统计表

纹饰	陶系（件）										合计	百分比（%）
	夹砂					泥质						
	灰	灰褐	黑灰	红	黄	灰	灰褐	黑灰	红	黄		
绳纹	261	68	116	7		92	24		4	2	574	24.17
弦纹	14		4			12	4				34	1.43
弦断绳纹	329	54	56	9	1	165	50		10	1	675	28.42
附加堆纹	30	5	6	1		142	20		2	2	208	8.76
附加堆纹+绳纹	4	2		1		97	6		5	1	116	4.88
篮纹	1					14					15	0.63
弦纹+篮纹	5		1			14	5				25	1.05
附加堆纹+篮纹						6	2				8	0.34
素面	107	35	39	7	2	133	26	14	18	4	385	16.21
磨光	20	4	21	2	1	112	34	84	18	17	313	13.18
戳印纹	3	3				9	3				18	0.76
划印纹		1									1	0.04
附加堆纹+弦纹						3					3	0.13
合计	774	172	243	27	4	799	174	98	57	27	2375	100
百分比（%）	32.59	7.24	10.23	1.14	0.16	33.64	7.33	4.13	2.40	1.14	100	

4. ⅠH137出土陶器器类统计表

器类	陶系（件）										合计	百分比（%）
	夹砂					泥质						
	灰	灰褐	黑灰	红	黄	灰	灰褐	黑灰	红	黄		
鬲	2		2			4		1			9	3.81
甗	23	7	9			1					40	16.95
鼎	7	1	1								9	3.81

续表

器类	陶系（件）										合计	百分比（%）
	夹砂					泥质						
	灰	灰褐	黑灰	红	黄	灰	灰褐	黑灰	红	黄		
罐	14	9	8	3	1	16	3	2	4	2	62	26.28
瓮	1	1				26	9		4	2	43	18.23
盆	2		1			23	6				32	13.57
尊			1			10	5	2	6	1	25	10.59
豆						4	4	1			9	3.81
壶						1					1	0.42
盘						2	1		1		4	1.69
钵										1	1	0.42
杯						1					1	0.42
合计	49	18	22	3	1	88	28	6	15	6	236	100
百分比（%）	20.76	7.63	9.32	1.27	0.42	37.29	11.87	2.54	6.36	2.54	100	

5. ⅠH37出土陶器陶系、陶色、纹饰统计表

纹饰	陶系（件）										合计	百分比（%）
	夹砂					泥质						
	灰	灰褐	黑灰	红	黄	灰	灰褐	黑灰	红	黄		
绳纹	196	30	107	17		63	32	16	2	2	465	25.59
弦纹	2		1			11	2	4			20	1.10
弦断绳纹	188	26	79	2		224	21	22	9	1	572	31.48
附加堆纹	3	1	1			85	7	17	6	1	121	6.66
附加堆纹＋绳纹	3	3	1			48	12	11			78	4.29
篮纹						5	2	1	1		9	0.50
弦纹＋篮纹						24	3	1			28	1.54
附加堆纹＋篮纹	1					1					2	0.11
附加堆纹＋弦纹	1	1				11			1		14	0.77
方格纹＋弦纹	1										1	0.06
素面	30	18	8	3		64	26	6	18	1	174	9.58
磨光	9	3	11	5		130	34	105	21	3	321	17.66
篦点纹			1			11					12	0.66
合计	434	82	209	27		677	139	183	58	8	1817	100
百分比（%）	23.89	4.51	11.50	1.49		37.26	7.65	10.07	3.19	0.44	100	

6. Ⅰ H37 出土陶器器类统计表

器类	陶系（件）										合计	百分比（%）
	夹砂					泥质						
	灰	灰褐	黑灰	红	黄	灰	灰褐	黑灰	红	黄		
鬲	1		1			1	1	4			8	3.54
甗	21	6	9	1		1					38	16.81
鼎	4		3								7	3.10
罐	16	4	15	2		11	3	7		1	59	26.11
瓮						16	6	4	2	1	29	12.83
盆				1		16	6	7	4		34	15.04
尊						8	5	12	1	1	27	11.96
豆						3	2	8	3		16	7.08
盘						1		2	1		4	1.77
碗						2					2	0.88
钵	1										1	0.44
器盖						1					1	0.44
合计	43	10	28	4		60	23	44	11	3	226	100
百分比（%）	19.03	4.42	12.39	1.77		26.54	10.18	19.47	4.87	1.33	100	

7. Ⅰ G2 出土陶器陶系、陶色、纹饰统计表

纹饰	陶系（件）										合计	百分比（%）
	夹砂					泥质						
	灰	灰褐	黑灰	红	黄	灰	灰褐	黑灰	红	黄		
绳纹	1932	193	235	40	1	696	178		47	3	3325	26.96
弦纹	31	5	9			79	23	10	6	2	165	1.34
弦断绳纹	1925	170	224	30		1249	190	1	41	2	3832	31.07
附加堆纹	68	11	3	5		514	89		23		713	5.78
附加堆纹 + 绳纹	66	20	1	4		468	93		30	1	683	5.54
篮纹	1	1				20	3		1		26	0.21
弦纹 + 篮纹	4		2			48	15		2		71	0.58
附加堆纹 + 篮纹	2	1				10	5		1		19	0.15
素面	556	144	21	34	2	595	130	12	54	3	1551	12.57
磨光	212	92	168	15	1	607	295	418	65	22	1895	15.36
戳印纹	2	1	1			8	3		2		17	0.14
划印纹	2	1	1			5	1				10	0.08
方格纹	1					1			2		4	0.03
弦纹 + 方格纹						1					1	0.01
篦点纹	4	2	1			7	2	4	2		22	0.18
合计	4806	641	666	128	4	4308	1027	445	276	33	12334	100
百分比（%）	38.97	5.20	5.40	1.04	0.03	34.93	8.33	3.61	2.24	0.27	100	

8. Ⅰ G2 出土陶器器类统计表

器类	陶系（件）										合计	百分比（%）
	夹砂					泥质						
	灰	灰褐	黑灰	红	黄	灰	灰褐	黑灰	红	黄		
鬲	77	10	30			17	8	17	2	1	162	13.77
甗	104	16	16	4		4	4		1		149	12.67
鼎	27	3	2			4	1				37	3.15
罐	70	21	35	5		94	33	10	15	2	285	24.23
瓮	15	4				148	74		16	4	261	22.19
盆	6	2	1	2		97	37		5	1	151	12.84
尊	2	2				42	12	3	6		67	5.69
豆						16	8	1	1		26	2.21
壶						9	3	1	1		14	1.19
盘		3				1					4	0.34
碗						4	5				9	0.77
钵	1					1	3		1		6	0.51
杯						1		1			2	0.17
簋							1				1	0.09
圈足罐						1					1	0.09
垫状器						1					1	0.09
合计	302	61	84	11		440	189	33	48	8	1176	100
百分比（%）	25.68	5.19	7.14	0.94		37.41	16.07	2.81	4.08	0.68	100	

9. Ⅰ H235 出土陶器陶系、陶色、纹饰统计表

纹饰	陶系（件）										合计	百分比（%）
	夹砂					泥质						
	灰	灰褐	黑灰	红	黄	灰	灰褐	黑灰	红	黄		
绳纹	960	81	307	13	2	504	69		14		1950	18.06
弦纹	2		2			26	3		2		35	0.32
弦断绳纹	1709	148	296	12	1	2076	242		40	3	4527	41.92
附加堆纹	32	2	1	1		758	68		7		869	8.05
附加堆纹＋绳纹	68	4	11			565	44		5		697	6.45
篮纹						15	2		1		18	0.17
弦纹＋篮纹		1				12	1		1		15	0.14
附加堆纹＋篮纹						5					5	0.05
素面	229	65	38	11		450	92		29		914	8.46
磨光	62	21	1			719	273	615	35	10	1736	16.08
戳印纹	2					1	1				4	0.04

续表

纹饰	陶系（件）										合计	百分比（%）
	夹砂					泥质						
	灰	灰褐	黑灰	红	黄	灰	灰褐	黑灰	红	黄		
划印纹						5					5	0.05
篦点纹	6	2	4			11					23	0.21
合计	3070	324	660	37	3	5147	795	615	134	13	10798	100
百分比（%）	28.43	3.00	6.11	0.34	0.03	47.67	7.36	5.70	1.24	0.12	100	

10. I H235 出土陶器器类统计表

器类	陶系（件）										合计	百分比（%）
	夹砂					泥质						
	灰	灰褐	黑灰	红	黄	灰	灰褐	黑灰	红	黄		
鬲	39	7	11			21	3	7			88	9.83
甗	64	5	21			1					91	10.16
鼎	25	4	5			1					35	3.91
罐	59	14	30	1	1	90	25		6	1	227	25.34
瓮	7	3				78	46		5		139	15.51
盆	18	9	3	2		86	32		5	1	156	17.41
尊	2					62	12	5	1		82	9.15
豆						25	7	1	1		34	3.79
壶						8	1	1	1		11	1.23
盘						9	2	2	2		15	1.67
碗						4	1		2		7	0.78
钵						1					1	0.11
杯						3		1	3		7	0.78
簋						1					1	0.11
垫		2									2	0.22
合计	214	44	70	3	1	390	129	17	26	2	896	100
百分比（%）	23.89	4.91	7.81	0.33	0.11	43.53	14.40	1.90	2.90	0.22	100	

附表三　大山前第Ⅰ、Ⅱ、Ⅶ地点夏家店下层文化单位出土陶器标本登记表

分段	单位	型式和数量																				豆	其他共存陶器
		夹砂罐				泥质罐	夹砂鼎		甗盆			甗鬲		盆			筒腹鬲	大口瓮		尊			
		A		B	C	Aa	A	B	A		B	A	B	Aa	B	D	A	A		A	B		
		Aa	Ab						Aa	Ab								Aa	Ab				
一	ⅠH33				Ⅰ1									Ⅰ1				Ⅰ2					小盆1
一	ⅠH34	Ⅰ1	Ⅰ2			Ⅰ1			Ⅰ2			Ⅰ1		Ⅰ1				Ⅰ4		Ⅰ13	Ⅰ3		夹砂罐口沿四1、泥质罐口沿一1、簋1、夹砂甗鬲C1、碗B1、三足盘A1
一	ⅠH169	Ⅰ2																Ⅰ1		Ⅰ1			壶B1
一	ⅠH195	Ⅰ1			Ⅰ1																		
一	ⅠH445						Ⅰ1																夹砂罐口沿一1、钵A1
一	ⅠF12								Ⅰ1														盆C1
一	ⅠF44							Ⅰ1															
一	ⅦH3								Ⅰ1			Ⅰ1											
一	ⅦH6					Ⅰ1																	
一	ⅠT413⑧		Ⅰ1										Ⅰ1										
二	ⅠH12	Ⅱ1																Ⅱ2	Ⅰ4		Ⅱ1		

续表

分段	单位	型式和数量																				豆	其他共存陶器
		夹砂罐				泥质罐	夹砂鼎		甗盆			甗鬲		盆			筒腹鬲	大口瓮		尊			
		A		B	C	Aa	A	B	A		B	A	B	Aa	B	D	A	A		A	B		
		Aa	Ab						Aa	Ab								Aa	Ab				
二	Ⅰ H37	Ⅱ2	Ⅱ2						Ⅱ1					Ⅱ3			Ⅰ1	Ⅱ2		Ⅱ1		Ⅰ2	泥质罐 Ba1、F1，泥质鬲未分型标本 1，器盖 1，盆 Ab1，平底盘 A1，豆未分型标本 1，钵 A1，泥质甗盆 1，碗 Aa1、Ac1
二	Ⅰ H75	Ⅰ1				Ⅰ1			Ⅰ1 Ⅱ1														
二	Ⅰ H90			Ⅱ1										Ⅱ3					Ⅰ1	Ⅰ1 Ⅱ1			泥质罐 Ab1，泥质鼎 1，簋 1，豆柄 1，碗 Ac2、C1，改制碗 1
二	Ⅰ H99					Ⅱ1																	
二	Ⅰ H113	Ⅱ1																	Ⅰ1				
二	Ⅰ H116	Ⅱ2			Ⅰ1				Ⅰ1 Ⅱ2						Ⅰ1		Ⅰ1	Ⅰ1 Ⅱ3			Ⅱ1		泥质罐 Ab1、泥质罐口沿四 1、豆柄 1
二	Ⅰ H119											Ⅱ1							Ⅰ1				
二	Ⅰ H120								Ⅱ1			Ⅱ1		Ⅱ1				Ⅱ1		Ⅱ3			夹砂鼎底 1、盆 C1、碗 Ac1
二	Ⅰ H136	Ⅱ2		Ⅰ1					Ⅰ1									Ⅰ1 Ⅱ3	Ⅰ2	Ⅱ1	Ⅱ2		壶 A1，泥质罐 Bb1、C1，夹砂罐口沿一 1
二	Ⅰ H137		Ⅱ1			Ⅱ2			Ⅰ1 Ⅱ3					Ⅱ7	Ⅰ1	Ⅰ1	Ⅰ2	Ⅰ3 Ⅱ3		Ⅱ6		Ⅰ1	泥质罐口沿四 1、平底盘 A2、改制平底盘 1、三足盘 A1、盆未分型标本 1、壶 A1、尊 C1、豆柄 1、夹砂甗鬲未分型标本 1

续表

分段	单位	型式和数量																				豆	其他共存陶器
		夹砂罐				泥质罐	夹砂鼎		甗盆			甗鬲		盆			筒腹鬲	大口瓮		尊			
		A		B	C	Aa	A	B	A		B	A	B	Aa	B	D	A	A		A	B		
		Aa	Ab						Aa	Ab								Aa	Ab				
二	ⅠH138																				Ⅱ1		夹砂罐未分型标本1、泥质罐Ab1、夹砂鼎未分型标本1
二	ⅠH142							Ⅱ1		Ⅰ1				Ⅱ1				Ⅱ1					
二	ⅠH145																				Ⅱ1		小盆1
二	ⅠH149	Ⅱ1																Ⅱ1		Ⅱ1	Ⅰ1 Ⅱ1		泥质罐F2、泥质鼎1、泥质筒腹鬲1、尊未分型标本1
二	ⅠH150					Ⅱ1			Ⅱ2					Ⅱ2				Ⅰ1 Ⅱ1					泥质罐F1、夹砂筒腹鬲A1、盆E1、碗C1
二	ⅠH151	Ⅱ1												Ⅱ4		Ⅰ2				Ⅰ1			夹砂罐口沿一1、泥质罐Ba1、平底盘A2
二	ⅠH153													Ⅱ1									
二	ⅠH155	Ⅱ1									Ⅰ1			Ⅱ2				Ⅰ1 Ⅱ2	Ⅰ1	Ⅱ1			泥质罐F1、小罐1、碗B1、杯1
二	ⅠH156		Ⅱ2	Ⅱ3					Ⅰ1 Ⅱ2			Ⅱ1		Ⅱ5				Ⅰ1 Ⅱ3		Ⅰ1 Ⅱ4	Ⅱ2		夹砂罐口沿一1、泥质罐D1、F1、平底盘A1、三足盘B1、盆Ab2、盆未分型标本1、壶C1
二	ⅠH157								Ⅱ1					Ⅱ1									
二	ⅠH165																				Ⅰ1		
二	ⅠH158								Ⅱ1					Ⅱ3	Ⅰ1			Ⅰ1 Ⅱ1					夹砂罐口沿一1、泥质罐Ab1、夹砂鼎未分型标本1、盆Ab1

续表

分段	单位	型式和数量																				豆	其他共存陶器
		夹砂罐				泥质罐	夹砂鼎		甗盆			甗鬲		盆			筒腹鬲	大口瓮		尊			
		A		B	C	Aa	A	B	A		B	A	B	Aa	B	D	A	A		A	B		
		Aa	Ab						Aa	Ab								Aa	Ab				
二	Ⅰ H167		Ⅱ1											Ⅱ2				Ⅰ1					
二	Ⅰ H174		Ⅰ1																	Ⅰ1			
二	Ⅰ H176		Ⅱ1															Ⅰ1					
二	Ⅰ H179																			Ⅱ1			豆柄 1
二	Ⅰ H183								Ⅱ1														夹砂甗鬲 C1
二	Ⅰ H187													Ⅱ1			Ⅱ1						四足盘 1、改制平底盘 1
二	Ⅰ H202	Ⅱ1		Ⅱ1	Ⅱ1		Ⅱ1		Ⅱ4									Ⅱ2		Ⅱ2		Ⅰ1	夹砂罐口沿一 1、夹砂罐口沿三 1、泥质罐 Ab1
二	Ⅰ H203						Ⅱ1		Ⅱ2			Ⅱ1			Ⅰ1							Ⅰ1	泥质鬲未分型标本 1
二	Ⅰ H204								Ⅱ1														钵 A1
二	Ⅰ H206	Ⅱ1			Ⅱ1				Ⅱ1		Ⅰ1				Ⅰ1					Ⅱ1			鼓腹鬲 B1、平底盘 A2、圈足盘 1、小口瓮 1
二	Ⅰ H214						Ⅱ1																
二	Ⅰ H221								Ⅱ1					Ⅱ2		Ⅰ1			Ⅰ1	Ⅰ2			壶口沿二 1
二	Ⅰ H277								Ⅱ1					Ⅱ1									碗 Aa1、豆盘残片 1
二	Ⅰ H297													Ⅱ1				Ⅱ1					
二	Ⅰ H304								Ⅱ3					Ⅱ1			Ⅱ1						大口瓮 B1、豆未分型标本 1
二	Ⅰ H328																Ⅰ1						泥质罐 C1、碗 Ac1
二	Ⅰ H334	Ⅱ1																Ⅰ1					泥质罐口沿三 1、钵 A1、平底盘 A1

续表

分段	单位	型式和数量																				豆	其他共存陶器
		夹砂罐				泥质罐	夹砂鼎		甗盆			甗鬲		盆			筒腹鬲	大口瓮		尊			
		A		B	C	Aa	A	B	A		B	A	B	Aa	B	D	A	A		A	B		
		Aa	Ab						Aa	Ab								Aa	Ab				
二	Ⅰ H344	Ⅱ2								Ⅱ2				Ⅱ2	Ⅰ1	Ⅰ1		Ⅱ4	Ⅰ5	Ⅱ2		Ⅰ1	夹砂罐 C1，泥质甗鬲 1，盆 Ab3，壶 A1，碗 Aa1、Ab1、Ac1
二	Ⅰ H364																			Ⅱ1			
二	Ⅰ H367	Ⅱ1							Ⅱ1					Ⅱ2									碗 Ab1
二	Ⅰ H387								Ⅱ1														夹砂罐口沿四 1、泥质罐 Ba1
二	Ⅰ H414							Ⅱ1										Ⅱ1					夹砂罐未分型标本 1、壶 A1、碗 C1
二	Ⅰ H418			Ⅱ1					Ⅱ1														夹砂鼎底 1、平底盘未分型标本 1
二	Ⅰ H422						Ⅱ1							Ⅱ2		Ⅰ1		Ⅱ1		Ⅱ1			泥质罐口沿四 1、壶口沿三 1、平底盘 A1、未分型标本 1、四足盘 1
二	Ⅰ H428								Ⅱ1		Ⅰ1			Ⅱ1				Ⅱ3					
二	Ⅰ H429	Ⅱ1							Ⅱ1		Ⅰ1												夹砂罐口沿四 2、碗 Ac1、杯 1
二	Ⅰ H430													Ⅱ1		Ⅰ1						Ⅰ1	盆 C1
二	Ⅰ H433													Ⅱ4				Ⅱ1		Ⅱ1			碗 Aa1
二	Ⅰ H434	Ⅱ2			Ⅱ1				Ⅱ1					Ⅱ4	Ⅰ1			Ⅱ1	Ⅰ1	Ⅰ1			盆 E1、钵 A1
二	Ⅰ H448		Ⅱ1																				
二	Ⅰ H449	Ⅱ1		Ⅱ1		Ⅱ1		Ⅱ1	Ⅱ4			Ⅱ1		Ⅱ2									夹砂罐口沿四 1、盆 Ab1、三足盘 A1、钵 A1、杯 1
二	Ⅰ H454																		Ⅰ1				钵 A1

续表

分段	单位	型式和数量																				豆	其他共存陶器
		夹砂罐				泥质罐	夹砂鼎		甗盆			甗鬲		盆			筒腹鬲	大口瓮		尊			
		A		B	C	Aa	A	B	A		B	A	B	Aa	B	D	A	A		A	B		
		Aa	Ab						Aa	Ab								Aa	Ab				
二	Ⅰ H460																Ⅱ1		Ⅰ2				泥质罐 Ba1
二	Ⅰ H462													Ⅱ1				Ⅱ2					
二	Ⅰ H464									Ⅱ1													
二	Ⅰ H469	Ⅱ1												Ⅱ1				Ⅱ1					夹砂罐口沿四 1
二	Ⅰ H471																						夹砂罐口沿五 1
二	Ⅰ H474	Ⅱ1							Ⅱ3									Ⅱ3	Ⅰ2	Ⅱ1			夹砂筒腹鬲 A1、盆 C1、簋 1、碗 Ac1
二	Ⅰ H477	Ⅱ1																					
二	Ⅰ H478										Ⅰ1			Ⅱ1									
二	Ⅰ H483																	Ⅱ1					大口瓮 B1
二	Ⅰ H489													Ⅱ1									
二	Ⅰ H494								Ⅱ4	Ⅰ1				Ⅱ4			Ⅱ1	Ⅱ2	Ⅰ2				泥质罐未分型标本 1、四足盘 1、壶 A1、碗 C1
二	Ⅰ H496	Ⅱ1												Ⅱ5				Ⅱ3		Ⅰ1 Ⅱ1			碗 Ac1
二	Ⅰ H500			Ⅰ1					Ⅱ1									Ⅰ1 Ⅱ2					
二	Ⅰ H499													Ⅱ1				Ⅱ1			Ⅱ1		泥质罐口沿三 1
二	Ⅰ F1			Ⅱ1														Ⅱ3		Ⅱ3		Ⅰ1	泥质假圈足罐 1、泥质筒腹鬲 A1
二	Ⅰ F8h1					Ⅱ2	Ⅱ1									Ⅰ1		Ⅱ1	Ⅰ1	Ⅱ2			壶未分型标本 1

续表

分段	单位	型式和数量																				豆	其他共存陶器
		夹砂罐				泥质罐	夹砂鼎		甗盆			甗鬲		盆			筒腹鬲	大口瓮		尊			
		A		B	C	Aa	A	B	A		B	A	B	Aa	B	D	A	A		A	B		
		Aa	Ab						Aa	Ab								Aa	Ab				
二	Ⅰ F9																	Ⅱ1					泥质鼎 1
二	Ⅰ F11													Ⅱ2									泥质罐口沿四 1
二	Ⅰ F13																			Ⅱ1			钵 B1
二	Ⅰ F14								Ⅱ1								Ⅱ1	Ⅰ1 Ⅱ2		Ⅱ1			夹砂罐口沿五 1、泥质筒腹鬲 B1
二	Ⅰ F15	Ⅱ1							Ⅱ1										Ⅰ1			Ⅰ1	
二	Ⅰ F18								Ⅱ2								Ⅱ1						
二	Ⅰ F18W							Ⅱ1										Ⅱ3	Ⅰ3				钵 A2、小口瓮 1
二	Ⅰ F21													Ⅱ1				Ⅱ2					泥质直腹鬲 1
二	Ⅰ F22								Ⅰ1 Ⅱ1					Ⅱ1					Ⅰ1				豆柄 1、豆盘残片 1
二	Ⅰ F25								Ⅱ1					Ⅱ2				Ⅰ1 Ⅱ1		Ⅱ1			泥质罐口沿三 1
二	Ⅰ F26	Ⅱ1				Ⅱ1														Ⅱ1			泥质鼎 1
二	Ⅰ F27			Ⅱ1							Ⅰ1							Ⅱ1		Ⅰ1			平底盘 A1
二	Ⅰ F28																	Ⅱ2					
二	Ⅰ F30													Ⅱ1				Ⅱ1					
二	Ⅰ F33								Ⅱ1					Ⅱ1			Ⅱ1						夹砂罐口沿一 1、夹砂甗鬲未分型标本 1、盆未分型标本 1

续表

分段	单位	型式和数量																						豆	其他共存陶器
		夹砂罐				泥质罐	夹砂鼎		甗盆			甗鬲		盆			筒腹鬲	大口瓮		尊					
		A		B	C	Aa	A	B	A		B	A	B	Aa	B	D	A	A		A	B				
		Aa	Ab						Aa	Ab								Aa	Ab						
二	Ⅰ F42	Ⅱ4				Ⅱ2			Ⅱ1		Ⅰ1			Ⅱ9		Ⅰ1		Ⅰ2 Ⅱ6	Ⅰ5	Ⅰ1 Ⅱ5	Ⅱ2				泥质罐C1、E1，泥质罐口沿四1，尊未分型标本1，盆Ab1，壶B1、C1，小口瓮1，三足盘A4、钵A3，小盆1，杯1
二	Ⅰ F43										Ⅰ1	Ⅱ1													
二	Ⅰ F45								Ⅱ1											Ⅱ1					
二	Ⅰ F48																	Ⅱ1							壶A1
二	Ⅰ F50								Ⅱ1	Ⅰ1				Ⅱ1	Ⅰ1										泥质罐C1、D1，泥质甗盆1，三足盘A1，碗C1
二	Ⅰ F51																		Ⅰ1						碗Aa1
二	Ⅰ F51W								Ⅱ1																
二	Ⅰ F52								Ⅱ1					Ⅱ1											
二	Ⅰ F53			Ⅱ1															Ⅰ1						
二	Ⅰ F54											Ⅱ1					Ⅰ1								
二	Ⅰ F55								Ⅱ2											Ⅱ1					碗Ac1
二	Ⅰ F61																		Ⅰ1	Ⅱ1	Ⅱ1				夹砂罐口沿一1、泥质罐C1、盆Ab1、钵A1、器盖1
二	Ⅰ G6	Ⅰ1							Ⅰ1 Ⅱ1			Ⅱ1	Ⅱ1	Ⅱ1		Ⅰ1		Ⅰ1 Ⅱ2	Ⅰ1	Ⅱ1				Ⅰ2	夹砂罐口沿六1、泥质罐Bb1、夹砂鼎未分型标本1、泥质筒腹鬲1、甑1、三足盘A1、杯1

续表

分段	单位	型式和数量																					豆	其他共存陶器
		夹砂罐				泥质罐	夹砂鼎		甗盆			甗鬲		盆			筒腹鬲	大口瓮		尊				
		A		B	C	Aa	A	B	A		B	A	B	Aa	B	D	A	A		A	B			
		Aa	Ab						Aa	Ab								Aa	Ab					
二	ⅠG7	Ⅱ1	Ⅱ2						Ⅰ1					Ⅱ1						Ⅱ1				碗Ab1
二	ⅡF2																						Ⅰ1	夹砂罐未分型标本1
二	ⅡF3								Ⅱ1					Ⅱ1				Ⅱ1					Ⅰ1	泥质罐Ba1、E1
二	ⅡG1									Ⅰ1				Ⅱ1				Ⅰ1						壶A1
二	ⅦH1												Ⅱ1											
二	ⅦH4														Ⅰ1									
二	ⅠT325⑦																							改制碗1
二	ⅠT406④A	Ⅱ1																						夹砂甗鬲C1、平底盘B1、杯1
二	ⅠT407⑦			Ⅰ1 Ⅱ1														Ⅱ1						
二	ⅠT408⑤								Ⅱ1									Ⅱ1			Ⅱ1			泥质罐C1、碗B1、杯1
二	ⅠT409⑤																			Ⅱ1				
二	ⅠT409④									Ⅰ1														
二	ⅠT410⑦A				Ⅰ1																			
二	ⅠT410⑥																			Ⅱ1				
二	ⅠT410④	Ⅱ1												Ⅱ1						Ⅱ2				大口瓮B1、三足盘A1
二	ⅠT410③A	Ⅱ1																		Ⅱ1				
二	ⅠT410③	Ⅱ1							Ⅱ1					Ⅱ1					Ⅰ1					
二	ⅠT420⑦																		Ⅰ1	Ⅰ1	Ⅱ1			泥质罐F1
二	ⅠT421⑦A																			Ⅱ1				

续表

分段	单位	型式和数量																				豆	其他共存陶器
		夹砂罐				泥质罐	夹砂鼎		甗盆			甗鬲		盆			筒腹鬲	大口瓮		尊			
		A		B	C	Aa	A	B	A		B	A	B	Aa	B	D	A	A		A	B		
		Aa	Ab						Aa	Ab								Aa	Ab				
二	Ⅰ T422④													Ⅱ1				Ⅱ1			Ⅰ1		夹砂甗鬲 C1
二	Ⅰ T423④B																					Ⅰ1	
二	Ⅰ T423③B													Ⅱ1									
二	Ⅰ T423③A																						泥质罐 F1
二	Ⅰ T430⑧	Ⅱ1																Ⅱ2					
二	Ⅰ T430⑦	Ⅱ1	Ⅱ1																				圈足盘 1
二	Ⅰ T430⑥		Ⅱ2											Ⅱ4									三足盘 A1、平底盘 A1
二	Ⅰ T433⑥A													Ⅰ1						Ⅰ2			
二	Ⅰ T433⑥																	Ⅰ4	Ⅰ1				三足盘 A1
二	Ⅰ T433⑤C																			Ⅰ1			
二	Ⅰ T433④F													Ⅱ1									
二	Ⅰ T433④E													Ⅱ1									泥质罐 Ab1
二	Ⅰ T433④D																	Ⅱ2	Ⅰ1				壶 B1、平底盘 A1
二	Ⅰ T433④C																		Ⅰ1				泥质罐 D1
二	Ⅰ T433④B																						碗 Ab1、小盆 1
二	Ⅰ T433③C													Ⅱ1									
二	Ⅰ T434④								Ⅱ1														
二	Ⅰ T434③																						带流器 1
三	Ⅰ H79								Ⅱ1					Ⅲ1				Ⅱ1					盆 E1
三	Ⅰ H108													Ⅱ1				Ⅲ1					

续表

分段	单位	型式和数量																				豆	其他共存陶器
		夹砂罐				泥质罐	夹砂鼎		甗盆			甗鬲		盆			筒腹鬲	大口瓮		尊			
		A		B	C	Aa	A	B	A		B	A	B	Aa	B	D	A	A		A	B		
		Aa	Ab						Aa	Ab								Aa	Ab				
三	ⅠH126		Ⅲ1																Ⅰ2				
三	ⅠH185																	Ⅰ1					泥质罐C1
三	ⅠH226											Ⅲ1											
三	ⅠH252	Ⅱ2	Ⅱ1				Ⅲ1		Ⅱ1		Ⅰ1							Ⅱ2	Ⅰ1				夹砂罐口沿一1、小口瓮1
三	ⅠH235	Ⅱ2 Ⅲ2	Ⅱ2	Ⅱ1 Ⅲ1		Ⅲ1	Ⅱ1	Ⅲ1	Ⅱ11 Ⅲ10	Ⅱ1	Ⅰ1	Ⅲ1		Ⅱ12 Ⅲ8	Ⅱ1	Ⅱ2	Ⅲ5	Ⅱ4 Ⅲ5	Ⅰ4 Ⅱ14	Ⅱ3 Ⅲ3	Ⅱ1	Ⅰ1 Ⅱ1	泥质罐Bb4、F3，泥质罐口沿三1，鼓腹鬲A1、B2，夹砂鬲未分型标本1，夹砂鼎底标本1，碗Aa2、Ab2，杯2，簋1，三足盘B1，平底盘A3，平底盘未分型标本1，改制平底盘2，盆Ab2，盆未分型标本1，壶A2、B2、C2，钵A1
三	ⅠH276			Ⅲ1		Ⅲ1					Ⅱ1							Ⅲ1					泥质筒腹鬲A1、夹砂罐C1、盆Ab1
三	ⅠH282								Ⅱ1					Ⅱ1				Ⅲ1					泥质罐D1、碗Aa1
三	ⅠH317								Ⅲ1														
三	ⅠH319			Ⅲ1																	Ⅲ1		
三	ⅠH345	Ⅱ1	Ⅱ2						Ⅱ1	Ⅱ1				Ⅱ3			Ⅲ1	Ⅱ2 Ⅲ2	Ⅰ1	Ⅱ1			泥质罐口沿三1、盆Ab1、碗Ac1
三	ⅠH348								Ⅱ1									Ⅱ2 Ⅲ4	Ⅱ1				尊C1

续表

分段	单位	型式和数量																				豆	其他共存陶器
		夹砂罐				泥质罐	夹砂鼎		甗盆			甗鬲		盆			筒腹鬲	大口瓮		尊			
		A		B	C	Aa	A	B	A		B	A	B	Aa	B	D	A	A		A	B		
		Aa	Ab						Aa	Ab								Aa	Ab				
三	Ⅰ H350													Ⅱ1 Ⅲ1							Ⅲ1		豆盘残片 1
三	Ⅰ H355					Ⅲ1																	
三	Ⅰ H356				Ⅱ1		Ⅱ1		Ⅲ1					Ⅱ1 Ⅲ1			Ⅱ1	Ⅱ1	Ⅱ1	Ⅱ1			碗 Ac1、三足盘 B1
三	Ⅰ H366	Ⅱ1		Ⅲ1					Ⅱ8 Ⅲ4		Ⅰ1			Ⅱ4 Ⅲ2				Ⅱ2 Ⅲ5		Ⅱ1 Ⅲ1			夹砂罐口沿一 1、泥质罐 C1、夹砂筒腹鬲 1、壶 C1、豆盘残片 1
三	Ⅰ H374								Ⅱ1									Ⅰ1 Ⅱ1		Ⅲ1			圈足盘 1
三	Ⅰ H379		Ⅲ1				Ⅲ2	Ⅲ1	Ⅲ1			Ⅲ2					Ⅲ2			Ⅲ5	Ⅲ1	Ⅱ1	泥质罐 E1，泥质罐未分型标本 1，夹砂筒腹鬲 A1、B1，泥质甗 1，壶 B1
三	Ⅰ H369								Ⅲ1		Ⅱ1												鼓腹鬲 A1、夹砂罐 C1
三	Ⅰ H389													Ⅱ1									
三	Ⅰ H408			Ⅲ1																			壶口沿二 1
三	Ⅰ H413																			Ⅲ1			泥质筒腹鬲 B1、钵 A1、盆未分型标本 1
三	Ⅰ H420		Ⅱ1											Ⅱ1			Ⅲ1		Ⅰ1				夹砂罐口沿一 1
三	Ⅰ H424		Ⅲ1						Ⅱ1					Ⅱ1				Ⅱ1 Ⅲ1					泥质罐 C1、平底盘 A1
三	Ⅰ H426													Ⅱ1					Ⅱ1	Ⅱ1			泥质鼎 1

续表

分段	单位	型式和数量																				豆	其他共存陶器
		夹砂罐				泥质罐	夹砂鼎		甗盆			甗鬲		盆			筒腹鬲	大口瓮		尊			
		A		B	C	Aa	A	B	A		B	A	B	Aa	B	D	A	A		A	B		
		Aa	Ab						Aa	Ab								Aa	Ab				
三	ⅠF6	Ⅱ1 Ⅲ1							Ⅲ1		Ⅱ1			Ⅱ2 Ⅲ1		Ⅱ2		Ⅱ1			Ⅱ1		尊末分型标本 2
三	ⅠF7	Ⅲ1																	Ⅱ1				泥质罐 Bb1、平底盘 A1
三	ⅠF19																	Ⅱ1		Ⅲ1			
三	ⅠF29			Ⅲ1										Ⅱ1	Ⅱ1								泥质罐 F1、钵 A1
三	ⅠF39	Ⅱ1																		Ⅲ1			小口瓮 1
三	ⅠG1		Ⅲ1	Ⅲ1					Ⅲ3					Ⅱ1				Ⅲ2	Ⅱ2				平底盘 A1、壶口沿一 1
三	ⅠG2	Ⅲ1 Ⅳ1	Ⅲ4	Ⅱ1 Ⅲ6	Ⅲ3	Ⅲ2	Ⅲ1	Ⅲ3	Ⅱ1 Ⅲ18	Ⅱ1	Ⅱ2	Ⅲ7		Ⅱ2 Ⅲ14		Ⅱ2	Ⅲ6	Ⅱ4 Ⅲ6	Ⅱ4	Ⅱ1 Ⅲ2			泥质甗鬲 1，夹砂筒腹鬲 A21、B1，鼓腹鬲 A2、B1，陶垫状器 1，盆末分型标本 1，小盆 1，夹砂罐口沿一 2，夹砂罐口沿二 1，夹砂罐口沿五 1，泥质罐 Ab1、Ba1，泥质罐口沿一 1，泥质罐口沿二 2，尊 C1，尊末分型标本 1，泥质圈足罐残片 1，双耳壶 1，壶 A7、C1，壶口沿二 1，壶口沿三 1，钵 A2，碗 Aa1、Ab2、C1，碗末分型标本 1，杯 1
三	ⅠQ6																	Ⅱ1					
三	ⅠF2																	Ⅱ1	Ⅰ1		Ⅱ1		
三	ⅠT110⑦								Ⅱ1 Ⅲ1											Ⅲ1			平底盘 A1

续表

分段	单位	型式和数量																				豆	其他共存陶器
		夹砂罐				泥质罐	夹砂鼎		甗盆			甗鬲		盆			筒腹鬲	大口瓮		尊			
		A		B	C	Aa	A	B	A		B	A	B	Aa	B	D	A	A		A	B		
		Aa	Ab						Aa	Ab								Aa	Ab				
三	Ⅰ T110⑦B		Ⅲ1																				夹砂鬲末分型标本 1
三	Ⅰ T110⑥			Ⅱ1	Ⅲ1														Ⅰ1	Ⅱ1		Ⅰ1	夹砂罐末分型标本 1，泥质罐 Ba1、F1，壶 C1，平底盘 A1
三	Ⅰ T406③B													Ⅱ1									
三	Ⅰ T407⑤	Ⅲ1		Ⅱ1					Ⅱ1					Ⅱ1									泥质罐 D1、盆 Ab1、钵 A1、小盆 1、夹砂鼎底部标本 1
三	Ⅰ T408④																			Ⅲ1			平底盘 B1
三	Ⅰ T420⑤	Ⅲ1	Ⅱ1						Ⅱ1					Ⅱ2				Ⅰ1 Ⅱ1			Ⅱ1		泥质罐 Ab2、E1，泥质鼎 1，壶 A1，碗末分型标本 1
三	Ⅰ T421⑥																						改制平底盘 1
三	Ⅰ T421④								Ⅱ2														
三	Ⅰ T433③B	Ⅱ1												Ⅲ2									
三	Ⅰ T433③A								Ⅲ1														
	Ⅰ F46																						杯 1
	Ⅰ H193																						夹砂筒腹鬲 A1
	Ⅰ H230																						鼓腹鬲 A1、泥质罐口沿五 1
	Ⅰ H266																						平底盘 A1
	Ⅰ H456																						泥质甗 1
	Ⅰ H480																						碗 B1
	Ⅰ H485																						盆 E1
	Ⅰ T423②B																						三足盘 A1

注：表中凡言“口沿×”者，皆指分类中的口沿第×种。

附表四　大山前第Ⅰ地点夏家店下层文化诸遗迹主要石器的数量统计表

石器名称	石器性质或完整性	数量（件）	小计（件）	百分比（%）
石斧	成品	16	30	3.95
	半成品	3		
	残片	11		
磨制石铲	成品	26	247	32.54
	残片	221		
打制石铲	成品或半成品	27	45	5.92
	残块	18		
打制石铲或斧	成品或半成品	67	86	11.33
	残块	19		
石铲或磬	残块	13	13	1.71
石刀	成品	5	46	6.06
	残片	41		
石钺	残片	9	9	1.19
石锛	完整	3	4	0.53
	残片	1		
石凿	完整	7	9	1.19
	残片	2		
石球	完整	6	6	0.79
石镞或镞形石片	完整	10	10	1.32
磨盘	完整	1	2	0.26
	残块	1		
磨棒	残段	4	4	0.53
研磨器	残块	1	1	0.13
石杵	完整	3	3	0.40
石臼	完整	1	4	0.53
	残块	3		
磨石	完整	19	26	3.43
	残块	7		

续表

石器名称		石器性质或完整性	数量（件）	小计（件）	百分比（%）
盘状石器		完整	36	52	6.85
		残块	16		
石圆饼或饼形石器		完整	20	23	3.03
		残块	3		
石饰件	石珠或玉珠	完整	4	11	1.45
	石环	完整与残块	5		
	绿松石饰	残块	1		
	石饰件	完整	1		
石容器		残块	1	1	0.13
石纺轮		完整	1	1	0.13
两尖端器		完整	1	1	0.13
刮削器		完整	3	3	0.40
细石器		完整	4	4	0.53
石弹丸		完整	1	1	0.13
有孔石器		残块	2	2	0.26
形制不明的石器或形制特殊石器		完整或残块	100	100	13.17
形制不明的石器坯或半成品		完整或残块	15	15	1.98
总计			759	759	100

注：本表统计不包括有加工痕迹的石块和石片。明确属于同一件石器的残块只按1件计。

附表五　大山前第Ⅰ地点夏家店下层文化诸遗迹主要石器的石质统计表

石质	石器种类和数量（件）													百分比（%）
	磨制石铲	磨制石铲或磬	打制石铲	打制石铲或斧	石斧	石钺	盘状石器	石圆饼	石刀	磨盘	磨石	石磬	总计	
板岩	25		2		1		2						30	5.24
凝灰质板岩	44		7				2						53	9.27
熔结凝灰岩	39			1		1	1		1				43	7.52
石灰岩	44	12	1			1			1			20	79	13.97
大理石	34				1	3						3	41	7.17
玄武岩	19		4	7	10		8	1					49	8.57
玻基凝灰岩	4					1							5	0.87
玻屑凝灰岩	3								1				4	0.70
晶屑凝灰岩			2						23				25	4.37
凝灰岩	5		1	1			6		3				16	2.80
薄层泥质灰岩	1												1	0.17
硅质灰岩	3												3	0.52
流纹岩	1		2				1	3					7	1.22
安山岩	9		19	48			23	9			1		109	19.06
角闪安山岩	3		1	1			1						6	1.05
辉石安山岩	2			1			1						4	0.70

续表

石质	石器种类和数量（件）													百分比（%）
	磨制石铲	磨制石铲或磬	打制石铲	打制石铲或斧	石斧	石钺	盘状石器	石圆饼	石刀	磨盘	磨石	石磬	总计	
英安岩			5	19			5						29	5.07
珍珠岩			1		1		1	1			1		5	0.87
火山角砾岩				1		1							2	0.35
辉长岩				1	3								4	0.70
流纹质凝灰岩				1									1	0.17
安山质火山角砾岩				1									1	0.17
安山质凝灰岩				1									1	0.17
安山质流纹岩				2									2	0.35
安山质玄武岩				1									1	0.17
辉绿岩					3								3	0.52
辉绿玢岩					1				1				2	0.35
玻基玄武岩					1								1	0.17
闪长岩					1								1	0.17
正长辉长岩					1								1	0.17
榴辉岩					1								1	0.17
角闪玢岩					1								1	0.17
煌斑岩					1								1	0.17
辉石岩					1								1	0.17
条带状混合岩					1								1	0.17
粗面岩					1								1	0.17
角闪石岩					1								1	0.17
辉长闪长玢岩						1							1	0.17
角闪辉长岩						1							1	0.17
燧石							1						1	0.17

续表

石质	石器种类和数量（件）													百分比（%）
	磨制石铲	磨制石铲或磬	打制石铲	打制石铲或斧	石斧	石钺	盘状石器	石圆饼	石刀	磨盘	磨石	石磬	总计	
安山玢岩							1	1					2	0.35
熔渣								1					1	0.17
蚀变安山岩								1					1	0.17
长石石英砂岩								1	1				2	0.35
脉石英								1					1	0.17
细晶花岗岩								1	1				2	0.35
碱性花岗岩								1					1	0.17
砂岩									2	1	7		10	1.75
杂砂岩									1				1	0.17
晶屑熔结凝灰岩									1				1	0.17
凝灰质玢砂岩									1		1		2	0.35
细碧岩									1				1	0.17
流纹质玻屑凝灰岩									1				1	0.17
霏细岩									1				1	0.17
含砾砂岩									1				1	0.17
凝灰质细砂岩									1				1	0.17
流纹质晶屑熔结凝灰岩									1				1	0.17
含砾粗砂岩										1			1	0.17
石英砂岩											1		1	0.17
粗砂岩											1		1	0.17
总计	236	12	45	86	30	9	53	21	43	2	12	23	572	100
百分比（%）	41.26	2.10	7.87	15.03	5.24	1.57	9.27	3.67	7.52	0.35	2.10	4.02	100	

附表六 大山前第Ⅰ地点战国时期单位出土陶器标本登记表

单位	型式和数量																						其他共存陶器
	灰陶釜		夹蚌红陶釜	泥质罐					夹砂罐		甑	盆				瓮		豆		碗			
	A	B		A	B	C	D	E	A	B		A	B	C	D	A	B	A	B	A	B	C	
Ⅰ H2																				2			A 型盆或甑口腹残片 1
Ⅰ H3	3		1																Ⅱ1	1			泥质罐口腹残片 1、A 型盆或甑口腹残片 2
Ⅰ H4																							豆残片 1、A 型盆或甑口腹残片 2
Ⅰ H8				Ⅱ2																			
Ⅰ H14																							豆残片 1
Ⅰ H16				Ⅱ1																			
Ⅰ H18					1													Ⅱ1			1		
Ⅰ H19																							盆口腹残片 1
Ⅰ H22	1																						A 型盆或甑口腹残片 1
Ⅰ H26			4	1																			
Ⅰ H27																		Ⅱ1					泥质罐口腹残片 1、A 型盆或甑口腹残片 2
Ⅰ H29																				2			A 型盆或甑口腹残片 1
Ⅰ H35																							豆残片 1
Ⅰ H36	1		2							1													
Ⅰ H43													Ⅱ1										
Ⅰ H44			2																		2		泥质罐口腹残片 1

续表

单位	型式和数量																						其他共存陶器
	灰陶釜		夹蚌红陶釜	泥质罐					夹砂罐		甑	盆				瓮		豆		碗			
	A	B		A	B	C	D	E	A	B		A	B	C	D	A	B	A	B	A	B	C	
Ⅰ H46			1		1																		
Ⅰ H49			1																				泥质罐口腹残片 1、A 型盆或甑口腹残片 1
Ⅰ H50			1																				A 型盆或甑口腹残片 1
Ⅰ H40										1	1												
Ⅰ H57														1		1		Ⅰ1		1			泥质罐口腹残片 1、盆口腹残片 1
Ⅰ H59				1																			
Ⅰ H64																							泥质罐口腹残片 1
Ⅰ H65			1	1																			
Ⅰ H68																							A 型盆或甑口腹残片 2
Ⅰ H69	1																						
Ⅰ H71			1																				A 型盆或甑口腹残片 1
Ⅰ H84																							A 型盆或甑口腹残片 1
Ⅰ H85	1																						泥质罐口腹残片 1
Ⅰ H86																					1		
Ⅰ H93			1		1																		A 型盆或甑口腹残片 1
Ⅰ H96			1																				
Ⅰ H97																							泥质罐口腹残片 1
Ⅰ H103	1																	1					A 型盆或甑口腹残片 1
Ⅰ H109	1		1																				泥质罐口腹残片 1
Ⅰ H129					1																		A 型盆或甑口腹残片 1
Ⅰ H131	1																						瓮口沿残片 1、A 型盆或甑口腹残片 1
Ⅰ H134							1														1		

续表

单位	型式和数量																						其他共存陶器
	灰陶釜		夹蚌红陶釜	泥质罐					夹砂罐		甑	盆				瓮		豆		碗			
	A	B		A	B	C	D	E	A	B		A	B	C	D	A	B	A	B	A	B	C	
Ⅰ H144																							豆残片 1
Ⅰ H160											1												
Ⅰ H161																							瓮口沿残片 1
Ⅰ H198					2																1		豆残片 1、钵 1、A 型盆或甑口腹残片 2
Ⅰ H199																							钵 1
Ⅰ H201					1																		
Ⅰ H207				Ⅱ 1								Ⅱ 1								2		1	钵 1、泥质小罐 2、瓮口沿残片 2、A 型盆或甑口腹残片 1
Ⅰ H208		1																					
Ⅰ H211					1																		
Ⅰ H224	1																	Ⅱ 1					A 型盆或甑口腹残片 1
Ⅰ H225					1																		
Ⅰ H227			1																				
Ⅰ H233														1									
Ⅰ H238	3			Ⅰ 1		1		1				Ⅰ 2	Ⅰ 1			2	2			2	1	1	泥质罐未分型标本 3、A 型盆或甑口腹残片 1、瓮未分型标本 1、盆口腹残片 2
Ⅰ H243																							A 型盆或甑口腹残片 1、泥质小罐 1
Ⅰ H245	1																						豆残片 1
Ⅰ H248	10														1			Ⅰ 1		1	1		水管 3、器盖 1、盆口腹残片 1、A 型盆或甑口腹残片 2、豆残片 1、瓮口沿残片 1
Ⅰ H251										1													夹砂碗 1
Ⅰ H255																							瓮口沿残片 1

续表

单位	型式和数量																						其他共存陶器
	灰陶釜		夹蚌红陶釜	泥质罐					夹砂罐		甑	盆				瓮		豆		碗			
	A	B		A	B	C	D	E	A	B		A	B	C	D	A	B	A	B	A	B	C	
Ⅰ H256			1																				泥质罐口腹残片 1
Ⅰ H259		1	1	Ⅱ1																			泥质罐口腹残片 1
Ⅰ H261						1																	
Ⅰ H264	1																						
Ⅰ H268																							泥质罐口腹残片 1
Ⅰ H269																							A 型盆或甑口腹残片 1
Ⅰ H272					1																1		
Ⅰ H273																				1			
Ⅰ H274																							泥质罐未分型标本 1
Ⅰ H283																							泥质罐口腹残片 1
Ⅰ H287					2																2		A 型盆或甑口腹残片 1
Ⅰ H293												Ⅰ1				1							A 型盆或甑口腹残片 1、盆口腹残片 1、豆残片 1
Ⅰ H299			1																				A 型盆或甑口腹残片 1
Ⅰ H300																							水管 1
Ⅰ H306	1				1																		
Ⅰ H308				1																			
Ⅰ H322							1																A 型盆或甑口腹残片 1
Ⅰ H327	1																						A 型盆或甑口腹残片 1
Ⅰ H347																							A 型盆或甑口腹残片 1
Ⅰ H351					1																		A 型盆或甑口腹残片 1
Ⅰ H352																							A 型盆或甑口腹残片 1
Ⅰ H357																							A 型盆或甑口腹残片 1

续表

单位	型式和数量																						其他共存陶器
	灰陶釜		夹蚌红陶釜	泥质罐					夹砂罐		甑	盆				瓮		豆		碗			
	A	B		A	B	C	D	E	A	B		A	B	C	D	A	B	A	B	A	B	C	
Ⅰ H359	1																						
Ⅰ H371																							A 型盆或甑口腹残片 1
Ⅰ H372																							A 型盆或甑口腹残片 1
Ⅰ H376			1																				
Ⅰ H391			1		1																		
Ⅰ H392																			Ⅱ1				A 型盆或甑口腹残片 1
Ⅰ H396	1																						
Ⅰ H397									1														
Ⅰ H399																			Ⅱ1				改制碗 1、A 型盆或甑口腹残片 2
Ⅰ H400																				1			
Ⅰ H405																							
Ⅰ H406																		Ⅰ1					泥质罐口腹残片 1
Ⅰ H411																			Ⅱ1				
Ⅰ H412													Ⅰ1										
Ⅰ H436																			Ⅱ2				
Ⅰ H444											1												
Ⅰ H446																							A 型盆或甑口腹残片 1
Ⅰ H451									1	1													
Ⅰ H466	1																						
Ⅰ H468		2																		1			
Ⅰ H479	1																						
Ⅰ F36																			Ⅰ1				

续表

单位	型式和数量																						其他共存陶器
	灰陶釜		夹蚌红陶釜	泥质罐					夹砂罐		甑	盆				瓮		豆		碗			
	A	B		A	B	C	D	E	A	B		A	B	C	D	A	B	A	B	A	B	C	
Ⅰ F37			1						2														A 型盆或甑口腹残片 1
Ⅰ F41			1																				豆残片 1
Ⅰ G4	1		2		1			1					Ⅰ1		1			Ⅰ2		1			A 型盆或甑口腹残片 3、钵 1
Ⅰ G8			1												1								泥质罐口腹残片 3、A 型盆或甑口腹残片 1、盆口腹残片 1
Ⅰ Q4			1															1					陶量 1、A 型盆或甑口腹残片 1、盆口腹残片 1
Ⅰ T303③	1	1		2																			陶量 1、A 型盆或甑口腹残片 5、盆口腹残片 2、瓮口沿残片 1
Ⅰ T303④																							瓮口沿残片 1
Ⅰ T304③	3		1	2	1										1								豆残片 1、瓦 1、泥质小罐 1、A 型盆或甑口腹残片 2、瓮口沿残片 1
Ⅰ T304③A	1																						
Ⅰ T305③	1	1	1													1				1			泥质罐口腹残片 1、瓮口沿残片 1、豆残片 1、A 型盆或甑口腹残片 6
Ⅰ T305④			1																				泥质罐口腹残片 1
Ⅰ T306③									1														A 型盆或甑口腹残片 1、盖豆 1、瓮口沿残片 1
Ⅰ T306④																							A 型盆或甑口腹残片 1、豆残片 1
Ⅰ T307③				1															Ⅱ1	1			瓦 1、豆残片 1、盆口腹残片 1
Ⅰ T308②																							盆未分型标本 1
Ⅰ T308③	2	1	1	2	1				1									1					A 型盆或甑口腹残片 7、豆残片 1、瓮口沿残片 1、瓮未分型标本 1
Ⅰ T308④					1													Ⅱ1					改制碗 1、A 型盆或甑口腹残片 2、盆口腹残片 1

续表

单位	型式和数量																							其他共存陶器
	灰陶釜		夹蚌红陶釜	泥质罐					夹砂罐		甑	盆				瓮		豆		碗			
	A	B		A	B	C	D	E	A	B		A	B	C	D	A	B	A	B	A	B	C	
ⅠT309③																						1	
ⅠT313③									1														
ⅠT314③	3				1						1			1				Ⅱ1					水管1、泥质罐口腹残片1、A型盆或甑口腹残片2
ⅠT314④			1																				
ⅠT315③	6			Ⅱ1												2							A型盆或甑口腹残片1
ⅠT315④												Ⅰ1				1	1		Ⅱ1	1			A型盆或甑口腹残片1
ⅠT316③	1	1									1									2			A型盆或甑口腹残片1、盆口腹残片2、豆残片1
ⅠT316④	1																		Ⅱ1				泥质罐口腹残片1、A型盆或甑口腹残片1
ⅠT316⑤																		Ⅰ1					
ⅠT317③	2				1													Ⅱ1					A型盆或甑口腹残片1、瓮口沿残片1、豆残片1、钵1
ⅠT317④											1							Ⅰ1 Ⅱ1					泥质罐口腹残片1
ⅠT318③			2		1				1									Ⅱ2	Ⅱ1	1			泥质小罐1
ⅠT318④										2													
ⅠT326③																							杯1
ⅠT326④																		1					
ⅠT328⑥																			Ⅰ1				
ⅠT332④																							A型盆或甑口腹残片1
ⅠT333③				1																			
ⅠT113③A																							豆残片1
ⅠT430②																		Ⅱ2	Ⅱ1				
ⅠT436⑤						1																	

续表

单位	型式和数量																							其他共存陶器
	灰陶釜		夹蚌红陶釜	泥质罐					夹砂罐		甑	盆				瓮		豆		碗			
	A	B		A	B	C	D	E	A	B		A	B	C	D	A	B	A	B	A	B	C	
ⅠT403②			1																				
ⅠT404②																				2			A型盆或甑口腹残片1
ⅠT404③					1																		
ⅠT405②															1					3	1		
ⅠT406②			1																	1			
ⅠT406②A	1																						陶量1、A型盆或甑口腹残片1
ⅠT406②B			1																				
ⅠT409②			1																				
ⅠT410②	1		1																				A型盆或甑口腹残片1、盆口腹残片1
ⅠT413②																							泥质罐口腹残片1、A型盆或甑口腹残片1
ⅠT413③			1																				泥质罐口腹残片1、A型盆或甑口腹残片1
ⅠT415③			1																				
ⅠT415④																							A型盆或甑口腹残片1
ⅠT416②	1		1		1													1					夹砂小罐1
ⅠT417③	1		2		1														Ⅱ1				A型盆或甑口腹残片1
ⅠT418①A				Ⅱ1							1												
ⅠT419③			1															1	1	2	1		瓮口沿残片1、豆残片1
ⅠT419③A					2																		A型盆或甑口腹残片2
ⅠT419④			1		1														Ⅱ1	1			瓮口沿残片1、豆残片1
ⅠT420②																			Ⅱ2				A型盆或甑口腹残片1
ⅠT420④																							泥质罐口腹残片1、瓮口沿残片1、豆残片2
ⅠT429②																		Ⅱ1					A型盆或甑口腹残片1
ⅠT429③			1																				

Abstract

Chifeng Archaeological Expedition is a cooperative project launched by The Institute of Archeology in Chinese Academy of Social Sciences, Institute of Cultural Relics and Archeology of Inner Mongolia Autonomous Region, and Center for Chinese Frontier Archeology of Jilin University in 1996. Excavations at the Dashanqian site (KD, abbreviation of Dashanqian village, Kalaqin Banner) between 1996 and 2000 is an important part of the project. The site is located on the southeast slope of the foothill on the south bank of the Banzhijian river, about 25 km northeast of the Chifeng city. The site contains seven adjacent areas (KD Ⅰ ~ KD Ⅶ) divided by natural gaps or concave hollows. This report, the Fieldwork report (Ⅱ) of the Chifeng Archaeological Expedition, released all of the information about KD Ⅰ and KD Ⅱ.

About 1764. 85 square meters were exposed at KD Ⅰ was in 1996 and 1997. Deep and thick cultural deposition lasted for a long history was discovered. The remains belong to respectively five periods: the Xiaoheyan culture, the Lower Xiajiadian culture, the Upper Xiajiadian culture, the Warring States period and the Liao dynasty. The Lower Xiajiadian culture is the main remain. In addition to these, we also found a few pottery sherds of the Hongshan culture (maybe even the Xinglongwa culture) from pits or deposits in some units.

The following table is the statistics of the features of each periods in KD Ⅰ.

period	Types of the remaining units	number
Xiaoheyan culture	pit	1
Lower Xiajiadian culture	house	52
Lower Xiajiadian culture	pit	193
Lower Xiajiadian culture	ditch	8
Lower Xiajiadian culture	wall	5
Lower Xiajiadian culture	hole for column	4
Lower Xiajiadian culture	stove site	1
Lower Xiajiadian culture	road	2
Upper Xiajiadian culture	house	1
Upper Xiajiadian culture	pit	24
Warring States period	house	5
Warring States period	pit	255
Warring States period	ditch	2

Continued Table

period	Types of the remaining units	number
Warring States period	wall	1
Warring States period	hole for column	17
Warring States period	stove site	2
Liao dynasty	house	1
Liao dynasty	pit	8

In KD Ⅱ, only 98.25 square meters were excavated. According to the survey, there are distribution of pottery sherds of the Zhaobaogou culture, the Xiaoheyan culture, the Lower Xiajiadian culture, the Upper Xiajiadian culture, and the Warring States period in this area. But in the excavations, we only discovered the remains of the Lower Xiajiadian culture and the Upper Xiajiadian culture (see the details in Chapter 9).

The excavations of KD Ⅰ and KD Ⅱ yield following new information.

According to this excavation, Dashanqian might be the site with the highest level among the Lower Xiajiadian culture sites along the middle Banzhijian river. This can be seen from some special artifacts such as the copper knife — Ⅰ H443⑧:1. It should be the biggest one known today. The semi－finished 'Qing' (磬) Ⅰ H149:2 chime stone is also a very important artifact. Its neat design approximate even the model of record in *Zhouli* (《周礼》). Beside, two rare artifacts made from crocodile bones were also found, which are the northernmost crocodile bones by present.

All these discoveries can prove the continuity of archaeological cultures from the Lower Xiajiadian culture to the Qin dynasty along the middle Banzhijian river. This can also be seen from pottery, such as the similarity between the Lower Xiajiadian culture Ⅰ H169②:9—'Zun' (尊) and the Warring States period Ⅰ T405②:7—basin (盆); and that between the Upper Xiajiadian culture Ⅰ H239⑥:3— double－handles basin (双鋬盆) and the Warring States period Ⅰ F37:6 — double－handles pot (双鋬罐).

The excavation also provides a new clue for the research on the typological evolution of the main pottery of the Lower Xiajiadian culture, such as the 'Li' (鬲) tripods, the 'Yan' (甗) tripods, the 'Ding' (鼎) tripods, the 'Zun' (尊) vessel, the 'Guan' (罐) pot and the 'Pen' (盆) basin. From this, we can establish a finer chronology of the Lower Xiajiadian culture.

By the analysis of various kinds of sample, we already know that the Lower Xiajiadian culture mainly depended on agriculture of millet for their living. Raising livestock, mainly pigs, followed by cattles, were also very important. There are also certain numbers of sheep and horse bones found in the lower Xiajiadian culture sites.

Three copper objects of the Lower Xiajiadian culture were found. We know that copper or poly-metallic mines with copper have been found in nearby area, for example, the Minganshan mine（明安山矿）20 kilometers southeast from Dashanqian village. It seems that the ancient residents might be very familiar with the mineral surrounding resources.

后　记

此报告是赤峰考古队的第二部田野工作报告。报告的编纂在张忠培先生的指导下分头进行，初稿的第一章、第二章、第三章、第四章第二节一和第三节一及第四节、第五章第二节一和第三节、第六章第二节一和第三节、第七章第二节一和二、第九章第一节、附表一～附表六由王立新完成，第四章第一节、第五章第一节、第六章第一节、第七章第一节、第八章、第九章第二节由郭治中完成，第四章第二节二和第三节二、第五章第二节二、第六章第二节二、第七章第二节三、第十章由朱延平完成。经张忠培先生审阅后，朱延平统一改定。

刘建国（中国社会科学院考古研究所）测量了大山前诸地点地形图，朱延平依此绘制了图1－1和图2－1。王立新主持绘制了图2－2、图2－3、图6－32和图9－1～图9－4，其余的遗迹图由郭治中负责。田丽（内蒙古自治区文物考古研究所）绘制了所有的遗物图，并清绘了报告主要部分的插图。林雪川（吉林大学边疆考古研究中心）拍摄了动物骨骼标本，并参加了陶器图的排版和部分清绘工作。

^{14}C测年是在中国社会科学院考古研究所冼自强主持下完成的（附录一）。

汤卓炜（吉林大学边疆考古研究中心）鉴定了第Ⅰ地点所出石制品的质料，据此完成了《内蒙古喀喇沁旗大山前第Ⅰ地点石制品的石料分析》（附录二），并鉴定了第Ⅰ地点出土的动物骨骼，完成了《内蒙古喀喇沁旗大山前遗址第Ⅰ地点动物遗存》（附录四）。

赵志军（中国社会科学院考古研究所）鉴定了第Ⅰ地点所出植物遗存（附录三）。

齐乌云（中国社会科学院考古研究所）从第Ⅰ地点采集的土样中提取孢粉，完成了《内蒙古大山前遗址孢粉分析所反映的夏家店下层文化时期的自然环境》（附录五）。

王树芝（中国社会科学院考古研究所）就第Ⅰ地点F8h1出土的木块进行树种鉴定，完成了《内蒙古喀喇沁旗大山前第Ⅰ地点出土木炭分析与研究》（附录六）。

刘爽（吉林大学边疆考古研究中心）等测试分析第Ⅰ地点所出19件陶片的化学成分，完成了《内蒙古喀喇沁旗大山前第Ⅰ地点陶片化学成分测定和分析》（附录七）。

王子初（中国艺术研究院音乐研究所）等对发掘所获唯一一件较完整的陶埙进行了测音实验（附录八）。

发掘现场和遗迹的照片由王立新、朱延平、郭治中、彭善国（吉林大学边疆考古研究中心）拍摄，李言（吉林大学边疆考古研究中心）拍摄了所有的陶容器，朱延平拍摄了陶容器以外的其他制品。

报告的英文提要由李新伟（中国社会科学院考古研究所）翻译。

此项发掘还曾得到过许多单位的关心和帮助。在此，谨对自始至终提供大力支持的国家文物局、内蒙古自治区文化和旅游厅、赤峰市文化和旅游局、喀喇沁旗文化旅游体育局和文物事业管理所、喀喇沁旗永丰乡及大山前村民委员会深表谢忱。

感谢故宫出版社宋小军总编辑（代）和骆艳编辑，报告的出版在很大程度上得力于他们付出的辛劳，尤其是周密的编排和认真的审校。

谨以此报告告慰张忠培先生在天之灵。

赤峰考古队田野工作报告之二

大山前第Ⅰ、Ⅱ地点发掘报告

下

国家文物局合组 中国社会科学院考古研究所 内蒙古自治区文物考古研究所 吉林大学边疆考古研究中心 赤峰考古队 编著

故宫出版社

彩版·图版

1. KD Ⅰ、KD Ⅱ及两地点之间的深沟（由北摄。近处村庄为喇嘛扎子，远处河道为清水河）

2. 大山前遗址所在坡岗（由西南摄）

大山前遗址地貌

大山前诸地点（由南摄）

KDII
KDVII
DI

大山前诸地点（由东南摄）

KDIII

KDVI
KDV
KDIV

1. 由西北摄

2. 由北摄

KD Ⅰ及其北侧深沟

1996年发掘人员合影

1. 1996 年 KD Ⅰ发掘区（由北摄）

2. 1996 年 KD Ⅰ发掘结束时场景（由北摄）

1996 年 KD Ⅰ发掘区

1. 1997年KD Ⅰ发掘区（由北摄）

2. 1997年KD Ⅰ发掘结束时场景（由北摄）

1997年KD Ⅰ发掘区

1. KD Ⅰ第 3 象限主要部分发掘结束时场景（由北摄）

2. KD Ⅰ第 3 象限南部发掘结束时场景（由东摄）

1997 年 KD Ⅰ第 3 象限发掘结束时场景

1. Ⅰ T436 西壁南段

2. Ⅰ T413 东壁（东隔梁西壁）局部

Ⅰ T413、Ⅰ T436 探方剖面

1. Ⅰ F2 室内地面之白灰面

2. Ⅰ F8d1 及其内之侧卧石斧

3. Ⅰ F8h1

Ⅰ F2、Ⅰ F8

1. Ⅰ F8·Ⅰ F11之Ⅰ F8

2. Ⅰ F8·Ⅰ F11之Ⅰ F11

Ⅰ F8·Ⅰ F11

1. Ⅰ F14

2. Ⅰ F17 及其下之Ⅰ F28

Ⅰ F14、Ⅰ F17、Ⅰ F28

1. Ⅰ F18 ③ D 底部的石斧和骨管

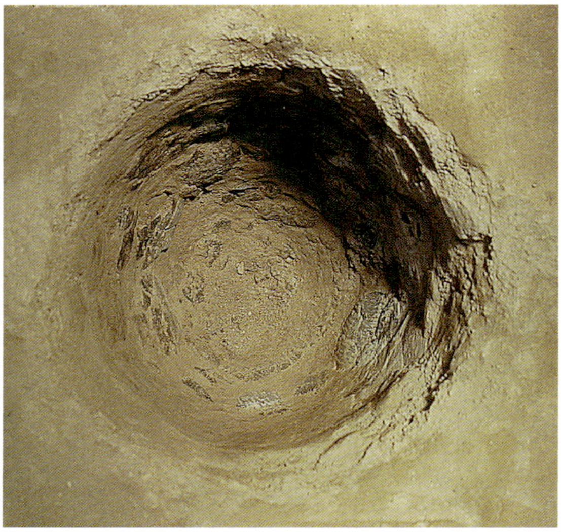

2. Ⅰ F21 西南角附近的柱穴

3. Ⅰ F27（由东摄）

Ⅰ F18、Ⅰ F21、Ⅰ F27

1. 土坯垒砌的Ⅰ F28 墙体

2. Ⅰ F28 墙体外侧草拌泥

3. Ⅰ F28 东南部土坯墙

Ⅰ F28 墙体

1. Ⅰ F28 土坯墙

2. Ⅰ F28 及室内地面的陶器底

Ⅰ F28

1. Ⅰ F39 穴壁砌石

2. Ⅰ F44

Ⅰ F39、Ⅰ F44

1. Ⅰ F46

2. Ⅰ F59

Ⅰ F46、Ⅰ F59

1. Ⅰ F53

2. Ⅰ F53 穴内堆积

Ⅰ F53

1. Ⅰ H34 东南壁长、短齿痕

2. Ⅰ H34 东南壁的短窄齿痕

3. Ⅰ H34 东南壁近坑底处的斜长齿痕

Ⅰ H34

1. Ⅰ H149 及其坑底石磬半成品（由西南摄。可见北壁齿痕）

2. Ⅰ H187 及其坑底陶片

Ⅰ H149、Ⅰ H187

1. Ⅰ H221（右）和 H230（左）

2. Ⅰ H226 南部的第 6、7 层堆积（由北摄）

Ⅰ H221、Ⅰ H230 和 Ⅰ H226

1. Ⅰ H235·Ⅰ H345·Ⅰ H374·Ⅰ H420（由北摄）

2. Ⅰ H235⑰ 的麻绳编织件

Ⅰ H235 · Ⅰ H345 · Ⅰ H374 · Ⅰ H420

1. Ⅰ T314、Ⅰ T324 南壁

2. Ⅰ T324 南壁

Ⅰ T314、Ⅰ T324 南壁显示的Ⅰ H235 大坑内的堆积

1. Ⅰ T315 北壁显示的Ⅰ H235 大坑内堆积

2. Ⅰ H235 · Ⅰ H345 · Ⅰ H374 · Ⅰ H420 之Ⅰ H345

3. Ⅰ H235 · Ⅰ H345 · Ⅰ H374 · Ⅰ H420 之Ⅰ H345 坑壁的平头工具痕

Ⅰ H235 大坑内的堆积和Ⅰ H345

1. Ⅰ H304③～Ⅰ H304⑤

2. Ⅰ H349

Ⅰ H304的堆积和Ⅰ H349

1. Ⅰ H349 ① ~ Ⅰ H349 ⑧（由南摄）

2. Ⅰ H349 ③ ~ Ⅰ H349 ⑧和Ⅰ H349 ⑪（由西摄）

Ⅰ H349 的堆积

1. Ⅰ H368 ①～Ⅰ H368⑮（Ⅰ T302 扩方之东壁。上面两层为Ⅰ F57 的硬土）

2. Ⅰ H373（由南摄）

Ⅰ H368 的堆积和Ⅰ H373

1. Ⅰ H379 ②第 1 层遗物

2. Ⅰ H387（左）和Ⅰ H418（右）（由西南摄）

Ⅰ H379、Ⅰ H387 和Ⅰ H418

1. Ⅰ H387 及其坑底的陶器底（由东摄）

2. Ⅰ H418 ⑥层面之残树叶印痕

3. Ⅰ H418 ⑥层面之残树叶印痕

Ⅰ H387、Ⅰ H418 ⑥层面之残树叶印痕

1. Ⅰ H418 坑内堆积剖面

2. Ⅰ H418 及其坑底遗物

Ⅰ H418

1. Ⅰ H422（由北摄）

2. Ⅰ H443・Ⅰ H444・Ⅰ H445之Ⅰ H444

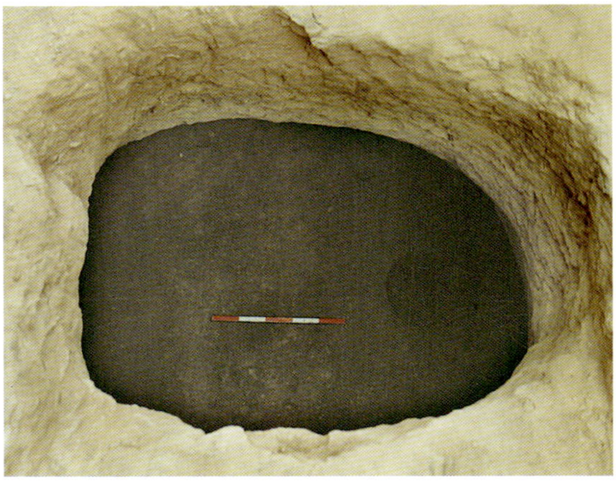

3. Ⅰ H443・Ⅰ H444・Ⅰ H445之Ⅰ H445（由西北摄）

Ⅰ H422和Ⅰ H443・Ⅰ H444・Ⅰ H445

1. Ⅰ H449（由西北摄）

2. Ⅰ H449 东南壁的二齿工具痕

Ⅰ H449

1. Ⅰ H489 及其坑底凸台和遗物（由东摄）

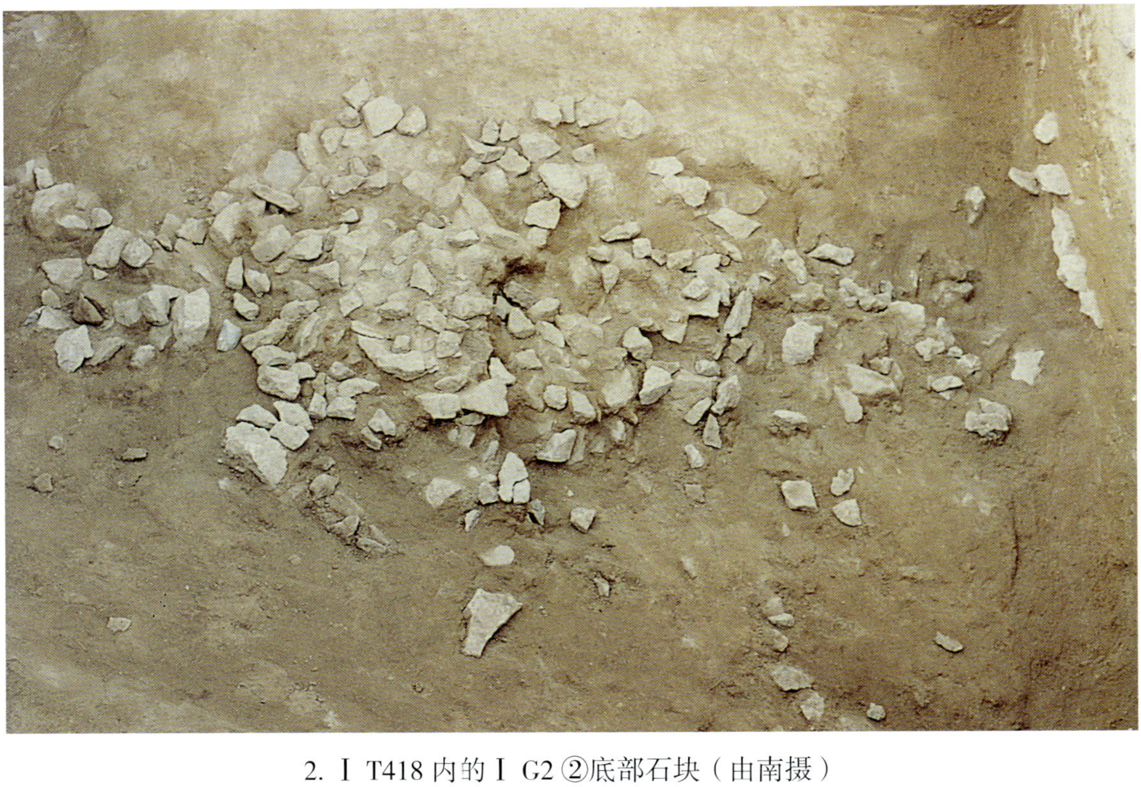

2. Ⅰ T418 内的Ⅰ G2 ②底部石块（由南摄）

Ⅰ H489、Ⅰ G2

1. Ⅰ T405 内的Ⅰ G2
（Ⅰ G2 堆积剖面为Ⅰ T405 东壁）

2. Ⅰ T405 内的Ⅰ G2
（Ⅰ G2 堆积剖面为Ⅰ T405 西壁）

3. Ⅰ G2 的 AA' 剖面
（Ⅰ T430 ~ Ⅰ T431 西壁）

4. Ⅰ G2 的 BB' 剖面所显现的Ⅰ G2 ③
及其以下各层
（Ⅰ T430 ~ Ⅰ T431 东壁）

Ⅰ G2

1. 发掘区内的Ⅰ Q1 及Ⅰ Q1W
（剖面为Ⅰ T435 ~ T436 东壁）

2. Ⅰ D8 及穴内石块

3. Ⅰ D9 半剖（由东摄）

4. Ⅰ D9 俯视

Ⅰ Q1、Ⅰ D8、Ⅰ D9

1. Ab Ⅱ式大口瓮（ⅠF7②：1）

2. Aa Ⅲ式夹砂罐（ⅠF7②：2）

3. 尊（ⅠF6④：2）

ⅠF6、ⅠF7的陶容器

1. AⅡ式夹砂鼎（ⅠF8h1：1）

2. AaⅡ式泥质罐（ⅠF8h1：6）

3. 壶（ⅠF8h1 ：3）

4. AⅡ式尊（ⅠF8h1：5）

5. AⅡ式尊（ⅠF8h1：2）

ⅠF8h1的陶容器

1. AⅡ式尊（ⅠF13①：3）

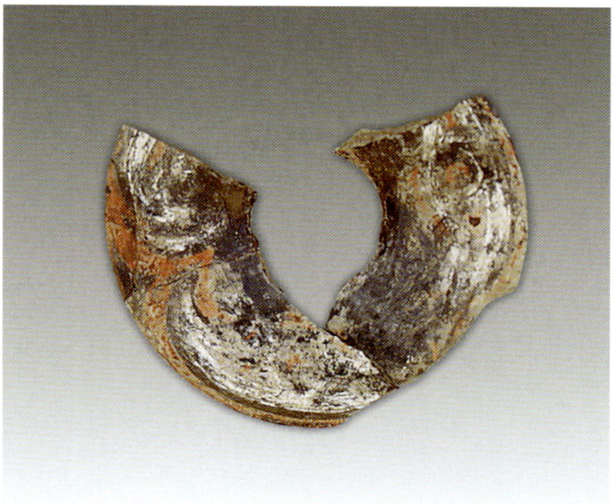

2. Ⅰ式豆（ⅠF15③：2）

3. A型钵（ⅠF18W：2）

4. AaⅡ式泥质罐（ⅠF26②：6）

5. AaⅡ式泥质罐（ⅠF42②D：10）

ⅠF13、ⅠF15、ⅠF18W、ⅠF26、ⅠF42的陶容器

1. 盆（ⅠF33②：3）

2. 夹砂甗鬲（ⅠF33②：4）

3. D型泥质罐（ⅠF50②：3）

4. BⅠ式盆（ⅠF50①：13）

ⅠF33、ⅠF50的陶容器

1. E型盆（ⅠH79：4）

2. 小盆（ⅠH145②：3）

3. 夹砂罐（ⅠH138：6）

4. 夹砂甗鬲（ⅠH137①：1）

5. 泥质鬲（ⅠH37④：1）

ⅠH37、ⅠH79、ⅠH137、ⅠH138、H145的陶容器

1. 泥质鼎（ⅠH149 ：5）

2. C型泥质罐（ⅠH136②：12）

3. AaⅡ式夹砂罐（ⅠH136②：7）

ⅠH136、ⅠH149的陶容器

1. Aa Ⅱ式夹砂罐（Ⅰ H151 ①：4）

2. A Ⅰ式尊（Ⅰ H169 ②：9）

3. D Ⅰ式盆（Ⅰ H151 ①：2）

4. B 型三足盘（Ⅰ H156 ④：4）

5. 四足盘（Ⅰ H187 ①：1）

Ⅰ H151、Ⅰ H156、Ⅰ H169、Ⅰ H187 的陶容器

1. C型夹砂甗鬲（ⅠH183∶4）

2. AaⅡ式夹砂甗盆和AⅡ式夹砂甗鬲（ⅠH203∶1）

3. Ⅰ式豆（ⅠH203∶6）

4. AⅡ式夹砂鼎（ⅠH203∶3）

ⅠH183、ⅠH203的陶容器

1. A 型钵（ⅠH204 ：1）

2. 圈足盘（ⅠH206③：5）

3. AⅢ式夹砂甗鬲（ⅠH226②：14）

4. AⅠ式泥质筒腹鬲（ⅠH328②：1）

ⅠH204、ⅠH206、ⅠH226、ⅠH328 的陶容器

1. Ab 型盆（Ⅰ H235⑱ ：13）

2. DⅡ式盆（Ⅰ H235⑯ ：27）

3. A 型鼓腹鬲（Ⅰ H235⑲ ：25）

4. 夹砂鬲（Ⅰ H235⑲ ：24）

Ⅰ H235 的陶容器

1. AⅢ式泥质筒腹鬲（ⅠH379②：26）

2. B型夹砂筒腹鬲（ⅠH379②：25）

3. AⅢ式夹砂甗鬲（ⅠH379②：41）

4. AⅢ式夹砂甗鬲（ⅠH379②：39）

ⅠH379的陶容器

1. 泥质甗（Ⅰ H379②：37）

2. AⅢ式夹砂鼎（Ⅰ H379②：30）

3. AbⅢ式夹砂罐（Ⅰ H379②：28）

4. E型泥质罐（Ⅰ H379②：40）

Ⅰ H379的陶容器

1. AaⅢ式大口瓮（Ⅰ H379 ②：38）

2. 泥质罐（Ⅰ H379 ②：29）

3. AⅢ式尊（Ⅰ H379 ②：22）

4. B 型壶（Ⅰ H379 ②：24）

Ⅰ H379 的陶容器

1. 夹砂罐（Ⅰ H414 ：3）

2. A 型壶（Ⅰ H414 ：6）

3. C 型盆（Ⅰ H474 ②：5）

4. BⅡ式夹砂罐（Ⅰ H418 ⑦：4）

Ⅰ H414、Ⅰ H418、Ⅰ H474 的陶容器

1. BⅠ式夹砂鼎（Ⅰ F44④：5）

2. AⅠ式夹砂鼎（Ⅰ H445 ：3）

3. AⅡ式夹砂鼎（Ⅰ H202⑧：10）

4. 泥质甗（Ⅰ H456②：1）

Ⅰ F44、Ⅰ H202、Ⅰ H445、Ⅰ H456的陶容器

1. A 型夹砂筒腹鬲（Ⅰ G2⑪ ：12）

2. AⅢ式泥质筒腹鬲（Ⅰ G2⑬ ：11）

3. B 型夹砂筒腹鬲（Ⅰ G2⑬ ：3）

4. B 型壶（Ⅰ T433 ④ D ：4）

Ⅰ G2、Ⅰ T433 ④ D 的陶容器

1. A 型鼓腹鬲（ⅠG2⑱ ：3）

2. AⅢ式尊（ⅠG2⑫ ：1）

3. AbⅢ式夹砂罐（ⅠG2⑪ ：22）

ⅠG2 的陶容器

彩版五三

1. BⅢ式夹砂鼎（ⅠG2⑮ ：1）

2. AⅢ式夹砂鼎（ⅠG2⑮ ：7）

3. BⅢ式夹砂鼎（ⅠG2⑫ ：5）

4. BⅢ式夹砂鼎（ⅠG2⑰ ：16）

ⅠG2 的陶容器

1. 夹砂鼎（Ⅰ G6⑥：2）

2. BⅡ式夹砂甗鬲（Ⅰ G6⑪：1）

3. BⅠ式夹砂甗鬲（Ⅰ T413⑧：5）

4. C型夹砂甗鬲（Ⅰ T422④：1）

Ⅰ G6、Ⅰ T413⑧、Ⅰ T422④的陶容器

1. 夹砂鬲（Ⅰ T110⑦B：1）

2. A型平底盘（Ⅰ T110⑥：2）

3. 夹砂罐（Ⅰ T110⑥：10）

4. C型壶（Ⅰ T110⑥：9）

Ⅰ T110⑥、Ⅰ T110⑦B的陶容器

1. 夹砂罐（Ⅱ F2①：5）

2. AⅠ式夹砂甗鬲（Ⅶ H3 ：1）

3. AaⅠ式泥质罐（Ⅶ H6 ：10）

Ⅱ F2、Ⅶ H3、Ⅶ H6 的陶容器

1. 长方形陶片[ⅠF6⑤：1(上)、ⅠF6⑤：2(下)]

2. 铜条残段（ⅠF7①：2）

3. 刃部磨平的石斧（ⅠF8d1：1）

4. 狍角（ⅠF8h1：8）

长方形陶片、铜条残段、刃部磨平的石斧、狍角（ⅠF6、ⅠF7、ⅠF8）

1. 陶纺轮（Ⅰ F8h1：11）

2. 经修补的陶片（Ⅰ F8h1：16）

3. 穿孔蚌壳（Ⅰ F12 ③：4）

4. 砾石（Ⅰ F15 ③：6）

陶纺轮、经修补的陶片、穿孔蚌壳、砾石（Ⅰ F8、Ⅰ F12、Ⅰ F15）

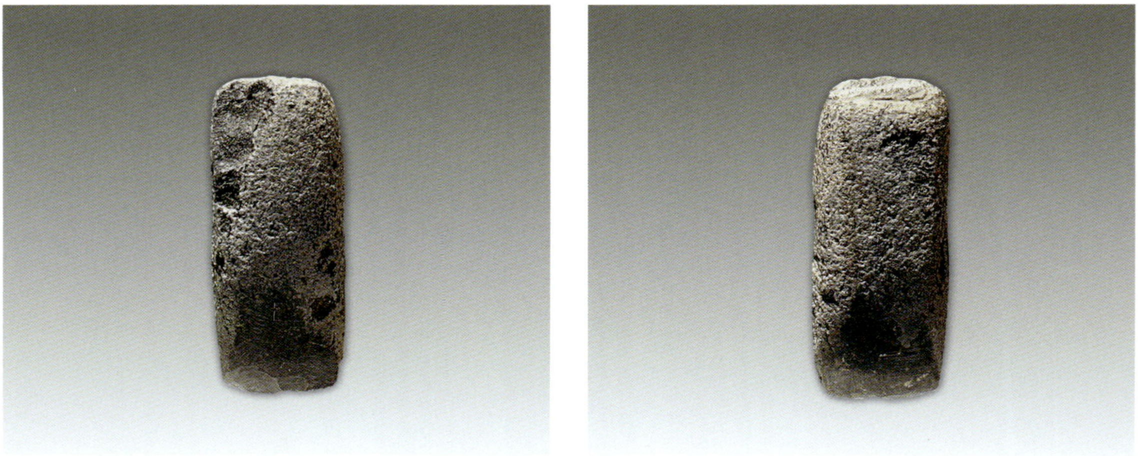

1. 石斧（ⅠF18③D：1）

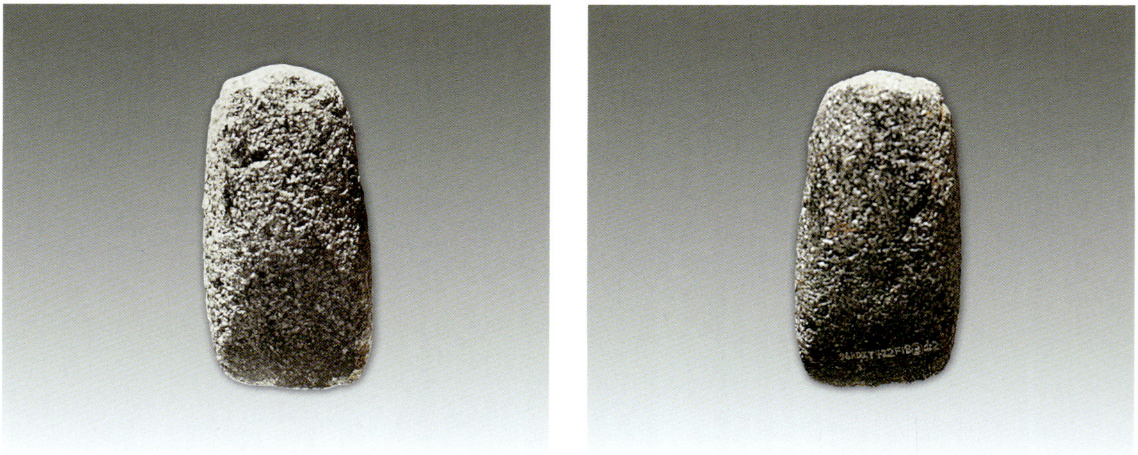

2. 石斧（ⅠF18③D：2）

3. 有孔骨管[ⅠF18③D：3（左）、ⅠF18③E：2（右）]

4. 骨镞（ⅠF25③：4）

石斧、有孔骨管、骨镞（ⅠF18、ⅠF25）

1. 圆陶片（ⅠF22：1）

2. 圆陶片（ⅠF22：2）

3. 石铲残块（ⅠF22：3）

4. 圆陶片（ⅠF25③：2）

圆陶片、石铲残块（ⅠF22、ⅠF25）

1. 石铲残块（Ⅰ F26 ①: 1）

2. 饼形石器（Ⅰ F26 ①: 4）

3. 石斧（Ⅰ F26 ①: 3）

4. 石磬残块（Ⅰ F39 ②: 4）

5. 骨凿（Ⅰ F28 ⑥: 2）

石铲残块、石斧、饼形石器、石磬残块、骨凿（Ⅰ F26、Ⅰ F28、Ⅰ F39）

1. 石铲（ⅠF27④：2）

2. 圆陶片（ⅠF27④：1）

3. 残石铲（ⅠF28⑥：1）

石铲、圆陶片、残石铲（ⅠF27、ⅠF28）

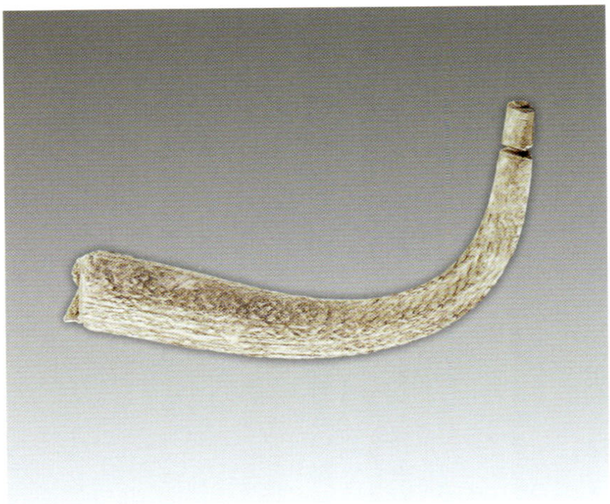

1. 狍角制品（ⅠF28③：1）

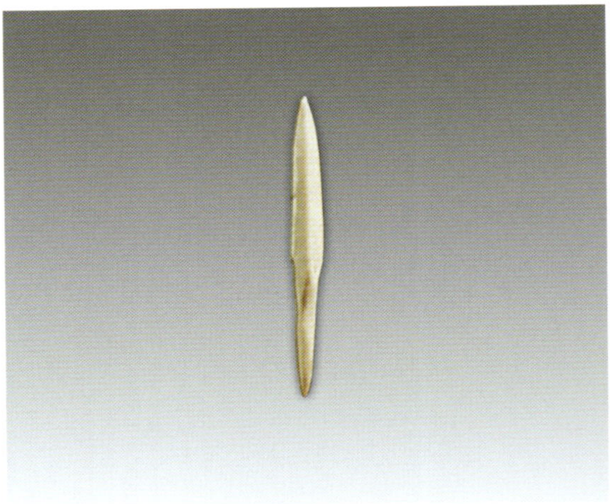

2. 骨镞（ⅠF42②B：2）

3. 陶纺轮（ⅠF42②D：1）

4. 骨簪（ⅠF44②：1）

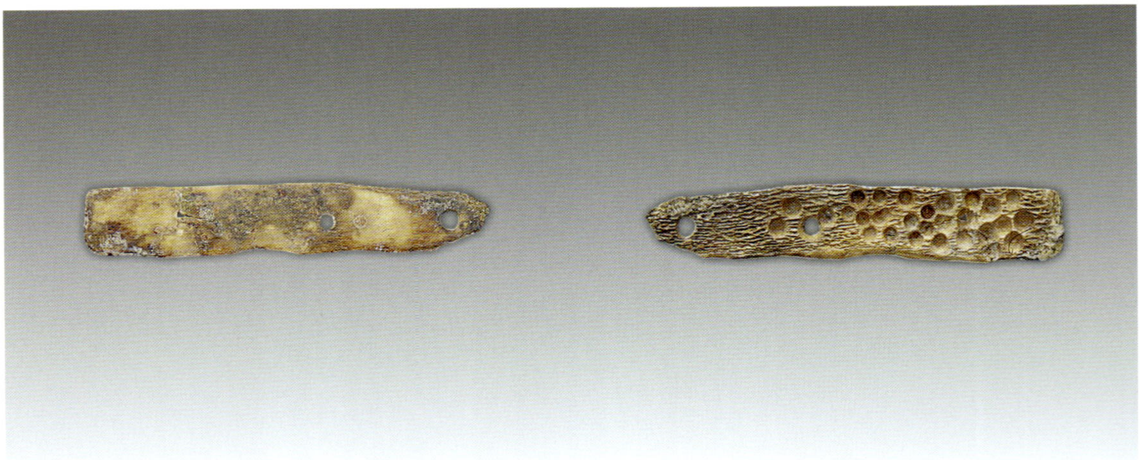

5. 卜骨（ⅠF44④：1）

狍角制品、骨镞、陶纺轮、骨簪、卜骨（ⅠF28、ⅠF42、ⅠF44）

1. 陶圆饼（Ⅰ F42②D：2）

2. 盘状石器（Ⅰ F44⑤：1）

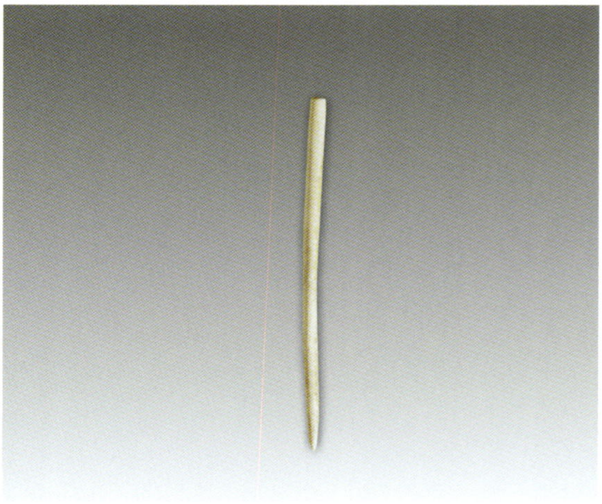

3. 骨簪（Ⅰ F45①：1）

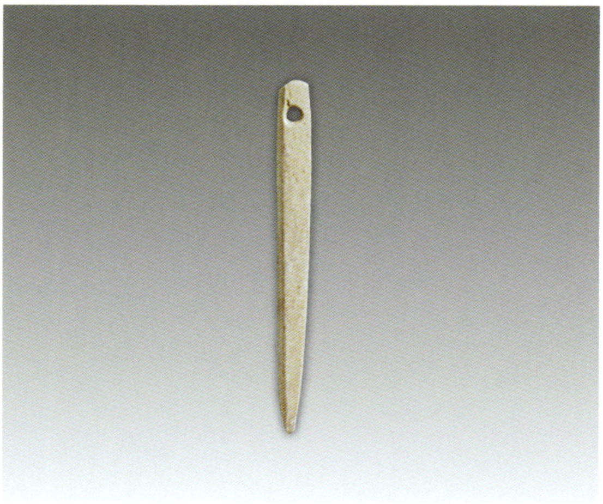

4. 有孔骨器（Ⅰ F48①：3）

陶圆饼、盘状石器、骨簪、有孔骨器（Ⅰ F42、Ⅰ F44、Ⅰ F45、Ⅰ F48）

石铲（ⅠF45②：1）

1. 石铲残段（ⅠF48②：3）

2. 石磬残块（ⅠF51W③：1）

3. 石磬残块（ⅠF52①：2）

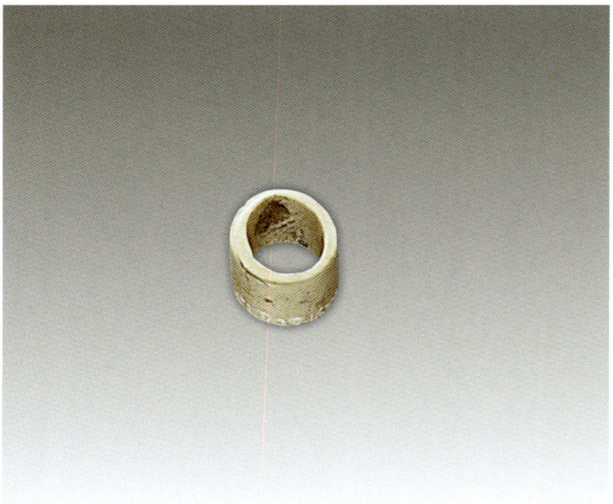

4. 骨管（ⅠF50①：3）

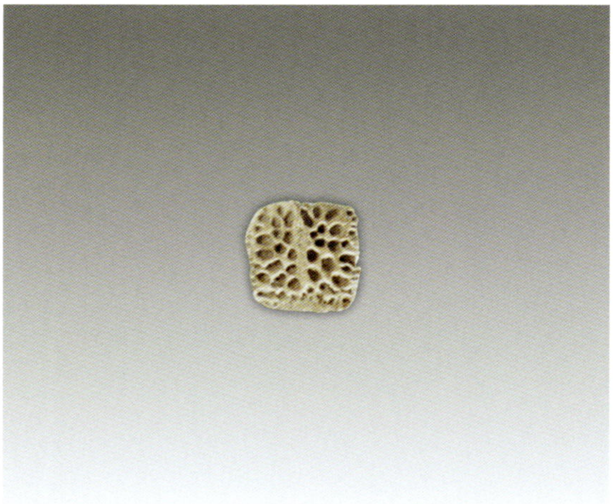

5. 鳄鱼骨板制品（ⅠF55⑤：3）

石铲残段、石磬残块、骨管、鳄鱼骨板制品（ⅠF48、ⅠF50、ⅠF51、ⅠF52、ⅠF55）

1. 石钺残段（ⅠH34①：3）

2. 石磬（ⅠH34②：2）

3. 石锛（ⅠH34②：5）

4. 骨镞（ⅠH90②：1）

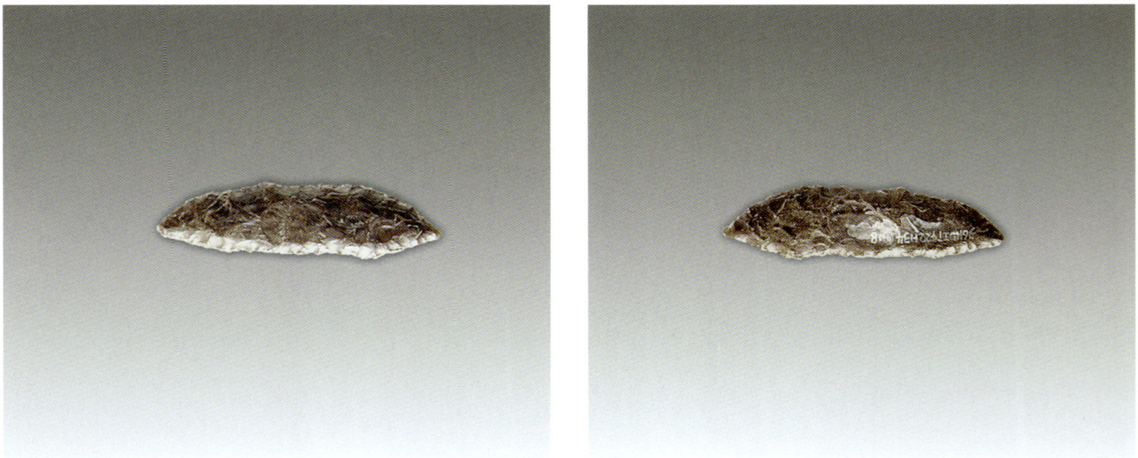

5. 刀形细石器（ⅠH34④：8）

石钺残段、石磬、石锛、骨镞、刀形细石器（ⅠH34、ⅠH90）

石铲（ⅠH90①：1）

1. 石铲（ⅠH116⑪：1）

2. 陶圆饼（ⅠH116⑫：1）

石铲、陶圆饼（ⅠH116）

石铲（ⅠH119：1）

有肩石铲（Ⅰ H119：2）

1. 石斧（ⅠH137②：2）

2. 石斧（ⅠH137⑤：5）

石斧（ⅠH137）

1. 石杵（ⅠH137②：3）

2. 残骨铲（ⅠH137⑤：7）

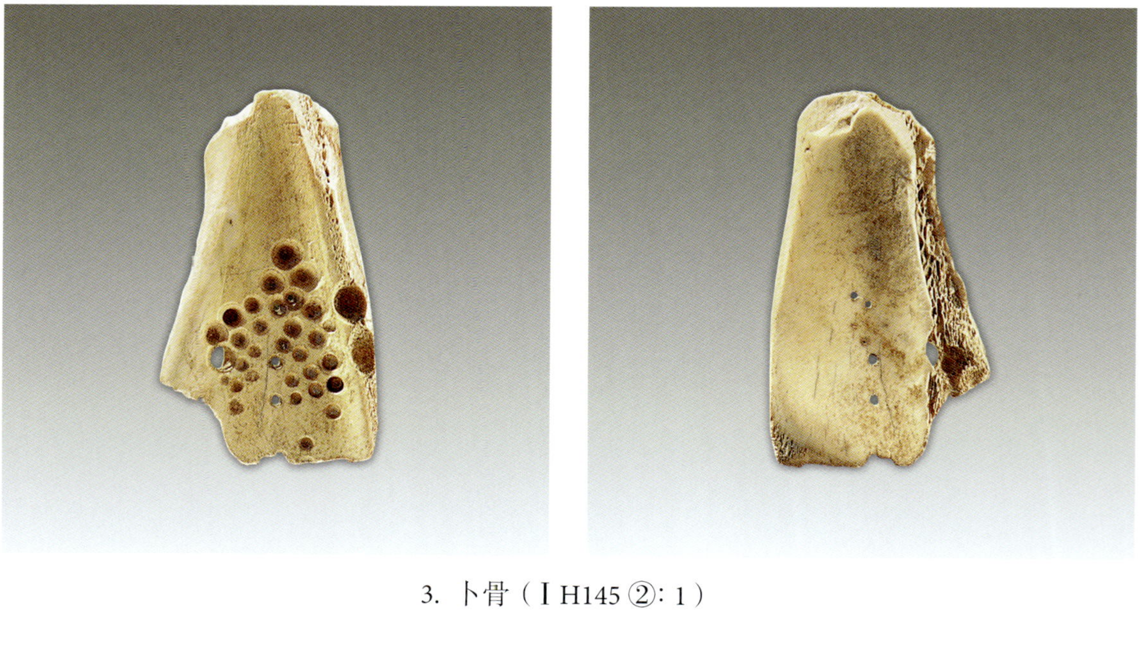

3. 卜骨（ⅠH145②：1）

石杵、残骨铲、卜骨（ⅠH137、ⅠH145）

1. 有肩石铲（ⅠH149：1）

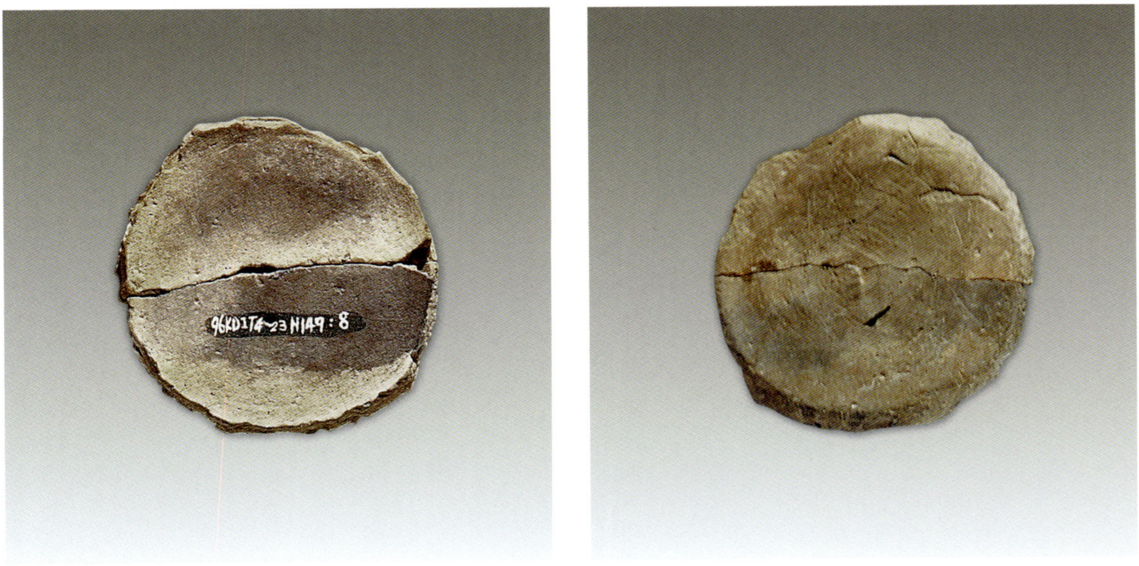

2. 陶圆饼（ⅠH149：8）

有肩石铲、陶圆饼（ⅠH149）

石磬半成品（ⅠH149：2）

1. 石铲残块（ⅠH150①：15）

2. 陶圆饼（ⅠH150①：20）

3. 有孔骨管（ⅠH150③：3）

4. 穿孔蚌饰（ⅠH169②：1）

5. 盘状陶器（ⅠH156①：12）

石铲残块、陶圆饼、有孔骨管、盘状陶器、穿孔蚌饰（ⅠH150、ⅠH156、ⅠH169）

1. 盘状石器（Ⅰ H158 ①：3）

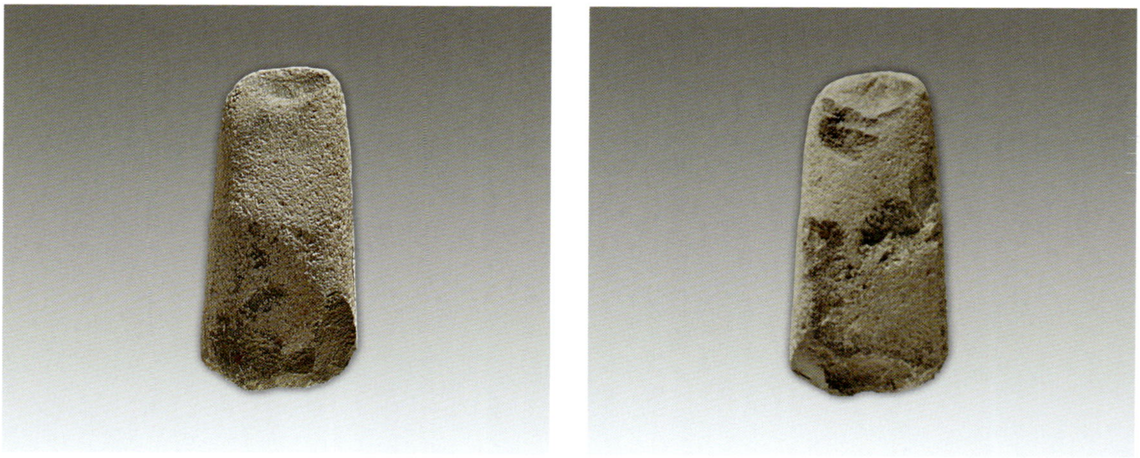

2. 石斧（Ⅰ H158 ②：1）

3. 陶纺轮（Ⅰ H158 ②：7）

4. 残陶纺轮（Ⅰ H158 ②：8）

盘状石器、石斧、陶纺轮、残陶纺轮（Ⅰ H158）

1. 石斧（ⅠH202 ⑧：1）

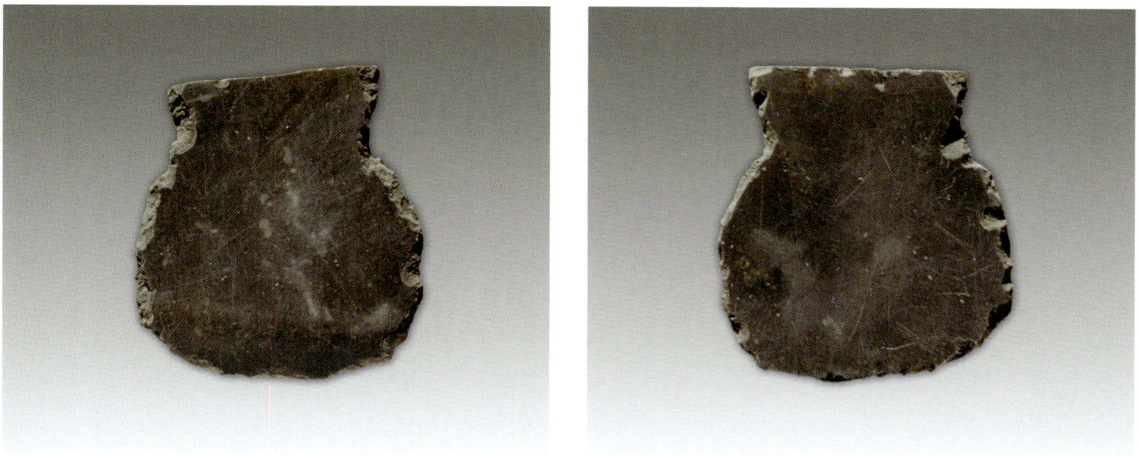

2. 石铲（ⅠH230 ③：1）

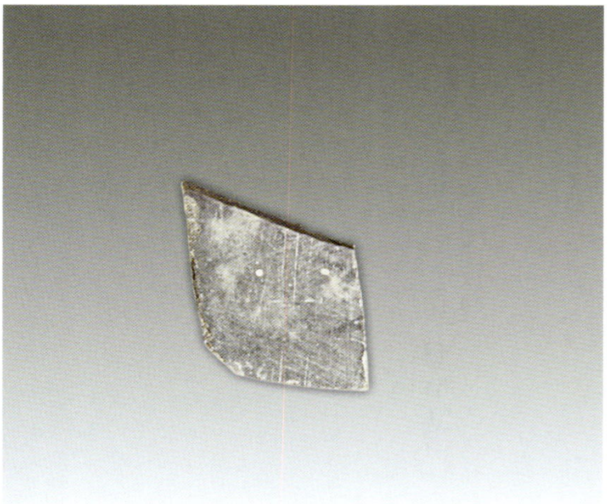

3. 石铲残块（ⅠH230 ④：3）

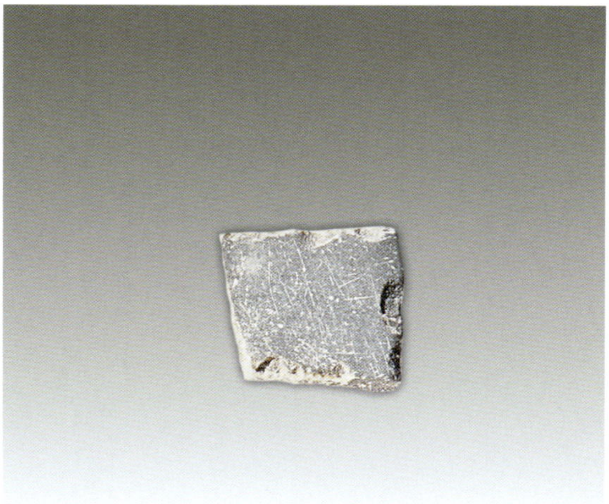

4. 石器（ⅠH221 ⑥：2）

石斧、石铲、石铲残块、石器（ⅠH202、ⅠH221、ⅠH230）

彩版七九

1. 石铲（或斧）（ⅠH221 ③：1）

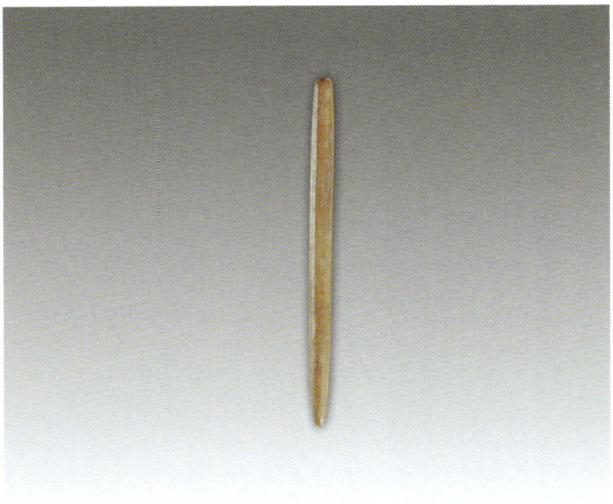

2. 骨簪（ⅠH221 ②：2）

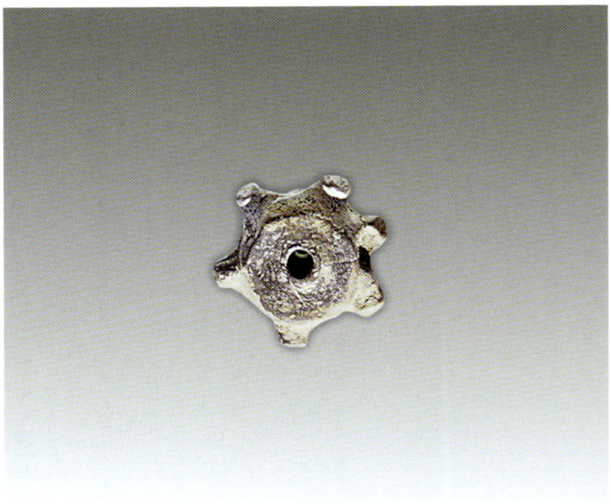

3. 陶纺轮（ⅠH221 ④：1）

4. 残圆陶片（ⅠH221 ④：3）

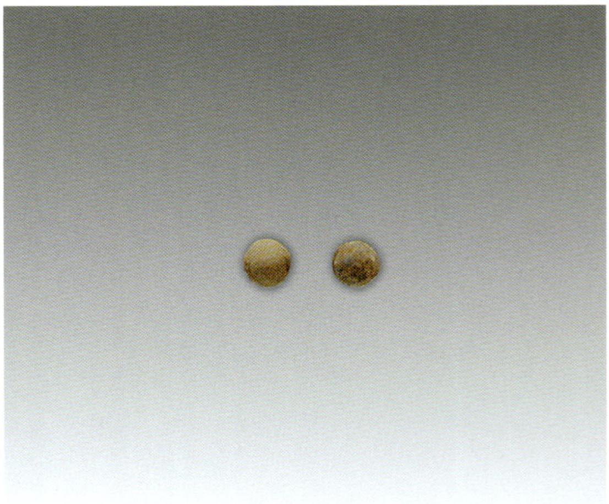

5. 陶弹丸［ⅠH221 ⑤：1(左)、ⅠH221 ⑤：4(右)］

骨簪、石铲（或斧）、陶纺轮、残圆陶片、陶弹丸（ⅠH221）

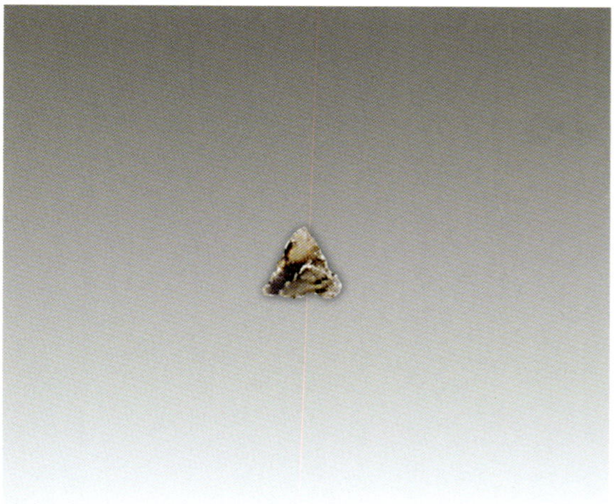

1. 石镞（ⅠH226③：1）

2. 圆陶片（ⅠH235①：1）

3. 石铲残块（ⅠH235③：1）

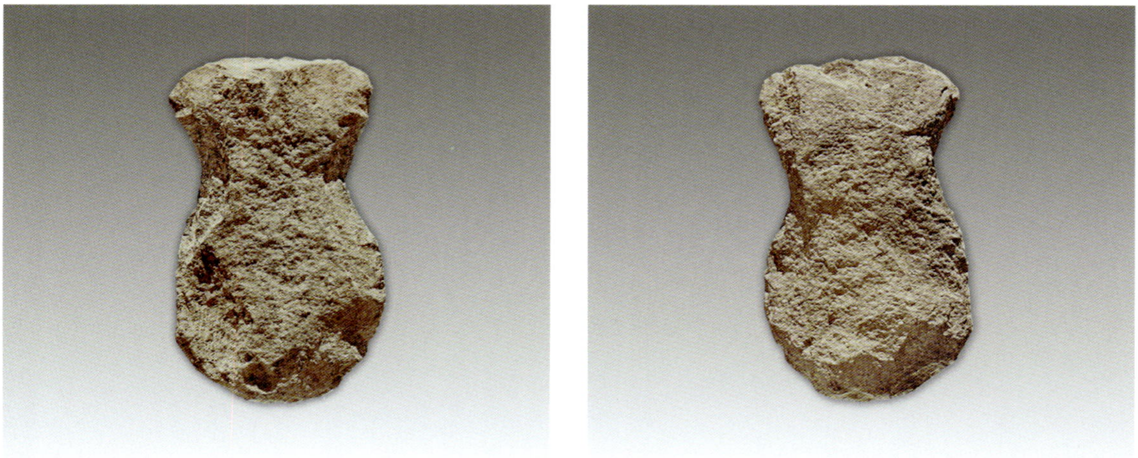

4. 石铲（ⅠH235②：1）

石镞、圆陶片、石铲、石铲残块（ⅠH226、ⅠH235）

彩版八一

1. 石铲（ⅠH235⑤：1）

2. 石铲（或斧）（ⅠH235⑩：7）

石铲、石铲（或斧）（ⅠH235）

1. 残盘状石器（ⅠH235⑪：2）

2. 陶圆饼（ⅠH235⑮：4）

3. 陶纺轮（ⅠH235⑮：7）

4. 石钺残段（ⅠH235⑯：9）

5. 陶圆饼（ⅠH235⑯：31）

残盘状石器、陶圆饼、陶纺轮、石钺残段（ⅠH235）

1. 有肩石铲（ⅠH235⑯：8）

2. 饼形石器（ⅠH235⑱：9）

有肩石铲、饼形石器（ⅠH235）

1. 盘状石器坯（ⅠH235⑰：2）

2. 陶圆饼（ⅠH235⑱：4）

3. 石铲（或磬）残块（ⅠH235⑱：14）

4. 石磬残块（ⅠH235⑯：15）

5. 石铲残块（ⅠH235⑯：22）

6. 石铲残块（ⅠH235⑯：24）

盘状石器坯、陶圆饼、石铲（或磬）残块、石铲残块、石磬残块（ⅠH235）

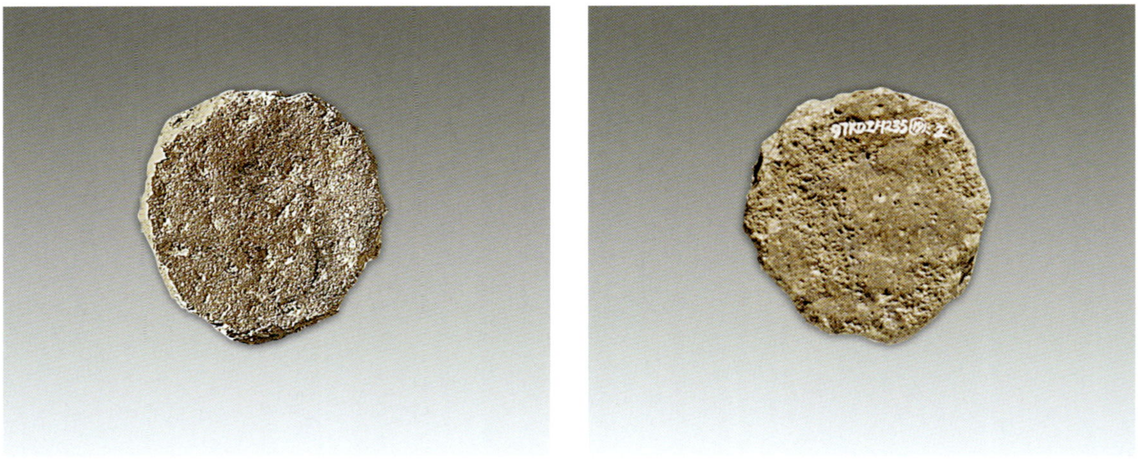

1. 饼形石器（ⅠH235⑲：2）

2. 饼形石器（ⅠH235⑲：16）

3. 陶纺轮（ⅠH235⑲：11）

饼形石器、陶纺轮（ⅠH235）

1. 石铲（或磬）残块（ⅠH235⑲：14）

2. 盘状石器残块（ⅠH235⑲：15）

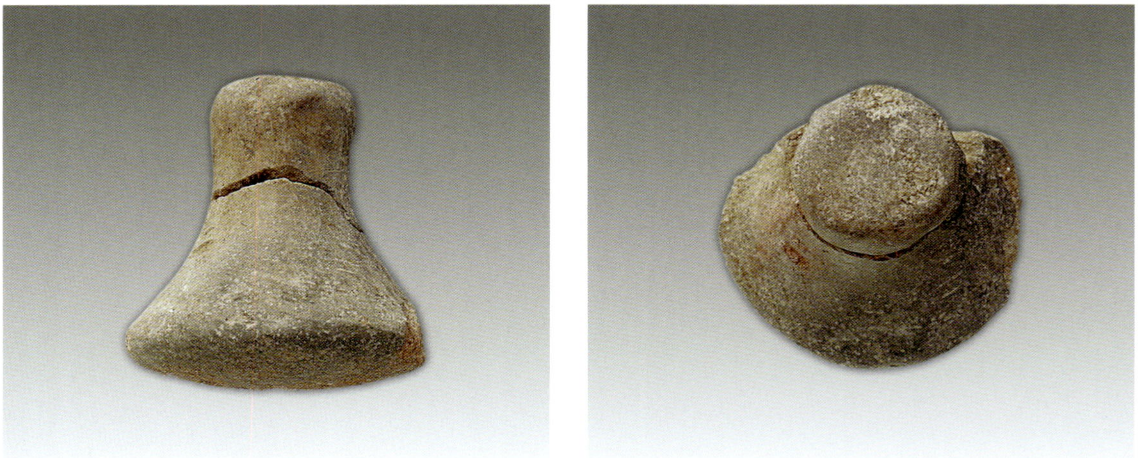

3. 残陶垫（ⅠH235⑳：10）

石铲（或磬）残块、盘状石器残块、残陶垫（ⅠH235）

彩版八七

1. 饼形石器（ⅠH235⑳：2）

2. 饼形石器（ⅠH235⑳：9）

3. 石铲残块（ⅠH235㉑：1）

饼形石器、石铲残块（ⅠH235）

1. 盘状砾石（ⅠH235㉑：2）

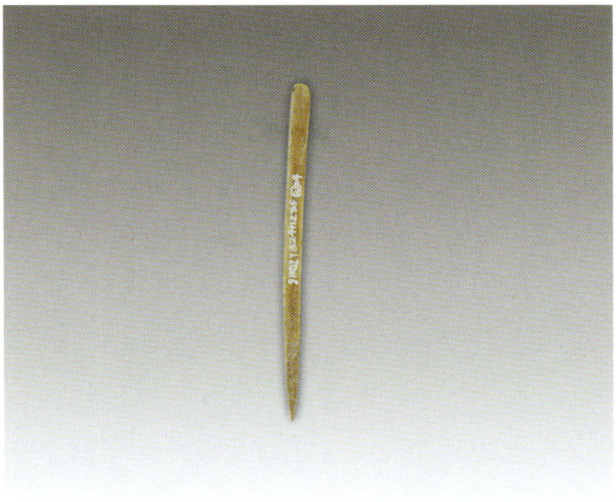

2. 骨锥（ⅠH235㉑：4）

3. 饼形石器（ⅠH345 ①：8）

4. 高火候硬陶片（ⅠH420：7）

盘状砾石、骨锥、饼形石器、高火候硬陶片（ⅠH235、ⅠH345、ⅠH420）

1. 饼形石器（ⅠH420：1）

2. 饼形石器（ⅠH420：4）

3. 石铲（或斧）半成品（ⅠH420：2）

饼形石器、石铲（或斧）半成品（ⅠH420）

1. 石臼（ⅠH250：1）

2. 靴形陶鼎足（ⅠH297：1）

3. 石铲半成品（ⅠH265②：2）

石臼、靴形陶鼎足、石铲半成品（ⅠH250、ⅠH265、ⅠH297）

1. 石铲（ⅠH276②：1）

2. 盘状石器（ⅠH276③：1）

石铲、盘状石器（ⅠH276）

1. 石铲（或斧）（ⅠH277 ②：1）

2. 盘状石器（ⅠH277 ④：1）

石铲（或斧）、盘状石器（ⅠH277）

1. 石铲（Ⅰ H277 ②：2）

2. 盘状石器（Ⅰ H277 ④：2）

石铲、盘状石器（Ⅰ H277）

1. 圆陶片（ⅠH277④：3）

2. 石球（ⅠH332：1）

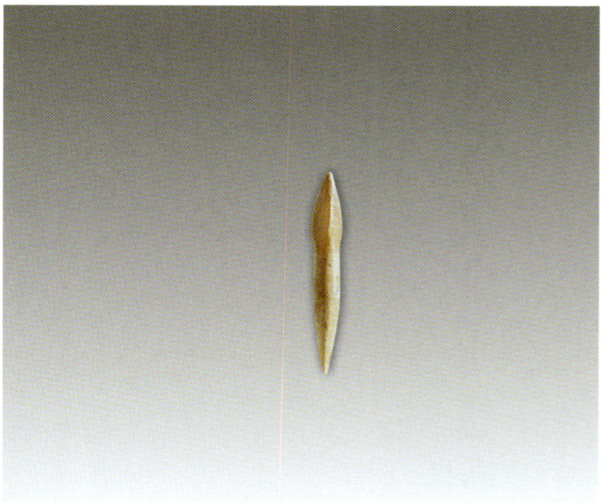

3. 骨镞（ⅠH304①：1）

4. 骨凿（ⅠH304①：2）

圆陶片、石球、骨镞、骨凿（ⅠH277、ⅠH304、ⅠH332）

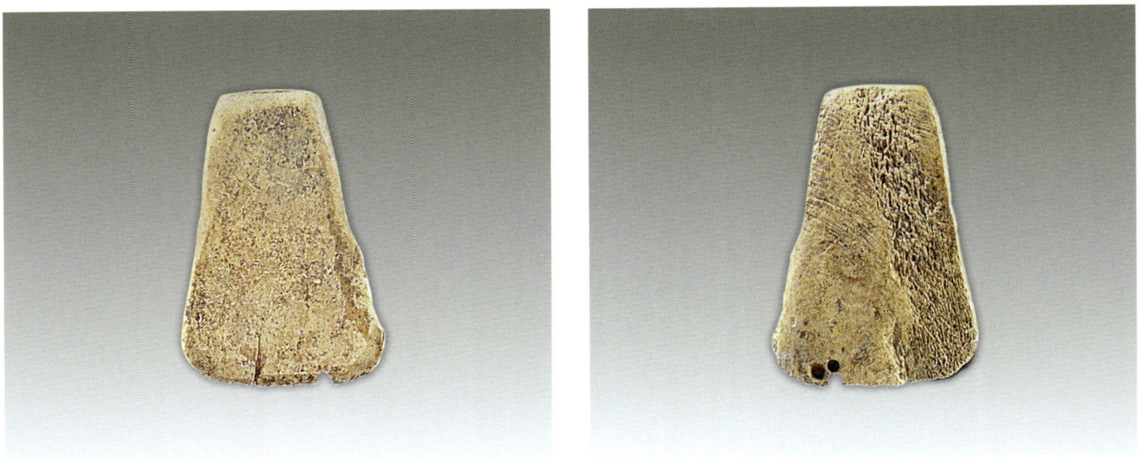

1. 卜骨（ⅠH344②：1）

2. 石铲（ⅠH344②：9）

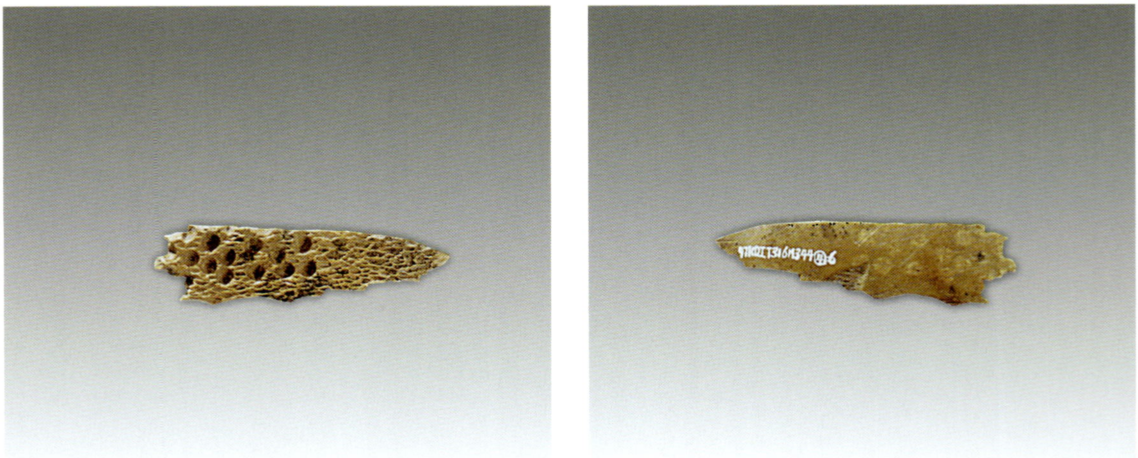

3. 卜骨残块（ⅠH344④：6）

卜骨、石铲、卜骨残块（ⅠH344）

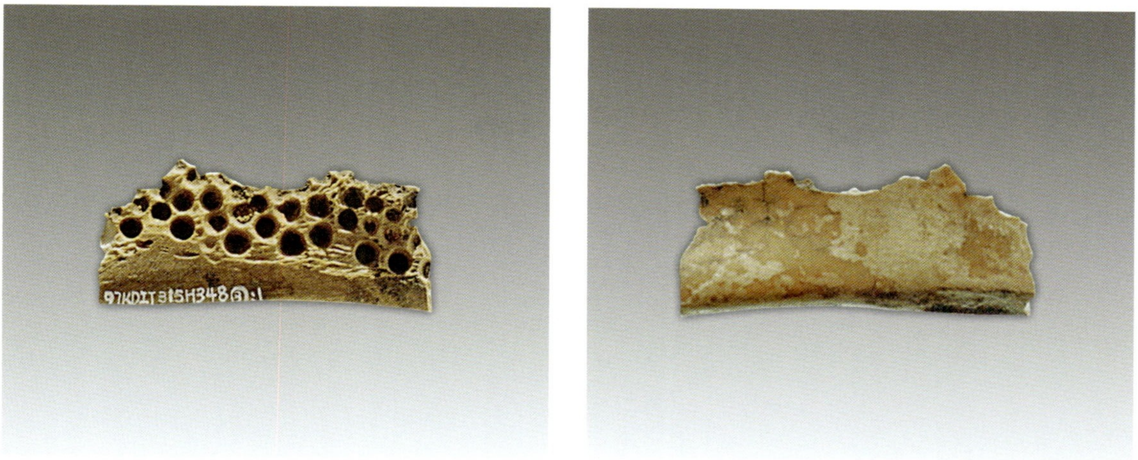

1. 卜骨残段（ⅠH348 ③：1）

2. 残器盖（ⅠH349⑪：8）

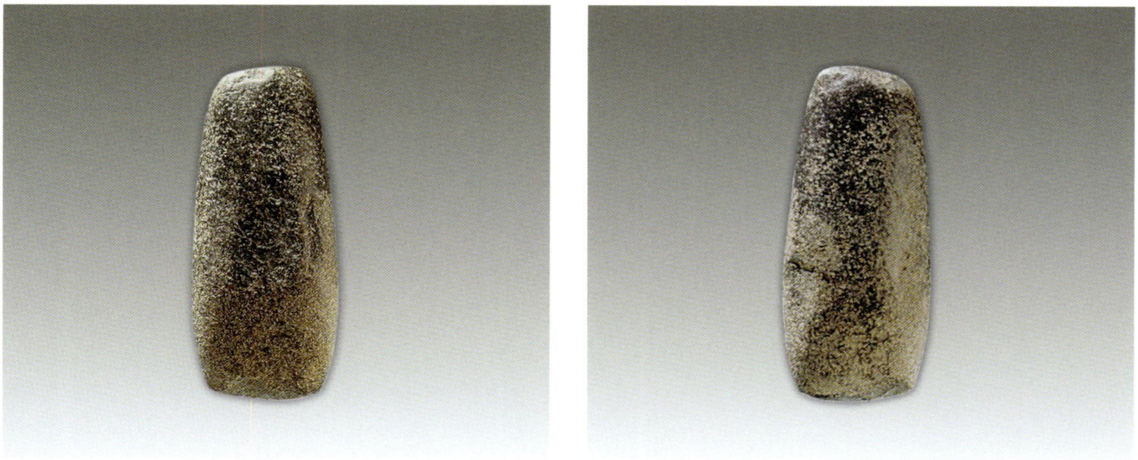

3. 石斧（ⅠH349⑪：1）

卜骨残段、残器盖、石斧（ⅠH348、ⅠH349）

1. 盘状石器（ⅠH356①：1）

2. 盘状石器（ⅠH356①：4）

盘状石器（ⅠH356）

1. 骨铲（ⅠH356⑥：1）

2. 骨铲（ⅠH356⑦：2）

3. 骨针（ⅠH356⑦：3）

4. 骨锥（ⅠH368⑤：1）

5. 残陶垫（ⅠH377：3）

骨铲、骨针、骨锥、残陶垫（ⅠH356、ⅠH368、ⅠH377）

彩版九九

1. 石臼（ⅠH367：1）

2. 石斧（ⅠH379②：3）

3. 石刀（ⅠH379②：9）

4. 盘状石器（ⅠH379②：7）

石臼、石斧、石刀、盘状石器（ⅠH367、ⅠH379）

石铲（I H379②：8）

1. 陶器底（ⅠH387②：1）

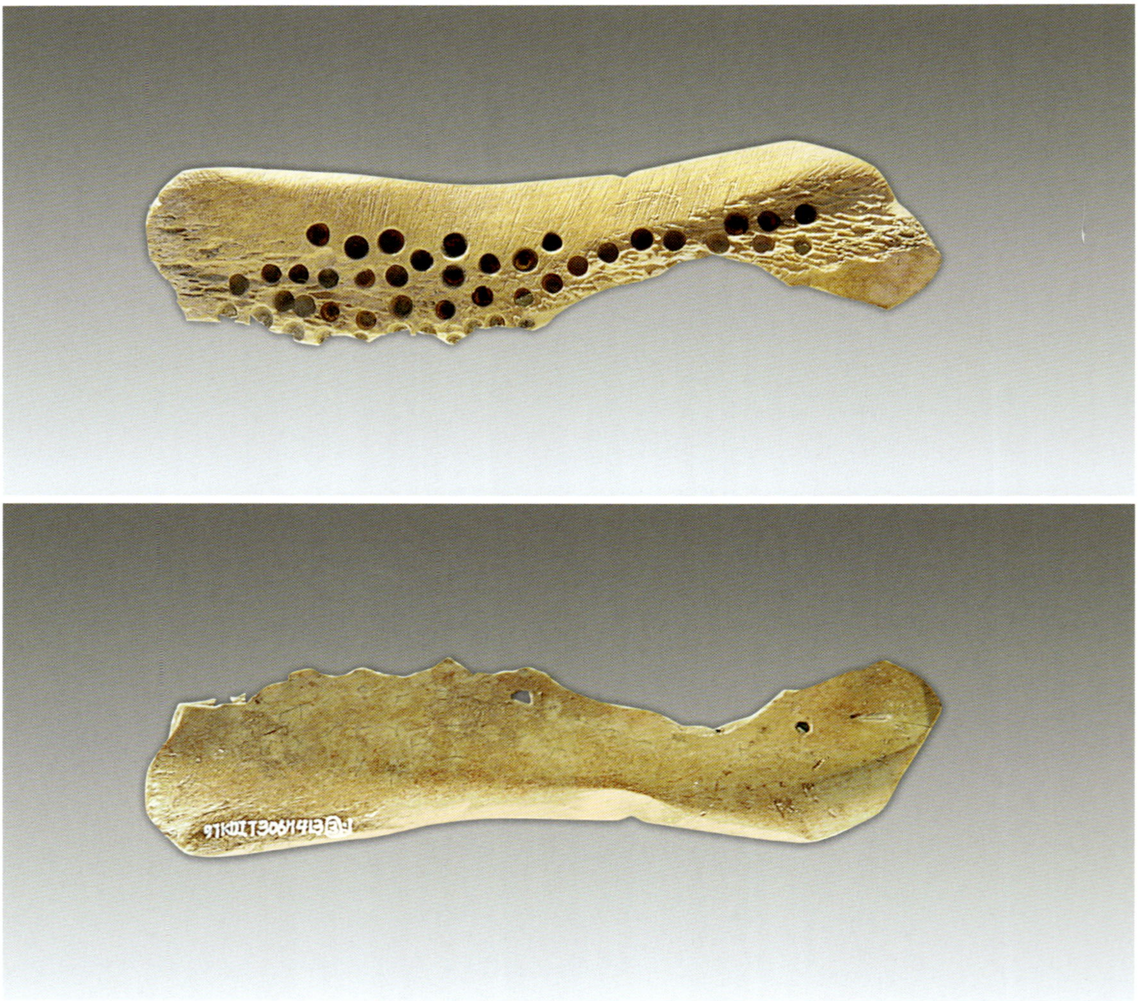

2. 残卜骨（ⅠH413③：1）

陶器底、残卜骨（ⅠH387、ⅠH413）

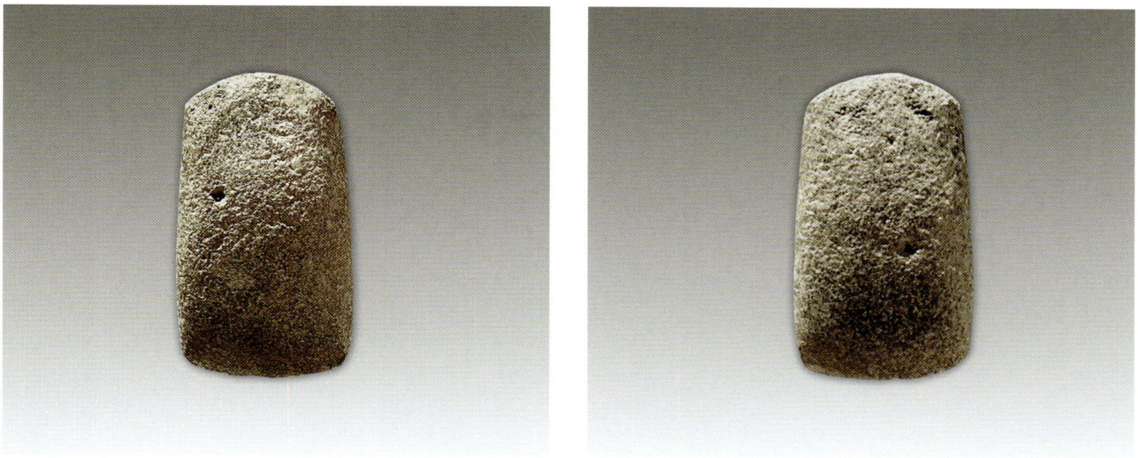

1. 石斧（ⅠH418②：1）

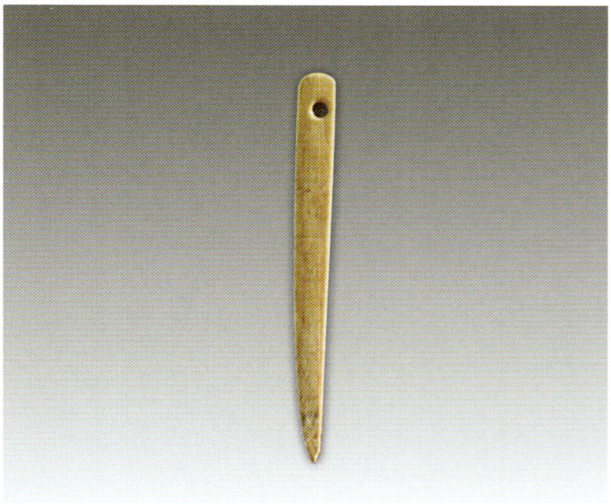

2. 扁骨针（ⅠH418③：1）

3. 石铲残块（ⅠH418③：2）

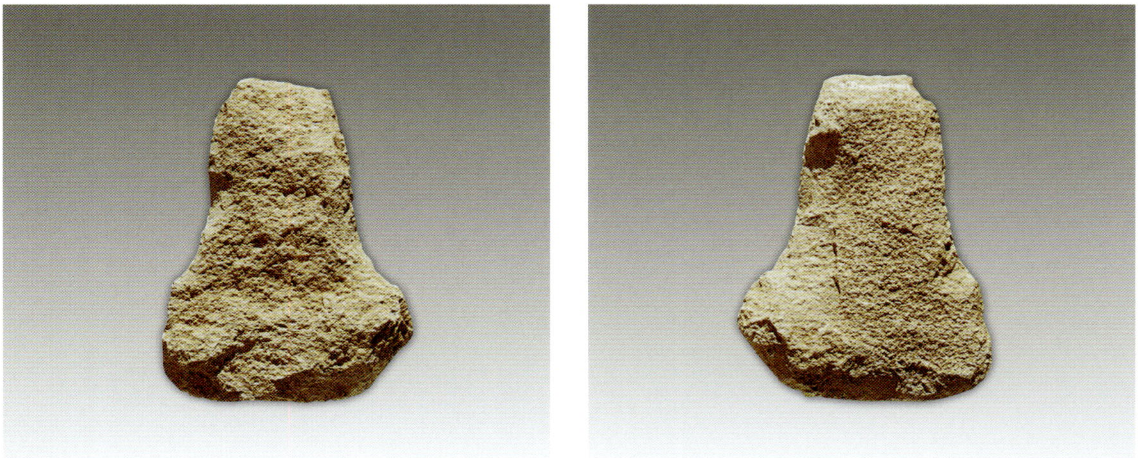

4. 有肩石铲半成品（ⅠH418⑤：2）

石斧、扁骨针、石铲残块、有肩石铲半成品（ⅠH418）

有肩石铲（I H418⑤：1）

石铲（ⅠH418⑩：3）

1. 有肩石铲（Ⅰ H418⑥：1）

2. 石铲（Ⅰ H418⑩：1）

有肩石铲、石铲（Ⅰ H418）

1. 有肩石铲（ⅠH418 ⑦：2）

2. 石杵（ⅠH418 ⑦：1）

3. 扁平砾石（ⅠH418 ⑩：4）

有肩石铲、石杵、扁平砾石（ⅠH418）

石铲（Ⅰ H418⑩：2）

1. 有肩石铲（ⅠH422⑦：1）

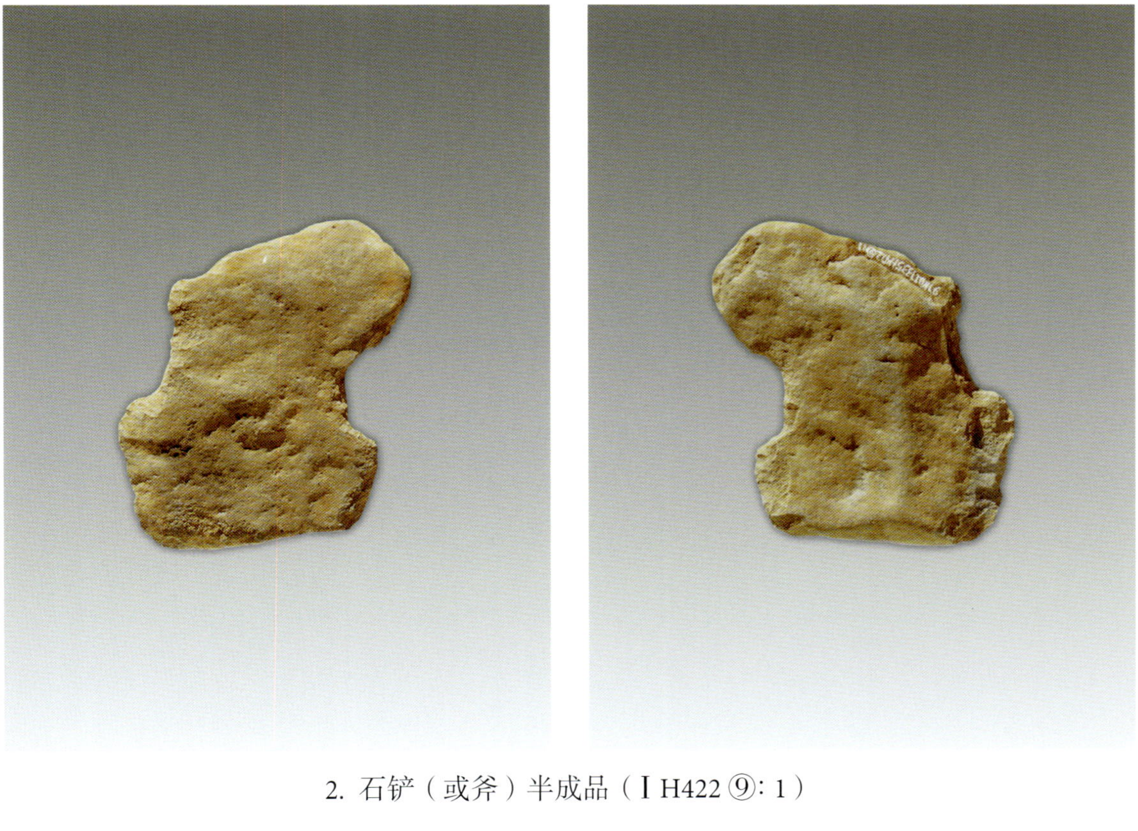

2. 石铲（或斧）半成品（ⅠH422⑨：1）

有肩石铲、石铲（或斧）半成品（ⅠH422）

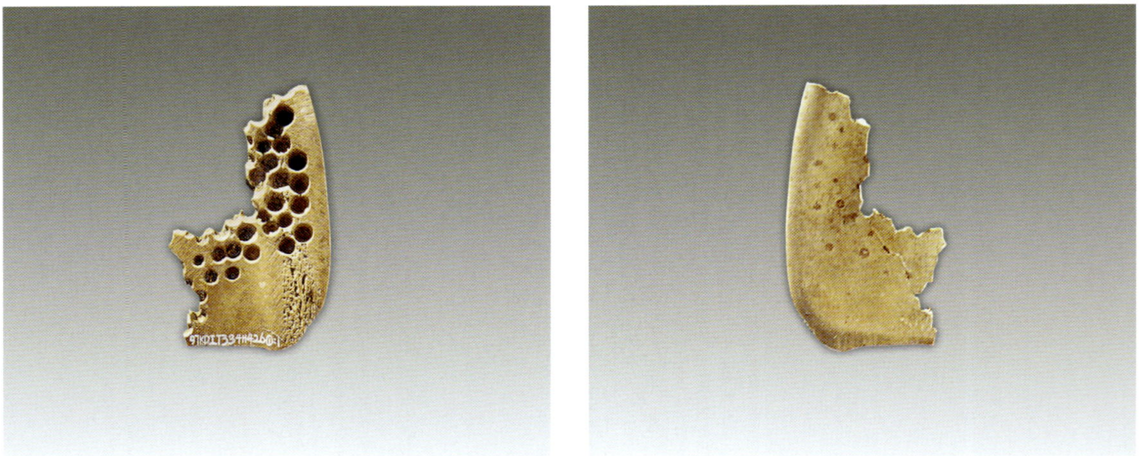

1. 卜骨残块（ⅠH426①：1）

2. 石刀（ⅠH426①：2）

3. 石刀（ⅠH426①：4）

4. 圆陶片（ⅠH426①：6）

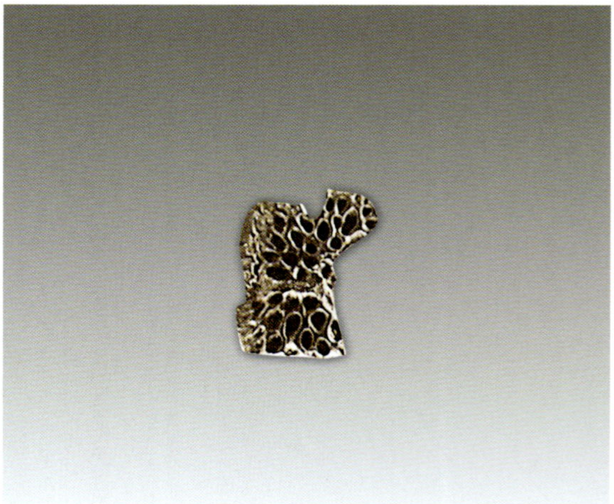

5. 残鳄鱼骨板制品（ⅠH426①：9）

卜骨残块、石刀、圆陶片、残鳄鱼骨板制品（ⅠH426）

1. 石刀（ⅠH429：3）

2. 石凿（ⅠH429：8）

3. 陶塑猪首（ⅠH442：2）

4. 盘状石器（ⅠH429：13）

石刀、石凿、陶塑猪首、盘状石器（ⅠH429、ⅠH442）

1. 石铲（ⅠH429：7）

2. 石铲（ⅠH434⑥：2）

石铲（ⅠH429、ⅠH434）

1. 有肩石铲（ⅠH434 ⑨：1）

2. 石球（ⅠH448：1）

3. 残铜刀（ⅠH443 ⑧：1）

有肩石铲、石球、残铜刀（ⅠH434、ⅠH443、ⅠH448）

1. 石铲（ⅠH445：1）

2. 石铲（ⅠH445：4）

石铲（ⅠH445）

石铲（ⅠH445：5）

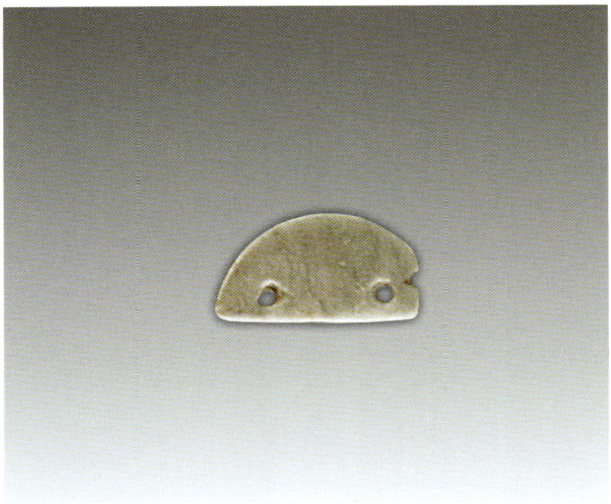

1. 石饰件（ⅠH449 ⑨：6）

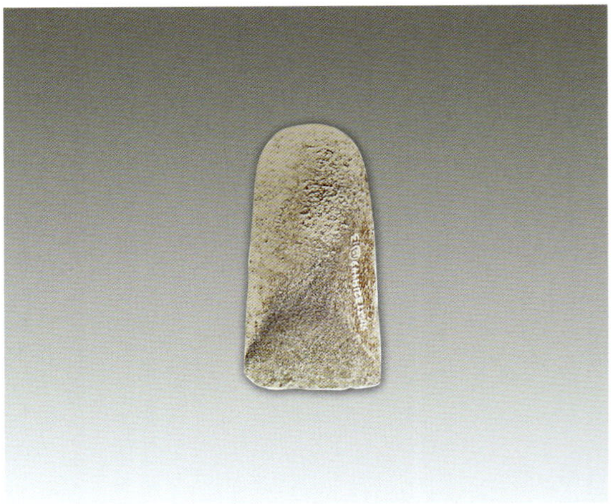

2. 石锛（ⅠH449⑫：3）

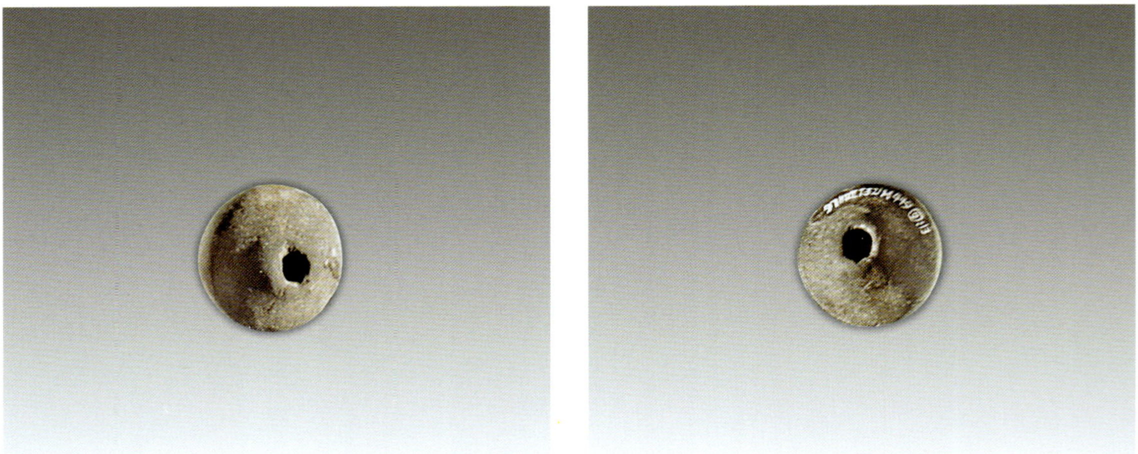

3. 陶纺轮（ⅠH449 ⑨：13）

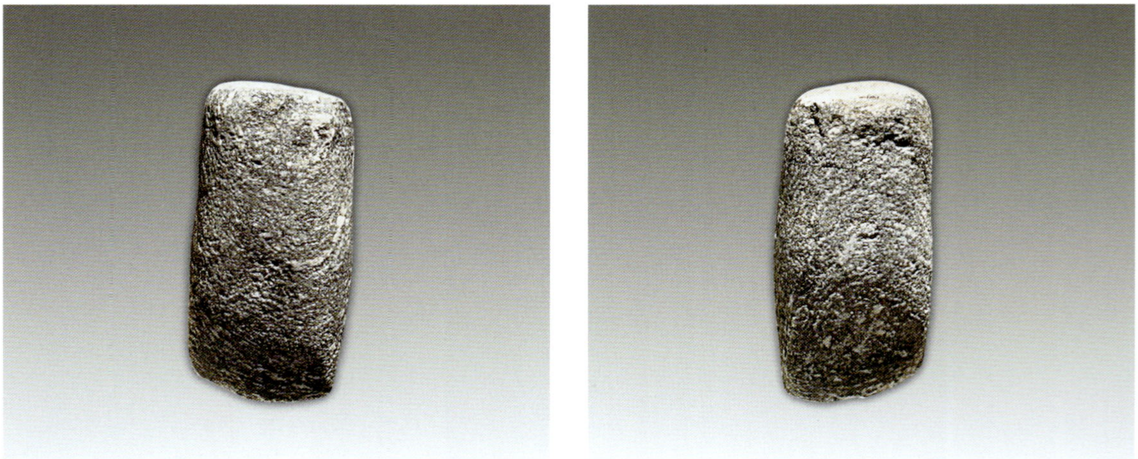

4. 石斧（ⅠH449 ⑨：2）

石饰件、石锛、陶纺轮、石斧（ⅠH449）

1. 长柄骨铲（ⅠH449 ⑩：1）

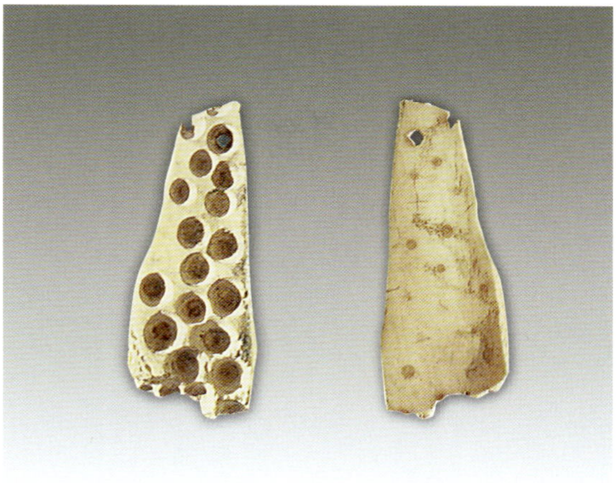

2. 卜骨残块（ⅠH449⑬：2）

3. 石铲（ⅠH449 ⑩：2）

长柄骨铲、卜骨残块、石铲（ⅠH449）

1. 石铲（ⅠH449⑬：1）

2. 石铲（ⅠH456②：2）

石铲（ⅠH449、ⅠH456）

1. 有肩石铲（Ⅰ H478：1）

2. 盘状石器（Ⅰ H483 ②：2）

有肩石铲、盘状石器（Ⅰ H478、Ⅰ H483）

1. 骨镞（ⅠH489④：1）

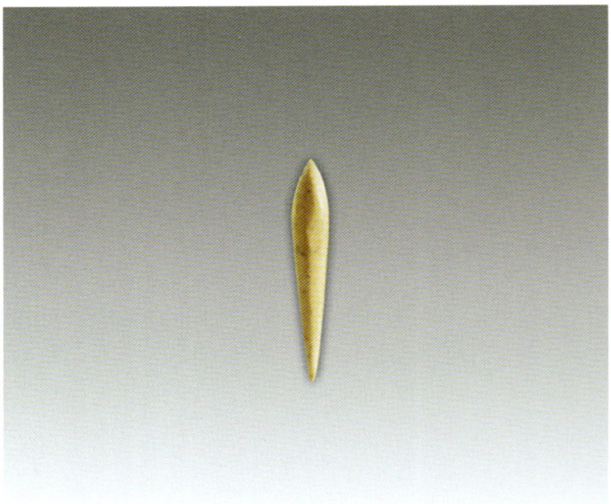

2. 骨镞（ⅠH489④：5）

3. 扁骨针（ⅠH460⑥：1）

4. 圆陶片（ⅠH489④：4）

5. 陶圆饼（ⅠH489④：2）

骨镞、扁骨针、圆陶片、陶圆饼（ⅠH460、ⅠH489）

1. 彩绘陶尊残片（Ⅰ H494 ②：2）

3. 残骨针（Ⅰ H501：1）

2. 石铲（Ⅰ H495 ①：1）

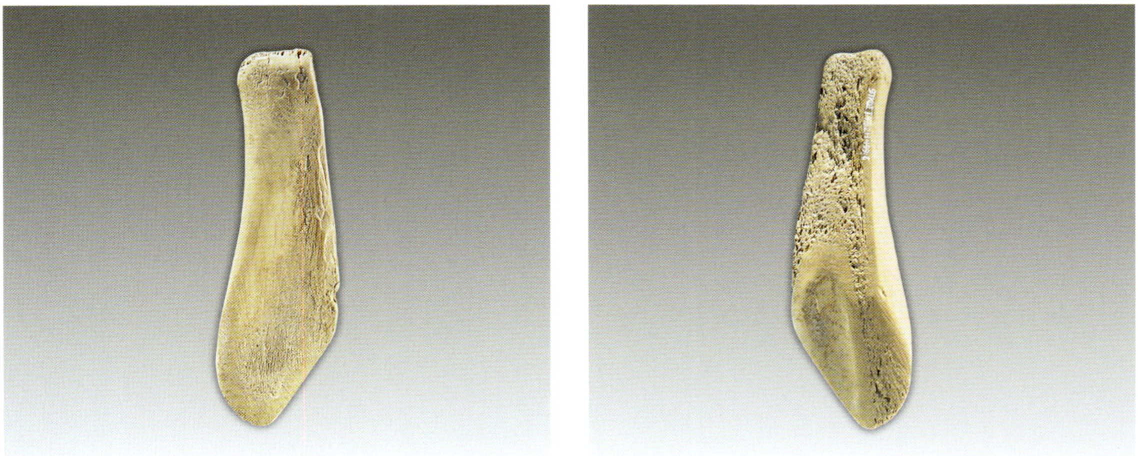

4. 骨铲（Ⅰ H499：6）

彩绘陶尊残片、石铲、残骨针、骨铲（Ⅰ H494、Ⅰ H495、Ⅰ H499、Ⅰ H501）

1. 饼形石器（ⅠG2⑧：12）

2. 盘状石器（ⅠG2⑧：15）

3. 石球（ⅠG2⑧：14）

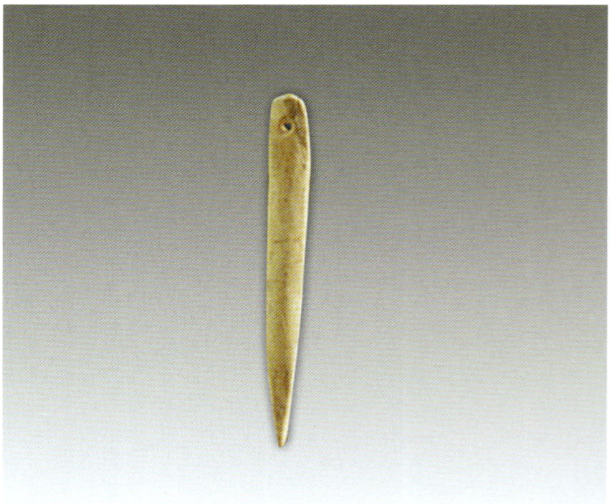

4. 骨针（ⅠG2①：5）

饼形石器、盘状石器、石球、骨针（ⅠG2）

1. 石钺残段（ⅠG2⑩：1）

2. 骨铲（ⅠG2⑬：2）

石钺残段、骨铲（ⅠG2）

1. 石铲（或斧）半成品（ⅠG2⑬：14）

2. 盘状石器（ⅠG2⑬：18）

石铲（或斧）半成品、盘状石器（ⅠG2）

1. 有布纹印痕的陶片（ⅠG2 ⑩：4）

2. 圆陶片（ⅠG2⑬：13）

3. 环首骨簪（ⅠG2⑬：10）

4. 石球（ Ⅰ G6 ⑨： 1）

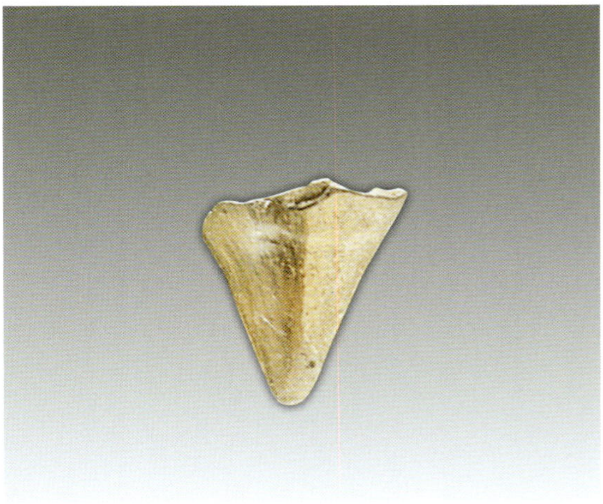

5. 陶鬲足（ⅠG2⑮：8-2）

6. 陶鬲足（ⅠG2⑮：8-1）

有布纹印痕的陶片、圆陶片、环首骨簪、石球、陶鬲足（ⅠG2、ⅠG6）

1. 圆陶片（ⅠG6③：1）

2. 圆陶片（ⅠG6⑦：1）

圆陶片（ⅠG6）

1. 石锛（Ⅰ T110 ⑥：3）

2. 石刀（Ⅰ T110 ⑥：5）

3. 石罐（Ⅰ T110 ⑧：1）

4. 残铜片（Ⅰ T407 ⑤：8）

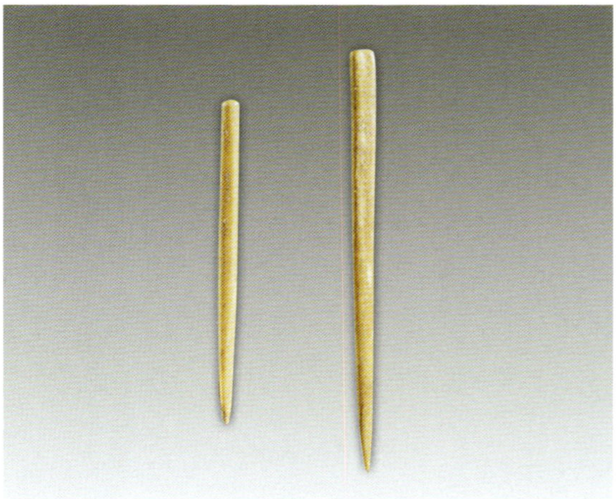

5. 骨簪 [Ⅰ T433 ③ E：1（左）、Ⅰ T433 ③ E：2（右）]

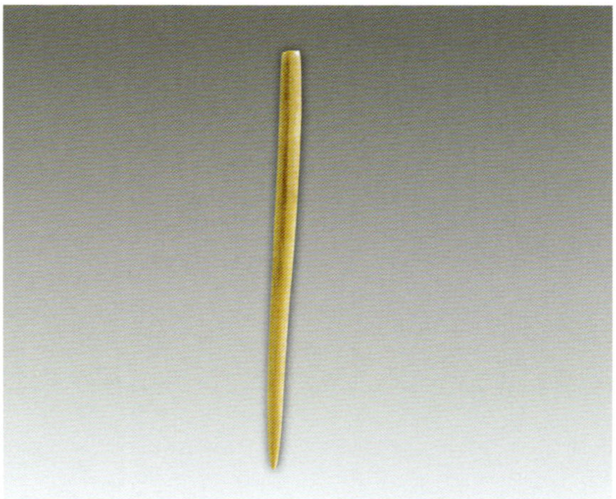

6. 骨簪（Ⅰ T433 ③ E：3）

石锛、石刀、石罐、残铜片、骨簪（Ⅰ T110 ⑥、Ⅰ T110 ⑧、Ⅰ T407 ⑤、Ⅰ T433 ③ E）

1. Ⅰ H74 坑底遗物

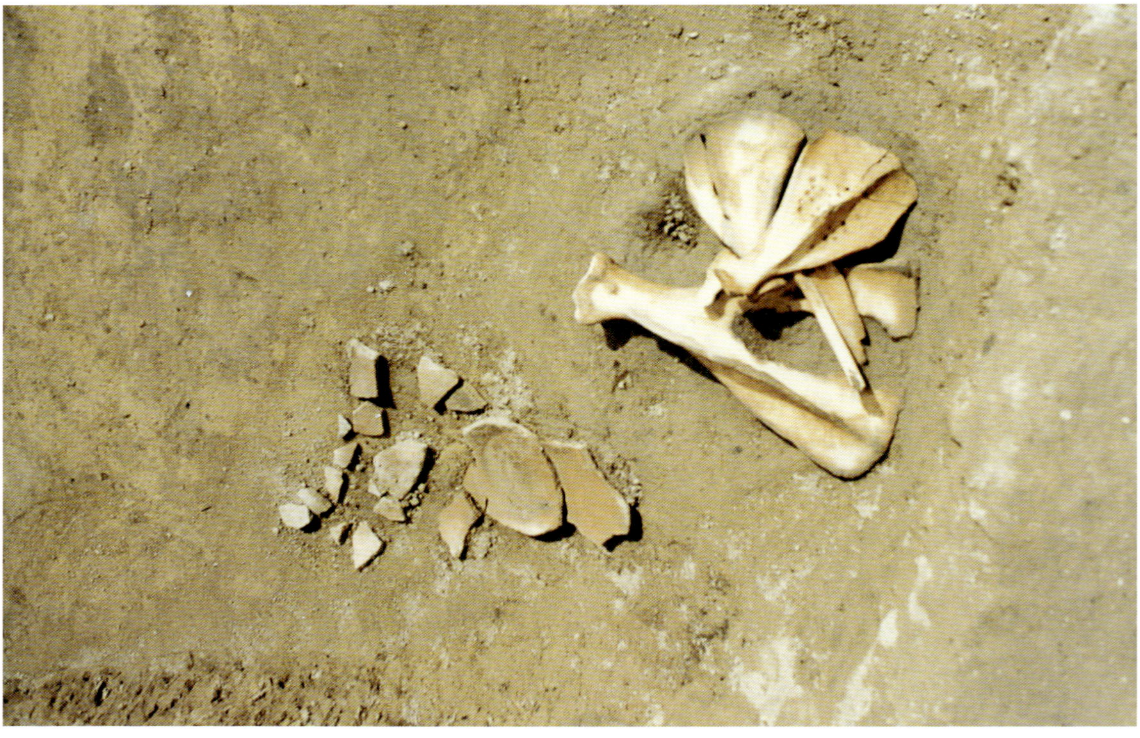

2. Ⅰ H74 坑底卜骨和夹砂红陶陶片

Ⅰ H74

1. Ⅰ H92 ⑤的土坯墙

2. Ⅰ H92 坑底卧置之陶鬲（Ⅰ H92 ⑦: 1)

3. Ⅰ H437（由西摄）

Ⅰ H92、Ⅰ H437

1. Ⅰ H239 坑壁工具痕

2. 陶盆（Ⅰ H239 ⑥：3）

Ⅰ H239 及其所出陶盆

1. 陶罐（ⅠH141②：5）

2. 陶钵（ⅠT113④：1）

3. 石斧（ⅠF38①：7）

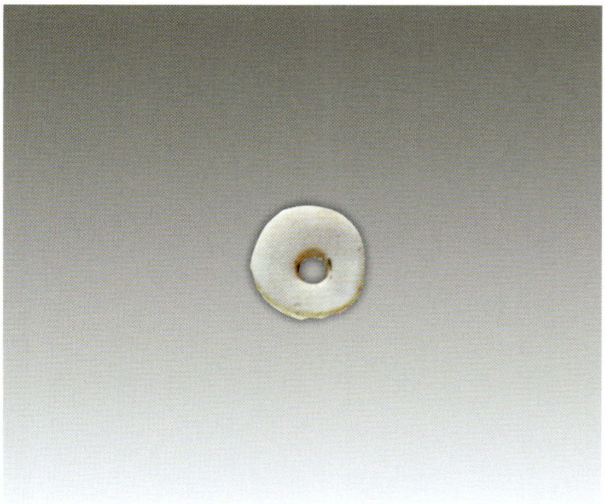

4. 蚌饰（ⅠF38①：5）

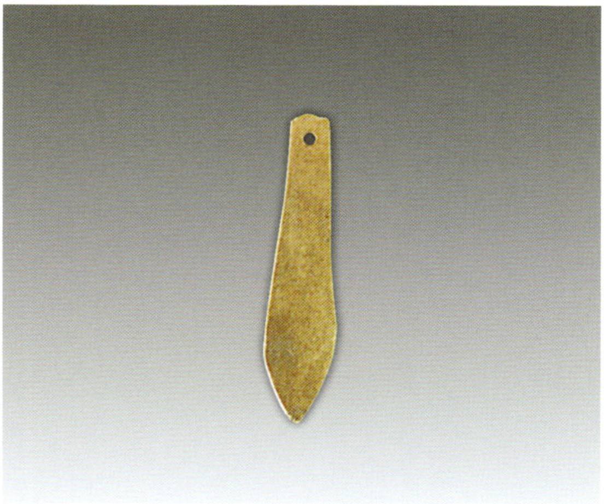

5. 骨器（ⅠF38②：3）

陶罐、陶钵、石斧、蚌饰、骨器（ⅠT113④、ⅠH141、ⅠF38）

1. 卜骨（Ⅰ H74：10）

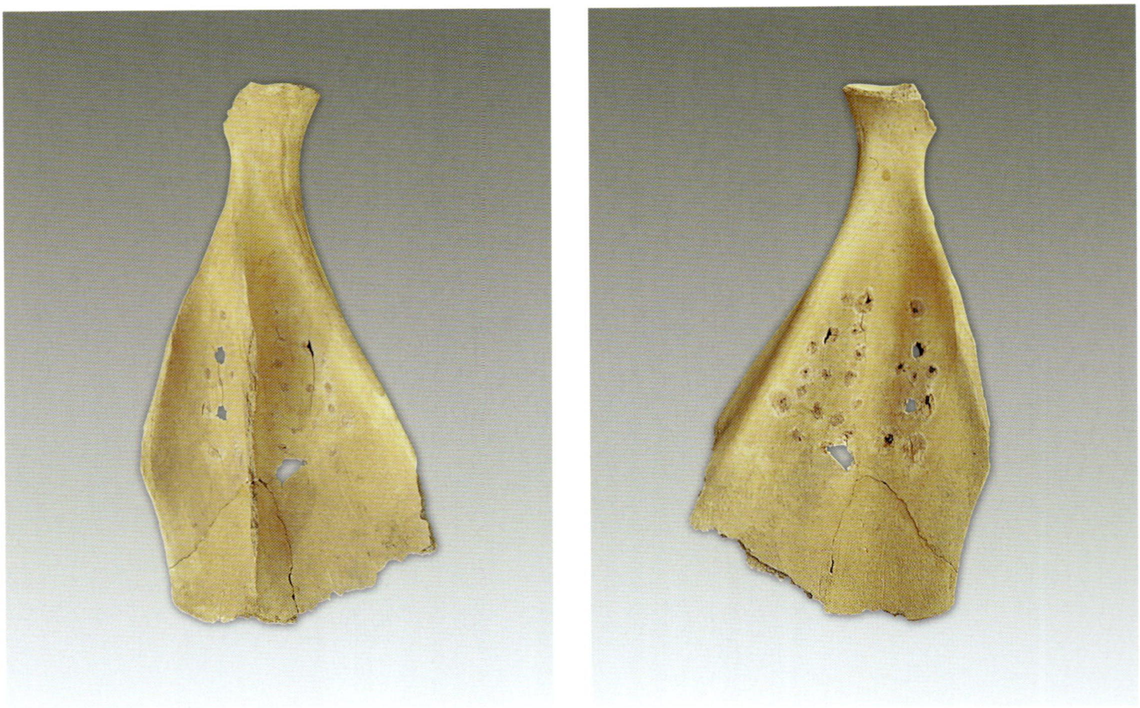

2. 残卜骨（Ⅰ H74：11）

卜骨、残卜骨（Ⅰ H74）

1. 残卜骨（ⅠH74：9）

2. 残卜骨（ⅠH298 ①：2）

3. 陶埙（ⅠH354：1）

4. 有孔陶圆饼（ⅠH410 ①：3）

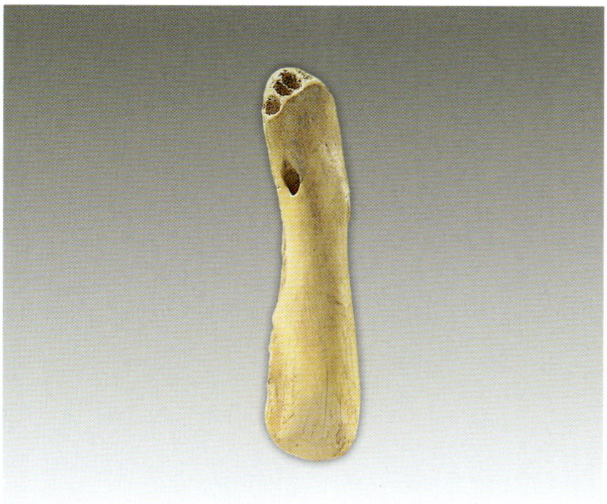

5. 骨铲（ⅠH437 ①：3）

6. 陶纺轮（ⅠH437 ①：8）

残卜骨、陶埙、有孔陶圆饼、骨铲、陶纺轮（ⅠH74、ⅠH298、ⅠH354、ⅠH410、ⅠH437）

1. Ⅰ H238

2. Ⅰ H238 坑壁工具痕

Ⅰ H238

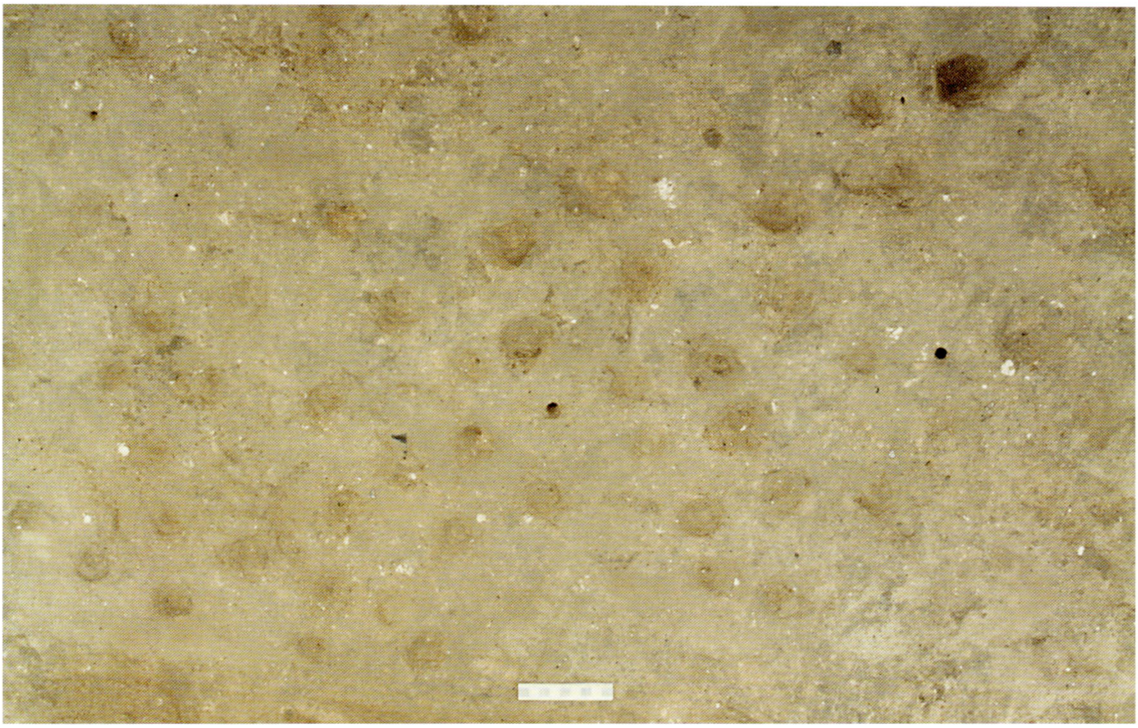

1. ⅠT318 南壁附近之Ⅰ Q4 墙体中的夯窝

2. ⅠD1 半剖

ⅠQ4、ⅠD1

1. Ⅰ D3 及其剖面

2. Ⅰ D5 剖面

3. Ⅰ D17 俯视

Ⅰ D3、Ⅰ D5、Ⅰ D17

1. Ⅰ D4（清理完柱洞内堆积）

2. Ⅰ D4 半剖（清理完柱洞内堆积）

Ⅰ D4

1. A 型灰陶釜（ⅠH85：1）

2. B 型灰陶釜（ⅠH208：1）

3. A 型夹砂罐（ⅠF37：6）

4. AⅡ式泥质罐（ⅠH8②：1）

5. D 型泥质罐（ⅠH134：1）

6. 泥质小罐（ⅠH207①：8）

ⅠF37、ⅠH8、ⅠH85、ⅠH134、ⅠH207、ⅠH208 的陶容器

1. 钵（ⅠH207①：2）

2. B型碗（ⅠH134：2）

3. C型碗（ⅠH207②：2）

4. A型碗（ⅠH238：6）

5. AⅡ式泥质罐（ⅠH207②：3）

6. C型泥质罐（ⅠH238：7）

ⅠH134、ⅠH207、ⅠH238的陶容器

1. 泥质罐（ⅠH238：8）

2. B 型夹砂罐（ⅠH251 ③：2）

3. 夹砂碗（ⅠH251 ①：1）

4. C 型泥质罐（ⅠH261 ①：2）

5. 泥质罐（ⅠH274：1）

6. D 型泥质罐（ⅠH322：1）

ⅠH238、ⅠH251、ⅠH261、ⅠH274、ⅠH322 的陶容器

1. AⅡ式泥质罐（ⅠT418①A：1）

2. AⅠ式豆（ⅠT316⑤：2）

3. 钵（ⅠT317③：23）

4. AⅡ式豆（ⅠT317④：7）

5. 骨锥（ⅠH14：3）

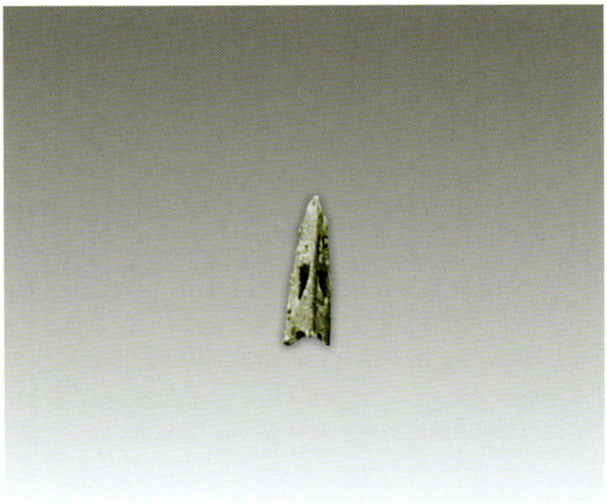

6. 铜镞（ⅠH20：7）

ⅠT316、ⅠT317、ⅠT418的陶容器及ⅠH14、ⅠH20的骨锥和铜镞

彩版一四一

1. 有孔陶圆饼（ⅠH20：8）

2. 骨镞（ⅠH43：5）

3. 煤精饰件（ⅠH93：3）

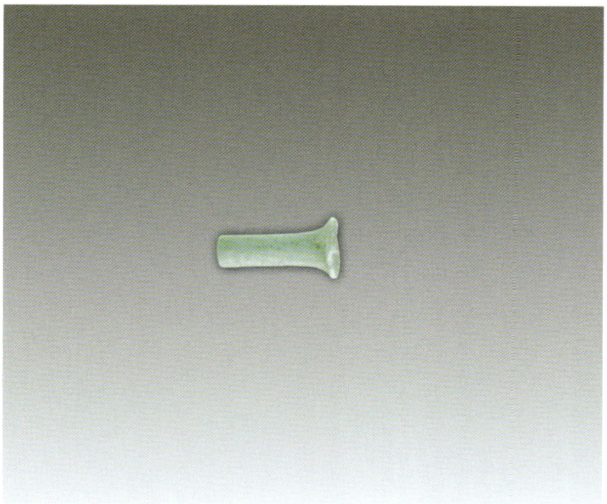

4. 琉璃耳瑱（ⅠH59：4）

5. 有孔陶圆饼（ⅠH97：12-1）

骨镞、琉璃耳瑱、煤精饰件、有孔陶圆饼（ⅠH20、ⅠH43、ⅠH59、ⅠH93、ⅠH97）

1. 骨器（ⅠH154：1）

2. 残石镞（ⅠH285：2）

3. 陶圆饼（ⅠG4④：1）

4. 石铲（或斧）半成品（ⅠH427：5）

5. 残石钺（ⅠT421③：4）

骨器、残石镞、陶圆饼、石铲（或斧）半成品、残石钺（ⅠH154、ⅠH285、ⅠH427、ⅠG4、ⅠT421）

ⅡT1～ⅡT3发掘区

1. 小河沿文化彩陶罐

2. Ⅱ F1（由东南摄）

小河沿文化彩陶罐及Ⅱ F1

1. Ⅱ F2（由北摄）

2. 覆盖在Ⅱ M1 上的条状石块

Ⅱ F2、Ⅱ M1

1. Ⅰ F46 ①带有柱状建筑构件遗痕的红烧土块

2. Ⅰ F46 ①带有柱状建筑构件遗痕的红烧土块

3. Ⅰ F47 印在草拌泥壁面上的手指抹痕

4. Ⅰ H320·Ⅰ H370 之Ⅰ H370 南壁的宽双齿工具痕

夏家店下层文化遗迹之印痕

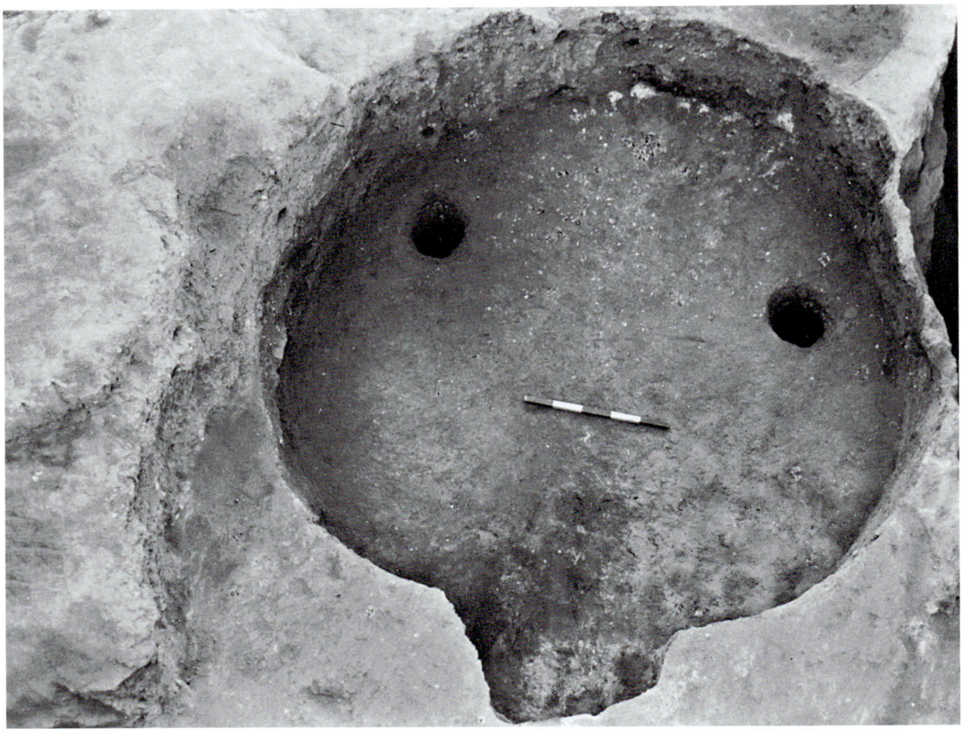

1. Ⅰ F47

2. Ⅰ H426

夏家店下层文化房址和灰坑

1. 尊（ⅠF6②：3）

2. B型钵（ⅠF13②：4）

3. AⅠ式尊（ⅠT413⑥：5）

4. AⅡ式泥质筒腹鬲（ⅠF18③B：5）

5. BⅡ式夹砂鼎（ⅠF18W：1）

ⅠF6、ⅠF13、ⅠF18③B、ⅠF18W、ⅠT413⑥的陶容器

图版四

1. A 型平底盘（Ⅰ F27 ②: 3）

2. C 型碗（Ⅰ F50 ②: 2）

3. A 型钵（Ⅰ F42 ② C：1）

4. Aa Ⅱ式盆（Ⅰ F42 ② C：2）

5. 尊（Ⅰ F42 ② D：8）

6. A 型钵（Ⅰ H445：16）

Ⅰ F27、Ⅰ F42、Ⅰ F50、Ⅰ H445 的陶容器

1. B 型碗（Ⅰ H34 ③：20）

2. 小盆（Ⅰ H33 ②：1）

3. 器盖（Ⅰ H37 ③：2）

4. 碗（Ⅰ H90 ④ B：2）

5. Ac 型碗（Ⅰ H90 ③：2）

6. 杯（Ⅰ H449⑬：3）

Ⅰ H33、Ⅰ H34、Ⅰ H37、Ⅰ H90、Ⅰ H449 的陶容器

图版六

1. BⅡ式尊（ⅠH145②：2）

2. BⅡ式尊（ⅠH136②：13）

3. 盆（ⅠH156③：2）

4. 尊（ⅠH149：4）

5. E型盆（ⅠH150①：6）

6. AⅢ式尊（ⅠH379②：34）

ⅠH136、ⅠH145、ⅠH149、ⅠH150、ⅠH156、ⅠH379的陶容器

1. AaⅡ式夹砂罐（ⅠH202⑧：9）

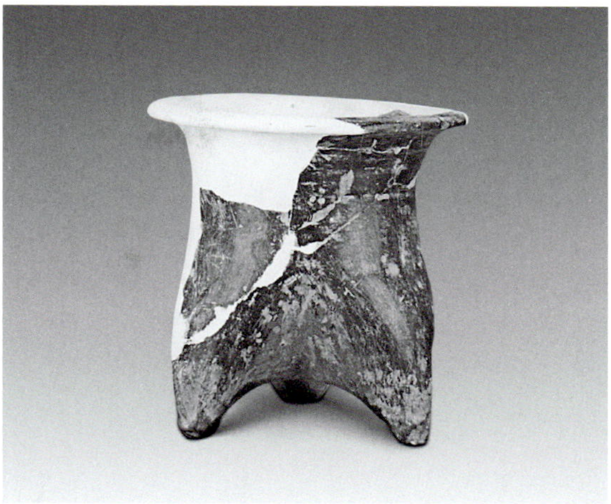

2. 泥质鬲（ⅠH203：2）

3. AaⅡ式夹砂甗盆（ⅠH183：3）

4. CⅠ式夹砂罐（ⅠH195：1）

5. A型平底盘（ⅠH235⑱：22）

ⅠH183、ⅠH195、ⅠH202、ⅠH203、ⅠH235的陶容器

图版八

1. Aa 型碗（ⅠH235⑯：26）

2. Ab 型碗（ⅠH235⑯：29）

3. Aa 型碗（ⅠH235⑲：8）

4. 残簋（ⅠH235⑲：9）

5. BⅡ式盆（ⅠH235⑳：14）

6. 平底盘（ⅠH235⑳：16）

ⅠH235 的陶容器

1. BⅠ式盆（ⅠH344⑤：2）

2. C型尊（ⅠH348①：3）

3. Aa型碗（ⅠH344④：3）

4. Ac型碗（ⅠH328②：6）

5. Aa型碗（ⅠH277①：7）

6. Aa型碗（ⅠH282①：2）

ⅠH277、ⅠH282、ⅠH328、ⅠH344、ⅠH348的陶容器

图版一〇

1. C 型碗（ⅠH494②：5）

2. C 型碗（ⅠH414：7）

3. Ab 型碗（ⅠG7③：1）

4. A 型三足盘（ⅠG6⑩：1）

5. 垫状器（ⅠG2③：1）

6. 碗（ⅠG2②：5）

ⅠH414、ⅠH494、ⅠG2、ⅠG6、ⅠG7 的陶容器

1. 盆（ⅠG2⑪：14）

2. 小盆（ⅠG2⑪：17）

3. DⅡ式盆（ⅠG2⑪：11）

4. A型夹砂筒腹鬲（ⅠG2⑪：13）

5. A型夹砂筒腹鬲（ⅠG2⑪：19）

ⅠG2的陶容器

图版一二

1. A 型夹砂筒腹鬲（ⅠG2⑬：1）

2. A 型夹砂筒腹鬲（ⅠG2⑬：19）

3. 尊（ⅠG2⑬：12）

4. AaⅣ式夹砂罐（ⅠG2⑱：10）

ⅠG2 的陶容器

1. BⅡ式夹砂罐（ⅠT110⑥：4）

2. A型平底盘（ⅠT110⑥：2）

3. B型平底盘（ⅠT406④A：5）

4. B型平底盘（ⅠT408④：5）

5. AaⅠ式盆（ⅠT433⑥A：3）

6. 平底盘（ⅠT421⑥：2）

ⅠT110⑥、ⅠT406④A、ⅠT408④、ⅠT421⑥、ⅠT433⑥A的陶容器

1. Ⅰ H239

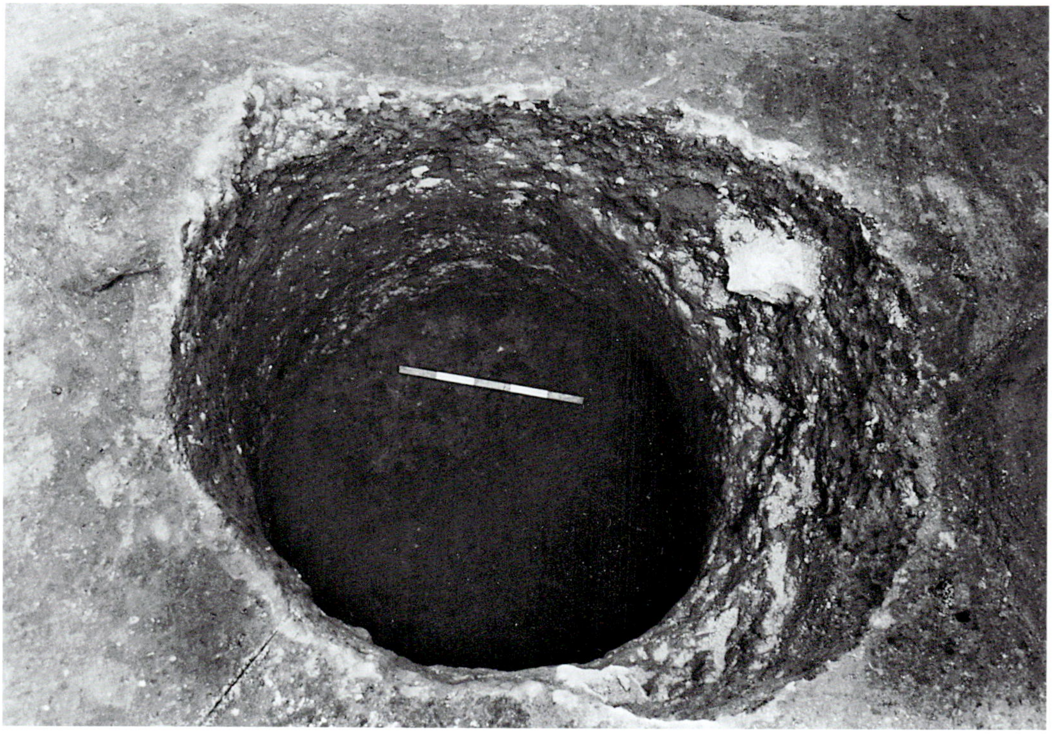

2. Ⅰ H279

夏家店上层文化和战国时期的灰坑

1. A 型灰陶釜（ⅠH327①：1）

2. AⅡ式泥质罐（ⅠH8②：2）

3. AⅡ式泥质罐（ⅠH16：1）

4. AⅡ式豆（ⅠT317③：22）

5. 泥质小罐（ⅠH207①：3）

6. AⅡ式盆（ⅠH207②：1）

ⅠH8、ⅠH16、ⅠH207、ⅠH327、ⅠT317③的陶容器

1. AⅠ式盆（ⅠH293：10）

2. C型碗（ⅠH238：3）

3. AⅠ式盆（ⅠT315④：7）

4. B型碗（ⅠH238：21）

5. 甑（ⅠT418①A：2）

6. AⅠ式盆（ⅠH238：9）

7. C型碗（ⅠT309③：1）

ⅠH238、ⅠH293、ⅠT309③、ⅠT315④、ⅠT418①A的陶容器

1. BⅡ式盆（ⅠH43：6）

2. C型盆（ⅠH233：4）

3. BⅠ式盆（ⅠH412：3）

4. D型盆（ⅠT405②：7）

5. A型碗（ⅠT405②：9）

6. A型碗（ⅠT405②：12）

ⅠH43、ⅠH233、ⅠH412、ⅠT405②的陶容器

1. B 型碗（Ⅰ H287：2）

2. B 型碗（Ⅰ H287：3）

3. A 型碗（Ⅰ H2：5）

4. A 型碗（Ⅰ H2：6）

5. 盆（Ⅰ T308②：3）

6. 改制碗（Ⅰ T308 ④：1）

Ⅰ H2、Ⅰ H287、Ⅰ T308 ②、Ⅰ T308 ④的陶容器

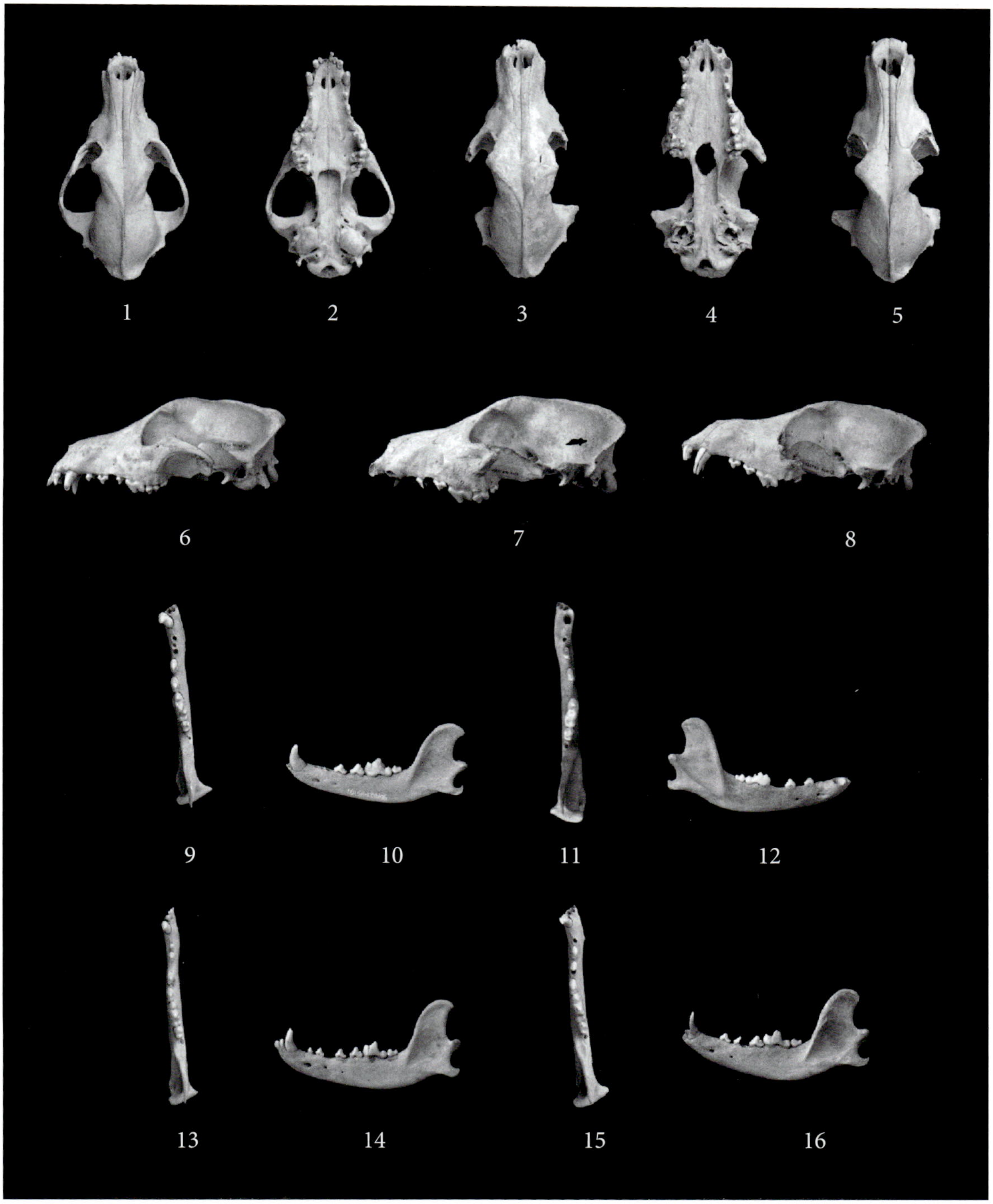

1、2、6. 家犬（雄性）头骨背面视、附左右 I2-M2 及左 I1 腭面视、左颊侧面视（Ⅰ H120 ②） 3、4. 家犬（雄性）头骨背面视、附左右 P2-M2 右 C 腭面视（Ⅰ H273） 5. 家犬头骨背面视（Ⅰ H401 ②） 7. 家犬头骨附左右 P2-M2 及右犬齿和 P1 左颊侧面视（Ⅰ H273） 8. 家犬头骨附 I3、C、P2-P4、M2 左颊侧面视（Ⅰ H401 ②） 9、10. 家犬（雌性）左下颌附 C 及 P3-M2 冠面视、颊侧面视（Ⅰ H97） 11、12. 家犬（雄性）右下颌附 P2、P3、M1、M2 冠面视、颊侧面视（Ⅰ H235 ⑮ ） 13、14. 家犬（雄性）左下颌附 I1-M2 冠面视、颊侧面视（Ⅰ H120 ②） 15、16. 家犬（雄性）左下颌附 C 及 P2-M2 冠面视、颊侧面视（Ⅰ H34 ④）

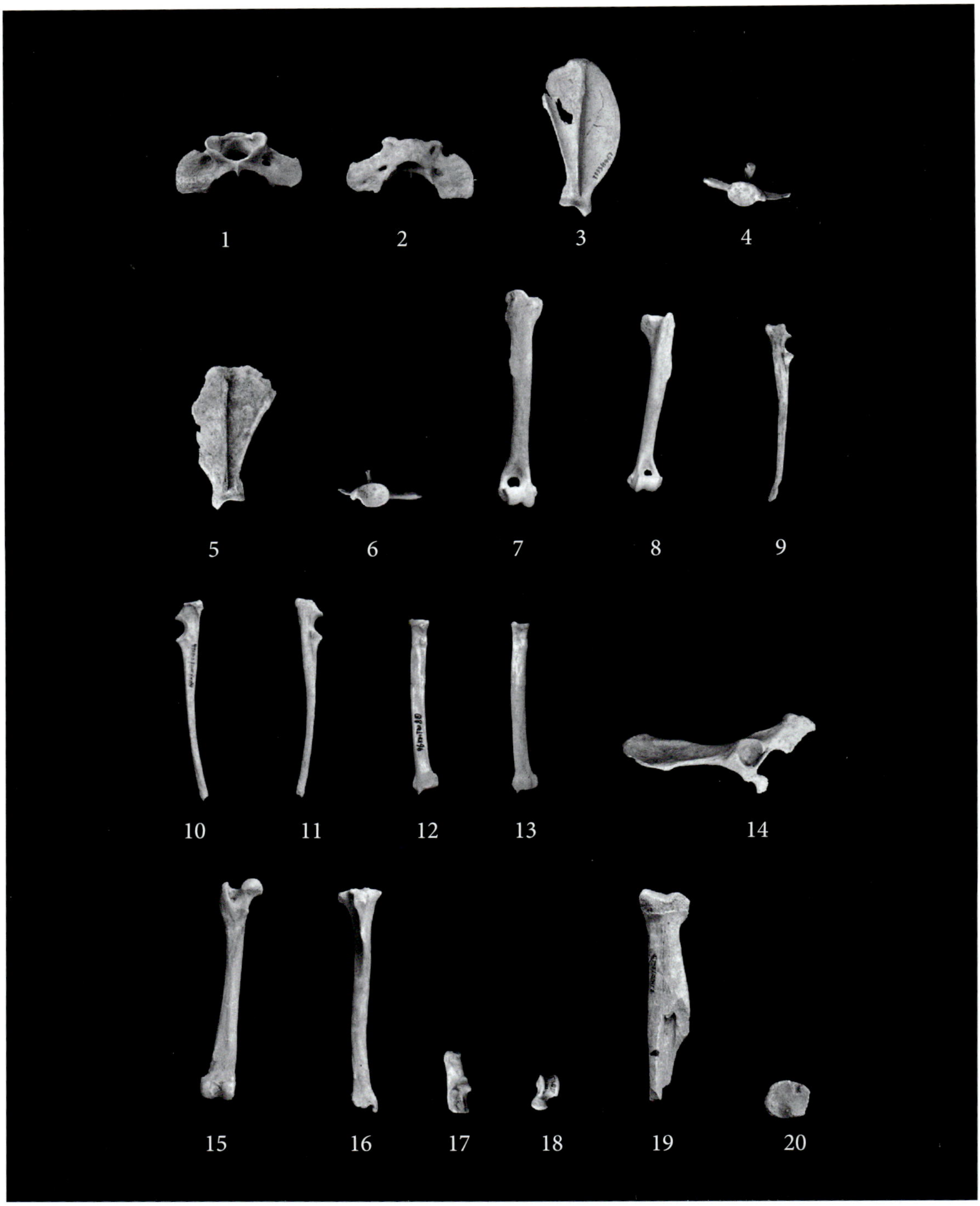

1、2. 家犬环椎背面视、腹面视（Ⅰ T415④）　3、4. 家犬右肩胛骨外侧面视、腹面视（Ⅰ H467）　5、6. 家犬左肩胛骨外侧面视、远端腹面视（Ⅰ H449⑩）　7. 家犬右肱骨前面视（Ⅰ H235⑮）　8. 家犬左肱骨前面视（Ⅰ F18①）　9. 家犬右尺骨外侧面视（Ⅰ F25⑥）　10、11. 家犬右尺骨内侧面视、外侧面视（Ⅰ F41②）　12、13. 家犬右桡骨后面视、前面视（Ⅰ T418①）　14. 家犬左髋骨外侧面视（Ⅰ T420②）　15. 家犬左股骨后侧面视（Ⅰ T402③）　16. 家犬右胫骨前侧面视（Ⅰ H235⑮）　17. 家犬左跟骨内侧面视（Ⅰ T308③）　18. 家犬左距骨前侧面视（Ⅰ H273）　19、20. 熊左桡骨近端后面视、背面视（Ⅰ T306②）

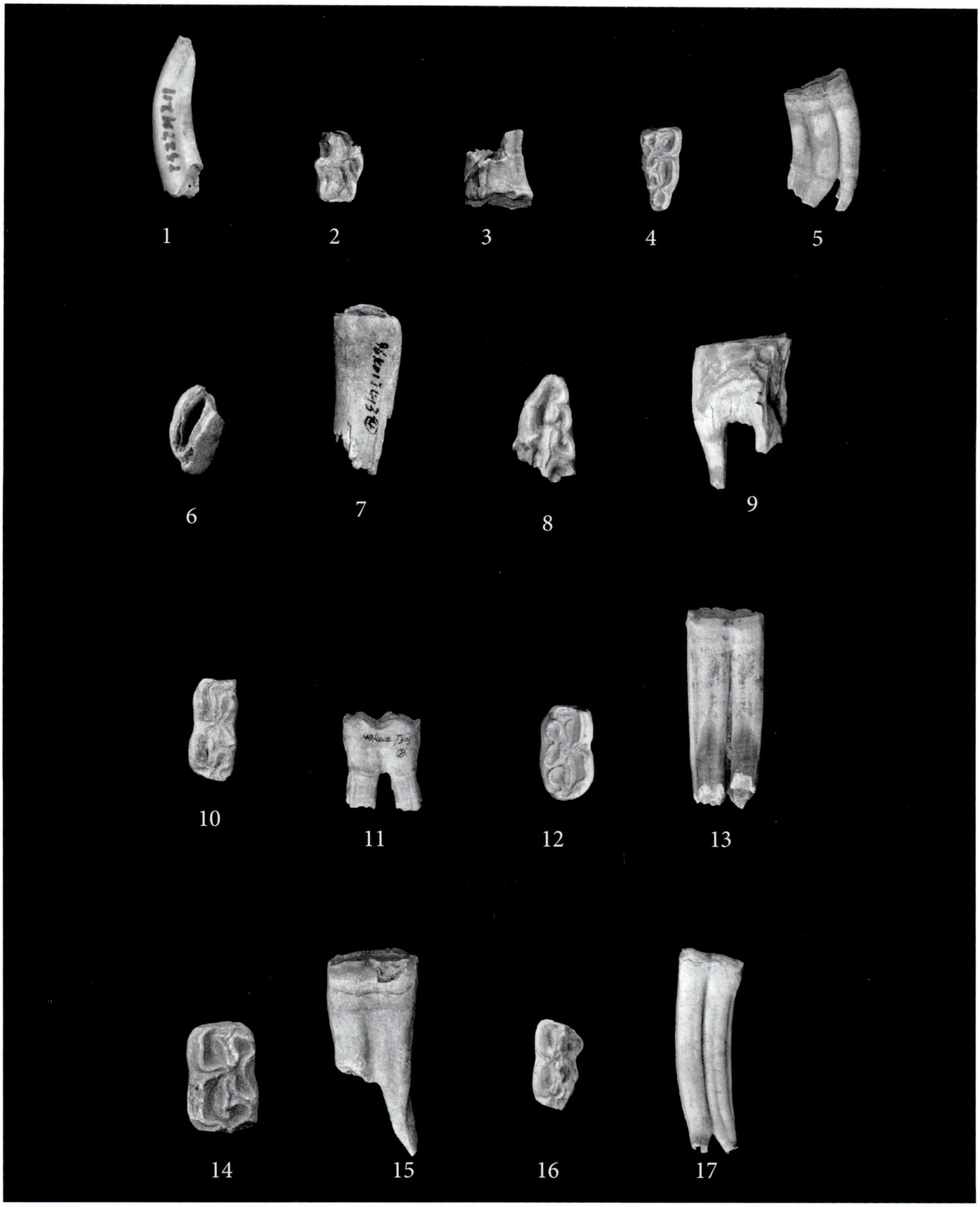

1. 马左上 I2 外侧面视（Ⅰ T327H211） 2、3. 马右上 P2 冠面视、舌侧面视（Ⅰ H338） 4、5. 马右下 M3 冠面视、颊侧视（Ⅰ H38） 6、7. 马右下 I2 齿冠面视、舌侧面视（Ⅰ T413④） 8、9. 马左下 P2 冠面视、颊侧面视（Ⅰ T308④B） 10、11. 马左下 P3 冠面视、颊侧面视（Ⅰ T303②） 12、13. 马右下 P4 冠面视、颊侧面视（Ⅰ T404③） 14、15. 马左下 M1 冠面视、颊侧面视（Ⅰ T404③） 16、17. 马左下 M2 冠面视、颊侧面视（Ⅰ T403③）

图版二二

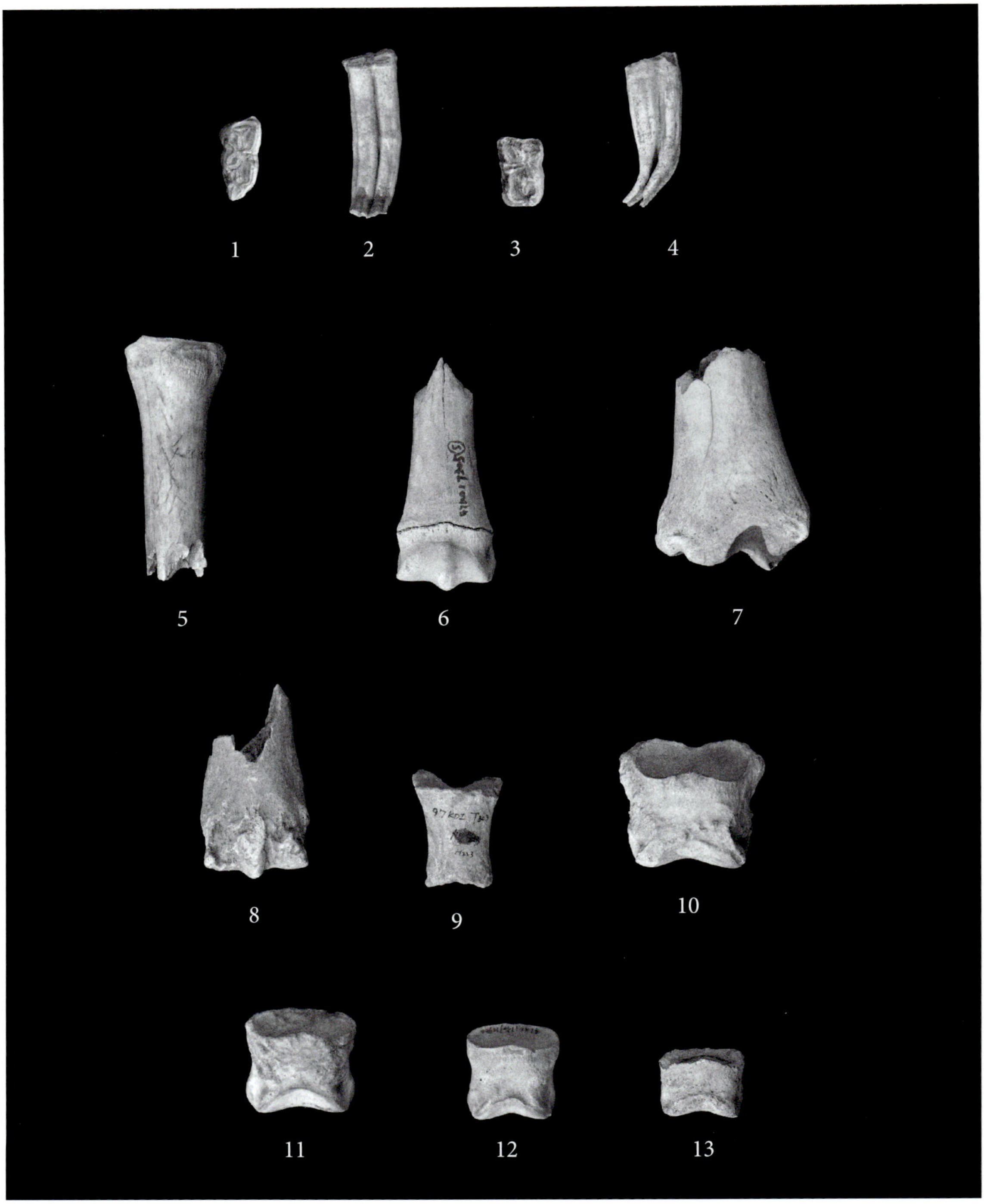

1、2. 马右下 M3 冠面视、颊侧面视（ⅠT404③）　3、4. 马左下 M2 冠面视、舌侧面视（ⅠT404③）　5. 马右第三掌骨近端前面视（ⅠH269）　6. 马左第三掌骨远端前面视（ⅠT305⑤）　7. 马右胫骨远端前面视（ⅠT324Q4⑥）　8. 马右跖骨远端前侧面视（ⅠT404①）　9. 马右第一趾骨前侧面视（ⅠH223）　10. 马右第二趾骨前侧面视（ⅠT306②）　11. 马左第二趾骨前侧面视（ⅠT318④A）　12. 马左第二趾骨前侧面视（ⅠH500）　13. 马左第二趾骨前侧面视（ⅠH227）

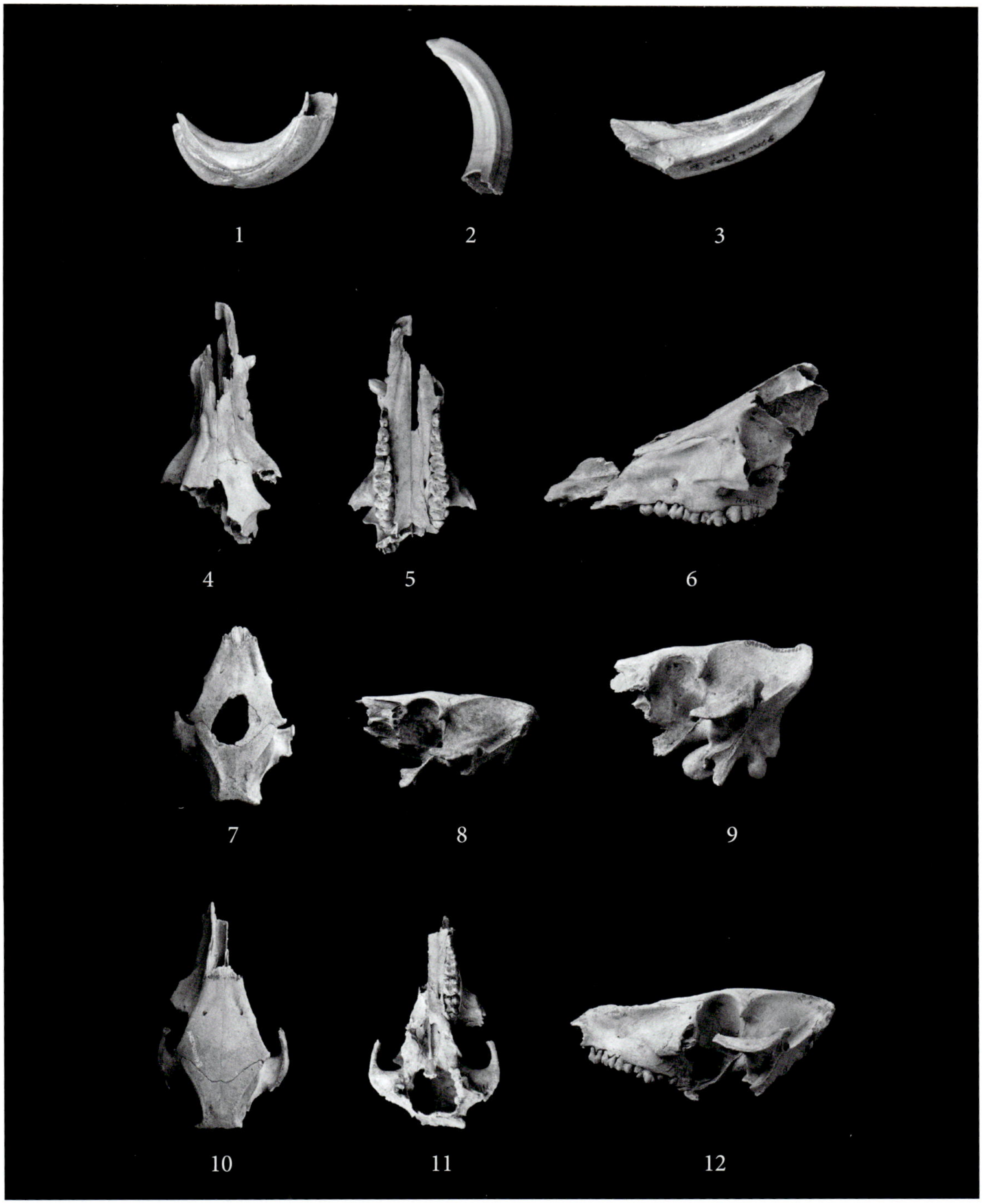

1. 野猪（雄性）左上 C 外侧面视（Ⅰ T313 ③） 2. 野猪（雄性）左下 C 舌侧面视（Ⅰ T431G2 ⑩） 3. 野猪（雄性）右下 C 颊侧面视（Ⅰ T303 ②） 4~6. 家猪（雌性）头骨背面视、头骨附右 I2、C 及左右 P2-M3 腭面视、头骨附右 I2、C 及左右 P2-M3 左外侧视（Ⅰ H61） 7、8. 家猪颅骨背面视、左外侧视（Ⅰ H150 ①） 9. 家猪颅骨、额骨、顶骨、枕骨、泪骨、颧骨部左外侧面视（Ⅰ H494 ③） 10~12. 家猪头骨背面视、头骨附左上 P3-M3 腭面视、头骨附左上 P3-M3 颊侧面视（Ⅰ H14 ③）

图版二四

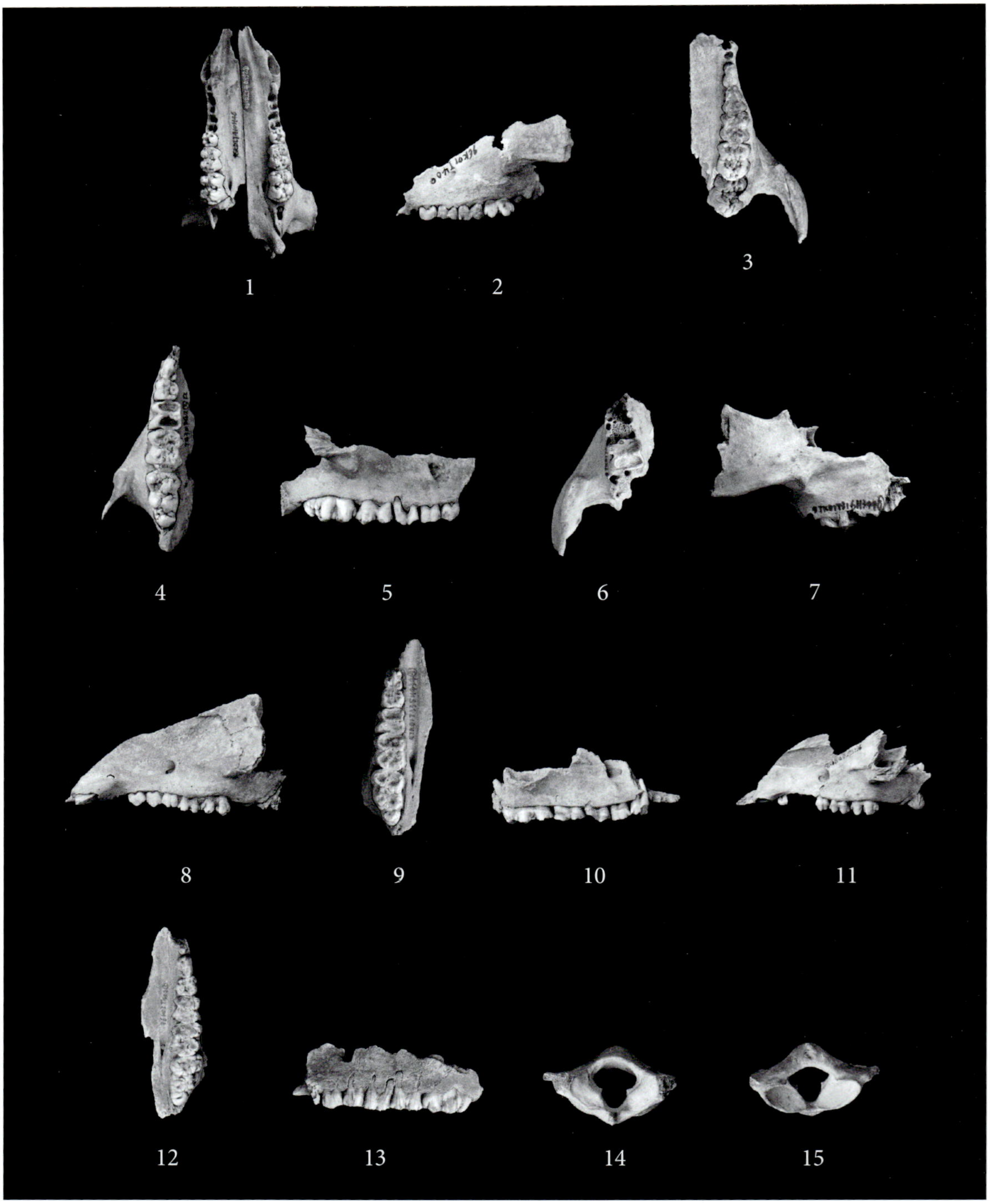

1. 家猪上颌骨附左右 P4-M2 及左 P1 腭面视（Ⅰ H92 ①） 2、3. 家猪左上颌附 P3-M3 颊侧面视、腭面视（Ⅰ T409）
4、5. 家猪右上颌附 P3-M3 冠面视、颊侧面视（Ⅰ F42 ② A） 6、7. 家猪右上颌残部附 M2 冠面视、颊侧面视（Ⅰ H344 ①）
8. 家猪左上颌附 C、P2-M2 颊侧面视（Ⅰ H226 ④） 9、10. 家猪右上颌附 P3-M3 冠面视、颊侧面视（Ⅰ H434 ⑦）
11. 家猪左上颌附 P1、P4-M2 颊侧面视（Ⅰ H92 ①） 12、13. 家猪左上颌附 P2-M3 冠面视、颊侧面视（Ⅰ T404 ①）
14、15. 家猪环椎后面视、前面视（Ⅰ H137 ④）

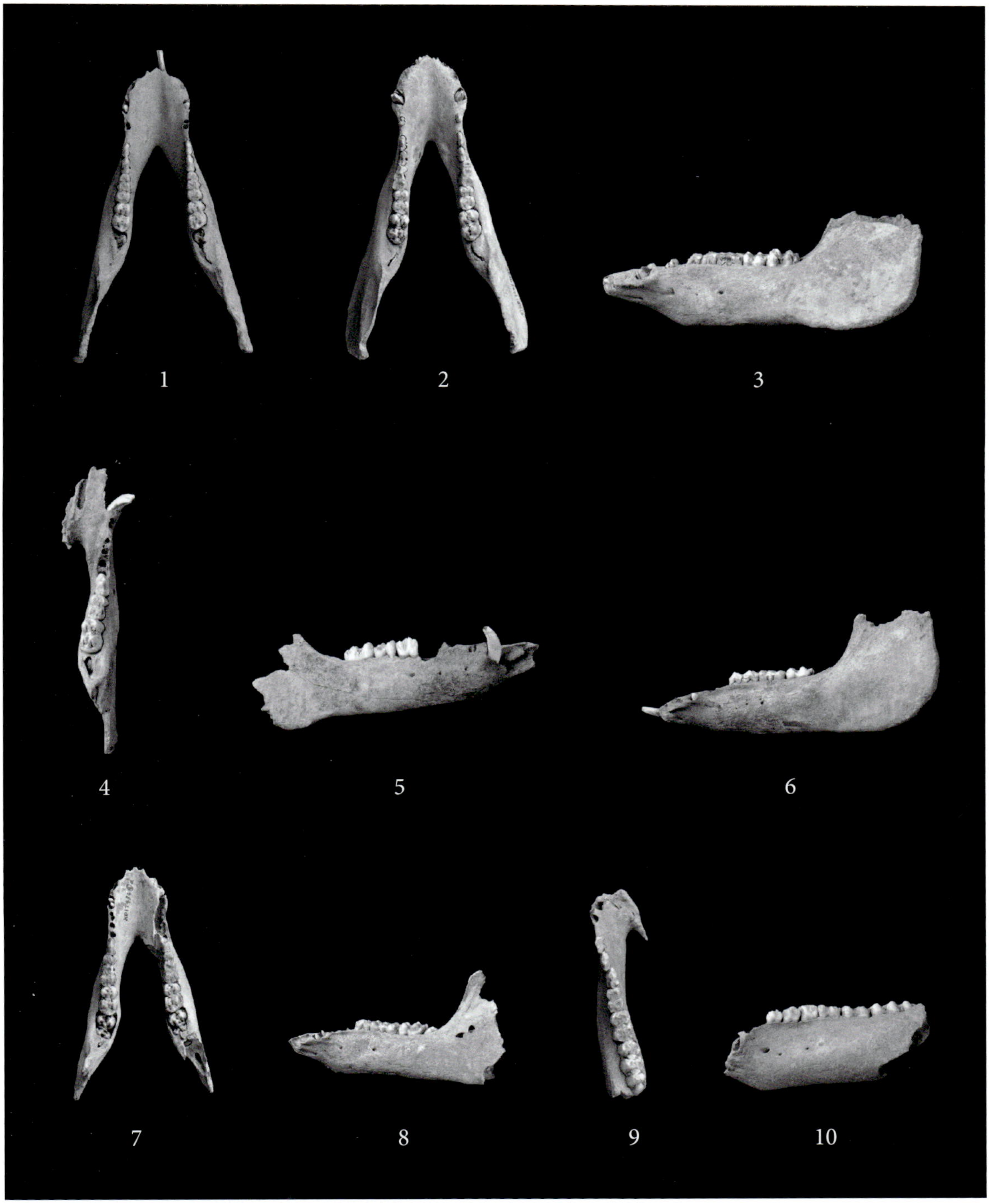

1. 家猪（雌性）下颌骨附左右 C、DP2-DP4、M1 及右 I1 冠面视（Ⅰ F44 ④） 2、3. 家猪（雄性）下颌附左右 I1、C、P1、DP2-DP4、M1、M2 冠面视、颊侧面视（Ⅰ H245） 4、5. 家猪（雄性）右下颌附 C 及 P4-M2 冠面视、颊侧面视（Ⅰ H138） 6. 家猪下颌骨左颊侧面视（Ⅰ F44 ④） 7、8. 家猪下颌附左右 DP3、DP4、M1、M2 及左 C 冠面视、颊侧面视（Ⅰ T434 ④ D） 9、10. 家猪左下颌附 P2-M3 冠面视、颊侧面视（Ⅰ T110 ⑧）

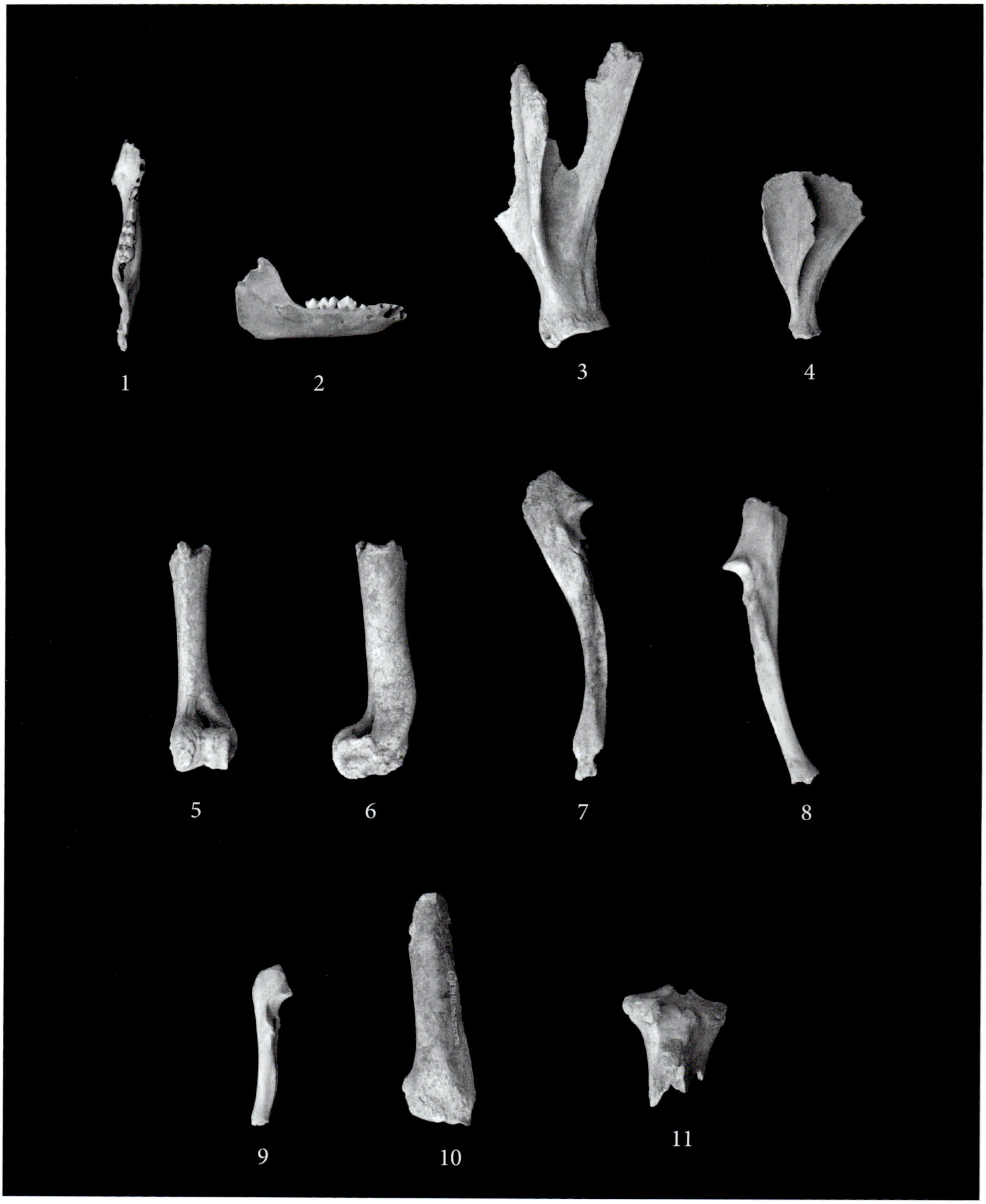

1、2. 家猪右下颌附 DP2-DP4 冠面视、颊侧面视（Ⅰ T335①）　3. 家猪左肩胛骨外侧面视（Ⅰ T410G5②）　4. 家猪左肩胛骨外面视（Ⅰ T415G4①）　5、6. 家猪左肱骨远端前面视、外侧面视（Ⅰ H198①）　7. 家猪右尺骨外侧视（Ⅰ H169①）　8. 家猪左尺骨外侧面视（Ⅰ T318③A）　9. 家猪右尺骨外侧面视（Ⅰ H202）　10. 家猪右桡骨远端前面视（Ⅰ H137③）　11. 家猪右胫骨近端前面视（Ⅰ H187①）

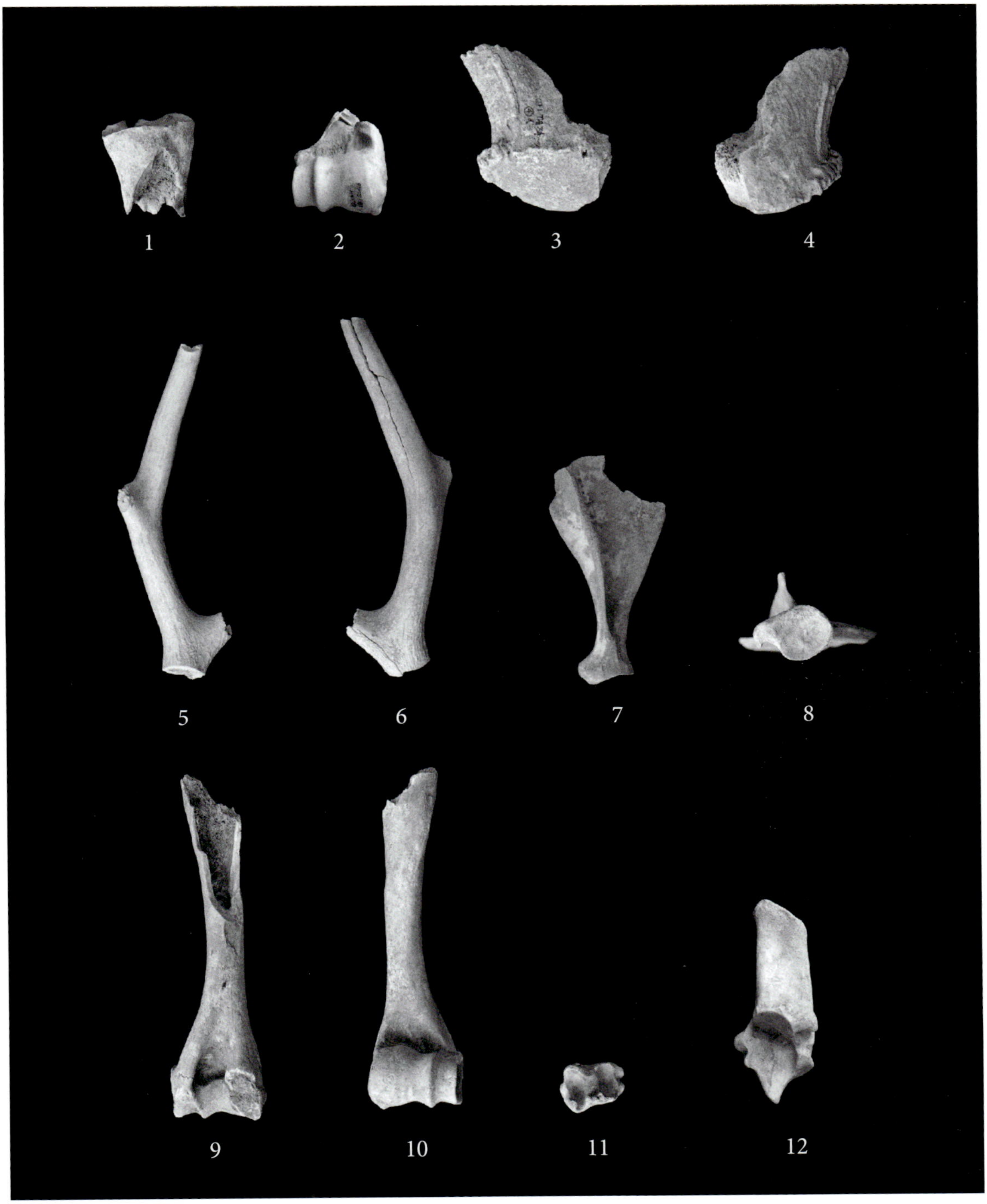

1. 梅花鹿右桡骨近端前面视（Ⅰ T317②） 2. 马鹿右肱骨远端前面视（Ⅰ H437②） 3、4. 马鹿左角基部内侧面视、外侧面视（Ⅰ T434④D） 5、6. 马鹿左角内侧面视、外侧面视（Ⅰ T304②） 7、8. 马鹿左肩胛骨外侧视、远端腹面视（Ⅰ H171） 9、10. 马鹿左肱骨远端后侧面视、前侧面视（Ⅰ T401①B） 11. 马鹿右胫骨远端腹面视（Ⅰ G2⑱） 12. 马鹿右跟骨内侧面视（Ⅰ T409③）

图版二八

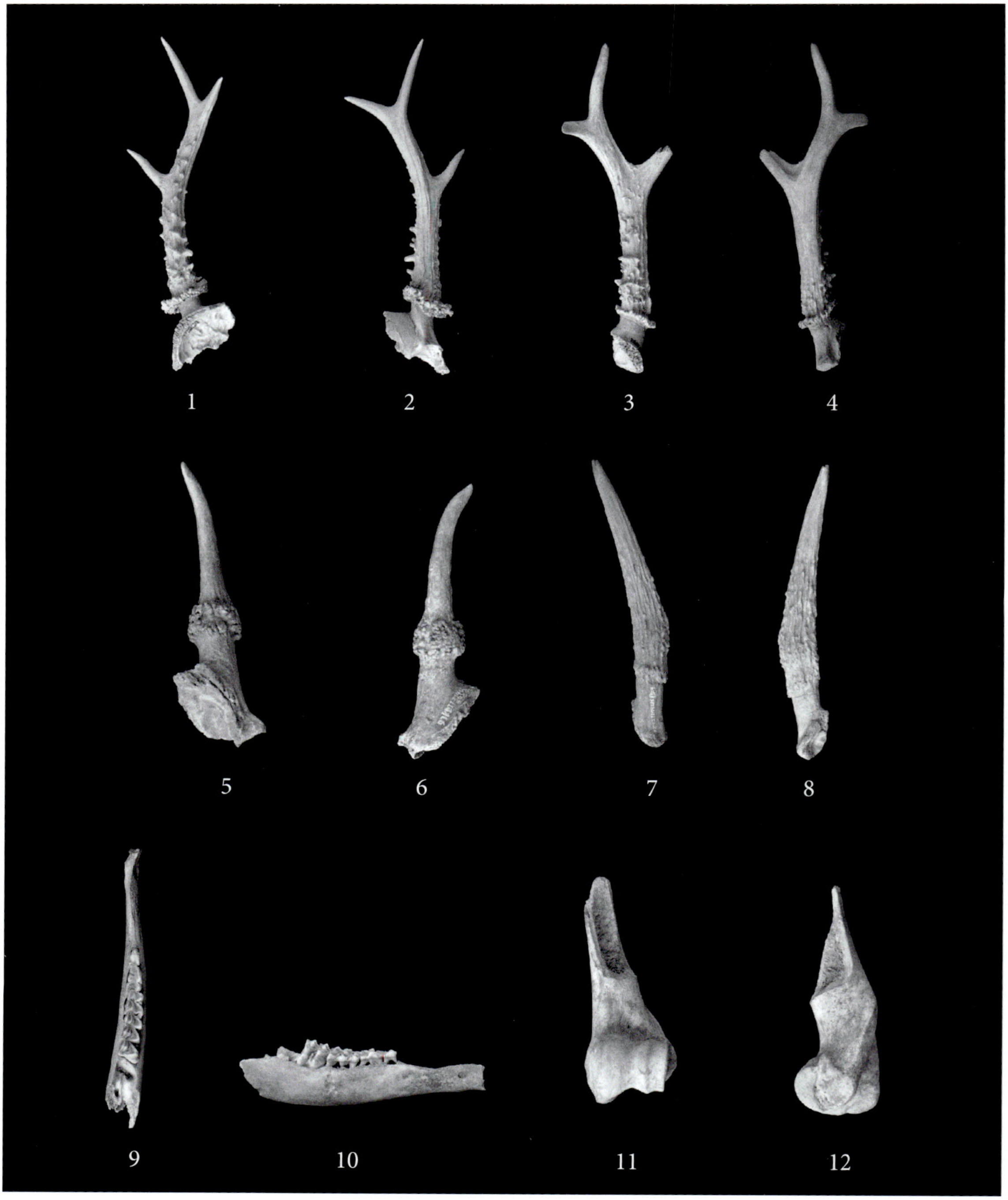

1、2 狍右额骨附角内侧面视、外侧面视（Ⅰ H480） 3、4. 狍左角内侧面视、外侧面视（Ⅰ H169②） 5、6. 狍右额骨附角后侧面视、前侧面视（Ⅰ H235⑤） 7、8. 狍左角前侧面视、后侧面视（Ⅰ H235⑰） 9、10. 狍右下颌附 DP2-DP4 及 M1 冠面视、颊侧面视（Ⅰ T313③） 11、12. 狍左肱骨远端前侧面视、外侧面视（Ⅰ F53）

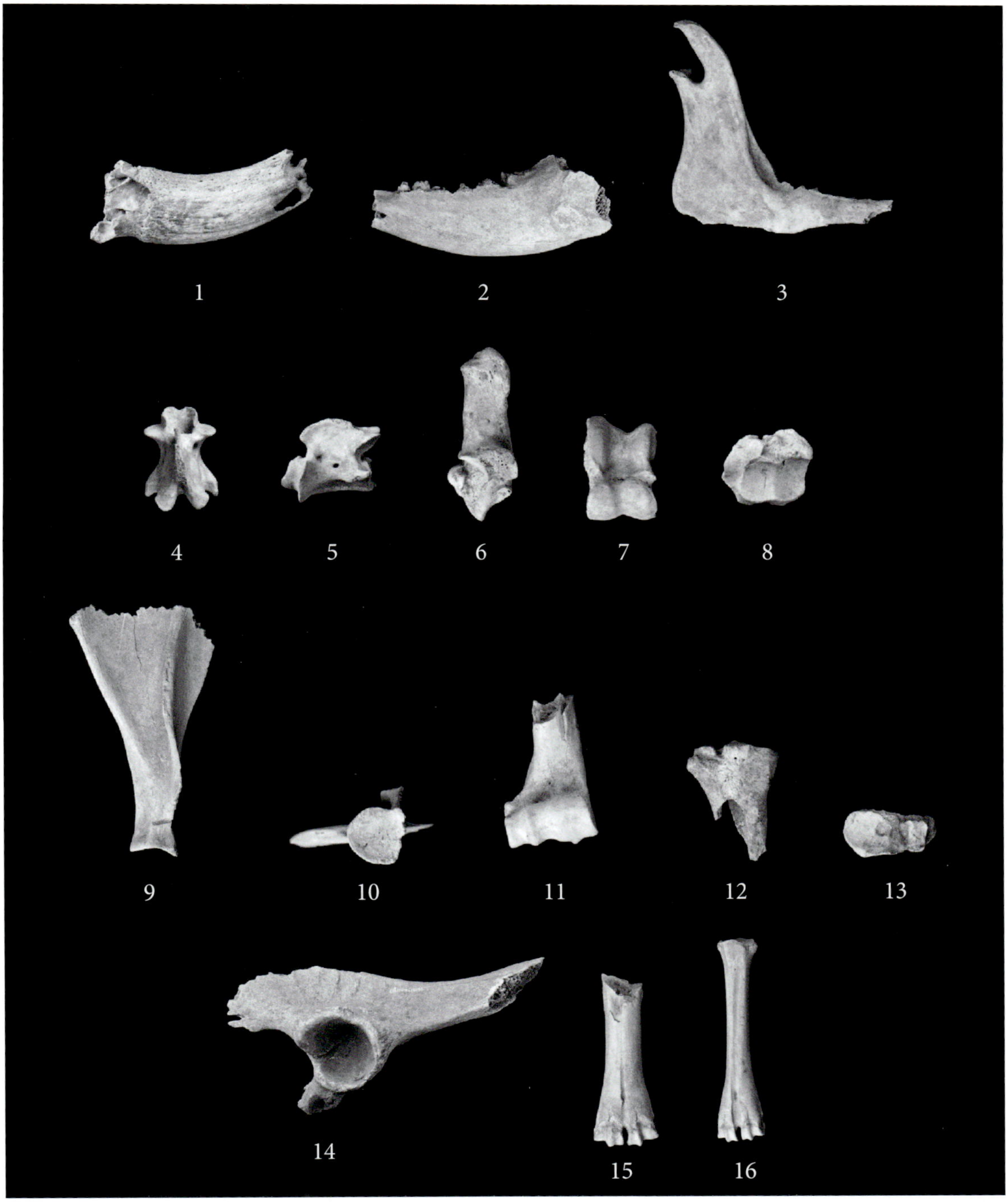

1. 家牛右角心顶面视（ⅠH501③） 2. 家牛左下颌附P2、P3及M3齿根外侧面视（ⅠH279） 3. 家牛右下颌上升支外侧面视（ⅠH150②） 4、5. 家牛枢椎背面视、左侧视（ⅠH150①） 6. 家牛右跟骨内侧面视（ⅠH34） 7. 家牛右距骨前面视（ⅠH54） 8. 家牛右舟形骰骨背面视（ⅠT405G2） 9、10. 家牛右肩胛骨外侧视、远端腹面视（ⅠT418①） 11. 家牛右肱骨远端前面视（ⅠF33） 12、13. 家牛左桡骨近端后面视、近端背面视（ⅠH34⑤） 14. 家牛右髋骨外侧面视（ⅠH97） 15. 家牛右掌骨远端前面视（ⅠH103①） 16. 家牛右跖骨前面视（ⅠT317②）

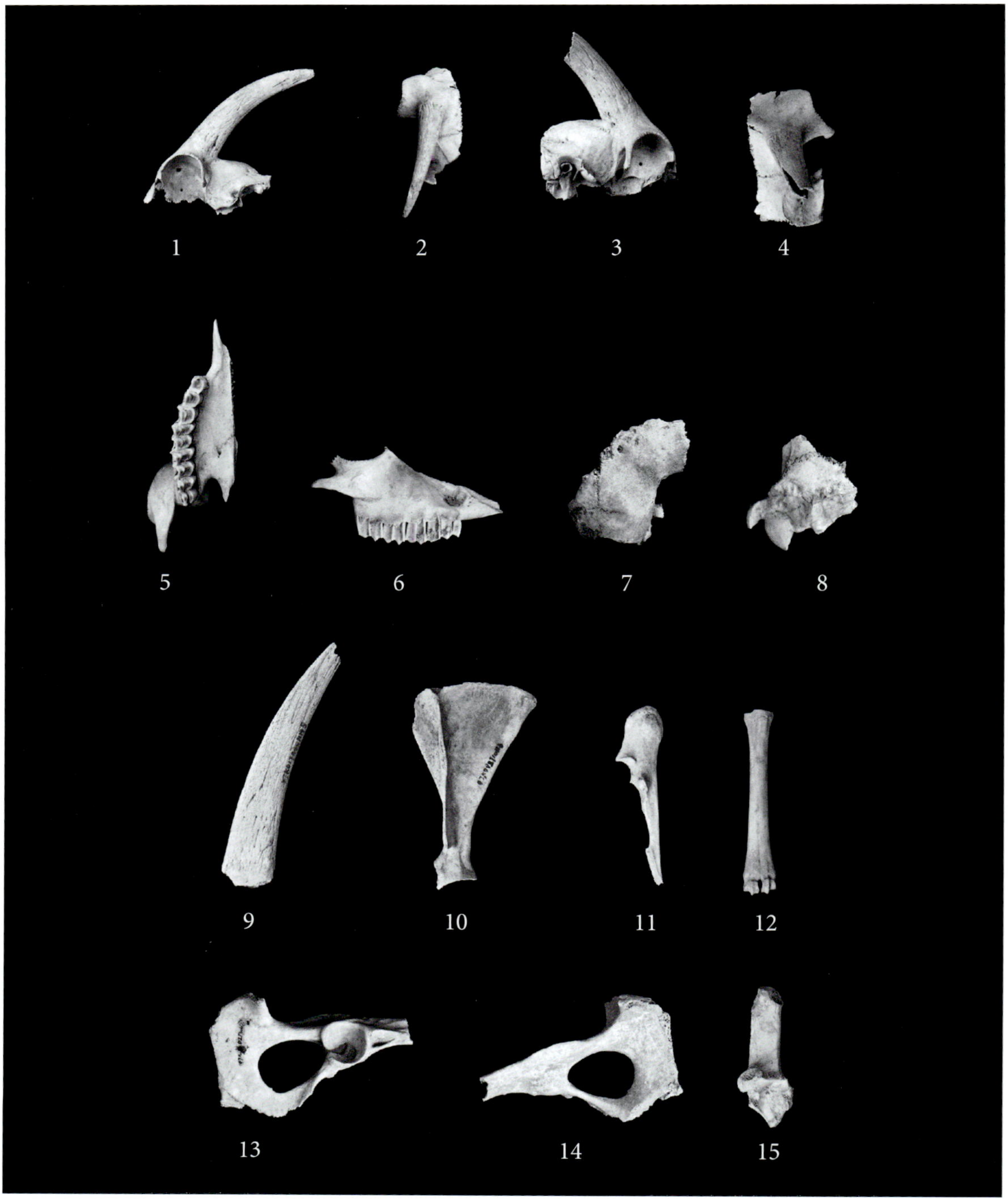

1、2. 山羊颅骨左半附左角外侧面视、背面视（Ⅰ H239③） 3、4. 山羊颅骨右半附右角外侧面视、背面视（Ⅰ H239③） 5、6. 山羊右上颌附 P2-M3 腭面视、颊侧面视（Ⅰ H239③） 7. 山羊额骨及顶骨残部背面视（Ⅰ T110⑦） 8. 山羊枕骨附左枕髁及左顶骨残部顶面视（Ⅰ H239③） 9. 山羊右角心内侧面视（Ⅰ H198） 10. 山羊左肩胛骨外侧面视（Ⅶ H3） 11. 山羊右尺骨近端内侧面视（Ⅰ T306③） 12. 山羊右跖骨前面视（Ⅰ F22②） 13、14. 山羊右髋骨外侧面视、内侧面视（Ⅰ T306②） 15. 山羊左跟骨内侧面视（Ⅰ H449⑨）

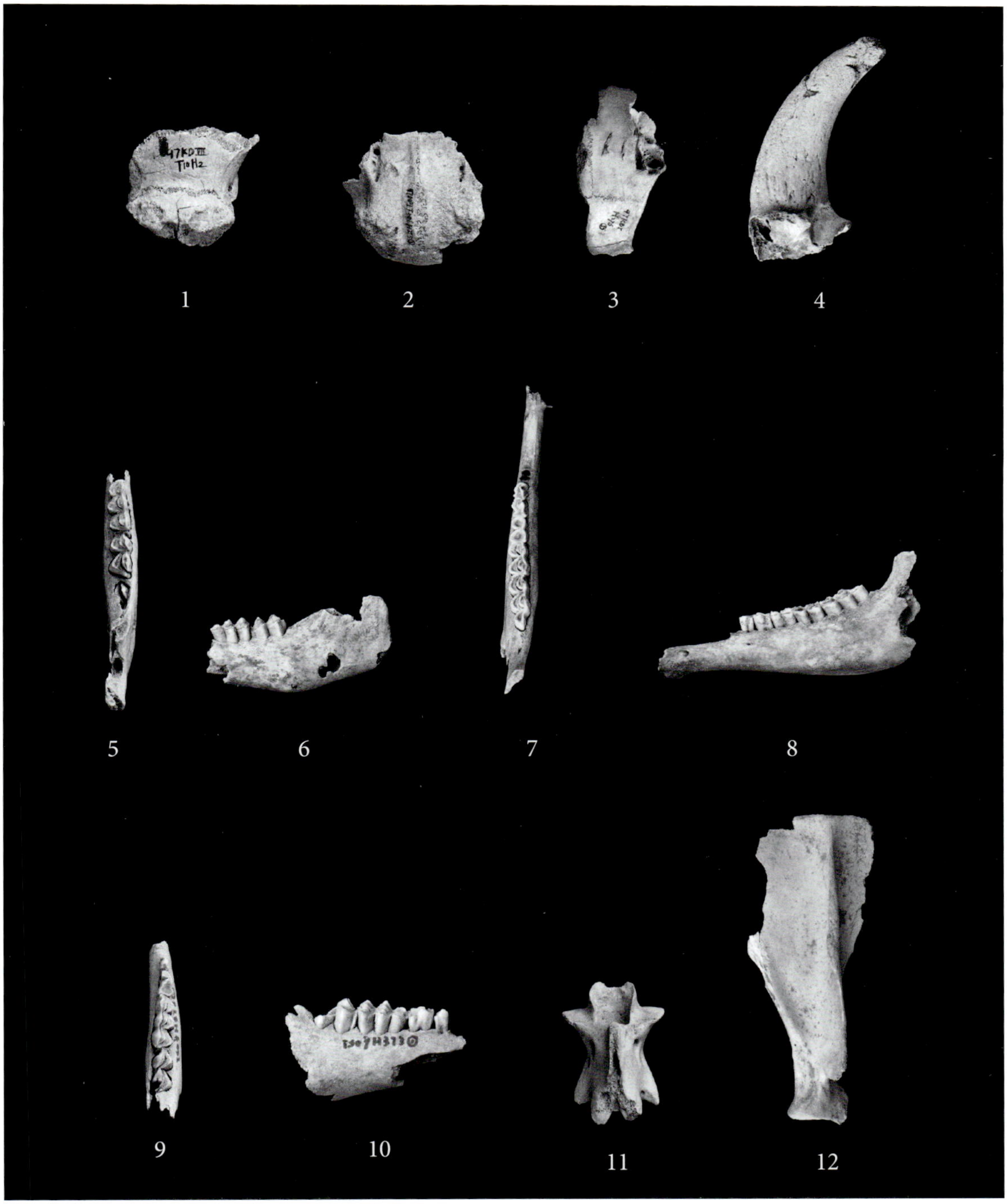

1. 绵羊顶枕骨背面视（Ⅶ H2） 2. 绵羊额骨及顶骨部背面视（Ⅰ H295③） 3. 绵羊颅骨右半背面视（Ⅰ H276⑤） 4. 绵羊左额骨附角心外侧面视（Ⅰ H225） 5、6. 绵羊左下颌附 DP4、M1 及未萌出的 M2 冠面视、颊侧面视（Ⅰ H34③） 7、8. 绵羊左下颌附 P3-M3 冠面视、颊侧面视（Ⅰ T410G7③） 9、10. 绵羊右下颌附 DP2-DP4、M1 冠面视、颊侧面视（Ⅰ H373①） 11. 绵羊枢椎背面视（Ⅰ T406③A） 12. 绵羊右肩胛骨外侧面视（Ⅰ T306③）

大山前遗址第Ⅰ、Ⅶ地点动物遗存

图版三二

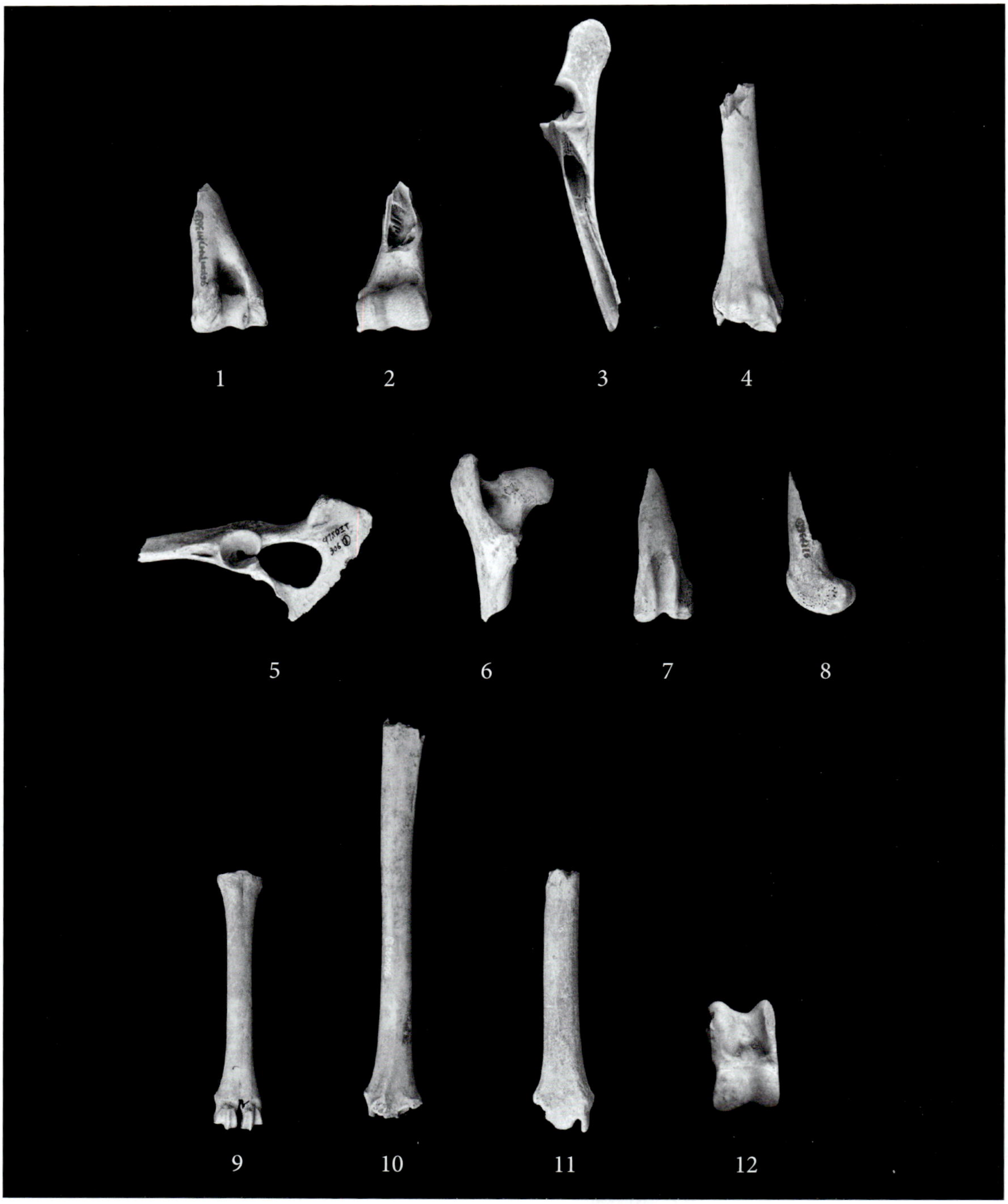

1、2. 绵羊右肱骨远端前侧面视、后侧面视（Ⅰ H136②）　3. 绵羊左尺骨及左桡骨近端外侧面视（Ⅰ T306①）　4. 绵羊右桡骨远端前面视（Ⅰ H253）　5. 绵羊左髋骨外侧面视（Ⅰ T306①）　6. 绵羊左股骨近端后面视（Ⅰ T423②A）　7、8. 绵羊右股骨远端前面视、内侧面视（Ⅰ T336①）　9. 绵羊左掌骨前面视（Ⅰ T333②）　10. 绵羊右胫骨后侧面视（Ⅰ G2⑱）　11. 绵羊右胫骨远端前面视（Ⅰ H273）　12. 绵羊右距骨前面视（Ⅰ T415G4①）